개혁주의 종말론

Eschatologia Reformata

개혁주의 종말론

2025년 8월 15일 초판 1쇄 인쇄
2025년 8월 20일 초판 1쇄 발행

지은이 | 이상웅
펴낸이 | 박영호
펴낸곳 | 도서출판 솔로몬

주소 | 서울시 동작구 사당로 143
전화 | 599-1482
팩스 | 592-2104
직영서점 | 596-5225

등록일 | 1990년 7월 31일
등록번호 | 제 16-24호

2025 © 이상웅
Korean Copyright © 2025
by Solomon Publishing Co., Seoul, Korea

ISBN 979-11-994054-0-0 93230

저작권법에 의하여 한국 내에서 보호를 받는 저작물이므로
무단전재와 복제를 금합니다.

성경적이며, 신앙고백적이고, 개혁주의적인 종말론 입문

개혁주의 종말론
Eschatologia Reformata

이상웅 지음

솔로몬

"Λέγει ὁ μαρτυρῶν ταῦτα· ναί, ἔρχομαι ταχύ. Ἀμήν, ἔρχου κύριε Ἰησοῦ"

"이것들을 증언하신 이가 이르시되 내가 진실로 속히 오리라 하시거늘 아멘 주 예수여 오시옵소서"(계 22:20).

본서를 결혼 33주년을 기념하여 아내 김영신에게 헌정합니다.

추천사

본서에서 개진된 종말론은 성경적 개혁 신학뿐만 아니라 기독교 세계관과 문화관 그리고 기독교 철학에 근거한 정통 개혁주의 신학의 총체성에서 시작된다. 그는 박형룡 박사님과 같은 국내 정통 개혁 신학자들뿐만 아니라 안토니 후크마를 비롯한 화란의 신 칼빈주의 신학자들의 종말론에 깊은 영향을 받은 학자임을 보여준다. 특별히 개혁주의 무천년설을 선호하는 저자는 이른 중학교 시기부터 요한계시록에 관심을 가지면서 종말론을 연구하기 시작하였다. 이와 같은 그의 신학적 열정이 금번 개혁주의 종말론을 탄생하게 하였다. 본서는 종말론을 처음으로 배우거나 연구하는 사람들에게 체계적으로 서두에서 10권의 추천 도서를 소개한 점도 유익한 도움이 되며, 중요 책들에 대한 설명도 이 책의 독특성을 더하고 있다. 올바른 정통 개혁 신학적 관점으로 종말론의 이해를 소개하고 있다. 특별히 개혁 신학에 근거한 두 개의 신앙고백서안에 나타난 종말론은 매우 특징적이다. 재림을 교리적인 주장이 아닌 현실의 삶에서 청지기 자세가 마땅하다고 강조합니다. 매우 독특한 내용은 장례문화에 대한 성경적 개혁 신학적 관점으로 독자들에게 장례 방식을 소개한 점이다. 또한 실제 목회 현장에서 개혁주의적 신학으로 배울 수 있는 종말론과 요한계시록 강해를 병행하여 성경적 진리를 보완적으로 제시하고 있다. 종말론은 단지 주의 재림만 기다리는 것이 아니라 만국에 복음을 전파하면서 온 이스라엘의 구원까지 다루고 있다. 현재 한국 교회의 현장에서 이 책은 매우 요긴하다. 종말과 관련하여 이단들이 기세를 부리기 쉬운 제목이지만 저자는 이런 말세지말에 올바른 성경적 개혁 신학적 관점에서 종말론적 진리를 바르게 가르쳐서 하나님 나라와 의를 위해 헌신하는 삶을 살도록 지혜를 주고 있다.

- 안명준 교수 (한국 성서대 초빙교수, 평택대 명예교수) -

지금까지 나는 종말론 교재로 항상 안토니 후크마의 책을 추천했다. 그만큼 개혁주의 종말론을 쉽게 잘 정리한 책이 국내외에 없다고 보았기 때문이다. 그런데 이번에 이상웅 교수의 성실한 연구 결과로 탄생한 개혁주의 종말론은 후크마의 명저 못지않은, 그 내용의 방대함과 세밀한 면에서는 더 업그레이드된 작품이라는 찬사를 보내고 싶다. 저자는 서구 개혁주의 저술뿐 아니라 한국 장로교의 종말론까지 섭렵하고 분석한 바탕 위에서 성경적, 신학적으로 가장 원만하고 적확한 입장이라고 확신하는 바를 선명하게 제시해 준다. 그 견해가 내가 이해하고 가르쳐온 바와 거의 일치한다는 점을 확인하며 묘한 희열을 느꼈다. 저자는 천년설과 같이 아직 모든 비밀의 베일이 벗겨지지 않은 미래의 영역에 대해서는 다양한 견해가 존재할 수 있다는 사실을 인정하며 자신과 다른 입장도 존중하는 겸양의 자세로 논구를 펼쳐간다. 복잡한 내용도 있지만 이해하기 쉬운 명료한 필치로 쓰여 신학도뿐 아니라 종말론에 관심이 있는 이라면 누구를 막론하고 읽고 유익을 얻을 수 있는 책이다. 과거 한국 교회를 극심한 혼란에 휘말리게 했던 사이비 종말론의 트라우마로 참된 신앙의 근본인 종말론적인 소망까지 옅어지고 있는 시대에 이 책은 우리 모두 심판대 앞에 설 것이라는 경종과 함께 종말에 예비된 최상의 복락과 영광이 무엇인지를 바르게 앎에서 오는 말할 수 없는 위로와 열망을 불러일으킬 것이다. 신자는 죽은 후에 어떤 상태로 어디에서 존재하는지, 7년 대환난이라는 것은 무엇이며 666과 적그리스도는 누구인지, 신자가 받는 심판은 무엇이며 천년왕국에서 그리스도와 함께 다스릴 자는 누구인지, 부활의 몸과 새 하늘과 새 땅은 지금 우리 몸과 우리가 사는 하늘과 땅과 무엇이 다른지 등 신자가 가장 궁금해하는 동시에 가장 오해와 혼란이 많은 주제가 이 책에 다 다루어져 있다. 그러니 신학생이나 목사뿐 아니라 신자들도 소장하여 두고두고 참고할 만한 가치가 있는 책이다.

- 박영돈 교수 (고려신학대학원 교의학 은퇴 교수) -

이상웅 교수님께서 어릴 때부터 탐구하시고 총신 신대원에서 지난 13년에 동안 강의하시고 발표하신 논문들과 책의 내용을 지난 몇 년 동안 잘 가다듬어서 정말 귀한 개혁파 종말론을 출간해 주시는 것에 대해서 감사하면서, 많은 사람들이 "반드시 읽어야"한다(must read)고 온 세상에 이 책을 추천합니다. 이 책을 감사하게 생각하는 이유는 다음과 같습니다.

첫째는, 성경의 가르침에 충실하게 예수님의 초림으로 말미암아 종말이 이미 시작되었음을 분명히 하면서 많은 개혁 신학자와 함께 "시작된(도입된) 종말론"(inaugurated eschatology)을 밝히 드러내 주심(1부 3장)에 대해 감사드립니다. 이제 종말론을 제대로 공부하면서 이처럼 좋은 책을 읽은 사람들은 모두 다 예수님의 초림 사역으로 종말이 이미 시작되었음을 분명히 해야 할 것입니다.

둘째로, 중간 상태(the intermediate state)를 분명히 설명하면서 그것이 하늘(heaven, 낙원, 천당)이거나 하데스 상태의 두 상태라는 것을 분명히 하여, 성경적이고 정통적 입장을 분명히 하셨을 뿐만 아니라, 예수님을 믿는 사람들은 부활하기 전까지 그 "영"만이 "하늘"(heaven, 낙원, 천당, 천상)에 거한다는 것을 박형룡 박사님의 용례를 따라서 일관성 있게 사용하여 주신 것(2장 3절)에 대해서 감사합니다. 이런 성경적 용어 사용이 일반화되어 우리 주변에 난무하는 오해들과 용어의 오용(誤用)들이 사라져야 할 것입니다. 단지 "하데스"와 후에 있을 "게헨나"의 용어를 이와 같이 나누어 쓰는 것이 좋은지, 그것을 웨스트민스터 신앙고백서와 같이 다 같이 "지옥"(hell)이라고 하는 것이 좋을지는 둘 다 좋은 견해로서 더 논의할 만한 주제입니다.

셋째로, 이상웅 교수님 같은 정통파 신학자에게는 매우 당연한 일이지만 예수님의 "인격적, 물리적, 가시적, 영광스러운 재림"을 분명히 하여 주시고(3부 3장 3절), 우리들이 모두 그 재림과 "새 하늘과 새 땅"(6부 4장)을 강하게 기대하게 하신 것이 이 책의 큰 기여입니다.

본인의 건강 문제와 사모님의 건강 문제 속에서도, 마치 사모님을 잘 돌보시면서도 귀한 신학적 작업을 계속하여 큰 기여를 하셨던 워필드(B. B. Warfield, 1851-1921)와 같이 귀한 신학적 기여를 하심에 감사드리면서, 우리 모두 이 책을 기쁨으로 읽고 다 같이 이와 같은 개혁파적 종말론을 가지게 되었으면 합니다.

- 이승구 (합동신학대학원대학교 남송 석좌 교수) -

먼저 이상웅 교수님의 역작, 『개혁주의 종말론』의 출간을 진심으로 축하드립니다. 시작과 기원을 알리는 창세기에 이미 종말에 대한 약속(창 3:15)이 언급되어 있다는 사실은 성경을 연구하는 자들에게 잘 알려져 있습니다. 이러한 종말론적 약속은 타락한 인류에게 가장 처음으로 전해진 "복음"이요 "좋은 소식"이었습니다. 또한 기독교 교리의 본질 속에는 종말론적 특성이 강하게 배어 있는 것도 부인할 수 없는 사실입니다. 종말론적 고려와 안목이 없이 기독교 교리 전체를 이해한다는 것은 무미건조한 작업일 것입니다. 특별히 개혁주의 교리 속에 내재해있는 독특한 종말론적 특성과 역사적 맥락과의 상호 연관성을 통해서 우리는 현재 우리의 시대와 삶에 영향을 주는 실제적인 안목과 기독교 신앙의 원동력을 소유할 수 있습니다.

본서는 개혁주의 종말론에 있어서 매우 중요한 신앙고백서들에서 선언된 종말론에 관한 내용을 면밀하게 탐구함으로 저자의 종말론적 입장과 전제를 분명히 하고 있습니다. 이러한 토대 위에서 종말에 관련된 성경적 진술과 성경 신학적 해석을 본서 전체에 걸쳐 성실하게 수행해나감으로 개혁 신학의 본질과 특성을 돈독히 하면서 종말론에 대한 논의를 일관적이면서도 포괄적으로 전개해 나가고 있습니다. 저자는 지난 2천 년간 성경적이고 개혁주의적인 종말론이 형성되고 발전해 온 과정을 종말론적 주제들과 함께 주요 인물들의 종말론적 입장과 역사적 실례들을 중심으로 파노라마처럼 그려내고 있습니다. 또한 한국적 상황에서 성경적이고 개혁주의 종말론을 견지하기 위한 역사·신학적인 숙고를 할 수 있도록 귀한 종말론적 안목도 제공하고 있습니다. 그런 면에서 본서는 기독교 교리, 특히 개혁주의 종말론이 역사적 상황과 맞물리면서 어떻게 형성되고 발전되어 왔는지에 대해 궁금해하는 목회자들과 신학도들, 그리고 성도들이 반드시 읽어야 하는 개혁주의 종말론의 길라잡이로 상당히 오랫동안 자리매김할 것입니다.

- 박응규 교수 (아신대학교 역사신학 명예교수) -

이상웅 교수님의 『개혁주의 종말론』이 출간됨을 기쁘게 생각합니다. 종말론 전공자로서 개혁주의 종말론을 소개할 만한 좋은 교재가 없어서 늘 안타까웠는데, 이번에 출간된 책은 종말론과 관련된 다양한 주제들을 조직 신학적 관점뿐 아니라 해당 주제를 둘러싼 성경해석과 역사적인 맥락을 균형감 있게 다루고 있어, 종말론을 공부하려는 사람들에게 좋은 길잡이가 될 것입니다. 저자는 칼빈의 원리를 따라서 복잡하고 난해한 주제들을 간결하고 명료하게 그리고 목회적인 관점에서 이 시대를 살아가는 성도들을 향한 하나님의 뜻을 전달하려는데 주안점을 두었습니다. 이 책은 우리에게 종말론이 무엇인지, 왜 우리가 종말론을 공부해야 하는지를 이야기합니다. 흔히 종말이라는 말을 들으면 파국과 같은 부정적인 생각이 드는데 이 책은 완성이자 새로운 시작점인 영광스러운 종말을 우리에게 보여줍니다. 글은 글을 쓰는 이의 삶을 반영합니다. 이 글에는 오랫동안 한국 개혁 신학의 부흥을 꿈꿔왔던 저자의 마음이 담겨있습니다. 그러한 이유로 저자는 이 책에서 박형룡 박사를 비롯한 한국 개혁 신학자들의 글을 자주 인용하고 있습니다. 이것은 이 책이 가진 중요한 강점 가운데 하나입니다. 이 책은 총 6부로 나누어 종말론의 기초, 개인적인 종말론, 재림의 문제, 시대의 표적들, 천년왕국 그리고 새 하늘과 새 땅을 다루고 있습니다. 구성에서 우리는 저자가 얼마나 종말론과 관련된 다양한 주제들을 빠짐없이 다 다루고자 하였는지를 엿보게 됩니다. 이 책은 신학도뿐만 아니라 목회자 그리고 주님의 다시 오심을 대망하는 모든 신자에게 도움이 되는 좋은 지침서가 될 것입니다.

- 라영환 교수 (총신대학교 신학과 조직신학, 종말론 전문가) -

종말론은 기독교의 모든 교리적 가르침이 하나로 집결되는 장(arena)으로서 우리에게 하나님이 누구이신가를 최종적으로 드러내는 모든 신학의 총체적 집결지이다. 신학의 모든 논의는 궁극적으로 종말을 지향해야 하는 이유는 이 교리가 하나님 나라의 통치의 완성을 통해 드러나게 될 그의 우주적 영광을 지금 우리에게 미리 보여주는 이정표와 같기 때문이다.

이 단행본의 학문적 공헌은 크게 두 가지로 요약될 수 있다. 첫째, 우리 개혁 신학의 전통에 충실한 종말론을 추구했다. 이 단행본은 서구 개혁 신학 종말론을 두루 섭렵하면서도 우리 개혁 신학에 나타난 종말론이 왜 새롭게 조명받아야 할 학문적 가치를 지니고 있는가를 진지하게 논구하는 열정과 집중력을 선보인다. 둘째, 종말의 미래적 차원에서 비롯되는 불확실성에도 불구하고 저자의 종말론적 확신을 겸양의 태도와 더불어 제시한다. 역사적 전천년설과 무천년설로 크게 양분되는 한국 교회의 전천년설 논쟁 가운데 후자를 지지하는 학문적 입장에만 지나치게 천착하지 않고 교회의 신학자의 참된 모습을 자연스럽게 발산한다.

결론적으로, 이 단행본은 종말이 무엇이며 신앙적 유익이 무엇인가를 묻는 모든 신앙인에게 가장 효율적이며 집중적인 방식으로 종말론의 필요성과 적실성을 제시하는 입문서이다. 다양한 비성경적인 종말론이 기생하는 21세기 한국 교회의 상황 속에서 이상웅 교수의 역작 〈개혁주의 종말론〉은 한국 교회의 종말론에 대한 모든 논의를 총결하는 필독서가 될 것을 확신하면서 일독을 권한다.

- 이신열 교수(고신대학교 신학과, 신학대학장) -

어느 날인가 악뮤(AKMU) 이찬혁의 「장래 희망」을 듣고 상당한 충격을 받았다. "꿈의 왕국에 입성한 아들을 위해 할렐루야~" 그리고 거부감 없이 이 노래를 함께 부르는 사람들을 보면서 모처럼 밝고 행복한 종말론이 가능하구나 하고 느꼈다. 언제부터인가 죄, 죽음, 내세에 대해서 고백하고 강론하는 것이 자연스럽지 못하고 문화적으로 이질감을 준다는 느낌을 받아온지라 이찬혁의 노래는 신선하게 다가왔다. 교회의 역사를 볼 때 가장 종말론적이었던 시대는 초대교회라 할 것이다. 초대교회는 부활과 내세의 신앙이 살아 있던 시대였다. 그리고 다시 종말론적인 교회가 되살아난 것은 종교개혁 시대와 경건주의 시대라 할 수 있다. 그러나 현대교회는 화려한 예배당의 조명과 현란한 교회음악 속에서 영광과 소망으로서의 종말을 잊어버리고 번영신학에 눈이 멀었다. 이런 차제에 이상웅 박사의 『개혁주의 종말론』이 출간된 것을 축하하며 기뻐한다. 먼저 이 책은 개혁 신학을 정초로 하는 교단 신학자의 종말론 교재라는 점에서 높은 평가를 받을만하다. 어느새 좌우를 둘러보아도 개혁 신학은 좁은 입지에 내몰리고 있다. 이런 시대적 상황에서 박형룡 박사와 서철원 박사를 이어서 이상웅 박사의 종말론 교재가 나온 것은 교단의 경사이자, 한국 교회가 축하할 일이다. 둘째, 이상웅 박사의 『개혁주의 종말론』은 다양한 종말론의 이론과 주장을 겸손한 자세로 소개하면서도 개혁 신학이 추구하는 종말론을 뚜렷하고 확신 있게 전개함으로써 흔들림 없는 개혁주의 종말론의 지평을 제공하고 있다. 마지막으로 이상웅 박사는 자신이 실로 종말론적인 실존에 직면한 가운데서도 영광과 소망으로서의 종말을 신앙하였다. 육체적 연약함과 여러 가지 인생사 가운데서 이 종말론 교재가 집필된 것은 그야말로 성경적 종말 신앙의 전형이라 할 것이다. 집필자에게 위로와 감사의 인사를 전한다.

- 임종구 교수(대구 푸른초장교회 담임목사, 대신대학교 역사신학 교수) -

본서는 앞으로 최고의 개혁주의 종말론 교과서가 될 것입니다. 저자는 독자들이 종말론과 관련하여 질문을 던질만한 대부분의 주제를 다루고 있습니다. 구속사적인 관점에서 종말론을 다루는 이 책은 '하나님 나라'의 주제에 관심을 두는 독자들에게도 큰 도움을 줄 것입니다. 먼저 저자는 종말론의 개념을 설명하고 종말론에 관심을 두는 독자들을 위해 자료를 소개합니다.

역사적 신앙고백에 있는 종말론을 해석하며 개혁 신학자인 후크마의 종말론을 분석합니다. 이어서 개인적 종말론을 다루는데 불멸이나 중간기 상태와 같이 논쟁이 되는 쟁점을 분석하고 무엇이 성경적인 견해인지 명료하게 설명합니다. '재림'과 재림의 징조와 관련된 쟁점을 주로 신약 본문을 근거로 논증하고 독자들에게 개혁주의 조직신학의 관점을 제공합니다. 그다음 저자는 천년왕국론을 역사의 흐름과 계시록 본문을 토대로 자세하고도 명료하게 분석하고 정리합니다. 자연스럽게 최후 심판, 심판의 장소, 새 하늘과 새 땅과 관련된 여러 가지 질문(몸의 부활, 차등 상급, 게헨나 논쟁, 갱신과 파괴 등)에 응답합니다. 본서는 교의학과 성경 석의에 대한 저자의 폭 넓고 깊은 지식과 지혜를 반영하고 있습니다. 한국 교회는 그동안 역사성이나 성경의 근거가 부족한 종말론으로 많은 아픔과 비극을 경험했고 지금도 적지 않은 사람들이 이런 영향을 받고 있습니다. 이 책은 마지막 일에 대한 하나님의 방향을 찾는 데 나침반과 같은 역할을 할 것입니다. 종말론뿐만 아니라 인간론, 구원론, 우주론에 관심을 두는 독자들에게도 적극 추천합니다.

- 강대훈 교수(총신대 신학대학원 신약신학, 『요한계시록 주석』 출간 예정)-

이상웅 교수님의 『개혁주의 종말론』은 한 신학자의 오랜 탐구와 강해 설교에 대한 헌신, 그리고 교육 현장에서의 열정이 빚어낸 귀한 결실입니다. 종말론이라는 난해하고 긴장이 내재된 주제를 개혁주의 전통 위에서 치밀하게 연구하고 체계적으로 정리함으로써, 오늘날 신학적 담론과 교육의 지평을 넓히는 역작으로 손꼽히기에 부족함이 없습니다. 저자는 16년간의 전임 목회와 13년간의 교수 사역을 통해 축적한 풍부한 연구 성과와 강의의 정수를 본서에 집약하였습니다. 박형룡, 바빙크, 후크마, 헨드릭슨 등 신학적 유산을 폭넓게 수용하면서도 교단적 책임의식을 견지하며 선명한 신학적 입장을 일관되게 제시하고 있습니다. 특히 무천년설을 중심으로 다양한 종말론적 견해들을 세심하게 고찰하며, 종말론의 기초부터 전반적 주제를 깊이 있게 탐구하고 있습니다. 또한 현장에서 제기되는 실제적 질문과 신학적 논쟁에 대한 공정한 분석, 그리고 요한계시록 전체에 대한 강해적 통찰이 본서의 가치를 한층 높여주고 있습니다. 한국 교회와 신학계에 허락된 귀한 선물인 『개혁주의 종말론』은 교회의 영광스러운 소망의 이유를 밝히는 종말론 안내서로 자리매김할 것이라 확신합니다.

- 김찬영 교수 (대신대학교 조직신학) -

어린 시절, 어머니로부터 배운 윤회(輪廻)의 두려움으로 가득했습니다. 다음 생에 개나 돼지로 태어날지 모른다는 공포는 저를 '착하게 살아야 한다'라는 강박으로 이끌었지만, 기억할 수도 없는 전생의 업보로 돼지가 된 이를 스스럼없이 먹는 저 자신을 보며, '고기를 먹는 것은 과연 죄가 아닐까?' 고민하였습니다. 중학교 시절, 처음 교회에 나가 암송했던 사도신경은 충격이었습니다. 천지를 만드신 창조주와 역사의 마지막에 있을 심판에 대한 고백은, 끝없이 돌고 도는 윤회가 아닌, 분명한 시작과 끝이 있는 직선적 종말론을 알려주었습니다. 그러나 죽음 이후를 묻는 질문에, 당시 주일학교 선생님께서는 안타깝게도 배타적인 선민사상과 시한부 종말론이 뒤섞인 구원파적인 가르침을 들려주셨습니다. 의과대학 시절 다미선교회의 시한부 종말론 때문에 참으로 공부하기 싫었습니다. 어른이 된 이후에도 저는 여러 종말론을 만났습니다. 복음이 서쪽으로 이동해 예루살렘으로 돌아가면 끝이 온다는 '백 투 예루살렘' 부터, 모든 민족의 언어로 성경이 번역되면 주님이 오신다는 조건부 종말론에 이르기까지, 바른 기준이 없기에 요동할 뿐이었습니다.

가짜 돈을 구별하는 가장 확실한 방법은 진짜 돈을 깊이 공부하는 것이라는 평범한 진리를 깨닫고 나서야, 여러 신학자의 저서를 통해 바른 종말론을 찾아 나섰습니다. 결국 저의 오랜 요동을 잠재울 저자를 만나는 은혜를 입었습니다. 세례 요한이 태어날 때, 아버지 사가랴에게 일어난 기적들로 인해 주변 사람들은 "이 아이가 장차 어찌 될까?" 하며 그의 미래를 기대와 관심으로 주목했습니다. 중학생 시절, 우연히 손에 넣은 박윤선 박사님의 요한계시록 주석을 열독한 저자는 장차 어찌 되셨을까요? 신학자가 되어 개혁주의 종말론을 집대성하는 귀한 사명을 감당하였습니다. 저는 저자께서 이전에 펴내신 『요한계시록 강해』를 제 자녀들에게 선물하며 가르침을 나누었습니다. 이제 이 책을 통해 우리 자녀들에게 바르고 건강한 개혁주의 종말론을 온전히 전수하려 합니다. 오늘날, 잘못된 종말론에 흔들리는 부모 세대와, 그릇된 가르침에 우리 자녀들이 실족할까 두려워하는 모든 분께 이 책이 흔들리지 않는 믿음의 닻이 되어줄 것을 확신하며 진심을 담아 추천합니다.

- 최진석 원장 (하동 참사랑연합의원, 유튜브 채널 닥터 까막눈 운영) -

저자 서문

본서는 개혁주의 관점에서 종말론을 다룬 교과서(textbook)입니다. 16년 간의 전임 사역과 담임 사역을 마친 후인 2012년 가을 학기에 예장합동 교단 신학교인 총신대학교 신학대학원 조직신학 교수로 부임하자마자 필자는 종말론을 가을 학기 마다 가르쳐 왔습니다. 13년의 시간이 지나오는 동안 죽산 박형룡, 헤르만 바빙크, 안토니 후크마 등 개혁주의 저술들을 중심으로 하여 관련된 자료들을 섭렵하면서 강의 준비를 해왔고, 또한 기회를 따라 종말론에 관련하여 십여편의 논문들을 썼고『평신과 총신을 중심으로 본 한국장로교회의 종말론』(솔로몬 2022)을 출간하기도 했습니다. 그럼에도 불구하고 매 가을 학기를 맞을 때 마다 한권으로 정리된 교재가 없다는 것이 늘 안타깝게 느껴졌고, 필자를 통해 종말론을 배우는 300여명의 원우들(매년)에게 미안한 마음이 그치지 않았습니다. 그래서 인쇄물로 된 교재를 출간한다는 것이 과부담이라는 것을 깊이 인식하고 있기는 하지만, 부득불 필요에 따라 혹은 사명감을 가지고 본서 집필에 매진하였습니다.

필자는 개인적으로는 석사와 박사 과정 중에 종말론으로 학위논문을 쓴 적이 없습니다. 석사 때에는 "박형룡 박사와 화란 개혁주의의 관계"를 논구했고(2004), 박사 논문으로는『조나단 에드워즈의 성령론』(2009/ 4쇄 인쇄본 - 솔로몬 2024)을 썼었습니다. 그런데도 불구하고 이미 2주차를 맞은 때에 신임 교수로 부임하였을 때에, 은사들(김길성 교수님, 최홍석 교수님, 이상원 교수님)께서 자신들이 맡은 시간을 할애하여 책임시수(당시는 10시간)를 강의하도록 선처해주신 과목이 종말론 8시간과 현대신학 2시간이었습니다. 이렇게 부임하자마자 맡게 된 과목들이지만, 이미 목회 중에 대신대학교에서 현대신학은 5년간 강의한 적이 있고 종말론의 경우는 개인적인 전사(prehistory)가 있었기 때문에 그다지 당혹스럽지는 않았습니다. 종말론 교과서를 집필하고 출간하면서 또렷이 기억나는 종말론을 진지하게 접하게 된 첫 계기는 1981년 중2 시절로 돌아갑니다. 한 반우를 교회에 인도하였더니 교회에서 준 기드온 신약 성경을 뒤적이다가 요한계시록에 등장하는 용이니 짐승이니 하는 것을 보고는 이상한 집단이라고 교회를 안나가겠다고 단호하게 말했습니다. 반우의 이러한 반응에 깊은 도전을 받은 저는 1982년 1월 방학중에 박윤선 박사의 『계시록 주석』을 구입하여 열독하였을 뿐 아니라, 지금은 남아있지 않지만 독서 노트에 책을 요약하기까지 열심히 공부했었습니다. 그것이 제 인생에 있어서 신학책과의 첫 만남이었고, 또한 말씀 사역자로서의 소명을 각성해 가는 중요한 계기가 되기도 했습니다. 그렇게 10대가 지나갔고, 프리 세미너리 (pre-Seminary) 과정으로 생각하고 입학한 계명대학교 철학과에 재학하는 동안 기독교 세계관과 문화관을 공부했고, 도여베이르트의 기독교 철학에 입문하게 되었으며, 또한 카이퍼와 바빙크의 신칼빈주의 신학, 헤르만 리덜보스와 조지 E. 래드의 하나님 나라 신학을 접하게 되었습니다. 신학을 하기도 전에 저는 종말론을 이해하는데 있어서 개혁주의 무천년설이 가장 정확한 입장이라는 것을 확신하게 되었습니다. 이러한 확신에 이르게 된 데에는 헤르만 바빙크, 윌리엄 헨드릭슨, 그리고 안토니 후크마의 책들이 깊은 영향을 미쳤습니다. 또한 이런 면에서 뿐 아니라 기본적으로 학문하는 길에 관해서는 당시 4년간 계명대학교 철학과에 재직하셨던 은사 강영안 교수님의 영향도 컸습니다. 종말론적인 방향이 정해졌기 때문에, 신대원 재학 초기 이장림의 다미선교회가 기승을 부리던 때에도 저는 조금도 미혹되지 않고 제 길을 걸어갈 수가 있었습니다. 신대원 시절 죽산 박형룡의 장남인 박아론 교수님에게 강한 역사적 전천년설 관점을 배울 수가 있었고, 목회 시절 박형룡 박사의 『교의신학 –내세론』도 정독하고 분석하는 기회를 가진 바가 있습니다. 죽산 박형룡 박사(1897-1978)가 해방 이후 정립해 준대로 세대주의 종말론은 경계하되 역사적 전천년설을 확집하는 전통이 한국 장로교회 안에 초석으로 남아있고, 현재도 총신 공동체 안에는 이 입장에 굳게 서있는 교수들이 있고 교단내에는 많은 목회자들이 존재합니다. 다만 죽산도 신앙고백서에 천년기론이 포함되지 않았기 때문에, 역사적 전천년설, 무천년설, 후천년설 중에 각자 선택할 수 있다고 적시해 준 바가 있듯이, 장로교회 내에는 저처럼 무천년설을 따르는 신학자들과 목회자들도 많이 있습니다. 후배 교수인 강대훈 교수님도 무천년설 관점에서 방대한 『요한계시록 주석』(로고스 출간 예정) 집필을 마쳤다는 소식을 들었고, 20장 부분은 파일 공유를 통해서 살펴본 바도 있습니다. 은사이신 김길성 교수님은 죽산과 정암의 어깨위에 확고하게 서서 역사적 전천년설을 가르쳤던 분이지만, "무천년기 재림론을 사랑하는 역사적 천년기전 재림론자들의 입장에 서기를 원"한다고 고백하곤 했습니다만, 저 역시도 교단 신학자로서 역사적 전천년설과 무천년설 양입장은 주님 오실 때까지 공존 양립하면서 서로 장단점을 배우기 위한 노력이 필요하다고 생각을 합니다. 비성경적인 내용들로 복잡하게 된 세대주의 전천년설에 비하여 역사적 전천년설은 초대 교부 시대로 거슬러 올라가는 간단한 형태의 전천년설입니다. 무천년설과 차이가 있다면 단 한 번의 재림 후에 지상에서 천년왕국이 존재한다고 하는 점입니다. 2019년도 한국개혁주의설교연구원 (당시 서창원 원장님) 세미나에서 새 하늘과 새 땅에 대한 특강을 하면서 천년기론에 대한 저의 마음이 부드러워지는 것을 경험한 적이 있습니다. 후일 영광중에 주님이 재림하신 후에 천년왕국부터 하고 새 하늘과 새 땅으로 들어가야 한다고 하신다면, 무천년설자인 저는 기꺼이 주님과 함께 그 왕국에 들어갈 것인데, 역사적 전천년설자들은 만약 지상 천년왕국은 없고 바로 영원 세계로 들어가자라고 하신다면 기꺼이 참여하겠느냐고 만장한 목회자, 신학생, 성도들에게 물어본 적이 있습니다.

이제 본서의 구성에 대해서 소개해 보겠습니다. 본서는 총 6부로 구성되어 있습니다. I부에서는 종말론의 기초를 다룹니다(1. 서론, 2. 신앙고백적 종말론, 3. 성경적 종말론 – 후크마의 시작된 종말론). 개인적 종말론을 다루는 II부에서는 1. 육체적 죽음, 2. 영혼만의 불멸인가? 3. 중간기 상태 또는 중간기 거처론 등의 주제를 다루었습니다. 이어지는 III부 "우리의 복된 소망"-그리스도의 재림에서는 재림론에 관련된 여러 주제들(재림에 대한 성경적 약속들, 재림의 목적, 시기, 양식, 재림에 대한 준비)을 다루었고, IV부 "시대의 표적들"- 재림의 징조가 있는가?에서는 시대의 표적들에 대한 정리를 했습니다(1. 시대의 표적들에 대한 바른 이해, 복음 전파와 온 이스라엘의 구원? 환난, 배교, 적 그리스도, 심판의 표적들). 본서에서 가장 방대한 논의를 담은 V부 "그리스도와 함께 천년 동안 통치함"- 천년왕국론에서는 역사 가운데 등장한 주요 입장들인 역사적 전천년설, 무천년설, 후천년설, 세대주의 전천년설 등을 최대한 객관적으로 개관한 후에, 마지막으로 "요한계시록 20장의 천년왕국"에서 필자가 생각하기에 가장 옳다고 생각하는 무천년설적인 이해와 실제 설교를 제시해 보았습니다. 그리고 마지막 VI부 "최후에 올 네 가지 것들"에서는 주님의 재림 이후 일어날 1. 몸의 부활, 2. 최후 심판, 3. 게헨나, 4. 새 하늘과 새 땅 등에 대해서 다루었습니다.

  본서는 앞서 밝힌 대로 10대의 나이에 시작된 필자의 종말론 탐구 여정을 일단락 짓는 의미를 가지기도 하지만, 지난 13년간 신학교 종말론 교수로서 연구하고 가르쳐온 내용을 정리하는 의미도 가집니다. 사실 이 정도의 의미라면 탁월하고 우수한 교재가 되어야 할 것 같은데, 실제로는 부족한 저술임을 스스로 뼈저리게 느끼고 있습니다. 좀 더 보완하고, 좀 더 내용을 채우고 싶은 마음이 간절하지만, 후일로 기약할 수밖에 없었습니다. 특히 종말론의 역사, 성경적 종말론(구약과 신약), 종말론적인 삶의 윤리 등에 관한 중요한 논의를 충분히 담지 못한 것이 마음의 짐으로 남습니다. 하지만 본서에 담긴 분량만으로도 "인간론과 종말론"(하나의 과목으로 가르침) 과목 절반의 교재로는 방대해져 버렸다는 점도 자각하게 됩니다. 앞서 필자는 『개혁과 종말론에 기초한 요한계시록 강해』(솔로몬 42025)와 『오직 정신을 차릴지라- 데살로니가 전후서 강해』(세움북스 2024)도 출간하였는데, 기회가 닿는 대로 또 하나의 중요한 종말론 텍스트인 다니엘서 강해도 집필해 보고자 하고, 종말론 주제 중 세대주의 이해와 비판이나 천년왕국론에 대해서는 별도의 단행본 집필을 해보고 싶습니다. 나아가서 본서 자체도 그다지 어렵다고 생각하지는 않지만, 분량도 줄이고 학술적인 주들도 줄어 일반 신자들이 읽을 수 있는 종말론 책자를 출간하고 싶은 마음도 있습니다.

  이제 감사의 글로 서문을 마치고자 합니다. 저로 하여금 요한계시록이라는 래빗 홀(rabbit hole-『이상한 나라의 앨리스』의 이미지를 빌려 표현한다면)에 빠져들게 했던 중2 시절 그 반우를 기억하고, 그후에라도 그리스도 안에 있는 사람이 되었기를 소망해 봅니다. 그리고 건전한 개혁주의 신학에 일찍이 빠져 들도록 도움을 주셨던 여러 교역자들과 은사들에게 감사를 드립니다. 지난 13년 동안 동고동락한 여러 교수님들께 감사하고, 이제는 은퇴 1년을 앞두고 있는 양현표 교수님과 몇몇 교수님들에게 특별히 감사를 드립니다. 또한 무천년설 관점에서 신학하는 강대훈 교수님의 지지와 격려 또한 잊지 않고 있습니다. 바라건대 본서와 강 교수님의 주석이 시너지 효과를 발할 수 있기를 소망해 봅니다. 그리고 지난 13년 동안 연구실과 보직교수실 조교로 수고해 주었던 여러 제자들에게도 감사를 드립니다(주명재, 김성민, 김운중, 김하림, 이광희, 이종탄, 채병국, 김겸손, 송혜련, 배은찬, 유지은). 또한 매 가을 학기 마다 인간론과 종말론 과목을 수강해온 제자들 – 지금까지 4천명이 넘는 제자들이 종말론을 배우고 졸업을 했는데, 그 모든 제자들에게 감사하면서 이제 본서가 현장 사역속에서 참고 자료가 되기를 소망해 봅니다. 아울러 개혁신학연구처장/ 도서관장 직무를 맡게 해주시고 여러 가지로 격려를 아끼지 않으시는 박성규 총장님과 강웅산 신대원장님과 조직신학 전공 교수님들(문병호 교수님, 윤형철 교수님, 문홍선 교수님)께도 감사를 드립니다. 그동안 여러모로 도움과 격려를 베풀어 주신 김진현 목사님(주의교회)과 홍성환 목사님(이천 신학교회)에게도 감사를 드립니다. 2024년 12월부터 본격적으로 본서의 집필을 시작한 후, 제가 아파서 멈추어야 했던 시간들이 있고, 아내가 뇌출혈로 인해 투병하게 됨에 따라 부득불 집필을 멈추어야 했던 시간들(현재도 진행중)이 있습니다. 이 어려운 시기에 기도로 응원해 준 가족들, 지인들, 그리고 3-4반 원우들과 다른 원우들에게 이 자리를 빌어 감사를 전합니다. 종이책 산업의 사양길에 들어서 있는 이런 시절에 본서의 출간을 허락해 주신 박영호 장로님께 감사하고, 또한 편집과 출판을 위해 수고한 이들에게도 감사를 전합니다. 또한 바쁜 시간을 쪼개어서 추천사를 써주신 아홉분의 교수님들과 최진석 원장님께 감사를드립니다. 본서의 출판 소식을 듣고 종말론 교재로 사용하겠다고 격려해준 신대원 동창이기도 한 칼빈대학교 유창형 교수님께도 감사드립니다.

이제 끝으로 시편 40편 저자가 고백했던 바대로 "기가 막힐 웅덩이와 진흙 수렁"이 무엇인지를 절감하게 된 역경의 시절에 부르짖는 자를 긍휼히 여기시고, 적시에 필요한 은혜를 베풀어 주시며, 불가능해 보였던 본서 집필을 마칠 수 있도록 새 힘을 주신 하나님 아버지께 영광을 돌립니다. 소망하고 기도하면서 간절히 바라기는 시편 저자의 고백처럼 "나를 기가 막힐 웅덩이와 수렁에서 끌어올리시고 내 발을 반석 위에 두사 내 걸음을 견고하게 하셨도다. 새 노래를 곧 우리 하나님께 올릴 찬송을 내 입에 두셨으니 많은 사람이 보고 두려워하여 여호와를 의지하리로다."(시 4:3-4)는 시인의 경험적 고백이 우리 가정에도 경험되어지는 일입니다. 궁극적으로는 하늘(heaven)에서, 그리고 새 하늘과 새 땅에서 우리 모두의 눈에서 눈물을 씻어주시고, 모든 약함이 벗어지게 하시며, 구원받은 자들만이 부를 수 있는 새 노래를 부르게 하실 것입니다. Marana tha!

2025년 5월 19일 (월)

박형룡 박사 기념 도서관 관장실에서

이상웅 자서(自序)

| 목차 |

추천 사 ··· 6
저자서문 ·· 16

I. 종말론의 기초

1. 서론 ·· 30
1.1. 들어가는 말 ·· 30
1.2. 종말론의 정의와 개념 ·· 31
1.3. 종말론의 구성 ·· 33
1.4. 종말론 주요 문헌들 ··· 38
1.5. 처음으로 종말론을 공부하고자하는 이들을 위한 안내 ········ 42

2. 신앙고백적 종말론 ·· 49
2.1. 들어가는 말 ·· 49
2.2. 벨직 신앙고백서(*Confessio Belgica*, 1561)의 종말론 ········ 51
2.3. 웨스트민스터 신앙고백(Westminster Confession of Faith)의 종말론 ··· 80

3. 성경적 종말론 – 후크마의 시작된 종말론 ······················· 104
3.1. 들어가는 말 ·· 104
3.2. 구약의 종말론 ··· 105
3.3. 신약의 종말론의 성격 ·· 106
3.4. 역사의 의미 ·· 107
3.5. 하나님의 나라 ··· 109
3.6. 성령과 종말론 ··· 110
3.7. 이미와 아직 아니의 긴장 ······································· 112

II. 개인적 종말론

1. 육체적 죽음 ··· 118
- 1.1. 들어가는 말 118
- 1.2. 세 종류의 죽음과 죽음의 원인 119
- 1.3. 그리스도인의 죽음과 죽음을 대하는 자세 123
- 1.4. 장례 방식 136
- 1.5. "주 안에서 죽는 자의 복" 138

2. 영혼만의 불멸인가? ······································· 150
- 2.1. 들어가는 말 150
- 2.2. 기독교 밖의 영혼 불멸 사상 151
- 2.3. 용어에 대한 고찰 – 아타나시아($\dot{\alpha}\theta\alpha\nu\alpha\sigma\iota\alpha$)와 아프타르시아($\dot{\alpha}\phi\theta\alpha\rho\sigma\iota\alpha$) 153
- 2.4. 개혁 신학자들의 견해 고찰 156
- 2.5. 영혼만의 불멸이 아니라 몸의 부활이 우리의 종말론적인 소망이다. 160

3. 중간기 상태 또는 중간기 거처 ······················· 163
- 3.1. 들어가는 말 163
- 3.2. 구약의 자료들 165
- 3.3. 신약의 자료들 167
- 3.4. 중간기 거처 – 하늘(天堂)과 하데스(陰府) 176
- 3.5. 로마교회의 중간기 거처론 186
- 5.5. 하늘(천당)에서의 복된 삶 193

III. "우리의 복된 소망" - 그리스도의 재림

1. 들어가는 말 ··· 206

2. 재림에 대한 성경적 약속들 ··· 208
   2.1. 재림에 대한 예수 그리스도의 교훈들   208
   2.2. 재림에 대한 사도들依 교훈   213

3. 재림의 목적, 시기, 그리고 양식 ··································· 221
   3.1. 재림의 목적   221
   3.2. 재림의 시기   223
   3.3. 재림의 양식(Mode)   224

4. 재림을 기다리는 마땅한 자세 ······································ 228
   4.1. 들어가는 말   228
   4.2. 청지기 자세 - 마태복음 24장 36절-51절   230
   4.3. 등과 기름을 준비하는 삶 - 마태복음 25장 1절-13절   240
   4.4. 달란트를 활용하는 삶 - 마태복음 25장 14절-30절   250
   4.5. 작은 자들을 돌아보는 삶 - 마태복음 25장 31절-46절   259

IV. "시대의 표적들" – 재림의 징조가 있는가?

1. 시대의 표적들에 대한 바른 이해 ······ 272
1.1. 들어가는 말 272
1.2. 우리가 경계해야 할 시대의 표징론 273
1.3. 개혁주의적인 시대의 표적론 276
1.4. 어떤 시대의 표적들이 있는가? 277

2. 복음 전파 온 이스라엘의 구원? ······ 280
2.1. 복음의 만국 전파 280
2.2. 온 이스라엘의 구원 284

3. 환난, 배교, 적 그리스도 ······ 309
3.1. 환난(Tribulation) 309
3.2. 배교(Apostasy) 322
3.3. 적그리스도 또는 불법의 사람 327

4. 심판의 표적들 – 각종 재난들 ······ 339
4.1. 들어가는 말 339
4.2. 감람산 강화(마 24:6-8) 340
4.3. 7인, 7나팔, 7대접 재앙(계 6장-16장) 343

V. "그리스도와 함께 천년 동안 통치함" – 천년왕국론

1. 들어가는 말 ······································· 348

2. 역사적 전천년설(Historic Premillennialism)   354
2.1. 들어가는 말   354
2.2. 역사적 전천년설의 역사 개관   355
2.3. 조지 E. 래드(George E. Ladd, 1911-1982)의 역사적 전천년설   357
2.4. 죽산 박형룡과 총신 교수들의 역사적 전천년설   364
2.5. 조지 래드 이후 영어권 신학자들의 역사적 전천년설   421

3. 무천년설(Amillennialism) ························ 432
3.1. 들어가는 말   432
3.2. 아우구스티누스(Augustinus, 354-430)의 무천년설   434
3.3. 존 칼빈(John Calvin, 1509-1564)   437
3.4. 신칼빈주의자들의 무천년설   440
3.5. 2차 대전후 영어권 신학자들의 무천년설   452
3.6. 안토니 후크마의 무천년설   459
3.7. 구례인 선교사와 총신 교수들   463

4. 후천년설(Postmillennialism) ···················· 483
4.1. 들어가는 말   483
4.2. 후천년설의 시작과 전개 과정   484
4.3. 나더러 레포르마치(Nadere Reformate) 시기의 후천년설
 – 빌헬무스 아 브라컬의 후천년설   486
4.4. 미국 청교도 신학자 조나단 에드워즈의 후천년설   489
4.5. 구프린스턴과 19세기 신학자들의 후천년설   493

4.6. 로레인 뵈트너(Loraine Boettner, 1901-1990)의 후천년설   498
4.7. 케네스 젠트리 2세(Keneth Gentry jr., 1950-)의 후천년설   501

5. 세대주의 전천년설(Dispensational Premillennialism)   507

5.1. 들어가는 말   507
5.2. 세대주의의 역사 개관   511
5.3. 주요 대변인들의 해설 고찰   522
5.4. 나가는 말 – 평가   557

6. 요한계시록 20장 1절-6절 고찰   560

6.1 들어가는 말   560
6.2 요한계시록은 어떤 책인가?   560
6.3. 요한계시록의 해석 방법   563
6.4. 요한계시록 20장 1절-6절 이해   575
6.5. 요한계시록 20장 1절-6절에 대한 강해 실례   587

VI. "최후에 올 네 가지 것들" – 재림 후에 되어질 일들

1. 몸의 부활   598

1.1. 들어가는 말   598
1.2. 몸의 부활은 성경적인 소망이다   599
1.3. 부활의 주체   602
1.4. 부활체의 본질   603
1.5. 부활의 시기   616
1.6. 부활 신앙의 적용   618

2. 최후 심판   622

2.1. 들어가는 말   622

2.2. 최후 심판의 필요성과 목적은 무엇인가? 623
　2.3. 심판의 시기와 수(數) 625
　2.4. 누가 심판장인가? 626
　2.5. 심판의 대상자 627
　2.6. 심판의 내용 629
　2.7. 심판의 기준 631
　2.8. 최후 심판에 있어서 행위의 역할이 무엇인가? 632
　2.9. 차등 상급(gradual rewards)의 문제 637
　2.10. 최후 심판(계 20:11-15)에 대한 실제 설교 642

3. 지옥(게헨나) 652
　3.1. 들어가는 말 652
　3.2. 악인들의 최후 상태 혹은 거처 654
　3.3. 지옥에서의 영원한 형벌에 대한 반론들 662
　3.4. 영원한 형벌을 거부하는 입장들에 대한 반론 669
　3.5. 지옥에서의 영원한 형벌 교리의 실천적 적용 672

4. 새 하늘과 새 땅 675
　4.1. 들어가는 말 675
　4.2. 신자들의 중간기 거처와 궁극적인 거주지 677
　4.3. 세계파괴설인가 만유갱신설인가? 681
　4.4. 새 예루살렘- 도성인가 아니면 구속받은 교회 공동체인가? 690
　4.5. 새 하늘과 새 땅(계 21:1-22:5)에 대한 실제 설교 697
　4.6. 나가는 말 757

참고문헌 760

I. 종말론의 기초

1. 서론

2. 신앙고백적 종말론

3. 성경적 종말론 – 후크마의 시작된 종말론

1. 서론

1.1. 들어가는 말

본서는 개혁주의 관점에서 종말론의 주요 주제들을 학습하고자 하는 신대원 학생들을 위해 저술된 교과서(textbook)이다.[1] 20세기 들어 1, 2차 세계대전을 겪으면서 서구 신학자들은 기독교 신앙은 종말론적인 신앙이라고 강조해 왔다. 또한 종말론은 기독교적 메시지의 일부나 부록에 불과한 것이 아니라 "성경의 전 메시지를 주도하고 침투하여"있다는 점을 강조하기 시작했다.[2] 우리가 시야를 넓혀서 역사를 본다면 종말과 내세에 대한 관심은 단지 기독교 신자들 만의 관심사가 아니라 "고금을 통하여 또는 전세계적으로 보편적인" 것임을 확인할 수 있다.[3] 그러나 종말론이 그렇게도 중요성을 띄다 보니 수 많은 불건전한 종말론 운동 내지 사이비 종말론이 횡행하고 있다. 특히 디지털 혁명 시대에 살아가고 있는 우리 세대로서는 인터넷 유튜브를 통해 보급되고 있는 불건전한 종말론에 영향을 받기 쉬운 시대에 살아가고 있다. 썸네일을 자극적으로 만들고, 내용을 흥미롭게 전개하고, 영상기술을 동원하기 때문에, 정통적인 종말론 보다 훨씬 더 사람들의 귀에 솔깃할 수밖

---

[1] 본서가 취하고 있는 신학 입장은 역사적 개혁주의 또는 정통 개혁주의(theologia reformata orthodoxa)이다. 오직 성경으로와 성경 전부의 원칙 위에 서되, 개혁파 신앙고백문서들의 안내를 따라 주요 개혁신학자들의 저술에 근거하여 종말론을 개진했다. 특히 아우구스티누스, 칼빈, 바빙크, 후크마, 박형룡 박사 등의 저술들을 가장 많이 활용하고 있다.

[2] Anthony A. Hoekema, *The Bible and the Future* (Carlisle: Paternoster, 1979), 3. 역사적 개혁주의 관점에서 비판의 대상이 되어온 칼 바르트와 위르겐 몰트만 역시도 종말론의 중요성을 나름대로 강조하였다: Karl Barth, *Der Römerbrief 1922*, 15 Aufl. (Zürich: TVZ, 1989), 239, 252, 325, 326, 352, 526 등을 보라. 특히 325쪽에서 바르트는 "Christentum, das nicht ganz und gar und restlos Eschatologie ist, hat mir Christus ganz und gar und restlos nichts zu tun."이라고 말한다(이상웅, "루이스 벌코프의 칼 바르트 신학에 대한 평가," 「개혁논총」 25[2013], 63에서 재인용). 현대신학의 종말론의 흐름과 주요 논의 주제들에 관해서는 Hoekema, *The Bible and the Future*, 288-311; Horst Georg Pöhlmann, *Abriß der Dogmatik*, 이신건 역, 『교의학』 (서울: 신앙과지성사, 2012), 485-5324를 보라.

[3] 박형룡, 『교의신학-내세론』 (서울: 은성문화사, 1976), 27-30.

에 없는 현실이다.⁴ 이런 상황 속에서도 우리는 성경적으로 근거가 있고, 개혁주의적인 관점에서 잘 정립된 종말론이 필요하다고 생각한다.

본서는 오랫동안 신학교에서 종말론을 강의해온 내용들을 보다 더 체계적으로 정리하고 학술적인 근거들을 제시하는 형식으로 되어 있다. 난해하고 방대한 종말론 공부를 시작하면서, 우선 우리는 종말론이라는 과목을 둘러싼 여러 기본적인 개념들에 대한 정리로 시작하려고 한다. 먼저는 종말론의 정의와 개념에 대해 살펴 보고 나서, 종말론의 구성에 대해 살피고, 종말론의 주요 문헌들을 제시해 보고자 한다. 1.5에 수록한 "처음으로 종말론을 공부하고자 하는 이들을 위한 안내"는 월간지 「목회와 신학」의 요청에 따라 써서 기고했던 "종말론 연구를 위해 무엇을 읽을 것인가?"라는 글을 종말론 공부를 시작하는 이들을 위해 재수록한 것이다.⁵

1.2. 종말론의 정의와 개념

종말론을 영어로는 에스커탈러지(eschatology)라고 하는데, 이는 라틴어 에스카톨로기아(*eschatologia*)에서 왔고, 헬라어 역시 에스카톨로기아(ἔσχατολογία)라고 부른다.⁶ 헬라어 에스카톨로기아는 마지막을 의미하는 에스카토스(ἔσχατος)와 어떤 것에 대한 연구(the study of something)를 의미하는 로기아(λογία)라는 단어가 합성된 단어이다. 이 단어가 신조어로 처음 사용된 것은 루터파 정통주의 신학자 J. 게르하르트(J. Gerhard)의 제자 필립 하인리히 프리틀립(Philipp Heinrich Friedlieb)에 의해서이고, 학술 언어로 정착된 것은 19세기에 들어서이다.⁷

---

4 유튜브 알고리즘에 의해 대중적인 인기를 얻고 있는 대부분의 종말론들이 대중적인 세대주의 종말론에 속한다. 오죽하면 필자의 세대주의 비판 강의 영상도 키워드 덕분인지 3만회 가까운 조회수를 기록하고 있다(https://www.youtube.com/watch?v=UM9YnfP_c9Y&t=420s&ab_channel=%EB%82%A8%EC%84%9C%EC%9A%B8%EC%9D%80%ED%98%9C%EA%B5%90%ED%9A%8C, 2025.5.19. 접속).
5 이상웅, "종말론 연구를 위해 무엇을 읽을 것인가?" 「목회와 신학」 (2023년도 7월호): 190-193.
6 헬라어에서 근원한 이 단어는 독일어에서는 Eschatologie(에스카톨로기), 화란어로는 eschatologie(에스카톨로히)로 표기한다.
7 Markus Mühling, *T&T Clark Handbook of Christian Eschatology*, trans. Jennifer Adams-Maßmann and David A. Gilland (London: Bloomsbury and T&T. Clarke, 2015), 3-4.

종말론의 역사를 살펴 보면 종말론은 다양한 이름들로 불리우기도 했다. 루터파 정통신학자인 게르하르트는 "마지막 것들에 관하여"(*de novissimis*)라고 불렸고, 아브라함 카이퍼(Abraham Kuyper, 1837-1920)는 "세상의 완성에 관하여"(*de consummatione Saeculi*)라고 불렀다.[8] 한편 19세기 독일신학자인 하인리히 헤페는 "영화"(glorification)라는 제목을 부쳤다.[9] 헤르만 바빙크는 "마지막 것들에 관하여"(Over de laatste dingen)이라 명명했다.[10] 한국 장로교회 신학을 정초한 죽산 박형룡(1897-1978)은 종말론이라는 명칭이 성경적인 근거가 있다는 점을 인정하면서도, 내세론(來世論)이라는 명칭을 선호한다.[11] 죽산은 그 이유를 다음과 같이 밝힌다.

> 그런즉 종말론이란 명칭 자체는 세계의 종말 사물들만을 관설하는 듯하나 이 논구의 실제 내용은 내시대의 영원한 사물에 최종 목표를 두는 것이 확실하다. 그러므로 우리는 현세의 종말 사물에 보다도 영원한 내세의 나타남과 영속에 더 많은 흥미를 느끼어 내세론이라는 명칭을 채택한다. 그러나 우리는 종말론이라는 명칭도 보유하여 두 명칭을 교대적으로 사용할 것이다.[12]

그러나 본서에서는 종말론이라는 명칭을 사용하면서, 죽산의 의도하는 바를 충분히 수용하는 방식으로 내용을 전개하고자 한다.

---

8 Abraham Kuyper, "Locus de Consummatione Saeculi," *Dictaten Dogmatiek*, 5vols. (Kampen: Kok, 1910), 5권 후반부. 카이퍼의 교의학 구술본은 5권으로 묶어지긴 했으나 내용적으로는 13책으로 구성되어 있으며, 고재수 선교사 교수의 아들인 알베르트 호쩌스(Albert Gootjes) 박사가 Lexham Press와 계약을 맺고 영역 작업을 시작했다.
9 Heinrich Heppe, *Reformed Dogmatics*, trans. G. T. Thomson (Grand Rapids: Baker, 1984), 695-712(= 이정석 역, 『개혁파 정통 교의학』 [고양: 크리스챤다이제스트, 2007]). 헤페의 원서는 독일어와 라틴어로 되어 있으나, 한역본은 영역본을 중역한 것이다.
10 Herman Bavinck, *Gereformeerde Dogmatiek*, 4 vols. 2nd ed. (Kampen: Kok, 1906-1911), 4:645-815; *Reformed Dogmatics*, 4 vols. trans. John Vriend (Grand Rapdis: Baker, 2003-2008), 4:589-730.
11 박형룡, 『교의신학 내세론』(서울: 은성문화사, 1973), 44-45. 내세론이라는 명칭은 윌리엄 레이놀즈(William D. Reynolds, 1867-1951, 이눌서) 선교사가 번역 감수하여 신학교 교재로 사용한 중국인 신학자 가옥명의 종말론 교재에서도 사용된 명칭이다(가옥명, 『내세론』[평양: 장로회신학교, 1931]). 가옥명(Jia Yuming, 1880-1964)의 배경과 그의 종말론에 관해서는 이상웅, 『윌리엄 레이놀즈의 생애와 조직신학』(서울: 세움북스, 2023), 281-298, 483-504를 보라.
12 박형룡, 『교의신학 내세론』, 45.

1.3. 종말론의 구성

종말론을 어떻게 구성하여 다룰 것인가는 같은 개혁주의 진영 안에서도 차이가 있다. 내용상 본질적인 차이라고 보기는 어렵지만, 학자들은 나름의 기준에 따라 구성을 달리한다. 우선 대별되는 두 가지 방식을 소개한 후에, 본서의 구성을 간략하게 소개하고자 한다. 이를 통해 본서가 취하고 있는 신학적인 입장이 무엇인지를 미리 확인할 수가 있을 것이다.

1.3.1. 종말론의 두 가지 구성 방식

이제 종말론이 어떻게 구성되는지를 확인해 보도록 하자. 루이스 벌코프(Louis Bekhof, 1873-1957)는 개인적 종말론(individual eschatology)과 일반적 종말론(general eschatology)으로 양분하여 다루었고,[13] 박형룡 박사 역시도 그 방식을 따르고 있어서 국내의 많은 신학도들은 이 양분 방식에 익숙할 것이다.[14] 이런 방식은 죽산의 제자이자 합신의 조직신학 교수였던 신복윤 교수(1926-2016) 역시도 따르고 있다.[15] 20세기에 발전된 하나님 나라 신학에 힘입어 하나님 나라 또는 천국(the Kingdom of God or the Kingdom of Heaven)의 미래성 뿐 아니라 현재성을 강조하는 대세를 따라 벌코프의 제자인 안토니 후크마(Anthony A. Hoekema, 1913-1988)의 경우에는 기존의 두 부분 즉, 개인적 종말론과 일반적 종말론을 묶어 미래 종말론(Future Eschatology)으로 명명하여 제2부로 편성하고, 그보다 앞선 1부에서는 시작된 종말론(the inaugurated eschatology)을 다루어 주었다.[16] 이러한 변화는 개혁주의 종말론 논의에 있어서 참으로 중요한 진전이라고 생각한다. 후크마

---

13 Berkhof, *Systematic Theology*, 661-738. 개인적 종말론에서 벌코프는 육체적 죽음, 영혼의 불멸, 중간 상태 등을 다루고, 일반 종말론에서는 그리스도의 재림, 천년기론, 죽은 자의 부활, 최후 심판과 최후 상태 등을 다룬다.
14 Ezra Kilsung Kim, "Dr. Hyung Nong Park's Theology of the Last Things," *Chongshin Theological Journal*, I/2 (August 1996): 72-89.
15 신복윤, 『종말론』 (서울: 개혁주의신행협회, 2001/ 2013).
16 Anthony A. Hoekema, *The Bible and the Future* (Carlisle: Paternoster, 1979); 이용중 역, 『개혁주의 종말론』 (서울: 부흥과개혁사, 2012).

의 후기 제자인 코르넬리스 비네마(Cornelis P. Venema, 1954-)는 은사의 논의 방식을 철저하게 따르지는 않지만, 첫 파트에서 후크마가 정리해준 시작된 종말론의 내용을 요약적으로 활용하는 것을 볼 수가 있다.[17] 본서 역시도 후크마가 정리해 준 시작된 종말론의 내용을 간략하게 소개하려고 한다.

그러나 개혁신학자들 가운데는 종말론의 구성을 몇 가지 주제로 나누어서 다루는 경우도 적지 않게 있다. 예컨대 구 프린스턴 신학자인 찰스 하지(Charles Hodge, 1797-1878)는 『조직신학』 제3권, 제4부 종말론을 죽음 이후 영혼의 상태, 부활, 재림, 재림과 동시에 일어날 일들 등으로 장을 구분하여 해설해 주고 있다.[18] 헤르만 바빙크(Herman Bavinck, 1854-1921)는 『개혁교의학』 제4권 종말론에서 중간 상태(61장), 그리스도의 재림(62장), 세상의 완성(63장) 등 세 부분으로 나누어 논의를 개진해준다.[19] 20세기에 활동했던 베르까워(G. C. Berkouwer, 1903-1996)는 『그리스도의 재림』에서 14개의 주제로 나누어서 종말론을 전개해 나간다.[20] 한편 앞서 언급했던 비네마의 경우는 6주제로 나누어 종말론을 해설해 준다.[21] 길게 더 부연하지 않아도 이러한 방식의 종말론 교본들이 상당히 많음을 지적하고 넘어가기로 하겠다.

---

17 Cornelis P. Venema, *The Promise of the Future* (Edinburgh: Banner of Truth, 2000); 박승민 역, 『개혁주의 종말론 탐구』 (서울: 부흥과개혁사, 2014).
18 Charles Hodge, *Systematic Theology*, 3 vols. (New York: Scribner's Sons, 1872-1873), 3:712-880.
19 Herman Bavinck, *Gereformeerde Dogmatiek*, 박태현 역, 『개혁교의학』, 전4권 (서울: 부흥과개혁사, 2011), 4:695-867.
20 G. C. Berkouwer, *De wederkomst van Christus*, 2 vols. (Kampen: Kok, 1961, 1963); *The Return of Christ*, trans. James van Oosterom (Grand Rapids: Eerdmans, 1972).
21 Venema, *The Promise of the Future*, Table of Contents: I. The Future is Now, II. The Future Between Death and Resurrection, III. The Future of Christ, IV. The Future Marked by the 'Signs of the Times', V. The Future of the Kingdom, and VI. The Future of All Things.

1.3.2. 본서의 구성

본서에서 필자는 벌코프와 박형룡의 논의 방식을 따르지 아니하고, 여섯 부로 나누어서 전개하려고 한다. 논의의 순서는 다음과 같다.

I. 종말론의 기초

I부("종말론의 기초")에서는 서론에 이어 신경적 종말론과 성경적 종말론을 다루고자 한다. 본서는 오직 성경으로와 성경 전부를(Sola Scriptura et Tota Scriptura)의 원리위에서 종말론을 다루고 있기 때문에, 비록 조직신학 교본이라고 하더라도 성경 본문이나 성경신학적인 관심을 지속적으로 기울이고자 노력했으며, 2차적으로는 개혁파 신앙고백문서들을 성경 이해의 열쇠로서 활용하는 일에도 치중하였다. 1부의 2장에서 신앙고백적 종말론을 다루되, 특히 벨직 신앙고백서(Confessio Belgica, 1561)와 웨스트민스터 신앙고백(Westminster Confession of Faith, 1647)의 종말론을 비교적 자세하게 살펴 볼 것이다. 이어지는 3장에서는 성경적 종말론을 다루게 되는데, 조직신학 분야가 아니라 성경신학 분야에서도 종말론 논의가 풍성한 결실을 거두고 있기 때문에 추후에 별도의 단행본 출간이 불가피한 주제라고 생각한다. 본서에서는 후크마가 선도적으로 제시해준 "시작된 종말론"의 주요 줄거리를 소개하는 것으로 만족하고자 한다.

II. 개인적 종말론

II부에서는 개인적 종말론(Individual Eschatology)을 다루게 되는데, 1. 육체적 죽음, 2. 영혼만의 불멸인가? 3. 중간기 상태 또는 중간기 거처론 등을 다루고자 한다. 개혁파적 해설에 따라 본서는 인간의 보편적인 죽음의 원인이 죄의 형벌이라는 점을 인정하고, 몸이 죽은 후에 영혼만 천당(하늘, heaven)에 올라가서 주님과 함께 산다고 하는 중간기를 말하면서도, 결국 재림 후 몸의 부활이 궁극적 상태라는 점을 균형있게 강조하였고, 나아가서는 죽음 이후 중간 상태 혹은 중간기 거처는 천당과 음부(Hades) 두 곳 밖에 없다는 점을 살펴보게 될 것이다.

III. "우리의 복된 소망" – 그리스도의 재림

III부에서는 일반적이고 우주적인 종말론의 중심 주제인 그리스도의 재림론을 보게 될터인데, 제목을 "우리의 복된 소망"이라고 부친 이유는 디도서 2장 13절에 바울이 말한 대로 "복스러운 소망과 우리의 크신 하나님 구주 예수 그리스도의 영광이 나타나심"이 동일한 내용이기 때문이다.[22] 들어가는 말에 이어 2장에서는 재림에 대한 성경적 약속들을 살펴 보고, 3장에서는 재림의 목적, 시기, 그리고 양식에 대해 살펴 보고, 4장에서는 재림에 대한 준비를 살펴 보고자 한다.

IV. "시대의 표적들" – 재림의 징조가 있는가?

IV부에서는 "시대의 표적들"(the Signs of the Times)이라는 제하에 재림의 징조론을 다루게 된다. 시대의 표적에 대한 불건전한 이해들을 비판하면서, 올바른 이해를 제시한 후에, 주요 표적들로 꼽히는 복음 전파 온 이스라엘의 구원? 환난, 배교, 적 그리스도, 그리고 심판의 표적들을 각기 살펴 보았다. 재림에 대한 가장 중요하고 안전한 표지는 지상 명령(마 28:19-20) 밖에 없다는 점을 인식하는 것이 매우 중요하다고 생각한다. 다만 마지막 한 세대의 유대인들을 위한 특별한 계획이 있는가하는 주제에 관해서는 개혁주의자들 가운데도 긍정적으로 생각하는 학자들이 많이 있다는 점을 필자는 잘 인식하고 있다. 그럼에도 불구하고 필자는 화란 개혁주의의 주류를 따라 이스라엘 백성들 가운데 택자 총수로 이해하는 입장을 말하게 될 것이다. 그리고 환난, 배교, 적그리스도, 심판의 표적들은 초림과 재림 사이에 반복되

---

22 NA 28판 원문은 다음과 같다: "προσδεχόμενοι τὴν μακαρίαν ἐλπίδα καὶ ἐπιφάνειαν τῆς   δόξης τοῦ μεγάλου θεοῦ καὶ σωτῆρος ἡμῶν Ἰησοῦ Χριστοῦ."

는 표적들임을 말할 것이고, 다만 재림 직전에 대환난, 대배교, 마지막 적그리스도 등이 등장할 것을 더불어서 말하게 될 것이다. 이러한 이해는 요한계시록의 해석 방법중 점진적 병행법(Progressive Parallelism)에 의해서 지지되는 바이다.

V. "그리스도와 함께 천년 동안 통치함"- 천년왕국론

V부에서는 "그리스도와 함께 천년 동안 통치함"- 천년왕국론을 살펴 보게 될 것이다. 사실 종말론은 어느 천년기론이냐에 따라 구조적으로 확연한 차이를 가져오기 때문에(특히 세대주의 전천년설의 경우), 천년왕국론에 대한 집중적인 학습이 필요하다고 생각한다. 본서에서도 가장 방대한 분량이 천년왕국론에 할애되어 있음을 알 수 있을 것이다. 들어가는 말에 이어서 필자는 주요 천년기론을 역사상 등장 순서대로 개관하는 일을 수행해 보았다. 즉, 역사적 전천년설로 시작해서, 무천년설, 후천년설, 그리고 세대주의 전천년설을 차례대로 개관하되, 각각의 원자료들에 근거하여서 최대한 객관적인 이해가 될 수있도록 정리해 보았다. 각자의 입장이 어떠한 성경적 근거와 역사적인 기원을 가지는지에 대한 이해가 매우 중요하기 때문에 이러한 논의는 필수적으로 요청된다고 생각한다. 그리고 나서 필자의 입장인 무천년설 관점에서 요한계시록 20장 1절-6절 고찰이라는 장으로 천년왕국론을 마무리지었다. 적어도 필자는 역사적 전천년설과 무천년설은 서로 존중하면서 각자의 장단점을 살피고 보다 나은 이해에 이르도록 노력하는 것이 필요하다고 생각한다.

VI. "최후에 올 네 가지 것들" - 재림 후에 되어질 일들

본서의 마지막 VI부는 "최후에 올 네 가지 것들"이라는 제목을 가지고 있다. 이는 재림 후에 되어질 일들로서 1. 몸의 부활, 2. 최후 심판, 3. 지옥(게헨나), 4. 새 하늘과 새 땅 등을 가리킨다. 영육 이원론이 문제라기 보다는 몸밖에 없는 듯이 살아가는 유물론적 풍토(외모지상주의, 성형 공화국, 헬스 종교 등의 유행어에서 볼 수 있듯이)에서 몸의 부활의 의미와 중요성을 제대로 인식하는 것은 우리의 신앙에 있어서 중요한 일이라고 생각된다. 뿐만 아니라 그리스도 안에서 정죄가 없게 된 그리스도인(롬 8:1)이지만, 최후 심판에 모두 참여하게 되며, 각자 행한대로 상을 받게 된다고 하는 성경의 주요 진리도 바르게 이해하는 것이 필요하다. 그리고 불신자의 최후 거처인 지옥(게헨나)이나 신자들의 최후 거처인 새 하늘과 새 땅에 대한 성경적인 이해를 가지는 것 역시도 매우 중요하다고 본다. 우리는 본서의 마지막 VI부에서 이러한 주제들에 대한 개혁파적이고 성경적인 이해를 학습하게 될 것이다. 실제로 보수적이고 정통적인 장로교단에 속해 있는 목회자들, 신학도들, 그리고 교인들 가운데도 이러한 주제들에 대한 바른 이해에 이르지 못한 이들이 비일비재하기 때문에, 더욱더 이 주제들에 대한 바른 학습이 필요하다고 생각한다.

1.4. 종말론 주요 문헌들

종말론에 관련된 문헌들을 다 수집하기도 어렵지만, "종말론 도서관"을 꾸밀 만큼 방대한 문헌이 존재한다. 본서는 개혁주의 관점에서 종말론을 다루는 신학교 교재이기 때문에, 개혁주의적 관점에서 주요한 문헌들을 소개하는 것으로 제한하고자 한다. 보다 더 자세한 문헌록은 본서의 말미에 있는 참고문헌록을 참고하기를 바란다. 문헌 소개는 종말론을 포함하는 조직신학 교본과 독자적인 종말론 문헌으로 양분하여 제시하도록 하겠다.

1.4.1. 조직신학 교본

Bavinck, Herman. *Gereformeerde Dogmatiek*. 4th Ed. 4 Vols. Kampen: Kok, 1928-1930; 박태현 역,『개혁 교의학』. 전4권. 서울: 부흥과개혁사, 2011.
_____. *Reformed Dogmatics*. 4 Vols. Trans. John Vriend, Ed. John Bolt. Grand Rapdis: Baker, 2003-2008.

_____. *Magnalia Dei*. 박태현 역, 『하나님의 큰일』 (역간 예정).

Beeke, Joel and Paul Smalley, *Reformed Systematic Theology*, 4 Vols. Wheaton: Crossway, 2019-2024; 『조직신학』. 서울: 부흥과개혁사, 역간중(총8권).

Berkhof, Louis. *Introduction to Systematic Theology*. Grand Rapids: Eerdmans, 1932.

_____. *Systematic Theology*. Grand Rapids: Eerdmans, 1941. 이상원, 권수경 역. 『조직신학』. 고양: CH북스, 2020.

Calvin, John. *Institutio Christianae religionis*. Geneva: 1559. 문병호 역. 『기독교강요』. 전4권. 서울: 생명의말씀사, 2020.

_____. *Institutes of the Christian Religion*. 2 Vols. Trans. Ford L. Battles. Philadelphia: Westminster Press, 1960.

Crane, John C. *Systematic Theology: A Compilation from the Works of R. L. Dabney, R. A. Webb, Louis Berkhof and Many Modern Theologians*, 3 vols. (Gulfport: Specialized Printing; Limited English edition, 1953-1963; 김규당 역. 『조직신학(상), (하)』. 서울: 대한예수교장로회총회 종교교육부, 1954-1955.

Dabney, Robert L. *Systematic Theology*. 1871/ Edinburgh: Banner of Truth, 2002.

Erickson, Millard. *Christian Theology*. 3nd ed. Grand Radpids: Baker, 2013.

Genderen, J. van and W. H. Velema, *Beknopte Gereformeerde Dogmatiek*, Kampen: Kok, 1992.

_____. *Concise Reformed Dogmatics*, trans. Gerrit Bilkes and Ed M. van der Maas. Phillipsburg: P& R, 2008. 신지철 역. 『개혁교회 교의학』. 서울: 새물결플러스 2018.

Gruedem, Wayne. *Systematic Theology: An Introduction to Biblical Doctrine*. Second Edition. London: IVP, 2020; 박세혁 역. 『조직신학』. 전2권. 서울: 복있는사람, 2024(예언의 은사론, 유아세례 반대 등은 동의하지 않음)

Heppe, Heinrich. *Reformed Dogmatics*. Trans. G. T. Thompson, Grand Rapids: Baker, 1984; 이정석 역. 『개혁파 정통 교의학』. 고양: 크리스챤다이제스트, 2007.

Hodge, Charles. *Systematic Theology*. 3 Vols. New York: Scribner's Sons, 1872-1873; 문병호 외 공역, 『조직신학』. 전3권. 서울: 생명의말씀사, 역간 예정.

Hodge, Archibald A. *Outlines of Theology*. Rep. Ed. Edinburgh: Banner of

Truth, 1999.

Hoeksema, Herman. *Reformed Dogmatics*, Grand Rapids: Reformed Free Publishing Association, 1976.

Horton, Michael. *Christian Faith: A Systematic Theology for Pilgrims on the Way*. Grand Rapids: Zondervan, 2001: 906-990; 『개혁주의 조직신학』. 이용중 역. 서울: 부흥과개혁사, 2012: 905-988.

Kuyper, Abraham. *Dictaten Dogmatiek*. 5 Vols. Kampen: Kok, 1910.

Reymond, Robert L. *A New Systematic Theology of the Christian Faith*. Second edition. Nashville: Thomas Nelson, 2002. 『최신조직신학』. 서울: CLC, 2004.

Turretin, Francis. *Institutes of Elenctic Theology*. Trans. George Musgrave Giger, 3 vols. Philippsburg: P&R, 1992-1994.

박윤선. 『개혁주의 교리학』. 서울: 영음사, 2003.
박형룡. 『교의신학』. 전7권. 서울: 은성문화사, 1964-1973.
서철원. 『교의신학』. 전7권. 서울: 쿰란출판사, 2018.[23]

1.4.2. 종말론

목창균, 『종말론 논쟁』, 서울: 두란노, 1998.
박아론, 김석환, 『기독교 종말론』. 서울: CLC, 2004.
신복윤. 『종말론』. 서울: 개혁주의신행협회, 2013.
이상웅. 『요한계시록 강해』. 서울: 솔로몬, 2020.
_____. 『한국 장로교회의 종말론』. 서울: 솔로몬, 2022.
_____. 『오직 깨어 정신을 차릴지라- 데살로니가전후서 강해』. 서울: 세움북스, 2024.

조영엽. 『구원론, 종말-내세론』. 서울: 미스바, 2004.

Berkhof, Louis. *The Second Coming of Christ*. Grand Rapids: Eerdmans, 1953.

Berkouwer, Gerrt C. *De wederkomst van Christus*. 2 Vols. Kampen: Kok, 1961, 1963.

---

23 최근에 출간된 박재은, 『쉬운 교리』 (서울: 생명의말씀사, 2025)는 부제에 있는대로 보통 사람을 위해 성경으로 풀어가는 조직신학 입문서이다.

_____. *The Return of Christ*. Trans. James van Oosterom. Grand Rapids: Eerdmans, 1972.

Hendriksen, William. *More Than Conquerors*. Grand Rapids: Baker, 1939; 역, 『요한계시록』. 서울: 아가페, 1975.

_____. *The Bible on the Life Hereafter*. Grand Rapids: Baker, 1958; 오성종 역. 『내세론』. 서울: 새순출판사.

Hoekema, Anthony A. *The Bible and the Future*. Carlisle: Paternoster, 1979; 이용중 역. 『개혁주의 종말론』. 서울: 부흥과개혁사, 2012.

Ladd, George E. *The Presence of the Future*. Grand Rapids: Eerdmans, 1973; 원광연 역, 『조지 래드 전집(합본)』. 일산: CH북스, 2016: 1:275-611.

Quistorp, Heinrich. *Calvin's Doctrine of the Last Things*. 이희숙 역. 『칼빈의 종말론』. 서울: 성광문화사.

Ridderbos, Herman N. *The Coming of the Kingdom*. Trans. H. de Jongste. Philadelphia: P&R, 1962; 오광만 역, 『하나님의 나라』. 서울: 솔로몬, 2012.

Riddlebarger, Kim. *A Case for Amillennialism*. 박승민 역. 『개혁주의 무천년설』. 서울: 부흥과개혁사, 2013.

Storms, Sam. *Kingdom Come: The Amillennial Alternative*. Fearn: Mentor, 2013; 윤석인 역. 『개혁주의 무천년설 옹호』. 서울: 부흥과개혁사, 2016.

Venema, Cornelis P. *The Promise of the Future*. Edinburgh: Banner of Truth, 2000; 박승민 역. 『개혁주의 종말론 탐구』. 서울: 부흥과개혁사, 2014.

Vos, Geerhardus. *The Pauline Escatology*. Grand Rapids: Eerdmans, 1961; 박규태 역. 『바울의 종말론』. 서울: 좋은씨앗, 2015.

_____. *The Eschatology of the Old Testament*. 박규태 역. 『구약의 종말론』. 서울: 좋은씨앗, 2019.

1.5. 처음으로 종말론을 공부하고자 하는 이들을 위한 안내
- "종말론 연구를 위해 무엇을 읽을 것인가?"[24]

종말론은 성경에 근거하여 인류와 세상의 마지막에 대해 논의하는 분야이다. 개인이나 인류의 미래에 대한 관심사이기에 그간에 다양한 해석들이 제시되어 왔고, 헤아리기 어려울 정도의 수많은 책들이 쏟아져 나오기도 한 분야이다. 현대신학자들은 대체로 자신의 신학을 종말론적으로 구성하거나 제시해 왔기에 종말론에 대한 신학적인 논의들도 풍성하다고 할 수가 있다. 더욱더 심각한 것은 국내외적으로 수 많은 이단 사이비들이 구원론과 더불어 종말론 분야에서 격렬하게 활동해 왔기에 그 혼란상은 더욱 더 복잡하다. 우리가 종말론을 공부하기 위해서는 성경적인 근거를 확인하고, 종말론의 역사를 살피며, 그리고 종말론의 주요 주제들에 대해 광범위하게 살필 필요가 있다. 이단 사이비에 대처하기 위한 관심에서도 이러한 공부가 필요하지만, 무엇보다 그리스도인의 궁극적 소망이 주님의 재림에 있기에 올바른 종말론 정립은 중차대한 문제라고 할 수가 있다. 이에 신학에 근거한 목회를 추구하고 있는 목회자들과 신학생들을 위해 종말론을 어떻게 읽고 공부해야 하는지에 대해 안내를 간단하게 하려고 한다.

먼저 종말론에 관련하여 10권의 책을 엄선하여 소개하고 나서 설명을 간단하게 제시하기로 하겠다. 그러고 나서 특별히 두 권의 교재를 추천하는 것으로 글을 마무리 짓고자 한다.

1. 앤서니 후크마, 『개혁주의 종말론』, 이용중 역 (부흥과개혁사, 2012).
2. 한국조직신학회 편, 『종말론』(대한기독교서회, 2012).
3. 이승구, 『성경적 종말론과 하나님 백성의 삶 - 바른 종말 이해를 위한 두 강의』 (말씀과언약, 2022).
4. 게할더스 보스, 『바울의 종말론』, 박규태 역 (좋은씨앗, 2015).

---

[24] 이 간결한 종말론 독서 안내는 앞서 밝힌대로 「목회와 신학」 2023년도 7월호 190-193쪽에 실었던 글을 재수록한 것이다. 이 글은 개혁주의 종말론을 처음 공부하고자 하는 이들에게 안전한 길잡이 역할을 할 수 있을 것이다.

5. 죠지 앨든 래드, "미래의 현존,"『죠지 래드 전집』, 원광연 역 (CH, 2014).

6. 이상웅,『한국 장로교회의 종말론』(솔로몬, 2022).

7. 대럴 벅 편집,『천년왕국이란 무엇인가- 천년왕국에 대한 세 가지 관점』, 박승민 역 (부흥과개혁사, 2011).

8. 앨런 P. 스탠리 편.『최후 심판에서 행위의 역할 논쟁 - 구원과 심판에 관한 네 가지 관점』, 김귀탁 역 (새물결플러스, 2019).

9. 스탠리 N. 건드리, 프레스턴 M. 스프링클 편.『지옥 논쟁 - 지옥에 관한 네 가지 성경적.신학적 견해』, 김귀탁 역 (새물결플러스, 2019).

10. 로버트 도일,『교리속 종말론 - 종말론과 기독교 교리의 형성』, 박응규 역 (그리심, 2010).

이상의 책들 중에 이승구의『성경적 종말론과 하나님 백성의 삶 - 바른 종말 이해를 위한 두 강의』는 종말론 입문서로 읽기에 적절하다. 한국조직신학회 편집의『종말론』은 초대 교회로부터 현대에 이르기까지 주요 신학자들의 종말론을 각 전문가들이 소개해 주고 있고, 로버트 도일의『교리속 종말론 - 종말론과 기독교 교리의 형성』역시도 역사적인 관점에서 종말론을 정리하고 주요 신학자들의 종말론도 별도로 소개해 주고 있다. 그리고 게할더스 보스의『바울의 종말론』과 죠지 앨든 래드의 "미래의 현존"(단권으로 된『죠지 래드 전집』에 수록됨) 등은 신약의 종말론 논의에 기여를 한 주요 저술들에 속한다. 이상웅의『한국 장로교회의 종말론』은 역사적인 관점에서 평양 장로회신학교와 예장합동의 종말론을 정리한 연구서이다.

종말론을 제대로 공부하는 길 중의 하나는 주요 주제들에 대한 다양한 관점을 확인하는 방법이다. 종말론적인 주요 주제들 가운데 천년기 또는 천년왕국(Millennium) 문제는 가장 중요하고 논란이 많은 것이다. 어느 입장을 택하느냐에 따라 종말론 전체 내용이나 구조가 정해질 만큼 중심 주제이기 때문에, 천년기에 대한 여러 입장들을 공부하되, 그 근거를 잘 확인하고, 나아가서는 자신의 입장을 택하되 근거가 무엇인지를 확인해야 한다. 그 외에도 적그리스도, 666, 행위와 심판의 관계, 천국과 지옥, 새 하늘과 새 땅, 새 예루살렘 등의 주제에 관련하여 개별적인 독서를 할 필요가 있다. 자신의 입장을 정확하게 이해하는 것도 필요하지만, 해당 주제에 대한 다른 주요 해석들도 확인하고 비판하거나 반박하는 노력을 기울이는 것도 필요하다. 이런 면에서 대럴 벅 편집의『천년왕국이란 무엇인가- 천년왕국에 대한 세 가지 관점』, 앨런 P. 스탠리 편집의『최후 심판에서 행위의 역할 논쟁 - 구원과 심판에 관한 네 가지 관점』, 김귀탁 역 (새물결플러스, 2019), 그리고 스탠리 N. 건드리, 프레스턴 M. 스프링클 편집의『지옥 논쟁 - 지옥에 관한 네 가지 성경적.신학적 견해』등은 균형잡힌 시각 정립을 위해서 적극 추천하고 싶은 책들이다.

이제 마지막으로 두 권의 교재를 자세하게 소개하고자 한다. 하나는 종말론의 주요 주제들에 대한 성경적인 해설을 보기 위해서이고, 한 권은 종말론의 역사적인 개요를 얻도록 돕는 역할을 한다. 소속 교단에 따라 책에 대한 평가는 달라질 수가 있겠지만, 정보적인 차원에서 읽되 비판적으로 읽기를 추천한다.

(1) 앤서니 후크마,『개혁주의 종말론』, 이용중 역 (부흥과개혁사, 2012).

앤서니 후크마(Anthony A. Hoekema, 1913-1988)는 미국 칼빈신학교에서 조직신학 교수로 재직하였고, 국내에 완역된 조직신학 3부작(인간론, 구원론, 그리고 종말론)은 목회자들과 신학생들 뿐 아니라 일반 신자들에게도 많이 읽혀져왔다. 그 가운데『개혁주의 종말론』은 원제가 "성경과 미래"(The Bible and the Future)이고, 종말론적 주제들에 관련하여 성경 주해에 바탕하여 여러 관점들을 잘 소개하고 자신의 개혁주의 관점에서 해설을 소개해주고 있다. 후크마는 화란 개혁주의 라인의 신학자들인 카이퍼, 바빙크, 베르까워 등의 종말론 저술들을 많이 참조하고 있기도 하다. 하지만 그의 해설은 공정하면서도 읽기에 어렵지 않은 필치로 쓰여졌다.

후크마의 종말론적 논의는 크게 봐서 두 부분으로 되어 있다. 1부에서는 시작된 종말론(the Inaugurated Eschatology)이라는 제하에 총 6장으로 구성되어 있다. 1장에서는 구약의 종말론적인 전망을 소개하고, 2장에서는 신약 종말론의 본질을 소개한다. 구약의 다양한 전망들이 신약에서 어떻게 성취 되는지를 잘 정리해 주고, 신약 종말론이 이미와 아직 아니(already but not yet)의 구조 속에 있음을 잘 정리해 준다. 이어서 3장에서 기독교적인 관점 에서 역사(history)를 어떻게 볼 것인지를 소개하고, 4장에서는 20세기 신약 신학의 중심 주제였던 하나님 나라(the kingdom of God)에 대하여 간단명 료하게 잘 정리해 준다. 5장에서는 종말론에 있어서 성령의 역할을 소개하 되 구약과 신약의 관점을 정리해주고, 특히 바울 서신을 집중해서 다루어준 다. 마지막 6장에서 후크마는 앞선 논의들을 '이미'와 '아직' 사이 긴장이라 는 제하에 요약을 해준다. 이러한 논의들이 그리스도인의 신앙과 삶에 실천 적으로 어떠한 의미와 중요성을 가지는지도 잘 제시해 주고 있다.

후크마는 제2부에서는 미래 종말론(Future Eschatology)을 다루고 있다. 전통적으로 종말론적 논의는 미래 종말론 논의를 주로 담고 있었고, 개인적 종말론(Individual Eschatology)과 우주적 또는 일반적 종말론(Universal or General Eschatology)을 두 주요 주제로 담고 있었다. 후크마 역시 2부의 논 의 속에서 두 주제를 14개 장으로 나누어서 세밀하게 정리하고 소개해 준 다. 먼저 7-9장은 개인적 종말론에 속하는 주제들이다. 7장에서는 육체적 죽 음에 대해서 다루되, 죽음의 본질과 이유 등을 밝힌다. 8장에서는 철학이나 신학에 있어서 핫 이슈 중 하나인 불멸(the immortality) 문제를 다루는데, 후크마는 선대의 신중한 논의들을 소개하고 나서 영혼만의 불멸이 아니라 죽은 자의 부활 또는 몸의 부활의 그리스도인의 궁극적인 소망임을 잘 밝 혀 주고 있다. 이어지는 9장에서는 중간 상태(the intermediate state)를 다루 는데, 사람이 죽은 후부터 그리스도의 재림까지의 기간을 의미한다. 후크마 는 성경 본문들을 살피되 신자와 불신자의 중간 상태에 관해 정리해 준다. 그는 불신자의 경우 영혼 소멸이나 영혼 수면이 아니라 하데스(음부)에서의 고통이 성경적인 입장이라는 것을 소개한다.

후크마는 이어서 우주적이고 일반적인 종말론에 대해 10개 장을 할애해 서 상세하게 다룬다. 신약에 의하면 그리스도인의 종말론적인 소망의 중심

키워드는 마라나 타(*marana tha*) 즉, 그리스도의 재림에 대한 기대에 있다 (딛 2:13). 따라서 일반적인 종말론의 논의의 중심은 재림과 깊은 관련을 가진다. 10장에서 후크마는 재림에 대한 기대를 다루고, 11장에서는 재림에 앞서는 시대의 표적(the signs of the times)에 대한 일반적인 논의를 제시하고, 12장에서는 구체적인 표적들(복음전파와 이스라엘의 회복, 대배교, 대환난, 적그리스도, 재난들)에 대해 세부적으로 다루어준다. 그리고 나서 13장에서는 재림의 성격을 정리해 준다. 재림의 시기와 관련해서 중요한 주제인 천년왕국의 문제를 세 장(14-16장)에 걸쳐 후크마는 상술해 주는데, 먼저 14장에서는 주요 천년왕국설을 잘 정리해 주고 나서, 15장에서는 세대주의 전천년설 비판을 다루어주고, 16장에서는 자신의 관점에서 요한계시록 20장의 천년왕국설에 대한 해설을 소개해 준다. 후크마는 무천년설(Amillennialism)의 관점을 자신의 입장으로 택하고 있고, 그 관점에서 전통적인 세대주의(고전적 세대주의와 수정된 세대주의)를 비판적으로 다루고 있다. 따라서 1980년대 이후 개진되고 있는 점진적 세대주의에 대한 논의는 본서에서 기대하기 어려운 부분이다. 후크마는 이어서 종말론적인 마지막 네 주제들에 대해서 다루어준다. 먼저 17장에서는 몸의 부활에 대해 다루고, 18장에서는 마지막 심판에 대해 다루고, 19장에서는 악인들의 영원한 형벌(게헨나)에 대해 다루고, 20장에서는 새 땅에 대해 다루어준다.

후크마의 종말론 교재는 영어권에서 뿐만 아니라 국내에서도 많이 읽혀지고 있을 만큼 종말론 주제들에 대한 균형잡힌 소개와 평가를 담고 있고, 일반 신자들이 읽어도 될만큼 평이한 필체로 전개되고 있다. 물론 앞서도 언급했듯이 종말론 만큼 그 입장이 첨예하게 대립되는 분야도 더물기에, 후크마의 입장을 모두가 찬성하지는 않을 것이다. 그러나 목회자들이나 신학생들이 성경적이고 역사적인 논의에 바탕한 종말론 교재를 원한다면 후크마의 종말론으로 시작해 볼 것을 권하고 싶다. 아울러 후크마가 부록에 실은 "종말론의 최근 경향" 역시도 19-20세기 중반의 종말론의 주요 흐름에 대한 입문으로 삼기에 손색이 없는 글이라고 생각된다.

(2) 대럴 벅 편,『천년왕국이란 무엇인가
– 천년왕국에 대한 세 가지 관점』, 박승민 역 (부흥과개혁사, 2011)

종말론을 다루는 수 많은 책들중 어느 책을 접하게 되든지 독자들은 천년왕국 혹은 천년기(the Millennialism or Chiliasm)에 대한 언급이나 논의를 마주칠 수밖에 없다. 그만큼 천년기에 대한 논의는 종말론의 주요 주제 중 하나일 뿐 아니라 핵심 주제이자 구조적인 원리가 된다고 할 수가 있다. 독자들은 자신의 신앙 환경이나 교파에 따라 천년기 가운데 어느 한 입장만을 성경적이라고 확신하는 우를 범하고 있을 수도 있다. 따라서 목회자들은 천년기에 대한 역사적인 연구나 주요 입장들에 대한 공부를 충분히 할 필요가 있다고 생각된다. 대체로 천년기에 대한 주요 입장은 전천년설, 후천년설 그리고 무천년설 세 가지 입장으로 나누어지고, 전천년설의 경우는 세분화하여 역사적 전천년설과 세대주의적 전천년설로 양분하기도 한다. 그래서 국내에도 소개되어 많이 읽혀진 로버트 G. 클라우스가 편집한『천년왕국 논쟁』(새물결플러스, 2024)에서는 네 가지 입장으로 나누어 각각의 대변인들이 견해를 제시하고 있다. 하지만 그간에 종말론의 논의는 여러모로 진전되었고, 특히 학계에서는 점진적 세대주의(Progressive Dispensationalism)가 전개되고 있기 때문에 대럴 벅 편집의『천년왕국이란 무엇인가』를 추천하고자 한다.

1980년대 후반 미국의 복음주의 학계에 소개되기 시작하여 현재 학술적인 논의가 왕성하게 이루어지고 있는 점진적 세대주의의 주요 대변인 중 한 사람인 달라스 신학교의 대럴 벅이 편집한『천년왕국이란 무엇인가』(*Three Views on the Millennium and Beyond*)에는 천년왕국에 대해 세 가지 입장을 소개하고 있다. 먼저 후천년설에 대해 케네스 젠트리 2세가 입장을 대변하고 있는데, 후천년설의 역사적 발전, 신학적 기초들, 구속사적 흐름 그리고 주석적 증거 등을 제시하고 있다. 2장에서는 무천년설에 대해 서부 웨스트민스터 신학교의 교수였던 로버트 스트림플이 대변해 주고 있는데, "그리스도: 구약 성경 예언의 주제," "그리스도의 재림: 구속 역사의 장엄한 피날레,"

"천년왕국론자들에 의해 중요하게 다루어지는 두 본문들"이라는 구성을 하고 있다. 마지막 3장에서는 전천년설에 대해 바이올라 신학교의 조직신학 교수였던 크레이그 블레이징이 방대한 논의를 소개해 주고 있다. 20세기 후반에 들어 전개되고 있는 벅, 소시, 블레이징 등의 점진적 세대주의는 조지 E. 래드와 같은 역사적 전천년설의 하나님 나라 신학을 적극 수용하고 친화성을 가지고 있기 때문에, 본서에서는 세대주의적 전천년설과 역사적 전천년설의 입장을 따로 대변하게 하지 아니하고 한 입장으로 소개하고 있는 것이다. 필자의 입장에서는 두 입장이 종말론적 틀에 있어서 차이가 작은 것이 아니기에 이런 접근법이 유쾌해 보이지는 않기에 클라우스 편집의 『천년왕국 논쟁』과 함께 읽으면 좋을 것이라고 생각한다.

벅 편집의 『천년왕국이란 무엇인가』는 편집자 벅이 앞선 논의들을 요약하는 것으로 마무리짓고 있다. 이 편집서를 필자가 추천하는 중요한 이유는 종말론 논의의 핵심이라고 할 천년기에 대해 복음주의 안에서 대별되는 주요한 입장들을 살피되 각 주장의 대표 신학자의 소개를 읽을 수 있기 때문이고, 또한 각 입장에 대한 설명만 있지 않고 다른 입장을 가진 학자들의 반론도 병행시켜 주기 때문이다. 목회자들이나 신학생들은 천년기에 대한 각각의 입장을 살피고, 강점과 약점이 무엇인지를 간파하는 비판적 독서를 해야 할 필요가 있기에 본서를 정독하는 것은 적절한 방식이라고 생각한다.

2. 신앙고백적 종말론
(Confessional Eschatology)

2.1. 들어가는 말

종말론을 살핌에 있어서 신앙고백적인 종말론을 먼저 살피는 것이 어떤 의미와 중요성을 가지는 것일까? 신앙고백서의 권위가 무엇이며, 어떠한 신앙고백서를 존중해야 하는 것일까? 신앙고백은 공교회가 반드시 믿어야 할 신앙의 조항들(articuli fidei)을 담고 있기 때문에, 개인 신학자들의 해설보다 우선되어야 하며 성경 읽기의 기준으로 사용되어 왔다. 성경이 규범짓는 규범(norma normans)이라면 신앙 고백서들은 규범지어진 규범(norma normata)의 권위를 가진다.[25] 우리는 칼빈의 지로대로 초기 4대 공의회의 신앙고백서를 따라 삼위일체론과 기독론을 정립하게 되며, 유럽 개혁교회의 일치의 3대 신앙문서(Drie formulering van de Eenigheid)인 벨직 신앙고백서, 하이델베르크 교리문답, 도르트 신경 등 3대 문서와 장로교회 표준문서인 웨스트민스터 표준문서들 즉, 웨스트민스터 신앙고백서, 웨스트민스터 소교리 문답, 웨스트민스터 대교리 문답 등을 기본적으로 잘 살피고 그 공통점과 미묘한 차이점들을 잘 파악하는 것이 필요하다.[26]

종말론과 관련하여 초대 교회 문서들을 보면 매우 간략하게 고백하고 있음을 보게 된다. 니케아- 콘스탄티노플 신앙고백(Symbolum Nicaeno-Constatinopolitanum, 325/381)에 의하면, "우리는 죽은 이들의 부활과, 오

---

25 김병훈 편, 『노르마 노르마타』(수원: 합신대학원대학교, 2015).
26 James T. Dennison jr, *Reformed Confessions of the 16th and 17th Centuries in English Translation*, 4 vols. (Grand Rapids: Reformed Heritage Books, 2008-2014)에는 1523년-1693년 어간 개혁교회가 산출한 신앙고백 문서들 127개를 영어로 소개해 주고 있다.

고 있는 세계에서 살게 될 것을 믿습니다"(Ὁμολογῶ εν βάπτισμα εἰς ἄφεσιν ἀμαρτιῶν. Προσδοκῶ ἀνάστασιν νεκρῶν. Καὶ ζωήν τοῦ μέλλοντος αἰώνος)라고 고백하고 있고, 또한 그리스도의 통치가 끝이 없다고 고백하고 있다.[27] 종교개혁 시기로 와서 루터파의 아우구스부르크 신앙고백 (Confessio Augstana, 1530)을 보면, 천년기를 유대적인 교훈으로 거부하는 고백을 담고 있는 것을 보게 된다.

> 마찬가지로 죽은 성도들과 의로운 사람들이 부활하기 전에 홀로 세속적인 왕국을 소유하고 모든 불경건한 사람들을 멸절시킬 것이라는 유대인의 가르침 중 일부도 거부되었습니다.[28]

또한 하인리히 불링거(Heinrich Bullinger, 1504-1575)가 작성한 제2스위스 신앙고백 (Confessio Helvetica posterior, 1566) 기독론적 신앙을 고백하는 11장 13항에 보면 그리스도의 재림과 최후 심판에 대해 말하고, "복된 거처"와 지옥 두 최종 거처, 몸의 부활 등을 말해 준다. 그리고 14항에서는 보편구원론을 거부하며, "심판 날 이전에 지상에 황금시대가 있을 것이라고 하며, 경건한 자들이 그들의 모든 불경건한 원수들을 제압하고 땅의 모든 왕국들을 소유하게 될 것"이라고 하는 지상 천년기론에 대해 "유대인들의 꿈"이라고 적시하면서 정죄를 선언하는 것을 보게 된다.[29] 그리고 26장은 "신자의 장례, 죽은 자에게 보이는 관심, 연옥 및 영의 나타남에 관하여" 다루면서, 불링거는 몸의 부활을 믿기에 "신자의 몸을 예의를 갖추어 미신 없이 땅에 맡"길 것과 "죽은 사람에게 지나치게 그리고 불합리하게 배려"하지 말 것을 말하고, 죽음 후에는 그리스도와 함께 있든지 지옥에 있든지 두 가지 중

---

27 후자의 원문은 "οὗ τῆς βασιλείας οὐκ ἔσται τέλος; cujus regni non erit finis."이다(Philip Schaff, *Creeds of Christendom*, 3vols. [New York: Harper & Brothers, 1919], 2:57).
28 CA XVII - "Likewise rejected are some Jewish teachings, which have also appeared in the present, that before the resurrection of the dead saints and righteous people alone will possess a secular kingdom and will annihilate all the ungodly."(Robert Kolb and Timothy J. Wengert (eds.), *The Book of Concord: The Confessions of the Evangelical Lutheran Church* [Minneapolis: Fortress Press, 2000], 50).
29 김영재 편, 『기독교 신앙고백』 (수원: 영음사, 2015), 538-539.

간기 거처밖에는 존재하지 않으며, 연옥은 없다는 점을 분명히 밝혀준다.[30]

이제 이어지는 2.2.에서는 벨직 신앙고백서(Confessio Belgica, 1561)의 종말론에 집중하여 살펴보고자 하고, 2.3에서는 장로교회의 표준문서인 웨스트민스터 신앙고백서의 종말론을 살펴 보고자 한다. 양대 신앙고백서가 종말론에 대하여 성경적일뿐 아니라 풍부한 내용을 담고 있기 때문에 이러한 고찰은 개혁주의 종말론의 골격을 이해하는데 매우 유익하다고 생각된다.

2.2. 벨직 신앙고백서(Confessio Belgica, 1561)의 종말론[31]

벨직 신앙고백서(Confessio Belgica, 1561), 하이델베르크 교리문답(Heidelberger Katechismus, 1563) 그리고 도르트 신경(Canones Synodi Dordrechtanae, 1618-1619) 등은 유럽개혁교회의 "일치를 위한 세 신앙고백서"(Drie formulieren van enigheid)라고 불리운다.[32] 이 세가지 신앙고백문서는 화란개혁교회와 그 영향하에 있는 북미주개혁교회의 표준문서로 오랫동안 인정되어 왔으며, 교역자들이 되고자 하면 이 신앙문서들에 대해 서명을 하도록 해왔다.[33] 이 세 문서 가운데 1561년에 작성된 벨직 신앙고백서[34]는

---

30 김영재 편, 『기독교 신앙고백』, 591-593.
31 벨직 신앙고백서의 종말론에 관한 이부분은 이전에 "벨직 신앙고백서의 역사적 배경과 37조에 담긴 종말론," 「개혁논총」 36(2015): 105-143로 공표된 내용을 보완한 것이다.
32 'Drie formulieren van enigheid'라고 하는 화란어 문구를 영어로는 'The Three Forms of Unity'라고 표기하고, 한국에서는 '일치의 세 형식'이라는 문구로 옮기곤 하지만, 화란어 formulier(en)은 신앙고백서 내지 신조를 가리키기 때문에 교정이 필요하다고 생각된다. 그리고 이 문구의 의미는 다니엘 하이드가 잘 설명해준다고 사료된다: "개혁교회의 삼대 일치 신조를 통해 우리가 확인하게 되는 것은 개혁교회의 믿음을 표현하는 세 가지 정식(즉, 벨직 신앙고백서, 하이델베르크교리문답, 도르트신조)이 존재하고, 모든 신조와 마찬가지로 개혁교회의 신앙고백서들은 성경이 가르치는 교리에 있어 개혁교회들이 하나가 되도록 하기 위해, 믿음에 있어 개혁교회들의 마음과 뜻과 생각과 힘이 나하가 되도록 하기 위해 작성되었다."(Daniel R. Hyde, Welcome to a Reformed Church. 김찬영 역. 『개혁교회에 오신 것을 환영하다』 [서울: 부흥과개혁사, 2012], 42).
33 이 점에 대해서는 Donald Sinnema, "The Origin of the Form of Subscription in the Dutch Reformed tradition," Calvin Theological Journal, 42/2 (2007): 256-282을 보라.
34 국내에는 영어의 영향으로 흔히들 이 신앙고백서의 이름을 벨직 신앙고백서 혹은 벨기에신앙고백서(Belgic Confession)라고 불러왔지만, 화란에서는 네델란드 신앙고백서(Nederlandse Geloofsbelijdenis)라고 일관되게 표기한다. 1561년의 첫 인쇄본에도 벨기에라고 하는 표기가 없고, "Pay-Bas"라고 하는 표현이 있을 뿐이다. 뻬-바는 당시 스페인의 지배하에 있던 네델란드-벨기에를 합친 저지대를 가리키는 명칭을 뿐이다: "L'adjectif belgica qualifie ici l'ensemble des territoires formés actuellement par les Pays-Bas et la Belgique."(https:// fr.wikipedia.org /wiki/Confessio_Belgica. 2015년 7월 8일 접속). 또한 Joel Beeke (ed.), Living for God: An Introduction to Calvinism. 신호섭

가장 첫 번째로 작성된 신앙고백 문서이다. 첫 3년 동안에 다섯 번이나 프랑스어로 간행되었고, 1562년에 화란어 번역을 필두로 하여 다양한 번역본들이 출간될 정도로 이 신앙고백서에 대한 개혁교회의 반응은 열렬했다.[35] 꼬르뜨베흐에 의하면 이 신앙고백서는 이미 1563년에 "일치를 위한 신앙고백서"로 인정을 받기 시작했다고 할 정도이다.[36] 그리고 이 신앙고백서가 하이델베르크 교리문답, 도르트신경 등과 더불어서 "일치의 세 신앙고백서"로 공식 채택된 것은 1618-1619년 어간에 모였던 도르트(레흐트) 총회에서이다.[37] 보면 화란에서는 이 3대 신앙고백문서에 대해 균형있게 관심이 지속되어 왔지만, 다른 언어권에서는 하이델베르크 교리문답이나 도르트신경에 비해서 벨직 신앙고백서에 대한 연구나 강론이 희소했다고 말하지 않을 수가 없다. 더욱이 한국장로교회/개혁교회에서는[38] 이 신앙고백서에 대한 관심이 전무

역, 『칼빈주의』 (서울: 지평서원, 2010), 59도 보라. 그러나 본장에서는 혼란을 피하기 위해서 국내에서 통용 되는대로 벨직 신앙고백서라는 표기를 일관되게 사용하려고 한다.

35 초기 판본들에 대한 정보는 귀도 드 브레 저작 복간 작업을 이끌고 있는 P. Korteweg의 *Guido de Brès (1522-1567)* (Barneveld: Gebr. Koster/ Stichting Heruitgave Werken Guido de Brès, 2010), 144-145('drukgeschiedenis')을 보고, 번역사에 대한 자세한 소개는 N. H. Gootjes, *The Belgic Confession: Its History and Sources* (Grand Rapids: Baker, 2007), 161-190을 보라.

36 Korteweg, *Guido de Brès (1522-1567)*, 151-152에 의하면 직분자들로 하여금 이 신앙고백서에 서명하는 것을 의무화한 것은 1563년 아르망띠에르(Armentiers)에서 모인 지방회의에서 였으며, 1565년 안트베르프 회의에서는 이 신앙고백서에 교회적인 권위를 부여했고, 1568년 베젤(Wezel)에서 소집된 회의에서는 직분자들이 이 신앙고백서와 하이델베르크교리문답에 서명하도록 결정했다.

37 Korteweg, *Guido de Brès (1522-1567)*, 152는 도르트총회 173차 모임에서 이 신앙고백서 수정본이 공식문서로 채택되고 공인되었다고 말하지만, 도르트총회 의사록에 의하면 146차 모임(1619년 4월 30일 오후)에서 그런 결정이 이루어졌다. 146차 모임에서 수정된 신앙고백서 전문이 낭독되었고, 그 고백서의 내용이 성경의 진리에 일치한다는 점을 공식적으로 인정하고 개혁교회 신앙고백서로 채택했다 (J. H. Donner & S. A. van den Hoorn (eds.), *Acta of Handelingen der Nationale Synode, in den naam van onze Heeren Jezus Christus, Gehouden door autoriteit der Hoogmogende Heren Staten-Generaal der Verenigde Nederlanden te Dordrecht in de jaren 1618 en 1619* [Houten, Den Hertog, 1987], 306-319). 한편 148차 모임(1619년 5월 1일 오후)에서는 하이델베르크교리문답 (회의록에는 Catechismus van den Paltz라고 불렀다)이 공식문서로 채택하였다(Donner & van den Hoorn (eds.), *Acta of Handelingen der Nationale Synode*, 320).

38 벨직 신앙고백서에 대한 화란어 자료는 다음의 검색사이트에서 확인할 수가 있다: http://www.antiqbook.com/search.php?action=search&l=en&searchform=antiqbook&o=&full=nederlandsche+geloofsbelijdenis&action=search&l=en&catalog=&author=&title=&description=&year=&century=&keyword=&since=&country= 그리고 영어권 자료는 Daniel R. Hyde, *With Heart and Mouth: An Exposition of the Belgic Confession* (Grandville: Reformed Fellowship, 2008), 505 미주 5를 보라. 하이드의 다음과 같은 논평은 영어권에서 이 신앙고백서에 대한 연구나 가르침이 얼마나 부족한지에 대해 단적으로 보여준다: "Commentaries on the Catechism abound, and those on the Canons are easy to find as well, while those on the Confession are few and far between, as well as sorely

하다 시피하다고 최근 수 년 사이에 연구물들이 공표되고 있는 실정이다.[39] 지난 4세기 동안 개혁교회의 3대 신앙고백문서중 하나로 인정되어온 벨직 신앙고백서에 대한 이러한 무관심과 홀대는 시정되어야 마땅하다고 사료된다.[40]

필자는 그렇게도 중요하다고 말해져오기는 했으나 여러모로 무관심의 대상이 되어왔던 벨직 신앙고백서에 대해 관심을 기울이되, 특히 37조에 개진된 종말론을 논구해 보고자 한다. 비록 종말론이 20세기에 들어와 신학자들의 본격적인 관심의 대상이 되었다고 인정되지만,[41] 16세기 종교개혁 시대에도 다양한 급진적인 종말론들이 횡행했으며, 개혁자들이나 신앙고백문서들은 성경적인 종말론을 제시하는 일에도 심혈을 기울였다는 점은 공히 인정되어온 사실이다.[42] 따라서 우리가 1561년에 처음 공표된 벨직 신앙고백서에 담긴 종말론의 내용과 그 특징이 무엇인가에 대한 관심을 기울여 보는 것은 합당한 일일 것이다. 특히 본 신앙고백서는 일찍이 개혁주의자들뿐 아니라 로마가톨릭 진영에 의해서도 '칼빈주의적 신앙고백서'라고 공인되어 왔기 때

---

outdated. Furthermore, the use of Belgic Confession in our midst in cathechesis, Bible study, family prayer, witnessing to our neighbors, and even liturgically is rare."(Hyde, *With Heart and Mouth*, 3).

39 국내 학자들이 발표한 그간의 주요 연구 성과는 다음과 같다: 김성욱, "벨직신앙고백서의 설교적 적용: 하나님의 섭리를 중심으로," 「한국개혁신학」 26 (2009): 102-136; 김요섭, "벨직신앙고백서의 역사적 배경과 개혁주의 교회론의 특징 연구,"「개혁논총」 25 (2013): 111-147; 라은성, "벨지카 신앙고백서의 저자 귀도 드 브레,"「신학지남」 322 (2015): 151-181; 이상규, "귀도 드 브레와 네덜란드 신앙고백,"『칼빈시대의 유럽 대륙의 종교개혁자들』(부산: 개혁주의학술원, 2014): 258-274; 이승구, "벨직 신앙고백서의 교회론,"「신학정론」 33/2 (2015): 150-212; 이상웅, "네덜란드신앙고백서(1561)에 나타나는 개혁주의 성경관,"「신학지남」 325 (2015): 143-179; 안인섭, "벨직신앙고백서의 국가론과 네덜란드 독립과정의 상호관계에 대한 연구,"「성경과 신학」 82 ([2017]: 179-214; 이승구, "벨직 신앙고백서의 삼위일체론,"「장로교회와 신학」 13 (2017): 99-110; 이남규, "벨직신앙고백서의 성경론에 나타난 칼빈주의적 성격,"「장로교회와 신학」 13 (2013): 79-98; 민장배, "The Belgic Confession을 통한 그리스도인의 삶의 방안,"「신학과 실천」 53 (2017): 61-88.
40 한국장로교신학회는 2015년 가을학술대회 주제로 "벨직신앙고백서"를 정하고 여러 국내학자들의 연구논문 발표의 기회를 가졌다.
41 Lee Sangung,"'Already but Not Yet': A Study on the Background and the Inaugurated Eschatology of Anthony A. Hoekema (1913-1988)," *Chongshin Theological Journal*, 20 (Feb. 2015): 120-121; Ra Younghwan,"The Eschatological Hermeneutics of John Calvin and Wolfhart Pannenberg"(Ph. D., Cambridge University, 2004), 1-16.
42 Ra Younghwan,"The Eschatological Hermeneutics of John Calvin and Wolfhart Pannenberg," 21-112; T. F. Torrance, *Kingdom and Church*, 백철현 역,『종교개혁자들의 종말론』(서울: 기민사, 1987); 한국조직신학회 편,『종말론』(서울: 대한기독교서회, 2012), 113-157; 이상웅, "웨스트민스터 신앙고백서의 종말론,"「한국개혁신학」, 44 (2014): 152-177 등을 보라.

문에, 이 신앙고백서에 담긴 종말론을 통해서도 그러한 특징을 확인해 보는 것이 필요하다고 사료된다.[43]

이어지는 본론에서 필자는 우선 신앙고백서의 저자문제와 역사적 배경 문제 등을 다루고 나서(2.2.1.), 종말론이 담긴 37조의 번역시안을 제시할 것이며(2.2.2), 그리고 나서 37조에 담긴 종말론을 분석하는 일을 할 것이다(2.2.3). 이러한 논구를 위해서 벨직 신앙고백서의 프랑스원문들과 몇 가지 번역문들을 참고하고, 이 신앙고백서나 그 주요 저자로 인정되는 귀도 드 브레에 대한 참고문헌들 또한 참고하고자 한다.[44]

2.2.1. 저자문제와 역사적 배경

우리는 먼저 벨직 신앙고백서의 저자문제와 역사적 배경에 대해 살펴보고자 한다. 이는 37조에 개진된 종말론에 대한 논구를 진행하기 위해 서론적으로 요청되는 단계라고 생각한다.

벨직신앙고백서는 1561년 신성로마제국의 펠리페 2세가 통치하던 저지대(Lowlands, Pay-bas)에 속한 도르닉(Doornik)이라는 곳에서 처음으로 공개

---

43 Korteweg, *Guido de Brès (1522-1567)*, 140: "De Confessie van De Brès is een calvinistische belijdenis." 이 신앙고백서로 인해 도르닉(Doornik)에서 첫 소동이 일어났을 때에 조사를 맡은 관리들은 파르마의 마르가레타에게 이 신앙고백서에 담긴 것은 '칼빈의 모든 오류들과 그릇된 교리들로 가득하다'(...die hun geloofsbelijdenis bevatten, vol van alle dwalingen en verkeerde leer van Calvijn...)고 보고했다(Émile Braekman, "Confession de Foy(Geloofsbelijdenis)," in *Guido de Bres, zijn leven, zijn belijden*. Émile Braekman & Erik de Boer [Kampen: Kok, 2010], 162에서 재인용함).

44 1561년에 출판된 프랑스원문은 접근하기 어렵고 내용상 변화가 없는 1562년 원문과 1566년 수정본, 1562년에 간행된 최초의 화란어 역본 등은 다음의 사이트에 다 링크되어 있다: http://www.prdl.org/author_view.php?a_id=165. 단 두 개의 프랑스원본(1562년, 1566년)에는 페이지 매김이 없다. 1618-1619년에 수용된 최종 프랑스어 원문과 영역본은 Philip Schaff, *The Creeds of Christendom*, 4th ed., 3 vols. (New York: Harper & Row, 1919): 3:383-436에 수록되어 있다. 이외에도 라틴어 역문(H. A. Niemeyer [ed.], *Collectio confessionum in ecclesiis reformatis publicatarum* [Leipzig, Klinkhardt, 1840]), 화란어 역문(A. A. Roukens [ed.], *De Nederlandse Geloofsbelijdenis met kanttekeningen en uitgeschreven bewijsteksten* [Koster/ Stichting Heruitgave Werken Guido de Brès, 2009]), 영역문(Joel Beeke & Sinclair B. Ferguson [eds.], *Reformed Confessions Harmonized* [Grand Rapids: Baker, 1999]; James T. Dennison, jr. [ed.], *Reformed Confessions of the 16th and 17th Centuries in English Translation*, 4 vols. [Grand Rapids: RHB, 2008-2014]. 3:424-449), 한역본(김의환 편집, 『개혁주의 신앙고백』[서울: 대한예수교장로교총회출판부, 2004]; 김학모 편역, 『개혁주의 신앙고백』[서울: 부흥과개혁사, 2015], 21-127) 등을 참고했다.

적으로 알려지게 되었다.[45] 얇은 소책자에는 "*Confession de foy, faicte d'un commun accord par les fidèles qui conversent ès Pays-Bas, lesquels désirent vivre selon la pureté de l'Evangile de Notre Seigneur Jésus-Christ*"라는 제목이 붙어 있었지만 여타의 서지사항(저자, 출판도시, 출판사 등)은 누락되어 있었다.[46] 제목에서 확인할수 있지만("우리 주 예수그리스도의 복음의 순수성에 따라 살기를 소망하는, 저지대에 살고 있는 신자들의 공통의 일치에 의해 만들어진 신앙고백"), 개인의 신앙고백서가 아니라 저지대(즉, 네덜란드, 벨기에, 프랑스 북부의 일부지역)에 살고 있는 신자들이 합의하고 받아들이는 신앙의 내용을 고백한 것으로 되어있다. 그리고 적어도 1561년 초판에는 신앙고백뿐 아니라 당시 신성로마제국 황제였던 펠리페 2세에게 보내는 편지가 앞서 실려있고, 저지대 관리들에게 보내는 탄원서가 부록으로 실려있다.[47] 왜 이 신앙고백서는 그러한 제목과 구성을 가지고, 아무런 서지사항 없이 공표할 수밖에 없었을까? 또는 그러한 신앙고백서는 무슨 목적을 가지고 작성된 것일까? 이러한 질문에 대한 답을 찾기 위해서는 신앙고백서가 공표된 역사적 배경과 저자문제를 논구해 보지 않을수가 없다.

(1) 저자 문제

일반적으로 신앙고백서의 저자로 공인되어온 사람은 귀도 드 브레 혹은 귀 드 브레(Guido de Brès or Guy de Bray, 1522-1567)이다.[48] 드 브레가 몇몇의 목회자들의 도움을 받았느냐, 아니면 단독적으로 작성했느냐에 대한 논쟁이 오랫동안 지속되어 왔지만, 그가 주요 작성자였다고 하는 데는 별 이

---

45 Gootjes, *The Belgic Confession*, 13.
46 후대 학자들의 고증의 노력을 통해서 1561년 초판은 두 곳에서 간행된 것으로 확인되어졌다. 하나는 Rouen소재 Abel Clémence이고, 또 다른 출판사는 Lyon소재 Jean Frellon이다(Korteweg, *Guido de Brès [1522-1567]*, 144-145). 호쩌스는 두 판본 간에 발견되는 차이점들을 세세하게 밝혔다(Gootjes, *The Belgic Confession*, 19-25).
47 이러한 구성은 프랑스어 1562년판에서도 동일하며, Roukens (ed.), *Nederlandse Geloofsbelijdenis met kanttekeningen en uitgeschreven bewijsteksten*에서도 확인할 수가 있다.
48 본서 집필에는 고려하지 못했지만 강병훈, 『순교자 귀도 드 브레의 생애』 (서울: 세움북스, 2024)를 추천한다. 강박사는 화란 위트레흐트 신학대학교에서 귀도 드 브레의 성찬론 연구로 박사학위를 취득한 바 있는 국내 유일한 드 브레 전문가이다.

의가 없다.⁴⁹ 귀도 드 브레에 관한 전문가인 에밀 브랙크망(Émile Braekman, 1924-2013)에 의하면 이 신앙고백서의 "저자가 누구인지는 전혀 중요하지 않지만"(helemaal niet belangrijk), 적어도 당시대인들인 쟝 따팽(Jean Taffin), 프란시스쿠스 토마스(Franciscus Thomas), 그리고 아드리아누스 사라비아(Adrianus Saravia) 등의 증언에 의하면 귀도 드 브레의 저작설은 부정하기 어렵다고 논증하기도 했다.⁵⁰ 특히 사라비아는 1562년에 쓴 한 편지속에서 신앙고백서를 순교자 귀도 드 브레가 프랑스어로 썼다라고 분명하게 언급했다.⁵¹ 또한 동시대인인 쟝 따팽(Jean Taffin, 1529-1602) 역시도 신앙고백서의 작성자가 드 브레임을 인정했다는 증언이 남아있다.⁵² 드 브레가 신앙고백서를 작성하는 과정에서 여러 사람들이 도움을 주었을 수도 있고, 출판하기 전에 여러 교회에 보내어 자문을 구했다고 하더라도 벨직 신앙고백서의 주요 저자는 귀도 드 브레라는 점은 대부분의 학자들이 인정하고 있다.⁵³

---

49 호쩌스는 드 브레의 단독 저작설에 대해서 자세한 논증을 펼쳤다(Gootjes, *The Belgic Confession*, 3 3-58; "The Earliest Report on the Author of the Belgic Confession [1561]," *Nederlands archief voor kerkgeschiedenis*, 82/1 2002: 86-94 등).
50 Braekman, "Confession de Foy(Geloofsbelijdenis)," 161-162.
51 "Sij is aldereerst in de Fransche tale beschreven door den diensknecht Christi ende martelaer Guido de Bres."(Korteweg, *Guido de Brès [1522-1567]*. 142에서 재인용함). 이 편지를 쓴 사라비아는 1562년 화란어 번역본에 관여했을 것으로 추정된다"(Korteweg, *Guido de Brès [1522-1567]*. 143).
52 안트베르프의 토마스 판 틸트(Thomas van Thielt)는 델프트의 목회자였던 아렌트 코르넬리스(Arendt Cornelisz)에게 편지하는 중에 다음과 같이 말했다: "Ik heb met Taffin gesproken over de Confessie, die hij zegt door Guido de Bres opgesteld te zijn."(Braekman, "Confession de Foy(Geloofsbelijdenis)," 161에서 재인용함).
53 A. D. R. Polman, *Onze Nederlandsche Geloofsbelijdenis, verklaard uit het verleden geconfronteerd met het heden*, 4 vols. (Franeker: Wever, 1948-1953), 1:104; J. van Bruggen, *The Church Says Amen: An Exposition of the Belgic Confession*, trans. Amen de kerk (Neerlandia: Inheritance, 2003), 15-16; Roukens (ed.), *De Nederlandse Geloofsbelijdenis met kanttekeningen en uitgeschreven bewijsteksten*, 19; Wes Bredenhof, *For the Cause of the Son of God: The Missionary Significance of the Belgic Confession* (Fellsmere: Reformation Media & Press, 2011), 102-120; Carl A. Schouls, *Simply, Faith!: Expository Sermons on the Belgic Confession* (Calgary: Free Reformed Publications, 2014), xi, 2, 3; Joel Beeke (ed.), 『칼빈주의』, 59-61 등. 국내 학자들도 대체로 드 브레 저작설을 따르고 있다: 김요섭, "벨직신앙고백서의 역사적 배경과 개혁주의 교회론의 특징 연구," 116-120; 라은성, "벨기카 신앙고백서의 저자 귀도 드 브레," 151-181; 이상규, "귀도 드 브레와 네덜란드 신앙고백," 258-274 등을 보라. 단 벨직 신앙고백서의 위정자론(36조)에 관해 방대한 박사논문을 쓴 판 데어 즈바흐는 드 브레의 역할을 '편집자'(de samensteller)라고 약하게 표현하였다 (K. van der Zwaag, *Onverkort of gekortwiekt? Artikel 36 van de Nederlandse Geloofsbelijdenis en de spanning tussen overheid en religie, een systematisch-historische interpretate van een 'omstreden' geloofsartikel* [Heerenveen: Groen, 1999], 108: "Guido de Brès wordt algemeen beschouwd als de samensteller van de Nederlandse Geloofsbelijdenis...").

(2) 저자 드 브레와 역사적 배경

벨직 신앙고백서의 저작 배경에는 저자 드 브레의 삶과 그가 활동했던 저지대의 역사적 상황이 놓여있기 때문에, 두 가지를 엮어서 말하지 않을수가 없다. 본논문의 제한상 저자 드 브레나 시대적 배경에 대해서 자세하게 논구할순 없다.[54] 본래의 논의를 위한 배경을 설정한다는 취지에서 간략하게 개관해 보고자 한다.

드 브레는 베르흔(Bergen/ Henegouwen)에서 1522년경에 출생했다. 아버지 쟝 드 브레(Jean de Brès)은 스테인드글래스 전문가(glasschiler)였으며, 어린 시절 그도 아버지의 업을 이으려고 했다. 그의 초기 생애에 대해서는 알려진 것이 별로 없다. 그가 태어나고 자란 저지대 지역(오늘날엔 벨기에 영토)은 당시에는 신성로마제국의 칼 5세(Karl V, 1515-1555 재위)가 통치하고 있던 가톨릭 영토였다. 어떤 기회에 개신교 설교를 듣게 되었는지 알수 없으나 적어도 1548년엔 그 신앙에 대한 박해를 피하여 런던으로 가게 된다.[55] 런던에서 청년 드 브레는 마르틴 부처, 요한 아 라스코, 페트루스 다테인 등과 교제하면서, 신학적 지식을 쌓게 된다.

1552년에 다시 저지대로 돌아온 드 브레는 레이설(Rijssel, 또는 Lille라고 함)과 주변 지역에서 순회 설교자(rondreizend predikant)로 복음 전파 사

---

54 귀드 드 브레의 삶과 순교사를 담고 있는 가장 초기의 서술은 드 브레와 면식을 가지고 있었던 쟝 끄래스팽이 쓴 『순교사』 3권에서 찾아볼 수 있다: Jean Crespin, *Histoire des martyrs persecutez et mis a mort pour la vérité de l'Évangile, depuis le temps des apostres jusques à présent (1619)*, 3 vols. (Toulouse : Sociéte des Livres Religieux, 1885), 3: 102-103, 533-575이다(이 자료는 다음의 사이트에서 PDF파일로 접근가능하다: https:// ia800303.us.archive.org/25/items/ histoire desmarty03cres/ histoiredesmarty 03cres.pdf). 그리고 드 브레의 삶과 시대적 배경에 대한 그간의 학문적인 연구 성과를 반영한 최근의 주요 자료들은 P. Korteweg, *Guido de Brès (1522-1567)* (Barneveld: Gebr. Koster/ Stichting Heruitgave Werken Guido de Brès, 2010); Émile Braekman & Erik de Boer, *Guido de Bres, zijn leven, zijn belijden* (Kampen: Kok, 2010) 등이다. 영어권에서 나온 Thea B. van Halsem, *Three Men Came to Heidelberg and Glorious Heretic: The Story of Guido de Bres* (Neerlandia: Inheritance, 2010), 83-126; William Boekenstein, *Faithfulness Under Fire: The Story of Guido de Bres* (Grand Rapids: RHB, 2010); Barth Hill-de Bres, *Trust God, Keep the Faith: Story of Guido de Bres* (Neerlandia: Inheritance, 2011) 등은 일반 독자들을 위해 쓴 간결하고 비학문적인 소개글 수준이다.

55 Roukens (ed.), *De Nederlandse Geloofsbelijdenis met kanttekeningen en uitgeschreven bewijsteksten*, 20. 그래서 뽈만은 '여하튼 1547년 이전에'(in elk geval voor 1547) 드 브레가 개신교 신앙을 받아들이게 되었다고 주장했다(Polman, *Onze Nederlandsche Geloofsbelijdenis*, 1:104).

역을 시작하였다. 이곳에서 사역하는 동안 그는 자신의 첫 저술을 출간하게 된다. 1555년에 출간된 그의 저술은 『기독교 신앙의 무기』(*Le baston de la foy chrestienne*)이라고 하는 제목을 가지고 있었다.[56] 550쪽이 넘는 이 책은 주요 주제들과 관련하여 성경과 초기 교부들로부터 자료들을 모아놓음으로써 청년 드 브레의 신학적 학식을 분명하게 증거하고 있다. 드 브레는 본서를 통해 당시 개신교신앙을 박해하고 있던 '교부들이 가졌던 고대 신앙'을 포기한 '복음의 적'으로서 '참된 교회'라고 불리울수 없다고 하는 점을 보여주었다.[57]

1556년에 이르러 박해가 심해지자 드 브레는 다시 고국을 떠나 망명의 길을 걷게 된다. 독일 프랑크푸르트에 잠시 머물게 되는데 그곳에서 아 라스코를 다시 만나게 되었고, 『순교사』를 저술하게 될 끄래스팽도 만나게 된다.[58] 그러고나서 드 브레는 베자가 가르치고 있던 스위스 로잔에 갔다가 칼빈이 목회하고 있던 쥬네브로 가서 1559년까지 머물게 된다. 이 기간 동안 드 브레는 칼빈과 베자와 교류하면서 신학 공부에 정진하게 된다.[59]

1559년에 다시 고국으로 되돌아온 드 브레는 도르닉(Doornik, 프랑스어로는 뚜르네이 Tournai라고 부름)에서 비밀교회를 조직하여 목회하기 시작했다. 이곳에서 드 브레는 카타리나 라몽과 결혼도 하게 되었고 다섯 명의 아이를 낳게 된다.[60] 또한 비밀스러운 복음사역을 진행하던 중에 박해를 일삼는 신성로마제국과 로마가톨릭에 대하여 자신들이 믿고 있는 바가 무엇인지를 공개적으로 알려야 하겠다는 사명의식을 가지고 작성하게 된 것이 바로 벨

---

56 원서 전체 제목은 *Le baston de la foy chrestienne: liure tresutile a tous Chrestiens, pour s'armer contre les ennemys de l'Euangile: & pour aussi cognoistre l'ancienneté de nostre saincte foy, & de la vraye Eglise* (Lyon, 1555) 이다. le baston은 현대 프랑스어로 bâton인데, 그 뜻은 막대기, 방망이, 곤봉, 지팡이 등의 뜻을 가지고 있다. 그리고 드 브레가 순교한 후에 영역본도 출간되었다: *The Staffe of Christian Faith*, trans. John Brooke (London: Iohn Daye, 1577).
57 이 책에 대한 간략한 소개는 Bredenhof, *For the Cause of the Son of God*, 102-104를 보라.
58 G. P. van Itterzon, "Brès, Guido de (Guy de Bray)," *Biografisch Lexicon voor de Geschiedenis van het Nederlandse Protestantisme*, 6 vols. (Kampen: Kok, 1978-2006), 2: 98.
59 Polman, *Onze Nederlandsche Geloofsbelijdenis*, 1:104. 드 브레가 1556-1559년 어간에 로잔과 쥬네브에 머문 것은 분명하지만 그의 행적에 대해서는 거의 알려진 바가 없다(Van Itterzon, "Brès, Guido de (Guy de Bray)," 98).
60 Van Itterzon, "Brès, Guido de (Guy de Bray)," 97. 드 브레의 자녀들에 대해서는 Braekman, "Nakomelingen in Sedan," in *Guido de Bres, zijn leven, zijn belijden*, 378-381을 보라.

직 신앙고백서이다. 헤이띵(W. Heijting)에 의하면 신앙고백서는 '1561년 4월 전에'(voor April 1561) 드 브레가 사역하고 있던 도르닉(= 뚜르네이)의 은신처에서 완성되었다고 한다.⁶¹ 그리고 인쇄된 신앙고백서 책자가 공적으로 처음 알려지게 된 것은 11월 1일-2일 사이 밤중에 도르닉 성벽안으로 몰래 투척되는 사건이 일어나면서 부터였다. 우선 동년 9월 29일과 30일 사이 저녁에 발생한 개신교도들이 끌레망 마로의 찬송을 부르면서 공개적으로 길거리를 행진한 사건을 언급해야 한다. 이 사건으로 인해 도르닉의 시장 플로리스 드 몽띠니(Floris de Montigny)는 주동자를 색출해 나가는 중에 제롬(Jérôme)이라는 가명을 쓰고 있던 드 브레가 포착이 되기에 이른다.⁶² 그러는 중에 드 브레는 마침내 인쇄된 벨직 신앙고백서를 1561년 11월 1일-2일 사이 밤중에 도르닉 성벽안으로 투척을 해서, 자신들이 믿고 있는 신앙이 재세례파의 과격한 신앙이 아니라는 점을 알리고, 펠리페 2세나 저지대 행정관들이 박해를 중단해 줄 것을 탄원하는 기회로 삼고자 했다.⁶³ 드 브레가 황제에게 쓴 편지글을 읽어보면 『기독교강요』 초판 서두에 칼빈이 첨부한 프랑수아 1세에게 보내는 서한("Prefatory Address to King Francis I")의 내용이나 동기와 유사하다는 것을 발견하게 된다.⁶⁴ 그리고 우리가 벨직 신앙고백서 37개 조항을 들여다 보아도 항상 "우리는 믿는다"(Nous croyons)으로 시작하고 있는 것을 보게 된다. 이는 벨직 신앙고백서에 담긴 내용이 드 브레의 개인적인 신앙고백이 아니라, 도르닉과 저지대 지역에 산재해 있던 개신교 신자

---

61 Korteweg, *Guido de Brès (1522-1567)*, 143에서 재인용함.
62 Van Itterzon, "Brès, Guido de (Guy de Bray)," 98. 사실 드 브레는 그러한 공개적인 가두 행진을 반대했었다.
63 1561년 프랑스어 원본의 초두에는 펠리페 2세에게 보내는 편지가 실려있고, 부록으로는 저지대 행정관들에게 탄원하는 글이 같이 수록되어 있었다. 그리고 두 글의 시대적 제한성 때문에 후대 판본들에서는 두 문서가 누락된 채 신앙고백서만 출간하곤 했지만, 원래의 첫 형태대로 편집 번역한 다음의 판본이 있다: A. A. Roukens (ed.), *De Nederlandse Geloofsbelijdenis met kanttekeningen en uitgeschreven bewijsteksten. En een beschrijving van de tijd, het leven en werk van Guido de Brès* (Barneveld, Gebr. Koster/ Stichting Heruitgave Werken Guido de Brès, 2009). 펠리페 2세에게 쓴 편지의 영문("Dedicatory Epistle to Philip II")은 Hyde, *With Heart and Mouth*, 499-504에 수록되어 있다.
64 John Calvin, *Institutes of the Christian Religion*, trans. Ford L. Battles (Philadelphia: Westminster, 1960), 1:9-31. 칼빈이 이 서한을 쓴 때가 1535년 8월 1일이었고, 드 브레의 경우는 1561년에 편지를 썼다. 사반세기가 지났지만 반개신교 진영은 언제나 과격한 재세례파와 개신교는 구분짓지 않으려고 했다.

들이 공통적으로 믿는 바가 무엇인지를 박해자들에게 알리기 위해서였다.[65]

그러나 드 브레의 간절한 소원에도 불구하고 그의 탄원서와 신앙고백서는 펠리페 황제나 그가 세운 섭정 마르가레타에 의해 수용되지 않았으며, 오히려 드 브레와 도르닉의 개신교회는 격렬한 박해를 직면해야 했다. 드 브레의 은신처도 마침내 발각되기에 이르렀고, 그 은신처에 있던 신앙고백서 200여권과 칼빈, 루터, 베자, 멜랑히톤 등 다양한 종교개혁자들의 저술들도 발견되어 모두 소각되기에 이른다.[66] 이를 통해 벨직 신앙고백서의 저자가 드 브레이며, 그 신앙고백서의 내용이 "칼빈의 모든 오류들과 그릇된 교리들로 가득하다"라고 하는 보고가 조사위원회에 의해 섭정 마가레타에게 전해지게 된다.[67] 드 브레는 1563년 초 그런 연유로 도르닉(= 뚜르네이)을 떠날 수 밖에 없게 되자, 북부 프랑스 지역인 아미엥(Amiens)과 세당(Sedan) 등에 머물게 된다. 세당에 머무는 동안 드 브레는 재세례파의 기원과 오류에 대하여 반박하는 『재세례파의 뿌리, 원천, 그리고 기초』(*La racine, source et fondement des Anabaptistes*)를 1565년에 출간하기에 이른다.[68] 4년 여 동안 (1562-1566) 북부 프랑스에 머물렀던 드 브레는 다시 벨기에 지역으로 이동하여 도르닉에서 멀지 않은 발랑시엔느(Vaenciennes, L'Aigle)에 머물며, 뻬레그랭 드 라 그랑쥬(Pérégrin de la Grange)와 더불어 복음을 전파하는 사역을 하게 된다. 그들의 사역을 통해 발랑시엔느 인구의 2/3(tweederde) 가량이 가톨릭에서 개혁주의 신앙으로 개종을 하게되는 대성공을 거두게 된다.[69] 그리고 그러한 분위기 속에서 개혁주의 신자들이 발랑시엔느 성을 접수하고 가톨릭 진영에 대해 무력 항쟁을 진행하게 되지만, 결국은 누와르까

---

65 Korteweg, *Guido de Brès (1522-1567)*, 142: "De Brès's confessie is de geloofsbelijdenis van de Nederlanden geworden, een formulier van enigheid."
66 Korteweg, *Guido de Brès (1522-1567)*, 128-129.
67 Braekman, "Confession de Foy(Geloofsbelijdenis)," 162.
68 Guido de Brès, *La racine, source et fondement des Anabaptistes* (Rouen: Abel Clemence, 1565). 이 대작은 본문이 903쪽에서 끝이 난다(PDF화된 자료는 http://www.prdl.org/author_view.php?a_id=165에 링크되어 있다). 브레덴호프는 이 대작을 드 브레의 '*magnum opus*'라고 부르며 그 내용을 간략하게 소개한다(Bredenhof, *For the Cause of the Son of God*, 104-105). 또한 Korteweg, *Guido de Brès (1522-1567)*, 193-205도 보라.
69 Van Itterzon, "Brès, Guido de (Guy de Bray)," 99.

름(Noircarmes)이 지휘하는 군대에 의해서 패배를 당하고 성은 유린당하게 된다. 드 브레와 동료 드 라 그랑주 목사는 성을 빠져나오는데는 성공했지만 결국 발각되어 도르닉으로 압송당하게 되고 1567년 5월 31일에 공개적으로 교수형에 처해지고 나서 화형에 처해지게 된다.[70]

2.2.2. 벨직 신앙고백서 37장 번역 시안

이어서 우리는 주요 논구 대상인 37조의 번역 시안을 제시해 보려고 한다. 1561년에 처음 익명으로 출간된 벨직 신앙고백서는 1566년 안트베르프에서 모인 회의에서 처음 수정이 이루어졌고, 1618-1619년 도르트총회에서 최종 수정안이 통과되었다.[71] 이렇게 진행된 60여년의 수정 과정 동안 다양한 번역본들도 출간되었기 때문에 벨직 신앙고백서의 본문이 조금씩 다르게 제시되기도 했고, 후대인들에게도 다소 혼동을 불러일으킨다. 따라서 이런 모든 과정들을 잘 반영한 비평적 텍스트의 출판이 요청된다고 필자는 확신한다. 종말론에 대한 고백을 담고 있는 37조의 경우도 예외도 아니다. 벨직 신앙고백서의 종말론을 논구하려는 목적을 이루기 위해서는 37조의 정확한 본문의 확립과 번역 시안을 제시할 필요성이 요청된다고 생각된다. 이미 한글 번역들[72]이 나와 있지만 대체로 영어만 참고한 것들이었기 때문에, 프랑스어 원문과 다른 언어로 된 번역본들과의 대조를 거친 번역본이 필요하다고 생각된다. 보다 표준적인 번역은 전문적인 학자들에게 기대하면서, 아래에서는 1562년과 1566년 프랑스 원본들과 필립 샤프가 제시한 프랑스어 최종 수정본과 몇 개의 다른 번역본들을 참고로 삼아서 37조에 대한 번역 시안을 제시해 보고자 한다.

---

70 Van Itterzon, "Brès, Guido de (Guy de Bray)," 99.
71 이러한 수정과정과 수정된 내용들에 대해서는 Gootjes, *Belgic Confession*, 19-32, 117-159를 보라. R. C. Janssen, *By This Our Subscription Confessional Subscription in the Dutch Reformed Tradition since 1816*, Diss. Kampen (Kampen: Theologische Universiteit, 2009), 24: "The problem of correct version of the confession persisted until GS Dordrecht in 1618-19, which adopted fixed texts for the Forms of Unity."
72 김의환 편집, 『개혁주의 신앙고백』, 267, 269; 김학모 편역, 『개혁주의 신앙고백』, 120-127.

XXXVII[73]

마지막으로 우리는 하나님의 말씀에 따라 (모든 피조물들에게는 알려지지 않았지만) 주께서 정하신 때가 이르고, 선택된 자들의 수가 채워지고 나면(마 24:36, 25:13; 살전 5:1, 2; 계 6:11; 행 1: 7; 벧후 3:10), 우리 주 예수 그리스도께서, 올라가신대로(comme il y est monté), 하늘로부터 육체적으로 그리고 가시적(corporellement et visiblement)으로 오셔서(행 1:11), 자신이 산자와 죽은 자들의 심판자되심을 선포하시며(declarer, 살후 1:7, 8; 행 17:3; 마 24:30, 25:31; 유 15; 벧전 4:5; 딤후 4:1), 옛 세상을 정결케 하기 위하여 불과 화염으로 사르실 것을 믿는다(벧후 3:7, 10; 살후 1:8).74 그러고 나서 세상의 시작부터 끝까지 살았던 남녀노소 모든 사람들이 천사장의 소리와 하나님의 나팔 소리에 의해서 소집되어(고전 15:42; 계 22:12, 13; 살전 4:16) 이 위대한 심판자 앞에 몸소 출두하게 될 것이다(comparaîtront personnellement, 계 22:12, 13; 행 17:31; 히 6:2, 9:27; 고후 5:10; 롬 14:10). 왜냐하면 모든 죽은 자들은 땅으로부터 부활하게 될 것이며(ressusciteront de la terre), 그들의 영혼들은 이전에 그 안에서 살았던 자신의 육체들과 결합하여 하나가 될 것이기 때문이다(요 5:28, 29, 6:54; 단 12:2; 욥 19:26, 27).75 그때에 살아있던 자들의 경우는 다른 사람들처럼 죽지

---

73 귀도 드 브레는 신앙고백서의 매 조항마다 로마숫자만 표기했을 뿐 조항의 제목은 부가하지 않았다 (1562년, 1566년 원본). 각조에 제목을 붙이기 시작한 것은 라틴어 번역본에서 부터이다. 37조의 경우 라틴어 번역본은 *De iudicio extremo, resurrectione carnis, et vita aeterna*"(최후심판, 부활, 그리고 영생)라고 붙이었다(Niemeyer [ed.], *Collectio confessionum in ecclesiis reformatis publicatarum*, 387). 그리고 귀드 드 브레가 작성한 37조 원문에는 단락 구분이 없으나, 필립 샤프에 따라 네 단락으로 구분해 보았다(Schaff, *The Creeds of Christendom*, 3:433-436).

74 "옛 세상을 정결케 하기 위하여 불과 화염으로 사르실 것을 믿는다"는 샤프가 제공하는 최종 프랑스어에 따른 것이다(mettant en feu et en flamme ce vieux monde pour le purifier- Schaff, *The Creeds of Christendom*, 3:434). 1562년 원본에는 'pour le purifier'가 아니라 'pour le consumer'(태워버리기 위하여, 소멸시켜버리기 위하여)로 되어 있었다가, 1566년 수정본에서는 'pour le purger'(깨끗하게 하기 위하여)로 수정되었다.

75 "L'esprit étant joint et uni avec son propre corps dans lequel il a vécu,"(Schaff, *The Creeds of Christendom*, 3:434); "anima singulorum conjuncta atque unita proprio suo corpori, in quo vixerat."(Niemeyer [ed.], *Collectio confessionum in ecclesiis reformatis publicatarum*, 388); "de

아니하고, 눈 깜짝할 사이에 썩을 것에서 썩지 아니할 것으로 변화를 받게 될 것이다(고전 15:51-53).

그때에 책들이(다시 말하자면 양심의 책들) 펴질 것이며, 죽은 자들은 이 세상에서 선악간에 행한대로 심판을 받을 것이다(계 20:12, 13; 고전 4:5; 롬 14:11, 12; 욥 34:11; 요 5:24; 단 12:2; 시42:13; 마 11:22, 23:33; 요 5:29; 롬 2:5, 6; 고전 5:10; 히 6:2, 9:27). 동일한 사람들은(même les hommes) 그들이 내뱉은 모든 무익한 말들(de toutes paroles oiseuses)에 대해, 세상은 유희와 심심 파적으로 여겼을 것이지만, 보고해야 할 것이다(롬 2:5; 유 15; 마 12:36); 그리고 그때에 사람들의 비밀들과 위선들은 모든 이들(tous) 앞에 드러나게 될 것이다(고전 4:5; 롬 2:1, 2, 16; 마 7:1, 2).[76]

그리고 당연히 이러한 심판에 대해 기억하는 것[77]은 사악하고 불경건한 자들에게는 끔찍스럽고 공포스러운(horrible et épouvantable)것이지만(계 6:15, 16; 히 9:27), 경건하고 선택된 자들[78]에게는 크게 소망하는 바가 되고 큰 위로가 될 것이다.[79] 왜냐하면 그때에 그들의 완전한 구속(rédemption totale)이 이루어지게 되며, 그들이 감수해야 했던 모든 노고와 수고의 열매들을 받게 될 것이기 때문이다(눅 22:28; 요일 3:2, 4:17; 계 14:7; 살후 1:5, 7; 눅 14:14). 그들의 무죄함은 모든 이

---

zielen samengevoegd en verenigd zijnde met haar eigen lichaam in hetwelk zij zullen geleefd hebben."(Roukens [ed.], *De Nederlandse Geloofsbelijdenis*, 176).

76 이 문장이 1618-1619년 수정본에서는 좀 더 부연되어 "et lors les actions et pensées secrètes et les hpocrisies des hommes seront découvertes publiquement devant tous"라고 되어 있다(Schaff, *The Creeds of Christendom*, 3:435).

77 1562년 원본에서는 'la souvenance'(추억, 회상)을 썼고, 1618-1619 최종본에는 'le souvenir'(기억, 추억, 회상)라는 단어를 사용했다(Schaff, *The Creeds of Christendom*, 3:435). 화란어 역에서는 'de gedachtnis'(추억, 회상, 기념)으로 번역했다(Roukens [ed.], *De Nederlandse Geloofsbelijdenis*, 178)

78 '경건하고 선택된 자들'의 불어 원문은 'bons et élus'인데(Schaff, *The Creeds of Christendom*, 3:435), 라틴어 번역은 '*piis vero et electis*'라 했고(Niemeyer [ed.], *Collectio confessionum in ecclesiis reformatis publicatarum*, 388), 화란어 번역에는 'de vromen en uitverkorenen'(Roukens [ed.], *De Nederlandse Geloofsbelijdenis*, 178)이라 했고, 샤프의 영역에서는 'the righteous and the elect'라고 했다(Schaff, *The Creeds of Christendom*, 3:435).

79 'fort désirable et de grande consolation'(1562년판, 1618-18년판 동일); '*summe exoptanda, et ingentis consolationis*'(Niemeyer [ed.], *Collectio confessionum in ecclesiis reformatis publicatarum*, 388); 'zeer wenselijk en troostelijk'(Roukens [ed.], *De Nederlandse Geloofsbelijdenis*, 178).

들 앞에 알려지게 될 것이며, 이 세상에서 그들을 박해하고, 압제하고, 그리고 고문했던 그 사악한 자들 위에 하나님이 집행하실 끔찍스러운 보복을 보게 될 것이다(단 7:26; 마 25:46; 살후 1:6-8; 말 4:3). 그 악한 자들은 그들 자신의 양심에 의해서 정죄함을 당하게 될 것이며(롬 2:15), 죽지 않는 존재가 되어[80] 마귀와 그의 사자들을 위하여 예비된 영원한 불속에서 고통을 당하게 될 것이다(계 21:8; 벧후 2:9; 말 4:1; 마 25:41).

그러나 반대로 신실한 택자들은 영광과 명예로 면류관을 쓰임 받게 될 것이다(마 25:34, 13:43); 하나님의 아들은 그의 아버지 하나님과 그의 택한 천사들 앞에서 그들의 이름을 인정하실 것이며(마 10:32, confessera leur nom); 그들의 눈에서 모든 눈물을 씻어 주실 것이며(사 25:8; 계 21:4); 그리고 지금은 많은 재판관들과 위정자들에 의해서 이단적이고 악독하다(hérétique et méchante)고 정죄당하고 있는 그들의 대의명분(leur cause)이 그때에는 하나님의 아들의 대의명분임이 알려지게 될 것이다(사 46:5); 또한 주님께서는 은혜로운 보상으로서 사람이 마음으로 결코 생각도 할 수 없었던 그러한 영광을 그들로 하여금 소유하게 하실 것이다(사 54:4; 고전 2:9).

그러므로 우리는 우리 주 예수 그리스도 안에서 하나님의 약속들을 충만히 누릴수 있기 위하여, 그 위대한 날을 크게 소원하며 기다린다(히 10:36-38).[81]

---

80 'seront rendus immortels'(Schaff, *The Creeds of Christendom*, 3:435); '*immortales quidem reddentur*'(Niemeyer [ed.], *Collectio confessionum in ecclesiis reformatis publicatarum*, 388); 'zullen onsterfelijk worden'(Roukens [ed.], *De Nederlandse Geloofsbelijdenis*, 178).
81 1561년 프랑스어 원본과 1566년 수정본에는 'avec un grand desir'라고 했지만, 1618-19 수정본에는 'avec desir'로 단순화시켰다. 라틴어 번역도 동일하게 '*cum desiderio*'라고 번역했고, 그리고 37조를 마치면서 "Apocal. 22, 20. *Etiam veni Domine Iesu*"을 추가시켰다(Niemeyer [ed.], *Collectio confessionum in ecclesiis reformatis publicatarum*, 388), 화란어 역본(Donner & van den Hoorn [eds.], *Acta of Handelingen der Nationale Synode*, 319), 영역본(Schaff, *The Creeds of Christendom*, 3:436) 등에서도 이러한 추가사항을 반영했다.

2.2.3. 벨직 신앙고백서 37조의 구조와 내용 분석

이제 벨직 신앙고백서 37조에 담긴 종말론적인 신앙고백을 분석해 보고자 한다. 브레덴호프는 이 37조에서 "저지대 지역에 살고 있던 개혁파 신자들의 종말론의 주요 윤곽"을 볼수 있다고 논평을 했지만,[82] 그 내용을 일별해 보더라도 소위 종말론적인 주제들을 대략이라도 다 다루기는커녕 지극히 제한된 주제만 다루고 있다는 것을 확인하게 된다. 이제 37조에 담긴 종말론적인 내용을 분석하기 위하여 먼저는 37조의 구조를 먼저 분석해 보고자 하며, 이어서 내용에 대한 분석적 고찰과 평가를 수행해 보고자 한다.

(1) 벨직 신앙고백서 37조의 구조

1) 학자들의 구조 분석

37조에 대한 대표적인 네 학자들의 구조 분석을 먼저 소개하려고 한다. 네 권으로 된 벨직 신앙고백서에 대한 학문적 해명서를 쓴 뽈만(A. D. R. Polman, 1897-1993)은 37장의 제목을 "마지막 날은 심판의 날이다"라고 붙이고 크게 네 개의 소주제로 분석했다.[83]

    a. 그리스도 재림의 날
    b. 그리스도 재림의 양식
    c. 그리스도 재림시 심판
    d. 이 심판에 대한 이중적인 생각

---

82 Bredenhof, *For the Cause of the Son of God*, 117.
83 Polman, *Onze Nederlandsche Geloofsbelijdenis, verklaard uit het verleden geconfronteerd met het heden*, 4:308-320. 깜쁜 신학교의 교의학, 교리사 교수였던 뽈만은 벨직 신앙고백서를 학문적으로 해명하면서, 칼빈뿐 아니라 현대신학자들과 대화를 추구했다. 뽈만은 이러한 학술적인 해명서 외에도 평신도들을 위한 벨직 신앙고백서 해설서를 출간하기도 했다(A. D. R. Polman, *Woord en belijdenis. Eenvoudige verklaring van de Nederlandse Geloofsbelijdenis*. 2 vols. [Franeker: Wever, n. d.]).

두 번째로 얀 판 브룩헌(Jan van Bruggen, 1909-1965)은 제목을 "최후 심판'으로 붙이고, 그 역시도 37조 내용을 크게 네 개의 주제로 분석했다.[84]

    a. 심판자의 위엄있는 강림
    b. 죽은자와 산자를 모두 불러모으심
    c. 펴지게 될 책들
    d. 이 위대한 날을 강렬하게 기다려왔던 성도들의 명예회복

세 번째로 대니얼 하이드(Daniel Hyde)의 경우는 37조의 제목을 라틴어 번역본에 따라 " 최후심판, 몸의 부활 그리고 영생"이라 명명하고, 그 역시 내용을 네 가지 소주제로 분석했다.[85]

    a. 그가 다시 오실 것이다
    b. 부활
    c. 산자와 죽음자를 심판하기 위하여
    d. 영원한 상태

마지막으로 가장 최근에 벨직 신앙고백서 해설을 출간한 칼 스카울스(Carl A. Schouls)의 분석을 살펴보면, 앞서 소개한 세 사람의 분석과 다르게 분석하고 있음을 확인하게 된다.[86]

    a. 영광의 날인 심판의 날
    b. 공포의 날인 심판의 날
    c. 기쁨의 날인 심판의 날

---

84 Van Bruggen, *The Church Says Amen: An Exposition of the Belgic Confession*, 222.
85 Hyde, *With Heart and Mouth: An Exposition of the Belgic Confession*, 494-498.
86 Schouls, *Simply, Faith!: Expository Sermons on the Belgic Confession*, 317-323.

2) 필자의 구조 분석 제시

이상의 네 명의 학자들의 구조 분석은 다소 달라보이기도 하지만 어떤 면에서는 대동소이하다고 볼 수도 있다. 필자는 37조 본문을 거듭 읽으면서 나름대로 그 구조와 내용을 분석해 보고자 노력했고, 구조 분석 시안을 제시해 보고자 한다.

A. 정하신 때에 예수 그리스도가 심판자로 재림하실 것이다.
  a. 그는 옛 세상을 정결하게 하시기 위해 불과 화염으로 사르실 것이다.
  b. 모든 사람들을 심판하시되 죽은 자들에게는 몸의 부활을 통해, 산자들은 순식간에 변화하게 하시어서 심판대 앞에 서게 하실 것이다.

B. 심판의 기준과 내용
  a. 양심의 책들이 펴질 것이며, 사람들은 선악간에 행한대로 심판을 받게 될 것이다.
  b. 무익한 말에 대해서도 심판을 받을 것이고, 모든 비밀과 위선도 드러나게 될 것이다.

C. 심판의 두 가지 결과와 두 가지 반응
  a. 사악하고 불경건한 자들에게는 그 날이 끔찍스럽고 공포스러운 날이 될 것이다. 그날에 심판을 받고 지옥불 속에 들어가게 되어 죽지 않고 영원히 고통을 당하게 될 것이기 때문이다.
  b. 택자들에게는 매우 바람직하고 큰 위로가 되는 날이 될 것이다.
    a) 그들의 완전한 구속이 이루어지는 날이고, 모든 수고의 열매를 받는 날이 될 것이기 때문이다.
    b) 그들을 대적하고 박해하던 불경건하고 사악한 자들이 공정하게 심판 받는 것을 보게 될 것이기 때문이다.
    c) 세상에 의해서 받았던 그들의 명예회복이 이루어지는 날이 될것이기 때문이다.

D. 결론적 적용

- 신자들은 그리스도 안에서 하나님의 약속을 충만히 누릴수 있기 위하여 그 위대한 날을 크게 대망하며 기다려야 한다.

(2) 내용 분석

앞에서 제시한 구조 분석에 따라 37조에서 개진된 종말론의 내용을 상세하게 살펴보기로 하겠다. 크게 네 가지 주제로 종말론적 신앙을 기술하고 있다.

1) 정하신 때에 예수 그리스도가 심판자로 재림하실 것이다.

37조는 주 예수 그리스도의 재림에 대한 신앙고백으로 시작한다. 그가 언제 재림하실 것인지에 대해서는 피조물은 알지 못한다고 못을 박는다. 다만 성경이 말하는 대로 "선택된 자들의 수가 채워지고" 나면 예수 그리스도께서는 재림하실 것이다. 우리는 여기서 벨직 신앙고백서가 견지하고 있는 솔라 스크립투라(*Sola Scriptura*) 정신을 다시 한 번 재확인하게 된다.[87] 사실 이 신앙고백서가 그렇게도 빠른 시간안에 저지대 지역(벨기에와 네덜란드) 개혁교회의 공식적인 신앙고백으로 인정되고, 1618-1619년 도르트총회에서 "일치를 위한 세 신앙고백서"(Drie formulieren van enigheid)중 하나로 공인된 것도 고백서 속에 담긴 내용들이 철저하게 성경적이었기 때문이었다.[88] 37조 전체를 통해서도 다시 한 번 철저하게 성경중심적인 신앙고백임을 확인하게 된다. 성경에 의하면 주님이 재림하신다는 것은 명백한 예언이지만, 그가 어느 때에 오시는지에 대한 예언은 주어진 바가 없다. 다만 주님의 약속에 의하면 "선택된 자들의 수가 채워지고 나면"(마 24:36, 25:13; 살전 5:1, 2; 계 6:11; 행 1:7; 벧후 3:10), 다시 오실 것이라는 것은 확실하게 고백할 수

---

87 벨직 신앙고백서의 성경관에 대해서는 이상웅, "네덜란드신앙고백서(1561)에 나타나는 개혁주의 성경관," 「신학지남」 325 (2015): 143-179을 보라.
88 Donner & van den Hoorn (eds.), *Acta of Handelingen der Nationale Synode*, 306-307.

가 있는 것이다.[89] 그리고 37조는 예수 그리스도의 재림의 양식에 대해서 단순명료하게 고백을 하기를 "우리 주 예수 그리스도께서, 올라가신대로 (comme il y est monté), 하늘로부터 육체적으로 그리고 가시적(corporellement et visiblement)으로 오"실 것이라고 했다. 이는 사도행전 1장 11절 하반절에 근거한 것이다: "너희 가운데서 하늘로 올려지신 이 예수는 하늘로 가심을 본 그대로 오시리라." 하늘로 가심을 본 그대로라는 것은 가시적인 부활체를 입고 승천하신 것을 가리킨다.[90]

승천하신 것과 동일한 모습으로 그리스도는 다시 재림하실 것인데, 신앙고백서는 특히 그가 최후 심판자 되심을 강조해서 말한다. "자신이 산 자와 죽은 자들의 심판자 되심을 선포하시며"(declarer, 살후 1:7, 8; 행 17:3; 마 24:30, 25:31; 유 15; 벧전 4:5; 딤후 4:1). 그리고 최종적인 심판을 설명함에 있어서 비인격적인 피조물과 인격체에 대한 심판으로 양분하여 말해준다. 고백서는 먼저 전자에 대해서 말한다. "옛 세상을 정결케 하기 위하여 불과 화염으로 사르실 것을 믿는다"(벧후 3:7, 10; 살후 1:8).[91] 앞에서도 설명해듯이 이 구절은 1618-1619년 최종본에 담긴 내용이다.[92] 1562년 원본에는 'pour le purifier'가 아니라 'pour le consumer'(태워버리기 위하여, 소멸시켜버리

---

89 다양한 형태로 준동하여 성도들을 미혹하곤 하는 시한부종말론자들의 미혹에 대하여 이런 단순하고 분명한 신앙고백서의 교육이 절실하게 필요하다고 생각된다(Schouls, *Simply, Faith!: Expository Sermons on the Belgic Confession*, 316-317). 웨스트민스터 신앙고백서 33장 3항에서도 주님의 재림과 심판의 날을 알리지 않으셨음을 고백하면서 "그날을 사람들에게 알리지 않으셔서 사람들이 어느 때에 주께서 오실는지 알지 못하므로 모든 육적인 안전감을 버리고 항상 깨어 '오시옵소서, 주 예수여! 속히 오시옵소서'라고 말할 수 있도록 준비되어 있게 하셨다"라고 그 이유까지 잘 밝혀주었다(이상웅, "웨스트민스터 신앙고백서의 종말론," 171-172).

90 개혁주의 종말론에서는 "재림의 양식"(the manner of the Second Coming)이라고 하는 주제가 있다. 루이스 벌코프는 '인격적 강림, 육체적 강림, 가견적 강림, 돌연한 강림, 영광스럽고 승리적인 강림'이라고 했고(Louis Berkhof, *Systematic Theology* [Edinburgh: Banner of Truth, 1988], 704-706), 죽산 박형룡은 "자신적 강림(즉 인격적 강림), 신체적 강림, 가견적 강림, 돌연한 강림, 영광적 승리적 강림, 종말적 완성적 강림"등으로 설명했다(박형룡, 『교의신학-내세론』[서울: 한국기독교교육연구원, 1988], 214-219).

91 "옛 세상을 정결케 하기 위하여 불과 화염으로 사르실 것을 믿는다"는 샤프가 제공하는 최종 프랑스어에 따른 것이다(mettant en feu et en flamme ce vieux monde pour le purifier- Schaff, The Creeds of Christendom, 3:434). 1562년 원본에는 'pour le purifier'가 아니라 'pour le consumer'(태워버리기 위하여, 소멸시켜버리기 위하여)로 되어 있었다가, 1566년 수정본에서는 'pour le purger'(깨끗하게 하기 위하여)로 수정되었다.

92 "mettant en feu et en flamme ce vieux monde pour le purifier"(Schaff, *The Creeds of Christendom*, 3:434).

기 위하여)로 되어 있었다. 드 브레의 원 고백서에 따르면 세계 멸절설(annihilationism)의 오해를 불러일으킬 것이기 때문에, 1566년 수정본에서는 'pour le consumer'를 'pour le purger'(깨끗하게 하기 위하여)로 수정했고, 1618-1619년 최종 수정본에서는 현재의 형태로 수정된 것이다.[93] 개혁주의적인 입장을 선명하게 드러내기 위해 정당하게 수정이 이루어진 것이다.[94]

그러면 심판하시기 위해서 재림하시는 날에 사람들은 어떻게 될까? 이어지는 구절에서 신앙고백서는 다음과 같이 고백을 한다.

> 그리고 나서 세상의 시작부터 끝까지 살았던 남녀노소 모든 사람들이 천사장의 소리와 하나님의 나팔 소리에 의해서 소집되어(고전 15:42; 계 22:12, 13; 살전 4:16) 이 위대한 심판자 앞에 몸소 출두하게 될 것이다(comparaîtront personnellement, 계 22:12, 13; 행 17:31; 히 6:2, 9:27; 고후 5:10; 롬 14:10).

창세로부터 세상 종말에 이르기까지 이 땅위에 존재했던 모든 인류는 남녀노소를 무론하고 다 그리스도의 심판대 앞에 서게 될 것이다.

그리고 이어지는 구절에서는 이미 죽었던 자들과 재림시까지 살아있던 자들을 나누어서 설명을 한다. 우선 이미 죽었던 자들은 "땅으로부터 부활하게 될 것이며(ressusciteront de la terre), 그들의 영혼들은 이전에 그 안에서 살았던 자신의 육체들과 결합하여 하나가 될 것"이라고 고백한다. 그리고 아직 살고 있던 자들에 대해서는 "그때에 살아있던 자들의 경우는 다른 사람들처럼 죽지 아니하고, 눈깜짝할 사이에 썩을 것에서 썩지 아니할 것으로 변화를 받게 될 것이다"(고전 15:51-53)라고 성경적으로 고백한다. 정리해

---

93 개혁주의 입장은 세계 멸절설이 아니라 세상 갱신설이다: Charles Hodge, *Systematic Theology*, 3 vols. (New York: Scribner's Sons, 1873), 3: 853-854; B. B. Warfield, *Biblical Doctrines*(Grand Rapids: Baker, 2003), 640; 박형룡,『내세론』, 356-358. 또한 Gerrit C. Berkouwer, *The Return of Christ*, trans. James van Oosterm (Grand Rapids: Eerdmans, 1972), 387-423 등을 보라. 그리고 최근에 출간된 J. Richard Middleton, *A New Heaven and a New Earth*, 이용중 역,『새 하늘과 새 땅』(서울: 새물결플러스, 2015)는 개혁주의 입장을 성경신학적으로 풍성하게 소개하고 있다.

94 Hyde, *With Heart and Mouth: An Exposition of the Belgic Confession*, 405; Polman, *Onze Nederlandsche Geloofsbelijdenis*, 4:311-312.

보면 주님의 재림과 심판의 날에 이미 죽은 자들은 몸의 부활에 참여하고, 살아있던 자들은 순식간에 변화하여 심판대 앞에 서게 될 것이라는 것이다. 여기서 주의해야 할 것은 몸의 부활에 참여하는 자들이 입게 될 몸에 대해서 "이전에 그 안에서 살았던 자신의 육체들"(son propre corps dans lequel il a vécu, their proper bodies in which they formerly lived)이라고 표현한 점이다.[95] 웨스트민스터신앙고백 32장 2항에서도 "죽은 자들은 모두 본래와 같은 몸으로 부활할 것이다. 이 부활체는 질적으로는 전과 다를 것이나 같은 몸으로 영혼과 다시 결합하게 될 것이다."라고 고백하고 있다.[96] 필자는 이와 관련하여 이전의 글에서 다음과 같이 논증을 한 적이 있다.[97]

> 대부분의 개혁신학자들은 부활체와 현재의 몸 사이의 동일성 내지 연속성도 있다고 하는 점을 분명하게 확신하고 주장해 왔다.[98] 그러나 그와 같은 동일시는 단순히 현재 우리 몸을 구성하고 있는 물질적 요소들(totalitas materiae)의 회복과 재구성을 가리키지 않는다는 점 또한 분명하게 인정해 왔다. 우리의 몸을 구성하고 있는 구성요소들은 매 7년마다 전부 바뀐다고 하는 과학적인 사실들을 참고하더라도 그러한 식의 사고는 합당하지 않다고 할 수가 있다.[99] 다만 우리는 바빙크의 적절한 표현대로 "개별적인 인간 존재의 연속성은 영혼의 정체성에서와 마찬가지로 몸의 정체성에서도 유지된다"라고 하는 사실을 기억하는 것으로 만족하는 것이 좋을 것이라고 사료된다.[100] 그리고 우리는 신자가 마지막 날에 입게 되는 부활체는 질적으로 전혀 다르다는 것 즉,

---

95 Schaff, *The Creeds of Christendom*, 3:434.
96 김의환 편집, 『개혁주의 신앙고백』, 264.
97 이상웅, "웨스트민스터 신앙고백서의 종말론," 163; Van Bruggen, *The Church Says Amen: An Exposition of the Belgic Confession*, 225; Hyde, *With Heart and Mouth: An Exposition of the Belgic Confession*, 496.
98 찰스 하지, A. A. 하지, 루이스 벌코프, 박형룡 박사 등이 취한 이러한 입장에 대해서는 박형룡, 『내세론』, 295-298을 보라.
99 Herman Bavinck, *Reformed Dogmatics*, trans. John Vriend, 4 vols. (Grand Rapids: Baker, 2003-2008), 4:694-698에 있는 자세한 논의를 참고하라.
100 Bavinck, *Reformed Dogmatics*, 4:694: "The continuity of an individual human being is maintained as much in the identity of the body as in the identity of the soul."

"그리스도 자신의 영광스런 몸"을 닮게 된다고 하는 점에 주목하는 것이 더욱 필요하다고 생각된다.

2) 최후 심판의 기준과 심판의 대상

그렇다면 최후 심판의 기준과 대상에 대해서 벨직 신앙고백서는 무엇이라고 기술하고 있는지를 살펴보도록 하겠다. 우선 이 단락에는 상당히 논란의 여지가 있는 구절을 포함하고 있기 때문에 유의해서 살펴보아야 한다. "그때에 책들이(다시 말하자면 양심의 책들) 펴질 것이며"(alors les livres seront ouverts [c'est-à-dire les consciences])라고 하는 부분이 그러하다. 심판 날에 책이 펴질 것이라고 하는 것은 성경 몇몇 곳곳에 기록되어 있기에 크게 어려움이 없다. 요한계시록 20장 13절에 의하면 사람의 행위를 기록한 책들과 생명책이 심판날에 펼쳐진다고 한다.[101] 그런데 왜 신앙고백서는 양심의 책들이 펼쳐진다고 말한 것일까?[102] 사실 증거로 제시한 본문들(계 20:12, 13; 고전 4:5; 롬 14:11, 12; 욥 34:11; 요 5:24; 단 12:2; 시42:13; 마 11:22, 23:33; 요 5:29; 롬 2:5, 6; 고전 5:10; 히 6:2, 9:27)을 통해서도 해명하기 쉽지 않기 때문에 어떤 역본들에서는 '다시 말하자면 양심의 책들'이라는 문구를 생략하기도 했다.[103] 혹은 J. 판 브룩헌 같은 사람은 이 구절에 대한 언급을 회피하였고, 뽈만은 이 문구는 생략해 버리는 것이 낫겠다고 말하고 있다.[104] 그러나 이 문구에 대한 관심을 가지고 해설을 해보려고 시도한 스카울스 같은 사람도 있다.[105] 필자가 생각하기에는 철저하게 성경적인 고백서이기를 추구

---

101 이 구절에 대한 필자의 평해는 『개혁파 종말론의 관점에서 본 요한계시록』(용인: 목양, 2013), 643-644에서 볼수 있다.
102 이 문구는 1562년 프랑스어 원본에 있기 때문에 귀도 드 브레의 손에서 나온 것이지, 후대 수정본에서 수정된 것이 아니다.
103 Hyde, *With Heart and Mouth: An Exposition of the Belgic Confession*, 531. 39장에 대한 미주 7번. 하이드는 그 일례로 캐나다 개혁교회의 예를 들고 있다.
104 "...van dit artikel, dat dit de concientiën zijn, had beter weggelaten kunnen worden, dat dit niet met zekerheid is vast te stellen..."(Polman, *Onze Nederlandsche Geloofsbelijdenis*, 4:315)
105 Schouls, *Simply, Faith!: Expository Sermons on the Belgic Confession*, 320을 보라. 화란어 역본을 편집하여 2009년에 출간한 라우껜스 역시 이 문구에 대하여 "말하자면 하나님의 전지하심의 책

한 벨직 신앙고백서의 정신에 따라 이 부가적인 문구는 생략하는 것이 좋을 것이라고 생각한다.

그러나 이어지는 심판의 기준으로 제시한 "죽은 자들은 이 세상에서 선악간에 행한대로 심판을 받을 것이다"고 하는 내용은 성경적이라고 인정할 수 있을 것이다. 우리가 이 세상에서 영육 통일체로 살아가는 동안에 어떻게 행했느냐가 심판의 기준이 될 것이라고 성경은 일관되게 가르치고 있고, 이에 따라 개혁파 신학자들도 대체로 동의하고 있기 때문이다.[106] 각자 행한 대로 심판을 받게 되기 때문에 이 세상 사람들이 단순히 우스갯소리 내지 심심 파적으로 여길수 있는 "무익한 말들"(de toutes paroles oiseuses)에 대해서도 심판을 받게 될 것이며, 또한 모든 "사람들의 비밀들과 위선들"(les cachettes et les hypocrisies de hommes)도 드러나게 될 것이라고 고백한다. 이 모든 표현들은 성경 구절에 근거한 것들이다.

3) 심판의 두 가지 결과와 두 가지 반응

신앙고백서는 그와 같은 심판의 날에 단 두 가지의 결과들이 있을 것이라고 서술해준다. 제3의 가능성이란 결코 존재하지 않는다. '사악한 불경건한 자들'에게 주어지는 심판과 '경건하고 선택된 자들'에게 주어진 결과 두 가지가 있을 뿐이다. 그리고 그러한 두 부류의 심판 결과를 생각할 때에 두 가지의 반응이 따라올 수밖에 없다는 점을 명시한다.

우선 '사악하고 불경건한 자들'에게 내려지는 심판을 어떻게 표현하고 있는지를 살펴 보도록 하자. 이들은 특히 이 세상에 사는 동안에 성도들을 "박해하고, 압제하고, 그리고 고문했던 그 사악한 자들"이다. 이들은 그들 위에 집행되는 하나님의 '끔찍스러운 보복'을 경험하게 될 것이다(단 7:26; 마 25:46; 살후 1:6-8; 말 4:3). '그 악한 자들은 그들 자신의 양심에 의해서 정

들과 인간의 양심의 책들"(dat is, de boeken van Gods alwetendheid en die van het geweten der mensen)이라고 난외주를 달고 있다(Roukens [ed.], *De Nederlandse Geloofsbelijdenis*, 176).

106 Bavinck, *Reformed Dogmatics*, 4:700-701; A. A. Hoekema, *The Bible and the Future* (Exeter: Paternoster, 1979), 258-259; 박형룡, 『교의신학-내세론』, 337.

죄함을 당하게 될 것이며'(롬 2:15), 그들 역시도 불사적인 존재 즉 죽을수 없는 존재가 되어 '마귀와 그의 사자들을 위하여 예비된 영원한 불속에서 고통을 당하게 될 것이다.' 이 불은 신약에 의하면 게헨나의 불이다. 이는 복음서뿐 아니라 요한계시록도 명백하게 말하고 있는 악인들의 최후 상태이다.[107] 신앙고백서는 신약의 계시를 따라 단순하게 사악한 자들에게 임할 마지막 형벌에 대해 고백하고 있다. 따라서 이러한 최종 형벌이 언도되고 집행되는 심판날을 생각 혹은 기억한다고 하는 것은 고백서가 표현한대로 '끔찍스럽고 공포스러운' 일이 될 수밖에 없는 것이다.

 신앙고백서 37조는 사악한 자들에 대해서는 비교적 단순명료하게 진술한 반면에, '경건하고 선택된 자들'에게 임할 심판의 결과에 대해서는 비교적 길게 서술하는 것을 볼수가 있다. 이는 환란 중에 있던 16세기 저지대 지방 성도들을 위로하기 위한 강력한 동기에서 37조가 기록되었다는 것을 보여준다. 우선 사악한 자들에게는 그렇게도 '끔찍스럽고 공포스러운 날'이 하나님의 택자들에게는 '크게 소망하는 날이 되고 큰 위로'가 될 것이다. 왜 그렇게 소망하고 위로가 되는 것인지에 대해서 고백서는 자세하게 설명을 해준다. 무엇보다도 중요한 것은 그 날에 성도들의 '완전한 구속'(rédemption totale)이 이루어진다고 하는 것이다. 성도들이 예수 그리스도를 믿을 때에 중생하고 칭의의 은혜를 받으며 성화의 과정속에 들어가게 되고, 임종하여 영혼이 하늘에 가게 될 때에 영화에 이르게 되지만, 몸의 부활을 입고, 영육통일체로 새 하늘과 새 땅에 살게 될 때에 예수 그리스도의 구원은 완성이 되기 때문에, 신앙고백서는 최후심판에서 성도들이 누리게 될 영광을 무엇보다 '완전한 구속'이라는 개혁파적인 언어로 표현을 한 것이다.[108] 둘째, 최후 심판날에 성도들이 누리게 되는 것은 이 땅위에서 행한 '모든 노고와 수

---

107 역사적으로 지옥 불 못에서 악인들이 당하게 되는 영원한 형벌에 대한 반론이 많이 제기되어 왔고, 최근에는 Rob Bell, *Love Wins* (New York: Harper, 2011)에서 미묘한 반론이 펼쳐졌다. 그러나 벨직 신앙고백서나 개혁파신학은 성경 본문에 근거하여 '지옥불에서의 영원한 형벌 받음'에 대해서 고백해 왔다(Bavinck, *Reformed Dogmatics*, 4:702-714; Hoekema, *The Bible and the Future*, 265-273; 박형룡, 『교의신학-내세론』, 341-355.

108 이러한 총체적인 구원의 관점에서 교의학을 전개하고 있는 Bavinck, *Reformed Dogmatics*, vols. 2-4와 Middleton, 『새 하늘과 새 땅』, 191-357을 보라.

고의 열매들을 받게'된다고 하는 것이다. 이것도 성경에서 명시적으로 약속하고 있는 내용이다(눅 22:28; 요일 3:2, 4:17; 계 14:7; 살후 1:5, 7; 눅 14:14). 셋째, 성도들은 그 날에 억울함이 풀어지고 명예가 회복됨을 받게 될 것이다. 37조는 이 사실을 '그들의 무죄함은 모든 이들 앞에 알려지게 될 것'이라고 하든지, 악인들의 심판을 보게 된다고 표현하든지, '영광과 명예로 면류관을 쓰임 받게 될 것'이라고 달리 표현해준다. 또한 예수 그리스도께서 '그의 아버지 하나님과 그의 택한 천사들 앞에서 그들의 이름을 인정하실 것'이며, 이 땅위에서 흘린 '모든 눈물을 씻어 주실 것'이라고 표현하기도 한다. 신앙고백서가 작성되던 당시 상황에서도 그렇지만 교회사를 통하여 수 많은 성도들의 대의명분(cause)이 이 세상의 "재판관들과 위정자들에 의해서 이단적이고 악독하다(hérétique et méchante)고 정죄당"해 왔지만, 그 날에 그들이 헌신하고 목숨걸었던 대의명분은 바로 하나님의 아들의 대의명분을 위한 것이었음이 드러나게 될 것이다. 신앙고백서는 성도들이 누리게 될 축복에 대해서 "또한 주님께서는 은혜로운 보상으로서 사람이 마음으로 결코 생각도 할 수 없었던 그러한 영광을 그들로 하여금 소유하게 하실 것이다"(사 54:4; 고전 2:9)라는 말로 마무리짓는다.

4) 결론적 적용

이상에서 살펴본 것과 같이 경건한 성도들이 최후심판 날에 받게 될 심판의 결과들을 생각할 때에 가질 수 있는 정상적인 반응은 37조의 결론 구절에서 묘사된 대로 나타날 것이다. "그러므로 우리는 우리 주 예수 그리스도 안에서 하나님의 약속들을 충만히 누릴수 있기 위하여, 그 위대한 날을 크게 소원하며 기다린다(히 10:36-38)." 혹은 중간에서 말한 것과 같이 이러한 날을 생각하면서 "큰 소망과 큰 위로"를 얻게 될 것이다. 이는 벨직 신앙고백서 작성자였던 귀도 드 브레가 순교자로서 분명히 체현해 주었던 바이고, 수 많은 믿음의 선진들이 몸소 확증했던 바이다.[109]

---

109 뽈만은 귀도 드 브레가 순교하기 전에 아내와 어머니에게 보내었던 편지의 내용을 지시하면서 37

(3) 평가

이상에서 살펴본 37조의 내용에 대해서 몇 가지로 평가를 해보고자 한다.

첫째, 37조는 종말론에서 다루어져야 하는 주요 주제들을 다 다루지 아니하고, '최후 부활, 최후 심판, 그리고 최후 상태'에 집중하고 있다는 점을 알게 된다. 프랑스어 원문에는 각 조항별 제목이나 문단 구분조차도 없었지만, 라틴어 번역문에서부터 제목이 붙여지기 시작했는데, 37조에 대한 제목은 "최후심판, 몸의 부활 그리고 영생"이라고 명명한 것도 37조가 담고 있는 고백의 내용을 정확하게 드러내준다고 사료된다. 따라서 우리는 이 신앙고백서 속에서 다른 종말론적인 주제들, 예컨대 개시된 종말론, 중간상태론, 시대의 표적론, 천년왕국론 등과 같은 주제들에 대해서 참조할 내용이 없음을 알 수 있다.[110]

둘째, 그 서술 내용에 있어서 성경적일 뿐 아니라, 그러하기에 칼빈과 베자의 전통을 반영하고 있다는 점도 확인할 수가 있다.[111] 특히 37조의 내용을 1560년에 간행된 『베자의 신앙고백』(*Theodore Beza's Confession*)[112]의 '여섯 번째 요점: 최후심판에 관하여'와 대조해 보면, 드 브레는 베자의 고백서의 내용을 거의 따르고 있으며, 다만 보다 확장하여 기술하고 있다는 차이점을 보여준다.[113]

셋째, 37조는 종말론을 이론적으로 접근하는 것이 아니라 순교적인 상황

조에 담긴 종말론적 고백과 대망은 "가슴 깊은 곳에서부터 나오는 노래... 혹은 송영"(loflied)이라고 묘사한다(Polman, *Onze Nederlandsche Geloofsbelijdenis*, 1:105-109, 4:309). 드 브레가 쓴 프랑스어 편지들은 Jean Crespin, *Histoire des martyrs persecutez et mis a mort pour la vérité de l'Évangile, depuis le temps des apostres jusques à présent*, 3 vols. (1619; Toulouse : Sociéte des Livres Religieux, 1885), 3:568-575에 수록되어 있다.

110 물론 귀도 드 브레의 다른 저술들에서 종말론적인 내용들이 언급되고 있음을 꼬르뜨베흐는 말해준다(Korteweg, *Guido de Brès (1522-1567)*, 275-276에 의하면 드 브레는 가톨릭의 연옥에 대해서 비판적이었다).

111 1561년에 작성된 벨직 신앙고백서가 칼빈의 영향하에 작성된 프랑스신앙고백서(*Confessio Galicana*, 1559)와 테오도르 베자의 신앙고백에 많이 의존하고 있다고 하는 것은 학계에서 널리 인정된 사실에 속한다(Gootjes, *Belgic Confession*, 59-91; 김요섭, "벨직신앙고백서의 역사적 배경과 개혁주의 교회론의 특징 연구," 120-124 등을 보라).

112 『테오도르 베자의 신앙고백』(*Theodore Beza's Confession*) 영역문은 Dennison, jr. (ed.), *Reformed Confessions of the 16th and 17th Centuries in English Translation*, 2:236-369에 수록되어있다.

113 양자간의 자세한 대조 작업은 Gootjes, *Belgic Confession*, 88-89에서 확인할수 있다.

속에서 성도들을 위로하고 견인불굴의 인내로 견뎌낼 수 있도록 돕기 위한 목적으로 작성되었다는 것을 배경연구와 37조 본문 연구를 통하여 분명하게 확인할 수가 있다.[114] 귀도 드 브레가 신앙고백서 앞부분에 실은 "황제 펠리페 2세에게 쓴 편지"에서도 이 점을 명시적으로 밝히고 있다. 즉, 개혁파신앙을 가진 저지대 사람들이 "등에 매질을 당하고, 혀가 잘리고, 입에 재갈이 물리고, 온몸이 불태워지는 것을 감수"해온 것은 혹은 앞으로도 기꺼이 감수하려고 하는 것은 바로 이 종말론적 소망에 있다고 밝히고 있다.[115] 따라서 필자는 벨직 신앙고백서 37조를 '저지대지방 순교자들과 성도들의 주님 고대가, 마라나-타'라고 명명하고 싶다.

2.2.4. 나가는 말

이상에서 우리는 1561년에 귀도 드 브레에 의해 작성되고, 1618-1619년 도르트총회를 통해 최종 수정되고 개혁교회의 '일치를 위한 세 신앙고백서' 중 하나로 채택된 벨직 신앙고백서의 종말론에 대해서 살펴보았다. 논구 작업은 크게 세 부분으로 진행해왔다. 각 부분의 요점을 먼저 정리해 보면 다음과 같다.

먼저 2.2.1에서는 벨직 신앙고백서 종말론을 다루기 위한 배경 설정으로서 저자문제와 역사적 배경에 대해 살펴보았다. 일반적으로 학자들은 순교자 귀도 드 브레(1522-1567)가 본 신앙고백서의 주요 저자임을 인정하고 있다는 점을 살펴보았다. 그리고 드 브레와 저지대 지방의 신자들이 어떠한 상황속에서 이 신앙고백문서를 작성하게 되었는지도 살펴보았다. 16-17세기에 100개가 넘는 개혁주의 신앙고백서들이 산출되었지만, 각 신앙고백서들은 작성 경위내지 삶의 정황(Sitz im Leben)이 있기 때문에, 이러한 저자와 배경

---

114 뽈만은 37조의 특징을 다음과 같이 잘 기술해 준다: "Geen leer der laatste dingen, mag men hier verwachten. Alleen een korte belichting, die dit lied der martelaren niet tot een theoretische verhandeling maken mag."(Polman, *Onze Nederlandsche Geloofsbelijdenis*, 309).
115 "Dedicatory Epistle to Philip II," in Hyde, *With Heart and Mouth: An Exposition of the Belgic Confession*, 500-501.

연구는 세부적인 내용 연구에 앞서서 짚고 넘어가야 할 선결문제였다.

이어지는 2.2.2에서는 본고에서 논구할 종말론을 담고 있는 37조의 번역문 시안을 제시해 보았다. 1561년 첫 고백서, 1566년 안트베르프 회의에서의 수정 그리고 도르트 총회에서 최종 수정과 공인한 본문 등이 존재하기 때문에, 비록 그 차이가 극명하게 난다고 할 수는 없다고 해도 미소한 차이점들이 존재하기 때문에, 37조에 관해서도 이러한 비평적 본문 정립이 필요다하고 사료되어 이러한 시도를 해 보았다. 그리고 이러한 작업은 단지 37조에 한정되는 것이 아니라 신앙고백서 전체에 대하여 이루어져야 한다고 사료된다.

마지막으로 2.2.3.에서는 37조의 구조와 종말론적 내용들을 분석하는 작업을 수행했다. 벨직 신앙고백서는 종말론적인 주요 주제들을 다 제시하는 것이 아니라 부활과 최후심판 그리고 최후상태에 집중해서 진술하고 있다는 것을 확인하게 되었다. 이는 환난과 박해를 받고 있던 16세기 저지대 지방 성도들에게 큰 위로와 소망을 주는 핵심 내용에 집중하고 있기 때문인 것도 살펴보았다. 37조에서도 드러나듯이 본 신앙고백서는 세밀한 교리적 토론이나 논쟁을 목표로 작성된 것이 아니고, 성도들이 영혼의 양식으로 삼아야 할 순수한 교리 혹은 복음의 순수함(la pureté de l'Evangile de nostre Seigneur Jesus-Christ)을 제시하려는데 있음을 우리는 다시 한 번 확인하게 되었다.

하이델베르크 교리문답, 도르트신경과 더불어 '일치의 세 신앙고백서'로 공인되고, 서명까지 해왔지만, 상대적으로 소홀한 대우를 받아온 벨직 신앙고백서에 대한 활발한 연구, 논의가 일어나기를 바라고, 주님의 재림이 어느 때 보다 가까운 말세지말에 살아가고 있는 우리 성도들에게 벨직 신앙고백서에 담겨져있는 순수한 복음이 더욱더 강력하게 선포되어지기를 소망하면서, 벨직 신앙고백서 37조에 담긴 종말론 연구를 마무리 짓고자 한다.

* 하이델베르크 교리문답(Heidelberger Katechismus, 1563년)의 종말론

1563년에 공표된 하이델베르크 교리문답은 우르시누스와 올레비아누스가 공저한 것으로 알려져있다. 총129문으로 되어 있지만, 크게는 인간의 비참함, 구원, 그리고 감사 등의 3대지로 되어 있다.[116] 따라서 종말론과 관련된 내용이 들어갈 여지가 거의 없어 보일 것이다. 내용을 고찰해 보면 몇 몇 문답에서 해당 내용을 찾을 수가 있다. 우선 그리스도의 심판자로 오심에 대한 53문답이다.

53문. 살아있는 자들과 죽은 자들을 심판하기 위해 그리스도께서 다시 오신다는 것은 당신에게 무슨 위로를 줍니까?

답. 나는 모든 슬픔과 핍박 중에도 전에 나를 위하여 하나님의 심판대 앞에 세우시고 나로 인해 발생한 모든 저주를 제거하신 바로 그분이 심판자의 머리로 하늘로부터 오시기를 학수고대하다. 그분은 자신의 원수들과 나의 모든 원수들을 영원한 저주 속에 던지실 것이다. 그러나 그분은 나를 그분의 택함을 받은 모든 사람들과 함께 하늘의 기쁨과 영광 속으로 이끌어 주실 것이다.[117]

그리고 부활과 영생에 대한 고백을 해설해 주는 문답과 문답이 종말론적 내용에 해당한다.

57문. "몸의 부활은 당신에게 무슨 위로를 줍니까?

답. 금생(生)이 [끝난] 후에 나의 영혼은 머리 되신 그리스도께로 올려지게 되리라는 것이다. 뿐만 아니라 나의 이 육신도 그리스도의 능력으로 일으킴을 받아 나의 영혼과 다시 결합되어 그리스도의 영광스러운 몸과 같이 되리라는 것이다.

---

116 황대우 편역, 『문답식 하이델베르크 신앙교육서』 (부산: 개혁주의학술원, 2013). 이 책의 장점은 라틴어와 독일어 원문, 영역문과 한역문 등을 공관해서 편집되어 있다는 것이다.
117 「하이델베르크 교리문답」 52문답 in 황대우 편역, 『문답식 하이델베르크 신앙교육서』, 66-69.

58문. "영생"이라는 조항은 당신에게 무슨 위로를 줍니까?

답. 내가 지금 [이 땅에서] 영원한 기쁨을 내 마음 속에 경험했기 때문에 금생이 [끝난] 후에는 완전한 구원을 소유하게 되리라는 것이다. 이 완전한 구원은 눈으로 보지 못하고 귀로도 듣지 못하고 사람의 마음으로도 생각지 못한 것이요,163) 하나님을 영원토록 찬양하기 위한 것이다.[118]

마지막으로 주의해서 볼 것은 주기도문 두 번째 간구에 대한 해설을 담은 123문답이다.

123문. 두 번째 간구는 무엇입니까?

답. "나라가 임하시오며"이다. 즉 이것은 우리가 점점 더 주님께 복종하도록 우리를 주의 말씀과 성령을 다스려 달라는 [간구]요, 주의 교회를 보존하시고 부흥시켜 달라는 [간구]이다. 그리고 마귀의 활동과, 주님을 대항하는 모든 권세와 주의 거룩한 말씀을 대항하여 날조된 모든 악한 모의들을 쳐부수어 달라는 [간구]이다. 이것은 주의 완전한 나라가 다시 임하여 주님께서 만유 안의 계신 만유가 되실 때까지 [그러기를 바라는 간구이다].[119]

2.3. 웨스트민스터 신앙고백(Westminster Confession of Faith)의 종말론[120]

2.3.1. 들어가는 말

1897년 웨스턴신학교에서 전한 『교리의 발전』(The Progress of Dogma)속에서 스코틀랜드신학자인 제임스 오르(James Orr)는 "기독교 교의 작성에

---

118 「하이델베르크 교리문답」 57, 58문답 in 황대우 편역, 『문답식 하이델베르크 신앙교육서』, 74-75.
119 「하이델베르크 교리문답」 123문답 in 황대우 편역, 『문답식 하이델베르크 신앙교육서』, 162-164.
120 이 주제의 논의는 이전에 발표했던 "웨스트민스터 신앙고백서의 종말론," 「한국개혁신학」 44 (2014. 11): 152-177을 축소하고 수정한 것임을 밝힌다. 보다 자세한 논의는 본 논문을 참고하기를 바란다.

역사적 계기와 신학적 체계의 논리적 전개의 사이에 긴밀한 병행이 있음을 추적"하여 설명하면서 종말론에 대한 관심이 본격적으로 전개될 것을 예고한 바가 있다.[121] 과연 그의 추측대로 20세기에 들어서 1,2차 세계대전과 생태계 파괴에 따른 환경오염 등을 비롯한 여러 가지 요인들에 힘입어 기독교 종말론은 획기적인 발전을 이루었을 뿐 아니라, 모든 기독교 신학은 종말론적이라고 하는 명제까지도 힘을 얻게 되었다.[122] 그러나 문제는 성경의 종말론적 성격을 바르게 부각시키고 성경적인 종말론을 개진하는 이들만 존재하는 것이 아니라 그릇된 사이비적 종말론을 대중적으로 유포하는 극단적 종말론 주창자들도 많이 나타나 교회와 신자들을 미혹에 빠트리곤 했다는 것이다. 국내에서는 이장림과 다미선교회의 1992년 10월 28일 비밀 휴거설 때문에 그리스도인들 뿐 아니라 한국사회도 소동을 겪은 적이 있다.[123] 그리고 극단적인 시한부 종말론이 근절되기는커녕 다양한 형태로 변형 발전하면서 신학적 지식이 없는 일반 대중들을 미혹케 하고 있는 실정이다.[124] 그리고 신천지의 종말론 역시도 많은 사람들을 미혹에 빠트려서 가정파괴 등과 같은 심각한 악영향을 행사하고 있다.

성경적이고 개혁주의적인 신학을 추구하는 우리들은 이와 같은 시대적인 상황속에서 건전한 종말론이 무엇인지를 잘 개진하여 도움을 주어야 할 사명감을 강하게 의식하지 않을수가 없다. 필자도 그러한 시대적 사

---

121 James Orr, *The Progress of Dogma, being the Elliot Lectures, Delivered at the Western Theological Seminary, Allegheny, Penna, USA* (London: Hodder & Stoughton, 1901), 17-20. 박형룡,『교의신학-내세론』(서울: 은성문화사, 1974) , 31에서 재인용.
122 이와 같은 종말론의 발전에 칼 바르트와 위르겐 몰트만은 큰 영향을 미쳤다: Karl Barth, *Der Römerbrief*, 15 Aufl. (Zürich: TVZ, 1989), 239, 252, 325, 352, 526 등; Jürgen Moltmann, *The Theology of Hope*, trans. James W. Leitch (London: SCM Press, 1990), 15-16.
123 박용규, "한국교회 종말신앙: 역사적 개관,"『성경과 신학』27 (2000): 190-222; "1992년 10월 28일 재림론 20년, 비판적 평가,"『신학지남』313 (2012년 겨울): 206-261; "1992년 10월 28일 휴거설과 그것이 남긴 교훈,"『신학지남』315 (2013년 여름): 228-259 등을 보라.
124 현재 신학계에서도 다루어지기 시작한 베리칩과 666의 관계, 프리메이슨과 관련된 음모이론, 인터콥 선교회를 비롯한 다양한 이들의 백투더예루살렘운동 등에서 주장하는 비성경적인 종말론이 기승을 부리고 있다. 주요 인물들과 그들이 쓴 저서들은 아래와 같다: 데이비드 차,『마지막 성도』(서울: KAM, 2012)와『마지막 신호』(서울: KAM, 2012); 장죠셉,『베리칩에 숨겨진 사탄의 전략』(부천: 크리스천리더, 2013); 장화진,『신세계질서의 비밀』(서울: 터치북스, 2012); 그리고 인터콥의 최바울 선교사의 여러 저서들-『백투예루살렘』(서울: 펴내기, 2004);『세계영적도해』(서울: 펴내기, 2011);『시대의 표적』(서울: 펴내기, 2008);『왕의 군대』(서울: 펴내기, 2010);『왕의 나라』(서울: 펴내기, 2011);『왕의 대로』(서울: 펴내기, 2009);『하나님의 나라』(서울: 펴내기, 2011) 등.

명의식에 공감하면서 장로교회/개혁교회의 표준 문서중 하나인 웨스트민스터 신앙고백서의 종말론이 어떠한가를 본고에서 논구해 보려고 한다. 개혁주의를 표방하는 교회라고 하더라도 기준으로 삼는 신앙고백문서는 차이가 있을 수가 있지만 한국 장로교회에서 웨스트민스터 신앙고백서"(The Westminster Confession of Faith, 1647)가 차지하는 중요성은 결코 간과될 수가 없다. 대부분의 장로교 교단들은 목회자를 세우거나 중직자를 세울 때에 웨스터민스터표준문서들이 "신구약 성경의 교훈을 총괄한 것으로 알고 성실한 마음으로 받아 믿고 따르기로" 서약하게 하고 있다.[125]

필자는 1643년 7월 1일 웨스트민스터대사원에서 151명의 대표들(121명의 성직자들과 30명의 평신도대표들로 구성)이 모여서 시작된 웨스트민스터회의의 수 많은 회의들을 통해서 결정되고 공표된 표준문서들 중에 웨스트민스터 신앙고백서를 논구의 중심으로 삼고자 하며, 대소교리문답을 부차적으로 참조하려고 한다.[126] 그리고 또한 1647년에 제정된 웨스트민스터 신앙고백서는 "이 나라와 기독교 세계 모든 개혁교회들이 영국교회가 교리에서 그들과 다르지 않다는 것을 알게 하려는" 목적에서 작성하고 공표한 것이라고 그 목표를 밝히고 있기 때문에[127] 유럽 개혁교회의 "일체성을 위한 3대 신앙고백서"(De drie formulierung der eenheid)라고 불리우는 하이델베르크 교리문답서(Heidelberger Katechismus), 벨직 신앙고백서(Confessio Belgica = Nederlandse Geloofs- belijdenis) 그리고 도르트신경(Canones Synoni Dor-

---

[125] 이전에 필자는 웨스트민스터 신앙고백서의 중요성과 의의를 박형룡 박사와 관련해서 논구해 본 적이 있다: 이상웅, "박형룡과 웨스트민스터 신앙고백서,"「개혁논총」 14(2010): 51-86. 그리고 본 신앙고백서가 본 교단내에서 가지는 중요성에 대해서 같은 논문 51쪽에서 간략히 지적한 적이 있다(보다 더 확장된 형태의 글은 이상웅, 『박형룡 박사와 개혁신학』[용인: 목양, 2013], 229-275에 수록되어 있다).

[126] 필자는 본서 속에서 표준문서들의 초판 책자를 영인한 The Westminster Standards: An Originial Facsimile. (Audubong: Old Paths Pub., 1997), Philipp Schaff (ed.), Creeds of Christendom, 3 vols. (New York: Harper, 1919), 3: 600-703(신앙고백서와 소교리문답의 라틴어, 영어본이 실려있음), R. C. Sproul, Truth We Confess, 3 vols., 이상웅, 김찬영 공역, 『웨스트민스터신앙고백 해설』 전 3권 (서울: 부흥과개혁사, 2011), 김의환 편집, 『개혁주의 신앙고백』(서울: 대한예수교장로교총회출판부, 2004), 『헌법』(서울: 대한예수교장로교회출판부, 2012), 손달익, 조용석 편역, 『웨스트민스터신앙고백 1647년』(서울: 한들, 2010) 등을 참고하였다. 그리고 이하에서 웨스트민스터 신앙고백서는 WCF로 약기하고, 대교리문답은 LC로, 소교리문답은 SC로 약기해서 인용하기로 하고, 필요시 첨부된 ( ) 속에 출처를 밝히고자 한다.

[127] Archibald A Hoddge, A Confession of Faith (Edinburgh: Banner of Truth, 1958), 20; 김종흡 역. 『웨스트민스터 신앙고백해설』(고양: 크리스천다이제스트, 2008), 31.

drechtanae) 등을 참고하려고 하며, 필요에 따라서 여러 개혁신학자들의 저서를 참고해서 논의를 전개해 보려고 한다.[128] 그렇게 함으로써 표준문서에 담긴 종말론적인 가르침을 분명하게 확인하게 될 것이고, 이러한 표준문서가 제시하고 있는 분명한 신앙 내용들이 역사적 개혁주의를 따르고 있는 여러 교단 목회자들과 성도들의 종말론적인 신앙과 사고를 확인하고 재정립하는 일에 있어서 안전하고 든든한 길잡이 구실을 할 수 있게 되기를 소망해 본다. 이어지는 논의 과정은 이어지는 2.3.2.에서 웨스트민스터 신앙고백서의 종말론의 작성 경위와 배경에 대해서 살펴보고, 종말론과 관련된 32장과 33장을 차례대로 분석 평가해 보는 순서(2.3.3., 2.3.4)로 진행하려고 한다.

2.3.2. 웨스트민스터 신앙고백서의 종말론의 작성 경위와 배경

웨스트민스터 신앙고백서가 어떠한 과정과 배경에서 작성되게 되었는지에 대해서는 적지 않은 논구서들이 출간되어 왔다.[129] 그러나 필자가 과문해서 그런지는 모르겠으나 여러 경로로 자료들을 검색해 보았지만 웨스트민스터 신앙고백서의 종말론과 관련해서는 기존의 연구결과물이 희소하다는 점을 확인하게 되었다.[130] 다만 예외적인 두 편의 글이 있는데 토머스와 영의 글

---

128 유해무, 『헤르만 바빙크』(고양: 살림사, 2004), 19 각주 11에 보면 이 3대 신조를 왜 "일체성을 위한 3대 신조"라고 칭하는지에 대해 이유를 밝히고 있다: "신조는 분열이 아니라 일치의 도구라는 뜻이 담겨져 있다." 그러나 1618-1619년 네덜란드 도르트레흐트에서 모였던 개혁교회 총회가 산출한 도르트 교헌(Canones Synoni Dordrechtanae)은 알미니안주의자들이 1610년에 작성한 5개조항에 대하여 답변하기 위해 작성된 것이기 때문에 종말론적 언급을 찾아보기가 어렵기 때문에 본서에서는 다루어지지 않을 것이다(알미니안주의 5개조항, 도르트교헌 라틴어, 영어 원문은 Philipp Schaff (ed.), *Creeds of Christendom*, 3:545-597에 모두 수록되어 있다).
129 Jack Rogers, *Scripture in the Westminster Confession: A Problem of Historical Interpretation for American Presbyterianism*. Ph. D. Diss. (Grand Rapids: Eerdmans, 1967), 58-200; *Presbyterian Creeds*, 차종순 역.『장로교신조- 신앙고백 안내서』(서울: 한국장로교출판사, 1995), 159-191; Benjamin B. Warfield, *The Westminster Assembly and Its Work*. The Works of Bemajin B. Warfield VI (Grand Rapids: Baker, 2000)에 수록된 여러 논문들; John L. Carson and David W. Hall (eds.), *To Glorify and Enjoy God: A Commemoration of the Westminster Assembly* (Edinburgh: Banner of Truth, 1994) 등을 보라. 그리고 김요섭, "웨스트민스터신앙고백의 교회정의와 그 역사적 의미,"「한국개혁신학」40 (2013): 148-155.
130 물론 종말론을 다루고 있는 신앙고백서 32, 33장에 대한 해설적 수준의 글들이 없다는 말은 아니다. 그런 범주의 자료들로는 Hodge, 『웨스트민스터 신앙고백해설』, 493-514; Francis R. Beattie, *The Presbyterian Standard* (Greenville: Southern Presbyteirna Press, 1997), 384-404; G. I. Williams, *The Westminster Confession of Faith*, 2nd ed. (Philippsburg: P&R, 2004), 328-346; Wayne R.

이다. 데렉 토머스(Derek Thomas)는 웨스트민스터 신앙고백서에 담긴 종말론을 대소교리문답을 참고해가면서 아주 포괄적으로 소개하는 논문을 썼고,[131] 앤드류 영(Andrew Young)은 웨스트민스터회의 회장을 보좌하도록 임명된 두 명의 보좌역(assessor)중의 하나였던 코닐리어스 버지스(Cornelius Burgess)가 웨스트민스터 표준문서 작성에 미친 영향, 특히 종말론적 결정에 미친 영향에 대해서 논구하는 논문을 쓴 바 있다.[132] 본 주제와 관련한 자료가 빈약한 것을 감안할 때에 이상의 두 편의 글은 중요한 참고자료라고 할 수가 있다.

우리가 웨스트민스터 신앙고백서 가운데 종말론을 다루고 있는 부분을 찾아보게 되면 32장과 33장 두 장이 있음을 알게 된다. 32장은 "죽음후의 사람의 상태, 죽은 자의 부활"(De statu hominum post mortem, deque resurrectione mortuorum)이라는 제목을 가지고 있고, 33장은 "최후 심판"(De ultimo judicio)이라는 제목을 가지고 있다. 그리고 교황이 적그리스도라고 선언하고 있는 25장 6항을 또한 고려해야 한다.[133] 이처럼 신앙고백서가 우리들에게 제공해주는 내용은 우리가 흔히 종말론에서 읽을수 있는 모든 주제를 포괄하지 않고 있다는 것을 알 수가 있다.[134] 김길성 교수가 바르게 지적

Spear, *Faith of Our Fathers* (Pittsburgh: Crown&Covenant Pub., 2006), 165-174; Robert Shaw, *The Reformed Faith* (Fearn, Ross-shire: Christian Focus Pub., 2008), 399-414; Robert Letham, *The Westminster Assembly* (Philippsburg: P&R, 2009), 360-367; Sproul,『웨스트민스터신앙고백 해설』, 3:229-260 등을 보라.

131 Derek Thomas, "The Eschatology of the Westminster Confession and Assembly," in *The Westminster Confession into the 21st Century*, 3 vols. ed. Ligon Duncan (Fearn, Ross-shire: Christian Focus Pub., 2005): 2: 307-79.

132 Andrew Young, "Counter Currents to Chiliasm at the Westminster Assembly: Cornelius Burges and the Second Coming of Christ," *Westminster Theological Journal* 73 (2011): 113-32. 그리고 한 가지 더 언급하고 싶은 것은 학술적인 논구는 아니라고 하더라도 김길성 교수는『개혁주의 종말론』(2012학년도 2학기 강의안), 95-96에서 웨스트민스터 신앙고백서의 종말론에 대해서 간략한 논평을 제시하고 있다는 점이다.

133 WCF 25.6(Schaff, 3:658-659). 그러나 미국의 정통장로교회(OPC)의 WCF에 따라 번역을 한 예장합동측 헌법에 수록된 신앙고백서(= 신도게요)에서는 교황이 적그리스도라고 하는 명시적인 언급을 삭제하고 "주 예수 그리스도는 교회의 유일하신 머리이시니, 어떤 사람이 그리스도의 대리자요 교회의 머리라고 하는 주장은 비성경적이요, 사실에 근거가 없으며, 주 예수 그리스도에게 욕을 돌리는 권해 침해이다"라고 수정하고 있다.

134 주요한 개혁주의 종말론 교본들과 비교해 보라: Herman Bavinck, *Gereformeerde Dogmatiek*. 2de ed. deel IV (Kampen: Kok, 1908) = *Reformed Dogmatics*, trans. John Vriend, vol. 4. (Grand

해 주는 대로 신앙고백서는 "종말에 대하여 간단한 형식을 취한다"고 할 수가 있다.

> 사람의 죽음과 그 후 죽음과 부활 사이의 중간기 상태, 그리고 마지막 날(그리스도의 부활시) 살아있는 신자들의 변화와 죽은 신자들의 몸의 부활, 그리고 불의한 자들의 부활(살아남), 최후 심판을 차례대로 제시하고 있다.[135]

이처럼 신앙고백서는 종말론인 주제를 아주 선별적으로 다루고 있다고 할 수가 있겠다. 앞서 전택설이냐 후택설이냐(supralapsarianism or infralapsarianism)와 같은 중차대한 문제에 대해서도 침묵을 지킨 신앙고백서는 종말론을 다루는 부분에서 천년왕국에 대한 언급을 일절 하지 않고 있다.[136]

사실 가넛 밀른이 지적한대로 웨스트민스터회의가 열리고 있던 시기의 영국은 "거대한 종말론적인 열기"(the great eschatological fervour)가 지배하던 시기였기 때문에 이렇게 신앙고백서나 대소교리문답에서 종말론에 대한 부분이 극히 선별적이고 간략하다고 하는 점은 기이한 일이라고 볼수가 있다.[137] 16세기 초반 존 내피어(John Napier), 토머스 브라이트맨(Thomas Brightman), 조셉 미드(Joseph Mede) 등이 천년왕국설을 영국내에 강력하게 유포시켰고, 심지어 회의에 참여하였던 트위시(Twisse), 마셜(Marshall), 팔머(Palmer) 등을 비롯하여 수 많은 신학자들이 독립파 신학자들과 더불어서 천년왕국설적인 입장을 표명했음에도 불구하고 신앙고백서와 대소교리문답 어느 곳에서도 천년왕국에 대한 언급을 하지 않고 있다는 것은 실로 놀라운 일이라고 볼수가 있다.[138] 그리고 당시 토머스 굿윈(Thmoas Good-

---

Rapids: Baker, 2004); Louis Berkhof, *Systematic Theology* (Edinburgh: Banner of Truth, 1988); Anthony A. Hoekema, *The Bible and the Future* (Exeter: Paternoster, 1979); Cornelis P. Venema, *The Promise of the Future* (Edinburgh: Banner of Truth, 2000); 박형룡, 『교의신학-내세론』(서울: 은성문화사, 1974) 등.

135 김길성, 『개혁주의 종말론』, 96.
136 Thomas, "The Eschatology of the Westminster Confession and Assembly," 320.
137 Garnet Howard Milne, *The Westminster Confession of Faith and the Cessation of Special Revelation* (Eugene: Wipf & Stock, 2007), 35-39
138 Young, "Counter Currents to Chiliasm at the Westminster Assembly," 116. 17세기 영국에서 일

win)이나 존 오웬(John Owen)을 비롯한 수많은 청교도 신학자들이 후천년설(Postmillenialsm)을 지지하고 있었다는 점을 생각하더라도 이점은 심각하게 생각해 보아할 문제이다. 데렉 토머스는 이러한 신중한 결정에 대해서 "현명한 중용"의 입장을 택한 것이라고 평가했고, 이와 같은 결정과정에 앤서니 버지스의 영향이 지대했다고 하는 점을 앤드류 영은 잘 보여주었다.[139]

그리고 최근에 채드 판 딕스호른(Chad van Dixhoorn) 에 의해서 편집 완간된 웨스트민스터 회의록에 의하면[140] 신앙고백서의 종말론 부분(즉, 32장과 33장)에 대해서는 1646년 9월 4일(금 아침)에 모인 699번째 세션에서 대부분 토의되고 결정되었으며,[141] 1646년 11월 26일(목 아침)에 모인 746번째 세션에서는 사후의 사람의 상태와 최후심판에 대한 토론과 결정이 이루어졌으며,[142] 1647년 3월 5일(금 아침)에 모인 804번째 세션에서는 근거가 되는 성경구절에 대한 보고가 이루어졌다.[143] 우리가 이러한 의사 일정을 살펴 보더라도 웨스트민스터에 모인 신학자들은 종말론적인 주제들에 대해서 많은 토론 과정을 거치고 나서 의견의 불일치가 심각한 문제들(즉, 전천년인가, 후천년인가와 같은 주제에 대해서는)에 대해서는 일절 포함시키지 아니하고, 가장 근본적이고 빠트릴 수 없는 요목들만 신앙고백서에 포함시키기로 결정을 했다는 점을 분명하게 알게 해준다. 이러한 신중하고 선별적인 결정은 웨스트민스터 신학자들이 원래 의도했던 것처럼 유럽 대륙의 개혁주의와 자신들

어난 전천년적인 운동과 그에 대한 청교도들의 후천년설적인 반대운동에 대해서는 Thomas, "The Eschatology of the Westminster Confession and Assembly," 351-360; Robert Doyle, *Eschatology and the Shape of Christian Belief*, 박웅규 역, 『교리 속 종말론』(서울: 그리심, 2010), 331-341; Ian Murray, *The Puritan Hope*, 장호익 역, 『청교도의 소망』(서울: 부흥과개혁사, 2011), 32-91 등을 참고하라.

139 Young, "Counter Currents to Chiliasm at the Westminster Assembly," 113-130.
140 Chad van Dixhoorn ed. *The Minutes and Papers of the Westminster Assembly*, 5 vols. (Oxford: Oxford University Press, 2012). 웨스트민스터회의에서 표준문서들이 어떻게 의논되고 결정되었는지의 과정을 담고 있는 본 저작은 2004년 케임브리지대학교에 Ph. D. krtkshsansd로 제출해서 통과되었던 것을 출판한 것이다. 저자는 최근에 *Confessing the Faith: A Reader's Guide to the Westminster Confession of Faith* (Edinburgh: Banner of Truth, 2014)를 출간하기도 하였다.
141 Dixhoorn ed. *The Minutes and Papers of the Westminster Assembly*, 4:260-263.
142 Dixhoorn ed. *The Minutes and Papers of the Westminster Assembly*, 4:342-343.
143 Dixhoorn ed. *The Minutes and Papers of the Westminster Assembly*, 4:454-455. 그리고 Young, "Counter Currents to Chiliasm at the Westminster Assembly," 131-132을 보라.

의 입장이 다르지 않음을 공적으로 입증한 것이라고도 볼수가 있다.[144]

2.3.3. "죽음후의 사람의 상태, 죽은 자의 부활"(32장).

이제 그렇게도 신중하게 선별하여 웨스트민스터 신앙고백서에 담은 종말론적인 내용들이 무엇인지를 직접적으로 살펴보기로 하겠다. 앞서도 언급했지만 종말론은 32장과 33장에 주로 담겨있다. 먼저 이번 섹션에서는 32장을 살펴보려고 한다. 32장은 "죽음 후의 사람의 상태, 죽은 자의 부활"(*De statu hominum post mortem, deque resurrectione mortuorum*)라는 주제를 다루고 있으며, 총 3항으로 구성되어 있다.

(1) 중간상태

신앙고백서 32장 1항에서는 소위 "중간상태"(the intermediate state)에 대해서 다루고 있는 것을 보게 된다. "중간상태"란 사람이 죽은 후부터 부활하기까지의 상태를 가리키는 신학적 전문용어이다.[145] 신앙고백서는 우선적으로 중간상태에 대해서 관심을 보이고 있다. 먼저 전문을 보고 분석을 해보도록 하겠다.

> 사람의 육체는 죽은 후에 흙으로 돌아가 썩게 되나 그들의 영혼은(죽지도 자지도 않는다) 불멸의 본질을 가져서 그것을 주신 하나님께로 즉시 돌아간다. 의인의 영혼은 죽을 때에 온전히 거룩해져서 지극히 높은 하늘로 영접되어 빛과 영광 가운데서 하나님의 낯을 뵈오며, 그들의 육체가 온전히 구속될 때를 기다린다. 그러나 악인의 영혼은 지옥에 던져져서 그 고초와 흑암 가운데 지나며 큰 날의 심판 때까지 간

---

144 루터나 칼빈은 당시 기승을 부리고 있던 천년왕국 운동에 대해서 근본적으로 반대하는 입장을 취하였다는 것은 널리 알려진 사실이다. 칼빈의 경우는 *Institutes of the Christian Religion*, trans. Ford L. Battles (Philadelphia: Westminster Press, 1960), 3.25.5를 보라: "But a little later there followed the chiliasts, who limited the reign of Christ to a thousand years. Now their fiction is too childish either to need or to be worth a refutation." 이하에서는 Calvin, *Institutes*.로 인용함.
145 Hoekema, *The Bible and the Future*, 92.

혀 있다. 성경은 육체와 나뉜 영혼을 위하여 이 두 장소 외에는 다른 아무 곳도 인정하지 않는다.[146]

이상에서 볼 수 있는 대로 1항은 사람이 죽을 때에 몸과 영혼이 분리되어, 몸은 흙으로 돌아가고 그 영혼은 영혼을 주신 하나님께로 즉시 돌아간다는 점에 대해 일반적으로 말한 후에, 의인의 영혼과 악인의 영혼이 들어가게 될 중간상태의 차이를 밝혀주고 있다. 1항을 입증하기 위해서 웨스트민스터 신학자들이 제시하고 있는 성경구절들은 창 3:19; 행 13:36; 눅 23:43; 전 12:7; 히 12:23; 고후 5:1, 6, 8; 빌 1:23; 행 3:21; 엡 4:10; 고후 12:2; 눅 16:23-24; 행 1:25; 유 6-7; 벧전 3:19 등이다.[147]

1항은 영혼수면설이나 영혼멸절설을 명백하게 거부하기 위해서 "그들의 영혼은 불멸의 본질을 가지고 있기"(*ut quae substentiam habent immortalem*) 때문이라고 이유를 밝힌다.[148] 영혼 자체가 불멸성(*immortalis*)을 가지느냐 아니냐에 대해서는 개혁주의자들 사이에 적지 않는 논쟁이 있었는데, 우리는 신앙고백서가 언급하는 바를 플라톤주의의 영혼불멸설로 이해할 필요는 없다고 사료된다.[149] 그리고 중간기 거처에 대해서는 의인들의 영혼이 가게 되는 "지극히 높은 하늘"(*coelis supremis*)과 지옥(*in Gehennam*)이라는 단 두곳만 있음을 명백하게 선언해 준다. 신앙고백서는 당시대까지도 로마 가톨릭교회가 확고하게 가르쳤고 일반 신자들의 종교심에 깊이 새겨져있던 다른 사후 거처들인 연옥(*purgatorium*), 조상림보(*limbus patrum*) 그리고 영아 림보(*limbus infantum*) 등에 대해서 단호하게 배척했다.[150]

---

146   WCF 32.1(김의환, 264)
147   WCF 32.1(*The Westminster Standards: An Originial Facsimile*. 54-55). 최초의 영어 판본들을 모아서 영인한 이 판본은 각 문서별로 페이지 매김이 별도로 되어 있어서 주의가 필요하다.
148   종교개혁당시에 이미 영혼수면론자들이 있어서 칼빈은 반박문을 쓴 바가 있다(John Calvin, 『칼뱅 작품 선집 II』, 박건택 역 [서울: 총신대학교출판부, 2009], 35-146). 영혼수면론과 멸절설에 대해서 Hoekema, *The Bible and the Future*, 265-273와 Venema, *The Promise of the Future*, 43-52를 보라.
149   Sproul, 『웨스트민스터 신앙고백해설』, 3:231-232: "헬라인들에게는 영혼은 항상 존재했고 존재할 것이다. 영혼 불멸에 대한 헬라 개념은 인간 영혼은 본래적이고 내적으로 불멸하는 것이다. 그러나 우리는 영혼이 본래적으로 불멸하다고 생각하지 않는다." 그리고 이 주제와 관련된 개혁신학자들의 토론과 그 결과는 Hoekema, *The Bible and the Future*, 86-91; 박형룡, 『내세론』, 79-119 등을 보라.
150   로마교회의 사후거처관에 대해서는 Bavinck, *Reformed Dogmatics*, 4:638-39; 박형룡, 『내세론』,

그리고 32장 1항에서 웨스트민스터 신앙고백서는 의인들의 영혼은 하늘로 올라가서 그 영혼이 "거룩함으로 완전하게 될 것"이며, "빛과 영광 가운데서 하나님의 얼굴을 보"는 축복을 누리게 될 것을 명시하면서, 여전히 남아있는 "몸의 완전한 구속을 기다린다"고 하는 아직 아니(not yet)의 측면을 바르게 강조해 준다. 우리는 대교리문답 86문에서도 "무형교회 회원들이 죽은 직후에 그리스도로 더불어 누리게 되는 영광의 교통이란 무엇인가?"에 대한 답변으로 유사한 내용이 제시되는 것을 확인할 수 있으며, 소교리문답 37문에서는 보다 더 단순한 형태로 표명되고 있음을 보게 된다.[151] 성경적으로 볼 때에 우리는 중간기 상태의 성도들의 영혼이 영화에 이르게 된다는 점과 그럼에도 불구하고 여전히 몸의 구속과 최후 심판의 날이 이루어지는 그리스도의 재림을 고대하고 있음을 확인할 수가 있기 때문에 신앙고백서에 명시된 내용은 정확하다고 할 수가 있다. 그리고 반면에 악인들의 영혼 역시도 제3의 중립적인 장소가 아니라 지옥에 던져져서 "고통과 암흑 속에서 지내며, 그 큰 날 마지막 심판을 받도록 남겨져" 있게 될 것을 바르게 명시하는 것도 볼수가 있다. 다만 여기서 필자가 한 가지 의문을 제기하고자 하는 것은 신앙고백서가 악인들의 중간기 거처로 언급하고 있는 지옥(*Gehenna*)이라고 하는 표현을 음부(*Hades*)라고 표현해야 더욱더 증거 본문들에 적합하지 않은가 하는 것이다.[152]

(2) 죽은 자의 부활

이어지는 신앙고백서 32장 2항과 3항은 "마지막 날에"(at the last day, *novissimo illo die*)에 일어날 죽은 자의 부활과 살아있던 자의 변화에 대해서 고백하는 것을 보게 된다. 먼저 2항에서는

141-149; Venema, *The Promise of the Future*, 63-75 등을 보라. 특히 연옥설의 형성 과정에 대해서는 프랑스 역사가인 Jacques Le Goff, *La Naissance du purgatoire*, 최애리 역, 『연옥의 탄생』(서울: 문학과 지성사, 2000)을 보라.
151 SC 37: "신자가 죽을 때 그 영혼이 완전히 거룩하게 되어 즉시 영광 중에 들어가고 그 몸은 여전히 그리스도께 연합하여 부활할 때 까지 무덤에서 쉬게 된다."(김의환, 265).
152 이 점에 대해서는 Hoekema, *The Bible and the Future*, 99-101, 273 등을 보라. 지옥(*Gehenna*)은 최후심판이 이루어진 후에 악인들이 궁극적으로 영원히 살게 될 거처이다.

> 마지막 날에 살아있는 자들은 죽지 않고 변화될 것이다. 죽은 자들은 모두 본래와 같은 몸으로 부활할 것이다. 이 부활체는 질적으로는 전과 다를 것이나 같은 몸으로 영혼과 다시 결합하게 될 것이다.[153]

라고 명시한 후에, 증거구절로 살전 4:17; 고전 15:51-52; 욥 19:26-27; 눅 24:3-5, 12, 38-43; 요 20:24-29; 고전 15:42-44 등을 제시하는 것을 보게 된다.[154]

그리고 3항에서는 의인들과 악인들의 부활체가 각각 다를 것이라고 하는 점에 주목을 한다.

> 불의한 자의 몸은 그리스도의 능력으로 살아나 부끄러움을 당하게 될 것이나 의인의 몸은 그리스도의 영으로 살아나 영광을 받으며 그리스도 자신의 영광스러운 몸을 닮게 될 것이다.[155]

그리고 증거구절로 제시된 성경구절들은 행 24:15; 요 5:28-29; 고전 15:43; 빌 3:21 등이다.[156]

신앙고백서를 작성한 신학자들에 의하면 마지막 날에 있을 "죽은 자의 부활"은 신자뿐 아니라 불신자에게도 해당되는 것이지만, 그 부활체의 상태나 영광은 서로 비교할 수 없을 정도로 차이가 난다는 것을 알수가 있다. 악인들이 멸절하는 것이 아니라 분명히 "그리스도의 능력으로 다시 살아나 부끄러움을 당하게 될 것"을 고백하고 있다. 악인들이 몸과 영혼을 가진 전인으로 죄를 지었기 때문에 그들에 대한 공정한 심판은 몸의 부활을 요청한다고 하는 것은 개혁신학자들이 일반적으로 인정하는 바이다.[157] 반면에 의인의 경우는 만약 살아있다고 한다면 "죽지 않고 변화될 것이며," 이미 죽은 자들은 "그리스도의 영으로 살아나 영광을 받으며 그리스도 자신의 영광스런 몸을 닮게" 된다라고 명시하고 있는 것을 보게 된다. 이와 같

---

153   *WCF* 32.2(김의환, 264).
154   *WCF* 32.2(*The Westminster Standards: An Originial Facsimile*. 55).
155   *WCF* 32.3(김의환, 264).
156   *WCF* 32.3(*The Westminster Standards: An Originial Facsimile*. 55).
157   Bavinck, *Reformed Dogmatics*, 4:693; 박형룡,『내세론』, 301-303.

은 부활은 순서상의 차이가 없이 일반적으로 일어나게 될 것을 신앙고백서는 말해준다. 이런 점은 대교리문답 87문과 그 답에서도 확인할 수가 있다.[158]

우리는 여기서 신자들이 경험하게 되는 몸의 부활에 대해 신앙고백서가 무엇이라고 하는지를 주의해서 살펴볼 필요가 있다고 생각된다. 앞서도 보았듯이 신자들이 입게 되는 부활체에 대해서 신앙고백서는 "모두 본래와 같은 몸으로,"(with the self-same bodies) "질적으로는 전과 다를 것이나 같은 몸으로,"(and none other, although with different qualities) "그리스도 자신의 영광스런 몸을 닮게 될 것"(and be made conformable to his own glorious body)이라고 말하는 것을 보게 된다. 신앙고백서를 작성한 신학자들에 따르자면 의인들이 부활의 날에 다시 입게 될 부활체는 이 땅에서 입고 있던 몸과 아무런 상관이 없는 아주 다른 몸이 아니라 "본래와 같은 몸"(ipsissimis iis corporibus)이라는 것이며, 질적으로는 분명히 양자간에 차이가 있겠지만 동일한 몸(ac non aliis, utut qualitate diffentibus)이라고 하는 것이다.[159] 신앙고백서는 이처럼 부활체가 이전의 신체와 전적으로 다르다는 점을 말하지 아니하고 질적으로 다른 점이 있겠지만 동일한 몸이라고 하는 점을 강조하고 있다는 것을 눈여겨 보아야 한다.[160]

사실 웨스트민스터 신앙고백서를 충실하게 따르는 신학자들 뿐 아니라 대부분의 개혁신학자들은 부활체와 현재의 몸 사이의 동일성 내지 연속성도 있다고 하는 점을 분명하게 확신하고 주장해 왔다.[161] 그러나 그와 같은 동일시는 단순히 현재 우리 몸을 구성하고 있는 물질적 요소들(totalitas materiae)의 회복과 재구성을 가리키지 않는다는 점 또한 분명하게 인정해

---

158 LC 87(김의환, 264). 벨기에 신앙고백서 37장에는 신자들의 몸의 부활에만 주의를 기울이고 있고, 하이델베르크 교리문답 57문답 역시 LC 87과 그 내용이 유사하지만 신자들의 경우에만 집중하는 것을 볼수가 있다.
159 WCF 32.2-3(Schaff, 3:671). 웨스트민스터 표준문서들이 영국 땅에서 영어를 사용하는 신학자들이 작성하였지만 당시대 유럽의 공용어였던 라틴어 판도 함께 작성하였기 때문에 양쪽을 다 참고할 필요가 있다고 사료된다.
160 부활체의 본질에 대해서 성경신학적으로 논의한 J. A. Schep, *The Nature of the Resurrection Body* (Grand Rapids: Eerdmans, 1964)를 보라.
161 찰스 하지, A. A. 하지, 루이스 벌코프, 박형룡 박사 등이 취한 이러한 입장에 대해서는 박형룡, 『내세론』, 295-298을 보라.

왔다. 우리의 몸을 구성하고 있는 구성 요소들은 매 7년마다 전부 바뀐다고 하는 과학적인 사실들을 참고하더라도 그러한 식의 사고는 합당하지 않다고 할 수가 있다.[162] 다만 우리는 바빙크의 적절한 표현대로 "개별적인 인간 존재의 연속성은 영혼의 정체성에서와 마찬가지로 몸의 정체성에서도 유지된다"라고 하는 사실을 기억하는 것으로 만족하는 것이 좋을 것이라고 사료된다.[163] 그리고 우리는 신자가 마지막 날에 입게 되는 부활체는 질적으로 전혀 다르다는 것 즉, "그리스도 자신의 영광스런 몸"을 닮게 된다고 하는 점에 주목하는 것이 더욱 필요하다고 생각된다. 이점에 있어서 대교리문답 87문답은 신앙고백서보다 좀 더 그 부활체의 질적인 차이를 잘 보여주는 것 같다.

> 의인의 몸은 그리스도의 영에 의해 또는 그들의 머리이신 그의 부활의 효능으로 그의 영광스러운 몸과 같은 신령하고 썩지 않는 몸으로 다시 살아날 것이다.[164]

이와 같은 부활체에 대한 설명은 주로 고린도전서 15장 21-23절, 42-44절, 51-53절; 데살로니가전서 4장 15-17절; 빌립보서 3장 21절 등에 근거를 하고 있다. 신앙고백서는 지극히 성경적인 표현들을 사용하고 있다. 그리고 신앙고백서는 성도의 부활이 교회의 머리되신 그리스의 부활의 효능에 힘입는 것임을 분명하게 명시해 주고 있다.[165]

2.3.4. "최후 심판"(33장)

이제 우리가 살펴보려고 하는 것은 최후심판에 대해서 다루고 있는 웨스트민스터 신앙고백서 33장이다. 앞장에서는 중간기 상태와 몸의 부활에 대해서 다루었다면 33장은 최후심판에 대해서 다루고 있다. 사실 이렇게 선별

---

162 Bavinck, *Reformed Dogmatics*, 4:694-698에 있는 자세한 논의를 참고하라.
163 Bavinck, *Reformed Dogmatics*, 4:694: "The continuity of an individual human being is maintained as much in the identity of the body as in the identity of the soul."
164 *LC* 87(김의환, 264).
165 Calvin, *Institutes* 3.25.3 역시도 이 점을 분명하게 긍정하고 있다.

적으로 다루다 보니 신앙고백서는 앞서 지적한 것과 같이 천년왕국 문제에 대해서 전혀 언급을 하지 않을 뿐만 아니라, 종말론적 논의에서 비중있게 토론되어지는 "시대의 징조들"(The Signs of the Times)에 대해서도 언급하지 않는 것이 된다.[166] 물론 우리가 신앙고백서나 대소교리문답을 면밀하게 살펴보게 되면 시대의 징조들과 관련하여 일반적으로 다루어지는 주제들에 대한 명시적인 언급을 발견하게 되기도 한다. 33장을 다루기 전에 이 점들을 먼저 살펴보도록 하겠다. 신앙고백서 25장 6항과 대교리문답 191문답이 바로 우리가 주목해야 하는 것들이다.

웨스트민스터 신앙고백서 25장 6항에 보면 교황을 적그리스도라고 동일시하는 명시적 언급을 보게 된다. 적그리스도에 대한 논의는 일반적으로 "시대의 징조들" 중 한 가지로 다루어지는 부분이다.[167] 신앙고백서가 어떻게 이 점에 대해서 명시적으로 언급하고 있는지를 보도록 하자.

> 오직 한 분이신 주 예수 그리스도 이외에는 교회의 머리가 존재하지 않는다. 로마-가톨릭 교회의 교황은 교회의 머리가 될 수 없다. 반그리스도적인 인물로서, 죄악의 사람이며, 파멸의 아들이다. 교회 안에서 그리스도에 대항하여 자신의 위치를 부각시키는 그를 사람들은 하나님이라고 부른다.[168]

이와 같이 교황을 적그리스도나 교황제와 동일시하는 것은 종교개혁자 칼빈

---

166 Hoekema, *The Bible and the Future*, 129: "Commonly the expression 'the signs of the times' is used to describe certain happenings or situations which are said to precede or point to the Second Coming of Christ. On this view the primary orientation of these signs is toward the future, particularly toward the events surrounding the Parousia." 그리고 "시대의 징조들"에 대한 개혁주의 종말론의 포괄적인 논의는 Hoekema, *The Bible and the Future*, 129-163; Venema, *The Promise of the Future*, 113-186 등을 보라.

167 Valentijn Hepp, *De Antichrist*, Tweede herziene druk (Kampen: Kok, 1920); Kim Riddlebarger, *Man of Sin, The: Uncovering the Truth about the Antichrist* (Grand Rapids: Baker, 2006).

168 WCF 25,6(손달익/조용석 역, 155). 경어체만 수정해서 인용했음). 그리고 이 중요한 항목의 라틴어 원문은 다음과 같다: "Ecclesiae caput extra unum Dominum Jesum Christum nullum est; nec ullo sensu caput ejus esse potest Papa Romanus, qui est insignis ille Antichristus, homo ille peccati et perditionis filius; in Ecclesia semet efferens adversus Christum, et supra quicquid dicitur Deus."(Schaff, 3:658-659). 웨스트민스터회의에 참석한 신학자들 간에 이러한 분명한 언술을 결정해내기 까지는 다소 논란이 있었던 것으로 보인다(Dixhoorn ed. *The Minutes and Papers of the Westminster Assembly*, 4:21, 111).

과 루터의 전통을 이은 것이다.[169] 16세기 이래로 로마 가톨릭 교회에 대항하여 격렬하게 싸워온 영국개신교회였기에 교황을 적그리스도로 동일시하는데 있어서 주저함이 없었다고 볼수도 있다.[170]

그리고 앞서 언급한 대교리문답 191문답의 경우는 "시대의 징조들" 중 유대인의 민족적 회심 문제에 대해 언급하고 있는 부분이다. 주기도문의 두 번째 간구인 "나라이 임하옵시며"가 무엇을 위한 간구인가라는 질문에 답하는 중에 포함된 것이 "복음이 세계를 통하여 보급되고 유대인들이 부르심을 받고, 이방 사람들의 충만한 수가 돌아오기를 기도한다"라고 하는 것이었다.[171] 데렉 토머스는 이 단순한 구절을 종말에 있을 유대인들의 민족적 회심을 소망하는 것이라고 확언하면서 여러 당대 신학자들의 견해를 증거로 제시했다. 사실 루터나 칼빈은 유대인의 민족적 회심을 시대적 징조로 해석한 적이 없으며, 개혁신학자들 가운데도 그러한 해석을 반대하는 입장에 서 있는 이들이 많은 것이 사실이지만, 수 많은 청교도들은 이스라엘의 회복 문제를 유대인들의 민족적 회심과 결부지어 해석하고 선교적 소망으로 삼았다고 하는 것은 쉽게 납득하기 쉽지 않은 부분이다.[172]

이제 그러면 "최후의 심판"(*De ultimo judicio*)에 대해서 다루고 있는 웨스트민스터 신앙고백서 33장을 본격적으로 살펴보기로 하자. 33장 역시도

---

169 Hoekema, *The Bible and the Future*, 161-162. 그리고 웨스트민스터 표준문서에 충실하게 신학작업을 했던 조나단 에드워즈 역시도 동일한 입장을 가지고 있었다.

170 그러나 미국의 정통장로교회(OPC)의 *WCF*에 따라 번역을 한 예장합동측 헌법에 수록된 신앙고백서(= 신도게요)에서는 교황이 적그리스도라고 하는 명시적인 언급을 삭제하고 "주 예수 그리스도는 교회의 유일하신 머리이시니, 어떤 사람이 그리스도의 대리자요 교회의 머리라고 하는 주장은 비성경적이요, 사실에 근거가 없으며, 주 예수 그리스도에게 욕을 돌리는 권해 침해이다"라고 수정하고 있다. 이와 같은 수정은 미국북장로교회가 1903년에 수정한데서 연유한다. 구프린스턴의 벤저민 워필드와 존 드 위트는 수정안에 대해서 반대했다(Kim Kilsung, "The Controversy on the Confessions in the Early History of the PSUSA," *Chongshin Review*, 19 [2014]: 94; 김홍만, "19세기말 미국장로교회의 웨스트민스터 신앙고백서 개정 논의에 대한 고찰," 「개혁논총」 14 [2010]: 127-165).

171 *LC* 191(김의환, 218): "(...) the Gospel propagated throughout the world, the Jewes called, the fullnesse of the Gentiles brought in(...)"(*The Westminster Standards: An Originial Facsimile*, 62)

172 Thomas, "The Eschatology of the Westminster Confession and Assembly," 361-363와 그리고 Murray, 『청교도의 소망』, 73-91 등을 보라. 웨스트민스터 표준문서들에 충실한 신학을 추구했던 박형룡 박사도 "이스라엘 전국의 회심"에 대해서 긍정적으로 기술한다(박형룡, 『내세론』, 186-189). 그리고 이에 대한 개혁신학자들의 반론은 Hoekema, *The Bible and the Future*, 139-147; W. Hendriksen, *Israel in Prophecy* (Grand Rapids: Baker, 1974); 이필찬, 『이스라엘과 교회, 어떻게 이해할 것인가』(서울: 새물결플러스, 2014)와 『백투예루살렘운동, 무엇이 문제인가』(서울: 새물결플러스, 2014) 등을 보라.

총 3개항으로 구성되어 있다. 한 항목씩 나누어서 논구해 보려고 한다.

(1) 최후심판의 심판자, 대상, 내용과 기준

1항은 최후 심판자가 누구인지, 그리고 어떤 대상들이 심판을 받으며, 심판의 내용과 기준이 무엇인지에 대해서 고백하는 것을 보게 된다.

> 하나님은 예수 그리스도에 의하여 세상을 심판하실 한 날을 정하셨다. 그에게 아버지의 모든 권세와 심판이 위임되어 있다. 그 날에는 배교한 천사들이 심판을 받을 뿐 아니라 이전의 모든 사람들이 한결같이 그리스도의 심판대 앞에 나타나 그들의 생각, 말, 행동을 설명하고 그들이 선악간의 몸으로 행한대로 보응을 받을 것이다.[173]

이와 같은 내용들은 지극히 성경적인 것들이어서 심각하게 다루어야 할 내용이 없어 보일 것이다. 다만 내용을 분명하게 인식하기 위해서 몇 가지로 나누어서 살펴볼 필요가 있다고 생각된다.

우선 최후 심판시 심판장이 누구이신가 하는 문제이다. 신앙고백서도 증거구절로 제시하고 있는 바 신약성경의 여러 구절들(행 17:31; 요 5:22, 27 등)은 분명히 성부께서 그 심판하는 권세를 성자 예수 그리스도에게 맡기셨다라고 말씀하고 있다. 그리고 대교리문답 56문에 보면 심판의 권세가 그리스도에게 위임되는 것은 그리스도의 승귀(exaltation)와 관련되어 있다고 적시하는 것을 보게 된다.

> 세상을 심판하러 다시 오심에서 그리스도께서 높아지심은, 악인들에게 불의하게 재판을 받아 정죄 되신 주께서 마지막 날에 큰 권능과 자기의 영광과 그 아버지의 영광을 완전히 드러내시면서 그의 모든 거룩한 천사들과 함께 큰 외침과 천사장의 음성과 하나님의 나팔 소리로 다

---

[173] WCF 33.1(김의환, 266). 이 항목을 위해서 증거로 제시된 성경구절은 행 17:31; 요 5:22, 27; 고전 6:3; 유 6; 벧후 2:4; 고후 5:10; 전 12:14; 롬 2:16; 14:10, 12; 마 12:36-37 등이다(*The Westminster Standards: An Originial Facsimile.* 55).

시 오셔서 의로 심판하심에서일 것이다.[174]

그리고 최후심판의 대상이 누구인가에 대해서 신앙고백서 33장 1항은 '배교한 천사들'(the apostate angels) 뿐 아니라 '이전의 모든 사람들이 한 결같이 그리스도의 심판대 앞에 나타나'(but likewise all persons, that have lived upon earth, shall appear before the tribunal of Christ) 심판을 받게 될 것을 말하고 있다. 어떤 이들은 그리스도인들의 경우 이와 같은 최종 심판대 앞에 서지 않을 것처럼 주장하기도 했지만, 신앙고백서와 개혁신학자들은 성경의 가르침에 따라(롬 14:10, 고후 5:10 등) 신자들 역시도 그리스도의 심판대 앞에 서야 한다는 점에 대해서 명확하게 천명해 왔다.[175]

그러면 최후심판에서 어떤 기준에 의해서 심판을 받게 될 것인가? 신앙고백서 33장 1항은 "그들의 생각, 말, 행동을 설명하고 그들이 선악간에 몸으로 행한대로 보응을 받을 것이다"라고 우리에게 답변해준다. 우리의 언행 심사 모든 것이 심판받게 될 것인데, 그것을 한 마디로 "선악간의 몸으로 행한대로 보응을 받는다"라고 표현했다. "각자가 행한대로 심판을 받는다"는 것은 성경에서 거듭 거듭 강조되고 있는 심판의 기준이다.3[176] 그러하기에 이 원칙은 우리 그리스도인들이 바르게 인식하고, 고백하며, 그리스도인들에게 필수적으로 가르쳐야 할 사항 중 하나인 것이다. 이렇게 일반론적으로 심판에 대하여 서술한 후에 2항에 가면 신자와 불신자에 대한 심판으로 양분하여 설명해 주는 것을 보게 된다.

(2) 심판의 목적과 결과

2항에서는 심판의 목적과 그 결과에 대해서 명시하되 신자와 불신자의

---

174 *LC* 56(『헌법』, 76-77). 박형룡 박사는 그리스도가 심판주 되심은 '비하에 대한 상,' '성육신에 대한 상,' '대속(代贖)에 대한 상,' '승귀로 나타난 상' 등으로 세분해서 설명해준다(박형룡, 『내세론』, 324-326).
175 박형룡, 『내세론』, 338-330; Hoekema, *The Bible and the Future*, 257-258
176 이 원칙에 대해 필자는 이전에 이상웅, 『개혁주의 종말론에 기초한 요한계시록 강해』, 634-638에서 평이하게 설명을 한 적이 있다. 이 주제에 대한 보다 전문적인 논의는 Kim Kyoung-shik, "God Will Judge Each One According To His Works"(D. Phil. Thesis, University of Aberdeen, 2005)을 보라.

경우가 어떻게 다른지를 명시적으로 보여준다.

> 하나님이 그 날을 정하신 목적은 피택자들의 영원한 구원에서 그의 자비로운 영광을 나타내시고 악하고 불순종하는 사악한 자들의 영벌에서 그의 공의를 나타내기 위하심이다. 그때에 의인은 영생에 들어가 주 앞에서 오는 충만한 기쁨과 유쾌함을 받으나 하나님을 알지 못하고 또 예수 그리스도의 복음을 불순종한 악인들은 영원한 고통에 던져져서 주 앞에서 또는 그의 권능의 영광에서 오는 영원한 파멸에 빠지게 될 것이다.[177]

이처럼 33장 2항은 하나님께서 최후 심판을 하시는 목적이 신자와 불신자에 따라서 다름을 고백하고 있다. 신자 혹은 하나님에 의해서 택함 받은 자들의 경우는 구원의 완성과 그 구원의 영원함을 통해서 하나님의 자비로운 영광을 드러내시려고 하는데 있다(증거구절로 제시된 성경구절은 롬 9:23과 엡 2:4-7이다). 반면에 불신자들에게 내려질 영벌(eternal punishment)을 통해서 하나님이 의도하시는 목적은 하나님의 공의를 드러내시려고 하시는 것이라고 2항은 고백한다(증거구절로 제시된 성구는 롬 2:5-6과 살후 1:7-8이다). 이렇게 신자와 불신자에 대한 심판의 목적은 판이하게 다른 것이다.

　이뿐 아니라 2항은 신자와 불신자가 각각 심판을 받은 후에 누리게 되는 결과가 무엇인지에 대해서도 분명하게 서술해 주고 있음을 우리는 보게 된다. 최후심판을 통과한 후에 의인은 "영생에 들어가 주 앞에서 오는 충만한 기쁨과 유쾌함을 받"게 되지만, 불신자들 즉, "하나님을 알지 못하고 또 예수 그리스도의 복음을 불순종한 악인들은 영원한 고통에 던져져서 주 앞에서 또는 그의 권능의 영광에서 오는 영원한 파멸에 빠지게 될 것이다"고 2항은 우리에게 명시해주고 있다(증거구절로 제시된 성구는 마 25:31-41; 살후 1:7; 시 16:11; 마 25:41, 46; 살후 1:9; 막 9:47-48 등이다). 최후 심판의 결과 의인이 누리게 되는 영원한 복과 악인이 경험하게 될 영벌에 대해 고백하

177　*WCF* 33.2(김의환, 266).

고 있는 2항의 내용을 증거구절로 제시된 성구들과 자세하게 비교해 보면, 그 고백의 내용이 철저하게 성경적인 용어들로 표현되고 있다는 점을 부인할 수가 없다.[178] 그리고 우리가 대교리문답 89문과 90문을 보게 되면 동일한 주제에 대해서 보다 더 풍부하게 서술해 주는 것을 발견하게 되며, 심지어는 혼란스러움을 느끼게 만드는 감이 있다.

대교리문답은 신앙고백서의 순서와 달리 악인에 대해 먼저 다루고, 의인에 대해서는 그 다음에 다루고 있다. 우선 89문을 살펴 보도록 하자. 89문은 "심판 날에 악인은 어떻게 될 것인가?"라는 질문을 하고 있고, 그 답으로 제시된 것은 다음과 같다:

> 심판 날에 악인은 그리스도의 좌편에 두어지고 명백한 증거와 그들 자신의 양심의 명백한 증거와 그들 자신의 양심의 분명한 확증이 있은 후 공정한 정죄 선고를 받을 것이요 하나님의 존전과 그리스도와 그의 성도들, 그의 모든 거룩한 천사들과의 영광스러운 사귐에서 쫓겨나 지옥에 던져져 마귀와 그의 천사들과 함께 몸과 영혼이 다같이 영원히 고통의 형벌을 받을 것이다.[179]

이와 반면에 의인들이 심판을 받은 후에 어떤 결과에 이르게 되는지에 대한 대교리문답 90문의 답변은 상당히 길게 주어지고 있다. 우리는 이 대목을 주의깊게 읽고 숙고해 볼 필요가 있다고 필자는 다소 심각하게 생각한다:

> 심판 날에 의인은 구름 속으로 그리스도에게 끌어올려져 그 우편에 설 것이며, 공적으로 인정받고 무죄 선고를 받아 버림받은 천사들과 사람들을 그리스도와 함께 심판하고 하늘에 영접될 것인데, 거기서 그들은 영원무궁토록 모든 죄와 비참에서 해방되어 도저히 상상도 할

---

[178] 악인들이 영원한 파멸에 빠진다고 하는 성경적인 표현은 결코 악인의 멸절설의 근거가 될 수가 없다. 이 점에 대해 주석학적으로 그리고 신학적으로 잘 설명하고 있는 Hoekema, *The Bible and the Future*, 269-272을 보라.

[179] LC 89(김의환, 266). 앞서 지적했듯이 신약성경에 의하면 중간기상태에 불신자들이 거하는 곳은 하데스(*Hades*)라고 한다면 영원한 파멸의 장소는 지옥(*Gehenna*)이라고 할 수가 있다. 그런데 신앙고백서와 대교리문답의 경우는 그 차이를 간과하고 둘 다 지옥이라는 단어로 표현하고 있다.

수 없는 기쁨으로 충만할 것이다. 따라서 몸과 영혼이 완전히 거룩하고 행복하게 되어 무수한 성도들과 거룩한 천사들의 무리 가운데 특히 아버지 하나님, 우리 주 예수 그리스도 성자, 성령을 영원 무궁토록 직접 대하고 기쁨을 나눌 것이다. 이것이 부활과 심판 날에 무형적 교회 회원이 영광 중에 그리스도와 함께 누릴 완전하고 충만한 교통이다(. . .).[180]

신자들이 심판의 결과 어떤 영원한 축복을 누리게 될 것인지에 대해 상술하는 내용에 대해서는 별 이의가 없을 것이다. 하지만 성도가 심판날에 구름 속으로 끌어올려져 무죄 선고를 받고 "하늘에 영접될 것이다"(and shall be received into heaven)라고 하는 부분을 주목해 볼 필요가 있다고 생각한다.[181] 사실 조나단 에드워즈의 종말론을 연구하면서도 의아하게 느껴졌던 것이 신천신지에 대한 분명한 강조보다 세상 멸절설을 명시하면서 단지 성도들이 하늘에서 영원히 살게 될 것처럼 말하는 부분이었다.[182] 그러나 대교리문답 90문을 보면서 필자의 의구심은 풀리었다. 웨스트민스터 표준문서들에 충실했던 청교도 신학자인 에드워즈는 대교리문답 90문에 의거하여 그와 같은 견해를 자연스럽게 가졌던 것이다. 그리고 대교리문답 90문을 비롯하여 웨스트민스터 표준문서들이 에드워즈처럼 멸절설을 말하는지 아니면 개혁주의적인 만물갱신설을 암시하고 있는지에 대한 보다 더 깊은 논의가 필요할 것이라고 생각한다.[183] 필자의 이와 같은 문제제기가 마치 웨스트민스터

---

180   LC 90(김의환, 266-267).
181   *The Westminster Standards: An Originial Facsimile.* 24. John R. Bower, *The Larger Catechism: A Critical Text and Introduction* (Grand Rapids: Reformation Heritage Books, 2010), 83에 실린 비평적 판본, 160에 실린 사본a, b, 161에 실린 1647년판이나 1648년판에도 내용은 동일하다.
182   이상응, 『조나단 에드워즈의 성령론』(서울: 솔로몬, 2024), 190-192와 그곳에서 논의되고 있는 에드워즈의 저술들을 보라.
183   요한네스 보스는 "and shall be received into heaven"가 무엇을 의미하는지에 대해서 다음과 같이 해설했다: "This means that the Judgment Day will mark their entrance as total personalities, with both body and soul, into the place, as well as the condition, of total blessedness. The remainder of the answer to question 90 deals with the character of this place and condition of perfect blessedness."(Johannes G. Vos, *The Westminster Larger Catechism: A Commentary*, ed. G. I. Williamson [Philippsburg: P&R, 2002], 215). 이러한 해설은 요점을 정확하게 다룬 것이 아니라고 생각된다. 그리고 관련 문헌들을 논구해보면 이 문제에 대해서 대부분 언급조차 하지 않는 것을 보게 된다. 왜 대교리문답에 이러한 조항이 들어가게 되었는지에 대한 근원적 연구도 찾아보기 어

표준문서의 공적 권위를 부인하는 것처럼 비치지 않기를 바란다. 우리의 신앙고백문서들도 성경의 기준에 맞추어 "순성경화"하는 작업이 계속 되어져야 한다는 박형룡 박사의 고견을 따라[184] 이런 문제들에 대해서는 심도있게 논의를 계속해 볼 필요가 있다고 사료된다.

(3) 심판 날을 알 수 없으나 심판날이 있음을 계시해 주신 목적

웨스트민스터 신앙고백서의 마지막 항목이자 최후심판에 대해 말해 주는 마지막 항목인 33장 3항은 최후 심판 날이 있다고 하는 사실을 알려주신 목적에 대해서 밝혀주고, 나아가서는 그 심판 날이 언제인지 알 수 없도록 하신 이유까지 밝혀주고 있다.

> 그리스도께서는 모든 사람들이 범죄하는 것을 막기 위하여, 또는 경건한 사람들이 역경에서 큰 위로를 얻도록 하기 위하여 우리로 하여금 심판 날이 있으리라는 것을 확신하기를 원하셨다. 그날을 사람들에게 알리지 않으셔서 사람들이 어느 때에 주께서 오실른지 알지 못하므로 모든 육적인 안전감을 버리고 항상 깨어 "오시옵소서. 주 예수여! 속히 오시옵소서"라고 말할 수 있도록 준비되어 있게 하셨다. 아멘.[185]

이상에서 확인되어지듯이 3항은 최후심판 날을 예수 그리스도의 재림하시는 날과 동일시하고 있다는 것을 알수가 있다. 또한 그 심판 날이 분명히 있

렴다. 하지만 분명한 것은 웨스트민스터 표준문서에 굳게 서서 신학작업을 했던 찰스 하지, B. B. 워필드, 박형룡 박사 등은 멸절설이 아니라 만물갱신론을 명백하게 따르고 있음을 우리는 주목해야 한다: Charles Hodge, *Systematic Theology*, 3 vols. (New York: Scribner's Sons, 1873), 3: 853-854; B. B. Warfield, *Biblical Doctrines*(Grand Rapids: Baker, 2003), 640; 박형룡, 『내세론』, 356-358. 또한 Gerrit C. Berkouwer, *The Return of Christ*, trans. James van Oosterm (Grand Rapids: Eerdmans, 1972), 387-423을 보라. 웨스트민스터대교리문답 90문과 관련하여 Confessio Belgica, art. xxxvii에 있는 "burning this old world with fire and flame to cleanse it(*mettant en feu et en flamme ce vieux monde pour le purifier*)"(Schaff, *The Creeds of Christendom*, 3:434)라는 구절도 숙고해야 보아야 할 것이다.

184　이상웅, 『박형룡 박사와 개혁신학』, 238과 인용된 박형룡 박사의 글을 참고하라. 또한 이상웅, "박형룡과 웨스트민스터 신앙고백서," 「개혁논총」 14(2010): 51-86도 보라.

185　WCF 33.3.(김의환, 268).

지만 그 날이 언제인지는 계시해주지 않으셨다라고 밝히고 있다. 그러면서도 왜 심판에 대해서 알려주셨는가하는 목적과 심판 날을 알려주시지 않으신 이유를 연이어 설명해 주고 있다. 심판이 있다는 사실을 우리에게 계시해 주신 이유는 "모든 사람들이 범죄하는 것"을 예방해주고, 성도들이 이 세상에서 겪을 수 밖에 없는 그 수 많은 환난과 "역경 중에서 큰 위로를 얻도록 하기" 위해서라고 밝힌다.[186]

그리고 심판날이 언제인지 즉, 주님이 언제 심판하시기 위해서 다시 돌아 오시는지에 대해서 말씀해 주지 않는지에 대해서는 우리가 그 날을 알지 못하므로 "모든 육적인 안전감을 버리고 항상 깨어"(that they may shake off all carnal security and always watchful) 항상 마라나-타의 신앙을 가지도록 하기 위해서라고 그 이유를 밝혀준다. 그리고 신앙고백서는 그 증거구절로 막 13:35-37; 눅 12:35-36; 계 22:20; 마 24:36, 42-44 등을 제시해 준다. 재림 의 시기 혹은 최후심판 날을 알 수 없다고 하는 고백은 주님의 가르침에 견고하게 뿌리를 내리고 있는 고백이라고 할 수가 있다.[187] 장로교 혹은 개혁 교회에 속한 성도들이 이렇게 간단명료한 신앙고백의 내용만 제대로 청종하였더라면 시한부 종말론자들의 미혹에 쉽사리 넘어가지 않을 수 있을 것이며, 앞으로도 그 미혹에 휘둘리지 않을 수 있을 것이라고 사료된다.

2.3.5. 나가는 말

우리는 이상에서 "지금까지 작성된 개혁주의 신학의 가장 정확한 요약"(R. C. 스프로울)이라고까지 칭해지는 웨스트민스터 신앙고백서에 담긴 종말론적인 내용들을 고찰해 보았다. 그리고 필요에 따라 대소교리문답이나 다른 개혁파 신앙고백문서들도 부차적으로 참고해 보았고, 개혁주의 종말론

---

186 박형룡 박사는 이러한 신앙고백서의 정신에 입각해서 최후심판에 대한 신념이 가지는 실천적 중요성에 대해서 '생에 엄숙함을 초래,' '회개에의 호출,' '위안과 격려' 등 세 가지로 나누어 상술해 준다(박형룡, 『내세론』, 311-313).
187 신자가 지녀야 할 재림에 대한 바른 대망의 자세에 대해서는 박형룡, 『내세론』, 224-228과 Hoekema, The Bible and the Future, 109-128 등을 보라.

교본들과 더불어 비교해 보기도 하였다. 우리의 연구 결과 신앙고백서는 종말론적 주제들에 관한 한 상당히 주의 깊게 선별한 주제들만 다루고 있음을 확인하게 되었다. 크게 보면 신앙고백서는 사람이 죽은 후에 처하는 중간상태에 대해서 논하고 이어지는 죽은 자의 부활 문제를 다루는 32장과 최후심판을 다루는 33장으로 구성이 되어 있다. 사실 역사적으로 17세기는 종말론적인 열기와 천년왕국론적 열기로 충만한 시기였는데도 불구하고, 신앙고백서는 논쟁이 될 만한 주제들에 대해서는 일체 언급하지 아니하는 신중함을 보이고 있다. 다만 성도들에게 보편적으로 가르쳐야 할 진리들만을 간결하게 고백서에 담고 있다. 그리고 재림의 시기에 관해서도 시한부 종말론적인 관심을 가지지 않도록 원천 봉쇄하는 입장을 취하고 있음도 확인되어진다. 다만 주님이 언제 오실는지, 최후의 심판이 언제 일어날는지 알수는 없지만 분명히 계시된 사실이기 때문에 항상 깨어서 마라나타의 신앙을 가지도록 바른 재림 대망 자세를 신앙고백서는 권장하고 있다.

따라서 웨스트민스터 신앙고백서에 담긴 종말론은 상세한 안내서가 아니라 안전한 울타리를 제공해주고 있다고 결론지을 수 있다. 만약에 장로교회 혹은 개혁교회가 이러한 종말론적인 핵심사항들만 제대로 강조하고 교인들에게 잘 가르쳐주었다고 하더라도 불필요한 혼돈과 소요는 줄어들었을 것이다. 특히 이단 사이비들이 내세우는 그릇된 종말론이나 시한부 종말론에 휘둘리지 아니하고 항상 깨어 있으며 종말론적인 대망의 자세를 가질 뿐 아니라 종말론적인 긴장이 있는 삶을 추구하는 일에 매진하도록 도울 수 있을 것이다. 웨스트민스터 신앙고백서를 작성한 신학자들은 복잡하고 번쇄한 내용을 피하고 가장 중요한 내용들만 선별적으로 포함시킴으로서 일반 성도들에게 무엇이 정말 중요한 것인지 핵심을 깨닫도록 돕는데에 기여를 하였다고 평가할 수 있을 것이다.

물론 앞서 살펴본 종말론적인 내용만으로 개혁주의 종말론의 드넓고 풍성한 영역이 다 포괄되거나 대체될 수 있다고 생각하지 않는다. 신앙고백서는 가장 줄거리가 되는 것, 반드시 함께 동의해야 할 진리들을 담고 있는 것이지, 종말론과 관련된 성경의 모든 주제들을 포괄하는 것도 아니고, 모든 문제에 답을 주는 것도 아니다. 그러한 논의들은 개혁주의 종말론 분야에서 보다 더 풍성하게 논의되고 개진되어야 할 문제이다. 그러나 종말론적인 논의들은 인간의 이성, 상상, 추측 등에 근거한 것이 아니라 성경 본문에 근거하고, 신앙고백서들의 도움을 받으며 전개해 나가야 하는 것이기 때문에 웨스트민스터 표준문서들은 하나의 중요한 신학함의 길잡이가 될 수 있다고 생각된다. 나아가서는 신앙고백서가 담지 않고 있는 실현된 종말론(하나님 나라의 현재성) 문제, 종말론 논의에 있어서 지대한 중요성을 가지는 천년왕국에 대한 논의, 그리고 영적으로 각성하여 재림을 기다리는 삶이 어떤 것인지에 대한 종말론적인 윤리에 대한 논의도 더욱 풍성하게 발전시켜야 할 것이라고 생각한다. 그리고 교회의 사역자들은 신앙고백서나 대소교리문답에 담겨져 있는 간단명료한 그러나 핵심적인 종말론적인 교리들을 잘 이해하고, 숙지하고, 성도들이나 자라나는 세대들에게 전수하여 종말론적인 이단 사이비 사상들의 미혹에 빠지지 아니하게 할 뿐 아니라 "이미 시작되었으나 아직 성취되지는 않은"(already but not yet) 하나님 나라의 현재성과 미래성을 누리며 소망하는 복된 삶을 살도록 도와주어야 할 것이라고 생각한다.

3. 성경적 종말론 – 후크마의 시작된 종말론

3.1. 들어가는 말

앞서 살펴본대로 전통적으로 개인 종말론과 일반적 또는 우주적 종말론으로 양분하여 종말론을 개진하던 전통과 달리 안토니 후크마(Anthony A. Hoekema, 1914-1988)는 시작된 종말론(inaugurated eschatology)과 미래 종말론(Future Eschatology)으로 양분하여 다루어 줌으로 좀 더 포괄적인 종말론으로의 진전을 이루었다. 이번 장에서 우리는 그 첫 번째 부분인 시작된 종말론 또는 개시된 종말론의 주제를 다루어 보고자 한다.[188] 후크마는 이 주제와 관련하여 무려 6개 장을 할애하고 있다.[189] 우선 후크마가 시작된 종말론을 어떻게 정의내렸는지를 살펴 본다면, 그것은 "신자가 종말론적 축복을 현재 누리는 것"을 의미한다.[190] 그는 이 용어를 C. H. 도드가 주장한 "실현된 종말론"과 구분하고자 했는데,[191] 이는 데이비드 홀베르다(David Holwerda)가 적절하게 요약한 것처럼, "구약이 예견했던 이미 시작되었고 실현되는 과정에 있지만, 아직 완전히 실현된 것은 아니기 때문이다."[192] 이제 우리는 후크마가 개진한 순서를 따라 시

---

[188] 이하에 제시된 내용은 필자의 영어 논문인 "'Already but Not Yet': A Study on the Background and the Inaugurated Eschatology of Anthony A. Hoekema (1913-1988)," *Chongshin Theological Journal* 20 (Feb. 2015): 131-141을 번역하고 보완한 것임을 밝힌다.

[189] Hoekema, *The Bible and the Future*, Chaps. 1-6. The themes of these chapters are (1) The Eschatological Outlook of the Old Testament, (2) The Nature of New Testament Eschatology, (3) The Meaning of History, (4) The Kingdom of God, (5) The Holy Spirit and Eschatology, and (6) The Tension Between the Already and the Not Yet.

[190] Hoekema, *The Bible and the Future*, 1, 18.

[191] Hoekema, *The Bible and the Future*, 293.

[192] David E. Holwerda, "Book Review of The Bible and the Future," Calvin Theological Journal, 16/2 (Nov. 1981): 267. 후크마는 또한 도드가 그리스도의 문자적 재림을 믿지 않는 것에 대해 비판했다(Hoekema, *The Bible and the Future*, 295).

작된 종말론을 살펴 보고자 한다. 구약과 신약의 종말론의 특징들에 대한 20세기 성경신학자들의 논의를 후크마가 적절하게 잘 요약해 주고 있기 때문에, 이러한 고찰은 종말론의 성경적 기초를 개관하도록 도와준다.[193]

3.2. 구약의 종말론(The Eschatological Outlook of the Old Testament)

후크마는 먼저 구약의 종말론적 관점을 탐구한다.[194] 그는 구약의 종말론적 차원을 구성하는 핵심 본문들을 검토했다. 그는 "종말론적 비전은 이스라엘 밖에서는 실제로 발견되지 않는 바 이스라엘적인 현상이다"라고한 Th. C. 프리젠(Th. C. Vriezen)의 논평을 인용한다.[195] 그는 이어서 종말론적 관점이 표현된 "몇 가지 구체적인 계시적 개념들"을 검토해 나간다. 그는 "구세주의 도래에 대한 기대"로 시작한다. 그는 창세기 3장 15절(소위 '어머니 약속'), 창세기 22장 18절, 사무엘하 7장 12-13절부터 이사야 7장 14절과 9장 6절까지의 다양한 본문들을 면밀히 검토한다. 그는 "때때로 미래의 구속주 왕의 도래는 하나님께서 그의 백성에게 오시는 것과 동일시된다"고 적시해 주기도 한다.[196] 또한 그는 다가올 구속주의 예표로서 세 가지 직분(*munus triplex*)을 검토하고, 이어서 인자(다니엘 7:13-14), 하나님 나라, 새 언약, 이스라엘 회복 문제, 그리고 주의 날 등의 개념들을 검토해준다.[197] 예언서에 의하면 마지막 날은 심판의 날과 구원이라는 양면적인 속성을 지닌다고 적시해 주기도 한다.[198] 구약 시대의 신자들 또한 미래의 축복으로 "성령의 부으

---

193 원래 필자는 본서의 일부분으로 구약과 신약의 종말론에 대해 독자적으로 다루고자 했지만, 후일로 기약하면서 후크마가 잘 정리해준 내용을 독자들에게 적극 추천하는 바이다. 지난 13년 동안 종말론 강의의 한 주간은 후크마의 시작된 종말론을 요약적으로 소개하는 시간으로 삼기도 할만큼 좋은 입문서라고 생각한다.
194 구약학자인 도널드 E. 고완(Donald E. Gowan, 1929-2024)은 구약의 종말론의 네 가지 주요 특징으로 "현실적인 소망," 미래에 대한 하나님의 주권성, "개인적인 구원 보다는 공동체를 더 강조"하며, 또한 "포괄적인 소망"을 꼽는다(Donald E. Gowan, *Eschatology in the Old Testament*, 홍찬혁 역,『구약성경의 종말론』[서울: CLC, 1999/ 2022], 210-212).
195 T. C. Vriezen, *An Outline of Old Testament Theology*, 2nd ed., trans. S. Neuijen (Oxford: Blackwell, 1970), 458. Cited from Hoekema, *The Bible and the Future*, 4.
196 Hoekema, *The Bible and the Future*, 5.
197 Hoekema, T*he Bible and the Future*, 5-10.
198 Hoekema, *The Bible and the Future*, 10.

심"과 "새 하늘과 새 땅"을 기대했다는 점도 적시해 준다.[199] 후크마의 해설을 따라가 보면, 우리는 구약성경이 종말론적 지향을 가지고 있다는 확신에 도달하게 된다.

3.3. 신약의 종말론의 성격(The Nature of New Testament Eschatology)

그러나 그는 또한 신약 시대의 신자들에게 풍성한 축복이 부어진다는 것을 잘 보여준다. 우리는 "예수 그리스도께서 세상에 오신 것은 사실 구약의 핵심 종말론적 기대의 성취"라는 분명한 메시지를 알려 준다.[200] 후크마는 종말 시대의 성취가 시작되었지만, 완성은 아직 오지 않았다고 분명히 지적해 준다. 그는 "이미 성취된 것과 아직 완성되지 않은 것" 사이의 종말론적 긴장을 강조해 준다.[201] 이러한 긴장을 바탕으로 후크마는 신약 종말론의 세 가지 핵심 요점을 제시해 준다.

첫째, "구약에 예언된 위대한 종말론적 사건이" 특히 예수 그리스도의 생애와 사역에서 "실현되었다"는 것이다. 신약은 예언된 마지막 시대가 이미 그리스도와 함께 도래했다고 선언한다.[202]

둘째, 신약에서는 "구약 저자들이 하나의 운동으로 묘사했던 것이 이제는 두 단계, 즉 현재의 메시아 시대와 미래의 시대를 포함한다는 것을 인식해야 한다"는 것을 발견한다.[203] 여기서 우리는 "예언적 원근법"(prophetic foreshortening)이라는 용어를 다시금 생각해 볼 수 있다.[204]

셋째, 그는 "이 두 종말론적 단계의 관계는 현시대의 축복이 앞으로 올 더 큰 축복의 약속이자 보증"이라는 점을 잘 적시해 준다.[205] 후크마는 오스

---

199 Hoekema, *The Bible and the Future*, 11.
200 Hoekema, *The Bible and the Future*, 13.
201 후크마는 그의 책속에서 이러하 신약의 종말론적 긴장에 대해 여러 차례 강조해 주었다(Hoekema, *The Bible and the Future*, 14, 21-22, 68-75, 297-306 etc.). 이런 점에서 그는 성경신학자들인 G. Vos, H. Ridderbos, O. Cullmann, G. E. Ladd 등과 동질성을 가진다.
202 Hoekema, *The Bible and the Future*, 15-18.
203 Hoekema, *The Bible and the Future*, 19-20.
204 Hoekema, *The Bible and the Future*, 148-149.
205 Hoekema, *The Bible and the Future*, 20.

카 쿨만이 만들어낸 유명한 D-데이와 V-데이라는 표현을 활용한다. D-데이는 "적을 결정적으로 패배시킨 그리스도의 초림"을 의미하고, V-데이는 "적이 완전히 그리고 마침내 항복"하게 되는 그리스도의 승리의 재림을 가리킨다.[206] 이것들은 신약 시대 신자들이 끝까지 경험하고 견뎌내야 하는 종말론적 긴장의 특징이다.

3.4. 역사의 의미(The Meaning of History)

후크마가 세 번째 주제로 다룬 것은 역사의 의미에 대한 것이다. 우선, 그는 역사에 대한 순환적 관점과 무신론적 실존주의적 관점을 비판하고 반박한다.[207] 그러고 나서 그는 기독교 역사관의 다섯 가지 주요 특징들을 제시해 준다. 첫째 "하나님은 역사 속에서 자신의 목적을 드러내신다"는 것이다.[208] 그는 "모든 역사는 하나님의 통제와 인도 아래 있으므로 모든 역사는 하나님의 계시라고 할 수 있다"라고 명시적으로 주장하기도 한다.[209] 둘째 "하나님은 역사의 주님이시며 역사는 의미와 방향성을 가진다"는 것이다.[210] 세 번째 요점은 "그리스도가 역사의 중심이다"는 것이다.[211] 후크마에 의하면 역사의 중간점(middle point)은 그리스도의 첫 번째 지상 재림이기에, 현재 신자들은 "역사의 중간점과 그 정점, 즉 예수 그리스도의 재림 사이에 의식적으로 살고 있다"고 한 바젤의 신학자 쿨만의 견해에 동의한다.[212] 그가 제시하는 나머지 두 특징은 "새 시대는 이미 도래했다"는 것과 "모든 역사는 목표, 즉 새 하늘과 새 땅을 향해 나아가고 있

---

206 Hoekema, *The Bible and the Future*, 21. 이 점에 대해서 다음의 저술들을 보라: Ladd, *The Presence of the Future*, 337; Cullmann, *Christ and the Time*, 87.
207 Hoekema, *The Bible and the Future*, 23-25. 후크마는 주로 Hendrikus Berkhof, Karl Löwith, N. Berdyaev 등에 의존하여 논의한다.
208 Hoekema, *The Bible and the Future*, 25.
209 Hoekema, *The Bible and the Future*, 26.
210 Hoekema, *The Bible and the Future*, 26-28.
211 Hoekema, *The Bible and the Future*, 28.
212 Hoekema, *The Bible and the Future*, 28-29. 그는 쿨만의 책에서 여러 부분을 인용 소개해 준다 (Cullmann's *Christ and the Time*, 18-19, 81-83, 84, 145-146).

다"는 것이다.[213] 우리는 또한 하나님의 구원이 우주적 차원에서 완성될 것이라는 후크마의 주장에 주의를 기울여야 한다. 그는 구원이 하나님의 창조 세계 전체(the totality of God's creation)를 포함할 것이라고 강조했다.[214]

이러한 앞선 논의들에 근거하여, 후크마는 기독교적 역사관이 가지는 실제적인 함의를 제시해 주는데로 나아간다. 첫째 함의는 "현시대의 특징적인 활동은 선교"라고 하는 것이다.[215] 둘째, "우리는 이미와 아직 아니 사이의 끊임없는 긴장 속에 살고 있다"는 것이다.[216] 셋째, 그는 "역사에는 두 가지 발전 노선이 있다"고 적시해 준다. 이는 악의 왕국과 하나님의 왕국 사이의 끊임없는 갈등과 투쟁을 의미한다. 그러나 우리는 후자가 결국 전자를 정복할 것이라는 확신을 가질 수가 있다고 후크마는 강조해 준다.[217] 넷째, "우리의 모든 역사적 판단은 잠정적일 수밖에 없다"고 그는 적시해 준다. 화란의 윤리적 신학자였던 쌍트피 드 라 소세이의 말처럼, "모든 것이 끝날 때까지 어떤 역사적 현상도 절대적인 선이나 절대적인 악이 될 수 없"기 때문이다.[218] 후크마가 제시하는 마지막 요점은 "기독교의 역사 이해는 기본적으로 낙관적이다"는 것이다. 그는 그 이유를 "비록 그릇된 것이 종종 강해 보일지라도, 하나님은 여전히 통치자이시다"라고 강조해 준다.[219]

---

213 Hoekema, *The Bible and the Future*, 30-31.
214 Hoekema, *The Bible and the Future*, 32: "We may say that the goal of redemption is nothing less than the renewal of the cosmos, of what present-day scientists call the universe." (also see 211-212, 274-287). In this regard, we feel the sense of consent with Holwerda's comment that "God's establishment of his redemptive rule over the entire creation is the heart of the matter, and Prof. Hoekema's discussion strongly supports that affirmation." (Holwerda, "Book Review of The Bible and the Future," 267)
215 Hoekema, *The Bible and the Future*, 33-34.
216 Hoekema, *The Bible and the Future*, 34.
217 Hoekema, *The Bible and the Future*, 34-37.
218 Hoekema, *The Bible and the Future*, 37.
219 Hoekema, *The Bible and the Future*, 38-40.

3.5. 하나님의 나라(The Kingdom of God)

후크마의 시작된 종말론의 네 번째 주제는 예수님의 "선포의 중심 주제"인 하나님 나라이다. 그는 하나님 나라를 현재로만 보느냐, 아니면 미래로만 보느냐, 아니면 현재와 미래 모두로 보느냐에 따라 세 가지 유형의 신학자들로 분류해준다.[220] 후크마는 하나님의 나라를 현재와 미래 양자로 보는 관점을 따른다.[221] "하나님 나라를 현재와 미래로 볼 때에만 우리는 모든 성경적 진리를 온전히 정의할 수 있을 것"이라고 그 이유를 밝히기도 한다.[222] 후크마는 자신의 견해를 뒷받침하기 위해 신약성경의 여러 구절들을 주해적으로 검토해 나간다. 그는 하나님 나라의 임재를 가르치는 구절들(마 12:28, 13:44-46; 눅 14:28-33, 17:20-21 등)을 주의 깊게 살펴본 후, 하나님 나라의 미래를 가르치는 구절들(마 7:21-23, 8:11-12, 22:1-4, 25:1-13 등)도 검토해 준다. 뿐만 아니라 이와 관련하여 예수님의 가르침을 살펴보기 위해 바울 서신도 검통해 준다.[223] 그리고 그는 하나님 나라를 "주로 하나님께서 그의 백성을 다스리는 것"으로 정의내린다.[224] 그는 계속해서 우리가 "하나님 나라의 임재"를 분별할 수 있는 "표징들"을 제시해 주기도 한다. 조지 래드의 연구에 따라, 그는 '귀신을 쫓아내는 것,' '사탄의 타락,' '기적을 행하는 것,' '복음을 전파하는 것,' 그리고 '죄 사함을 베푸는 것' 등을 현재 하나님 나라의 표징이라고 열거해 준다.[225]

하나님 나라의 양면성을 설명하는 데 많은 지면을 할애한 후, 후크마는 그것이 우리에게 주는 함의를 다음과 같이 설명해 준다. 우리는 "이미와 아

220　Hoekema, *The Bible and the Future*, 41.
221　Hoekema, *The Bible and the Future*, vii : "The point of view adopted in this study is the third: one that recognizes a distinction between the 'already'- the present state of the kingdom as inaugurated by Christ-and the 'not yet'- the complete establishment of the kingdom which will take place at the time of Christ's Second Coming."
222　Hoekema, *The Bible and the Future*, 48.
223　Hoekema, *The Bible and the Future*, 48-50.
224　Hoekema, *The Bible and the Future*, 44-54.
225　Hoekema, *The Bible and the Future*, 46-48. Cf. 원문 - "Depending on the work of Ladd, he enumerates that 'the casting out for demons,' 'the fall of Satan,' 'the performance of miracles,' 'the preaching of the gospel,' and 'the bestowal of the forgiveness of sins' are the signs of the present kingdom of God."

직 아니 사이의 긴장" 속에서 살아야 한다는 특징을 가진다. 믿음과 삶의 차원에서 우리는 "오직 하나님만이 우리를 하나님 나라에 들어가게 하실 수 있다"는 사실을 명심해야 한다.[226] 더 나아가 우리에게는 몇 가지 책임도 요구되어진다. 하나님 나라는 "우리에게 회개와 믿음을 요구"하며, "완전한 헌신 그 자체"(nothing less than total commitment)를 요구하기도 한다. 후크마의 마지막 강조점은 "하나님 나라는 우주적 구원을 함축한다"는 사실에 다시 한번 집중된다.[227]

3.6. 성령과 종말론(The Holy Spirit and Eschatology)

후크마의 시작된 종말론의 다섯 번째 주제는 성령의 종말론적 사역이다. 우선, 그는 "종말론에서 성령의 역할이 항상 충분히 이해된 것은 아니었다"는 주장으로 시작한다.[228] 그가 보기에는 종말론에 있어서 성령의 역할은 매우 중요하다고 판단한다. 후크마는 "종말론에서 성령이 하는 역할은 우리가 이미 가지고 있는 것과 우리가 아직 기대하는 것 사이의 이러한 긴장을 더욱 잘 보여준다"라고 적시해 준다.[229]

먼저 그는 구약성경에서 성령의 역할을 검토해 준다. 그는 성령이 종말론과 연결되는 세 가지 방식을 제시해 준다. 첫째, "성령은 특정한 예언적 표징들을 통해 최후의 종말론적 시대를 들여오는 길을 예비할 것"이다.[230] 둘째, 성령은 "다가올 구속자 위에 임하여 그에게 필요한 은사들을 공급하시는 분"(사 11:1-2, 61:1-2)으로 묘사된다. 셋째, 성령은 "물질적 축복과 윤리적 쇄신을 포함하여 이스라엘의 미래 새 삶의 원천(the source of the future new life of Israel, including both material blessings and ethical renewal)으

---

226 Hoekema, *The Bible and the Future*, 52.
227 Hoekema, *The Bible and the Future*, 53.
228 Hoekema, *The Bible and the Future*, 55. 그는 이 점에서 G. Vos와 N. Q. Hamilton은 예외라고 평가한다.
229 Hoekema, *The Bible and the Future*, 55.
230 Hoekema, *The Bible and the Future*, 55.

로 나타난다"(사 44:2-4, 32:15-17; 출 37:14, 39:29, 36:25-27)는 것 등이다.[231]

후크마는 이처럼 구약 성경 구절들을 간략하게 다룬 후, 신약 성경 구절들을 자세히 살피는데로 나아간다. 그는 복음서에서 그리스도에게 능력을 부여하는 성령의 사역이 "새 시대의 도래를 위한 증거"라고 적시해 주며, 바울 또한 성령을 "구약의 예언에 따라 종말론적 은사, 새 시대의 계시자"로 이해한다고 말해준다.[232] 성령은 "미래가 현재로 들어오는 것"(the breaking in of the future into the present)을 의미하기 때문에, 우리는 지금 여기에서(hic et nunc) 장차 올 시대의 축복과 유익을 누릴 수 있게 되었다. 후크마는 신자들과 관련하여 성령의 종말론적 역할을 나타내는 몇 가지 구체적인 개념들을 살펴본다. 그는 아들됨(υἱοθεσία, 갈 4:4-5; 롬 8:14-16), 첫 열매(ἀπαρχὴ, 고전 15:20, 23; 롬 8:23), 보증(ἀρραβὼν, 고후 1:22, 5:5; 엡 1:14), 인(σφραγις, 고후 1:22, 엡 1:13, 4:30)과 같은 개념들을 명료하게 해설해 준다.[233]

마지막으로, 후크마는 육체의 부활에서 성령의 역할이 무엇인지를 주목하여 살핀다 그는 로마서 1장 3-4절, 8장 11절, 고린도전서 15장 42-44절을 주의 깊게 검토한다. 이 부분을 마무리하면서 후크마의 다음과 같은 결론을 언급하는 것은 매우 가치 있는 일이다.

> 결론적으로, 우리는 그리스도 안에 있는 성령을 소유함으로써 장차 올 시대의 축복을 미리 맛보고, 몸의 부활에 대한 약속과 보증을 갖는다고 말할 수 있다. 그러나 우리는 첫 열매만을 소유한다. 우리는 하나님 나라의 최종 완성을 고대하며, 그때 우리는 이러한 축복들을 온전히 누리게 될 것이다.[234]

---

231 Hoekema, *The Bible and the Future*, 56.
232 Hoekema, *The Bible and the Future*, 57.
233 Hoekema, *The Bible and the Future*, 58-63. "Whereas the designation of the Spirit as firstfruits indicates the provisional nature of present spiritual enjoyment, the description of the Spirit as our guarantee implies the certainty of ultimate fulfillment" (62); "To be sealed with the Spirit, then, means to be marked as God's possession." (63).
234 Hoekema, *The Bible and the Future*, 67: "In conclusion, we may say that in the possession of the Spirit we who are in Christ have a foretaste of the blessings of the age to come, and a pledge and guarantee of the resurrection of the body. Yet we have only the firstfruits. We look forward to the final consummation of the kingdom of God, when we shall enjoy these blessings to the

3.7. 이미와 아직 아니의 긴장
(The Tension between the Already and the Not Yet)

안토니 후크마의 시작된 종말론의 여섯 번째이자 마지막 장에서는 지금까지 살펴온 내용을 "이미와 아직 아니의 긴장"으로 요약해 준다. 그가 지금까지 강조했듯이, 이러한 긴장은 신약성경의 종말론을 특징짓는 바이다. 우리는 성령을 받았기에 "이미 미래의 축복을 누리고 있"지만, 동시에 "우리는 속으로 탄식하며 더 나은 것을 사모하고 있"기 때문이다(롬 8:23; 고후 5:2). 후크마는 이러한 긴장을 다음과 같이 적절하게 설명해 준다. 그리스도인은 "이미 성령의 내주를 경험했지만, 여전히 부활의 몸을 기다리고 있다. 그는 마지막 시대에 살고 있지만, 마지막 날은 아직 도래하지 않았다."[235]

이 긴장에 대해 잠시 주의를 기울인 후, 후크마는 자세히 다루려고 계획했던 요점으로 들어간다. 그는 이 긴장이 "오늘날 우리의 삶과 생각"에 미치는 "몇 가지 추가적인 함의"를 제시해 준다. 그가 제시하는 요점은 여섯 가지이다. 첫째, 이러한 이미-아직 아니의 긴장은 우리가 흔히 "시대의 징조"라고 부르는 것의 특징이다. 그는 이 징조들이 "예수 그리스도의 재림을 가리키는 것"일 뿐만 아니라 "첫 번째 오심을 가리키는 것"이기도 하다고 해설해 준다.[236]

두 번째 함의는 "교회가 이 긴장에 연루되어 있다"는 것이다. 우리는 "새로운 백성이면서 동시에 불완전한 사람"으로 동료 그리스도인을 대해야 한다. 우리의 설교, 가르침, 목회적 돌봄, 훈련 등 우리의 모든 활동뿐 아니라 기억 속에도 이 점을 명심해야 한다고 후크마는 강조해 준다.[237]

셋째, 이러한 긴장은 "책임감 있는 그리스도인의 삶을 위한 동기"가 되어야 한다고 그는 적시해 준다. 그리스도인 정체성 문제에 대해 깊은 통찰력을

---

full."
235 Hoekema, *The Bible and the Future*, 68: "Already he experiences the indwelling of the Holy Spirit, but he still awaits his resurrection body. He is living in the last days, but the last day has not yet arrived."
236 Hoekema, *The Bible and the Future*, 69-70.
237 Hoekema, *The Bible and the Future*, 70.

가진 후크마는 다음과 같이 말하기도 한다.

> 이렇게 '이미'와 '아직 아니' 사이의 끊임없는 긴장은 그리스도인에게 죄와의 싸움이 현세 내내 계속됨을 시사해준다. 그러나 이 싸움은 패배를 기대하는 것이 아니라 승리에 대한 확신 속에서 이루어져야 한다. … 사실 우리는 '이미'의 빛 안에서만 '아직 아니'와 함께 살아갈 수 있다.[238]

넷째, 후크마는 "우리의 자아상은 이러한 긴장을 반영해야 한다"고 적시해 준다.[239] 우리 그리스도인은 그리스도 안에서 이미 소유한 것과 아직 완전히 소유하지 못한 것 사이의 긴장 속에 있다. 우리는 이미 새롭게 태어난 사람과 아직 완전히 성숙하지 못한 그리스도인 사이의 긴장감을 동시에 느끼기도 한다. 따라서 후크마에 따르면, 우리는 자신을 "하나님의 영으로 점진적으로 새롭게 되는 그리스도 안에서의 새 사람"으로 바라보아야 한다.[240]

다섯째, 이러한 이미-아직 아니의 긴장은 "신자들의 삶에서 고난의 역할을 이해하는 데" 기여해 준다고 후크마는 강조한다. 성경에서는 우리에게 허락된 고난에는 하나님의 목적이 있다고 가르쳐 준다. 그리고 우리는 "하나님께서 우리 눈에서 모든 눈물을 닦아 주시고 슬픔과 죽음이 더 이상 없을 때(계 21:4)"인 마지막 때의 빛 속에서 그 고난을 이해할 수 있다고 그는 적시해 준다.[241]

---

238 Hoekema, *The Bible and the Future*, 71: "The continuing tension between the already and the not yet implies that for the Christian the struggle against sin continues throughout the present life. Yet the struggle is to be engaged in, not in the expectation of defeat, but in the confidence of victory. . . We can, in fact, continue to live with the not yet only in the light of the already."
239 그는 그리스도인의 자아상 문제를 다룬 *The Christian Looks at Himself*, 2nd ed. (Grand Rapids: Eerdmans, 1977)도 출간하였다. 그는 자아상을 다음과 같이 정의해 주기도 한다: "By self-image I mean the way a person looks at himself, his conception of his own worth or lack of worth." (Hoekema, *The Bible and the Future*, 71).
240 Hoekema, *The Bible and the Future*, 72. "... a new person in Christ who is being progressively renewed by the Spirit of God."
241 Hoekema, *The Bible and the Future*, 72-73. 우리는 종말론의 관점에서 고난의 문제와 하나님의 의화(justification of God) 문제를 해결할 수가 있다. 이런 관점에서 자유대학교 교의학 교수였던 아브라함 판 드 베이끄(Abraham van de Beek)는 자신의 종말론을 *God doet recht: Eschatologie als christologie* (Zoetermeer: Meinema, 2008)라고 명명하였다.

마지막으로, 후크마는 "문화에 대한 우리의 태도는 이러한 긴장과 관련이 있다"고 말해준다. 후크마가 속한 신칼빈주의 전통은 일반 은혜와 문화 명령에 대한 깊이 있는 논의를 신학적으로 제시해 왔다.[242] 후크마는 성령께서 "거듭나지 않은 사람들이 문화를 만들어낼 수 있도록 해주신 것에 경의를 표해야 하지만, 그러한 모든 문화적 산물은 하나님 말씀의 가르침에 비추어 평가해야 한다"라고 적시해 준다.[243] 또한, "우리는 진정한 기독교 문화를 계속해서 만들어내기 위해 최선을 다해야 한다"라고 역설하면서, "우리는 아직 미래에 마땅히 되어야 할 모습이 아니기에 기독교 문화를 확립하려는 우리의 모든 노력은 단지 근사치일 뿐"이라고 강조하기도 한다.[244]

지금까지 우리는 안토니 후크마가 제시한 소위 "시작된 종말론"을 개관적으로 살펴보았다. 그는 신약성서의 종말론이 '이미'와 '아직 아니' 사이의 긴장으로 특징지어질 수 있음을 잘 강조해 주었다. 우리는 그가 자신의 주요 주장을 성경적, 신학적으로 뒷받침하는 데 성공했다고 평가할 수 있다. 사실 최근까지 미래 종말론만이 강조되어 왔지만, 후크마와 그의 선배들(G. Vos, O. Cullmann, H. Ridderbos, G. E. Ladd) 역시 시작된 종말론에 주목하는 데 기여했다. 시작된 종말론에 대한 논의를 마무리하며, 후크마는 자신의 주장을 다음과 같이 요약한다.

> 우리는 우리의 모든 그리스도인의 삶이 그리스도 안에서 이미 존재하는 모습과 언젠가 우리가 되기를 바라는 모습 사이의 긴장감 속에서 살아가야 한다고 결론짓는다. 우리는 예수 그리스도의 완성된 사역과 결정적인 승리를 감사하는 마음으로 되돌아본다. 그리고 우리는 그리스도의

---

242 예컨대 우리는 다음의 두 자료를 참고할 수가 있다: Cornelis van Til, Common *Grace and the Gospel* (Philippsburg: Presbyterian and Reformed, 1974), 정성국 역, 『개혁주의 일반은총론』(서울: CLC, 2022); Henry R. Van Til, *The Calvinistic Concept of Culture* (Philippsburg: Presbyterian and Reformed, 1974), 이근삼 역, 『칼빈주의 문화관』(부산: 성암사, 1984).
243 Hoekema, *The Bible and the Future*, 75.
244 Hoekema, *The Bible and the Future*, 75. 현재 문화와 미래의 관계에 대한 신칼빈주의적 논의에 대해서는 Richard J. Mouw, *When the Kings Come Marching In: Isaiah and the New Jerusalem* (Grand Rapids: Eerdmans, 1983)를 보라 (김동규 역, 『왕들이 입성하는 날- 이사야가 전망하는 하늘나라』 [서울: SFC, 2018]).

재림을 간절히 기대한다. 그때 그분은 영광스러운 왕국의 마지막 단계를 인도하시고 우리 안에서 시작하신 선한 일을 완성하실 것이다.[245]

이상에서 우리는 칼빈신학교 교수였던 안토니 후크마의 『개혁주의 종말론』(The Bible and the Future, 1979; 한역본 – 2012)의 1장-6장에 정리된 시작된 종말론, 즉, 구약과 신약의 종말론적 기초를 개관해 보았다. 조직신학적인 종말론이어도 후크마나 그에 앞서 헤르만 바빙크가 선례와 모범을 보여 주었듯이 성경신학적인 자료를 먼저 잘 검토하는 것이 필요하다고 필자는 확신한다. 다만 지면 제한상 이렇게 후크마의 논의 내용을 개관하는 선에서 성경적 종말론에 대한 논의를 대신하려고 한다.

---

245 Hoekema, *The Bible and the Future*, 75: "We conclude that our entire Christian life is to be lived in the light of the tension between what we already are in Christ and what we hope some day to be. We look back with gratitude to the finished work and decisive victory of Jesus Christ. And we look forward with eager anticipation to the Second Coming of Christ, when he shall usher in the final phase of his glorious kingdom, and shall bring to completion the good work he has begun in us."

II. 개인적 종말론

1. 육체적 죽음

2. 영혼만의 불멸인가?

3. 중간기 상태 또는 중간기 거처론

1. 육체적 죽음

1.1. 들어가는 말

개인 종말론(individual eschatology)은 말 그래도 개인의 인생의 끝인 육체적 죽음을 기점으로 해서, 영혼 불멸의 문제, 그리고 사후 중간 상태에 대하여 성경적 계시들을 고찰하고 체계화하는 것을 목표로 한다.[246] 개인 종말론을 정확히 이해하는 것은 사역자 본인에게도 중요하지만, 특히 목회 현장에서 결혼을 비롯하여 다른 예식 보다 훨씬 더 많이 접하고 참여하게 되는 장례와 관련이 있기도 하여서 개혁주의적인 개인 종말론을 잘 정립하는 것이 실천적으로도 중요한 일이기도 하다.

생노병사(生老病死) - 이는 타락의 질서 속에서 태어난 인생이라면 누구나 예외없이 경험하게 되는 삶의 주기(週期)를 요약적으로 말해주는 사자성어이다. 이 세상에 태어나 얼마나 건강하게 살고, 얼마나 수명을 누릴지는 각자 다를 수 있지만, 결국 인생은 끝을 맺어야 하는 순간이 오는 법이다. 은혜를 알지 못하는 인생들 입장에서는 생노병사가 마치 자연의 순리(順理)인 것처럼 여겨지고, 죽음에 대하여 물을 때에 "생도 알지 못하는데 어찌 죽음을 알겠는가?"라고 반문했던 공자의 입장이 될 수밖에 없을 것이다.[247] 그리고 죽음 이후의 삶이 존재하는가에 대해서도 설왕설래가 있을 뿐 정확한 답을 알 수가 없는 것이 자연인의 형편이다.[248] 그러나 성경은 우리들에게 죽음

---

246 "Under this heading(즉, individual eschatology) we shall be dealing with such topics as physical death, immortality, and the state of man between death and the resurrection."(Hoekema, *The Bible and the Future*, 77).
247 『논어』〈선진편〉- "未知生 焉知死."
248 고대로 부터 현대에 이르기까지 죽음에 대한 관점들은 Paul Williamson, *Death and the Afterlife*, 김귀탁 역, 『죽음과 내세 성경신학』 (서울: 부흥과개혁사, 2020), 19-54를 보라. 또한 예일대학의 셸리 케이건의 죽음에 대한 대중적인 강연을 통해 현대 철학적인 죽음관을 볼 수가 있다: Shelly Kagan,

에 대한 진실과 죽음 이후의 삶에 대해서 분명한 계시를 주고 있기 때문에, 신들은 죽음에 대해서 부정적으로만 생각하지 아니하고 소망을 말할 수가 있게 되는 것이다.

1.2. 세 종류의 죽음과 죽음의 원인

죽음이란 비신자들에게만 당혹스러운 실재인 것이 아니다. 개혁신학자 헤르만 바빙크는 1921년 죽음의 병상에서 "사는 것은 이상하고... 죽음은... 더욱 신비스럽다"고 고백한 적이 있다.[249]

1.2.1 삼중의 죽음

우선 우리가 생각할 것은 성경에서는 삼중적 죽음에 대해서 말하고 있다는 것이다. 즉, 영적 죽음(spiritual death), 육체적 죽음(physical death), 그리고 영원한 죽음(eternal death)이 그것이다.[250] 영적 죽음이란 범죄하여 생명의 근원이신 하나님에게서 분리되는 것을 가리키고, 육체적 죽음은 신불신간에 다 알고 있고 경험하게 되는 육체와 영혼의 분리이며,[251] 영원한 죽음은 둘째 사망(second death, 계 20:6)이라고 하기도 하는 바 최후 심판 후에 악인들이 들어가게 되는 영원한 형벌을 가리킨다. 이러한 간략한 설명에서 강조되는 바가 무엇인가 하면, 성경은 죽음을 단순히 멸절이나 소멸과 동일시하지 않고, 관계의 단절 혹은 분리를 의미한다는 것이다. 다시 한 번 육체적 죽음을 생각해 본다면, 죽음의 순간에 영혼이 몸을 떠나게 되고, 남은 몸은 살아있는 몸이 아니라 시체(corpse)가 되고 빠른 시간안에 장례를 통해서

Death, 박세연 역, 『DEATH 죽음이란 무엇인가』 (파주: 엘도라도, 2012).
249 물론 바빙크는 믿음의 확신 속에서 평온한 임종을 맞이하였다. 그의 죽음의 병상에서의 투병과 죽음에 이르기까지의 여정은 James Eglinton, *Bavinck A Critical Biography*, 박재은 역, 이상웅 감수, 『Bavinck 비평적 전기』 (군포: 다함, 2022), 601-609를 보라.
250 이에 대한 자세한 해설은 Loraine Boettner, *Immortality* (London: Pickering & Inglis, 1956), 16-20을 보라.
251 죽음과 관련된 여러 가지 현재적인 논의 주제들(죽음의 시점, 뇌사, 안락사, 존엄사 등)은 이승구, 『죽음 그리고 죽음 이후의 삶』 (서울: 말씀과언약, 2024), 9-68을 보라.

산 사람들의 세계에서 분리시키게 된다. 영육 통일체 혹은 전인으로 살던 인생인데, 육체적 죽음의 순간에 영혼과 육체가 분리되게 되는 것이다.[252]

1.2.2. 죽음의 원인

이제 우리는 죽음의 원인이 무엇인가를 생각해 보아야 한다. 앞서도 말한 대로 특별 계시를 알지 못하는 자연인들은 죽음을 생노병사의 주기에 속하는 일이며, 매우 자연스러운 일이라고 생각한다. 그러나 신학자들 가운데도 죽음을 자연스럽고 피조된 질서에 속한다고 생각하는 이들이 존재해 왔다. 초대 교회의 펠라기우스주의자들이나 근대의 소키누스주의자들(Socinians)은 다음과 같이 가르쳤다.

> 인간은 가사적(可死的)으로 창조되었다. 이는 인간이 죽음의 희생양이 될 수 있다는 의미에서뿐만 아니라 인간이 창조되었기 때문에 죽음의 법 아래 있었고 시간이 지나면서 죽을 수밖에 없게 된 것이다.[253]

현대 신학자들 가운데는 칼 바르트나 라인홀드 니버 등이 죽음이 창조 질서에 속함을 말하기도 했다.[254] 바르트는 『교회교의학』 III/2, § 47에서 "그의 시간 속에 인간"을 다루면서 죽음(Tod)에 대해서도 다룬다. 그는 한편으로는 죽음이 심판의 표지라는 점을 인정하면서도, 결론을 내릴 때에는 다음과 같이 말하기도 한다.

> 그런데 그리스도에 대한 희망으로부터 자연스러운 죽음으로의 해방이 있다는 것은, 인간의 죽음 자체가 창조자의 질서에 따라서 그의 피조물의 삶에 속하고 따라서 이것에 필연적이라는 사실에 근거한다. 아담

---

252 우리는 의식적으로 사망(死亡)이라는 단어를 피하고, 죽음이라는 한글을 사용할 것이다. 왜냐하면 사망이라고 했을 때에 문자적 의미는 죽어서 망한다는 의미를 가지고 있기 때문에, 기독교적 죽음관과 불일치하기 때문이다.
253 Berkhof, *Systematic Theology*, 669.
254 Hoekema, 『개혁주의 종말론』, 117.

적 인간은 살아있는 혼(ψυχὴ ζῶσα)으로 창조되었고(고전 15:45), 이와 더불어 그의 시간을 오직 이것만을 가지는 존재로 창조되었다. 인간 삶의 의미와 목표로서 하나님과 인간의 궁극적 공존은, 인간 삶 자체가 한정적이기를, 한계를 가지기를 요구한다. 이 삶의 한계에서 하나님의 결정은 그것에 유리하게 내려지며, 이 결정이 신약성서의 구원 메시지의 내용이다.[255]

한편 미국의 신학자 라인홀드 니버(Reinhold Niebuhr, 1892-1971)는 1939년 기포드 강좌에서 바울이 죽음을 죄의 결과라고 보는 점에 대해 거론하면서 "바울이 일관되게 육체적 죽음을 죄의 결과로 생각했다고 볼 수" 없다고 말하거나, 그가 "당시의 랍비 전통을 따라 죽음이 아담의 죄의 결과"라고 믿은 것이라고 논평했다.[256] 그는 인간은 본질적으로 "유한성에 연루되어 있으면서 동시에 그 유한성을 초월하는 존재라는 역설"이기 때문에, "죄로 인해 자연계 전체에 사망이 들어오게 되었다"는 전통적인 이론은 "자연과 유한성은 그 자체가 악이라고 생각하는 헬레니즘의 주장과 거의 동일"하다고 논박함을 통해 자신의 입장을 분명히 드러낸다.[257] 그리고 오늘날 복음주의권에서도 대세가 된 유신진화론 혹은 창조론적 진화론에 따르자면 역사적 아담이 부재하기 때문에 죽음을 들여온 첫 번째 타락과 원죄라는 것은 존재할 수가 없게 된다.[258]

---

255 Karl Barth, *KD* III/2, 오영석, 황정욱 역, 『교회교의학』, III/2: 745-746. 독일어 원문은 다음과 같다: "Daß es gerade und von der Hoffnung auf Christus her eine Befreiung zum natürlichen Sterben gibt, das beruht aber darauf, daß das Sterben des Menschen an sich und als solches nach der Ordnung des Schöpfers zum Leben seines Geschöpfs gehört und diesem also notwendig ist. Der adamitische Mensch ist zur ψυχὴ ζῶσα geschaffen (1. Kor. 15, 45) und damit zu einem Wesen, das seine Zeit und nur diese hat. Gerade das definitive Zusammensein des Menschen mit Gott als Sinn und Ziel des menschlichen Lebens erfordert es, daß es selber definit sei, eine Grenze habe. Auf dieser seiner Grenze fällt die göttliche Entscheidung zu seinen Gunsten, die der Inhalt der neutestamentlichen Heilsbotschaft ist."(*KD* III/2: 779).
256 Reinhold Niebuhr, *The Nature and Destiny of Man*, 2 vols. (London: Nisbet, 1943); 오희천 역, 『인간의 본성과 운명』, 전2권 (서울: 종문화사, 2013, 2015), 1:276-277.
257 Niebuhr, 『인간의 본성과 운명』, 1:278. 보다 자세한 독서를 원하면 6장 하나님의 형상과 피조물로서의 인간(1:247-280)을 보라
258 William T. Cavanaugh and James K. A. Smith (eds.), *Evolution and the Fall*, 이용중 역. 『인간의 타락과 진화』 (서울: 새물결플러스, 2019), 113-220에 기고된 유신 진화론자들인 제임스 K. 스미스, 리처드 미들턴, 조엘 B. 그린 등의 기고문을 보라.

하지만 성경 계시를 따라 성찰해 본다면 죽음은 창조 질서에 속한 것이 아니기 때문에 결코 자연스럽거나 정상적인 것이 아니다. 오히려 죄 때문에 죽음은 인생 가운데 들어온 침입자라는 사실을 알게 된다. 바울은 로마서 5장 12절 이하에서 "사람으로 말미암아 죄가 세상에 들어오고 죄로 말미암아 사망이 들어왔"으며, "아담으로부터 모세까지 아담의 범죄와 같은 죄를 짓지 아니한 자들까지도 사망이 왕노릇 하였"고, "한 사람의 범죄를 인하여 많은 사람이 죽었"다고 말해 준다(5:12-15).[259] 바울은 고린도전서 15장 21-22절에서도 동일한 내용을 말해준다.

> 사망이 한 사람으로 말미암았으니 죽은 자의 부활도 한 사람으로 말미암는도다. 아담 안에서 모든 사람이 죽은 것 같이 그리스도 안에서 모든 사람이 삶을 얻으리라.[260]

이러한 말씀에 근거하여 볼 때 죽음의 기원이 무엇이라고 성경은 말해주는가? 죽음은 자연의 순리가 아니라, 죄의 결과 혹은 죄에 대한 형벌로 세상 가운데 들어온 것이라고 정확하게 말해 주고 있다. 더욱이 그 죄는 개개인이 각자 짓는 자범죄(actual sins) 이전에, 한 사람 아담의 죄를 가리키고 있고, 아담의 첫 번째 죄와 그의 모든 후손들을 연관짓고 있는 것을 보게 된다.[261]

바울에 의하면 죽음은 죄의 결과요 형벌이라고 명시되는데, 바울만 그렇게 말하는 것이 아니다. 우리는 창세기 2장 16-17절에 기록된 바 하나님께서 아담과 처음으로 맺으신 언약(소위 행위 언약)의 말씀 속에서 이 연관성을 처음으로 보게 된다. 17절에 보면 "선악을 알게 하는 나무의 열매는 먹지

---

259 롬 5:12-15: "Διὰ τοῦτο ὥσπερ δι' ἑνὸς ἀνθρώπου ἡ ἁμαρτία εἰς τὸν κόσμον εἰσῆλθεν καὶ διὰ τῆς ἁμαρτίας ὁ θάνατος*, καὶ οὕτως εἰς πάντας ἀνθρώπους ᵒὁ θάνατος` διῆλθεν, ἐφ' ᾧ πάντες ἥμαρτον 13ἄχρι γὰρ νόμου ἁμαρτία ἦν ἐν κόσμῳ, ἁμαρτία δὲ οὐκ ἐλλογεῖται μὴ ὄντος νόμου*, 14 ἀλλ' ἐβασίλευσεν ὁ θάνατος ἀπὸ Ἀδὰμ μέχρι Μωϋσέως καὶ ἐπὶ τοὺς ᵒμὴ ἁμαρτήσαντας ⸂ἐπὶ τῷ ὁμοιώματι τῆς παραβάσεως Ἀδὰμ ὅς ἐστιν τύπος τοῦ μέλλοντος15 Ἀλλ᾽ οὐχ ὡς τὸ παράπτωμα, οὕτως ᵒκαὶ τὸ χάρισμα· εἰ γὰρ τῷ τοῦ ἑνὸς παραπτώματι οἱ πολλοὶ ἀπέθανον, πολλῷ μᾶλλον ἡ χάρις τοῦ θεοῦ καὶ ἡ δωρεὰ ἐν χάριτι τῇ τοῦ ἑνὸς ἀνθρώπου Ἰησοῦ Χριστοῦ εἰς τοὺς πολλοὺς ἐπερίσσευσεν."

260 고전 15:21-22: "21 ἐπειδὴ γὰρ δι' ἀνθρώπου θάνατος, καὶ δι' ἀνθρώπου ἀνάστασις νεκρ-ῶν. 22 ὥσπερ γὰρ ἐν τῷ Ἀδὰμ πάντες ἀποθνῄσκουσιν, οὕτως καὶ ἐν τῷ Χριστῷ πάντες ζῳοποιηθήσονται."

261 이는 개혁주의 죄론에서 말하는 죄의 전가(imputation of sin)에 관련된 내용이다(John V. Fesko, *Death in Adam, Life in Christ*, 박승민 역, 『삼중 전가 신학』 [서울: 부흥과개혁사, 2023]).

말라 네가 먹는 날에는 반드시 죽으리라"고 경고하셨다. 한글 번역은 "반드시 죽으리라"이지만, 히브리에서는 "죽고 또 죽으리라"(מוֹת תָּמוּת)고 강조형 형태로 되어 있다. 이러한 경고의 말씀에도 불구하고 하와의 그의 남편 아담이 선악과를 따먹게 되었을 때에 언약의 저주는 실행이 된 것이다. 우선은 하나님과의 관계가 단절되는 일이 발생했고, 930년이 지나 아담은 육체적 죽음도 경험하게 된 것이다.[262]

이러한 성경적 계시의 자료들에 근거하여 개혁신학자들은 죽음의 원인은 죄라고 명시적으로 말하곤 한다.[263] 신복윤 교수는 다음과 같이 적시해 준다.

> 성경에는 죽음이 생명의 자연적 현상이나, 이상에 미치지 못한 상태로 표현되지 않고, 이질적이며 적대적인 것으로 제시되었다. 이것은 하나님의 진노의 표현이요(시 90:7, 11), 심판이며 (롬 1:32), 정죄요 (롬 5:16), 저주이며(갈 3:13), 인간의 마음에 공포를 채워 주는 것이다.[264]

따라서 비신자들은 죽음을 두려워하며, 죽음이 주는 공포 때문에 죽기를 싫어하게 된다. 죽음의 순간에는 누구나 다 정직할 수밖에 없고, 다른 일을 할 수가 없게 된다.

1.3. 그리스도인의 죽음과 죽음을 대하는 자세

이러한 무서운 죽음이라는 실재를 그리스도인들은 두려워하지 않을 수가 있다. 왜냐하면 죄의 결과 혹은 형벌인 죽음의 권세를 그리스도께서 십자가의 죽으심과 부활하심을 통해 깨트려버리셨으며, 예수님의 부활이 곧 자신의 부활이라는 사실을 알기 때문이다. 따라서 신자는 육체

---

262 Boettner, *Immortality*, 16: "That the penalty threatened upon Adam was not primarily physical death is shown by the fact that he did not die physically for some 930 years after the fall. But he did die spiritually the very moment he fell. He died just as really as the fish dies when taken from the water, or as the plant dies when taken from the soil. He was immediately alienated from God, and was cast out of the garden of Eden."
263 박형룡,『교의신학 내세론』, 55-59.
264 신복윤,『종말론』, 117.

적 고통을 주는 질병은 두려워하고 피하고 싶어 할 수 있지만, 죽음은 두려워하지도 피하려고 하지 않을 수가 있게 된다. 그런데 한 가지 질문이 제기될 수 있는데, 이는 죽음의 원인이 해결되었는데도 불구하고 신자들이 왜 비신자들과 동일하게 육체적 죽음을 경험해야 하는가 하는 것이다.

1.3.1. 구원받은 신자들은 왜 육체적 죽음을 죽어야 하는가?

신자들은 그리스도의 구속 사역에 힘입어 죄 문제가 해결된 사람들이기에 "정죄함이 없"는 신분이 되었다(롬 8:1). 따라서 육체적 죽음을 겪는다고 해도 그것은 자신의 죄에 대한 형벌로써 당하는 것은 아니라는 사실을 분명하게 안다. 신자들이 죽음을 두려워하지 않을 수 있는 이유도 죽음은 독침이 빠진 말벌과 같은 실재가 되었기 때문이다.

신자에게 있어 죽음이 죄에 대한 형벌이 아니라면 그리스도인은 왜 죽어야 하는 것일까? 하이델베르크 교리문답 42문답에 보면 "그리스도께서 우리를 대신해서 죽으셨는데 우리 역시 죽어야 한다는 것은 어떻게 된 것입니까?"라는 질문에 대해 "우리의 죽음은 우리 죄를 위한 값을 지불하는 것이 아니라, 단지 죄를 죽이는 것(= 죄의 죽임)이요, 영생에 들어가는 것이다."라고 답을 제시해 주고 있다.[265] 이를 환언(換言)하면 신자는 죄값을 지불하기 위해 죽는 것이 아니고, 죄의 몸을 죽이는 것이자 영생으로 들어가는 관문을 통과하는 것이라는 말이다.

신자에게 있어 죽음은 이러한 의미라는 것은 성경에서 확인되어진다. 바울은 죽음을 두려워하기는커녕 "이는 내게 사는 것이 그리스도니 죽는 것도 유익함이라"(빌 1:21)고 고백하기도 했지만,[266] 유서라고 할 디모데후서 4장 6절 이하에서는 다음과 같이 개선가를 부르고 있기도 하다.

---

[265] 독일어 원문은 다음과 같다: "Frage 42. Warum müssen wir noch sterben, obwohl Christus für uns gestorben ist? Antwort – Unser Tod ist nicht eine Bezahlung für unsere Sünde, sondern nur ein Absterben der Sünden und Eingang zum ewigen Leben."
[266] 빌 1:21 – "Ἐμοὶ γὰρ τὸ ζῆν Χριστὸς καὶ τὸ ἀποθανεῖν κέρδος."

전제와 같이 내가 벌써 부어지고 나의 떠날 시각이 가까웠도다. 나는 선한 싸움을 싸우고 나의 달려갈 길을 마치고 믿음을 지켰으니 이제 후로는 나를 위하여 의의 면류관이 예비되었으므로 주 곧 의로우신 재판장이 그날에 내게 주실 것이며 내게만 아니라 주의 나타나심을 사모하는 모든 자에게도니라(6-8).

뿐만 아니라 성경은 신자 혹은 성도의 죽음을 저주나 형벌이 아니라 복이라고 말하는 구절들도 있다. 시편 116편 15절은 "그의 경건한 자들의 죽음은 여호와께서 보시기에 귀중한 것이로다"라고 말씀하고 있고, 요한계시록 14장 13절에서는 "또 내가 들으니 하늘에서 음성이 나서 이르되 기록하라 지금 이후로 주 안에서 죽는 자들은 복이 있도다 하시매 성령이 이르시되 그러하다 그들이 수고를 그치고 쉬리니 이는 그들의 행한 일이 따름이라"고 말씀하고 있다.[267]

1.3.2. 신자의 죽음의 의의

신자에게 죽음은 어떠한 의의를 가지는 것인가에 대해 신학적으로 성찰해 보기로 하자. 죽산 박형룡은 만 76세가 된 1973년에 『교의신학 내세론』을 출간했기에, 죽음에 대한 해설이 벌코프 보다 방대하고 매우 실존적으로 마음에 와닿는다.[268] 그는 신자들에게 있어 죽음은 형벌이 아니라 "훈련과 징계의 정점"이라고 해설해 준다. 죽산은 "칭의 받은 신도의 육체적 죽음은 그의 영혼을 성화하여 천국에 들어가게 하는 준비로 남아있는 것"이라고 적시해 주고 나서, 다음과 같이 상술해 준다.

그러나 우리는 확언하노니 그리스도께서 우리 받을 모든 형벌을 담당하셨으매 그 안에 칭의된 자들에게는 어떤 종류의 수난이든지 부친적

---

267 계 14:13 – "Καὶ ἤκουσα φωνῆς ἐκ τοῦ οὐρανοῦ λεγούσης γράψον· μακάριοι οἱ νεκροὶ οἱ ἐν κυρίῳ ἀποθνῄσκοντες ἀπ' ἄρτι. ναί, λέγει τὸ πνεῦμα, ἵνα ἀναπαήσονται ἐκ τῶν κόπων αὐτῶν, τὰ γὰρ ἔργα αὐτῶν ἀκολουθεῖ μετ' αὐτῶν."
268 박형룡, 『교의신학 내세론』, 51-78.

(父親的) 징계(懲戒)의 성질을 가진 것이요 결코 법정적(法定的) 보응(報應)의 성질을 가진 것이 아니다.[269]

박형룡 박사는 "영적 진보를 위한 징계는 신도의 육체적 죽음의 독특 유일한 의의"라고 강조하면서도, 몇 가지 뒤따르는 부수적인 죽음의 의의도 있다고 하면서 로레인 뵈트너(Loraine Boettner)의 책에 의지하여 부연(敷衍)해 준다. 뵈트너에 의하면 그리스도인의 죽음의 의미는 "각 생의 완성"이라는 의미를 가진다. 사람들 눈에 보기에는 이해가 되지 않지만, "하나님의 계획에 의해 보면 각 사람의 생은 장단(長短)을 물론하고 부과된 한도(限度)의 사역을 완료"하고 죽는 것이라고 한다.[270] 두 번째 의의는 "다른 경역(境域)에로 이전"이라고 죽산은 말한다. 신자들은 죽은 후에 "하늘의 영원한 집"으로 돌아가게 되기 때문이다.[271] 마지막 세 번째 의의로 제시된 것은 "운명의 고정(固定)"이라는 것으로, 죽음후에는 제2의 구원의 기회(the second chance post mortem)는 존재하지 않는다는 것이다.[272]

1.3.3. 죽음을 대하는 그리스도인의 태도

이처럼 육체적 죽음은 그리스도인에게 형벌이나 저주가 아니라 훈련의 정점이자 생의 완성이며 영광스러운 집으로 돌아가는 것이기에 신자들이 죽

---

269 박형룡,『교의신학 내세론』, 60-62. 블록 인용은 62쪽의 내용이다.
270 박형룡,『교의신학 내세론』, 63.
271 박형룡,『교의신학 내세론』, 64. 칼빈은 "죽음을 통하여 유배지로부터 아버지의 나라로 다시 부르심" 받는 것이라고 강하게 표현하기도 했다(Calvin, Institutio, 3.9.5).
272 박형룡,『교의신학 내세론』, 65-67. 따라서 죽은 자들을 위한 기도나 위령 미사(requiem) 같은 로마 교회의 의례들은 성경에 근거하여 거부된다. 불링거는 제2스위스 신앙고백 26장 2항에서 다음과 같이 적시해 주고 있다: "2. 또 한편, 우리는 죽은 사람에게 지나치게 그리고 불합리하게 배려하는 사람들을 인정하지 않는다. 즉, 이방인들처럼 죽은 자들을 위하여 통곡하는 자들이나(비록 우리는 사도가 살전 4:13에서 허용하는 대로 보통으로 슬퍼하는 것은, 인간적인 것이지 아주 애통하는 것은 아니라고 판단하여 나무라지 않으나), 죽은 자를 위하여 희생 제물을 바치며, 그러한 의식을 통하여 죽음에 삼킨 바가 된 사랑하는 사람들을 고통으로부터 구해 주기 위한 것이라면서 돈을 받고 특정한 기도문을 중얼거리며, 이런 주문을 통하여 죽은 자들을 구원할 수 있다고 생각하는 자들을 우리는 인정하지 않는다."(김영재 편,『기독교 신앙고백』, 592). 성공회 신학자인 톰 라이트는 자신의 전통에 따라 죽은 자를 위한 기도를 권장하는데, 다만 그 의미를 "하나님의 임재 앞에 그들을 품고 올려드리는 것이 가장 자연스럽고 적절한 일"이라는 의미에서 권장한다(Wright,『톰 라이트 죽음 이후를 말하다』, 115-117).

음을 어떻게 대해야 하는지는 자연스럽게 귀결될 것이다.

(1) 두려워하지 않고 오히려 죽음을 바란다.

무엇보다 신자는 더 이상 죽음을 두려움과 회피의 대상으로 여기지 않아야 한다. 사람의 그림자가 늘 붙어다니지만 거의 생각하지도 않는 것처럼, 죽음은 생과 병행하고 있는데도 불구하고 사람들은 죽음에 대해 생각하는 것이나 일상 대화에서 언급하는 것을 덕으로 생각하지 않는 경향이 있다. 심지어 교인들 가운데도 목회자가 설교를 통해 죽음에 대한 이야기를 하면 싫어하는 이들이 존재하기도 한다. 하지만 죽음에 대한 이러한 회피와 죽음을 두려워하는 것은 그리스도인의 정상적인 태도는 아니다. 오히려 우리는 죽음의 실체를 알기에 두려워하지 않는 것이 정상이다. 오히려 죽는 것을 더 선호하고 의욕(意欲)하는 것이 신자들에게 정상일 것이다. 물론 이것은 자살 충동과 같은 것은 아니다. 바울의 유명한 고백처럼 "내가 그 둘 (즉, 생과 사- 필자) 사이에 끼었으니 차라리 세상을 떠나서 그리스도와 함께 있는 것이 훨씬 더 좋은 일이라 그렇게 하고 싶"다는 고백이나(빌 1:23),[273] "우리가 담대하여 원하는 바는 차라리 몸을 떠나 주와 함께 있는 그것이라"(고후 5:8)[274]는 고백을 우리는 잘 알고 있다. 바울은 살기 싫어서 이렇게 말한 것이 아니다. 이 땅위에 더 산다면 주님의 일에 더욱 힘쓰고, 교회 공동체를 유익하게 할 것이지만(고후 5:9; 빌 1:24-26), 선택할 수가 있다면 "차라리 몸을 떠나 주와 함께 있는 그것"을 더 원한다고 말한 것이다. 우리는 바울의 이러한 갈망의 원인이 "그리스도와 함께 있음"(σὺν Χριστῷ εἶναι) 또는 "주와 함께 있음"(πρὸς τὸν κύρι-ον)에 있다는 점을 간과해서는 안될 것이다.[275]

바울처럼 존 오웬(John Owen, 1616-1683) 역시도 임종의 순간에 다음과 같이 동질적인 고백을 남겼다.

---

273 빌 1:23- "συνέχομαι δὲ ἐκ τῶν δύο, τὴν ἐπιθυμίαν ἔχων εἰς τὸ ἀναλῦσαι καὶ σὺν Χρισ-τῷ εἶναι, πολλῷ [γὰρ] μᾶλλον κρεῖσσον."
274 고후 5:8- "θαρροῦμεν δὲ καὶ εὐδοκοῦμεν μᾶλλον ἐκδημῆσαι ἐκ τοῦ σώματος καὶ ἐνδημ- ῆσαι πρὸς τὸν κύριον."
275 죽산의 해설은 박형룡, 『교의신학 내세론』, 67-70을 보라.

나는 내 영혼이 사랑한 그분께로 가려고 합니다. 아니, 내 모든 위로의 전부였던 영원한 사랑으로 나를 사랑한 그분께로 갑니다. . . 나는 폭풍 속에 있는 교회라는 배를 떠나갑니다 . 하지만 위대한 선장이 배 안에 있는 한, 불쌍한 노 젓는 사람을 잃는 것은 사소한 일일 것입니다. 살고, 기도하고, 희망하고, 인내심을 가지고 기다리고, 낙담하지 마십시오. 그분께서 결코 우리를 떠나지 않고, 버리지 않으실 것이라는 약속은 무너지지 않습니다.[276]

역사적으로 수 많은 예들을 더 열거할 수있지만, 나더러 레포르마치(Nadere Reformatie) 시기에 활동했던 빌헬무스 아 브라끌(Wilhelmus à Brakel, 1635-1711)의 예를 들고자 한다. 당시 평균 수명에 비추어 볼 때는 상당히 고령인 76세에 소천하면서도 아 브라끌의 정신은 맑았고, 그의 가슴 속에 그리스도에 대한 사랑도 감미롭고 변함없었다. 죽음의 병상(deathbed)에서 그는 스승 푸치우스가 그렇게 했듯이 "오, 예수님 나의 가장 달콤한이시여, 헐떡이며 갈망하는 영혼의 소망이시여"(*O Jesu mi dulcissime, Spes suspirantis aniamae*)라는 끌레르보의 베르나르두스(Bernardus of Clairvaux, 1090-1153)의 고백을 거듭 거듭 반복했다.[277] 그리고 죽기 한 시간 전에는 옆에 있는 사람에게 아 브라끌은 "나는 나의 예수님 안에서 안식할 겁니다. 나는 그분에게 연합되어 있고, 그분이 나에게 오시기를 기다리고 있습니다. 나는 잠잠히 나 자신을 그분께 내드립니다."고 고백하기도 했다.[278] 이처럼 임

---

276 "I am going to Him whom my soul has loved, or rather who has loved me with an everlasting love — which is the whole ground of all my consolation. . . I am leaving the ship of the church in a storm; but whilst the great Pilot is in it, the loss of a poor under-rower will be inconsiderable. Live, and pray, and hope, and wait patiently, and do not despond; the promise stands invincible, that He will never leave us, nor forsake us." (Andrew Thompson, "The Life of Dr. John Owen," in *The Works of John Owen*, 16 vols. ed. William H. Goold, rep. ed. [Edinburgh: Banner of Truth, 2000], 1: CIII).
277 de Reuver, *Sweet Communion*, 234.
278 Fieret, "빌헬무스 아 브라켈," in Wilhelmus à Brakel, *The Christian Reasonable Service*를 trans. Bartel Elshout (Orlando: Soli Deo Glorian Pub., 1992-1995), 1:80. 화란어 원문은 다음과 같다: "Heel wel; ik rust in mynen Jezus; ik ben met hem vereenigt; ik wagt maar dat hy kome; dog ik onderwerpe my met alle stilheid."(Los, *Wilhelmus à Brakel*, 100-101). 한편 그의 소천후에 다니엘 르 로이(Daniel Le Roy)와 아브라함 헬렌브룩(Abraham Hellenbroek)이 각기 장례식 설교를 했고,

종의 시간들에서도 잘 보여주듯이 아 브라끌의 신앙과 경건은 그리스도 중심적(Christ-centric)이었다는 것을 알 수가 있을 것이다.[279]

「웨스트민스터 대교리문답」 86문은 "무형교회의 회원들이 죽음 직후에 영광 중에 그리스도와 갖는 교제는 무엇입니까?"는 질문에 대하여 다음과 같이 답을 해준다.

> 무형교회의 회원들이 죽음 직후에 영광 중에 그리스도와 갖는 교제는 다음과 같습니다. 그들의 영혼이 그때에 완전히 거룩하게 되어, 가장 높은 하늘 안으로 받아들여집니다. 거기서 그들은 빛과 영광 중에 하나님의 얼굴을 보며, 자신들의 몸의 완전한 구속을 기다립니다. 그들의 몸은 죽음 가운데서도 그리스도와 계속적으로 연합되어 있으며, 마지막 날에 그들의 영혼과 다시 결합할 때까지 침상에 있는 것처럼 무덤 속에서 쉽니다. 그러나 악인의 영혼들은 죽을 때에 지옥에 던져지고, 거기서 고통과 깊은 흑암에 머물러 있게 됩니다. 그들의 몸은 부활과 심판의 큰 날까지 감옥에 갇힌 것처럼 무덤에 갇혀 있게 됩니다.

(2) 죽음을 위한 준비

두 번째로 그리스도인은 항상 죽음에 대한 준비를 해야 한다. 소크라테스는 인생을 "죽음을 위한 준비"라고 설파했다. 하지만 그와 그의 제자 플라톤에게 있어 죽음은 "육체의 무덤"에 갇혀있던 혼(*psyche*)이 자유롭게 되어 영혼 불멸로 돌아가는 의미에서 구원의 순간이라고 이해하고 있기에, 성경적인 죽음관은 아니다. 그리스도인은 소크라테스와 다른 의미에서 죽음을 항상 준비해야 하는 존재들이다. 세상 사람들도 알고 있듯이 이 세상에 태어나는 일에는 순서 혹은 연차(年差)가 존재하지만, 죽음의 때는 순서나 연차가 없기 때문에, 노년에 뿐 아니라 젊을 때에도 죽음을 생각하고 준비하는 것이

팸플릿으로 출간되어졌다.
279 빌헬무스 아 브라끌의 임종에 관련된 이 부분은 필자의 논문 "빌헬무스 아 브라컬의 생애와 『그리스도인의 합당한 예배』," 「갱신과부흥」 25 (2019): 285에서 가져온 것이다.

합당한 일이다.[280] 영아 사망률도 높고 젊은이들의 죽음의 빈도도 높았던 18세기 초반 조나단 에드워즈기 시무하던 노샘프턴 교회에서 영적 대각성이 일어나게 된 계기도 꽃다운 젊은이의 죽음이었다.[281] 나이와 상관없이 신자들은 죽음에 대한 준비를 해야 한다. 에드워즈는 멀리 떠나있던 젊은 딸에게 다음과 같은 편지를 보내기도 했다. 오늘 우리 젊은이들도 묵상해 볼만한 내용을 담고 있다.

> 나의 사랑하는 딸에게, 서로 교제할 수 없는 아주 먼 곳으로 떠나는 자식에게 부모로서 관심을 갖는 것을 당연히 생각할는지 모르겠구나. 그곳에서 네가 죽을 수도 있는 위험한 병을 얻을지도 모르고, 우리가 너의 위험을 듣기도 전에 네가 무덤에 있을 수도 있을 것이다. 그러나 내가 가장 관심을 갖는 것은 너의 영혼에 관한 것이란다. 비록 네가 우리와 멀리 떨어져 있을지라도 하나님은 어디에나 계신단다. 너는 우리의 도움이 미치지 못하는 먼 곳에 있지만 매순간 하나님의 손 안에 있단다. 우리는 너를 보는 것으로 만족하지 않고, 하나님께서 항상 너를 보고 계신다는 것으로 만족한단다. 그리고 네가 하나님의 인도하심에 늘 귀기울이고 하나님의 은혜 안에 거한다면, 너와 멀리 떨어져 있는 것은 문제가 되지 않는단다. 나는 네가 항상 우리와 함께 있으면서 하나님과 멀리 떨어져 사는 것보다는, 차라리 네가 수 백 마일 떨어져 있더라도 하나님의 성령에 의해 하나님께 가까이 가는 것을 원한단다.[282]

그런 점에서 신자들은 평상시에 죽음과 죽음이후 천상에서의 삶에 대해서 묵상하는 것이 필요하다. 칼빈은 신자의 삶에 대해 다룬 3권 6장-10장 중에 9장을 "미래의 삶에 대한 묵상"(*De meditatione futurae vitae*)에 할애

280　박형룡,『교의신학 내세론』, 70.
281　Jonathan Edwards, *Faithful Narrative*, 양낙흥 역,『부흥론』(서울: 부흥과개혁사, 2005), 157-161. 번역서는 물론 에드워즈의 부흥론과 관련된 세 편의 글을 담고 있다(『놀라운 회심 이야기』,『성령의 역사 분별 방법』,『균형잡힌 부흥론』).
282　Jonathan Edwards, *Letters and Pesonal Writings*, WJE 16 (New Haven: Yale University Press, 1998), 288-290; 이상웅,『오직 깨어서 정신을 차릴지라: 데살로니가전후서 강해』(서울: 세움북스, 2024), 62-63에서 재인용.

했다.[283] 청교도 리처드 백스터(Richard Baxter, 1615-1691)는 어린 시절부터 건강이 좋지 못해서 죽음이 늘 가까이 있음을 느꼈고 신앙적인 묵상을 하는 습관을 길렀다. 그는 성도들에게도 죽음과 죽음 이후의 삶에 대해서 매일 묵상할 것을 권하는 『병과 죽음에 대한 논의』[284]라는 글과 『성도의 영원한 안식』을 출간하기도 했다.[285]

특히 노년에는 죽음과 죽음 이후의 삶에 대해서 자주 묵상하면서, 소망에 불을 지펴야 마땅하다. 먼 타향에 가있다가 고향으로 다시 돌아올 무렵이 되면 더욱 더 집중적으로 집을 생각하는 것과 같은 이치일 것이다. 76세에 종말론을 간행한 노년의 박형룡 박사 역시도 이 점을 잘 인식하고 있었기에 "이 속세의 괴로움을 벗어나기 전, 우리 잠시 쉬는 것은 지당하리라. 그러므로 노년기의 정적중(靜寂中)에서, 지상 걸은 길을 묵상하리라."고 고백하기도 했다.[286] 뿐만 아니라 나이와 상관없이 중병에 걸린 신자의 경우에도 죽음과 죽음 이후의 삶을 예비하도록 돕는 사역이 중요할 것이다.[287]

또 한가지 중요한 죽음에 대한 준비 방식은 목회자가 공적인 설교들을 통해서 성도들이 죽음을 늘 의식하고, 죽음 이후 천상에서의 삶을 생각하도록 돕는 것이다. 설교자는 이런 주제에 대해서 언급하거나 설교하는 것을 주저해서는 안될 것이다. 개혁교회 설교 원칙은 1521년 취리히 교회에서 시작된 연속 강해(lectio continua)인데, 죽음에 대한 구절들을 설교할 기회가 온다면 마땅히 죽음을 말해야 할 것이다. 다만 공포를 조장하기 위해서가 아니라 담대하게 죽음을 맞이할 수있도록 죽음의 실체와 의의를 잘 해명해 주는 것이 필요할 것이다. 19세기 런던의 설교자였던 찰스 스펄전(Charles Spurgen, 1834-1892) 목사는 1874년 12월 27일 주일 설교를 마치면서 다음과 같

---

283 Calvin, *Institutio*, 3.9.1-6; 『기독교 강요』, 3:313-325.
284 Herman Selderhuis, 이승구 역, 『우리는 항상 죽음을 향해 가고 있다』(수원: 합신대학원출판부, 2019), 59-79를 보라. 이 소책자는 셀더르하위스 교수가 합신에서 강연한 원고 세 편을 번역한 것이기 때문에, 서양어 원서가 존재하지 않는다.
285 Richard Baxter, *The Saint's Everlasting Rest*, 김기찬 역, 『성도의 영원한 안식』 (고양: CH, 2019).
286 박형룡, 『교의신학 내세론』, 71.
287 김동건 교수는 선친 김치영 목사(1925-2000)가 죽기전 4개월 동안 암투병하던 기간에 죽음을 어떻게 묵상하고 준비하게 했는지를 담은 『빛, 색깔, 공기』(서울: 대한기독교서회, 2013)를 출간했는데, 목회자들이나 호스피스 사역자들은 물론이거니와 신자들이 한번 정독해 볼 필요가 있다고 생각한다.

이 교인들에게 말한 적이 있다(당시 그의 나이 40세).

> 얼마 후면 거리마다 사람들이 넘쳐날 것입니다. 누군가 묻는 소리가 들리는 듯합니다. "이 모든 사람들이 무엇을 기다리고 있나요?" "당신은 아세요? 오늘이 그분 장례식이래요." "그분이 누군데요?" "스펄전이요." "뭐라고요! 타버나클에서 설교하시는 그분 말인가요?" "예, 오늘이 그분 장례식이래요." 이제 곧 그렇게 될 것입니다. 제 관이 조용히 묻힐 때, 여러분 모두가 회심했든 하지 않았든 간에 이렇게 말하면 좋겠습니다. "저분은 정말 열심히, 쉽고 단순한 말로 영원한 것들을 생각하기를 미루지 말라고 촉구하셨어. 저분은 그리스도를 바라보라고 우리에게 애원하셨지. 이제 저분이 가셨으니, 우리가 멸망하더라도 우리의 피가 저분에게 돌아가지는 않을 거야."[288]

그리고 20년후 스펄전이 58세의 나이로 소천하였을 때에, 스코틀랜드 침례교회 목사요 유명한 강해설교자였던 알렉산더 매클라렌(Alexander Maclaren, 1826-1910)은 장례 예배 설교중에 다음과 같이 말했다.

> 저기 관에 누워 계신 분을 보면서 저 자신에게 말합니다. 저분이 우리에게 외치시는 바는, 무수한 동료들에게 다가가고 그들을 붙잡아 주고 그들에게 복이 되려면, 기독교 신앙의 큰 진리 곧 예수 그리스도를 통한 구원, 성육신하신 하나님의 어린양, 성령을 통해 주시는 생명, 그리스도를 믿는 믿음, 하나 되게 하는 끈을 굳게 붙잡아야 한다는 것이라고 말입니다.[289]

---

288 Arnold Dallimore, *Spurgeon: A New Biography*, 전의우 역, 『찰스 스펄전』 (서울: 복있는사람, 2020), 380.
289 Dallimore, 『찰스 스펄전』, 386. 스펄전의 그리스도 중심적인 메시지는 매우 유명하여, "그리스께로 가는 비 라인"(bee-line to Christ)라는 표현이 생기기도 했다. 내용상 틀리지 않으나, 이 표현은 스펄전 저술에서 나온 것은 아니다(https://www.walkingwithgiants.net/jesus-christ/spurgeon-a-bee-line-to-christ/. 2025.1.20. 접속). 스펄전은 천국에 가서도 "어느 길모퉁이에 서서 천사들에게 예수님과 그분의 사랑에 얽힌 오래되고 오래된 이야기를 선포하겠다"라고 말하곤 했다(Dallimore, 『찰스 스펄전』, 396).

(3) 소망 없는 이 같이 슬퍼하지 말라.

죽산 박형룡은 사랑하는 가족이나 지인의 죽음과 장례식을 치를 때에 신자들이 가져야 할 마땅한 마음자세로 "소망없는 이같이 슬퍼하지 말라"고 권면한다. 구체적으로는 우선 잘 믿고 하늘로 부름 받은 고인은 이미 천상에서 주와 함께 복을 누리고 있다고 하는 사실을 기억해야 한다는 것이다.[290] 사실 사랑하는 가족이나 지인과 사별하게 되면 남은 자의 가슴은 상실감과 평소에 잘못했던 것들에 대한 후회로 슬픔을 경험하기 마련이다. 하지만 그 때에도 정신을 수습하고 지금 나는 왜 슬퍼하고 있는가라고 생각해 본다면, 믿고 간 고인이 고통중에 들어갔기 때문이 아니라 남은 자의 슬픔이라는 것을 깨닫게 될 것이다. 장례식을 집례하는 설교자는 예배 설교와 권면을 통해 이 점을 분명하게 인식시켜 주어야 한다. "고인은 예수님을 믿다가 천당에 가서 수고를 그치고 주님의 품에서 쉬고 있다"라고, 그러니 지나치게 슬퍼하지 말고 위로를 받으라고 말이다.

종교개혁자 칼빈 역시도 많은 사별을 겪었는데, 특히 부인 이들레트와 태어나서 얼마뒤 죽은 아이 등과도 사별하기도 했다. 『기독교 강요』 3권 9장 5절에서는 "죽음과 최후의 부활의 날을 즐겁게 기다리지 않는 사람은 그 누구도 그리스도의 학교에서 진보를 이룬 적이 없었다"라고 확신을 가지고 말하는 칼빈이지만,[291] 그는 가까운 가족의 사별이나 동료들의 사별을 맞이하여 냉담하고 초연했던 사람이었던 것은 아니다.[292] 칼빈은 "우리가 깊이 사랑하던 사람을 기리며 애곡하는 것은 매우 자연스러운 것이기 때문"이라고 적시하기도 했고, 그러나 또한 "신실한 사람들은 자신의 슬픈 감정을 존중해야 하지만 지나치지 않도록 해야 한다"라고 슬픔의 절제(*moderatio*)를 말하기도 했다.[293]

---

290 박형룡, 『교의신학 내세론』, 72.
291 Calvin, *Institutio*, 3,9,5; 『기독교 강요』, 3:323. 원문은 다음과 같다: "*neminem bene in Christi schola profecisse, nisi qui et mortis et ultimae resurrectionis diem cum gaudio exspectet.*"
292 Selderhuis, 『우리는 항상 죽음을 향해 가고 있다』, 29-39에 선별된 예들을 보라.
293 Selderhuis, 『우리는 항상 죽음을 향해 가고 있다』, 26. 두 인용문은 칼빈의 사무엘하서 강해와 마태복음 주석에서 온 것들이다(85).

그리고 또한 장례는 남은 자의 마지막 예의요, 도리일 뿐 고인에게 아무런 영향을 미치지 않기 때문에, 기독교 예식을 따라 장례를 하되 사치하지 않도록 해야 한다. 죽산 박형룡은 이 점에 대해서도 적실한 권면을 우리에게 남겼다.

> 끝으로 신도는 장례에 화사(華奢)를 피하고 검소(儉素)를 위주하여 유족이 경제적 곤궁(經濟的困窮)에 빠지지 않도록 주의할 것이다. 일반적으로 장례의 화사는 가정의 소유한 신앙 정도에 반비례로 행하여 진다. 진정한 그리스도 신도들은 장례를 인생의 최후사(最後事)로 여기는 세속 사람들과 경쟁하지 않고 죽음과 내생에 관한 성경 진리를 충분히 인식하여 고인의 시체에 적당한 존중을 표시하는 동시에 내생의 실재성에 주의를 집중하기를 추구할 것이다.[294]

또한 장례식을 치루면서 얻게 되는 유익은 그리스도인의 신앙과 소망을 불신 가족들이나 조문객들에게 증거할 기회가 된다는 것이다. 죽산은 다음과 같이 해설해 준다.

> 모든 사람의 심정이 깊은 감수성(感受性)을 가지는 이때야 말로 그리스도의 구원하는 능력, 영혼의 영생, 말세의 상벌의 진리들을 실천적으로 또는 가장 유력히 증거할 기회인 것이다.[295]

이는 잘 믿는 유족들의 태도와 말들에서도 증거가 이루어져야겠지만, 신불신간 참여하는 장례 예배 시간중 소망을 노래하는 찬양과 설교들을 통해서

---

[294] 박형룡, 『교의신학 내세론』, 78. 인용된 죽산의 제시는 Boettner, *Immortality*, 55를 거의 번역한 내용이다: "It need only to be said further that in regard to funerals Christians should avoid the ostentatious show so often seen in modern funerals, and should spend only a modest amount that will in nowise impoverish those who remain behind. It is rather noticeable that as a general rule people tend to have elaborate funerals in inverse proportion to the amount of true religion that they have. True Christians will not attempt to emulate the world, which sees in the funeral service only the end of an earthly life, but in full recognition of the Biblical truths concerning death and the future life will seek to give proper respect to the bodies of their loved ones and at the same time to center the attention of those present on the reality of the future life."

[295] 박형룡, 『교의신학 내세론』, 73.

이루어질 수 있는 복음 사역이다. 필자도 담임목회 기간 동안 결혼식 보다 장례식을 몇 배나 더 많이 집례한 기억이 있는데, 대부분의 장례식에는 가족들과 지인들 중에 신자와 불신자가 섞여 있었다. 그런 유족들과 조문객들 앞에서 장례 설교들을 하면서 누구나 한 번 죽는다는 사실, 신자에게 있는 죽음 이후의 천상에서의 복된 삶, 누구든지 그리스도를 믿으면 이 복에 동참한다는 초대 등의 복음전도적인 메시지(the evangelistic messages)를 전하곤 했었다. 목회자들 중에는 이렇게 장례식을 잘 집례한 후에, 불신 가족들이 교회에 출석하게 되는 일이 있다고 고백하는 이들이 적지 않다.

그리고 신자들은 죽음을 두려워하거나 공포에 사로잡혀서는 안된다. 또는 죽으면 그만인데 살아서 무엇하는가, 혹은 저 사람이 없이 나혼자 어떻게 살 것인가 하면서 절망해서는 안될 것이다. 신자들은 "모든 것이 합력하여 선이 되게 하시는 하나님"(롬 8:28)을 바라보면서, 하나님을 의지해야 한다. 부모들이 자식을 위해 생을 바쳐 헌신하지만, 하나님께서 그들의 헌신을 통하여 자녀들을 공궤(供饋)하고 양육하게 하신 것이니, 부모님과 사별하더라도 하나님이 남은 신자의 인생을 책임지시고 길을 인도하신다고 하는 신앙을 가져야 할 것이다.[296]

한국적인 상황에서는 도입이 어렵겠지만 우리는 장례식을 천국 행진으로 이해하고 즐거워했던 미국 흑인들의 장례식 장면을 생각해 볼 필요가 있다고 본다. 국내에도 유행가처럼 널리 알려져있는 "성도들이 행진할 때에"(When the Saints Go Marching in)은 흑인 장례식 때에 흥겹게 불리우던 행진곡이었다. 가사를 잘 음미해 보면, 흑인들의 죽음과 죽음 이후의 삶에 대한 신앙적 이해가 선명하게 와닿을 것이다.[297]

---

[296] "죽음을 두려워 하지 말라," "하나님의 뜻에 복종하며 그에게 의지하라," "새 활동을 개시하라," "신적 섭리의 관점에서 고찰하라" 등의 항목에 대해서는 박형룡, 『교의신학 내세론』, 74-75를 보라.
[297] 이 곡은 다양한 버전이 존재한다. 곡에 관해서는 https://en.wikipedia.org/wiki/When_the_Saints_Go_Marching_In (2025.1.4. 접속)을 보라.

I'm just a weary pilgrim,	나는 그저 지친 순례자일 뿐,
Plodding thru this world of sin;	죄악의 세상을 힘겹게 헤쳐나가며
Getting ready for that city	그 도시를 준비하는
When the saints go marching in.	성도들이 행진할 때에
When the saints go marching in,	성도들이 행진할 때에
When the saints go marching in;	성도들이 행진할 때에;
Lord I want to be in that number	주님, 저도 그 무리에 속하고 싶습니다
When the saints go marching in.	성도들이 행진할 때에

한국 그리스도인들 가운데도 죽음을 비장하고 애도의 자리가 아니라 천국에 들어가는 시간으로 이해할 뿐 아니라 남은 유족들과 지인들이 슬픔에 잠기지 않고 하나님 나라를 위해서 힘써 일하도록 독려하는 내용들을 담은 장례식을 직접 정해 주었던 김치영 목사(1925-2000) 같은 분도 있다.[298]

1.4. 장례 방식

죽음에 대한 우리의 고찰의 마지막 주제는 장례 방식에 대한 것이다. 미국에서는 여전히 매장(埋葬) 문화가 대세인 것처럼 보이지만, 한국에서는 화장(火葬) 문화가 대세가 되어가고 있는 형편이다. 20세기 후반 들어서 화장이나 수목장 등이 더욱 비율이 높아져 가고 있고,[299] 신자들 역시도 화장이나 수목장을 당연시하는 경향이 커지고 있다. 하지만 우리가 성경의 사례들을 고찰하게 되면, 일반적으로 매장이 정상적인 장례 방식이었다는 것을 알

---

298 김동건, 『빛, 색깔, 공기』, 155-163, 194-196. 필자가 김치영 목사에 대해 처음 들은 것은 1980년대 후반 대구동부교회 김덕신 목사(1929-2009)의 언급을 통해서이다. 1950년 초반 책이 희귀하던 시절 전도사로 사역중이던 비산동교회 김치영 목사에게 매일 저녁 마다 『기독교강요』 일역본을 빌려서 읽고 아침에 돌려주는 형식으로 한동안 빌려서 읽었다고 하는 이야기가 늘 인상깊게 남아있다.
299 2022년 기사에 의하면 화장이 차지하는 비율은 60%가 넘어섰고, 특히 코로나 바이러스가 성행하던 2021년에는 90%를 차지했다고 한다(https://m.dnews.co.kr/m_home/view.jsp?idxno=2022 08231325334630021. 2024.12.8. 접속).

수가 있다. 구약의 족장들, 다윗을 비롯한 왕들, 일반 백성들 거의 대다수가 매장으로 장례되었음을 알 수가 있다.[300] 다만 성경에서 화장 사례가 소수 언급되는데, 대부분 정상적이지 않은 경우들이거나 재앙의 의미였다는 점을 간과해서는 안 될 것이다.[301]

그리고 화장 문화는 성경적 기원을 가졌거나 하나님의 계시에 의한 정상적인 장례 방식이었다기 보다는 오히려 그 기원은 고대 인도, 로마, 그리스도 등의 장례 풍습에서 온 것이다. 불교가 전래된 곳에서는 한국도 일본도 화장 문화도 도입된다. 그러나 기독교적 문화가 지배적인 서양에서는 여전히 매장 문화가 일반적인 것을 확인하게 된다. 신앙고백서 가운데는 불링거가 작성한 제2스위스 신앙고백 26장에서 매장과 장례에 관련해서 자세한 설명을 해주는 것을 보게 된다.

> 1. 신자의 몸은 성령께서 거하시는 성전이어서 우리가 믿기로는 마지막 날에 다시 살아날 것이므로, 성경은 신자의 몸을 예의를 갖추어 미신 없이 땅에 맡겨야 하며, 주 안에서 잠든 성도들에 관하여 명예롭게 말해야 하며, 과부와 고아가 된 남은 유족들에게 가족과 같은 경건한 의무를 보여야 한다고 명한다. 그러므로 우리는 시신을 소홀히 하고 조심성 없게 경멸하듯이 땅 속에 던져 버리며, 가신 이에게 한마디 좋은 말도 하지 않고 유족들을 조금도 돌보지 않는 견유학파들을 아주 못마땅하게 여긴다.[302]

죽산 박형룡은 동일한 몸의 부활을 근거로 매장의 정당성을 주장했고,[303] 그의 제자 신복윤 교수의 경우에는 매장의 방법에 대한 자세한 논의를 진행한 후에[304] "성경은 매장의 방법을 계명으로 규정하지 않았으나, 매장에 대

---

300 박형룡, 『교의신학 내세론』, 76.
301 화장에 사용되는 것은 당연히 불인데, 로레인 뵈트너는 성경에서 불의 의미하는 바가 다음과 같다고 적시해 준다: "In the Bible fire is the type or symbol of destruction, complete and without remedy, the condemnation due for sin."(Boettner, *Immortality*, 51). 매장 또는 화장(Burial or Cremation?)에 대한 뵈트너의 전체 논의는 *Immortality*, 50-55를 보라.
302 김영재 편, 『기독교 신앙고백』, 591-592.
303 박형룡, 『교의신학 내세론』, 77-78.
304 신복윤, 『종말론』, 129-140.

한 규범적 의미를 부여하고 있는 것만은 틀림없다"고 강경한 어조로 말하였다.[305] 우리는 또한 기독교 윤리학자인 이상원 교수의 장례 방식에 대한 윤리학적 논의를 참고할 필요가 있다.[306] 그는 다양한 윤리적인 주제들을 논의함에 있어서 단순히 신학적인 논의에만 의존하는 것이 아니라 의료 윤리적인 측면이나 법률관련 자료들을 토대로 현실을 분석하고, 이에 대해 신학적이고 윤리적인 답변을 제시하곤 한다. 이 점은 장례 문화에 대한 논의들에서도 동일하게 적용되어진다. 이 교수는 장묘 방식이 "교리적인 차원의 문제"는 아니나 매장이 성경적임을 분명히 밝히면서도 현재 국토잠식이라는 현실적인 문제 때문에 화장을 개인적으로 허용할 수 있다고 하는 점을 밝힌다.[307] 그리고 불가피하게 화장을 하더라도 "남은 유골이라도 신중하게 처리하는 것이 바람직하므로" 납골처리하는 것이 낫다고 말한다.[308] 최근 등장한 자연장(수목장)과 빙장에 관해서도 자세히 검토한 후에 전면 거부하지는 않으나 "장법의 절차와 과정이 사후의 소망을 상징적으로 표현하기에 적합한가의 여부와 유가족들의 정서적 위로를 전하기에 적합한가"라는 관점에서 검토되어야 함을 제언한다.[309] 장묘방식에 대한 이 교수의 다양한 논의들은 성경적인 장례법은 무조건 매장만 가능하다고 주장해 온 선대 학자들의 입장 보다는 유연성을 가진 입장이라고 평가할 수가 있다.

1.5. "주 안에서 죽는 자의 복"

이제 우리는 죽음에 대한 논의를 마쳐야 하는 시점에 이르렀다. 사실 이 주제 하나만으로도 방대한 분량의 논의를 할 수가 있을 것이지만, 제한된 지면안에서 기본적인 내용들만 추슬러 보았다. 이러한 내용들은 보다 더 넓고

---

305 신복윤, 『종말론』, 139.
306 이 문단의 내용은 필자의 논문인 "기독교 윤리학자 이상원교수의 종말론," 「신학지남」 87/4 (2020): 109에서 그대로 옮겨 적은 것임을 밝힌다.
307 이상원. "장묘 방식에 관한 기독교윤리학적 성찰," 「성경과 신학」 26 (1999): 268-270.
308 이상원, "납골당은 정당한가?" 「신학지남」 71/2 (2004): 206-210.
309 이상원, "자연장(수목장) 및 빙장에 대하여," 「신학지남」 76/3 (2009): 159-160. 또한 이상원, 『개혁주의 관점에서 본 기독교 장례문화』(서울: 대서, 2016)를 보라.

깊은 성찰에의 도약대 역할을 할 수있을 것이다. 또한 사역자들이나 신자들이 직면하게 되는 죽음이라는 실재를 어떻게 대하거나 맞아야 할지에 대한 도움도 될 것이라고 생각한다. 특히 사역자의 경우 나이와 관계없이 장례식에 많이 참여하거나 장례 예배를 집례해야 하기 때문에 성경적인 죽음관이 잘 정립되어야 할 것이다. 이제 마무리하는 지점에서 필자가 장례 예배시 전하곤 했던 메시지들 중 한 편을 같이 보도록 하겠다.[310]

주 안에서 죽는 자의 복

또 내가 들으니 하늘에서 음성이 나서 이르되 기록하라 지금 이후로 주 안에서 죽는 자들은 복이 있도다 하시매 성령이 이르시되 그러하다 그들이 수고를 그치고 쉬리니 이는 그들의 행한 일이 따름이라 하시더라(계 14:13)

알렉산더 대왕의 아버지 필립 2세에게는 아침마다 이렇게 말해주는 역할을 맡은 신하가 있었다고 합니다. "왕이시여! 언젠가는 죽어야 한다는 사실을 잊지 마소서." 라틴어 경구로 메멘토 모리(memento mori!) 죽음을 기억하라입니다. 신문 기사를 보니까 1996년 일본 게이오 고등학교에서 시작된 죽음 교육에 대한 이야기가 있습니다. 한 교사가 학생들에게 죽음 교육을 시작하자 처음에는 학부모들이 거세게 항의했습니다. 장래가 구만리 같은 아이들에게 벌써 죽을 준비를 시키다니 무슨 해괴한 행동이냐는 이유 때문입니다. 그러나 그 교사는 죽음을 알아야 삶을 제대로 이해하고 의미있게 살 수 있다는 소신을 펼치며 맞섰고, 그 수업은 학생들 사이에 의외로 관심을 끌면서 꼭 들어볼 만한 과목으로 자리잡았다고 하는 것입니다. 죽음학의 개척자인 스위스 정신과 의사 엘리자베스 퀴블러 로스는 『죽음과 임종에 대하여』라는 책에서 죽음을 앞둔 사람의 정신 상태를 분석한 5단계의 '퀴블러 로스 모델'을 제시했습니다. 죽음을 받아들이지 않는 부인(Denial),

---

310 본 설교는 이상웅, 『개혁주의 종말론에 기초한 요한계시록 강해』, 449-460에 수록되어 있는 설교문임을 밝힌다.

"왜 하필 나야"하고 원망하는 분노(Anger), 죽음을 지연시키는 방법을 모색하는 거래(Bargaining), 극도의 절망 상태인 우울(Depression), 마침내 죽음을 인정하고 받아들이는 수용(Acceptance)의 단계를 거친다는 것입니다. 우리 나라 사람들은 삶에 대한 집착과 죽음에 대한 거부감이 유달리 강해 별 준비없이 죽음을 맞는 경우가 많다고 합니다. 말기 암 환자만 해도 서양에선 임종 전에 삶을 정리하고 담담하게 죽음을 맞는 게 보통이지만, 우리 나라 사람들은 끝까지 항암제에 매달리다 혼수상태로 떠나는 예가 적지않다는 것입니다. 프랑스의 계몽주의 사상가 몽테뉴는 말하기를 "우리는 죽음에 대한 걱정으로 삶을 엉망으로 만들고, 삶에 대한 근심으로 죽음을 망쳐버린다"고 했습니다.[311] 무신론자였던 볼테르는 죽음에 대해서 별 준비를 못했습니다. 그는 임종할 때에 의사에게 "나는 하나님과 사람에게 버림을 받았습니다. 당신이 내게 6개월만 생명을 연장시켜 준다면 나에게 가치 있는 모든 것의 반을 드리겠오. 난 두려운 지옥으로 가게 되오. 당신도 가게 될지 모르오. 오! 그리스도여!"라고 절규했습니다. 평소에 하나님이 없다고 조롱했던 그였고, 백년 내에 기독교는 없어질 것이며 성경책도 없어질 것이라고 장담했지만 그가 죽은 후에 그의 집은 성경 보급과 관련된 장소가 되고 말았습니다. 그리고 역시 근대 사상가였던 토마스 홉스는 "내가 이 세상을 다 가지고 있다면 그것을 하루치의 생명과 바꿀 수 있겠다. 하루 만 이라도 더 살고 싶다. 내 앞에 다가오는 저 세상을 조금이라도 들여다 볼 수 있는 구멍이라도 있으면 좋겠다. 껑충 어둠 속으로 뛰어 들어 가는 것 같다"라고 고백했습니다.

인류 4대 성현이라고 하는 공자 역시도 죽음에 대해서 묻는 제자에게 자신은 생도 아직 모르는데 어찌 죽음에 대해서 알겠느냐고 하면서 정직하게 대답을 했습니다(未知生, 焉知死). 그리고 이 세상 사람들은 사람이 죽으면 사망(死亡)이라는 표현을 씁니다. 죽어서 망했다는 것입니다. 한스 웨버라고 하는 서양 사람은 죽음에 대해서 마치 높은 곳에 사다리를 대고 한 사람이 올라가서는 높은 곳에 무엇이 있는지를 알려주지 아니하고 사다리를 위로

---

311 이상의 내용은 「한국경제신문」 2010년 04월 21일(수) 이정환 논설위원의 글에서 요약적으로 취하여 소개한 것이다.

올리고는 사라져 버리는 것과 같다라고 말했습니다. 이처럼 세상 사람들의 입에서는 죽음 이후의 삶에 대한 분명한 확신을 찾아보기 어렵고 죽음을 당당하게 맞이하는 자세를 찾아보기가 어렵습니다. 반면에 우리가 읽은 본문에는 복된 죽음을 말하고 있습니다. 누구의 죽음이 복된 죽음인지, 왜 복되다라고 하는지를 살펴 보도록 하겠습니다.

복이 있도다. 그러하다.

13절 말씀을 다시 한 번 같이 읽어보시겠습니다. "또 내가 들으니 하늘에서 음성이 나서 이르되 기록하라. 지금 이후로 주 안에서 죽는 자들은 복이 있도다 하시매 성령이 이르시되 그러하다. 그들이 수고를 그치고 쉬리니 이는 그들의 행한 일이 따름이라 하시더라." 우선 우리가 주목해야 할 것은 이 구절에 담긴 말씀을 누가 하고 있는가 하는 것입니다. 일단 사도 요한은 말하기를 "또 내가 들으니 하늘에서 음성이 나서 이르되"라고 했는데, 이는 하나님의 음성입니다. 요한은 하나님께서 하시는 말씀을 들었습니다. 따라서 신적인 권위를 지닌 말씀입니다. 주 안에서 죽는 자들이 복이 있도다라고 말입니다. 그런데 그런 말씀이 하늘에서부터 들려오는데 성령께서 그러하다라고 응답을 하시더라고 했습니다. 그러하다는 영어로 치면 yes라는 말입니다. 헬라어로 나이(nai)라고 하는데, 이는 히브리어로 하면 우리가 잘 알고 있는 단어인 아멘이라는 단어입니다. 그러니까 성령께서 그러하다라고 대답하는 것은 하늘에서 들려온 음성에 대해서 아멘, 그렇습니다. 진리입니다라고 동의를 하는 것과 같습니다.

정리를 해 보면 오늘 사도 요한에게 들려진 말씀은 하늘에서 직접 들려왔을 뿐 아니라 성령께서 그렇다고 보증을 하셨다는데서 그 내용의 확실성이 더더욱 강조되고 있습니다. 그리고 하나님께서는 너무나 중요하기 때문에 사도에게 기록을 해라고 명령을 하시었습니다. "주 안에서 죽는 자들은 복이 있다"라고 하는 말씀은 이만큼 확실한 하나님의 말씀입니다. 더욱이 성령은 왜 주 안에서 죽는 자들이 복이 있는지에 대해서 이유를 설명해 주시기도 하셨습니다. 하나님께서는 환난과 박해 상황 가운데 있던 초대 교회 성도들에게 이 말씀으로 큰 위로를 삼을 것을 말씀하고 있습니다. 사실 오늘날도 성도들이 죽고 나면 유족들에게 대체로 이 구절을 가지고 꼭 한 번은 위로의 말씀을 전하게 됩니다.

지금 이후로 주 안에서 죽는 자들은 복이 있도다.

하늘에서 들려온 음성의 내용을 주목해 보십시다. "지금 이후로 주 안에서 죽는 자들은 복이 있도다." 요한계시록에는 복이 있도다라고 하는 경우가 일곱 번 등장하는데 오늘 말씀은 두 번째 말씀이 됩니다. 첫 번째는 1장 3절 말씀입니다. "이 예언의 말씀을 읽는 자와 듣는 자와 그 가운데에 기록한 것을 지키는 자는 복이 있나니 때가 가까움이라." 세 번째 말씀은 16장 15절에 있는 "보라 내가 도둑 같이 오리니 누구든지 깨어 자기 옷을 지켜 벌거벗고 다니지 아니하며 자기의 부끄러움을 보이지 아니하는 자는 복이 있도다"이고, 네 번째 말씀은 19장 9절에 있는 "천사가 내게 말하기를 기록하라 어린 양의 혼인 잔치에 청함을 받은 자들은 복이 있도다"이고, 다섯 번째는 20장 6절에 있는 바 "이 첫째 부활에 참여하는 자들은 복이 있고 거룩하도다 둘째 사망이 그들을 다스리는 권세가 없고 도리어 그들이 하나님과 그리스도의 제사장이 되어 천 년 동안 그리스도와 더불어 왕 노릇 하리라"이고, 여섯 번째 말씀은 22장 7절에 있는 "보라 내가 속히 오리니 이 두루마리의 예언의 말씀을 지키는 자는 복이 있으리라 하더라"이고, 마지막 일곱 번째 말씀은 22장 14절에 있는 "자기 두루마기를 빠는 자들은 복이 있으니 이는 그들이 생명나무에 나아가며 문들을 통하여 성에 들어갈 권세를 받으려 함이로다"는 말씀입니다. 소위 요한계시록에 있는 7복입니다. 그 중에 오늘 읽은 13절 말씀은 두 번째 복에 대한 말씀인 것입니다.

지금 이후로 주 안에서 죽는 자들은 복이 있다고 본문은 말씀하고 있습니다. 주 안에서 죽음을 죽는 자들이 복이 있습니다. 그리고 지금 이후로라고 하는 구절이 있어서 상당히 논란의 대상이 됩니다. 사도 요한이 기록하는 시점 이후로부터 라는 말이라고 이해가 되기 때문입니다. 그러면 그 전의 사람들의 죽음은 복된 죽음이 아니라는 말일까요? 그것은 아닙니다. 요한계시록보다 수 십년 전에 기록한 데살로니가전서에서 바울은 이미 그리스도 안에서 죽는 자들의 복에 대해서 말씀했습니다. 살아남은 성도들에게 슬퍼하지 말라고 권면과 위로를 하였습니다. 그런데 왜 구태여 지금 이후로라는 표현을 썼을까요? 당시는 기독교가 로마 제국에 의해서 박해를 받고 있던 시절이기 때문입니다. 당시는 10대 박해중 초기에 속했습니다. 앞으로 남은 이백 여년의 박해 기간이 남아있었습니다. 갈수록 더욱 더 박해의 정도가 혹독해질 것을 하나님은 알고 계시기 때문에 특별히 지금 이후로라는 구절을 허락하신 것입니다. 예수 그리스도를 주와 구주로 믿다가 그 신앙 때문에 순교하는 자들이나 혹은 자연사를 하더라도 믿음을 끝까지 지킨 자들이 복된 죽음의 주인공들이 될 수 있는 것입니다. 우리는 13장 10절에서 "사로잡힐 자는 사로잡혀 갈 것이요. 칼에 죽을 자는 마땅히 칼에 죽을 것이니 성도들의 인내와 믿음이 여기 있느니라."는 말씀을 보았고, 14장 12절에서도 "성도들의 인내가 여기 있나니 그들은 하나님의 계명과 예수에 대한 믿음을 지킨 자니라"는 말씀을 읽었습니다.

　주 안에서 죽는 자들이란 가룟 유다처럼 자신의 목적을 이루기 위해서 예수님 곁에 와서 있다가 자기 뜻대로 되지 않자 주님을 팔아먹고 뒤늦게 후회하면서 자살하는 사람이 아닙니다. 혹은 잘 믿는 것 같다가 세상의 시류에 따라서 타협하고 마는 사람들도 아닙니다. 주 안에서 죽는 자들이란 주님과 연합하여 환경이 좋을 때나 나쁠 때나, 건강할 때나 병들 때나 변함없이 믿고 신뢰하고 따라가는 자들이요, 복음에 순종하는 자들을 가리킵니다. 세상 흘러가는대로 흘러갈 것이면 신앙을 인내라고 할 것도 없을 것입니다. 인간 관계도 그렇습니다. 좋을 때에 뿐 아니라 힘들 때에도 함께 하고 도와주는 관계가 좋은 관계입니다. 신앙도 마찬가지입니다. 예수님을 믿는 길은 신나고 즐겁기만 한 길이 아닙니다. 만사형통이 이 땅위에서 꼭 있는 것도 아닙니다. 그럼에도 불구하고 주님을 믿고 의지하고 신뢰하면서 어려움도 감수하는 것입니다. 말씀을 통해서 알려주신 약속을 믿고 전진하는 것입니다. 그렇게 살다가 때가 되어 순교하든지, 죽는 자들만이 복이 있는 것입니다. 우리들도 이 복된 죽음의 반열에 서 있습니다.

왜 복이 있는가?

그러면 이제 왜 주 안에서 죽는 자들이 복이 있는지 그 이유를 살펴 보십시다. 불신자나 신자나 때가 되면 죽기는 마찬가지입니다. 우리가 겪는대로 하자면 불신자나 신자나 노쇠하여 죽고, 병들어 죽고, 혹은 사고로 죽기도 합니다. 그 모양으로 치자면 별 차이가 없어 보입니다. 그런데도 불구하고 왜 주 안에서 죽는 자들은 복이 있다고 하는 것일까요? 13절 하반절에 보시면 성령께서 친히 그 이유를 말씀해 주셨습니다. "그들이 수고를 그치고 쉬리니 이는 그들의 행한 일이 따름이라 하시더라." 한글 성경은 세 가지 이유를 말하는 것 같으나 헬라어 원문에 의하면 두 가지 이유를 말하고 있습니다.

첫째는 주 안에서 죽는 자들은 그들의 수고를 그치고 쉬기 때문에 복이 있습니다. 11절에서 보셨듯이 짐승의 우상에게 절하고 이 세상에서 편안하게 살던 자들에게는 죽음 이후에 "누구든지 밤낮 쉼을 얻지 못하리라"고 말씀하고 있지만, 주 안에서 죽는 자들은 이 세상에서의 수고를 그치고 쉴 수 있기 때문에 복이 있다는 것입니다. 여기서 수고라는 것은 단순히 인생을 살아가면서 겪는 수고를 말하지 않습니다. 즉, 우리가 공부를 제대로 하려고 하더라도 분투노력하고 수고해야 하고, 자식을 기르려고 해도 얼마나 힘이 많이 들고, 직장 생활을 하려고 해도 너무 너무 어렵습니다. 우리나라의 베스트 셀러 작가(칼의 노래, 현의 노래 등)인 김훈선생은 『밥벌이의 지겨움』(2007)라는 글에서 "밥에는 대책이 없다. 한두 끼를 먹어서 되는 일이 아니라, 죽는 날까지 때가 되면 반드시 먹어야 한다. 이것이 밥이다. (...) 나는 밥벌이를 지겨워하는 모든 사람들의 친구가 되고 싶다. 친구들아, 밥벌이에는 아무 대책이 없다. 그러나 우리들의 목표는 끝끝내 밥벌이가 아니다. 이걸 잊지 말고 또다시 각자 핸드폰을 차고 거리로 나가서 꾸역 꾸역 밥을 벌자.

무슨 도리 있겠는가. 아무 도리 없다."라고 말하고 있습니다.[312] 이 세상을 살아간다는 것은 참으로 수고스러움이 있다는 말입니다. 하지만 주 안에서 죽는 자들이 복이 있도다라고 하는 이유로 제시한 바 "그들이 수고를 그치고 쉬리니"할 때의 수고는 그런 일반적인 수고를 말하는 것이 아닙니다. 신약에서 수고(kopos)라고 하는 단어를 쓸 때는 일반적으로는 주님을 믿으면서 겪게 되고 참아내야 하는 모든 힘든 일, 트러블, 그리고 어려움 들을 가리키는데 쓰입니다.[313]

신사참배를 거부하고 처녀의 몸으로 6년의 옥고를 치루었던 안이숙 사모님이 『죽으면 죽으리라』에서 이렇게 썼습니다.

> 나는 자격 부족으로 실격된 순교자다. 진실로 나는 내 주님 예수를 위하여 죽기를 결심하고 나섰던 것이다. 그런데 내 뜻을 이루지 못하고 기회를 잃었을 때 섭섭해서 몹시 울었다 . . 양순한 양떼같은 성도들이 도살하는 자들 앞에서 그 모진 매와 고문에도 아이구 소리 한 마디 안 하고 견디는 그 진절머리 나는 참상을 볼 때 나는 왜 그랬는지 몰라도 급한 말로 '주여 천사를 속히 보내셔서 속히 속이 이 모든 사실을 사진 찍으세요. 속히 속히 주여 속히...' 하면서 발을 구르며 부르짖었다. 나는 예수님이 어떠하신 사랑으로 순교자들을 사랑하셨으며 만삭도 못된 나를 역시 그 어떠하신 사랑으로 사랑하셨던가를 다 기록할 수는 없다.

그리고 안이숙 사모님은 이렇게 고백하기도 했습니다.

> 지금 나의 마음은 햇빛 찬란한 산 꼭대기에 앉아서, 땀을 흘리며 애태워 올라온 길을 내려다 보는 등산가의 심정이다. 그 무섭고 가파른 계곡을 어떻게 넘어 왔는지, 땀이 단번에 말라 버리듯 소름이 끼친다. 숨막히는 듯한 그 무성한 숲속에서 가시덤불과 찔레와 악충들이 쏘고

---

312 김훈, 『밥벌이의 지겨움』(파주: 생각의 나무, 2007), 37.
313 Beale, *The Book of Revelation*, 768.

찌르던 아픔도 이제는 아득한 먼 과거가 되었다. 그러나 거기에는 무시

로 들려 주시는 주님의 음성인 '이제는 올라오라. 행진이다' 하는 권면의 말씀이 나를 이 자리에 우뚝 서게 하셨다.

사랑하는 성도 여러분! 수고를 그치고 쉰다고 할 때의 수고의 의미를 이해하시겠습니까? 환난 풍파 많은 이 세상에서 결코 곱게 봐주지 않는 이 세상 사람들 틈바구니 속에 살면서 신앙을 지키는 것입니다. 예수님을 믿고 예수님을 주와 구주로 섬기는 것입니다. 그리고 그 믿음 때문에 욕먹기도 하고, 손해 보기도 하고, 그리고 이를 악물고 참고 견디기도 하는 것입니다. 그리고 육신적으로는 내가 왜 하나 싶어도 주님에 대한 순종 때문에 땀 흘려 수고하고 봉사하고 헌신하는 삶을 일컬어서 수고라고 표현한다는 점을 기억하셔야 합니다.

그리고 중요한 것은 그러한 수고를 영원히 하는 것이 아니라 주님께서 그치게 하시는 때가 온다는 것입니다. 그것이 바로 성도가 주 안에서 죽는 때입니다. 요한계시록 7장 15-17절에서 우리는 주 안에서 죽은 자들이 누리는 안식이 어떤 것인지를 보셨습니다. "그러므로 그들이 하나님의 보좌 앞에 있고 또 그의 성전에서 밤낮 하나님을 섬기매 보좌에 앉으신 이가 그들 위에 장막을 치시리니 그들이 다시는 주리지도 아니하며 목마르지도 아니하고 해나 아무 뜨거운 기운에 상하지도 아니하리니 이는 보좌 가운데에 계신 어린 양이 그들의 목자가 되사 생명수 샘으로 인도하시고 하나님께서 그들의 눈에서 모든 눈물을 씻어 주실 것임이라." 21장 4절에는 보충적으로 말씀하시기를 "모든 눈물을 그 눈에서 닦아 주시니 다시는 사망이 없고 애통하는 것이나 곡하는 것이나 아픈 것이 다시 있지 아니하리니 처음 것들이 다 지나갔음이러라."고 말씀하고 있습니다. 주 안에서 죽는 자들은 이와 같은 참된 안식과 쉼을 얻을 것입니다. 무엇보다도 복되신 삼위일체 하나님을 만나고 교제하며 찬양하고 예배하게 될 것입니다. 더 이상 불안이나 공포, 스트레스, 노이노제, 불편, 고초, 고뇌, 슬픔, 비애, 상실의 아픔, 시기와 질투로 인

한 아픔들을 겪지 않게 될 것입니다. 어떤 죄의 세력도 주 안에서 죽어 쉼을 얻는 자들을 압박할 수 없게 될 것입니다.

그리고 주 안에서 죽음을 죽는 자들이 복된 두 번째 이유가 있습니다. "이는 그들의 행한 일이 따름이라"고 14절 끝에 말씀하고 있습니다. 그들이 행한 일은 앞서 말씀드린 수고와 동일한 내용을 가리킵니다. 즉, 그들이 주 예수 그리스도를 믿고 인내하며 말씀에 순종하면서 산 삶의 열매들을 가리킵니다. 그러한 수고들을 그들이 행한 일이라고 말씀하고 있습니다. 이는 그들의 믿음이라는 근원에서 나온 열매들이기 때문에, 행위 구원을 가리키는 것이 아닙니다. 주 믿는 자들이 이 땅위에서 수고하여 열매맺은 행위(*erga*)의 열매가 죽음 이후 천국에까지 따라간다는 말씀입니다. 이러한 사상은 유대인들의 문헌에도 나타납니다. 벤 키스마라고 하는 사람은 "인간의 임종시에 그와 동행한 것은 은이나 금이나 보석이 아니라 토라와 선행일 뿐이다."라고 말했고, 어떤 글에서는 말하기를 사람이 죽으면 그 사람보다 그 사람이 행한 일들이 더 먼저 저 세상에 가있다라고 말했습니다.

그러나 어떤 그리스도인들은 우리가 죽으면 영혼이 천국 가게 되는데, 우리의 행한 일이 우리의 뒤를 따라 정말 들어가는 것이 아니다라고 곡해를 합니다. 그러나 오늘 본문에 보시면 성령께서 사도 요한에게 그렇게 말씀하셨고 우리들에게 말씀하고 계십니다. "이는 그들의 행한 일이 따름이라"고 말입니다. 우리가 단순히 죽어서 천국가면 그만이다 그렇게 생각하면 안됩니다. 고린도전서 3장에 보면 이 땅위에서 아무렇게나 살다가 죽고 나면 삶의 모든 열매들은 불로 심판을 받고 불가운데 자기 한 몸만 간신히 구원을 받는 사람도 있고, 비유적으로 말해서 은과 금으로 인생의 집을 지은 자들은 불심판을 통과하고도 남는 것이 있다라고 말씀하고 있습니다. 자, 그러니 우리가 이 세상에서 잘 믿는다는 것과 믿음에서 나온 삶의 행실이 무엇인지를 늘 주목하는 것 대단히 중요함을 알 수 있습니다. 우리가 죽어서 천국에 간다고 해도 우리가 이 몸을 입고 이 땅에 살면서 행한 그 신앙적 수고와 그 열매들이 잊혀지거나 없어지지 아니하고 우리의 뒤를 따를 것입니다.

그러하기에 사도 바울은 부활장이라고 불리우는 고린도전서 15장을 결론

지으면서 58절에 다음과 같이 분명하게 권하는 것입니다. "그러므로 내 사랑하는 형제들아! 견실하며 흔들리지 말고 항상 주의 일에 더욱 힘쓰는 자들이 되라. 이는 너희 수고가 주 안에서 헛되지 않은 줄 앎이라." 그리고 주님은 마태복음 25장에서 신실한 주님의 일꾼들에게 장차 "잘 하였도다. 착하고 충성된 종아! 네가 적은 일에 충성하였으매 내가 많은 것을 네게 맡기리니 네 주인의 즐거움에 참여할지어다"(21, 23절)라고 칭찬해 주실 것이라고 약속하셨습니다. 따라서 우리는 결단코 속거나 미혹 당하면 안됩니다. 우리가 한 번 예수님을 믿고 구원 받았으면 지옥갈 일이 없는데, 이 땅위에 살 때에 잘하려고 해도 안되는데 뭐하려고 그렇게 힘쓰고 애쓰냐 그냥 되는대로 살다가 천국이나 가자 그런 식으로 말하는 사탄 마귀의 속임수에 넘어가시면 안될 것입니다. 오히려 앞서 인용해 드린 말씀을 기억하시고, 또한 골로새서 1장 29절에 "이를 위하여 나도 내 속에서 능력으로 역사하시는 이의 역사를 따라 힘을 다하여 수고하노라."고 고백하는 사도 바울의 고백처럼 우리도 살기로 결단해야 하겠습니다. 1860년 영국에서 태어나 중국, 인도, 그리고 아프리카에서 선교사로 사역하다가 콩고에서 1931년에 소천한 C. T. 스터드 선교사는 "한 번 뿐인 인생 속히 지나가리라. 그러나 그리스도를 위해 한 일은 영원하리라"(Only one life, it'll soon be past, only what's done for Christ will last.)라고 말했습니다. 그리고 스터드 선교사가 좌우명으로 삼았던 것은 " 만약 예수 그리스도가 하나님이시고, 나를 위해 죽으셨다면, 그분을 위해 내가 어떤 희생을 치룬다고 해도 큰 희생일 수가 없다"는 것이었습니다.

사랑하는 여러분! 이번 강해를 통해 우리는 주 안에서 죽는 자들이 복이 있다고 하는 말씀과 그 이유들에 대해서 살펴 보았습니다. 우리가 주님을 잘 믿다가 임종하시는 성도님들을 지켜 보노라면 믿음의 위대함을 새삼 깨닫게 됩니다. 그러나 오늘 읽고 살펴본 요한계시록 14장 13절의 말씀만큼 주님을 믿고 죽는 자의 복을 간단명료하게 가르쳐 주는 구절이 없다는 생각이 됩니다. 우리가 잘 외우시면 좋겠다는 생각이 듭니다. 정리합니다. 주 안에서 죽는 자들만이 복이 있습니다. 왜냐하면 그들은 믿음 때문에 이 세상에서 수고하던 것을 그치고 주님의 품안에서 영원한 안식을 누리게 되기 때문입니다. 또한 그들이 이 땅위에서 행한 모든 선한 일들, 믿음의 열매들이 없어지지 아니하고 그들의 뒤를 따르고 주님은 잘 하였도다라고 칭찬하시고 상을 주실 것이기 때문입니다.

저는 마지막으로 청교도의 황태자(the prince of puritans)라고 불리우는 존 오웬(1616- 1683)이 임종 전에 친구에게 보낸 편지글을 인용하고 마치려고 합니다.

> 나는 이제 내 영혼이 사랑해 왔던 분, 아니 오히려 영원한 사랑으로 나를 사랑해 오신 그분 – 이것이야말로 내가 가진 모든 위로의 완전한 토대라네- 께로 가려고 하네… 나는 폭풍 가운데 있는 교회라는 배를 남겨두고 떠나네. 그러나 위대하신 선장이 배안에 계시는데, 노를 젓는 한 사람이 떠난들 무슨 일이 있겠는가. 깨어서 기도하고 소망을 품고 끈기 있게 기다리며 낙심하지 말게나. 약속이 견고히 섰으니 그뿐께서 결코 우리를 떠나지도, 우리를 버리지도 않으실 것일세.[314]

이것이 바로 복음을 따라 인내하고 수고진력하다가 주님의 부르심을 받은 때에 천국을 향해 닻을 올리고 항해에 오르는 성도의 고백인 것입니다. 저와 여러분의 고백이기를 원합니다. "괜히 왔다 간다"고 하고 죽은 어떤 파계승과는 비교할 수 없는 위대한 고백을 우리는 할 수 있습니다. 남은 생애 주의 일에 힘쓰는 자들이 되십시다. 우리의 건강, 시간, 물질, 재능을 다 동원하여 영원에 영향을 미치는 일에 매진하십시다. 인생을 조금도 허비하지 않도록 하나님께서 도와 주시기를 기도하십시다.

---

314 Andrew Thomson, *Life of Dr. Owen*, 엄경희 역,『청교도의 황태자 존 오웬』(서울: 지평서원, 2006), 174.

2. 영혼만의 불멸?

2.1. 들어가는 말

　인류의 오랜 신념중에 사람은 죽은 후에도 영혼은 불멸한다거나 영혼이 사후에도 존재한다는 신앙이 들어있고, 그리스 철학자들은 영혼 선재와 영혼 만의 불멸을 철학화하기도 했다. 서양에서는 철학과 신학이 오랫동안 상호작용(Wechselwirkung)을 해왔기에 신학자들 중에도 그리스적인 사유에 영향을 받은 이들도 있고, 철학 용어들을 무비판적으로 사용함으로 혼란을 주는 이들도 있다. 우리는 "영혼 불멸"(the immortality of the soul)에 관한 주제를 살펴보되 그리스 철학의 영혼불멸설로부터 시작해서 여러 철학자들과 신학자들의 견해를 개관해 보려고 한다. 그리한 후에 우리가 성경적으로 어떻게 평가할 수 있는지를 확인해 보려고 한다.

　우선 오해나 논란의 여지를 없애기 위해서 용어에 대해서 분명히 하고 시작하도록 하겠다. 여기서 문제를 삼는 것은 "영혼만의 불멸"이 그리스도인의 소망 사항인가하는 것이다. 당연히 사람이 죽으면 몸은 땅으로 돌아가지만, 그 영혼은 소멸되거나 멸절되지 아니하고 신자의 경우는 하늘(heaven)에 가서 복된 삶을 누리고, 악인의 경우는 "음부 고통하는 곳"(ἐν τῷ ᾅδῃ ... ὑπάρχων ἐν βασάνοις)에 가서 의식적인 고통을 겪으며 지낸다는 성경적인 중간 상태론을 믿음으로 받아들인다. 다시 말해서 사후에 몸 없이도 영혼의 존재가 있다는 점을 부정하지 않는다는 의미이다.[315] 다만 우리가 주의 깊게 생각할 것은 영혼이 몸없는 상태로 영원히 존재하는(불멸하는) 것이 기독교

315　죽산 박형룡은 불사(immortality) 보다는 영생(eternal life)이라는 용어를 선호하면서 이 용어가 "영혼의 단순한 영속을 의미하는 때도 있고 복된 생의 영속을 가리키기도" 한다라고 정의해 준다(박형룡, 『교의신학- 내세론』, 81).

적 소망인가 하는 것이다. 사실 성경은 영혼만의 선재를 말하지 않을 뿐 아니라, 인간은 영혼만의 존재라고도 하지도 않는다. 오히려 인간은 영육 통일체로 창조되었으며(창 2:7), 몸없이 영원히 사는 것이 소망의 대상이 아니라 몸의 부활이 우리의 소망이라고 명시하고 있다. 그리고 우리의 영혼은 원래 영원전 부터 불멸성을 본질로 가진 것이 아니라, 존재의 시작점이 각기 있고, 영원하다고 할 때도 부여된 의미에서 불멸이고, 성경은 영혼만의 불멸에 대한 강조 보다는 몸의 부활후 전인(영육 통일체)이 새 하늘과 새 땅에서 영원히 산다는 것을 강조해 주고 있다.[316]

2.2. 기독교 밖의 영혼 불멸 사상

안토니 후크마에 의하면 영혼의 불멸이라는 개념이 기독교에만 있는 것이 아니라며, 고대의 바빌로니아인, 페르시아인, 이집트인, 고대 그리스인의 생각에서 지배적이었다고 적시해 준다.[317] 그는 이 개념이 "고대 그리스의 신비종교에서 발전했을 뿐만 아니라" 심지어 "플라톤(B. C. 427-347)의 글에서 철학적 표현으로 주어졌다"고 말한다.[318] 많은 대화편에서 플라톤은 영혼의 불멸이라는 개념을 개진하고 있는데, 특히 『파이드로스』(*Phaedrus*)와 『국가편』(*Republic*), 608c-621d와 같은 대화편에서 자신의 주장을 펼쳐 보이고 있다. 후크마는 다음과 같이 플라톤의 생각을 잘 요약해 준다.

> 육체와 영혼은 두 가지 별개의 실체로 생각해야 한다... 이성적 영혼 또는 누스(*nous*)는 인간의 불멸의 부분으로, "하늘"에서 내려왔으며, 그곳에서 행복한 선재 상태를 누렸다. 영혼은 이 선재 상태에서 날개

---

316 로레인 뵈트너는 불멸을 다음과 같이 정의해준다: "불멸은 육체의 죽음 이후에 영혼이 영원하고 지속적이며 의식적으로 존재하는 것을 의미한다."("Immortality means the eternal, continuous, conscious existence of the soul after the death of the body." - Boettner, *Immortality*, 59). 이런 정의 조차도 영혼 만의 불멸 즉, 몸의 부활에 대한 소망없이 영혼만 영원히 존재한다고 하는 그리스적 사고와는 무관하다. 신복윤 역시 뵈트너의 말을 인용하여 불멸을 설명한다(신복윤, 『종말론』, 141).
317 Hoekema, *The Bible and the Future*, 86. 자세한 설명은 Boettner, *Immortality*, 61-64; 박형룡, 『교의신학 내세론』, 85-87을 참조하라.
318 Hoekema, *The Bible and the Future*, 86.

를 잃었기 때문에 몸으로 들어와 머리에 거주하게 되었다. 죽으면 몸은 단순히 분해되지만, 누스 또는 합리적 영혼은 행동 과정이 정의롭고 명예로운 경우 하늘로 돌아가게 된다. 그렇지 않으면 다른 사람이나 동물의 형태로 다시 나타나게 된다. 그러나 영혼 자체는 파괴될 수가 없다.[319]

또한 우리는 영혼의 불멸과 관련하여 임마누엘 칸트(Immanuel Kant, 1724-1804)의 견해를 간략히 살펴볼 필요가 있다. 칸트는 『순수 이성 비판』(*Kritik der reinen Vernunft*, 1781)에서는 "지식의 타당성 영역을 현상계에 제한"하기 때문에 영혼 불멸은 신 존재, 자유 등과 더불어 지식의 대상이 될 수가 없다고 주장한다.[320] 그러나 칸트는 그의 『실천 이성 비판』(*Kritik der praktischen Vernunft*, 1788)에서 영혼의 불멸이라는 개념을 요청한다.[321] 유명한 철학 사가인 프레데릭 코플스톤(Frederick Copleston, 1907-1994)은 칸트의 입장을 잘 포착하여 소개해 준다.

> 칸트는 완벽한 선의 첫 번째 요소, 즉 미덕을 고려하여 불멸의 가정에 접근하였다... 완벽한 선의 요소는 이상을 향한 무한하고 끝없는 진보의 형태로 실현되어야 한다. 그러나 이 끝없는 진보는 동일한 합리적 존재의 존재와 성격의 끝없는 지속을 가정할 때만 가능하게 된다. 이를 영혼의 불멸이라고 한다... 이론적 사용에서 이성으로 증명할 수 없으며, 불멸이 논리적으로 불가능하지 않다는 것을 보여줄 수 있다. 그러나 불

---

[319] Hoekema, *The Bible and the Future*, 86-87. 후크마는 다음 백과사전 기사에 의존하여 요약을 제시했다: J. van Genderen, "Onsterfelijkeheid," *Christelijke Encyclopedie*, V, 284. 그러나 플라톤의 입장을 적절하게 이해하기 위해서는 이데아(ἰδέα)와 기억(ἀνάμνησις) 이론과 같은 다양한 주제를 조사해야 하다. 또한 바빙크의 간략한 설명과 플라톤의 입장에 대한 중요한 논평을 참조하라. Bavinck, *Reformed Dogmatics*, 4:591을 보라. 플라톤의 영혼론과 영혼 불멸에 대한 철학사 전문가인 코플스턴의 요약도 보라: Frederick Copleston, *History of Philosophy*, 9 vols. (Westminster: The Newman Press, 1946-1975), 1:207-215; 김보현 역, 『그리스 로마철학사』(성남: 북코리아, 2015), 279-290.

[320] Immanuel Kant, *Kritik der reinen Vernunft*, 백종현 역, 『순수 이성 비판』(파주: 아카넷, 2017), 558-624. 또한 간략한 해제를 위해서는 강영안, 『강교수의 철학 이야기』(서울: IVP, 2001), 239-240을 보라.

[321] Immanuel Kant, *Kritik der praktischen Vernunft*, 백종현 역, 『실천 이성 비판』(파주: 아카넷, 2017), 217-219. 또한 강영안, 『강교수의 철학 이야기』, 248-249를 보라.

멸의 개념은 도덕 법칙과 분리할 수 없기 때문에 불멸을 가정해야 한다. 그것을 부정하는 것은 결국 도덕 법칙 자체를 부정하는 것이다.[322]

2.3. 용어에 대한 고찰
– 아타나시아(ἀθανασία)와 아프타르시아(ἀφθαρσία)

앞서 우리는 기독교 밖에서 영혼만의 불멸에 대한 사상을 간단하게 검토해 보았고, 이제 우리는 중요한 질문을 생각해 보려고 한다. 즉, 성경에는 과연 "영혼의 불멸"이라는 용어가 존재하는가 하는 것이다. 우리는 후크마의 안내를 따라 불멸과 관련된 두 개의 헬라어 단어의 용례를 살펴 보기로 하겠다.

우선 헬라어 단어 아타나시아(ἀθανασία)가 사용된 신약의 구절은 디모데전서 6장 16절 상반절로서, "오직 그에게만 죽지 아니함이 있고"(ὁ μόνος ἔχων ἀθανασίαν)라는 것이다. "죽지 아니함"이란 다른 말로 불멸(不滅) 혹은 불사(不死, Unsterblichkeit)를 의미한다. 이 구절에서 바울은 파생적이거나 부여된 불멸이 아닌 원래적인 불멸을 하나님께 돌리고 있다.[323] 후크마의 말대로 이 구절에서 바울은 하나님 만이 불멸하신 분 혹은 죽지 않으시는 분이시라고 가르치고 있는 것이다.[324] 하나님은 출애굽기 3장 14절 말씀대로 영원 자존자이시기 때문에, 시작도 없고, 끝도 없으시며, 생명에 있어 더하고 덜함도 없이 늘 충만하신 분이시기에 아타나시아라는 표현을 쓴 것이다.

바울의 부활장이라 불리우는 고린도전서 15장 53-54절에는 아타나시아라는 말과 아프타르시아라는 두 단어가 반복적으로 등장한다.

322　Frederick Copleston, *History of Philosophy*, 9 vols. (Westminster: The Newman Press, 1946-1975), 6:338. 영국 로마교회 철학사가인 코플스톤의 9권짜리 철학사는 여전히 명저로 남아있고, 국내에는 제9권만 제외하고 모두 번역되어 있다.
323　죽산 박형룡은 이 구절의 의미에 대해 "하나님 만이 영생을 그의 본래적, 영원적, 필연적 속성으로 가지고 계시다"는 의미로 해석해 준다(박형룡, 『교의신학– 내세론』, 81).
324　Hoekema, *The Bible and the Future*, 87.

이 썩을 것이 반드시 썩지 아니할 것(ἀφθαρσίαν)을 입겠고 이 죽을 것이 죽지 아니함(ἀθανασίαν)을 입으리로다. 이 썩을 것이 썩지 아니(ἀφθαρσίαν)함을 입고 이 죽을 것이 죽지 아니함(ἀθανασίαν)을 입을 때에는 사망을 삼키고 이기리라고 기록된 말씀이 이루어지리라.[325]

이 부분은 현재 우리가 입고 있는 몸과 주의 재림 후에 우리가 입게 될 부활체 사이를 대조적으로 설명해 주고 있는 대목인데, 바울은 아타나시아나 아프타르시아 두 단어를 영혼만의 불멸 혹은 불사에 적용하는 것이 아니라 부활체에 적용하고 있다는 점을 알 수가 있다. 바울이 이 구절들에서 아타나시아를 "단지 영혼의 불멸이 아니라 전체 사람의 불멸"이라는 것을 의미하는 것으로 파악된다면, 후크마가 적시해 준대로 "여기에는 영혼의 불멸이라는 개념에 대한 힌트가 없다"고 결론 지을 수가 있다.[326]

불멸/불사와 관련된 또 다른 헬라어 단어 아프타르시아(ἀφθαρσία)는 신약에서 8회 사용되고 있다(롬 2:7; 고전 15:42, 50, 53, 54, 엡 6:24, 딤후 1:10).[327] 앞서 우리는 이미 고린도전서 15장 53절과 54절을 보았기 때문에 나머지 구절들을 차례대로 살펴 보기로 하자.

참고 선을 행하여 영광과 존귀와 썩지 아니함을 구하는 자에게는 영생으로 하시고(롬 2:7)

= "τοῖς μὲν καθ' ὑπομονὴν ἔργου ἀγαθοῦ δόξαν καὶ τιμὴν καὶ ἀφθαρσίαν ζητοῦσιν ζωὴν αἰώνιον."

죽은 자의 부활도 그와 같으니 썩을 것으로 심고 썩지 아니할 것으로 다시 살아나며(고전 15:42)

---

325 고전 15:53-54- "Δεῖ γὰρ τὸ φθαρτὸν τοῦτο ἐνδύσασθαι ἀφθαρσίαν καὶ τὸ θνητὸν τοῦτο ἐνδύσασθαι ἀθανασίαν 54 ὅταν δὲ τὸ φθαρτὸν τοῦτο ἐνδύσηται ἀφθαρσίαν καὶ τὸ θνητὸν τοῦτο ἐνδύσηται ἀθανασίαν, τότε γενήσεται ὁ λόγος ὁ γεγραμμένος· κατεπόθη ὁ θάνατος εἰς νῖκος. 55 ποῦ σου, θάνατε, τὸ νῖκος; ποῦ σου, θάνατε, τὸ κέντρον"
326 Hoekema, *The Bible and the Future*, 88.
327 후크마는 7곳을 적시했지만, BDAG 사전에 의하면 엡 6:24도 포함시켜야 한다(BDAG, 155). BDAG에 의하면 ἀφθαρσία의 의미는 "the state of not being subject to decay/ dissolution/ interruption, incorruptibiity, immortality"로 해설된다.

= "Οὕτως καὶ ἡ ἀνάστασις τῶν νεκρῶν. σπείρεται ἐν φθορᾷ, ἐγείρεται ἐν ἀφθαρσίᾳ."

형제들아 내가 이것을 말하노니 혈과 육은 하나님 나라를 이어 받을 수 없고 또한 썩는 것은 썩지 아니하는 것을 유업으로 받지 못하느니라(고전 15:50)

= "Τοῦτο δέ φημι, ἀδελφοί, ὅτι σὰρξ καὶ αἷμα βασιλείαν θεοῦ κληρονομῆσαι οὐ δύναται οὐδὲ ἡ φθορὰ τὴν ἀφθαρσίαν κληρονομεῖ."

이제는 우리 구주 그리스도 예수의 나타나심으로 말미암아 나타났으니 그는 사망을 폐하시고 복음으로써 생명과 썩지 아니할 것을 드러내신지라(딤후 1:10)

= "φανερωθεῖσαν δὲ νῦν διὰ τῆς ἐπιφανείας τοῦ σωτῆρος ἡμῶν Χριστοῦ Ἰησοῦ, καταργήσαντος μὲν τὸν θάνατον φωτίσαντος δὲ ζωὴν καὶ ἀφθαρσίαν διὰ τοῦ εὐαγγελίου."

우리 주 예수 그리스도를 변함 없이 사랑하는 모든 자에게 은혜가 있을지어다(엡 6:24)

= "ἡ χάρις μετὰ πάντων τῶν ἀγαπώντων τὸν κύριον ἡμῶν Ἰησοῦν Χριστὸν ἐν ἀφθαρσίᾳ."[328]

이처럼 아프타르시아라는 명사의 용례들을 살펴보아도, 영혼만의 불멸을 적시해 주는 구절은 한 곳도 없다는 사실은 분명하다. 그래서 후크마는 모든 용례를 검토한 후, "이 구절들 중 어느 곳에서도 '영혼'이라는 단어가 사용되지 않았다"라고 말해 준다.[329] 뿐만 아니라 형용사 아프타르토스(ἄφθαρος)의

---

328 우리 말로는 "변함없이"로 번역되었지만, 헬라어 원문에는 ἐν ἀφθαρσίᾳ인데, 불멸 혹은 불사의 뜻이기에 ESV는 "with love incorruptible"로 번역했다. 김상훈 교수는 "불변(ἀφθαρσίᾳ)이라는 단어는 '부패하지 않는 것'(incorruptibility), '불변한 것'(immortality)을 뜻한다. 전치사 ἐν과 함께 쓸 때, '불변하게', '변함없이'가 된 것이다. 그들 '형제들'이 예수 그리스도를 변함 없이 사랑하고 있음을 말해 준다."라고 해설해 준다(김상훈, 『개혁주의 해석 에베소서』[서울: 총신대학교 출판부, 2013], 420). 보다 자세한 해설은 Andrew T. Lincoln, *Ephesians*, WBC (Dallas: Word, 1990), 467을 보라.
329 Hoekema, *The Bible and the Future*, 88.

용례도 검토할 필요가 있는데, 후크마는 간단명료하게 그 용례들을 다음과 같이 잘 분석해 주고 있다.

> 이와 관련된 형용사인 '아프타르토스'도 신약에서 일곱 번 사용된다. 이 단어는 하나님(롬 1:23; 딤전 1:17), 부활한 몸("죽은 자들이 썩지 아니할 것으로 다시 살아나고," 고전 15:52), 바울이 얻으려 애쓰는 면류관(고전 9:25), 온유하고 안정한 심령의 썩지 않을 보석(벧전 3:4), 우리가 그로부터 거듭나게 된 썩지 않을 씨(벧전 1:23), 우리를 위해 하늘에 간직된 썩지 아니할 유업(벧전 1:4) 등을 묘사하는 데 사용된다. 어느 경우에도 이 단어는 '영혼'을 묘사하는데는 한 번도 사용되지 않는다.[330]

우리는 신약에서 불멸/불사와 관련되어 사용되는 두 단어의 용례를 살펴보았는데, 적어도 성경에서 이 단어들이 사용되어질 때는 영혼에 적용된 경우는 없고, 부활체나 장차 우리가 전인으로 누리게 될 복된 삶에 대해 적용되고 있다는 점을 간과해서는 안될 것이다. 다만 늘 주의를 요하는 바는 이러한 분석과 평가의 말이 마치 중간기 상태의 영혼만의 존재를 부정하는 것처럼 오해해서는 안된다는 것이다.[331]

2.4. 개혁 신학자들의 견해 고찰

후크마는 성경에서 영혼의 불멸이라는 용어가 사용되지 않는다고 밝힌 후 "성경이 인간의 영혼이 불멸이라고 가르치는가?"라고 묻는다.[332] 후크마가 말했듯이, 몇몇 개혁 신학자들은 '영혼의 불멸'이라는 표현을 사용하고 옹호했다.[333] 특히 존 칼빈은 "아담이 불멸의 영혼(an immortal soul)을 가졌다"

---

330 Hoekema, *The Bible and the Future*, 88. 본문의 인용은 Hoekema, 『개혁주의 종말론』, 130에서 한 것이다. ἄφθαρος의 용례에 관해서 *BDAG* 155-156도 보라.
331 스위스의 신학자 오스카 쿨만이 『영혼의 불멸 또는 죽은 자의 부활』(*Immortality of the Soul or, Resurrection of the Dead?*)에서 중간기 상태의 영혼의 의식적 존재를 분명하게 인정하지 못하면서, 영혼만의 불멸 사상을 비판하는 것에 대해 이승구 교수는 적실하게 잘 반박해 주었다(이승구, 『죽음, 그리고 죽음 이후의 삶』, 25-26).
332 Hoekema, *The Bible and the Future*, 88.
333 Hoekema, *The Bible and the Future*, 88.

고 생각했다.³³⁴ 칼빈은 영혼을 실체(substance)로만 보지 않고, 본래의 하나님의 형상의 자리로 본다. 물론 그는 하나님의 형상이 몸에 반영되어 있다는 것을 인정한다.³³⁵ 많은 비평가들은 영혼과 몸에 대한 칼빈의 견해가 플라톤적이라고 주장해 왔지만,³³⁶ 찰스 파티와 같은 학자는 칼빈의 인간관이 성경적이라는 것을 반증해 주기도 했다.³³⁷ 칼빈은 "육체적 존재 안에 잠재적 생명이 있고 그 첫 단계가 영혼이므로 영혼은 육체에서 분리될 수 없다"는 아리스토텔레스의 견해를 비판하면서, 영혼이 몸에 묶인 것이 아니라 몸과 상관없이도 "다면적인 민첩함"을 보이는 것을 예증하고 나서 "사람에게 새겨진 불멸성에 대한 표징들이 지워질 수 없다"라고 선언하였다.³³⁸ 그러나 칼빈이 말하는 불멸성은 하나님께만 돌려지는 불멸성(딤전 6:16)과 같은 것이 아니라는 점도 분명하다. 칼빈은 인간과 천사에게 부여되는 불멸성은 본래부터 소유하는 것이 아니라 하나님께서 부여해 주신 불멸성이라는 점을 분명하게 적시해 준다.³³⁹ 르네상스와 종교개혁 시기에 살았던 칼빈이기

---

334 Calvin, *Comm.* 1Cor. 15:47- "Hence, although the first man had <u>an immortal soul</u>, and that too, not taken from the earth, yet he, nevertheless, savoured of the earth, from which his body had sprung, and on which he had been appointed to live." 벌코프 역시도 첫 사람 아담의 타락 이전의 불멸성에 대해서 다음과 같이 잘 설명해 준다:"Again, the term 'immortality' is used in theological language to designate that state of man in which he is entirely free from the seeds of decay and death. In this sense of the word man was immortal before the fall. This state clearly did not exclude the possibility of man's becoming subject to death. Though man in the state of rectitude was not subject to death, yet he was liable to it."(Berkhof, *Systematic Theology*, 672-673).
335 칼빈이 영혼을 하나님 형상(*imago Dei*)의 적절한 자리로 생각한 것에 대해서는 Moon Byung-ho, "The Seat of the Image of God : Calvin's Christological Understanding of the Soul as Substantia," *Chongshin Theological Journal* 13/1 (2007): 138-167을 보라.
336 Lee Sangung, "Willem H. Velema's Doctrine of Man as the Image of God," *Chongshin Theological Journal*, 22/1 (Feb. 2017): 170. n.106. 암스테르담 자유대학교 신학부에서 박사논문으로 통과된 논문에서 알리다 슈월(Alida L. Shewell)은 칼빈의 라틴어/프랑스어 전작 속에서 몸을 '감옥'이라고 표현한 인용문을 전부 제시해 준 바가 있다(Alida L. Shewell, *Calvin, the Body, and Sexuality* [Amsterdam: Free Univesity Press, 2011], 223-238).
337 Charles Partee, *Calvin and Classical Philosophy* (Leiden: Brill, 1977), 51-65. 그의 결론은 다음과 같다: "칼빈은 영혼과 육체, 불멸과 부활이라는 주제를 '성경의 안경'을 통해 바라본다. 칼빈의 안경 렌즈는 확실히 플라톤주의에 의해 착색되었지만, 영혼과 육체에 대한 칼빈의 관점의 근원은 성경이다."
338 Calvin, *Institutio*, 1.5.5.; 『기독교 강요』, 1:204-205. 칼빈의 영혼 불멸 교리에 대한 전체 설명은 Heinrich Quistorp, *Calvin's Doctrine of the Last Things*, tr. Harold Knight (London: Lutterworth Press, 1955), 55-107을 보라.
339 Calvin, Comm. 1Tim. 6:16- "Strictly speaking, therefore, immortality <u>does not subsist in the nature of souls or of angels, but comes from another source</u>, namely, from the secret inspiration of God, agreeably to that saying, 'In him we live, and move, and are' (Acts 17:28)."

에 때로 플라톤주의적인 표현으로 오해할 만한 표현들도 사용하기는 했지만, 그의 저술들을 면밀하게 살펴 본다면 그는 그리스 이원론적인 의미에서의 영혼 선재와 영혼만의 불멸에 찬동하고 있지 않으며, 그가 말하고자 하는 것은 영혼은 하나님이 부여하신 불멸/불사성을 가지고 있다는 것이다.

칼빈 이래로 A. A. 하지와 W. G. T. 쉐드 등 많은 개혁 신학자들은 영혼의 불멸을 성경적이라고 옹호해 왔다.[340] 루이스 벌코프도 "영혼의 불멸이라는 이 개념은 성경이 인간에 대해 가르치는 것과 완벽하게 조화를 이룬다"고 주장했다.[341] 벌코프는 영혼의 불멸에 대한 일반 계시와 특별 계시의 증거를 제시해 주기도 했다.[342] 뵈트너는 풍부한 주장과 설명을 바탕으로 이 교리가 합리적일 뿐만 아니라 성경적이라고 의견을 개진해 준다.[343] 벌코프와 뵈트너에 이어 죽산 박형룡과 신복윤 박사도 영혼불멸 교리의 타당성을 주장했다.[344]

물론, 영혼의 불멸에 대해 신중한 견해를 취하는 개혁 신학자들이 존재한다. 예를 들어, 헤르만 바빙크는 다음과 같이 말한다.

> 성경은 결코 그렇게 많은 말로 언급하지 않는다. 성경은 이 개념을 하나님의 계시로 선포하지 않으며, 어디에도 전면에 내세우지 않는다. 또한 이 개념의 진실성을 주장하거나 반대자들에 맞서 주장하려고 시도하지도 않는다.[345]

---

340 Hoekema, *The Bible and the Future*, 89.
341 Berkhof, *Systematic Theology*, 672: "But now the question arises, What becomes of the soul: does physical death bring its life to a close, or does it continue to exist and live on after death? It has always been the firm conviction of the Church of Jesus Christ that the soul continues to live even after its separation from the body." 벌코프는 이러한 질문과 설명을 한 후에, "영혼의 불멸"이라고 지칭한다.
342 Berkhof, *Systematic Theology*, 673-677.
343 Boettner, *Immortality*, 59-87.
344 박형룡은 "영생"이라는 제목의 토론에서 이를 제시하고(박형룡, 『교의신학 내세론』, 79-119), 신복윤은 "영혼불멸"이라는 제하에 논의를 개진한다(신복윤, 『종말론』, 141-155).
345 Bavinck, *Gereformeerde Dogmatiek*, 3:648; Hoekema, *The Bible and the Future*, 89. 바빙크의 불멸에 대한 전체적인 내용은 Bavinck, *Reformed Dogmatics*, 4:589-598을 보라.

G. C. 베르까워의 경우, 그는 이 교리를 거부하며, "영혼의 불멸이라는 개념은 독특한 기독교 교리가 아니다… 성경은 결코 불멸 자체에 대한 독립적인 관심과 관련이 없다."라고 말한다.[346] 그러나 우리는 비네마(Conelius Venema)의 논평에 주의를 기울일 필요가 있다.

> 나는 쿨만과 베르까워의 주장의 주요 요점 즉, 부활이 신자의 미래에 대한 성경적 희망의 주요 초점이라는 데 동의하지만, 그들은 영혼이나 영이 주님과 계속 교제하는 중간 상태를 부정하는 면에서 너무 멀리 나가버렸다.[347]

화란 아뻴도으른(Apeldoorn) 신학대학교 교수였던 페일르마(W. H. Velema)는 이 문제와 관련된 또 다른 중요한 문제를 논의한다. 그것은 바로 "죽음 이후의 '나'의 존속" 문제(the problem of the continuation of the 'I' after death)이다. 역사적으로 보자면 몇몇은 그러한 존속을 거부한 사람들이 있다.[348] 그렇다고 해서 이러한 나의 존속이 플라톤적인 영혼 불멸을 말하는 것은 아니다. 영혼과 몸의 이원성(duality of soul and body)의 빛에서, 영혼만의 임시적이고 조건적인 삶을 의미하는 것이다. 페일르마는 "이 이중성과 관련하여 참조점은 몸의 부활을 가리킨다는 것이 중요하다"라고 말한 후에, 부활후에도 이중성은 계속될 것이라고 적시해 주었다.[349] 페일르마를 비롯하여 최근 개혁신학자들에 의하면, 몸과 영의 이원성과 통일성은 매우 실천적인 의미를 가지며, 특히 우리로 하여금 몸을 멸시하지 않고, 주의를 하도록 자극하고 일깨워 준다고 적시해 준다.[350]

---

346 G. C. Berkouwer, *Man: The Image of God*, trans. Dirk Jellema (Grand Rapids: Eerdmans, 1962), 234-278(Immortality).
347 Venema, *The Promise of the Future*, 42.
348 Van Genderen and Velema, *Concise Reformed Dogmatics*, 355. 'Ongoing life after death'(§ 55), another author Jan van Genderen presents comprehensively in same *Concise Reformed Dogmatics*, 826-838. And see Hoekema, *Created in God's Image*, 92- 108.
349 Van Genderen and Velema, *Concise Reformed Dogmatics*, 356.
350 Van Genderen and Velema, *Concise Reformed Dogmatics*, 356. 그는 몸에 대해 다음과 같이 강조해 준다. "our mode of existence on earth is unthinkable without our bodies. Our body is part and parcel of our being. We are of the opinion that both expressions (being a body and having a body) complement each other."

한편 앞서 소개한 후크마의 불멸에 대한 논의를 두고 전광수 교수는 후크마가 바빙크의 견해에 대해 잘못 평가하고 있다는 점을 지적하면서, 오히려 바빙크는 영혼 불멸에 대하여 여러 측면에서 잘 변호했음을 적시해 준다.[351] 논의를 살펴 보면 바빙크도 전교수도 몸이 죽은 후에도 영혼은 의식적 존재로 존재한다는 의미에서 영혼 불멸을 말하고 있다는 것을 확인하게 된다. 이런 의미에서라면 후크마와 페일르마 뿐 아니라 필자도 전적으로 동의하는 바이다.

2.5. 영혼만의 불멸이 아니라 몸의 부활이 우리의 종말론적인 소망이다.

우리는 사람이 죽은 후에 곧 바로 신자의 영혼은 하늘(천당)에 가서 복을 누리고, 악인의 영혼은 음부(스올/ 하데스)에 가서 고통을 받게 된다는 중간 상태를 성경적인 교리를 수용하면서도, 그리스 이원론의 영향하에서 전개된 영혼 불멸에 대해 주의 깊은 성찰을 진행해 왔다. 앞서 살펴본 대로 고대로부터 사람들은 죽음 후에도 영혼이 존재한다는 것에 대한 다양한 신념과 사상들을 가지고 있었고, 플라톤과 칸트 같은 철학자들은 불멸의 개념을 사유의 대상으로 삼아 활용하기도 하였다. 그러나 그와 같은 영혼 불멸론에는 사람의 존재가 하나님의 형상을 따라 전인으로 지어졌다는 것이나 죄의 결과 육체적 죽음이 들어왔지만(롬 5:12) 궁극적으로는 몸의 부활에 참여하게 된다고 하는 기독교적 소망이 전무하다는 것이 주목되어야 한다.

영혼 불멸에 대한 논의를 끝맺으면서 안토니 후크마의 제시한 결론적인 고찰 몇 가지를 요약적으로 개관해 보겠다.

첫째, "성경은 '영혼의 불멸'이라는 표현을 사용하지 않는다. 이 단어는 부활 시 ... 인간의 완전한 존재에 적용된다."[352]

---

351 전광수, "'개혁신학자들 사이의 명백한 불일치?': 헤르만 바빙크의 영혼불멸론에 대한 앤써니 후크마의 평가 재고," 「역사신학 논총」 40 (2022): 242-276.
352 Hoekema, *The Bible and the Future*, 89-90.

둘째, "성경은 영혼의 본질적인 불멸성으로 인해 영혼이 계속 존재한다고 가르치지 않는다... 성경은 인간이 하나님에 의해 창조되었으며 자신의 존재를 위해 계속해서 하나님께 의존하고 있다고 가르치기 때문이다."[353]

셋째, "성경은 죽음 이후에 계속 존재하는 것만이 가장 바람직하다고 가르치지 않고, 하나님과 교제하는 삶이 인간의 가장 큰 선이라고 주장한다 (빌 1:21-23; 고후 5:8)."[354] 죽산 박형룡 박사 역시도 "신체가 해소(解消)될 때에 영혼은 그 해소에 참여하지 않고 개성적 존재로 따로 남아있다는 것은 자연종교 혹은 철학의 교설 중에도 자주 발표된 바"라는 점을 명시하면서도, "그러나 성경, 종교, 신학이 근본적 흥미를 두는 것은 이렇게 순전히 양적이며 무색채(無色彩)한 영생, 영혼의 지속적 존재만을 의미하는 영생이 아니"라고 지적해 주고 있다.[355]

넷째, "인간의 미래에 대한 성경의 중심 메시지는 몸의 부활이다... 하나님은 인간을 몸과 영혼이라는 전체로 창조하셨다. 인간은 몸과 별개로 완전하지 않다." 인간은 부활한 몸으로 미래에 온전한 사람으로 살아야 한다.[356] 신복윤도 이 점에 대해서 다음과 같이 정해해 준다.

> 불멸성(immortality)은 영생(eternal life), 또는 부활과 밀접한 관계를 갖는다. 영생은 불멸성의 적극적인 면, 즉 하늘나라 생명을 나누어 가지는 측면을 말하고, 불멸은 영생의 미래 측면을 의미한다. 부활, 혹은 그리스도의 재림 때 살아있는 신자의 변형(resurrection transformation)은 불멸을 얻는 수단이다.[357]

마지막으로, 후크마는 이 교리가 "독특한 기독교 교리가 아니다"고 결론 내린다. 다음은 이 주제에 대한 후크마의 마지막 논평이다.

---

353 Hoekema, *The Bible and the Future*, 90. 죽산 역시도 "그의(즉, 하나님의 – 필자) 피조물의 어떤 것들에게 돌려지는 영생은 그의 거룩한 뜻에 의하여 우발(偶發)되고 부여된 것이므로 시작이 있다"라고 적시해 준다(박형룡, 『교의신학- 내세론』, 81).
354 Hoekema, *The Bible and the Future*, 90.
355 박형룡, 『교의신학- 내세론』, 81-82.
356 Hoekema, *The Bible and the Future*, 91.
357 신복윤, 『종말론』, 145.

인간과 관련하여 불멸이라는 단어를 사용하고자 한다면, 영혼이 아니라 인간이 불멸이라고 하자. 그러나 인간의 몸은 부활을 통해 변형되어야만 그 불멸을 온전히 누릴 수 있다.[358]

죽산 박형룡 역시도 영생의 종류를 "절대적 영생," "계속적 존재," "타락 이전의 순정(純正) 상태," "최고 의미의 영생" 등으로 나누어서 서술을 하면서, 요한복음 11장 25, 26절에 약속된 것이 "최고 의미의 영생, 죽음의 침해를 받을 가능성 없이 영속할 지복 상태의 생명"이라고 적시해 준다.[359] 또한 신자들에게 있어서 몸의 부활의 의미하는 바에 대해서는 "신체의 구속과 하나님으로 더불어 교통하는 완전한 생 즉 행복 충만한 영생에의 전입을 의미"한다라고 해설해 주기도 한다.[360]

이제 논의를 마무리하면서 우리 영혼은 육체적 죽음 후에도 의식적 존재로 계속해서 존재할 것이며, 악인 조차도 영혼이 멸절되거나 소멸되는 일은 일어나지 않고 계속해서 존재하게 될 것이라는 것이 성경적인 가르침임을 상기하고자 한다. 그럼에도 불구하고 성경은 그리스적인 영혼만의 불멸/불사론에 관심을 보이지 않으며, 신자가 장차 누리게 될 몸의 부활과 전인으로서의 복된 삶이 영원 불멸/불사일 것이라는 점을 강조하고 있고, 그와 같은 미래적 소망을 학수고대하도록 안내하고 있다는 점을 우리는 잊지 말아야 할 것이다.[361]

---

358 Hoekema, *The Bible and the Future*, 91: "If we wish to use the word immortality with reference to man, let us say that man, rather than his soul, is immortal. But man's body must undergo a transformation by means of resurrection before he can fully enjoy that immortality." 몸의 부활에 대한 후크마의 논의는 Hoekema, *The Bible and the Future*, 239-252를 보라.
359 박형룡, 『교의신학- 내세론』, 82.
360 박형룡, 『교의신학- 내세론』, 111.
361 죽산 박형룡은 불멸 보다는 영생이라는 용어를 선택하여 장문의 논의를 개진해 주었다(박형룡, 『교의신학- 내세론』, 79-119). 그는 인간이 사후에도 영혼이 존재하는 것이나 또 신자가 부활하여 영생을 누릴 것이라는 내용을 포괄적으로 영생의 개념 속에 담아내었고, 일반 계시적인 증언과 특별 계시적인 증언들을 정리해 준다. 뿐만 아니라 영생 신앙에 대한 잘못된 대체물이나 반론들을 살펴서 반박해 주기도 한다. 그의 논의 내용은 그가 크게 의지하고 있는 Berkhof, *Systematic Theology*, 672-678 보다도 훨씬 더 풍성하다.

3. 중간 상태와 중간기 거처

3.1. 들어가는 말

죽음은 누구나 현실적으로 목도하거나 경험하는 실재이다. 다만 죽은 자는 어디로 가는가? 몸은 매장 혹은 화장을 통해 자연으로 돌아가는데, 영혼만이 존재하는 곳이 있는가? 고대로부터 사후 생활에 대한 종교적 신념은 편만했고,[362] 앞서 살펴 본대로 영혼 불멸에 대한 철학적 논증도 발전했음에도 불구하고, 현대인들 가운데는 과학적인 근거위에서 사후상태를 부인하거나 신학적 이유로 거부하는 이들이 적지 않다.[363] 특히 최근 전세계적으로 많은 독자층을 가진 톰 라이트(Tom Wright, 1948-)의 경우 그리스도의 재림과 신자들의 부활의 소망을 말하면서도 중간기에 대해서는 애매모호한 입장을 보여주기도 했다. 라이트는 "하나님은 우리에게 우리 자신의 소프트웨어를 재차 가동할 새 하드웨어를 주시는 날이 올 때까지 우리 소프트웨어

---

362 2016년에 개봉된 〈신과 함께 – 인과 연〉과 2017년에 개봉한 〈신과 함께- 죄와 벌〉 두 영화는 불교의 사후세계관을 대중적으로 잘 보여준 영화들로서, 두 편의 영화 관객수는 합쳐서 2,700만에 육박했다.

363 최근에 앤더슨 대학교의 분석 신학(= 철학적 신학) 교수인 제임스 터너 2세는 중간상태론이 실체 이원론(substance dualism)에 근거하고 있기 때문에 거부해야 한다고 주장하였다(James T. Turner Jr., "On Two Reasons Christian Theologians Should Reject the Intermediate State." *Journal of Reformed Theology* 11 [2017]: 121-139). 그는 이러한 비판적 논의의 결과 "죽음 이후 인산 삶의 궁극적 소망으로서 육체적 부활"을 더 강조할 수있게 된다고 말하기도 한다(139). 그는 2015년 에 딘버러 대학교에서 몸의 부활에 대한 주제로 박사논문을 제출했고, 2018년에 출간되었다: *On the Resurrection of the Dead: A New Metaphysics of Afterlife for Christian Thought* (Abingdon-on-Thames: Routledge, 2018). 터너 2세의 박사논문의 요점은 다음과 같다: "The opening arguments of the book aim to show that The Intermediate State actually undermines the necessity of bodily resurrection. Additionally, substance dualism, a principle The Intermediate State requires, is shown to be equally untenable in this context. In response to this, the metaphysics of the afterlife in Christian theology is re-evaluated, and after investigating physicalist and constitutionist replacements for substance dualist metaphysics, a new theory called "Eschatological Presentism" is put forward. This model combines a broadly Thomistic hylemorphic metaphysics with a novel theory of Time." 또한 판 헨드른이 요약 제시하는 네덜란드개혁교회 목사였던 뗄더(B. Telder)의 중간기 반대론도 보라(Van Genderen and Velema, 『개혁교회 교의학』, 1335).

를 자신의 하드웨어에 다운로드하실 것"이라고 말한 존 폴킹혼(John Polk-inghorne, 1920-2021)의 말을 긍정적으로 인용한 후에 다음과 같이 자신의 입장을 말해 준다.

> 나는 그 이미지가 마음에 든다. 그 이미지는 신약 성경이 모호하게 남겨둔 것, 곧 몸의 죽음과 몸의 부활 사이에 존재하는 것은 정확히 '무엇인가'라는 문제를 모호하게 남겨둔다. 원한다면 여러분은 폴킹혼이 쓴 이미지를 따라 하나님의 백성으로 죽은 이들은 하나님이 그 생명을 유지시켜 주신다고 간단하게 말할 수 있을 것이다. 그것과 "떠나서 그리스도와 함께 있는 것"이라는 바울의 말을 결합시켜 보라. 그것이 여러분이 신약 성경에서 최대한 멀리 나아갈 수 있는 가르침이다.[364]

그러나 개혁신학은 전통적으로 중간 상태(the intermediate state, *status intermedicus*)라는 주제를 분명하게 말해 왔다.[365] 분석철학에 근거한 신학을 전개했던 송인규 교수는 사람이 죽은 후 영혼만 존재하는 상태를 "탈신상태"(disembodied soul or disembodied survival)라고 불렀다.[366] 성경은 중간 상태에 대해서 많은 말을 하지 않는다. 그러나 역사 가운데 수많은 이설들과 사변적이고 상상적인 견해들이 제기되어 왔다. 우리는 이 문제에 관한 칼빈의 다음과 같은 경계의 말을 명심하고 오직 성경으로의 원리를 다시 한 번 염두에 두고서 논의를 전개할 필요가 있다.

> 그런데 영혼의 중간 상태(*intermedio statu*)에 대해서 호기심을 더하며 질문을 던지는 것은 합법적이지도 않고 유익하지도 않다. 많은 사람들

---

364 Nicolas T. Wright, *For All the Saints?* 박규태 역, 『톰 라이트 죽음이후를 말하다』 (서울: IVP, 2013), 113-115. 본문 인용은 115쪽에서 한 것이다.
365 중간 상태를 독일어로는 *Zwischenzustand* 라고, 화란어로는 *tussentoestand*라고 부른다. 부큰스떼인은 중간상태에 대해서 다음과 같이 정의해 준다: "When a person dies, it is clear to everyone that a vital aspect of the deceased's life has ended. But is it possible for a life to truly be over at death? Can one's spirit simply terminate? or, does it live on? In Job's words, "if a man dies, shall he live again?"(Job 14:14)." (William Boekenstein, *The Future of Everything: Essential Truths about the End Times* [Grand Rapids: RHB, 2019], 37).
366 송인규, "영혼의 탈신(脫身) 상태는 가능한가?(1)," 「신학정론」 16/1(1998): 113-136; "영혼의 탈신(脫身) 상태는 가능한가? (II)," 「신학정론」 17/1(1999): 207-228.

이 영혼이 어디를 차지하고 있으며, 이미 하늘 영광을 누리고 있는지 아닌지에 대해서 논쟁을 벌이느라 지나친 고통을 당하고 있다. 그러나 하나님이 알도록 허용하시는 것 이상으로 알려지지 않은 것들에 대해서 묻는 것은 어리석고 무모한 것이다.[367]

3.2. 구약의 자료들

우리는 먼저 구약에서 중간 상태 혹은 중간기 거처에 대해서 어떻게 말하고 있는지를 확인해 보고자 한다. 구약에서는 사람이 죽으면 일반적으로 스올(שְׁאוֹל)에 간다고 말해진다.[368] 루이스 벌코프는 스올의 용례를 살펴서, 세 가지 의미를 가진다고 말한다.[369] 첫째 용례는 스올이 "죽은 자의 영역"(창 37:35; 삼상 2:6; 욥 17:16, 13; 잠 27:20; 30:15-16; 사 5:14; 합 2:5)을 단지 가리키고 있는 경우들이고, 두 번째 용례는 "무덤"(시 141:17)을 가리키는 경우이며, 셋째 용례는 스올이 "지옥 또는 경건하지 않은 자의 형벌 장소"를 가리키는 경우라는 것이다(시 9:17; 55:15; 잠 15:24).[370] 스올을 "죽은 자의 영역"이나 "무덤"으로 이해할 수 있는 경우는 경건하거나 불경건하거나 상관없이 누구나 죽으면 들어가게 되는 영역을 가리키는 것으로 이해할 수가 있다.[371]

그러나 벌코프의 제자인 후크마는 스올이 "지옥 또는 경건하지 않은 자의 형벌 장소"를 의미한다고 벌코프가 제시한 세 본문들(시 9:17; 55:15; 잠 15:24)을 고찰한 후에, "스올이 영원한 형벌의 장소를 지칭할 수있다는 주장은 결정적으로 입증되지 않"는다라고 자신의 입장을 밝힌다.[372] 물론 후크마

---

367 Calvinus, *Institutio*, 3.25.6 (= 『기독교강요』, 3:813).
368 이 단어는 "to ask" 또는 "to inquire"를 의미하는 שָׁאַל (sha'al)에서 유래했고, 70인경과 신약성경에서는 하데스(ᾅδης)로 흔히 번역된다(https://biblehub.com/hebrew/7585.htm, 2025.1.9. 접속).
369 드 본트는 G. Ch. Aalders지도하에 자유대학교에서 통과된 자신의 박사논문에서 스올의 용례에 대한 구약신학적인 논의를 제시해 준 바가 있다(A. de Bondt, *Wat leert het Oude Testament aangaande het leven na dit leven?* [Kampen: Kok, 1938], 95-129).
370 Berkhof, *Systematic Theology*, 685-686. 이러한 스올 용례 이해는 쉐드와 박형룡 박사도 동의하는 내용이다: W. G. T. Shedd, *Dogmatic Theology*, 3 vols. rep. ed. (Grand Rapids: Zondervan, n.d.), 2:625-633; 박형룡, 『교의신학- 내세론』, 138-140.
371 Hoekema, *The Bible and the Future*, 96.
372 Hoekema, *The Bible and the Future*, 97.

도 "사후에 악인의 운명과 경건한 자의 운명이 같지 않다는 확신이 구약에서 이미 나타나기 시작한다"는 점을 인정한다.[373] 그런 확신은 "악한 자들은 스올의 권세 아래 남아 있을지라도 경건한 자들은 결국 그 권세에서 구원받을 것"이라고 말하는 구절들(시 49:14; 16:10; 행 2:27, 31)에서 표현되고 있다는 점을 그는 인정한다.[374]

반면에 죽산 박형룡은 스올에 대한 다양한 논의를 개진한 후에, 스올은 "죽음의 상태," "지옥" 혹 "무덤" 등의 의미로 사용되었다고 결론 내린다.[375] 죽산은 음부(스올 또는 하데스)는 "성경에서 항상 처소만을 지시한 것이 아니라 자주 죽음의 상태, 신체와 영혼의 분리된 상태를 가리키는 추상적 의미"로도 사용되었다고 첫 용례를 설명해 주고 나서, 스올이 처소성을 가리킬 때에는 "악자에게 형벌과 위험으로 경고"되는 바 지옥을 의미할 때가 있고(욥 21:13; 시 9:17; 잠 5:5; 15:24 등), 아니면 무덤을 의미하는 경우도 있다(창 42:38; 44:29, 31; 왕상 2:6, 9; 욥 17:13; 21:13; 시 88:3; 전 9:10)라고 해설해 준다.[376] 음부(스올/하데스)에 대한 죽산의 결론적인 논평을 우리는 주의 깊게 읽어볼 필요가 있다.

> 그러나 「스올」이라는 명사가 「무덤」을 지시함에 사용될 때가 있을지라도 그것은 이 말의 본래적 용법은 아니다. 무덤을 「스올」이라 칭함은 그것이 멸망의 관념과 관련된 내려감을 상징하기 때문이다. 「스올」이 본래 무덤을 의미하는 말인데 거기서 지옥이라는 의미가 파생(派生)되었다고는 생각할 수 없는 것이다. 구약에서는 「스올」(음부)이 무덤에 대하여 많이 사용되고 지옥에 적게 사용되었으나 신약에서는 그 해당어(該當語) 「하데스」가 혹시 무덤에 대하여 사용되고 지옥에 대하여 더 많이 사용되었다.[377]

---

373 Hoekema, *The Bible and the Future*, 97.
374 Hoekema, *The Bible and the Future*, 97-98. 우리는 또한 창 5:24; 민 23:10; 시 17:15; 73:24 등도 주목할 필요가 있다.
375 박형룡, 『교의신학- 내세론』, 131-138에서 "음부"라는 역어로 스올에 대한 논의를 개진했고, 138-140에서 자신의 견해를 제시해 준다.
376 박형룡, 『교의신학- 내세론』, 139-140.
377 박형룡, 『교의신학- 내세론』, 140. 인용된 첫줄이 책에는 "...사용되기 때가 있을지라도..."라고 되어 있으나 문맥을 살펴서 "사용될 때가 있을지라도"로 수정 인용했다.

3.3. 신약의 자료들

신약은 사후 중간상태에 대한 계시가 구약보다 더 밝게 드러난다. 우리는 관련된 몇 몇 본문들을 주목해서 살펴 보아야 한다. 우리는 누가복음 16장 19절-31절, 23장 42절-43절, 고린도후서 5장 1절-10절, 빌립보서 1장 21절-24절 등을 살펴볼 것이다.

3.3.1. 누가복음 16장 19-31절

카렐 한하르트(Karel Hanhart)는 부자와 나사로 비유(눅 16:19-31)은 중간 상태에 대해서 전혀 가르치지 않는다고 자신의 박사논문에서 확언을 했지만,[378] 해당 비유는 분명히 죽음 이후 두 종류의 중간상태에 대해서 교훈해 주는 본문이라고 봄이 합당하다.[379] 이제 이 유명한 비유를 중간 상태라는 관점에서 한 번 들여다 보기로 하겠다.

본문의 시작은 자색 옷과 베운 베옷을 입고 날마다 호화롭게 잔치하고 있는 한 부자와 그와 대조적으로 그의 문간에서 피부병을 앓으며 버림 받은 나사로라는 인물을 등장시킨다(19-20절). 거지 나사로는 궁핍하여 상에서 떨어지는 지꺼기로라도 배를 불리겨고 했다고 그 상황의 심각성을 말해 준다(21절). 이렇게 짧은 이야기로 시작한 후에, 22절에 이르면 이 세상이 아니라 죽음과 사후 세계의 삶으로 무대는 바뀐다. 22절에 의하면 거지 나사로는 죽었을 때에 당연히 아무도 그의 장례를 신경쓰지도 않았을 테지만, 사후에는 "천사들에게 받들려 아브라함의 품에(εἰς τὸν κόλπον Ἀβραάμ) 들어가"게 되었다. 부자 역시도 죽어 호화롭게 장례를 치루어졌지만 사후 세계에

---

[378] Karel Hanhart, *The Intermediate State in the New Testament* (Groningen: Druk V.R.B. 1966), 190-199. 본서는 한하르트가 1966년에 J. N. Sevenster의 지도하에 암스테르담 시립대학교에서 통과된 박사논문이다.

[379] 이 점에서 최근에 이 비유로 전문서적을 낸 레티푸(O. Lehtipuu)를 따라 이 비유가 "내세의 상태를 암시하는 여러 가지 세부 사실을 담고 있다고 보아야 가장 좋다"고 한 폴 윌리엄슨의 말이 훨씬 더 합당한 이해라고 본다(Williamson, 『죽음과 내세 성경신학』, 85). Cf. Outi Lehtipuu, *The Afterlife Iamgery in Luke's Story of the Rich Man and Lazarus* (Leiden: Brill, 2007). 여성 신약학자인 우티 레티푸는 헬싱키 대학에 재직중이며, *Debates over the Resurrection of the Dead: Constructing Early Christian Identity* (Oxford: OUP, 2015)도 저술하였다.

서는 음부 고통하는 곳에(ἐν τῷ ᾅδῃ ...ὑπάρχων ἐν βασάνοις)있게 된다(23절). 이처럼 예수님은 비유를 통해서 사람이 죽고 나면 멸절 되거나 수면상태에 들어가는 것이 아니라 아브라함의 품으로 가게 되든지 아니면 고통의 장소인 음부 즉, 하데스에 가게 된다라고 명시적으로 말씀해 주신 것이다. 아브라함의 품에 대해 칼빈은 "이는 우리가 이 나그네의 삶을 마친 후 우리 모두의 조상인 그에 의해서 받아들여져 그의 믿음의 열매를 함께 누리게 된다는 사실을 우리에게 확신시키기에 충분하다"라고 해설해 준다.[380]

뿐만 아니라 비유는 육신을 입은 사람들인 것처럼 오해할 수도 있지만, 그들이 영혼만으로 두 다른 처소에 있되 서로를 알아볼 수가 있으며, 의식적으로 깨어있는 상태로 존재하고 있음을 알려 준다. 또한 25절에 의하면 부자는 지상에서 이미 좋은 것을 누렸으므로 음부에서 괴로움을 받는 것이고,[381] 나사로의 경우는 고난으로 가득찬 삶을 살았기 때문에 아브라함의 품에서 위로를 받는 것(Λάζαρος ὁμοίως τὰ κακά· νῦν δὲ ὧδε παρακαλεῖται, σὺ δὲ ὀδυνᾶσαι)이라고 말씀해 주신다. 음부가 고통의 장소라고 하는 것은 부자가 아브라함에게 요청했던 "나사로를 보내어 그 손가락 끝에 물을 찍어 내 혀를 서늘하게"해 달라는 절박한 말에서도 확인할 수가 있다(24절). 여기서 물 한 방울은 육신적인 물을 가리키지 않으며, 그의 극심한 고통을 덜 느끼게 할 수 있는 일반 은혜(common grace)를 가리킨다고 이해할 수가 있다. 사실 비신자들이 이 세상에서 살때에는 부자만큼은 아니더라도 온갖 일반 은혜를 누리되 주신 하나님을 망각하거나 거부하면서 신나게 살 수가 있지만, 음부와 최종적인 형벌의 장소인 지옥(게헨나)에서는 일반 은혜 조차 허락되지 않기 때문에 그 고통이 극심해질 수밖에 없는 것이다. 대중적인 필치로 개혁신학을 잘 전수했던 스프롤 박사(R.

---

380 Calvinus, *Institutio*, 3,25,6 (= 『기독교강요』, 3:813).
381 20세기에 발전했던 비유 해석학(hermeneutics of parable)의 원칙에 의하면 비유는 구성요소들의 세밀한 의미를 찾기 보다는 비교점(point of comparison)을 찾는 것이 중요하다는 것이다. 이러한 해석의 원칙에 따른다면 부자와 나사로 비유는 불행과 비참속에 있는 이웃들에 대해 환대를 베풀지 않는 죄와 연관되어 있다는 점을 우리는 간과하지 않아야 한다(강대훈, 『누가복음』 [서울: 홍성사, 2022], 343). 부자는 나사로와 그렇게 어려움을 당하는 이웃들에 대해 전혀 배려하지 않고 매일같이 큰 잔치를 즐기기에 바쁜 인생을 살았다.

C. Sproul, 1939-2017)는 이런 요점들을 다음과 같이 잘 설명해 주고 있다.

> 이 세상에서 가장 비참한 사람, 즉 인간이 경험할 수 있는 최악의 고통을 겪는 사람이라도 여전히 하나님의 임재로 인한 어떤 유익을 받고 있기 때문입니다. 하나님의 인애하심, 하나님의 자비하심, 하나님이 만인에게 베푸시는 일반 은총을 무엇이라 부르든, 이러한 은혜는 일생 동안 우리 각자에게 베풀어집니다. 그러나 지옥에는 이 은혜가 없습니다. 하나님의 축복과 은혜가 철저히 배제된 장소에서 사는 것은, 우리가 이 세상에서 겪는 그 어떤 것보다 훨씬 고통스러운 것입니다. 따라서 지옥이 하나님이 계시지 않는 장소라고 할 때 그렇게 안도해서는 안 됩니다.
>   사람들이 내게 "지옥은 하나님이 계시지 않는 곳입니까?"라고 물을 때, "그렇습니다." 하고 대답한 것은, 하나님이 주시는 유익과 하나님의 자비와 하나님의 은혜 등이 부재하다는 의미입니다. 그러나 지옥에 있는 사람들에게 그들 중 한 사람을 추방할 수 있는 투표권을 준다면, 내 생각에는 아마도 만장일치로 하나님을 뽑을 것 같습니다. 하나님이야말로 지옥에서 가장 환영받지 못하는 분이기 때문입니다. 지옥에 있는 사람들의 입장에서 보면, 하나님이 자신들을 버린 것은 정말 좋은 일입니다.[382]

또한 우리는 26절에 있는 "그뿐 아니라 너희와 우리 사이에 큰 구렁텅이가 놓여 있어 여기서 너희에게 건너가고자 하되 갈 수 없고 거기서 우리에게 건너올 수도 없게 하였느니라"는 아브라함의 답변도 주목할 필요가 있다. 이 말씀에 의하면 아브라함의 품과 음부 사이에는 큰 구렁텅이가 있어 서로 왕래가 불가능하다는 것인데, 이는 사람이 한 번 죽고 나면 제2의 기회(second chance) 또는 사후 기회(*post-mortem chance*)는 주어지지 않

---

[382] R. C. Sproul, *Unseen Realities*, 이선숙 역, 『성경에 나타난 천국, 천사, 지옥, 마귀』 (서울: 아가페북스, 2013), 67.

는다는 것을 가리킨다. 강대훈 교수는 다음과 같이 적실하게 해설해 준다.

> 한 번 운명이 결정되면 서로 다른 영역으로 넘어갈 수 없다. 회개의 기회는 죽음 이후에 주어지지 않는다. 결국 부자는 미래를 영민하게 준비하지 못한 사람이었다(눅 16:1-9).[383]

사람은 지상에 살아있는 동안에 전도 대상이 될 가능성도 구원의 여망도 있는 것이지, 한 번 죽고 나면 다시는 제2의 기회라는 것은 주어지지 않는다는 것은 분명한 성경적인 입장이자 신앙고백적으로 바른 견해이다.

우리는 비유 가운데 마지막 한 가지 더 주목할 수 있는 요점이 있는데, 이는 자신은 어차피 음부를 떠날 수 없다면, 이런 사실을 모르고 흥청망청하며 살고 있는 자신의 다섯 형제에게 나사로를 보내어 전도하게 해달라는 요구에 대해서도 아브라함은 다음과 같이 단호하게 거부한다는 사실이다. "이르되 모세와 선지자들에게 듣지 아니하면 비록 죽은 자 가운데서 살아나는 자가 있을지라도 권함을 받지 아니하리라 하였다 하시니라."(εἶπεν δὲ αὐτῷ· εἰ Μωϋσέως καὶ τῶν προφητῶν οὐκ ἀκούουσιν, οὐδ' ἐάν τις ἐκ νεκρῶν ἀναστῇ πεισθ-ήσονται). 여기서 모세와 선지자는 구약성경을 일차적으로 가리키며(마 7:12),[384] 신약 시대로 하자면 말씀을 전하는 설교자와 전도자를 통해 선포되는 말씀 전체를 가리킨다고 볼 수가 있다. 사람들은 천당이나 지옥을 보고 왔다고 하는 간증자들의 이야기를 너무나 좋아하지만, 예수님의 말씀에 의한다면 그러한 이적적인 간증이 중요한 것이 아니라 평범한 말씀의 선포를 통해 전도와 구원의 역사가 나타나게 하신다는 의미이다.[385] 사실 죽은 나사로가 다시 살아났지만 바리새인들은 믿기는커녕 다시 나사로를 죽이려고 했던 것을 생각한다면 이적적인 체험 간증은 말씀의 선포를 대체할 수가 없는 일이다.[386]

---

383 강대훈, 『누가복음』, 343.
384 박윤선, 『개혁주의 교리학』, 445.
385 천국과 지옥 체험 간증과 간증집의 불건전성과 위험성에 대해 적절하게 비판하고 있는 John MacArthur, *The Glory of Heaven: The Truth about Heaven, Angels, and Eternal Life*, 조계광 역, 『천국을 말하다』 (서울: 생명의말씀사, 2013)을 보라.
386 박윤선, 『개혁주의 교리학』, 445-446: "31절 말씀에는 이적이나 표적을 우선적으로 혹은 위주로 구하

3.3.2. 누가복음 23장 42-43절

두 번째로 살펴볼 본문은 그리스도께서 십자가에 매달려 고통당하실 때에 한편의 강도와 나눈 대화에 대해 기록하고 있는 누가복음 23장 42-43절이다. 한편의 강도는 예수님을 비난하고 정죄했지만, 다른 한편의 강도는 도리어 그 동무를 책망한 후에 예수님께 "예수여 당신의 나라에 임하실 때에 나를 기억하소서"라고 요청을 했다. 강도는 예수님이 자신들처럼 최악질 죄인이기에 십자가 처형당하시는 것이 아니라, 분명 메시아적 고난을 받고 있는 분으로 알게 되었던 것으로 보인다. 그래서 그는 장차 그 나라가 언제 어떤 방식으로 이루어지는지는 잘 모르지만, 그때에 자신을 기억해 달라는 요청을 담대하게 할 수가 있었던 것이다. 사실 이름 조차 남아있지 않은 이 강도의 확신에 찬 요청은 온 세상이 예수님을 죄인이라고 정죄하고 죽이려고 하던 그 순간에 고백되어진 것이기 때문에 위대한 신앙고백이라고 할 수가 있다.

그렇다면 단발마적인 고통 속에서 이러한 요청을 하는 강도에게 예수님께서 어떻게 답변을 하셨는지 43절을 보자. 예수님의 답변은 "내가 진실로 네게 이르노니 오늘 네가 나와 함께 낙원에 있으리라."(ἀμήν σοι λέγω, σήμερον μετ' ἐμοῦ ἔσῃ ἐν τῷ παραδείσῳ)였다. 예수님은 먼 미래의 어느 날이 아니라, 바로 강도가 숨이 끊어지는 그날에 곧 바로 낙원에 같이 있게 될 것이라고 약속하신 것이다. 앞서 살펴본 16장 22절에서는 아브라함의 품이라는 명칭을 사용했지만, 여기서는 낙원이라는 표현으로 사후에 가게 될 좋은 곳을 표현했다.[387] 낙원이라고 하든 아브라함의 품이라고 하든 간에 강도에게 약속된 것은 "바로 예수 자신과 함께 내세에 참여

지 말라는 교훈이 암시되어 있다(참조, 고전 1:22-23). 이적은 사람의 호기심을 만족시키지만 진리의 말씀 만큼 건전한 회개를 이루지 못한다."

[387] 낙원이라는 단어는 이 본문과 고후 12:4와 계 2:7 등에서만 사용된다(Hoekema, *The Bible and the Future*, 103). 영어 단어 paradise는 헬라어 파라데이소스(παράδεισος)에서 온 말이며, 또한 이 헬라어 단어는 고대 이란어에서 온 단어이다. 고대 동방 이란어(Eastern Old Iranian language)에서 이 단어의 의미는 "walled (enclosure)"라는 뜻이다. 잘 정리된 자료를 보기 위해서는 https://en.wikipedia.org/wiki/Paradise (2025.1.7. 접속)을 보라.

하게 된다는 약속"을 주신 것이다.[388] 여기서 우리가 주목할 것은 낙원에서 경험하게 되는 예수의 나라 즉, 하나님의 나라의 본질은 "나와 함께 있는 것"(μετ' ἐμοῦ ἔσῃ)이라고 하신대로 예수님과 함께 있는 것이라는 점이다.

3.3.3. 고린도후서 5장 1절-10절/ 빌립보서 1장 21절-24절

세 번째로 살펴볼 본문은 고린도후서 5장 1절-10절인데, 바울은 "땅에 있는 우리 장막집"과 "하나님께서 지으신 집… 하늘에 있는 영원한 집"의 대조를 통해서 지상에서 입고 있는 연약한 몸과 죽음 이후 어느 땐가 받게 될 또 다른 몸에 대한 대조를 해주고 있는 것으로 이해되는 본문이다.[389] 일단 분명한 것은 "우리에게 있는 장막 집"(ἡμῶν οἰκία τοῦ σκήνους)은 바울이 앞서 "우리의 겉사람은 낡아지나"라고 고백했던 바 현재 입고 있는 몸을 가리키고 있다는 것이다.[390] 그리고 바울의 말대로 이 몸은 무너질 때 즉, 죽을 때가 온다는 것이다. 그러나 난해한 것은 바울이 그러한 몸을 입고 탄식하면서(2절) 덧입기를 간절히 소망한다고 하는 "하나님께서 지으신 집 곧 손으로 지은 것이 아니요 하늘에 있는 영원한 집"(οἰκοδομὴν ἐκ θεοῦ ἔχομεν, οἰκίαν ἀχειροποίητον αἰώνιον ἐν τοῖς οὐρανοῖς - 1절) 또는 "하늘로부터 오는 우리 처소"(τὸ οἰκητήριον ἡμῶν τὸ ἐξ οὐρανοῦ - 2절)가 무엇을 가리키는 것이냐는 것이다.

하늘에 있는 영원한 집이 무엇을 가리키는가에 대해 후크마는 세 가지 주요 해석을 소개해 준다. 첫째는 R. H. 찰스(R. H. Charles)처럼 "일종의 중

---

388 Williamson, 『죽음과 내세 성경신학』, 89.
389 우리는 고후 5:1-10을 따로 떼어서 보기 보다는 4:16-5:10이라는 "하나의 통합적인 부분"(an integrated section)으로 읽어야 한다는 점을 기억할 필요가 있다(Colin G. Kruse, *The Second Epistle of Paul to the Corinthians*, TNTC [Leicester: IVP, 1987], 112).
390 크루제는 바울이 사용하고 있는 장막에 해당하는 헬라어 σκῆνος가 1절과 4절에서만 사용되는 단어라는 점과 이 단어는 "비유적으로 인간의 몸을 가리키"는데 사용된 것이라고 적시해 준다(Kruse, *The Second Epistle of Paul to the Corinthians*, 112). 또한 우리가 입고 있는 몸을 장막에 비유한 것에 대해 칼빈의 적실한 주해를 보라: "바울은 우리가 이 땅에서 지니고 있는 육신을 '우리의 장막집'이라고 부른다. '장막'은 일시적인 거처로 사용하기 위한 것이기 때문에, 나중에 쉽게 다시 허물어 뜨려서 거두어 갈 수 있게 하기 위해서, 사람들은 일반적인 집을 지을 때와는 달리 견고한 토대를 닦지 않은 채로 장막을 지을 뿐만 아니라, 최소한의 임시적인 재료를 가지고 장막을 짓는 것과 마찬가지로, 하나님께서는 사람들에게 그들이 이 세상에서 잠시 동안 살아갈 수 있는 일시적인 임시 거처로 약한 초막 같은 '육신'을 주신다."(Calvin, *Comm*. 2Cor. 5:1; 박문재 역, 『고린도전후서』 [파주: 크리스천다이제스트, 2016], 737).

간적 몸"을 가리킨다고 보는 것이고, 둘째 해석은 "그리스도 재림시에 얻게 될 부활체"를 가리킨다고 보는 것이며, 마지막 세 번째 해석은 "중간상태 동안에 하늘에서 신자들이 그리스도와 함께 나눌 신자들의 영화로운 존재 상태"를 묘사한다고 해석하는 것이다.[391] 이러한 해석들 중에 첫 번째 해석은 성경적인 근거가 없기 때문에 쉽게 배제할 수가 있지만, 나머지 두 해석은 고려할 필요가 있다.[392] 칼빈은 이 구절에 대한 주석에서 두 번째와 세 번째 해석을 조화롭게 보는 해석을 제시해 준다.

> "영원한 집"을 이 둘 중의 어느 쪽으로 해석해도 아무런 문제가 없고 지극히 합당하기는 하지만, 나는 믿는 자들의 영혼이 죽은 후에 처하게 되는 저 복된 상태가 이 "영원한 집"의 시작이고, 최후의 부활의 영광을 덧입게 될 때, 그 "영원한 집"이 완성되는 것이라고 본다. 이러한 설명은 문맥에 의해서 더 잘 지지를 받는다. 바울이 이 "집"에 수식어들로 덧붙인 "손으로 짓지 않은"과 "영원한"이라는 형용사들은 이 집의 영속성을 강조한다.[393]

이처럼 칼빈의 건전한 해설에 따른다면 바울이 간절히 입기를 소망하고 있는 하늘의 영원한 집에 대해 중간기에 누리게 될 영화로운 상태에서 누림은 시작되지만 몸의 부활시에 그 절정을 경험하게 될 것이라는 균형잡힌 이해를 가질 수 있게 되는 것이다. 바울은 이러한 기대와 소망을 8절에서는 "우리가 담대하여 원하는 바는 차라리 몸을 떠나 주와 함께 거하는 그것이라"(θαρροῦμεν δὲ καὶ εὐδοκοῦμεν μᾶλλον ἐκδημῆσαι ἐκ τοῦ σώματος καὶ

---

391 Hoekema, *The Bible and the Future*, 104-105; "There have been, in the main, three views: (1) The building from God means a kind of intermediate body between the present body and the body of the resurrection; at death believers receive this intermediate body, but at the Parousia this intermediate body will be replaced and surpassed by the resurrection body. (2) The building from God is the resurrection body which we shall receive at the Parousia. (3) The building from God describes the glorious existence of the believer in heaven with Christ during the intermediate state."
392 자세한 내용은 Hoekema, *The Bible and the Future*, 104-109를 보라.
393 Calvin, *Comm*. 2Cor. 5:1; 박문재 역, 『고린도전후서』, 737. 리덜보스 역시도 선취와 성취라는 관점에서 동일한 해석을 한다(Herman Ridderbos, *Paul*, 박문재 역, 『바울신학』 [서울: 솔로몬, 2017], 912-922).

ἐνδημῆσαι πρὸς τὸν κύριον)라고 표현하는 것을 보게 된다. 죽은 후에 몸을 떠난 영혼이 누리게 되는 하늘에 있는 영원한 처소의 시작이란 무엇보다 "주와 함께 있는 것"에 있음을 바울은 다시 한 번 강조해 주는 것이다. 현재의 몸을 입고 사는 동안에도 성령을 보증(ἀρραβών)으로 누리고 있음에도 불구하고(5절), 바울은 이 몸에 거하는 상태를 "이러므로 우리가 항상 담대하여 몸에 거할 때에는 주와 따로 거하는 줄을 아노니"(6절)라고 고백하는 것이다.[394] 그러나 바울은 하루속히 죽기만을 소망하는 염세주의자가 아니었다는 것은 9절에 있는 바 "그런즉 우리는 거하든지 떠나든지 주를 기쁘시게 하는 자 되기를 힘쓰노라"는 구절을 통해서 확인할 수가 있다.[395] 고린도후서 5장 1-10절에 대한 고찰을 마치면서, 헤르만 리덜보스가 본문의 취지로 간파한 내용을 주목할 필요가 있다.

> 우리에게는 부활의 삶과 하나님이 약속한 새로운 몸에 대한 기대가 있기 때문에, 우리는 죽음의 온갖 공격들과 위협의 한복판 속에서도 낙심하지 않는 것은 물론이고, 하나님의 뜻이라면 차라리 죽음을 통해서 현재의 몸을 지닌 우리의 실존을 떠나 지금이라도 그리스도와 연합되기를 원한다. 그러므로 바울은 위대한 미래를 내다보면서 계속해서 환난을 감내할 준비가 되어 있고, 더 나아가 그리스도를 위하여 기꺼이 죽음을 받아들이고자 한다고 말하고 있는 것이 된다.[396]

우리는 이상의 내용을 좀 더 후기에 쓴 옥중서신인 빌립보서 1장 21-24절에서도 다시 보게 된다. 옥중에 있는 바울은 빌립보 교인들에게 사는 것

---

394 고후 5:6- "Θαρροῦντες οὖν πάντοτε καὶ εἰδότες ὅτι ἐνδημοῦντες ἐν τῷ σώματι ἐκδημ-οῦμεν ἀπὸ τοῦ κυρίου."
395 고후 5:9- "διὸ καὶ φιλοτιμούμεθα, εἴτε ἐνδημοῦντες εἴτε ἐκδημοῦντες, εὐάρεστοι αὐτῷ εἶναι."
396 Ridderbos, 『바울신학』, 922= *Paulus: ontwerp zijn theologie* (Kampen: Kok, 1966), 563-564: "In de zekere verwachting van het door God beloofde leven der opstanding en het nieuwe lichaam, geven wij te midden van alle aanvechtingen en doodsgevaar de moed niet op en stemmen wij er ook te gereder mee in, indien dit de wil van God zou zijn, uit ons lichamelijk bestaan weg te trekken en thans reeds door de dood met Christus verenigd te worden. Paulus wil dus zeggen, dat hij met het oog op de grote toekmst, bereid is de verdrukking te blijven verdragen en ook, ja zelfs nog meer, de dood om Christus'wil te aanvaarden."

과 죽는 것 "그 둘 사이에 끼어있다"고 고백하면서, 자신의 원하는 바와 교인들에게 유익한 바가 무엇인지를 구별해 주고 있다. 해당 본문을 주의해서 읽어보도록 하자.

> 이는 내게 사는 것이 그리스도니 죽는 것도 유익함이라. 그러나 만일 육신으로 사는 이것이 내 일의 열매일진대 무엇을 택해야 할는지 나는 알지 못하노라. 내가 그 둘 사이에 끼었으니 차라리 세상을 떠나서 그리스도와 함께 있는 것이 훨씬 더 좋은 일이라 그렇게 하고 싶으나 내가 육신으로 있는 것이 너희를 위하여 더 유익하리라.[397]

앞서 살펴본 고린도후서 5장 1-10절의 내용과 빌립보서 1장 21-24절은 병행 본문으로 읽혀질 수가 있으며, 서로 충돌되는 내용이 없다고 할 수가 있다. 바울은 죽음을 두려워하지 않으며, 사후의 영혼만의 중간 상태의 본질이 오직 "그리스도와 함께 있음"(σὺν Χριστῷ εἶναι)에 있다는 것을 양 본문에서 잘 강조해 주고 있다.[398] 이 복에 대해 코르넬리스 비네마(Cornelis Venema)는 다음과 같이 해설을 해준다.

> 다시 말해, "그리스도와 함께 있는 것"이란 표현이 무엇을 의미하는지 구체적으로 나타나지는 않지만, 그 표현은 현재 알려진 혹은 경험된 것보다는 더 친밀한 교제라는 의미를 나타내주고 있다. 그러므로 앞서 논의된 본문들처럼 이 본문은 우리가 중간 상태를 한층 더 강화된 그리스도와의 교제의 한 가지로서 이해하는 데 기여하는 것이다.[399]

---

397 빌 1:21-24: "Ἐμοὶ γὰρ τὸ ζῆν Χριστὸς καὶ τὸ ἀποθανεῖν κέρδος. 22 εἰ δὲ τὸ ζῆν ἐν σαρκί, τοῦτό μοι καρπὸς ἔργου, καὶ τί αἱρήσομαι οὐ γνωρίζω. 23 συνέχομαι δὲ ἐκ τῶν δύο, τὴν ἐπιθυμίαν ἔχων εἰς τὸ ἀναλῦσαι καὶ σὺν Χριστῷ εἶναι, πολλῷ [γὰρ] μᾶλλον κρεῖσσον· 24 τὸ δὲ ἐπιμένειν [ἐν] τῇ σαρκὶ ἀναγκαιότερον δι' ὑμᾶς."
398 Hanhart, *The Intermediate State in the New Testament*, 179-185.
399 Cornelis P. Venema, *The Promise of the Future* (Edinburgh: Banner of Truth, 2000); 박승민 역, 『개혁주의 종말론 연구』 (서울: 부흥과개혁사, 2011), 93.

3.4. 중간기 거처 – 하늘(天堂)과 하데스(陰府)

우리는 앞서 죽음 이후 중간 상태 혹은 중간기 거처에 대한 성경의 자료들을 살펴 보았는데, 이제 신학적인 정리를 해보고자 한다. 개혁파를 비롯한 대다수의 개신교회들은 성경에 근거하여 신경적으로나, 신학적으로나 중간 상태에는 두 가지 장소밖에 제시되지 않고 있다는 점을 명확히 해왔다.[400] 신약의 용어를 따른다면 신자들은 죽은 후에 아브라함의 품(눅 16:22), 낙원(눅 23:43), 또는 바울의 용어로 하자면 하늘(고후 12:1)에 들어가게 되고,[401] 악인들은 "음부 고통하는 곳"(눅 16:23)에 곧 바로 들어가게 된다는 것이다. 칼빈은 이 분명한 성경적 진리를 다음과 같이 요약적으로 적시해 준다.

> 성경은 그리스도가 영혼과 함께 계시며 그것을 낙원으로 받아들이심으로써(참조. 요 12:32) 위로를 얻게 하시지만, 유기된 자들의 영혼은 마땅히 받아야 할 극심한 형벌을 받게 하신다고 전하는 것 이상으로 나아가지 않는다.[402]

우리는 이하에서 하늘에서 신자들이 누리는 복과 음부에서 악인들이 겪는 고통에 대해 정리를 해보고자 한다.

3.4.1. 하늘에서 신자들이 누리는 복

「웨스트민스터 소교리문답」 37문답에서 적시해 주는 대로, 신자들은 죽은 후에 곧 바로 하늘에 간다.[403] 고린도후서 12장 1절 이하를 보면 바울은 이미

---

400 「웨스트민스터 신앙고백서」 32장 1항은 사람이 죽은 후에 하늘 아니면 지옥에 가게 되며, " 성경은 육체와 나뉜 영혼을 위하여 이 두 장소 외에는 다른 아무 곳도 인정하지 않는다."라고 선언한다. 중간기 거처에 대해서는 의인들의 영혼이 가게 되는 "지극히 높은 하늘"(*coelis supremis*)과 지옥(*in Gehennam*)이라는 단 두곳만 있음을 명백하게 선언해준다.
401 바울은 고린도후서 12장 1절에서 "셋째 하늘"(ἕως τρίτου οὐρανοῦ)을 언급하고 이어지는 4절에서는 낙원(παράδεισος)이라는 단어를 사용함으로서 하늘과 낙원을 같은 곳을 가리키는 다른 용어들임을 보여준다. 한국에서는 중국 한자 번역을 따라 하늘이라고 하지 않고 천당(天堂)이라는 표현을 오랫동안 역어로 사용해왔다.
402 Calvinus, *Institutio*, 3.25.6 (=『기독교강요』, 3:813).
403 「웨스트민스터 소교리문답」 37문답-"문: 신자가 죽을 때 그리스도로부터 무슨 유익을 받나? 답: 신

사역 기간 중에 한 번은 그 하늘/낙원에 끌어올려져 인간의 언어로 말할 수 없는 말을 들었기 때문에 하늘에 대한 갈망이 대단히 컸다. 그의 유서라 불리우는 디모데후서 4장 18절은 바울이 남긴 마지막 말과 같은데, "주께서 나를 모든 악한 일에서 건져내시고 또 그의 천국에 들어가도록 구원하시리니 그에게 영광이 세세무궁토록 있을지어다"고 외치는 것을 보게 된다.[404] 바울은 왜 그토록 이 세상의 삶 보다도 하늘에서의 삶을 더 학수고대했을까?

(1) 수면이 아니라 의식적인 존재

일단 우리는 성경적 근거위에서 불건전한 중간기 이해인 영혼수면설을 거부해야 한다. 칼빈이 『기독교강요』 초판(1536년) 보다 비록 늦은 1542년에 출간하기는 했지만, 그의 첫 저술은 재세례파의 영혼수면론에 대한 논박서였다.[405] 오늘날 여호와 증인도 이런 입장을 유포하고 있고, 신학자들 가운데도 영혼수면설을 취하는 이들이 있다. 하지만 성경은 명백하게 이 세상을 떠난 성도들의 영혼이 의식적으로 깨어있다는 점을 보여준다.[406] 물론 성경에는 죽은 자에 대해 "잔다"는 표현을 사용하고 있기 때문에(마 9:24; 행 7:60; 고전 15:51; 살전 4:13 등) 수면설로 오해할 가능성이 있지만, 죽산 박형룡은 이 점에 대해 다음과 같이 정해해 준다.

> 그러나 성경에는 영혼이 잔다고 말한 것도 없고 신체가 그리 한다고 말한 것도 없고 오직 죽어 떠나는 사람에 대해서만 그렇게 말하였다. 그리고 성경의 이 묘사는 단순히 사체(死體)와 수면체(睡眠體)와의 사이에 있는 유사(類似)에 기초한 것이다. 또 추상컨대 성경이 이 문아(文

자가 죽을 때 그 영혼은 완전히 거룩하게 되어 즉시 영광 중에 들어가고 그 몸은 여전히 그리스도께 연합하여 부활 때까지 무덤에서 쉰다."

404 딤후 4:18– "ῥύσεταί με ὁ κύριος ἀπὸ παντὸς ἔργου πονηροῦ καὶ σώσει εἰς τὴν βασιλείαν αὐτοῦ τὴν ἐπουράνιον· ᾧ ἡ δόξα εἰς τοὺς αἰῶνας τῶν αἰώνων, ἀμήν."

405 John Calvin, *Psychopannychia*, 박건택 역, "영혼수면론 논박,"『칼뱅 작품 선집 6』(서울: 부흥과개혁사, 2022), 6-100.

406 박형룡,『교의신학- 내세론』, 149-152. 죽산은 눅 16:19-31; 23:43; 고후 5:6; 빌 1:23 등을 영혼의 의식적 존재의 증거로 제시한다. 우리는 이미 앞서 이 구절들에 대하여 살펴보았다.

雅)한 표현을 사용한 것은 신도에게 부활의 위안하는 희망을 암시하기 위함인 듯하다. 그 뿐 아니라 죽음은 우리 주위에 있는 세계의 생활과의 격절(隔絕)인 점에서 수면이며 휴식이다. 최종으로, 성경은 신도들이 사별 직후에 하나님과 그리스도로 더불어 교통하는 의식적 생활을 누린다고 말한다(눅 16:19~31; 23:43; 행 7:59; 고후 5:8; 빌 1:23; 계 6:9; 7:9).[407]

(2) 하나님을 예배하는 삶

그렇다면 천상에 있는 성도들이 의식적으로 깨어 있어 어떤 활동을 하고 있는지에 대하여 살펴보기로 하자. 요한계시록에는 천사들과 온갖 피조물들의 찬양들이 기록되어 있는데(4장-5장, 7장, 14장 등), 그 가운데 큰 환난에서 벗어난 흰옷 입은 성도들도 찬양의 대열에 함께 하고 있는 모습을 7장 9-17절과 14장 1-5절에서 기록하고 있다.

> 이 일 후에 내가 보니 각 나라와 족속과 백성과 방언에서 아무도 능히 셀 수 없는 큰 무리가 나와 흰 옷을 입고 손에 종려 가지를 들고 보좌 앞과 어린 양 앞에 서서 큰 소리로 외쳐 이르되 구원하심이 보좌에 앉으신 우리 하나님과 어린 양에게 있도다(7:9-10).[408]

---

407 박형룡, 『교의신학- 내세론』, 154. 조나단 에드워즈는 몸없는 영혼만의 존재로 있지만 하늘에 있는 성도들 역시도 영적인 감정으로 충만하다고 잘 해명해 주고 있다: "하늘에 속한 믿음과 경건은 대부분 감정 안에 있다. 천국에는 의심할 바 없이 참된 믿음과 경건이 있다. 그것도 가장 순수하고 완벽한 경건이 있다. 천국을 묘사한 성경에 따르면 하늘에 속한 믿음과 경건 역시 주로 거룩하고 강렬한 사랑과 기쁨 그리고 이 사랑과 기쁨이 열정적으로 고양되도록 표현한 찬양 속에 있다. 천국에 있는 성도들의 경건도 지상에 있는 성도들의 경건과 똑같이 사랑과 말할 수 없는 영광스러운 즐거움으로 드러난다. 따라서 천국의 성도들이 혈과 육에서 떠나 있고, 영혼과 육체의 연합이라는 법칙을 따라 그들 영혼의 감정들과 함께 움직이는 체액들이 없기 때문에, 그들에게 있는 넘치는 사랑과 기쁨이 감정이 아닐 것이라고 가정하는 것은 어리석은 것이다. 우리는 여기서 육신의 감정들을 말하는 것이 아니라 영혼의 감정들을 말하는데 그 감정 가운데서 주된 것은 사랑과 기쁨이다."(Jonathan Edwards, *Religious Affections*, 정성욱 역, 『신앙감정론』 [서울: 부흥과개혁사, 2005], 171-172).

408 계 7:9-10: "Μετὰ ταῦτα εἶδον, καὶ ἰδοὺ ὄχλος πολύς, ὃν ἀριθμῆσαι αὐτὸν οὐδεὶς ἐδύ- νατο, ἐκ παντὸς ἔθνους καὶ φυλῶν καὶ λαῶν καὶ γλωσσῶν「ἑστῶτες* ἐνώπιον τοῦ θρόν- ου καὶ ἐνώπιον τοῦ ἀρνίου περιβεβλημένους στολὰς λευκὰς καὶ φοίνικες ἐν ταῖς χερσὶν αὐτῶν, 10 καὶ κράζουσιν φωνῇ μεγάλῃ λέγοντες· ἡ σωτηρία τῷ θεῷ ἡμῶν τῷ καθημένῳ ἐπὶ τῷ θρόνῳ καὶ τῷ ἀρνίῳ."

또 내가 보니 보라 어린 양이 시온 산에 섰고 그와 함께 십사만 사천이 서 있는데 그들의 이마에는 어린 양의 이름과 그 아버지의 이름을 쓴 것이 있더라. 내가 하늘에서 나는 소리를 들으니 많은 물 소리와도 같고 큰 우렛소리와도 같은데 내가 들은 소리는 거문고 타는 자들이 그 거문고를 타는 것 같더라. 그들이 보좌 앞과 네 생물과 장로들 앞에서 새 노래를 부르니 땅에서 속량함을 받은 십사만 사천 밖에는 능히 이 노래를 배울 자가 없더라(14:1-3).

또한 6장 9절-11절에 보면 다섯 번째 인을 떼실 때에 하늘의 제단 아래에서 순교자의 영혼들이 탄원을 올려드리는 장면을 보여주기도 한다. 이 또한 하늘에 속한 승리한 교회가 하나님 앞에 드리는 예배와 기도의 한 장면으로 이해할 수가 있다.

다섯째 인을 떼실 때에 내가 보니 하나님의 말씀과 그들이 가진 증거로 말미암아 죽임을 당한 영혼들이 제단 아래에 있어 큰 소리로 불러 이르되 거룩하고 참되신 대주재여 땅에 거하는 자들을 심판하여 우리 피를 갚아 주지 아니하시기를 어느 때까지 하시려 하나이까 하니 각각 그들에게 흰 두루마기를 주시며 이르시되 아직 잠시 동안 쉬되 그들의 동무 종들과 형제들도 자기처럼 죽임을 당하여 그 수가 차기까지 하라 하시더라(6:9-11).

(3) 그리스도와 함께 다스리는 삶

천상에 있는 성도들의 의식적인 존재와 관련하여 찬반의 논쟁이 있기는 하겠지만, 20장 1절-6절에 기록된 순교자의 영혼들과 성도들이 그리스도와 함께 천년동안 다스린다고 하는 것 역시도 개혁주의 무천년설에 의하면 초림과 재림 사이 천상에 있는 성도들이 누리는 복으로 이해할 수가 있다. 물론 천상에 가있는 성도들이 삼위일체 하나님처럼 이 지상에서 일어나고 있는 일들을 일일이 보면서 통치 행위를 한다는 의미로 이해할 수는 없을 것이다. 하지만 천상의 영혼들은 무위도식하면서 있는 것이 아니라, 초림의 구속 사역을 완성하시고 교회의 머리이시자 온 우주의 왕이 되신 그리스도의 왕적 통치에 동참하고 있다고 보는 것이 적합한 이해라고 생각된다. "그들이 하나님과 그리스도의 제사장이 되어 천 년 동안 그리스도와 더불어 왕 노릇 하리라."(20:6).[409]

(4) 교제하는 삶

또한 하늘에서 승리한 교회 공동체가 누리는 축복의 본질적인 내용은 교제(communio)라는 측면에서 생각할 필요가 있다. 성도들의 교제의 핵심은 "그리스도와 함께 있는 것"(σὺν Χριστῷ εἶναι, 빌 1:23)에 있다. 어떤 경건한 신학자는 자신이 죽어서 들어간 곳의 환경이 아무리 낙원이어도 만약에 자신이 사모하는 그리스도가 아니계신 곳이라면 지옥인줄 알고 뛰쳐나오겠다고 했다. 이것이 하늘 혹은 천당을 사모하는 자의 본질적 이유여야 한다. 청교도 존 오웬은 죽음의 병상(death bed)에서 자신의 저술인 『그리스도의 영광에 관한 묵상』[410]이 출간되었다는 소식을 접하고는 기쁨을 표현하면서도 이제 자신이 죽은 후 천상에서 곧 보게 될 더 나은 영광에 대한 설레임과 기대를 다음과 같이 표현했다.

> 그 소식을 들어 기쁩니다. 오, 하지만 페인 형제! 이 세상에서 지금까지 내가 보았거나 볼 수 있었던 것과 또 다른 방법으로 그 영광을 바라볼 수 있으리라고 오래도록 기다려 왔던 그 날이 마침내 왔습니다.[411]

또한 앤 커즌(Ann Cousin)이라는 한 영국의 시인은 "이 세상 지나고"라는 찬송가 가사를 통해 그날에 대한 소망을 다음과 같이 노래하기도 했다.

---

409 계 20:6- "ἀλλ' ἔσονται ἱερεῖς τοῦ θεοῦ καὶ τοῦ Χριστοῦ καὶ βασιλεύσουσιν μετ' αὐτοῦ [τὰ] χίλια ἔτη."
410 John Owen, *The Glory of Christ*, 서문강 역, 『그리스도의 영광: 강론과 묵상』, 개정역판 (서울: 지평서원, 2011).
411 Thomson, 『청교도의 황태자 존 오웬』, 175.

날 위해 고생하신 주 얼굴 뵈려고
내 갈 길 험악하나 쉬잖고 나간다.
주 예수 신랑처럼 날 기다리시니
큰 영광 중에 나가 주 얼굴 뵈오리라.[412]

성도가 하늘에서 누리게 되는 교제는 이 땅위에서 잘 알고 지냈던 성도들 뿐 아니라 천상에 있는 모든 성도들과 교제를 누리게 된다는 것이다. 몸이 없는 영혼들이지만 성도들 간에도 서로 알아보게 될 뿐 아니라 아무런 오해나 시기나 질투같은 감정 없이 투명한 교제를 하게 될 것이다. 에드워즈의 표현으로 하자면 사랑과 기쁨이 넘치는 교제가 넘쳐나게 될 것이다. 하늘(천당)에 대한 묵상을 많이 했던 청교도 리처드 백스터는 우리가 하늘에서 믿음의 조상들을 만나 교제하게 될 것이며, 그들을 만나게 된다는 것을 아는 것도 "죽음의 공포에 대항하여 격려와 위로가 되는 것"이라고 말해 주면서, 자신이 천상에 가서 만나게 될 수 많은 성경 인물들과 교회사적인 인물들의 긴 명단을 나열해 주기도 했다.[413]

(5) 조나단 에드워즈의 데이비드 브레이너드 장례식 설교

성도가 이 육신을 벗고 하늘에 들어가서 누리게 될 복이 무엇인가에 대해서 묵상할 수 있는 좋은 자료는 조나단 에드워즈가 데이비드 브레이너드(David Brainerd, 1718-1747)의 장례식에서 행한 설교라고 할 수 있다.[414] 에드워즈는 탁월한 성도중에서도 가장 탁월한 본보기라고 평가했던 브레이너드의 장례식 설교 중에 성도는 그리스도와 함께 있기 위해 이 몸을 떠난다고 하는 논지를 제시하고 이에 대해서 상세하게 강해하였다.[415] 에드워즈에

---

412 https://ko.ligonier.org/tabletalk/between-two-worlds/eternity-in-our-hearts/ (2025.1.9.접속).
413 Selderhuis, 『우리는 항상 죽음을 향해 가고 있다』, 70-71.
414 Edwards, "True Saints, When Absent from the Body, Are Present with the Lord(II Cor. 5:8)," *WJE* 25:225-56. 이 설교와 관련된 부분은 필자의 저서 『조나단 에드워즈의 성령론』, 313-314에서 가져온 것임을 밝힌다. 데이비드 브레이너드 역시 생시에 하늘(천당)에 대한 사모함이 간절한 청년 선교사였다. Jonathan Edwards (ed.), *The Life of David Brainerd*, 송용자 역, 『데이비드 브레이너드의 생애와 일기』 (서울: 복있는사람, 2008)을 보라.
415 Edwards, "True Saints, When Absent from the Body, Are Present with the Lord(II Cor. 5:8)," *WJE*

의하면 참된 성도들이 육신을 벗고 하늘에 들어가게 될 때에 누리게 되는 영광은 다음과 같다:

첫째, 성도들의 영혼은 그리스도의 영화롭게 된 인성과 함께 거하며 축복을 누리게 된다.

둘째, 성도들의 영혼은 하늘로 올라가 즉각적이고 온전하며 끊임없이 그리스도를 보며 그 분과 함께 거하게 된다.

셋째, 성도들의 영혼은 가장 온전하게 그리스도를 따르고, 그분과 연합하게 될 것이다.

넷째, 성도들의 영혼은 그리스도와 함께 거하며 영광스럽고 즉각적인 교제와 대화를 나누게 된다.

다섯째, 성도들의 영혼은 그리스도의 축복 속에서 그분과 영광스러운 교제 속으로 들어가게 된다.[416]

그리고 에드워즈는 성도들이 그리스도와 연합하고 교제를 나누며 하늘에서 누리게 될 영광과 축복들에 대해서 상세하게 설명해 주었다. 에드워즈가 제시하는 바 성도가 누리게 될 하늘의 영광과 축복은 다음과 같다.

첫째, 성도들은 하늘에서 그리스도가 하나님 아버지를 누리는 가운데 소유하시는 말할 수 없는 기쁨에 동참하게 된다.

둘째, 성도들은 하늘 아버지가 그리스도를 높이신 영광스런 통치권 안에서 그리스도와 교제를 누리게 되고 그 분의 특권에 동참하게 된다.

셋째, 성도들은 하나님 아버지를 영화롭게 하는 그리스도의 복되고 영원한 행위 속에서 그리스도와 교제를 나눈다.[417]

25:226. 에드워즈가 제시하는 설교의 교리적 명제는 "The souls of true saints, when they leave their bodies at death, go to be with Christ"였다.

416 Edwards, "True Saints, When Absent from the Body, Are Present with the Lord(II Cor. 5:8)," *WJE* 25:227-34.

417 Edwards, "True Saints, When Absent from the Body, Are Present with the Lord(II Cor. 5:8)," *WJE* 25:234-43.

또한 우리는 성경적으로 건전한 하늘(천당)에 대한 묵상을 하기 위해서 조나단 에드워즈의 여러 설교들을 읽어볼 필교가 있는데, 특히 "천국은 사랑의 나라입니다"라는 설교를 권독하고 싶다.[418]

(6) 천상에서의 삶은 임시적이고 부분적인 것이다.

그럼에도 불구하고 천상에서의 삶은 구원의 완성이 아니라 임시적이고 부분적이라는 점을 기억해야 한다.[419] 오해를 피하기 위해서는 성도가 죽어 하늘에 가서 주와 함께 있음으로 누리게 되는 복에는 궁극적으로 주어질 몸과 새 하늘과 새 땅이 결여되어 있다는 점을 주목해 보면 될 것이다. 바울은 로마서 8장 21절에서는 "하나님의 자녀들의 영광의 자유에 이르는 것"(εἰς τὴν ἐλευθερίαν τῆς δόξης τῶν τέκνων τοῦ θεοῦ)이라고 하고, 23절에서는 "양자될 것 곧 우리 몸의 속량을 기다리"(υἱοθεσίαν ἀπεκδεχόμενοι, τὴν ἀπολύτρωσιν τοῦ σώματος ἡμῶν)고 있다고 명시해 준대로, 우리의 구원의 완성은 주님의 재림후 몸의 부활에 참여하고 새 하늘과 새 땅에서 영원히 살게 될 때 이루어지는 것이다. 그리고 우리가 요한계시록 6장 9절-11절에 기록된 다섯 번째 인을 떼었을 때에 등장하는 순교자의 영혼들이 하늘 제단 아래에서 "거룩하고 참되신 대주재여! 땅에 거하는 자들을 심판하여 우리 피를 갚아 주지 아니하시기를 어느 때까지 하시려 하나이까?"(10절)고 탄원하고 있다는 사실도 중간 상태에서의 신자들도 여전히 신자신들의 신원설치(伸冤雪恥)가 이루어질 날을 고대하고 있다는 것을 분명하게 알 수가 있다.[420]

3.4.2. 음부- 고통하는 곳

천상에서의 죽은 성도들이 누리는 중간기 상태에 대해서 고찰하였기에,

---

418 Jonathan Edwards, *Charity and Its Fruits, Ethical Writings*, WJE 8:366-397; 백금산 역, 『조나단 에드워즈 대표설교 선집』(서울: 부흥과개혁사, 2005), 366-406.
419 이승구, 『죽음, 그리고 죽음 이후의 삶』, 26. 이승구 교수는 오스카 쿨만이 중간 상태에 대해 "the provisional and still imperfect character of this sate"라고 말한 것은 긍정적으로 평가한다.
420 "ἕως πότε, ὁ δεσπότης ὁ ἅγιος καὶ ἀληθινός, οὐ κρίνεις καὶ ἐκδικεῖς τὸ αἷμα ἡμῶν ἐκ τῶν κατοικούντων ἐπὶ τῆς γῆς;"(계 6:10).

이제 우리는 악인들은 죽은 후에 어떻게 되는지에 대해서 살펴 보기로 하겠다. 흔히들 죄인들은 죽으면 지옥간다는 말을 일상에서도 흔히 말하듯이, 신앙고백서들은 대체로 지옥(地獄)이라는 표현을 사용해서 악인들의 중간기 거처를 표현하곤 한다.[421] 그러나 악인들이 지옥에서 영원한 형벌을 당한다는 것을 부정하면서, 악인들의 멸절을 주장하는 이들이 늘 있어 왔다.[422] 그러나 성경은 최후 심판후 악인들은 전인으로 지옥(게헨나)에 들어가서 영원한 고통(eternal punishment)을 겪는다고 선포할 뿐만 아니라, 지상에서 살다가 개인적인 종말인 육체적 죽음 후에도 그 영혼이 음부(하데스)에 가서 고통을 당하게 된다고 명시적으로 밝히고 있다. 물론 후자에 대해서 말하는 전거 구절들이 많지는 않지만, 우리는 앞서 살펴본 누가복음 16장 19절-31절을 통해서도 이 사실을 분명하게 확인할 수가 있다.[423]

물론 우리는 몸없이 영혼만이 들어가는 음부에서의 고통이 어떠한 것인지 물질주의적인 언어로 설명하거나 이해해서는 안될 것이다. 몸이 없는 영혼이어도 의식적인 존재로 존재하면서 하늘의 기쁨과 평안을 누리는 것이 가능하듯이, 악인들도 영적이고 정신적인 고초와 고뇌를 겪을 수 있으며, 일반은총이 전적으로 배제된 상태이기에 그 고통과 고초의 순도가 클 것이라고 하는 점을 우리는 말할 수 있을 뿐이다.[424] 사실 우리 신자들이 음부 혹은 지옥에서의 고통과 형벌을 이야기할 때에는 거룩한 슬픔과 안타까움을 가져야 마땅하다. 19세기 스코틀랜드 던디의 성자같은 목회자 로버트 머리 맥체인(Robert Murray M'Cheyne, 1813-1843)이 말한대로 우리는 지옥에 대

---

421 「웨스트민스터 신앙고백」 32.1; 「웨스트민스터 대교리문답」 86문답; 「제2 스위스 신앙고백」 26장 등.
422 현대 영국 복음주의자 존 스토트 역시 영원한 형벌을 소멸로 해석해서 논쟁을 유발하였다(David L. Edwards and John Stott, *Evangelical Essential: A Liberal-Evangelical Diologue* [Downers Grove: IVP, 1988], 312-320). 비판적인 논의를 상세하게 제시해 주는 Reymond, 『최신 조직신학』, 1336-1357을 보라.
423 죽산 박형룡은 "악인의 중간기 상태에 관설(關說)하는 성구는 많지 않으나 이 한 구절은 우리에게 좋은 광명을 던져 준 것이"라고 논평해 준다(박형룡, 『교의신학- 내세론』, 126).
424 조나단 에드워즈는 천국에 대한 설교들도 많이 남겼지만, "지옥불 설교자"(hell-fire preacher)라는 비난을 많이 받아왔다. 그의 지옥에 대한 설교문들(총13편)을 묶어 출간한 다음의 설교집을 통해 우리는 성경적 계시에 근거하여 음부/지옥에서의 삶과 고통이 어떠한 것인가에 대해서 풍성하게 인식할 수가 있을 것이다: William C. Nichols (ed.), *The Torments of Hell: Jonathan Edwards on Eternal Damnation* (Ames: International Outreach, 2006).

해 이야기하지 않을 수가 없지만, 눈물을 흘리면서 그렇게 하는 것이 가장 합당한 방식일 것이다. 우리들이 자주 부르지는 않으나 널리 알려진 찬송가 522장에서 찰스 웨슬리(Charles Wesley, 1707-1788)는 우리가 불신자가 겪을 음부/지옥에서의 형벌에 대해 어떻게 생각하고 또한 어떠한 마음으로 그들을 바라 보아야 하는지를 잘 표현해 주고 있다.

웬일인가 내 형제여 주아니 믿다가 죄 값으로 지옥 형벌 너도 받겠구나	1. Why not be-lieve, my broth-er? Tell! Why not to heav-en win? Why die un-saved, for pains of hell, The dread-ful price of sin?
웬일인가 내 형제여 마귀만 따르다 저 마귀 지옥 갈때에 너도 가겠구나	2. Why not be-lieve, my broth-er? Think! Why fol-low Sa-tan's train? When Sa-tan's hosts to judg-ment sink Why would you share their pain?
웬일인가 내 형제여 재물만 취하다 세상물질 불탈때에 너도 타겠구나	3. Why not be-lieve, my broth-er? Say! Why live for wealth and state? When things of earth are burn'd a-way, Why would you share that fate?
웬일인가 내 형제여 죄악에 매여서 한없이 고생하는 것 참 못보겠구나	4. Why not be-lieve, my broth-er? Friend! Why, snared in e-vil ways, Would you choose trou-ble with-out end, And grief for all your days?
사랑하는 내 동포여 주께로 나오라 십자가에 못박힌 주 너를 사랑하네	5. In-deed, my com-rade! Life or loss Rests, friend, on what you do! Come to the Lord! He bore a cross And died for love of you!

3.5. 로마교회의 중간기 거처론

「웨스트민스터 신앙고백서」 32장 1항은 사람이 죽은 후에 하늘 아니면 지옥에 가게 되며, "성경은 육체와 나뉜 영혼을 위하여 이 두 장소 외에는 다른 아무 곳도 인정하지 않는다."라고 선언한다.[425] 우리는 하늘과 음부(하데스)에서의 삶에 대해서 앞서 살펴보았다. 한편 웨스트민스터 신앙고백서는 당시대까지도 로마교회가 확고하게 가르쳤고 일반 신자들의 종교심에 깊이 새겨져 있던 다른 사후 거처들인 연옥(*purgatorium*), 조상 림보(*limbus patrum*) 그리고 영아 림보(*limbus infantum*) 등에 대해서 단호하게 배척했다. 이러한 사후 거처들은 성경적으로 근거가 없는 것들인데도 불구하고 현재까지도 여전히 교의적인 위치를 차지하고 있기 때문에 개관적인 고찰이 필요하다.

루이스 벌코프는 "사후 영혼의 거처에 관한 로마교회의 교리들"이라는 제하에 연옥, 조상림보, 영아림보 등을 다루고,[426] 죽산 박형룡은 이 세 가지를 포함하여 총 5가지의 사후 거처론을 다루어준다.[427] 이렇게 사후 거처를 다섯 종류로 정립한 것은 로마교회의 표준적인 신학자로 불리우는 토마스 아퀴나스이다.[428] 이제 우리는 먼저 죽산의 개관적인 안내를 먼저 보도록 하겠다.

> 로마 교회는 사후 영혼의 거처를 여러 곳으로 나누어 생각한다. 지옥과 천당에 추가(追加)하여 다른 세 곳이 망령(亡靈)들의 거처로 되어 있다고 한다.
> 1. 모든 세례(洗) 받지 못한 장년인(長年人)들과 세례 받은 후에 죽음에 이르는 죄로 인하여 세례의 은혜를 잃어버리고 교회에 화목(和睦)되지

---

[425] WCF 32.1(김의환, 264)
[426] Berkhof, *Systematic Theology*, 686-688. 후기 벌코프의 제자인 비네마는 스승의 논의 폭을 따르지 않고, 연옥에 대한 비판적인 논의만을 자신의 교과서에 담는다(Venema, 『개혁주의 종말론 연구』, 93-105).
[427] 박형룡, 『교의신학- 내세론』, 141-149.
[428] 토마스 아퀴나스는 『신학대전』 보충부 69문-72문에서 사후 영혼의 거처들에 대해서 다루고, 또한 연옥에 있는 영혼들을 위한 성인들의 기도(*oratio sanctorum*)에 대해서 해설해준다: Thomas Aquinas, *Summa Theologiae*, Sup. Q. 69-72; *Summa Theologica*, trans. Fathers of the English Dominican Province, 5 vols. (Notre Dame: Ave Maria Press, 1981), 5:2817-2850; 요약적인 내용은 G. Dalsasso and Robert Coggi, *Compendio della Somma Teologica*, 이재룡, 이동익, 조규만 역, 『성 토마스 아퀴나스의 신학대전 요약』 개정판 (서울: 가톨릭대학교출판부, 2008), 557-563을 보라.

못한 채로 죽은 장년인들은 즉각적으로 지옥에 간다.

2. 그리스도인 완전의 상태에 득달(得)한 신자들은 즉각적으로 천당에 간다.

3. 부분적으로 성화된 그리스도인들 즉 교회와의 교제에 있으되 불완전들의 방해(防) 중에 죽은 자들은 연옥(煉獄)으로 간다.

4. 구약의 신도들은「조선(祖先) 림보」혹「아브라함의 품」에 수집되었다.

5. 세례 받지 못한 영아들의 영혼들은 그들을 위해 특별히 준비된「영아(嬰兒) 림보」라는 곳으로 간다.

이하에서 우리는 천당과 지옥에 대한 논의를 제외한 연옥, 조상 림보, 영아 림보에 대한 로마교회의 기본 입장이 무엇인지를 개관해 보도록 하겠다.

4.5.1. 연옥(煉獄, *purgatorium*)

로마 교회의 기본 입장에 의한다면 일반적인 신자들은 죄에 대한 보속이 충분히 이루어지지 않았기 때문에 죽은 후에 대다수가 천당이 아니라 연옥에 가게 된다고 말해 진다. 이 연옥 교리는 초대 교회 때부터 시작되어 중세에 널리 확산되었고,[429] 이 연옥교리와 연관되어 유명해진 것이 바로 종교개혁의 도화선이 된 면벌부(*indulgentia*) 판매이기도 하다.[430] 비네마는 반종교개혁을 위해 모인 트리엔트 공의회에서도 연옥 교리가 교의화되었을 뿐 아니라, 현재까지도 로마교회에서 교의적 위치를 차지하고 있다는 것을 잘 적시해 주고 있다.[431] 20세기 후반에 나온「가톨릭 교회 교리문답」1030절과 1032절에는 다음과 같이 말하고 있다.

---

429 연옥설의 형성 과정에 대해서는 프랑스 역사가인 Jacques Le Goff, *La Naissance du purgatoire*, 최애리 역,『연옥의 탄생』(서울: 문학과 지성사, 2000)을 보라.
430 Venema,『개혁주의 종말론 연구』, 97. 중세 후기 이탈리아의 작가 단테(Durante degli Alighieri, 1265-1321)의 유명한『신곡』(*La divina commedia*) 3부작중 하나도 연옥편이다. 50년 동안 본서를 연구했던 일본인 이마미치 도모노부 (1922-2012)의『단테 신곡 강의』, 이영미 역 (파주: 고유당, 2022), 293-395를 보라.
431 Venema,『개혁주의 종말론 연구』, 95.

1030절: 하나님의 은혜 안에서 죽은, 그러나 불완전하게 정화된 모든 자는 사실 이들의 영원한 구원이 확정되었지만, 죽음 이후 정화되어야 한다. 그리하여 천국의 기쁨에 참여하는데 필요한 거룩함을 얻어야 한다.

1032절: 시작부터 교회는 죽은 자들에 대한 회상을 영예롭게 했고, 모든 성만찬 희생 위에 그들을 위한 중보기도를 드렸으며, 그래서 결국 정화된 그들은 하나님을 보기에 이를 수 있다. 또한 교회는 죽은 자들을 위해 선행과 면죄부들, 참회의 행위들을 명한다.[432]

연옥이 존재하는 이유에 대해 죽산은 "시련의 처소가 아니라 확실히 천당에 들어갈 수 있으되 오히려 하나님을 보는 지복상(至福相 =beatific vision of God)에 참여하기 적당치 않은 신자들의 영혼들을 정화하며 준비하는 곳"이라고 정리해 준다.[433] 또한 연옥에 거하는 기간은 개별적인 조건에 따라 다르며, 지상에 있는 신실한 자들의 여러 가지 선행들이 그 기간을 줄이는데 기여할 수있다는 점을 말한다. 게다가 이 연옥의 관할권은 교황에게 있다.[434]

---

432 *Catechism of the Catholic Church*, par. 1030, 1032; Venema, 『개혁주의 종말론 연구』, 95-96에서 재인용. 현대의 유명한 로마교회 철학자인 피터 크리프트는 "우리를 의롭다하시는 하나님의 일이 십자가에서 완성되고 '다 이루어진다'해도(요 19:30), 우리의 성화는 아직 다 이루어지지 않았으며, 그래서 우리들 대다수는 죽음과 '깊은 데 있는 천국' 사이에서 더 깨끗해질 필요가 있다"고 말한 후에, 로마 교회의 연옥설을 변호한다(Peter Kreeft, "가톨릭 관점," in Michael Wittmer [ed.], *Four Views on Heaven*, 오현미 역, 『천국에 대한 네 가지 견해』 [서울: IVP, 2023], 265-270). 이러한 연옥설은 내용상 차이는 있어도 영국 성공회 소속인 C. S. 루이스나 톰 라이트의 저술에서도 발견된다.

433 박형룡, 『교의신학- 내세론』, 141. 로마교회 철학자인 피터 크리프트는 "죄가 많고 중할수록 연옥이 그만큼 더 필요하다. 몸이 더러울수록 더 씻어야 하는 것과 마찬가지다. 연옥에서 영적인 시간을 얼마나 많이 보내느냐는 (그런 시간이 존재한다면) 전혀 다른 문제이며 대답은 불확실하다"라고 말하기도 하고, 또한 다음과 강하게 말하기도 한다: "우리 죄인들이 죽을 때 연옥에서처럼 정결케 되거나 성화되는 과정 없이 그냥 불쑥 천국으로 미끄러져 들어가 하나님과 친밀히 교제할 수 있다고 생각한다면, 인간의 죄성이나 천국의 거룩함, 혹은 이 두 가지의 차이점에 대해 끔찍할 정도로 피상적인 견해를 가진 것이 틀림없다."(Kreeft, "가톨릭 관점," 266-267).

434 박형룡, 『교의신학- 내세론』, 141-142. 죽산의 해설은 거의 벌코프에게서 빌려온 것이다: "They can be shortened and alleviated by the prayers and the good works of the faithful on earth, and especially by the sacrifice of the mass. It is possible that one must remain in purgatory until the time of the last judgment. The Pope is supposed to have jurisdiction over purgatory. It is his peculiar prerogative to grant indulgences, lightening the purgatorial sufferings or even terminating them."(Berkhof, *Systematic Theology*, 686).

그렇다면 로마교회에서 연옥의 근거로 제시하는 것이 무엇인지를 확인해 보도록 하자. 그들은 성경의 몇몇 구절들을 제시하지만 합당한 근거가 될 수가 없고, 위경에 속하는 마카베오 2서 42절-45절에서 "우상 숭배의 큰 죄중에 죽은 군인들의 구원을 위하여 유다 마카베오는 2천 드라크마를 예루살렘에 보내어 속죄제를 드리게 한 것은 그들의 부활을 희망한 때문"이라고 그들은 주장하지만 정경이 아닌 위경에 근거한 주장일 뿐이다.[435] 죽산은 연옥설의 근거가 이렇게 전무하다시피하기에 "명확한 성경적 근거없이 이런 중대한 교리를 안출(案出)하여 뭇 신도들의 심령을 위협(威脅)함은 결코 정당한 일이 아니"라고 비판했다.[436]

종교개혁자 칼빈 역시 로마교회의 연옥설에 대해 단호하게 비판을 하면서, "우리는 단지 우리의 목에서 나오는 소리로 뿐만 아니라 우리의 목과 양쪽 폐로부터 나오는 소리로도, 연옥은 그리스도의 십자가를 헛되게 하고, 우리의 믿음을 전복시키며 파괴하는 사탄의 치명적인 허구라는 것을 외쳐야 한다"라고 요청하고 있다.[437] 그리고 루이스 벌코프는 연옥 교리가 성경적 진리에 배치되는 바를 다음과 같이 적시해 준다.

> 이 교리는 성경에서 전혀 지지를 받지 못하며, 더욱이 다음과 같은 몇 가지 잘못된 전제에 기초하고 있다: (a) 우리는 그리스도의 사역에 무엇인가를 더해야 합니다; (b) 우리의 선행은 엄밀한 의미에서 가치가

---

435 박형룡, 『교의신학- 내세론』, 142. 마카베오 2서 12장 42절-45절의 내용은 다음과 같다: "그리고 죽은 자들이 범한 죄를 모두 용서해 달라고 애원하면서 기도를 드렸다. 고결한 유다는 군중들에게 죄 지은 자들이 받은 벌이 죽음이라는 것을 눈으로 보았으니 이제는 그들도 죄를 짓지 말라고 권고하였다. 43 그리고 유다는 각 사람에게서 모금을 하여 은 이천 드라크마를 모아 그것을 속죄의 제사를 위한 비용으로 써달라고 예루살렘으로 보냈다. 그가 이와 같이 숭고한 일을 한 것은 부활에 대해서 생각하고 있었기 때문이었다. 44 만일 그가 전사자들이 부활할 수 있다는 희망을 가지고 있지 않았다면 죽은 자들을 위해서 기도하는 것이 허사이고 무의미한 일이었을 것이다. 45 그가 경건하게 죽은 사람들을 위한 훌륭한 상이 마련되어 있다는 생각을 하고 있었으니 그것이야말로 갸륵하고 경건한 생각이었다. 그가 죽은 자들을 위해서 속죄의 제물을 바친 것은 그 죽은 자들이 죄에서 벗어날 수 있게 하려는 것이었다."(공동번역 개정판).
436 박형룡, 『교의신학- 내세론』, 143. 비네마는 연옥설의 근거라고 제시된 구절들에 대해 검토하여 모두 근거없다고 비판해 준다(Venema, 『개혁주의 종말론 연구』, 98-103).
437 Calvin, *Institutio*, 3.5.6; 『기독교 강요』, 3:252. 칼빈은 또한 이어서 다음과 같이 적시해 준다: "오직 그리스도의 피가 신자들의 죄를 위한 유일한 무름, 유일한 속죄, 유일한 정화이다."(*Christi sanguinem unicam esse pro fidelium peccatis satisfactionem, expiationem*).

있다. (c) 우리가 초월적인 일, 의무의 명령을 넘어서는 일을 수행할 수 있다는 것; (d) 열쇠에 대한 교회의 권능은 사법적 의미에서 절대적이다. 이에 따르면 교회는 연옥의 고통을 단축하고, 완화하고, 심지어 종결시킬 수 있다.[438]

비네마는 연옥 교리가 가진 문제점들로 "구원을 이해하는 데 있어서 우리의 초점을 하나님에서 신자에게로 이동 시킨다"는 점, "구원에 있어서의 초점을 하나님의 사역에서 인간의 사역으로 이동시킨 것과 더불어서, 우리 구원자의 사역의 영광과 온전함을 빼앗아 간다"는 점, "신자가 하나님 앞에 서기에 적합하도록 하기 위해 정화를 할 필요가 있음을 강조"하는 것, 그리고 "합법적인 선을 넘어서는 교회 권위의 남용"이 저질러진다는 점 등을 들어 비판해 준 후에, 결론적으로 다음과 같이 적실하게 강조해 준다.

> 우리는 이 연옥 교리에 대항해 다음과 같이 신앙고백 할 수 있다. 즉, 우리의 유일한 삶과 죽음에서의 위로는 우리의 죄를 완전히 만족시킨 우리의 신실하신 구원자에게 우리가 속해 있다는 사실이다. 우리 주 예수 그리스도 안에 있는 이 복음의 위로가 비성경적인 연옥 교리를 대체해야 한다.[439]

5.4.2. 조상 림보(*limbus Patrum*)

로마교회가 말하는 두 번째 비성경적인 중간기 거처는 조상 림보 즉, 림부스 파트룸이다. 림부스 혹은 림보는 가장자리, 연변(沿邊)을 의미한다.[440] 그렇다면 조상림보는 무엇을 가리키는 것일까? 그곳은 그리스도의 객관적

---

438 Berkhof, *Systematic Theology*, 687.
439 Venema, 『개혁주의 종말론 연구』, 103-105. 블록 인용은 105쪽에서 가져온 것이다. 미국 장로교 신학자 로레인 뵈트너의 연옥설에 대한 비판적 논의도 참고하라(Boettner, *Immortality*, 124-137).
440 한동일, 이순용은 라틴어 단어 *limbus*를 고성소(古聖所)라고 번역했고, "변방, 변경이란 뜻을 지닌 튜튼어(Teutonic)에서 유래"했다고 해설한 후에, 이어서 "림보에 관한 교리는 신학적인 의견이며 교회에서 정한 교리조항은 아니다"라고 밝히고 있다(한동일, 이순용 편저, 『카르페 라틴어 한국어 사전』 [파주: 문예림, 2020], 698).

구속 사역이 일어나기 전에 살았던 "구약의 성도들의 영혼들이 주의 부활까지 대망 상태로 복된 견신(見神)(beatic vision of God) 없이 또는 수난도 없이 유치되어 있"는 곳을 의미한다.⁴⁴¹ 이곳은 아브라함의 품(눅 16:23) 또는 낙원(눅 23:43)이라 불리우는 곳이기도 하다고 로마교회는 주장하며,⁴⁴² 이는 구약 성도들에게는 아직 하늘(천당)의 문이 개방되지 않았다고 하는 것과 그리스도가 십자가에 못박혀 죽으신 후에 옥에 있는 그들에게 내려가서 그들을 림보에서 자유하게 하시고 천당으로 이끌어 주셨다고 하는 로마교회의 음부강하(descensus ad inferos) 해석에 따른 것이다.⁴⁴³ 그들이 제시하는 성경 구절은 베드로전서 3장 18절-20절인데, 이 구절에 대한 해석은 난해하기도 하지만 로마교회와 개혁교회의 해석이 선명하게 나누인다.⁴⁴⁴ 분명한 것은 로마교회의 조상림보설은 성경적인 교리가 아니며 구약이나 신약이나 다 한 가지 믿음에 의해 칭의에 이른다고 하는 웨스트민스터신앙고백 11장 6조를 따르는 것이 합당하다.⁴⁴⁵

5.4.3. 영아 림보(*limbus infantum sive puerorum*)

로마교회는 지옥의 연변에 또 다른 림보를 말하는데, 이는 영아림보로서 이곳은 "이교도의 자손이나 기독교도의 자손이나를 물론하고 모든 세례 받지 못한 영아들"이 들어가는 곳이라고 한다.⁴⁴⁶ 현재 영아림보는 교회 교의적 위치에 있지는 않지만, 로마교회의 물세례 중생론(regeneration by the water

---

441 박형룡, 『교의신학- 내세론』, 145. 죽산의 설명은 벌코프의 설명과 유사하다: "The former is the place where, according to the teachings of Rome, the souls of the Old Testament saints were detained in a state of expectation until the Lord's resurrection from the dead."(Berkhof, *Systematic Theology*, 687).
442 Berkhof, *Systematic Theology*, 687. Cf. Thomas Aquinas, *Summa Theologiae* III, Sup. lxix, 4-7.
443 그리스도의 지옥 강하에 대한 자세한 논의는 문병호, 『기독론』(서울: 생명의말씀사, 2016), 884-898를 보라.
444 Bavinck, *Reformed Dogmatics*, 3:411-413, 480-481.
445 박형룡, 『교의신학- 내세론』, 147. 칼빈은 "죽은 사람들의 영혼을 감옥에 유폐시킨다는 발상"에 대해 "단지 이야기에 불과하다"거나 "유치하다"라고 반박한다(Calvin, *Institutio*, 2.16.9; 『기독교 강요』, 2:474).
446 "This is the abode of the souls of all unbaptized children, irrespective of their descent from heathen or from Christian parents."(Berkhof, *Systematic Theology*, 687).

baptism)에 의거한다면 세례받지 못한 영아들은 하늘(천당)에 들어갈 자격이 없다는 것은 분명한 입장이다.[447] 하지만 영아사망률이 높았던 시절에는 자신의 세례받지 못한 아이들이 지옥에 떨어진다는 생각을 부모들이 하는 것은 끔찍스러운 일이었기에, 천당과 지옥 사이 연변에 영아림보라는 것이 있다고 말하게 된 것이다.[448]

로마교회 신학자들 중에는 영아림보의 성격을 "적극적 형벌, '감각적 고통'(pain of sense)을 받지 않고 단순히 천당의 행복에서 제외될 뿐"이요, "자기들의 자연적 재능을 사용함으로 하나님을 알고 사랑하며 충분한 자연적 희락을 누린다"고 해설하기도 한다.[449] 죽산이 말한대로 "로마교회 신학자들이 세례 받지 못한 영아들의 내생 상태에 관하여 이렇게 동정(同情) 깊은 상상(想像)을 추진(推進)함은 장관(壯觀)이라"고 감탄할 수도 있겠으나, 영아림보는 비성경적인 중간기 거처론이다.[450] 로마교회 신학자들이 말하는 영아림보설은 성경적 근거를 가졌다기 보다는 그들의 물세례 중생론에 근거한 것이고, 개혁교회는 이러한 중생론을 거부하기 때문에 신학적인 근거도 전무하다고 할 것이다.

다만 신자 가정의 자녀들 중 영아기에 죽은 경우에 신앙고백에 근거하여 선의의 판단을 하는 것이 허용된다고 할 것이다. 도르트신경 1장 17조에 의하면 성도의 자녀들의 구원에 대해 다음과 같이 고백하고 있다.

> 우리는 하나님의 말씀에 기초해서 성도의 자녀에 대한 하나님의 뜻에 대해 판단하지 않으면 안 된다. 하나님의 말씀은 성도의 자녀들이 거룩하다고 증거하는데, 이것은 그들의 본성이 그래서가 아니라, 자녀들

---

447 박형룡, 『교의신학- 내세론』, 147.
448 찰스 하지는 영아림보에 대해 결정한 교회 회의들로 리옹 공의회, 플로렌스 공의회 등과 더불어 트리엔트 공의회 등을 지적해 준다(Hodge, *Systematic Theology*, 3:746).
449 박형룡, 『교의신학- 내세론』, 148. 죽산의 해설은 거의 벌코프의 견해를 따른 것이다: "The prevailing opinion is, however, that they suffer no positive punishment, no 'pain of sense,' but are simply excluded from the blessings of heaven. They know and love God by the use of their natural powers, and have full natural happiness."(Berkhof, *Systematic Theology*, 687–688).
450 박형룡, 『교의신학- 내세론』, 149. 죽산의 말을 찰스 하지의 말과 비교해 보라:"It is a matter of rejoicing that the doctrine of Romanists on the condition of unbaptized infants in a future life has admitted of this amelioration." (Hodge, *Systematic Theology*, 3:747).

이 그들의 부모들과 함께 맺게 된 은혜의 언약 때문이다. 그러므로 경건한 부모들은 자기 자녀들이 하나님으로부터 유아기 때 선택된 자로 부르심을 받고 구원받았음을 결코 의심해서는 안 된다(창 17:7; 행 2:39; 고전 7:14).

또한 장로교회 표준문서인 웨스트민스터신앙고백 10장 3항에서도 다음과 같이 선언하고 있다.

택함을 받은 영아들은 어려서 죽는다 할지라도 그리스도로 말미암아 성령을 통해서 거듭나고 구원받는다. 왜냐하면 성령께서는 언제 어디서나 어떠한 방법으로든지 자신이 원하는 대로 일하실 수 있기 때문이다. 또한 말씀 전도가 없어 외적으로는 부르심을 받을 수 없는 택함받은 사람들도 모두 동일한 방법으로 거듭나고 구원받는다.

그러나 우리가 주목할 것은 20세기 후반 들어 별세한 베네딕토 16세(=요셉 라칭어, 1927-2022)를 비롯하여 로마교회 신학자들 역시도 영아림보나 림보 교리가 교회적 교리가 아니라고 주장한다는 점이다.[451]

5.5. 하늘(천당)에서의 복된 삶 – 설교

우리는 이상에서 사람이 죽은 후에 존재가 멸절되거나 수면에 들어가는 것이 아니라 분명한 의식적 존재로 존재하게 될 것이며, 신자는 하늘(천당, 낙원, 아브라함의 품)에서 복된 삶을 살되 비신자는 하데스에서 고통을 겪는다는 것이 성경적인 중간상태 혹은 중간기 거처론이라는 사실을 확인하게 되었다. 이러한 계시적 사실이 바르게 가르쳐지고 믿어질 때에 우리는 하늘에서의 복된 삶을 소망하면서 남은 삶을 신실하게 제자도를 실천하며 살고자 할 것이며, 나아가서는 믿지 않는 영혼들에 대한 구령애를 가지고 위하여 기도하고 전도하게 될 것이다. 목회자는 때로 이러한 사실들을 분명하게 설

---

451 https://www.kidok.com/news/articleView.html?idxno=29049. (2025.6.27.접속)

교하거나 가르쳐 주어야 하며, 실제 임종을 맞이하는 성도들에게 이러한 소망이 있는지를 잘 확인시켜 주어야 할 중한 책무가 있다고 할 것이다. 이제 중간상태 또는 중간기 거처에 대한 논의를 마무리 지으면서, 필자가 요한계시록 7장 9-17절 본문에 대해서 강해했던 내용을 소개함으로 논의를 마치고자 한다.[452]

요한계시록을 전공한 어떤 신약학자가 말하기를 요한계시록 7장을 설교하는 것은 행복한 일이라고 말했습니다. 왜냐하면 7장은 교회의 정체성이 무엇인지를 잘 보여주고 있기 때문입니다.[453] 앞서 살펴본 1-8절에는 144,000명의 인맞은 자라고 교회를 한정하는가 하면, 오늘 9-17절에는 아무도 능히 셀 수 없는 큰 무리라고 표현하고 있습니다. 하나님의 백성들의 수는 정해진 것이기도 하며, 인간적으로는 이루 헤아릴 수 없는 수이기도 하다는 역설을 잘 표현해주는 것입니다. 이것은 아브라함에게 후손의 숫자가 모래같이 별같이 헤아릴 수 없을 것이라고 하신 약속의 성취입니다. 그리고 7장 전반부에 등장하는 교회는 지상의 전투적인 교회를 가리키고, 후반부에 등장하는 흰 옷 입은 무리들은 이미 승리하고 천상에 있는 교회를 가리킵니다. 이 지상에 있는 교회는 하나님의 인치심을 통해서 하나님의 소유임을 분명하게 하시고 하나님의 보호하심이 약속된 공동체입니다. 천상에 있는 공동체는 큰 환난에서 벗어나 이미 승리의 영광을 누리고 있는 모습으로 기록되고 있습니다. 그리고 천상의 승리한 공동체의 모습은 우리들에게 장래에 대한 소망을 줄 뿐 아니라 오늘 현재 속에서 우리가 어느 정도 누릴 수 있는 영적 실체요 축복이기도 하다는 점을 기억하셔야 합니다.

---

452 이 설교는 이상웅, 『개혁주의 종말론에 기초한 요한계시록 강해』, 275-285에 먼저 공표된 것이다. 아울러 필자는 옥한흠 목사(1938-2010)의 "천국을 사모해야 할 이유"라는 설교를 유튜브에서 검색해서 시청해 보기를 추천한다
453 이필찬, 『내가 속히 오리라』 (서울: 이레서원, 2006), 385.

5.5.1. 하나님과 어린 양을 찬송하는 무리들과 천사들(9-12절)

우선 9-12절에 보시면 수 많은 무리들과 천사들의 찬송하는 모습에 대해서 기록하고 있음을 보게 됩니다. 먼저 9절을 보실까요? "이 일 후에 내가 보니" 이 일 후란 이후에라는 뜻입니다. 이는 엄격하게 시간적인 순서라기보다는 논리적인 순서를 가리킵니다. 그리고 요한의 눈에 무엇이 보였는지를 보시기 바랍니다. "각 나라와 족속과 백성과 방언에서 아무도 능히 셀 수 없는 큰 무리가 나와 흰 옷을 입고 손에 종려 가지를 들고 보좌 앞과 어린 양 앞에 서서." 요한은 환상중에 아무라도 즉, 인간들 중에서는 그 어느 누구라도 능히 셀 수 없는 큰 무리를 보게 됩니다. 그런데 그 수 많은 무리들의 특징이 무엇입니까? 그들은 "각 나라와 족속과 백성과 방언에서" 나온 무리들입니다. 어떤 특정 국가나 피부색이나 언어 사용자 중에서 특별히 선발하는 무리들이 아닙니다. 그런 인간적인 차이와 아무런 관계없이 모든 세상 나라, 인종들, 방언을 사용하는 자들 중에서 나온 무리들입니다.

또한 이 무리들은 무엇을 입고 있는가 하면 "흰 옷"을 입고 있다라고 했습니다. 더 정확하게 표현하면 길게 끌리는 흰 옷을 입고 있었습니다. 이런 옷은 승리를 축하하기 위한 잔치때에 입는 옷입니다. 그리고 흰 색은 의와 거룩을 상징합니다. 또한 그들이 손에 종려가지를 들고 있다는 것도 전쟁에서 승리하고 개선할 때에 사람들이 흔들어 주던 것입니다. 결국 흰 옷을 입고 손에 종려가지를 들고 있는 수 많은 무리들이란 거룩한 영적 전쟁에서 승리하고 천상적 잔치에 참여하고 있는 신실하고 참된 성도들의 무리를 가리키는 것입니다. 그리고 그들이 어디에 서 있는가를 보시면 "보좌 앞과 어린 양 앞에 서서"라고 말씀합니다. 이들이 보좌 앞과 어린 양 앞에 서 있다는 것은 교제, 경배, 그리고 영광을 어린 양과 더불어서 나누는 것을 의미하는 것입니다.

그러면 이렇게 흰 옷을 입고 손에는 종려가지를 든 수 많은 무리들이 무엇을 하는지를 보실까요? 10절에 보시지요. "큰 소리로 외쳐 이르되" 이들이 큰 소리를 외치는데 헬라어로는 계속해서 그렇게 한다는 의미를 표현하고 있습니다. 이 승리한 무리들이 큰 소리로 계속해서 무엇을 외치는가 하면 "구원하심이 보좌에 앉으신 우리 하나님과 어린 양에게 있도다."라고 하지요. 구원이란 그 구원(ἡ σωτηρία)입니다. 사람이 죽을 병에 걸렸다가 살아나도 구원이라하고, 포로되었다가 자유를 얻어도 구원이라 하며, 난파당하여 죽을 뻔했다가 구조당해도 구원이라고 하기 때문에, 그 구원이라는 표현을 쓰고 있습니다. 그러면 이들이 찬양하고 있는 그 구원이 무엇이겠습니까? 이는 우리들이 처해 있었던 영적인 죽음, 죄와 사망의 권세에서 종노릇한데서 건짐 받은 것을 말합니다. 그런데 그 구원이 누구에게 있다고 찬양하는가를 보시기 바랍니다. 보좌에 앉으신 우리 하나님과 어린 양에게 있도다라고 말씀합니다. 우리가 요한계시록 4-5장에서 보았듯이, 구원은 성부 하나님의 계획에서 나온 것이고 예수 그리스도의 희생적 죽음에 의해서 가능하게 된 것입니다. 그렇기 때문에 교회는 오직 모든 영광을 하나님 아버지와 어린 양 예수 그리스도에게 돌리는 것입니다.

우리의 구원은 오직 성삼위 하나님의 공동사역이므로 하나님 홀로 영광을 받으셔야 마땅합니다. 조나단 에드워즈는 다음과 같이 잘 말해줍니다.

> 그러므로 고린도전서 1장 29-31절 본문은 우리의 모든 유익을 위해 우리는 성삼위 하나님의 각 위에 의존해야 한다는 것을 잘 보여 준다. 우리는 성자 그리스도에 의존해야 한다. 성자는 우리의 지혜, 의로움, 거룩함, 구속함이시다. 우리는 성부에 의존해야한다. 성부는 우리에게 그리스도를 주시고, 그리스도가 우리에게 모든 것이 되도록 하셨다. 우리는 성령에 의존해야 한다. 우리가 그리스도 안에 있는 것은 성령 때문이다. 우리에게 믿음을 주시고, 이 믿음으로 우리가 그리스도를 영접하며, 그리스도와 연합 되도록 해 주시는 분은 하나님의 성령이시다.[454]

그리고 이와 같이 구원의 은혜로 인하여 감사하고 찬송하는 이들은 구원 받은 성도들만이 아니라 11절 이하에 보면 다른 영적 존재들도 참여하는 것

---

454 Edwards, 『조나단 에드워즈 대표설교 선집』, 146-47.

을 봅니다. 11절을 보시면 "모든 천사가 보좌와 장로들과 네 생물의 주위에 서 있다가 보좌 앞에 엎드려 얼굴을 대고 하나님께 경배하여"라고 말씀하는 것을 볼수가 있습니다. 모든 천사들이 하나님의 보좌 앞에 엎드려 얼굴을 대고 경배하는 모습을 봅니다. 사실 천사들은 구원을 경험하지 못했기 때문에 우리처럼 감격하기는 어려울 것입니다. 그럼에도 불구하고 천사들이 하나님 곁에서 하나님을 섬기면서 그렇게도 관심을 기울이시고 아들까지 주시면서 이루시는 구원이라는 것이 도대체 무엇인지에 대해서 관심을 많이 기울인다고 성경은 말씀하고 있습니다(벧전 1:12). 그래서 구원 받은 하나님의 교회가 감격속에 찬양을 드릴 때에 모든 천사들도 화답하여 하나님께 찬양드리는 것입니다.

모든 천사들이 하나님께 무엇이라고 찬양드리는지 그 내용은 12절에 기록이 되어 있는데 내용은 4, 5장에서 이미 보았던 내용들입니다. "이르되 아멘 찬송과 영광과 지혜와 감사와 존귀와 권능과 힘이 우리 하나님께 세세토록 있을지어다 아멘 하더라." 찬양을 시작하면서 아멘, 마치면서도 아멘이라고 했습니다. 그만큼 확실하다는 뜻을 표현합니다. 그리고 하나님께 돌려진 찬송, 영광, 지혜, 감사, 존귀, 권능, 힘 앞에 모두 다 정관사가 붙어 있습니다. 즉, 그 찬송, 그 영광, 그 지혜, 그 감사, 그 존귀, 그 권능, 그 힘이라고 강조해서 읽어야 합니다. 이렇게 정관사를 부친 것은 가장 충실하고 깊은 의미에서 이들의 탁월성은 하나님께만 해당한다는 뜻을 나타냅니다. 그리고 하나님께 돌린 일곱가지의 덕성에 대해서 간단하게 살펴 보겠습니다. 윌리엄 헨드릭슨의 해석을 따라 말씀드리겠습니다.[455]

그 찬송(율로기아)은 하나님의 복되시고 충만하심을 가리키고, 그 영광이란 하나님의 속성(의, 주권, 사랑, 은혜 등)의 광휘를 인지할 때 그 결과에 의한 영광을 가리킵니다. 지혜(*bo sophia*)란 구원 계획과 그 계획의 수행상 나타나시는 하나님의 지혜를 뜻합니다. 하나님께서는 항상 최상의 목표에 도달하시기 위해 최선의 방법을 택하십니다. 이 지혜는 외견상 서로 용납하지

455　Hendriksen, 『요한계시록』, 133.

않는 것들을 화해시키는 것을 말합니다. 감사와 존귀는 우리의 구원 가운데서 역사하시는 하나님의 지혜가 인지될 때 항상 일어나는 것입니다. 능력(he dynamis)과 힘(he ischys)이란 하나님의 지혜에서처럼 구원의 역사 속에서도 명백히 나타납니다.

이처럼 하나님의 구원을 직접적으로 체험한 당사자들인 교회도 그 일을 수종들고 그 일을 지켜 본 모든 천사들도 오직 삼위일체 하나님께 모든 존귀와 영광을 돌려 드리고 있는 것을 보게 됩니다. 오늘 저와 여러분들이 속한 지상교회 역시도 우리가 누리고 있는 구원의 은혜와 모든 분복들이 오직 하나님께로부터 온 것임을 잘 인지하고 존귀와 영광을 하나님께 다 돌려 드리는 일에 열정적이 되어야 하겠습니다.

5.5.2. 흰 옷 입은 자들의 정체(13-14절)

우리가 이미 흰 옷을 입고 종려가지를 손에 든 수 많은 무리들의 정체가 무엇인지를 살펴 보았습니다마는, 13절과 14절에 의하면 요한은 즉각적으로 그 정체를 알아채지는 못했던 것 같습니다. 왜냐하면 13절에 보시면 "장로 중 하나가 응답하여 나에게 이르되 이 흰 옷 입은 자들이 누구며 또 어디서 왔느냐?"라고 질문을 했는데, 요한은 "내가 말하기를 내 주여 당신이 아시나이다". 고 대답하는 것을 보기 때문입니다. 여기 등장하는 장로는 하나님 보좌에 빙둘러 앉아있던 24장로중 하나를 가리킵니다. 24장로는 구약과 신약의 교회를 상징한다라고 이미 말씀드렸습니다. 그 중 하나가 요한에게 이 흰 옷입은 자들이 누구인지 아느냐라고 정체성에 대한 질문을 했고 요한은 모르겠다라고 대답했습니다. 장로가 이렇게 질문을 하는 것은 요한으로 하여금 계시의 의미를 깨닫도록 돕기 위해서인 것입니다. 그리고 우리가 90이 넘어 백발이 성성한 요한 조차도 그들의 정체를 잘 모르겠다라고 대답한다는 점을 눈여겨 보실 필요가 있습니다. 요한은 정말 몰라서 모른다라고 대답했습니다. 그리고 "장로님, 저는 도무지 모르겠습니다. 하지만 분명 장로님은 아실 것입니다."라고 대답했습니다(『메시지』). 이것은 요한의 겸손함을 잘 보여쭙니다. 사역자들도 모르면 모른다고 해야지 아는척 해서는 안됩니다.

그러면 이렇게 겸손하게 자신의 무지를 인정하는 요한에게 장로는 무엇이라고 답변해 주는지 보십시다. 14절 하반절입니다." 그가 나에게 이르되 이는 큰 환난에서 나오는 자들인데 어린 양의 피에 그 옷을 씻어 희게 하였느니라." "그가 나에게 이르되" 즉, 장로가 사도 요한에게 말해 줍니다. 이 무리들은 큰 환난에서 나오는 자들이며 어린 양의 피에 그 옷을 씻어 희게 한 자들이라고 말입니다. 요즘은 관심들이 별로 없어서 거의 잘 사용하지 않습니다만, 우리가 익숙했던 단어가 하나 있는데 그것은 바로 7년 대환난이라는 용어입니다. 흔히 예수님이 재림하시기 직전에 7년 동안 겪게 될 사상 유래가 없는 대환난의 시기가 있을 것이라고 하는 소리를 많이 들어 보셨을줄 압니다. 그러면 지금 요한에게 하시는 말씀이 흰 옷입은 무리들은 큰 환난에서 나온 자들이라고 했는데, 이들은 예수님 재림 직전에 환난을 겪게 될 자들만 가리킨다고 보아야 할까요?

우리가 신약의 종말론을 잘 이해하시는 것이 좋습니다. 이 큰 환난이라는 것은 마지막 시기에 겪게 될 환난만을 의미하는 것이 아닙니다. 예수님의 초림과 재림 사이에 사는 성도들이 이 세상에서 겪게 될 모든 환난들을 가리킵니다. 어느 시대 어느 장소에 살아가든지 그리스도의 교회는 환난속에 있습니다. 사탄이 역사하고 있는 세상, 악의 세력이 준동하는 세상 속에 교회가 존재하는 한 환난을 겪지 않는 교회나 성도들은 없습니다. 우리가 말씀대로 순종하고 믿음대로 살려고 하면 하나님이 분명히 도와주시지만, 악에 의한 공격이나 어려움도 경험하게 되어 있습니다. 교회도 하나님의 교회 답게 뭔가 해보자 하면 마귀도 싫어하고 주변 세상도 싫어해서 박해를 하게 됩니다.

이처럼 흰 옷입은 무리들이란 모든 시대의 성도들을 가리킵니다. 특히 예수 믿는 믿음 때문에 박해를 당하는 이들을 가리킵니다. 인간이기에 겪는 일반적인 환난 고초를 말하는 것이 아닙니다. 오로지 믿기 때문에 겪는 특수한 환난을 말합니다. 그리고 이들을 "어린 양의 피에 그 옷을 씻어 희게 한" 자들이라고 말씀하고 있는 것도 주목해 보십시다. 이들은 스스로 의를 이루거나 자력으로 승리한 무리들이 아니라는 말입니다. 그들이 입은 옷이 흰 까닭은 그들을 위해서 피흘리시고 죽으신 예수 그리스도의 대속의 공로 덕분이라는 것입니다. 그들이 죄악된 세상을 이기고 하나님의 보좌 앞에 가서 찬양할 수 있게 된 승리의 비결 역시도 오로지 하나님의 어린 양의 피로 희게 씻음 받았기 때문인 것입니다. 아울러 우리가 이 땅 위에 살아가는 동안 믿음 생활하면서도 죄를 지을 수 있는데, 그래서 그리스도께서 주신 의의 옷을 더럽힐 수 있는데 그 죄나 허물마저도 오직 예수 그리스도의 보혈로 씻을 수 있는 것입니다. 요한계시록 22장 14절에 보시면 "자기 두루마기를 빠는 자들은 복이 있으니 이는 그들이 생명나무에 나아가며 문들을 통하여 성에 들어갈 권세를 받으려 함이로다"라고 말씀하고 있듯이 말입니다.

5.5.3. 승리한 성도들이 누리는 천상적 영광들(15-17절)

흰 옷입은 무리들이 그리스도로 말미암아 승리를 얻은 교회요 성도들이라고 하는 점을 알게 해 준 장로는 요한에게 그들이 천상에서 누리게 되는 복에 대해서도 소개해 주었습니다. 15-17절에 기록되어 있는 내용들입니다. 먼저 15절을 보겠습니다. "그러므로 그들이 하나님의 보좌 앞에 있고 또 그의 성전에서 밤낮 하나님을 섬기매 보좌에 앉으신 이가 그들 위에 장막을 치시리니"라고 말씀합니다. 우선 그들이 하나님의 보좌 앞에 있다고 했습니다. 승리한 성도들은 하나님의 존전 앞에 두려움 없이 서 있을 수 있다라고 하는 점을 기억하십시다. 그리고 또한 그의 성전에서라고 했는데, 하늘에는 속죄의 제사를 드려야 하는 성전의 의미라기 보다는 하나님과 교제하는 장소라는 의미에서 성전에서 그들이 밤낮 즉 끊임없이 계속적으로 하나님을 섬기고 있다라고 말씀합니다. 섬긴다는 말은 헬라어에서는 라트류오(latreuo)라는 동사를 쓰는데 이는 하나님을 예배한다는 뜻입니다. 이들이 하나님의 보좌 앞에서 밤낮 하는 일은 하나님을 예배하는 일입니다. 그들은 하나님을 경배하는데 이는 자발적이며 기쁨이 넘치는 중에 마음속 깊은 곳으로부터 아낌없이 드리는 봉헌을 말합니다.

그리고 그들이 하나님께 예배할 뿐 아니라 하나님께서 그들 위에 장막을 치신다라고 하는 특이한 표현을 하고 있음을 주목해 보시기 바랍니다. 요한복음 1장 14절에 보시면 "말씀이 육신이 되어 우리 가운데 거하시매"라고 표현하는데 헬라어로는 우리 가운데 장막치시매라고 번역할 수 있는 동사를 사용했습니다. 하나님께서 우리 가운데 장막을 치신다라고 하시는 것은 하나님께서 우리 가운데 거하시면서 우리들을 보호해 주신다라고 하는 의미를 전달해 주는 것입니다. 마치 더운 중동 지역에서 장막이 그늘을 만들어 주어서 사람들로 하여금 쉼을 주듯이 하나님이 우리 가운데 장막을 치시면 우리들을 온갖 해로운 세력에서 보호해 주신다는 의미를 가지고 있습니다. 하나님이 우리의 우편에 서서 그늘이 되어주신다(시 121:5)라고 하는 식의 표현도 다 유목민 문화에서 나온 표현들인 것입니다.

이렇게 승리한 천상의 교회는 하나님의 보좌 앞에 서서 두려움 없이 하나님을 섬기고 있으며 하나님께서도 그들 위에 장막을 치사 보호해 주신다라고 말씀한 후에, 16절에 보시면 "그들이 다시는 주리지도 아니하며 목마르지도 아니하고 해나 아무 뜨거운 기운에 상하지도 아니하리니"라고 말씀하고 있습니다. 다시 주리지도 목마르지도 아니한다는 것은 비단 육신의 목마름과 굶주림이 없다는 것만을 가리키지 않습니다. 이것은 영육간의 모든 면에서 부족이나 결핍이 없이 충만하고 풍족한 생명을 누리게 해 주시겠다고 하시는 말씀인 것입니다. 요한복음 6장 35절에 보시면 "예수께서 이르시되 나는 생명의 떡이니 내게 오는 자는 결코 주리지 아니할 터이요 나를 믿는 자는 영원히 목마르지 아니하리라"고 하셨고, 10장 10절에 보시면 "도둑이 오는 것은 도둑질하고 죽이고 멸망시키려는 것뿐이요 내가 온 것은 양으로 생명을 얻게 하고 더 풍성히 얻게 하려는 것이라"고 말씀하신대로, 천국에 가면 우리들에게는 어떤 부족이나 결핍도 없는 풍성한 생명(full life)을 누리게 될 것입니다.

이와 같은 풍성한 생명을 우리 믿는 자들로 하여금 누리게 하시는 분은 보좌 가운데 계신 어린 양이라고 본문 17절에 소개하고 있습니다. "이는 보좌 가운데에 계신 어린 양이 그들의 목자가 되사 생명수 샘으로 인도하시고 하나님께서 그들의 눈에서 모든 눈물을 씻어 주실 것임이라." 우리를 구원해 주신 어린 양 예수 그리스도가 우리의 영원한 목자가 되어주실 것을 말씀하고 있습니다. 그리고 어린 양이 우리를 생명수 샘으로 인도해 주실 것이라고 말씀하고 있습니다. 아담과 하와가 타락함으로 잃어버리게 된 생명나무 한 그루 정도가 아니라 생명수 샘으로 우리를 인도해 주실 것입니다. 그 생명수 샘물을 마시는 자가 영생을 누리고, 참 기쁨과 평안을 누리게 됩니다. 그리고 그 생명수 샘은 결국 하나님을 가리킵니다. 우리를 생명수 샘으로 이끌어주실 분, 그리고 그 샘물을 마실 수 있는 권리를 주실 수 있는 분은 오로지 보좌 가운데 계신 예수 그리스도 외에는 없습니다.

이처럼 어린 양께서 성도들을 생명수 샘으로 인도하시면 하나님께서는 그들의 눈에서 모든 눈물을 씻어 주실 것이라고 17절 하반절에 말씀합니다. 이 땅위에 사는 인생들은 얼마나 눈물을 흘리게 됩니까? 날 때부터 울기 시작하여 죽기까지 때때로 웁니다. 연약해서 울고, 힘들어서 울고, 거짓으로 울고 하여튼 여러가지 이유로 웁니다. 진심을 담아서도 울고, 거짓으로 울기도 합니다. 어떤 사람들은 울음을 조소하기도 하지만, 네로황제 같이 눈물 병에 자기의 눈물을 담아 보관한 이도 있습니다. 아무튼 눈물이라는 것은 인생이 겪는 슬픔과 고통의 상징입니다. 그런데 하나님께서는 성도들의 눈에서 눈물을 씻어주실 때가 온다고 했습니다. 하나님께서 성도들의 눈에서 더 이상 눈물 흘리지 않도록 기쁨과 평안을 주실 것이기 때문입니다. 성도는 이 세상을 떠나 주님 앞에 가게 되면 더 이상 울 일이 없어질 것입니다. 그렇기 때문에 천국은 좋은 곳이고 사모할 만한 곳입니다. 그리고 이 땅위에 사는 동안에는 선한 일을 하면서 눈물과 땀을 많이 흘리는 것이 좋은 일입니다. 천국에 가면 울 일도 없이 늘 기뻐할 것이고, 땀을 흘려야 할 만큼 수고할 일도 없을 것이기 때문입니다.

이번 강해에서 우리는 요한계시록 7장 후반부를 통하여 승리한 교회의 모습을 함께 살펴 보았습니다. 흰 옷을 입고 종려가지를 들고 하나님과 어린 양을 찬양하는 교회의 모습, 천상의 성도들의 모습을 보았습니다. 그들은 이 세상에서 예수님을 믿고 따르느라고 큰 환난을 당한 자들입니다. 그러나 천국에서는 그들의 구주되신 어린 양께서 그들의 목자가 되셔서 생명수 샘으로 인도해 주시기 때문에 더 이상 굶주림도 목마름도 없이 참 만족을 누리고 있습니다. 그리고 하나님이 그들 위에 장막을 치고 계시기에 더 이상 그들을 해할 자가 없을 것입니다. 또한 하나님께서 그들의 눈에서 눈물을 없애 주실 것이기 때문에 그들은 애통하거나 비통해하거나 고뇌의 눈물을 다시는 흘리지 않게 될 것입니다. 다만 그들은 기쁨과 평강중에서 성삼위 하나님을 찬양하고 예배하는 삶을 영원히 누리게 될 것입니다. 이것이 바로 이 땅 위에서 예수 그리스도를 주와 구주로 믿고 살아가는 성도들에게 약속된 영원한 행복의 삶의 내용입니다. 저와 여러분에게도 이러한 영광에 대한 소망과 확신이 있습니까? 이와 같은 영광스러운 천국을 고대하고 있습니까? 바울처럼 주와 함께 있을 소망을 가지고 있습니까? 그리고 이 땅 위에 얼마간 더 사는 동안에 주님과 교회를 위해서 땀흘려 수고하고 눈물뿌려 기도하 하는 일에 힘쓰겠다는 다짐을 하십니까?

III. "우리의 복된 소망"

– 그리스도의 재림

1. 들어가는 말

2. 재림에 대한 성경적 약속들

3. 재림의 목적, 시기, 그리고 양식

4. 재림에 대한 준비

1. 들어가는 말

그리스도인으로서 대망하고 있는 궁극적 소망이 무엇일까? 타락의 질서 속에서 생노병사를 경험하고 있다 보니 그리스도인마저도 이런 부정적인 요소들 없이 영원히 행복한 삶을 사는 것이 궁극적 소망인 것처럼 기대하는 이들이 존재함을 본다. 그러나 사도 바울은 디도서에서 주님의 영광스러운 재림을 "복된 소망"(τὴν μακαρίαν ἐλπίδα)이라고 말한다(딛 2:13).[456] 신약 성경은 예수 그리스도의 재림에 대한 약속으로 가득하다. 심지어 전통적인 세대주의자인 데이빗 제레마이어는 다음과 같이 말해주기도 한다.

재림에 관한 언급이 초림에 관한 언급보다 8대 1의 비율로 더 많다. 학자들에 따르면, 재림에 관한 성경의 언급은 신약의 318번을 포함해서 총 1,845번이다. 적어도 구약의 책 17권에서 재림을 강조했고, 신약에서는 10장에 7장 꼴로 재림에 관한 이야기가 등장한다. 주님 스스로도 재림에 관한 말씀을 21번이나 하셨다.[457]

로레인 뵈트너에 의하면 "그레이(Gray)는 신약성경에서 그리스도의 오심에 관한 언급이 적어도 300회라고 말하며, 모건(Morgan)은 신약성경에서 평균적으로 스물다섯 절 중 한 절이 그것을 언급"하고 있다고 한다.[458] 그리고 초

---

[456] 딛 2:13 – "προσδεχόμενοι τὴν μακαρίαν ἐλπίδα καὶ ἐπιφάνειαν τῆς δόξης τοῦ μεγάλου θεοῦ καὶ σωτῆρος ἡμῶν Ἰησοῦ Χριστοῦ."
[457] David Jeremiah, *What in the World is Going in?* 정성묵 역, 『세상에서는 지금 어떤 일들이 일어나고 있는가』 (서울: 디모데, 2012), 242-243. 개혁주의 관점에서 세대주의에 대한 비평은 천년기론에서 다루겠지만, 데이빗 제레마이어(1941-)는 전통적인 세대주의를 대중적으로 유포시킨 *Left Behind* (16권, 1995-2007) 시리즈의 작가인 팀 라헤이(Tim LaHaye, 1926-2016)의 후임으로 섀도우 마운틴 컴뮤니티 교회 담임목회를 하고 있다.
[458] Loraine Boettner, "후천년설," in Robert Clouse (ed.), *The Meaning of Millennium*, 노동래 역, 『천년왕국 논쟁』 (서울: 새물결플러스, 2024), 172.

대 교회 교인들은 환난과 박해 시대를 살아가면서 서로 만날 때에 마라나 타 (מרנאתא, Marana tha)라고 인사를 하곤 했다.[459] 한국 장로교회도 일제 강점 말기에 가해진 혹독한 환난의 시기에 재림 신앙으로 무장하고 불시험을 통과하기도 했다.[460]

칼빈은 "성경은 우리가 그리스도의 오심을 대망하며 기다릴 것을 도처에서 지시하고, 영광의 면류관을 그때까지 계속해서 미루어 둔다."라고 적시할 뿐 아니라, 현재 중간 상태에 있는 성도의 영혼들이 "군사의 수고를 다 마친 후에야 안식으로 들어가서 그곳에서 복된 즐거움을 누리면서 약속된 영광의 열매를 대망"하고 있기 때문에 "그리스도가 나타나실 때까지는 그 모든 것이 유예된 채로 계속해서 머물러" 있게 된다고 말하기도 했다.[461] 한편 현대 신약학자들 가운데 그리스도의 재림을 부인하는 학자들에 대항하여 도날드 거쓰리(Donald Guthrie, 1916-1992)는 다음과 같이 명쾌하게 적시해 주기도 한다.

> 그리스도의 오심이 모든 시대의 역사의 절정을 이루며, 인류 역사에서 하나님의 구속 목적들에 대한 적절한 결론을 이룬다는 것은 틀림없다. 재림 사실에 대하여 전적으로 영적인 의미만을 부여함으로써 그 자체를 부인하는 자들은 인류 역사에 대해 아무런 실제적 결론도 갖지 못한 채로 있게 된다. 따라서 그리스도의 재림을 인정하지 않는 신약신학은 필연적으로 만족스럽지 못한 미완성에 그치고 마는 것이다.[462]

---

459 마라나 타는 아람어로 "주여 오시옵소서"라는 뜻이다. 유사한 마란아타(Maranatha)는 "주께서 임하셨다"는 의미를 가지고 있다.
460 이상웅, "해방 이전 한국 장로교회 목회자들의 종말론," in 이상웅, 『한국 장로교회의 종말론』 (서울: 솔로몬, 2022), 75-101.
461 Calvinus, Institutio, 3,25,6 (= 『기독교강요』, 3:813).
462 Donald Guthrie, New Testament Theology (Downers Grove: IVP, 1981), 817: "Whatever the specific interpretation of the details of the book might be, no interpreter can fail to see that the coming of Christ marks the climax to the history of the ages and forms a fitting conclusion to the redemptive purposes of God in human history. Those who deny the fact of the second coming by attaching to it a wholly spiritual significance are left with a view of human history which has no effective conclusion. A NT theology which finds no place for a second coming of Christ must necessarily be incomplete and unsatisfactory."

2. 재림에 대한 성경적 약속들 [463]

이제 우리는 재림에 대해 말하고 있는 성경 구절들을 검토해 보려고 한다. 먼저는 예수 그리스도 자신의 말씀들이고, 그 다음으로는 그의 사도들의 글에 기록된 내용들이다.

2.1. 재림에 대한 예수 그리스도의 교훈들

예수 그리스도는 공생애 동안 3중 사역("가르치시고 증거하시고 치유하심" – 마 4:23; 9:35) 중에 하나님 나라(= 천국) 복음을 주로 전파하셨는데, 그 나라의 완성은 초림의 때에 이루어지는 것이 아니라 자신의 재림(파루시아) 때에 이루어질 것임을 여러 번 선포하셨다. 안토니 후크마는 재림에 관한 예수님의 말씀들(sayings)을 세 가지 그룹으로 나누어서 해설해 주고 있는데, 이는 유용한 구별이기에 그 틀을 참고하여 논의를 개진해 보기로 하겠다.[464]

2.1.1. 재림이 임박하다고 가르치신 본문들

공관복음서에 기록된 예수님의 재림에 대한 말씀들 중에는 그의 다시 오심이 매우 임박하여 제자들 살아 생전에라도 다시 재회할 수 있을 것처럼 여겨지는 말씀들이 있다.

---

463 예수 그리스도의 재림에 관한 신약의 약속들에 대하여는 존 파이퍼가 잘 정리해서 제시해 주고 있다 (John Piper, *Come, Lord Jesus* [Wheaton: Crossway, 2023]; 조계광 역,『주 예수여 오시옵소서』[서울: 개혁된 실천사, 2024]).

464 Hoekema, *The Bible and the Future*, 112-122;『개혁주의 종말론』, 164-177. 또한 Venema,『개혁주의 종말론 탐구』, 132-145도 보라.

"또 그들에게 이르시되 내가 진실로 너희에게 이르노니 여기 서 있는 사람 중에는 죽기 전에 하나님의 나라가 권능으로 임하는 것을 볼 자들도 있느니라 하시니라"(막 9:1)

= "Καὶ ἔλεγεν αὐτοῖς· ἀμὴν λέγω ὑμῖν ὅτι εἰσίν τινες ὧδε τῶν ἑστηκότων οἵτ-ινες οὐ μὴ γεύσωνται θανάτου ἕως ἂν ἴδωσιν τὴν βασιλείαν τοῦ θεοῦ ἐλη-λυθυῖαν ἐν δυνάμει."

"내가 진실로 너희에게 말하노니 이 세대가 지나가기 전에 이 일이 다 일어나리라"(막 13:30).

= "Ἀμὴν λέγω ὑμῖν ὅτι οὐ μὴ παρέλθῃ ἡ γενεὰ αὕτη μέχρις οὗ ταῦτα πάντα γένηται."

"이 동네에서 너희를 박해하거든 저 동네로 피하라 내가 진실로 너희에게 이르노니 이스라엘의 모든 동네를 다 다니지 못하여서 인자가 오리라"(마 10:23).

= "Ὅταν δὲ διώκωσιν ὑμᾶς ἐν τῇ πόλει ταύτῃ φεύγετε εἰς τὴν ⌜ἑτέραν· ἀμὴν γὰρ λέγω ὑμῖν, οὐ μὴ τελέσητε τὰς πόλεις τοῦ Ἰσραὴλ ἕως ἂν ἔλθῃ ὁ υἱὸς τοῦ ἀνθρώπου."

"이 모든 일을 보거든 인자가 가까이 곧 문 앞에 이른 줄 알라"(마 24:32).

= "Ἀπὸ δὲ τῆς συκῆς μάθετε τὴν παραβολήν· ὅταν ἤδη ὁ κλάδος αὐτῆς γένη-ται ἁπαλὸς καὶ τὰ φύλλα ἐκφύῃ, γινώσκετε ὅτι ἐγγὺς τὸ θέρος."

2.1.2. 재림의 시기가 먼 미래인 것처럼 말씀하시는 본문들

이와 달리 "임박함이 아닌 지연을 말하는 일련의 다른 말씀들"이 훨씬 더 많이 기록되어 있다. 대표적으로 마태복음 24장 14절에 기록되어 있는 바 "이 천국복음이 모든 민족에게 증언되기 위하여 온 세상에 전파되리니 그제야 끝이 오리라."는 말씀을 우리는 생각할 수가 있다.⁴⁶⁵ 제자들이 이 말씀을 들을 때의 형편으로는 온 세상(πᾶσιν τοῖς ἔθνεσιν)에 복음이 전파되어야 한다는 예수님의 말씀은 참으로 까마득하게 멀게 느껴질 수밖에 없었을 것이고, 그러한 사명을 완수하려면 상당히 긴 시간이 소요될 것으로 예상할 수 밖에 없었을 것이다. 예수님은 또한 마가복음 13장 7절, 8절에서는 다음과 같이 말씀해 주셨다.

> 난리와 난리의 소문을 들을 때에 두려워하지 말라 이런 일이 있어야 하되 아직 끝은 아니니라. 민족이 민족을, 나라가 나라를 대적하여 일어나겠고 곳곳에 지진이 있으며 기근이 있으리니 이는 재난의 시작이니라.

예수님의 비유들 가운데도 재림이 먼 장래에 있을 것을 가르쳐 주시는 비유들이 있다. "하나님 나라가 당장에 나타날 줄로 생각"하는 제자들을 교훈하시기 위해 주신 므나 비유(눅 19:11-27), 신랑이 더디게 오므로 모두가 졸고 있다고 한 열처녀 비유(마 25:1-13), 가라지 비유(마 13:24-30, 36-43), 겨자씨 비유 (마 13:31-32) 등이다.

2.1.3. 재림의 불확실성을 말하는 구절들

예수님은 재림의 때가 언제인지 추정하거나 계산하지 못하도록 "그러나 그 날과 그 때는 아무도 모르나니 하늘에 있는 천사들도, 아들도 모르고 아버지만 아시느니라"(막 13:32; 마 24:36, 25:13)고 적시해 주셨다.⁴⁶⁶ 칼빈은 이 구절에 대해 다음과 같이 적실하게 주해를 해준다.

---

465 마 24:14, NA 28- "καὶ κηρυχθήσεται τοῦτο τὸ εὐαγγέλιον τῆς βασιλείας ἐν ὅλῃ τῇ οἰκ- ουμένῃ εἰς μαρτύριον πᾶσιν τοῖς ἔθνεσιν, καὶ τότε ἥξει τὸ τέλος"; ESV- "And this gospel of the kingdom will be proclaimed throughout the whole world as a testimony to all nations, and then the end will come."

466 막 13:32, NA 28- "Περὶ δὲ τῆς ἡμέρας ἐκείνης ἢ τῆς ὥρας οὐδεὶς οἶδεν, οὐδὲ οἱ ἄγγελ- οι ἐν οὐρανῷ οὐδὲ ὁ υἱός, εἰ μὴ ὁ πατήρ." 칼빈은 그리스도의 알지 못하심에 대한 말씀에 근거하여 그가 참 하나님이 아니시라고 부인한 아리안주의를 주석에서 반박한다(Calvin, Comm. Matthew 24:36; 문병호, 『기독론』, 635).

그러나 그 날과 그 시간에 관하여. 이 문장으로 그리스도께서는 믿는 이들의 마음을 불안하게 하여 그들이 거짓된 상상으로 최후의 구원을 위한 시간을 정하지 못하도록 하고자 하셨다. 우리는 우리의 마음이 얼마나 변덕스러운지, 그리고 얼마나 많은 것을 알고 싶어 하는 헛된 호기심에 흥분하는지 알고 있다. 그리스도께서도 제자들이 승리를 누리기 위해 지나치게 서두르고 있다는 것을 아셨다. 그러므로 그분은 자신이 오시는 날이 그토록 기대하고 바라는 대상이 되어 아무도 언제 일어날지 감히 묻지 못하게 되기를 바라셨다. 간단히 말해서, 그분은 제자들이 믿음의 빛 안에서 걸으며, 그 때가 언제인지 불확실하더라도 그분이 나타나실 때까지 인내심을 가지고 기다리기를 바라셨다. 그러므로 우리는 시간에 대한 우리의 염려가 주님께서 허락하시는 것보다 더 커지지 않도록 경계해야 한다. 우리의 지혜의 주된 부분은 우리 자신을 하나님의 말씀의 한계 안에 냉정하게 가두는 데 있기 때문이다. 사람들이 그날을 알지 못하는 것에 불안해하지 않도록, 그리스도께서는 이 문제에 있어서 천사들을 그들의 동료로 대표하신다. 왜냐하면 우리같이 땅을 기어다니는 자들이 하늘에 있는 천사들에게 허락된 것보다 더 많은 것을 알기를 바라는 것은 지나친 교만함과 사악한 탐욕의 증거가 될 것이기 때문이다.[467]

예수님은 마가복음 13장 33절에서도 "주의하라 깨어 있으라. 그 때가 언제인지 알지 못함이라"고 말씀하신 뒤에 비유를 통해 설명해 주셨다.

가령 사람이 집을 떠나 타국으로 갈 때에 그 종들에게 권한을 주어 각각 사무를 맡기며 문지기에게 깨어 있으라 명함과 같으니 그러므로 깨어 있으라 집 주인이 언제 올는지 혹 저물 때일는지, 밤중일는지, 닭 울 때일는지, 새벽일는지 너희가 알지 못함이라. 그가 홀연히 와서 너

467　Calvin, *Comm*. Matthew 24:36. 이 구절에 대한 신학자들 간의 의견 차이와 정해는 문병호, 『기독론』, 665-671을 보라.

희가 자는 것을 보지 않도록 하라 깨어 있으라. 내가 너희에게 하는 이 말은 모든 사람에게 하는 말이니라 하시니라(막 13:34-37).

누가복음 12장 35절, 36절에서는 잔치집에 간 주인이 언제 돌아올지 모르나 "허리에 띠를 띠고 등불을 켜고 서 있"가 주인이 돌아와 문을 두드리면 "열어주려고 기다리는 사람"과 같이 경성할 것을 권하셨고, 누가복음 12장 42절-46절의 비유를 통해 주님이 언제 오실지 모르기 때문에 "지혜있고 진실한 청지기"로 살 것을 권하신다.

이상의 내용들을 근거로 해서 정리해 보자면 후크마의 말처럼 예수님께서는 "우리에게 재림의 정확한 날짜는 알려주시지 않은 채 재림의 확실성을 가르"쳐 주셨다고 할 수가 있다.[468] 반드시 오실 것이 확실하기 때문에, 하늘을 쳐다보고 무위도식하는 삶을 살 것이 아니라 지혜롭고 부지런한 청지기의 삶을 살 것을 강조하셨다. 그 날이 언제이든지 간에 신자들은 항상 깨어 경성하여 맡은 바 소임을 다하는 자들이 되어야 할 것을 누가복음 21장 34-36절에서도 잘 교훈해 주셨다.

> 너희는 스스로 조심하라 그렇지 않으면 방탕함과 술취함과 생활의 염려로 마음이 둔하여지고 뜻밖에 그 날이 덫과 같이 너희에게 임하리라. 이 날은 온 지구상에 거하는 모든 사람에게 임하리라. 이러므로 너희는 장차 올 이 모든 일을 능히 피하고 인자 앞에 서도록 항상 기도하며 깨어 있으라 하시니라.[469]

---

468 Hoekema, 『개혁주의 종말론』, 176
469 눅 21:34-36, NA 28- "Προσέχετε δὲ ἑαυτοῖς μήποτε βαρηθῶσιν ὑμῶν αἱ καρδίαι ἐν κρα-ιπάλῃ καὶ μέθῃ καὶ μερίμναις βιωτικαῖς καὶ ἐπιστῇ ἐφ' ὑμᾶς αἰφνίδιος ἡ ἡμέρα ἐκείνη ὡς παγίς· ἐπεισελεύσεται γὰρ ἐπὶ πάντας τοὺς καθημένους ἐπὶ πρόσωπον πάσης τῆς γῆς. ἀγρυπνεῖτε δὲ ἐν παντὶ καιρῷ δεόμενοι ἵνα κατισχύσητε ἐκφυγεῖν ταῦτα πάντα τὰ μέλλ-οντα γίνεσθαι καὶ σταθῆναι ἔμπροσθεν τοῦ υἱοῦ τοῦ ἀνθρώπου."

2.2. 재림에 대한 사도들의 교훈

이제 우리는 재림에 대한 여러 사도들의 기록을 살펴 보려고 한다. 재림 신앙이 복음서와 예수님만이 강조하신 것이 아니라 사도들 역시도 동일한 강조를 하고 있음을 확인하게 될 것이다.

2.2.1. 사도 바울

바울은 그리스도의 재림을 강조했을 뿐 아니라, 그 재림을 "복스러운 소망"이라고 표현하기도 했다(딛 2:13).[470] 성도들이 그리스도의 재림을 간절히 대망하는 것이 정상적인 일임을 곳곳에서 잘 역설해 준다. 심지어는 문제 많았던 고린도 교인들을 향해서도 다음과 같이 말했다.

> 너희가 모든 은사에 부족함이 없이 우리 주 예수 그리스도의 나타나심을 기다림이라. 주께서 너희를 우리 주 예수 그리스도의 날에 책망할 것이 없는 자로 끝까지 견고하게 하시리라(고전 1:7-8)

또한 바울의 사역을 적극적으로 지원해 주었던 빌립보 교인들에게도 다음과 같이 말해 준다.

> 너희 안에서 착한 일을 시작하신 이가 그리스도 예수의 날까지 이루실 줄을 우리는 확신하노라. . . 너희로 지극히 선한 것을 분별하며 또 진실하여 허물 없이 그리스도의 날까지 이르고 예수 그리스도로 말미암아 의의 열매가 가득하여 하나님의 영광과 찬송이 되기를 원하노라 (빌 1:6, 10-11)

바울은 로마의 식민지(colonia)로서 자부심을 가졌을 뿐 아니라 많은 혜택을 누리고 살았던 빌립보 교인들에게 "우리의 시민권은 하늘에 있"다고 말

---

470 "복스러운 소망과 우리의 크신 하나님 구주 예수 그리스도의 영광이 나타나심을 기다리게 하셨으니"(딛 2:13); ESV- "Waiting for our blessed hope, the appearing of the glory of our great God and Savior Jesus Christ."

한 후에, "거기로부터 구원하는 자 곧 주 예수 그리스도를 기다리노니 그는 만물을 자기에게 복종하게 하실 수 있는 자의 역사로 우리의 낮은 몸을 자기 영광의 몸의 형체와 같이 변하게 하시리라"(빌 3:20-21)고 말하기도 한다. 그리스도의 재림의 날을 간절히 소망하는 이유 중 하나는 그가 오시면 신자들의 "낮은 몸을 자기 영광의 몸의 형체와 같이 변하게"해 주실 것이기 때문이라는 것이다.[471] 뿐만 아니라 골로새서 3장 4절-5절에 의하면 그리스도의 재림의 날은 우리 신자들도 영광중에 나타나는 날이기 때문에, 땅에 있는 지체를 죽이라는 권면을 말하기도 한다.

> 우리 생명이신 그리스도께서 나타나실 그 때에 너희도 그와 함께 영광 중에 나타나리라. 그러므로 땅에 있는 지체를 죽이라 곧 음란과 부정과 사욕과 악한 정욕과 탐심이니 탐심은 우상 숭배니라(골 3:4, 5).

바울의 서신들 중에 종말론적인 내용이 강하게 두드러지는 서신은 데살로니가전후서이다.[472] 데살로니가전서 1장 10절에서 바울은 데살로니가 교인들이 "죽은 자들 가운데서 다시 살리신 그의 아들이 하늘로부터 강림하실 것"을 기다리고 있으며, 그 이유는 "장래의 노하심에서 우리를 건지시는 예수"시기 때문이라고 적시해주는 것을 보게 된다. 4장 15-17절에는 그리스도의 재림 때에 죽은 자들의 부활과 살아있던 성도들이 변형이 일어나고, 공중으로 끌어올려져 공중에서 주를 맞이하여 영원토록 주와 함께 있게 되는 미래의 소망을 선명하게 선포해 주고 있다.

> 우리가 예수께서 죽으셨다가 다시 살아나심을 믿을진대 이와 같이 예수 안에서 자는 자들도 하나님이 그와 함께 데리고 오시리라. 우리가 주의 말씀으로 너희에게 이것을 말하노니 주께서 강림하실 때까지 우

---

471 빌 3:20-21, NA 28- "ἡμῶν γὰρ τὸ πολίτευμα ἐν οὐρανοῖς ὑπάρχει, ἐξ οὗ καὶ σωτῆρα ἀπεκδεχόμεθα κύριον Ἰησοῦν Χριστόν, ὃς μετασχηματίσει τὸ σῶμα τῆς ταπεινώσεως ἡμῶν σύμμορφον τῷ σώματι τῆς δόξης αὐτοῦ κατὰ τὴν ἐνέργειαν τοῦ δύνασθαι αὐτὸν καὶ ὑποτάξαι αὐτῷ τὰ πάντα."
472 필자의 데살로니가전후서 강해를 참고하라: 이상웅, 『오직 깨어 정신을 차릴지라- 데살로니가전후서 강해』 (서울: 세움북스, 2024).

리 살아 남아 있는 자도 자는 자보다 결코 앞서지 못하리라. 주께서 호령과 천사장의 소리와 하나님의 나팔 소리로 친히 하늘로부터 강림하시리니 그리스도 안에서 죽은 자들이 먼저 일어나고 그 후에 우리 살아 남은 자들도 그들과 함께 구름 속으로 끌어 올려 공중에서 주를 영접하게 하시리니 그리하여 우리가 항상 주와 함께 있으리라(살전 4:14-17).[473]

데살로니가전서 5장 23-24절에서는 마지막 축복문의 형식으로 "평강의 하나님이 친히 너희를 온전히 거룩하게 하시고 너희의 온 영과 혼과 몸이 우리 주 예수 그리스도께서 강림하실 때에 흠 없게 보전되기를 원하노라. 너희를 부르시는 이는 미쁘시니 그가 또한 이루시리라"고 바울은 말한다. 데살로니가 후서 1장 6절-10절에서는 그리스도의 나타나실 때(즉, 재림의 때)에 악인들에게는 형벌을 내리시되 "주의 얼굴과 그의 힘의 영광을 떠나 영원한 멸망의 형벌을 받"게 하시지만, 그리스도인들에게는 "그의 성도들에게서 영광을 받으시고 모든 믿는 자들에게서 놀랍게 여김을 얻으"실 것이라고 말해 준다.[474]

바울의 재림관 중에 중요한 특징은 때때로 그가 예수 그리스도의 재림이 임박하다고 느꼈다는 것이다.[475] 빌립보서 4장 5절에서는 "너희 관용을 모든 사람에게 알게 하라 주께서 가까우시니라"(τὸ ἐπιεικὲς ὑμῶν γνωσθήτω πᾶσιν ἀνθρώποις. ὁ κύριος ἐγγύς)고 말하고, 로마서 13장 11절에서는 "또한 너희가 이 시기를 알거니와 자다가 깰 때가 벌써 되었으니 이는 이제 우리의 구원이

---

473 살전 4:14-16, NA 28– "εἰ γὰρ πιστεύομεν ὅτι Ἰησοῦς ἀπέθανεν καὶ ἀνέστη, οὕτως καὶ ὁ θεὸς τοὺς κοιμηθέντας διὰ τοῦ Ἰησοῦ ἄξει σὺν αὐτῷ. 15 Τοῦτο γὰρ ὑμῖν λέγομεν ἐν λόγῳ κυρίου, ὅτι ἡμεῖς οἱ ζῶντες οἱ περιλειπόμενοι εἰς τὴν παρουσίαν τοῦ κυρίου οὐ μὴ φθάσωμεν τοὺς κοιμηθέντας· 16 ὅτι αὐτὸς ὁ κύριος ἐν κελεύσματι, ἐν φωνῇ ἀρχαγγέλου καὶ ἐν σάλπιγγι θεοῦ, καταβήσεται ἀπ' οὐρανοῦ καὶ οἱ νεκροὶ ἐν Χριστῷ ἀναστήσονται πρῶτον."
474 살후 1:10 상, NA 28– "ὅταν ἔλθῃ ἐνδοξασθῆναι ἐν τοῖς ἁγίοις αὐτοῦ καὶ θαυμασθῆναι ἐν πᾶσιν τοῖς πιστεύσασιν." 이 구절의 의미에 대해서는 Piper, 『주 예수여 오시옵소서』, 58-66을 보라. 파이퍼는 자신의 기독교 희락주의(Christian Hedonism)의 관점에서 그리스도가 영광을 받으심과 신자들에게서 놀랍게 여김을 받으심의 의미에 대해 다음과 같이 해설해 준다: "우리가 그리스도의 지극한 영광을 보고 놀랍게 여길 때 그분은 온전한 영광을 받으시고, 우리의 기쁨은 절정에 달할 것이다."(65).
475 Hoekema, *The Bible and the Future*, 122.

처음 믿을 때보다 가까웠음이라"고 말한다.[476] 그러나 바울의 말을 마치 시한부 종말론처럼 오해해서는 안될 것이다. 바울은 자신이 살아있는 동안에도 주님의 재림을 맞을 수 있을지도 모른다는 긴박감을 가지고 살았을 뿐이다. 그의 마지막 서신인 디모데후서 4장 7절, 8절에서는 자신이 "선한 싸움을 싸우고 나의 달려갈 길을 마치고 믿음을 지켰으니 이제 후로는 나를 위하여 의의 면류관이 예비되었으므로 주 곧 의로우신 재판장이 그날에 내게 주실 것이며 내게만 아니라 주의 나타나심을 사모하는 모든 자에게도니라"고 고백하고 있고, 18절에서는 "또한 "주께서 나를 모든 악한 일에서 건져내시고 또 그의 천국에 들어가도록 구원하"(18절)하실 것에 대해 확신을 표현하고 있다.[477]

2.2.2. 사도 베드로

존 파이퍼가 잘 적시해 준대로, 재림에 대한 교훈은 사도 베드로의 양 서신들에도 많이 산재하고 있다(벧전 1:5, 7, 13, 2:12, 4:7, 12, 5:1,4; 벧후 1:16-19, 2:9, 3:1-13).[478] 베드로는 그리스도의 재림을 특히 "그분의 영광이 나타나심으로 요약"해 주었다.[479] 또한 베드로는 "그러므로 너희 마음의 허리를 동이고 근신하여 예수 그리스도께서 나타나실 때에 너희에게 가져다 주실 은혜를 온전히 바랄지어다."(벧전 1:13)라고 권면한다.[480] 이 구절에서 베드로는 그리스도의 말씀을 인용하여(눅 12:35, 36) 허리를 동이고 근신하여 깨어 있을 것을 강조하고,[481] 그가 가지고 오실 은혜를 사모할 것을 권하고 있다. 베

---

476 롬 13:11, NA 28– "Καὶ τοῦτο εἰδότες τὸν καιρόν, ὅτι ὥρα ἤδη ὑμᾶς ἐξ ὕπνου ἐγερθῆναι, νῦν γὰρ ἐγγύτερον ἡμῶν ἡ σωτηρία ἢ ὅτε ἐπιστεύσαμεν."
477 딤후 4:18, NA 28– "ῥύσεταί με ὁ κύριος ἀπὸ παντὸς ἔργου πονηροῦ καὶ σώσει εἰς τὴν βασιλείαν αὐτοῦ τὴν ἐπουράνιον· ᾧ ἡ δόξα εἰς τοὺς αἰῶνας τῶν αἰώνων, ἀμήν." 일반적으로 바울은 자신의 순교를 예상하면서 디모데후서를 썼다고 말해지는데, 바울은 자신이 죽은 후에 가는 것을 천국(τὴν βασιλείαν αὐτοῦ τὴν ἐπουράνιον; ESV– "his heavenly kingdom")이라고 처음이자 마지막으로 표현하고 있다.
478 Piper, 『주 예수여 오시옵소서』, 67.
479 Piper, 『주 예수여 오시옵소서』, 51.
480 벧전 1:13, NA 28 – "Διὸ ἀναζωσάμενοι τὰς ὀσφύας τῆς διανοίας ὑμῶν νήφοντες τελείως ἐλπίσατε ἐπὶ τὴν φερομένην ὑμῖν χάριν ἐν ἀποκαλύψει Ἰησοῦ Χριστοῦ"(벧전 1:13).
481 "ἀναζωσάμενοι τὰς ὀσφύας τῆς διανοίας ὑμῶν" 구절의 의미에 대해서 존 파이퍼는 다음과 같이 잘 해

드로는 또한 "만물의 마지막이 가까이 왔으니 그러므로 너희는 정신을 차리고 근신하여 기도하라"(벧전 4:7)고 권면하기도 한다.

또한 베드로후서 3장 역시도 종말론적인 주제에 집중하고 있는데, 당시 그리스도의 재림 지연(Das Problem der Parusieverzögerung)에 대하여 의혹하는 무리들에 대해 답변하는 내용이다. 베드로는 주의 약속이 더딘 것이 아니라 "너희를 대하여 오래 참으사 아무도 멸망하지 아니하고 다 회개하기에 이르기를 원하"는 것이라고 답하고(9절), 이어서 주님의 날이 "도둑 같이 오리"라고 말해 준다(10절상). 그리고 그 날에 일어나는 일로 "하늘이 큰 소리로 떠나가고 물질이 뜨거운 불에 풀어지고 땅과 그 중에 있는 모든 일이 드러"나게 될 것(10절하)과 "의가 있는 곳인 새 하늘과 새 땅을 바라보"게 될 것을 말해 준다(13절). 그러면서 베드로는 이러한 재림에 대한 소망을 가진 자들에게는 "하나님의 날이 임하기를 바라보고 간절히 사모하라"(12절)는 권면과 더불어서 "그러므로 사랑하는 자들아 너희가 이것을 바라보나니 주 앞에서 점도 없고 흠도 없이 평강 가운데서 나타나기를 힘쓰라"(14절)는 권면이 더불어 주어진다.

2.2.3. 사도 요한

한편 사도 요한은 요한일서 3장 2절-3절에서 그리스도의 재림하실 때에 그리스도와 같아질 것을 강조하고, 그러한 소망을 가졌으니 현재 성화를 위해서 힘쓰도록 권면하는 동기로 삼고 있다.

> 사랑하는 자들아 우리가 지금은 하나님의 자녀라 장래에 어떻게 될 지는 아직 나타나지 아니하였으나 그가 나타나시면 우리가 그와 같을 줄을 아는 것은 그의 참 모습 그대로 볼 것이기 때문이니 주를 향하여 이 소망을 가진 자마다 그의 깨끗하심과 같이 자기를 깨끗하게 하느니

설해 준다: "은혜의 현실을 붙잡고, 그것을 항상 바라보고, 그 영광을 맛보고, 온전한 소망을 유지하고, 인자의 재림이 임박했다고 느낄 때 머뭇거리지 않으려면 마음을 언제라도 행동할 수 있는 상태로 유지하는 것이 필요하다."(Piper, 『주 예수여 오시옵소서』, 75).

라.⁴⁸²

그리고 "반드시 속히 될 일"에 대한 계시를 담고 있는 요한계시록에서 요한은 그리스도의 재림에 대한 예언들을 여러 가지 형태로 담아내고 있다. 먼저 1장 7절에는 " 볼지어다 그가 구름을 타고 오시리라 각 사람의 눈이 그를 보겠고 그를 찌른 자들도 볼 것이요 땅에 있는 모든 족속이 그로 말미암아 애곡하리니 그러하리라 아멘."이라는 선언이 나온다.⁴⁸³ 19장 11절 이하에서는 백마를 타시고 승리자의 영광을 취하실 그리스도의 재림 장면을 서술해 주는 것을 보게 된다.

또 내가 하늘이 열린 것을 보니 보라 백마와 그것을 탄 자가 있으니 그 이름은 충신과 진실이라 그가 공의로 심판하며 싸우더라. 그 눈은 불꽃 같고 그 머리에는 많은 관들이 있고 또 이름 쓴 것 하나가 있으니 자기밖에 아는 자가 없고 또 그가 피 뿌린 옷을 입었는데 그 이름은 하나님의 말씀이라 칭하더라. 하늘에 있는 군대들이 희고 깨끗한 세마포 옷을 입고 백마를 타고 그를 따르더라. 그의 입에서 예리한 검이 나오니 그것으로 만국을 치겠고 친히 그들을 철장으로 다스리며 또 친히 하나님 곧 전능하신 이의 맹렬한 진노의 포도주 틀을 밟겠고 그 옷과 그 다리에 이름을 쓴 것이 있으니 만왕의 왕이요 만주의 주라 하였더라. 또 내가 보니 한 천사가 태양 안에 서서 공중에 나는 모든 새를 향하여 큰 음성으로 외쳐 이르되 와서 하나님의 큰 잔치에 모여 왕들의 살과 장군들의 살과 장사들의 살과 말들과 그것을 탄 자들의 살과 자유인들이나 종들이나 작은 자나 큰 자나 모든 자의 살을 먹으라 하더라. 또 내가 보매 그 짐승과 땅의 임금들과 그들의 군대들이 모여 그 말 탄 자와 그의 군대와 더불어 전쟁을 일으키다가 짐승이 잡히고 그

---

482 요일 3:2-3, NA 28- "ἀγαπητοί νῦν τέκνα θεοῦ ἐσμεν, καὶ οὔπω ἐφανερώθη τί ἐσόμεθα. οἴδαμεν ὅτι ἐὰν φανερωθῇ, ὅμοιοι αὐτῷ ἐσόμεθα, ὅτι ὀψόμεθα αὐτόν, καθώς ἐστιν. καὶ   πᾶς ὁ ἔχων τὴν ἐλπίδα ταύτην ἐπ' αὐτῷ ἁγνίζει ἑαυτόν, καθὼς ἐκεῖνος ἁγνός ἐστιν."
483 계 1:7, NA 28- "Ἰδοὺ ἔρχεται μετὰ τῶν νεφελῶν, καὶ ὄψεται αὐτὸν πᾶς ὀφθαλμὸς καὶ οἵτινες ᵒαὐτὸν ἐξεκέντησαν, καὶ κόψονται ἐπ' αὐτὸν πᾶσαι αἱ φυλαὶ τῆς γῆς. ναί, ἀμήν."

앞에서 표적을 행하던 거짓 선지자도 함께 잡혔으니 이는 짐승의 표를 받고 그의 우상에게 경배하던 자들을 표적으로 미혹하던 자라 이 둘이 산 채로 유황불 붙는 못에 던져지고 그 나머지는 말 탄 자의 입으로부터 나오는 검에 죽으매 모든 새가 그들의 살로 배불리더라(19:11-21).[484]

요한은 요한계시록 22장에서도 그리스도의 재림과 관련된 몇몇 구절들을 통해서 우리의 복된 소망에 대한 초점을 분명하게 해준다. 12절에는 "보라 내가 속히 오리니 내가 줄 상이 내게 있어 각 사람에게 그가 행한 대로 갚아 주리라"는 약속이 주어져있고, 13절에는 그리스도께서 "알파와 오메가요 처음과 마지막이요 시작과 마침"이시라는 사실을 다시 한 번 강조해 주고 있다.[485] 20절에서는 "이것들을 증언하신 이가 이르시되 내가 진실로 속히 오리라"는 말씀을 하시고, 이에 대해 요한은 만대의 교회를 대표하여 "아멘 주 예수여 오시옵소서"라고 응답하는 것을 보여 준다.[486]

2.2.4. 야고보와 유다

예수님의 동생 야고보는 야고보서 5장에서 자기 배만 불리려는 부자들에 대하여 "살육의 날"이 임할 것을 경고하고 있고(5:5), 신자들에게는 "주께서 강림하시기까지 길이 참으라"(5:7)고 권면하기도 하고, 8절과 9절에서는 다음과 같이 권면하기도 한다.

너희도 길이 참고 마음을 굳건하게 하라. 주의 강림이 가까우니라.
형제들아 서로 원망하지 말라 그리하여야 심판을 면하리라 보라 심판주가 문 밖에 서 계시니라.

---

484   계 19:11-21은 전천년설 입장에서 뿐만 아니라 점진적 병행법을 취하는 무천년설의 관점에서도 예수 그리스도의 영광스러운 재림에 대한 예언적 묘사로 읽는다(이상웅, 『개혁주의 종말론에 기초한 요한계시록 강해』, 593-605).
485   계 22:13, NA 28-"ἐγὼ τὸ ἄλφα καὶ τὸ ὦ, ὁ πρῶτος καὶ ὁ ἔσχατος, ἡ ἀρχὴ καὶ τὸ τέλ- ος."
486   계 22:20, NA 28-"Λέγει ὁ μαρτυρῶν ταῦτα· ναί, ἔρχομαι ταχύ. Ἀμήν, ἔρχου κύριε Ἰησ- οῦ."

한편 유다는 짧은 서신을 끝내면서 "능히 너희를 보호하사 거침이 없게 하시고 너희로 그 영광 앞에 흠이 없이 기쁨으로 서게 하실 이"이신 그리스도에게 송영을 올려 드린다.[487] 유다는 그리스도의 재림의 날 성도들이 그 앞에 서는 일에 대해 "그 영광 앞에 흠이 없이 기쁨으로 서게" 됨으로 표현하고 있다.

---

487 유 1:24, NA 28- "Τῷ δὲ δυναμένῳ φυλάξαι ὑμᾶς ἀπταίστους καὶ στῆσαι κατενώπιον τῆς δόξης αὐτοῦ ἀμώμους ἐν ἀγαλλιάσει."

3. 재림의 목적, 시기 그리고 양식

앞서 우리는 재림에 관한 성경적 교훈들을 일별해 보았고, 이제 재림과 연관되어 중요한 주제들인 재림의 목적, 시기, 그리고 양식 등에 대해서 고찰해 보도록 하겠다.

3.1. 재림의 목적

예수님은 왜 다시 재림하시는가라는 질문에 대하여 사도신경은 "저리로서 산자와 죽은 자를 심판하러 오시리라"고 적시해 준다. 예수님은 모든 인류에 대한 심판자로 다시 오실 것이라는 뜻이다. 뿐만 아니라 히브리서 9장 28절에 의하면 "이와 같이 그리스도도 많은 사람의 죄를 담당하시려고 단번에 드리신 바 되셨고 구원에 이르게 하기 위하여 죄와 상관없이 자기를 바라는 자들에게 두 번째 나타나시리라"고 말씀하신다. 이 말씀에 의하면 그리스도의 다시 오심은 "자기를 바라는 자들이... 구원에 이르게 하기 위"해서 재림하신다는 것이다. 그리스도가 재림하신 후에 죽은 자의 부활과 산자의 변형이 있고, 모두가 하나님의 심판대 앞에 서게 되며, 신자들은 부활체를 입고 새 하늘과 새 땅에서 영원히 살게 될 것인데, 이것이 바로 구원의 완성인 것이며, 이러한 구원 사역의 완성을 위해 우리의 구주께서는 다시 재림하시는 것이다.

죽산은 그리스도의 재림의 목적을 논하면서, "의인의 부활," "생존 성도의 변형과 휴거"에 이어 "어린양의 혼인 잔치"를 든다. 그는 "성도가 서로 교통하는 것"은 "이 어린 양의 혼인 잔체에서 완성을 볼 것"이라고 해설해 준다.⁴⁸⁸ 죽산은 이어서 재림의 목적이 "성도의 상받음"에도 있음을 말해 준다.⁴⁸⁹ 성도와 관련해서 보자면 우리가 주목할 또 하나의 목적은 데살로니가후서 1장 10절에 있는대로 "그의 성도들에게서 영광을 받으시고 모든 믿는 자들에게서 놀랍게 여김을 얻으"시는 것도 주요 목적이라는 점을 기억해야 한다.⁴⁹⁰ 존 파이퍼는 파이퍼는 자신의 기독교 희락주의(Christian Hedonism)의 관점에서 그리스도가 영광을 받으심과 신자들에게서 놀랍게 여김을 받으심의 의미에 대해 "우리가 그리스도의 지극한 영광을 보고 놀랍게 여길 때 그분은 온전한 영광을 받으시고, 우리의 기쁨은 절정에 달할 것이다."고 적시해 준다.⁴⁹¹

재림의 또 다른 중요한 목적은 악인들과 악한 세력에 대한 심판에 있다. 죽산은 짐승과 거짓 선지자와 그들의 군대의 파멸, 사탄의 결박 등으로 나누어 해설을 해준다.⁴⁹² 우리가 앞서 살펴본 데살로니가후서 1장 6절-9절에서 바울은 이 점에 대해 다음과 같이 명시해 준다.

> 너희로 환난을 받게 하는 자들에게는 환난으로 갚으시고 환난을 받는 너희에게는 우리와 함께 안식으로 갚으시는 것이 하나님의 공의시니 주 예수께서 자기의 능력의 천사들과 함께 하늘로부터 불꽃 가운데에 나타나실 때에 하나님을 모르는 자들과 우리 주 예수의 복음에 복종하지 않는 자들에게 형벌을 내리시리니 이런 자들은 주의 얼굴과 그의 힘의 영광을 떠나 영원한 멸망의 형벌을 받으리로다.⁴⁹³

---

488   유 1:24, NA 28- "Τῷ δὲ δυναμένῳ φυλάξαι ὑμᾶς ἀπταίστους καὶ στῆσαι κατενώπιον τῆς δόξης αὐτοῦ ἀμώμους ἐν ἀγαλλιάσει."
489   박형룡, 『교의신학- 내세론』, 222-223.
490   살후 1:10 상, NA 28- "ὅταν ἔλθῃ ἐνδοξασθῆναι ἐν τοῖς ἁγίοις αὐτοῦ καὶ θαυμασθῆναι ἐν πᾶσιν τοῖς πιστεύσασιν." 이 구절의 의미에 대해서는 Piper, 『주 예수여 오시옵소서』, 58-66을 보라.
491   Piper, 『주 예수여 오시옵소서』, 65.
492   박형룡, 『교의신학- 내세론』, 223-224.
493   살후 1:6-9, NA 28- "εἴπερ δίκαιον παρὰ θεῷ ἀνταποδοῦναι τοῖς θλίβουσιν ὑμᾶς θλῖψιν καὶ ὑμῖν τοῖς θλιβομένοις ἄνεσιν μεθ᾽ ἡμῶν, ἐν τῇ ἀποκαλύψει τοῦ κυρίου Ἰησοῦ ἀπ᾽ οὐρ-ανοῦ μετ᾽ ἀγγέλων δυνάμεως αὐτοῦ ἐν πυρὶ φλογός, διδόντος ἐκδίκησιν τοῖς μὴ εἰδόσιν θεὸν καὶ τοῖς μὴ ὑπακούουσιν τῷ εὐαγγελίῳ τοῦ κυρίου ἡμῶν Ἰησοῦ, οἵτινες δίκην τίσου-σιν ὄλεθρον αἰώνιον ἀπὸ προσώπου τοῦ κυρίου καὶ ἀπὸ τῆς δόξης τῆς ἰσχύος αὐτοῦ."

우리가 앞서 살펴본 벨직 신앙고백서 37조에서는 그러하기에 악인들에게는 재림의 날이 "끔찍스럽고 공포스러운(horrible et épouvantable)것"이요, 성도들을 "박해하고, 압제하고, 그리고 고문했던 그 사악한 자들 위에 하나님이 집행하실 끔찍스러운 보복"이 내려질 뿐 아니라, "그들 자신의 양심에 의해서 정죄함을 당하게 될 것이며(롬 2:15), 죽지 않는 존재가 되어 마귀와 그의 사자들을 위하여 예비된 영원한 불속에서 고통을 당하게 될 것이다(계 21:8; 벧후 2:9; 말 4:1; 마 25:41)."

재림의 목적에 관련하여 우리가 더욱 더 주목해야 하는 것은 "그리스도의 재림은 그 사역을 완성시켜 면류관을 씌"우시는 사건일 뿐 아니라, 그리스도의 "승귀된 신분의 마지막 단계이며 최상의 단계"라고 하는 사실이다. 우리는 이 점을 결코 간과해서는 안될 것이다.[494]

3.2. 재림의 시기

두 번째 주제는 예수 그리스도께서 언제 재림하실까, 그 시기에 대한 문제이다. 우선 그 정확한 시간과 때는 알 수가 없다고 하는 것은 기본적인 답변이다. 때와 시기에 대해 질문하는 제자들에게 예수님께서는 "그 날과 그 시는 아무도 모르고 하늘에 있는 천사도 모르고 인자도 모르고 아버지만 아신다"고 못박아 말씀하셨다.[495] 그럼에도 불구하고 우리는 재림을 둘러싼 여러 가지 사건들 맥락 속에서 재림의 시기에 대한 논의가 달라질 수가 있음을 말할 수가 있다.

역사적 전천년설, 후천년설, 그리고 무천년설에 의하면 그리스도의 재림은 단회적인 사건(single event)이라고 하지만 세대주의자들은 재림이 이중적인 사건(double event)이 될 것이라고 주장한다. 이는 전통적인 세대주

---

494 Bavinck, 『개혁 교의학』, 4:814.
495 마 24:36- "Περὶ δὲ τῆς ἡμέρας ἐκείνης καὶ ὥρας οὐδεὶς οἶδεν, οὐδὲ οἱ ἄγγελοι τῶν οὐρανῶν οὐδὲ ὁ υἱός, εἰ μὴ ὁ πατὴρ μόνος." 13세기에 활동한 토마스 아퀴나스 역시도 이 말씀에 근거하여 "주님은 그것은 천사들조차도 모른다고 말씀하신다. 그러므로 사람들은 더욱 더 그것을 알 수 없는 일이다. 그리고 결과적으로 지금까지 모든 (종말의) 예언은 실패하였다"라고 적시해 준다(Thomas Aquinas, *Summa Theologiae*, Sup. Q.77. art. 2; Dalsasso and Coggi, 『성 토마스 아퀴나스의 신학대전 요약』, 567).

나 최근에 발전한 점진적 세대주의나 할 것 없이 똑 같이 주장하는 바이다. 즉, 주님은 두 번 오시는데, 첫 번째는 뜻하지 않은 때에 공중에 비밀 강림하시어 교회를 휴거시키실 것이며, 7년 대환난이 지난 후에 그 성도들과 함께 지상에 재림하실 것이라고 하는 것이다. 세대주의자들이 자신들의 주장을 위한 근거로 재림을 가리키는데 사용된 세 용어(παρουσία, ἀποκάλυψις, ἐπιφάνεια)를 들거나, 아니면 "성도들을 위하여 오심"과 "성도들과 함께 오심" 등을 근거로 들지만, 성경을 살펴볼 때에 전혀 근거가 되지 않는다.[496]

성경에 따라 우리는 재림은 단 한 번 일어나는 일이 될 것이라는 점을 분명하게 생각해야 하고, 재림의 때와 시기는 알 수가 없다는 점도 분명하게 해야 할 것이다.[497] 다만 중요한 것은 반드시 그가 오신다고 하는 사실이고, 우리가 성경적으로 준비해야 한다고 하는 사실이다.

3.3. 재림의 양식(Mode)

우리는 세 번째 주제인 그리스도께서 어떠한 양식으로 재림하시는지 살펴보려고 한다. 죽산 박형룡은 『교의신학-내세론』에서 여섯 가지 특징을 열거하고 있다.[498] 그리스도는 첫 번째, 자신이 강림하신다. 남이 대리로 오는 게 아니고, 그분이 오실 것이다. 가셨던 그분이 오실 것이다. 두 번째는 신체적으로 강림하실 것이다. 세 번째는 가견적(可見的)으로, 보이게 오실 것이다. 왜냐하면 부활체를 입고 계신 분이기 때문이다. 네 번째는 돌연히, 갑자기 강림하실 것이다. 다섯 번째는 초림과 달리 영광스럽고, 승리적인 강림이 될 것이다. 여섯 번째는 종말적이고, 완성적인 강림이 되어질 것이다. 끝을 내는 심판, 마지막 심판을 하기 위하여 재림하실 것이다.

---

496 이중재림에 대한 비판적 논의와 반박은 박형룡, 『교의신학- 내세론』, 207-213; Hoekema, 『개혁주의 종말론』, 234-242을 보라.
497 Venema, 『개혁주의 종말론 탐구』, 142-145. 바빙크는 "시대의 징조들을 주목하는 것은 예수의 제자들이 지켜야 할 의무인 반면, 그가 오는 정확한 시간을 계산하는 것은 그들에게 금지된 일이고 또한 불가능한 일이다"고 적시해 준다(Bavinck, 『개혁 교의학』, 4:817).
498 박형룡, 『교의신학 내세론』, 214-219. 이러한 논의는 Berkhof, *Systematic Theology*, 704-706의 내용에 의존한 것이다.

3.3.1. 가심을 본 그대로 오심(행 1:11)

예수 그리스도께서 부활후 승천하실 때에 제자들이 하늘을 쳐다 보고 있었는데, 천사가 이렇게 재림의 양식에 대해서 선포한 내용이 있다.

이르되 갈릴리 사람들아 어찌하여 서서 하늘을 쳐다보느냐 너희 가운데서 하늘로 올려지신 이 예수는 하늘로 가심을 본 그대로 오시리라 하였느니라
= "οἳ καὶ εἶπαν ἄνδρες Γαλιλαῖοι, τί ἑστήκατε ἐμβλέποντες εἰς τὸν οὐρανόν; οὗτος ὁ Ἰησοῦς ὁ ἀναλημφθεὶς ἀφ' ὑμῶν εἰς τὸν οὐρανὸν οὕτως ἐλεύσεται ὃν τρόπον ἐθεάσασθε αὐτὸν πορευόμενον εἰς τὸν οὐρανόν."

이 본문을 주의깊게 살펴본다면 승천하신 그 분(하늘로 올려지신 이 예수)이 친히 다시 재림하실 것이라는 것을 우리는 알 수가 있다. 주님은 천사나 다른 대리인이나 혹은 심지어는 성령을 대신 보내시는 것이 아니라 그분 자신이 재림하실 것이다. 그리고 또한 본문에 의하면 "하늘로 가심을 본 그대로" 오신다고 말씀하고 있다. 부활체를 입으신 그분이 직접적이고 가시적으로 다시 강림하실 것을 가리킨다.

3.3.2. 영광스러운 승리자의 모습으로 오심

그리스도의 재림의 양식중 하나는 초림의 구주와 달리 영광스럽게 승리자의 모습으로 재림하신다고 하는 것이다. 마태복음 16장 27절에서는 "인자가 아버지의 영광으로 천사들과 함께 올 것"이라고 말씀하셨고, 24장 30절에서는 "그 때에 인자의 징조가 하늘에서 보이겠고 그 때에 땅의 모든 족속들이 통곡하며 그들이 인자가 구름을 타고 능력과 큰 영광으로 오는 것을 보리라."고 말씀하셨다. 인자가 구름을 타고 오신다는 말씀은 대제사장 가야바 앞에서도 선포된 내용이며(마 26:64), 이는 그리스도가 단순히 인간이

아니라 신적 영광을 가지신 메시아시라고 하는 점을 드러내는 말씀이다.[499] 또한 데살로니가전서 4장 16절에 보면 바울은 "주께서 호령과 천사장의 소리와 하나님의 나팔 소리로 친히 하늘로부터 강림하"신다고 명시해 준다. 이는 비밀 공중 강림과 비밀 휴거 사건을 주장하기에는 합당하지 않은 본문이라는 것을 우리는 알 수가 있다. 데살로니가후서 1장 7절에서는 "주 예수께서 능력의 천사들과 나타나실" 것이라고 말씀해 주신다. 이런 모든 말씀들은 초림의 주와 달리 재림의 그리스도는 최고의 영광스러운 승리자로 오실 것이라는 것을 분명하게 보여준다.[500]

그리스도의 재림의 양식에 관한 논의를 마치면서, 헤르만 바빙크의 종합적인 서술을 함께 보기로 하자.

> 그가 이 땅에서 떠나 하늘로 올라갔기에, 그가 임할 때 하늘로서 다시 올 것이다(빌 3:20; 살전 1:10; 살후 1:7; 계 19:11). 그리고 그가 승천할 때에 구름이 그를 취하여 제자들의 눈에 보이지 않게 한 것과 같이(행 1:9), 구약적인 언어로 마치 승리의 마차가 그를 이 땅으로 데리고 오는 것처럼 그가 하늘 구름을 타고 다시 올 것이라고 묘사되고 있다(마 24:30, 26:64; 막 13:26, 14:62; 눅 21:27; 계 1:7, 14:14). 왜냐하면 그는 종의 형체로 다시 오는 것이 아니라 큰 권세와 자기 영광과 자기 아버지의 영광 가운데(마 16:27, 24:30; 막 8:38, 13:26; 눅 22:27; 골 3:3~4; 살후 1:9~10; 딛 2:13) 만왕의 왕과 만주의 주로서(계 17:14, 19:11-16) 자신의 천사들에 둘러싸여 (마 16:27; 25:31; 막 8:38; 눅 9:26; 살후 1:7; 계 19:14), 그리고 성도들에 둘러싸여 오며, 그들 가운데에는 아마도 이미 복 받은 자들도 포함되어 있을 것이기 때문이다(살전 3:13; 살후 1:10; 유 14). 비록 그의 파루시아가 예기치 못한 것이어서 밤에 도적이 침입하는 것과 비슷하다고 할지라도, 그의 임함은 온 땅의 모든

---

499 Piper, 『주 예수여 오시옵소서』, 265-266; 김대웅, "다니엘서 인자 같은 이의 정체성," 「성경과신학」 90 (2019): 1-27
500 Hoekema, 『개혁주의 종말론』, 242-244.

사람에게 보여질 것이고, 마치 번개가 하늘 이편에서 저편까지 비치는 것과 같을 것이며(마 24:27; 눅 17:24; 계 1:7), 천사장의 소리와 천사들의 나팔 소리로 선포될 것이다(마 24:31; 고전 15:52; 살전 4:16).[501]

501　Bavinck, 『개혁교의학』, 4:819.

4. 재림을 기다리는 마땅한 자세

4.1. 들어가는 말

우리는 앞서 예수 그리스도의 재림에 관련된 몇 몇 주제들을 살펴 보았다. 이제 재림론의 마지막 주제는 재림을 어떻게 예비하고 기다릴 것인가하는 재림 대망에 대한 논의이다. 초대 교회 성도들은 서로 만날 때 마다 마라나 타(Marana tha, 주여 오시옵소서)를 고백하면서, 그 환난과 고난을 견뎌낼 수가 있었다. 어느 시대나 환난과 박해중에 있는 교회들은 동일하게 재림을 대망하면서 배교의 위험을 피할 수가 있었다. 한국 장로교회도 일제의 신사참배 강요에 맞서서 순교하거나 견뎌낸 이들은 동일하게 임박한 그리스도의 재림에 대한 소망으로 참아내었다고 하는 것은 널리 알려진 사실이다.[502] 죽산 박형룡 역시 국가 주권을 일본에게 빼앗긴 초기인 선천중학교 시절에 선천북교회 부흥회 강사로 온 김익두 목사(1874 -1950)의 설교를 통해 "예수의 재강림을 고대"하는 마라나 타 신앙을 각성하고 재림을 고대하는 기도를 하기도 했다고 한다.[503]

어떻게 재림을 준비하고 기다릴 것인가라는 주제와 관련하여 몇 가지 핵심 사항을 먼저 서술해 보도록 하겠다. 우선 우리가 생각해야 할 것은 그 때와 시간은 알지 못한다는 점을 분명히 해야 한다는 것이다. 시대마다 시한부 종말론, 음모론, 사이비 종말론이 준동하여 교인들 뿐 아니라 준비되지

---

502 많은 문헌들이 있지만 다음의 문헌들을 보라: 이근삼, 『기독교와 신도국가주의의 대결』 (서울: 생명의 양식, 2008); Park Hee Suk, "Korean Resistance to Shintoism and ist Legacy" (Ph. D. Dissertation, Westminster Theological Seminary, 1997).

503 정성구 편집, 『박형룡박사 회고록』, 51-52. 김익두 목사에 관해서는 Yang Hyun Phyo, "The Influence of Sun-Ju Kil, Ik-Du Kim, and Young-do Yi on Protestantism in Korea"(Ph. D. diss. Southern Baptist Theological Seminary, 2003), 80-124를 참고하라.

못한 교역자들까지 미혹케 하곤 하기에, 재림의 시기를 우리가 알 수가 없다는 점을 분명히 할 필요가 있다.[504]

우리가 그 날과 그 시를 알지 못하기에 태만하고 안일하게 살아도 된다는 말은 아니다. 혹은 우리와는 상관없는 일인 것처럼 일상과 사역에 젖어서 사는 것도 성경적인 재림 대망의 자세는 아니다. 예수님과 사도들은 그 날과 그 시를 알지 못하지만, 항상 경성하고 깨어 있을 것을 요청하고 있다. 평소에 열심히 공부하는 학생들은 시험을 불시에 친다고 해도 그다지 걱정하지 않는 것처럼, 언제라도 오실 주님을 맞을 준비를 하고 있다면 그 날과 그 시를 모른다는 것이 전혀 올무가 되지 않을 것이다.

다음 IV부의 주제인 시대의 표적들에서 다시 한 번 더 논의하겠지만, 초림과 재림 사이의 신약교회 시대의 구속사적 특징은 그리스도께서 택하신 자녀들이 다 돌아오게 하는 선교적 시기라는 점을 교회와 신자들은 명심해야 한다. "땅 끝까지 이르러 내 복음을 전파하라"고 명령하신 그리스도의 지상 명령은 2천년전 사도 시대에만 유효한 것이 아니라, 말세지말에 살아가고 있는 우리 시대에도 더욱 더 순종해야 할 말씀이다. 교회와 신자들은 선교와 전도 지향적인 삶을 추구해야 한다는 뜻이다. 선교사의 소명이 있다면 준비하여 가든지, 아니면 기도로 돕거나 물질적으로 후원하는 일에 교회와 신자들은 힘써야 한다는 말이다. 오늘날 유행하고 있는 선교적 교회 혹은 미셔널 처치(missional church)는 내용상 따라갈 수 없는 신학적 경향성을 가진 이들도 있지만, 문자적으로 틀린 표현은 아니다. 교회는 세상으로부터 불러내심을 받았을 뿐 아니라(ἐκκλησία의 의미대로), 또한 세상을 향해 파송되어 사명을 수행해야 하는 공동체이고, 그 사명 중에 큰 사명이 바로 선교와 전도라고 하는 점은 분명하기 때문이다.[505]

재림을 대망하면서 살아야 하는 신약 교회 성도들에게 주어진 또 하나의

---

504 오늘날 유튜브에서 많은 인기를 끄는 유튜버들 가운데는 시한부 종말론, 음모이론, 세대주의 종말론, 사이비 종말론 등 비개혁주의적인 인사들이 많기 때문에 신자들의 주의가 요청된다.
505 오늘날 정통 교단안에서도 미셔널 처치라는 말을 많이 사용하고 있는데, 이러한 모토를 내건 운동안에도 신학적으로 다양한 스펙트럼이 존재하고 있기 때문에 신학적인 검토를 잘하여서 바른 방향의 미셔널 처치 운동을 전개해야 할 것이다.

중요한 권면 사항은 무슨 큰 일을 하라거나 특이한 종교적 형태로 준비하라는 데 있지 아니하고, 각자 맡겨진 소명의 자리에서 은사를 잘 활용하면서 청지기 자세(stewardship)로 살 것에 대한 요청이다. 예수님과 사도들은 재림을 준비함에 대한 교훈들 속에서 다른 특별한 삶을 요구하지 아니하시고, 빈번히 지혜롭고 신실한 청지기 자세를 요청하곤 하셨다는 점을 우리는 기억해야 한다. 시한부 종말론, 음모 이론, 사이비 종말론을 추종하는 이들 가운데는 항상 일상의 소명을 버리고 특별한 장소에 모여 종교적인 준비만을 하도록 유도하곤 하는데, 성경은 오히려 우리 각자의 삶의 자리에서 주의 일을 하다가 주님의 재림을 맞을 것을 권면한다는 점에서도 큰 차이점을 가진다.

이제 우리는 이러한 기본적인 원리들을 가르치고 있는 성경 본문들을 직접적으로 살펴보려고 하는데, 예수님께서 종말론을 가르치신 후에(마 24:1-35; 막 13:1-37; 눅 21:5-36), 이어서 종말론적 삶의 자세를 가르치기 위해 주신 네 가지 비유의 말씀들(마 24:36-25:45)을 차례대로 살펴 보고자 한다. 필자가 담임 목회 중에 회중들에게 선포하기 위해 준비했던 본문 강해(미간행 원고)라는 것을 유념하고 읽어주기를 바란다.

4.2. 청지기 자세 – 마태복음 24장 36절-51절

그러나 그 날과 그 때는 아무도 모르나니 하늘의 천사들도, 아들도 모르고 오직 아버지만 아시느니라. 노아의 때와 같이 인자의 임함도 그러하리라. 홍수 전에 노아가 방주에 들어가던 날까지 사람들이 먹고 마시고 장가 들고 시집 가고 있으면서 홍수가 나서 그들을 다 멸하기까지 깨닫지 못하였으니 인자의 임함도 이와 같으리라. 그 때에 두 사람이 밭에 있으매 한 사람은 데려가고 한 사람은 버려둠을 당할 것이요 여자가 맷돌질을 하고 있으매 한 사람은 데려가고 한 사람은 버려둠을 당할 것이니라. 그러므로 깨어 있으라 어느 날에 너희 주가 임할는지 너희가 알지 못함이니라. 너희도 아는 바니 만일 집 주인이 도둑이 어느 시각에 올 줄을 알았더라면 깨어 있어 그 집을 뚫지 못하게 하였으리라. 이러므로 너희도 준비하고 있으라 생각하지 않은 때에 인자가 오리라. 충성되고 지혜 있는 종이 되어 주인에게 그 집 사람들을 맡아 때를 따라 양식을 나눠 줄 자가 누구냐. 주인이 올 때에 그 종이 이렇게 하는 것을 보면 그 종이 복이 있으리로다. 내가 진실로 너희에게 이르노니 주인이 그의 모든 소유를 그에게 맡기리라. 만일 그 악한 종이 마음에 생각하기를 주인이 더디 오리라 하여 동료들을 때리며 술친구들과 더불어 먹고 마시게 되면 생각하지 않은 날 알지 못하는 시각에 그 종의 주인이 이르러 엄히 때리고 외식하는 자가 받는 벌에 처하리니 거기서 슬피 울며 이를 갈리라.

요즘 종말에 대한 설교를 하다 보니 그런지 주중에 어느 날은 이 지구가 대재앙으로 멸망하는 꿈을 꾸었습니다.[506] 그리고 목양실을 정리하다가 20년 된 자료를 하나 발견했습니다. 1992년 10월 28일 24시에 휴거설을 주장해서 온 나라를 시끄럽게 만들었던 다미선교회 자료였습니다. 삐라에 보니까 그들의 핵심적인 헛소리를 이렇게 말하고 있습니다.

국내외의 아이들, 남녀노소 할 것 없이 수많은 성도들이 92년 10월 28일 주님 오신다는 계시를 받았고, '내가 가리라. 너희는 전파하라.'는 음성을 듣고 있다. 창원에 있는 초등학교 아이들 20명이 지난 9월 15일 오후 7시경 숨바꼭질 질을 하고 놀던 중 갑자기 마을 뒷산에 수많은 천군 천사들이 나팔을 불며 호위하는 가운데 예수님께서 빛으로 나타나신 광경을 보게 되었다. 그런데 그 아래에 '92.10.28.24.(수).휴거'라는 휘황찬란한 글씨가 씌어져 있었는데 너무나 엄청난 광경에 놀라서 3명, 5명이 각각 다른 장소에 숨어서 모두 동시에 보았다. 그 광경은 약 30분 동안 계속되었다. 이들은 모두 불신자 아이들이었는데 이 사건을 직접 생생하게 목격한 이후 예수를 믿게 되었고 현재 다미선교 창원 지부에 출석하고 있다.

---

506 필자의 마태복음 연속강해는 2012년에 끝이 났고, 아직 미간행 원고로 남아있다.

이런 식으로 이장림씨는 수많은 사람들을 미혹했습니다. 재림의 날이 정해져있다고 하니 직장도 그만두고 가진 재산도 다 헌납을 했습니다. 심지어는 유명한 목사님의 따님께서도 다미선교회에 미혹을 당하셨다고 합니다. 하지만 그 결과가 어떻게 되었는지는 우리는 잘 알고 있습니다. 예수님은 그들이 착각한 시간에 재림하시지 않았고, 이장림씨는 사기죄로 구속당하였습니다. 하지만 이러한 미혹은 끝이 난 것이 아닙니다. 오늘날도 제3의 물결에서 극단적으로 나아간 신사도 운동이 기승을 부리고 있어서 주의가 요구됩니다. 이들에 의하면 신약성경에 존재하는 모든 은사가 오늘날도 존재한다는 것입니다. 그래서 설교 보다 예언을 중시합니다. 하나님이 직통 계시를 주셨다고 하면서 성경 밖의 말들을 합니다. 이장림씨도 다르지 않습니다. 성경에는 없지만 오늘 이 시대를 위해서 그 날과 그 시를 알려주셨다 그러면서 성도들을 미혹했습니다. 오늘 우리는 주님의 종말론 강화를 보면서 이러한 미혹에 빠지지 않을 수 없는 근본적인 대책과 말세지말을 살아가는 올바른 신앙자세가 무엇인지를 확인해 볼수 있기를 원합니다.

4.2.1. 그 날과 그 때는 아무도 모른다.

우선 우리가 잘 알고 있는 말씀이지만, 정말 말세지말에는 더욱더 명심해야 하는 구절이 하나있습니다. 36절 말씀입니다. 같이 읽어보겠습니다. "그러나 그 날과 그 때는 아무도 모르나니 하늘의 천사들도, 아들도 모르고 오직 아버지만 아시느니라." 예수님의 재림과 세상의 종말의 시기에 대해서는 사람들은 물론이거니와 천사들도 모르고 심지어 아들도 모르고 오직 하나님 아버지만 아신다는 것입니다. 그 날과 그 때라고 했는데 영어로 하면 the day and the hour입니다. 예수님께서는 그 때와 시기에 대해서는 우리가 알 바가 아니고 우리의 권한에 속하지 않는다고 하는 사실을 명확하게 해주셨습니다. 이렇게 재림의 때를 알려주시지 않는다고 하시는데 불구하고 극구 알 수 있다고 주장하는 궤변론자들과 열성당원들이 많이 있었습니다. 예수님이 그 날과 그 시간을 모른다고 했지 그 년도와 그 월은 알수 있다는 식으로 주장하는 사람들도 있었습니다. 심지어는 조나단 에드워즈 목사 같은 대학자도 재림의 시기를 계산했습니다. 하지만 그 사람이 신앙적으로 훌륭하냐와 관계없이 재림의 때와 시간을 알 수 있다고 한다면 그 점에서는 잘못된 것이라고 보시면 됩니다. 요즘 예언의 은사가 존재한다고 주장하고 활성화시키는 사람들이 지나치게 나가면 또 어느 날 어느 시에 주님이 재림하신다라고 주장하는 이들이 일어날 것인데 미혹되지 마시기를 바랍니다. 그런 식의 예언은 2012년 지구의 종말을 예언했다고 하는 마야인들의 거짓 예언과 다를 바가 없습니다.

우리는 예수님의 말씀을 명심하십시다. 그 날과 그 시는 오직 하나님 아버지만 아십니다. 그리고 우리가 그 날과 그 시를 모르고 살아가는 것이 오히려 유익하다고 하나님이 판단하셨다는 점을 인정해야 합니다. 주님은 분명히 재림하십니다. 하지만 그 시기를 우리는 계산할 수는 없습니다. 데살로니가전서 5장에서 바울도 사용했던 표현이지만, 예수님께서는 43절에서 그 날의 예고도 없이 갑작스럽게 닥쳐올 것을 가르치기 위해서 도둑 이야기를 하셨습니다. "너희도 아는 바니 만일 집 주인이 도둑이 어느 시각에 올 줄을 알았더라면 깨어 있어 그 집을 뚫지 못하게 하였으리라." 도둑은 소설 속에 등장하는 아르센 뤼팽 외에는 언제 도둑질하러 온다는 예고를 하지 않고 갑자기 오는 법입니다. 요즘 도둑은 한참 지나고 나서야 발견할 정도로 지능적으로 도둑질을 합니다. 미리 잘 대비하는 길 밖에는 없습니다. 그래서 예수님은 "이러므로 너희도 준비하고 있으라 생각하지 않은 때에 인자가 오리라."(44절)고 권면해주신 것입니다.

오늘 읽은 본문이 총 열 여섯 절인데 전체적으로 읽어보면 인자의 오심, 인자의 임함이라는 용어가 계속 반복됩니다. 주님의 재림을 그렇게 표현한 것입니다. 그리고 주님의 재림을 무엇과 유사하다고 소개하시느냐 하면 노아의 때와 같다라고 말씀해 주셨습니다. 37-39절에 보시면 "노아의 때와 같이 인자의 임함도 그러하리라. 홍수 전에 노아가 방주에 들어가던 날까지 사람들이 먹고 마시고 장가들고 시집가고 있으면서 홍수가 나서 그들을 다 멸하기까지 깨닫지 못하였으니 인자의 임함도 이와 같으리라." 노아가 하나님의 경고하심을 받아서 오랫동안 믿음으로 방주를 만들면서 하나님의 심판에 대해서 경고를 했지만 당시 사람들은 귀담아 듣지 아니하고 먹고 마시고 장가가고 시집가는 일에 집중했습니다. 이런 일상적인 삶이 잘못이라는 말이 아닙니다. 모두 금욕고행하자는 말이 아닙니다. 사람이 영적인 일 또는 신령한 일에 관심을 끊어버리고, 하나님을 버리고 오로지 이런 육신의 일에 몰두할 때에 죄가 되는 것입니다. 하나님께서 심판하시겠다고 하는데 죄를 회개하지도 방주를 만들지도 아니하는 것이 문제였습니다. 그들은 생각하기에 자연은 항상 순환하고 비가오기도 하고 눈이 오기도 하고 그런 것 아니냐고 생각을 했습니다. 심지어는 홍수가 시작되는 날에도 그냥 비가 오는구나 때가 되면 그치겠지 그러고는 변함없이 자기들 일에 몰두했습니다. 하지만 결국 준비하지 않은 그들에게는 대홍수는 말 그대로 멸절시키는 심판의 재앙이 되고 말았습니다.

그러면 예수님께서는 왜 자신의 재림의 때를 노아의 때에 비유하셨을까요? 주님의 재림 때까지도 이 세상의 삶은 변함없이 이어질 것이라고 하는 것입니다. 먹고 마시고 장가가고 시집가고 오락을 즐기고 문화 활동하고 직장 생활할 것이라는 것입니다. 특별한 징조랄 것도 없이 늘 있던 일이고, 때로는 좀 심하게 일어나는 일이다고 하면서 무시할 만큼 그런 다람쥐 쳇바퀴 돌아가듯 하는 삶이 이어질 것이라고 하는 것입니다. 그러다가 주님이 준비되지 않은 자들에게 갑작스럽게 재림하실 것이고 주님의 재림은 그들에게 곧 최후 심판의 때가 되고 말 것이라는 것입니다. 그리고 주님이 재림하시면 철저한 분리가 일어나게 될 것을 40, 41절에서 말씀해 줍니다. "그 때에 두 사람이 밭에 있으매 한 사람은 데려가고 한 사람은 버려둠을 당할 것이요. 두 여자가 맷돌질을 하고 있으매 한 사람은 데려가고 한 사람은 버려둠을 당할 것이니라." 세대주의자들은 이것을 보고 휴거의 증거 구절로 삼습니다만, 틀린 해석입니다. 주님이 재림하실 때에 사람들이 무슨 일을 하고 있었든지 간에 상관없이 두 가지 부류로 구별될 것이라는 것을 말씀하고 있습니다. 주님의 천사들에 의해서 공중으로 데려감을 당하고 재림의 재림을 영광중에 만나는 사람들이 있을 것이고, 버려둠을 당하는 사람들이 있을 것을 말씀해 주고 있습니다.

다시 정리를 해 봅니다. 주님께서 언제 재림하실지 아는 이가 없습니다. 알려주시기를 원하시지 않으셨습니다. 모르는 것이 유익하기 때문입니다. 42절에도 말씀하십니다. "그러므로 깨어 있으라. 어느 날에 너희 주가 임하는지 너희가 알지 못함이니라." 그리고 44절에서는 "이러므로 너희도 준비하고 있으라. 생각하지 않은 때에 인자가 오리라."고 말씀하셨습니다. 어느 날 어느 때에 주님이 재림하실지 모를 뿐 아니라 생각지도 않은 때에 주님이 재림하실 것이라고 하는 점을 기억하시는 것이 좋습니다. 이러한 말씀은 2천 년 전 베드로와 바울과 같은 사도들에게도 해당이 되지만, 오늘 우리들에게도 해당되는 말씀입니다. 특정한 시기에 사는 이들에게 하신 말씀이 아니고 주님의 초림과 재림사이에 살아가고 있는 말세의 성도들에게 주신 권면입니다. 그래서 우리들 가운데 조급증을 가진 사람들에는 우리 살아 생전이 아닐 수도 있다는 여유가 필요할 것이고, 불감증을 가진 이들에게는 오늘 저녁이나 내일 새벽에라도 주님이 재림하실 수 있다고 하는 긴장을 하시는 것이 좋습니다. 그리고 주님은 우리들이 항상 깨어 있어 그 날을 준비할 것을 권면하셨습니다. 우리가 24장 45절 이하에서 25장까지 주님의 재림을 준비하는 종말론적인 삶의 자세가 어떠해야 하는지를 교훈하는 네 가지의 말씀을 주셨습니다. 오늘은 첫 번째 말씀을 마지막으로 살펴보려고 합니다.

4.2.2. 충성되고 지혜 있는 종이 되라.

45-51절에 기록되어 있는 예수님의 말씀에는 두 종류의 종이 소개되고 있습니다. 한 사람은 충성되고 지혜 있는 종이고 다른 한 사람은 악한 종입니다. 전자는 예수님의 재림을 잘 준비하는 종이고, 후자는 재림을 잘못 준비하는 종을 가리킵니다. 먼저 45절을 보실까요? 예수님께서는 제자들을 향해 이렇게 물으셨습니다. "충성되고 지혜 있는 종이 되어 주인에게 그 집 사람들을 맡아 때를 따라 양식을 나눠 줄 자가 누구냐?" 예수님은 질문 형태

로 물으셨지만 사실 자신의 제자들과 그들의 전도를 받아 믿음에 동참하게 되는 모든 성도들에게 이런 사람이 되어야 한다는 것을 말씀하시는 것으로 보셔야 합니다. 주님은 우리 믿는 자들이 충성되고 지혜 있는 종이 되기를 바라십니다. 다르게 말해서 충성되고 지혜로운 종이 되어야 주님의 재림을 잘 맞이할 수 있고 칭찬과 영광을 얻을 수 있는 것입니다. 여러분 충성되다는 것이 무엇입니까? 주인이 있을 때나 없을 때나, 주인이 볼 때나 안 볼 때나 요셉처럼 주인에게 신실한 것을 말합니다. 마음의 중심이 바로 잡혀있는 것입니다. 그리고 지혜롭다는 것은 이 문맥에서는 주인에게 보고하고 셈을 치루어야 하는 때가 있다는 점을 항상 생각하고 살아가는 것입니다.

충성스럽고 지혜로운 종은 주인이 자신에게 맡기고 간 일을 신실하게 감당을 합니다. 본문에는 때를 따라 집안 사람들에게 양식을 공급하는 역할에 대해서 말씀하고 있지만 우리들이 맡은 일이 다양합니다. 그것이 무슨 일이든지 간에 주님이 맡겨 주신 일을 신실하게 잘 감당하는 것이 중요합니다. 감리교의 창립자인 존 웨슬리 목사에게 누군가 물었습니다. "목사님. 만약에 주님이 내일 재림하신다고 알려주시면 무엇을 하시겠습니까?" 그러자 웨슬리 목사님은 특이하게 대답하시지 않고 "그 시간에 내가 하기로 정해진 그 일을 하다가 주님을 만나겠습니다."라고 대답을 했다고 합니다. 그렇습니다. 주님이 언제 오실는지 알지 못하지만, 주님이 하라고 하신 일을 변함없이 신실하게 하고 있다가 주님을 만나는 것이 충성스럽고 지혜로운 종의 모습입니다. 우리나라 속담에 게으른 종이 세말에 바쁘다고 했습니다. 평소에 준비하지 않은 사람들이 재림의 때와 시기에 관심을 기울이고, 제 멋대로 살다가 재림 직전에 산에 들어가서 준비를 하겠다는 식으로 말하는 것입니다. 그러나 그것은 충성되고 지혜로운 종의 모습이 아닙니다.

예수님께서는 충성스럽고 지혜로운 종처럼 재림을 준비한 자들이 누리게 되는 복에 대해서 46, 47절에 보시면 이렇게 말씀해 주십니다. "주인이 올 때에 그 종이 이렇게 하는 것을 보면 그 종이 복이 있으리로다." 왜요? "내가 진실로 너희에게 이르노니 주인이 그의 모든 소유를 그에게 맡기리라." 그렇습니다. 지상에서 맡은 역할이 하찮고 사람들의 주목을 받지 못하는 일들이라고 하더라도 주님께서 맡겨주신 일을 성실하게 감당하고 있다가 주님을 만나게 되면 주님은 칭찬하시고 상급을 주시는데, 주님의 모든 소유를 맡겨 주신다고 했습니다. 신실한 종들을 하나님 나라의 모든 소유를 관리하게 하시는 영광을 주신다는 말입니다. 바울의 말로 하자면 그리스도와 함께 한 상속자, 그리스도와 동등한 상속자를 만들어 주신다는 것입니다.

그러나 만약에 주님이 분부하시는 대로 살지 않으면 어떻게 될까요? 그런 사람들은 48절 이하에 소개하신대로 악한 종의 범주에 속하는 것입니다. 악한 종이 왜 악한 종일까요? 악한 종은 주인이 더디 올 것이라고 스스로 착각하는 자입니다. 그래서 주인이 언제 올지 모르니 평소에 준비를 잘 하자가 아니라, 어차피 오래 뒤에 올 것이니 내 마음대로 살자고 결심을 하게 됩니다. 49절에 보면 그런 결심에 바탕하여 어떻게 살아버리느냐 하면 "동료들을 때리며 술친구들과 더불어 먹고 마시"는 일을 하게 됩니다. 자기 일은 제대로 하지 않고 자기의 동료들을 괴롭히고 학대하는 일을 하면서 마음에 맞는 친구들과 더불어서 주인의 재산을 가지고 술 마시고 쾌락을 즐기는데 사용하는 악행을 일삼게 되는 것입니다. 여러분! 이런 말씀이 단순히 종 이야기가 아니라는 것을 아시지요? 초림과 재림 사이에 살아가고 있는 모든 사람들에 대한 이야기입니다. 모두에게 하나님께서 맡겨주신 인생의 기회, 축복들, 은사들, 능력들이 있는데, 이것은 내 것이다, 내 마음대로 써도 된다 그러면서 자행자지하면서 살아가는 사람들이 오늘날 많습니다. 쾌락, 향락, 일락, 오락을 즐기고 탐닉하는데 빠져있는 극단적인 이들도 있습니다. 그러나 건전해 보이고 멋있어 보이지만 하나님의 심판이 있다, 내 삶에 대해서 보고하고 결산해야 하는 날이 있다라고 하는 사실을 부인하고, 아니면 인정하더라도 그런 것은 나중에 준비할 시간이 있다고 착각하고 자기 마음대로 살아버리는 그런 사람들이 너무나 많이 있습니다. 이들이 바로 악한 종의 범주에 드는 삶을 살고 있는 자들입니다.

오늘 이 시대에 강력하고 역사하고 있는 마귀의 전술 전략 중에 성공적인 것이 바로 이런 정신을 교회 가운데 유통시키는 것입니다.

마귀의 세 제자들이 자기들의 악의 학습을 끝내는 과정으로서 이 세상에 파견되는 한 우화가 있습니다. 그들은 사탄에게 인간들을 유혹하여 파멸시킬 계획을 보고했습니다. 첫째 제자는 말하기를 "나는 인간들에게 하나님은 없다고 말하겠습니다."고 했습니다. 사탄은 말하기를 "그 말로는 많은 사람들을 미혹하지 못한다. 사람들은 하나님이 존재하시는 것을 다 알고 있기 때문이다."라고 대답했습니다. 그러자 두 번째 제자가 말합니다. "나는 사람들에게 지옥은 없다고 말하겠습니다." 그러자 사탄은 또 대답했습니다. "그런 방법으로는 아무도 속이지 못한다. 사람들은 지금까지도 죄를 지으면 지옥에 갈 줄을 알고 있다." 이제 마지막 세 번째 제자가 꾀를 냅니다. "나는 사람들에게 급히 준비할 필요가 없다"고 말하겠습니다. 마침내 사탄은 만족을 표현하면서 이렇게 대답했습니다. "가라. 너는 수 많은 사람들을 파멸시킬 수 있으리라."[507]

우리에게는 마음대로 살다가 마지막에 준비할 시간이 있을 것이라고 생각하는 것은 마귀의 유혹임을 알아야 합니다.

예수님께서는 그런 악한 종들에게 이렇게 경고를 하셨습니다. 50, 51절입니다. "생각하지 않은 날 알지 못하는 시각에 그 종의 주인이 이르러 엄히 때리고 외식하는 자가 받는 벌에 처하리니 거기서 슬피 울며 이를 갈리라." 전혀 예상하지 않은 날, 생각지도 못했던 날에 예수님이 갑자기 들이닥치는 도둑처럼 재림하실 것이며, 그렇게 악한 종들은 심판하실 것입니다. 주님은 아주 강한 용어를 사용하고 있음을 주목해야 합니다. 악한 종을 엄히 때릴 것이라고 했는데, 헬라어 원문대로 번역하면 쪼갠다, 조각 조각 낸다(cut him in pieces)고 해야 합니다. 그리고 외식하는 자들이 받는 벌에 동참하게 될 것입니다. 거기서는 지옥을 말합니다. 거기서 슬피 울며 이를 갈 것입니다. 이는 그들이 회개의 눈물을 흘린다는 말이 아니라 뒤늦은 후회를 하고 절망에 처하게 될 것을 말합니다. 지옥에 가면 진작 ---했을 껄, 껄, 껄하고 후회하는 소리들이 가득할 것이라고 누군가 재미있게 표현했습니다.

---

507   Barclay, 『마태복음(하)』, 442.

사랑하는 여러분! 말씀을 끝맺음하고자 합니다. 오늘 나눈 말씀의 핵심이 무엇입니까? 우리 주님이 구원의 완성과 심판을 위해서 재림하실 날이 확실히 예정되어 있으나 그 날과 그 시는 우리가 알바가 아니라는 것입니다. 모르는 것이 우리에게 유익합니다. 우리는 재림의 시기를 예고하는 어떤 미혹에도 요동하지 않으시기를 바랍니다. 도둑이 예고 없이 오듯이, 노아의 때에 별 징조 없이 갑자기 홍수 재앙이 임한 것처럼 주님도 전혀 예상하지 못한 때에, 생각지 못한 때에 임하실 것이라는 점을 기억해야 합니다. 혹시라도 여러분들 가운데 아직은 아냐, 내 생전에는 아냐 그런 생각을 하시는 분들이 있다면 정신을 차리시기를 바랍니다. 주님은 오늘 저녁이나 내일 아침에도 오실수가 있습니다. 하지만 조급증을 가지고 강박증에 빠져서 손 놓고 아무 일도 못하고 먼 하늘 이상한 구름만 관찰하고 있는 분들도 정신을 차려야 합니다. 주님은 그런 자세를 원하시는 것이 아닙니다.

오늘 우리는 예수님이 말씀해주신대로 충성스럽고 지혜로운 종이 되기를 추구해야 합니다. 악한 종이 되지 않기를 바랍니다. 우리에게 주어져 있는 삶의 기회들, 봉사의 기회들, 건강, 물질, 시간, 권세 그 무엇 하나도 우리의 것이 없고 하나님이 맡겨주신 것이라는 청지기 자세를 가집시다. 그리고 언젠가 주님께서 갑자기 강림하셔서 우리의 삶에 대해서 평가하실 것이라는 점, 우리가 그분 앞에서 맡기신 삶을 가지고 어떻게 살았는지를 다 보고 드려야 할 때가 있음으로 항상 준비하고 사는 삶을 살도록 하십시다. 어리석은 종은 세말에 바쁘고, 게으르고 어리석은 학생은 시험 전날 밤샘하느라 바쁩니다. 하지만 주님의 재림의 때는 그렇게 준비할 수 있는 것이 아닙니다. 평소에 준비해야 합니다. 신실한 청지기의 자세를 가지고 사는 것이 좋습니다. 그리고 이 세상에서 우리가 누리고 있는 것이 아무리 대단해 보여도 주님께서 장차 상급으로 주시는 주님의 모든 것에 비하면 하찮은 일이라는 것을 깨닫게 되실 것입니다. 주님께서는 작은 일에 충성하는 자에게 큰 것도 맡기신다고 한 대로 신실한 신자들에게 큰일을 맡겨주실 것입니다. 우리가 이 땅위에서 맡은 것들이 작다, 하찮다고 생각하고 소홀히 여겨서도 곤란합니다. 작은 일에 충성하지 않는 자에게 어찌 큰일을 맡기시겠느냐는 것이 주님의 말씀이기 때문입니다. 우리 맡은 것, 우리 맡은 일들이 크든지 작든지 연연해하지 않고 어차피 주님 앞에서 평가받고 상 받는 날이 있다고 생각하고 항상 깨어 있어서 자기 일에 충성하고 주님의 재림의 날을 대망하면서 살아가는 충성되고 지혜로운 주님의 종들이 되시기를 축원합니다.

4.3. 등과 기름을 준비하는 삶- 마태복음 25장 1절-13절

그 때에 천국은 마치 등을 들고 신랑을 맞으러 나간 열 처녀와 같다 하리니 그 중의 다섯은 미련하고 다섯은 슬기 있는 자라. 미련한 자들은 등을 가지되 기름을 가지지 아니하고 슬기 있는 자들은 그릇에 기름을 담아 등과 함께 가져갔더니 신랑이 더디 오므로 다 졸며 잘새 밤중에 소리가 나되 보라 신랑이로다 맞으러 나오라 하매 이에 그 처녀들이 다 일어나 등을 준비할새 미련한 자들이 슬기 있는 자들에게 이르되 우리 등불이 꺼져가니 너희 기름을 좀 나눠 달라 하거늘 슬기 있는 자들이 대답하여 이르되 우리와 너희가 쓰기에 다 부족할까 하노니 차라리 파는 자들에게 가서 너희 쓸 것을 사라 하니 그들이 사러 간 사이에 신랑이 오므로 준비하였던 자들은 함께 혼인 잔치에 들어가고 문은 닫힌지라. 그 후에 남은 처녀들이 와서 이르되 주여 주여 우리에게 열어 주소서. 대답하여 이르되 진실로 너희에게 이르노니 내가 너희를 알지 못하노라 하였느니라. 그런즉 깨어 있으라 너희는 그 날과 그 때를 알지 못하느니라.

마태복음 25장에는 세 가지 유명한 비유가 실려있습니다. 오늘 읽은 본문에는 그 유명한 열 처녀 비유가 기록되어 있습니다. 예수님은 비유로 말씀을 많이 하셨기 때문에 비유를 어떻게 이해할 것인가가 대단히 중요합니다. 하지만 초대 교부들 중에는 비유를 풍유 혹은 알레고리로 푸는 사람들이 있었습니다. 그 유명한 사마리아 사람의 비유에 대한 아우구스티누스의 해석을 잠시 들어보시기를 바랍니다. 그럴듯하지만 어이없는 해석입니다.

어떤 사람이 예루살렘으로부터 여리고로 내려갔다. 여기서 어떤 사람은 아담을 의미한다. 예루살렘은 그것으로부터 타락한 평화와 축복의 하늘나라 도시이다. 여리고는 죽어야 할 우리의 운명을 상징하는 달(the moon)을 의미한다. 달은 태어나서 점점 커져가고 그 다음에는 점점 작아지다가 죽기 때문이다. 도둑들은 마귀와 그의 졸개들이다. 강도 만난 사람의 옷을 벗겼다는 것은 그에게서 불멸성을 빼앗은 것을 의미한다. 그리고 그를 때렸다는 것은 그를 범죄하도록 설득한 것을 의미한다. . . 그를 보고 피하여 지나간 제사장과 레위인은 구약성서의 제사장직과 사역자를 의미한다. 구약성서의 제사장직은 구원에는 아무 유익이 없다. 여기서 사마리아인은 주님 자신을 상징한다. 상처를 싸매는 것은 죄의 억제를 의미하고 기름은 선한 소망의 위로를 상징한다. 포도주는 열심히 일하라는 권고를 뜻한다. 짐승은 예수님께서 입고 오신 육신을 의미하고 짐승에 태웠다는 것은 그리스도의 성육신을 믿는 것을 의미한다. 주막은 여행자가 그의 하늘나라로 향하여 가는 순례의 길 도중에 쉴 수 있는 교회를 뜻한다. 이튿날은 주님의 부활 후를 의미하고 두 데나리온은 사랑의 두 가지 형태, 또는 현세의 약속과 내세의 약속, 또는 두 성례전을 상징한다. 주막 주인은 사도 바울이고 부비가 더 들면 그가 지불하겠다는 약속은 독신 생활에 관한 그의 충고 또는 그가 그의 형제들에게 부담을 주지 않기 위하여 그가 손수 일을 했다는 사실을 의미한다.[508]

흥미롭기는 하지만 어이없는 해석입니다. 비유를 이렇게 풍유적으로 풀면 코에 걸면 코 걸이, 귀에 걸면 귀걸이식이 되고 맙니다. 예수님은 비유들 마다 비교점, 핵심적인 교훈을 담고 있기 때문에 그것을 찾아내는 것이 비유 이해의 지름길이자 키가 됩니다. 선한 사마리아 사람의 비유는 누가 강도 만난 자의 이웃이냐를 보여주기 위해서 주신 비유였습니다. 그러면 오늘 읽은 열 처녀의 비유는 핵심, 비교점이 무엇일까요? 13절에 있는 예수님의 말씀에

---

508 http://www.zezadle.or.kr/jboard/?p=detail&code=gesy005&id=21&page=3

보시면 됩니다. "그런즉 깨어 있으라 너희는 그 날과 그 때를 알지 못하느니라." 주님의 재림의 때가 언제인지 모르니 항상 깨어 준비해야 한다는 것을 교훈하시기 위해서 열 처녀 비유를 하신 것입니다.

4.3.1. 유대인들의 결혼식과 들러리들

우선 이 비유를 잘 이해하기 위해서 배경 설명을 드립니다. 우리나라도 그렇지만 유대인들에게 결혼식은 대단한 경사였습니다. 온 마을이 총출동하여 결혼을 축하해 주었습니다. "여섯 살부터 60세 노인까지 결혼 행진곡에 발 맞춘다"는 말이나, 랍비들이 결혼 잔치의 기쁨에 참여하기 위하여 율법 연구를 잠시 제쳐 두어도 된다고 하는 말들을 보더라도 결혼식을 얼마나 중요하게 생각했는지를 알 수가 있습니다. 우리 나라도 옛날에는 결혼 잔치를 하면 몇 일씩 했던 기억이 있습니다만, 유대인들의 경우에는 신혼여행 그런 것은 모르고 일주일 동안 집을 개방해서 잔치를 했습니다. 신랑과 신부는 왕과 왕후의 칭호를 받으며 그런 대우를 받았습니다. 그들의 생에서 가장 즐거운 때였습니다. 오늘 비유에 등장하는 다섯 명의 어리석은 처녀가 참여하지 못한 것은 이 결혼 잔치뿐 아니라 결혼식이었습니다.

본문에는 열 명의 처녀들이 등장하는데 그들은 신부가 아니라 신부의 들러리들이었습니다. 결혼식이 시작되면 신부 곁에서 들러리를 서도록 초대 받은 친한 친구들입니다. 하지만 유대인들의 결혼식은 독특하게도 밤에 했으며, 언제 하는지를 정확하게 몰랐습니다. 결혼 시즌이 시작되면 어느 날 밤에 갑자기 신랑 친구가 신부 집 앞에 와서 보라 신랑이로다. 나와 맞으라고 외치게 됩니다. 그러면 신부와 신부의 들러리는 밖으로 나가 신랑과 신랑 친구들을 맞이해야 합니다. 그리고 이렇게 밤중에 신랑이 도착했을 때에는 반드시 들러리들은 등을 켜고 나가서 맞아야 하는 것이 예의였습니다. 신랑이 신부를 데리고 자신의 집으로 데려감으로써 잔치는 시작되었습니다. 그리고 신부의 들러리들은 신부의 집에서 신랑의 집으로 가는 길에 등잔불을 밝히면서 에스코트 하는 것이 맡은 역할이었습니다. 그러나 잔치집 문이 닫히고 나서는 더 이상 손님을 받지 않기 때문에 들러리들이라도 뒤늦게 참여할 수는 없었습니다.

4.3.2. 본문 해설

이러한 배경 지식을 염두에 두시고, 이제 본문으로 들어가서 살펴 보도록 하겠습니다. 1절에 보시면 "그 때에 천국은 마치 등을 들고 신랑을 맞으러 나간 열 처녀와 같다 하리니"라는 말씀으로 예수님은 시작하고 있습니다. 천국은 이 지상의 물질의 세계나 인간적인 교양으로 이해할 수 있는 문화가 아니기 때문에 비유적으로 말씀하실 수 밖에 없습니다. 천국은 ....와 같다, 그렇지만 천국이 꼭 그런 것도 아닙니다. 교훈점을 잘 취해야 합니다. 그리고 예수님이 말씀하시는 천국은 재림 때에 완성되는 바이지만, 이 땅 위에서 이미 시작된 하나님의 통치를 말합니다. 예수님은 천국을 여러 가지로 비유하셨는데, 오늘 본문에서는 등을 들고 신랑을 맞으러 나간 열 명의 처녀들, 신부 들러리들에 비유를 했습니다.

혹시라도 어떤 분들은 속으로 생각에 우리는 예수님의 신부라고 했지 않느냐, 왜 열 명의 신부들이라고 하지 않고, 본문은 열 명의 신부 들러리들 이야기를 하느냐라고 질문을 하시고 싶을 것입니다. 이는 신랑을 맞을 준비를 한 사람들과 그렇지 못한 사람들을 대조하시기 위해서인 것입니다. 그래서 비유적인 언어로 말씀하시는 것입니다. 2절에 보시면 열 명의 신부 들러리들 가운데 "그 중의 다섯은 미련하고 다섯은 슬기 있는 자라."고 말씀하고 있습니다. 미련함과 슬기로움의 차이는 어떻게 알 수가 있을까요? 3절과 4절에 보시면 "미련한 자들은 등을 가지되 기름을 가지지 아니하고 슬기 있는 자들은 그릇에 기름을 담아 등과 함께 가져갔더니"라고 말씀하는 대로입니다. 당시의 서민들이 사용하던 등잔은 흙으로 만든 것으로 기름은 감람유(Olive Oil)를 사용했습니다. 그리고 일반적으로 기름을 가득히 채웠을 경우에 심지를 낮추어 쓰면 2-3시간 가량을 불을 켤 수 있었다고 합니다. 따라서 장시간 사용하려고 하면 기름 통을 별도로 준비하는 수 밖에 없었습니다. 슬기로운 처녀들은 바로 그런 사실을 다 알고 미리 미리 기름통까지 준비를 한 것이고, 미련한 처녀들은 등잔만 준비한 것입니다.

예수님의 비유 말씀 가운데 참으로 흥미로운 구절이 5절입니다. "신랑이 더디 오므로 다 졸며 잘새"라고 했습니다. 열 처녀 전부 졸며 잤습니다. 신랑이 언제 올지 모르기 때문에 기다리다가 지쳐서 잠이 든 것은 똑같았습니다. 하지만 중요한 차이가 무엇인가 하면 신랑이 올 때에도 그리고 신랑 신부가 살 집으로 가는 길에도 사용할 기름을 준비하고 있었느냐 이것이 중요하다는 것입니다. 6절에 보면 마침내 "밤중에 소리가 나되 보라 신랑이로다 맞으러 나오라 "하는 소리가 들려오고 자던 들러리들을 다 깨우게 됩니다. 앞서도 말씀드렸듯이 당시 등잔 심지를 낮추어 두어도 2-3시간 밖에는 쓸 수가 없다고 했는데, 처녀들이 신랑을 맞이하기 위하여 다 일어나 등을 준비하는데 보니 그들이 자고 있는 동안에 등잔의 기름이 다 소모되어서 꺼져버릴 때가 되어버린 것입니다. 어짜피 열 명의 처녀가 이 점에서는 동일한 사정이었습니다. 하지만 차이가 어디에 있습니까? 슬기로운 처녀들은 그럴 줄 알고 자신의 등잔을 계속 밝힐 수 있기 위해서 미리 기름통을 준비했지만, 미련한 처녀들은 기름통을 따라 준비하지 않았다고 하는데 있습니다.

그래서 8절에 보면 미련한 자들은 슬기 있는 자들에게 "우리 등불이 꺼져가니 너희 기름을 좀 나눠 달라."고 다급하게 요청을 하게 됩니다. 하지만 슬기로운 처녀들은 뭐라고 대답합니까? 9절입니다. "슬기 있는 자들이 대답하여 이르되 우리와 너희가 쓰기에 다 부족할까 하노니 차라리 파는 자들에게 가서 너희 쓸 것을 사라." 슬기 있는 자들도 자신들이 쓸 기름을 준비하고 있을 뿐인데 만약 나눠 쓰게 되면 자신들도 길을 가다가 중도에 등잔이 꺼져서 잔치에 들어가지 못하게 되는 일이 발생하게 될 것을 우려해서 나눠 쓸 수는 없다고 대답한 것입니다. 그 대신에 그들은 신랑이 도착하기 전에 재빨리 기름집에 가서 기름을 더 사오라고 권했습니다.

하지만 미련한 처녀들이 그렇게 기름을 사로 간 사이에 신랑이 도착하였고 준비했던 슬기로운 처녀들은 신랑 신부와 함께 혼인 잔치에 들어가고 문은 꽝하고 닫혀버리게 되었습니다(10절). 앞서도 말씀드렸지만 이렇게 혼인 잔치 문이 닫히고 나면 그 뒤에는 아무도 그 잔치에 참여할 수가 없었습니다. 따라서 뒤늦게 기름을 사서 도착한 다섯 처녀가 문을 두드리면서 "주여! 주여! 우리에게 열어 주소서."라고 간청을 해 보지만, 안에서 들려오는 음성은 아주 단호했고 냉담했습니다. 12절을 보시기를 바랍니다. "대답하여 이르되 진실로 너희에게 이르노니 내가 너희를 알지 못하노라 하였느니라." 제 때에 신랑을 잘 맞이하도록 준비하지 못한 미련한 들러리들에게는 잔치의 기쁨에 동참하는 것이 거절되었습니다. 예수님께서는 이렇게 비유의 말씀을 하시고 나서 그 결론적인 적용으로서 "그런즉 깨어 있으라. 너희는 그 날과 그 때를 알지 못하느니라."고 13절에 말씀하신 것입니다. 신랑이 올 때를 준비하고 있지 못하여 잔치에 참여하지 못한 다섯 미련한 처녀들처럼, 예수님께서 불원간에 재림하실 때에 깨어서 준비하지 않은 자들도 동일한 비극을 당하게 될 것이라고 하는 말씀입니다.

4.3.3. 영적인 적용

이제 본문에서 우리가 얻을 수 있는 몇 가지 영적인 교훈을 찾아 보도록 하겠습니다. 첫째는 동일한 잔치에 참여하기 위해서 준비하고 있던 열 명의 처녀들입니다. 예수님은 다섯 명의 슬기로운 처녀와 다섯 명의 미련한 처녀들로 나누셨습니다. 그런데 이 처녀들은 모든 면에서 유사하고 흡사하다는 것을 주목하셔야 합니다. 같은 잔치, 같은 신부, 같은 신랑입니다. 목표하는 것도 같은 잔치의 기쁨에 참여하는 것입니다. 그들은 등잔을 준비했고, 신랑을 기다리면서 함께 졸며 자기도 했습니다. 그런데도 슬기로운 자들은 잔치에 참여하게 되지만 미련한 자들은 목표했던 잔치에 참여하지를 못하게 됩니다. 이것이 영적으로 의미하는 바가 무엇입니까? 이것은 세상과 교회의 대조, 공개적인 신자와 공개적인 불신자의 대조가 아니라는 것을 유념하셔야 합니다. 같은 교회 공동체 안에서, 신랑되신 예수 그리스도가 재림하시고 어린양의 혼인 잔치를 배설하실 때에 참여하기를 소망하는 교회를 배경으로 하고 있다고 하는 사실입니다. 여러분 교회가 무엇입니까? 지상의 교회는 알

곡과 가라지가 섞여 있습니다. 주님을 진실하게 믿는 자도 있지만 안 믿는데 다니는 사람도 있습니다. 물론 정직한 구도자도 있습니다. 반 기독교인도 있고 미 기독교인도 있습니다. 하지만 유사 그리스도인도 있다는 것을 알아야 합니다. 청교도 목사인 매튜 미드(Matthew Mead, c.1630-1699)가 쓴 책 가운데 *Almost Christian*이 있는데, 국내에서는 『유사 그리스도인』으로 번역이 되었습니다.[509] 거의 흡사한데 본질적으로 중요한 것이 빠진 유사 그리스도인들이 있는데 오늘 본문에 등장하는 미련한 처녀에 해당합니다. 자신들은 신자라고 그리스도인이라고 생각하면서 진짜 신자들과 똑같이 예배에 참여하고, 봉사도 하고, 종교 생활도 합니다. 혹은 모든 교회 활동이나 행사에 동참할 수 있고 기뻐할 수 있습니다. 하지만 신랑을 맞을 준비를 제대로 하지 못한 미련한 처녀와 같이 주님이 오실 때에 천국 잔치에 참여하지 못할 사람들이 있다는 것입니다.

둘째, 미련한 처녀들이 슬기로운 처녀들에게 여분의 기름을 빌릴 수 없었다고 하는 것을 주목해 보십시다. 슬기로운 처녀들이 마음씨가 나빠서 안 빌려준 것이 아닙니다. 기름을 나눠주게 되면 열 명이 전부 다 실격을 당하게 되기 때문에 못 빌려주는 것입니다. 우리가 살아가면서 서로 사랑함으로 섬기고 나눠주고 도와줄 수 있는 일들이 많이 있습니다. 위하여 기도할 수도 있고, 선을 베풀 수도 있습니다. 혹은 위로의 말도 해주고 권면의 말도 해줄 수 있습니다. 하지만 우리들도 아무리 사랑해도 남에게 나눠줄 수 없는 것이 있습니다. 예컨대 육신의 생명을 나누어 준 자식들에게 우리 마음대로 영의 생명을 줄 수는 없습니다. 내가 지옥가는 대신에 내 자식 천국 가게 해주세요 그럴 수가 없습니다. 어떤 분은 믿는 남편이나 부모 바짓가랑이 잡고 천국 갈래요 그러는 사람이 있습니다만, 그럴 수가 없습니다. 믿음이 좋은 가족이 믿음이 없거나 연약한 자들에게 경건한 감화를 끼치고 좋은 본을 보여줄 수는 있지만 각자의 믿음은 각자의 몫이지 대신 믿어줄 수가 없습니다. 아무리 안타깝고 답답해도 그렇게 할 수가 없는 것입니다. 그리고 윌리엄 바

---

509 Matthew Mead, *Almost Christian*, 장호익 역, 『유사 그리스도인』 (서울: 지평서원, 2007).

클레이가 말하는 대로 "사람은 성품을 빌릴 수 없습니다. 스스로 옷 입혀져야 하는 것입니다."

　마지막으로 생각할 것은 11, 12절에 있는 말씀에서 얻는 교훈입니다. 뒤늦게 기름을 사가지고 왔으나 이미 잔치집 문이 닫히고 아무리 두드리며 간청하여도 거절당하는 장면입니다. 준비해야 할 때가 있는데, 뒤늦게 때늦은 후회를 해도 소용이 없다는 것을 말해 줍니다. 그들이 주여! 주여!라고 하면서 요청한다고 해도 들려오는 응답은 냉담할 것입니다. "진실로 너희에게 이르노니 내가 너희를 알지 못하노라."는 말씀입니다. 우리는 11, 12절과 동일한 말씀을 이미 이런 동일한 말씀을 우리는 7장 21절 이하에서 본 적이 있습니다. "나더러 주여 주여 하는 자마다 다 천국에 들어갈 것이 아니요 다만 하늘에 계신 내 아버지의 뜻대로 행하는 자라야 들어가리라. 그 날에 많은 사람이 나더러 이르되 주여 주여 우리가 주의 이름으로 선지자 노릇 하며 주의 이름으로 귀신을 쫓아 내며 주의 이름으로 많은 권능을 행하지 아니하였나이까 하리니 그 때에 내가 그들에게 밝히 말하되 내가 너희를 도무지 알지 못하니 불법을 행하는 자들아 내게서 떠나가라 하리라." 예수님이 말씀하시는 그 날은 주님이 재림하시고 최후 심판이 시작되는 그 날을 의미합니다. 그 때에 한 평생 예수 잘 믿고 많은 일을 했다고 생각한 이들 가운데 많은 이들이 오히려 천국 문 앞에서 거절 당하게 될 것을 말씀하고 있습니다. 주님은 주여 주여 하기만 해서는 아니 된다고 말씀하십니다. 바울은 로마서 10장 9절에서 "네가 만일 네 입으로 예수를 주로 시인하며 또 하나님께서 그를 죽은 자 가운데서 살리신 것을 네 마음에 믿으면 구원을 받으리라"고 했습니다. 하지만 입술의 고백만 있고, 영혼의 거듭남이나 마음으로 의뢰함 없이 주님의 이름을 부른다고 하는 것은 결코 구원의 근거가 될 수가 없습니다. 특별히 기독교 가정에서 자라난 이들은 어릴 때부터 익숙해진 종교의식과 신앙고백들을 심각하게 자신의 것으로 확인하고 받아들여야 할 필요가 있습니다. 내 부모가 믿는다는 것으로는 부족합니다. 내 조상의 하나님이 곧 나의 하나님이시다는 믿음의 고백이 필요한 것입니다. 우리가 예수님을 주님이라고 고백한다는 것은 우리의 생명과 삶의 주인이 나나 타인이 아니고 오로지 예수님이시기에 죽고 사는 것이 그에게 달렸다고 하는 위탁과 전인격적 헌신을 표현하는 것입니다. 따라서 예수님은 21절에서 단순히 입술로만 주여 주여 부르짖는다고 해서 천국에 들어갈 수 있는 것은 아니라고 말씀하시는 것입니다.

그리고 천국에 들어갈 수 있는 자, 혹은 오늘 비유대로 하자면 잔치집에 참여할 수 있도록 기름을 준비한 자가 누구입니까? 예수님께서는 "하늘에 계신 내 아버지의 뜻대로, 예수님의 아버지의 뜻대로 행하는 자라야" 천국에 들어간다, 즉 구원을 받는다고 말씀하셨습니다. 예수님은 하나님을 내 아버지라고 하심으로 자신의 신적인 자격(子格)에 대해서 말씀하시고, 자신만이 하나님의 뜻이 무엇인지를 알게 하는 자격이 있다는 사실을 은연중에 드러내십니다. 결국 누가 천국에 들어갑니까? 누가 구원을 받을 수 있습니까? 예수님이 가르쳐 주신대로 믿고 사는 자들만이 구원을 받습니다. 복음서를 통해서 우리는 예수님이 드러내신 하나님의 뜻을 100퍼센트 알 수가 있습니다. 특별히 신자의 삶이 어떠해야 하는 가를 산상설교를 통해서 분명하게 그 기준을 계시해 주셨습니다. 이러한 말씀에 신경쓰지 않고 주여 주여라고 입술로만 부르짖는다고 해서 천국에 들어가는 것은 아닙니다. 심지어는 예수님의 말씀과 같이 남들이 행할 수 없는 종교적인 업적과 행위, 즉 귀신을 쫓아내거나 병자를 벌떡 벌떡 낫게 한다고 해도 그는 불법을 행하는 자에 불과한 것입니다.

바울은 고린도전서 13장에서 동일한 진리를 자신의 말로 바꾸어서 고백하고 있지 않습니까? "내가 사람의 방언과 천사의 말을 할지라도 사랑이 없으면 소리나는 구리와 울리는 꽹과리가 되고, 내가 예언하는 능력이 있어 모든 비밀과 모든 지식을 알고 또 산을 옮길 만한 모든 믿음이 있을지라도 사랑이 없으면 내가 아무것도 아니요, 내가 내게 있는 모든 것으로 구제하고 또 내 몸을 불사르게 내어 줄지라도 사랑이 없으면 내게 아무 유익이 없느니라"(1-3절). 오로지 성령으로 거듭난 자, 하나님의 자녀로서 그의 사랑을 받은 자로서 하나님을 온 몸과 마음과 뜻을 다해서 사랑하고자 하며, 타인을 자기 몸 사랑하듯이 사랑하고자 분투노력하는 자만이 하늘에 계신 하나님 아버지의 뜻을 행하는 자요, 주님이 알아 보시고 내 잘 알지라고 평가 하실 사람들인 것입니다. 우리가 듣기가 불편하셔도 이런 이야기를 자주 들으시고 삶을 점검하시는 것이 좋을 것 같습니다. 토레이 박사는 "마음과 목숨과 힘을 다하여 하나님을 사랑하는 것이 가장 큰 계명이라면 그 분을 그렇게 사랑하지 않는 것은 가장 큰 죄라는 결론이 나온다"고 말했습니다. 그리고 십자가의 성 요한은 다음과 같이 말합니다. "하루가 저물 때 우리는 사랑한 것을 기준으로 심판받을 것이다." 그리고 켄 가이어는 말하기를 "하루를 돌아볼 때 정말 중요한 것은 무엇을 했느냐가 아니라 그것을 어떻게 했느냐이다. 적은 사랑으로 많은 일을 하는 것 보다 많은 사랑으로 적은 일을 하는 것이 낫다"고 했습니다.

물론 사랑이라고 한다고 해서 세상이 말하는 사랑이 아닙니다. 십자가에서 나타난 사랑, 아가페 사랑을 말합니다. 우리가 무슨 일을 하든지 주님의 사랑을 알고 주님을 사랑하는 마음으로 행할 때, 그리고 주님의 말씀에 따라서 믿음으로 행함으로 주님을 만날 준비를 할 수가 있는 것입니다. 이런 일을 위해서 권면도 하고 서로 본을 보이기도 할 수 있지만 대신 할 수는 없는 일입니다. 우리 각자가 주님의 뜻에 따라 살고 있는지, 우리 속에 구원의 확신이 있는지, 사랑이 역사하고 있는지 각자 확인을 해 보시기를 바랍니다. 나중에 하지 하면 미련한 다섯 처녀가 되는 것입니다. 무엇보다 이것을 확인하셔야 합니다. 오래 전에 즐겨 불렀던 복음송 가사로 설교를 끝맺겠습니다.

손에 있는 부귀보다 주를 더 사랑하는가?
이슬 같은 목숨보다 주를 더 사랑하는가?
사랑의 빛 잃어 가면 주님 만날수 없어 헛된 영화 바라보면 사랑 할 수도 없어
잠시 머물 이세상은 헛된 것들 뿐이니 주를 사랑하는 마음 금보다 더 귀하다.

큰물결이 뛰놀아도 주를 더 찬양하는가?
큰환란이 닥쳐와도 주를 더 찬양하는가?
깊은 잠에 빠진 영혼 주님 만날수 없어 근심걱정 많은자는 찬양 할수도 없어

잠시 머물 이세상은 헛된 것들 뿐이니 주를 찬양하는 마음 금보다 더 귀하다.

언제 다시 주 오실지 아는 이가 있는가?
신랑으로 오실주님 맞을 준비 되었는가?
기름없는 등불 들면 주님 만날수 없어 재림나팔 소리나면 예비 할수도 없어
잠시 머물 이세상은 헛된 것들 뿐이니 주를 맞을 준비함이 금보다 더 귀하다.

4.4. 달란트를 활용하는 삶- 마태복음 25장 14절-30절

또 어떤 사람이 타국에 갈 때 그 종들을 불러 자기 소유를 맡김과 같으니 각각 그 재능대로 한 사람에게는 금 다섯 달란트를, 한 사람에게는 두 달란트를, 한 사람에게는 한 달란트를 주고 떠났더니 다섯 달란트 받은 자는 바로 가서 그것으로 장사하여 또 다섯 달란트를 남기고 두 달란트 받은 자도 그같이 하여 또 두 달란트를 남겼으되 한 달란트 받은 자는 가서 땅을 파고 그 주인의 돈을 감추어 두었더니 오랜 후에 그 종들의 주인이 돌아와 그들과 결산할새 다섯 달란트 받았던 자는 다섯 달란트를 더 가지고 와서 이르되 주인이여 내게 다섯 달란트를 주셨는데 보소서 내가 또 다섯 달란트를 남겼나이다. 그 주인이 이르되 잘하였도다 착하고 충성된 종아 네가 적은 일에 충성하였으매 내가 많은 것을 네게 맡기리니 네 주인의 즐거움에 참여할지어다 하고 두 달란트 받았던 자도 와서 이르되 주인이여 내게 두 달란트를 주셨는데 보소서 내가 또 두 달란트를 남겼나이다. 그 주인이 이르되 잘하였도다 착하고 충성된 종아 네가 적은 일에 충성하였으매 내가 많은 것을 네게 맡기리니 네 주인의 즐거움에 참여할지어다 하고 한 달란트 받았던 자는 와서 이르되 주인이여 당신은 굳은 사람이라 심지 않은 데서 거두고 헤치지 않은 데서 모으는 줄을 내가 알았으므로 두려워하여 나가서 당신의 달란트를 땅에 감추어 두었었나이다 보소서 당신의 것을 가지셨나이다. 그 주인이 대답하여 이르되 악하고 게으른 종아 나

는 심지 않은 데서 거두고 헤치지 않은 데서 모으는 줄로 네가 알았느냐? 그러면 네가 마땅히 내 돈을 취리하는 자들에게나 맡겼다가 내가 돌아와서 내 원금과 이자를 받게 하였을 것이니라 하고 그에게서 그 한 달란트를 빼앗아 열 달란트 가진 자에게 주라. 무릇 있는 자는 받아 풍족하게 되고 없는 자는 그 있는 것까지 빼앗기리라. 이 무익한 종을 바깥 어두운 데로 내쫓으라 거기서 슬피 울며 이를 갈리라 하니라.

2012년 런던 올림픽에서 우리나라 축구팀이 기대 이상으로 선전해서 동메달을 수상했습니다. 특히 3, 4위전이 한일전이었는데, 한국이 일본을 이기는 바람에 우리나라 국민들은 더욱 더 기뻐했을 것입니다. 그렇게 동메달을 수상한 결과 선수들이 국위를 선양한 것을 인정받아 모두 군면제 대상자가 되었습니다. 아마도 승리의 기쁨을 경험한 분들이나 축구를 좀 아는 분들은 그런 대우를 해줘야 한다고 생각할 것입니다. 하지만 어떤 사람들은 무척 불평등하다는 생각을 할지 모르겠습니다. 그러나 그들이 그렇게 국가를 대표하는 선수가 되기 위해서 치룬 땀과 눈물 수 많은 희생의 시간들이 그렇게 가치가 없는 것일까요? 그리고 그들이 치룬 고생이 18개월 군복무하는 것보다 못했을까요? 저는 축구를 잘 모르지만 그 선수들이 충분히 국위를 선양했고, 또한 고생했기 때문에 계속 축구에 전념할 수 있도록 군면제를 시켜 주는 것도 합당하다고 생각을 합니다. 그렇게 은사와 재능을 잘 훈련하여 멋진 경기를 펼치는 선수들이나 음악가들을 보면 참 멋이 있습니다. 오늘 우리가 읽은 말씀은 달란트 비유라고 하는데, 하나님의 마음도 우리의 마음과 다르지 않다는 것을 확인하게 됩니다.

다시 말씀드립니다만, 예수님은 제자들이나 무리들에게 비유를 통해서 말씀을 가르치시기를 참 좋아하셨던 것 같습니다. 대개의 사람들은 논리적이고 추상적인 이론 보다는 이야기를 좋아하는 것 같습니다. 그래서 예수님의 비유의 말씀들도 참 인기가 많았던 것 같습니다. 그런데 비유의 소재는 당시에 있었던 일이나 있을 수 있는 것들에서 가져온 것입니다. 따라서 비유의 세세한 부분을 따지려고 하기보다는 그 소재를 통해서 예수님이 교훈을 주시고자 하시는 교훈의 요점이 무엇인가를 찾아내는 것이 중요합니다. 그러면 오늘 우리가 함께 읽은 이 달란트 비유의 요점은 무엇일까요? 그리고 이 비유가 21세기를 살아가고 있는 우리들에게 주시는 교훈이 무엇인지 확인해 보도록 하십시다.

4.4.1. 비유의 재구성

먼저 비유 속에 담긴 이야기를 한 번 머리 속에 재구성해 보기로 합시다. 의미와 교훈을 찾는 것은 그 다음에 할 일일 것입니다. 비유에 등장하는 주인은 거대한 부자입니다. 당시 로마에는 로마에 거주하는 귀족이나 부자가 아프리카나 팔레스타인에도 거대한 농장이나 사업처를 여러 개 가진 경우가 있었습니다. 요즘말로 이야기하면 소위 다국적 기업을 운영하는 회장과 비슷하다 할 수도 있을 것입니다. 오늘 본문에 나오는 주인도 그런 유의 사람인 것 같습니다. 아무튼 그 주인은 한 곳에 있는 종들을 불러다가 자신이 타국으로 가 있는 긴 시간 동안에 자신의 소유를 나누어 맡기기로 결정하였습니다. 자기 소유를 종들에게 맡긴다는 것은 그들에게 위임하는 것을 말합니다. 주인의 재산을 맡은 종들은 마치 자기 자신의 재산인 것 처럼 자유롭게 사용하되 주인의 소유를 불리도록 경영의 자율권을 부여받는 것입니다.

이러한 경영 방침에 따라 주인은 세 종을 불러서 각기 재산을 나누어 맡깁니다. 15절에 보시면 주인은 재산을 나누어 줄 때도 원칙이 있었습니다. 주인은 세 종에게 동일한 양의 재산을 맡긴 것이 아니고, 각각 그 재능대로 (κατὰ τὴν ἰδίαν δύναμιν) 즉, 각 사람의 능력에 맞게 적절하게 배분하여 주었습니다. 무조건 많은 것을 주거나 맡긴다고 해서 좋은 것이 아닙니다. 각자의 재능과 역량에 맞게 맡아야 잘 감당을 할 수가 있습니다. 우리는 하나님께서 우리들에게 일을 맡기실 때, 은사와 직분을 주실 때에도 능력에 맞게 맡기신다는 것을 알아야 합니다. 비유 속의 주인은 한 종에게는 금 다섯 달란트, 한 종에게는 금 두 달란트를, 그리고 나머지 한 종에게는 금 한 달란트를 맡겨 주었습니다. 주인은 그동안 종들의 능력과 역량을 살펴 본 결과 종들 각자가 감당할 만한 분량에 맞게 재물을 위임해 준 것입니다. 그러니 이것은 불공평한 처사라고 말할 수가 없고, 지혜로운 처사라고 해야 할 것입니다.

그리고 한 달란트가 얼마나 되는 재산인가를 안다면 한 달란트 받은 사람도 맡은 것이 적다고 불평할 이유가 없습니다. 달란트는 금, 은, 동을 재는 무게의 단위로 쓰이기도 했는데, 대략 35kg 정도 됩니다. 우리에게 익숙한 단위인 '돈'으로 하면 1만돈이고, 다르게 말하면 천량 정도나 되는 엄청난 양입니다. 요즘 금 한 돈이 48만원이 넘습니다.[510] 금 1만돈이면 50억원이나 되는 거금입니다. 그리고 화폐 단위로 쓰이면 한 달란트는 6천 데나리온에 해당합니다. 한 데나리온은 당시의 건장한 남자 장정이 하루 일하고 나서 받는 일일 품삯입니다. 그러니까 한 달란트는 건장한 남자 장정이 6천일 동안 일하고서 벌어들인 수입에 해당합니다. 오늘날 우리 직장인들도 약 20년 일하고 번 돈을 한 꺼번에 받는다고 하면 어마어마한 금액이 될 것입니다. 작은 개인 사업을 시작할 수 있을 정도의 자본이 될 것입니다. 그러니 한 달란트 받은 사람도 적지 않은 주인의 재산을 위임받은 것이며, 마음 먹기에 따라 무엇이라도 시도해 볼 수 있는 종잣돈(seed-money)가 될 수 있었습니다.

그런데 오랜 시간이 지나고 나서 주인이 돌아와서 세 종을 불러 그간의 재산 관리를 어떻게 했는지에 대하여 결산 보고를 받게 되었습니다(19절). 다섯 달란트 받은 자와 두 달란트 받았던 자는 주인에게 재산을 맡은 후에 바로 가서-즉 자기에게 맡겨진 사명과 일에 대해 책임감과 의무감을 가지고 지체없이-장사를 시작했습니다(16절). 주인이 올 때에 임박해서 일을 한 것이 아니라 주인이 금을 맡기고 떠난 후부터 시작해서 주인이 올 때까지 일했다는 것입니다. 그렇게 해서 각기 두 배나 남겼다고 보고하였습니다. 즉, 다섯 달란트 받은 자는 장사해서 10달란트로 주인의 재산을 증식시켰고(맡은 250억원이 500억이 되었고), 두 달란트 받았던 자 역시 4달란트로 배가 시켜 놓았습니다(100억이 200억원이 되었습니다). 이처럼 주인이 맡긴 사명

---

510 이는 2025년 금시가이다.

을 잘 감당한 종들에게 주인은 동일한 말로 칭찬을 해 주었습니다. 다섯 달란트 맡았던 종에게 한 칭찬은 21절에, 그리고 두 달란트 맡았던 종에게 한 칭찬은 23절에 각기 기록되어 있는데 주인의 말이 동일합니다. "그 주인이 이르되 잘하였도다. 착하고 충성된 종아! 네가 작은 일에 충성하였으매 내가 많은 것을 네게 맡기리니 네 주인의 즐거움에 참여할지어다." 일단 주인은 두 종의 보고에 대하여 크게 기뻐하고 즐거워하였습니다. 그들이 주인이 부재중에도 꾀부리거나 게으름 피우지 아니하고 그리고 재산을 남용하지 아니하고 올바르고 성실하게 잘 관리하여 갑절의 이윤을 남긴 것에 대해서 칭찬해 주었습니다. 그리고 놀라운 것은 서민이 생각하기에는 다섯 달란트나 두 달란트가 우리가 생각해도 어마어마하게 큰 액수이지만 주인이 보기에는 작은 일이라고 말씀한다는 사실입니다. 이는 장차 주인이 맡기려고 하는 엄청난 것에 비하면 작다는 것입니다. 그리고 주인은 얼마를 남겼느냐 액수를 비교하기 보다는 자신에게 맡겨진 만큼의 분량을 가지고 어떠한 자세로 사명을 감당했느냐가 중요한 것으로 평가되고 있습니다. 주인은 작은 일에 충성한 종들에게 더 많은 것으로 맡겨 주겠다고 약속했고, 또한 주인의 즐거움에 참여하도록 초대하였습니다.

　반면 한 달란트 받은 종은 주인이 맡겨준 재산을 어떻게 운용하였습니까? 한 달란트 받은 종은 가서 땅을 파고 주인의 돈을 그 속에 감추어 두었다가, 주인이 돌아와서 결산하자 할 때에 땅을 다시 파서 숨겨둔 돈을 되찾아 가지고 주인 앞에 나아갔습니다(18절). 이 종은 자신의 행위에 대하여 주인에게 변명하기를 주인은 굳은 사람이요, 심지 않은데서 거두고 헤치지 않은데서 모으는 자 임을 알았기에 두려워하여 땅에 감추어 두었었다고 하였습니다(24절). 이 종의 문제가 무엇이라고 생각하십니까? 이 종은 자신에게 맡겨진 사명과 책임을 손도 되지 않고 허송 세월을 했습니다. 시간을 죽이고, 주인의 양식을 축만 낸 것입니다. 그래서 주인은 이 종을 보고서 악하고 게으른 종이라고 책망한 것입니다(26절). 그리고 이 종의 더 큰 문제가 무엇입니까? 주인을 아주 나쁜 사람으로, 악랄한 인격을 가진 자로 매도하고 있다는 것입니다. 굳은($\sigma\kappa\lambda\eta\rho\acute{o}\varsigma$) 사람이라고 했는데, 이 말은 '박정하고,

포악하며, 거친 사람, 혹은 무서운 사람'이라는 말입니다. 종들에게 많은 재산을 맡겨주고 간섭함이 없이 자유롭게 재산을 관리하고 사업을 경영해 보도록 권한을 주고 자유를 준 자비롭고 사랑스러운 주인을 아주 몹쓸 사람이라고 면전에서 말한 것입니다. 종의 말에 따르면 주인은 못돼먹은 사람이어서 심지 않은데서 거두기를 원하고, 헤치지 않은데서 모으기를 바라는 쉽게 말해서 불로소득이나 바라는 불한당이라는 것이었습니다. 이와 같은 주인인 줄 알기에 자신은 주인에게 받은 재산을 잘 보관해 두었다가 그대로 돌려드리는 것이 최선의 삶이었다고 주장하였습니다.

그러나 사실은 알고 보면 종이 주인에게 한 말들은 주인이 아니라 종에게 해당하는 말들인 것입니다. 종은 자기 입으로 자신을 평가한 것입니다. 정말 몹쓸 사람이 누구입니까? 게으르고 나태한 종이 아닙니까? 주인이 믿고 맡겨준 재산을 방치하고 안일하게 시간이나 소일하고 주인의 양식이나 축낸 자가 악한 것 아니겠습니까? 주인은 악하고 게으른 종에게 이렇게 말합니다. "그러면 네가 마땅히 내 돈을 취리하는 자들에게나 맡겼다가 내가 돌아와서 내 원금과 이자를 받게 하였을 것이니라"(27절). 주인의 말이 얼마나 상식적이고 합당하게 들리지 않습까? 당시 로마 제국에도 돈을 빌려주고 이자를 받는 일종의 은행 비슷한 제도가 있었습니다. 연이자가 8퍼센트 내지 12퍼센트에서 나중에는 48퍼센트의 고이자로 발전하였다고 합니다. 어찌되었든지 간에 자신이 맡은 재산으로 무엇을 해보는 것이 싫으면 차라리 은행에라도 맡겨 두었었다면 주인에게 이자라도 더 해줄 수 있지 않았겠냐 하는 것입니다. 주인의 말을 듣고 종은 유구무언이 될 수밖에 없었습니다. 종은 자신의 게으름과 악함을 변명할 수 없게 되었습니다. 더욱이 종은 주인의 처사와 주인의 성품에 대하여 험담하는 무례까지 범하고 말았습니다. 이제 주인은 이 악하고 게으른 종에게서 한 달란트를 빼앗아서 이미 열 달란트를 가지고 있는 종에게 안겨 줍니다. 그리고 악한 종은 명하여 바깥 어두운 데로 내어 쫓아 버리라고 명령하였습니다(28-30절). 그곳에서 이를 갈며 아무리 후회할지라도 이미 기회는 지나가고 없을 것입니다. 정훈택 교수의 해설을 소개해 봅니다.

주인에 대한 신뢰가 없고 자기 나름대로의 평가와 행동을 앞세운다면 그는 결국 천국에는 쓸모없는 사람이다. 행위가 없어서가 아니라 행위가 없음으로써 주인에 대한 신뢰가 없었다는 것을 명확하게 보였기 때문에 심판이 선언되고 그는 이러한 사실을 몰랐다는 듯 가슴 아픈 후회를 하게 될 것이다.[511]

4.4.2. 비유가 주는 교훈

자 이제 우리가 이 비유의 내용은 되새겨 보았고, 이것을 통해서 우리에게 전달하시고자 하시는 주님의 의도가 무엇인가 하는 것입니다. 타국으로 가면서 세 종에게 자기 재산을 나누어 맡기시고 가신 것은 예수 그리스도가 승천하신 후부터 재림하시기까지의 교회 시대를 의미합니다. 주님은 교회에 그리고 우리 각각의 신자들에게 지금 기회를 주고 계신 것입니다. 주인이 세 종에게 각기 재능에 따라 달란트를 나누어 준 것 처럼 하나님의 백성들에게는 각기 다양한 은사들이 주어져 있습니다. 굼벵이도 구르는 재주가 있다고 하나님께 은사란 재능을 받지 않은 이들이 아무도 없습니다. 오늘날 TV 드라마에 나와 연기하는 사람들을 보고 talent라고 하지 않습니까? 달란트나 탤런트나 같은 말입니다. talent는 재능이라는 말입니다. 성경적으로 말해서 이것을 은사라고 합니다. 혹은 직분이라고 할 수도 있습니다. 요점이 무엇인가 하면 하나님은 누구에게나 은사와 재능을 주셨다고 하는 것입니다. 그리고 그 은사와 재능은 획일적이지 아니하고 다양하다고 할 수 있습니다. 바울이 언급하고 있는 은사의 종류만 해도 22가지나 된다고 합니다.[512] 그 이외에도 다양한 은사와 재능들이 있습니다. 하나님께서 우리에게 주신 건강, 젊음, 노년, 혹은 재산, 지식, 권력, 기술, 예술적 재능등도 다 하나님의 선물이라고 할 수 있습니다.

그렇다면 하나님께서 이와 같은 은사와 재능들을 주신 이유가 무엇입니

---

511 정훈택, 『쉬운 주석 마태복음』 (서울: 그리심, 2007), 348.
512 Grudem, *Systematic Theology*, 박세혁 역, 『조직신학』, 2:688. 롬 12:6-8; 고전 7:7; 12:8-10, 28; 엡 4:11.

까? 내가 남보다 다르다고 교만하고 위세하고 군림하라고 주신 것일까요? 재산, 권력, 지식등을 가지고 내 배만 채우고 나의 안일만 추구하라고 주신 것일까요? 세상 사람들은 그렇다고 말할 것입니다. 그러나 조금 의식이 있는 사람은 그래도 어려운 이웃들이나 공익을 위해서 자발적으로 나누어야 한다고 말할 것입니다. 그러면 성경은 우리들에게 무엇이라고 말씀하고 있습니까? 고린도전서 12장 4절 이하에 보면 "은사는 여러 가지나 성령은 같고, 직임은 여러 가지나 주는 같으며, 또 역사는 여러 가지나 주는 같으며, 또 사역은 여러 가지나 모든 것을 모든 사람 가운데서 이루시는 하나님은 같으니, 각 사람에게 성령을 나타내심은 유익하게 하려 하심이라." 하나님께서 우리들에게 은사, 재능, 직분 등 다양한 선물들을 주신 이유는 그리스도의 몸인 교회 공동체를 유익하게 하기 위해서입니다. 물론 은사와 재능을 받은 개개 신자도 유익에 동참하지만, 궁극적인 목적은 하나님의 나라와 하나님의 교회를 위해서 인 것입니다. 소위 말해서 공익을 위해서 그와 같은 은사와 선물을 주셨다고 하는 것입니다. 우리는 우리에게 주어진 모든 것이 바로 이 목표를 향해서 주어져 있다는 것을 기억해야 합니다.

그렇다면 오늘 비유 말씀을 통해서 배우는 바 은사 활용의 길이 무엇입니까? 내게 주어진 것이 크든지 적든지, 눈에 드러나는 것이든지, 눈에 드러나지 않는 것이든지 간에 하나님께서 원하시는 것은 그것을 가지고 착하고 충성스럽게 활용하는 것을 원하십니다. 우리끼리 크고 작음이 있지 하나님이 보시기에는 다 작은 일이라고 했습니다. 천국에서 혹은 신천신지에서 할 일에 비하면 작은 일이라는 말입니다. 그리고 한 달란트 받은 자에게서 얻는 교훈도 마찬가지입니다. 하나님이 그에게 바라신 것도 역시 주어진 것을 가지고 성실하게 활용하는 것이었습니다. 다섯 달란트나 두 달란트 받은 자가 거둔 결실만큼 요구하신 것이 아니었습니다. 그리고 하나님은 우리에게 주신 은사나 재능을 묵혀 두는 것을 바라시지 않습니다. 은사와 재능을 활용해야 합니다. 사회적으로도 잘 활용해야 하겠지만, 교회를 위해서도 적절하게 잘 사용하셔야 합니다. 은사와 재능이 있는데도 활용하지 않는다면 장차 주님 앞에 책망 받게 될 것입니다. 주어진 것을 가지고 활용하지 않았으니 게으르고 악하다는 책망을 면키 어려운 것입니다. 직분도 받았으면 충성을 해야 합니다. 보이지 않는 주님께 하듯이 충성을 해야 합니다.

　에베소서 4장 11절하 반절과 12절에 보면 하나님께서 교회에 목회자를 세우신 목적에 대해서 이렇게 말씀하고 있습니다. "어떤 사람은 목사와 교사로 삼으셨으니 이는 성도를 온전케 하여 봉사의 일을 하게 하며 그리스도의 몸을 세우려 하심이라." 목사와 교사(the pastor and teacher)는 목회자를 말합니다. 목회자를 왜 세우셨는가? 목사나 당회만 일을 하고 혹은 소수의 교인들만 일을 하고 나머지 교인들은 구경꾼으로 있는 교회를 만드시기 위해서가 아닙니다. 목사는 목사의 일이 있고, 당회는 당회의 일이 있고, 교인들 각자 각자에게는 하나님이 주신 재능, 은사, 그리고 직분이 있습니다. 그래서 사도 바울이 하는 말이 무엇인가 하면 목회자는 평신도를 양육하여 봉사의 일을 할 수 있도록 은사를 개발시켜 주고 적재 적소에서 자신의 은사를 활용하도록 도와주는 역할을 해야 한다는 것입니다. 그래서 저는 목회자로서 여러분들에게 각자의 은사와 재능을 확인하고 교회를 위해서 한 부분씩 맡아서 봉사하시라고 권면을 드립니다. 목사 개인의 권면이 아니고 하나님의 권면하심이라는 것을 아셔야 합니다. 제가 볼 때에 탁월한 은사를 가졌으면서도 묵혀두고 있는 분들을 보면 참 안타깝습니다. 우리 교회는 성도들이 총력을 기울여서 각자의 일을 해주어야 다시금 새로워 질 수 있습니다. 나는 나이가 들었고 힘도 없는데 그런 말씀 마십시오. 교회를 위해서 매일 기도해 주십시오. 그리고 교회당을 출입하시면서 떨어진 쓰레기 줍는 것도 봉사입니다. 그리고 일꾼들을 격려하고 칭찬해주는 것도 큰 일입니다. 무엇이든 여러분에게 주어진 은사와 재능을 살리십시오. 교회의 유익을 위하여서 필요하다면 내가 할 수 있는 일을 하십시오.

　그러나 만약에 맡겨진 은사와 재능이 있는데 교회나 공익을 위하여 사용하지 않는다면 하나님의 심판대 앞에서 게으른 종이라고 책망 받는다고 해도 우리는 유구무언이 되고 말 것입니다. 심지어는 주님이 많은 것으로 맡겨 주셨지만 하나님을 믿지 아니하고 불평 원망하며 나태하고 게으르게 산 사람은 천국에 들어가지 못할 것입니다. 왜냐하면 주님을 믿지 않고 오히려 오해하고 제 마음대로 살았기 때문입니다. 그런 삶의 열매를 통해서 자신이 하나님과 어떤 관계에 있는지를 증거하고 있기 때문입니다. 이제 무더웠던 여름도 끝이 나가고 결실의 계절이 돌아옵니다. 지금까지 저와 여러분들은 무엇을 위해 살았습니까? 그리고 무엇으로 인하여 보람이 느껴지십니까? 무엇을 얻으셨습니까? 하나님께서 여러분에게 주신 기회, 은사, 재능의 대부분이 무엇을 위해서 쓰여졌습니까? 비유의 말씀처럼 주님 앞에서 우리의 인생도 결산해야 할 때가 올 것입니다. 개인적인 종말이든 예수님의 재림의 때이든 간에 반드시 결산해야 할 날이 옵니다. 그때에는 주님이 우리와 더불어 지나온 우리 인생을 회계하자고 하실 것입니다. 그 심판대 앞에서 우리가 내어놓을 수 있는 믿음의 열매가 무엇입니까? 주님께서 우리를 보시면서 잘하였도다, 착하고 충성된 종아, 작은 일에 충성하였으니 큰 것을 맡으리라. 신천신지의 기업의 영광을 누리게 될 것이라 그리고 주인의 즐거움에 참여하라는 음성을 들으시럽니까? 아니면 악하고 게으른 종아! 바깥 어두운데 쫓겨나서 이를 갈며 후회하리라는 말씀을 들으시렵니까? 뒤돌아보시면서 충분히 반성하시고 또 회개하시며 남은 생애는 하나님 앞에서 이렇게 살겠다고 결심하고 그대로 살 수 있도록 은혜 베푸시고 성령으로 충만하게 해달라고 간구하시는 성도님들이 되시기를 바랍니다.

4.5. 작은 자들을 돌아보는 삶- 마태복음 25장 31절-46절

인자가 자기 영광으로 모든 천사와 함께 올 때에 자기 영광의 보좌에 앉으리니 모든 민족을 그 앞에 모으고 각각 구분하기를 목자가 양과 염소를 구분하는 것 같이 하여 양은 그 오른편에 염소는 왼편에 두리라. 그 때에 임금이 그 오른편에 있는 자들에게 이르시되 내 아버지께 복 받을 자들이여 나아와 창세로부터 너희를 위하여 예비된 나라를 상속받으라. 내가 주릴 때에 너희가 먹을 것을 주었고 목마를 때에 마시게 하였고 나그네 되었을 때에 영접하였고 헐벗었을 때에 옷을 입혔고 병들었을 때에 돌보았고 옥에 갇혔을 때에 와서 보았느니라. 이에 의인들이 대답하여 이르되 주여 우리가 어느 때에 주께서 주리신 것을 보고 음식을 대접하였으며 목마르신 것을 보고 마시게 하였나이까? 어느 때에 나그네 되신 것을 보고 영접하였으며 헐벗으신 것을 보고 옷 입혔나이까? 어느 때에 병드신 것이나 옥에 갇히신 것을 보고 가서 뵈었나이까 하리니 임금이 대답하여 이르시되 내가 진실로 너희에게 이르노니 너희가 여기 내 형제 중에 지극히 작은 자 하나에게 한 것이 곧 내게 한 것이니라 하시고 또 왼편에 있는 자들에게 이르시되 저주를 받은 자들아 나를 떠나 마귀와 그 사자들을 위하여 예비된 영원한 불에 들어가라. 내가 주릴 때에 너희가 먹을 것을 주지 아니하였고 목마를 때에 마시게 하지 아니하였고 나그네 되었을 때에 영접하지 아니하였고 헐벗었을 때에 옷 입히지 아니하였고 병들었을 때와 옥에 갇혔을 때에 돌보지 아니하였느니라 하시니 그들도 대답하여 이르되 주여 우리가 어느 때에 주께서 주리신 것이나 목마르신 것이나 나그네 되신 것이나 헐벗으신 것이나 병드신 것이나 옥에 갇히신 것을 보고 공양하지 아니하더이까? 이에 임금이 대답하여 이르시되 내가 진실로 너희에게 이르노니 이 지극히 작은 자 하나에게 하지 아니한 것이 곧 내게 하지 아니한 것이니라 하시리니. 그들은 영벌에, 의인들은 영생에 들어가리라 하시니라.

매년 연말이 되면 TV에서는 각종 시상식을 진행합니다. 한 해 동안 연기하느라고 수고하고 애쓴 수 많은 이들 가운데 일부가 이런 저런 이름으로 상을 받습니다. 그와 같은 상을 받을 때에 수상자들은 큰 감격을 표현하기도 하고 함께 수고한 이들에게 감사를 표현하는 것을 봅니다. 연기자로서 인정을 받았다는 감격을 느끼게 되는 순간일 것입니다. 한 소녀가 피아노를 연주하였습니다. 소녀는 어려운 곡을 끝까지 잘 연주하였습니다. 연주가 끝나자 많은 관중들이 박수를 치고 환호성을 보냅니다. 그래도 소녀는 기뻐하기는 커녕 여전히 긴장된 모습으로 누군가를 쳐다봅니다. 소녀는 그 사람이 자신의 연주에 대하여 어떤 반응을 보이는가에만 관심을 기울이고 있습니다. 그는 바로 그를 지도해 준 선생님이었습니다. 선생님이 소녀를 향하여 잘 했다고 미소를 지어주자 비로소 소녀의 얼굴에도 긴장의 빛이 사라지고 환한 미소로 웃게 됩니다.

사랑하는 성도 여러분! 저와 여러분은 어떻습니까? 누구에게 인정받고 싶으십니까? 우리는 살아가면서 사람들의 인정과 사랑을 받으면서 기뻐합니다. 혹시 사회적으로 인정을 받고 상을 받게 된다면 더할 나위없이 기뻐하게 될 것입니다. 그러나 우리가 신자라고 한다면 진짜로 의식되는 분이 누구입니까? 누가 환히 웃어주시고 인정하실 때에 우리가 기뻐 뛸 수 있습니까? 그것은 바로 우리 주님입니다. 우리를 사랑하시는 하나님입니다. 하나님이 우리를 보고 야 잘했다! 인정해 주신다면 다른 사람들의 인정은 아무런 의미가 없어질 것입니다. 결국 우리가 이 세상에서 신앙 생활을 해 나가면서 참고 견디고 욕심을 버리고 세상 사람 처럼 살지 않으려고 고진 감내하는 것이 무엇 때문입니까? 사람들의 칭찬과 인정도 필요하지만, 그러나 오로지 그 날에 주님께서 활짝 웃으시면서 잘 했다, 수고했다, 이제 쉬어라 말씀해주시고 상주실 것을 바라보기 때문에 그런 것이 아니겠습니까? 복이나 상이라는 말을 듣기 거북해 하시는 분들도 있을지 모르겠지만, 그러나 성경에 너무나 자주 언급되는 용어이니 피하거나 외면할 수는 없는 일입니다.

그렇다면 주님은 어떤 사람을 보고 잘했다고 인정하실까요? 주님은 도대체 어떤 사람에게 시들지 않는 불멸의 상을 주시는 것일까요? 그 기준이 무엇일까요? 정말 우리가 주님을 기쁘시게 하기를 원하고, 우리가 주님의 기쁨이 되기를 원한다면 그 기준에 대해서 관심을 가지지 않을 수가 없을 것입니다. 오늘 우리가 읽은 마태복음 25장 31절 이하에 그 대답이 있습니다. 주님이 심판 날에 인정하시고 상주시는 사람, 창세 전부터 예비된 하나님 아버지의 나라를 상속하라고 초대받을 사람이 어떤 사람인지에 대한 소개가 있습니다. 그리고 반면에 저주를 받을 자들아 하시면서 영원히 꺼지지 않을 불로 들어가라고 명령하실 부류의 사람들에 대한 소개도 하고 있습니다.

4.5.1. 심판 때에 영생과 영벌 두 가지만 있습니다.

우리가 마태복음 25장에 기록되어있는 세 가지 비유 말씀을 상고하고 있습니다. 열 처녀 비유, 달란트 비유 등이 다 예수 그리스도의 재림을 고대하면서 살아가고 있는 종말의 성도들이 어떻게 살아야 하는가에 대한 교훈을 주고 있습니다. 오늘 읽은 세 번째 비유 이름하여 양과 염소의 비유라고 하는 비유의 내용도 그러합니다. 특히 최후 심판에 대해서 말씀하고 있습니다. 31절에도 보시면 예수님은 비유를 베푸시기 전에 "인자가 자기 영광으로 모든 천사와 함께 올 때에 자기 영광의 보좌에" 앉으실 것이라고 말씀하는 것을 보아서 재림 때에 어떤 일이 벌어지게 될지에 대해서 말씀하신다는 것을 알 수가 있습니다. 일단 예수님께서는 장차 재림하실 때에는 자기의 영광으로 모든 천사와 함께 올 것이라고 말씀하시는 것을 주목해야 합니다. 초림의 주님은 연약한 아기의 모습으로 베들레헴 마굿간에서 태어나셨고, 온갖 연약성을 감수하시면서 구원자의 길을 걸어가셨을 뿐 아니라 심지어 사람들에 의해서 십자가에 못박혀 죽기까지 하셨습니다. 모욕을 당하고, 채찍질 당하고, 침뱉음을 당하기도 했습니다. 하지만 그것은 정말 주님이 무능하거나 허약해서 그런 것이 아니었습니다. 그런 방식으로 고난당하시고 희생당하심으로 인류 구원을 이루신 것입니다. 하지만 주님이 재림하실 때에는 부활체의 영광을 입고 다시 오실 뿐 아니라 천천 만만의 천사들의 호위를 받으시며 재림하실 것입니다. 단순히 한 지역에 대한 행차가 아니라 전 우주적인 강림이 되실 것입니다. 그리고 그렇게 재림하시는 주님은 온 세상을 심판하는 심판주로 오실 것입니다.

오늘 비유는 바로 그러한 최후 심판 때에 어떤 일이 일어날 것인지를 보여줍니다. 주님의 심판은 옳고 그름을 판단하고 의인과 악인을 판가름하기 위해서 진행될 것입니다. 주님께서 마지막 심판정을 베푸시고 산 자나 죽은 자를 전부 다 소환하여 심판하신다는 것은 그들의 삶에 대한 책임을 물으시기 위해서입니다. 그렇기 때문에 사실 우리가 이 땅 위에서 불신앙을 따라 마음대로 살면 안 되는 것입니다. 절제하고 인내하며 믿음을 따라 수고진력하며 선한 일에 매진하면서 살아야 하는 것입니다. 우리의 외적인 행실 뿐만 아니라 우리의 내면의 생각, 의향, 동기까지 다 불꽃 같은 눈을 가지신 주님에 의해서 심판을 받게 될 것입니다. 32절에는 심판 상황을 이렇게 말씀하고 있습니다. 마치 목자가 양과 염소를 분별하는 것이 하여 양은 오른편에 두고, 염소는 왼편에 두리라고 말합니다. 성경에서 오른편은 위엄과 영광과 존귀와 생명의 자리를 의미하며, 왼편은 저주와 사망, 미련함, 힘의 상실 등을 의미했습니다. 오늘 본문에서도 오른편에 서 있는 자들을 향해서 복받을 자들이여! 라고 말씀하시고, 왼편에 있는 자들을 향해서 저주를 받은 자들아! 라고 하시는 것을 보아서도 알 수 있습니다. 주님이 오셔서 심판하시는 때에는 오른 편에 서는 자들과 왼편에서는 자들로 양분될 것입니다. 제 3의 회색 지대는 없을 것입니다. 오로지 우편 아니면 좌편 두 가지의 판정만 있을 것입니다. 이 세상에서는 중간지대나 어쩡쩡한 입장이 존재할 수 있지만 주님의 심판대 앞에서는 영생 아니면 영벌 두 가지로 나누어질 것입니다.

4.5.2. 주님을 대접하였느냐, 대접하지 않았느냐?

주님은 오른편에 서 있는 사람들을 칭찬하시고 상급을 말씀해 주셨습니다. 34절을 유심히 주목해 보십시다. 제가 다시 읽어드리겠습니다. "그때에 임금이 그 오른편에 있는 자들에게 이르시되 내 아버지께 복받을 자들이여! 나아와 창세로부터 너희를 위하여 예비된 나라를 상속받으라." 재림의 주께서는 하나님 아버지를 대신해서 심판자 역할을 맡으실 것입니다. 그리고 아버지께 복받을 자들, 그들은 이미 창세로부터 예비된 그 하나님의 나라를 상속하게 될 것입니다. 세상을 창조한 이래로 이미 하나님의 나라가 준비되어 있다는 것은 하나님 나라는 우리가 존재하기 전부터 우리의 입국을 준비하며 기다리고 있었다는 말입니다. 하나님은 오래 전부터 이미 신자들이 누리게 될 그 나라를 준비하고 계셨습니다. 그리고 너희를 위하여 예비된 나라를 상속하라고 했습니다. 이 말은 지체하지 말고 즉시 네 분깃을 얻으라는 뜻입니다. 그리고 상속이라는 용어를 사용하였습니다. 상속이라는 말은 본래 자기와 상관없는 어떤 것을 물려 받는 것이 아니라 당연히 자기에게 주어져 있는 권리로서 하늘나라를 물려받는 것을 뜻합니다. 따라서 아무도 창세 전부터 하나님에 의해 예정된 이 상속물을 빼앗아 갈 수가 없는 것입니다.

그러면 주님은 어떤 자들을 이와 같은 하나님의 복을 받고 하나님 나라를 상속한다고 말씀하고 있습니까? 우리 생각에는 예수 믿는 사람 이렇게 단순하게 말씀하시면 얼마나 좋겠습니까? 그러나 그냥 믿습니다 하게 되면 입술에 발린 거짓 믿음의 경우들이 있으니까, 진짜 예수님을 믿는다면 어떤 삶의 열매를 맺게 되는가, 삶의 열매를 통해서 확인시켜 주셨습니다. 예수님은 죽은 믿음이 아니라 살아있는 믿음, 열매를 맺는 믿음을 말씀하고 있습니다. 35, 36절을 봅니다. "내가 주릴 때에 너희가 먹을 것을 주었고, 목마를 때에 마시게 하였고, 나그네 되었을 때에 영접하였고, 헐벗었을 때에 옷을 입혔고, 병들었을 때에 돌보았고, 옥에 갇혔을 때에 와서 보았느니라." 예수님은 우편에 선 사람들에게서 이러한 대접을 자신이 받았다고 말씀하고 있습니다. 예수님이 그렇게 어려움에 처하거나 어떤 필요 상황에 있다고 하면 당연히 도와드리고 대접하는 것이 당연한 일 아니겠습니까? 하지만 이런 칭찬을 들은 우편에 선 사람들은 도무지 예수님의 말씀을 이해할 수가 없었습니다. 그래서 37-39절에 보시면 의인들은 이렇게 반문을 했습니다. "주여 우리가 어느 때에 주께서 주리신 것을 보고 음식을 대접하였으며, 목마르신 것을 보고 마시게 하였나이까? 어느 때에 나그네 되신 것을 보고 영접하였으며, 헐벗으신 것을 보고 옷 입혔나이까? 어느 때에 병드신 것이나 옥에 갇히신 것을 보고 가서 뵈었나이까?"(37-39절). 한 마디로 이들은 주님께 단 한 번도 그와 같은 대접을 해 드린 적이 없었다는 것입니다. 그들은 단 한번도 예수님께 직접적으로 그런 대접을 해드리거나 도움을 베푼 적이 없었다는 것입니다.

우리가 뒷 부분에 보면 좌편에 서있는 저주받아서 영원히 타오르는 불에 들어갈 자들에 대해서도 동일한 기준에 의해서 그들을 정죄하시는 것을 보게 됩니다. "또 왼편에 있는 자들에게 이르시되 저주를 받은 자들아 나를 떠나 마귀와 그 사자들을 위하여 예비된 영원한 불에 들어가라. 내가 주릴 때에 너희가 먹을 것을 주지 아니하였고 목마를 때에 마시게 하지 아니하였고 나그네 되었을 때에 영접하지 아니하였고 헐벗었을 때에 옷 입히지 아니하였고 병들었을 때와 옥에 갇혔을 때에 돌보지 아니하였느니라"(41-43절). 그럴 때에 역시 그들도 너무나 억울해 하면서 "주여 우리가 어느 때에 주께서 주리신 것이나 목마르신 것이나 나그네 되신 것이나 헐벗으신 것이나 병드신 것이나 옥에 갇히신 것을 보고 공양하지 아니하더이까?"라고 항의하였습니다(44절). 언제 예수님을 만난 적이 있었어야 도움을 드릴수 있지 않느냐, 언제 주님이 그런 상황에 처하신 적이 있었느냐, 도무지 이해가 안된다는 것입니다. 우편에 있는 자들은 그런 대접을 한 적이 없는데 그렇게 했다고 칭찬을 받고 있고, 좌편에 있는 자들은 그런 기회도 누린 적이 없었는데도 왜 대접하지 않았느냐고 책망을 하시느냐고 억울해 했습니다.

4.5.3. 지극히 작은 자를 잘 대접하라.

그러면 도대체 주님의 이 말씀을 어떻게 이해해야 하는 것일까요? 사실 이 비유의 말씀을 직접 들었던 사도들이나 당시 사람들이었다면 주님을 직접 만날 기회도 있었고, 그리고 주님을 이모저모로 대접할 기회가 있었습니다. 예수님께 음식을 대접하거나, 옷을 사드릴 기회가 혹시 있었습니다. 구레네 사람 시므온 같은 이는 예수님 대신에 십자가를 져 줄 수 있었습니다. 하지만 주님이 부활하시고 승천하신 이후에 살아가는 성도들이나 오늘날의 우리들은 어떻습니까? 간혹 환상이나 입신을 해서 주님을 보았다고 간증하는 이들이 있습니다만, 그러나 육신을 입고 사는 인간이 부활하신 주님을 육신으로 만난다고 하는 것은 원칙적으로 이 땅에서는 불가능한 것입니다. 그러니 베드로 사도도 말하기를 "예수를 너희가 보지 못하였으나 사랑하는도다. 이제도 보지 못하나 믿고 말할 수 없는 영광스러운 즐거움으로 기뻐"(벧전 1:8)한다라고 말씀하고 있는 것입니다. 승천과 재림 사이에 살아가고 있는 성도들은 이처럼 예수님을 육신적으로 만나거나 대접할 기회가 없습니다.

도대체 그러면 우리가 어떻게 볼 수도 없는 주님을 마실 것과 먹을 것으로 대접한다는 말입니까? 그런 적이 없다고 말하는 의인이나 혹은 주님이 대접의 기회를 준 적이 없다고 항의하는 죄인들에게 예수님은 어떻게 대답해 주셨는지를 확인해 보십시다. 40절과 45절인데, 두 절이 비슷한 내용입니다. 먼저 40절을 읽어 보겠습니다. 우편에 있는 자들에게 대답하셨습니다.

> 임금이 대답하여 이르시되 '내가 진실로 너희에게 이르노니 너희가 여기 내 형제중에 지극히 작은 자 하나에게 한 것이 곧 내게 한 것이니라.[513]

그리고 45절을 봅니다. 좌편에 있는 자들에게 대답하신 말씀입니다.

> 이에 임금이 대답하여 이르시되 내가 진실로 너희에게 이르노니 이 지극히 작은 자 하나에게 하지 아니한 것이 곧 내게 하지 아니한 것이니라.[514]

예수님의 말씀이 무슨 뜻인지 이해하시겠습니까? 이 말씀들은 그렇게 어려운 말씀이 아닙니다. 너무나 쉬운 말씀입니다. 영광중에 계신 예수님은 직접적으로 음식으로나 의복으로 대접받으실 필요가 없으십니다. 그러나 누구를 통해서 그러한 대접을 받으신다는 것입니까? 예수님은 모여 있는 성도들을 가리키며 내 형제 중에 지극히 작은 자 하나에게 한 것이 곧 자신에게 한 것이라고 말씀해 주셨습니다.

그러면 예수님이 말씀하시는 바 지극히 작은 자는 누구를 가리키는 것입니까? 주님을 믿는 성도들 가운데서 연약하고 백 없고 힘 없으며 누군가 보

---

513 마 25:40, NA 28- "καὶ ἀποκριθεὶς ὁ βασιλεὺς ἐρεῖ αὐτοῖς· ἀμὴν λέγω ὑμῖν, ἐφ' ὅσον ἐποιήσατε ἑνὶ τούτων τῶν ἀδελφῶν μου τῶν ἐλαχίστων, ἐμοὶ ἐποιήσατε."; ESV- "Truly, I say to you, as you did it to one of the least of these my brothers, you did it to me."

514 마 25:45, NA 28- "τότε ἀποκριθήσεται αὐτοῖς λέγων· ἀμὴν λέγω ὑμῖν, ἐφ' ὅσον οὐκ ἐπ-οιήσατε ἑνὶ τούτων τῶν ἐλαχίστων, οὐδὲ ἐμοὶ ἐποιήσατε."; ESV- "Truly, I sato you, as you did not it to one of the least of these, you did not do it to me."

살펴 주지 아니하면 안 되는 그런 자들을 가리킵니다. 예수님은 그런 자들을 먹이우면 예수님 자신이 식사 대접을 받으시는 것이요, 추위에 떨고 있는 자들을 입히우면 바로 주님이 옷 한 벌 얻어 입으신 것으로 여기시며, 예수님을 잘 믿다가 감옥에 가 있는 성도를 방문하여 격려하고 옥바라지하면 바로 주님이 대접을 받으시는 것이라고 말씀하고 있는 것입니다. 구약에도 보면 힘있는 정상인이 돌봐야 할 4대 약자 그룹으로 과부, 고아, 나그네, 레위인을 들었습니다. 그리고 예수님은 누군가 말한대로 가난하고 힘없는 자들에 대하여 유독히도 편애하신다고 표현할 정도로 강한 연대감을 표현하신 분이십니다. 지극히 작은 자에게 한 것이 내게 한 것이라고 표현하셨습니다. 교회 내에 어린 아이나, 영적으로 연약한 자들이나, 노약자들이나, 혼자 교회 다니는 분들, 정신적으로 온전치 못한 분들, 지독스럽게 가난하거나 무지한 분들도 다 연약한 자의 범주에 속합니다. 사람들이 무시하면 무시당할 수 밖에 없는 그런 약자들이 존재합니다.

교회사 속에 이런 이야기들이 전해져 옵니다. 두 가지 전설이야기인데 첫 번째는 이탈리아 아시시의 프랜시스가 겪은 이야기입니다. 재산이 많은 부자였으며 좋은 가문에서 태어났고 쾌활한 성격이었으나 그는 행복하지는 못했고 인생에는 무엇인가 결함되어 있다고 생각을 했습니다. 어느 날 말을 타고 외출했다가 문둥병으로 징그러운 꼴이 된 보기에 역겹고 불쾌한 문둥병자를 만나게 되었습니다. 프랜시스는 마음에 어떤 충격을 느껴서 말에서 뛰어 내려 이 비참한 병자를 확 껴 안아 버렸습니다. 그런데 놀랍게도 그의 품속에서 이 문둥병자의 얼굴은 그리스도의 얼굴로 변했다고 하는 것입니다.

또 기독교 역사에 전해 오는 다른 전설이 있습니다. 그는 뚜르의 마틴이라는 사람 이야기입니다. 그는 로마 군인이면서 그리스도인이었습니다. 어느 추운 겨울 날 그가 한 시가지로 들어가고 있을 때에 거지 하나가 그를 잡고 한 푼 달라고 구걸을 했습니다. 그런데 마틴에게는 가진 돈이 없었습니다. 거지는 추위 때문에 시퍼렇게 되어 떨고 있었습니다. 그는 자기가 가진 것을 주었습니다. 그는 자기의 낡고 해어진 군인 외투를 벗어서 그것을 둘로 나누어 반을 거지에게 주었습니다. 그날 밤 그는 한 꿈을 꾸었다고 합니다. 꿈 속에서 그가 하늘 보좌와 천사들과 그 가운데 계시는 예수님을 보게 되었습니다. 그런데 예수님은 로마 군 외투의 반쪽을 입고 계셨습니다. 한 천사가 주님에게 말했습니다. "주여! 왜 주님은 낡아 해어진 군복 반쪽을 입고 계십니까? 누가 그것을 주님에게 드렸습니까?" 예수님께서는 부드러운 음성으로 대답하시기를 "나의 종 마틴이 나에게 준 것이니라"고 하셨다고 합니다.

현실적인 이야기를 하나 소개합니다. 미국에서 의사로 활동하고 있는 원종수 권사라는 분이 있습니다. 하루는 병원엘 출근했더니 할머니가 울면서 병원을 나오고 있었습니다. 왜 그러시냐고 질문했더니 아픈데 돈이 없어서 치료를 거부당하고 쫓겨났다고 하는 것입니다. 그래서 원권사님이 모시고 들어가서 직접 정성껏 치료를 해드렸습니다. 그런데 그날 저녁에 꿈에 주님이 자신에게 이렇게 말씀하시더라는 것입니다. "오늘 내가 아파서 병원엘 갔더니 사람들은 날 돈이 없다고 쫓아 내었는데, 너는 나를 치료해 주어서 고마웠다."라고 하더라는 것입니다.

우리가 이렇게 신비적인 체험을 꼭 해야 할 필요는 없습니다. 보지 않아도 주님의 말씀을 따라서 실천하면서 살면 되는 것입니다. 우리가 만나는 연약하고 힘없는 그리스도인들이나 이웃들, 별로 관심가져 주지 않고, 소외되고, 외롭고 삶의 짐으로 힘겨워하는 사람들, 혹은 잘 믿으려고 하다보니 힘들고 어렵게 사는 이들을 볼 때에 나와 상관이 없다고 생각하시면 안될 것입니다. 아 저들이 바로 예수님이 관심가지고 계시는 사람들이구나, 저들을 대접하는 것이 곧 예수님을 대접하는 것이구나 이렇게 진지하게 생각하고 그들을 보살피고 그들을 도와주고 그들의 필요한 것을 내 형편되는 대로 내어주어야만 할 것입니다. 오늘 말씀에 주님은 뭐 굉장한 것을 요구하지 않았습니다. 무슨 비싼 음식을 원하시는 것도, 고가의 옷을 입혀주라는 것도 아닙니다. 내가 가진 것으로, 내 힘의 한계안에서 대접하라는 것입니다.

마음이 내키지 않아서 의지적으로 이 말씀을 실천하는 것이 필요할 것입니다. 그러나 더욱 더 성숙한 단계는 그런 사람들을 불쌍히 여기는 마음으로 자연스럽게 하는 것입니다. 예수님께 칭찬받으나 언제 우리가 그랬습니까 반문하는 의인들 처럼 우리가 자연스럽게 선을 행하고 남을 돈으로, 지식으로, 권력으로 도와주는 것이 몸에 배일 때에 그것 자체가 우리에게는 큰 복입니다. 왜냐하면 죄인은 자연스럽게 본성적으로 무의식적으로 무언가 하면 죄의 열매를 낳는데, 그런 단계에 이르면 속 사람이 성령으로 변화되고 말씀으로 절여서 자연스럽게 행했는데 그것이 약한 자를 돕는 것이요, 주님을 대접하는 자가 되는 존재의 변화가 일어났기 때문입니다.

성도 여러분! 이제 하반기 사역을 시작하게 됩니다. 목요일에는 말씀나누기, 음식나누기, 금요일에는 권찰회 활동, 지역전도 활동 등이 있을 것입니다. 그리고 단기선교팀 훈련도 시작 하게 됩니다. 그 외에도 많은 일들이 있습니다.[515] 이런 일들을 함에 있어서 우리가 우리 자신의 보람과 자아실현을 위해서 할 수 있습니다. 혹은 남들이 하니 같이 할 수도 있습니다. 또는 그냥 인정상 불쌍해서 그 일들을 할 수도 있습니다. 하지만 더 좋은 동기는 오늘 말씀에 기초해서 동기지워지는 것입니다. 우리가 섬기는 지역민들, 우리가 돌아보는 연약하고 노쇠한 구역원들, 우리가 섬겨야 하는 자라나는 세대들 이 모두가 다 주님의 관심의 대상이라고 하는 사실을 기억한다면 여러분들의 섬김의 품격이 전혀 달라질 것입니다. 주님은 세상속에 믿지 않는 영혼들을 불쌍히 여겨서 총체적인 복음사역을 하는 것을 기뻐하십니다. 뿐만 아니라 주님의 몸된 교회내에 있는 연약한 자들, 지극히 작은 자들에 대한 관심을 베푸는 것을 너무나 기뻐하신다는 것을 기억하시고 하반기에 풍성한 결실을 거두시는 삶을 사시기를 바랍니다. 그리하여 장차 주님께서 재림하시어 심판하실 때에 우리 모두가 다 "내 아버지께 복 받을 자들이여 나아와 창세로부터 너희를 위하여 예비된 나라를 상속하라."고하는 칭찬을 받으시는 여러분들 되시기를 바랍니다.

---

515 실제 목회현장에서 전하기 위하여 준비한 설교 원고이기 때문에, 설교 당시의 상황이 반영되어 있다.

IV. 시대의 표적들

– 재림의 징조가 있는가?

1. 시대의 표적들에 대한 바른 이해

2. 복음 전파와 온 이스라엘의 구원?

3. 환난, 배교, 적 그리스도

4. 심판의 표적들

1. 시대의 표적들에 대한 바른 이해

1.1. 들어가는 말

앞선 Ⅲ부에서 우리는 모든 그리스도인의 "복스러운 소망"이신 예수 그리스도의 재림에 대해 살펴 보았다. 이제 재림론과 연관하여 논의되는 또 하나의 중요한 주제인 재림의 징조 혹은 시대의 표적들에 대하여 살펴보려고 한다. 성경과 신앙고백에 따라 그리스도가 언제 오실는지 그 때와 시기를 알 수 없다는 것이 정답이라면, 재림에 선행할 일들에 대한 이야기나 시대의 표적에 대한 논의가 가능한가라는 질문이 가능할 것이다. 그냥 그런 주제에는 관심을 버리고 언제 오시든지 맞이할 준비만 잘하면 그만이지 않는가라는 생각을 할 수도 있다.

성경은 한편으로 그리스도의 재림이 도둑같이 뜻하지 않은 때에 임한다는 말씀들이 많이 나온다(마 24:14; 살전 5:2; 벧전 3:10; 계 3:3; 16:5). 그러나 바울은 데살로니가전서 5장에서 그리스도의 재림이 도둑같이 임한다는 것과 더불어 또 다른 차원을 이야기해 주기도 한다는 점을 주목해야 한다.

> 형제들아 때와 시기에 관하여는 너희에게 쓸 것이 없음은 주의 날이 밤에 도둑 같이 이를 줄을 너희 자신이 자세히 알기 때문이라. 그들이 평안하다, 안전하다 할 그 때에 임신한 여자에게 해산의 고통이 이름과 같이 멸망이 갑자기 그들에게 이르리니 결코 피하지 못하리라. 형제들아 너희는 어둠에 있지 아니하매 그 날이 도둑 같이 너희에게 임하지 못하리니 너희는 다 빛의 아들이요 낮의 아들이라 우리가 밤이나 어둠에 속하지 아니하나니 그러므로 우리는 다른 이들과 같이 자지 말고 오직 깨어 정신을 차릴지라(살전 5:1-6).[516]

---

516 살전 5:1-6, NA 28- "Περὶ δὲ τῶν χρόνων καὶ τῶν καιρῶν, ἀδελφοί, οὐ χρείαν ἔχετε ὑμῖν γράφεσθαι,

흔히 신학자들은 시대의 표적이라는 표현을 사용하여 주님의 재림 전에 일어날 일들이나 징조가 될 만한 일들에 대한 논의를 한다.[517] 시대의 표적이라는 단어는 마태복음 16장 3절에 기록된 헬라어 타 세메이아 톤 카이론(τὰ σημεῖα τῶν καιρῶν)에서 비롯된 단어이고, 영어로는 "the signs of the times"라고 부른다. 예수님께서 이 구문을 사용하신 문맥(마 16:1-4)을 보면 바리새인과 서기관이 메시아의 표적을 구하는 것에 대한 답변 속에서 "너희가 날씨는 분별할 줄 알면서 시대의 표적은 분별할 수 없느냐?"라는 책망의 문맥에서 사용되어졌다.[518] 이 구문은 그리스도께서 "치유와 축귀와 빵으로 사람들을 먹이신 사건"을 통해 종말론적인 메시아 왕국 또는 하나님의 나라가 도래했다고 하는 표적을 보여주신 것을 교훈해 주고 있다.[519] 게할더스 보스 이래 널리 수용되어온 "이미 그러나 아직 아니"(Already but not yet, Schon sondern noch nicht)의 원리에 따라, "시대의 표적"이라는 용어를 이미 도래한 하나님의 나라 혹은 메시아 왕국이 완성되는 재림의 징조 내지 선행할 사건들에 대한 논의에 적용해서 사용하기도 하는 것이다.

1.2. 우리가 경계해야 할 시대의 표징론

먼저 우리는 경계해야 할 시대의 표적 논의를 주목하려고 한다. 우리가 경계해야 하는 시대의 표적론은 당연히 시한부 종말론, 음모이론, 사이비 종

αὐτοὶ γὰρ ἀκριβῶς οἴδατε ὅτι ἡμέρα κυρίου ὡς κλέπτης ἐν νυκτὶ οὕτως ἔρχε- ται. ὅταν λέγωσιν· εἰρήνη καὶ ἀσφάλεια, τότε αἰφνίδιος αὐτοῖς ἐφίσταται ὄλεθρος ὥσπερ ἡ ὠδὶν τῇ ἐν γαστρὶ ἐχούσῃ, καὶ οὐ μὴ ἐκφύγωσιν. ὑμεῖς δέ, ἀδελφοί, οὐκ ἐστὲ ἐν σκότ- ει, ἵνα ἡ ἡμέρα ὑμᾶς ὡς κλέπτης καταλάβῃ· πάντες γὰρ ὑμεῖς υἱοὶ φωτός ἐστε καὶ υἱοὶ ἡμέρας. Οὐκ ἐσμὲν νυκτὸς οὐδὲ σκότους· ἄρα οὖν μὴ καθεύδωμεν ὡς οἱ λοιποὶ ἀλλὰ γρ-ηγορῶμεν καὶ νήφωμεν." 이 본문에 대한 필자의 강해는 이상웅, 『오직 깨어 정신을 차릴지라』, 106-118을 보라.

517 Hoekema, *The Bible and the Future*, 129: "Commonly the expression 'the Signs of the Times' is used to describe certain happenings or situations which are said to precede or point to the Second Coming of Christ. On this view the primary orientation of these signs is toward the future, particularly toward the events surrounding the Parousia." 후크마의 마지막 시기 제자중 하나인 비네마 역시 시대의 표적에 대해 "그리스도의 초림과 재림 간 역사에 있을 수많은 사건은 종말이 오고 있으며, 주의 날이 가까왔다는 사실을 알려 주는 신호 혹은 징조와 같다"라고 적시해 준다 (Venema, 『개혁주의 종말론 탐구』, 150).

518 마 16:3, NA 28- "τὸ μὲν πρόσωπον τοῦ οὐρανοῦ γινώσκετε διακρίνειν, τὰ δὲ σημεῖα τῶν καιρῶν οὐ δύνασθε."

519 강대훈, 『마태복음(하)』, 91-92.

말론 등이지만, 그 근간에는 세대주의적 종말론이 놓여 있음을 주의해야 한다. 전통적 세대주의자이자 팀 라헤이의 후임 목사인 데이빗 제러마이어는 2008년에 출간한 시대의 표적 해설서에서 "21세기 초의 이 시대만큼 '두렵고 혼란스러운'시대가 또 있었나"라고 주의를 환기시키고, "앞날을 정확하게 알려주는 정보통"은 성경이라고 강조하면서 10가지 주제를 말해준다.[520] 하지만 이렇게 종말의 타임 테이블 내지 퍼즐 풀기식으로 시대의 징조를 제안하는 것은 그의 선인 목사였던 팀 라헤이에게서 더 풍성하게 찾아볼 수가 있고, 다미선교회로 시끄러웠던 이장림의 책에서도 찾아볼 수 있는 것이다. 그리고 장로교 목회자로 40여년 동안 계시록과 종말론 세미나를 개최해온 이광복 목사의 경우도 역사적 전천년설을 취하면서도, 시대의 표적들을 분별하는 일에 있어서 세대주의자들과 흡사하다는 것을 보여주었다.[521]

우리는 경계해야 할 시대의 표적론에 대한 안토니 후크마의 논의를 참고할 필요가 있다. 후크마는 『개혁주의 종말론』, 11장에서 시대의 표적론에 대한 그릇된 이해와 바른 이해를 양분하여 잘 정리해 주었기 때문이다.[522] 후크마는 시대의 표적에 대한 그릇된 이해를 네 가지로 정리해 주고 있다. 첫째 오해는 "시대의 표적을 마치 재림 바로 앞의 기간과만 연관이 있고 재림 이전의 여러 세기와는 아무런 관련이 없는 것처럼 오로지 말세만을 지향하는 것"으로 생각하는 것이다.[523] 세대주의자들은 일반적으로 요한계시록 4장에서 19장까지를 7년 대환난기에 일어날 일로 특정했고, 이 틀에 근거하여 시한부 종말론이나 음모 이론은 일종의 종말론 퍼즐 놀이를 하곤 했다.

520　Jeremiah, 『세상에서는 지금 어떤 일들이 일어나고 있는가』, 12-13. 본서는 총10개장으로 구성되어 있고, 각자의 제목은 다음과 같다: 1장 이스라엘의 의의, 2장 주시해야 할 현실, 3장 현대 유럽 그리고 고대 로마, 4장 이슬람의 테러리즘, 5장 흔적도 없이 사라지다, 6장 예언의 성취를 위한 미국의 역할, 7장 한 사람이 세상을 다스릴 때, 8장 새로운 악의 축, 9장 아마겟돈을 대비한 무장, 10장 왕의 귀환.
521　이광복 목사의 "종말의 징조 시리즈"는 1권 무화과 나무로 본 재림징조, 2권 적그리스도로 본 재림징조, 3권 이스라엘과 팔레스타인, 4권 종말의 전쟁과 무기, 5권 이 시대 전쟁으로 본 재림징조 등으로 구성되어 있고, 『성경 종말론』, 개정판 (구리: 횃돌, 2014), 823-1014에서 징조론을 최종 제시해 주고 있다. 러시아-우크라이나 전쟁 발발후 올려진 최근 영상도 보라(https://youtu.be/OFU9 XExSvWU?si=eO_xyt9RL7WGrmPZ. 2025.1.30.접속).
522　Hoekema, The Bible and the Future, 129-136= 이용중 역, 『개혁주의 종말론』, 187-196.
523　Hoekema, 『개혁주의 종말론』, 188-189.

둘째 오해는 "이 표적들은 오로지 비정상적이거나 극적이거나 파국적인 사건이라는 측면에서만 생각하는 것"이다.[524]

세 번째 오해는 "이 표적들은 그리스도가 재림하실 정확한 때를 추정하는 하나의 방법으로 이용하려 하는 것"이다.[525] 성경은 재림의 때와 날을 특정할 수 없다고 일관되게 선포하고 있음에도 불구하고, 역사 가운데는 그리스도의 재림 날짜를 예상하거나 계산할 수있다는 미혹에 빠진 이들이 수도 없이 많이 존재했고, 앞으로도 존재할 것이라고 본다.[526] 그리고 시대의 표적은 후크마와 베르까워가 적시한대로 "재림의 확실성에 대해서는 말해 주지만, 재림의 정확한 날짜는 누설하지 않는다"는 점을 우리는 명심해야 한다.[527]

네 번째 오해는 "미래의 사건들에 대한 정확한 시간표를 작성하려는 시도"이다. 이러한 잘못된 시도는 주로 세대주의 종말론이 지금까지도 강력하게 고수하고 있는 그리스도의 두 번 재림(공중 강림과 지상 재림), 교회의 휴거와 이스라엘을 돌아오게 하는 7년 대환난 등의 도식에 근거한 시한부 종말론이나 음모이론자들에게도 흔히 볼 수가 있다. 필자가 중고등부 재학시절이던 1980년대 초반에도 휴거라는 영화를 통해 이러한 오류들이 널리 전파되었고, 현재도 유튜버들 가운데 종말론 퍼즐놀이를 하는 이들이 많이 존재한다. 특히 러시아-우크라이나 전쟁이나 이스라엘-팔레스타인 전쟁을 종말론적인 표적으로 해석하는 이들도 바로 이런 부류에 속한다. 하지만 우리는 초림의 메시아(그리스도)에 대한 구약의 예언들도 초림에 대한 프로그램이나 시간표 작성의 의도로 주어지지 않았던 것처럼, 재림에 대한 예고들도 시간표 작성이나 퍼즐 맞추기를 위해 주어진 것이 아니라는 것

---

524 Hoekema, 『개혁주의 종말론』, 189.
525 Hoekema, 『개혁주의 종말론』, 190.
526 이 주제에 관련된 자료들이 많이 있지만, 최근에 신문기자인 정윤석의 『세상을 유혹한 종말론 - 고대부터 현대까지, 시한부 종말론자들의 연대기』 (용인: 기독교포털뉴스, 2024)을 보라.
527 Hoekema, *The Bible and the Future*, 131; "The signs of the times tell us about the certainty of the Second Coming, but do not divulge its precise date." 또한 Berkouwer, *Return of Christ*, 256-259을 보라.

을 기억해야 한다.[528] 우리는 후크마가 적시해 준대로 "그리스도의 재림과 세상의 종말에 대한 모든 예언이 성취될 것이라고 확신하지만 그 예언들이 정확히 어떻게 성취될지는 알지 못한다"는 점을 기억하는 것이 중요하다.[529]

1.3. 개혁주의적인 시대의 표적론

그렇다면 우리는 시대의 표적에 대해서 어떻게 이해해야 하는 것일까? 역시 여기서도 우리는 후크마가 정리해 준 바를 기준으로 삼아서 살펴 보려고 한다. 후크마는 다섯 가지 요점을 우리들에게 제시해 주고 있는데, 첫 번째 요점은 "일반적으로 시대의 표적을 미래를 가르키는 것으로 생각하지만 이런 표적들은 무엇보다도 하나님이 과거에 행하신 일을 가르키는 것"으로 이해하는 것이 옳다는 것이다.[530] 세대주의자들처럼 요한계시록의 대부분을 그리스도의 공중강림과 교회의 비밀 휴거 후에 7년 동안 일어날 것이라고 미래주의적으로 해석하는 것은 올바른 해석이 아니다. 오히려 역사는 예수 그리스도의 초림과 구속 사역을 통하여 말세가 시작된 것이고,[531] 시대의 표적들은 초림에서 그리스도가 성취하신 하나님의 나라의 도래를 가리키고 있다는 점을 간과해서는 안될 것이다.[532]

---

528 찰스 하지의 다음과 같은 해설을 주목해 보라: "앞서 말한 바에 따르면 예언은 미래의 사건에 대한 일반적인 인상을 주는데, 이는 신뢰할 만하고 유익한 반면 세부 사항은 모호한 채로 남아 있다. 유대인들은 메시아와 관련된 예언이 마음에 준 일반적인 인상에 실망하지 않았다. 그들이 실패한 것은 세부 사항에 대한 설명에서만이었다. 메시아는 왕이었다. 그는 다윗의 왕좌에 앉았지만 그들이 기대했던 방식은 아니었다. 그는 모든 나라를 정복할 것이나, 그들이 생각했던 것처럼 칼로가 아니라 진실과 사랑으로 정복할 것이다. 그는 그의 백성을 제사장과 왕으로 만들 것이지만, 세상의 왕자와 태수로 만들지는 않을 것이다. 구약 교회가 그리스도의 첫 번째 강림과 관련된 예언을 해석하는 데 완전히 실패한 것은 우리에게 그의 재림과 관련된 예언을 설명하는 데 겸손하고 수줍어해야(modest and diffident) 한다는 것을 가르쳐야 한다. 우리는 그 예언들이 펼치는 위대한 진리에 만족해야 하고, 세부 사항은 사건으로 설명하도록 내버려 두어야 한다. 교회는 교회로서 일반적으로 이렇게 해왔다."(Hodge, *Systematic Theology*, 3:791-792).
529 Hoekema, 『개혁주의 종말론』, 192. 자신의 논점을 입증하기 위해 그가 인용하고 있는 Ridderbos, *Paul*, 528(=『바울 신학』)과 Berkouwer, *The Return of Christ*, 243, 246-247 등도 보라.
530 Hoekema, 『개혁주의 종말론』, 193.
531 후크마는 신약의 자료들을 살펴서 초림시부터 이미 말세(the end times, the last days)가 시작되었고, 그 말세의 끝에 임할 말일(the end time, the last day)이 있음을 양분하여 잘 설명해 주었다 (Hoekema, 『개혁주의 종말론』, 28-34).
532 Hoekema, 『개혁주의 종말론』, 25-113에서 광범위하게 소개된 시작된 종말론(inaugurated

둘째로 "시대의 표적은 미래적으로 역사의 끝, 더 구체적으로는 그리스도의 재림도 가르킨다"는 점을 기억해야 한다. 후크마가 적시해 준대로 "시대의 표적은 하나님이 과거에 이미 행하신 일을 바탕으로 미래를 가리"키며, "종말론적 복음 전파는 이미 찾아온 구원이라는 관점에서 미래를 증언"한다는 점을 기억해야 한다.[533]

세 번째로 부터 다섯 번째 요점은 간략하게 보도록 하겠다. 세 번째 요점은 시대의 표적은 또한 "역사상 지속된 하나님 나라와 악의 세력 사이의 대립을 드러낸다"는 것이다.[534] 네 번째 요점은 시대의 표적들은 우리 그리스도인들에게 "결단을 촉구"한다는 것이다. 마지막 다섯 번째 표적은 "시대의 징조들은 우리에게 계속적으로 깨어 경성할 것을 요구한다(마 24:42)"는 것이다. 때와 시간에 대하여서는 성경은 우리에게 알려주시지 않기 때문에, 우리는 특정 시점을 추구하는 강박증적인 종말론에 빠지지 않도록 경계해야 한다. 어느 날에 그리스도가 재림하실 지를 아는 이가 없기 때문에, 신실하고 지혜로운 청지기처럼 우리는 항상 깨어 있는 것이 바람직하다.

1.4. 어떤 시대의 표적들이 있는가?

앞서 살펴본대로 그리스도의 재림의 때를 우리가 계산하거나 추정할 수가 없고, 항상 깨어 신실한 청지기로 살아야 한다는 것이 성경이 말하는 시대의 표적론의 특징이라면, 어떤 시대적 표적 혹은 재림전에 일어날 사건에 대한 논의가 가능할까라는 질문을 제기할 수가 있다. 그러나 분명히 예수님도 바울도 재림을 가르치면서, 앞서 일어나야 할 일들을 말씀하셨다는 것을 생각할 때, 과연 시대의 표적들이 어떤 것들이 있는가하는 논의를 해야만

---

eschatology)을 보고, 또한 필자의 "'Already but Not Yet': A Study on the Background and the Inaugurated Eschatology of Anthony A. Hoekema (1913-1988)," *Chongshin Theological Journal* 20 (Feb, 2015): 120-57도 보라.

533 Hoekema, 『개혁주의 종말론』, 193-194. 판 헨드른 교수는 시대의 표적들이 "이 세상이 존속하는 마지막 몇 년에 대해서뿐만 아니라 모든 시대에 대해서도 의미를 지니고 있다"라고 적시해 준다(Van Genderen and Velema, 『개혁교회 교의학』, 1358.

534 Hoekema, 『개혁주의 종말론』, 194.

하는 것이다. 사실 시대의 표적에 대한 체계적인 개요를 제시하는 것은 쉽지 않은데, 먼저 몇 몇 개혁신학자들의 제시한 내용을 살펴 보도록 하겠다.

루이스 벌코프는 시대의 표적들을 분류하기 보다는 다섯 가지로 열거해 준다: 1. 이방인들의 소명, 2. 이스라엘의 충만함의 회심, 3, 대배교와 대환난, 4. 적그리스도의 출현, 5. 각종 기사와 표적들.[535] 벌코프에게 많이 힘입었던 죽산 박형룡 역시 벌코프의 표적론을 그대로 따르는데, 다만 양자간에는 온 이스라엘의 구원에 대한 이해에 있어서 해설이 다르다는 것을 해당 항목에서 다시 확인하게 될 것이다.[536] 반면 신복윤 교수는 벌코프의 표적론 항목과 내용을 충실하게 자신의 견해로 수용했다.[537] 서철원 교수는 2018년에 간행한 『종말론- 창조경륜의 궁극적 성취』에서 "주의 다시 오심의 징조들"로 "전 세계적인 복음 선포, 전세계적인 배도, 적 그리스도의 출현과 대대적인 핍박, 천체들이 흔들림"등으로 제시하고 해설해 준다.[538]

벌코프의 제자이기도 한 안토니 후크마가 제시한 세 그룹의 표적론이 매우 유용하다고 생각된다.[539]

(1) 하나님의 은혜를 입증하는 표적들
   (a) 복음의 만국 전파 (b) 온 이스라엘의 구원

(2) 하나님을 향한 적의를 보여주는 표적들
   (a) 환난 (b) 배교 (c) 적그리스도

(3) 하나님의 심판을 보여주는 표적들
   (a) 전쟁 (b) 지진 (c) 기근.[540]

---

535 Berkhof, *Systematic Theology*, 697-703. 벌코프는 각종 기사와 표적들은 세 부분으로 나누어 설명한다: "5. Signs and wonders- (a) wars and rumours of wars, famines and earthquakes in various places, (b) the coming of false prophets, who will lead many astray, and of false Christs, (c) of fearful portents in heaven involving sun, moon, and stars, when the powers of the heavens will be shaken, Matt. 24:29, 30; Mark 13:24, 25; Luke 21:25, 26."(703).
536 박형룡, 『교의신학- 내세론』, 184-198.
537 신복윤, 『종말론』, 231-253.
538 서철원, 『종말론- 창조경륜의 궁극적 성취』, 59-102.
539 후크마는 그의 종말론 제13장에서 시대의 표적론을 제시해 주고 있다 (Hoekema, *The Bible and the Future*, 137-172= 이용중 역, 『개혁주의 종말론』, 197-232).
540 Hoekema, 『개혁주의 종말론』, 197.

이러한 삼중적인 표적론은 그의 제자인 코르넬리스 비네마도 수용하였는데, 그는 내용을 수정하거나 증보해서 해설해 준다.[541] 또한 비네마는 후크마가 3중으로 구분해 준 표적의 의미를 다음과 같이 잘 해설해 준다.

> 첫 번째 그룹은 그리스도 안에서 하나님의 은혜가 현재에도 역사하고 있으며 승리하고 있음을 보여 준다.
> 두 번째 그룹은 그리스도와 적그리스도간의, 또한 하나님 나라와 세상 나라 간의 갈등을 드러내주는 표적들이다.
> 세 번째 그룹은 하나님의 심판을 보여주는 표적들이다.[542]

이제 우리는 후크마가 제시한 3중의 표적론을 활용하여, 이어지는 2장에서는 복음 전파와 온 이스라엘의 구원에 대해서 논의하고, 3장에서는 환난, 배교, 적 그리스도 등에 대해 살펴보고, 그리고 마지막 4장에서는 심판의 표적들에 대해 살펴 보려고 한다.

---

541 Venema, 『개혁주의 종말론 탐구』, 150-236. 논의의 분량상 그의 스승 후크마와 비교되지 않을 만큼 방대하며, 온 이스라엘의 구원에 대한 해석은 후크마를 따르지 않는다(179-180).
542 Venema, 『개혁주의 종말론 탐구』, 228.

2. 복음전파와 온 이스라엘의 구원?

2.1. 복음의 만국 전파

우리가 2장에서 살펴 보려고 하는 것은 후크마가 은혜의 표적들이라고 명명한 "복음 전파와 온 이스라엘의 구원"이다. 먼저 복음의 만국 전파에 대해 살펴 보고자 한다.[543] 모든 민족에게 복음이 선포되는 것이 시대의 징조 중의 첫 번째 표적이다. 구약에서도 이스라엘의 구원은 만민을 위한 제사장이 되도록 하기 위해서였고(출 19:4-6), 말세에 대한 예언 중에도 "마지막 날에 성령을 부어주신다"(욜 2:28-32)는 것과 "여호와께서 열방의 목전에서 그의 거룩한 팔을 나타내셨으므로 땅 끝까지도 모두 우리 하나님의 구원을 보"게 될 것이라는 약속(사 52:10)이 포함되어 있었지만, 구체적인 성취는 예수 그리스도가 제자들과 신약 교회에 주신 지상 명령(the great commission)에서 이루어진다.[544] 그리스도의 지상 명령은 신약의 다섯 본문에서 기록하고 있다.

> 예수께서 나아와 말씀하여 이르시되 하늘과 땅의 모든 권세를 내게 주셨으니 그러므로 너희는 가서 모든 민족을 제자로 삼아 아버지와 아들과 성령의 이름으로 세례를 베풀고 내가 너희에게 분부한 모든 것을 가르쳐 지키게 하라 볼지어다 내가 세상 끝날까지 너희와 항상 함께 있으리라 하시니라(마 28:18-20).

---

543 William Hendriksen, *Lectures on the Last Things* (Grand Rapids: Baker, 1951), 18-21.
544 지상명령에 대한 현대 개혁신학자의 논의로는 Michael Horton, *The Gospel Commission*, 김철규 역, 『위대한 사명 선교적 제자도의 본질을 회복하라』(서울: 복있는사람, 2012)를 보라.

또 이르시되 너희는 온 천하에 다니며 만민에게 복음을 전파하라 믿고 세례를 받는 사람은 구원을 얻을 것이요 믿지 않는 사람은 정죄를 받으리라. 믿는 자들에게는 이런 표적이 따르리니 곧 그들이 내 이름으로 귀신을 쫓아내며 새 방언을 말하며 뱀을 집어올리며 무슨 독을 마실지라도 해를 받지 아니하며 병든 사람에게 손을 얹은즉 나으리라 하시더라(막 16:15-18).[545]

또 이르시되 이같이 그리스도가 고난을 받고 제삼일에 죽은 자 가운데서 살아날 것과 또 그의 이름으로 죄 사함을 받게 하는 회개가 예루살렘에서 시작하여 모든 족속에게 전파될 것이 기록되었으니 너희는 이 모든 일의 증인이라. 볼지어다 내가 내 아버지께서 약속하신 것을 너희에게 보내리니 너희는 위로부터 능력으로 입혀질 때까지 이 성에 머물라 하시니라(눅 24:46-49)

이 날 곧 안식 후 첫날 저녁 때에 제자들이 유대인들을 두려워하여 모인 곳의 문들을 닫았더니 예수께서 오사 가운데 서서 이르시되 너희에게 평강이 있을지어다. 이 말씀을 하시고 손과 옆구리를 보이시니 제자들이 주를 보고 기뻐하더라. 예수께서 또 이르시되 너희에게 평강이 있을지어다 아버지께서 나를 보내신 것 같이 나도 너희를 보내노라. 이 말씀을 하시고 그들을 향하사 숨을 내쉬며 이르시되 성령을 받으라. 너희가 누구의 죄든지 사하면 사하여질 것이요 누구의 죄든지 그대로 두면 그대로 있으리라 하시니라(요 20:19-23)

그들이 모였을 때에 예수께 여쭈어 이르되 주께서 이스라엘 나라를 회복하심이 이 때니이까 하니 이르시되 때와 시기는 아버지께서 자기의

---

[545] 막 16:15의 "너희는 온 천하에 다니며 만민에게 복음을 전파하라"의 헬라어 원문은 "πορευθέντες εἰς τὸν κόσμον ἅπαντα κηρύξατε τὸ εὐαγγέλιον πάσῃ τῇ κτίσει."이다. 파세 테 크티세이는 만민의 의미만 아니라, "모든 피조물"을 가리킨다. 문화 변혁적 사고를 강조하는 기독교 세계관 운동 진영에서는 이 본문을 중요하게 생각한다. 한편 복음 전파에 따르는 표적들에 대하여는 신현우, 『마가복음』 (서울: 감은사, 2021), 717-718을 보라. 초대 교회사에도 초자연적인 표적 기사에 대한 보고가 전해진다.

권한에 두셨으니 너희가 알 바 아니요 오직 성령이 너희에게 임하시면 너희가 권능을 받고 예루살렘과 온 유대와 사마리아와 땅 끝까지 이르러 내 증인이 되리라 하시니라(행 1:6-8)

이와 같은 지상 명령에 사도들이 순종하여 온 유다와 갈릴릴, 사마리아, 그리고 이방에 이르기까지 복음을 전하는 행적을 담은 것이 바로 사도행전이고, 그후 선교의 역사가 그 진전 과정을 잘 보여주고 있다.[546] 우리가 앞서 살펴본 적이 있는 마태복음 24장 14절은 땅끝까지 복음이 전파되어야 하는 것과 재림의 연관성을 분명하게 말씀해 주셨기 때문에 만국에 대한 복음 전파는 시대의 표적중 매우 중요한 표적이라고 할 수가 있다. 예수님의 말씀을 다시 한 번 우리가 주목해 보기로 하자.

이 천국 복음이 모든 민족에게 증언되기 위하여 온 세상에 전파되리니 그제야 끝이 오리라.

= "καὶ κηρυχθήσεται τοῦτο τὸ εὐαγγέλιον τῆς βασιλείας ἐν ὅλῃ τῇ οἰκουμένῃ εἰς μαρτύριον πᾶσιν τοῖς ἔθνεσιν, καὶ τότε ἥξει τὸ τέλος."

= "And this gospel of the kingdom will be proclaimed throughout the whole world as a testimony to all nations, and then the end will come."(ESV).

강대훈 교수가 정해준 대로 본문의 배경으로서 "마지막 때에 열방이 회개한다는 소재는 구약과 유대 전통에도 나타나"는 바이고, 이 말씀의 성취는 "복음 전파의 명령을 받은 제자들을 통해 실현"되어야 할 일이고 되는 일이다.[547] 우리가 본문에서 주목해야 할 또 한 가지 중요한 점은 모든 민족이 복음을 듣고 회개함에 이를 것이라고 하는 보편주의를 말하는 것이 아니고, "모든 민족에게 증언되기 위하여 온 세상에 전파"되어야 한다고 말씀한다는

---

546 선교 역사서로는 Stephen Neill(1900-1984)의 대표작 *A History of Christian Missions*, 홍치모 역, 『기독교선교사』(서울: 성광문화사, 1990)가 있다.
547 강대훈, 『마태복음(하)』, 416.

점이다. 이는 복음이 전파되어 모든 이들이 그 복음을 들을 기회가 주어져야 한다는 의미일 뿐이다. 이러한 말씀에 근거하여 지난 2천 년의 선교 역사가 추진력을 얻었고, 현재도 선교 역사의 중요한 동기부여로 작용하고 있는 것이다.

우리가 사도행전과 선교 역사를 주목해 보면 이러한 만국에의 복음 전파의 역사가 어떻게 진행되었으며, 어떻게 때로는 좌절되기도 했는가를 확인할 수가 있다. 바울은 자신의 선교 사역을 통해 복음이 로마 제국 동반무에만 채워지고 마는 것이 아니라 로마를 거쳐 서반부 끝인 스페인까지 복음을 채우는 일을 사모했음을 로마서 15장에서 볼 수가 있다. 대체로 복음은 서진운동을 하여 유럽을 거쳐 북미와 남미에 이르고, 19세기에는 아시아와 아프리카 지역에 널리 전파되었음을 알고 있다. 그리고 여전히 지구상에는 미전도 종족이 존재하고 있고, 미국에 이어 한국 교회가 선교사역에 중추적인 역할을 감당하고 있는 상황임을 알 수가 있다. 이 모든 선교의 역사는 땅 끝까지 이르러 복음을 전파하라는 주님의 지상 명령에 근거한 것이기도 하고, 또한 "이 천국 복음이 모든 민족에게 증언되기 위하여 온 세상에 전파되리니 그제야 끝이 오리라"는 말씀에 근거한 것이기도 하다. 예수님은 초림과 재림사이의 교회가 이처럼 전 세계에 흩어져 있는 모든 민족에게 증거가 되도록 복음이 전해지는 것을 간절히 열망하시고, 성령께서는 선교적 사명을 감당하는 교회, 단체, 선교사들에게 영권과 영력을 더하신다. 이것이 바로 초림과 재림 사이의 교회의 주된 사명이자, 시대적 표적이라고 할 수가 있다. 주님의 재림 약속에 문제가 있는 것이 아니냐면서 의문을 제기했던 회중들을 향해 베드로가 답변한 내용도 결국 이 표적과 연관이 되어 있다는 사실을 부인할 수가 없다.

사랑하는 자들아 주께는 하루가 천 년 같고 천 년이 하루 같다는 이 한 가지를 잊지 말라. 주의 약속은 어떤 이들이 더디다고 생각하는 것 같이 더딘 것이 아니라 오직 주께서는 너희를 대하여 오래 참으사 아무도 멸망하지 아니하고 다 회개하기에 이르기를 원하시느니라(벧후

3:8-9).

이처럼 복음이 만국에 전파되는 것이 시대의 표적 중 중요한 표적이라고 하는 사실을 인정하면서도, 그러나 어떤 선교 단체처럼 이 분명하고도 확실하게 선포된 재림에 앞선 시대적 표적을 근거로 재림 일자를 계산할 수 있는 것처럼 오용해서는 안될 것이다.[548] 하나님의 일은 우리의 계산법대로 성취되는 것이 아니기 때문이다. 다만 교회와 그리스도인들은 그가 오실 선교 사명을 수행하는 일에 집중하는 것이 합당하다.

2.2. 온 이스라엘의 구원[549]

2.2.1. 들어가는 말

하나님의 은혜를 드러내는 두 번째 시대의 표적은 이스라엘과 관계되어 있으며, 매우 논란이 많은 주제이다. 이 주제와 관련해서는 구약의 여러 구절들에 근거하고 있지만, 특히 로마서 11:25-26에 대한 이해를 어떻게 하느냐가 관건이다. 특히 26절에 보면 바울은 "그리하여 온 이스라엘이 구원을 받으리라"(καὶ οὕτως πᾶς Ἰσραὴλ σωθήσεται)라고 말하고 있다. 25절에서는 "이방인의 충만함"(τὸ πλήρωμα τῶν ἐθνῶν εἰσέλθῃ)이 들어오는 것에 대해 말씀하고 있다.[550] 이제 우리는 먼저 논의를 편리하게 전개하기 위해서 이스라엘의 회복 내지 회심과 관련된 신학자들의 다양한 견해를 로마서 11장 26절 "그리

---

548 맹렬한 선교열정을 가졌으나 지나친 선교 전략 등으로 인해 많은 물의를 일으켜온 모 선교단체는 한때 선교 현황이 이러하고, 우리가 이렇게 이렇게 선교한다면 마 24:14의 말씀이 성취되어 주님의 재림이 2030년에는 이루어지지 않겠느냐는 내용을 자신들의 홈페이지에 게시한 적이 있다. 그러나 이러한 시도 마저도 시한부 종말론이라는 혐의를 벗어날 수가 없는 일이다.

549 2.2.에서 다루어진 내용들은 대체로 이전에 공표한 "그리하여 온 이스라엘이 구원을 얻으리라," 「신학지남」 84/4 (2017): 153-191를 다소 수정 보완한 것임을 밝힌다.

550 롬 11:25-26, NA 28- "Οὐ γὰρ θέλω ὑμᾶς ἀγνοεῖν, ἀδελφοί, τὸ μυστήριον τοῦτο, ἵνα μὴ ἦτε [παρ'] ἑαυτοῖς φρόνιμοι, ὅτι πώρωσις ἀπὸ μέρους τῷ Ἰσραὴλ γέγονεν ἄχρι οὗ τὸ πλή-ρωμα τῶν ἐθνῶν εἰσέλθῃ καὶ οὕτως πᾶς Ἰσραὴλ σωθήσεται, καθὼς γέγραπται· ἥξει ἐκ Σιὼν ὁ ῥυόμενος, ἀποστρέψει ἀσεβείας ἀπὸ Ἰακώβ"; ESV- "Lest you be wise in your own sight, I do not want you to be unaware of this mystery, brothers: a partial hardening has come upon Israel, until the fullness of the Gentiles has come in. And in this way all Israel will be saved, as it is written, 'The Deliverer will come from Zion, he will banish ungodliness from Jacob'"

하여 온 이스라엘이 구원을 얻으리라"(καὶ οὕτως πᾶς Ἰσραὴλ σωθήσεται)에 등장하는 "온 이스라엘"의 정체성이 무엇이냐에 대한 견해 차이로 정리해 보려고 한다. 신약학자 C. E. B. 크랜필드(C. E. B. Cranfield, 1915-2015)의 경우는 네 가지의 견해 차이를 소개하는데, 그가 말하는 네 가지 입장은 "(1) 유대인이나 이방이나 할 것 없이 모든 선택된 사람들로 보는 입장, (2) 이스라엘 국가 가운데 모든 선택된 사람들로 보는 입장, (3) 이스라엘 국가에 속한 모든 사람들로 보는 입장, (4) 이스라엘 국가 전체이나 필연적으로 모든 개인들을 포함한 것은 아니라고 보는 입장 등"이다.[551] 그러나 필자가 생각하기에는 캘빈신학교 교수였던 안토니 후크마(Anthony A. Hoekema, 1913-1988)의 세 가지 분류 방식이 더욱 더 편리하다고 생각된다. 후크마가 정리해 주는 바에 따르면 견해 차이는 "(1) 이방인의 충만한 수가 하나님 나라로 모여든 후에 이스라엘 민족 전체가 회심할 것이라고 주장하는 자들, (2) 모든 선택받은 자들의 구원을 가리키는 것으로 해석하는 자들, (3) 유대인들 중 선택받은 자들의 전체 숫자가 인류 전 역사를 통해서, 구원에 이르게 된다는 주장 등"으로 나뉜다.[552] 우리는 이러한 세 가지 입장을 취하는 학자들을 간략하게 개관해 보려고 한다(2.2.2). 지면 제한상 자세한 논의를 제시하려는 의도는 없고, 다만 세 가지의 주요 해석들이 존재하고 있으며, 죽산 박형룡의 입장은 그 가운데 다수의 지지를 받고 있는 해석 전통을 따르고 있음을 확인하는 것으로 제한하려고 한다.

---

551 C. E. B. Cranfield, *The Epistle to the Romans*, ICC, 2 vols. (Edinburgh: T&T Clarke, 1989), 2:576. 참고로 톰 라이트의 정리 방식도 주제 파악에 도움이 될 수 있다고 생각한다: "하지만 주요한 입장들은 다음 세 질문에 대한 다양한 답변들로 구성된다. '모든 이스라엘'은 누구인가, 그들의 '구원'은 언제 일어나는가, 그 일은 어떤 방식으로 달성되는가?' 첫 질문에 대한 네 가지 가능성은 크랜필드의 정리를 인용해 준다. 남은 두 질문에 대한 답변들은 이렇게 나뉘어진다고 소개해준다. "시기에 관한 가능한 답변은 다음과 같다. (가) 현재 역사가 진행되는 동안, (나) 재림 바로 직전, (다) 재림 때. '어떤 방식으로'에 관한 가능한 답변은 다음과 같다. (가) 해당되는 사람들이 (그리스도에 대한) 믿음을 가지게 됨으로써, (나) 그것이 무엇이든지 그들 자신의 믿음을 통해서, (다) 아마도 재림 때 그리스도를 매개로 하되, 그것이 일종의 그리스도에 대한 믿음이든지 아니든지 어떤 직접적인 하나님의 개입을 통해서."(N. T. Wright, *Romans*, NIB X, 장용량, 최현만 공역, 『로마서』[평택: 에클레시아북스, 2014], 516).
552 Hoekema, *The Bible and the Future*, 139-147의 논의중 139-140을 보라. 후크마의 제자로서 진전된 논의를 제시하는 Venema, 『개혁주의종말론 연구』, 167-182도 참고하라.

2.2.2. 이스라엘의 회복과 구원에 관한 세 가지 해석들

(1) 유대인과 이방인 가운데 선택된 모든 이들의 구원을 믿는 입장

첫째로 우리가 살펴볼 것은 유대인이건 이방인이건 선택된 자 모두를 의미한다고 보는 입장이다. 이러한 견해를 지지한 초기 교부는 아우구스티누스였다. 그의 편지 149에서 다음과 같이 이 구절에 대해서 말한다.

> 모든 유대인들이 맹목적이지는 않았다. 그 가운데 어떤 이들은 그리스도를 인정했다. 그러나 유대인의 충만함이 계획에 따라 부름받은 자들 가운데 들어올 것이고, 거기에서 유대인과 이방인들로부터 선택된 하나님의 참된 이스라엘도 일어날 것이다.[553]

피츠마이어는 이렇게 로마서 11장 26절의 "온 이스라엘"을 영적으로 이해하는 것이 5세기-12세기 주석가들의 대다수가 취한 입장이라고 소개한다.[554] 그리고 종교개혁자 존 칼빈 역시 이스라엘을 영적으로 이해하였다. 칼빈은 해당 본문 주석 가운데서 "유대 민족이 그 민족이 이전의 종교 생활로 회복될 것을 전망"하려는 해석을 거부하고, "유대인과 이방인으로 구성되어 있는 교회인 영적 이스라엘"로 이해하였다.[555] 그러나 유대인들에 대해 거칠게 글을 썼던 후기 루터와 달리 칼빈은 유대인들에게 "하나님의 복이 그들 가운데 여전히 머물고 있다"고 말한다.[556]

---

553 *Fathers of Church*, 20:253; Gerald Bray (ed.), *Romans*, ACCSNT VI (Downers Grove: IVP, 1998), 298에서 재인용.
554 Joseph A. Fitzmyer, *Romans*, AB (New York: Doubleday, 1992), 624.
555 John Calvin, *Comm. Rom.* 11:26. 이어지는 칼빈의 설명은 다음과 같다: "This interpretation seems to me the most suitable, because Paul intended here to set forth the completion of the kingdom of Christ, which is by no means to be confined to the Jews, but is to include the whole world. The same manner of speaking we find in Galatians 6:16. The Israel of God is what he calls the Church, gathered alike from Jews and Gentiles; and he sets the people, thus collected from their dispersion, in opposition to the carnal children of Abraham, who had departed from his faith." 칼빈의 견해에 대해서는 H. Quistorp, *Calvin's Doctrine of Last Things*, 이희숙 역, 『칼빈의 종말론』 (서울: 성광문화사, 1986), 162-163도 보라.
556 Calvin, *Institutes*, 4.16.15; David E. Holwerda, *Jesus & Israel: One Covenant or Two?* (Grand Rapids: Eerdamans, 1997), 3에서 재인용.

그러나 후크마의 비판처럼 로마서 9-11장에서 바울이 이스라엘이라는 단어를 11회 사용하는 중에 단 한 번도 영적으로 이해한 적이 없는데, 11장 26절만 영적으로 이해하는 것은 무리가 있다고 하는 것을 우리는 인정하지 않을 수가 없다.[557] 따라서 현대의 학자들 가운데 이 입장을 취하는 이는 많지가 못하다. 여기서 우리가 주목해야 할 학자는 두 사람이다. 구약학자 팔머 로벗슨은 1979년에 발표한 한 논문에서는 "온 이스라엘"을 선택된 유대인들로 이해했다가, 2000년에 간행된 『하나님의 이스라엘』이라는 저술에서는 칼빈처럼 영적인 이해를 주장하고 있음을 발견하게 된다.[558] 또한 흥미로운 것은 "바울에 대한 신선한 관점"(Fresh Perspective on Paul)을 주창하고 있는 톰 라이트(Tom N. Wright)의 입장 변화이다. 2002년에 간행된 『로마서 주석』에서 톰은 로마서 연구 초기에는 "이스라엘 민족 중에서 선택된 사람"으로 이해했었으나, 계속되는 로마서 연구를 통해 "주해상으로 강력한 지지를 받는 의견을 따라서 나중에 마지못해 마음을 바꾸"어서 "신약학자들은 차치하고 친구들 사이에서도 소수 의견"에 속하는 입장을 취하게 되었다고 밝힌다. 그의 변화된 입장이란 다음과 같다.

> 하나님은 '모든 이스라엘'을 즉, 유대인과 이방인들 모두를 포함하는 아브라함의 가족 전체를 구원하실 것이며, 이 일은 현재 역사가 진행되는 동안 일어날 것이며, 그 일은 그리스도에 대한 믿음을 가지게 됨으로써 발생할 것이다.[559]

우리는 이러한 해설을 전적으로 배격할 수는 없으나, 문제는 앞서 지적한 대로 로마서 9-11장 문맥에서 이 해설이 정당화될 수 없다고 하는 사실이다.[560]

---

557 Hoekema, *The Bible and the Future*, 144. 후크마는 칼빈을 제외하고는 J. C. C. van Leeuwen and D. Jacobs, Romeinen (Kampen: Kok, 1952)을 이 입장을 주장하는 자들로 인용한다(140). 그리고 피츠마이어에 의하면 "온 이스라엘"에 해당하는 히브리어 콜-이스라엘(kol-Yisrael)이 구약이 148회 등장하면 "항상 역사적이고, 인종적인 이스라엘"을 가리킨다고 말한다(Fitzmyer, *Romans*, 623).

558 O. Palmer Robertson, The Israel of God: Yesterday, Today, and Tomorrow (Philippsburg: P&R, 2000), 187.

559 Wright, 『로마서』, 516-517. 라이트는 "나는 내 결정을 다시 바꿀 만한 근거를 찾지 못했다"고 분명히 밝힌다.

560 Holwerda, *Jesus & Israel*, 169.

(2) 유대인들 가운데 택자 총수의 구원으로 보는 입장

두 번째 견해는 역사 전체를 통해 이방인들의 충만함처럼 유대인들 중 택자들의 총수가 그리스도의 교회에 들어온다고 이해하는 것이다. 종교개혁자 마르틴 루터는 로마서 11장 26절의 "온 이스라엘"이란 종말의 유대인들의 국가적 회복으로 보지 아니하고, 역사 가운데 선택된 모든 유대인들로 해석했다.[561] 그러나 이러한 해설을 취하는 이들은 대체로 아브라함 카이퍼(Abraham Kuyper, 1837-1920)와 신칼빈주의자들이라고 하는 특징을 가진다.[562] 카이퍼가 자유대학교 신학부에서 행한 종말론 강의를 학생들이 녹취한 자료를 보면, 카이퍼의 입장은 그의 사상의 특징인 유기체론(een organisme)의 관점에서 이방인의 구원과 이스라엘의 구원을 접근하는 것을 드러내 준다. 그의 입장은 이스라엘 백성 가운데 선택된 자들의 총수의 구원으로 이해한다는 것이다.[563] 그러나 카이퍼의 강의안은 저자의 감수를 거치지 않은 자료이기 때문에 그리 영향을 미치지 못했다.

오히려 이 입장을 강력하게 대변한 대표적인 학자는 헤르만 바빙크(Herman Bavinck, 1854-1921)였다. 바빙크는 기본적으로 신약의 "신자들의 공동체가 모든 면에서 국가적, 육체적 이스라엘을 대치했"으며, "구약 성경은 신약 성경 안에서 성취되었다."라고 말한다.[564] 그는 로마서 11장 26절의 "온 이스라엘"에 대해서도 "마지막 날에 회심하게 될 이스라엘 백성 전체"로 이해하는 것이 "보편적"인 견해라는 점을 인정하면서도, 이에 반대하면서 "수 세기에 걸쳐 이스라엘로부터 인도함을 받게 될 충만한 수"를 가리킨다고 해설

---

561 Martin Luther, *Lectures on Romans*, LW 25 (Sain Louis: Concordia Publishing House, 1972), 430-431; "On the *Schem Hamphoras* and On the Lineage of Christ (1543), " in *The Annotated Luther, vol. 5: Christian Life in the World*, ed. Hans J. Hillerbrand (Minneapolis: Fortress, 2017), 624.
562 이런 점에서 앞서 언급한 박아론의 평가처럼 이 입장에 속한 이들은 대체로 무천년주의자들이라고 하는 점도 정확하다는 점을 말할 수가 있다(박아론, 김석환, 『기독교 종말론』, 172).
563 Abraham Kuyper, *Locus de Consummatione Saeculi*, in *Dictaten Dogmatiek*, 2nd ed., 5 vols. (Kampen: Kok, 1910), 188-189. 카이퍼의 교의학 5권 전반부는 *Locus de Magistratu*이고, 후반부가 종말론에 해당한다. 카이퍼의 종말론 가운데 천년기에 대한 입장이 무천년기이면서도 전천년설의 여지를 가진다는 박윤선의 논의는 흥미롭다(박윤선, 『성경주석 계시록』[서울: 영음사, 2005], 335-336).
564 Bavinck, 『개혁교의학』, 4:791. 바빙크의 개혁교의학 화란어 원본은 1906-1911년에 간행된 2판에서 내용적으로는 완성되었다. 그의 종말론을 담은 4권의 출간 연대는 1911년이다.

한다.⁵⁶⁵ 이러한 바빙크의 견해는 화란 개혁주의 진영에 속한 여러 학자들에게 영향을 미쳤는데, 루이스 벌코프,⁵⁶⁶ 윌리엄 헨드릭슨,⁵⁶⁷ G. C. 베르까워,⁵⁶⁸ 헤르만 리덜보스,⁵⁶⁹ 안토니 A. 후크마,⁵⁷⁰ 얀 판 헨드른⁵⁷¹ 등을 들 수가 있다. 이들 모두는 화란개혁주의 신학자들이든지, 아니면 화란 후예들로서 미국 칼빈신학교와 연관된 이들이다.⁵⁷² 예외적으로 밥 존스대학 출신의 PCA신학자인 로버트 레이먼드(Robert Reymond)⁵⁷³와 미국 루터파 주석가인 리처드 렌스키(Richard C. H. Lenski, 1864-1936) 등도 이 입장을 대변하고 있다.⁵⁷⁴

---

565 Bavinck, 『개혁교의학』, 4:794-796.
566 Berkhof, *Systematic Theology*, 699.
567 William Hendriksen, *Israel in Prophecy* (Grand Rapids: Eerdmans, 1968, 1974). 이 소책자는 안토니 후크마에게도 많은 영향을 미친 것이다. 헨드릭슨이 대중적인 필치로 쓴 *The Bible on the Life of Hereafter* (Grand Rapids: Baker, 1959), 146-148에서도 온 이스라엘이란 "not as a nation, but as a collection of remnants throughout the ages"로 해설한다.
568 G. C. Berkouwer, *The Return of Christ*, trans. James van Oosterom (Grand Rapids: Eerdmans, 1972), 323-358(Chapter 11. Israel as Sign?). 베르까워는 온 이스라엘이 구원받는다는 미래적 예언이나 신비에 대해 말하는 것이 아니라 "이제 이스라엘이 그들에게 열려있는 길로 돌아올 것을 기도하면서 적극적으로 섬기고 행하는 태도"를 가리킨다고 해설했다.
569 Herman Ridderbos, *Aan de Romeinen* (Kampen: Kok, 1959), 263-265; *Paul: An Outline of His Theology*, trans. John R. de Witt (Grand Rapids: Eerdamsn, 1975), 354-361; 박문재 역, 『바울신학』 (서울: 솔로몬, 2017), 657: "로마서 11장은 바울이 여기에서 이스라엘이 종말의 어느 시점에 이스라엘이 한꺼번에 회심할 것이라고 생각했다는 것을 보여 주지 않는다. 그가 역사 속에서의 복음의 선포(cf. 10:14ff.; 11:11, 14, 22) 및 믿는 이방 세계가 이스라엘에 대하여 행하는 사역(11:31)으로부터 생겨나는 회심 이외의 또 다른 회심을 생각하지 않았다는 것은 의심의 여지가 없다."
570 Hoekema, *The Bible and the Future*, 139-147.
571 Jan van Genderen and W. H. Velema, *Concise Reformed Dogmatics*, trans. Gerrit Bilkes and Ed M. va der Maas (Philippsburg: P&R, 2008), 853-857. 두 저자는 아뻴도오른(Apeldoorn) 신학대학의 교수들이었고, 종말론 부분의 저자는 얀 판 헨드른이다. 판 헨드른에 의하면 종말에 유대인의 국가적 회심이 있으리는 성경적 근거가 없기 때문에 시대 표지로 삼으면 안된다라고 단언한다.
572 국내에서는 이 전통에 속한 유해무교수가 신중성을 띠지만 동일한 입장을 대변하고 있다(유해무, 『개혁교의학』[서울: 크리스천다이제스트, 1997], 627-628). 또한 가톨릭 신학자인 피츠마이어의 입장도 이 두 번째 입장에 속한 것으로 판단되어진다: "For Paul, *pas Israel* means Israel in the ethnic sense and diachronically, because of the eschatological sense of the future *sothesetai*: the Jewish people as whole... just as it is promised in T. Benj. 10:11: 'all Israel will be gathered tho the Lord'; or in th later m. San. 10 :1: 'All Israel will have a shire in the world to come.'"(Fitzmyer, Romans, 623). 그가 유대인의 택자 총수라는 말은 쓰지 않으나.
573 Robert L. Reymond, *A New Systematic Theology of the Christian Faith*, 2nd and revised ed. (Nashville: Thomas Nelson, 2002), 1024-1032.
574 Richard C. H. Lenski, St. *Paul's Epistle to the Romans* (Minneapolis: Augsburg, 1961), 726: "That 'all Israel' here means one thing, and only one, namely *totus coetus eclectorum ex Israele*."

(3) 이방인의 충만함이 들어온 후에 유대인의 충만함이 들어올 것이라는 입장

세 번째 입장은 "온 이스라엘"을 민족적 유대인으로 이해하는 입장이다. 초기 죽산의 경우는 이스라엘의 고토 회복과 유대인의 종말론적이고 국가적인 회심을 주장했고, 후기 죽산의 경우에는 유대인의 전국적 회심을 주장했기 때문에 이 세 번째 입장에 속한다는 점을 앞서 확인한 바가 있다. 따라서 이 세 번째 입장에 속한 이들을 잘 확인해 보는 것이 중요하다고 사료된다.

우선 이 입장을 주장하는 이들 가운데는 세대주의 전천년설자들이 두드러진다는 점을 부인하기 어렵다. 고전적인 세대주의자들 뿐 아니라,[575] 찰스 라이리, 존 월부드 같은 수정된 세대주의자들과 그들이 중심이 되어 개정한 『새로운 스코필드 성경』(1967년)의 해당 구절 각주에는 이스라엘의 고토 회복과 회심에 대한 예언은 아직 성취되지 않은 미래사임을 분명하게 주장한다.[576] 이러한 입장은은 현재도 활동중인 세대주의 설교자인 존 맥아더에게서도 발견되어진다.[577] 그러나 세대주의의 주류적인 입장은 교회와 이스라엘을 구분하는 것이고, 종말의 시기에 유대인들을 위한 특별한 섭리가 남아있다라고 하는 것이다.[578] 그리고 이러한 세대주의적 근거위에서 백투예루살렘 운동과 같은 극단적인 입장이 주창될 수 있었다는 것도 간과해서는 안 될

---

[575] 초기 고전적 세대주의를 영어권에서 보급하는데 기여한 James H. Brookes, *Till He Come*, 3rd, and revised ed. (New York: Fleming H. Revell, 1895)와 W. E. Blackstone, *Jesus is Coming*, re-revised ed. (New York: Fleming H. Revell, 1908)에서도 우리는 고전적인 입장을 확인할 수가 있다. 블랙스턴의 책은 1922년에, 그리고 브룩스의 책은 1913년에 한글로 번역 출간되어 한국교회에 세대주의 종말론이 강력하게 보급되도록 만들었다.

[576] *New Scofield Reference Bible* (New York: Oxford University Press, 1967), 1226: "According to the prophets Israel, regathered from all nations, restored to her own land and converted, is yet to have her greatest earthly exaltation and glory." 소위 수정된 세대주의를 대변하는 월부어드, 라이리와 팬티코스트의 저술들에서도 강력하게 이 입장이 개진되고 있다: John F. Walvoord, *The Millennial Kingdom* (Findlay: Dunham, 1959); Charles C. Ryrie, *Dispensationalism Tody* (Chicago: Moody Press, 1965); J. Dwight Pentecost, *Things to Come* (Grand Rapids: Zondervan, 1964). 이 가운데 펜티코스트의 책은 『세대주의 종말론』(서울: 대한기독교서회, 1998)로 한역되어 있고, 원서는 수십만 권 보급되었다.

[577] 국내에 소개되기도 한 *The MacArthur Bible Commentary*, 황영철 외,『맥아더 성경 주석』(서울: 아바서원, 2015), 1274에서는 "온 이스라엘 – 이 교회 시대에 교회 내에 있는 믿는 남은 자 유대인이 아니라 환난의 마지막 시기에 살고 있는 모든 선택된 유대인이다."라고 해설한 맥아더는 *Romans 9-16*, The MacArthur New Testament Commentary (Chicago: Moody, 1994), 128에서는 7년 대환란기 동안 하나님의 심판에서 살아남은 유대인 "전 민족"(the entire nation)의 구원을 말한다.

[578] Sam Storms, *Kingdom Come: The Amillennial Alternative* (Fearn: Mentor, 2013), 43-69를 보라.

것이다.[579]

그러나 우리가 이스라엘의 회복 혹은 회심에 대한 해석의 역사를 개관해 보면 죽산이 취하고 있는 입장이 단순히 세대주의자들이나 기독교 시온주의자들(Christian Zionists)의 입장일 뿐 아니라 수 많은 개혁주의자들이나 복음주의자들도 취하고 있다는 놀라운 사실을 발견하게 된다. 따라서 이러한 입장을 견지했던 다양한 학자들의 면면을 개관해 볼 필요가 있는 것이다. 일단 우리는 이스라엘의 고토 복귀와 독립에 대한 관심과 이스라엘의 종말론적 회심에 대한 관심을 분리할 필요가 있다. 전자에 대해서는 주장하지 않아도, 후자에 대해서 주장한 이들이 많기 때문이다. 우리는 이러한 해석의 전통을 개관하기 위하여 이안 머리(Ian Murray)의 『청교도의 소망』(A Puritan Hope)라는 책을 참고할 필요가 있다. 그는 유대인의 종말론적 회심을 정당한 해석이자 소망이라고 생각했던 다양한 이들을 소개해 준다.[580] 종교개혁 시기에는 마르틴 부처, 테오도르 베자, 피터 마터 버미글리를 들 수가 있고, 1560년에 간행된 『제네바 성경』에서는 바울이 "전체 유대 민족이, 비록 모든 개인 한 사람까지는 아니더라도, 그리스도 교회에 연결될 때가 올 것이라는 사실을 진술하고 있다"라고 주해를 달고 있다.[581]

이안 머리는 또한 이러한 해석이 청교도 전통에 영향을 미쳐서 수 많은 청교도들이 동일한 입장을 견지했음을 서술해준다.[582] 신약을 유대인을 위해 히브리어로 번역할 것을 제안한 최초의 영국인 휴 브러턴(Hugh Broughton, 1549-1612)이 있고, 또한 케임브리지 청교도주의의 원조라 할 윌리엄 퍼킨스(William Perkins)가 있는데 그에 의하면 종말이 오기 전에 하나님께서 정하신 날과 정하신 방법에 따라 "유대 민족은 부르심을 받고, 회개하고 이 복

---

579 Cf. 이필찬, 『뉴투예루살렘 운동, 무엇이 문제인가』(서울: 새물결플러스, 2014)
580 Ian Murray, *The Puritan Hope: Revival and the Interpretaion of Prophecy* (Edinburgh: Banner of Truth, 1971); 장호익 역, 『청교도의 소망』(서울: 부흥과개혁사, 2011). 아래에서 머리의 글을 참고한 경우는 일일이 출전을 밝혔다.
581 Murray, 『청교도의 소망』, 76에서 재인용.
582 청교도들의 입장에 대해서는 이안 머리의 책 외에 Katharine R. Firth, *The Apocalyptic Tradition in Reformation Britain 1530-1645* (Oxford: OUP, 1979); Robert Doyle, *Eschatology and the Shape of Christian Belief*, 박응규 역, 『교리 속 종말론』(서울: 그리심, 2010) 등을 참고하면 좋을 것이다.

에 참여하게 될 것"이라고 공표했고, 그의 영향을 받은 리처드 십스, 토마스 굿윈 등을 통해 이런 입장은 계승되어 졌다.[583] 상황이 그러하였기에 "17세기의 첫 사반세기부터 유대인의 장래 회심은 영국 청교도 사이의 공통의 믿음이 되었"고 "유대인의 미래에 관한 동일한 믿음은 17세기 청교도 문헌에서 폭 넓게 발견"되어진다고 논평을 할 정도로 이 입장은 17세기 영국에서 보편화된 입장이 되었다. 윌리엄 브릿지, 조지 길레스피, 로버트 베일리, 존 오웬, 토마스 맨턴, 존 플라벨, 데이비드 딕슨, 조지 허치슨, 제러마이어 버러스, 윌리엄 그린힐, 엘나단 파, 제임스 더럼, 윌리엄 구지, 잉크리즈 매더 등 머리가 소개하는 청교도들의 명단은 이런 사실을 입증해 주고 있다.[584] 이렇게 주도적인 청교도들이 취하는 입장이 동일하다 보니 1640년대에 만들어진 『웨스트민스터 대교리문답』 191문답(주기도문의 두 번째 간구 해설)에서도 동일한 해석이 반영되고 있음을 보게 된다.[585] 죽산은 장로교 신학자로서 웨스트민스터 표준문서들을 중시하며 신학작업 한 사람이기 때문에 이점은 상당히 중요하다.[586] 또한 대체로 웨스트민스터신앙고백을 따랐던 독립파들의 신앙고백서인 「사보이선언」(1658년)에서도 유대인의 종말론적인 회복에 대해 고백했다.[587] 그리고 웨스트민스터 표준문서를 따라 신학했고, 청교도 전통에 속했던 조나단 에드워즈 역시 1739년에 노샘프턴 교회에서 연속 강해한 『구속 사역의 역사』에서 교회의 영광의 시대에 있어서 유대인의 불신앙이 타파되며, 유대인의 민족적 회심이 일어날 것에 대한 소망을 표현하는 것을

---

583 Murray, 『청교도의 소망』, 76-78.
584 Murray, 『청교도의 소망』, 78-80. 또한 110-111에 의하면 1652년에 청교도 신학자 18명이 선교사역을 지원하면서 동일한 신앙을 고백했다. 이상에서 언급된 청교도들에 대한 입문은 Joel R. Beeke and Randall J. Pederson, *Meet the Puritans*, 이한상, 이상웅 공역, 『청교도를 만나다』(서울: 부흥과개혁사, 2011)를 참고하라.
585 Thomas, "The Eschatology of the Westminster Confession and Assembly," in *The Westminster Confession into the 21st Century*, 3 vols. ed. Ligon Duncon (Fearn, Ross-shire: Christian Focus Pub., 2005), 2: 361-363와 Murray, 『청교도의 소망』, 73-91; 이상웅, "웨스트민스터 신앙고백서의 종말론," 「한국개혁신학」 44 (2014): 165에서 재인용.
586 죽산의 웨스트민스터 표준문서에 대한 평가에 대해서는 이상웅, "박형룡과 웨스트민스터 신앙고백서," 『박형룡박사와 개혁신학』, 229-275을 보라.
587 Murray, 『청교도의 소망』, 89.

볼 수가 있다.[588] 그리고 그의 『여백성경』의 로마서 11장 26절 해설에서도 온 이스라엘이란 "유대인들의 충만함은 기독교를 고백하는 유대 나라 전체다." 라고 말한다.[589]

죽산 박형룡이 평생 존경하고 의존하였던 찰스 하지(Charles Hodge) 역시도 이스라엘의 고토 회복에 대해서는 반대하면서도 유대인의 종말론적인 회심 가능성에 대해서 인정했다.[590] 죽산의 프린스턴 유학 시절 스승이었던 게할더스 보스(Geerhardus Vos)는 화란신학 전통에 속해 있으면서도 유대인의 민족적 회심을 초기부터 가르쳤다. 그의 생애 만년에 나온 『바울의 종말론』에서도 그런 입장을 분명히 밝혔지만,[591] 그가 스트라스부르에서 학위를 받고 돌아와 5년간 모교 칼빈신학교에서 교의학을 가르치면서도 그러한 해석을 소개했다.[592] 뿐만 아니라 죽산과 프린스턴에서 동문수학한 존 머리(John Murray)의 경우도 『로마서주석』에서 온 이스라엘이 구원받을 것이라는 것은 "하나의 민족으로 이스라엘의 충만함, 받아들임, 접붙임의 견지에서 해석하는 것 외에 다른 방법은 없다"라고 단호하게 주장한다.[593]

현재도 왕성하고 활동하고 있는 학자들 가운데도 여러 신학자들이 이 입장을 취하고 있다. 안토니 후크마의 제자로서 중미개혁신학교 교수인 코르넬리스 비네마(Cornelis P. Venema)는 『개혁주의 종말론 탐구』 속에서 자기의 스승의 어깨위에 서 있음을 도처에서 보여주면서도 "온 이스라엘"에 대한

---

588 Jonathan Edwards, *A History of Work of Remption*. WJE 9:467-470; 이상웅, 『조나단 에드워즈의 성령론』 (서울: 부흥과개혁사, 2009), 189-190에서 재인용.
589 Jonathan Edwards, *Blank Bible*. WJE 24/2, 1028; 이상웅, 『조나단 에드워즈의 성령론』, 205에서 재인용. Jonathan Edwards, *The Power of God*, 김귀탁 역, 『로마서주석』(서울: 복있는사람, 2014), 383-385과 Barry E. Horner, *Future Israel: Why Christian Anti-Judaism Must Be Challenged* (Nashville: B&H, 2007), 333-338에 있는 "Appendix A. Jonathan Edwards and the Future of Israel" 등도 보라.
590 Hodge, *Systematic Theology*, 3:812에서 하지는 "national conversion of the Jews"에 대해서 말하면서도 "in many cases the conversion may be merely nominal"이라는 해석을 제시한다.
591 Geerhardus Vos, *Pauline Eschatology* (1930; Grand Rapids: Baker, 1979), 88-89.
592 Geerhardus Vos, *Reformed Dogmatics*, trans. Richard Gaffien e. a. 5 vols. (Bellingham: Lexham Press, 2016), 5:279-280; Horner, *Future Israel*, 173-178, 268도 보라.
593 John Murray, *The Epistle to the Romans*, NICNT, 2 vols. (Grand Rapids: Eerdmans, 1959, 1965), 2:91-100; 아바서원 번역팀, 『로마서 주석』(서울: 아바서원, 2014), 571-582. 그러나 머리는 "종말에 이르러 모든 이스라엘이 다 회심할 것을 의미하는 것"으로까지 과도하게 이해하는 것은 거부한다. 이는 죽산이나 하지의 견해와 다르지 않다.

문제에 있어서는 스승과 다른 입장을 취한다. 그는 세 가지 해석을 소개한 후에 로마서 11장 본문 주해에 근거할 때에 "이스라엘 백성 전체가 미래에 회심할 것이라는 사실이 이 본문의 주요 논점으로서 가장 타당하다"고 의견을 밝힌다.[594] 비네마처럼 무천년설을 취하는 킴 리델바거(Kim Riddlebarger) 역시 "온 이스라엘"을 "이스라엘의 대다수나 많은 수"를 의미하며, "이방인의 충만한 수가 들어오면, 하나님은 민족 이스라엘의 대다수가 그리스도를 믿도로 역사하실 것"이라고 주장한다.[595] 캘빈신학교의 데이빗 홀베르다(David Holwerda) 역시 자신이 속한 신칼빈주의 전통과 달리 이 입장을 대변했다.[596] 그의 영향을 입은 마이클 호튼(Michael Horton)도 "말세에는 유대인들이 광범위하게 접붙임을 받는 일" 혹은 "민족적 유대인의 대량 유입을 통해" 교회가 확대될 것을 주장한다.[597] 그리고 최근에 전집을 완간한 비키와 스몰리 영우에도 유사한 입장을 공표했다.[598] 또한 화란개혁주의 전통에 서서 신학하고 있는 판 데어 꼬이와 판 덴 브링크 역시 "유대인의 미래적이고 집단적인 회심"에 대해 말하고 있다고 생각하고 있고, 나아가서는 18세기 나더러 레포르마치(Nadere Reformatie, Second Dutch Reformation) 시기의 화란 신학자들이 동일한 입장을 취하였으며 "당시 유대인들을 위한 희망의 근거"로 삼았다고 논평을 해준다.[599]

---

594 Venema, 『개혁주의 종말론 연구』, 179. "온 이스라엘의 구원"에 대한 169-180쪽의 논의를 참고하고, 다음과 같은 결론적인 논평을 보라: "모든 족속에게 복음이 전파되는 일을 통해 이스라엘의 충만한 수가 회심하고 이스라엘이 하나의 백성으로 다시 접붙임을 받게 되어 하나님의 특정한 이 백성이 하나님의 은혜와 복을 받게 되는 회복이 있을 그 때가 올 것이라는 사실이다."(180).
595 Kim Riddlebarger, *A Case for Amillennialism*, 박승민 역, 『개혁주의 무천년설』(서울: 부흥과개혁사, 2013), 323. "로마서 11장: 이스라엘에 미래가 있는가"라는 제목을 가진 14장 전체(297-326)를 참고하라.
596 Holwerda, *Jesus & Israel*, 168-175.
597 Michael Horton, *The Christian Faith*, 이용중 역, 『개혁주의 조직신학』 (서울: 부흥과개혁사, 2012), 947-948.
598 Beeke and Smalley, *Reformed Systematic Theology*, 4:892: "Hence, it seems best to understand Paul to teach an eschatological salvation of ethnic Israel, when the Jews will turn to Christ in large numbers." 로마서 11장에 관한 전체 논의는 890-893을 보라.
599 Cornelis van der Kooi and Gijs van den Brink, *Christian Dogmatics*, trans. Reinder Bruinsma and James D. Bratt (Grand Rapids: Eerdmans, 2017), 356. 따라서 앞서 살펴본 두 번째 입장은 단순히 화란 신학자 전체의 견해가 아니라 19-20세기 신칼빈주의자들의 주류적인 해석이었다는 것을 확인할 수가 있다. 나더러 레포르마치 시기 신학자들의 종말론에 관해서는 C. J. Meeuse, *De toekomstverwachting van de Nadere Reformatie in het licht van haar tijd* (Kampen: De Groot

이제 신약학자들의 주석들을 고려해 본다면 이 세 번째 입장을 취하는 주석가들이 의외로 많음에 놀라지 않을 수가 없다. 죽산이 역사적 전천년설을 확립하고 보강하는데 많은 도움을 준 조지 엘든 래드(George Eldon Ladd, 1911-1982)[600], 판 안덜(J. van Andel)[601], 헤르만 바빙크의 제자로서 신약학을 가르친 세아끌르 흐레이다누스(Seakle Greijdanus)[602], 샌디와 헤들럼(Sanday and Headlam)[603], 스위스 바젤의 신약신학자였던 오스카 쿨만(Oskar Cullmann)[604], 크랜필드(C. E. B. Cranfield)[605], 더글러스 무(Douglas Moo)[606], 유딧 건드리 볼프(Judith Gundry-Volf)[607], 토마스 슈라이너(Thoms Schreiner)[608], 박익수[609] 등을 세 번째 입장의 지지자들로 제시할 수가 있다. 심지어는 가장 최근에 출간된 리처드 롱게네커(Richard N. Longenecker)의 주석에서도 동일한 입장을 표방하고 있다.[610]

Goudriaan. 1990)을 보라. 그 시기의 대표적인 신학자중 하나인 빌헬무스 아 브라끌(Wilhemus à Brakel, 1635-1711)은 자신의 주저 *The Christian's Reasonable Service*, trans. Bartel Elshout 4 vols. (Grand Rapids: Reformation Heritage Books, 1992-1995), 4:510-535에서 유대인의 종말론적이고 민족적인 회심에 대해 상세하게 논의하고 있다.

600 George E. Ladd, *A Theology of the New Testament*, rev. ed. Donald Hagner (Grand Rapids: Eerdmans, 1993), 606-608.
601 J. van Andel, *Paulus' brief aan de Romeinen* (Kampen: Kok, 1904), 225-227.
602 Seakle Greijdanus, *De Brief van den Apostel Paulus aan de Gemeente te Rome II*, KNT VI/2 (Amsterdam: Van Bottenburg, 1933), 515-16. 흐레이다누스는 칼빈과 자신의 스승이었던 바빙크조차 비판하고, 이스라엘 전체, 유대인의 전체 회심을 주장한다("Dan komt Israël als geheel, het Joodsche volk in zijne Gesamtheit tot bekeering en tot geloovige aanneming van Gods Evangelie en de Heere Christus.").
603 W. Sanday and A. C. Headlam, *The Epistle to te Romans*, ICC(New York: Charles Scribner's Sons, 1915), 335-336.
604 Oscar Cullmann, *Christ and Time*, trans. Floyd V. Filson (Phialdelphia: Westminster, 1960), 78.
605 Cranfield, *Romans*, 2:576-577. 크랜필드는 전 이스라엘의 회복으로 해석한 주석가들로 Kühl, K. L. Schmidt, T. Zahn, Lagrange, C. K. Barrett, E. Käsemann, H. Schlier 등을 열거해 준다.
606 Douglas J. Moo, *The Epistle to the Romans*, NICNT (Grand Rapids: Eerdmans, 1996), 722-724. 시카고 소재 TEDS의 신약학자 무의 주석은 존 머리의 주석을 대체한 것인데 같은 입장을 피력했다.
607 Judith M. Gundry Volf, *Paul and Perseverance: Staying In and Falling Away* (Lousville: W/JNP, 1990), 177.
608 Thomas R. Schreiner, *Romans*, Baker Exegetical Commentary on the New Testament (Grand Rapids: Baker, 1998), 615-619. 슈라이너는 존 파이퍼에 이어 베델신학교에서 신약학을 가르치는 학자로서 아래에 언급하는대로 존 파이퍼와 동일한 견해를 취하고 있다.
609 박익수, 『로마서 주석 II』 (서울: 대한기독교서회, 2008), 219-220.
610 Richard N. Longenecker, *The Epistle to the Romans*, NIGTC (Grand Rapids: Eerdmans, 2016), 897: "My own view is that Paul is here speaking of the salvation of Jewish people who will be alive when the course of God's salvation history is brought by God himself to its culmination."

이제 마지막으로 살펴보고자 하는 것은 두 사람의 설교자의 견해로서 마틴 로이드존스와 존 파이퍼의 견해이다. 마틴 로이드존스(D. Martyn Lloyd-Jones)는 1952-1955년어간 웨스트민스트 채플 금요집회에서 연속해서 강론했던 "성경의 위대한 교리들"(Great Doctrines of the Bible)을 통해서는 로마서 11장 26절의 의미가 "모든 시대와 세대들 중의 모든 믿은 유대인들의 전부"가 확실하게 구원받을 것이라는 의미로 해석했으나,[611] 10년 후인 1965년 금요집회에서 연속강해한 로마서 11장 강해를 통해서는 앞서 견지했던 자신의 입장을 조목조목 비판하고, 종말에 있을 유대인들의 민족적인 회복이 있을 것이 확실하다고 강해했다.[612] 한편 미국 칼빈주의 침례교 목사이자 다작가로서 영어권에서 많은 영향을 미쳐 온 존 파이퍼(John Piper)는 로마서 11장 22-29절에 대한 강해 속에서 로마서 11장 26절이 이스라엘 민족 전체를 가리키는 것으로 믿는지 다섯 가지 이유들을 제시했다.[613]

2.2.3. 이스라엘의 회복과 민족적 회심에 대한 죽산 박형룡의 견해

이제 이스라엘의 종말론적 회복에 대한 죽산 박형룡의 입장을 살펴보도록 하겠다. 앞서 말한대로 죽산은 평양신학교에 교수로 임용되기 전에 「신학지남」에 기고한 "시온에의 귀로"라는 논문에서 초기 입장을 밝힌 바가 있고,[614] 총신 교수에서 정년퇴임한 후 1973년에 출간한 『내세론』에서 후기 입

611　D. Martyn Lloyd-Jones, *The Church and the Last Things* (Wheaton: Crossway, 2003), 105-113중 특히 113을 보라("..the total of all believing Jews in all ages and generations, all whom God has foreseen shall infallibly be saved.").
612　D. Martyn Lloyd-Jones, *Romans: An Expostion of Chapter 11* (Edinburgh: Banner of Truth, 1998), 182-223을 보라. 194쪽에 보면 로이드존스는 "The Apostle then is saying that the future restoration of Israel as a nation is certain"이라고 단언한다.
613　John Piper, "All Israel Will Be Saved(Romans 11:22-29)"(2004년 2월 29일 설교, http://www.desiringgod.org/messages/all-israel-will-be-saved). "Five Reasons Why I Believe Romans 11:26 Refers to the Nation of Israel as a Whole"로서 파이퍼가 제시한 논거는 다음과 같다: "1. I think the term 'Israel' in verse 25 and 26 most naturally refer to the same thing. 2. The reference in verse 26 to banishing ungodliness from Jacob fits with the national view of 'all Israel.' 3. The parallel between the two halves of verse 28 point to all Israel as the nation as a whole. 4. The parallels in verse 12 point in the same direction. 5. The same thing is true about the parallels in verse 15."
614　죽산은 1927년 여름에 귀국하였고, 1929년 5월 5일 목사안수를 받았으며, 1930년 9월에 평양신학교 임시교수로 임용됨으로 교수 생활을 시작하게 된다(이상응, 『박형룡박사와 개혁신학』[용인:목양, 2013], 36).

장을 밝히고 있기 때문에 차례대로 논구해 볼 것이다. 그리고 이어서 2,3에서 죽산을 뒤이어 총신에서 가르쳤던 제자들의 입장이 어떠한지를 확인해 보도록 하겠다.

(1) "시온에 귀로"(1929)에 나타는 죽산 박형룡의 입장

1929년 9월과 11월에 간행되는 「신학지남」에 기고한 "시온에 귀로"는 12쪽 분량의 짧은 글이다. 죽산은 총 8개 항목으로 논의를 전개했다. 첫째 항목에서는 이스라엘의 멸망의 참담함을 노래하는 예레미야애가로부터 시작해서 "이스라엘의 부활을 묵시하여 민중의 마음을 안위"케 하시기 위해 에스겔을 통해 주셨던 "해골의 부활"에 대한 묵시(겔 37:1-10)를 언급했다.[615] 죽산은 에스겔의 예언을 "말세의 육체적 부활에 관한 묵시"로 해설한 제롬, 칼로비우스, 클리포트 등이 있음을 소개하면서, 결국에는 이 예언은 "이스라엘의 국가적 부활"을 의미하는 것이라고 해석한다.[616] 그리고 과연 그러한 국가적인 회복이 어느 때에 일어날 것인지에 대해서는 "혹은 저들의 회개 후에라 하고 혹은 저들의 회개 전이라 하여 신학가에 의론이 분분하나 그리스도의 재림 전에 있을 것만은 분명하다고 역설하는 자가 다수이다."라고 말한다.[617]

죽산은 에스겔 37장의 예언을 우선적으로 소개한 후에, "이스라엘 회복의 예언"이라는 제목을 단 2항에서 에스겔 외에도 "이스라엘의 회복을 의미하는 예언이 성경에 무수히" 있다고 말한다.[618] 그렇기 때문에 "이스라엘 자손이 고토에 돌아가서 국가를 재건할 것을 부인"하는 것은 "성경을 폐지하는 것"과 다름없다고 단언한 류다-트의 견해를 인용 제시하기도 한다.[619] 이 지

---

615 박형룡, "시온에 귀로", 139.
616 박형룡, "시온에 귀로", 140.
617 박형룡, "시온에 귀로", 140.
618 박형룡, "시온에 귀로", 140.
619 박형룡, "시온에 귀로", 140. 죽산은 명시적으로 밝히지 않았으나 Hodge, *Systematic Theology*, 3: 808의 인용문을 재인용했다("Luthardt says a man must 'break' the Scriptures who denies such restoration."). 죽산이 언급한 류다-트는 독일 신학자 Christoph Ernst Luthardt (1823–1902)를 음역

점에서 이미 초기 죽산의 입장이 무엇인지를 분명하게 확인할 수가 있다. 그는 "아브라함 자손의 재기(再起)"를 확신한다. 이에 반하여 문자적으로 이스라엘의 재기를 믿지 않는 자들이 있다는 것도 죽산은 잘 알고 있었다. 그는 "이스라엘의 재기를 믿지 않는 학설이 역시 상당히 유력"하다고 말한 후에, 그들은 이스라엘의 회복에 대한 예언을 "여자적(如字的)"으로 이해하지 아니하고 "유사(喩辭) 즉 비유적으로" 해석하는 자들이라고 소개한다.[620] 죽산은 정통신학자들 가운데에도 이러한 입장을 취한 이들이 있음을 감안하여 회복의 예언이 여자적인지 아니면 비유적인지에 대해 "명백한 답을 만들기 곤란하다"라고 유보적인 듯이 의견을 피력한다. 그러면서도 여자적인 해석은 "이스라엘 사람 다수의 마음에 환영되어 저들에게 오색찬란한 희망을 공급한 것은 사실"이라는 점을 분명히 한다.[621]

"그 살아 돌아옴의 지연"이라는 제하의 3항에서 죽산은 이스라엘의 고토 귀환에 대한 역사적인 예들을 검토한다. 바벨론 포로에서 일부 유대인들이 돌아옴이나 마카비 반란, 십자군 운동에 의한 예루살렘 점령, 그리고 20세기 초 팔레스타인에 유다인들이 일부 돌아온 것 등 역사적인 자료들을 소개한 후에 "슬프다, 죽은 해골 이스라엘이 어느 날에서 살아 돌아오려는가?"라고 탄식한다. 어느 것도 구약의 예언을 충분히 성취한 것이 없기 때문이다.[622] 이러한 약속의 지연은 이스라엘인의 "심간(心肝)을 태울 뿐"이나, 이어지는 4항에서 그러한 "신의 약속의 실현이 지연함에 낙심치 아니"하고 "죽은 해골 살아옴의 열망이 저들의 마음 속에 여전히 불붙"은 결과 시온주의(Zionism)

표기한 것이다.
620 죽산은 그런 입장을 가진 자들 가운데 대표자로 찰스 핫지를 소개한다(박형룡, "시온에 귀로", 140-141). 죽산은 핫지의 글 인용처를 밝히지 않고 있지만, 그가 소개한 내용은 Hodge, *Systematic Theology*, 3: 808-810의 간략한 소개이다. 죽산은 핫지에 대해 본고에서는 "정통 신학자"라고 지칭했고(박형룡, "시온에 귀로", 141), 1935년에 간행한 『근대신학 난제선평』에서는 "우리가 가장 두터운 신임을 가지는 정통 신학자"(이상웅, 『박형룡박사와 개혁신학』, 64에서 재인용)라고 평가하기도 했었다. 그러하기에 이스라엘의 고토 회복에 대해 부정적인 핫지의 견해가 "여자적 해석가에게 슬픈 실망을 주기 쉬울 것"이라는 점을 토로했다(박형룡, "시온에 귀로", 141).
621 박형룡, "시온에 귀로", 141.
622 박형룡, "시온에 귀로," 141-142.

가 발흥하게 되었다고 논평한다.[623] 죽산은 헤르츨(Herzl)로부터 시작된 시온주의의 역사적 발전 과정을 자신의 시대까지(즉, 1929년까지) 간단하지만 핵심 사항들을 소개해 준다.[624] 죽산이 글을 쓰던 시점에서는 아직 이스라엘이 재건되기 전이었을 뿐만 아니라, 시온주의자들의 팔레스타인 복국(復國) 운동이 진행되고 있던 시점이었다. 그래서 죽산은 "죽은 해골 이스라엘이 소생하여 시온으로 돌아오는 노정" 혹은 죽산의 논문 제목처럼 "시온에 귀로"가 아직 "요원하기 천만리이며 난산과 의운(疑雲)이 차단함을 살피지 않"으면 안 될 것이라고 주의를 준다.[625]

죽산의 논문은 이처럼 구약의 이스라엘 회복에 대한 예언들에 주목을 한 후에 여자적인 성취가 역사 가운데 어떻게 이루어져 왔는지를 추적하려고 노력하였다고 평가할 수 있겠다. 결론을 통해 죽산은 이러한 "묵시와 예언의 여자적 해설을 불고(不顧)하고 영적 설명에 경향"하는 이들에 대해 합당하지 못하다고 비판한다. 물론 죽산이 영적인 해설의 가능성을 전면 부인한 것은 아니었다. 그리고 죽산은 "유대인의 회심(기독교에)"에 대한 성경적인 예언이 확실하고, 이러한 회심이 고토에 나라를 회복하기 전인지 아니면 후인지를 정확하게 알순 없다는 점을 밝힌다. 그러나 확실한 것은 호세아 14장 1절이 말하는대로 "회개가 유일의 요건(要件)이라는 점은 분명하다고 주장한다.[626]

---

623 박형룡, "시온에 귀로," 142-143.
624 박형룡, "시온에 귀로," 143-148. 우리는 죽산이 논문을 쓴 시점이 1929년이라는 점을 염두에 두고 그의 글을 읽어야 한다. 시온주의 운동의 역사에 대해 최근에 저술 출간된 Michael Brenner, *Geschichte des Zionismus*, 강경아 역, 『다윗의 방패 - 시온주의의 역사』(파주: 들녘, 2005)을 참고할 필요가 있다.
625 박형룡, "시온에 귀로," 149. 죽산은 유대인의 복국운동은 "시온회 해외 운동기", "팔레스타인 이민기", "유대 건국기" 등 3기로 대별할 수 있다고 본다. 그의 판단에 의하면 1929년까지 상황은 "제1기에서 제2기로 보무를 진행하는 중"이라고 판단한다.
626 박형룡, "시온에 귀로," 150. 죽산은 "그리고 유대인민에게 우리들이 희망하는 바는 속히 회개하고 예수를 그리스도로 신앙함이다"라고 말하기도 한다. 그러나 우리는 국가로서 이스라엘이 1948년 5월 14일 다시 건국되었으나 그들은 유대교를 공식적 종교로 표방하고 있지 죽산의 염원대로 그리스도께 민족적으로 회심하고 돌아온 것은 아니라는 점을 지적할 수가 있겠다. 암스테르담의 구약학자였던 아알더르스(G. Ch. Aalders, 1880-1961)는 구약의 이스라엘 회복 본문들을 개혁주의적 관점에서 잘 평가하는 글을 1940년 경에 이미 출간했다: G. Ch. Aalders, *Het Herstel van Israel volgens het Oude Testament* (Kampen: Kok, n.d.).

정리를 해보자면, 초기(1929년) 죽산의 입장은 유대인들의 미래적이고 집단적인 회심뿐 아니라 이스라엘 고토에로의 회복을 확신하고 있었다라고 할 수가 있다. 우리는 여기서 죽산의 이러한 입장은 어디에 근거하고 있는 것일까라는 질문을 제기하지 않을 수가 없다. 물론 구약을 문자적으로 읽거나 로마서 11장을 그런 방식으로 읽을 때에 가능한 해석일 것이다. 그러나 죽산의 신학의 형성 과정에 있어서 과연 어떠한 요인이 이러한 견해를 취하게 만들었는가 하는 점을 확인할 필요가 있다. 일단 우리는 죽산이 성장하고 영향을 받았던 초기 선교사들의 영향을 고려해 보아야 한다.[627] 죽산 스스로도 거듭 밝혔듯이 자신이 평생 대변하게 되는 "한국형 청교도 개혁주의 신학"의 특징 중 하나는 "전천년설에 대한 확집"이다. 그는 평양신학교의 초대 조직신학교수인 이눌서(W. D. Reynolds)도 자신과 같이 "역사적 전천년설"을 가르쳤다고 주장했다.[628] 이눌서는 1922년 1월 「신학지남」에 "신앙의 원리"라는 제하에 "나이아가라 사경회에서 작정한 신앙의 조목" 14개 항을 번역 기고한 적이 있다.[629] 이 조목 제14항에 의하면 그리스도가 지상에 재림하시고 나서 "천년세계를 建하시고 이스라엘國을 회복하여 본토에 거하게 하시고"라는 구절이 포함되어 있다.[630] 이눌서가 이러한 세대주의적인 신앙조목을 번역 발표하거나, 중국 사람 가옥명(Chia Yu Ming)의 『종말론』을 번역케 하여 교재로 사용한 점 등을 들어 세대주의자였다라고 하는 비판이 있으나 "스스로 자신의 종말론적 견해를 드러내는 결정적이고 직접적인 증거가 없"

---

627 이상웅, 『박형룡박사와 개혁신학』, 48-53, 175-176을 보라.
628 죽산은 "신학지남의 한국신학적 의의," 「신학지남」 42/4 (1975); 『박형룡박사 저작전집 XIV 신학논문(하)』(서울: 한국기독교교육연구원, 1981), 342-360에 재수록됨. 죽산은 "시대주의 천년기전 재림론은 가장 열렬한 재림론으로서 당시 보수적인 선교사들의 다수가 받아들인 신념이었던 것 같다. 지금까지 많은 장로교회 목사들이 성결교회 교역자들과 함께 이 재림관을 품고 있는 것은 그 선교사들의 감화가 전해 내려온 결과일 것이다."고 인정하면서도, 이눌서 선교사는 역사적 천년기전 재림론을 견지했다고 확신한다(『박형룡박사 저작전집 XIV 신학논문(하)』, 347).
629 이눌서, "신앙의 원리," 「신학지남」 4/2 (1922): 206-214.
630 이눌서, "신앙의 원리", 214. 이 신앙조목은 세대주의 종말론을 반영하고 있다. 반면에 「신학지남」 5/3 (1923): 19-24에 소개한 "주의 재림"이라는 미국북장로회신문에서 번역한 내용을 보면 천년왕국에 대해서 확정적인 입장을 밝히지도 않을 뿐 아니라, 유대인의 고토회복이나 민족적 회심에 대한 언급이 없다.

다는 입장도 존재한다.[631] 그러나 이눌서나 초기 선교사들의 글들에서 최소한 "유대인의 민족적 회심"과 "고토에로의 회복"에 대한 견해가 존재한다는 것은 사실이다. 우리는 이러한 영향을 평양신학교가 배출한 최초의 목사중 하나인 길선주목사(1869-1935)의 『말세학』에서도 확인할 수가 있다.[632] 우리가 해방 이전 장로교회 선교사들이나 목회자들의 저술, 번역서, 논문, 설교 등을 천착해 본다면 죽산 박형룡이 1929년에 주창한 "유대인의 고토회복"과 "유대인의 민족적 회심"에 대한 입장이 당시 국내에서 결코 생경하거나 지엽적인 견해가 아니었다는 점을 확인할 수가 있다.[633]

(2) 『내세론』 등사본(1950년대)과 『교의신학 내세론』(1973)에 나타나는 죽산 박형룡의 입장.

이제 이스라엘의 회복에 대한 죽산 박형룡의 후기 입장을 살펴보려고 하는데, 그의 최종적인 견해는 그가 24년간 총신에서 가르치고 은퇴한 지 1년 뒤인 1973년에 간행한 『교의신학 내세론』에서 확인할 수 있다.[634] 그러나 죽산은 이미 1942년 만주에서부터 교의신학 강의를 하면서 강의안을 만들기 시작했고, 해방후에 귀국하여 1948년에 총신이 설립된 후 교의신학 강의를 하면서 강의안을 등사판으로 만들어 사용했기 때문에 그의 입장에 변화가 있는지를 확인해 볼 수도 있는데, 이스라엘의 회복 문제에 대한 죽산의 입장에는 변화가 없는 것으로 판단되어진다.[635] 이제 우리는 『교의신학 내세론』에

---

631 조형욱, "구 프린스턴신학의 종말론 연구"(철학박사, 총신대학교, 2011), 254-271에 이눌서의 종말론을 둘러싼 논쟁을 잘 정리해 주고 있다.
632 길선주, 『영계 길선주 목사 유고 선집』(서울: 대한기독교서회, 1968), 1:57-61을 보라.
633 안수강은 길선주목사의 말세론 연구를 주제로 한 자신의 박사논문에서 그러한 자료들을 잘 분석해 주고 있다(안수강, 『길선주목사의 말세론 연구』[서울: 예영, 2008], 146-215). 또한 조경현도 자신의 박사논문『초기 한국장로교 신학사상』(서울: 그리심, 2011), 261-269에서 평양신학교 교수들의 종말론을 요약 제시해준다.
634 죽산의 내세론에 대한 분석과 평가는 김길성, "박형룡 박사의 내세론 연구", 『죽산 박형룡 박사의 생애와 사상』, 박용규 편 (서울: 총신대학교 출판부, 1996), 451-469(= 김길성, 『개혁신학과 교회』, 283-304에 재수록); Ezra Kilsung Kim, "Dr. Hyung Nong Park's Theology of the Last Things," Chongshin Theological Journal, I/2 (August 1996): 72-89등을 보라.
635 필자가 확인할 수 있었던 1958년경에 등사한 『내세론』 강의안, 62-65에는 1973년 인쇄본에 최종 소개된 "이스라엘의 전국적 회심"에 대한 견해와 대동소이한 입장이 서술되어 있다. Cf. 이상웅, "죽산

서 개진된 죽산의 최종 입장을 확인해 보도록 하겠다. 본 주제에 대한 죽산의 논의라는 제2편 일반적 종말론, 제1장 그리스도의 재림 중 제2절 "재림 전의 대사변들"이라는 곳에서 소위 "시대의 표적" 가운데 하나로서 제시되어 있다.[636]

죽산은 "복음의 세계적 전파(이방인의 부름)"에 대한 논의를 끝내고 두 번째 시대의 표적으로 "이스라엘 전국의 회심"에 대한 논의를 시작한다. 죽산의 논의는 3쪽이 채 되지 않을 만큼(378쪽에 달하는 책 분량에 비해) 간단명료하다는 점을 먼저 지적하고 싶고, 죽산은 서두에서 몇 문단을 통해 자신의 입장이 무엇인지를 명료하게 밝히고 있다는 것도 주목할 만한다.

> 구약과 신약이 다 이스라엘의 장래 회심을 말한다(슥 12:10~14; 13:1~6; 고후 3:15,16). 그리고 로마서 11장 25~29절은 이 사변을 시간의 종말과 연락시키는 듯하다.[637] 특히 「온 이스라엘이 구원을 얻으리라」(롬 11:26)는 말씀은 그들의 회심이 전체적인 것을 강조한다. 여기서 「이스라엘」은 영적 이스라엘을 가리킨 것이 아니라 민족으로서의 이스라엘을 의미한다는 것이 전문맥에서 명백히 표시되며 특히 25, 28절에 의하여 입증된다. 이것은 이스라엘이 민족적으로 영적 구원을 얻을 때가 장차 이른다는 것을 의미한다. 그리고 이것은 고금 이스라엘의 각 개인이 다 회심하여 구원얻는다 함도 아니라, 그리스도의 귀환 때에 생존하는 이스라엘 민족의 실질적 전수가 회개하고 주께 돌아올 것을 뜻함이다.[638]

박형룡과 구례인의 천년기론에 대한 연구," 「개혁논총」 38 (2016): 181.
636 박형룡, 『교의신학 내세론』, 184-198. 이 가운데 "이스라엘 전국의 회심"에 대한 논의는 186-189에 제시되어 있다.
637 이 첫 문장들은 루이스 벌코프의 글을 그대로 번역한 것이다. 물론 벌코프와 죽산의 이스라엘의 회복과 전국적 회심에 대한 견해는 상이하다: "Both the Old and the New Testament speak of a future conversion of Israel, Zech. 12:10; 13:1; II Cor. 3:15, 16, and Rom. 11:25-29 seems to connect this with the end of the time."(Berkhof, *Systematic Theology*, 698-699).
638 박형룡, 『교의신학 내세론』, 186-187.

우리가 인용문을 통해서 볼 때 『내세론』(1973년)에서 밝힌 후기 죽산의 견해는 더 이상 이스라엘의 고토 회복과 국가 재건에 대해 초점을 맞추지 아니하고, "그리스도의 귀환 때에 생존하는 이스라엘 민족의 실질적 전수"의 회개에만 초점을 맞추고 있음을 확인하게 된다.

죽산은 이어서 "이스라엘인의 장래 전체적 회심을 위한 기대에 반대한 인사들"이 있다고 하면서, 특히 "참 이스라엘인 자 즉 피택(被擇)한 자의 전수"를 의미하는 것으로 이해하는 자들에 대해서 언급한다.[639] 다음 절에서 우리가 검토하겠지만 로마서 11장 26절에 대한 해석이 여러 가지 존재함에도 불구하고, 죽산은 "온 이스라엘의 구원"을 "영적 이스라엘의 구원" 또는 "그 고대 언약민 중에서 피택한 자의 전수"로 해석하는 이들에게 초점을 맞추어 비판하고자 했다. 후자의 해석을 하는 대표적인 신학자가 죽산이 교의신학 집필에 크게 의존했던 루이스 벌코프이고, 벌코프가 의지했던 헤르만 바빙크이기도 했다.[640] 죽산은 벌코프나 바빙크의 이름을 언급하지 않은채 그러한 견해를 가진 자들에 대해 "무시하지 못할 두 세 가지 답변이 있다"라고 하면서 세 가지 반론을 제시한다. 첫째, 주요 전거구절(locus classicus)인 로마서 11장 25-26절에서 이방인의 충만한 수가 들어온 후에는 "이스라엘의 전체가 회개할 것이라는 뜻을 암시"하는 것으로 보인다고 하며, 28-29절에서도 "이스라엘 민족 전체를 구원하실 때 필경(畢竟)있을 것을 함의한다고 보지 않을 수 없다"라고 해석한다.[641] 둘째, 바울사도가 로마서 11장에서 전개한 "전 논의의 추세(趨勢)는 이스라엘 민족의 전체적 구원"을 지향하고 있다라고 주장한다. 이방인들이 회심의 복을 누리게 된 것은 "이스라엘인의 회심에 인도하기 위함"이며, "그 회심의 방편은 복음"이었으며, 이방인도 유대인도 다 긍휼의 복음을 통해 구원을 받을 것이라고 바울의 본문을 읽는 것이 합당하다고 주장한다. 그리고 11장 26절의 온 이스라엘은 "말세 이스라엘

---

639 박형룡, 『교의신학 내세론』, 187.
640 죽산 박형룡이 교의신학 집필 과정에서 벌코프나 바빙크의 신학을 활용했으며, 어떤 신학적 관련성이 있는지에 대해서는 이상웅, 『박형룡박사와 개혁신학』, 64-98에서 시론적으로 제시한 바가 있다.
641 박형룡, 『교의신학 내세론』, 187.

인 중에 피택한 자 절대 다수"이며, "그 민족의 전체적 회심과 같은 일이 될 것"이라고 이해한다. 셋째, 죽산은 "이스라엘인의 장래 전체적 회심을 암시하는 다른 신약 성구들"로서 마태복음 23장 39절과 사도행전 3장 19절~21절 등을 제시한다.[642]

이상의 고찰에서 이스라엘의 회복에 대한 죽산의 입장은 이처럼 재림 직전의 전 유대인이 회심하고 주께로 돌아올 것이라고 생각하는 점에 있어서는 초기나 후기나 변화가 없었다는 점을 분명히 말할 수가 있을 것이다. 다만 1929년의 논문에서는 이스라엘의 고토 회복과 국가 재건에 대한 기대와 관심도 컸다고 한다면, 이미 이스라엘 국가가 건국되고 반세기가 지나가는 시점에서 출간한 『내세론』에서는 그 문제에 대해서는 별 언급이 없다는 중대한 차이점이 발견되어진다. 그리고 감탄과 통탄의 표현들이 많던 초기 논문과 달리 후기의 논의에서는 조직신학서답게 간단 명료하고도 건조한 어체로 견해를 밝히고 있다는 차이점도 확인할 수가 있다.

2.2.4. 죽산 박형룡의 제자들의 입장

앞서 우리는 이스라엘의 회복과 민족적 회심에 대한 죽산의 견해를 살펴보았는데, 그의 제자들의 입장이 어떠한지를 확인해 보려고 한다.[643] 먼저 죽산의 제자이자 동료교수였던 정암 박윤선(1905-1988)의 입장을 살펴보도록 하자. 정암은 『성경주석 로마서』에서는 "이스라엘 민족 중 구원 얻는 자들의 총수"가 구원 받을 것이라고 해석했고,[644] 유고로 출간된 『개혁주의 교리학』의 종말론 부분에서는 "주님의 재림 직전에 유대인들이 대거 회개할 시기가

---

642 박형룡, 『교의신학 내세론』, 187-188. 조형욱, "구 프린스턴신학의 종말론 연구", 248-250도 보라.
643 죽산은 1948년부터 1972년까지 총신에서 가르쳤다. 그의 제자들 혹은 총신교수들의 천년기론에 관한 입장이 어떠하였는지에 대해서는 다음과 같은 논문을 공표한 적이 있다(이상웅, "죽산 박형룡 이후 총신 조직신학자들의 천년기론", 「성경과 신학」 80 [2016]: 103-132).
644 박윤선, 『성경주석 로마서』(서울: 영음사, 1987), 310; "'구원을 얻으리라'는 말은 이스라엘의 광복을 의미하지 않고, 그 민족이 복음으로 돌아올 것을 의미한다. '온 이스라엘'이란 말은 개인적으로 빠짐없는 전수를 가리키지 않고, 이스라엘 민족 중 구원 얻는 자들의 총수를 가리킨다." 참고로 이 주석은 1954년에 초판 간행했고, 1969년에 增補全訂版이 나온 것이다.

한 번 있다"는 상반된 입장을 보인다.⁶⁴⁵ 로마서 주석에서는 이스라엘 백성들 가운데 선택된 자들로서 구원 얻게 되는 총수로 이해한 반면에, 강의안 작성 시기를 알 수 없는 종말론에서는 죽산과 동일한 입장을 견지했다는 것을 우리는 확인할 수가 있다.

한편 죽산이 은퇴후 총신에서 종말론을 오래 가르친 그의 아들 박아론은 『기독교 종말론』에서 죽산과 동일한 입장을 개진했다.⁶⁴⁶ 그는 "이스라엘의 회심"을 시대의 징조로 제시하면서, "이스라엘의 택자 회심설"과 "이스라엘의 민족적 회심설"로 양분해서 논의했다. 전자는 벌코프와 같은 무천년설자들과 후천년설자들 다수가 취하는 입장이라고 소개하고, 후자는 세대주의를 포함한 전천년설자들이 취하는 입장이라고 소개한다. 로마서 11장 26절에 대한 이해에 있어서 박아론은 "이방인의 충만한 수가 들어온 후에는 이스라엘의 전체가 회개할 것을 암시"한다라고 밝힌다.⁶⁴⁷ 그가 볼 때에 하나님의 구원 계획에는 "옛적 선민인 이스라엘이 현재에도 하나님의 구원의 주된 대상이요, 이방인의 구원은 하나님의 구원 계획에 있어서 차순위요 제2차적인 목적임을 분명"하다라고 강조하기도 한다.⁶⁴⁸ 이처럼 박아론의 입장은 죽산의 후기 입장과 대동소이하다는 것을 알 수가 있다. 박아론처럼 기독교윤리학자인 이상원 역시 죽산과 동일한 입장을 견지하고 있다.⁶⁴⁹ 다만 특이한 점은 벌코프나 바빙크의 입장과 죽산의 입장이 "상호모순 되는 것은 아니다"라고 하면서 다음과 같이 양자를 중재하려고 한다는 점이다.

> 박형룡이나 벌코프나 역사상에 등장한 모든 혈통상의 이스라엘인들이 모두 다 구원 받는 것은 아니라는 점에 동의한다. 다만 벌코프는 최종적으로 구원받은 이스라엘인들의 총수가 이스라엘 전수일 수 없다는 결과적 상태를 강조하고, 박형룡은 그 결과에 이르는 과정 중에 한

---

645 박윤선, 『개혁주의 교리학』, 김재성 편 (서울: 영음사, 2003), 472-473. 우리는 이 대목이 어떤 시기에 쓰여진 강의안인지를 확인할 길이 없다.
646 박아론, 김석환, 『기독교 종말론』(서울: CLC, 2004), 170-174.
647 박아론, 김석환, 『기독교 종말론』, 172.
648 박아론, 김석환, 『기독교 종말론』, 173.
649 이상원, 『종말론 강의안』(2004년), 50-51.

때 이스라엘인들 전체가 다 구원받은 시점이 있다는 점을 강조할 뿐이다. 결과적 상태가 이스라엘인들 전부의 구원이 아니라는 말은 결과에 이르는 과정중에 이스라엘인들 전부가 구원받는 한 시기가 있으리라는 것을 배제하는 것은 아니다.[650]

이처럼 박아론이나 이상원은 죽산의 후기 입장을 요약하거나 해명하려는 시도를 했다고 볼 수가 있다. 오랫동안 총신에서 종말론을 가르쳤던 김길성의 입장 역시도 죽산의 후기 입장과 다르지가 않다. 다만 김길성은 단순히 죽산의 입장을 소개할 뿐 아니라 존 머리, 안토니 후크마, 로이버트 레이먼드, 게할더스 보스 등의 저술들을 참고하여 논의하면서 죽산의 입장을 자신의 입장으로 재확인하는 과정을 거친다는 점이 중요한 특징이라고 할 수가 있다.[651]

비록 신학자가 아니라 목회자로 활동했지만, 죽산 박형룡의 후기 제자들 중 하나인 옥한흠(1938-2010)은 자신의 로마서강해 속에서 이스라엘의 구원 혹은 회복 문제에 대해 입장을 밝힌 바가 있다. 옥한흠은 로마서 11장 26절의 "온 이스라엘"에 대한 세 가지 해석을 소개하고 "여러 가지 모순을 가지고 있음에도 불구하고 이스라엘은 그들의 특별한 위치 때문에 마지막 때에 특별한 방법으로 구원 받게 될 것이라고 보는 견해가 우세"하다고 말하면서 유보적 입장을 취한다.[652] 또한 설교를 마치면서도 "이스라엘의 구원 문제도 우리는 지켜보아야 합니다. 하나님이 베일을 열어 주시는 그날까지 우리는 믿고 기다려야 합니다"라고 권면함으로써 유대인의 민족적 회심에 대한 견해에 대해 마음이 기울어 있음을 내비친다.[653] 또한 총신의 신약교수인 이한수는 동일 구절에 대한 여러 가지 해석을 소개한 후에 "바울은 구원사의 마지막 단계에 이스라엘 백성 전체가 집단적으로 구원을 얻게 될 미래 시점을 내다보고 있는 것이 분명하다"고 자신의 입장을 밝힌다.[654]

---

650 이상원, 『종말론 강의안』, 51.
651 김길성, 『개혁주의 종말론 강의안』(2012년), 40-47.
652 옥한흠, 『로마서 2』(서울: 국제제자훈련원, 2003), 350.
653 옥한흠, 『로마서 2』, 356.
654 이한수, 『복음은 구원을 주시는 하나님의 능력』(서울: 이레서원, 2008), 1142-47.

이상과 같은 간단한 개관을 통해서 우리는 죽산 박형룡의 이스라엘의 종말론적이고 민족적인 회심에 대한 견해가 그의 제자들이나 총신교수들에 의해서 폭넓게 계승되어져 왔다는 점을 분명하게 확인할 수가 있다. 다만 예외적인 경우들도 있으니 죽산을 이어 총신에서 8년간 교수한 신복윤[655]과 서철원 등은 바빙크, 벌코프, 후크마 등이 견지하고 있는 "유대인 가운데 택자 총수"라는 입장을 따랐다는 간과할 수가 없다.[656]

2.2.5. 나가는 말

　이상에서 우리는 이스라엘의 회복 내지 민족적 회심 주제에 관련하여 제기된 주요 세 가지 입장을 살펴 보았다. 우리는 로마서 11장 26절에 나타나는 "온 이스라엘"의 정체성을 둘러싼 세 가지 입장(즉, 영적 해석, 유대인 가운데 택자 총수, 종말론적인 국가적 회심)을 취하는 학자들을 개관해 보면서, 각각의 입장이 해석의 역사 가운데 어느 정도 비중을 차지하는지 가늠해 볼 수 있었다. 피상적으로 관찰하자면 죽산의 입장이 세대주의나 기독교 시온주의의 영향으로 오독될 가능성이 있기 때문에 이러한 확인 작업은 적실하고 필요하다고 판단되었다. 그래서 세 가지 입장을 취하는 이들을 개관한 결과 얻게 된 중요한 결론은 그리스도 재림 전에 이스라엘의 국가적 회심(죽산의 말대로 전수는 아니라고 하더라도)이 일어날 것이라는 죽산의 확고한 입장이 단지 세대주의와 유사한 것이 아니라 종교개혁자들, 주요 청교도들, 수 많은 조직신학자들과 신약학자들이 취하여 온 입장이라는 것이다. 따라서 말세에 유대인들의 집단적 회심이 있을 것이라고 기대하고, 위하여 기도하며, 선교에 힘을 쓰는 것은 결코 비성경적이거나 비개혁주의적이라고 일

655　신복윤, 『종말론』 (서울: 개혁주의신행협회, 2011), 235-238.
656　이러한 입장을 취하는 대표적인 죽산의 제자는 서철원이다. 서철원, 『종말론강의』(연대미상)와 "박형룡박사의 조직신학," in 『죽산 박형룡 박사의 생애와 사상』: 435-450 중 특히 447-448 등을 보라. 앞서 소개한 이상웅, "죽산 박형룡 이후 총신 조직신학자들의 천년기론," 「성경과 신학」 80 (2016): 103-132도 참고하라.

도양단해서는 안 된다는 것을 분명히 알 수가 있다.[657] 물론 우리는 세대주의가 강변해 온 교회와 이스라엘의 구별, 세대론 등 극단적인 입장을 잘 경계해야 하고, 나아가서는 백투예루살렘 운동과 같은 극단적인 입장의 문제점이 무엇인지를 잘 비판할 수도 있어야 할 것이다.[658]

결론적으로 한 가지 첨언을 한다면, 이상의 논의에도 불구하고 이스라엘의 종말론적인 회복 내지 유대인의 민족적 회심에 대해 비판적인 입장을 취하는 화란신학 전통의 입장도 결코 비성경적이라고 매도할 수만은 없다는 것이다.[659] 죽산의 입장이나 화란신학 전통 양자는 다 성경적이기를 추구하는 개혁신학자들이 취하는 입장들이기 때문이다. 더욱이 후자의 전통에서 유대인에 대한 선교나 그들 가운데 많은 사람들이 주께로 돌아와 구원받기를 원치 않는 것도 결코 아니라는 점을 고려해야 한다.[660] 우리는 본질적인 점에 대해서는 통일성을, 비본질적인 점에 대해서는 관용과 양해의 마음을 발전시키는 것이 필요하다고 생각한다.[661] 종말론에 있어서도 본질적으로 일치를 추구해야 할 것과 해석상의 다양성을 인정할 수 있는 점들에 대한 구별이 필요하다고 사료된다.

---

657 그래서 로마서 11장 26절의 온 이스라엘의 충만함이 선택된 유대인의 총수의 구원으로 이해하는 유해무 역시도 죽산이 속한 입장에 대해 다음과 같이 신중론을 말하는 것이다: "이런 식으로 이스라엘을 '성지'로 보는 것을 우리는 동의하지 않지만, 성지로 보는 자들에 대한 평가에 있어서는 신중한 태도를 취하려고 한다. 이런 입장 자체가 실상은 복잡한 양상을 띠고 있을 뿐만 아니라 온 힘을 다하여 성경의 절대적 권위를 신봉하는 자세에서 연유하고 있기 때문이다."(유해무, 『개혁교의학』, 628).
658 또한 우리는 역사 가운데 등장했던 안티 세미티즘(Anti-Semintism)에 대한 경계도 필요하다고 생각한다. Cf. Barry E. Horner, *Future Israel: Why Christian Anti-Judaism Must Be Challenged* (Nashville: B&H, 2007).
659 필자는 이스라엘 민족의 종말론적인 회복과 회심을 주장하는 이들은 Hendriksen, *Israel in Prophecy*; Hoekema, *The Bible and the Future*, 139-147 등에서 개진된 화란신학 전통의 반론들을 주의 깊게 읽어 볼 필요가 있다고 생각한다. 필자는 이번 논구 과정을 통해 종말론적이고 민족적인 유대인의 회심에 대한 기대가 강력한 전통임을 확인하고 놀란 바가 있으나 바빙크, 벌코프, 헨드릭슨, 후크마 등이 견지한 대로 유대인들 가운데 선택된 자들의 총수가 구원받는다는 입장을 변함없이 견지하게 된다는 점을 밝힌다.
660 국내에서는 이스라엘 혹은 유대인들에 대한 선교에의 열정이 그리 높지 않은 것 같다. 종말론적인 유대인들의 회심을 믿든 믿지 않든 간에 우리는 19세기 로버트 머리 맥체인의 유대인들에 대한 선교의 열정을 귀감을 삼을 필요가 있다고 생각한다(Andrew Bonar ed. *Memoir and Remains of Robert Murray M'Cheyne* [Edinburgh: Banner of Truth, 2004], 83-115, 187-198).
661 Cf. J. M. R. Diermanse, *De fundamentele en niet-fundamentele Geloofs- artikelen in de Theologische Discussie*, Diss. VU (Franeker: T. Wever, 1974).

3. 환난, 배교, 그리고 적그리스도

앞선 2장에서는 시대의 표적들 중에 하나님의 은혜를 드러내는 두 가지 표적들에 대해서 살펴 보았다. 이제 3장에서는 이러한 하나님의 일과 하나님의 사람들인 교회에 대하여 사탄과 악한 무리들이 적대감을 드러내는 세 가지 표적들을 살펴 보기로 하겠다. 이 부류에 속한 표적들은 환난 혹은 박해, 배교, 그리고 적그리스도이다.

3.1. 환난(Tribulation)[662]

초림과 재림 사이의 교회는 복음 전파라는 사명을 수행해야 하는데, 때로는 복음의 전진과 승리를 경험하기도 하지만, 때로는 적대적인 세력들로부터 환난과 박해를 당한다는 것은 일반적이다. 무천년설 입장에서 종말론을 이해하는 개혁주의자들 역시도 이러한 적대적인 반응에 대해서 고려하지 않는 것은 아니다. 과연 성경은 재림 직전에 7년 대환난이 있다고 하는지, 또한 교회는 그 환난을 면하여 공중 휴거되는 것인지, 일반적으로 교회는 승리만을 경험하는가 아니면 고난도 경험하는가 등의 문제가 첫 번째 표적과 관련된 주제들이다.

3.1.1. 감람산 강화(마 24장)

마태복음 24장과 병행본문들을 보면, 예수님은 고난 주간에 감람산에 앉으셔서 종말론 강화(Olivet Discourse on Eschatology)를 제자들에게 하셨다.

---

662 Hendriksen, *Lectures on the Last Things*, 21-23.

특히 24장 21절에 보면 예수님은 "이는 그 때에 큰 환난이 있겠음이라. 창세로부터 지금까지 이런 환난이 없었고 후에도 없으리라 "고 말씀하신다.[663] 이 구절에 나오는 큰 환난 혹은 대환난(the great tribulation) 개념이 과연 어느 시대에 일어날 어떤 환난을 의미하는 것일까를 둘러싸고 논쟁이 치열하다. 일단 본문의 배경을 잘 이해할 필요가 있다. 제자들은 헤롯이 수십년에 걸쳐 짓고 있던 성전의 위용과 아름다움에 감탄하면서 예수님께 말씀드렸고, 이에 대해 예수님이 "너희가 이 모든 것을 보지 못하느냐 내가 진실로 너희에게 이르노니 돌 하나도 돌 위에 남지 않고 다 무너뜨려지리라"는 답변을 하셨다(2절). 그러자 제자들은 놀랄 수밖에 없었는데, 성전이 파괴된다는 것은 유대 민족에 대한 심판이자, 종말론적 사건이기 때문에 다음과 같은 질문을 드린다.

> 예수께서 감람 산 위에 앉으셨을 때에 제자들이 조용히 와서 이르되 우리에게 이르소서. 어느 때에 이런 일이 있겠사오며 또 주의 임하심과 세상 끝에는 무슨 징조가 있사오리이까?(24:3).[664]

제자들의 질문은 어느 때에 이런 일이 있겠사오며(πότε ταῦτα ἔσται)와 또 주의 임하심과 세상 끝에는 무슨 징조가 있사오리이까?(καὶ τί τὸ σημεῖον τῆς σῆς παρουσίας καὶ συντελείας τοῦ αἰῶνος)는 두 가지 질문으로 되어 있다는 점을 기억해야 한다.

질문이 두 가지이기 때문에 예수님의 이어지는 강론은 두 가지 답으로 주어진다. 첫째 부분인 4절에서 28절에 있는 내용들은 헤롯 성전의 파괴가 일어나게 될 유대 전쟁(주후 66년-70년)시 겪게 될 대환난에 대한 예언이다. 열심당들의 선동으로 대로마 항전이 일어났고, 로마군단병들은 처음에는 베스파시아누스 장군의 지휘하에 후에는 티투스 장군의 지휘하에 팔레스타인

---

663 마 24:21, NA 28- "ἔσται γὰρ τότε θλῖψις μεγάλη οἵα οὐ γέγονεν ἀπ' ἀρχῆς κόσμου ἕως τοῦ νῦν οὐδ' οὐ μὴ γένηται."; ESV- "For then there will be great tribulation, such as has not been from the beginning of the world until now, no, and never will be."

664 마 24:3, NA 28- "Καθημένου δὲ αὐτοῦ ἐπὶ τοῦ ὄρους τῶν ἐλαιῶν προσῆλθον αὐτῷ οἱ μαθηταὶ κατ' ἰδίαν λέγοντες· εἰπὲ ἡμῖν, πότε ταῦτα ἔσται καὶ τί τὸ σημεῖον τῆς σῆς παρ-ουσίας καὶ συντελείας τοῦ αἰῶνος;"

과 예루살렘 성을 강제 진압한 반란 사건으로, 그 전쟁에 참여했던 유대인 플라비우스 요세푸스(Flavius Josephus, 37-100)의 『유대 전쟁사』에서 자세한 기록을 읽을 수가 있다.[665] 그의 기록을 통해 예수님의 예루살렘 멸망 예언이 어떻게 성취되었는지를 충분히 확인할 수가 있다. 신학자들 중에는 마태복음 24장에 예고된 대환난이 주후 70년 유대 멸망으로 완전 성취되었다고 해석하는 이들이 있다.[666]

그러나 마 24장은 유대 전쟁사에서 모두 성취되고 마는 예언이 아니라고 필자는 생각한다. 4-28절의 강론에 이어지는 29-31절에서 예수님은 곧 바로 세상의 종말과 자신의 재림에 관해 말씀하시는 것을 우리는 보게 된다.

> 그 날 환난 후에 즉시 해가 어두워지며 달이 빛을 내지 아니하며 별들이 하늘에서 떨어지며 하늘의 권능들이 흔들리리라. 그 때에 인자의 징조가 하늘에서 보이겠고 그 때에 땅의 모든 족속들이 통곡하며 그들이 인자가 구름을 타고 능력과 큰 영광으로 오는 것을 보리라. 그가 큰 나팔소리와 함께 천사들을 보내리니 그들이 그의 택하신 자들을 하늘 이 끝에서 저 끝까지 사방에서 모으리라.[667]

---

665 Flavius Josephus, *The Jewish War*, Loeb Classical Library, 3 vols. (Cambridge: Harvard University Press, 1927). 이 판본의 장점은 헬라어-영어 대역본이라는 점이다. 국내에는 헬라어 원본에서 번역된 역본이 존재한다: 박찬웅, 박정수 역, 『유대 전쟁사』, 전2권 (파주: 나남출판, 2008). 요세푸스의 책은 총 7권으로 구성되어 있다: 제1권 안티오쿠스 에피파네스의 예루살렘 침공에서부터 헤롯 왕의 죽음까지, 제2권 전쟁발발과 베스파시아누스가 파견되기 직전까지, 제3권 베스파시아누스의 갈릴리 진격과 요타파타의 함락, 제4권 가말라 공격과 예루살렘을 향한 티투스의 진군, 제5권 가말라 포위공격부터 티투스가 예루살렘으로 진군하기까지, 제6권 포위된 유대 저항군의 비참한 상황과 티투스의 예루살렘 정복, 제7권 마사다의 최후 저항 및 그후의 일들.

666 감람산 강화에서 예고된 대환난은 주후 66-70년 사이에 일어난 유대전쟁과 멸망에서 모두 성취되었다고 주장하는 이들 가운데는 국내에도 소개된 William R. Kimball, What the Bible Says about the Great Tribulation, 김재영 역, 『당신의 대환난 개념 전통적인가, 성경적인?』(서울: 나침반, 1988)이 있다. 또한 후천년설과 결부된 완전 성취론자들의 경우 그렇게 해설하며, 부분 성취론자들도 어느 정도 그 해석에 동의한다.

667 마 24:29-31, NA 28- "Εὐθέως δὲ μετὰ τὴν θλῖψιν τῶν ἡμερῶν ἐκείνων ὁ ἥλιος σκοτισθήσεται, καὶ ἡ σελήνη οὐ δώσει τὸ φέγγος αὐτῆς, καὶ οἱ ἀστέρες πεσοῦνται ἀπὸ τοῦ οὐρ-ανοῦ, καὶ αἱ δυνάμεις τῶν οὐρανῶν σαλευθήσονται. καὶ τότε φανήσεται τὸ σημεῖον τοῦ υἱοῦ τοῦ ἀνθρώπου ἐν οὐρανῷ, καὶ τότε κόψονται πᾶσαι αἱ φυλαὶ τῆς γῆς καὶ ὄψονται τὸν υἱὸν τοῦ ἀνθρώπου ἐρχόμενον ἐπὶ τῶν νεφελῶν τοῦ οὐρανοῦ μετὰ δυνάμεως καὶ δόξ-ης πολλῆς· καὶ ἀποστελεῖ τοὺς ἀγγέλους αὐτοῦ μετὰ σάλπιγγος μεγάλης, καὶ ἐπισυνά-ξουσιν τοὺς ἐκλεκτοὺς αὐτοῦ ἐκ τῶν τεσσάρων ἀνέμων ἀπ' ἄκρων οὐρανῶν ἕως [τῶν]ἄκρων αὐτῶν."

예수님은 "그 날 환난 후에 즉시"(Εὐθέως δὲ μετὰ τὴν θλῖψιν τῶν ἡμερῶν ἐκείνων)라는 말로 앞의 강론과 뒤의 강론을 연결해 주셨다. 29-31절을 유대 전쟁사에서 성취되었거도 부분 혹은 완전 성취론자들은 주장하지만, 이 본문은 분명히 마지막 그 날에 일어날 주님의 영광스러운 재림을 묘사하고 있음에 틀림 없다. 그렇다면 앞에서 본 4절-28절에 기록된 유대 전쟁사에서 성취될 대환난과 어떻게 연결되는 것일까? 여기서 우리는 예언적 원근법(prophetic foreshortening)의 해석 원리를 이해할 필요가 있다.[668] 분명 4절-28절의 예언 혹은 강론의 첫 번째 문자적인 성취는 요세푸스가 기록하고 있는 유대 전쟁사에서 기록하고 있는 주후 66년-70년의 예루살렘 멸망이라고 할 수가 있다. 당시 초대 교회는 예수님의 경고대로 요단강 건너 펠라(Pella) 지역으로 피신하여 위기를 모면하였다고 전해 진다. 그러나 예언적 원근법에 따르면 4절-28절의 내용은 유형론적으로 초림과 재림 사이의 시대에 적용이 되며, 특히 예수님의 재림 직전에 성취될 일이기도 하다고 본다.[669] 즉, 예수님은 1세기 유대 상황뿐 아니라, 모든 시대의 교회가 대환난을 경험하며, 특히 재림 직전의 교회들이 대환난을 겪을 것이라는 점을 원근법적으로 말씀해 주신 것이다. 재림을 가리키는 29절을 시작하시면서 "그 날 환난 후에 즉시"라는 표현을 통해서 이러한 원근법적 이해의 정당성을 근거지워 주신다.

---

668 Hoekema, The *Bible and the Future*, 149: "In the Olivet Discourse, therefore, Jesus is proclaiming events in the distant future in close connection with events in the near future. The destruction of Jerusalem which lies in the near future is a type of the end of the world; hence the intermingling. The passage, therefore, deals neither exclusively with the destruction of Jerusalem nor exclusively with the end of the world; it deals with both—sometimes with the latter in terms of the former." 또한 Ridderbos, *The Coming of the Kingdom*, 525를 보라.

669 "William Hendriksen suggests that the Great Tribulation need not come over the entire world at the same time, but may already be experienced by Christians who are being persecuted for their faith in countries controlled by anti-Christian governments." (Hendriksen, *The Bible on the Life Hearafter*, 127; Hoekema, *The Bible and the Future*, 151에서 재인용).

3.1.2. 7년 대환난이 종말에 있는가?

성경은 재림 전에 복음과 성령의 역사에 의해서 황금 시대가 올 것이라고 하는 후천년설적인 기대를 용인하지 않는다. 오히려 마지막 때가 될수록 더욱더 환난과 박해가 심해질 것임을 예고하고 있다. 결코 개선(getting better)을 약속하지 않으며 오히려 개악(getting worse)의 상황을 예고하신다. 따라서 신자들은 경건하게 살면 살수록 환난을 각오해야 한다. 바울은 디모데후서 3장 10절-13절에서 다음과 같이 믿음의 아들 디모데에게 경고를 발한다.

나의 교훈과 행실과 의향과 믿음과 오래 참음과 사랑과 인내와 박해를 받음과 고난 또한 안디옥과 이고니온과 루스드라에서 당한 일과 어떠한 박해를 받은 것을 네가 과연 보고 알았거니와 주께서 이 모든 것 가운데서 나를 건지셨느니라. 무릇 그리스도 예수 안에서 경건하게 살고자 하는 자는 박해를 받으리라. 악한 사람들과 속이는 자들은 더욱 악하여져서 속이기도 하고 속기도 하나니[670]

예수님께서는 이 종말론적인 상황을 "그러나 인자가 올 때에 세상에서 믿음을 보겠느냐"(눅 18:8하)는 충격적인 말씀으로 표현해 주셨다.[671] 이처럼 성경에 의한다면 말세지말의 상황이 더욱 더 신앙 생활하기에는 어려운 환경이 될 것임이 명약관화해진다. 이러한 관점을 강력하게 표현하는 것이 세대주의자들이 주장한 7년 대환난설이다.[672] 7년 대환난이라는 용어 자체는 성경에서 발견할 수가 없고, 주장하는 이들은 다니엘서와 요한계시록에 나오는 숫자들(삼년 반, 1260일, 1335일, 한 때와 두 때와 반 때 등)을 조합하여

---

670 변종길 교수는 다음과 같이 적실하게 말해 준다: "따라서 환난은 초대교회에 이미 있었으며 아담의 타락 이후 이 세상에 계속 진행되어 오는 것이었음을 알 수 있다(창 5:29, 마 10:16, 요 16:33, 딤후 3:12 등). 이런 맥락에서 사도 바울은 현재적 의미에서의 '환난'에 대해 많이 말한다(롬 8:18,35,36, 고후 1:4,8, 2:4, 4:17, 6:4, 7:4, 8:2, 엡 3:13, 빌 4:14, 살전 1:6, 3:3,7, 살후 1:4)."(https:// www.kts.ac.kr/ home/research/86?page=5. 2025.1.30.접속).
671 눅 18:8하, NA 28- "πλὴν ὁ υἱὸς τοῦ ἀνθρώπου ἐλθὼν ἆρα εὑρήσει τὴν πίστιν ἐπὶ τῆς γῆς;"
672 역사적 전천년설을 주장하는 이광복 목사와 정성욱 교수도 7년 대환난을 말한다: 이광복, 『성경 종말론』, 261-367. 덴버 신학교 조직신학 교수이자 역사적 전천년설을 표방하는 정성욱 교수 역시도 『정성욱 교수의 밝고 행복한 종말론』 (남양주: 눈출판, 2017)에서 7년 대환난이 말세에 있다고 주장한다.

7년 대환난을 주장한다. 또한 7년 대환난의 전거구절로 중시하는 것은 다니엘 9장 23절-27절에 기록된 70이레(Seventy Weeks)에 관한 예언중 마지막 70번째 이레에 관한 구절이다.

> 그가 장차 많은 사람들과 더불어 한 이레 동안의 언약을 굳게 맺고 그가 그 이레의 절반에 제사와 예물을 금지할 것이며 또 포악하여 가증한 것이 날개를 의지하여 설 것이며 또 이미 정한 종말까지 진노가 황폐하게 하는 자에게 쏟아지리라 하였느니라 하니라.

또는 요한계시록에 나오는 숫자들을 조합하여 7년 대환난을 말하기도 하는데, 이에 대해 알렉산더 스튜어트의 반박하는 내용은 다음과 같다.

> 놀랍게 들릴 수도 있겠지만 요한계시록은 7년 환난에 대해 전혀 언급하지 않는다. 대신 요한의 환상에는 3년 반 동안의 핍박 기간이 5회에 걸쳐 언급되어 있다(11:2[42개월], 3[1,260일]; 12:6[1,260일]; 12:14 [한 때와 두 때와 반 때]; 13:5[42개월]). 환상들을 연대순으로 읽으려 한다면 17년 반 동안의 박해가 나오게 된다.[673]

숫자로 말한다고 해도 7년 대환난은 임의적으로 짜맞춘 것이며, 3년 반이라고 하는 시간이 강조되는데 이는 교회사 기간 전체를 가리킨다고 보는 것이 적절하다.[674] 변종길 교수는 요한계시록에서 사용된 숫자들의 의미와 관련하여 다음과 같이 적실하게 해석해 준다.

> 성경에서 '칠(7)'은 완전수이며, 따라서 그 절반인 '3과 1/2'은 환난의 때를 상징한다(계 11:9, 12:14; 단 7:25, 12:7; 약 5:17). 그래서 '한 때와

---

673 Alexander Stewart, *Reading the Book of Revelation: Five Principles for Interpretation*, 윤석인 역. 『요한계시록 어떻게 읽을 것인가』 (서울: 부흥과개혁사, 2024), 51.
674 Stewart, *Reading the Book of Revelation: Five Principles for Interpretation*, 윤석인 역. 『요한계시록 어떻게 읽을 것인가』, 52-54. 스튜어트는 134쪽에서 "요한계시록에서 '큰 환난'이라는 어구는 7년이라는 기간을 가리키는 기술적인 표현이 아니라, 그보다 예수의 부활과 재림 사이의 전 기간을 큰 환난의 시기로 묘사"한 것이라고 말하기도 한다.

두 때와 반 때'(계 12:14)는 교회가 사탄의 핍박으로 말미암아 당하는 '환난의 기간'을 가리킨다(cf. 계 11:9). 따라서 이 기간은 재림 직전의 특정한 기간 곧 문자적 의미의 '3년 반'을 의미하는 것이 아니라 교회 시대 전체에 해당되는 표현이다. 교회시대 전체를 통해 교회는 환난과 핍박을 당한다. 그러나 이 기간 동안에 교회는 하나님의 도우심과 간섭으로 안전하게 보호된다(계 12:13-17).

이런 의미에서 이방인들이 거룩한 성(교회)을 '마흔 두 달' 동안 짓밟을 것이라고 한다(계 11:2). '마흔 두 달'은 3년 반이며, 이것은 7년의 절반 곧 환난의 기간을 의미한다(cf. 계 13:5). 그런데 '두 증인'(두 선지자 = 복음을 전하는 교회)은 굵은 베옷을 입고 '일천 이백 육십 일'을 예언할 것이라고 한다(계 11:3). '1260일'(1080일 + 180일)은 42개월이며 3년 반이다. 따라서 '환난의 기간'과 같은데, 이 기간은 또한 '복음 전파의 기간'이기도 하다. 복음 전파는 주님 오실 때까지 교회시대에 항상 있는 것이므로(마 24:14, 행 1:8, 딤후 4:2), '1260일'은 곧 교회시대 전체를 가리키는 것이다. 따라서 교회시대 전체가 환난의 기간인데, 이런 환난 가운데서도 복음을 전하는 것(예언하는 것)이 교회의 사명이다(계 10:11). 같은 기간을 가리킴에도 불구하고 '마흔 두 달'로 말하지 않고 '1260일'로 말한 것은 복음은 날마다 전해야 하는 것이기 때문으로 생각된다.[675]

따라서 7년 대환난 기간 동안 모두 일어난다고 해석되는 7인- 7나팔- 7대접 재앙들(계 6장-16장)은 교회사 전 기간 동안 반복적으로 경험되어지는 박해와 환난에 대한 것임을 이해하는 것이 중요하다.[676] 우리는 초대교회 250년간 10대에 걸쳐 경험했던 엄청난 박해들이나 종교개혁 시기에 복음주의 신앙을 따르던 신자들의 순교와 수난사를 결코 간과해서는 안된다. 리더

---

675 https:// www.kts.ac.kr/home/research/86?page=5. (2025.1.30.접속).
676 요한계시록 6장-16장에 대한 실제적인 본문 해설은 이상웅, 『개혁주의 종말론에 기초한 요한계시록 강해』, 241-521을 보라.

스다이제스트에 의하면 20세기에 박해 받은 이가 1900년 동안 박해 받은 이보다 더 많다는 기록도 있다. 그리고 필자가 본서를 집필하던 2025년도 현재 상황은 어떠할까? 종교의 자유가 보장되어 있는 남한의 상황에서는 노골적인 박해와 환난의 상황이 적을 수 있지만, 중국과 북한의 지하 교회, 이슬람 국가, 힌두교 국가나 정통 유대교 사회에서 그리스도인은 박해의 대상이고, 심지어 순교의 대상이다. 2025년 1월 15일 오픈도어 선교회가 '2025년 기독교 박해국 목록'(World Watch List)을 발표했는데, 다양한 통계중에 주목할만한 몇 가지만 선별해서 소개해 보겠다.

> 신앙 때문에 살해된 기독교인의 총 수는 2023년 4,998건에서 2024년 4,476건으로 감소했다... 교회 또는 공공 기독교 시설이 다양한 형태의 공격을 받은 총 건수는 2023년 14,766건에서 2024년 7,676건으로 줄었다... 기독교인이 신앙과 관련된 이유로 신체적 또는 정신적 학대를 당한 사례는 2023년 42,849건에서 2024년 54,780건으로 증가했다... 폭력과 압박 등 신앙과 관련된 이유로 집을 떠나거나 국내로 숨어야 했던 기독교인의 수는 2024년 183,709명으로, 2023년 278,716건보다 감소했다.[677]

이처럼 초림에서 재림까지 말세(the end times)를 살아가는 지상 교회의 조건은 환난과 박해 속에서 복음이 전해지고 교회가 세워져 가는 긴장의 시간이다. 무천년설을 대변했던 존 칼빈이 그가 이해하는 천년의 의미를 "교회의 영원한 복락이 아니라, 오로지 교회가 여전히 땅에서 수고를 계속하는 동안에 감당해야 할 남아 있는 각종 난관들을 지칭할 뿐"이라고 해설해 준 이유이기도 하다.[678] 헤르만 바빙크는 초림과 재림 사이의 교회가 어떠한 세

---

677 크리스천투데이 인테넷 판 기사(https://www.christiantoday.co.kr/news/366083?fbclid= IwY2xjawIFNhZleHRuA2FlbQIxMQABHT3QScjEdfPJoesiceqbF45cq6cLUi7GIZ_l3g1cGCbC4QAqr6 achbtaJw_aem_CgPqBPL_mzhjz5UqaUM6Fg, 2025.1.30.접속).
678 Calvinus, *Institutio*, 3.25.5(=『기독교 강요』, 3:809). 칼빈이 제시해 준 천년기에 대한 정의는 생경할 수있지만, 데이비스는 칼빈의 천년기론은 아우구스티누스적인 노선을 따르고 있음을 다음과 같이 논증해 준다: "Yet it is clear that he joined Augustine in his conviction that the 'thousand years' were meant to be a general term depicting the Church Age in which the gospel advance was effected through toilsome progress against adversaries and under the chastening

상적 반응을 겪으면서 전진할 것인지를 다음과 같이 잘 적시해 준다.

> 심지어 십자가의 복음이 널리 퍼짐에 따라 세상의 적대감도 그만큼 드러나게 되리라는 것이 신약 성경이 지속적으로 내다보든 기대다... 그리스도의 재림 전 마지막 때에, 사람들의 악함은 두려울 정도로 치솟을 것이다. 노아의 시대가 돌아올 것이다. 정욕, 감각적 쾌락, 무법, 탐욕, 불신, 교만, 조롱, 비방이 끔찍하게 일어날 것이다(마 24:37이하; 눅 17:26이하; 딤후 3:1; 벧후 3:3; 유 18).[679]

3.1.3. 교회는 환난을 면제 받는가?

세대주의자들의 일관된 종말론 도식에 의하면, 교회는 말세지말에 일어날 7년 대환난에 참여하지 아니하고, 공중에 비밀 휴거되어 7년 혼인잔치를 누리게 된다고 한다.[680] 환난전 휴거론자들이 주장하는 근거로는 누가복음 21장 34-36절, 요한계시록 3장 10-11절, 이사야 24장 13절, 26장 19-21절, 데살로니가전서 5장 1-3절, 요한계시록 7장 9-14절과 12장 12절-13절, 누가복음 12장 37-40절 등인데, 어떤 구절도 말세지말의 교회나 온 성도들이 환난에서 면제되어 휴거된다는 말씀이 없다. 또한 성경은 교회에 대해 무조건인 환난 면제를 약속하신 적이 없다. 심지어 그러한 주장을 정당화해 주는 것처럼 읽혀지기도 하는 요한계시록 3장 10-11절도 그런 근거가 되지 못한다.

---

hand of the Father... But the essence of the millennium was the two-fold experience of the Church: victorious though invisible advance through costly suffering. This is hardly what most millennialists have in mind when they think of the millennium."(Davis, "A New Assessment of John Calvin's Eschatology," 246).

679 Bavinck, 『개혁교의학』, 4:800-801. 바빙크는 아날로그 시대에 살면서 성경에 대한 바른 이해에서 이러한 해설을 해주었는데, 디지털 혁명 시대에 살고 있는 우리들은 유튜브나 대중 매체들을 통해서 이러한 악화일로에 있는 말세의 상황을 오감으로 체감하고 있다.

680 Charles C. Ryrie, *Dispensationalism*, revised and expanded (Chicago: Moody Pub., 2007), 172-173; Craig Blaising, "Pretribulation Rapure," in: Stanley N. Gundry and Alan Hultberg (eds.), *Three Views on the Rapure* (Grand Rapids: Zondervan, 2010), 25-73(= 김석근 역, 『휴거 세 가지 견해』 [이천: 성서침례대학원대학교출판부, 2019]).

네가 나의 인내의 말씀을 지켰은즉 내가 또한 너를 지켜 시험의 때를 면하게 하리니 이는 장차 온 세상에 임하여 땅에 거하는 자들을 시험할 때라. 내가 속히 오리니 네가 가진 것을 굳게 잡아 아무도 네 면류관을 빼앗지 못하게 하라.[681]

예수님은 작은 능력을 가지고도 충성을 다한 빌라델비아 교회 성도들에게 환난을 면제해 주겠다고 약속하신 것이 아니다. 어떠한 환난이 닥쳐 오더라도 넉넉히 감당할 힘을 주시겠다는 의미인 것이다.[682]

앞서도 살펴 본대로 7년 대환난이라는 프레임 자체가 성경적으로 근거가 없다. 교회는 초대 교회 때부터 지금까지라도 크고 작은 환난을 겪어야 했고, 앞으로 말세지말에 있을 대환난도 통과해야 한다. 물론 말세지말에 일어날 환난이 모든 곳에서도 동일한 강도로 임하는 것인지는 우리가 알지 못한다. 다만 어느 시대나 이 세상의 속성은 하나님을 대적하고, 복음을 싫어하기 때문에 복음을 바로 전하는 교회나 신자들은 각종 환난, 고난, 궁핍 등을 겪을 수밖에 없다는 것이다. 우리는 다음의 말씀들을 명심하고 각자의 사역에 힘쓰는 것이 필요하다고 생각된다.

> 이것을 너희에게 이르는 것은 너희로 내 안에서 평안을 누리게 하려 함이라 세상에서는 너희가 환난을 당하나 담대하라 내가 세상을 이기었노라(요 16:33).

> 선을 행함으로 고난 받는 것이 하나님의 뜻일진대 악을 행함으로 고난 받는 것보다 나으니라... 사랑하는 자들아 너희를 연단하려고 오는 불

---

681 계 3:10-11, NA 28-"ὅτι ἐτήρησας τὸν λόγον τῆς ὑπομονῆς μου, κἀγώ σε °τηρήσω ἐκ τῆς ὥρας τοῦ πειρασμοῦ τῆς μελλούσης ἔρχεσθαι ἐπὶ τῆς οἰκουμένης ὅλης πειράσαι τοὺς κατοικοῦντας ἐπὶ τῆς γῆς. ἔρχομαι ταχύ· κράτει ὃ ἔχεις, ἵνα μηδεὶς λάβῃ τὸν στέφανόν σου."
682 그레고리 비일은 재림 직전에 대환난과 휴거가 있다고 하는 세대주의자들의 틀에 반대하면서, 오히려 본문에서 말하는 고통의 때란 "이미 시작된 종말의 환난"(inaugurated end-time tribulation)을 의미한다고 정해해 준다(Beale, *The Book of Revelation*, 292). 이필찬은 또한 본문에서 고통의 시간으로부터 지켜 주시겠다는 예수님의 약속은 "이러한 환난의 때에 ... 육체적으로 면하게 해주실 것을 의미하지 않고 영적으로 그들을 보호해 주신다"는 의미라고 바르게 해석해 준다(이필찬, 『에덴회복의 관점에서 읽은 요한계시록 1-11장』 [용인: 에스카톤, 2021], 389).

시험을 이상한 일 당하는 것 같이 이상히 여기지 말고 오히려 너희가 그리스도의 고난에 참여하는 것으로 즐거워하라 이는 그의 영광을 나타내실 때에 너희로 즐거워하고 기뻐하게 하려 함이라. 너희가 그리스도의 이름으로 치욕을 당하면 복 있는 자로다 영광의 영 곧 하나님의 영이 너희 위에 계심이라(벧전 3:17; 4:12-14).

3.1.4. "짐승의 수 666"(계 13:18)은 무엇을 가리키는가?

세대주의자들 중 어떤 이들은 과거 바코드를 짐승의 수라고 우기다가 현재는 베리칩이 666이라고 하면서 절대로 이식해서는 안 된다고 주장하여 혼란케 하고 있다. 이 666이 나오는 요한계시록 13장 18절에 대한 필자의 강해 내용을 소개하고자 한다.[683]

짐승의 수 666

16절 이하에 보면 땅에서 올라온 짐승이 사용하는 전략을 소개해 줍니다. 그것은 바로 "그가 모든 자 곧 작은 자나 큰 자나 부자나 가난한 자나 자유인이나 종들에게 그 오른손에나 이마에 표를 받게 하고 누구든지 이 표를 가진 자 외에는 매매를 못하게"하는 것입니다(16,17절). 작은 자나 큰 자나 부자나 가난한 자나 자유인이나 종들이라는 구절은 각 사회 계층의 양극단을 망라하여 모든 종류의 사람을 표현하는 것입니다. 그런데 짐승이 그들에게 어떻게 한다고 하는지를 주목해 봅시다. 짐승은 자유자나 종들의 오른손이나 이마에 표를 받게 한다고 했습니다. 그래서 이 표를 가지지 않은 사람은 거래도 할 수 없게 해서 정상적인 사회생활, 경제활동을 할 수 없게 만들 것이라고 했습니다.

오른손과 이마에 표를 준다고 했고, 17절하 반절에 보시면 "이 표는 곧 짐승의 이름이나 그 이름의 수라."고 말씀하고 있습니다. 세대주

---

683 이상웅, 『개혁주의 종말론에 기초한 요한계시록강해』, 425-428.

자들은 오른손과 이마에 받는 짐승의 표를 오늘날 상품에 찍는 바코드가 아니겠느냐고 가르쳤습니다. 그러나 사도 요한이 살았던 시절에서 보자면 이것은 넌센스입니다. 혹은 요즘은 베리칩이 짐승의 표라고 주장하는 이들이 있습니다. 그러나 당시의 역사적인 배경에 비추어 본문을 이해하는 것이 순리적입니다. 당시에는 짐승들에게 낙인을 찍듯이 노예에게 낙인을 찍었고 어떤 단체에 가입을 하게 되면 역시 그 단체를 표시하는 독특한 형태의 낙인을 찍어 주었습니다. 그렇게 해서 소유권을 분명히 표시했습니다. 우리가 7장에서 하나님의 천사들이 하나님을 믿는 백성들의 이마에도 인을 치는 것을 보았습니다. 사탄과 그 하수인인 둘째 짐승도 하나님의 사역을 모방하는 것입니다. 그렇게 해서 두 종류의 인맞은 자들로 인류는 갈라지는 것입니다. 하나님의 인을 받은 자와 사탄의 인을 맞은 자 등입니다. 누구의 인을 가지고 있는가를 보고 소속을 확인할 수 있는 것입니다.

그렇다면 질문을 던져 보십시다. 짐승의 표가 의미하는 바가 무엇일까요? 사도요한은 17절하 반절에서 "이 표는 곧 짐승의 이름이나 그 이름의 수라."고 말한 후에, 18절에서는 "지혜가 여기 있으니 총명한 자는 그 짐승의 수를 세어 보라. 그것은 사람의 수니 그의 수는 육백육십육이니라."라고 말씀하고 있습니다. 그러니까 표에는 짐승의 이름이 새겨져 있다는 말이지요. 그리고 그 이름을 공개적으로 밝히지 아니하고 지혜롭고 총명하거든 짐승의 숫자를 한 번 세어보라. 이는 사람의 수니, 즉 사람의 이름이니 그 숫자는 666이라는 것입니다. 이것이 무슨 말인지를 이해하기 위해서는 고대 시대 사람들이 숫자를 가지고 사람 이름을 표현하는 암호 표기법인 게마트리아(gematria)를 사용했다는 것을 알 필요가 있습니다. 우리들은 편리한 아라비아 숫자를 사용하고 있습니다만, 당시에는 서양에서는 쓰이지 아니하였고, 알파벳을 가지고 숫자 표기를 했습니다. 우리나라 알파벳 같으면 ㄱ 은 1이고, ㄴ 은 2 이런 식이 되는 것입니다. 그렇게 알파벳을 가지고 숫자를 매겼고, 숫자는 반대로 알파벳으로 환산이 가능했습니다. 그래서 폼페이에 남아있는 비문에 보면 "나는 545수의 여인을 사랑한다"는 말이 남아있습니다.

666이라는 숫자가 누구를 가리키는지에 대해서 많은 논쟁이 있어왔습니다만, 앞서 말씀드린 게마트리아에 의하면 네로 카이사르의 숫자입니다. 즉, 네로 황제의 이름을 숫자로 표기하면 666이 된다는 것입니다. 게마트리아에 익숙한 당시 초대 교회 성도들 입장에서는 666하면 네로 황제를 의미한다는 것을 알 수가 있었습니다. 그리고 단순히 네로 한 개인만을 의미하는 것이 아니라 그런 유의 모든 황제들을 가리키고, 나아가서는 자신을 신이라고 생각하면서 숭배를 요구하는 일본 천황이나 북한의 김일성 같은 독재자들도 가리킨다고 볼 수 있습니다. 그리고 말세지말에 나타나게 될 적 그리스도의 숫자이기도 합니다. 좀 더 영적으로 해석하는 헨드릭슨에 의하면 6은 완전수에 해당하는 7에 하나가 모자라는 것인데 666이라고 했으니 거듭 반복되는 실패를 함의한다고 해설했습니다. 짐승이 그의 목적을 수행함에 있어서 계속 실패하고 있는 것을 상징합니다. 토런스는 말하기를 "이 악의 삼위일체인 666은 성삼위의 777을 흉내 내지만 항상 모자란다."라고 해설했습니다.

그러면 이제 정리를 해 보겠습니다. 666은 휴거론자들이 말하는 바코드를 가리키는 것이 아닙니다. 하나님의 교회를 박해하고 믿는 자들을 잔멸하려고 했던 로마 황제나 독재자들과 같은 적그리스도 세력을 가리킵니다. 로마 시대에는 황제 숭배를 하고 나면 황제의 이름으로 된 증명서를 주었습니다. 그래서 이 증명서를 받아야 오늘 본문 16, 17절에 말하는 것처럼 정상적인 사회생활과 경제활동을 할 수 있었습니다. 그럴 때에 황제 숭배를 거부하는 그리스도인들은 어떻게 될까요? 사회적으로 왕따를 당하게 되고, 잡히면 말할 수 없는 큰 고통을 당하다가 죽게 됩니다. 어느 시대나 이런 식의 검열 방식들은 존재했습니다. 우리의 생계 문제나 생존권을 쥐고 하나님을 부인하고 우상을 숭배하게 만들려는 방식들은 시대마다 다양했습니다.

3.2. 배교(Apostasy)

교회와 신자들을 위협하는 것은 환난과 박해만이 아니다. 이것을 불같은 시험 또는 사자처럼 다가오는 위협이라고 한다면, 오히려 더 위험한 것은 구미호처럼 다가오는 유혹과 배교의 위험이다. 물론 환난과 박해에 의해서도 배교에 이르게 할 수 있지만, 현재 남한 교회를 위협하고 있는 것은 오히려 세속주의라고 할 수가 있다. 종교 개혁자 마르틴 루터는 "박해가 전혀 없는 것이 완벽한 박해다."(*Nula persecutio tota persecutio*)라거나[684] 시편 91편 7절 상반절("천 명이 네 왼쪽에서, 만 명이 네 오른쪽에서 엎드러지나")에 대한 해석에 있어서 우리가 형통할 때가 환난중에 있을 때 보다 10배나 더 넘어지기 쉽다고 경고하기도 했다. 우리 주님은 감람산에 앉아서 제자들에게 종말론을 강론하시면서 어떻게 말세를 대비할 수 있는지에 대해서 누가복음 21장 34절 이하에서 다음과 같이 말씀해 주셨다.

> 너희는 스스로 조심하라 그렇지 않으면 방탕함과 술취함과 생활의 염려로 마음이 둔하여지고 뜻밖에 그 날이 덫과 같이 너희에게 임하리라. 이 날은 온 지구상에 거하는 모든 사람에게 임하리라. 이러므로 너희는 장차 올 이 모든 일을 능히 피하고 인자 앞에 서도록 항상 기도하며 깨어 있으라 하시니라(눅 21:34-36).

여기서 "방탕함과 술취함과 생활의 염려"(ἐν κραιπάλῃ καὶ μέθῃ καὶ μερίμναις βιωτικαῖς)는 실제적인 방탕함과 알콜 중독과 같은 것을 함의하고 있기도 하지만 일반화해서 말하자면 "무절제(8:14; 12:45-46)와 삶의 염려(8:14; 14:15-24; 17:26-27, 28-30)"를 의미한다.[685] 이러한 무절제한 삶과 삶에 대한 지나친 염려는 우리의 심령을 둔감하게 만들어서 우리의 신앙의 열정을 감소시키기 때문에 위험하다. 오늘 우리는 신앙 혹은 종교의 형식은 가지고 있으나

684　Martin Luther, WA 3, 424.11-14.
685　강대훈, 『누가복음』 (서울: 홍성사, 2022), 434-435: "은유적으로 폭음과 술 취함은 사치와 방탕과 무절제한 태도를 의미한다(예, 16:19). 이와 같은 태도를 가진 사람은 마음의 초점이 진리를 향하지 않은 채 과도한 욕망에 이끌려 살면서 잘못된 길을 가게 된다."

그 열정은 잃어버리기 쉬운 시대에 살아가고 있다. 이러한 배교 또는 배도의 위험성에 한국 교회는 경각심을 가져야 할 때라고 생각한다.

3.2.1. 데살로니가후서 2장 3절

바울은 데살로니가후서 2장 3절에서 "누가 어떻게 하여도 너희가 미혹되지 말라. 먼저 배교하는 일이 있고 저 불법의 사람 곧 멸망의 아들이 나타나기 전에는 그 날이 이르지 아니하리"라고 경고해 준다.[686] 바울은 주님의 날 즉, 재림의 때가 오기 전에 먼저 일어날 일들에 대해서 명시적으로 알려준다. 어떤 말로 미혹하여도 미혹에 빠지지 말 것은 주님이 오시기 전에 먼저 배교가 있고, 또한 불법의 사람 혹은 멸망의 아들이 와야 한다는 것이다. 배교 혹은 배도(ἡ ἀποστασία, apostasy)라는 것은 믿던 자들이 하나님께 대하여 반항하고 반역하는 것을 가리킨다. 혹은 하나님의 다스림과 권위에 반역하는 것이다. 예수님께서도 마지막 때에 세계적인 대배교가 일어날 것에 대해서 이미 예고한 적이 있다. 코로나 19로 인해 대면 예배가 힘들어지다 보니 참 많은 이들이 교회만 안 나가는 것이 아니라 믿음이 있던 것도 사라지는 것 같은 이들도 보게 된다. 아마도 이 사태가 장기화 되면 많은 이들이 교회를 떠날 가능성이 있을 것이다. 그만큼 믿음이 아니거나 견고하지 못하였기 때문이다. 하지만 마지막 환난의 때가 오면 상상할 수 없을 만큼 대배교가 전세계적으로 일어나게 될 것을 성경은 예고하고 있다.[687]

3.2.2. 디모데후서 3장 1절-12절

배교와 관련하여 우리가 살펴볼 본문은 디모데후서 3장 1-5절이다. 바울은 1절에서 "너는 이것을 알라. 말세에 고통하는 때가 이르리니"라고 시

---

686 살후 2:3, NA 28- "Μή τις ὑμᾶς ἐξαπατήσῃ κατὰ μηδένα τρόπον. ὅτι ἐὰν μὴ ἔλθῃ ἡ ἀπ-οστασία πρῶτον καὶ ἀποκαλυφθῇ ὁ ἄνθρωπος τῆς ἀνομίας, ὁ υἱὸς τῆς ἀπωλείας."
687 서철원 교수는 "전 세계적인 배도"를 신학의 자유주의화와 종교다원주의 등으로 대서특필한다(서철원, 『종말론』, 68-78).

작한다. 말세에 고통하는 때가 온다, 즉 말세로 갈 수록 세상이 좋아지는 것이 아니라 고통하는 때가 올 것이다는 의미이다. 고통하는 때(καιροὶ χαλεποί)라는 말은 어렵고 힘든 때, 인간적으로 견디기 힘들고 버티기 어려운 때라는 말이다. 그리고 말세(ἐν ἐσχάταις ἡμέραις)라는 말은 예수님의 초림으로부터 시작해서 예수님이 재림하시기 전까지의 시기를 가리킨다. 그 중에도 오늘 우리가 사는 시대가 너무 영적으로 어렵고 어려워서 말세지말(末世之末)이라고 표현하는 것이다. 바울 시대나 현재 우리가 사는 시대나 공통적으로 말세이며, 또한 특징은 고통하는 때인 것입니다. 인간적으로 버티기 어려운 시대이고, 오직 영적으로 대처하지 않으면 힘든 때인 것이다.

그렇다면 말세인의 특징이 무엇인지를 확인해 보도록 하자. 바울은 어떤 환경의 어려움 보다는 사람이 악해지기 때문에 고통하는 때가 된다고 밝힌다. 2절에서 4절까지 말세인의 특징을 들었는데, 무려 19가지나 되기에 일일이 다 해석하고 지나갈 수는 없다. 그러나 유의해서 보면 말세인의 특징을 사랑에 두었다는 것을 알 수가 있다. 옛날이나 지금이나 사람들은 사랑을 중요하게 생각해서 추구하고 있는데, 문제는 잘못된 사랑이 불행과 비극의 원인이 된다는 것이다. 바울은 2절에서는 말세인들은 자기를 사랑하고(φίλαυτοι), 돈을 사랑한다(φιλάργυροι)고 밝힌다. 4절에서는 말세인들은 쾌락을 사랑하되 하나님 사랑하기 보다 더 한다(φιλήδονοι μᾶλλον ἢ φιλόθεοι)고 밝힌다. 결국 모든 문제는 자기 사랑, 돈 사랑, 쾌락 사랑에서 비롯된다는 것이다. 말세가 살기 힘든 이유가 바로 이 세 가지 사랑에 의해서 사람들이 휘둘리기 때문인 것이다.

하나님을 먼저 사랑하고 자신을 사랑하고 자신을 사랑하듯이 이웃을 사랑하는 것이 성경적인 사랑의 질서이다. 그런데 말세인들은 자기 사랑을 제일 우선시 한다. 그러다 보니 자기를 사랑해도 바르게 사랑하는 것이 아니라 자신을 망치도록 사랑을 하게 되는 것이다. 쾌락을 추구하고 향락을 취함으로 행복할 수 있다고 생각을 하게 된다. 그러다 보니 그 쾌락 추구를 위해서 돈을 사랑하게 되고, 황금 만능사상에 빠지게 되는 것이다. 오늘날 범죄도 배가 고파서 보다는 비싼 유흥비를 벌고자 하든지 아니면 명품이나 사치스러운 물품을 사기 위해서 범죄하는 경우들이 많아졌는데, 이것이 다 자기 사랑에서 비롯된 것이다. 말세인의 특징들을 다르게 분류해 보면 첫째 자기를 사랑하기 때문에 돈을 사랑하게 되고, 또 자기가 잘난 줄 아는 자랑이 따라온다고 할 수가 있다.

바울은 말세인의 파괴적인 속성들을 여러 가지로 더 적시해 준 후에, 이러한 생지옥이 세상의 현실이기만 한 것이 아니라 종교 세계도 동일하다는 것을 보여주는데로 나아간다. 말세인의 특징을 열거한 후에 사도 바울은 5절에서 "경건의 모양은 있으나 경건의 능력은 부인하니 이같은 자들에게서 네가 돌아서라"고 경고한다.[688] 종교의 모양은 있으되 경건의 능력이 없다는 것은 구약 선지서에서도 자주 꾸짖음의 내용이었다. 사람들이 열심히 짐승 잡아 제사를 지냈지만, 삶에서는 약한 자들을 약탈하고, 사회는 불의가 난무하도록 만들었다. 짐승은 각을 뜨고, 불태워 드리지만, 정작 자기 마음의 욕심은 잡아 죽이지 않기 때문인 것이다. 신약에 기록된 바리새인들 역시도 얼마나 종교 생활을 열심히 했는지를 우리는 기억하고 있다. 그들은 기도도 많이 하고, 금식도 많이 하고, 십일조도 열심히 했다. 그러나 예수님의 책망을 면치 못했다(마 23장). 오늘날 우리의 신앙의 모습은 어떠한가? 경건 혹은 신앙의 모양은 있는데, 능력도 있는가? 죄를 죽이고, 자기 욕심을 죽이고, 옛 사람을 십자가에 못박는 능력을 체험하고 있는가? 자기 고집을 버리고 하나님의 말씀에 순종하게 하는, 사랑하게 하는 성령의 권능을 체험하고 있는가? 경건의 모양만을 가진 자들에게서 바울은 돌아서라고 권한다는 점을 주목해야 한다. 이는 그런 사람들과는 사귀지도 말고, 공동체 가운데서 설치지도 못하게 하라는 것이다.

사도 바울은 디모데가 말세에 살면서 긍정적으로 따라가야 할 모범이 무엇인가 자신의 예를 들고 있다. 10절에는 "나의 교훈과 행실과 의향과 믿음과 오래 참음과 사랑과 인내와"라고 말씀하지요. 바울은 디모데에게 자신이

---

688 딤후 3:5, NA 28- "ἔχοντες μόρφωσιν εὐσεβείας τὴν δὲ δύναμιν αὐτῆς ἠρνημένοι καὶ τού-τους ἀποτρέπου."

가르친 교훈들을 상기시켜 준다. 그리고 자신의 행실을 보라, 즉 바울이 어떻게 살았으며, 행했는지를 보라고 말한다. 그리고 의향이란 것은 바울의 모든 행동과 삶을 움직이게 만드는 내면의 순수한 동기를 말한다. 그리고 믿음은 바울의 신실성을 말하고, 오래 참음이란 복음에 대적하는 자들에 대한 오래 참음이요, 사랑이란 하나님과 사람들에 대한 사랑을 말하고, 마지막으로 인내라는 것은 어려운 환경이나 괴롭히는 사람들에도 불구하고 참고 견디는 것을 말한다. 디모데는 바울을 따라 다니면서 이 모든 것을 보았기 때문에 그것을 본받아 따라 하라고 요청한다.

바울은 또한 11절에서 "박해를 받음과 고난과 또한 안디옥과 이고니온과 루스드라에서 당한 일과 어떠한 박래를 받은 것을 네가 과연 보고 알았거니와 주께서 이 모든 것 가운데서 나를 건지셨느니라"고 말씀한다. 바울이 말하는 안디옥은 비시디아 안디옥을 가리킨다. 그리고 이고니온과 루스드라는 비시디아 안디옥 근처에 있는 곳들이고, 디모데는 루스드라 출신이었다. 사도행전 13장과 14장에서 우리는 바울이 이 지역들에서 어떻게 복음을 전했는지를 확인할 수가 있다. 바울이 당한 일들은 디모데가 친히 보거나 들었던 일들이다. 바울은 복음 전하다가 자신이 당한 핍박과 환난을 기억하게 한다. 말세 사람들이 자기 사랑, 쾌락 사랑, 돈 사랑에 끌려서 살기 때문에 당연히 복음 전하는 자들을 미워하고 싫어하며 핍박할 수 밖에 없다는 것이다. 그러나 중요한 것은 그런 일들에도 불구하고 하나님께서는 바울을 건져 주셨다, 구원해 주셔서 오늘 여기까지 오게 하셨다는 것이다. 바울은 핍박 상황을 맞이하여 움츠려 들고 두려워하는 젊은 사역자 디모데를 이렇게 자신을 바라보게 하고, 본뜨게 함으로써 도와주려고 하는 것이다.

바울은 "무릇 그리스도 예수 안에서 경건하게 살고자 하는 자는 박해를 받으리라"(12절)고 경고한다.[689] 우리가 경험적으로 알고 있듯이, 세상은 양면성을 가지고 있다. 우리가 신앙 생활 제대로 안하고 그러면 예수 믿는 사람들이 그런다고 하면서 조롱하거나 멸시 천대한다. 그러나 신앙 생활 제대로

---

[689] 딤후 3:12, NA 28- "καὶ πάντες δὲ οἱ θέλοντες εὐσεβῶς ζῆν ἐν Χριστῷ Ἰησοῦ διωχθήσο-νται."

하려고 하면 하나님 중심으로 살고자 해서 잘 안 만나 주고, 돈도 잘 못 쓰면 핍박을 가해온다. 결국 세상이 바라는 것은 우리가 자신들을 섬겨 달라는 것이기 때문이다. 자기들에게 시간도 주고, 물질도 내놓으라는 것이다. 그들이 무슨 하나님에 대한 관심이 있어서 그런 것이 아니다. 우리는 이런 세상의 속성에 속지 말아야 한다. 세상 사람 기쁘게 하려고 우리가 하나님께 드려야 할 것들을 도적질하여 내주면 안된다. 주일은 주님의 날이라고 말해야 한다. 헌금하는 일도 하나님 앞에 마땅히 드려야 할 것이라고 선언해야 한다. 경건하게 살고자 하므로 받는 핍박은 이상한 일이 아니다. 영광스러운 일이다. 그리고 주님께서 위로하시는 일이요, 건져주실 것이요, 상주실 일인 것이다.

3.3. 적그리스도 또는 불법의 사람

성경은 환난과 배도의 이면에 있는 적그리스도의 존재를 말한다. 요한은 적그리스도라는 표현을 쓰고, 바울은 불법의 사람이라고 표현한다.[690] 우리는 하나님의 일을 무너뜨리고자 모든 힘을 동원하는 적그리스도에 대해서 살펴 보겠다.

3.3.1. 적그리스도

성경은 적그리스도에 대해 말하는데, 안티크리스토스($\dot{\alpha}\nu\tau\acute{\iota}\chi\rho\iota\sigma\tau\mathrm{o}\varsigma$)라는 헬라어 단어는 요한서신에만 네 번 등장한다.[691] 해당 본문들을 한번 확인해 보도록 하자.

아이들아 지금은 마지막 때라 적그리스도가 오리라는 말을 너희가 들은 것과 같이 지금도 많은 적그리스도가 일어났으니 그러므로 우리가

---

690 박형룡, 『교의신학 –내세론』, 191-192. 그리스도는 자신을 대적할 거짓 선지자와 거짓 그리스도에 대해 경고하시기도 했다(마 7:15; 24:5, 23; 막 13:21-22; 눅 17:23).
691 *BDAG* 91. "Antichrist, adversary of the Messiah, to appear in the last days."

마지막 때인 줄 아노라(요일 2:18)

= "Παιδία, ἐσχάτη ὥρα ἐστίν, καὶ καθὼς ἠκούσατε ὅτι ἀντίχριστος ἔρχεται, καὶ νῦν ἀντίχριστοι πολλοὶ γεγόνασιν, ὅθεν γινώσκομεν ὅτι ἐσχάτη ὥρα ἐσ-τίν."

거짓말하는 자가 누구냐 예수께서 그리스도이심을 부인하는 자가 아니냐 아버지와 아들을 부인하는 그가 적그리스도니(요일 2:22)

= "Τίς ἐστιν ὁ ψεύστης εἰ μὴ ὁ ἀρνούμενος ὅτι Ἰησοῦς οὐκ ἔστιν ὁ Χριστός; οὗτός ἐστιν ὁ ἀντίχριστος, ὁ ἀρνούμενος τὸν πατέρα καὶ τὸν υἱόν."

예수를 시인하지 아니하는 영마다 하나님께 속한 것이 아니니 이것이 곧 적그리스도의 영이니라 오리라 한 말을 너희가 들었거니와 지금 벌써 세상에 있느니라(요일 4:3).

= "καὶ πᾶν πνεῦμα ὃ μὴ ὁμολογεῖ τὸν Ἰησοῦν ἐκ τοῦ θεοῦ οὐκ ἔστιν· καὶ τοῦτό ἐστιν τὸ τοῦ ἀντιχρίστου ὃ ἀκηκόατε ὅτι ἔρχεται, καὶ νῦν ἐν τῷ κόσμῳ ἐστὶν ἤδη."

미혹하는 자가 세상에 많이 나왔나니 이는 예수 그리스도께서 육체로 오심을 부인하는 자라 이런 자가 미혹하는 자요 적그리스도니(요이 7).

= "Ὅτι πολλοὶ πλάνοι ἐξῆλθον εἰς τὸν κόσμον, οἱ μὴ ὁμολογοῦντες Ἰησοῦν Χριστὸν ἐρχόμενον ἐν σαρκί· οὗτός ἐστιν ὁ πλάνος καὶ ὁ ἀντίχριστος."

안티크리스토스(적그리스도)라는 헬라어 단어는 죽산에 의하면 "그리스도의 대신되는 자"라 "그리스도의 모양을 가지되 그에게 반대하는 자" 양자를 의미할 수 있는데, 요한서신에 의하면 후자가 그 의미로 적합하다.[692] 이러한 의미를 생각한다면 적 그리스도는 어느 한 시대에 제한되어 나타나는 것이 아니라 초대부터 재림 직전까지 어느 시대나 존재하는 악한 자들의 우두

---

692 박형룡, 『교의신학 -내세론』, 190-191.

머리나 악한 세력을 가리킨다고 볼 수가 있다. 일단 요한의 맥락에서 본다면 당시 등장하는 이단들 가운데 "예수께서 그리스도이심을 부인하는 자," "예수를 시인하지 아니하는 영," "예수 그리스도께서 육체로 오심을 부인하는 자" 등을 가리킨다. 요한은 자신의 시대에도 이미 많은 적그리스도가 존재한 다고 긍정해 주고 있다.

역사적으로 적그리스도라 할 수 있는 존재들로 초대 교회 250년 동안 박해자들이었던 황제들(네로, 도미티아누스, 디오클레티아누스 등)을 말할 수 있고, 종교개혁 시기에는 로마교황이나, 로마교황 제도라고 보는 것이 일반적이었다.[693] 칼빈은 로마교황을 하나님의 성전에 앉은 적그리스도라 지목했다.[694] 루터 역시도 교황을 "가면을 하고 육체를 가진 사탄" 또는 적그리스도라고 지목했다.[695] 우리가 앞서 살펴본 대로 웨스트민스터 신앙고백서 25장 6항에 보면 교황을 적그리스도라고 동일시하는 명시적 언급을 보게 된다.

> 오직 한 분이신 주 예수 그리스도 이외에는 교회의 머리가 존재하지 않는다. 로마-가톨릭 교회의 교황은 교회의 머리가 될 수 없다. 반그리스도적인 인물로서, 죄악의 사람이며, 파멸의 아들이다. 교회 안에서 그리스도에 대항하여 자신의 위치를 부각시키는 그를 사람들은 하나님이라고 부른다.[696]

이와 같이 교황을 적그리스도나 교황제와 동일시하는 것은 종교개혁자 칼빈과 루터의 전통을 이은 것이다.[697] 16세기 이래로 로마 교회에 대항하여 격렬

---

693 박형룡, 『교의신학 –내세론』, 193. 계 13:18에 있는 짐승의 수 666을 게마트리아(Gematria)에 따라 네로라고 해석하는 사람들도 있다.
694 Calvin, *Institutio*, 4.2.12.
695 서철원, 『종말론』, 92.
696 웨스트민스터 신앙고백 25.6(손달익/조용석 역, 155. 경어체만 수정해서 인용했음). 그리고 이 중 요한 항목의 라틴어 원문은 다음과 같다: "*Ecclesiae caput extra unum Dominum Jesum Christum nullum est; nec ullo sensu caput ejus esse potest Papa Romanus, qui est insignis ille Antichristus, homo ille peccati et perditionis filius; in Ecclesia semet efferens adversus Christum, et supra quicquid dicitur Deus.*"(Schaff, 3:658-659). 웨스트민스터회의에 참석한 신학자들 간에 이러한 분명한 언급을 결정해내기 까지는 다소 논란이 있었던 것으로 보인다(Dixhoorn ed. *The Minutes and Papers of the Westminster Assembly*, 4:21, 111).
697 Hoekema, *The Bible and the Future*, 161-162. 그리고 웨스트민스터 표준문서에 충실하게 신학작업을 했던 조나단 에드워즈 역시도 동일한 입장을 가지고 있었다.

하게 싸워 온 영국 개신교회였기에 교황을 적그리스도로 동일시하는 데 있어서 주저함이 없었다고 볼 수도 있다.[698]

이처럼 적그리스도는 어느 시대나 존재했다. 20세기 들어와서 본다면 레닌, 스탈린, 아돌프 히틀러 나치즘, 북한의 김씨 독재자들 등을 적그리스도적이라고 볼 수가 있다. 현재도 기독교 신앙을 박해하는 이슬람권, 정통 유대교, 북한과 중국 정부 등을 우리는 생각할 수가 있다. 반기독(ἀντίχριστος)적인 존재들은 어느 시대에나 있다. 그러나 마지막 그 적그리스도가 누구인가는 우리가 나타나고, 또 주님의 재림을 맞이해 보았을 때에야 "아, 이 사람이 마지막 적그리스도이겠다"라고 하는 것을 우리가 확인할 수가 있을 것이다. 헤르만 바빙크는 적그리스도의 정체성에 대해 다음과 같이 적시해 준다.

> 성경이 분명하게 가르치는 바, 적그리스도의 세력은 그 자체의 역사를 지니고, 다양한 시대에 다양한 방식으로 나타나며, 마지막에는 보편적 배교 가운데 그리고 현재 아직 그러한 배교를 저지하는 모든 자연적, 도덕적 연관을 파괴함으로써 온전히 발전하며, 그 후에 거짓 교회를 사용하여 세상의 왕국 가운데 구체화되고 이 제국의 머리를 신격화하는 가운데서 스스로를 신격화한다. 이때 그리스도가 직접 나타나 이렇게 마지막으로 최고로 발전한 적그리스도의 세력을 멸망시킨다.[699]

3.3.2. 불법의 사람, 멸망의 아들(살후 2:1-12).[700]

바울은 데살로니가후서 2장에서 적그리스도라는 표현 대신에 불법의 사

---

698 그러나 미국의 정통장로교회(OPC)의 WCF에 따라 번역을 한 예장합동측 헌법에 수록된 신앙고백서(= 신도게요)에서는 교황이 적그리스도라고 하는 명시적인 언급을 삭제하고 "주 예수 그리스도는 교회의 유일하신 머리이시니, 어떤 사람이 그리스도의 대리자요 교회의 머리라고 하는 주장은 비성경적이요, 사실에 근거가 없으며, 주 예수 그리스도에게 욕을 돌리는 권해 침해이다"라고 수정하고 있다. 이와 같은 수정은 미국북장로교회가 1903년에 수정한데서 연유한다. 구프린스턴의 벤저민 워필드와 존 드 위트는 수정안에 대해서 반대했다(Kim Kilsung, "The Controversy on the Confessions in the Early History of the PSUSA," *Chongshin Review*, 19 [2014]: 94; 김홍만, "19세기말 미국장로교회의 웨스트민스터 신앙고백서 개정 논의에 대한 고찰," 「개혁논총」 14 [2010]: 127-165).
699 Bavinck, 『개혁교의학』, 4:805.
700 이 부분은 필자의 『오직 깨어 정신을 차릴지라』, 186-197에 공표된 내용을 수정 보완한 것임을 밝힌다.

람 또는 죄의 사람이라는 표현을 사용하고 있다. 바울은 그리스도의 재림이 임박한 것 아니냐고 요동하는 교인들에게 먼저는 대환난과 대배교가 있고, 불법의 사람이 나타나야 한다고 말해 준다. 불법의 사람은 그리스도와 그리스도인들을 대항하여 역사하는 적 그리스도를 가리킨다. 요한일서에서는 적그리스도라는 표현을 썼지만, 바울은 불법의 사람, 멸망의 아들이라는 표현을 썼다. ESV에 의하면 the man of lawlessness(or sin), the son of destruction(= the son of perdition)이라고 번역했다. 7절에 의하면 이미 그 불법의 비밀이 활동하고 있다고 했으니, 바울 당시대에도 그런 악의 세력은 역사하고 있었다. 그리고 5절에서는 "내가 너희와 함께 있을 때에 이 일을 너희에게 말한 것을 기억하지 못하느냐"라고 말하고 있는 것을 보면, 편지에서는 쓰지 않은 바 정체를 밝히는 이야기를 실제 가르침을 통해 전한 바가 있다는 것이다. 우리는 본문을 주의해서 살펴봄으로 이 불법의 사람의 정체와 활동에 대해서 정리해 볼 수밖에 없다.

(1) 불법의 사람, 멸망의 아들의 정체

바울의 표현하는 바를 주목해서 보면 바울은 적 그리스도에 대해 적어도 세 가지 용어로 표현하고 있다. 먼저는 불법의 사람(ὁ ἄνθρωπος τῆς ἀνομίας)이다. 하나님의 거룩한 의지의 표현이 법이고, 자연법도 있고 성문법도 있다. 특히 성경 말씀이 하나님의 율법이다. 그런데 그러한 하나님의 뜻과 의지를 거부하고 깨트리기 위해 힘쓰는 존재가 바로 불법의 사람인 것이다. 이는 우리의 믿는 신앙만 공격하는 것이 아니라 하나님이 세우신 자연이나 본성의 법칙조차도 여지 없이 깨트려 버리는 것이다. 오늘날 한국에서도 진행되고 있는 각종 반기독교적인 운동이나 법 제정 등을 유의해 본다면 이러한 역사가 이미 시작되고 있는 것 아닌가 우려를 가지게 된다. 또한 바울은 그를 일컬어 멸망의 아들(ὁ υἱὸς τῆς ἀπωλείας)이라고 표현한다. 이는 히브리어 관용어법으로 파멸할 운명을 가진 자라는 의미이다. 그가 등장하여 온 세상을 미혹하고 믿는 자들을 박해하는 일을 주도할 수가 있지만, 결국은 그리스도에 의해 멸망하도록 작정되어 있음을 기억하는 것은 대단히 위로가 되어진다.

세 번째로 이 불법의 사람은 4절에 의하면 "대적하는 자"(ὁ ἀντικείμενος)이다. "그는 대적하는 자라 신이라고 불리는 모든 것과 숭배함을 받는 것에 대항하여 그 위에 자기를 높이고 하나님의 성전에 앉아 자기를 하나님이라고 내세우느니라." 그가 얼마나 대적하여 자신을 높이는지를 보여는데, 소위 신이라고 불리우는 모든 것이나 숭배받는 어떤 것이든지 그 모든 것 위해 자기를 높인다. 세상에 온갖 잡다한 신들이든지, 신이라고 불리우는 존재들 그 위에 자기를 높일 정도의 위세를 가지게 될 것이다. 그래서 심지어는 누구까지 대적하느냐, 우리의 살아계신 삼위일체 하나님 마저도 대적하고 대항하게 될 것이라는 것이다. 4절하 반절에 "하나님의 성전에 앉아 자기를 하나님이라고 내세우느니라."고 하는 말씀이 해석하기에 무척이나 난해한 구절이다. 세대주의자들은 미래의 7년 대환난이 있고, 그 때 유대인들이 예루살렘에 성전을 재건축하고 나면, 그 성전에 자기가 앉아서 자기를 신이라고 하고 경배하게 할 것이라고 문자적으로 해석을 한다. 그러나 이것은 개혁주의적인 해석이 아니다. 왜냐하면 주님의 재림은 공중에 한 번, 지상에 또 한 번 있고, 그 사이에 7년 대환난이 있다고 하는 가르침은 성경적으로 근거가 없기 때문이다. 그 7년 대환난 시작하기 전에 교회는 공중에 비밀 휴거한다는 것도 성경에 없다. 교회도 말세의 대환난을 피할 수가 없음을 기억해야 한다.

물론 이 본문은 역사적인 전례를 가지고 있는 본문이라는 점을 말할 수가 있다. 일단 주전 169년에 시리아 왕 안티오쿠스 에피파네스(Antiochus Ephiphanes IV)가 지성소에 들어가고, 168년에는 그 번제단 위에 제우스 신상을 세우고 돼지를 희생제물로 바침으로 하나님의 전을 더럽힌 적이 있다. 주후 63년 폼페이우스 (Pompeius) 장군도 지성소에 들어감으로 성전을 더럽혔던 적이 있다. 주후 40년 로마황제 칼리굴라(Caligula)는 자기 입상을 성전에 세우려다가 반대에 부닥쳐 포기한 적이 있기도 하다. 소위 이런 역사적인 사례들을 생각해 보면 감히 하나님의 성전에 자기가 앉아서 자신을 신이라고 높힌다고 하는 것이 어떤 것을 말하는지를 알 수가 있을 것이다. 하지만 바울이 예고하는 것은 분명히 미래에 되어질 일이다. 그리고 예루살렘 성전이 문자적으로 재건되고 그 성전안에 또 다시 어떤 강력한 적그리스도가 들어가 앉는다고 하는 식으로 해석할 수가 없다. 그렇게 외형적인 앉음의 문제가 아니라, 하워드 마샬의 해석해 준대로 "어떤 특정한 성전을 염두에 둔 것은 아니지만, 성전에 앉아 하나님이라고 주장한다는 표현이 하나님에 대한 악의 대적을 나타내기 위해 사용"된 것으로 이해하고, 스토트가 말한 것처럼 성전에 앉는다는 것은 건물의 문제가 아니라 "교만과 심지어 신성모독의 상징"으로 생각하는 것이 적절할 것이다.[701]

종합해 보면 불법의 사람 혹은 멸망의 아들은 적그리스도에 대한 다른 표현들인데, 하나님을 대적하고 하나님이 세우신 모든 법을 깨트리는 자를 가리킨다. 이러한 성격의 적그리스도는 초대교회 때 황제들을 통해서 성취되기도 했고, 종교개혁자들이 해석한대로 일면 교황제나 교황을 통해서 성취되기도 했다. 존 스토트의 글을 인용해 본다.

> 그러나 이 모든 것은 수십 세기에 걸쳐 나타난 다른 악한 지도자들과 함께 최종적으로 나타날 불법의 사람 곧 종말론적이지만 또한 역사적인 인물, 불법과 불경함의 결정적인 표현, 궁극적인 반역의 지도자, 재림의 신호의 선봉이 될 그 사람의 선구자 또는 선제 행동이 되어 왔다.[702]

그러나 바울에 의하면 그러한 불법의 사람 혹은 적 그리스도는 아직 오지 않았다고 한다. 그는 그리스도의 재림 전에 나타날 것이기 때문이다.

(2) 현재 불법의 비밀이 역사하고 있으나 장차 불법한 자가 나타날 것이다.

이제 6절 이하를 살펴 보도록 하겠다. 장차 불법의 사람이 나타날 것이라고 말한 후에 바울은 바로 지금 어떤 일이 일어나고 있는가에 대해

701　John Stott, *The Message of 1 & 2 Thessalonians*, 정옥배 역,『데살로니가전후서 강해』(서울: IVP, 2014), 215, 220.
702　Stott,『데살로니가전후서 강해』, 223-224.

서 말해 준다. "너희는 지금 그로 하여금 그의 때에 나타나게 하려 하여 막는 것이 있는 것을 아나니 불법의 비밀이 이미 활동하였으나 지금은 그것을 막는 자가 있어 그 중에서 옮겨질 때까지 하리라." 바울의 말은 이해하기 어렵게 느껴진다. 불법의 비밀이 현재 역사하고 있으나 막는 자가 있다. 그러나 막는 자가 옮겨지는 날이 오고 그러고 나면 불법의 사람이 나타나서 역사할 것이다- 불법의 비밀의 현재도 역사하고 있다. 다만 억제하는 자가 또한 있어서 최종적인 불법의 사람이 못 나타나고 있다는 것이다. 도대체 막는 자가 무엇을 가리키는 것일까? 솔직히 아우구스티누스처럼 우리는 그게 뭔지 모르겠다고 대답하는게 속이 편할지도 모른다.[703] 킴 리들바거의 『적그리스도의 비밀을 파헤치다』는 책에 의하면, 리들바거는 막는 자에 대한 네 가지 해석을 소개해 준다. 1) 유대 공동체 연합 또는 로마 제국, 2) 복음 선포, 3) 성령, 4) 요한계시록의 천사, 하나님의 섭리 혹은 복음 선포 등.[704]

이러한 해석들 가운데 법치국가였던 로마나 정부의 권세로 이해하는 해석이 많은 지지를 받아왔다. 박해 시기에 살았던 테르툴리아누스 같은 교부조차도 막는 자를 로마 정부로 보았다. "법과 질서, 공공의 평안과 정의의 수호자 역할을 하는 모든 국가"는 이러한 불법의 사람이 역사하지 못하도록 막는 역할을 한다. 정부는 롬 13장의 역할을 수행할 수도 있고, 요한계시록 13장에 나오는 짐승에 비유되는 역할을 수행할 수도 있다. 그러나 정상적인 정부는 하나님이 쓰시는 일반은총적인 도구이다. 악을 통제하고, 선을 권장하는 역할을 할 수가 있다. 바울의 말처럼 불법의 비밀은 어느 시대에나 역사하고 있다. 이 부분에 있어서도 필자는 존 스토트의 정리한 내용에 동의한다.[705] 불법한 자가 공개적으로 나타나기 전에 "반 사회적이고 반 규범적이며 반 하나님적인 운동은 현재 주로 비밀리에 이루어지고" 있고, 우리는 "그것의 파괴적인 영향력을 탐지할 수 있"다. "세속 인본주의의 무신론적인 입

703　Augustinus, *De Civitate Dei*, XX.19.
704　Kim Riddlebarger, *The Man of Sin* (Grand Rapids: Baker, 2006); 노동래 역, 『적 그리스도의 비밀을 파헤치다』 (서울: 새물결플러스, 2020), 제6장 전체가 살후 2장에 관한 것이다.
705　Stott, 『데살로니가전후서 강해』, 227-229.

장에서, 극단적인 좌익과 우익 이데올로기의 전체주의적 경향에서, 물질을 하나님으로 삼는 소비 사회의 물질주의에서, 하나님은 죽었으며 도덕적 절대성이 종언을 고했다고 선언하는 소위 신학들에서, 인간의 생명, 성, 결혼과 가정 등 하나님이 창조하시거나 제정하신 모든 것의 존엄성을 경시하는 사회적 허용성에서" 우리는 불법의 비밀이 역사하고 있는 것을 볼 수가 있다. 아무튼 이러한 불법의 비밀이 역사하고 있으나, 억제하고 막는 세력을 두시어 즉, 정의, 자유, 질서, 예절을 보존하는 그런 일반은총적인 수단들을 통해서 막고 계시기에 아직 불법의 사람이 본격적으로 나타날 수가 없다는 것이다.

그러나 마지막 때가 올 것인데, 그리스도의 재림 전에 불법의 사람이 제때에 나타날 것이다. 8절상 반절에 보면 "그 때에 불법한 자가 나타나리니." 라고 말한다. 불법의 비밀이나 불법한 사상이나 영향력 정도가 아니다. 분명히 인격적인 불법한 자가 나타날 것이다. 그리스도가 나타나실 것처럼 불법한 자도 나타날 것이다. 사람들이 보기에 위세를 가지고 나타날 것이다. "바울에 따르면 반역은 역사의 무대 위에서 공개적으로, 눈에 보이게 일어날 것이다. 그것은 법의 통치, 정의의 시행, 참된 종교의 실행이 세계적으로 붕괴되는 것에서 나타나게 될 것이다."[706] 9절과 10절상 반절에 보면 "악한 자의 나타남은 사탄의 활동을 따라 모든 능력과 표적과 거짓 기적과 불의의 모든 속임으로 멸망하는 자들에게 있으리니"고 말한다. 적그리스도는 모든 속임수로 임한다. 진리를 거스르는 거짓의 가르침으로 임한다. 그러나 사탄의 활동을 따라, 즉 사탄의 에너지를 공급받아 임하기 때문에 모든 능력, 표적, 거짓 기적을 행하면서 역사하기 때문에 많은 사람들이 미혹당할 수밖에 없다는 것이다. 이것은 마술과 같은 눈속임 정도라는 의미가 아니다. 하나님을 대적하는 사상을 믿고 따르도록 하기 위하여 많은 표적과 기사를 실제로 행할 것을 말해 준다. 사탄도 어느 정도 한계안에서 역사를 일으킨다는 점을 잊으면 안된다. 오늘날 얼마나 많은 성령집회니 은사집회니 하는데서 진리는 짓밟으면서 이적 기사를 추구하고 있는지를 본다면 그 전조를 알 수

---

706 Stott, 『데살로니가전후서 강해』, 229.

가 있다. 불법한 자가 나타나면 그런 것은 비교도 안 될 만큼 대단한 역사들이 있을 것이다. 요한계시록 13:13-14절도 동일한 내용을 예언하고 있다. 그렇게 하여 11절에 말씀한대로 멸망하는 자들로 하여금 "거짓 것을 믿도록" 함으로 그 목적을 성취할 것이라는 것이다.

(3) 미혹받는 자들의 특징과 불법의 사람의 최후

이제 우리가 주목해야 할 두 가지 사실이 남아 있다. 일단은 이렇게 마지막 때에 불법한 자 즉, 적 그리스도가 나타나서 기적과 표적을 행하면서 하나님과 진리를 대적하고 거짓 것을 믿도록 역사할 것인데, 이러한 일에 미혹당하는 자가 누구며 그 특징이 무엇이냐는 것이 첫 번째로 살펴볼 내용이다. 10절을 다시 보시면 "불의의 모든 속임으로 멸망하는 자들에게 있으리니 이는 그들이 진리의 사랑을 받지 아니하여 구원함을 받지 못함이라."고 말씀하는대로, 불의의 모든 속임이 누구에게 임하느냐 멸망하는 자들에게 임한다. 그들은 누구냐 하면 "진리의 사랑을 받지 아니하여 구원함을 받지 못"하는 자들이라고 했는데, 좀 더 분명하게 번역하면 because they refused to love the truth and so be saved(ESV)이다. 진리를 사랑함으로 구원함을 받는데, 진리를 사랑하기를 거부하여 구원받지 못하는 자들이 멸망하는 자들이라는 말이다. 진리를 사랑하지 않는 자들이다 보니 결과적으로 하나님의 심판이 무엇인가 하면 "이러므로 하나님이 미혹의 역사를 그들에게 보내사 거짓 것을 믿게 하심은 진리를 믿지 않고 불의를 좋아하는 모든 자들로 하여금 심판을 받게"(11-12절) 되는 것이다. 하나님께서는 불법한 자가 나타나 역사하도록 허락하신다는 것을 보여 준다. 그러한 강력한 역사를 왜 허락하는가 하면 진리를 믿지 않고 불의를 좋아하는 모든 자들이 그러한 불법한 자의 미혹에 빠져서 거짓 것을 믿고 불의를 행함으로 결과적으로는 자신들의 정체와 본질이 무엇인지를 드러내게 되고 상응하는 심판을 받게 되어진다는 것이다. 미혹에 빠져서 심판받는 과정에 대하여 스토트의 해설은 적절하다.

이는 지극히 엄숙한 가르침이다. 그것은 우리에게 아래로 미끄러져 내려가는 길은 악을 사랑하는 것으로 시작되며, 그 다음에는 진리를 거부하고, 마귀의 속임수에 빠지며, 하나님이 내리신 천벌에 의해 마음이 완악해지고, 마지막에는 심판을 받는 것으로 이루어진다는 것을 보여준다.[707]

그럼으로 우리는 이러한 불법한 자의 등장에 대해서 두려워하거나 공포에 잠길 필요가 없게 된다. 불신자들이 그러한 미혹에 빠져서 결과적으로 심판에 이르게 되는 과정이기 때문이다. 도리어 우리 신자들이 경각심을 가져야 하는 것은 우리들에게는 진리에 대한 사랑과 선에 대한 사랑이 있는가 하는 것이다. 요란한 이적 기사 보다 그리스도의 복음을 더 좋아하고 사랑하느냐는 것이다. 우리가 믿음 생활중에 하나님의 선한 능력을 경험하고 살 수가 있다. 그러나 진리보다 복음보다 능력, 체험, 은사를 앞세우면 미혹에 빠질 수가 있다.

우리가 주목할 두 번째 사실은 그렇게 불법한 자가 제 때에 나타나 표적과 기사를 행함으로 많은 사람들을 미혹케하고 멸망에 이르게 하겠으나, 그에게 허락된 시간이 무척 짧다는 것이다. 이것도 또한 우리 신자들에게는 위로의 말씀이 된다. 8절에 보면 "그 때에 불법한 자가 나타나리니 주 예수께서 그 입의 기운으로 그를 죽이시고 강림하여 나타나심으로 폐하시리라." 고 한다. 불법한 자(적그리스도)의 때가 짧을 것이라는 것은 요한계시록 말씀을 주의깊게 연구해 보면 알 수가 있다. 세대주의자들처럼 7년 대환난을 말하지도 않는다. 한 때, 두 때, 그리고 반 때라고 표현되기도 하고, 3일 반 (계 11:11)이라고 표현하기도 할만큼 짧은 기간을 가리킨다. 우리는 그 시간을 정확하게 알 수는 없지만, 선택받은 하나님의 백성들이 감당할 수 있도록 악한 자의 시간을 정하셨다는 것은 분명하다. 그리고 8절을 다시 보시면 그렇게 불법한 자가 나타나고 큰 시간의 간격없이 예수님께서 강림하

---

707 Stott, 『데살로니가전후서 강해』, 231.

시고 나타나시어 그 입의 기운으로 그를 죽이시고 폐하실 것이다. 그리스도가 불법의 사람을 이기기 위해서 지루하고 대단한 우주적인 대전투를 치루어야 하는 것이 아니다. 그리스도의 입기운 만으로 적 그리스도는 패하고 망하게 될 것이다. 요한계시록 19장에 보면 승리자 그리스도의 모습을 대서사시처럼 잘 묘사해 주고 있다. 그 날은 또한 믿고, 인내하고, 소망하며, 사랑을 지켜온 신자들이 승리하고 신원설치하는 날이 되어질 것이다.

4. 심판의 표적들- 각종 재난들

4.1. 들어가는 말

이제 세 번째 그룹에 속하는 표적들은 "심판의 표적들"이라고 불리운다. 앞서 살펴본 것처럼 초림과 재림 사이의 신약 시대의 특징은 복음 전파를 통해 하나님의 은혜가 왕성하게 드러나고 있다는 특징과 더불어 하나님 나라와 악의 나라 사이, 또는 그리스도와 적그리스도 사이에 끊임없는 갈등과 투쟁의 역사이기도 하다는 것이었다. 이제 세 번째 심판의 표적이 의미하는 바는 그 기간 동안에 하나님의 진노가 거역하고 불순종하는 세상과 자기 백성들에게도 드러나고 있다고 하는 사실이다. 코르넬리스 비네마는 이 점에 대해 다음과 같이 잘 해설해 주고 있다.

> 이 패턴은 나라들과 자기 백성의 불순종을 심판하시는 가운데 역사에 현존해 계심을 보여주는 것이다. 이 심판들은 고통당하는 모든 자 개인적으로 죄가 있고 하나님의 진노의 특정 대상임을 함축하는 것이 아니다(눅 13:1-5). 오히려 이 심판들은 여전히 세상이 하나님의 저주 아래 있음을(창 3:17) 말해 주고, 하나님의 진노가 사람들의 모든 경건하지 않음과 불의에 대해 하늘에서 나타나고 있음을 상기시켜 주는 것이다(롬 1:18).[708]

이어지는 해설에서 비네마는 또한 "그 표적들은 그리스도가 행하실 심판 가운데 하나님의 공의가 드러날 때 도래하는 심판의 큰 날을 예언"(행 17:31)것으로서 "심판주가 문 밖에 서 계심을 지속적으로 기억하게 해 준다(약

---

708 Venema, 『개혁주의 종말론 탐구』, 230.

5:9)"라고 적시해 준다.⁷⁰⁹

그렇다면 이러한 심판의 표적들에 속하는 것은 어떤 것들이 있을까? 루이스 벌코프는 이 표적들을 "표적들과 기사들"(Signs and wonders)이라는 제하에 세 가지 내용을 말하고 있는데, 그 가운데 (a)와 (c)가 심판의 표적들과 관련되어 있다.

> (a) 난리와 난리의 소문, 기근, 다양한 곳에서 발생하는 지진들, (b) 많은 사람들을 미혹하게 하는 거짓 선지자들과 거짓 그리스도의 도래, (c) 하늘의 권세들이 흔들리고, 해와 달과 별을 포함한 하늘에 두려운 징조가 있을 것이다(마 24:29, 30; 막 13:24, 25; 눅 21:25, 26).⁷¹⁰

한편 후크마는 단순하게 "전쟁, 지진, 기근"을 특정하여 해설해 주는데, 하나님의 심판을 드러내는 표적들은 이미 구약에서도 그 선례가 있으며, 또한 신약 전반에 걸쳐서 나타나는 표적이지 말세지말의 표적만은 아니라고 적시해 준다.⁷¹¹

4.2. 감람산 강화(마 24:6-8)

예수님의 종말론 강화를 담고 있는 마태복음 24장 6절이하에 보면 여러 가지 심판의 표적들에 대해 말씀하신다. 6절에서는 "난리와 난리 소문을 듣겠으나 너희는 삼가 두려워하지 말라. 이런 일이 있어야 하되 아직 끝은 아니니라."고 말씀한다. 초대 교회 당시에도 로마 전역에서 반란이나 전쟁의 소문이 끊이지 않았고, 예루살렘이 로마에 의해 멸망하기 직전인 주전 68년-69년 사이에는 네 명의 로마 황제가 즉위하는 일이 발생

709　Venema, 『개혁주의 종말론 탐구』, 231.
710　Berkhof, *Systematic Theology*, 703.
711　Hoekema, 『개혁주의 종말론』, 230-232. 그레고리 비일은 계 3:10 해설에서 "환난은 하나님이 믿지 않는 자들에게 내리시는 징계의 심판으로 의도"된다고 말하고, 온 세상에 임하는 환난은 "교회를 향한 보편적인 박해가 가해지는 11:7이하와 20:8이하에 묘사된, 한층 강화된 기간의 환난을 가리킬 수도 있다"라고 적시해 준다(Gregory Beale, *The Book of Revelation*, 오광만 역, 『요한계시록(상)』 [서울: 새물결플러스, 2016], 489-490).

했다. 이런 저런 전쟁의 소문이 들려오고 7절에 있는대로 "민족이 민족을, 나라가 나라를 대적하여 일어나"는 일이 일어나겠지만 그것은 종말의 징조는 아니라는 것이다. 지난 20세기에도 1, 2차 세계 대전을 비롯하여 많은 전쟁들이 지구 곳곳에 발생했고, 우리 나라도 6.25전쟁을 겪었다.[712] 세계 곳곳에 난리와 난리의 소문이 끊이지 않았으며, 두 번의 걸프 전, 대아프칸 전도 우리는 보았고, 2025년 현재 러시아와 우크라이나 전쟁이나 이팔 전쟁도 우리는 목도했다. 이러한 전쟁이 결국 인류 최종의 전쟁인 아마겟돈 전쟁으로 발화하는 것이 아닐까 두려워하는 이들도 있고, 그렇게 점치듯이 종말론 퍼 줄 게임을 하는 유튜버들도 있다. 전쟁이 일어나면 비신자들들 뿐 아니라 신자들도 고난을 받게 된다는 것은 불문가지의 사실이다.

그리고 전쟁이 발생하는데에는 개인이나 집단의 이익과 욕망이 작용하기도 한다는 점도 분명한 사실이다. 그러나 성경에 의하면 전쟁도 결국 하나님의 주권적인 통치에 속한다는 점을 기억해야 한다. 영국에 살면서 1, 2차 대전을 몸소 겪어야 했던 마틴 로이드 존스 목사님은 2차 대전 중에 『하나님은 왜 전쟁을 허용하실까?』(Why Does God Allow War?)라는 제목의 설교를 한 적이 있다.[713] 로이드 존스 목사는 전쟁 그 자체는 죄가 아니라, 죄의 결과라고 말한다. 전쟁은 야고보가 말하는 바와 같이 전쟁의 궁극적인 원인은 쾌락과 욕망, 죄의 결과인 불안, 금지되고 얻을 수 없는 것에 대한 강렬한 욕구 등이다. 그러나 성경은 전쟁이 죄나 그 죄의 결과라고 말하는 데 그치지 않고 하나님께서 전쟁을 허용하시는 실질적인 이유들도 제시해 준다. 첫째는 하나님께서 전쟁을 허용하시는 이유는 사람들의 죄를 징벌하기 위해서이다. 하나님께서 전쟁을 허용하시는 두 번째 이유는 사람들이 다른 어떤 것들보다도 전쟁을 통해서 죄의 본질을 깨달을 수 있기 때문이다. 위기에 처

---

712 프랑스의 마르크스주의 역사학자인 Eric Hobsbawm는 전쟁으로 20세기에 1억 8천 700만명이 죽었다고 말한다(Robert W. Yarbrough, "지옥에 관한 예수님의 가르침," in Christopher Morgan and Robert Peterson (eds.), *Hell Under Fire*, 박미가 역, 『지옥론』 [서울: 은혜출판사, 2016], 153에서 재인용).

713 D. M. Lloyd-Jones, *Why Does God Allow the War?* 이광식 역, 『전쟁과 하나님의 주권』 (서울: 지평서원, 2010).

해서 우리는 삶의 토대를 검토하지 않을 수 없게 된다. 세 번째 이유는 우리로 하여금 다시 하나님께로 돌아오게 하려는 최종적인 목적을 이루기 위해서이다. 그러므로 우리에게 있어서 중요한 문제는 "하나님은 왜 전쟁을 허용하실까?"가 아니라, 이런 교훈을 배우고도 이러한 결과를 초래한 우리 자신의 죄와 온 인류의 죄를 회개하는 일이라는 것이다.[714]

예수님의 이처럼 난리와 난이의 소문만 아니라 24장 7절하 반절에 보면 "곳곳에 기근과 지진"도 일어날 것이라고 말씀하셨다. 그 당시에도 많은 지진이 일어났으며, 63년에는 베스비우스 화산 폭발에 의해서 폼페이가 잿더미가 되고 만 사건도 일어났었다. 그리고 지금까지도 크고 작은 지진과 화산 폭발들이 일어나곤 한다. 이웃나라 일본의 지진 소식 자주 접하고 있고, 중국 스촨성에서도 지진이 일어났고, 우리나라도 강도 높은 지진이 때때로 발생하고 있다. 어떤 통계 조사를 보니까 21세기 들어서 세계적으로 지진은 더 빈발하고 있을 뿐 아니라 강도도 대단히 세지고 있다고 한다. 그리고 예수님은 곳곳에 기근(famine)도 일어날 것이라고 말씀하고 있다. 기근, 가뭄 등으로 인하여 먹을 것이 부족하여 아사(餓死)하는 일들이 많이 발생하고 있고, 현재도 지구의 많은 부분들이 사막화되어가고 있기 때문에 기근이 심한 곳들이 늘고 있다. 아프리카의 어떤 부족은 마실 물이 없어서 강바닥을 파서 얻는 흙탕물을 마시는 것도 보도된 적이 있다. 우리나라 역시도 때로 가뭄의 위기를 경험하곤 한다. 또한 누가복음 21장 25절에서는 "일월성신에는 징조가 있겠고 땅에서는 민족들이 바다와 파도의 성난 소리로 인하여 혼란한 중에 곤고하리라"는 말씀도 나온다.[715] 이는 21세기 들어 인도양이나 일본에 발생한 대형 쓰나미를 생각하게 만드는 예언이 아닐 수가 없다.

그러나 예수님께서는 이러한 난리, 기근, 지진, 쓰나미 등이 발생하더라도, 이것이야 말로 재림의 징조이다, 곧 주님이 재림하신다 그렇게 미혹되거나 요동하지 말라고 경고하신다는 점을 우리는 간과해서는 안된다. 이런 일

---

714 이 문단의 내용은 필자의 『개혁주의 종말론에 기초한 요한계시록』, 247에 있는 내용을 수정 인용한 것임을 밝힌다.
715 이 재앙 예고도 구약적 배경을 가지고 있다(강대훈, 『누가복음』, 430).

들은 역사적으로 계속해서 반복해서 일어날 것이지만 그것이 말세가 목전에 닥쳐왔다고 하면서 좌불안석이 되고 일상적인 일을 멈추어야 하는 그런 특별한 징조가 되지는 않는다는 것이다. 우리가 알아야 할 것은 그런 일들이 빈발하고 강도가 세진다고 해도 8절에서 말씀하는 대로 "이 모든 것은 재난의 시작"(πάντα δὲ ταῦτα ἀρχὴ ὠδίνων)이라는 것이다.[716] 재난의 시작이라고 번역했지만 헬라어 원문은 산통의 시작이라고 번역해야 한다. 산통이 오기 시작하면 정확하게 언제 아기가 태어날지는 모르지만 분명히 아이가 태어날 때가 다가오고 있다는 사인이듯이, 앞서 언급한 전쟁의 소문, 지진과 기근등과 같은 재해들은 종말이 다가오고 있다는 사인의 기능은 한다는 것이다. 이 말은 이 땅과 하늘이 천년만년 존재하고 항상 있을 것처럼 착각하지 말고 아, 주님의 재림이 있다, 종말이 있고, 신천신지가 이루어질 것이다라고 하는 사실에 대해서 각성하도록 사인이 된다는 것이다.[717]

4.3. 7인, 7나팔, 7대접 재앙(계 6장-16장)

흔히 심판의 표적들에 관련된 본문으로 이해되는 것은 요한계시록의 주요 부분을 차지하는 일곱 인(Seven Signs), 일곱 나팔(Seven Trumpets) 그리고 일곱 대접(Seven Bowels) 본문이다. 세대주의자들은 7년 대환난 기간 동안에 이 모든 재앙들이 쏟아 부어진다고 해석한다. 먼저 세 쌍의 재앙의 내용을 간단하게 개관해 보도록 하자. 도표를 통해서 한 눈에 파악할 수 있게 제시해 보고자 한다.

---

716 ESV- "All these are but the beginning of the birth pains."
717 강대훈 교수의 다음과 같은 해설은 적실하다: "산통은 고통의 극치를 상상하게 만들지만 아이가 태어날 때가 임박했음을 알리는 신호이므로 결과는 좋은 것이다. 그러므로 산통의 시작이라는 사실은 거짓 메시아들이 시대의 끝이 왔다고 주장하는 것에 속지 말아야 할 것을 다시 한번 가르친다. 19:28의 "팔린게네시아," 곧 새로운 창조는 산통의 결과로 펼쳐질 것이다. 4~8절의 재앙은 참으로 끔찍하지만 시대의 끝은 아니다. 그리스도인은 그 너머의 것, 즉 재앙의 결과를 예상해야 한다."(강대훈, 『마태복음(하)』, 411).

일곱인	1. 흰 말, 복음적인 승리(6:1-2)	
	2. 붉은 말. 전쟁(6:3-4)	
	3. 검은 말. 극심한 기근(6:5-6)	
	4. 청황색 말. 전쟁 기근(6:7-8)	
	5. 순교자의 영혼들(6:9-11)	
	6. 지진과 천체의 대혼란(6:12-17)	
↓ 일곱나팔 ↓ 일곱대접	7 ↓ 일곱나팔	1. 피섞인 우박과 불. 땅과 식물 1/3 불탐(8:1-2, 7)
		2. 불붙는 큰 산이 바다에 던져져서 바다의 생물과 배 1/3이 소멸됨 (8:8-9)
		3. 쑥(wormwood)이란 이름의 큰 별이 떨어져 강과 물샘의 1/3이 쓰게 됨(8:10-11)
		4. 전체 밤낮의 1/3이 어두워짐(8:12-13)
		5. 황충이 다섯 달 동안 불신자들을 괴롭게 함(9:1-11)
		6. 네 천사와 2억의 마병대가 사람의 1/3을 죽임(9:13-21)
		7. 세상나라가 그리스도의 나라가 됨(11:15-19)
	↓ 일곱대접	1. 짐승의 표를 받은 자와 우상숭배자들에게 독한 종기(16:2)
		2. 바다가 피가 되어 모든 생물이 죽음(16:3)
		3. 강과 샘이 피로 변해 불신자들이 그 피를 마심(16:4-7)
		4. 태양이 뜨거워져 불신자들을 태움(16:8-9)
		5. 불신자들이 어두움과 질병으로 고통당함(16:10-11)
		6. 귀신의 영들이 하나님을 대적하기 위해 세력을 모음(16:12-16)
		7. 번개, 지진, 우박으로 큰 성 바벨론이 멸망함(16:17-21)

이러한 세 쌍의 재앙들은 연대기적 순서로 일어나는 것이 아니라, 점진적 병행법에 따라 반복되면서 점진적인 진리를 전달하는 형태로 되어 있다는 점을 우리는 기억해야 한다. 7인 재앙이라 하지만 7번째 인은 없고, 바로 나팔 재앙으로 연결되고 있고, 6번째 인은 지진과 천체의 대혼란을 통해 세상 종말이 임했음을 표징하고 있다. 그리고 경고의 의미를 가진 7나팔 재앙의

마지막 재앙도 세상 나라가 그리스도의 나라가 된다는 종말론적인 성취를 가리켜 보여주고 있다.[718] 7대접 재앙은 구약에서 선례가 있는대로, 타락하고 불순종하는 세상을 향해 하나님의 진노가 퍼부어지는 것을 가르키는데, 마지막 7번째 대접 재앙에서는 이 세상 나라를 상징하는 바벨론이 멸망하는 것을 보여줌으로 역시 세상의 종말에 관하여 말씀해 주고 있다. 다시 정리해 보면 6번째 인, 7번째 나팔, 그리고 7번째 대접 재앙 모두가 세상의 종말에 일어날 일들을 한면씩 보여주고 있는 것이다. 이러한 구조적인 특징 때문에 윌리엄 헨드릭슨을 비롯하여 많은 학자들이 요한계시록은 연대기적으로 읽을 본문이 아니라, 점진적 병행법으로 읽어야 한다고 주장하는 것이다.[719]

역사 가운데 하나님의 심판은 끊임없이 나타나고 있고, 최후 심판을 예고하고 있다. 이 세상은 일반 은혜가 보존하고 있으면서, 구원의 복음이 전파되고 있다. 세상은 이러한 사실을 알지 못하고 하나님과 그리스도의 나라를 대적하기 때문에, 때때로 심판을 받게 되는 것이다. 따라서 우리는 마태복음 24장 종말론 강화나 요한계시록의 주요 재앙들에 대한 이해에 근거하여 심판의 표적들은 말세지말에만 나타나는 것이 아니라, 초림과 재림 사이에 계속해서 나타나고 있다는 점을 인정해야 한다. 다만 어떤 재난을 두고 종교적인 정죄를 하는 일은 삼가야 한다. 우리들 눈에 보이는 사건들이나 재앙은 있지만, 그에 대한 무오한 해설을 할 수가 있는 사람이 없기 때문이다.[720]

---

718 우리가 나팔 재앙을 경고성이라고 부르는 이유는 여러 재앙들이 미치는 범위가 1/3에 미친다고 하는 점에서 확인할 수가 있다.
719 7인, 7나팔, 7대접에 대한 필자의 해석은 『개혁주의 종말론에 기초한 요한계시록』, 241-521을 보라.
720 안토니 후크마는 역사적 판단의 잠정성에 대해서 다음과 같이 적실하게 해설을 해준다: "d) All of our historical judgments must be provisional. This is another implication of the ambiguity of history. We know that in the last judgment good and evil will be finally separated, and a final evaluation of all historical movements will be given. Until that time, as Jesus said, the wheat and the tares grow together. This implies that all of our historical judgments on this side of the final judgment must be relative, tentative, and provisional. We can never be absolutely sure whether a specific historical event is good, evil, or—in case it partakes of both—predominantly good or predominantly evil. One writer put it as follows: 'Until the end of everything, no phenomenon of history is either absolute good or absolute evil.'"(Hoekema, The Bible and the Future, 37).

V. "그리스도와 함께 천년 동안 통치함"

– 천년왕국 또는 천년기에 대한 논의

1. 들어가는 말
2. 역사적 전천년설
3. 무천년설
4. 후천년설
5. 세대주의 전천년설
6. 요한계시록 20장 1절–6절 고찰

1. 들어가는 말

종말론하면 신자들의 의식에 팝업 창처럼 떠오르는 주제중 하나는 천년왕국 혹은 성도가 천년동안 통치한다는 주제일 것이다.[721] 하지만 일반적인 신자들 뿐 아니라 목회자들도 이 주제에 대해 무관심하거나 무지한 경우들이 허다하다. 아니면 유튜브라는 매체에서 인기가 많은 세대주의 종말론이나 시한부 종말론에 매니아가 된 이들이 많이 존재한다. 유튜브라는 채널의 특성상 종말론 주제로 대중들의 인기를 얻고 있는 것은 대체로 건전한 종말론이 아니라 앞서 말한 그런 부류의 종말론이라고 해도 지나친 말이 아니라고 생각한다. 소위 성경을 따라 복음적인 신앙을 고백하며, 주님의 오심을 대망하는 그리스도인들 속에서 엄청난 논란거리가 되기도 하는 천년왕국 주제를 잘 알아야 할 이유가 있을까? 혹은 우리가 여러 입장들 가운데 정말 이것이다라고 하는 정답에 이를 수나 있을까 등의 회의적인 생각들을 가진 이들도 많이 있을 것인데, 휘튼 대학의 신약학 교수였던 메릴 테니(Merrill C. Tenney, 1904-1985)의 다음과 같은 논평을 주의깊게 읽어보도록 하자.

> 천년왕국이 요한계시록 전체의 대상이 아니며, 또 가장 중요한 요소가 되는 것도 아니다. 그러나 그럼에도 불구하고 천년왕국은 요한계시록 전체 해석에 있어서 매우 중요한 위치를 점유한다. 그것을 잘못 해석함은 곧 요한계시록 전체를 보는 시각의 잘못을 뜻하며, 그것을 무시하거

---

[721] 천년기 또는 천년왕국이라는 주제가 기독교 신학에 있어서 매우 유명하고 논란이 심한 주제임에도 불구하고 현대 신학자 칼 바르트는 10,000쪽에 육박하는 자신의 주저에서 일절 언급하고 있지 않다는 것은 실로 놀라운 일이라고 생각된다. 호주 성공회 신학자인 호너에 의하면 계 20장을 언급하고 있는 곳은 Karl Barth, *Church Dogmatics*, III/2, 167 한곳 뿐이며, 천년기에 대한 언급은 어느 곳에도 나타나지 않는다고 한다(David A. Höhne, *The Last Things* [Downers Grove: IVP, 2019], 302, 미주 23).

나 단순히 처리하는 것은 요한계시록 전체의 종말론적 구조를 정당하게 취급하지 못한 것이 된다. 현재 우리가 그 천년왕국을 분명히 깨닫지 못하는 것은 사실이다. 그러나 그 천년왕국이 요한계시록 종말론에 중요한 한 위치를 합법적으로 점유하고 있음을 결코 잊어서는 안될 것이다.[722]

하지만 우리가 성경에서 천년왕국(the millennial kingdom) 또는 천년기(millennialism or chiliasm)에 대해 명시적으로 말하고 있는 성경 구절들을 찾아 본다면 단지 요한계시록 20장 4절-6절 뿐임을 알게 된다.[723] 우선 우리는 해당 본문을 한글 개역개정본과 헬라어(NA 28판)로 읽어 보도록 하겠다.

4. 또 내가 보좌들을 보니 거기에 앉은 자들이 있어 <u>심판하는 권세</u>를 받았더라. 또 내가 보니 예수를 증언함과 하나님의 말씀 때문에 목 베임을 당한 자들의 영혼들과 또 짐승과 그의 우상에게 경배하지 아니하고 그들의 이마와 손에 그의 표를 받지 아니한 자들이 살아서 <u>그리스도와 더불어 천 년 동안 왕 노릇</u> 하니 5. (그 나머지 죽은 자들은 그 천 년이 차기까지 살지 못하더라). 이는 첫째 부활이라. 6. 이 첫째 부활에 참여하는 자들은 복이 있고 거룩하도다 둘째 사망이 그들을 다스리는 권세가 없고 도리어 그들이 하나님과 그리스도의 제사장이 되어 <u>천 년 동안 그리스도와 더불어 왕 노릇 하리라</u>.

4. Καὶ εἶδον θρόνους καὶ ἐκάθισαν ἐπ᾽αὐτοὺς καὶ <u>κρίμα ἐδόθη αὐτοῖς</u>, καὶ τὰς ψυχὰς τῶν πεπελεκισμένων διὰ τὴν μαρτυρίαν Ἰησοῦ καὶ διὰ τὸν λόγον τοῦ θεοῦ καὶ οἵτινες οὐ προσεκύνησαν τὸ θηρίον ⌜οὐδὲ τὴν εἰκόνα αὐτοῦ καὶ οὐκ ἔλαβον τὸ χάραγμα ἐπὶ τὸ μέτωπον καὶ ἐπὶ τὴν χεῖρα αὐτῶν. καὶ ἔζησαν καὶ <u>ἐβασίλευσαν μετὰ τοῦ Χριστοῦ χίλια ἔτη</u>. 5 οἱ λοιποὶ τῶν νεκρῶν οὐκ ἔζησ-αν ἄχρι τελεσθῇ τὰ

---

722 Merrill C. Tenney, *Interpreting Revelation*, 김근수 역, 『요한계시록 해석』 (서울: CLC, 1993). 195.
723 millennialism은 라틴어로 mille(천)에서 온 단어이고, chiliasm은 헬라어로 천을 의미하는 킬리아(χίλια)에서 왔다.

χίλια ἔτη. Αὕτη ἡ ἀνάστασις ἡ πρώτη. 6 μακάριος καὶ ἅγιος ὁ ἔχων μέρος ἐν τῇ ἀναστάσει τῇ πρώτῃ· ἐπὶ τούτων ὁ ⸢δεύτερος θάν-ατος⸣ οὐκ ἔχει ἐξουσίαν, ἀλλ' ἔσονται ἱερεῖς τοῦ θεοῦ καὶ τοῦ Χριστοῦ καὶ <u>βασιλεύσουσιν ⸢μετ' αὐτοῦ⸣ [τὰ] χίλια ἔτη.</u>

이 부분에 등장하는 바 성도가 그리스도와 더불어 "천년동안 통치한다"는 것이 그리스도의 재림과 관련해서 어느 시점에 위치하느냐에 대한 입장에 따라 전통적으로 네 가지 주요 입장이 개진되어 왔고, 현재도 각각의 대변자들을 어렵지 않게 만나게 된다. 이하에서 상세하게 살펴보게 되겠지만, 교회사 가운데 등장한 순서대로 보자면 1) 역사적 전천년설(historic premillennialism), 2) 무천년설 (Amillennialism), 3) 후천년설 (Postmillennialism), 그리고 4) 세대주의 전천년설(Dispensational Premillennialism) 등이다.[724] 요한계시록과 종말론은 천년왕국에 대하여 어떤 입장을 취하느냐에 따라 전체 구조가 달라진다고 할 정도로 천년왕국 문제는 중요하다. 따라서 천년왕국 혹은 천년기 문제를 잘 이해하고, 합당한 입장을 선택하는 것이 필수적으로 요청된다고 할 수가 있다. 앞서 소개했던 네 가지 입장 중 국내에서 지지자를 발견하기 어려운 입장은 후천년설이고, 일제 강점기 동안 한국 장로교회 안에서 조차도 강력하게 전파된 것은 전천년설이라는 이름하에 전해진 세대주의 전천년설이었다.[725] 그리고 해방이후 장로교회는 수많은 분열의 역사로 얼룩졌지만, 역사적 개혁주의 내지 정통 개혁주의를 표방하는 주요 신학교들에서 용인되는 것은 역사적 전천년설과 무천년설 두 입장이 있을 뿐이다.[726] 필자는 1980년대 후반부터 지금까지 일관된 무천년설을 확집하고 있지만, 교단 신학교 교수로서 역사적 전천년설과 무천년설 양 입장은 서로

---

[724] 죽산 박형룡은 전천년설과 후천년설로 번역하는 것에 대해 "그것들은 의미를 알기 어려운 표현들이나 포기(抛棄)하는 것이 좋"다라고 논평하면서, 천년기 전 재림론과 천년기 후 재림론으로 번역하였다(박형룡, 『교의신학- 내세론』, 199). 사실 각설의 내용을 정확하게 이해하지 않은 사람들은 전천년설이나 후천년설을 뒤바꾸어 생각하기가 쉽기 때문에, 죽산의 주장은 일리가 있다고 생각한다.
[725] 이상웅, 『한국 장로교회의 종말론』, (서울: 솔로몬, 2022), 21-101; 이상웅, 『윌리엄 레이놀즈의 생애와 조직신학』(서울: 세움북스, 2023), 483-504; 이상웅, "제임스 게일(James Scarth Gale, 1863- 1937)의 선교사역과 종말론 연구," 『역사신학 논총』 44 (2024): 285-322.
[726] 이상웅, 『한국 장로교회의 종말론』, 102-309.

양립가능하며, 성경과 신학에 근거하여 자신의 입장이 무엇인지 결정하는 것이 중요하다고 가르친다.

이제 이어서 우리는 역사 가운데 등장한 순서에 따라 4가지의 천년기 입장을 차례대로 살펴보고자 하는데, 먼저 주요 천년왕국설에 대한 공정하고 객관적인 학습을 위해서는 다음의 두 편집서를 숙독하고 천착(穿鑿)해 볼 것을 권하고 싶다.

* Robert G. Clouse (ed.), *The Meaning of the Millenium* (Downers Grove: IVP, 1977); 권호덕 역, 『천년왕국』(서울: 성광문화사, 1980)/ 노동래 역, 『천년왕국 논쟁』(서울: 새물결플러스, 2024).

- 이 책에서는 조지 E. 래드가 역사적 전천년설을, 안토니 후크마가 무천년설을, 로레인 뵈트너가 후천년설을, 그리고 호이트가 후천년설을 대변하고 있다.

* Darrell Bock (ed.), *Three Views on the Millennium and Beyond* (Grand Rapids Zondervan, 1999); 박승민 역, 『천년왕국이란 무엇인가』(서울: 부흥과개혁사, 2011).

- 크레이그 블레이징 (Craig Blaising)이 역사적 전천년설과 세대주의 전천년설을 한꺼번에 대변하고, 케네스 젠트리 주니어 (Kenneth L. Gentry, Jr.)가 후천년설을, 그리고 서부 웨스트민스터 신학교의 로버트 스트림플 (Robert B. Strimple)이 무천년설을 대변해 주고 있다. 1980년대 이래 세대주의가 언약신학을 수용하여 점진적 세대주의(Progressive Dispensationalism)로 발전했다고 하더라도, 역사적 전천년설과는 큰 차이를 여전히 가지고 있기 때문에 후자에 속한 크레이그 블레이징(탈봇 신학교)이 전천년설이라는 이름하여 두 입장을 한꺼번에 대변한 것은 경계선을 흐릴 위험이 있다고 생각된다.[727]

---

[727] 두 책은 한 세대 차이를 반영하고 있다. 클라우스 (1931-2016) 편집서에 참여한 조지 E. 래드 (1911-1982), 허만 호이트 (1909-2000), 안토니 후크마(1913-1988), 로레인 뵈트너(1901-1990) 등과 데럴 복(1953-)의 편집서에 기고한 크레이그 블레이징(1949-), 로버트 스트림플(1935-), 케네스 젠트리 2세 (1950-)의 출생년도를 본다면 필자의 말뜻을 이해할 수가 있을 것이다.

이상의 두 편집서의 장점은 주요 입장들의 대변자들이 각기 자기 입장을 기고했고, 그후 나머지 입장들을 읽으면서 비판적 응답을 하는 형태로 만들어져 있기 때문이다.

또 한가지 흥미로운 자료를 소개하자면 다자이어링 갓 미니스트리와 베들레헴 대학과 신학교가 주최했던 "종말론에 관한 밤"("An Evening on Eschatology") 토크이다.[728] 두 시간 동안 역사적 전천년설을 확고히 믿는 존 파이퍼 목사가 사회를 보았고, 역사적 전천년설을 대변하는 남침례교 신학교의 제임스 해밀턴 교수(James Hamilton), 브릿지웨이 교회 목사로서 강력한 무천년설 대변자인 샘 스톰즈(Sam Storms), 후천년설을 대변하는 모스카우 그리스도 교회 목사인 덕 윌슨(Doug Wilson) 등이 패널로 참여했다. 비교적 최신의 종말론 토크인데다가, 각 입장을 대변할 만한 주요 인사들의 토크이기 때문에 학습을 위해서 꼭 시청하거나 채록본을 읽어보면 유익할 것이다.

이제 이어지는 본론에서는 천년기에 대한 각 입장의 주요 내용이나 역사적인 발전 등을 살펴 보게 될 것이고, 각 입장을 대변할 만한 학자들의 견해를 살펴 보게 될 것이다. 논의 순서는 역사 가운데 각 입장이 등장한 순서를 따라 역사적 전천년설, 무천년설, 후천년설, 세대주의 순으로 다루고자 하며, 결론에 이르러서는 가장 명시적인 전거 구절인 요한계시록 20장 1절-6절에 대한 정해라고 생각되는 바를 제시하고자 한다. 필자의 입장은 무천년설을 확고히 따르고 있다는 것을 마지막 논의에서 명확하게 읽을 수가 있을 것이다. 총신에서 오랫동안 역사적 전천년설을 강의해 온 송암 김길성 교수는 자신의 입장을 "무천년설을 사랑하는 역사적 전천년설자"라고 밝혀왔고, 이하에서 분명하게 확인하게 되겠지만 해방 이후 총신의 역사 가운데는 역사적 전천년설과 무천년설 두 입장이 공존해 왔다는 것도 분명하기 때문에, 필자는 강의 시간을 통해서 수강자들에게 해당 성경 본문을 잘 연구하고

---

728 2009년 9월 27일에 개최된 이 토크 영상은 https://youtu.be/4S0TQ2dXnms?si=kUbZ_F7JOXSYvOY1을 보고 대담 내용의 채록본은 https://www.desiringgod.org/interviews/an-evening-of-eschatology을 보라(2025.1.4.접속).

신학적인 숙고를 통해 본인의 입장을 확정하되 역사적 전천년설과 무천년설 중에 선택하라고 권하곤 한다. 다만 역사적 전천년설이든 무천년설이든 개혁주의와 양립할 수가 없는 세대주의 종말론에 대해서는 경계를 하고 비판을 할 수 있어야 한다는 점도 분명하게 강조하곤 한다. 2014년에 번역 소개된 크레이그 블롬버그와 정성욱 교수의 편집서인 『역사적 전천년설』 추천사를 통해서 필자는 이러한 강조점들을 잘 적시한 바가 있다.

> 본서를 통해 대변되고 있는 입장(= 역사적 전천년설- 필자)은 교회사적으로 가장 오래되었을 뿐 아니라 수 많은 신학자들에 의해서 강력하게 대변되어 온 입장이다. 한국의 장로교회도 박형룡, 박윤선 박사 등에 의해 역사적 전천년설이 정설로 가르쳐졌기에 아직까지도 이 입장에 서있는 목회자와 학자들이 많다. 물론 종말론을 신학교에서 가르치고 있는 본 추천인은 무천년설(Amillennialism)이 보다 더 성경적이라고 굳게 믿고 있어, 본서에서 다루어지는 내용들에 충분히 동의하는 것은 아니다. 하지만 두 입장에 서 있는 학자들은 서로 배척하지 않고 서로에게서 충분히 배우고자 하며, 상대가 제기하는 비판에 대하여 마음 문을 열고 듣는 것이 바람직하고 아름다운 일이라고 생각한다. 그리고 어느 입장에 서 있든지 비성경적이어서 종말론적 이단들을 양산하기 쉬운 세대주의적 종말론에 대하여 공동으로 대처해야 할 중차대한 사명을 공유하고 있기도 하다.[729]

---

[729] Craig Blomberg and Chung Sung Wook (eds.), *A Case for Historic Premillennialism: An Alternative to "Left Behind" Eschatology* (Grand Rapids: Baker, 2009); 조형욱 역, 『역사적 전천년설』 (서울: CLC, 2014), 6 (이상웅 교수 추천사).

2. 역사적 전천년설
(Historic Premillennialism)

2.1. 들어가는 말

천년기론 중 역사 가운데 처음 등장한 입장은 역사적 전천년설이다. 이 입장에 의하면 이미 19장에서 예수 그리스도께서 재림하신 것으로 되어 있으니까, 20장에 기록된 천년왕국은 예수님이 재림하시고 나서 모든 악의 세력을 심판하시고 나서 시작된다고 주장한다. 그래서 전천년이라는 표현은 천년왕국 전에 예수님이 재림하신다는 뜻이다. 그들이 말하는 종말 프로그램의 순서를 요약하면, 재림-악과의 전쟁 그리고 심판-천년왕국-곡과 마곡의 전쟁-크고 흰 보좌의 심판-신천신지 순서로 이루어진다고 한다. 이 입장은 요한계시록을 연대기적인 순서로 읽기 때문에 가능한 해석이다. 역사 가운데 이 입장은 초기 속사도 교부들에게서부터 나타난 유서 깊은 입장이기 때문에 "역사적"(historic)이라는 형용사가 붙게 되었다. 그러나 아우구스티누스의 무천년설이 개진된 후 중세와 종교개혁에 이르기까지 무천년설이 대세가 되고 만다. 그러다가 19세기 후반에 세대주의 전천년설이 융성하게 됨에 따라 이와 구별된 역사적 전천년설이 다시금 강력하게 대두되게 된 것이다.

2.2. 역사적 전천년설의 역사 개관

먼저 우리는 초기 교부들을 살펴보기로 하겠다. 비키와 스몰리에 의하면 순교자 유스티누스로부터 시작해서, 이레나이우스, 테르툴리아누스, 페타우의 빅토리누스, 그리고 락탄티우스 등이 전천년설 입장을 견지했다고 한다.[730] 이들에 따르자면 그리스도의 재림과 죽은 자의 부활 이전에 천년간의 지상 통치가 성도들에게 허락될 것이라는 것인데, 구체적인 내용들을 살펴 보면 성경적이라기 보다는 유대교 문헌의 영향하에 있는 것을 알 수가 있다.[731] 초대교회 전천년설을 연구한 도널드 페어베른(Donald Fairbairn)은 그 특징들을 정리해 주었는데, 세계 역사를 "상징적인 한 주간"으로 보는 것, 예루살렘 성의 문자적인 재건, 다니엘 9장 24-27절의 69이레와 마지막 한 이레 사이에 간격 도입 등을 열거해 준다.[732]

초대 교회 때도 오리게네스나 유세비우스와 같이 지상 천년왕국을 거부하는 교부들이 존재했지만, 313년에 콘스탄티누스에 의해 기독교가 공인되고, 교회가 제국 종교가 됨에 따라 미래에 이루어질 지상 천년왕국에 대한 기대는 쇠퇴하고 오히려 현재 시대가 천년왕국이라고 해석하는 무천년설적인 견해가 지배적인 입장이 된다.[733] 아우구스티누스의 교회 천년왕국 사상은 중세의 지배적인 천년왕국 이해로 자리를 잡게 됨에 따라 천년왕국 운동은 분파나 이단 집단들에서 때때로 다시 머리를 쳐들고 나타나게 된다.[734]

---

[730] Joel Beeke and Paul M. Smalley, *Reformed Systematic Theology*, 4 vols. (Wheaton: Crossway, 2019-2024), 4:925. 초대 교회에 나타난 천년기의 패턴 연구를 위해서는 Charles E Hill, *Regnum Caelorum: Patterns of Millennial Thought in Early Christianity*, 2nd ed. (Grand Rapids: Eerdmans, 2001)이 유용하다.

[731] Beeke and Smalley, *Reformed Systematic Theology*, 4:925, n.7. 초대 교회의 천년왕국 사상에 대한 패턴 분류와 자세한 기술은 Didrich H. Kromminga, *The Millenium in the Church: Studies in the History* (Grand Rapids: Eerdmans, 1945), 29-101을 보라.

[732] Donald Fairbairn, "천년왕국과 환난에 관한 현 시대의 논쟁: 초대 교회는 누구 편인가?" in Blomberg and Chung (eds.), 『역사적 전천년설』, 266-268. 페어베른은 초대 교부들에게서 세대주의의 뿌리를 찾으려는 시도에 대해서는 논박한다(268-288).

[733] Richard Kyle, *The Last Days Are Here Again: A History of the End Times*, 박응규 역, 『역사 속의 종말 인식』(서울: CLC, 2007), 53-55. 카일에 의하면 "431년 에베소 공의회는 천년왕국에 대한 문자적인 견해를 미신적이라고 비난"하기까지 했다.

[734] Kyle, 『역사 속의 종말 인식』, 57-76. 카일은 중세시대에 발흥했던 다양한 천년왕국 운동을 개관해 준다. 카일은 중세에 나타난 천년기론 중에는 후천년설적인 견해들도 등장했다고 적시해준다(65).

그들 가운데 주목의 대상이 되어야 할 주요 인물은 바로 요아킴의 피오레 (Fiore of Joachim, 1135-1202)이다.[735]

종교개혁자들은 대체로 천년왕국 운동을 경계하는 한편, 로마교황 제도를 적그리스도라고 적시하고 세상의 종말이 가깝다는 생각을 했다.[736] 주도적인 종교개혁자들인 천년왕국론을 멀리하게 만든 것은 과격한 재세례파 운동이 보여준 체제 전복적이며 폭력적인 모습들이었다. 그들은 토마스 뮌처(Thomas Müntzer, 1488-1525)의 과격한 사상과 행동, 그리고 1525년 레이든 얀(Jan van Leiden)의 주동 하에 뮌스터 시가 폭력적으로 점령당하는 일 등으로 인해 개혁자들 뿐 아니라 로마교회 당국 조차도 천년왕국론에서 거리가 멀어지게 만들었다.[737]

지상 천년왕국론에 대한 비판적 입장을 취했던 종교개혁시기에 이은 17세기 초반 영국에서 전천년설이 케임브리지 소속 학자인 조셉 미드(Joseph Mede, 1586-1638)에 의해 다시 점화되었다.[738] 1630년대 즈음 영국 교회내에는 전천년설뿐 아니라 후천년설도 존재하게 되었고, 1640-50년대에 영국의 천년왕국론은 극에 달했다.[739] 죠세 미드의 뒤를 이어 매튜 풀(Matthew Poole, 1624-1679), 아이작 뉴턴(Isaac Newton, 1643-1727), 모시스 로우맨(Moses Lowman, 1680-1752) 등이 전천년설을 주창했다.[740] 이러한 전천년설적인 종말론은 뉴잉글랜드에서도 존 코튼(John Cotton, 1584-1652), 존 대

---

735 Kromminga, *The Millenium in the Church*, 125-133을 보라
736 Kyle, 『역사 속의 종말 인식』, 84-87.
737 Kyle, 『역사 속의 종말 인식』, 81-84. 카일은 이 상황을 다음과 같이 잘 정리해 주고 있다: "토마스 뮌처와 뮌스터 이야기는 유럽 전역에 큰 충격을 주었다. 재세례파와 천년왕국론은 그들에게 더 이상 신뢰의 대상이 되지 못했다. 재세례파는 분리주의적인 공동체로 축소되었고, 더 이상의 묵시론적 모험에서 손을 뗐다. 개신교와 가톨릭은 천년왕국론을 신뢰하지 않았고, 종말론적인 사고에 대해서는 일반적으로 눈을 돌려버렸다."(84).
738 Jeffrey K. Jue, "A Millennial Genealogy: Joseph Mede, Jonathan Edwards, and Old Princeton," in Lane Tipton and Jeffrey C. Waddington (eds.), *Resurrection and Eschatology: Theology in the Service of the Church* (Philippsburg: P&R, 2008), 408. 쥬는 미드를 "the primogeniture for post-Reformation Protestant millenarian thought"라고 평가한다. Cf. Jeffrey K. Jue, Heaven upon Earth: Joseph Mede, (1586-1638) and the Legacy of Millenarianism (Dortrecht: Springer, 2006).
739 Kyle, 『역사 속의 종말 인식』, 92-94. 17세기 중반 영국은 "내란, 왕의 숙청, 공화정 그리고 군부의 독재 정치"등을 연속적으로 겪어야 했던 격동의 시기였기 때문에 극단적 묵시론자들도 존재했다. 카일에 의하면 Ranters, Muggletonians, Diggers, Quakers, Fifth Monarchists 등이 있었다. 이 가운데 제5왕국파(Fifth Monarchists)는 "뮌스터 계열의 천년왕국론자들"이었다(95).
740 Jue, "A Millennial Genealogy," 404-408.

이븐포트(John Davenport, 1597-1670), 토머스 셰퍼드(Thomas Shepherd, 1605-49), 존 엘리엇(John Eliot, 1604-90), 잉크리즈 매더(Increase Mather, 1639-1723), 그리고 코튼 매더(Cotton Mather, 1663-1728) 등에 의해서 유포되었다.[741]

그리고 18, 19세기 독일 신학자들 중에 전천년설이 유행하여 벵엘(J. A. Bengel), 호프만(Hofmann), 델리취(Delitsch), 로테(Rothe), 잔(Zahn), 랑에 (J. P. Lange) 등과 주석가 고데(Godet), 트렌치(Trench), 헨리 알포드(Henry Alford) 등의 신학자들이 전천년설을 취하였는데, 내용적으로는 다양한 의견 차이가 존재했다.[742] 19세기 후반 미국에서 세대주의적 전천년설이 압도적인 대세가 되어 버렸지만, 그 가운데서도 역사적 전천년설을 지지했던 N. 웨스트(N. West)와 필립 마우로 (Philip Mauro) 등이 있다. 20세기에는 페인 (J. B. Payne), 비슬리 머리(Beasley Murray), 조지 래드(George E. Ladd), 로버트 마운스(Robert H. Mounce), 밀라드 에릭슨(Millard Erickson), 웨인 그루뎀(Wayne Grudem), 로버트 건드리(Robert H. Gundry), 웹 밀리(J. Webb Miley), 톰 슈라이너(Tom Schreiner) 등이 역사적 전천년설을 대변하되 다소 수정된 형태를 제시하기도 했다.[743]

2.3. 조지 E. 래드(George E. Ladd, **1911-1982**)의 역사적 전천년설

이제 우리는 20세기 영어권에서 다시금 르네상스를 맞이한 역사적 전천년설을 살펴보고자 한다. 19세기 후반 다비의 세대주의가 미국에 상륙하여 근본주의와 복음주의권을 거의 석권하다시피 하였을 때에, 조지 엘든 래드는 그 대홍수 한가운데서 "역사적 전천년설"이라는 둑을 쌓는 일에 기여를

---

741 Jue, "A Millennial Genealogy," 398. 각주 8.
742 Louis Berkhof, *The History of Christian Doctrines* (1937/ Edinburgh: Banner of Truth, 1978), 264; Kromminga, *The Millenium in the Church*, 213-214; Gordon R. Lewis and Bruce A. Demarest, *Integrative Theology* (Grand Rapids: Zondervan, 1996), 3:378-380.
743 Lewis and Demarest, *Integrative Theology*, 3:380-382; 정성욱, "세계 복음주의 신학계에서의 역사적 전천년주의의 현황," in 정성욱 외, 『역사적 전천년주의 국제학술대회 논문집』 (서울: 훤돌, 2012), 34-53.

했다.⁷⁴⁴ 덴버신학교의 교수들인 크레이그 블롬버그와 정성욱은 조지 래드의 기여에 대해 다음과 같이 잘 적시해 준다.

> 이러한 전통적 전천년설적인 접근을 부활시키는데 있어서, 그리고 자신의 생애 내내 지칠 줄 모르고 이러한 견해를 증진시키는 데 있어서, 또한 그 타당성을 학생들과 독자들에게 석득시키는 데 있어서 20세기의 다른 어떤 개인 보다도 훨씬 더 많이 신뢰할 수 있는 학자이며 교수이고 작가인 사람이 있는데 그는 풀러 신학교의 조지 래드였다.⁷⁴⁵

지금은 은퇴했지만 베들레헴 침례교회 목사였던 존 파이퍼(John Piper)가 동일한 입장을 견지하게 된 것은 전적으로 풀러 재학 시절 래드에게서 배웠기 때문이지만,⁷⁴⁶ 한국 장로교회 내에서 역사적 전천년설을 정립하고 주창했던 박형룡 박사가 1950년대 말 자신의 입장을 확정하는데 있어서도 래드의 영향이 지대했다는 점을 고려할 때 우리는 그의 전천년설을 개관해 볼 필요가 있다.⁷⁴⁷

2.3.1. 조지 엘든 래드의 종말론 저술들

래드는 1950년부터 풀러신학교 (Fuller Theological Seminary)의 신약학 교수로 취임하여 은퇴시까지 가르쳤는데, 그보다 한해 앞선 1949년에 하버드 대학에서 통과된 그의 박사학위 논문은 "디다케의 종말론"("The Escha-

---

744 래드에 대한 학술적인 전기는 John A. D'Elia, *A Place at the Table: George Eldon Ladd and the Rehabilitation of Evangelical Scholarship in America* (Oxford University Press, 2008)이 있다.
745 Craig L. Blomberg and Sung Wook Chung (eds.),. *A Case for Historic Premillennialism: An Alternative to Left Behind Eschatology*, 조형욱 역, 『역사적 전천년설』(서울: CLC, 2014), 28. 이들이 이어서 다음과 같이 안타까움을 표현하기도 한다: "셀 수 없이 많은 복음주의적이고 성경적인 일반 학자들과 신학자들이 그의 관점에 수긍했음에도 불구하고, 그 이후에 어느 누구도 그를 계승하여 전통적 전천년설을 옹호하는 활동을 하지 않았다."(29).
746 존 파이퍼는 최근에 출간한 그리스도의 재림에 대한 묵상을 담은 저술을 스승 조지 래드에게 헌정했고, 스승을 따라 그도 환난후 그리스도의 유일한 재림을 믿는 역사적 전천년설을 따르고 있다(John Piper, *Come, Lord Jesus: Meditations on the Second Coming of Christ* [Wheaton: Crossway, 2023], 203-213).
747 박형룡, 『교의신학- 내세론』, 250-251에 보면 축산이 1959.1.6.자로 받은 래드의 편지글을 길게 인용하면서 역사적 전천년설의 "최근 도안(圖案)"이라고 칭하고 있다. 동서 261, 266 등도 보라.

tology of the Didache.")이었다.[748] 이렇게 시작된 종말론에 대한 관심은 교수 재직 기간 동안 출간한 여러 저술들에서 더욱 더 확장되어 갔다. 그가 종말론 관련하여 출간한 저술들을 먼저 개관해 보기로 하겠다.

우선 풀러에 온지 2년 뒤인 1952년에 출간된 첫 저술은 『하나님 나라에 관한 중대한 질문들』(Crucial Questions About the Kingdom)에서 래드는 세대주의자들의 왕국 신학에 대한 비판의 포문을 열었다.[749] 그는 그다지 두껍지 않은 본서에서 왕국 연기설에 대해 비판적으로 다루며, 하나님 나라의 현재성과 미래성을 해설해 준다. 후자는 그에 앞서 게할더스 보스, 오스카 쿨만, 헤르만 리덜보스 등이 선례를 보여준 주제이기도 하다. 1956년에 간행한 『복된 소망』(The Blessed Hope)에서는 세대주의의 재림론과 휴거론을 역사적으로 살피고 이에 대해 비판적으로 다루었다.[750] 1959년에 출간한 『하나님 나라의 복음』(The Gospel of the Kingdom: Scriptural Studies in the Kingdom of God)에서는 신약성경이 말하는 하나님 나라의 여러 특징적 요소들을 역사적 전천년의 관점에서 잘 해설해 주고 있다.[751]

이상과 같은 준비 과정을 거친 후에 래드가 자신의 하나님 나라 신학을 총 집대성한 대작으로 내어 놓은 것은 1964년에 출간한 『예수와 하나님 나라』(Jesus and the Kingdom: the Eschatology of Biblical Realism)이다.[752] 래드의 대작은 헤르만 리덜보스의 『하나님의 나라』와 더불어 복음서의 하나님

---

748 안타깝게도 proquest.com에서는 파일을 접할 수가 없다.
749 George E. Ladd, *Crucial Questions About the Kingdom*, 원광연 역, 『조지 래드 전집(합본)』 (일산: CH 북스, 2016), 1:137-273.
750 Ladd, *The Blessed Hope*, 원광연 역, 『조지 래드 전집(합본)』, 1:9-136.
751 Ladd, *The Gospel of the Kingdom*, 원광연 역, 『조지 래드 전집(합본)』, 2:290-414. 남포교회 원로 목사인 박영선 목사는 이 책을 대본으로 하여 교인들에게 설교한 후에 『하나님 나라』(서울: 엠마오, 1991)을 출간하기도 했다.
752 George E. Ladd, *Jesus and the Kingdom: the Eschatology of Biblical Realism* (New York: Harper & Row, 1964). 래드는 자신의 하나님 나라 연구서가 비평적 학자들에게도 그 학문성을 인정받기를 원했으나, 노만 페린의 비판을 접하자 상당히 상처를 받기도 했다(D'Elia, *A Place at the Table*, 114-154). 래드는 1973년에 개정판을 출간함으로서 자신의 하나님 나라 신학을 완성하게 된다: *The Presence of the Future: the eschatology of Biblical Realism* (Grand Rapids: Eerdmans, 1973), 원광연 역, 『조지 래드 전집(합본)』, 1:275-611. 덴버 신학교의 크레이그 블롬버그는 본서를 "종말론에 관하여 Ladd에게 가장 중요한 글"이라고 평가해 주는데(Craig A. Blomberg, "신약성경의 환난후 재림설 『레프트 비하인드』를 두고 떠나기," in Blomberg and Chung, 『역사적 전천년설』, 167. 각주 23),

나라 연구서로 여전히 높이 평가되고 있다.[753]

학문적 원숙기에 이른 60대에 들어서 래드는 『요한계시록주석』(A Commentary on the Revelation of John, 1972)을 출간하여 역사적 전천년설적 관점에서 요한계시록을 어떻게 해석해야 하는지를 제시했고,[754] 1974년에는 『신약신학』(A Theology of the New Testament)을 출간했다.[755] 그리고 만년인 1978년에 이르러서는 신약신학자로서는 특이하게 일반 신자들을 위한 간결한 『종말론 강의』(The Last Things: An Eschatology For Laymen)를 출간하기도 했다.[756] 그의 종말론에서 다루어진 9가지 주제는 1. 성경의 예언을 어떻게 해석할 것인가, 2. 이스라엘은 어떻게 될 것인가, 3. 중간 상태, 4. 그리스도의 재림, 5. 재림을 지칭하는 데 사용된 용어, 6. 적그리스도와 대환난, 7. 부활과 휴거, 8. 심판, 9. 하나님의 나라 등이다.

이상에서 우리가 개관해 본대로 조지 래드는 공관복음의 하나님 나라 신학을 정립하는 저술을 출간하기도 했고, 세대주의 신학의 문제점들을 직접적으로 비평하는 글도 썼는가 하면, 중요 종말론 텍스트인 요한계시록 주석을 쓰기도 했고, 또한 평신도들 대상으로 한 종말론 강의안을 쓰기도 했다. 그러나 우리가 그의 역사적 전천년설을 명료하게 관찰할 수 있는 것은 1977년에 출간된 로버트 클라우스 편집의 『천년왕국 논쟁』(The Meaning of the Millenium)의 기고문과 다른 세 입장들에 대한 응답들을 통해서일 것이다.[757]

---

753 Herman N. Ridderbos, *The Coming of the Kingdom*, trans. H. de Jongste (Philadelphia: P&R, 1962).
754 George E. Ladd, *A Commentary on the Revelation of John*, 이남종 역, 『요한계시록』 (서울: 크리스챤서적, 1990).
755 George E. Ladd, *A Theology of the New Testament*, 신성종, 이한수 역, 『신약신학』, 개정증보판 (서울: 대한기독교서회, 2001).
756 Ladd, *The Last Things*, 원광연 역, 『조지 래드 전집(합본)』, 2:199-290. 또 다른 역본은 이승구 교수 번역으로 나온 『조지 래드의 종말론 강의』 (서울: 이레서원, 2017)이다.
757 Robert G. Clouse (ed.), *The Meaning of the Millenium* (Downers Grove: IVP, 1977); 노동래 역, 『천년왕국 논쟁』 (서울: 새물결플러스, 2024).

2.3.2. 조지 래드의 역사적 전천년설

앞서 소개한대로 래드의 종말론은 여러 저술들을 통하여 학술적으로 풍성하게 제시되어 있지만, 지면 제한상 그의 만년인 1977년에 『천년왕국 논쟁』에 기고했던 글을 중심으로 그의 역사적 전천년설을 개관해 보려고 한다. 래드는 기고문을 시작하면서 역사적 전천년설을 다음과 같이 정의내려 준다.

> 전천년설은 그리스도의 재림 후 도래할 시대의 새 하늘과 새 땅에서 하나님의 구속 목적이 최종적으로 완성되기 전에 그가 땅에서 1,000년 동안 다스리실 것이라고 진술하는 교리다. 이는 요한계시록 20:1-6의 자연스러운 해석이다.[758]

래드는 요한계시록 19장에서 이미 그리스도가 승리자로 재림하시는 장면을 기록하고 있기 때문에, 20장의 천년기는 순리적으로 읽으면 재림후 천년왕국이 된다고 생각한다.[759]

(1) 해석학의 질문

래드는 먼저 해석학의 문제를 다루면서 문자적 해석을 고집하여 교회와 이스라엘을 양분하는 세대주의 해석학에 대해 반론을 제기한다. 래드는 구약성경의 예언이 신약성경에서 문자적으로 성취되기만 하지 않는다는 점을 구약의 예언과 신약의 성취 구문들을 열거하면서 반증해 준다.[760] 래드는 "구약성경의 예언들이 그것들의 좀 더 깊은 의미를 발견하려면 신약성경에 비추어 해석"되어야 할 것을 주장하였고, 신약에 의하면 구약의 예언들을 "신약교회에 적용하여 그 과정에서 교회를 영적 이스라엘과 동일시한다

---

758 George E. Ladd, "역사적 전천년설," in Clouse (ed.), 『천년왕국 논쟁』, 25.
759 Ladd, "역사적 전천년설," 26. 래드는 이러한 해석이 "요한계시록 20장의 가장 자연스러운 해석"이라고 강조한다.
760 Ladd, "역사적 전천년설," 26-33.

고 결론짓지 않을 수" 없다고 적시해 준다.[761] 여전히 수많은 세대주의자들이 수용하고 있는 예는 에스겔 40-48장에 예언된 성전이 천년왕국 기간에 문자적으로 세워지며 "예수의 희생 죽음에 대한 기념" 제사가 드려질 것이라고 하는 것인데, 이에 대해 래드는 히브리서 8장 8절-13절에 근거하여 "그리스도 안에 있는 새 언약이 구약성경의 의식을 대체했다는 것과 따라서 그것이 없어질 운명이라는 것을 확언"하기도 한다.[762] 이러한 논의의 결과 래드는 세대주의는 "구약성경의 문자적 해석에 의해 종말론을 형성하고 신약 성경을 그것에 맞추"려고 하지만, 비세대주의 종말론의 경우는 "신약성경의 명시적인 가르침을 통해 종말론을 형성"한다는 것이 두 신학 사이의 "기본적인 분수령"이라고 적시해 준다.[763] 그러나 또한 래드는 자신의 이러한 해석학적인 결론이 무천년설로 오해되는 것을 재빨리 거부한다. 그는 로마서 11장 26절에 있는 "온 이스라엘이 구원을 받으리라"는 것이 육체적인 이스라엘 민족에 대한 약속이라는 것을 강조한다.[764]

(2) 천년왕국설의 맥락

래드는 두 번째로 "모든 천년왕국 교리는 신약성경의 맥락, 특히 신약성경의 기독론과 일치"해야 한다는 주장을 한다. 그는 신학적 논의에서 소홀히 여겨지는 "그리스도의 천상 지위에 관한 교리"를 "신약 성경의 핵심 교리 중 하나"라고 평가한다.[765] 그는 승천하시어 하나님 우편에 재위하고 계시는 그리스도를 "현재 하나님의 섭정으로 하늘에서 다스리고 계"시는 것으로 해설해 준다.[766] 따라서 래드에 의하면 "원시 기독교의 일차적인 고백은 구원자로서의 예수에 대한 고백이 아니라 주님으로서의 예수에 대한 고백"이라고 말

---

761 Ladd, "역사적 전천년설," 32-33. 래드는 바울이 "교회를 아브라함의 자손, 아브라함의 씨라고 부르고 신자들을 참된 할례를 받은 사람들이라고 부"르기 때문에 "바울이 교회를 영적 이스라엘로 본다"고 확신한다(35).
762 Ladd, "역사적 전천년설," 36-37.
763 Ladd, "역사적 전천년설," 38.
764 Ladd, "역사적 전천년설," 38-40.
765 Ladd, "역사적 전천년설," 40.
766 Ladd, "역사적 전천년설," 41.

한다. 래드는 신약의 여러 구절들을 근거로 하여 그리스도께서 "다윗 가문의 메시아적 왕으로 통치"하고 계신다거나 "주와 그리스도로서의 통치를 개시"하셨다고 선언한다.[767] 그리고 그리스도의 천년 통치는 "이미 그분의 것인 주 되심과 주권이 역사에서 드러나는 것"이라고 강조하기도 한다.[768]

(3) 천년왕국설

래드는 이어지는 "천년왕국설"에서 유일한 전거 구절인 요한계시록 20:1-6을 다루는데, 다시 한 번 그는 "모든 천년왕국 교리는 이 구절의 가장 자연스러운 주해에 근거"해야 할 것을 적시해 준다.[769] 앞서도 보았지만 래드는 20장의 천년통치는 19장에 기록된 그리스도의 재림후에 일어나는 일이라는 점을 매우 강조한다.[770] 그에 의하면 계시록 19-20장은 "어린 양과 혼인, 그리스도의 승리의 귀환과 적들에 대한 그의 승리를 선언하는 연속적인 내러티브"이다.[771]

이러한 맥락적인 검토를 마친 후 래드는 계시록 20:4-5에 집중하는데, 그는 해당 본문에서 언급되는 살았다(ἔζησαν)는 동사를 영적 부활이 아니라 몸의 부활로 이해하며, 영혼들 역시 몸이 없는 탈신 상태의 영혼(disembodied soul)을 가리키는 것이 아니라 전인을 가리킨다고 해석한다.[772] 래드는 천년기를 언급하는 구절이 계시록 20장 1절-6절 밖에 없다는 주장에 대해서도 반론을 제시하는데, 고린도전서 15:23-26에는 "천년왕국은 아니라 할지라도 중간 왕국"에 대해 말하고 있으며 그리스도의 승리의 세 단계를 바울은 구별해 준다고 주장한다.

---

767 Ladd, "역사적 전천년설," 43.
768 Ladd, "역사적 전천년설," 44.
769 Ladd, "역사적 전천년설," 44.
770 Ladd, "역사적 전천년설," 46: "요한계시록 19장은 요한계시록에서 그리스도의 재림을 묘사하는 유일한 구절이다. 이 구절이 다르게 해석된다면 요한계시록은 어느 곳에서도 주님의 돌아오심을 묘사하지 않는다."
771 Ladd, "역사적 전천년설," 47. 래드의 자세한 주석적 해설은 Ladd, *A Commentary on the Revelation of John*, 244-268을 보라.
772 Ladd, "역사적 전천년설," 48-51. 래드의 자세한 해설은 Ladd, *A Commentary on the Revelation of John*, 263-268을 보라.

즉 먼저 예수가 부활하시고, 그 후(epeita) 그가 재림하실 때 신자들이 부활하고, 그 후(eita) 종말(telos)이 온다. 그리스도의 부활과 그의 재림 사이에 특정되지 않은 기간이 존재하고, 재림과 그리스도가 그의 적들에 대한 정복을 완성하시는 때인 종말 사이에 특정되지 않은 두 번째 기간이 존재한다.[773]

래드는 이처럼 재림 이후 지상 천년왕국이 존재할 것이라는 것이 "명확한 성경적인 가르침 위"에 서있다고 굳게 확신한다.[774] 그의 길지 않은 입장 제시는 천년왕국의 목적에 대한 해설로 끝이 나게 되는데, 래드는 성경에서 "하나님의 구속 계획에서 천년왕국의 목적을 설명하지 않"고 있다는 점을 인정하면서도 다음과 같이 자신의 입장을 정리해 준다.

천년왕국은 그리스도가 성경에 밝혀지지 않은 모종의 방식으로 그것을 통해 모든 원수를 자기의 발아래 두시는(고전 15:25), 메시아적 통치의 일부다. 천년왕국의 가능한 또 하나의 다른 역할은 그리스도의 메시아적 왕국이 역사 안에서 드러내질 수도 있다는 것이다 ... 천년왕국은 우리가 지금 알고 있는 그리스도의 통치의 영광과 능력을 세상에 드러낼 것이다.[775]

2.4. 죽산 박형룡과 총신 교수들의 역사적 전천년설

해방 이후 1948년 남산에 복교된 장로회 신학교 설립자이자 교장이었던 죽산은 역사적 전천년설을 정설로 확립했고, 이 입장은 제자이자 계시록 연구자인 정암 박윤선의 지지를 받았다.[776] 우리는 해방 이후 총신에서 역사적

---

773 Ladd, "역사적 전천년설," 52.
774 Ladd, "역사적 전천년설," 54: "복음주의 신학은 성경의 명확한 가르침 위에 세워져야 한다. 그러므로 나는 전천년주의자다."
775 Ladd, "역사적 전천년설," 53. 래드는 하나님 나라 신학의 정립을 통해 "이미와 아직 아니"(already but not yet)의 구조를 받아들인채 이러한 해설을 해준다. 491-509
776 정암 박윤선은『계시록 주석』(부산: 고려신학교, 1949), 360-361에서 이미 역사적 전천년설을 공표

전천년설이 어떻게 계승되고 개진되었는지를 살펴보고자 한다.

2.4.1. 죽산 박형룡의 역사적 전천년설(1948-1972 재직)

(1) 역사적 배경

죽산 박형룡은 미국 프린스턴신학교와 남침례교신학교에서 신학공부를 하고 난 후 귀국하여 1931년 4월에 전임교수로 부임하여 1938년 8월까지 교수로 재직했다. 그의 전공이 변증학이었고, 당시 평신에는 이눌서 선교사가 조직신학 과목을 가르치고 있었기 때문에 변증학, 신학사상, 기독교 윤리 등을 가르쳤다.[777] 그러다가 그가 조직신학 7로치(7 loci, 서론에서 종말론에 이르기까지)를 가르치게 되는 것은 만주 소재 봉천신학교에서 1942년 9월부터 가르치게 되면서 부터였다.[778] 1947년까지 계속된 만주에서의 조직신학 강의를 준비하는 과정에서 죽산은 구 프린스턴의 핫지 부자, 벤저민 워필드, 잔 그래스햄 메이첸과 남침례교 신학자 어거스트 H. 스트롱, 스코틀랜드신학자 제임스 오르 등의 책들을 활용할 뿐 아니라, 특이하게도 루이스 벌코프(Louis Berkhof)의 『조직신학』(Systematic Theology, 1941)을 강의의 근간으로 삼았다.[779] 그리고 1947년에 귀국하여, 1948년 6월 남산 신궁 건물에서 개교한 장로회신학교[780] 교수로 취임한 이래 1972년까지 총신에서 조직신학을 가르치면서 그의 강의 원고는 계속 증보의 과정을 거치게 되었다.[781] 그리고

했고, 1968년 개정본에서 자세한 논의를 덧붙인다(『성경주석- 계시록』 [서울: 영음사, 1968], 329-336, 339-346).

777 이상웅, 『박형룡신학과 개혁신학 탐구』 수정판 (서울: 솔로몬, 2021), 39.
778 박아론, "죽산 박형룡 박사의 생애와 신학," in 『죽산 박형룡 박사의 생애와 사상』, 박용규 편 (서울: 총신대학교출판부, 1996), 144.
779 이상웅, 『박형룡 박사와 개혁신학』, 64-98(제2장. 박형룡 박사와 루이스 벌코프의 『조직신학』). 필자는 졸저의 65쪽 각주 6에서 대동아 전쟁중이던 시절 만주에 있던 죽산이 1941년에 증보 출간된 벌코프의 책을 어떻게 입수하게 되었을까에 대해서 추정하면서 미국인 친구 길모어목사를 생각했으나, 최근에 출간된 박아론, 『나의 아버지 박형룡』(서울: 대한예수교장로회총회, 2014), 361을 보면서 Presbyterian and Reformed Pub.의 설립자인 새무얼 크레이그(Samuel G. Craig)가 보내어 주었을 가능성이 높다는 생각을 하게 되었다.
780 100년사편찬위원회, 『총신대학교백년사 1권: 역사편』, 479.
781 우리는 그러한 증보과정에서 화란신학자 G. C. Berkouwer와 동시대 신학자들인 존 머리, 코넬리우스 반틸, 로레인 뵈트너, 헤르만 훅스마, 올리버 버스웰 등의 저술들로부터 많은 도움을 받았음을 확인

마침내 1964-1973어간에 교의신학 전집으로 출간되기에 이른다.⁷⁸²

1973년에 출간되어진 『교의신학-내세론』뿐 아니라 1958년 경에 만들어진 『내세론』(등사본)에 의하면 박형룡이 취한 천년기설에 대한 입장은 일관되게 역사적 전천년설이었다.⁷⁸³ 래드와 박형룡에 이르러 역사적 전천년설과 세대주의 전천년설을 구분하게 되었다고 하는 박용규의 말이 사실이라고 하더라도 1958년 강의안에서는 명칭적으로 구분을 하지 않고 있다.⁷⁸⁴ 죽산은 양자를 '천년기 전설'에서 다루고 나서 자신의 입장은 '단순화한 천년기 재림설'이라고 밝힐 뿐이다.⁷⁸⁵ 또한 그가 역사적 전천년설을 가지고 있다고 하더라도 1950년대 말에 이르기까지는 보완과 증보 작업을 계속하고 있었다는 것을 확인할 수 있다. 1958년 3월 24일자 웨스트민스터신학교 교회사 교수였던 폴 울리(Paul Woolley)에게 보낸 편지가 남아있는데, 그는 '전천년설 입장에서 바라본 그리스도의 재림에 관한 좋은 책이나 팸플릿 또는 잡지 논설들' 혹은 '중도적인 입장을 취하는 서적'을 소개해 달라고 하는 요청을 하는 것을 발견하게 된다.⁷⁸⁶ 그와 같은 요청에 대한 응답과 관련 있는지는 모르겠으나, 마침내 박형룡은 미국의 세대주의 전천년설에 맞서 역사적 전천년설을 변호하는데 큰 기여를 하고 있던 풀러신학교의 조지 래드(George Eldon Ladd, 1911-1982)와 서신을 교환하게 된다.⁷⁸⁷ 그 서신 교환을 통하여 역사

할 수가 있다(이상웅, 『박형룡 박사와 개혁신학』, 99-149 [제3장. 박형룡 박사와 G. C. 베르까워의 『교의학 연구』]).
782 초기에는 강의안을 등사본으로 만들었고, 1957년에 『기독론』을 첫 출판했으나 중단되었고, 1963년에 이르러 다시금 『신학서론』부터 시작하여 7권 전집의 간행을 완수하게 된다.
783 박형룡, 『내세론』(장로회신학교), 83-100; 『교의신학-내세론』(서울: 은성문화사, 1973), 230-278. 필자가 활용한 『내세론』(등사본)은 1959년 2월에 총신을 졸업한 김용기 목사가 소장했던 것이다. 이 초기 등사본 강의안과 1973년에 출간된 책 사이에 비교 분석하는 작업을 수행하는 것도 학문적으로 의미있는 일이 될 것이라 생각한다.
784 박용규, 『한국기독교회사 2』(서울: 생명의말씀사/ 한국교회사연구소, 2004), 299.
785 박형룡, 『내세론』, 100.
786 "박형룡 박사가 웨스트민스터신학교수 Paul Wooley에게"(1958년 3월 24일자 편지); 100년사편찬위원회, 『총신대학교백년사 2권: 학술편, 자료편』(서울: 총신대학교, 2003), 635-636. 박형룡은 동일한 편지 속에서 책의 추천을 바라는 이유를 상세하게 밝히기도 했다: "저희 교단에서는 그리스도의 재림에 대해 전천년주의가 거의 정통교리처럼 유력하다. 하지만 이 입장에 대한 어떤 확실한 서술도 만들어지지 않았습니다. 현재 그러한 서술이 매우 필요한데, 왜냐하면 요즘 진리에 대해 열정적인 몇몇 설교자들이 주의 재림이 매우 임박했음을 가르치며 교인들의 대중감정을 자극시키려고 하기 때문인데 이들은 종종 성경을 왜곡하여 가르치곤 하다."
787 박형룡, 『교의신학-내세론』, 250-251에 보면 래드가 1959년 1월 6일자로 써 보낸 편지를 인용하여 소

적 전천년설에 대한 학문적인 지식을 업데이트하게 되었을 뿐 아니라 자신의 천년기론에 대한 확신을 더욱 강화하게 되었다. 그러한 면학정진의 결과 마침내 1973년에 박형룡의 종말론은 완결된 형태로 출판되기에 이른다.[788] 그리고 최종 인쇄본 속에서 박형룡은 '천년기 전 재림론'을 '역사적 천년기 전 재림론'과 '시대론적 천년기 전 재림론'으로 양분하여 명시적으로 다루었다.[789]

(2) 『교의신학-내세론』에 나타나는 죽산의 전천년설

이제 박형룡이 천년왕국에 대해서 어떻게 최종 정리했는지를 그의 『교의신학-내세론』에서 논구해 보고자 한다. 논의 순서를 보면 박형룡은 『교의신학-내세론』에 있어서도 벌코프의 종말론을 근간으로 삼고 있다는 것을 확인하게 된다. 그는 벌코프처럼 종말론을 개인적 내세론과 일반적 내세론으로 양분하여 다룬다.[790] 그러나 그는 천년기를 다룸에 있어서는 무천년설자였던 벌코프와 달리 역사적 전천년설의 입장에서 다룬다.[791]

박형룡의 천년기 논의는 '제2편 일반적 내세론' 중 '제2장 천년기'에서 다루어진다. 기본적인 논의 순서는 '무천년기 재림론', '천년기 후 재림론', 그리고 '천년기 전 재림론' 순이다. 박형룡은 논의를 시작하면서 "계시록 20장 1~6절을 기초로 하여 말세 일을 구명(究明)할 때에는 그리스도의 재림 전

개한다. 그는 래드를 '역사적 천년기 전론의 신진 변호자'라고 소개한다. 또한 세대주의의 왕국 연기론과 관련하여 래드의 *Crucial Questions About Kingdom of God* (Grand Rapids: Eerdmans, 1952)이 '연기론의 오류를 설파함에 상세하고 명쾌한 논의를 개진'하였다고 논평한다.

788 박형룡, 『내세론』(장로회신학교)은 111쪽의 등사본이지만, 『교의신학-내세론』(서울: 은성문화사, 1973)은 총 378쪽에 달한다. 15년(1958-1973)간 박형룡은 거의 네 배에 가까운 증보 작업을 수행했다는 것을 알 수가 있다. 천년기에 대한 논의도 등사본은 17쪽에 불과한데, 인쇄본은 49쪽에 이른다.

789 박형룡, 『교의신학-내세론』, 248-255.

790 박형룡, 『교의신학-내세론』, 목차; Louis Berkhof, *Systematic Theology* (Edinburgh: Banner of Truth, 1988), 15-16.

791 양자의 종말론의 비교 분석은 Kim Kil-sung, "Dr. Hyung-nong Park's Theology of Last Things," *Chongshinn Theological Journal*, 1/2 (1996): 72-89; 김길성, "박형룡 박사의 내세론 연구," 『죽산 박형룡 박사의 생애와 사상』, 박용규 편 (서울: 총신대학교 출판부, 1996), 451-469(= 김길성, 『개혁신학과 교회』, 283-304에 재 수록됨) 등을 보라. 특히 다음과 같은 김길성의 평가가 적절하다고 사료된다: "박형룡 박사의 『교의신학 내세론』은 벌콥의 『조직신학』의 일반적 순서를 따르고 있을지라도, 그 내용이 풍부하고, 당시 내세론에 관한 여러 주제들을 역사적 개혁주의, 정통 칼빈주의 입장에서 적절하게 수렴하고 있다고 보겠다."(김길성, 『개혁신학과 교회』, 289).

이나 후에 천년의 기간을 가진 그의 지상 통치가 있을 것을 믿게 된다. 그러나 어떤 사람들은 성경이 이런 대망을 지원하지 않는다고 생각한다."라는 코멘트로 시작한다. 그리고 세 가지 입장을 구별하여 검토한 후에 '역사적 천년기 전 재림론의 입장에서 천년 왕국의 내용성질을 약술'할 것이라고 자기 입장을 명시적으로 밝힌다.[792]

1) 무천년설에 대한 검토

박형룡 박사는 무천년설(Amillennialism)의 주장이 무엇인지를 소개하는 일을 먼저 한다. 그는 먼저 "무 천년기 재림론은 성경이 지상에 천년기 혹은 전 세계적인 평화와 의(義)의 시기가 세계의 종말 전에 있을 것을 예언하지 않는다고 주장하는 종말관(終末觀)이다"라고 한 J. G. 보스의 정의를 소개한다.[793] 그리고 무천년설은 천년기에 대한 성경적 기초가 없기에 부정적이라고 소개하고, "성경은 오직 하나님 나라의 현 시대 다음에 완성되고 영원한 형의 하나님 나라가 즉시 나타난다는 관념을 찬성(贊成)한다"고 한 벌코프의 말을 소개한다.[794] 또는 함일돈(Floyd E. Hamilton)선교사가 "천년기는 최종 심판 전 땅에서 그리스도의 문자적 통치의 지상적인 것이기 보다는 영적 혹 천상적 천년기"라고 말한 것을 인용 소개한다.[795] 죽산이 보기에 무천년은 "천년기 전론에 대항하여 그들은 지상에 그리스도의 성도들과 함께 다스리시는 왕정은 없다고 주장"하며, 박형룡이 중시하여 다룬 "이스라엘인의 민족적 회심에 대해서 혹은 긍정(함일돈 같이)하고 혹은 부정한다(벌콥 같이)"고 비판한다.[796]

---

792 박형룡, 『교의신학-내세론』, 230.
793 박형룡, 『교의신학-내세론』, 230; Dr. J.G. Vos, *Blue Banner Faith and Life*, Jan. March, 1951. J. G. Vos(1903-1983)는 게할더스 보스의 아들이자, 비슷한 시기에 박형룡과 프린스턴신학교에 재학한 사람이다(http://bluebanner.org/about, 2016년 2월 6일 접속)
794 박형룡, 『교의신학-내세론』, 230; Berkhof, *Systematic Theology*, 708.
795 박형룡, 『교의신학-내세론』, 231.
796 박형룡, 『교의신학-내세론』, 233-234. 재림전 대사변중 하나로 '이스라엘 전국의 회심'에 대한 박형룡

그러나 죽산은 이러한 무천년설의 입장이 개혁파 '신학계에서 무시할 수 없는 지위를 가진 재림관'임을 인정한다.[797] 아우구스티누스의 경우는 논란의 여지가 있다고 밝힌 후에, 카이퍼, 바빙크와 같은 화란개혁주의 신학자들, 그리고 그 뒤를 따르는 수많은 신학자들이 무천년설 입장에 있으며, '미주리 대회 루터교회,' '기독개혁교회'(Christian Reformed Church), '정통 장로교회'(Orthodox Presbyterian Church) 등이 공식적으로 무천년설을 표방하며, "가장 보수적이요 학구적인 두 신학교 즉 칼빈 신학교와 웨스트민스터 신학교에서 유능하게 해설되고 있다"라고 진술한다.[798]

그러나 그와 같은 신학적인 지위를 인정한다고 하더라도 무천년설은 세 가지의 주요 문제점들을 가지고 있다고 죽산은 이의를 제기한다. 첫째, 천년기에 대해 명백하게 말하고 있는 계시록 20장 1-6절에 대해서 '영해하고 지상 천년기의 실재성을 부정하려는데 견강부회(牽強附會)의 논법이 많이 포함'하고 있기 때문에 동의할 수 없다.[799] 둘째, 밀과 가라지 비유(마 13장)는 '기독교인과 비기독교인이 심판날까지 함께 살 것을 예시한다'고 하여 중간 천년기를 거부하는데, 박형룡이 보기에 "천년기가 끝난 때에 사탄이 해방되어 지상의 사방 백성을 미혹하고 소집하여 전쟁을 붙일 것이라 하니(계 20:7) 그 때에 밀과 가라지의 혼잡은 다시 생길"것이라고 보면 된다고 반박한다.[800] 셋째, 죽산이 보기에 무천년설은 "말세에 관한 많은 예언들을 설명되지 못한 채로 무의미한 언설(言說)로 버려주게 되는 약점"을 가지고 있다고 한다. 특히 사탄의 결박(마 12:29)을 무천년설이나 후천년설이 해설하는

의 논의는 『교의신학-내세론』, 186-189을 보라. 또한 이 중요한 주제에 관하여 개혁주의적 관점에서의 포괄적인 논의는 Hoekema, *The Bible and the Future*, 139-147; William Hendriksen, *Israel in Prophecy* (Grand Rapids: Baker, 1974) 등을 보라.
797 박형룡, 『교의신학-내세론』, 234.
798 박형룡, 『교의신학-내세론』, 235. 하지만 두 신학교 교수들이 획일적으로 무천년설을 지지하는 것은 아니다. 존 프레임에 의하면 J. G. 메이첸은 후천년설자였고(박응규, 『한부선 평전』[서울: 그리심, 2004], 164-165에서 재인용), 캘빈신학교 교회사교수였던 잔 크로밍가는 역사적전천년설을 확고하게 가르쳤다(Lee Sangung, "'Already but Not Yet': A Study on the Background and the Inaugurated Eschatology of Anthony A. Hoekema [1913-1988]," *Chongshin Theological Journal*, 20 [Feb. 2015], 129).
799 박형룡, 『교의신학-내세론』, 235-236.
800 박형룡, 『교의신학-내세론』, 236-237.

바와 같이 보기 보다는 "그리스도의 지상 왕정의 기간에 있을 사탄 활동의 제지(制止)를 의미한다"고 보는 것이 가장 성경적이라고 답한다.[801]

2) 천년기 후 재림론에 대한 검토

죽산은 이어서 '천년기 후 재림론'(Postmillennialism)에 대해서 다룬다. 우선 이 명칭에서 볼수 있는 대로 후천년설은 "천년기가 그리스도의 재림보다 앞선다고 믿는다"고 해설하고, 이어서 "재림 전에 복음 전도와 그것의 성과의 특별한 시대가 있어 물이 바다를 덮음 같이 여호와를 아는 지식이 세상에 충만할 것이며 평화와 창성(昌盛)의 영광스러운 치세(治世)가 될 것이라 한다(사 11:9)."고 상술한다.[802] 이어서 죽산은 후천년설의 두 형식을 구분해서 소개한다. 하나는 '천년기가 성령의 초자연적 감화를 통하여 실현될 것을 기대'하는 '초기 보수형'이고, 다른 하나는 '진화의 자연적 과정에 의해서 오리라고 생각'하는 '후기 자유형'이다.[803]

'초기 보수형'이란 16, 17세기 네덜란드 신학자들 일부와 다른 면에서는 죽산이 존경하고 따랐던 19세기의 수많은 장로교 신학자들(찰스 핫지, A. A. 핫지, 캐스퍼 위스타 핫지, 쉐드, 댑니, 헨리 스미스, 벤저민 워필드 등)과 그가 지속적으로 참조한 신학교본의 저자중 하나인 어거스트 스트롱(August H. Strong)이 취한 입장이기도 하다.[804] 이 입장에 의하면 "천년기는 이 현시대 기간에 즉 교회 시대 동안에 있을 영적 창성의 황금시대니 지금 세계에 활동하고 있는 복음의 감화력을 통하여 도입될 것"이라고 하는 것이다.[805] 이들에 의하면 천년기는 문자적으로 보기 보다는 '절대적 완전과 완성을 상

---

801 박형룡, 『교의신학-내세론』, 237.
802 박형룡, 『교의신학-내세론』, 238.
803 박형룡, 『교의신학-내세론』, 238-244.
804 박형룡, 『교의신학-내세론』, 244. 박형룡과 같이 프린스턴을 동문수학한 로레인 뵈트너도 후천년설자이다(Loraine Boettner, "Postmillennialism," in The Meaning of Millennium, ed. Robert G. Clouse [Wheaton: IVP, 1980], 117-141). 그러나 구 프린스턴의 신학자들 모두가 후천년설자였다고 주장하는 것은 옳지 않다. 프린스턴 신학자들의 종말론의 다양성과 일관성에 관해서는 조형욱, "구프린스턴 신학의 종말론 연구," 63-214를 보라.
805 박형룡, 『교의신학-내세론』, 240.

징'하는 것으로 보며, 그러한 황금시대 끝에는 '세계적 배교'가 있을 것도 믿는다.[806]

반면 '후기 자유형'에 의하면 복음의 역사가 아니라 "자연적 과정에 의하여 인류가 개량(改良)되며 사회의 제도들이 개혁(改革)되어 문화와 능률(能率)이 보다 더 고등(高等)한 수준(水準)에 달(達)하므로 지상 하나님 나라가 성립되리라"고 가르친다.[807] 이는 자유주의 형이요, 미국의 사회복음주의자들이 주장한 이론인데, 죽산이 보기에 이런 천년기론은 '하나님 나라를 진화적 과정에 자연법칙의 산물(産物)'로 보는 '가짜 천년기 후론'이라고 반박했다.[808]

이와 같은 소개를 한 후에 죽산은 곧 바로 이의를 제기하는 데로 나아간다. 그는 "천년기 후론에 대하여 매우 중대한 반대 몇 가지가 있다."라고 말한 후에, 다섯 가지 반론을 제기한다. 첫째, 계시록 20장 1-6절을 문자적으로 보지 아니하고 영해하는 것은 '견강부회(牽强附會)의 논법'이라고 비판한다.[809] 둘째, 계시록 19장에 기록된 예수님의 재림 사건을 초림이라고 해석하는 것에 대해 "이 장은 사실상 승리(勝利) 영화(榮化)한 그리스도, 적그리스도의 멸망을 제시하여 재림 때의 광경을 말하고 있다"라고 반박한다.[810] 셋째, "재림 직전에 교회가 비류(比類)없는 창성을 경험하리라"는 후천년설의 기대와 달리 성경에 의하면 '재림 직전에 올 시기는 큰 배교, 환란, 핍박의 때'(마 24:6~14,21,22; 눅 18:8; 21:25~28; 살후 2:3~11; 계 13장)가 예고되고 있다고 논박한다.[811] 넷째, "현 시대가 큰 격변으로 종결될 것이 아니라 거의 지각(知覺)되지 않을 정도로 평이(平易)히 내 시대에 과도하리라"는 주장도 성경에 맞지 않다고 반박한다(마 24:29~31,35~44; 히 12:26,27; 벧후

---

806   박형룡, 『교의신학-내세론』, 241-242. 천이라는 숫자를 '절대적 완전과 완성'(absolute perfection and completeness)을 상징하는 것으로 보는 것은 후천년설자인 B. B. Warfield의 견해이다 (Benjamin B. Warfield, "The Millennium and the Apocalypse," *Biblical Doctrines* [Grand Rapids: Baker, 2003], 654).
807   박형룡, 『교의신학-내세론』, 242-243.
808   박형룡, 『교의신학-내세론』, 243.
809   박형룡, 『교의신학-내세론』, 245-246.
810   박형룡, 『교의신학-내세론』, 246.
811   박형룡, 『교의신학-내세론』, 246.

3:10~13).⁸¹² 다섯째 비판은 '후기 자유형'에 대한 것으로 "중생(重生)없는, 심정의 초자연적 변화 없는 문명은 도무지 그리스도의 영광스러운 통치로서의 천년기 지복시대를 도입하지 못할 것"이라고 비판한다.⁸¹³

3) 천년기 전 재림론

이처럼 죽산은 무천년설과 후천년설에 대해서 비판적으로 다룬 후에, 자신의 확고한 입장인 '천년기 전 재림론'(Premillennialism)을 상술하는 데로 나아간다.⁸¹⁴ 일단 죽산은 천년기 전 재림론의 주요 요지가 무엇인지를 J. G. 보스의 글로 대신하여 소개한다.

> 천년기 전 재림론은 그리스도의 재림에 뒤따라 세계의 종말 전에 천년기 혹은 하나님의 왕국이라 칭하는 세계적 평화와 의의 시기가 있어 그 동안에 그리스도께서 지상에서 친히 왕으로서 통치하시리라고 주장하는 종말관(終末觀)이다. 천년기 전 재림론자들은 그리스도의 재림과 관련된 사변의 순서에 관한 그들의 견해들의 차이에 의하여 다양(多樣)의 무리로 분열(分裂)되나 그들은 다 그리스도의 재림 후 세계의 종말 전에 지상에 천년기가 있으리라고 주장함에서 동의한다.⁸¹⁵

이어서 초대 교회로부터 존재했던 '역사적 천년기 전 재림론'과 최근에 등장하여 성행하는 '시대론적 천년기 전 재림론'으로 양분하여 소개한다. 전자는 이미 초대교회 때 존재했으며 유스티누스, 이레나이우스, 테르툴리아누스, 락탄티우스, 힙폴리투스 등 교부들이 견지했던 바 '모든 점에서 간이(簡易)하고 단순'한 재림론이다.⁸¹⁶ 이 입장에 의하면 주님의 재림전에 '모든 민족에

---

812 박형룡, 『교의신학-내세론』, 247.
813 박형룡, 『교의신학-내세론』, 247.
814 앞의 두 견해를 비판적으로 소개하는 데는 18쪽(230-247)을 할애했지만, 비록 세대주의 전천년설에 대한 비판을 포함한다고 하더라도 박형룡 자신의 입장인 전천년설에 대한 논의는 31쪽이나 할애했다 (248-278).
815 박형룡, 『교의신학-내세론』, 248; J.G. Vos, *Blue Banner Faith*, Jan-March, 1951.
816 박형룡, 『교의신학-내세론』, 248.

게 전도(傳道), 대배도(大背道)와 대환란, 불법의 사람의 나타남 같은 사변들'이 일어날 것이라고 한다.[817] 죽산은 '최근 도안'이라는 항목을 따로 마련하여 '역사적 천년기 전론의 신진 변호자인 미국 플러신학교 래드 교수'의 견해를 상세히 소개하기도 했다.[818]

죽산은 이어서 같은 천년기 전 재림론이긴 하지만 내용상 동의하기 어려운 '시대적 천년기 전 재림론'에 대해서 상세하게 소개한다. 그는 Dispensationalism이라는 영어 단어를 '세대주의'가 아니라 '시대론'이라 번역한다. 그리고 이 시대론은 존 넬슨 다비와 스코필드의 관주 성경에 의해서 제시된 '그릇된 성경해석의 법식'이며, 이 입장에 의하면 "인류의 역사를 일곱 판연(判然)한 시기들 혹 「시대들」로 나누고 각 시기에서 하나님이 어떤 특수한 원리를 기초로 하여 인류와 대처하신다는 것을 긍정한다."고 한다.[819] 시대론자들이 7세대를 주장하고, 교회시대를 왕국과 관련 없이 은혜시대 일뿐이라고 보는 것과[820] 종말에 일어날 사건들로 그리스도의 이중재림, (7년간의) 대환난, 천년왕국 등 세밀하게 제시한 점을 소개한다. 또한 그리스도의 재림은 언제나 일어날 수 있으며, 천년왕국은 '가견적, 차세적, 물질적인 유대인의 왕국이며 다윗 왕위의 재 설립을 포함하는 신정국의 회복'이 될 것이라고 하는 점 등을 소개한다.[821] 예상할 수 있듯이 죽산은 이러한 시대론에 대하여 여러 가지로 반론을 제기한다. 첫째, 시대론자들이 스코필드 관주성경의 주석들에 의지하되, 교회와 이스라엘에 해당하는 말씀들로 나누어 해설하는 것은 오류를 낳게 된다는 점을 비판했다.[822] 둘째, 죽산은 그들이 주장

---

817 박형룡, 『교의신학-내세론』, 249-250. 250쪽에서 이 입장을 표방했던 여러 학자들의 명단을 나열하고 있다.
818 박형룡, 『교의신학-내세론』, 250-251.
819 박형룡, 『교의신학-내세론』, 251. 252쪽에 이 시대론(=세대주의) 전천년설을 취하는 수많은 지지자들의 영단을 제시한다. 그 명단 가운데는 한국장로교 선교사들에 의해 번역 소개된 브룩스나 블랙스톤 등도 포함되어 있다(James H. Brookes, *Till He Come* [London and Edinburgh: Fleming H. Revell, 1895]; W. E. Blackstone, *Jesus is Coming* [London and Edinburgh: Fleming H. Revell, 1898]). 박형룡은 또한 255-257에서 시대론의 '신학적 지위'라 하여 세대주의자들이나 그룹을 소개한다.
820 박형룡, 『교의신학-내세론』, 252-253.
821 박형룡, 『교의신학-내세론』, 253-255에 상술된 내용을 보라.
822 박형룡, 『교의신학-내세론』, 257-259.

하는 7시대론이 비성경적임을 비판한다.[823] 셋째, 죽산은 시대론이 '말세사변들의 수를 격증'시켜서 두 번의 재림(공중 재림과 지상현현), 2회의 부활, 7년 대환난도 2부분으로 나누어 말한다고 비판한다.[824] 넷째, 시대론의 오류 중 하나는 예수께서 선포한 천국이 '유대인의 신정국가의 회복'을 염두에 둔 것이었고, 유대인이 거절하자 '왕국의 설립을 그의 재림 때로 연기'하셨다고 하는 '왕국 연기론'이다. 죽산은 이러한 주장은 '성경의 통일성과 하나님의 백성의 통일성'을 깨트리는 것이라고 비판한다.[825] 다섯째, 스코필드 성경을 추종하는 시대론자들은 기성교회와 올바른 관계를 가지지 못하고 있다는 점을 적시한다.[826] 여섯째, 이러한 여러 가지 시대론의 주장들이 개혁파신학과 표준문서들과 일치하지 않는다고 논박하면서 신도 게요(= 웨스트민스터 신앙고백서 25장 2조)와 소요리 문답(26)을 증거로 들었다.[827]

시대론에 대한 장문의 비판을 끝내고 나서 죽산 박형룡은 '역사적 천년기 전론'의 입장에서 '천년 왕국의 내용 상태'를 여러 가지 실례를 들어서 상술한다. 우선 그는 '본래의 묘사'라 하여 다음과 같이 종합적인 정리를 해준다.

> 그리스도의 재림 직후 옛적 선지자들이 예언했던 하나님 나라가 완성한 상태로 지상에 건설될 것이다. 예루살렘은 중건될 것이요 이방인들은 절대한 다수로 그 왕국에 편입될 것이다. 천년 동안에 그리스도는

---

823 박형룡, 『교의신학-내세론』, 259-260. 박형룡에 의하면 시대론자들이 사용하는 오이코노미아(oikonomia)라는 단어가 '경륜'(經綸)으로 한역되었으며 '가재직, 처리, 혹 행정'을 가리키지 '시취(試取)나 시련의 기간'을 의미하지 않는다고 비판한다(259). 그리고 시대론의 오류에 대한 더 자세한 비평은 박형룡, 『교의신학-인죄론』(서울: 은성문화사, 1968), 388-391에 있다.
824 박형룡, 『교의신학-내세론』, 260.
825 박형룡, 『교의신학-내세론』, 260-261.
826 박형룡, 『교의신학-내세론』, 261-262.
827 박형룡, 『교의신학-내세론』, 262. 박형룡은 이어서 시대론적 천년기 전론과 역사적 천년기 전론은 구분되어야 한다는 점을 다시 한 번 말하면서 비판에 대해 답을 한다(263-267). 마지막 부분에서 자신이 취한 역사적 천년기 전 재림론은 개혁신학과 조화된다는 것을 말하면서 래드도 동일한 입장을 표현했다고 1959년 1월 6일자 서신을 소개하는데(266-267), 최근에 델리아는 래드가 침례교신학자이며, 칼빈주의 구원관을 배척했다고 논증한 것을 참고할 필요가 있다(D'Elia, *A Place at the Table: George Eldon Ladd and the Rehabilitation of Evangelical Scholarship in America*, 10). 필자가 지적하고자 하는 것은 역사적 전천년설이 개혁신학과 조화되지 않는다는 것이 아니고, 과연 래드의 신학이 온전히 개혁주의적인가에 대해서 이의를 제기하는 것이다.

그의 왕정을 영광스러운 방식으로 시행하실 것이다. 부활, 변화한 성도들이 그의 통치에 참여할 것이다. 이스라엘이 전체로 주께 돌아와서 복음을 전파할 것이다. 평화와 의의 상태는 전 세계에 충만할 것이다. 땅은 과실을 풍부히 낼 것이요 부활 혹은 변화를 통과하지 못한 사람들도 장수와 안락한 생활을 누릴 것이다.[828]

그리고 이어서 '근년의 묘사'라 하면서 조지 래드의 견해를 소개한다. 그러고 나서 죽산은 이 입장에 의하면 천년기를 매우 간단하게 묘사한다고 지적한다. 즉, 천년왕국 시기를 '지상 역사의 한 시기'로 보고, 이스라엘의 '회심'을 우선하고, 그들의 '정치적 회복'은 부차적인 것으로 보는 것이나, 시대론과 달리 '구약 제사 제도의 회복을 부정하는 것'이나 '왕국의 복음과 은혜의 복음을 동일시하는 것' 등을 예거하면서 죽산은 이 견해가 '매우 단순 또는 신중함'을 드러낸다고 평가한다.[829]

죽산의 천년기론에 대한 논의의 결론은 '三論의 鼎立'이라고 하는 제목 하에 주어진다.[830] 앞서 소개한대로 천년기에 대한 세 가지 입장이 존재하는데, "대교파들의 신경들은 이 삼론에 대하여 취사(取捨)를 행하지 않은 고로 아무라도 교회의 권위에 의하여 이것들의 시비를 경정하기 곤란"하다는 점을 그는 인정했다. 그러나 어느 하나의 입장을 취하지 않을 수는 없는 관계로 "교회의 지도자들과 신도들은 이 삼론의 하나를 자유로이 취하되 다른 이론을 취하는 자들에게 이해와 동정으로 대하여야 할 것이다"라고 관용

---

828 박형룡, 『교의신학-내세론』, 271.
 829 박형룡, 『교의신학-내세론』, 271-273. 이어서 박형룡은 "천년기를 세계적 왕국이라 칭하는 동시에 그 천년 왕국은 유대인 왕국의 관념으로 발원하여 세계적 판도로 확대된 지상 나라일 것이라 하여 유대 사상의 관련에 주의를 촉구"한 올리버 버스웰(J. Oliver Buswell, 1895-1977)의 견해를 상세하게 소개한다(박형룡, 『교의신학-내세론』, 273-275; J. Oliver Buswell, *A Systematic Theology of the Christian Religion*, 2 vols. [Grand Rapids: Zondervan, 1962–63], 2:537, 538; 권문상, 박찬호 역, 『조직신학 1,2』 [서울: 웨스트민스터출판부, 2005]). 박형룡에 의하면 "버스웰은 시대론에 경향하는 태도를 적지 않게 보이면서 구약 제사의 회복을 상징적으로 신천신지에서 있을 것으로 이해함에서 시대론에 대립한다. 그러나 그는 구약 제사의 천년기에서의 문자적 회복을 믿는 것도 부조응하지 않다고 양보함에서 시대론에게 호의를 보인다."고 비평한다. 버스웰은 휘튼대 총장(1926-1940), 셸턴 칼리지 총장(1941-1955) 등을 거쳐 1956년에 신설된 커버넌트 신학교 교수로 부임하여 1970년까지 재직했다. 그는 장로교회 목회자요, 역사적 전천년설을 말하지만 죽산의 평가대로 세대주의적인 경향성도 다소 가지고 있었다(https://en.wikipedia.org/wiki/J._Oliver_Buswell. 2024.12.12.접속).
830 박형룡, 『교의신학-내세론』, 277-278.

적으로 말하기까지 한다.[831] 그러나 그의 입장은 분명히 밝히는데, 천년기 전 재림론 중 '간단한 역사적인 형(型)의 입장'을 선택했다.[832] 그리고 죽산은 다음과 같은 유명한 코멘트로 천년기에 대한 결론을 내린다.

> 대한 예수교 장로회의 신학적 전통은 역사적 천년기전 재림론이다. 구 평양장로회 신학교에서 오랜 세월동안 조직신학을 가르친 이율서(李訥瑞)(W.D. Reynolds)박사가 역사적 천년기전 재림론을 강의하였다. 8.15 광복 후 남한의 장로회 신학교와 총회 신학교에서 여러 해에 걸쳐 조직신학을 강의한 필자도 역사적 천년기전 재림론을 전하였다.[833]

2.4.2. 정암 박윤선(1905-1988)의 역사적 전천년설[834]

(1) 들어가는 말

죽산 박형룡(1897-1978)과 정암 박윤선(1905-1988)은 한국장로교회 신학사에 있어서 초석을 놓은 신학자들이다.[835] 두 사람의 사제 관계가 시작된 것

---

831 박형룡, 『교의신학-내세론』, 277. 이러한 언명은 1973년 최종 인쇄본에서 주어진 것인데, 앞서 소개한 1958년 경에 만들어진 『내세론』, 100에 보면 단순한 천년기 전설과 다른 "他異說에 同情을 적게 表示한다"라고 하면서 역사적 전천년설에 대한 강한 애정을 표시했던 것과는 대조적이다.

832 죽산이 이러한 '간단한 역사적 형'을 선택한 이유에 대해서 다음과 같이 말한다: "한국 교계에 전통적으로 많이 유행한 재림론은 천년기 전론이요 부흥사들로부터 시대론의 색채를 띤 설교를 듣게 되는 때도 종종 있다. 그러나 우리는 우리 교회의 전통인 역사적 천년기 전론의 간단한 입장을 취하여 말세 사변들의 연쇄(連鎖)를 과도히 연장하거나 천년기의 묘사에 번잡한 상상을 사용하기를 피하는 것이 신중하고 현명한 일일 것이다."(박형룡, 『교의신학-내세론』, 278). 한편 1958년 경에 만들어진 『내세론』, 100에서는 "필자도 역시 한국교회 전도자들의 일반적 사상의 감화하에 성장하야 천년기 전설에 흥미를 가지고 왔다"라고 밝혔다. 박형룡은 신학수업 이전의 초기 한국선교사들의 영향으로 역사적 전천년설을 가지게 된 것으로 명시한 본문이다.

833 박형룡, 『교의신학-내세론』, 278. 박형룡 박사는 「신학지남」에 마지막으로 기고한 "한국교회의 신학적 전통"에서 '청교도 개혁주의'를 '한국장로교회의 신학적 전통'이라고 하면서, 다섯 가지 특징중에 '천년기전 재림론'을 제시하였다(박형룡, 『신학논문(하)』, 395-397; 이상웅, 『박형룡 박사와 개혁신학』, 172-175를 보라).

834 본절의 내용은 『역사신학논총』 45(2025)에 기고된 것임을 밝힌다.

835 죽산 박형룡에 대한 전기적 연구는 장동민, 『박형룡의 신학연구』 (서울: 한국기독교역사연구소, 1998); 장동민, 『박형룡: 한국보수 신학의 수호자』(파주: 살림, 2006); 박아론, 『나의 아버지 박형룡: 아들이 본 한국교회 지도자 박형룡의 모든 것』(서울: 대한예수교장로회총회, 2014) 등이 있으며, 정암 박윤선의 전기적 연구로는 서영일, 『박윤선과 개혁신학 연구』 (서울: 한국기독교역사연구소, 2000); 김영재, 『박윤선: 경건과 교회 쇄신을 추구한 개혁신학자』(파주: 살림, 2007); 정성구, 『나의 스승 박윤선』(용인: 킹덤북스, 2018) 등이 있다. 정암의 생애와 개혁주의 사상에 대한 간략한 개관을

은 정암이 평양 장로회신학교에 입학한 1931년 봄 학기 부터이다. 같은 시기에 죽산은 박사논문을 완성하여 미국 남침례교신학교에 보낸 후에, 변증학과 현대신학(= 근대 기독교 난제선평) 전임 교수로 부임하였다.[836] 1934년에 정암이 미국 유학을 떠날 때에 죽산은 프린스턴 신학교가 아니라 1929년에 자신의 스승 메이천이 주도하여 세운 웨스트민스터신학교에 추천을 했다. 미국 유학을 다녀온 정암은 평양에서 죽산이 주관하고 있던 표준주석 편집일에 동참하게 되었고, 죽산과 더불어 『고린도후서 주석』(1938)을 공동 집필하여 출간해 내기도했다. 그리고 2차 유학(1938-1939)을 다녀온 후에는 신사참배 거부로 동경에 머물고 있던 죽산에게 가서 잠시 주석 편집 작업을 돕기도 했다. 그리고 나서 만주 봉천에 세워진 신학교에서 두 사람을 교수로 초빙하게 됨에 따라 죽산과 정암은 만주로 이주하여 각기 조직신학과 신약신학을 교수하게 된다. 해방 이후 죽산과 정암은 동역은 1946년에 설립된 고려신학교에서 반년 정도 이어졌고 (1947-1948.4.), 서울과 부산에서 각기 십 수년을 지내다가 다시 동역하게 된 것은 정암이 1963년 봄학기에 총신 교수로 부임하게 됨에 따라서이다. 그후 죽산은 1972년 2월로 영구 은퇴하고, 정암은 1974년에 퇴임을 하게 된다.[837]

죽산과 정암은 이처럼 사제지간으로 만난 후에, 선교사 시대로부터 시작해서 동경과 만주에서 그리고 해방이후 남한에서 여러 기회에 동역을 하였다. 비록 양자의 방대한 저술들 안에서 직접적인 인용을 발견할 수가 없기 때문에, 상호간에 신학적 교류가 있었는지를 확인하기는 어렵지만, 양자는 성경의 무오성을 비롯한 개혁주의의 기본 원리에 충실하면서 조직신학자

위해서는 이승구, "칼빈주의자 정암 박윤선(朴允善) 목사(1905-1988)의 생애와 그의 칼빈주의 사상," 「갱신과 부흥」 16 (2015): 1-37를 보라.

836 만년의 정암은 죽산과의 첫 만남과 영향력을 다음과 같이 회상해 주고 있다: "박형룡(朴亨龍) 박사는 나의 1학년 시절부터 교수하기 시작하셨다. 그는 변증학 방면의 여러 과목들을 담당하셨는데, 학구적으로 많은 유익을 주셨다. 나는 그에게서 고린도후서를 배웠고, 기타 몇 과정 강의를 들었다. 박박사께서 미국 웨스트민스터신학교에 나를 소개해 주셨다. 그는 평양 장로회신학교의 중요한 교수였으며, 그의 보수적인 신앙과 무게 있는 인격은 학생들에게 큰 감화를 끼쳤다. 그는 신학적으로 한국 장로교의 기둥이었으며, 해방 후에도 오랫동안 신학교 교장으로 수고하시면서 막대한 업적을 남겼다."(박윤선, 『성경과 나의 생애』 [서울: 영음사, 1992], 55).

837 은퇴한 정암은 1979년 3월 총신 대학원장으로 다시 초빙되어 왔고, 1980년 11월까지 재직하기도 했다. 그후 합동신학원 원장으로 취임하여 1985년까지 시무하게 된다.

와 주경학자로서 각자의 소임을 다했다. 이제 우리가 살펴보고자 하는 주제는 죽산과 정암이 공통적으로 확집하고 강변했던 역사적 전천년설(Historic Premillennialism)에 대한 것이다. 널리 알려진대로 평양 장로회신학교의 종말론 전통은 세대주의적 전천년설이 강했지만,[838] 해방이후 죽산과 정암은 공히 한 목소리로 세대주의 전천년설에 거리를 두면서도 역사적 전천년설을 확집(確執)하고 강변(强辯)했다.[839] 죽산의 전천년설적인 해설은 1973년에 간행된 『교의신학 내세론』에서 공식적으로 공표되었지만,[840] 정암 박윤선은 해방 이후 4년 뒤(1949년)에 출간한 『계시록주석』에서부터 역사적 전천년설을 공표하기 시작하였다. 본론에서는 죽산의 제자이자 신학적 동지였으며 한국 장로교회사에서 역사적 전천년설을 확립하여 가르쳤던 정암 박윤선의 천년기론을 논구해 보고자 한다. 논자는 정암이 출간한 요한계시록 주석의 주요 판본들, 조직신학적인 종말론과 신자들을 위한 강해서를 면밀하게 살펴서 정암의 천년기론의 정체가 무엇이며 어떻게 내용의 변화가 있는지를 확인해 보고자 한다.[841] 논의의 순서는 (2)에서 역사적 배경을 서술하고 나서, (3)

---

838 19세기말과 20세기초 한국에 온 미국 선교사들의 종말론 경향과 그 배경에 관련해서는 박응규, "교회사 연구와 종말론: 한 / 미 교회사를 중심으로," 『역사신학논총』 1 (1999): 361-386; 박응규, "일제하 한국 교회의 종말론 형성에 관한 연구," 『역사신학논총』 2(2000): 176-198; 이상웅, 『평신과 총신을 중심으로 본 한국장로교회 종말론』, (서울: 솔로몬, 2022), 27-101; 이상웅, "제임스 게일(James Scarth Gale, 1863- 1937)의 선교사역과 종말론 연구," 『역사신학논총』 44 (2024): 285-322 등을 보라. 또한 평양 장로회신학교 제1회 졸업생인 길선주의 세대주의 종말론에 관련해서는 안수강, "길선주의 재림론에 나타난 총괄갱신(總括更新) 관점 분석 그의 『말세학(末世學)』을 중심으로," 『역사신학논총』 35 (2019): 149-177을 보라.

839 간하배(Harvie M. Conn, 1933-1999) 선교사는 죽산과 정암이 "역사적 전천년설과 세대주의 전천년설의 차이를 명료하게 인식하면서 전천년설을 전파했던 주요 신학자들"이라고 적시해 주었고(Harvie M. Conn, "Dispensationalism in the Korean Presbyterian Church," 19), 아신대학교 명예교수인 박응규 교수는 양자의 기여에 대해 다음과 같이 평가해 준다: "Drs. Hyung-Nong Park and Yune-Sun Park were the most influential premillennialists who thought their beilief to be compatible with the Reformed tradition, holding an extremely high view of Scripture." (Pak Ungkyu, "From Fear To Hope : The Shaping of Premillennialism in Korea, 1884-1945," [Ph. D. dissertation, Westminster Theological Seminary, 1998], 42).

840 박형룡, 『교의신학 내세론』(서울: 은성문화사, 1973). 1950년대 말의 등사본 강의안에서도 세대주의 전천년설로부터 "간단한 형태의 전천년설"인 역사적 전천년설을 구분하여 가르친 것을 확인할 수가 있다. 죽산의 전천년설에 대한 논의는 Kim Kilsung, "Dr. Hyung Nong Park's Theology of the Last Things," *Chongshin Theological Journal*, I/2 (August 1996): 72-89; 이상웅, "죽산 박형룡과 구례인의 천년기론에 대한 연구," 『개혁논총』 38 (2016): 177-207 등을 보라.

841 논자가 취하는 방법은 정암이 평생동안 애독했던 헤르만 바빙크가 말하는 "종합적- 기원적 방법"(synthetische-genetische methode)와 유사하다고 생각된다(Herman Bavinck, *Gereformeerde Dogmatiek*, 박태현 역, 『개혁교의학』, 전4권 [서울: 부흥과개혁사, 2011], 1:143-145),

에서는 정암이 출간한 요한계시록 주석들(1949년, 1955년, 1968년)에 개진된 천년기론을 살피고, (4)에서는 정암의 후기 저술들은 『개혁주의 교리학』과 『요한계시록 강해』에 최종적으로 개진된 천년기론을 살펴 보고자 한다.

(2) 정암 박윤선의 종말론적 배경과 관련 저술들

우리는 먼저 종말론 관점에서 정암의 역사적 배경과 생애의 요점을 개관하고, 그의 종말론적인 저술들을 확인해 보고자 한다. 이러한 서론적인 논의는 이어지는 그의 천년기론의 역사적 맥락을 바르게 이해하기 위해서이다.

1) 해방 이전 정암 박윤선의 종말론적 배경

정암 박윤선은 1905년 12월 11일에 평북 철산에서 출생했다. 1914년 처음으로 서당 교육을 받기 시작해서 17세가 되기까지 사서삼경을 외우기까지 했다.[842] 1922년에 대동학교에 입학하여 서양식 교육을 받기 시작했고, 1923년에는 오산학교에 편입하고, 1924년에는 신성학교에 편입학하여 공부를 한 후에, 1927년에 숭실전문에 진학하여 대학 교육을 받는다.[843]

숭실전문을 졸업하고 나서 1931년 봄에 곧바로 평양 장로회신학교에 입학해서, 1934년 3월에 졸업을 하게 된다.[844] 그는 3년간 기초 신학 교육 과정을 이수하였고, 히브리어, 헬라어 공부에 전념했으며, 독일어 자습도 했다.[845] 정암이 자라고 배움에 힘쓰던 1920년대 1930년대는 종말론 열풍이 불던 시대이고, 대체로 세대주의 전천년설이 주도하고 있었다. 심지어 평양 장로회신학교에서 강의했던 선교사들(제임스 게일, 윌리엄 스왈른, 윌리엄 베어드 등)도 그러했고,[846] 그가 입학하던 해인 1931년에 역간된 종말론 교재인 중국

---

842 서영일, 『박윤선과 개혁신학 연구』, 40-46.
843 정암의 서양식 교육 과정에 관해서는 서영일, 『박윤선과 개혁신학 연구』, 26-79를 보라.
844 평양 장로회신학교 수학 기간에 대한 회고는 박윤선, 『성경과 나의 생애』, 50-59를 보라.
845 정암의 평양 장로회신학교에서 어떠한 교육을 받고 어떠한 훈련을 했는지에 대해서는 서영일, 『박윤선과 개혁신학 연구』, 81-11을 보라.
846 이상웅, "평양 장로회신학교의 종말론 전통," 「한국개혁신학」 70 (2021): 218-264.

신학자 가옥명(Jia Yuming)의 『내세론』 역시도 전통적인 세대주의 종말론을 대변하고 있었다.[847]

정암은 1934년 3월에 평양 장로회신학교를 졸업한 후, 동년 8월 4일 미국 유학을 떠났다. 박형룡과 나부열 선교사는 그를 프린스턴 신학교가 아니라 웨스트민스터 신학교에 가도록 안내했다.[848] 정암은 주로 존 그래셤 메이첸(John Gresham Machen, 1881-1937)의 지도하에 신약신학과 원어들을 공부했다.[849] 1차 웨스트민스터 신학교 유학 시절에 정암에게 중요한 발견중 하나는 화란 신학의 중요성을 알게 된 것이다. 그는 누가 가르쳐 주지도 않는데, 영어 교재들과 화영 사전을 통해 화란어를 자습하기 시작했다. 정암은 만년에 쓴 자서전에서 다음과 같이 화란 신학과의 조우에 대해서 밝히고 있다.

> 웨스트민스터신학교에 있는 동안 틈틈이 화란어를 자습하였다. 삼대(三大) 칼빈주의 신학자 중 두 사람(카이퍼, 바빙크)이 화란 사람이니, 그들의 신학 체계를 깊이 이해하기 위해서는 화란어를 공부하지 않을 수 없었다. 열심히 노력한 결과 화란어 주석과 교리학을 읽을 수 있게 되었다. 곧, 카이퍼, 바빙크, 크로쇠이데, 크레다너스, 스킬더 등의 저서들을 접하게 되고, 특히 바빙크의 개혁 교리학을 애독함으로 성경을 바로 해석하는 기쁨을 맛보게 되었다.[850]

또한 메이첸이나 코르넬리우스 밴틸(Cornelius Van Til, 1895-1987)의 저술

---

847 가옥명의 종말론에 관해서는 이상웅, "중국인 신학자 가옥명(Jia Yuming, 1880-1964)의 종말론 고찰," 『조직신학연구』 45 (2023): 78-117을 보고, 윌리엄 레이놀즈가 번역 감수하기까지 하여 출간하고 교재로 삼은 가옥명의 배경과 그의 신학 개관을 위해서는 이상웅, 『윌리엄 레이놀즈의 생애와 조직신학』 (서울: 세움북스, 2023), 275-499를 보라.
848 서영일, 『박윤선과 개혁신학 연구』, 130. 박형룡이 폴 울리에게 보낸 추천사에서 죽산은 "저의 친구 박윤선이 당신의 신학교에 들어갈 준비가 완료되었음을 기쁘게 생각합니다... 친절하게 그를 돌보아 주시면 감사하겠습니다. 그는 당신의 특별한 보호가 있어야 학업을 성취할 수 있습니다"라고 썼다.
849 정암과 메이첸의 관계와 1934년 가을 학기부터 1936년 봄학기까지 정암이 이수한 교과목들에 관해서는 서영일, 『박윤선과 개혁신학 연구』, 134-137를 보라. 정암이 학업을 마치고 귀국하게 되었을 때에 메이첸은 사비를 들여서 몇 권의 주석을 사주기도 했다(137).
850 박윤선, 『성경과 나의 생애: 정암 박윤선 목사 자서전』 (서울: 영음사, 1992), 75. 정암이 언제 화란어를 자습하고 화란 신학서적들을 읽기 시작했는지에 대해서는 논란이 있으나, 서영일도 장해경도 메이첸의 지도하에 신약학을 공부했던 1차 유학기로 본다(서영일, 『박윤선과 개혁신학 연구』, 248: 장해경, "정암신학의 배경으로서 화란신학," 『신학정론』 22/2 [2004]: 297).

들 속에서 독일 신학 저술들의 인용을 빈번히 보면서, 한국에서 자습하기 시작했던 독일어 실력도 더욱 배양하여 신학책들을 읽을 수 있게 되었다.[851] 본고의 주제와 관련된 사실 하나를 주목해 보자면, 정암은 미국에 가는 선편에서 요한계시록 암송을 시작해서 필라델피아에서 공부하면서 22장 전체를 암송하였다는 것이다.[852] 뿐만 아니라 그가 웨스트민스터신학교에 재학하던 시기에 천년기를 둘러싼 논쟁이 신학교와 관련하여 전개되었다는 사실도 주목해 볼 만하다.[853]

2년간의 신약학 공부를 마친 후에 정암은 귀국하여 평양에서 2년간 표준주석 편집주에서 일하는 한편, 신학교에서는 원어학 강의를 했고, 여자 고등성경학교에서 강사로 가르치기도 했다.[854] 또한 이 기간 동안 「신학지남」에 "계시록 제7장을 묵상함"을 기고하기도 했다.[855] 이 짧은 기고문에서 정암은 인맞은 십사만사천명이나 후반부에 나오는 헤아릴 수 없는 많은 무리를 같은 대상으로 해석하면서, "대환난에 참여하지 않는 선민들"이라고 해설해 준다.[856]

정암은 1938년 8월에 이르러 다시 미국으로 2차 유학(1938-1939)을 떠난다. 원어 연구와 더불어서 밴틸의 변증학과 현대신학 강의를 들으면서, 전제주의 변증학, 바르트와 브룬너에 대한 비판적 이해, 바빙크 신학의 중요성

---

851 정암이 1차 유학에서 귀국한 후인 1937년에 칼 바르트 비판글을 「신학지남」에 기고하였는데, 당시에 이미 바르트의 『로마서 주석』(*Der Römerbrief*) 독일어 원서를 인용하는 것을 보게 된다: 박윤선, "발트의 성경관에 대한 비평," 「신학지남」 19/4 (1937): 31-34; 박윤선, "칼 발트의 계시관에 대한 비평," 「신학지남」 19/5 (1937): 32-35. 당시 선교사 교수들은 주를 달지 않았지만, 정암은 본문 내에 인용처를 밝히고 있다.
852 서영일, 『박윤선과 개혁신학 연구』, 131-132.
853 Hong Chul, "A Comparative Study between Machen and Mcintire concerning Their View of the Church as Related to Their Influence on the Prsebyterian Church in Korea." (Ph. D. dissertation, University of Pretoria, 2001), 101-138. 메이첸과 존 머리는 후천년설이었고, R. B. 카이퍼, 밴틸 등은 무천년설이었고, 칼 맥킨타이어는 전천년설이었다. 지상전을 펼치다가 결국 맥킨타이어는 페이스 신학교와 성경장로교회(Bible Presbyterian Church)를 설립하게 된다.
854 박윤선, "나의 생애와 신학," in 합동신학교출판부 편, 『박윤선의 생애와 사상』 (수원: 합동신학교출판부, 1995), 32. 박윤선의 자서전적인 글은 1979년경에 쓴 것으로 추정된다.
855 박윤선, "계시록 제7장을 묵상함," 「신학지남」 20/1 (1938): 39-43.
856 이런 점에서 정암의 이해는 당시 유대인 중심의 해석을 한 윌리엄 스왈른 선교사의 입장과 다르다고 할 것이다. 정암의 기고문에 대한 분석과 평가는 이상웅, 『평신과 총신을 중심으로 본 한국장로교회 종말론』, 92-94를 보라.

등을 더욱 깊이 알게 되었다.[857] 공부를 마친 후 그는 일본 동경에 망명중이던 죽산에게로 가서 표준주석 편집을 돕다가, 1940년에 귀국을 했다.[858] 그후 만주 봉천에 신설된 봉천 신학원 교수로 청빙받아 갔지만, 그곳도 신사참배 강요에서 자유롭지를 못했기 때문에, 1943년 신학원 교수직을 사임하게 된다.[859] 그후 그는 계노순(桂魯淳) 집사가 내준 단칸방에 머물면서 요한계시록 주석 집필에만 전념을 하였다.[860]

2) 해방 이후 정암 박윤선의 교수 생활과 종말론적 저술들

만주에 머물면서 주석 작업에 전념하였던 정암 박윤선은 해방이 되자 마자 고향인 평북 철산으로 내려와 잠시 거주하다가 북한이 공산화되는 것을 보고나서 1946년에는 서울로 남하하게 된다. 정암을 개인적으로 알았던 낙산 홍치모 (1932-2013)는 정암이 "만주에서부터 고향인 평북 철산으로 그리고 38선을 넘어 서울에 오기까지 바빙크의 『교리학』, 바르트의 『로마서 주석』, 그리고 주석가 흐레이다누스의 『계시록 주석』"등을 들고 왔다고 전해준다.[861] 19496년 9월 고려신학교 설립에 동참한 정암은 1949년에 이르러 요한계시록 주석을 처음으로 출간하게 된다.[862] 반년 동안 교장으로 머물러 있

---

857 정암의 2차 웨스트민스터신학교 유학기간에 대해서는 서영일, 『박윤선과 개혁신학 연구』, 165-169를 보라. 정암은 만년에 쓴 자서전에서 밴틸의 변증학의 중요성과 자신에게 미친 영향력을 분명하게 서술해준다(박윤선, 『성경과 나의 생애』, 87-88).
858 박윤선, 『성경과 나의 생애』, 88.
859 정암의 봉천신학원 교수 시절에 대해서는 서영일, 『박윤선과 개혁신학 연구』, 179-184를 보라. 정암은 이 시기에 한 번 신사참배한 적이 있고, 1950년대 집회에 눈물로 참회한 바도 있다.
860 박윤선, 『계시록 주석』 (부산: 고려신학교, 1949), 序 (페이지 매김 없음). 정암은 1949년판 서문에서 안산에서 20리 밖에 있는 달도만(達道灣)에 소재한 계노순 집사의 일간두옥(一間斗屋, 한칸의 아주 작고 초라한 집)에서 미국의 B29 폭격기 소리도 들어가면서 계시록 주석을 집필했었다고 쓰고 있다. 뿐만 아니라 그에게 방을 내어준 계집사는 자신의 전답(田畓)을 팔아서라도 정암의 주석 집필 작업을 지원할 마음을 가지고 있었다고 말해 준다. 그러하기에 1979년경에 쓴 "나의 생애와 신학," 32에서는 "그후에 계노순 집사의 소식을 전혀 듣지 못했으나 그의 주석 사업의 협조에 대해서 영원히 잊을 수 없다."고 토로(吐露)하기도 한다.
861 홍치모, "한국교회사에 있어서 박윤선 신학," in 합동신학교출판부 편, 『박윤선의 생애와 사상』, 307. 원서로 말하자면, Herman Bavinck, *Gereformeerde Dogmatiek* 1-4; Karl Barth, *Römerbrief*; Seakle Greijdanus, *De Openbaring des Heeren aan Johannes* 등이다. 정암은 이 원서들을 미국 유학 시기(1934-1936; 1938-1939)에 입수하였다.
862 박윤선, 『계시록 주석』 (부산: 고려신학교, 1949). 비매품이었고, 인쇄를 인해 한부선 선교사 도움으로 종이를 미국에서 공수해 와야 했다.

다가 서울로 떠나간 죽산을 이어 정암은 1948년부터 고려신학교 교장과 교수가 되어 강행군을 계속했다.[863] 그렇게도 사모하던 네덜란드 유학길이 열려 1953년 10월부터 정암은 암스테르담 자유대학교에서 신약학 연구를 계속하게 되지만, 1954년 부인의 사고사로 인해 귀국할 수밖에 없게 된다. 귀국후 그는 교수 생활과 신약 주석 작업에 박차를 가하는데, 1955년에 이르러 요한계시록 주석 정정(訂正)판을 출간하였으나 세로쓰기에서 가로쓰기로 바꾸고 내용상 큰 변화가 없다.[864]

14년 동안 교수로 재직했던 정암은 1960년에 일어난 스푸너 선교사 전송 사건으로 인해 고신을 떠나 주석 작업과 목회에 전념하게 된다.[865] 그러다가 1963년에 이르러 정암은 총회신학교 교수로 부임하게 되어 1974년 말에 정년 퇴임하기까지 신약 교수로 재직하면서 주석 작업에도 박차를 가했다.[866] 정암이 요한계시록 주석 최종 수정본을 낸 것은 총신 교수로 재직중이던 1968년이다.[867] 그후 그의 계시록 주석은 많은 판이 나왔지만 내용상 변화는 없다.[868]

정암은 총신 교수에 은퇴하고 도미해서 주석 작업에 전념했지만, 1979년 총신의 부름을 받아 다시 대학원장과 교수로 부임하게 되었다. 그리고 1980년 11월에 합동신학교 개교에 동참하여 초대 원장이 되었다.[869] 그는 1981년 11월부터 1987년 2월까지 서울 장안교회에서 목회하기도 했는데, 그가 남긴 마지막 연속 강해인『요한계시록 강해』원고도 이 교회에서 전한 내용이다.[870] 정암은 만년이던 1986년 6월에 강해를 시작해서 1987년 12월까지 연

---

863 서영일,『박윤선과 개혁신학 연구』, 203-243을 보라.
864 박윤선,『성경주석 계시록』(부산: 성문사, 1955).
865 정암이 해임당하고 고신에서 떠나게 된 상황들과 그가 총신 교수로 부임하기 전까지의 행적에 대해서는 서영일,『박윤선과 개혁신학 연구』, 270-295를 보라.
866 정암의 총신 재직기간에 대해서는 서영일,『박윤선과 개혁신학 연구』, 295-305를 보라.
867 박윤선,『성경주석 계시록』(서울: 영음사, 1968).
868 박윤선의 요한계시록에 대한 변종길 교수의 논문은 유익한 논의들을 담고 있다(변종길, "박윤선 박사의 요한계시록 주석과 개혁신학," in 합동신학대학원대학교,『제34회 정암신학강좌- 요한계시록, 현재의 눈으로 다시 보기』[수원: 합신대학원대학교 총동문회, 2022]: 3-47).
869 정암의 합동신학교 재직과 관련해서는 서영일,『박윤선과 개혁신학 연구』, 307-383을 보라.
870 박윤선,『요한계시록 강해』(수원: 영음사, 2014). 장안교회와 화평교회는 1987년 4월 19일에 합병하였다. 정암의 장안교회 목회시기에 대해 밝히고 있는 자료는 안만수 편,『박윤선과의 만남2- 교회개

속 강해를 진행했다.[871] 2014년에야 간행되었기 때문에, 후기 박윤선의 종말론의 변화 유무에 대한 정확한 답을 알지 못했던 후대 연구자들 입장에서는 매우 중요한 자료라고 할 수가 있다.[872] 또한 정암의 종말론(특히 천년기론)에 대해 고찰하려면 참고해야 할 또 하나의 중요한 자료는 2003년 유작으로 출간된『개혁주의 교리학』이다.[873] 정암의 주석 전편에 바빙크『개혁교의학』에서의 인용이 수다(數多)하지만, 그의 조직신학에서 바빙크의 인용은 타의 추종을 불허할 많큼 허다(許多)하다.[874]

(3) 요한계시록 주석들에 나타나는 정암 박윤선의 천년기론

정암은 1949년도에 처음 발간한『계시록 주석』에서부터 역사적 전천년설을 주창하기 시작하여 1955년판과 1968년에 나온 수정 정정판(그후 판에는 변화가 없다)에 이르기까지 일관되게 입장을 고수하고 있다는 것을 확인하고자 한다. 특히 1949년판은 고려신학교에서 비매품에 낸 판이기 때문에 구입하기도 어려울 뿐 아니라 열람 가능한 소장 자료가 아니기 때문에 비교적 소상하게 살펴 보았음을 밝힌다.

혁과 개혁주의 신학』 (수원: 영음사, 2013), 401이다.
871 박윤선,『요한계시록 강해』, 앞쪽 책날개 안쪽 소개글. 장안교회와 화평교회에서 진행된 강해이며, 1987년 4월에 이르러 양교회는 합병하였다고 한다.
872 이상웅, "추천사," in 박윤선,『요한계시록 강해』, 6: "본서는 박 목사님이 견지하셨던 종말론적 입장에 대한 오해를 불식시켜준다는 것을 말씀드리고 싶습니다. 우리는 요한계시록 주석을 통해 박 목사님이 취하신 입장이 "역사적 전천년설" (Historic Premillennialism)이었다는 것을 잘 알고 있습니다. 이런 입장은 평양신학교 은사였던 박형룡 박사님의 입장이었고, 한국장로교회의 표준적인 입장이기도 했습니다. 그런데 두 박 박사님에게 강의를 들은 후학들은 가끔 두 분의 종말론적 입장이 공식적으로는 그러했지만 개인적으로는 그렇지 않았다고 이야기하는 것을 듣곤 했습니다. 하지만 생애 만년에 전한 계시록 강해를 통해 박 목사님의 종말론적 입장은 주석에서 공표하신 그 입장과 동일하다는 것을 분명하게 확인할 수 있었습니다. 1930년대 이래 줄곧 바빙크, 리덜보스 등과 같은 네덜란드 개혁주의 신학자들의 글을 애독하고 즐겨 소개하셨지만 박 목사님의 종말론적 입장은 무천년설을 따르지 않았던 것입니다."
873 박윤선,『개혁주의 교리학』, 김재성 편 (서울: 영음사, 2003), 491-509. 본서에 포함된 종말론 강의안이 최종적으로 완성된 것이 언제인지는 모르지만, 적어도 만년에 행한 요한계시록 연속강해 직전이라는 것은 추정할 수가 있다.
874 차영배, "박윤선 신학에 미친 화란 개혁신학의 영향," in 김영한 편,『박윤선 신학과 한국 신학』 (서울: 기독교학술원, 1993), 29-56. 장해경은 교리학에서 인용 빈도에 있어서 바빙크 인용은 58.3%라고 통계 자료를 제시해 준다(장해경, "정암신학의 배경으로서 화란신학," 319). 장해경은 또한 바빙크 인용시에 단 한 번도 정암은 비판적으로 인용한 적이 없다고 말한다(319). 논자는 정암이 바빙크에 대해 직접적인 비판은 아니지만, 바빙크의 무천년설 입장을 분명하게 알면서도 거부한 것에서 간접적으로라도 비판적인 면은 있다고 말하는 것이 더 정확하다고 본다.

1) 『계시록 주석』 1949년판과 1955년판

먼저 우리는 정암의 『계시록 주석』 초판과 1955년에 나온 정정(訂正)판을 고찰해 보겠다. 앞서도 말한대로 정암은 이미 1934년에 요한계시록을 암송할 만큼 본서에 대한 뜨거운 관심을 가졌을 뿐 아니라, 2차 대전중이던 1944년 만주에서 집필 작업을 진행하고 있었다. 해방 이후 부산 고려신학교 교수가 되고, 죽산 박형룡이 초대 교장으로 부임했다가 떠나간 후에 교장으로 취임하여 신학교 경영까지 맡아야 했던 초기 시점인 1949년에 처음으로 『계시록 주석』을 출간했다. 그리고 6.25전쟁이 끝나고, 짧은 기간 동안 네덜란드 유학을 다녀온 후인 1955년에 이르러 정정판을 출간하기에 이른다. 두 판본 사이에 눈에 뜨이게 달라진 것은 전자가 세로쓰기라면 후자가 가로쓰기로 되어 있다는 것이고, 전자 대비 후자에서 설교들을 많이 생략해 버렸다는 점이다.[875]

① 『계시록 주석』 1949년판

정암은 『계시록 주석』 초판에서 천년기를 말하고 있는 요한계시록 20장에 대해 "本章 千年時代와 및 最終末審判에 對하야 關說한다"라고 제시해 준다.[876] 그리고 나서 이어지는 1절-6절에 대한 해설은 주석 분량에 비하면 작은 분량으로 제시되어 진다. 그는 사탄의 일천년 동안의 결박에 대하여 "如字的 千年이 아니고'어떤 長遠한 時代의 期間"이라고 말하는 흐레이다누스(Greijdanus)의 견해를 소개한 후에, 바로 이어서 "그러나 이 數字가 如字的으로 千年을 意味한다"고 하는 해석도 있음을 소개해준다.[877] 또한 사탄

---

875 박윤선, 『성경주석 계시록』 (부산: 성문사, 1955), 4.
876 박윤선, 『계시록 주석』, 360.
877 박윤선, 『계시록 주석』, 360. 바빙크는 해방 이전부터 이미 세아끌 흐레이다누스(Seakle Gredijdanus, 1871-1948)의 *De Openbaring des Heeren aan Johannes*, KNT (Amsterdam: H.A. van Bottenburg, 1925)을 집중적으로 읽고 주석 전편에 반영을 했다(변종길, "박윤선 박사의 요한계시록 주석과 개혁신학," 4-5, 39). 장해경의 통계 조사에 의하면 정암의 요한계시록 주석에는 흐레이다누스를 96회 언급하고, 46회 인용하고 있다고 한다(장해경, "정암신학의 배경으로서 화란신학," 313). 한가지 지적할 것은 정암이 크레다너스라고 발음 표기한 것은 흐레이다누스로 수정하는

을 천년 동안 결박한다는 의미에 대해서는 "하나님께서 사단의 行動을 制限하신 事實을 象徵하는데 그 範圍는 만국을 미혹하지 못하게"함에 있다고 해설해 준다.[878] 그리고 미혹한다는 것이 의미하는 바를 "개인(個人) 개인(個人)을 犯罪케 함보다 國家들로 하여금 敎會나 福音을 迫害하는 罪에 빠지게"하는 것을 의미하는 듯 하다고 해설해 준다.

그러고 나서 정암 박윤선은 천년왕국의 의미에 대해 몇 가지 해설들을 제시하겠다고 하면서, 후천년파(後千年派), 무천년파(無千年派), 그리고 전천년파(前千年派) 순으로 핵심을 담아 해설해 준다. 먼저 후천년설에 대하여는 "主의 再臨前에 千年間 福音 全盛時代가 있을 것을 가르"치는 입장이라고 소개한 후에, "이 見解는 福音的 再臨敎理를 違反"한다고 비판해 준다. 왜냐하면 정암에 의하면 성경은 주님이 재림하시기 직전 상황이 "不信仰과 背敎가 盛할 것을 가르"치고 있기 때문이다.[879] 정암은 이어서 평생 탐독하고 의지했던 헤르만 바빙크가 역설한 입장이기도 한 무천년설에 대해서 해설해 주는데, 그에 의하면 이 입장은 "中間狀態 (Intermediate state) 곧 그리스도의 再臨時까지 天堂에 가서 사는 靈魂들의 生活을 가르킨다"고 해설해 준다. 정암은 바빙크의 입장인 것을 알지만, 무천년설에 대해서도 "이 學說은 聖經을 解釋함에 있어서 한편으로 치우쳤고 또 不自然스럽다"고 비판한다.[880] 정암의 비판의 핵심은 "첫째 부활"의 의미가 무천년설처럼 "信者가 主를 믿어 靈的生命을 얻게 됨"을 의미하지 아니하고, "몸으로 復活함을 意味"한다는데 있다.[881] 정암은 요한계시록 19장에서 이미 주님의 재림 기사가 있

것이 원음에 가깝다는 것이다. 흐레이다누스는 헤르만 바빙크의 지도하에 교부들의 기독론을 연구하여 박사논문을 썼고(*Menschwording en vernedering* [Wageningen: Vada, 1903]), 1917년에 깜뻔 신학교 신약학 교수로 취임하여 1943년까지 재직했다. 끌라스 스킬더와 해방파가 세운 브루더벡(Broederweg) 소재 신학교에서 1945년-1948년 어간 교수로 재직하기도 했다(이상웅, 『박형룡 신학과 개혁신학 탐구』수정판 [서울: 솔로몬, 2021], 907-909).

878 박윤선, 『계시록 주석』, 360. 정암은 만국은 나라들을 의미하고, 이는 "모든 불신 국가를 지언(指言)"한다고 해설해 준다.
879 박윤선, 『계시록 주석』, 360.
880 박윤선, 『계시록 주석』, 360. 정암은 1938-1939어간 제2차 유학기간 때부터 만년에 이르기까지 성경 다음으로 가장 애독했던 책이 헤르만 바빙크의 『개혁교의학』전집이었다. 바빙크의 무천년설에 대해서는 Bavinck, 『개혁교의학』, 4:803-815를 보라.
881 박윤선, 『계시록 주석』, 360. 미국에서 역사적 전천년설을 대변했던 신약학자 죠지 래드의 자세한 해

기 때문에, 이어지는 20장은 재림 후에 일어날 "聖徒들의 復活에 對한 記錄"이라고 보는 것이 자연스럽다는 해석을 근거로 제시한다.[882] 정암은 마지막으로 전천년설을 소개하는데, 1949년 주석에서는 역사적 전천년설과 세대주의 전천년설을 구분하지는 않고 단순하게 전천년파라고 소개한다. 그는 전천년설의 핵심 주장을 다음과 같이 서술해 준다.

> 前千年派의 學者들은 이 句節들이 예수 그리스도의 再臨으로 因하야 이루어지는 千年王國의 時代를 指言한다고 한다. 王國에는 主님을 믿고 죽었다가 復活한 者들과 主님의 再臨時까지 生存하다가 再臨하시는 主님을 보고 變化한 者 殉敎하였다가 復活할 者들이 드러간다.[883]

정암은 이어서 4절에 있는 "살아서"(ἔζησαν)라는 구절의 의미에 대해서 "福音으로 말미암은 靈的 重生"을 의미한다고 주장하는 무천년설자 흐레이다누스와 후천년설자 워필드의 견해를 거부하고, 5절에 있는 바 몸으로 부활함을 가리키는 단어인 "살지…"(ἔζησαν)와 동의어로 이해하는 것이 합당하다고 생각한다.[884]

이처럼 우리는 1949년 주석에 나타나는 정암 박윤선의 천년기론이 전천년설임을 확인할 수가 있다. 다만 매우 간략한 형태의 해설과 주석을 제공하고 있다는 아쉬움이 있다. 그러나 부록에서 세 가지 천년설을 다시 소개하고 나서 "그러므로 우리는 차라리 전천년설을 유력(有力)하게 생각하고 믿는다"라고 선언한다.[885] 하지만 부록에서는 "천년기 전설(千年期前說, Premillenarianism)"에 대한 좀 더 보완된 설명에서 조차도 세대주의 전천년설과 역사적 전천년설의 차이를 전혀 언급하지 않고 있음을 보게 된다.[886]

설도 보라(George E. Ladd, *A Commentary of Revelation* [Grand Rapids: Eerdmans, 1972], 263-268).
882 박윤선, 『계시록 주석』, 360. 이러한 이해는 결국 요한계시록 구조와 해석법에 관련된 문제로 소급되어진다. 요한계시록을 어떻게 읽을 것인가에 대한 기본적인 자료들은 다음과 같다:
883 박윤선, 『계시록 주석』, 360-361.
884 박윤선, 『계시록 주석』, 361. 부록 441-442도 보라.
885 박윤선, 『계시록 주석』, 442.
886 박윤선, 『계시록 주석』, 441. 전천년설의 대한 정암의 해설은 다음과 같다: "그리스도께서 지상에 재

② 『성경주석 계시록』 1955년판

정암은 6.25 전쟁이 끝나고, 반년이지만 네덜란드 암스테르담 자유대학교 신학부 유학 기간을 가졌지만 부인의 교통사고로 인한 급서(急逝)로 인해 귀국하자마자 요한계시록 주석을 새로이 출간하였다. 1949년 초판은 부산 고려신학교에서 간행한 비매품이었으나, 1955년판은 부산 소재 성문사를 통해 공식적으로 출간하였다.[887] 세로쓰기였던 판형을 가로쓰기로 바꾸었고, 정서법도 지금에 가깝게 교정이 되었다. 정암은 1949년판이 비매품으로 발간한 제한된 판이어서 그런지, 1955년판을 초판으로 간주했다.[888] 하지만 천년기에 관한 본문에 대한 주석을 보자면, 철자를 현대어화한 외에는 내용상 변화가 없다.[889]

2) 『성경주석 계시록』 1968년판

천년기론에 대해 간략하게 제시하곤 했던 정암이 자세하게 천년기론을 논의하기 시작한 것은 1968년 증보 정정판에 이르러서이다.[890] 정암은 이미 1965년판에서도 증보 정정을 했지만, 1968년에서는 "제12장, 20장, 21장 해석에 많이 보충하였고, 특별히 제20장에서는 천년 시대에 대한 해석들을 자세히 검토"하였다고 밝히고 있다.[891]

림하셔서 유대를 중심으로 하여(?) 천년 동안 왕노릇하신다는 것이다. 그런데 이 학설에 있어서도 여러 가지 의견이 있다. 그 천년이 문자적 천년이 아니라고도 하고 혹은 그것이 문자적 천년이라고도 한다. 혹은 그 나라가 유대인이나 이방인의 분별이 없이, 또는 세상을 전(全) 영토로 하고 세워진 것이라고 한다."

887 박윤선, 『성경주석 계시록』, (부산: 성문사, 1955).
888 박윤선, 『성경주석 계시록』, 增補訂正版 (서울: 영음사, 1968), 7. 정암은 1968년 증보정정판 머리말에서 "이 주석은 13년 전에 초판이 발행되었"다고 밝힌다. 그가 말하는 것은 1949년 고려신학교 간행본이 아니고, 1955년 성문사 간행본을 의미한다.
889 박윤선, 『성경주석 계시록(1955년)』, 377-379. 또한 본서의 4-5와 『계시록 주석』, 序 (페이지 매김 없음)에 제시된 참고문헌은 총13권이고 아무런 차이가 없다. 또한 1949년이나 1955년이나 자신이 화란의 신약학자 흐레이다누스의 주석에 크게 힘입었음을 고백하는 것을 잊지 않는다.
890 박윤선, 『성경주석 계시록』 (서울: 영음사, 1968), 329-336. 앞서도 말했지만 정암은 1968년 정정판에서 내용상 마지막 수정 보완 작업을 했고, 그후에 나온 판본은 모두 동일한 내용을 담고 있다.
891 박윤선, 『성경주석 계시록(1968년)』, 7. "머리말" 아래에 "제5판을 내면서"라고 그는 쓰고 있다.

① 요한계시록 20장 1절-6절 주해 부분

요한계시록 20장 1절-6절에 대한 정암의 주석은 이전의 내용을 근간으로 하되, 추가 작업을 하였다. 특히 이전에 본격적으로 활용하지 못했던 아브라함 카이퍼의 『요한계시록 주석』의 활용이 눈에 뜨인다.[892] 정암은 천년기에 대한 카이퍼의 독특한 해설을 소개하면서 자신의 역사적 전천년설의 지지자로 삼고자 한다.[893] 1968년판에서도 정암은 명시적으로 자신의 입장이 전천년설(= 천년기전설)임을 밝힌다.

> 그리스도의 재림 직후에 천년 동안(혹 如字的 千年은 아닐지라도) 성도들이 땅에서 왕노릇 한다는 사상은, 계 5:10에도 있다. 우리는, 무천년주의자들처럼 이것을 신약 시대 신자들의 생활 상태와 동일시할 수는 없다. 신자들이 왕노릇할 것은, 교회 시대의 일로 생각되지 않는다. 고전 6:2-3; 딤후 2:12 참조. 그러므로 나는, 이 사상을 내포한 계 20:4-6이 재림 후의 일을 가리킨다고 확언한다. 나는, 천년기 전설이 옳다고 생각한다.[894]

총신 교수로 재직하고 있던 시기인 1968년의 정암의 천년기론은 당시 조직신학 교수였던 죽산 박형룡과 같이 전천년설의 입장을 취하고 있음을 알 수가 있다. 그리고 주목할 것은 이 시점에서 정암은 세대주의 전천년설과 자신이 확신하는 (역사적) 전천년설을 구분하여 준다는 것이다.

> 천년기 전설이 반드시 세대주의(dispensationalism)와 통하는 것처럼 생각할 것 없다. 물론 세대주의자들 중에, 천년기 전설을 그들의 체계

---

892 Abraham Kuyper, *The Revelation of St. John*, trans. John H. de Vries (Grand Rapids: Eerdmans, 1935/ 1963). 정암은 이 영역본을 활용하였는데, 화란어 원서는 다음과 같다: Abraham Kuyper, *Van de voleinding*, 4 vols. (Kampen: Kok, 1929-1931), vol.4.
893 박윤선, 『성경주석 계시록(1968년)』, 329: "아브라함 카이퍼는 이 시대가 재림 후에 올 것으로 생각하고 말하기를, '이것은 하나님의 거룩하신 행동의 진행에 관계된 과도기(過渡期)를 말함인데, 여기서는 인간의 시간관념(時間觀念) 보다 하나님의 시간 관념으로 말한 것이다. 이 기간은 큰 결론적 사건에 이르는 중간 계단이다.'라고 하였다(意譯)(*Revelation of St. John*, 286).
894 박윤선, 『성경주석 계시록(1968년)』, 330-331.

에 맞도록 잘못되어 인용하는 이들도 있기는 하다. 그러나 천년기 전설의 올바른 형태는, 칼빈주의(Calvinism)와 일치한다.[895]

정암의 주해 부분은 2.5쪽 정도에 불과하고, 그가 천명하는 입장은 역사적 전천년설인데도 불구하고, 그의 해석 가운데는 일관되지 못한 면을 보이고 있다. 첫 번째 주목할 해설은 4절에 대한 해설 부분이다.

"보좌들" 위에 "앉은 자들은 천당에 가 있는 신자들이다. 그들은, 자기 자신의 고유(固有)의 권위(權威)로 심판하는 자들이 아니고, 하나님에게서 "심판하는 권세를 받았"다. 그들은 그 아래 언급된 "영혼들", 곧, 순교자들("목 베임을 받은 자")과 일반 성도들("짐승과 …우상에게 경배하지" 않은 자)이다. 성경 말씀은, 성도들의 영혼이 하나님께 가면 승리자의 권위를 받는다고 증거한다.(계 2:7, 10, 3:21, 17:14, 4:4).[896]

이러한 해설은 사실 전천년설적이기 보다는 무천년설적이라고 할 수밖에 없다.[897] 또 한 가지 비일관된 정암의 해설은 5절에 대한 부분으로 정암이 흐레이다누스의 해설을 그대로 인용만 하고 있는 부분이다.

여기 이른바 "그 나머지 죽은 자들"이라 함은, 그리스도를 믿지 않은 자들로서 필경 멸망에 빠질 자들이다.(Greijdanus, Zij gingen bij hun sterven niet het eeuwige leven in, maar den eeuwigen dood.- Openbaring, p. 407).[898]

---

895 박윤선, 『성경주석 계시록(1968년)』, 331. 정암의 주석 정정본이 출간된 해인 1968년 4월 20일자로 정류 이상근의 『신약 주해 요한계시록』도 처음 출간되었다. 정암이 이 주석을 읽었는지 확인할 수는 없지만, 달라스 신학교에서 박사학위를 취득한 이상근은 당시 교수들인 월부어드, 라이리, 펜티코스트 등의 영향으로 세대주의 전천년설을 내용상 표방하고 있다(이상근, 『신약 주해 요한계시록』 [서울: 총회교육부, 1968], 224-232. 특히 231에 있는 보좌들에 대한 해설을 보라).
896 박윤선, 『성경주석 계시록(1968년)』, 330.
897 무천년자인 변종길의 자세한 주석을 비교해 보라(변종길, 『요한계시록 주석』 [대구: 말씀사, 2018], 329-339).
898 박윤선, 『성경주석 계시록(1968년)』, 330. 정암이 인용한 흐레이다누스의 글을 직역하면 "그들은 죽어 영생에 들어간 것이 아니라 영원한 죽음에 들어갔다"이다.

고려신학대학원 신약학 교수였던 변종길 교수는 정암의 이러한 흐레이다누스 인용에 관하여 다음과 같이 비판적으로 평가를 해준다.

> 박윤선 박사는 여기서 "필경 멸망에 빠질 자들이다"고 함으로써 자신의 전천년설 구도를 따라 미래적으로 이해했지만, 흐레이다너스는 '들어갔다'(gingen in)라고 과거로 말하였다. 하나의 작은 예라고 할 수 있겠지만, 이 예는 박윤선 박사 자신은 전천년설적 입장을 가지고 있지만 또한 동시에 전반적인 성경 해석에 있어서는 얼마나 개혁주의적 해석, 특히 흐레이다너스의 해석을 존중하고 있었는가 하는 것을 보여 준다.[899]

② 천년 시대에 대한 특주(特注)

정암의 1968년판 『성경주석 요한계시록』의 특징은 천년시대에 대한 5.5쪽의 특주를 추가한 것이다.[900] 먼저 천년기 후설에 대한 소개는 로레인 뵈트너(Loraine Boettner, 1901-1990)의 『천년왕국』(The Millennium)에서 개진된 내용을 근거로 하고 있고, 항목마다 전천년설 관점에서 비판을 제시해 준다.[901] 이어서 정암은 무천년주의(Amillennialism)를 다루되, 주창자의 글을 직접 인용하여 해설하는 부분 없이 비판점만 제시한다. 무천년주의에 반하여, 정암은 "사탄의 사역들은 역사적 진행을 보여"주고 있다는 것과 성경은 단회적 심판이 아니라 이중적 심판을 말해 준다는 점을 강변했다.[902]

정암은 자신이 거부하는 두 가지 입장을 비판적으로 살핀 후에, 천년기 전설(= 전천년설)에 대한 해설로 넘어간다. 그는 평생동안 바빙크의 『개혁교의학』을 통독했기에, 주석들에서도 자주 바빙크 인용이 등장하는데 이 대목에서도 다음과 같은 바빙크의 말을 자신의 입장의 정당성을 입증하기 위해서 활용한다.

---

899 변종길, "박윤선 박사의 요한계시록 주석과 개혁신학," 41-42.
900 박윤선, 『성경주석 계시록(1968년)』, 331-336.
901 박윤선, 『성경주석 계시록(1968년)』, 331-333.
902 박윤선, 『성경주석 계시록(1968년)』, 333-334.

헬만 바빙크(Herman Bavinck)는, 계 19:11-21을 재림에 대한 말씀으로 보면서 중복설(recapitulation theory)을 주장하며, 또 계 20:4-6이, 별세한 성도들의 천국 생활을 가리킨다는 무천년주의자이다(Gereformeerde Dogmatiek IV. pp.760-761). 그와 동시에 그는, 계 20:1-10을 가리켜 말하기를, "그것이 천년기 전설에 대한 가장 강한 지지 장절(支持章節)인 반면에, 천년기 전설 반대론자들에게는 가장 큰 난제를 준다"라고 하였다(De voorstarders van het Chiliasme vinden, behalve, in het Oude Testament, in deze pericoop hun sterksten steun en de tegenstanders zijn er niet in geringe mate verlegen mede en hebben er al hun exegetische kunst aan beproefd.-Gereformeerde Dogmatiek, 1911 Vol. IV. p. 751).[903]

정암은 그리스도 재림하신 후에 성도들이 주와 함께 "천년동안 (혹 如字的 연수는 아닐지 몰라도) 왕노릇한다"고 보는 전천년설을 "가장 유력한 것으로 믿"으며, "무엇보다도 계 20:1-10의 말씀은 천년기 전설을 성립"시킨다고 확언한다.[904] 그는 성경의 다른 부분들에서 "재림은 최후의 심판을 의미할 뿐으로서 천년이란 긴 시대를 재림과 심판 사이에 개입시키지 않았다"라는 비판에 대처하면서 아브라함 카이퍼의 미묘한 입장을 자세하게 소개해 준다.[905] 카이퍼는 역사적 전천년설처럼 "재림과 심판 사이에 장구한 중간시대를 개입"시키지 아니하지만, 무천년설자들과 달리 재림 후에 오는 "하나의 부속적이고 과도적인 시대"로 본다고 하면서 우호적인 지지자로 삼고 싶어한다.[906]

---

903 박윤선, 『성경주석 계시록(1968년)』, 334.
904 박윤선, 『성경주석 계시록(1968년)』, 334.
905 박윤선, 『성경주석 계시록(1968년)』, 335-336. 카이퍼의 천년기론에 대한 논의는 정암의 글에서 처음 시도된 일이다.
906 박윤선, 『성경주석 계시록(1968년)』, 336. 변종길 교수는 이러한 정암의 카이퍼 활용에 대해 비판적으로 평가해 준다: "그러나 박윤선 박사가 자신의 전천년설 입장을 지지하는 자로 아브라함 카이퍼(Abraham Kuyper)를 내세운 것은 조금 생각해 볼 문제이다. 물론 카이퍼가 계시록 20장의 '천년 왕국'을 예수님의 재림 후로 본 것은 사실이며, 여기에는 계시록 19장과 20장의 관계를 '연속적'으로 본 것에 기초하고 있음도 사실이다. 이 점에서 그는 분명히 전천년설 입장을 취하고 있다. 그러나 그는 여기의 '천년'을 장구한 긴 기간으로 보지 아니하며, 매우 짧은 기간, 한 순간으로 보며, 이 세상의 시간 개념이 아니라고 보는 점에서 보통의 전천년설 입장과는 매우 다르다. 카이퍼는 예수님의 재림과

그는 또한 요한계시록 20장외에는 천년기라는 중간시대 혹은 과도기를 언급하지 않는 점에 대해서는 다음과 같이 해명한다.

> 천년시대가 부속적인 시대이니만큼, 성경 다른 부분의 말세훈 또는 심판론에서 이런 특이한 시대가 재림과 심판 사이에 있을 것으로 언급되지 않은 듯하다. 예언이란 것은 종종 요약적으로 표현되면서, 부속적인 것은 생략되는 일이 많다.[907]

이처럼 『성경주석 계시록』에서 최종적으로 제시되는 정암의 천년기론도 전천년설이라는 이름하에 세대주의와 구별되는 역사적 전천년설임을 확인하게 된다. 정암은 간략한 본문 주해를 통해서 자신의 전천년설이 성경적임을 확신하고 있고, 처음 추가되는 꽤나 긴 특주 속에서 세 가지 입장을 잘 정리하여 소개해 주고, 나아가서는 전천년설이 성경적이라는 사실을 천명해 주고 있다.[908]

(4) 정암 박윤선의 후기 저술들에 나타나는 천년기론

정암은 1968년에 계시록 주석 최종 수정본을 낸 후에도, 천년기론에 관하여 계속되는 관심을 기울였다는 것을 후기 저술들에서 확인해 볼 수가 있다. 둘다 유작으로 나오기는 했지만, 우리가 살펴보고자 하는 두 저술은 『개혁주의 교리학』(2003년)과 『요한계시록 강해』(2014)이다.

세상의 종말, 최후 심판은 연이어 일어나는 한 세트의 사건으로 보고 있는 점에서는 무천년설(교회시대 천년설) 입장과 동일하다. 이런 점에서 카이퍼의 입장은 독특하며, 굳이 말하자면 전천년설적 무천년설, 혹은 무천년설적 전천년설이라 할 수 있겠다."(변종길, "박윤선 박사의 요한계시록 주석과 개혁신학," 40).
907 박윤선, 『성경주석 계시록(1968년)』, 336.
908 정암의 요한계시록 주석은 역사적 전천년설을 입장으로 채택하고 있지만, 흐레이다누스를 비롯하여 네덜란드 개혁신학자들의 영향이 크게 드러나고 있다(장해경, "정암신학의 배경으로서 화란신학," 295-337). 또한 변종길은 화란신학이 정암에게 미친 영향을 다음과 같이 적실하게 평가해 준다: "특히 독학으로 화란어를 배워서 화란 주석가들과 신학자들의 책을 읽은 것이 바른 개혁주의적 주석을 하는데 큰 도움이 되었는데, 그 중에서도 흐레이다너스의 주석을 참고한 것은 그를 개혁주의적 해석으로 인도하는데 결정적 도움이 되었다고 생각한다."(변종길, "박윤선 박사의 요한계시록 주석과 개혁신학," 44).

1) 『개혁주의 교리학』에 개진된 정암의 천년기론

정암은 비록 신약학자이지만, 조직신학에도 많은 관심을 가지고 독서를 했고(바빙크, 워필드, 벌코프 등) 또한 강의안들을 남겨 놓기도 했다. 2003년에 이르러 김재성 교수에 의해 편집 출간된 『개혁주의 교리학』이 바로 정암의 조직신학 강의안을 최초로 공표한 것이다.[909] 우리는 본서의 기원과 출판 경위에 관하여 출판사가 제공하는 내용을 읽어볼 필요가 있다.

> 정암은 또한 신학교의 요청에 따라 여러 차례 조직신학(교리학)도 강의한 바가 있습니다. 그는 그때마다 자신의 '교리학 강의안'을 다듬고 증보하였고, 언젠가는 성도들의 건전한 신앙 성장을 위해 성경을 체계적으로 엮은 [교리학]을 출간할 뜻을 품고 있었습니다. 하지만 그는 말년에 이르기까지 이 과제를 미루어 오다가 오랫동안 다듬어 온 원고를 그대로 남겨둔 채 주님의 부르심을 받았습니다. 정암이 생전에 [교리학] 출판을 서두르지 않았던 이유는 자신이 주경신학자로서 조직신학 분야의 책을 내는 일을 매우 조심스럽게 생각했기 때문입니다. 그러나 우리는 그의 [교리학] 강의가 무엇보다도 그 자신이 생전에 광범위하게 연구하고 주석한 성경을 체계적으로 정리한 것이었기에 그 원고들을 소중히 보관하여 왔습니다.[910]

본서에는 교리학 강의안 뿐 아니라 현대신학 비판, 서양철학 비판, 동양철학 비판 등도 포함되어 있고, 교리학 부분은 서론에서 종말까지 7편(7 *loci*)이 다 들어있다. 이제 우리는 본서에 담긴 정암의 조직신학적인 천년기론을 살펴보고자 하는데, 그 분량은 19쪽이나 된다.[911] 정암의 천년기론은 크게 두

---

909 박윤선, 『개혁주의 교리학』, 김재성 편 (서울: 영음사, 2003).
910 박윤선, 『개혁주의 교리학』, 7(머리말). 본서의 성격을 이해하기 위해서는 김재성 교수, "편집 후기," in 박윤선, 『개혁주의 교리학』, 752-753도 보라. 정암의 교리학 강의안은 긴 세월의 수정 증보 과정을 거친 것으로 파악되며, 적어도 1980년대 초반까지 작업한 흔적이 발견된다. 초기 제자인 남영환에 의하면, 1946년에 고려신학교가 설립된 후에 정암은 교의학을 비롯한 여러 다른 과목들도 가르쳤다고 한다(남영환, "은사 박윤선 목사님의 성역 50년을 기하여," in 정암 박윤선목사 성역 50년 기념논총 편집 위원회 편, 『경건과 학문』[서울: 영음사, 1987], 50)
911 박윤선, 『개혁주의 교리학』, 491-509.

부분으로 되어 있는데, 첫째 천년왕국의 역사적 위치와 둘째 천년왕국의 성격이다.

① 천년왕국의 역사적 위치

앞서 살펴본 요한계시록 주석들(1949, 1955, 1968)에서는 천년기론을 전천년설, 후천년설, 그리고 무천년설 등 3파로 나누어 다루었지만, 『개혁주의 교리학』에서는 네 가지 입장으로 나누어서 논의를 개진하는 것이 특징이다.

(가) 세대주의 견해

정암은 먼저 세대주의 전천년설에 대해 다루는데, 초두부터 세대주의를 주장하는 사람들에 대한 관용을 강조한다. 초기에는 "천년 시대를 해설함에 있어서 성경을 잘못 해석한 바"가 있지만, 후기에는 많이 수정되었기 때문에 "오늘날 한국의 개혁주의 지도자들은 세대주의자들(특별히 많이 수정된 현하 세대주의자들)을 복음주의자로 알고 친목을 힘쓰는 것이 크리스천으로서의 옳은 정신"이라고 권장한다.[912] 이와 같이 관용과 포용을 말한 후에, 정암은 초기 세대주의의 문제점들에 대해서 비판적으로 서술해 준다.

정암은 먼저 초기 세대주의자의 큰 문제점 두 가지를 먼저 논의한다. 첫째 정암은 세대주의자들의 7세대론에 대해 비판하면서 "구원은 어느 시대의 사람이든지 하나님의 은혜와 그리스도의 속죄로 말미암아서만 받"는다라고 천명한다.[913] 둘째 세대주의자들이 다니엘서 9장 24-27절에 기록된 70이레를 잘못 해석한 것에 대해 비판적으로 논의한다. 마지막 70번째 이레는 그들이 말하는 것처럼 종말의 7년은 "세상 말기의 유대인 왕국 독립과 적그리스도

912　박윤선, 『개혁주의 교리학』, 491-492. 정암의 종말론 강의안이 1980년대 초반에 수정되었다고 하더라도, 그가 말하는 수정된 세대주의는 존 월부어드, 찰스 라이리, 드와이트 펜티코스트 등이 주장한 수정된 세대주의(Revised Dispensationalism)이지, 1980년대 말 복음주의 신학계에서 논의되기 시작한 점진적 세대주의(Progessive Dispensationalism)는 아니다. 전자의 입장을 주장하는 이승구, "죽산과 정암의 천년왕국 이해," 486에 대해 논자는 동의하기 어렵다.
913　박윤선, 『개혁주의 교리학』, 492.

시대"를 가리키는 것이 아니라, "신약의 복음 시대에 대한 상징"이라고 정해(正解)해 준다.[914]

이어서 정암은 "세대주의자들의 주장이 틀린점"을 일곱가지로 정리해 준다. 첫째 그들의 왕국 연기설에 대해서는 "천국 곧 왕국을 이방인들에게 주시는 운동이 바로 신약의 복음운동"이라고 반박해 준다.[915] 둘째 세대주의자들이 구약의 예언을 문자적으로 해석하는 오착에 대하여 구약의 예언을 어떻게 해석하는 것이 바람직한 길인지 개혁주의적 해설을 제시해준다.[916] 정암이 세 번째로 검토한 문제는 초기부터 현재까지 모든 세대주의자들이 공통적으로 주장하는 바 두 번의 재림과 첫 비밀 공중 강림과 비밀 휴거, 그리고 "7년 연회" 등이 성경적 근거가 없다고 하는 점이다.[917] 네 번째 비판점으로 정암은 환난 전 재림설이 성경적 근거가 없다고 적시해 준다.[918] 다섯째로 정암이 논급(論及)한 것은 천년을 문자적으로만 해석하는 것에 대한 비판이다. 정암은 계시록의 숫자 사용이 상징성을 가지고 있다는 점을 적시하여 비판하면서도, 다시 한 번 더 관용의 정신을 말하기에 이른다.[919] 정암의 일곱 번째 비판점은 천년왕국에서 이스라엘 민족이 "주도적 위치"를 차지한다고 하는 것으로, 그는 이러한 사상은 성경적이 아니라고 논박한다.[920] 마지막 일곱 번째 비판은 세대주의자들이 문자주의를 취한 결과 천년왕국 시대에 성전과 제사 제도가 회복된다고 하는 것이다. 정암은 예언자들이 "먼 장래의 일을 말할 때에 그들 당시의 시대적 용어와 표현들"을 사용한 것을 문자적으로 취하는 것을 비판하고, 그들의 해석은 잘못이라고 분명하게 말한

---

914 박윤선, 『개혁주의 교리학』, 493. 단 9:24-27에 대한 정해는 박윤선, 『에스겔 다니엘 주석』 (서울: 영음사, 1975), 498-500을 보라. 사실 이 부분은 정암의 개인적인 해설이라기 보다는 간하배(Harvie Conn) 선교사의 해석을 허락하에 사용한 것이다.
915 박윤선, 『개혁주의 교리학』, 494.
916 박윤선, 『개혁주의 교리학』, 494-495. 정암은 구약의 예언들이 "외부적 색체를 띤 것은 사실"이고, "이스라엘 민족을 중심한 듯 보"이지만, 그러한 예언들은 "신약의 참된 교회로 성취"되었다고 말한다.
917 박윤선, 『개혁주의 교리학』, 495-496.
918 박윤선, 『개혁주의 교리학』, 496-497.
919 박윤선, 『개혁주의 교리학』, 497: "'천년'이라는 기간을 문자적 의미이건 상징적 의미이건 그것으로 인해 신자들 간에 다툴 것은 없다. 논쟁점은 그대로 보류하고 주님만 바라보는 것이 옳다."
920 박윤선, 『개혁주의 교리학』, 497.

다.⁹²¹ 그리고 신약 시대의 성례의 의미에 대해서 다음과 같이 정해해 준다.

> 신약 교회의 성례는 성취된 그리스도의 속죄를 기념하는 것이다. 그러나 구약의 희생(생축) 제물을 드리는 제사는 장차 오실 그리스도를 예언하는 것인데, 천년왕국시대에 예언대로 오신 그리스도를 중심한 나라에서 어찌하여 그의 오시기 전(구약시대)의 예표적 제사 행위가 무슨 의미를 가지겠는가?⁹²²

(나) 천년기 후설(Postmillennialism), 혹은 후천년설

두 번째로 정암이 다룬 것은 후천년설인데, 그는 주로 로레인 뵈트너의 『천년왕국』에서 개진된 내용을 다룬다. 우리는 앞서 정암의 『성경주석 계시록』(1968년)에서도 보았기 때문에 간략하게 살펴 보려고 한다. 정암은 후천년설에 대해 "인류의 대부분이 복음을 믿는 한 시대가 있"다고 해설을 해주고 나서, 뵈트너가 그 근거로 제시한 여러 성경 구절들(마 28:18; 사 2:2-4; 단 2:44) 등을 비판적으로 검토하고, 또한 "구원 받을 자들의 수효가 멸망 받을 자들의 수효보다 훨씬 더 많을 것이므로 재림 전에 기독교의 황금시대"가 올 것이라는 주장이나 "현하 과학의 발달과 물질 문명의 진보"에 근거한 뵈트너의 주장 등을 논박한다.⁹²³ 뵈트너에 대한 마지막 비판점은 그가 재림 전의 상황을 너무 낙관일변도로 해석하는 것에 대한 것으로, 정암은 성경에 근거하여 "그리스도의 재림 당시에 대부분의 인류는 극히 부패하여서 어두워"지게 될 것이라고 반박한다.⁹²⁴

---

921 정암의 이러한 해석 원리는 개혁주의적 예언의 해석 원리를 따른 것이다(Herman Bavinck, *Gereformeerde Dogmatiek*, 박태현 역, 『개혁교의학』, 전4권 [서울: 부흥과개혁사, 2011], 783-787; Herman N. Ridderbos, *The Coming of the Kingdom*, trans. H. de Jongste [Philadelphia: P&R, 1962], 525; Anthony A. Hoekema, *The Bible and the Future* [Exeter: Paternoster, 1979], 148-149.
922 박윤선, 『개혁주의 교리학』, 498.
923 박윤선, 『개혁주의 교리학』, 498-500.
924 박윤선, 『개혁주의 교리학』, 500.

(다) 무천년설(Amillennialism)

정암이 세 번째로 살펴본 것은 무천년설로서, 이 학설은 천년기가 "신약시대 끝에 있는 것이 아니고 신약시대 자체를 가리킨다"라고 적시해 준다.[925] 그리고 나서 그는 무천년설의 근거가 계시록의 사건들을 연대기적으로 진행성 있게 보지 않고, "중복체" 즉, 반복 이론(recapitulation theory)으로 해석하기 때문이라는 점을 비판한다.[926] 또한 무천년설은 천년기의 통치 장소를 하늘이라고 보고, "살아서"를 "영적 생명(중생)을 가리키는 것으로 잘못 해석한다고 비판을 한다.[927] 정암의 마지막 비판은 무천년설에 따르면 전쟁이 재림 전에 단 한 번 일어나는 것으로 해석한다는 것으로, 그의 해석에 따르면 세계적인 전쟁은 한 번이 아니라 여러번 예고되어 있다고 말한다.[928]

(라) 천년기 전설(Premillennialism), 혹은 전천년설

정암이 마지막으로 제시하는 것은 자신이 확집(確執)하고 있기도 한 전천년설인데, 아쉬운 것은 그의 스승 죽산 박형룡과 달리 후기에도 역사적 전천년설이라는 표현을 사용하지 않는 것이다. 정암은 먼저 전천년설의 핵심 내용이 무엇인지를 다음과 같이 약해(略解)해 주는 것으로 시작한다.

이것은 그리스도께서 재림하실 때에 이미 죽었던 신자들이 부활하고, 또 그때에 살아 있는 신자들이 변화하여 (고전 15:52; 살전 4:16-17) 공중으로 올라가 그리스도를 영접하고, 내려와서 땅에서 그리스도와 함께 천년 동안 [혹 여자적(如字的) 연수는 아닐지 모르지만] 왕노릇 한다는 것이다.[929]

925　박윤선, 『개혁주의 교리학』, 501.
926　박윤선, 『개혁주의 교리학』, 501-502. 윌리엄 헨드릭슨과 후크마는 "점진적 병행법"(progressive parallelism)이라고 부른다 (William Hendriksen, *More than Conquerors: An Interpretation of the Book of Revelation* [Grand Rapids: Baker, 1981], 22-64; Hoekema, *The Bible and the Future*, 223-226).
927　박윤선, 『개혁주의 교리학』, 502.
928　박윤선, 『개혁주의 교리학』, 502.
929　박윤선, 『개혁주의 교리학』, 502-503.

지금까지 우리가 살펴본 대로 정암은 초기부터 후기까지 일관되게 역사적 전천년설의 입장을 취해 왔기 때문에, 그가 그토록 애독했던 바빙크의 『개혁교의학』에 있는 바 "그것이 가장 힘있게 전천년설을 지지하는 반면에 전천년설 반대론자들에게는 가장 큰 난제를 던진다"는 논평을 매우 반가이 인용하는 것은 이해할 만한 일이다.[930]

정암은 자신이 속한 전천년설을 해명함에 있어 먼저 난제로 제기되는 바를 직면하여 다룬다. 복음서와 바울 서신에서 재림후 곧 바로 심판이 말해지고 있는 반면에, 양자 사이에 천년이라는 기간을 말하는 것이 가능한가라는 의문을 제기한다. 정암에 의하면 충분히 답을 할 수 있는 문제라고 즉각 말한 후에, "예언이라는 것은 종종 요약적으로 표현되면서 부속적인 것을 생략하는 경우가 많다"는 주장을 제시하고 나서, 몇몇 성경적인 예들을 들어서 자신의 주장을 입증하여 나간다.[931]

이어서 그가 제시하는 근거는 무천년설자인 아브라함 카이퍼의 전천년설적인 접근이다. 앞서 『성경주석 계시록』(1968년판) 특주에서도 이미 본 적이 있는 내용들인데, 정암은 카이퍼가 요한계시록 20장에 기록된 천년통치를 "하나님의 행동의 지극한 완전성"을 표시한다거나 "사람들을 회개시키시는 잠간 동안의 과도기"라는 의미로 해석을 하면서도, 분명히 재림 후에 일어나는 일이라고 해설한 것을 자신의 입장을 견고히 하는데 있어 중요한 논거라고 생각했다.[932]

② 천년왕국의 성격

정암의 조직신학적 천년기론의 두 번째 주제는 천년왕국의 성격에 대한 것이다. 정암은 세 가지 소제목으로 천년기의 성격을 해설해 준다.

---

930 박윤선, 『개혁주의 교리학』, 503. 정암이 인용하고 있는 문장은 Herman Bavinck, *Gereformeerde Dogmatiek*, 4 vols., 4th ed (Kampen: Kok, 1928-1930), 4:751에서이다.
931 박윤선, 『개혁주의 교리학』, 503-504.
932 박윤선, 『개혁주의 교리학』, 504-505. 정암은 카이퍼와 더불어 워필드를 무천년설자로 해석하는데 일반적으로는 찰스 하지나 A. A. 하지와 더불어 워필드는 후천년설자로 분류된다(조형욱, "구프린스턴 신학의 종말론 연구" [철학박사, 총신대학교, 2011], 75-95; 박응규, "찰스 핫지의 종말론," in 길자연, 강웅산 편저, 『찰스 핫지의 신학』 [서울: 솔로몬, 2009], 171-206).

(가) 사탄의 전쟁 충동이 견제됨

정암은 무천년설자들이 사탄의 무저갱 감금을 "마귀가 왕들로 하여금 전쟁을 일으키도록 충동하는(속이는) 일이 없"다고 해설하면서 그 시대를 신약시대로 보는 것에 반대하면사 오히려 그것은 "신약 시대가 아닌 다른 시대를 가리"킨다고 비판한다.[933] 왜냐하면 신약시대에 대해 성경은 "나라와 나라 사이에 전쟁은 계속"해서 일어난다고 말하기 때문이라는 것이다. 정암에 따르면 사탄의 무저갱 감금은 "주님의 재림후에야 가능"하다로 확언한다.[934]

(나) 성도들이 그리스도와 더불어 왕노릇함 (계 20:6; 5:10)

정암은 천년 동안 성도들이 그리스도와 함께 통치에 참여한다는 것의 의미를 세 가지로 해설을 해준다. 첫째 정암은 성도들이 왕노릇한다는 것은 "이 땅위에서 높아지는 것이나 권리를 행사함"을 의미하지 않으며, "도리어 겸손히 봉사함"을 의미하고 "그리스도 안에서 신자의 인격과 성화와 동반하는 영적 권위"를 의미한다라고 해설해 준다.[935] 정암이 제시하는 두 번째 의미는 창세기 1장 28절에 있는 "본래 창조질서 차원에서 땅을 정복하며 만물을 다스리는 사명(왕의 사명)" 또는 "후사권"이 천년기에 성취된다는 것이다.[936] 성도의 천년통치의 세 번째 의미는 "영적 승리의 의미"라고 정암은 제시해 준다. 그는 "만물과 죽음과 죄와 지옥을 이긴다는 의미"에서 성도를 왕으로 이해한 루터의 해설을 소개해 주고, 나아가서는 칼빈의 해설을 다음과 같이 제시해 준다.

① 그리스도께서 영광의 보좌에 앉으실 때에 성도들로 하여금 심판 사역에 동참하게 하신다고 한다(마 19:28).

---

933 박윤선, 『개혁주의 교리학』, 506. 정암은 무천년설의 계 20:3이해는 오히려 사 2:4의 예언에 부합되는 잘못된 해설이라고 반박한다.
934 박윤선, 『개혁주의 교리학』, 506.
935 박윤선, 『개혁주의 교리학』, 506. 정암은 "내세에 성도가 왕노릇한다는 진리에 대한 오해"에 대한 부록을 『개혁주의 교리학』, 526-528에 제시해 준다.
936 박윤선, 『개혁주의 교리학』, 506-507.

② 하나님께 대한 성도들의 신앙과 경외와 그 순결한 생활은 심판 때에 불경건한 자들로 하여금 할 말이 없도록 만들어 준다는 것이다. 노아가 신앙으로 살았는데 나중에는 그의 믿은 대로 되니, 불신자들(세상)은 할 말이 없어지고 정죄되었다(히 11:7)는 것이다.[937]

(다) 최후적 승리

세 번째 천년기의 특징으로 정암이 말하는 것은 곡과 마곡의 전쟁(계 20:7-10)이 그리스도의 승리로 끝이 난 후에 최후적 승리를 얻게 된다는 것이다. 그는 곡과 마곡이 불로 심판 당하게 되는 것을 베드로후서 3장 10-13절에 기록된 "우주적 변환"과 같은 것으로 이해하는 것이 옳다고 설명해 준다.[938]

2) 『요한계시록 강해』(1987년)에 나타나는 정암 박윤선의 최종적인 입장

우리는 앞서 정암의 주석들과 교리학에 나타나는 전천년설을 분석 개관해 보았다. 정암은 일관되게 역사적 전천년설의 입장을 견지했고, 그런 관점을 주해적으로 입증하려고 할뿐 아니라, 조직신학적으로 정리하는 일을 해 주기도 했다. 요한계시록을 그토록 사랑했던 정암이기에, 그의 소천 직전에 행한 연속 강해도 요한계시록이었고, 그 내용은 유작으로 출간되었다.[939] 이제 우리는 『요한계시록 강해』에서 확인되어지는 정암의 최종적인 천년기론을 확인해 보고자 한다. 정암의 연속강해는 총 52편으로 구성되어 있고, 관련된 내용은 44장과 45장 두 장이다.[940]

---

937 Calvin, *Commentary on the Epistles of Paul the Apostle to the Corinthians*, 118-119; 박윤선, 『개혁주의 교리학』, 507-508에서 재인용.
938 박윤선, 『개혁주의 교리학』, 508-509.
939 박윤선, 『요한계시록 강해』 (수원: 영음사, 2014). 정암은 1986년 6월부터 1987년 4월까지 요한계시록 강해를 진행했고, 이듬해인 1988년 6월 30일에 소천하게 된다(김영재, 『박윤선- 경건과 교회 쇄신을 추구한 개혁신학자』 [파주: 살림, 2007], 245).
940 박윤선, 『요한계시록 강해』, 680-712.

① 천년시대(20:1-6)

정암은 일반 신자들에게 강해하면서, 요한계시록 19장 11-21절에서는 "예수님의 재림 광경"을 보여주고, 20장에서는 "예수님의 재림 이후의 세계"에 대해 말한다고 소개한다.[941] 그는 계시록을 해석함에 있어 "글 뜻을 앎으로 족해야" 한다고 강조하기도 한다.[942] 그럼에도 불구하고 정암은 세대주의자들과 달리 우직하게 문자주의(litteralism)를 고집하지는 않는다. 20:1-3에 기록된 천사가 큰 쇠사슬을 가지고 용 곧 사탄을 결박하여 무저갱(無底坑)에 감금한다는 구절에 대하여 영적으로 해석해야 한다고 적시해 준다.[943] 사탄을 무저갱에 감금하는 것에 대해서는 "하나님께서 영적으로 마귀를 결박하고 우리 눈에 보이지 않는 방법으로 마귀를 제재했다는 것을 가르치"는 것이라고 정해해 준다.[944]

이렇게 천년동안 마귀를 무저갱에 감금하는 이유는 "천년이 차도록 다시는 만국을 미혹하지 못하게 하"려는 것(20:3)에 있는데, 정암은 이 구절에 근거하여 "천년 시대는 마귀의 유혹이 없는 안전한 시대"라고 강조하여 말한다.[945] 천년기를 신약시대와 동일시하는 무천년파에 대하여 신약시대는 오히려 전쟁과 미혹이 많다고 응수한다. 정암이 보기에 바른 이해는 신약시대가 끝난 후에 예수님이 지상 강림하시고 나서 "천년왕국의 죄없는 시대 있다가, 그 뒤에 마귀가 잠깐 놓"여나게 된다는 것이다.[946]

정암은 이어서 천년 통치에 참여하는 자들인 순교자들에 대해 설명해 주는데, 그에 의하면 "예수를 위하여 죽는 사람은 의지하기 좋아하는 사람들"이라고 설명된다. 정암은 일반 신자들에게 순교자 예찬을 하는 것이 아니라 그들이 예수님을 의지하였기에 하나님의 도우심으로 그렇게 순교한 것이라

---

941 박윤선, 『요한계시록 강해』, 680.
942 박윤선, 『요한계시록 강해』, 680. 정암은 무천년설자들의 중복설(혹은 점진적 병행법)에 대해 반대하고, 요한계시록이 말하는 사건들이 순차적으로 일어날 일이라는 점을 강조하곤 한다.
943 박윤선, 『요한계시록 강해』, 680-685.
944 박윤선, 『요한계시록 강해』, 686.
945 박윤선, 『요한계시록 강해』, 686.
946 박윤선, 『요한계시록 강해』, 686-687.

는 점을 자세하게 강론을 해준다.[947] 그리고 그들이 "살아서"라는 동사에 대해서는 영적 부활이 아니라 주님이 오신 후 그들의 몸이 부활하는 것을 가리킨다고 확언한다.[948] 정암은 "주님이 재림한 다음에 전개될 세상은 주님으로 더불어 왕노릇 하는 복된 시대"라고 말한 후에, 성도들이 왕노릇한다는 뜻을 섬기는 생활이자 "죄악을 이기고 사망을 이기고 마귀를 이기는 이 승리자로서의 왕, 이것이 천년 시대에 성도들이 누리는 분깃"이라고 강조하여 말한다.[949]

② 그리스도와 더불어 왕노릇(20:4-6)

앞서 살펴본 44번째 강해에서는 주로 요한계시록 20장 1-3절에 할애되었고, 4-6절에 관해서는 도입적인 이야기만 하고 마쳤기 때문에, 정암은 45장에서는 후자에 집중하여 강론을 한다. 강해를 시작하면서 정암은 다시 한 번 천년 통치는 "다 내세에 될 일을 우리에게 알려주는 것"이라고 강조를 한다.[950] 그리고 난 후에 성도의 왕노릇함에 대해 집중하여 강설을 해 주는데, 특이한 것은 이해를 돕기 위해서서 스가랴 3장 1-5절을 인용한다는 것이다. 본문에는 대제사장 여호수아가 사탄의 대적을 받고 있고, 더러운 옷을 입고 있는 상황으로 시작해서, 여호와께서 그의 죄악을 사하시고 아름다운 옷을 입히시고 정결한 관을 씌워 주신다는 내용이다. 정암은 "아름다운 옷"에 대해서는 "하나님이 그리스도 안에서 택한 백성에게 그리스도의 의를 입혀서 하늘나라에 가서도 전혀 부끄러움이 없도록 해주시는 것"을 의미한다고 해설해 준다.[951]

정암은 이어서 성도가 그리스도와 함께 왕노릇함의 의미가 무엇인지를 상술하는데로 나아간다. 앞서 인용한 스가랴 3장에 나오는 여호수아처럼

---

947 박윤선, 『요한계시록 강해』, 688-691.
948 박윤선, 『요한계시록 강해』, 691.
949 박윤선, 『요한계시록 강해』, 692-693.
950 박윤선, 『요한계시록 강해』, 694. 정암은 성도가 그리스도와 왕노릇함에 대해 말하고 있는 20:4, 6; 5:10; 딤후 2:12 등을 열거한다.
951 박윤선, 『요한계시록 강해』, 697.

"불에 그을린 나무와 같이 시꺼멓고 더러운 옷을 입은 자"가 아름다운 옷을 입힘을 받는 것을 왕노릇이라고 먼저 해설을 해 준다.[952] 그리고 나서 세가지로 의미를 나누어 설명을 해준다. 첫째, "영광을 받지 않고 영광을 하나님께만 돌"리는 것이 왕노릇함이다.[953] 둘째, 섬김을 받거나 남을 부리는 것이 아니라 "섬기는 것"이다. 정암은 "남을 위해서 희생하고 도우려는 사상"이 곧 사람을 사랑하여 자기 독생자를 내어 주시기까지 하신 "하나님의 사상"이라고 적시해 준다.[954] 셋째, "진리의 왕"이라고 해설해 준다. 정암은 빌라도 앞에서 자신이 왕이라고 인정하시고 나서, "이를 위하여 세상에 왔나니 곧 진리에 대하여 증언하려 함"이라고하신 예수 그리스도의 말씀(요 18:37)에 근거하여 진리의 왕이신 예수님을 믿는 자들은 "예수님을 옷입듯 하는 것 때문에 예수님이 아시는 그 진리와 그 진리의 혜택을 우리가 다 받는다"고 적용하여 말해 준다.[955]

왕노릇함의 세 가지 의미를 해설해 준 후에, 정암은 고린도전서 3장 15절 말씀("누구든지 공적이 불타면 해를 받으리니 그러나 자신은 구원을 받되 불 가운데서 받은 것 같으리라")을 해명해준다. 정암은 본문에서 말하는 바는 "부끄러운 구원"이 아니라고 강변한다. 우리가 구원 받는 것이 "예수와 합해서 구원 받았기 때문"에 "당당하게 구원 받았다"고 그 근거를 설명해 준다.[956] 정암은 그리스도 안에서는 더 이상 차별이나 계급이 없기 때문에 바울이 말하는 바 "불가운데서 구원받은 것 같은 그 성도"도 왕이 된다라고 확언한다.[957]

정암은 강해의 마지막 소주제로 십사만사천의 의미에 대해 해설해 준다. 그는 십사만사천을 자기 집단에 들어오는 자들만으로 한정하는 이단 사이

---

952 박윤선, 『요한계시록 강해』, 698.
953 박윤선, 『요한계시록 강해』, 698-699.
954 박윤선, 『요한계시록 강해』, 699-701. 정암은 "독생자를 희생해서라도 인류를 구원하시려는 그런 사상"이라고 말하기도 한다(701).
955 박윤선, 『요한계시록 강해』, 702-705. 정암은 우리가 그리스도 안에 있다, 그리스도를 옷입었다 등을 강조하는데, 세 번째 요점을 끝내면서도 "예수님을 떠나면 우리는 그야말로 불탄 꽁다리에 그슬린 존재"에 불과하다는 점을 강조한다(705).
956 박윤선, 『요한계시록 강해』, 706-707.
957 박윤선, 『요한계시록 강해』, 708.

비에 반대하면서 "믿는 사람은 전부"를 의미한다고 정해해 준다. 그가 역사적 전천년설을 확집했고, 요한계시록의 사건들이 순차적으로 일어난다는 해석 방법을 강조했지만, 문자주의적으로 접근하지 아니하고 요한계시록이 상징적이라는 책을 때때로 강조하는 것을 볼 수가 있는데, 십사만 사천의 해석도 그러한 실례이다.[958] 정암은 신자라면 "모두 다 그리스도와 연합해서 구원을 받는데, 그리스도와 연합했다는 것은 바로 그리스도의 모든 혜택을 받는다는 것"이라고 천명하고 예수님을 믿고 구원 받은 사람은 누구나 다 "왕"이라고 밝힌다.[959]

우리는 이상에서 정암 박윤선이 소천하기 1년전(1987년)에 천년기론에 대해 강해한 내용을 요약적으로 살펴 보았다. 정암은 1949년 주석 초판에서부터 시작해서 40여년 동안 (역사적) 전천년설을 확집했고,[960] 그 주해적 근거나 신학적 근거를 계속해서 보강해 나갔을 뿐만 아니라, 일반 신자들에게 그리스도와 더불어 왕노릇한다는 것이 무슨 의미이며, 어떤 영광인지에 대해서 실천적으로 해설해 주는 데까지 심혈을 기울인 것을 확인할 수가 있었다. 아울러 또 한 가지 확인되는 바는 정암의 1987년 강해 내용이 1980년대 초반에 이르기까지 수정 보완 작업을 한 것으로 확인되는 그의 『개혁주의 교리학』과 내용이 유사한 것이 적지 않다고 하는 것이다. 천년기에 대한 기본적인 해석뿐 아니라 왕노릇함의 의미가 무엇인지에 대하여 상술해 주는 부분이 그러하다.

---

958 박윤선, 『요한계시록 강해』, 708-709.
959 박윤선, 『요한계시록 강해』, 710-712. 정암은 구원론에서 계급을 나누는 것에 대해서 곳곳에서 반대한다. 그리고 "구원론에 있어서 잘못되기까지 계시록을 잘못 가르치는 것은 위험"하다고 경종을 울리기도 한다(710).
960 정암이 평생토록 역사적 전천년설의 입장을 취한 것에 대해 서영일은 "아마도 우리는 여기에서 유교문화권에서 교육받은 박윤선이 한국교회 내의 전통을 거부하지 않으려는 보수성을 발견할 수 있다"라고 평가했지만(194. 자세한 내용은 186-194을 보라), 오히려 정암의 주해적이고 신학적인 확신에 근거한 것이라고 봄이 합당하다고 사료된다. 그의 스승 죽산 박형룡 뿐만 아니라 한평생 동지로 지냈던 한부선 선교사(Bruce Hunt, 1903-1992) 역시도 역사적 전천년설을 취했다(박응규, 『가장 한국적인 미국 선교사 한부선 평전』 [서울: 그리심, 2004], 291-292).

(5) 소결론

이상에는 우리는 해방이후 죽산 박형룡과 더불어 역사적 전천년설을 확집(確執)하여 가르치고 저술했던 정암 박윤선의 천년기론을 고찰해 보았다. 먼저 (2)에서 우리는 논의의 배경이 되는 정암의 생애와 종말론 저술을 간략하게 정리해 보았고, 이어지는 (3)에서는 정암이 여러 요한계시록 주석들에 개진한 천년기론을 연대순으로(1949년, 1949년, 1955년) 정리해 보았고, (4)에서는 만년의 정암의 견해가 들어있는 『개혁주의 교리학』과 『요한계시록 강해』 등을 고찰해 보았다.

우리는 이러한 연대적인 논구 작업을 통해서 정암의 천년기론은 초기부터 만년에 이르기까지 일관되게 역사적 전천년설(정암은 이 두 단어를 같이 쓴 적이 없고 늘 세대주의와는 구별되는 전천년설로 표기했다)을 확집하였다는 것을 분명하게 확인할 수가 있었다. 정암의 후기 제자들 중에는 정암이 공표하지는 않았지만, 후기 입장은 무천년설로 변경되었다는 이야기를 하는 것을 들은 적이 있지만, 만년의 자료인 종말론 강의안이나 『요한계시록 강해』를 통해서 분명하게 확인된 바는 정암은 소천하기 직전까지도 일관되게 역사적 전천년설을 성경적인 입장으로 확신했다고 하는 점을 재확인할 수가 있었다. 이러한 일관된 천년기론은 그의 스승인 죽산 박형룡의 입장과 동일하다. 양자 사이의 차이가 있다면 죽산이 조직신학적인 논의에만 집중했다면, 정암은 주해적인 연구와 조직신학적인 연구 양자에 근거하고 있다는 점이다. 일제강점기하에 신학 수업을 받은 정암은 당시 세대주의 전천년설이 편만했다고 하는 점을 잘 인식하고 있었지만, 전통적인 세대주의의 문제점들을 신학적으로 잘 인식하면서 경계하였고, 자신의 연구에 근거하여 역사적 전천년설을 일관되게 확집했던 것으로 재확인되어진다.

우리는 이러한 정암의 역사적인 전천년설에 대한 확신과 – 비록 후대에 이르러 관용을 강조하기는 하지만 –그가 세대주의 종말론의 문제점들을 잘 비판해 준 것이나 천년동안 성도가 그리스도와 왕노릇함의 의미를 성경적으로 자세하게 해명해 준 점 등은 정암의 장점이자 기여라고 인정할 수가 있다고 본다. 사실 해방 이전뿐 아니라 현재까지라도 전통적인 세대주의 종말론이 한국 교회에 영향을 미치고 있는 점을 고려할 때에 일찍이 역사적인 전천년설의 입장에서 천년기론을 개진해 준 정암의 기여는 크다고 할 수가 있다. 그리고 또한 그가 일찍이 화란 개혁주의자들의 주석들과 신학책들을 숙독하고 활용함을 통해서 다른 주석들에서 뿐만 아니라 요한계시록 주석들에서도 반영해 준 것 역시도 감사할 일이고 높이 평가해야 하는 부분이라고 생각한다.[961]

정암의 선례를 따라 화란 개혁주의를 탐구해 온 필자는 논의를 마무리하면서 한 가지 비판점과 한 가지 아쉬운 점을 말해 보고자 한다. 비판적 논의가 필요한 것은 만년의 정암이 세대주의자들이 초기 문제점들을 많이 극복했기 때문에 관용해야 한다고 주장한 것이다. 1980년대 초반을 기준으로 해서 보자면 수정된 세대주의를 그가 말하고 있는데, 고전적 세대주의와 그다지 달라진 바가 없는데다가, 1980년대 후반에 등장한 점진적 세대주의 마저도 해석학과 종말론의 프레임에 있어 여전히 세대주의적이기 때문에 개혁주의 관점에서는 비판적으로 논의하지 않을 수가 없다는 것을 말하고 싶다. 그리고 필자가 아쉬움을 느끼는 점은 정암이 헤르만 바빙크를 필두로 하여 여러 화란인 또는 화란인 후예들인 보스, 밴틸, 리덜보스 부자, 흐로스헤이더, 흐레이다누스 등 수 많은 신학자들의 영향을 받았음에도 불구하고, 그들의 주된 입장인 무천년설을 단호하게 거부하였다는 것이다. 이 점은 조직신학 집필 과정에서 헤르만 바빙크와 G. C. 베르까워(G. C. Berkouwer, 1903-1996)의 영향을 많이 받았으면서도 동일하게 무천년설을 거부했던 죽산 박형룡에게도 동일하게 느끼는 아쉬움이다. 물론 논자 역시 개혁주의 안에서 양자의 입장이 공존 가능하며 양자간에 신학적인 토론을 통해 서로의 장단점을 발견하고 성경적인 종말론 정립에 협력하는 것이 마땅하다고 생각한다. 그럼에도 불구하고 한평생을 화란 신학자들의 저술들을 탐독하면서 보낸 정

---

961 고신대학교 이신열 교수는 정암의 종말론이 "천년왕국설에 근거한 전천년설을 제외하고는 개혁주의 신학자들, 특히 화란의 개혁주의 신학자들로부터 많은 영향을 받았고 그 결과 이들의 신학과 밀접하게 연관되어 있으며 또한 많은 부분에 있어서 의존적임을 발견하게 된다"라고 적시해 준다(이신열, "박윤선의 개혁주의적 종말론," 「한국개혁신학」 25 [2009]: 208).

암이기에 이러한 아쉬움은 여운으로 진하게 남는다.

2.4.3. 죽산과 정암 이후 역사적 전천년설의 계승

"대한 예수교 장로회의 신학적 전통은 역사적 천년기전 재림론이다."라고 죽산이 분명하게 천년기론에 대한 입장을 밝히고 난후, 조직신학 후배교수들은 박형룡의 전천년설을 잘 유지한 편이었다는 것도 분명하게 지적되어야 할 사실이다. 죽산의 장남 박아론, 죽산의 후임자로 조직신학을 가르치게 된 신복윤,[962] 김길성, 그리고 화란 깜쁜(Kampen)에서 유학하면서 바빙크를 비롯한 화란 개혁주의를 직접 배우고 돌아왔음에도 불구하고 차영배, 최홍석 등은 역사적 전천년설을 확신하고 가르쳤다.[963] 이하에서 역사적 전천년설의 계승이라는 이름하에 박아론, 김길성, 최홍석 등의 공표된 입장을 차례대로 살펴보려고 한다.[964]

(1) 박아론 교수(1965-1999년 재직)

박아론은 죽산이 총신 교수로 재직 중이던 1965년에 교수로 부임하여 변증학과 현대신학을 가르쳤고, 1981년부터 1999년 은퇴할 때 까지 종말론도

---

962 남송 신복윤(1926-2016) 교수는 죽산의 제자로서 1972년에 유학을 마치고 돌아와 1973년 봄-1980년 2월까지 총신의 조직신학 교수로 재직했다(안명준, "고 남송 신복윤 박사의 생애와 사상," 『한국의 칼빈주의자들』[용인: 킹덤북스, 2020], 205-237). 남송은 1979년 총신의 Th. M과정에 종말론을 개설했는데, 이때 그가 취한 입장은 죽산과 같이 역사적 전천년설이었다고 당시 수강했던 최홍석 교수는 회상해준다(2016년 2월 7일자로 최홍석이 필자에게 보낸 이메일).

963 또한 신약학자인 이한수도 역사적 전천년설이 성경적이라고 확신한다(이한수: "한국교회의 역사적 전천년설의 태동과 발전: 박형룡과 이광복의 종말론 신학의 비교평가," in 『역사적 전천년주의 국제 학술대회 논문집』[서울: 횃돌, 2012], 57-109; "Interpreting Symbols in the Book of Revelation," *Chongshin Theological Journal* 24 [2016]: 24-48). 또한 "역사적 전천년주의를 매우 설득력이 있게 제시하고 있다고 판단하여" 이교수가 번역하여 소개한 William J. Webb의 논문 "계시록 20장: 주석적 연구," 『신학지남』 323 [2015]: 31-65도 보라).

964 천년기론에 대한 차영배의 입장이 드러나는 글은 전무하다. 그의 제자이자 사위인 최홍석도 필자에게 보낸 이메일에서(2016.2.7.일자) "차 교수님의 경우, 아마도 제 기억으로는 글로써 남긴 자료는 없는 줄 압니다. 대화하는 중, 자신의 성경해석과 입장을 피력하셨을 뿐이다."고 답변해 주었다. 그가 학교에 재직 중일 때에는 신론, 구원론(성령론), 라틴어 등을 주로 가르쳤다.

가르쳤다.⁹⁶⁵ 그가 1981년에야 비로소 종말론을 가르치게 된 것은 자신의 전공이 현대신학이었고, 1980년 까지는 이상근이나 신복윤과 같은 선배 교수들이 가르치고 있었기 때문인 것으로 보인다.⁹⁶⁶ 박아론은 평생에 선친의 신학을 총신의 신학의 기초를 놓은 '지로적인 신학'이라고 하는 예찬을 아끼지 않았고, 본인의 학문적 과제도 선친의 신학을 잘 계승하고 후대에 전달하는 데 있다고 확고하게 인식했다.⁹⁶⁷ 변증학에 관한한 박아론은 '구 프린스톤 변증학 중심'이던 선친의 입장을 따르지 아니하고, 반틸의 전제주의적 변증학을 일관되게 추종하고 가르쳤다. 하지만 종말론에 있어서는 선친이 예장합동의 종말론적 전통이라고 천명했던 '역사적 천년기전 재림론'을 확집(確執)하고 가르쳤다.⁹⁶⁸ 그는 은퇴 직전에 쓴 글에서 자신이 선친에게서 계승하여 가르쳐온 '역사적 천년기전 재림론'에 대해 그 자신의 특유의 표현으로 다음과 같이 정리하였다.

> 좌로는 지상천년기의 존재를 부인하면서 천년생활을 신자의 영혼들이 천상에서 누리는 행복상을 묘사하는 '무천년기 재림론'과 또 '천년기후 재림론'에 반대하는 한편, 우로는 7년간의 '공중휴거'와 '대환난전 재림'을 주장하는 '세대주의적 천년기전 재림론'에 반대하는 입장이다.⁹⁶⁹

---

965 박아론, "총신의 신학에 대한 역사적 고찰과 미래적 전망," 「신학지남」 66/2 (1999), 8. 1971년 캘리포니아 신학대학원에서 통과된 그의 박사논문은 현대신학을 주제로 한 것이었다(Park Aaron Pyungchoon, "The Concepts of Revelation in the theologies of Paul Tillich and Cornelius Van Til"[Ph. D. dissertation, California Graduate School of Theology, 1971]).
966 이상근(1911-2011)은 신약 주석가 이상관과 동명이인으로 총신에서 조직신학을 가르쳤던 학자이다 (김길성, "이상근박사의 신학과 사상," 「신학지남」, 79/3 (2012): 242-263; 김길성, 『총신의 신학 전통』, [서울: 총신대학교 출판부, 2013], 113-140에 재수록 됨). 본서에 수록된 이상근 교수의 종말론에 대한 필주의 글을 참고하라.
967 그러한 박아론의 사명 의식은 최근에 출간한 『나의 아버지 박형룡』(서울: 대한예수교장로회, 2014) 뿐만 아니라, 다음의 논문들에서 일관되게 거듭 공표하였다: "총신의 신학적 전통 -박형룡의 신학을 중심하여-," 「신학지남」 58/3 (1991): 44-68; "총신의 종말론적 전통," 「신학지남」 59/44 (1992): 4-6; "총신의 신학전통과 나의 신학," 「신학지남」 61/4 (1994): 15-23; "총신의 신학에 대한 역사적 고찰과 미래적 전망," 「신학지남」 66/2 (1999): 7-21.
968 박아론, "총신의 종말론적 전통," 「신학지남」 59/44 (1992): 4-6; "총신의 신학전통과 나의 신학," 19-21; "총신의 신학에 대한 역사적 고찰과 미래적 전망," 12-14.
969 박아론, "총신의 신학에 대한 역사적 고찰과 미래적 전망," 13.

1981-1999년까지 종말론을 가르칠 때에 박아론은 주로 선친의 『내세론』을 주교재로 하여 강의를 하다가, 은퇴하기 직전인 1998년에 자신의 종말론 교본을 출간했다.[970] 그의 천년기를 다룬 장을 보면 선친의 논의 순서대로 '무천년기 재림론', '천년기 재림론', 그리고 '천년기전 재림론'을 다루는데, 마지막 부분에서는 역사적 천년기전 재림론과 세대주의적 천년기전 재림론을 양분하여 다룬다.[971] 논의 순서도 분량도 선친의 천년기론과 유사할 뿐 아니라 주요 부분들에 있어서 선친의 견해를 인용하면서 추종한다.[972] 차이점으로 지적될 수 있는 것은 선친의 시대 이후 출간된 여러 저술들을 활용하여 업데이트하고 있다는 점,[973] 문체가 읽기에 수월하고 독특한 면을 갖추고 있다는 점, 각 입장에 대해서 도표를 제시하고 있는 점 등을 들 수가 있다.[974] 또한 그의 독특한 점 중 하나는 세대주의 전천년설에 대해 '역사적 천년기론의 변형이요 변질'이라고 평가하거나 "재림론의 제 4견해로 봄이 옳겠고 본래의 천년기 재림론과 결코 혼동되어서는 안 될 것이다"라고 하면서 선을 분명하게 긋는다는 점이다.[975] 또한 역사적 전천년설에 대한 확고한 박아론의 입장 때문에 선친이 무천년설이나 후천년설에 대해서 보여주었던 관용적인 언급조차도 생략해 버리는데서 그의 역사적 천년기론에 대한 강한 애정과 확신이 드러나고 있다.[976]

---

970 박아론, 『기독교 종말론 : 영생과 내세』(서울: 기독교문서선교회, 1998). 2004년에는 칼빈대학교 교수 김석환과 확대 증보판을 간행하기도 했는데(박아론, 김석환, 『기독교 종말론』[서울: 기독교문서선교회, 2004]), 김석환 교수가 집필한 부분은 6장(죽은자의 부활), 7장(최종심판)과 8장(최후상태) 등이다.
971 박아론, 김석환, 『기독교 종말론』, 213-253.
972 박아론, 김석환, 『기독교 종말론』, 216, 218, 219, 222, 223, 224, 230, 232, 235, 237, 238, 239, 241, 242, 244, 246, 247, 248.
973 박아론, 김석환, 『기독교 종말론』, 251-253에 보면 박형룡의 책에서 다루어지지 않은 H. Bavinck, R. Clouse, Millard Erickson, Wayne Grudem, Gordon Lewis & Bruce Demarest, Charles C. Ryrie, Rodman Williams 등의 자료들이 소개되어 있다.
974 박아론, 김석환, 『기독교 종말론』, 223, 234, 245249.
975 한 가지 의아한 점은 박아론, 김석환, 『기독교 종말론』 확대증보판이 2004년에 출간되었고, 천년기에 대한 문헌소개(251) 가운데 Darrell L. Bock and Stanley N. Gundry (eds.), *Three Views on the Millennium and Beyond* (Grand Rapids: Zondervan, 1999)도 소개되어 있는데도 불구하고 그의 세대주의 비판은 박형룡처럼 전통적 세대주의에 한정되었고, '점진적 세대주의'(progressive dispensationalism)에 대한 언급조차 하지 않고 있다.
976 박형룡, 『교의신학-내세론』, 277을 보라. 박아론은 천년기에 대한 논의를 '역사적 천년기 재림론의 타당성'을 논증하는 것으로 끝을 맺는다(박아론, 김석환, 『기독교 종말론』, 246-250). 또한 다음과 같은

(2) 송암 김길성 교수(1993-2014년 재직)

김길성은 부친 김용기 목사와 장인 정문호 목사를 통해 받은 죽산 박형룡과 정암 박윤선의 신학에 대한 애정을 가지고 한평생 신학 작업을 하고 교수 사역을 한 총신의 정통신학의 계승자였다.[977] 원래 메이첸의 교회론을 전공한 학자이지만, 1999년 박아론이 은퇴한 후에 종말론도 가르치기 시작한다.[978] 죽산 박형룡의 신학을 가슴깊이 존경했던 김길성은 죽산에 대한 여러 편의 논문을 썼을 뿐만 아니라[979] 조직신학 강의안을 작성함에 있어서도 죽산의 『교의신학』을 기본적인 텍스트로 삼았다.[980] 이러한 특징은 그의 『개혁주의 종말론』 강의안에서도 그대로 드러난다.[981] 강의안의 목차를 보면 박형룡의 『내세론』의 순서를 따라 서론, 개인적 종말론, 그리고 일반적 종말론 순으로 다루었다. 개인적 종말론에서는 죽음, 영생, 중간기 상태를 다루고, 일반적 종말론에서는 그리스도의 재림, 천년기, 죽은 자의 부활, 최종 심판, 최후 상태 등을 다룬다.[982]

그러면 이제 송암의 천년기론을 살펴보도록 하겠다. 그는 평생 존경해온 신학적 멘토들인 죽산 박형룡과 정암 박윤선의 '역사적 전천년설'을 자신의

강한 비판은 박형룡의 책에선 찾아보기 어려운 것이다: "실제로 무천년기 재림론자들은 그리스도의 육체적인 공중재림을 기다리고 대망하는 삶을 사는 일에 천년기전 재림론자들이 보여 주고 있는 열심과 관심을 별로 보여 주지 않고 있으니, 이것은 우리에게 이해가 잘되지 않는 '모순된 일'이라고 어찌 말하지 않을 수가 있겠는가?"(박아론, 김석환, 『기독교 종말론』, 216). 이처럼 역사적 전천년설만을 성경적 입장이라고 강하게 확신하는 죽산의 제자는 조영엽 박사이다(조영엽, 『구원론, 종말-내세론』 [서울: 미스바, 2004], 442).

977 김길성의 삶의 이력, 공적 활동, 그리고 주요 신학적 관심사에 관해서는 이상웅, "송암 김길성 박사의 생애와 신학적 관심사,"「개혁논총」 30 (2014): 17-64; "송암 김길성 교수의 삶과 신학세계,"「신학지남」 320 (2014): 29~62등을 보라.

978 김은수는 송암이 메이첸 교회론으로 학위를 취득한 것에 대해서 "역사적으로 총신신학의 기초가 된 박형룡 박사와 박윤선 박사의 신학적 전통과 계보를 잇는다는 의미가 있다"고 바르게 평가한다(김은수, "한국장로교 100년간의 '조직신학'의 발전 역사,"「장로교회와 신학」 12 [2015], 145).

979 김길성, "박형룡 박사의 내세론 연구,"『죽산 박형룡 박사의 생애와 사상』, 박용규 편 (서울: 총신대학교 출판부, 1996), 451-469; "Dr. Hyung Nong Park's Theology of the Last Things," *Chongshin Theological Journal*, I/2 (August 1996): 72-89; "조직신학자 박형룡 박사의 신학과 사상,"「신학지남」64/3 (1997): 44-59; "박형룡 박사의 신학에 대한 이해와 평가,"「신학지남」71/4 (2004): 100-117 등.

980 그가 남긴 『신론』, 『구원론』, 『교회론』 강의안 뿐 아니라 『종말론』 강의안에서도 이러한 사실은 확인되어진다.

981 김길성, 『개혁주의 종말론』(2012년 총신대학교신학대학원/신학원 강의안).

982 김길성, 『개혁주의 종말론』, 목차; 이상웅, "송암 김길성 교수의 삶과 신학세계", 55).

종말론적 입장으로 일관되게 취하였고 글로 공표하거나 강의하여 왔다. 또한 그것을 본인의 확고부동한 입장으로 삼고 강의를 하거나 글을 썼다.[983] 그가 은퇴하기 전 마지막으로 만든 강의안(2012년 가을)에서 천년기를 다루면서 송암은 죽산의 논의 순서를 따르지 아니하고 '천년기 전 재림론'을 먼저 다루고 나서야, 무천년기 재림론과 천년기 후 재림론을 다루었다.[984] 이러한 논의 순서의 변경도 송암이 확집하는 천년기 전 재림론에 대한 강조점을 보여주는 방식이라고 사료된다. 그리고 한 가지 주의해서 보아야 할 것은 송암은 단순히 박형룡의 『내세론』에 담긴 내용을 반복 전달하는 역할을 한 것이 아니라, 새로운 자료들과 대화를 부단히 했다고 하는 점이다. 그는 무천년기를 다룸에 있어서 카이퍼와 바빙크의 종말론적 저술을 참고했고,[985] 후천년설을 대변했던 조나단 에드워즈와 구프린스턴 신학자들의 저술을 직접 연구했다.[986] 이 두 주제에 대한 논의는 강의안 형태여서 핵심과 참고문헌을 제시하는 형식으로 되어있지만 관심있는 연구자들에게는 실마리가 될 수 있다고 사료된다.

송암이 가지고 있는 장점 중 한 가지는 자신은 역사적 전천년설 입장에 견고히 서 있으면서도 무시할 수 없는 견해인 무천년설에 대해서는 관용하는 마음을 가지고 있다고 하는 점이다.[987] 특히 "무천년기 재림론을 사랑하는 역사적 천년기전 재림론자들의 입장에 서기를 원한다"라고 하는 송암의 고백은 그의 제자들의 뇌리 속에 인상깊게 남아있다.[988] 이러한 송암의 관용적인 자세는 앞서 살펴본 대로 죽산의 관용적인 입장을 따른 것이기도 하

---

983 박윤선에 대해서는 김길성, 『개혁신학과 교회』(서울: 총신대학교출판부, 1998), 298-299을 보라. 박윤선의 역사적 전천년기 입장은 1949년에 간행된 『계시록주석』(부산: 고려신학교, 1949)의 20장 주석에서 이미 공표되어 있다. 박윤선박사의 천년기에 대해서는 정승원, "박윤선의 '1000년'이해에 대한 비판적 분석," 「신학지남 80/4 (2013): 84-111을 보라(이상웅, "송암 김길성 교수의 삶과 신학세계," 56에서 재인용함).
984 김길성, 『개혁주의 종말론』, 54-61.
985 김길성, 『개혁주의 종말론』, 89-91, 105-108.
986 김길성, 『개혁주의 종말론』, 97-104.
987 이상웅, "송암 김길성 교수의 삶과 신학세계", 54-57.
988 김길성, 『개혁주의 종말론』, 94(= Kim Kilsung, "Dr. Hyung Nong Park's Theology of the Last Things," 86: "Therefore, the writer as with Dr. Hyong-nong Park, would like to adopt the viewpoint of a historic premillennialist who appreciates the amillennialist position").

다.⁹⁸⁹ 그러나 송암은 죽산보다 좀 더 적극적으로 무천년설을 대한다는 것을 곳곳에서 확인해 볼 수가 있다. 그는 루이스 벌코프가 전천년설을 비판하면서 역사적 전천년설과 세대주의 전천년설을 구분하지 아니하고 '이 둘을 하나로 보고 구분 없이 비판'한 것에 대해서는 비판하면서도, 그가 전천년설에 대해 제기한 여섯 가지 비판점들에 대해서는 "비판을 받아들이는 겸손한 자세가 필요하다"고 말한다.⁹⁹⁰ 또한 요한계시록 20장에 대한 논의를 마치면서 내린 다음과 같은 결론은 '확고부동한 역사적 전천년설자'인 송암 김길성의 포용적인 입장을 잘 대변해 준다고 생각된다:

> 계 20장의 어느 해석을 취하든 영적인 가치를 가지고 있다. 우리는 다른 사람들의 견해를 존중해야 한다. 이제 우리는 과거에 하던 방식과는 달리, 어느 것을 택하느냐의 문제보다도 '왜' 택하느냐를 질문해야 한다. 그래서 필자는 무천년을 사랑하는 역사적 전천년주의자들의 입장에 서기를 원한다. 이것은 한국교회에 주신 축복인 동시에 [내세신앙] 후대에 맡겨진 도전으로 생각해야 한다. 우리가 어떻게 주님의 재림을 기다리며, 하루 하루를 내세의 소망으로 살아갈 수 있을까를 생각하는 동시에 [역사적 전 천년주의] 오늘 주어진 삶에서 주님의 십자가와 부활의 능력이 나타나는 책임 있는 그리스도인의 삶을 살 수 있을까하는 [무천년주의] 두 가지 큰 책임이 우리에게 있는 것이다.⁹⁹¹

(3) 최홍석 교수(1985-2016년 재직)

최홍석은 총신을 졸업하고 화란 깜쁜신학교(= 후에 깜쁜신학대학교로 명칭 변경됨)에서 독토란두스 과정을 마치고 귀국하여 총신에서 31년간 조직

---

989 박형룡, 『교의신학-내세론』, 277. 또한 송암은 평양신학교와 총신에서도 무천년설을 가르쳤던 이들이 있었음을 소개한다(김길성, 『총신의 신학 전통』[서울: 총신대학교출판부, 2014], 135, 253-259).
990 김길성, 『개혁주의 종말론』, 106-108; Louis Berkhof, *Systematic Theology* (Grand Rapids: Eerdmans, 1941), 712-716.
991 김길성, 『개혁주의 종말론』, 94.

신학을 가르치고 최근에 은퇴했다.⁹⁹² 그는 총신 신대원의 전신 신학연구원을 졸업한 후에 대학원에 진학하여 1년 동안 조직신학을 전공하면서 차영배와 신복윤의 강의를 들었다. 또한 은퇴했다가 다시 대학원장으로 부임했던 정암에게 배우기도 했다. 최홍석은 차영배와 박윤선의 감화하에 헤르만 바빙크의 신학에 대한 깊은 관심을 가지게 되었고, 박아론과 신복윤 등의 영향하에 죽산 박형룡의 신학에도 관심을 기울이게 되었다.⁹⁹³ 총신에서 재직하는 동안 구원론과 현대신학을 제외한 모든 조직신학 과목을 골고루 가르쳤으며, 특히 교회론, 인간론, 신론을 주로 강의했었다. 종말론도 후기에 몇 차례 강의한 것으로 확인되는데, 그가 마지막으로 종말론을 강의한 것은 2014년 2학기였다.⁹⁹⁴ 최홍석은 여러 해 동안 종말론 강의를 했지만, 독자적인 강의안이나 교재를 집필한 적이 없다. 또한 종말론에 관련해서 쓴 글도 단 두 편 확인되어질 뿐이다.⁹⁹⁵

그러나 최홍석은 강의와 한편의 논문을 통하여 자신의 입장이 역사적 전천년설이라고 명시적으로 밝혔다. 이는 그가 존경하던 죽산과 정암의 입장일 뿐 아니라 자신의 장인 차영배가 취한 입장이기도 했다. 2014년 종말론 강의를 들었던 한 학생이 채록한 종말론 강의안을 보면 천년기에 대한 세 가지 입장에 대해 싸움거리로 만들지 말고, 각 입장의 "공통분모까지만 경계선 나눠서 공통분모에 나오는 진리를 이끌어 우리의 종말론적 삶을 살도록 가르치고 설교해야"한다고 권하는 것을 보게 된다.⁹⁹⁶ 이 녹취록에서 세 가지의 입장을 차례대로 설명하되 자신의 확신하는 바 역사적 전천년설의 견지에서 소개하는 것을 볼 수가 있다.⁹⁹⁷ 학교 홈페이지에 업로드한 2014년 2학기 강의 계획서를 보면 주교재는 박형룡의 『교의신학-내세론』 한 권 뿐이고,

---

992 최홍석의 생애와 신학세계에 대해서는 이상웅, "최홍석 교수의 삶과 신학세계," 「신학지남」 324 (2015), 85-135을 보라.
993 이상웅, "최홍석 교수의 삶과 신학세계", 95-99.
994 이 마지막 강의를 들은 한 학생이 채록한 강의안을 필자에게 보내어 주어서 간단히 참고하려고 한다.
995 최홍석, "현대 교의학에서의 천년왕국과 종말 -현대 교의학의 동향과 관련하여-," 「신학지남」59/4 (1992): 7-48(= 최홍석, 『신학과 삶』 [서울: 총신대학교출판부, 1998], 130-177에 재 수록됨); "죽음, 그 이후 -기독교 장례문화의 이론적 근거 제공을 위한 논의-," 「신학지남」66/1 (1999): 46-82.
996 2014년 11월 11일 강의.
997 2014년 11월 11일 강의와 11월 18일 강의.

참고도서 속에 바빙크, 래드, 후크마, 리덜보스, 루니아, 스킬더, 보스, 그루뎀, 에릭슨, 박윤선, 신복윤, 간하배 등의 저술을 리스팅하고 있다. 강의 채록본도 전체적으로 살펴보면 박형룡의 교본에 충실하되, 참고도서들로부터 보충하여 설명하는 것을 확인할 수가 있다.[998]

그러면 이제 천년왕국과 관련하여 그가 공표한 "현대교의학에서의 천년왕국과 종말"이라는 논문을 살펴보도록 하자.[999] 한편의 논문으로서는 분량이 많은 편인(총 42쪽) 이 논문을 시작하면서 종말론은 "기독교적 사고와 삶 (존재와 의식)을 주도하는 전제 역할을 한다"는 말로 논의를 시작한다. 종말론에 대한 그의 논의의 관심은 '현학적 관심이나 지적 욕구 충족의 차원'에 있지 아니하고 '기독교적 종말론이 가지는 실천적 의미' 추구에 놓여있다고 미리 밝힌다.[1000] 따라서 최홍석은 종말론에 관한 다양한 견해들을 비교하는 것 보다는 "오히려 다양한 견해들 가운데 존재하는 공통성에 근거하여 기독교적인 삶의 의미를 추구하는데 초점을 맞추"고 있다.[1001] 그럼에도 불구하고 그의 논문 전반부에서 현대 교의학의 동향을 분석하고 현대의 비성경적인 종말론의 유형들을 분석 소개하는 것을 보게 된다.[1002] 그는 현대신학의 분석 작업을 통해서도 일관되게 '오직 성경으로'(Sola Scriptura)라는 잣대를 적용하고 있음을 보여준다.[1003]

천년기에 대한 논의는 논문의 후반부(IV. 성경적인 종말론과 천년왕국)에 가서야 등장하는 것을 보게 된다. 이 논의의 시작에서도 최홍석은 "어떠한 종말론이 과연 성경적이라고 할수 있는가"라는 주안점을 먼저 표현한다.[1004] 그는 하나님 나라의 현재적 관점과 미래적 관점의 양면성과 결국은 미래적

---

998 사실 최홍석 교수가 직접 출간한 저술이 없는 과목을 강의하는 경우에는 한 권의 교과서만 제시하는 경우는 드물었다. 오히려 여러 가지 참고도서를 소개하고, 독자적인 강의안을 만들어 강의를 진행하곤 했다. 하지만 종말론의 경우에는 박형룡의 책만 주교재로 소개하고 그 내용에 충실했다는 것은 박형룡의 종말론에 대한 존중과 의존도를 보여준다고 사료된다.
999 이 글은 1991년 10월 15일 한국교회문제연구소가 주최한 심포지엄에서 발제한 글로서 「신학지남」 에 기고했다. 본 장에서는 최홍석, 『신학과 삶』, 130-177에 재 수록된 글을 인용하도록 하겠다.
1000 최홍석, "현대교의학에서의 천년왕국과 종말", 130.
1001 최홍석, "현대교의학에서의 천년왕국과 종말", 130.
1002 최홍석, "현대교의학에서의 천년왕국과 종말", 132-157.
1003 최홍석, "현대교의학에서의 천년왕국과 종말", 155-157.
1004 최홍석, "현대교의학에서의 천년왕국과 종말", 157.

측면이 '궁극적'이라는 점을 말하고 나서, "이 미래적인 나라가 지상에서의 일시적인 나라로서 천년왕국을 포함하고 있는가?"라는 질문을 제기한다.[1005] 그는 계시록 20장 4-6절의 본문 가운데 등장하는 '살아서'(ἔζησαν)라는 단어의 의미를 어떻게 보느냐가 '모든 해석학적인 문제의 열쇠'라고 말하면서 이에 대한 무천년기론과 역사적 전천년의 입장을 꼼꼼히 대조하여 설명하고 나서는 전자의 해석이 바른 해석이라는 결론을 내린다.[1006] 그리고 이어서 그는 '복음주의 진영 가운데 발견되는 대표적인 해석 유형들'로 후천년설, 무천년설을 살피고나서 '계 20장의 가장 자연스러운 주해를 근거로 하여 세워진 관점'이라고 여기는 바 역사적 전천년설을 소개한다.[1007]

천년기에 대한 최홍석의 논의 중 특이한 점은 이러한 세 가지 관점이 가지고 있는 '모종의 공통분모' 내지는 '다양성 중의 통일성'을 찾아서 제시하는 것이다. 평소 그가 많이 읽고 활용했던 『개혁교의학』의 저자 헤르만 바빙크와 같이 평화적이고 대화론적인 자세를 최홍석이 여실히 보여주고 있는 대목이라고 할 것이다. 그렇다면 그가 제시하는 세 입장의 공통점은 어디에 있을까? 그가 제시한 내용들 중 핵심을 추려서 소개해 본다:

1) 이 세대와 오는 세대에서 실현되고 완성될 하나님 나라의 양면적인 구도와 이미와 아직 사이 구속사적 긴장은 세 견해에 모두 발견될 수 있는 관점일 것이다.
2) 종말의 진전 과정에 대한 관심보다 결과론적인 궁극적 상태(status)가 중요하다.
3) 종말의 진전 속에 나타나는 형식적인 과정에 중요성이 있는 것이 아니라, 그 과정 속에 놓여 있는 실질적 국면(하나님과의 신앙윤리적인

1005 최홍석, "현대교의학에서의 천년왕국과 종말", 157-158.
1006 최홍석, "현대교의학에서의 천년왕국과 종말", 159-162. 최홍석은 "해석학적 접근은 항상 신학적 접근에 앞서야 하며 가장 자연스러운 귀납적 주해가 문맥을 통해 이루어져야 한다"라는 원칙을 천명하고, "귀납적인 주해연구 이전에 반천년왕국적 성격의 신학적 경향이 전제로서 역할하는 것"에 대하여 경계를 한다(163).
1007 최홍석, "현대교의학에서의 천년왕국과 종말", 164-167. 최홍석은 그의 신학적 멘토들처럼 '역사적 전천년설'과 '세대주의 전천년설'을 분명하게 구분한다(163, 166).

관계/ 하나님의 은총과 인간의 책임/ 하나님의 주권성과 인간의 위치 등)이 더 중요하다.

4) 미래적 종말은 거시적 차원에서 예언의 성취라는 관점의 구속사적 의미와 하나님의 영광을 위한 창조와 그 종결이라는 우주적 차원의 유일회적 사건이다.[1008]

(4) 이상원 교수

이제 우리는 종말론의 전체 구조와 방향을 결정짓는 중심주제라고 할 수가 있는 천년왕국론(Millennialism or Chiliasm)에 대한 이상원 교수의 논의를 살펴보게 된다.[1009] 이교수는 요한계시록 20장 1-6절에 근거하여 천년왕국에 대한 세 가지 입장이 존재함을 명시하는데, 그의 논의 순서는 천년기 후 재림론, 무천년기 재림론, 천년기 전 재림론으로 진행된다.

이교수는 먼저 천년기 후 재림론(Postmillennialism)을 검토한다. 그는 이 입장에 대해 "천년왕국이 별도로 존재한다는 것을 인정하면서 이 왕국이 재림보다 앞선다고 믿는 학설"이라고 정의내리고, "재림이 있기에 앞서서 여호와를 아는 지식이 세계에 편만해지고 평화로운 통치가 이루어질 것(사 11:9)"이라고 설명해 준다.[1010] 이 학설을 주장한 이들로는 19세기 미국의 장로교 신학자들이나 현대의 뵈트너 등을 들고 있는데, 이교수는 티코니우스와 아우구스티스도 지지자 명단에 포함시켰다.[1011] 이교수는 후천년설도 "교

1008 최홍석, "현대교의학에서의 천년왕국과 종말", 167-168. 최홍석은 마지막으로 '신앙의 표현 내지는 표출로 이해될 수 있는 문화와 관련하여 생각될 수 있는 기독교적 종말론의 의미'를 살피는 것으로 논의를 마무리한다. 그는 만유 갱신설이 성경적이며, 현재의 문화적 책임과 신천신지간의 관련성에 대한 개혁주의적 관점을 소개하는 것으로 논문을 마무리 짓는다(168-176).
1009 개혁주의 윤리학자인 이상원 교수는 종말론 교재를 출간한 적은 없으나, 강의안은 존재하기 때문에 강의안에 따라 논의를 개진하고자 한다(이상원, 『인간론과 종말론 강의안』 [2019학년도 2학기 총신대학교 신학과]).
1010 이상원, 『인간론과 종말론 강의안』, 127.
1011 이상원, 『인간론과 종말론 강의안』, 127. 박형룡은 아우구스티누스의 종말론이 "사실상 천년기 후론과 무천년기론의 요소들이 아울러 발견되기 때문에 두 편이 다 그의 권위에 호소하는 터이다"라고 말해주는데(박형룡, 『교의신학 – 내세론』, 234-235), 아우구스티누스의 De Civitate Dei XX, 6-9(김광채 역, 『신국론 18권-22권』[서울: 아우름, 2018], 237-259)에 의하면 분명히 무천년설이라고 할 수가 있다. 김광채에 의하면 튀코니우스 역시도 시한부 종말론을 말하기는 하나 무천년설이

회의 선교 노력을 매개로 한 성령의 초자연적인 영향을 통하여 천년왕국이 이루어진다고 주장"하는 보수적 입장과 "점진적인 진화의 과정을 거쳐서 이루어진다고 주장"하는 자유주의 입장으로 양분됨을 잘 설명해 준다.[1012] 이교수는 후천년설에 대해 개요적으로 잘 소개한 후에 "천년기 후 재림론이 넘어야 할 난관들"에 대해서도 자세하게 서술한다. 우선 근본적으로 이 학설은 "이 세상이 점차 개선되어서 자연스럽게 바람직한 이상세계를 형성하게 된다는 낙관주의적인 역사관"을 가지고 있다는 것이 문제인데, 그들이 말세에 대해 낙관적으로 생각하는 것과 달리 성경은 배교와 대환난에 대해서 명시적으로 말하고 있다는 점과 그들의 증거제시와 달리 "오늘날 이 세계의 상황은 결코 영적이고 도덕적인 차원에서 긍정적인 방향으로 진전되어 가고 있다고 보기 어려운" 점을 들어 비판한다. 또한 지상명령에 관련된 본문(마 28:18-20) 역시도 "당위를 규정한 규범적 선언일 뿐, 상태의 묘사가 아니"라고 정해해준다.[1013]

이상원 교수가 두 번째로 다룬 입장은 무천년기 재림론(Amillennialism)이다. 이교수는 많은 개혁주의 학자들이 이 입장을 주창하고 있다는 점을 인정하면서, 이 입장은 "문자적인 의미의 천년왕국이 별도로 존재하는 것을 부인하면서 예수님의 재림에 의하여 현세가 끝이 나면 바로 영원한 하나님의 나라가 시작"된다고 말한다고 소개해준다.[1014] 이교수는 또한 이 입장에 의하면 "천년왕국이 그리스도의 초림과 재림 사이의 기간 동안 육체를 떠난 영혼들이 하늘에서 그리스도와 함께 영적으로 왕노릇"하는 것을 가리킨다는 점도 명시적으로 말해준다. 또한 그는 무천년기론에 의하면 "이 세상이 점점 향상되어 마침내 온 세계가 기독교화된다는 낙관적인 세계해석을 지양"한다는 점과 "재림전의 기간에 세계가 기독교화되고 유대인들이 모두

였다(김광채, "퇴코니우스와 아우구스티누스," 「국제신학」 14 [2012]: 97-111).
[1012] 이상원, 『인간론과 종말론 강의안』, 127-130. 박형룡, 『교의신학 - 내세론』, 238-245.
[1013] 이상원, 『인간론과 종말론 강의안』, 130-132. 20세기의 후천년설의 대변인 로레인 뵈트너가 제시한 다섯 가지 논거에 대한 이교수의 반박도 보라(132).
[1014] 이상원, 『인간론과 종말론 강의안』, 133. 이교수는 무천년기론을 주창하는 학자들로 벌코프, 후크마, 바빙크 등을 언급한다.

회심한다는 주장에 대해"의문시하고 오히려 "이 기간 동안에 적그리스도가 등장하는 대환난이 있을 것을 적극적으로 말"해준다는 점을 적시한다.[1015] 이러한 소개후에 이교수는 역시 "무천년기 재림론이 넘어야 할 난관들"에 대해 조목 조목 제시를 한다. 아우구스티누스나 칼빈을 현대적 구분법에 따라 무천년설로 속단하는 것은 시대착오적이라는 것, 예언의 성취로 이해하기 쉬운 완료형(perfect)은 미래에 "반드시 그리고 의문의 여지없이 일어날 사건"에 대해 쓰였다는 점, 요한계시록은 무천년설자들의 주장과 달리 그 "중심적 사건들은 역사적 순서에 따라 기록된 것"이라는 점, 사탄을 무저갱에 가두는 것을 초림 때 성취된 것으로 해석하는 것은 "초림 이후 전개된 역사적 경험과 들어맞지 않"는다는 점 등이다.[1016] 이교수는 이러한 일반적인 난관들에 대한 비판을 마치고도, 주요 주창자인 헤르만 바빙크의 천년기전 재림론에 대한 무천년설적 비평을 되받아 논박하기도 한다.[1017]

마지막으로 이상원 교수가 다루는 입장은 천년기 전 재림론(Premillennialism)이다. 그는 이 입장아래 역사적 천년기 전 재림론(Historic Premillennialism)과 세대주의적 천년기 전 재림론(Dispensational Premillennialism)을 구분한다.[1018] 이교수는 먼저 세대주의 전천년설에 대해 소개하고 이 입장이 넘어야 할 난관들에 대해 말한다. 이 학설이 주장하는 바 교회와 이스라엘의 엄격한 구별, 이중 재림설, 왕국 연기설, 7년 대환난 전에 성도들이 공중휴거하여 환난에 참여하지 않는다는 것과 같은 주장들은 성경적인 근거

1015 이상원, 『인간론과 종말론 강의안』, 133. 이교수는 안토니 후크마의 무천년기 재림론의 구도를 약술해서 소개한다(134-135). 천년왕국에 대한 후크마의 자세한 논의는 Hoekema, *The Bible and the Future*, 173-238을 보라.
1016 이상원, 『인간론과 종말론 강의안』, 135-138.
1017 이상원, 『인간론과 종말론 강의안』, 138-139. 이교수는 네덜란드 유학 시절부터 참고하곤 했던 화란어 원본을 인용하며 비판한다(Herman Bavinck, *Gereformeerde Dogmatiek*, 4vols. 2nd ed. [Kampen: Kok, 1928-1930], 4: 639-664).
1018 이상원, 『인간론과 종말론 강의안』, 139. 벌코프는 전천년설 내의 구분을 하지 않고 한꺼번에 비판하지만(Berkhof, *Systematic Theology*, 710-716), 박형룡과 박윤선에 이르러 국내에서는 역사적 전천년설과 세대주의 전천년설이 명시적으로 구분되어 사용되기에 이르며, 역사적 전천년설이 개혁주의 신학 체계가 양립가능함을 굳세게 믿었다(Pak, Ungkyu, "From Fear To Hope : The Shaping of Premillennialism in Korea, 1884-1945" [Ph. D. dissertation, Westminster Theological Seminary, 1998], 340-356).

가 없는 것임을 분명하게 밝힌다.[1019] 특히 구약의 유대 왕국을 "율법 나라와 시대"라고 보고, 신약 교회를 "은혜의 나라와 시대"라고 잘못 해석하는 세대주의 주장에 대하여 이교수는 다음과 같이 논박한다.

> 신구약 모두 은혜▶율법 곧 '율법은 은혜에 대한 감사의 표현'이라는 구도가 유지된다. 그리스도를 통한 구원의 약속은 이미 아담과 하와에게 주어졌다(창 3:15). 이 말은 향후 인류의 어느 시대도 구속의 은혜가 결여된 시대는 없었다는 뜻이다… 모세의 율법도 출애굽의 구속은혜를 이미 받은 이스라엘 백성들에게 필요한 생활지침으로 주어졌다.[1020]

이제 마지막으로 이교수는 자신이 속한 입장인 역사적 천년기 전 재림론에 대해 소개한다. 일반적인 전천년설의 구도를 먼저 소개해 주는데 좀 단순화 시켜 보자면 역사의 종말에 모든 민족에 대한 전도가 있고 대배도와 대환난 그리고 불법의 사람의 출현이 이어지고, 주님의 재림과 지상 천년왕국이 있고, 그 끝에 곡과 마곡의 반란이 일어나게 되지만 진압되며, 죽은 불신자들의 부활이 있은 후에 최후심판과 신천신지의 도래가 있을 것이라고 하는 것이다.[1021] 이교수는 이어서 "역사적 전천년기 전 재림론이 넘어야 할 난관들"도 소개하고 있어 일견 보기에 놀라기까지 하다. 하지만 논의를 잘 읽어 보면 이교수는 역사적 전천년설에 대해 제기된 반론들을 주목하고 자신의 입장에서 논박을 하고 있다. 지나친 문자주의도 문제이지만 지나친 영해도 문제라는 점, 두 번의 부활에 대한 성경적 근거가 빈약하다는 것에 대해 "천년의 간격을 적극적으로 시사하지도 않지만 부인하지도 않는다"는 점, 한 본문(계 20:1-6)에만 근거해서 천년왕국을 말한다는 비판에 대해서는 "사실상 천년기 전 재림론에 의하여 설명될 수 없거나 적절히 대처될 수 없는 성경

1019　이상원, 『인간론과 종말론 강의안』, 139-142. 이교수는 왕국연기설을 비판하면서 "예수님은 신정국의 회복을 의도하신 일이 없고 다만 신정국이 예표하는 영적 실재의 도래에 관심이 있었을 뿐"이라고 말하거나 "예수님이 지상에 오셨을 때 이미 왕국은 현실 속에 임"한 것이라고 적시하기도 한다.
1020　이상원, 『인간론과 종말론 강의안』, 141-142.
1021　이상원, 『인간론과 종말론 강의안』, 142. 이교수는 조지 E. 래드가 제시한 도식도 소개한다.

인용 구절은 없다"고 반박한다.¹⁰²²

이처럼 천년기론에 관련하여 이상원 교수는 총신의 전통을 따라 역사적 전천년설의 입장을 명시적으로 취하는 것을 확인했다.¹⁰²³ 이교수는 네 가지의 입장을 간략하게 소개하고, 각 입장이 가지고 있는 문제점들을 열거하고, 자신이 속한 역사적 전천년설에 대해 제기되는 비판들에 대해서도 다루되 일일이 논박하여 결과적으로는 역사적 전천년설이 가장 성경적인 입장이라고 하는 자신의 입장을 더욱더 강변한다.¹⁰²⁴

이상에서 우리는 해방 이후 총신에서 역사적 전천년설이 어떻게 개진되고 계승되어 왔는지를 주로 조직신학 교수를 중심으로 개관해 보았다. 이들 외에도 한국교회사가인 박용규 교수가 역사적 전천년설을 확집했고,¹⁰²⁵ 신약학자 중에는 정암 박윤선에 이어 이한수 교수와 김상훈 교수도 역사적 전천년설을 가르쳤다.¹⁰²⁶

2.5. 조지 래드 이후 영어권 신학자들의 역사적 전천년설

19세기 후반 이래 미국 복음주의권은 전천년설이라는 이름하에 세대주의 전천년설이 주도해왔고, 현재 상황에서도 대중적인 세대주의가 강력하게 영향을 미치고 있는 형국이다.¹⁰²⁷ 그러나 세대주의 진영 내에도 언약신학과 접

1022 이상원, 『인간론과 종말론 강의안』, 143-144. 이교수는 재림에 대한 예언이 주후 70년 예루살렘 멸망시에 다 성취되었다고 해석하는 과거주의(preterism)에 대해서도 간단하게 소개하고 비판한다 (144).
1023 죽산 박형룡과 총신 조직신학자들의 천년기에 대한 입장은 이상웅, "죽산 박형룡과 구례인의 천년기론에 대한 연구,"「개혁논총」 38 (2016): 177-207과 "죽산 박형룡 이후 총신 조직신학자들의 천년기론,"「성경과 신학」 80 (2016): 103-132에서 정리했다. 필자의 연구 결과에 의하면 총신 조직신학 전통은 지난 70년 동안 역사적 전천년설과 무천년설이 양립해 왔다.
1024 이 점에서 필자의 입장은 이교수와 달리 무천년설의 입장에 굳게 서있음을 밝힌다(이상웅, 『개혁주의 종말론에 기초한 요한계시록 강해』[서울: 솔로몬, 2019]). 그러나 적어도 개혁주의 진영에서는 역사적 전천년설과 무천년설을 상호간에 부단한 대화를 통해 서로의 장점과 약점을 보완할 필요가 있다고 생각한다.
1025 박용규, 『한국장로교사상사』 (서울: 총신대출판부, 1992). 그가 시카고 트리니티신학교에 제출했던 박사논문을 번역하고 수정 보완한 것이다.
1026 이한수, 『요한계시록』 (서울: 솔로몬, 2018); 김상훈, 『요한계시록 1:1-6:17』 (서울: 감은사, 2022); 『요한계시록 7:1-22:21』 (서울: 감은사, 2022).
1027 미국내에서 세대주의가 어떻게 도입되고 전개되었는지에 관해서는 Daniel G. Hummel, *The Rise*

목하여 점진적 세대주의(Progressive Dispensationalism)가 발전되었고, 복음주의 신학자들 가운데는 조지 래드를 따라 역사적 전천년설을 확립하는 이들도 일어나게 되었다. 앞서 언급한 두 가지의 발전에 있어 조지 래드의 기여는 크다고 할 것이다. 이제 우리는 래드의 동시대와 래드 이후에 복음주의권에서 역사적 전천년설 전통이 어떻게 전개되어 왔는지를 개략적으로 살펴보고자 한다.

2.5.1. 밀라드 에릭슨 (Millard J. Erickson, 1932-)의 역사적 전천년설

조직신학자들 가운데 먼저 주목할 만한 신학자는 밀라드 에릭슨이다. 그는 노스웨스턴 대학(Northwestern University)에서 박사학위를 취득한 후 포틀랜드 소재 웨스턴 신학교, 베델 대학과 신학교, 베일러 대학 등에서 오랫동안 조직신학을 가르쳤던 침례교 신학자이다. 그의 신학적인 성향은 "상당히 보수적이고 온건한 칼빈주의적인 복음주의 개신교도"(a fairly conservative and moderately Calvinistic Evangelical Protestant)였다.[1028] 그는 많은 저술들을 출간했지만, 그의 주저는 1990년에 초판이 나오고 2013년에 제3판이 나온 『복음주의 조직신학』(Christian Theology)이다.[1029] 종말론과 관련해서 보자면 『종말론에 대한 기초적 안내』(A Basic Guide to Eschatology: Making Sense of the Millennium)가 있다.[1030]

에릭슨은 『복음주의 조직신학』 58장에서 천년왕국과 환난에 대한 논의를 개진해 준다. 우선 천년기에 대한 세 가지 주요 입장들을 차례대로 소개

---

and Fall of Dispensationalism: How the Evangelical Battle over the End Times Shaped a Nation, 소현수 역, 『세대주의 부상과 침몰』 (서울: 부흥과개혁사, 2023)을 보라.

1028 https://en.wikipedia.org/wiki/Millard_Erickson (2024.12.12.접속). 웨스트민스터 표준문서를 중시하여 신학 작업한 로버트 레이몬드는 에릭슨에 대해 "a moderate Reformed and Baptist perspective"를 가졌으며, 그의 기독론은 어떤 면에서 케노시스적이라고 비판하기도 했다 (Reymond, 『최신 조직신학』, 1419).

1029 Millard J. Erickson, Christian Theology, 3rd ed. (Grand Rapids: Baker, 2013). 신경수 역, 『복음주의 조직신학』, 전3권 (고양: 크리스천다이제스트, 2000)는 초판을 번역한 것이다.

1030 Millard J. Erickson, A Basic Guide to Eschatology: Making Sense of the Millennium (Grand Rapids: Baker, 1998). 본서의 초기판인 Contemporary Options in Eschatology (Grand Rapids: Baker, 1977); 박양희 역, 『현대 종말론 연구』(서울: 생명의말씀사, 1996)은 국내에 소개되어 있다.

하고 난 후, 성경적인 근거위에서 "전천년설의 견해가 무천년설보다는 더 적절한 것이라"고 밝힌다.[1031] 그리고 나서 환난에 대한 주제를 다루면서도 세대주의자들에 의해서 등장한 환난전 휴거설, 환난중 휴거설을 소개하고 나서 성경적 근거위에서 환난후 휴거설이 적합한 견해라고 역시 밝힌다.[1032] 에릭슨의 저술은 (영어 원서로) 단권 교본 성격을 가지고 있기 때문에, 복잡한 신학적인 논의를 전개하기 보다는 각 주제의 핵심 내용들을 잘 정리해 주고 있고, 그러한 전개 방식을 통해서 자신의 입장이 무엇인지도 명시해 준다. 그의 주저에서 확인하게 되는 천년기론은 세대주의와는 구별되는 역사적 전천년설의 입장이다.

2.5.2. 웨인 A. 그루뎀(Wayne A. Grudem, 1948-)의 역사적 전천년설

에릭슨과 더불어 역사적 전천년설을 대변해온 침례교회 출신의 조직신학자는 웨인 그루뎀이다. 그는 『조직 신학』 교본을 통해 수십만명의 독자층을 얻기도 했는데, 2020년에 이르러 그는 제2판을 출간했다.[1033] 그는 『조직 신학』 제55장 "천년왕국"에서 먼저 세 가지 천년왕국론을 간단하게 개관해 주고나서,[1034] 무천년설의 주장 근거들과 그에 대한 반론과[1035] 후천년설을 지지하는 논증과 그에 대한 반론을 각각 제시해준다.[1036] 그리고 나서야 그루뎀은 자신의 입장인 역사적 전천년설에 대한 변호를 해주는데, 구약의 여러 본문들과 신약의 본문들이 천년왕국을 지지하고 있다는 것과 "현재의 시대보다 더 위대하지만 영원한 상태에는 미치지 못하는 미래의 시간을 암시하거나 분명히 연상시키는 다수의 본문"을 고려할 것을 제안한다.[1037] 그가 마지막으

1031 Erickson, 『복음주의 조직신학(하)』, 411-424.
1032 Erickson, 『복음주의 조직신학(하)』, 424-433.
1033 Wayne A. Grudem, *Systematic Theology: An Introduction to Biblical Doctrine* (Downers Grover: IVP, 2020); 박세혁 역, 『조직신학 1,2』 (서울: 복있는사람, 2024).
1034 Grudem, 『조직신학 2』, 837-844. 그는 전천년설을 "고전 전천년설 또는 역사적 전천년설"과 "환난전 전천년설 또는 세대주의 전천년설"로 양분해서 소개해 준다.
1035 Grudem, 『조직신학 2』, 844-854.
1036 Grudem, 『조직신학 2』, 854-861.
1037 Grudem, 『조직신학 2』, 861-866. 그는 천년왕국이 문자적인 첫 년이든, 아니면 "확정되지 않은 긴 시간"이든 그것은 "부차적인 질문"이라고 생각한다(866).

로 다루는 "대환난의 시기"에서는 세대주의자들의 환난전 휴거설이나 환난중 휴거설을 논박하고, 또한 그리스도의 이중 재림이 비성경적임을 논파하며, 교회는 환난을 통과해야 한다는 입장을 제시해 준다.[1038] 성경신학을 전공한 후에 성경신학과 조직신학을 오랫동안 가르쳤던 그루뎀은 천년왕국 주제에 대해서도 주로 성경적인 자료들을 검토하여 자신의 입장을 주장하고, 또한 다른 입장들에 대한 비판점들을 제시해 주는 것을 볼 수가 있다.

2.5.3. 정성욱 교수와 덴버 신학교 교수들

세 번째 주목해 볼만한 것은 콜로라도주 덴버시에 소재한 덴버 신학교 (Denver Seminary) 교수진들이다. 한인 조직신학자인 정성욱 교수와 신약학자인 크레이그 블롬버그가 주축이 되어 2007년에 역사적 전천년설에 대한 학술적 컨퍼런스를 가지고 난 후에 2009년에 이르러는 그것을 단행본으로 출간하기도 했다.[1039] 정성욱 교수와 크레이그 블롬버그 교수 등이 편집을 맡았는데, 총 8편의 글 중 덴버신학교 교수가 아닌 필진은 두 명(도널드 페어베이른과 오스카 캠포스) 뿐이다.[1040] 우리는 덴버 신학교에 속한 여섯 명의 필진들의 글을 봄으로써, 역사적 전천년설이 개인적인 신학적 견해라기 보다는 한 신학교 전체의 공통된 입장이 될 수도 있다는 점을 확인하게 된다.

교회사가인 티모시 웨버(Timothy Weber)의 글은 교회 역사를 통해 역사적 전천년설과 세대주의 전천년설이 어떻게 시작되고 발전하였는지에 대한 역사적인 개요 작업을 제시해 주고 있다.[1041] 2장과 3장은 덴버의 구약학자들

1038 Grudem, 『조직신학 2』, 867-872.
1039 Craig Blomberg and Chung Sung Wook (eds.), *A Case for Historic Premillennialism: An Alternative to "Left Behind" Eschatology* (Grand Rapids: Baker, 2009); 조형욱 역, 『역사적 전천년설』 (서울: CLC, 2014), 5-6에 필자가 쓴 추천사가 수록되어 있다.
1040 Donald Fairbairn, "천년왕국과 환난에 관한 현시대의 논쟁: 초대 교회는 누구 편인가?" in Blomberg and Chung, 『역사적 전천년설』, 241-293; Oscar A. Campos, "전천년설의 긴장들과 통전적 선교: 중남미의 복음주의," in Blomberg and Chung, 『역사적 전천년설』, 323-362. 캠포스 자신은 "점진적 세대주의자"라 생각하지만, 본서의 편집자들에 의하면 역사적 전천년설에 더가깝다고 이해된다(Blomberg and Chung, 『역사적 전천년설』, 31).
1041 Timothy P. Weber, "대중적인 천년왕국 운동들로서의 세대주의적 전천년설과 역사적 전천년설," in Blomberg and Chung, 『역사적 전천년설』, 37-81.

의 기고문들이다. 2장에서 리처드 헤스는 구약의 본문들을 연구해 보면 하나님의 백성들이 구원을 받기 전에 환난을 당하는 패턴이 반복되고 있다는 점을 적시해 준다.[1042] 또 다른 구약학자인 달레르는 구약, 신구약 중간기, 그리고 초기 랍비 문헌을 살펴서 종말론에 대한 다양한 관점이 존재한다는 점을 밝혀준다.[1043] 이어지는 4장에서 신약교수인 크레이그 블롬버그는 최근 30여년 사이에 수천만권이 팔리기도 했던 세대주의 대중서적인 『레프트 비하인드』를 패러디하여 "신약성경의 환난후 재림설 『레프트 비하인드』를 두고 떠나기"라고 이름 붙힌 기고문에서 신약 주요 본문들을 살펴서 환난후 휴거설(post-tribulation theory)의 정당성을 논증했다.[1044] 덴버 신학교의 조직신학 교수인 돈 페인은 세대주의 전천년설이 문자적 해석을 주장하는 것에 관련하여 역사적 전천년설의 신학적 방법을 변호해 주고,[1045] 동교의 또 다른 조직신학 교수인 정성욱 교수는 개혁주의 언약신학에 근거하여 무천년설이 발전한 것은 요한계시록 20장 4-6절을 영지주의적으로 읽은 결과라고 주장하고, 개혁주의 언약신학에 근거한 전천년설을 주창하고 있다.[1046]

이러한 개관을 통해 우리가 인식할 수가 있듯이, 본서는 21세기라는 동시대 미국 복음주의권에서 역사적 전천년설을 성경적으로, 역사적으로, 신학적으로 주장하는 학술적인 논의들을 확인할 수있게 해주는 장점을 가진다.[1047] 블롬버그와 정성욱 교수는 편집서 결론에서 "역사적 전천년설은 아마도 틀림없이 가장 사실적이다"라고 확언하면서 다음과 같이 말해준다.

1042 Richard S. Hess, "과거에 기록된 미래 (구약성경과 천년왕국)," in Blomberg and Chung, 『역사적 전천년설』, 83-108.
1043 Hélène Dallaire, "유대교와 내세," in Blomberg and Chung, 『역사적 전천년설』, 109-153.
1044 Craig A. Blomberg, "신약성경의 환난후 재림설 『레프트 비하인드』를 두고 떠나기," in Blomberg and Chung, 『역사적 전천년설』, 155-208. 블롬버거는 또한 "Why I Am a Historic Premillennialist," Criswell Theological Review 11(2013): 71-87을 통해서 자신의 천년기론을 변호하기도 했다.
1045 Don J. Payne, "전천년설의 신학적 방법," in Blomberg and Chung, 『역사적 전천년설』, 209-239.
1046 Chung Sung Wook, "개혁주의 언약신학을 지향하는 전천년설을 위한 제안," in Blomberg and Chung, 『역사적 전천년설』, 295-322. 정성욱 교수는 국내에서 출간한 『정성욱 교수의 밝고 행복한 종말론』(남양주: NUN, 2016)을 통해 역사적 전천년설을 강력하게 제시하고 있다. 일반적으로 환난후 휴거설을 주장하는 것이 역사적 전천년설이지만, 정교수는 7년 대환난을 주장하기도 한다.
1047 편집자들은 본서를 집필 당시 퇴임을 앞둔 Bruce A. Demarest교수에게 헌정하고 있는데, 흥미로운 점은 사적 전천년설을 취한 반면 동료 교수인 Gordon Lewis는 세대주의 전천년설을 취하였다고 말해 준다는 점이다 (Blomberg and Chung, 『역사적 전천년설』, 10-11).

성경에 기록된 천년왕국은 현재의 '교회 시대'가 최상의 상태가 되어 성취되는 것과 어울릴 수 없다. 또한 영원한 상태와도 같아질 수 없다. 왜냐하면 현재의 교회 시대 안에서는 불순종의 가능성이 완전히 근절되는데 부족함이 있기 때문이다.[1048]

이상은 2007년 덴버 신학교 학술대회 발제문의 2009년 출판물에 대한 간략한 개관이었고, 2009년에도 역사적 전천년주의 학술대회를 개최하여 크레이그 블롬버그가 세 번의 발제를 하였느나 출판물로는 발행되지 않았다.[1049] 아울러 2011년부터 신약교수로 재직하기 시작한 데이브 매튜슨(Dave L. Mathewson) 역시도 2001년 발행한 한 논문을 통하여 요한계시록 19:11-21과 20:7-10의 재반복(recapitulation)을 인정하면서도, 20장 1-6절의 사탄의 결박 감금과 순교자의 천년 통치는 그리스도의 재림 후에 성취될 "성도들의 완전한 승리와 신원"을 의미한다고 해석을 함으로, 역사적 전천년설을 주도하고 있는 덴버 세미너리에 새로운 지원을 더해 주었다.[1050]

2.5.4. 이광복 목사와 역사적 전천년주의 국제학술대회(2012년)

네 번째로 살펴볼 것은 한국의 상황과 관련된 것이지만 덴버 신학교 교수들이 참여하기도 한 종말론 국제 학술대회에 관한 것이다. 국내에서 역사적 전천년설을 대변하면서 왕성한 활동을 해온 이광복 목사(1946-)는 수백권의 저술과 수많은 세미나들을 통해서 국내 목회자들에게 많은 영향을 미친

1048 Blomberg and Chung, 『역사적 전천년설』, 366.
1049 Craig Blomberg, "Why We Don't Have to Wait for the Great Commission to Be Fulfilled Before Christ Returns: The Problems with Postmillennialism," "The Need for a Millennium Beyond This Present Age: The Anticlimax of Amillennialism," "Inappropriately Privileging Israel: Why Historic Premillinnialism Trumps Dispensationalism." (정성욱, "세계 복음주의 신학계에서의 역사적 전천년주의의 현황," 41-42).
1050 Dave L. Mathewson, "A Re-examination of the Millennium in Rev 20:1-6: Consummation and Recapitulation," *Journal of the Evangelical Theological Society* 44 (2001): 237-251. 그는 신약학자이기 때문에 역사적 전천년설에 대한 역사적인 변증에 관심은 없으며, 오히려 "a contextual and exegetical study of the text itself"에 치중하고 있다. 그가 애버딘 대학교에서 제출하여 통과된 박사논문은 새 하늘과 새 땅에 대한 연구였다(*A New Heaven and a New Earth: The Meaning and Function of the Old Testament in Revelation 21.1-22.5*. [London: Sheffield Academic Press, 2003]).

현장 목회자이다. 그의 계시록 해석과 종말론이 세대주의적 특징들 때문에 이단 시비가 되기도 했고, 이단 사이비 연구자들의 비판의 대상이 되기도 했다. 반면에 덴버신학교의 정성욱 교수와 총신대 명예교수인 이한수 교수 등은 그의 종말론이 역사적 전천년설의 단점을 잘 극복한 통합적 역사적 전천년설이라고 이해한다.[1051] 뿐만 아니라 장신대학교 신약교수였던 박수암 교수나 고려신학대학원 구약교수였던 한정건 교수 역시 논평자로 참여하여 역사적 전천년설을 표방했다.

2012년 6월 11일 오후 서울 종로구 소재 한국교회 100주년 기념관에서 개최된 "역사적 전천년 종말론 국제 학술대회에서 정성욱 교수는 "세계 복음주의 신학계에서의 역사적 전천년주의의 현황"에 대해 발제하고, 이한수 교수는 "한국교회의 역사적 전천년설의 태동과 발전"에 대해 발제하고, 이광복 목사 자신은 "무천년설에 대한 비판적 평가"를 발제했고, 덴버 신학교의 신약학자인 크레이그 블룸버그는 "역사적 전천년설 관점에서의 세대주의 비평: 부적절한 이스라엘 특권"에 대해서 발제를 했다.[1052] 이한수 교수는 죽산 박형룡의 천년기론과 이광복 목사의 천년기론을 비교한 후에 이광복의 이해를 다음과 같이 제시해 준다.

> 그리스도 재림 때에 이미 죽은 성도들이 부활하고, 예수를 믿지 않고 죽은 자들은 심판을 이미 받은 자들로서 지옥에 그대로 있게 되고, 재림 때에 생존한 악인들은 예수의 입에서 나오는 검, 즉 말씀으로 심판을 받아 지옥에 들어가게 되고(계19:15, 21), 천년왕국이 끝난 뒤에 있게 될 소위 백보좌 심판은 지옥에 간 모든 악인들과 천년왕국에서 번성한 자들 중 심판의 부활로 일어나 지옥에 들어갈 '곡과 마곡'의 무리들에 의한 심판이라고 본다.[1053]

1051 정성욱, "세계 복음주의 신학계에서의 역사적 전천년주의의 현황," 51-52.
1052 또한 장신대 명예교수인 박수암 교수와 고려신학대학원 명예교수인 한정건 교수 등이 논평을 했는데, 발제와 논평자 모두가 역사적 전천년설을 취하고 있다. 발제문과 논평문은 미리 출판되었다: 정성욱 외, 『역사적 전천년주의 국제학술대회 논문집』 (서울: 횃돌, 2012).
1053 이한수, "이한수 교수는 "한국교회의 역사적 전천년설의 태동과 발전," 82-106. 인용은 박수암, "논찬1," 262에 요약 제시된 것이다.

그러나 이광복 목사는 또한 세 대주의자들이 다니엘 9:20-27절에 근거하여 주장하는 마지막 7년 대환난을 수용하되, 두 기간으로 구분하는 것은 거부한다거나 이스라엘 건국(1948년), EU, 666 등 시대의 표적 해석등은 역사적 전천년설에 세대주의에서 장점이라고 생각하는 바를 가져와 수정 내지 통합한 결과라고 보여진다.

2.5.5. 토마스 슈라이너(Thomas Schreiner, 1954-)[1054]의 역사적 전천년설

마지막으로 우리가 살펴보려고 하는 것은 최근에 요한계시록에 대한 관심을 가지고 여러 저술들을 출간한 바 있는 남침례교신학교 신약교수인 토마스 슈라이너의 천년기론이다.[1055] 존 파이퍼 경우처럼 슈라어니 역시도 풀러 신학교에서 신학 공부를 했고, 래드 석좌 교수인 도널드 해그너(Donald A. Hagner, 1936-)의 지도하에 박사학위를 취득한 후에,[1056] 아주사 퍼시픽 대학, 베델 칼리지 등에서 교수한 후, 1997년부터 남침례교 신학교 신약학 교수로 재직중이면서 많은 저술들을 출간해 왔다. 요한계시록에 관련해서는 입문서[1057]와 ESV평해[1058]를 먼저 출간한 후, 2023년에 이르러 『요한계시록 주석』을 출간하기에 이른다.[1059] 슈라이너는 앞의 두 책에서는 역사적 전천년설과 무천년설 각각의 장점을 대비적으로 탐색하였으나, 『요한계시록 주석』에서는 자신의 입장을 "새창조 천년기론"(new-creation millennial view)라는

1054 토마스 슈라이너에 대해서는 다음의 사이트를 보라: https://en.wikipedia.org/ wiki/Thomas _R._ Schreiner (2024.12.30. 접속). 그의 아들 패트릭 슈라이너(Pattrick Schreiner)도 신약교수이다.
1055 일찍이 한국에도 역간되어 조지 래드의 주석과 더불어 많은 영향을 미친 것은 로버트 마운스(Robert H. Mounce, 1921-2019)의 주석이다: Robert H. Mounce, *The Book of Revelation*, 홍성철 역, 『요한계시록』 (서울: 생명의말씀사, 1987). 한역본은 초판본을 번역한 것이고, 마운스는 1997년에 개정본을 새로이 출간하였다 (https://en.wikipedia.org/wiki/Robert_H._Mounce. 2024. 12.30. 접속).
1056 Thomas R. Schreiner, "Circumcision: An Entree into 'Newness' in Pauline Theology"(Ph. D. dissertation, Fuller Theological Seminary, School of Theology, 1983).
1057 Thomas R. Schreiner, *The Joy of Hearing: A Theology of the Book of Revelation*, 김귀탁 역, 『요한계시록 신학』 (서울: 부흥과개혁사, 2022).
1058 Thomas R. Schreiner, *ESV Expository Commentary: Hebrews–Revelation*, 박문재 역. 『요한계시록: ESV 성경 해설 주석』 (서울: 국제제자훈련원, 2022).
1059 Thomas R. Schreiner, *Revelation*, BECNT (Grand Rapids: Baker, 2023).

이름하에 역사적 전천년설을 변호하고 있다.[1060]

그는 요한계시록 20장 1-6절("예수와 천년간 통치하기") 주석에 들어가기 전에 먼저 "보록: 천년기"(Excrusus: The Millennium)이라는 제하에 천년기론을 다룬다. 먼저는 역사적 개관을 하고 나서, 후천년설, 무천년설, 그리고 전천년설을 정리해 주고 나서,[1061] 자신의 "새창조 천년기론"의 개요를 제시해 준다. 그는 자신이 제안하는 입장이 무천년설과 전천년설의 "최고의 특징들"(best features)을 포괄하는 "매우 설득력있는" 입장이라고 전제한다.[1062] 이어서 그는 자신의 입장의 11가지 주요 특징들을 개설해 주는데, 우리는 각 요점들을 간단하게 확인해 보는 것으로 만족하고자 한다.

첫째, 그에 의하면 천년왕국(천년기)은 "새로운 창조의 첫 시기"(the first age of the new creation)이다. 다른 말로 해서 "다가올 새로운 세계의 첫 시기"라고 말하기도 한다. 천년기에는 "아무도 죽지도 않고, 울음도 없고, 죄 짓는 사람도 없을 것"이라고 그는 해설해 준다.[1063]

둘째, 전천년설의 약점중 하나로 제기되는 바 천년기 동안 불신자들의 존재 문제에 대해서는 "천년기에는 영화롭게 되지 않은 성도들도 없고 불신자도 없을 것"이라고 적시해 준다.[1064]

셋째, 천년 통치는 "예루살렘이나 유대 백성을 중심"으로 한 것이 아니다.[1065]

넷째, 천년기 동안 사탄의 결박은 "총체적이고 완전하"기 때문에, 아무도 그에 의하며 미혹을 당하지 않게 될 것이다.[1066]

다섯째, 20장 4절에 있는 "살아서"와 5절에 있는 "첫째 부활"은 육체적 부

1060 Schreiner, *Revelation*, 659-691. 물론 슈라이너는 본 주석에서도 최종적인 입장을 발견했다고 주장하지는 않는다: "I have been on a long journey on this issue and have advocated both premillennialism and amillennialism over the years, and thus I am scarcely suggesting that I have discovered the final solution to this issue."(677)
1061 Schreiner, *Revelation*, 659-677.
1062 Schreiner, *Revelation*, 677. 그는 자신이 취한 입장을 먼저 주장한 신약신학자들로서 J. W. Mealy와 E. J. Schnabel을 적시해 준다.
1063 Schreiner, *Revelation*, 677-678.
1064 Schreiner, *Revelation*, 678.
1065 Schreiner, *Revelation*, 678.
1066 Schreiner, *Revelation*, 678.

활을 가리키며, 전천년설이 잘 말한대로 천년왕국은 "그리스도의 재림과 죽은 자의 부활과 함께 시작"할 것이다.[1067]

여섯 번째, 그리스도인들이 왕과 제사장으로 통치하는 것은 지상에서도 이미 시작되었지만, 그러나 그 절정은 새창조의 첫 시기인 천년왕국에서 성취된다.[1068]

일곱 번째, 천년기는 문자적으로 취할 것이 아니라고 보며 이 기간은 새창조의 첫 시기이자 "시간의 막간"(an interval of time)이다.[1069]

여덟 번째, 천년기후에 악한 자들은 하계(사망과 음부 등)로부터 땅으로 올라오게 된다.[1070]

아홉 번째, 천년기후에 사탄과 그의 무리들이 성도들을 공격하겠지만, 희망적이지 못한 일이 될 것이다.[1071]

열 번째, 계시록 20장 11-15절의 최후 심판에는 불신자만 대상으로 참여하고, 신자들은 4절에서 이미 신원되어졌기 때문에 참여하지 않을 것이다.[1072]

열한 번째, 슈라이너는 20장 5절과 7-15절(슈라이너는 7-20절이라고 잘못 적는다)에 대한 자신의 해석에 대해 제기될 수 있는 악인들이 두 번 부활하는가라는 반론에 대해 그렇지 않다고 답변을 한다.[1073]

우리는 그가 제시하는 "새창조 천년기론"의 요지들을 확인해 보았는데, 그가 이름을 달리했지만 역사적 전천년설과 기본적인 주장이 같다는 것을 확인할 수가 있다. 물론 그의 말대로 무천년설이 가지는 장점들도 수용하고자 노력을 한 것도 사실이다.[1074]

1067 Schreiner, *Revelation*, 678: "... the millennium begins with the return of Christ and the resurrection of the dead."
1068 Schreiner, *Revelation*, 679.
1069 Schreiner, *Revelation*, 679.
1070 Schreiner, *Revelation*, 680.
1071 Schreiner, *Revelation*, 680-681.
1072 Schreiner, *Revelation*, 681-682.
1073 Schreiner, *Revelation*, 682. 20:7-15에 대한 주석은 692-705를 보라.
1074 Schreiner, *Revelation*, 682. 슈라이너는 11가지 요점들을 모두 제시한 후에, 자신의 입장도 모든 것을 설명할 수 있는 것은 아니라는 점을 솔직하게 인정했다: "No millennial view answers or can

슈라이너는 그에 앞서 "새 창조 천년기론"을 주창했던 J. 웹 밀리(J. Webb Mealy)의 연구에 힘입고 있음을 스스로도 인정했듯이, 밀리는 1992년에 출간한 자신의 쉐필드 대학교 박사논문에서 요한계시록 19-20장을 구약의 병행 본문들과 연관해서 연구한 결과 역사적 전천년설과 무천년설의 약점들을 비판하면서도 전천년설적인 입장을 "새 창조 천년기론"이라는 이름하에 주창했고, 최근에 출간한 연구서에서도 다시 한 번 자신의 입장을 제시해 주고 있다.[1075]

---

answer every question, but I suggest that the new-creation millennial view should be seriously considered."(682).

1075 J. Webb Mealy, *After the Thousand Years: Resurrection and Judgment in Revelation 20* (1992/ Sheffield: JSOT Press, 2019); *New Creation Millennialism* (Las Vegas: Independently Published, 2024). 밀리는 *New Creation Millennialism*, 63-91에서 역사적 전천년설의 문제점을 지적했고, 92-106에서 무천년설의 약점을 지적한다. 그리고 149-164에서는 새 언약 천년기론을 앞서 주창했던 이들과 자신에게 영향을 받은 Schnabel에 대한 개요를 소개해 준다.

3. 무천년설(Amillennialism)

3.1. 들어가는 말

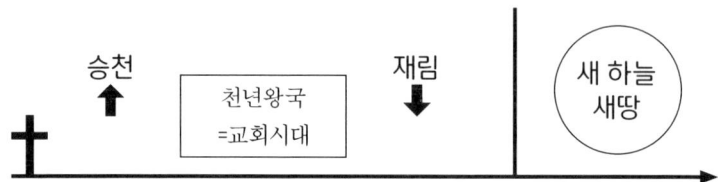

　무천년설은 문자적으로는 천년왕국이 없다는 뜻이기 때문에, 오해의 여지가 있는 명칭이다. 무천년설에 의하면 그리스도의 재림 직전이나 직후에 지상에 천년왕국이 있을 것이라는 입장을 거부하는 것일 뿐, 그리스도의 초림과 재림 사이에 영적으로 실현된 천년기에 대하여 분명하게 인정하는 입장이다. 이처럼 용어가 오해를 불러일으키기 때문에 일찍이 제이 아담스제이 E. 아담스(Jay E. Adams, 1929-2020)는 "실현된 천년기론"(Realized Millennialism)으으로 대체하자고 주장한 적이 있고,[1076] 최근에 비키와 스몰리는 "시작된 천년기론"(inaugurated millennialism)라는 명칭을 제안하기도 했다.[1077] 이 입장에 따르면 천년왕국은 문자적인 천년 왕국이 아니라 복음시대에 대한 상징으로 보는 것이다. 즉, 예수님이 승천하시고 오순절 성령 강림으로 말미암아 출발한 초대교회로부터 예수 그리스도께서 재림하시어 최종심판을 시행하시는 때 까지의 교회시대를 일컬어서 천년왕국 시기라고 해석하는 것이다.

1076　Jay E. Adams, *The Time Is at Hand* (Philadelphia: P&R, 1970), 7-11.
1077　Beeke and Smalley, *Reformed Systematic Theology*, 4:900.

무천년설이 교회사 가운데 공식적으로 처음 등장한 것은 초대 교부 아우구스티누스부터이다. 그의 교회 천년왕국 사상은 중세 천년을 지배했고, 중세의 대표적인 신학자인 토마스 아퀴나스까지도 동일한 입장을 지지했다. 그리고 종교개혁자들 가운데도 존 칼빈 역시 반 천년왕국설과 더불어 무천년설적인 견해를 취하기도 했다. 종교개혁후 후천년설이 등장해서 청교도들과 나더러 레포르마치(nadere Reformatie = the Second Dutch Reformation) 시기의 신학자들의 지지를 얻었고, 동시대에 전천년설이 다시 흥기하기 시작해서 19세기까지 지지자들이 유럽과 영어권에 존재했다. 19세기 중반 존 넬슨 다비의 세대주의 전천년설이 등장했고, 19세기 후반 미국에 유포되어 강력한 흐름이 되어 21세기까지 영어권 복음주의를 석권하다시피하고 있는 형국이다. 하지만 이러한 근현대의 종말론적인 흐름 속에서 무천년설은 19세기 네덜란드 개혁주의자들에 의해서 다시 재생하게 되고 현재까지 강력한 영향력을 행사하는 한 흐름이 되고 있다.

한국 장로교회 역사 가운데는 선교사 시대에는 세대주의 전천년설이 전천년설의 이름으로 주도적인 종말론의 역할을 했고, 해방 이후 죽산 박형룡과 정암 박윤선의 영향으로 역사적 전천년설이 그 대안으로 자리를 잡게 되어 현재까지도 보수적인 장로교단에는 역사적 전천년설을 천년기 정설로 이해하는 신학자들과 목회자들이 많이 존재한다. 그러나 선교사들 가운데도 구례인 선교사나 함일돈 선교사는 무천년설을 주창했고, 해방이후 총신이나 보수적인 장로교회 내에 무천년설적인 흐름이 강력해져서 현재는 역사적 전천년설과 무천년설이 양립하면서 때로는 긴장을 불러일으키기도 하지만 서로간의 이해와 대화를 추구하면서 공존하고 있는 형국이다.[1076]

이제 우리는 본론에서 아우구스티누스로부터 시작해서 현대에 이르기까

1076 설교자들 중에도 무천년설 관점에서 요한계시록 강해를 출간하는 이들이 늘고 있다: 신성종, 『요한계시록 강해』, 전2권 (서울: 두란노, 1996); 정근두, 『읽는 설교 요한계시록』, 전2권 (서울: 죠이북스, 2021); 권성수, 『요한계시록』 (서울: 햇불, 1999); 김서택, 『묵시의 비밀』 (서울: 솔로몬, 2014); 김종우, 『이미와 아직 사이에서 - 요한계시록 강해』 (용인: 킹덤북스, 2021); 이광우, 『요한계시록』 (서울: 예영, 2021); 신동식, 『교회를 세우는 요한계시록 강해』 (일산: 우리시대, 2022); 이상웅, 『개혁주의 종말론에 기초한 요한계시록 강해』 (서울: 솔로몬, 2019).

지 무천년의 역사를 개관하면서 주요 지지자들의 견해를 살펴 보도록 하겠다. 아울러 앞서 한국 장로교회 특히 총신의 역사 가운데 무천년설이 어떻게 유입되고 계승되어 왔는지도 검토해 보기로 하겠다.

3.2. 아우구스티누스(Augustinus, 354-430)의 무천년설

무천년설 대변자 가운데 우리는 초대 교부인 아우구스티누스를 살펴보고자 한다.[1077] 그는 자신의 3부작 중 하나인 『하나님의 도성』(*De Civitate Dei*) 20권에서 요한계시록 20장에 대한 무천년설적인 해석을 개진했다.[1078] 김광채 교수에 의하면 아우구스티누스가 무천년설을 취하게 된데에는 도나투스파인 튀코니우스(Tyconius, 약 330-약 390)의 영향이 깊다고 한다.[1079] 370년대 중엽에 저술한 것으로 보이는 『묵시록 주석』(*Commentarius in Apocalypsin*)[1080]에서 튀코니우스는 "주후 380년에 종말이 올 것으로 상정"하기도 했지만, 계시록 20장의 천년 통치를 "주님의 수난으로부터 그의 재림까지의 교회 시대"를 의미하는 것으로 해설해 주었다.[1081]

1077 종말론 역사에 있어서 아우구스티누스의 의의에 대해 노터뎀 대학의 브라이언 데일리 교수는 다음과 같이 정리해 준다: "Without a doubt the theologian who has most influenced the development of Latin eschatology, as indeed all Latin theology, was Augustine of Hippo (354-430). Augustine's eschatological doctrine is, in most of its details, thoroughly traditional, based on the accumulated theological resources of the Eastern Church since Origen and the Western Church since Tertullian and Hippolytus, as well as on the practices and the cherished hopes of African Christians in his own day. What is new in Augustine's eschatology is its systematic cohesion, its integration into a broad theological synthesis that is both philosophical and scriptural, speculative and pastorally practical, subtly consistent in theory yet passionately personal and experiential in its source and expression. In Augustine's reinterpretation of early Christian hope for the world and the individual, the Western Church found a balanced, sober, yet profoundly inviting theological structure for articulating its own expectations."(Brian J. Daley, *The Hope of the Early Church: A Handbook of Patristic Eschatology* [Grand Rapids: Baker, 2010], 131).
1078 Augustinus, *De Civitate Dei*, 20,6-7. 국내에는 라틴어 직역본이 두 가지 존재한다. 성염 역, 『신국론』, 전3권 (왜관: 분도서원, 2004)은 라-한 대역본이나 천주교회 용어로 되어 있고, 김광채 역, 『신국론』, 전3권 (서울: 아우름, 2018)은 개신교 학자에 의한 번역본이다. 두 역본 모두 추천할만하다.
1079 김광채, "튀코니우스와 아우구스티누스," 「국제신학」 14 (2012): 97-111. 또한 Daley, *The Hope of the Early Church*, 127-150을 보라.
1080 튀코니우스의 계시록 주석 영역본은 최근에 출간되었다: Tyconius, *Exposition of the Apocalypse*, trans. Francis X. Gumerlock (Washington: The Catholic University of America Press 2017).
1081 김광채, "튀코니우스와 아우구스티누스," 101. 또한 튀코니우스는 계시록이 연대기적 순서로 진

아우구스티누스는 "최후의 심판과 장래에 대해 예언해 주는 신구약 증거에 관하여"라는 제목이 붙은 20권 6장-9장에서 자신의 천년기론을 제시해 주고 있다. 우선 6장에서는 첫째 부활의 의미에 대해서 "마지막에 있을 둘째 부활에 관한 말씀이 아니고, 지금 일어나는" 영혼의 부활이라고 해설해 준다.[1082] 그는 첫째 부활과 둘째 부활이라는 용어를 사용할 뿐 아니라, "두 가지 중생"에 대해서도 말한다. 첫째 중생은 "믿음으로 말미암은 것으로, 지금 세례를 통해 일어"나는 것이고, 둘째 중생은 "육신의 중생으로, 최후 최대의 심판을 통해 육신이 불후(不朽)함과 불가사성(不可死性)을 얻"는 것을 가리킨다고 그는 말한다.[1083]

이러한 이해에 근거하여 7장과 8장에서 아우구스티누스는 요한계시록 20장 1-3절 본문을 다루게 된다. 그는 6천년 끝에 천년의 안식의 기간이 있을 것으로 믿는 이들 즉, 전천년설에 대해 먼저 언급하면서 "우리도 한때 이런 견해를 지닌 적이 있다"고 토로한다.[1084] 그는 이에 대해 장황한 반론을 제기하기 보다는 자신의 해설을 제시하는 쪽으로 진행한다. 그는 사탄이 감금당하는 무저갱을 "무수한 불경자들의 무리"라고 하는 특이한 해설을 제시한다.[1085] 그렇게 갇힌 까닭에, "교회에 속하는 민족들을 더 이상 미혹하지 못하게"된다고 말하고,[1086] 그렇게 결박당한다는 것은 "미혹을 전면적으로 하는 것이 허용되지 않"는다는 뜻이라고 해설해 주기도 한다.[1087] 그렇게 사탄이 무저갱에 갇혀있는 기간에 대해서 아우구스티누스는 "교회가 유대 땅 밖의 이러저러한 나라로 확장되기 시작할 때만, 이렇게 결박돼 있었던 것이 아니라, 지금도 결박돼 있고, [앞으로도] 세상 끝까지 결박돼 있을 것"이라고 적

행되지 아니하고, 초림에서 재림을 각기 담은 7 부분으로 되어 있다는 구조론을 주장하기도 했다(Johannes van Oort, "Tyconius' Apocalypse Commentary, Its Reconstruction, and Its Significance for Augustine's Doctrine of the Two Cities," *Vigiliae Christianae* 72 [2018]: 522).

1082 Augustinus, *De Civitate Dei*, 20,6,1; 김광채 역, 『신국론 제18권-제22권』, 237.
1083 Augustinus, *De Civitate Dei*, 20,6,2; 김광채 역, 『신국론 제18권-제22권』, 240-241.
1084 Augustinus, *De Civitate Dei*, 20,7,1.; 성염 역, 『신국론 제19권-22권』, 2284: "*Nam etiam nos hoc opinati fuimus aliquando.*"
1085 Augustinus, *De Civitate Dei*, 20,7,2; 김광채 역, 『신국론 제18권-제22권』, 244.
1086 Augustinus, *De Civitate Dei*, 20,7,3; 김광채 역, 『신국론 제18권-제22권』, 246.
1087 Augustinus, *De Civitate Dei*, 20,8,1; 김광채 역, 『신국론 제18권-제22권』, 248.

시해 준다.[1088]

  아우구스티누스가 성도의 천년기 통치에 대해서 말해주는 것은 이어지는 9장에서이다. 그는 초두에서부터 "마귀가 천년 동안 묶여 있을 때, 성도들은 그리스도와 함께 천년 동안 왕 노릇한다"고 명시하고, 또한 "여기서 말하는 천년은 그리스도의 초림 이후 [재림] 때까지의 기간임을 의심할 여지가 없다"라고 확언해 주기도 한다.[1089] 그는 교회를 그리스도의 "나라 혹은 천국"이라고 부르기도 한다.[1090] 물론 아우구스티누스는 현재 지상 교회가 섞인 회중이라는 점을 직시하고 있으면서도 현재의 교회를 "그리스도의 왕국이요 하늘 나라"라고 지칭하기를 주저하지 않는다. 물론 지상에서의 그리스도인의 왕노릇은 "장차의 왕노릇과는 다를 것"도 부인하지 않는다.[1091] 그는 요한계시록 20장 4절에 언급된 보좌에 대해 "지금 교회를 다스리고 있는 목회자들과, 그들이 앉아있는 자리"를 가리킨다고 주저없이 해설해 준다.[1092] 이렇게 교직자를 강조하면서도 아우구스티누스는 초림과 재림 사이의 교회가 "그리스도와 더불어 지금 우선 산 자와 죽은 자를 다스린다"거나 "교회가 그리스도의 왕국이다"는 말을 한다.[1093] 아우구스티누스는 요한계시록 20-4-6절에서 순교자들의 영혼이 언급된 것을 직시하면서도, "경건자로 죽은 사람들의 영혼이 교회로부터 분리되지 않"는다고 해설해 준다.[1094] 산자나 죽은 자나 할 것 없이 성도들은 모두 "그리스도와 더불어 지금 벌써 이 시대에 적합한 방법으로 '천년'이라는 햇수로 지칭된 이 중간기 내내 왕노릇 한다"고 그는 확신했다.[1095]

1088 Augustinus, De Civitate Dei, 20.8.3; 김광채 역, 『신국론 제18권-제22권』, 250.
1089 Augustinus, De Civitate Dei, 20.9.1; 성염 역, 『신국론 제19권-22권』, 2298, 2230: "*Intea dum mille annis ligatus est diabolus, sancti regnant cum Christo etiam ipsi mille annis, eisdem sine dubio et eodem modo intellegendis, id est isto iam tempore prioris eius aduentus*."
1090 Augustinus, De Civitate Dei, 20.9.1; 김광채 역, 『신국론 제18권-제22권』, 253. 혹은 "현세의 하나님 나라"라고 표현하기도 한다.
1091 Augustinus, De Civitate Dei, 20.9.1; 김광채 역, 『신국론 제18권-제22권』, 255.
1092 Augustinus, De Civitate Dei, 20.9.2.; 성염 역, 『신국론 제19권-22권』, 2304: "*...sed sedes praepositorum et ipsi praepositi intellegendi sunt, per quos nunc ecclesia gubernatur.*"
1093 Augustinus, De Civitate Dei, 20.9.2; 김광채 역, 『신국론 제18권-제22권』, 257.
1094 Augustinus, De Civitate Dei, 20.9.2; 김광채 역, 『신국론 제18권-제22권』, 256.
1095 Augustinus, De Civitate Dei, 20.9.3; 성염 역, 『신국론 제19권-22권』, 2308: "*Ab his igitur malis*

이처럼 초대 교부 아우구스티누스의 천년왕국 이해는 초림과 재림 사이에 지상과 천상의 교회가 함께 그리스도의 다스리심에 동참하는 것으로 확고히 이해되어졌다. 그리고 그는 그 중심에는 교직자의 중요성도 언급하였다. 후대에는 이러한 천년기 이해를 후천년설이라고 말하는 이들도 있지만,[1096] 일반적으로 무천년설로 해설된다. 더 정확하게 그 특징을 표현하다면 "교회 천년왕국설"이라고 할 수도 있을 것이다. 그의 천년기 이해는 중세 교회의 주류적인 해석으로 굳게 자리를 잡았고, 크리스텐덤(Christendom)의 주초가 되었다.[1097] 물론 중세에 분파나 이단들 가운데는 천년왕국 운동이 왕성했었다는 점도 간과해서는 안될 것이다.[1098]

3.3. 존 칼빈 (John Calvin, 1509-1564)

종교개혁자들 역시도 주로 아우구스티누스를 따랐다고 할 수가 있다. 루터파의 경우는 아우크스부르크 신앙고백서(*Confessiana Augustana*) 17조에서 유대주의적인 천년왕국 사상을 배척하였고,[1099] 제2차 스위스 신앙고백서에서도 역시 "무아경의 현세 천년왕국설"을 거부하고 있다. 종교개혁 시기의 신학자들이 전천년설 혹은 천년왕국 운동을 경계하고 단호하게 거부했던 이유는 당시 과격한 재세례파가 강한 경고음을 울렸기 때문이다.[1100] 우리는 이제 개혁파 신학자인 존 칼빈의 천년기론에 대한 입장을 살펴보고자 한

---

    alieni, sive adhuc in ista mortali carne viventes sive defuncti, regnant cum Christo iam nunc modo quodam huic tempori congruo per totum hoc intervallum, quod numero mille significatur annorum."

1096 Tenney, 『요한계시록 해석』, 172-173. 휘튼 대학의 신약 교수였던 메릴 테니 (1904-1985)는 아우구스티누스를 후천년설의 시조로 본다.

1097 중세의 대표적인 신학자인 토마스 아퀴나스 역시도 아우구스티누스를 계승하고 있다(Tenney, 『요한계시록 해석』, 173).

1098 Norman Cohn, *The Pursuit of the Millennium*, 김승환 역, 『천년왕국사』(천안: 한국신학연구소, 1993), 43-269; 박양수, 『종교개혁 시대의 천년왕국 운동』 (파주: 한국학술정보, 2011), 29-66.

1099 "Our churches also condemn others who are now spreading Jewish opinions, that before the resurrection of the dead the godly will take possession of the kingdom of the world, while the ungodly are suppressed everywhere."

1100 Cohn, 『천년왕국사』 270-380; 박양수, 『종교개혁 시대의 천년왕국 운동』, 67-278.

다.[1101] 칼빈은 요한계시록 주석을 남기지 않았지만, 주저인 『기독교 강요』와 주석 등에는 요한계시록의 구절들에 대한 해설들이 적지 않게 남아있다.[1102] 다만 요한계시록 20장 4-6절에 대해 다루고 있는 부분은 딱 한 곳 뿐이기 때문에 칼빈의 천년기론에 대한 자세한 논의는 하기가 어렵다.[1103] 우리는 최후 부활(*De resurrectione ultima*)을 주제로 한 『기독교 강요』 최종판(1559) 3권 25장 5절에서 유일하게 천년기에 대한 칼빈의 언급을 볼 수가 있을 뿐이다.[1104]

칼빈이 천년왕국을 언급하는 문맥은 사탄의 역사로 부활에 대한 잘못된 가르침이 횡행했다는 이야기를 하고 난 후이다. 칼빈은 "그리고 그 이후 얼마 지나지 않아 그리스도의 나라를 천년 동안으로 제한시켰던 천년왕국론자들(*Chiliastae*)이 뒤따랐다"고 말한 후에, "그들의 거짓은 너무나 유치해서 논쟁의 필요도 없고 가치도 없다"라고 단칼에 베어 버리듯이 판단해 버

1101 그간에 칼빈의 종말론에 관련하여 학위논문과 소논문들이 공표되어 왔다: H. Quistorip, *Calvin's Doctrine of the Last Things*, trans. Harold Knight (London: Lutterworth Press, 1955), 이희숙 역, 『칼빈의 종말론』(서울: 성광문화사, 1986); Robert C. Doyle, "The Context of Moral Decision Making in the Writings of John Calvin: The Christological Ethics of Eschatological Order"((Ph. D. dissertation, University of Aberdeen, 1981); Alfons Fischer, *Calvins Eschatologie in der Erstausgabe der "Christianae Religionis Institutio" 1536* (Bamberg: Wissenschaftlicher Verlag, 1995); Raimund Lülsdorff, *Die Zukunt Jesus Christi: Calvins Eschatologie und ihre katholische Sicht* (Paderborn: Bonifatius, 1996); Andrew M. Davis, "A New Assessment of John Calvin's Eschatology"(Ph. D. dissertation, Southern Baptist Theological Seminary, 1998); Ra Young Hwan, "The Eschatological Hermeneutics of John Calvin and Wolfhart Pannenberg" (Ph. D. dissertation, Cambridge University, 2004); Takashi Yoshida, "Calvin's Eschatology in its Historical and Exegetical Context"(Ph. D. dissertation, Calvin Theological Seminary, 2015); David Holwerda, "Eschatology and History: A Look at Calvin's Eschatological Vision," in *Exploring the Heritage of John Calvin* (Grand Rapids: Eerdmans, 1976): 110-139; W. Balke, "Some Characteristics of Calvin's Eschatology," in: *Christian Hope in Context* I (1999): 30–64; J. H. van Wyk, "John Calvin on the Kingdom of God and Eschatology," In die *Skriflig* 35/2 (2001): 191-205.
1102 안인섭, "종교개혁과 요한계시록," 『종교개혁과 요한계시록(종교개혁 학술세미나 자료집)』 (용인: 총신대학교 신학대학원, 2024), 78-111.
1103 기론에 대한 칼빈의 글이 거의 없다시피하지만 박사논문 수준에서 천착해낸 자료들이 있다: Quistorp, 『칼빈의 종말론』, 222-227; Davis, "A New Assessment of John Calvin's Eschatology," 240-247. 하인리히 크비스토르프(Heinrich Quistorp, 1911-1987)의 책은 1940년 할레- 비텐베르크 대학에 제출해서 통과된 논문으로 1941년에 독일어로 처음 출간된 것이다(*Die letzte Dinge im Zeugnis Calvins* [Gütersloher: Bertelsmann 1941]).
1104 Ioannis Calvinus, *Institutio Christianae religionis* (1559), 3.25 (OS 4:432-456); 문병호 역, 『기독교 강요』 (서울: 생명의말씀사, 2020), 3:795-830

린다.[1105] 칼빈은 이러한 오류의 근원이 요한계시록 20장 4절에 나오는 천년과 관련있기는 하지만, "요한계시록은 결코 그들을 지지하지 않는다"고 적시한 후에, 그가 이해하는 천년의 의미를 "교회의 영원한 복락이 아니라, 오로지 교회가 여전히 땅에서 수고를 계속하는 동안에 감당해야 할 남아 있는 각종 난관들을 지칭할 뿐"이라고 해설해 준다.[1106] 칼빈은 천년왕국론자들이 "하나님의 자녀들이 앞으로 누릴 삶의 기업을 천년에 한정시키는 것이 그리스도와 그의 나라에 대한 얼마나 큰 능욕"이 된다는 점을 비판하고, 나아가서는 "만약 그들의 복에 끝이 있다면, 그것이 의지하고 있는 견고한 토대인 그리스도의 나라도 단지 일시적이 될 뿐"이라고 비판한다.[1107]

앞서도 말했듯이 전천년설적인 천년왕국 운동은 중세와 종교개혁 당시 과격한 분파들 가운데 유행했고, 특히 1525년 재세례파의 과격한 천년왕국 운동의 결과로 뮌스터가 점령당했던 끔찍스러운 기억을 공유하고 있었기 때문에 칼빈은 천년왕국에 대해서 길게 논의하지 않고 단숨에 배격해 버린다.[1108] 루터와 츠빙글리가 그러했듯이, 칼빈은 강력한 아우구스티누스 주의자였기에 무천년설적인 이해를 물려 받았을 것이라는 점도 우리는 간과해서는 안될 것이다.[1109] 칼빈 이후 제네바의 중요한 신학자 중 한 사람인 프란치스코 투레티누스(Francisco Turretinus = Francis Turretin, 1623-1687)은 『변증신학 강요』(Institutio Theologiae Elencticae, 1679-1685)에서 무천년설적

1105 Calvinus, *Institutio*, 3.25.5(=『기독교 강요』, 3:809).
1106 Calvinus, *Institutio*, 3.25.5(=『기독교 강요』, 3:809). 칼빈이 제시해 준 천년기에 대한 정의는 생경할 수있지만, 데이비스는 칼빈의 천년기론은 아우구스티누스적인 노선을 따르고 있음을 다음과 같이 논증해 준다: "Yet it is clear that he joined Augustine in his conviction that the 'thousand years' were meant to be a general term depicting the Church Age in which the gospel advance was effected through toilsome progress against adversaries and under the chastening hand of the Father... But the essence of the millennium was the two-fold experience of the Church: victorious though invisible advance through costly suffering. This is hardly what most millennialists have in mind when they think of the millennium."(Davis, "A New Assessment of John Calvin's Eschatology," 246).
1107 Calvinus, *Institutio*, 3.25.5(=『기독교 강요』, 3:809-810).
1108 Davis, "A New Assessment of John Calvin's Eschatology," 240.
1109 우리가 칼빈의 『기독교 강요』 전반을 통해 그가 얼마나 아우구스티누스의 영향을 많이 받고 있는가를 가시적으로 알 수 있지만, 전문적인 연구서인 Lange van Ravenswaay, *Augustinus totus noster: Das Augustinverständnis bei Johannes Calvin* (Göttingen: Vandenhoeck und Ruprecht, 1990)을 보라.

인 견해를 계승했다.[1110]

3.4. 신칼빈주의자들의 무천년설

재세례파의 급진적인 천년왕국 운동의 여파도 지나간 후 17세기에 이르면 대부분의 청교도들과 동시대의 네덜란드 제2차 종교개혁 시기의 정통 신학자들은 후천년설에 경도되어진다.[1111] 그러다가 계몽주의와 프랑스 대혁명의 여파로 자유주의 사조가 만연했던 19세기 네덜란드 토양에 아브라함 카이퍼(Abraham Kuyper, 1837-1920)의 신칼빈주의가 등장하고 난 후에는 무천년설이 다시 흥기하게 된다. 그리고 19세기 이래 미국에 이민을 간 화란인와 후손들 가운데도 신칼빈주의적인 무천년설이 계승되어진다.

3.4.1. 신칼빈주의자들

(1) 아브라함 카이퍼(Abraham Kuyper, 1937-1920)

신칼빈주의[1112]는 아브라함 카이퍼에 의해서 주창되었는데, 그가 말하는 칼빈주의는 핵심 교리의 수호를 목표로 했던 구프린스턴의 개념과 달리 문화변혁적인 세계관을 의미했다.[1113] 그는 하나님의 주권과 영역 주권, 일반 은

1110 Francis Turretin, *Institutes of Elenctic Theology*, trans. George Musgrave Giger, 3 vols. (Philippsburg: P&R, 1992-1994), 3:574-582. 17세기 네덜란드 신학자들이 후천년설에 경도되어 있었던 것과 달리 투레티누스는 아우구스티누스와 칼빈의 전통을 잘 계승하였음을 알 수가 있다.
1111 Iain H. Murray, *The Puritan Hope: Revival and the Interpretaion of Prophecy*, 장호준 역, 『청교도의 소망』 (서울: 부흥과개혁사, 2011); C. J. Meeuse, *De toekomstverwachting van de Nadere Reformatie* (Kampen: Groot Goudriaan, Kampen, 1990).
1112 신칼빈주의(neo-calvinisme, neo-calvinism)이라는 명칭이 처음으로 사용된 것은 반대자들이 칼빈의 칼빈주의와 다르다는 것을 드러내기 위해서 쓰기 시작한 것이나, 그후 긍정적인 의미에서 사용되게 된다. 신칼빈주의에 대해서는 Craig G. Bartholomew, *Contours of the Kuyperian Tradition: A Systematic Introduction* (Donwers Grove: IVP, 2017)- 이종인 역, 『아브라함 카이퍼 전통과 삶의 체계로서의 기독교 신앙』 (서울: IVP, 2023); N. Gray Sutanto and Cory C. Brock, *Neo-Calvinism: A Theological Introduction* (Bellingham: Lexahm Press, 2023)- 송동섭 역, 『신칼뱅주의』 (군포: 다함, 2025); Nathaniel Gray Sutanto and Cory Brock (eds.), *T&T Clark Handbook of Neo-Calvinism* (London: T&T Clark, 2024) 등을 보라.
1113 Abraham Kuyper, *Het Calvinisme*, 박태현 역, 『칼빈주의 강연』 (군포: 다함, 2021). 본서의 배경과 내용 분석은 이상웅, 『칼빈과 화란 개혁주의』, 181-243을 보라.

총, 그리스도의 왕직 등의 주제들에 대한 수많은 저술들을 통해서 모든 삶의 영역에서 개혁주의 원리를 적용하도록 독려했다. 그리스도의 초림부터 시작된 그리스도의 다스리심의 영역에는 아무런 제한이 없기 때문에("geen duimbreed"), 문화적인 삶에 대한 강조와 그 산물의 신천신지에의 유입 등도 말했다.[1114] 따라서 우리는 카이퍼의 천년기론이 무천년설일 것이라고 쉽게 짐작하게 된다. 하지만 그가 만년에 쓴 『요한계시록 주석』에 있는 요한계시록 20장 1-6절에 대한 해설을 보면, 우리가 일반적으로 알고 있는 무천년설의 범주에 넣을 수 있을지 헷갈리게 된다.[1115] 카이퍼는 그리스도의 재림부터 완성사이에 천년왕국을 말하는 전천년설을 강력하게 거부한다는 것을 우리는 먼저 주목해야 한다.[1116] 그는 천년을 "상징적인"(symbolical) 것으로 이해해야 한다고 강조하고,[1117] 요한계시록 20장은 12장과 연관된다는 점을 적시해 주기도 한다.[1118] 하지만 바빙크가 개진한 무천년설적인 이해와 동질적이지 않으면서, 독특한 방식으로 천년을 "하나님의 비밀스러운 행동들"이라거나 "신적인 특성을 가리키는 위엄있는 천년" 등으로 표현하며, 심지어 재림 이후 일어날 일로 보고 있다.[1119]

(2) 헤르만 바빙크(Herman Bavinck, 1854-1921)

바빙크는 아브라함 카이퍼의 후임으로 자유대학교 교의학 교수가 되었

1114 송인규, 『일반은총과 문화적 산물』 (서울: 부흥과개혁사, 2012), 특히 3장을 보라.
1115 Abraham Kuyper, *Van de voleinding*, 4 vols. (Kampen: Kok, 1929-1931), 4:319-350; *The Revelation of St. John*, trans. John H. de Vries (Grand Rapids: Eerdmans, 1963), 263-293.
1116 Kuyper, *The Revelation of St. John*, 272: "The parousia and the judgment with the Consummation belong together and form one whole. The insertion here of long centuries(즉, 천년왕국- 필자) is impossible."
1117 Kuyper, *The Revelation of St. John*, 275, 276.
1118 Kuyper, *The Revelation of St. John*, 282: "What is visualized in chapter 20 refers back to chapter 12, joins itself to is, and is the immediate result of it."
1119 Kuyper, The Revelation of St. John, 284-293. 그래서 헨드리꾸스 베르코프는 카이퍼를 전천년설자로 해설했고, 이에 대해 베르까워는 신중한 고찰을 통해 "교회 천년왕국"(ecclesiastical chilliams)의 범주에 속하는 것으로 해설해 주었다(Gerrit C. Berkouwer, *The Return of Christ*, ed. Marlin J. van Elderen, trans. James van Oosterom [Grand Rapids: Eerdmans, 1972], 298). 정암 박윤선 역시도 카이퍼의 견해가 무천년설자이면서 역사적 전천년설에 가까운 주장을 한다고 논평해 준다(『성경주석- 계시록』 [서울: 영음사, 2005], 335-336).

고, 카이퍼가 요한계시록 해설을 공표하기 전인 1911년에 간행한 『개혁교의학』 4권에서 무천년설을 개진했다.[1120] 바빙크는 역사적인 근원으로 볼 때 천년왕국설은 구약 성경에서 비롯된 것이 아니라, 중간기 유대교에서 비롯되었다는 점을 적시하고 나서, 천년왕국설의 발전을 간단하게 개관해 준다.[1121] 그는 천년왕국을 지지한다고 지시되는 여러 구약 성경 구절들을 어떻게 해석하는 것이 합당한 일이며, 특히 이스라엘의 회복을 예언하고 있는 구절을 어떻게 이해하는 것이 합당한지를 정해해 주기도 한다.[1122] 바빙크는 또한 요한계시록 20장 본문에는 "그 자체로 천년설 신앙의 본질에 속하는 그 어떤 것도 포함"하고 있지 않다고 적시해 준 후에,[1123] 요한이 말하는 "첫째 부활" 혹은 천년동안 통치라는 것은 "큰 환난 가운데 신실하게 믿음을 지킨 신자들의 영혼이 그리스도와 함께 왕으로서 천 년간 왕 노릇"하는 것을 의미한다고 정해해 준다.[1124] 그는 천년설자들이 요한계시록 19장과 20장을 연대기적으로 읽어서 그리스도 재림후 천년왕국설을 주장하는 근거에 대하여서도 "이런 반대가 보기보다 그렇게 심각한 것은 아니다"라고 논평한 후에, 요한계시록의 구조가 "실제로 나란히 함께 일어나는 것을 자주 연속적으로 이야기"하고 있는 구조라고 해설해 준다.[1125] 그러면서 바빙크는 천년기 통치에 대해서 다음과 같이 분명하게 해설을 해준다.

> 천 년은 현재 일반적으로 인정되듯이 상징적인 숫자다. 이것은 신실하게 믿음을 지킨 성도들이 여기 이 땅에서 억압당하고 핍박받게 될 몇 날과 대조되고 (계 12:17), 또한 영원히 지속될 완성된 영광과도 대조된다(계 22:5). 천 년은 죽은 신자들이 하늘에서 그리스도와 함께 누리는

1120 Herman Bavinck, *Gereformeerde Dogmatiek*, 4th ed., 4 vols. (Kampen: Kok, 1928-1930); 박태현 역, 『개혁 교의학』, 전4권 (서울: 부흥과개혁사, 2011).
1121 Bavinck, 『개혁 교의학』, 4:778-783.
1122 Bavinck, 『개혁 교의학』, 4:783-798.
1123 Bavinck, 『개혁 교의학』, 4:806.
1124 Bavinck, 『개혁 교의학』, 4:808-809. 바빙크는 일곱 교회에 약속된 내용들을 20장에서는 성취로서 제시되고 있다고 지적하면서, "죽기까지 신실하게 믿음을 지킨 자들은 살아서 천국에서 곧바로 그리스도와 함께 그의 보좌에 앉아 다스"리고 있다라고 말하기도 한다(809).
1125 Bavinck, 『개혁 교의학』, 4:810-813. 바빙크가 취하고 있는 이런 입장은 역사 가운데 *recapitulatio* 또는 점진적 병행법이라고 불리우는 해석법이다.

거룩하고 복된 안식을 가리키는 것과 동시에 그들이 자신들의 피를 신원하여 주시는 날을 고대하는 기대를 가리키는 반면 (계 6:9), 지상에서는 그리스도를 대항한 세상 왕국과 나라들의 싸움이 여전히 계속된다.[1126]

(3) 카이퍼와 바빙크의 제자들

1,2차 대전 사이의 화란개혁교회는 카이퍼와 바빙크의 제자들이 주도했다. 카이퍼의 제자로서 깜쁜에서 바빙크의 후임이 되었던 A. G. 호너흐(A. G. Honig, 1864-1940)는 은퇴후 출간한 『개혁 교의학 핸드북』에서 무천년설을 간략하게 해설해 주었고,[1127] 바빙크의 지도하에 박사논문을 썼고 깜쁜 신학교의 신약 교수가 되어 많은 주석들을 산출했던 흐레이다누스(Seakle Greijdanus, 1871-1948)는 정암 박윤선에게도 많은 영향을 미쳤던 요한계시록 주석에서 무천년설을 주해적으로 변호했다.[1128] 또한 H. H. 카이퍼의 지도하에 학위를 취득한 후, 깜쁜 신학교의 끌라스 스킬더(Klaas Schilder, 1890-1952)가 총회의 치리를 받은 후에 새로운 교단을 만들어 나가자 그의 후임 교수가 되었던 끌라스 데이끄(Klaas Dijk, 1885-1968)는 천년왕국론에 대한 방대

1126 Bavinck, 『개혁 교의학』, 4:812-813; Bavinck, *Gereformeerde Dogmatiek*, 4:665-666: "De duizend jaren zijn een symbolisch getal, gelijk thans algemeen erken wordt; zij is staan tegeover de weinige dagen, gedurende welke de getrouw gebleven geloovigen hier op aarde verdrukt en vervolgd zijn geworden, 12: 14, maar ook tegenover de voltooide heerlijkheid, die eeuwig is, 22: 5. Zij zijn eene aanduiding van de heilige, zalige rust der gestorven geloovigen in den hemel bij Christus en tevens van het verlangen, waarmede zij uitzien naar den dag der wrake van hun bloed, 6: 9, terwijl op aarde de strijd van wereldrijk en volkerenwereld tegen Christus nog voortduurt.
1127 A. G. Honig, *Handboek va de Gereformeerde Dogmatiek* (Kampen: Kok, 1938), 809-826. 깜쁜 신학교 교의학 교수직을 은퇴한 후에 출간한 이 교의학 교본에서 호너흐는 카이퍼, 바빙크, 아알더스, 데이끄 등 화란 신학자들의 무천년설적인 논의를 요약 소개해 준다.
1128 Seakle Greijdanus, *De Openbaring des Heeren aan Johannes*, KNT (Amsterdam: H.A. van Bottenburg, 1925). 이후 흐레이다누스는 성경에 대한 간결한 해설 (*Korte Verklaring*) 시리즈에 축소된 주해서를 출간했고, 대중적인 인기를 누렸다(*De Openbaring des Heeren aan Johannes* [Kampen: Kok, 1930]). 또한 바빙크의 제자중 자유대학교 신약교수였던 흐로스헤이더 (F. W. Grosheide, 1881-1972)의 복음서의 종말론에 대한 주해적 연구도 주목할 필요가 있다(*De verwachting der toekomst van Jezus Christus: exegetische studie* [Amsterdam: Bottenburg, 1907]).

한 연구서를 출간한 후에,[1129] 종말론 3부작도 출간했고,[1130] 80세의 고령에 강의안 교의학 교본에서도 개혁주의 무천년설을 대변해주었다.[1131]

(4) 2차 대전 후

2차 대전 이후 왕성한 저술로 인해 화란개혁교의 신학을 주도했을 뿐 아니라 영역본들을 통해 영어권에서도 많은 영향을 미쳤던 헤리트 C. 베르까워(G. C. Berkouwer, 1903-1996)는 자신의 『교의학 연구』(Studiën Dogmatiek, 18 vols., 1949-1972) 시리즈에 두 권의 종말론 연구를 포함시켰다.[1132] 베르까워는 천년기론을 다루는 장에서 화란 신학자들 특히 헨드리꾸스 베르코프(Hendrikus Berkhof, 1914-1995)의 천년기론에 대한 비판적인 응답과 더불어 그의 특유의 신중한 논의 방식을 보여 주었다.[1133] 하지만 아뻘도오른 소재 개혁파 신학대학[1134] 교수였던 얀 판 헨드른(Jan van Genderen, 1921-2004)은 1992년에 출간한 『간결한 개혁 교의학』에서 칼빈과 바빙크의 노선에 따라 천년왕국론을 유대주의의 잔재로 소개하고, 세대주의에 대한 비판

1129 Klaas Dijk, *Het rijk der duizend jaren* (Kampen: Kok, 1933). 데이끄는 천년기에 대한 역사적인 개관(11-180), 성경신학적인 논의(183-514), 그리고 실천적인 논의(516-565)를 광범위하게 개진해 주었다.
1130 Klaas Dijk, *Over de laatste dingen*, 3 vols. (Kampen: Kok, 1953)
1131 Klaas Dijk, *Korte dogmatiek* (Kampen: Kok, 1965), 279. 데이끄는 아우구스티누스 해석을 따른다: "het 1000-jarig rijk beschouwde (en o.i. terecht) als symbolische uitdrukking voor de koningsheerschappij van Christus sinds Zijn hemelvaart."
1132 Gerrit C. Berkouwer, *De wederkomst van Christus*, 2 vols. (Kampen: Kok, 1961, 1962); *The Return of Christ*, ed. Marlin J. van Elderen, trans. James van Oosterom (Grand Rapids: Eerdmans, 1972). 베르까워와 그의 신학 방법론에 관해서는 이상웅, 『칼빈과 화란개혁주의: 칼빈에서 스킬더까지』, 375-395를 보라.
1133 Berkouwer, *De wederkomst van Christus II*, 74-109; *The Return of Christ*, 291-322. 그러나 같은 교단 신학자로서 교류가 많았던 헤르만 리덜보스(Herman N. Ridderbos, 1909-2007)는 복음서의 하나님 나라 연구와 바울 신학 연구를 통해 반천년왕국론적인 무천년설을 잘 대변해 주었다: *De komst van het Koninkrijk* (Kampen: Kok, 1950); *The Coming of the Kingdom*, trans. H. de Jongste (Philadelphia: P&R, 1962) - 오광만 역, 『하나님의 나라』(서울: 솔로몬, 2012); *Paulus. Ontwerp van zij theologie* (Kampen: Kok, 1950); *Paul: An Outline of His Theology*, trans. John R. de Witt (Grand Rapids: Eerdmans, 1975) - 박문재 역, 『바울신학』(서울: 솔로몬, 2017).
1134 1892년에 분리파와 돌레안치파가 합병하여 화란개혁교회(Gereformeerde Kerken in Nederland)가 출범했을 때에, 카이퍼의 과도한 신학적 해설에 반대하면서 분리파 중 잔류했던 이들이 기독교 개혁교단의 기원이 되었다(https://en.wikipedia.org/wiki/ Christian_Reformed_ Churches. 2024. 12.20. 접속).

점들을 포함하여 개혁주의 무천년설을 간결하지만 분명하게 다시 제시해 주었다.[1135] 화란 밖에서는 잘 알려지지 않았지만 화란개혁교회 목회자요 신학자였던 벤야민 벤츨(Benjamin Wentsel, 1929-2022)의 종말론을 살펴 볼 필요가 있다.[1136] 그는 신학대학이나 신학부 교수가 아니면서도 5천쪽에 달하는 개혁파 교의학 전집을 완간했고, 칼빈과 바빙크를 비롯한 개혁파 신학자들의 노선에 서서 다양한 현대신학자들이나 로마교회 신학 작품들을 비판적으로 검토하고 있다.[1137] 그는 교의학 마지막 권에서 천년왕국에 대해 논의를 제시하고 있는데,[1138] 전통적으로 분류해온 무-, 후-, 전천년설에 대해 검토하면서 문제점들을 지적하기도 하고, 특이하게도 모든 그리스도인은 천년왕국론자라는 주장을 하기도 했다.[1139] 하지만 그의 해설을 주의깊게 읽어본다면 그가 주장하는 "거시적이고- 역사적인 천년왕국"(het macro-hisorisch

---

1135 Jan van Genderen en W. H. Velema, *Beknopte Gereformeerde Dogmatiek* (Kampen: Kok, 1992, 1993), 762-768; *Concise Reformed Dogmatics*, trans. Gerrit Bilkes and Ed M. van der Maas (Phillipsburg: P& R, 2008); 신지철 역,『개혁교회 교의학』(서울: 새물결플러스 2018), 1366-1376. 한역본 제목은 달라졌지만, 화란어 원서에 붙은 "간결한"(*Beknopte*)의 의미는 4부작의 바빙크의 교의학과 대비해서 이해하면 될 것이다.

1136 벤츨 박사는 37년간 다섯 개의 개혁교회에서 연이어 목회했고(1953-1990), 21년 동안 제이스트 소재 종교개혁적 성경학교(de Reformatorische Bijbelschool in Zeist)에서 가르쳤고(1976-1997), 1994년에는 에더 소재 복음주의신학원(Evangelische Hogeschool te Ede)에서 가르치기 시작했다. 목회중이던 1970년에 깜쁜 신학대학교에서 A. D. R. Polman 교수의 지도하에 로마교회 신학 연구인 *Natuur en Genade: Een introductie in en confrontatie met de jongste ontwikkelingen in de Rooms-katholieke theologie inzake dit thema*로(Kampen: Kok, 1970)로 박사 학위를 취득하기도 했다(https://reformedreflections.org/biography/dr-b-wentsel.pdf. 2024.12.20. 접속). 네덜란드 내에서도 주류적인 신학자들은 그의 저술에 대한 평가를 소홀히 했지만, 그의 많은 저술들은 논의의 대상이 되어야 한다고 생각한다. 자유대학교 교의학 교수였던 판 데어 꼬이 박사가 추모글을 공표한 것은 이례적인 것 같다: C. van der Kooi, "In memoriam: dr. Benjamin Wentsel 1929-2022," *Kerk en Theologie* 73/2 (2022): 192-193.

1137 Benjamin Wentsel, *Dogmatiek*, 4 dln in 7 banden (Kampen: Kok, 1881-1998). 제이스트에서 같이 가르치기도 했던 꼬르넬리스 판 데어 꼬이 교수는 벤츨의 교의학의 특징을 다음과 같이 설명해 준다: "그가 교의학적인 작업을 통해 수집한 정보는 신학적 의견의 숲을 통과하는 길을 찾기 위한 탄약으로 의도되었다. 벤츨이 논의하지 않은 주제나 신학적 입장은 없었다. 따라서 그의 책에는 일종의 개요가 있다. 그 안에서 온갖 종류의 정보를 찾을 수 있다."("De informatie die hij verzamelde in zijn dogmatisch werk was bedoeld als munitie om een weg te vinden door het woud van theologische meningen. Er was geen onderwerp of theologische positie te bedenken of Wentsel besprak het. Zijn boeken hadden daardoor iets van een compendium. Men kon er allerlei informatie in vinden. - van der Kooi, "In memoriam: dr. Benjamin Wentsel 1929-2022," 192).

1138 Wentsel, *Dogmatiek*, 4C, 433-463.

1139 Wentsel, *Dogmatiek*, 4C, 453. 각주 116: "...idere christen chiliast en iedere Kerk chiliastisch is."

chiliasme)은 무천년설의 범주에 드는 것이라고 판단되어진다.[1140]

3.4.2. 미국 이민자들과 후예들

1834년 분리파 교회(Afgescheidende Kerken)는 네덜란드 정부의 박해를 받았기 때문에 어려운 시기를 보낸데다가 여러 어려움들이 겹쳤기 때문에, 많은 이들이 미국으로 이민을 가서 자신들의 독특한 신앙 공동체를 세워나갔다. 그러한 이민자들이 1876년 이민자들이 그랜드 래피즈에 교단 신학교를 세웠는데, 처음에는 CRC교단 신학교로 불리우다가 후일에 칼빈 신학교로 개칭되었다.[1141] 칼빈신학교는 네덜란드 개혁교회를 따라 목회자들이나 신학교수들이 교회의 일치를 위한 3대 신앙문서(Three Forms of Unity)에 서명을 해야 했기에, 무천년설적인 천년기 이해가 지배적이었다.

(1) 게할더스 보스(Geerhardus Vos, 1862-1949)

먼저 살펴볼 것은 게할더스 보스의 종말론 입장이다.[1142] 보스는 1893년에 프린스턴 신학교로부터 성경신학 창설 교수로 초빙되어 가기 전인 1888년부터 5년간은 칼빈신학교 교의학 교수였고, 그의 강의안이 남아있었기 때문에 21세기에는 영어로 번역 출간이 된다.[1143] 보스와 헤르만 바빙크는 동향인인데다가 평생동안 신학적 교류가 빈번했고 또한 친밀하였기 때문에, 보스의 교의학 강의를 바빙크 교의학과 비교해 보는 것도 흥미로운 작업일 것이다.

1140 Wentsel, *Dogmatiek*, 4C, 460: "We noemen deze opvatting in onderscheid van het eindtijd-chiliasme het macro-historisch chiliasme, omdat er sprake is van een landurige binding in de geschiedneis."
1141 https://web.archive.org/web/20071025094923/http://www.calvinseminary.edu/aboutUs/history.php (2024.12.21.접속)
1142 보스의 전기는 21세기에 들어서야 간행되어졌다: Danny E. Olinger, *Geerhardus Vos: Reformed Biblical Theologian, Confessional Presbyterian* (Philadelphia: Reformed Forum, 2018); 김영호, 『게할더스 보스 그는 누구인가』 (수원: 합신대학원출판부, 2020).
1143 20세기 초반까지 칼빈신학교 강의는 화란어로 진행되었기 때문에 보스의 강의안은 화란어로 남아있었다(*Gereformeerde Dogmatiek*). 리처드 개핀 교수의 수고로 *Reformed Dogmatics*, trans. Richar B. Gaffin, Single Volume (Bellingham: Lexham Press, 2020)이 출간되어 있다.

그리고 우리가 기억해야 할 것은 보스의 강의안은 친구 바빙크의 『개혁 교의학』 초판(1895-1901)이 출간되기 전에 집필된 것이라는 점이다.

보스는 『개혁 교의학』 종말론 중 일반 종말론에서 25문항과 26문항에서 천년기론을 간략하게 다룬다. 25문항에는 여러 종류의 천년왕국설을 중심으로 소개한 후에,[1144] 26문항에는 천년기설에 대한 여러 가지 반론을 제시해 준다. 그는 이스라엘 개념에 대한 잘못된 이해와 교회의 선교적 특권을 빼앗는다는 점을 적시해 주고, 주님과 사도의 서신들에 천년왕국설이 나오지 않는다는 점을 지적하고, 첫째 부활과 완성 사이 긴 간격이 있을 여지가 성경본문들에 없다는 것과 의인과 악인의 심판은 동시적이라는 점 등을 적시해 주고 나서 천년왕국설이 가지고 있는 "풀 수 없는 어려움들"(the insoluble difficulties)을 지적해 준다.[1145] 이처럼 초기의 보스는 천년기론을 간단하게 다루고 지나갔지만, 그가 프린스턴 교수 시절에 집필한 『구약의 종말론』이나 『바울의 종말론』에서 성경신학적인 종말론을 풍성하게 개진해 주었다.[1146]

(2) 루이스 벌코프와 헤르만 훅스마

루이스 벌코프(Louis Berkhof, 1873-1957)는 보스처럼 CRC 교단 신학교를 졸업한 후에, 프린스턴에 재학중일 때에 보스의 제자였다.[1147] 존 메이첸과 동문수학했다. 1906년부터 칼빈신학교 주경신학 교수가 되어 20년간 가르친 후, 1926년부터 1944년까지 조직신학 교수로 재직하였다.[1148] 그의 주저인 『조직신학』에서 천년기론을 제시했을 뿐 아니라,[1149] 일찍이 1918년에는 전천년

1144 Vos, *Reformed Dogmatics*, 1139-1140.
1145 Vos, *Reformed Dogmatics*, 1140-1143. 보스의 교의학에 담긴 종말론에 관해서는 박형용, 『보스와 함께 신학여행』 (수원: 합신대학원출판부, 2024), 256-283와 필자의 지도하에 쓴 김윤정, "게할더스 보스의 종말론 연구"(신학석사, 총신대학교, 2023), 19-39를 보라.
1146 Geerhardus Vos, *Pauline Eschatology* (Grand Rapids: Eerdmans, 1961); 박규태 역, 『바울의 종말론』, (서울: 좋은씨앗, 2015); *The Eschatology of Old Testament*, ed. James Dennison jr. (Phillipsburg: P&R, 2001); 박규태 역, 『구약의 종말론』, (서울: 좋은씨앗, 2016).
1147 벌코프의 생애와 이력에 관해서는 이상웅, 『박형룡신학과 개혁신학 탐구』, 68-74를 보라. 벌코프는 프린스턴에서 존 그레샴 메이첸(J. Gresham Machen, 1881-1937)과 동창이었다.
1148 벌코프의 생애와 이력에 관해서는 이상웅, 『박형룡신학과 개혁신학 탐구』, 68-74를 보라.
1149 Berkhof, *Systematic Theology*, 708-719. 벌코프는 전천년설과 후천년설을 다룰 뿐 무천년설을 별

설을 비판하는 소책자를 출간하기도 했고,[1150] 은퇴후 소천전인 1953년에는 그리스도의 재림에 대한 별도의 단행본을 출간하기도 했다.[1151]

한편 벌코프가 교수로 재직하고 있던 1924년 CRC교단 내에 일어난 일반 은총 논쟁의 결과 교단을 탈퇴하여 개신교 개혁 교회(Protestant Reformed Church)의 창설한 헤르만 훅스마 (Herman Hoeksema, 1886-1965)[1152]는 사후인 1966년에 출간된 『개혁 교의학』에서 천년기를 간단하게 다루되, 무천년설의 입장에 서있음을 보여준다.[1153] 훅스마는 요한계시록 20:4-6절의 천년기 통치는 "그리스도의 승귀로부터 그가 하늘 구름을 타고 재림하시기 직전까지의 현재 세대(present dispensation)"에 적용 가능하다고 말해 준다.[1154]

(3) 루이스 벌코프 제자들과 그 후예들

칼빈대학과 칼빈신학교를 졸업한 후 프린스턴 신학교와 프린스턴대학에서 학업을 마친 코르넬리우스 밴틸(Cornelius van Til, 1895-1987)은 웨스트민스터 신학교에서 장기간에 걸쳐 변증학과 신학서론을 가르쳤는데, 그는 천년기에 대한 공표된 자료를 남기지 않았다. 하지만 사적인 질문자에게 보낸 편지에서 그는 명시적으로 무천년설 입장을 취하고 있음을 밝힌 적이 있다.[1155] 1944년에 벌코프가 칼빈신학교 교수직에서 은퇴하게 되었을 때에 밴

도로 다루지 않았다. 그러나 종말론 다른 부분들을 통해서 그가 무천년설을 확집한 것을 알 수가 있다. 벌코프의 영향을 받은 이상근 교수와 신복윤 교수는 무천년설을 취하였으나, 벌코프에게 깊은 영향을 받았음에도 불구하고 죽산 박형룡은 역사적 전천년설을 확집한다.

1150 Louis Berkhof, *Premillennialisme: Zij Schriftuurlijke basis en enkele van zijn practische gevolgtrekken* (Grand Rapids: Eerdmans-Sevensma, 1918).
1151 Louis Berkhof, *The Second Coming of Christ* (Grand Rapids: Eerdmans, 1953).
1152 이상웅, 『박형룡신학과 개혁신학 탐구』, 71-72에 일반은총론 논쟁과 훅스마에 대한 간략한 소개가 나온다.
1153 Herman Hoeksema, *Reformed Dogmatics* (1966/ Grand Rapids: Reformed Free Publising Association, 1976), 816-829
1154 Hoeksema, *Reformed Dogmatics*, 822. 훅스마는 이러한 무천년설적인 이해에 반하는 요한계시록의 연대기적 이해에 대하여 "이상적인"(ideological) 순서로 읽어야 한다고 반론해 주기도 한다.
1155 John R. Muether, *Cornelius Van Til: Reformed Apologist and Churchman*, (Phillipsburg: P&R, 2008), 218. 밴틸은 자신의 은사인 게할더스 보스의 *Pauline Eschatology*를 추천도서로 꼽았으며, "주의 깊은 주석은 무천년설 입장을 선호한다고 생각한다"라고 말하기도 하고, 자신은 여러 차례 무천년설을 변호하는 말을 한 바가 있다고 쓰기도 했다.

틸은 후임 교수로 초빙되었으나 숙고 끝에 거절을 하였고,[1156] 그 대신에 윌리엄 루트허스(William H. Rutgers, 1898-1980)가 교수로 임명되었다.[1157] 루트허스는 암스테르담 자유대학교에서 발렌떼인 헤프의 지도하에 "미국에서의 전천년설"을 주제로 박사논문을 쓴 종말론 전문가였다.[1158] 20세기 초중반 CRC 세계에서 이변이 있다면, 1928-1948년 어간 역사신학 교수였던 디드리히 힌리히 크로밍가(Didrich Hinrich Krominga, 1879-1947)가 전천년설을 공표한 것이다.[1159] 이 문제로 인해 1945년부터 1947년까지 CRC 총회는 위원회를 임명하여 다루었으나, 그가 소천함으로 사건은 종결되기에 이른다.[1160]

20세기 중후반에도 CRC 교단 신학자들은 대체로 무천년설을 따랐다. 벌코프의 제자이자 신약주석가인 윌리엄 헨드릭슨(William Hendriksen, 1900-1982)[1161]은 네덜란드 신학 전통을 잘 소화하여 무천년설 관점에서 쓴 요한계시록 주석과 종말론 교재를 출간했다.[1162] 헨드릭슨은 1939년에 신학박사(S. T. D.) 논문으로 제출한 후 베이커사에서 출간하게 된 요한계시록 주석 (*More Than Conquerors*)에서는 초대 교부들이 제안했던 반복(recapitulatio)이론을 "점진적 병행법"(progressive parallelism)으로 수정 보완하여 요

1156 Muether, *Cornelius Van Til*, 98-99, 156-160. 밴틸이 초대를 거절한 이면에는 성경적 조직신학을 추구했던 존 머리 교수의 만류도 있었다.
1157 https://archives.calvin.edu/?p=creators/creator&id=389 (2024.12.17.접속).
1158 William H. Rutgers, *Premillennialism in America* (Goes: Oosterbaan & Le Cointre, 1930).
1159 Didrich H. Krominga, *The Millenium in the Church: Studies in the History* (Grand Rapids: Eerdmans, 1945); *The Millennium, its Nature, Function and Relation* (Grand Rapids: Eerdmans, 1948). 크로밍가는 *he Millenium in the Church*, 5-6에서 자신은 "무천년설에 결코 만족할 수가 없었다"고 고백한 후에, 은혜 언약의 통일성을 유지하면서 천년기론을 지지하는 자신의 입장을 "언약적 천년기론"(covenantal Millennialism)이라고 부른다.
1160 Harry R. Boer, "The Premillennial Eschatology of Didrich Hinrich Krominga," in Peter de Klerk and Richard R. De Ridder (eds.), *Perspectives on the Christian Reformed Church: Studies in Its History, Theology, and Ecumenicity* (Grand Rapids: Baker, 1983), 153-169. 디드리히 크로밍가의 아들인 존 크로밍가(John H. Krominga, 1918-1994)는 아버지를 이어 1952년부터 칼빈신학교 교수가 되었고, 1956년부터 1983년까지는 총장을 역임했다.
1161 헨드릭슨에 대해서는 Simon J. Kistemaker, "윌리엄 헨드릭슨," in Walter A. Elwell and J. D. Weaver (eds.), *Bible Interpreters of 20th Century*, 장세훈 역, 『20세기 복음주의 성경 신학자들』 (서울: 이레서원, 2001), 231-248을 보라.
1162 William Hendriksen, *More Than Conquerors* (1939/ Grand Rapids: Baker, 1981) = 김영익, 문영탁 역, 『요한계시록』 (서울: 아가페출판사, 1975); *The Bible on the Life Hereafter* (Grand Rapids: Baker, 1958). 키스티메이커에 따르면 전자는 십만권, 후자는 9만권 가량 판매되었다고 한다 (Kistemaker, "윌리엄 헨드릭슨," 236).

한계시록 전체 구조를 이해하는 일에 있어서 획기적인 기여를 하였다.[1163] 헨드릭슨은 철저한 무천년설자로서 요한계시록 20장 1-6절을 "복음의 현시대"로 이해하며, 이 기간 동안 "황동 영역과 관련하여 사탄의 영향력이 축소되며, 사탄이 더 이상을 민족을 기만하지 못"하는 복음 전파의 시대라고 해설해 주었다.[1164]

그리고 후기 벌코프의 제자였던 안토니 후크마(Anthony A. Hoekema, 1913-1988)의 경우는 칼빈신학교에서 종말론을 가르치고 은퇴한 후인 1979년에 종말론 교본을 출간해서 많은 영향을 미치고 있는데, 후크마의 무천년설은 별도로 개관해 보게 될 것이다.[1165] 은퇴한 신약학자인 데이비드 홀베르다(David E. Holwerda, 1932-2022) 등을 들 수가 있다.[1166] 한편 후크마의 마지막 제자 그룹에 속하는 코르넬리스 비네마 (Cornelis P. Venema, 1954-)[1167]는 2000년에 새로운 종말론 교과서를 출간했다.[1168] 비네마의 교본은 후크마의 교본보다 분량상 더 방대한데, 천년기의 대한 그의 논의 역시도 상세하게 제시되고 있다.[1169] 그는 기본적으로 요한계시록 20장 1-6절에 기록된 "사탄이 결박되고 신자들이 그리스와 함께 통치하는 것은 그리스도의 초림과 재림 사이의 역사 기간에 대한 환상"이라고 적시해 주며, 윌리엄 헨드릭슨이

1163 Hendriksen, *More Than Conquerors*, 22-48; 『요한계시록』, 17-41. 오늘날까지도 많은 무천년설 지지자들은 헨드릭슨의 점진적 병행병을 기꺼이 활용하고 있다.
1164 Hendriksen, *More Than Conquerors*, 172-174, 220-232; *The Bible on the Life Hereafter*, 150-156.
1165 Anthony A. Hoekema, *The Bible and the Future* (Exeter: Paternoster Press, 1979); 이용중 역, 『개혁주의 종말론』 (서울: 부흥과개혁사, 2011).
1166 David E. Holwerda, "The Bible and the Future," *Calvin Theological Journal*, 16/2 (Nov. 1981): 267-274; *Jesus and Israel: One Covenant or Two?* (Grand Rapids: Eerdmans, 1995).
1167 https://www.midamerica.edu/faculty/cornelis-venema (2024.12.18. 접속). 그는 오랫동안 Mid-America Theological Seminary에서 조직신학을 가르쳤으며, 여러 양서들을 출간했다. 그가 재직한 신학교는 교리적으로 엄밀한 개혁주의를 추구하려는 목적을 가진 CRC교단 목사들에 의해 1981년에 설립된 작은 규모의 신학교이다. 비네마 외에도 마크 비치(Mark Beach) 교수가 저술들로 저명하다(https://en.wikipedia.org/wiki/Mid-America_Reformed_Seminary. 2024.12.18. 접속).
1168 Cornelis P. Venema, *The Promise of the Future* (Edinburgh: Banner of Truth, 2000); 박승민 역, 『개혁주의 종말론 연구』 (서울: 부흥과개혁사, 2011). 비네마는 요약본도 2008년에 출간하기도 했다(*Christ and the Future: The Bible's Teaching about the Last Things* [Edinburgh: Banner of Truth, 2008]).
1169 Venema, 『개혁주의 종말론 연구』, 237-444(5부. 하나님 나라의 미래).

제안한 "점진적 병행법"에 따라 요한계시록 구조를 이해한다.[1170] 천년기에 대한 그의 논의는 전천년왕국론, 후천년왕국론, 전천년왕국론 평가, 요한계시록 20장, 그리고 후천년왕국론 평가 등의 순서로 전개된다.

CRC 교단 은퇴 목사이며 풀러 시절의 리처드 멀러 교수의 박사 제자기도 한 킴 리들바거(Kim Riddlebarger, 1954-)는 2003년에 『개혁주의 무천년설』(A Case for Amillennialism)을 간행하였다.[1171] 리들바거는 출생시부터 세대주의 배경에서 자랐던 인물이었기에 무천년설로 전향하는 데 "오랜 시간이 걸렸고, 그 과정도 매우 어려웠다"고 토로한다.[1172] 그러나 무천년설을 통해 그는 "신약의 종말론적 기대들에 대한 가장 합당한 해석"을 가지게 되었으며, "언제나 스스로를 괴롭혔던 세대주의와 전천년설이 가지고 있는 문제들을 해결"하게 되었다고 고백하기도 한다.[1173] 그의 무천년설 변호는 몇 가지 기본적인 주제들을 다룬 후에,[1174] 종말론과 관련된 성경적 주제들 및 신학적 제 주제들을 다루고,[1175] 중요한 성경 본문들에 대한 해석을 제시하는 순서로 개진되어진다.[1176]

CRC 교단 소속은 아니지만 네덜란드 이민자의 후예인 조엘 비키(Joel Beeke, 1952-)[1177]와 그의 조교인 스몰리 역시도 "시작된 종말론"이라는 이름하에 무천년설을 공표했다. 이들은 세대주의에 대한 비판적인 검토를 제시한 후에,[1178] 세 가지 천년기론(전천년설, 후천년설, 시작된 천년설)을 비교하

1170 Venema, 『개혁주의 종말론 연구』, 417, 378-381.
1171 Kim Riddlebarger, *A Case for Amillennialism* (Grand Rapids: Baker 2003); 박승민 역, 『개혁주의 무천년설』(서울: 부흥과개혁사, 2013). 1997년 풀러에서 통과된 그의 박사논문은 벤저민 워필드의 변증학에 대한 것이었다("The Lion of Princeton: Benjamin Breckinridge Warfield on Apologetics, Theological Method and Polemics").
1172 Riddlebarger, 『개혁주의 무천년설』, 412.
1173 Riddlebarger, 『개혁주의 무천년설』, 412-413.
1174 Riddlebarger, 『개혁주의 무천년설』, 14-57.
1175 Riddlebarger, 『개혁주의 무천년설』, 60-239.
1176 Riddlebarger, 『개혁주의 무천년설』, 242-386. 이어지는 388-415에서 논의의 결론을 제시해 준다.
1177 https://en.wikipedia.org/wiki/Joel_Beeke (2024.12.18. 접속). 조엘 비키는 네덜란드의 군소교단인 Gereformeerde Gemeente와 동질성을 가지는 미국내 the Heritage Reformed Congregations 교단 목사이자 신학교 교수이다.
1178 Beeke and Smalley, *Systematic Theology*, 4:871-898.

면서 검토해 준 후에,[1179] 자신들이 취하고 있는 시작된 천년기론이 주는 "매우 실천적인 소망"에 대해서 제시해 준다.[1180] 부록으로는 천년기론의 역사적 개관을 담고 있다.[1181]

3.5. 2차 대전후 영어권 신학자들의 무천년설

앞서 네덜란드의 신칼빈주의 신학자들과 그들의 영향을 받은 미국내 화란 이민자들과 그 후예들이 무천년설을 강력하게 전파해 왔음을 개략적으로 살펴보았는데, 무천년설은 20세기 후반 영어권 저자들 가운데도 지지자들을 가지고 있음을 살펴 보기로 하겠다.[1182]

3.5.1. 로버트 L. 레이몬드 (Robert L. Reymond, 1932-2013)[1183]

레이몬드는 근본주의적이고 전천년설주의적인 밥존스 대학에서 공부했음에도 개혁주의 무천년설의 입장을 개진했다. 1998년에 처음 출간한 『최신 조직신학』(*A New Systematic Theology of the Christian Faith*) 25장 성경적

1179 Beeke and Smalley, *Systematic Theology*, 4:899-920.
1180 Beeke and Smalley, *Systematic Theology*, 4:920-922. 양자가 제시하는 7가지의 실천적인 소망이란 다음과 같다: "First, trust in Christ's complete conquest of Satan as the basis of missions... Second, serve Christ with confidence that the Word will succeed... Third, deny your body with anticipation of satisfaction in the new creation... Fourth, rejoice that the faithful dead live and reign with Christ in heaven... Fifth, be willing to lay down your life in the knowledge that Christ reigns... Sixth, expect great things for the church and prepare for persecution... Seventh wait for Christ's return as the answer to all your desires."
1181 Beeke and Smalley, *Systematic Theology*, 4:924-933.
1182 조직신학자는 아니지만 2차 대전후 런던에서 활동했던 로이드 존스와 존 스토트도 언급하고 지나가겠다. 웨스트민스터 채플의 설교자였던 마틴 로이드 존스 (Martyn Lloyd-Jones, 1899-1981)는 1952-55년 어간 금요집회시에 위대한 교리 시리즈를 강론했었고, 천년기에 대해서도 두 주간에 걸쳐 다루었는데, 그는 자신의 입장을 "영적 견해"(spiritual view)라고 명명했지만 내용상 무천년설로 확인되어진다(D. M. Lloyd-Jones, *Great Doctrines of the Bible*, 3 vols. [Wheaton: Crossway, 2003], 3:203-226). 존 스토트(John Stott, 1921-2011)는 *The Cross of Christ*, 정옥배, 황영철 역, 『그리스도의 십자가』(서울: IVP, 2007), 451-452에서 무천년설적인 이해를 제시한다. 또한 스토트가 편집하는 BST시리즈에 속한 Michael Wilcock, *The Message of Revelation* (Leicester: VP, 1975), 175-182, 191-193에서도 무천년설을 따른다.
1183 https://en.wikipedia.org/wiki/Robert_L._Reymond (2024.12.18.접속).

종말론에서 레이몬드는 바울의 종말론에 천년기론이 없다는 점과[1184] 요한계시록 20장에 대한 간략한 해설을 통해 무천년설을 선명하게 제시했다. 1-3절에서 말하는 사탄의 결박은 "우리 주님의 지상 사역 기간 동안에 이미 일어"난 일이며, 4-6절에서 말하는 천년간의 통치에 대해서는 "전투하는 교회(20:4상)와 순교당한 승리의 교회는 그리스도와 함께 다스리는데, 그들은 그리스도에 의해 다시 태어났으며 이것이 바로 20장 5절의 '첫째 부활'"이라고 그는 해설해 준다.[1185] 레이몬드에 의하면 천년왕국이란 "그리스도인들이 그리스도와 함께 현재 영적으로 통치하는 것(계 20:4상, 요 5:24-25; 롬 5:17; 14:17; 엡 2:6; 골 1:13)"이거나 아니면 "중간 상태에 있는 순교한 성도들이 현재 통치하는 것(20:4하)"으로 보든지, 아니면 양자 다라고 이해되어진다.[1186]

3.5.2. 로버트 스트림플 (Robert Strimple, 1935-2024)[1187]

서부 웨스트민스터 신학교의 초대 총장이었던 로버트 스트림플은 데럴 벅의 1999년 편집서 『천년왕국이란 무엇인가』에 "무천년왕국론"을 기고했다.[1188] 스트림플의 기조는 무천년설의 기본적인 특징들을 드러내고 있다. 그는 먼저 구약의 예언들의 주요 테마인 참 이스라엘, 가나안 약속의 땅, 거룩한 성 예루살렘, 다윗의 왕국, 하나님의 성전 등이 신약에서 어떻게 성취되는 것으로 읽어야 할지를 정리해 준다.[1189] 그리고 나서는 "그리스도의 재림: 구속 역사의 피날레"라는 제목하에 중간 왕국인 천년기에 대한 근거가 성경에 없으며, 재림과 더불어 부활, 심판, 최후 상태 등의 마지막 일들이 동시적

1184　Robert L. Reymond, *A New Systematic Theology of the Christian Faith* (Nashville: Nelson, 1998, 2nd ed. -2002); 나용화 외 역, 『최신 조직신학』(서울: CLC, 2004), 1295-1299.
1185　Reymond, 『최신 조직신학』, 1331-1333.
1186　Reymond, 『최신 조직신학』, 1295.
1187　https://theaquilareport.com/dr-robert-b-strimple-89-opc-minister-and-seminary- professor-called-home-to-glory/ (2024.12.18. 접속).
1188　Strimple, "무천년왕국론," in Bock (ed.), 『천년왕국이란 무엇인가』, 115-185
1189　Strimple, "무천년왕국론," 116-141. 스트림플은 천년왕국론자들 중 특히 세대주의자들이 구약의 모든 예언은 문자적으로 성취되어야 한다고 강변해온 것에 대하여 신약의 빛에서 읽는다면 문자주의 일변도로 갈 수가 없다는 점을 세세히 잘 밝혀주고 있다.

으로 일어난다는 점을 말하며, 관련된 여러 텍스트들을 살피면서 지상 천년왕국설을 비판해 준다.[1190] 마지막으로 스트림플은 천년왕국론자들이 중요시 해온 로마서 11장과 요한계시록 20장 본문을 무천년설 관점에서 해설해 준다.[1191] 스트림플의 기고문은 분량이 적지 않은 편이지만 서술이 명쾌해서 가독성이 높고, 또한 조직신학자로서 신학적인 숙고도 깊지만 해당 본문들에 대해 성경신학적인 이해도 밝아서 매우 유익한 글이다.

3.5.3. 로버트 레담 (Robert Letham 1947–)[1192]

미국 웨스트민스터 신학교와 아버딘 대학에서 공부한 후 영국 웨일즈에서 주로 활동해온 장로교 신학자인 로버트 레담은 최근에 출간한 자신의 단권 『조직신학』에서 주요 천년기 입장들(전천년설, 세대주의 전천년설, 과거주의, 후천년설, 무천년설)을 간략하게 개관한 후에, 요한계시록 20장 해석을 또한 소개하면서[1193] 천년 통치기를 "그리스도의 부활과 그의 재림 사이의 시간"을 가리킨다고 적시해준다.[1194]

3.5.4. 샘 스톰즈 (Sam Storms, 1951–)[1195]

샘 스톰즈는 세대주의의 아성인 댈러스 신학교 출신이지만 세대주의에서 무천년설로 전향한 신학자이다. 그는 2013년에 『무천년설 옹호』(*Kingdom Come: The Amillennial Alternative*)라는 방대한 책을 출간했다.[1196] 무천년

1190 Strimple, "무천년왕국론," 141-160.
1191 Strimple, "무천년왕국론," 160-185.
1192 https://en.wikipedia.org/wiki/Robert_Letham (2024.12.18. 접속)
1193 Robert Letham, *Systematic Theology* (Wheaton: Crossway, 2019), 842-854.
1194 Letham, *Systematic Theology*, 853. 레담은 또한 "그리스도가 그의 교회와 더불어 지금 다스리신다"(Christ reigns now, with his church)고 말하기도 한다(854).
1195 https://www.samstorms.org/about-dr-storms (2024.12.18.접속). 엔조잉 갓 미니스트리즈(Enjoying God Ministries)의 대표인 샘 스톰즈 목사는 오클라호마 대학(B. A., 1973)을 졸업한 후에 댈러스 신학교에서 조나단 에드워즈의 의지의 자유 연구로 신학 석사를 취득했고(Th. M., 1977), 댈러스 소재 텍사스 대학에서 에드워즈의 원죄론 연구로 박사학위를 취득했다 (Ph. D., 1984).
1196 Sam Storms, *Kingdom Come: The Amillennial Alternative* (Fearn: Mentor, 2013); 윤석인 역, 『무천년설 옹호』 (서울: 부흥과개혁사, 2016).

설을 취하는 신약학자 그레고리 빌의 추천사를 보면 책의 요지와 기여점들을 잘 포착해서 소개해 주고 있기 때문에 함께 보도록 하겠다.

샘 스톰스가 쓴 『개혁주의 무천년설 옹호』는 무천년설 관점이 요한계시록을 포함하여 종말론을 이해하는 데 실행 가능한 관점임을 밝히 보이는 가치 있는 작품이다. 여러분은 종말론 주제와 관련해서 스톰스가 말하는 모든 내용에 꼭 동감하지 않을 수도 있겠지만, 책의 전체 요지는 무천년설을 지지하는 분석적인 논증이다. 스톰스가 대화하는 상대는 전천년설 해석자인데, 스톰스는 전천년설 해석자가 스스로의 견해를 뒷받침하기 위한 설득력 있는 논거를 제시하는 데 미흡함을 발견한다. 내 생각에는 스톰스가 요한계시록 20장 1-10절에 기록된 천년왕국에 대한 구절을 이해하는 데 있어서 대단히 매력적인 방식을 제공하는 것으로 보이는데, 또한 자신의 견해를 뒷받침하기 위해 성경 전반에 걸쳐 다른 많은 구절들을 통찰력 있게 검토하고 예증으로 제시하기도 한다. 스톰스는 요한계시록 20장에 대한 어느 특정 해석이 아니라 성경의 나머지 부분(예를 들어, 바울이 쓴 편지들)이 종말론을 위한 주된 해석적 렌즈로 이해되어야 한다는 해석 방법론을 상정하는데, 성경의 다른 곳에 나타나는 종말론을 이해하고자 할 때 요한계시록 20장에 대한 특정 해석에 완전히 의존하는 사람이 지나치게 많은 현실을 감안하면 스톰스가 제안하는 해석법은 확실히 옳은 것이다. 논의들 가운데서 다니엘 9장에 기록된 일흔 이레에 대한 스톰스의 연구는 내게 특별히 유익했다. 스톰스가 제안하는 무천년설 입장에 동의하지 않는 사람들도 이 책에서 분명히 유익을 얻을 것이다.[1197]

내부 비판자가 그러하듯이 스톰즈는 세대주의의 주요 원리와 이론들을 잘 숙지하고 있으며, 세대주의의 근거가 되는 다니엘 70이레 예언이나 성경

1197 Storms, 『무천년설 옹호』, 7-8.

의 여러 부분들에 대한 그들의 해설을 비판적으로 다루어 준다.[1198] 그는 하나님 나라의 이미와 아직 아니의 구조를 수용하고 있고,[1199] 무천년설 관점에서 요한계시록 20장을 어떻게 이해할 수 있는지에 대해 논의를 제시해 주기도 한다.[1200] 마지막 적그리스도에 대한 방대한 논의를 제시하였고,[1201] 결론에서는 앞선 논의들을 요약하여 무천년설을 30가지 요점으로 정리해 주고 있다.[1202] 그의 무천년설 입장은 다음의 도표에서 잘 확인되어질 것이다.[1203]

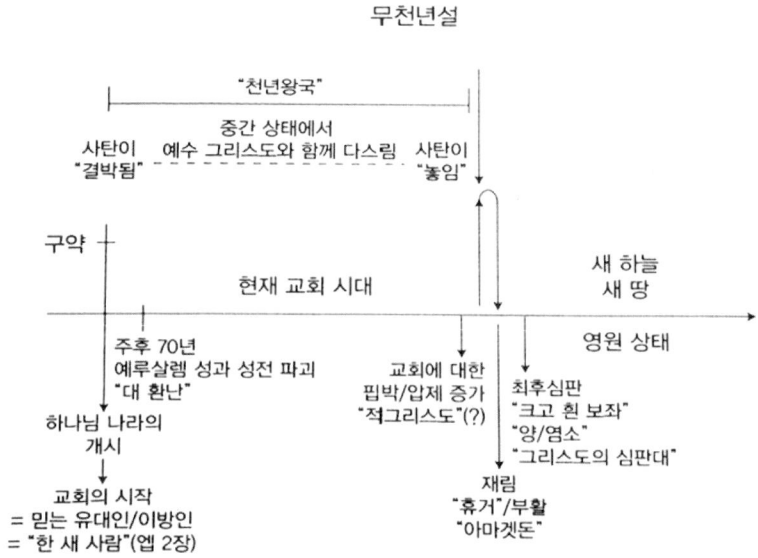

1198 Storms, 『무천년설 옹호』, 93-173에 다니엘서에 대해 다루고, 231-372에서 마태복음 24장을 다루고, 373-398에서 사도행전의 관련 부분을 다루며, 399-444에서 로마서 11장을 다루고 있다.
1199 Storms, 『무천년설 옹호』, 445-480. 그리고 이어지는 481-515에서 하나님 나라에 대한 후천년설적인 해설을 비판적으로 검토해 준다.
1200 Storms, 『무천년설 옹호』, 517-570에서 "인, 나팔, 대접 심판의 연대기"를 먼저 다룬 후에, 561-628에서 요한계시록 20장에 대한 무천년설적인 해설을 개진해 준다.
1201 Storms, 『무천년설 옹호』, 629-727.
1202 Storms, 『무천년설 옹호』, 729-742.
1203 Storms, 『무천년설 옹호』, 741.

스톰즈는 또한 2024년 말에 무천년설 관점에서 바라본 요한계시록주석을 출간해 주기도 했다.[1204] "천년왕국, 마지막 전투, 그리고 마지막 심판(계 20:1-15)라고 명명된 34장을 시작하면서 스톰즈는 2015년 2월 리비아 해변에서 잔인하게 목베임을 당함을 통해 순교한 20명의 이집트인 크리스천들을 소개해 준다. 스톰즈는 그들의 합당한 장례는 2018년 이집트에서 치루어졌지만, 그들이 순교한 후 곧바로 주 예수 그리스도의 임재하에 들어가서 하나님의 제사장으로 다스리고 있다고 말해 준다.[1205] 최근에 일어난 이러한 순교 사화를 통해 스톰즈는 무천년설적인 천년기 이해를 인상깊게 전달해 주고 나서, 곧 바로 사탄의 결박과 천년기 통치에 대한 평이한 해설을 독자들에게 제시해 준다.[1206]

3.5.5. 마이클 호튼 (Michael Horton, 1964-)

에스콘디도에 소재한 웨스트민스터 신학교 교수이자 다작가인 마이클 호튼(Michael Horton, 1964-)은 2011년에 출간한 『언약적 관점에서 본 개혁주의 조직신학』(*The Christian Faith: A Systematic Theology for Pilgrims on the Way* (2011)에서 무천년설을 개진했는데,[1207] 그는 먼저 "미래의 역사: 천년왕국 논쟁" 절에서 천년기론에 대한 역사적인 개관을 몰트만에 이르기까지 제시해 주고,[1208] 여러 관점들에 대한 자신의 석의적인 평가를 제시해 주는 중에 특히 최근의 역사적 전천년설을 대변한 그루뎀의 입장에 대한 비판적인 답변을 길게 제시해 주고 있다.[1209]

1204 Sam Storms, *Our God Reigns: An Amillennial Commentary on Revelation* (Fearn: Mentor, 2024).
1205 Storms, *Our God Reigns*, 469.
1206 Storms, *Our God Reigns*, 469-478. 스톰즈의 주석은 554쪽이나 되지만, 전문적인 주석이라기 보다는 문헌을 사용하면서 평이하게 본문을 해설해 주는 강설(exposition)에 가까워 보인다.
1207 Michael Horton, *The Christian Faith: A Systematic Theology for Pilgrims on the Way* (Grand Rapids: Zondervan, 2011), 919-945; 이용중 역, 『언약적 관점에서 본 개혁주의 조직신학』(서울: 부흥과개혁사, 2012), 918-954.
1208 Horton, 『언약적 관점에서 본 개혁주의 조직신학』, 919-932.
1209 Horton, 『언약적 관점에서 본 개혁주의 조직신학』, 932-943.

무천년설에 대한 그의 입장을 간략하게 살펴보면, 우선 용어 문제에 있어서 무천년설이나 아담스가 제시했던 "실현된 천년왕국"보다는 "반쯤 실현된 천년왕국설"로 표현하는 것이 정확하다고 말한다. 즉, "그 나라가 그리스도의 지상 사역을 통해 시작되었고 그리스도가 영광 가운데 돌아오실 때까지 계속해서 번성할 것"이라고 호튼은 말하면서 "이미와 아직[아니]의 변증법"을 주장한다.[1210] 그가 보기에 전천년설은 "그리스도의 왕국이 지닌 이미의 측면을 적절히 파악"하지 못하였고, 후천년설의 경우는 그 왕국의 "아직의 측면을 과소평가"하고 있다고 본다.[1211] 반면에 무천년설을 따르면 다음과 같은 관점에서 현재를 보게 된다고 그는 제시해 준다.

> 그러므로 무천년설에는 현재의 (은혜 가운데 있는) 왕국과 그 왕국의 (영광 속에서의) 궁극적 완성이 존재할 공간이 있다. 지금 그 왕국은 각 사람들 안에서 역사하여 그들을 그리스도와의 교제 속으로 인도하며 그 결과 평화를 확고히 하는 서로와의 교제 속으로 인도한다... 시대와 장소를 막론한 복음의 진보를 따라 평가하면 우리 시대는 진실로 황금시대다.[1212]

그는 요한계시록의 이해 방식에 대해서는 "그 출발에서부터 재림 시의 완성에 이르기까지 그리스도의 왕국의 전 역사에 대한 일련의 묵시적 스냅 사진"으로 보는 방식에 찬성한다.[1213]

1210 Horton, 『언약적 관점에서 본 개혁주의 조직신학』, 934. 호튼은 과거주의자들(preterism)에 반대하면서 "그와 동시에 예수님은 환난의 때와 복음이 성공을 거두는 때를 장기간에 걸쳐 동시에 발생하는 것으로 말씀하신다"라고 적시해 준다(936).
1211 Horton, 『언약적 관점에서 본 개혁주의 조직신학』, 934.
1212 Horton, 『언약적 관점에서 본 개혁주의 조직신학』, 943.
1213 Horton, 『언약적 관점에서 본 개혁주의 조직신학』, 936. 호튼은 각주 62에서 Dennis E. Johnson, *Triumph of the Lamb: A Commentary on Revelation* (Philippsburg: P&R, 2001), 1-48을 지시해 준다.

3.5.6. 데이비드 호너 (David A. Höhne, 1967-)[1214]

호주 무어 신학대학의 교수로 재직중인 호너는 IVP의 "기독교 신학의 윤곽들"(Contours of Christian Theology) 시리즈의 한 권으로 자신의 종말론을 출간했다.[1215] 호너는 "선하신 주님, 우리를 구원하소서"라는 제목을 가진 마지막 장(8장)에서 천년기론을 간략하게 다루고 있는데, 위르겐 몰트만의 천년기론에 대한 비판적 논의가 많은 분량을 차지하고 있다.[1216] 호너의 입장은 무천년설로서, 그는 요한계시록 20장의 천년기 통치는 초림과 재림 사이에 세상을 떠난 성도들이 누리는 것으로 이해한다.[1217]

3.6. 안토니 후크마의 무천년설

우리는 무천년설의 역사를 개관적으로 살펴보았는데, 이제 총신 교수들 가운데 계승되고 개진된 무천년설을 다루기 전에 후크마의 무천년설을 개관해 보려고 한다. 후크마는 벌코프의 제자였으며, 프린스턴 신학교에서 바빙크 연구에 전념하여 박사학위를 취득한 후에(1953년), 1956년 칼빈대학 교수, 1958년 칼빈신학교 교수가 되어 1979년 은퇴할 때까지 조직신학 교수로 재직했다.[1218] 그가 재직하던 기간의 총장이었던 존 크로밍가는 교수들이 저술 작업 보다는 강의와 학생 지도에 힘쓰기를 권장했기 때문에, 후크마의 3부작은 은퇴후에야 출간된다.[1219] 그의 종말론 교본에서는 시작된 종말

1214 https://moore.edu.au/faculty/david-hohne/ (2024.12.18. 접속). 호너는 호주 출신의 성공회 신학자이며, 케임브리지에서 콜린 건턴(Colin Gunton) 연구로 박사 학위를 취득한 후에, 자신의 모교인 무어 신학대학(Moore Theological College)에서 교수로 재직중이다.
1215 David A. Höhne, *The Last Things* (Downers Grove: IVP, 2019). 시리즈에 속한 여러 책들이 한국 IVP를 통해서 다 역간되었으나, 본서는 아직 번역되지 않았다(2025년 현재).
1216 Höhne, *The Last Things*, 242-251.
1217 Höhne, *The Last Things*, 242-243, 250-251.
1218 후크마의 생애와 종말론적 배경에 관해서는 Lee Sangung, "'Already but Not Yet': A Study on the Background and the Inaugurated Eschatology of Anthony A. Hoekema (1913-1988)," *Chongshin Theological Journal 20* (2015): 123-130을 보라.
1219 Anthony A. Hoekema, *The Bible and the Future* (Exeter: Paternoster Press, 1979); *Created in God's Image* (Grand Rapids: Eerdmans, 1986); *Saved by Grace* (Grand Rapids: Eerdmans, 1989). 이 3부작은 이용중에 의해 2012년 부흥과개혁사에서 『개혁주의 종말론』, 『개혁주의 인간론』, 『개혁주의 구원론』으로 완역 출간되었다.

론(inaugurated escathology)와 미래 종말론(future eschatology)로 양분해서 다루었고,[1220] 14장-16장에서 천년기에 대한 소개와 자신의 무천년설을 개진해 주었다.[1221] 14장에서는 네 가지의 주요 입장을 개관적으로 서술해 주고, 15장에서는 세대주의 전천년설에 대한 비평을 했고, 16장에서는 무천년설의 관점에서 요한계시록 20장을 어떻게 읽어야 하는지를 서술해주고 있다.[1222]

우리는 이제 1977년에 출간된 클라우스 편집서『천년왕국 논쟁』에 기고한 후크마의 무천년설을 개관해 보려고 한다.[1223] 우선 후크마는 무천년설자들은 "천년왕국이 미래에만 속한 것이 아니라 현재 실현 중"이라고 믿기 때문에 "실현된 천년설"이라고 지칭하는 것이 내용상 합당함에도 불구하고 무천년설이라는 용어를 사용할 수밖에 없다는 점을 적시하며 시작한다.[1224] 그러고 나서 그는 곧바로 요한계시록 20장 4-6절에 대한 합당한 해석법인 점진적 병행법(progressive parallelism)에 대한 요약적 소개로 넘어간다.[1225] 이러한 해석법에 따르면 요한계시록은 연대기적인 순서로 읽어야 하는 것이 아니라, 반복적인 병행으로 읽을 수 있게 되기 때문에, 20장에 기록된 사탄의 묶임과 천년 통치를 그리스도의 재림 후로 해석할 필요가 없어지게 된다.[1226] 후크마에 따르자면 천년왕국은 "그리스도의 재림 후가 아니라 전"에 일어날 일이 된다.[1227]

후크마는 요한계시록 20장 1-6절에 반복적으로 등장하는 1000의 의미는

1220 필자는 후크마의 종말론을 나누어서 분석 평가하는 작업을 영어 논문 두 편에서 진행하고 더 진전하지 못하고 있다: Lee Sangung, "'Already but Not Yet': A Study on the Background and the Inaugurated Eschatology of Anthony A. Hoekema (1913-1988)," *Chongshin Theological Journal* 20 (2015): 120-157; "The Individual Eschatology of Anthony A. Hoekema (1913-1988)," *Chongshin Theological Journal* 25 (2020): 61-97.
1221 Hoekema, *The Bible and the Future*, 173-238;『개혁주의 종말론』, 245-328. 정서영, "안토니 후크마의 신학 사상에 대한 비평 연구" (신학박사, 서울기독대학교, 2009), 27-77에는 후크마의 무천년설을 집중적으로 분석 평가해 주고 있다.
1222 후크마의 책은 1979년에 출판되었기 때문에, 15장에서 개진된 세대주의 비판은 고전적 세대주의와 수정된 세대주의(Revised Dispensationalism)에 대한 것임을 염두에 두고 읽어야 한다.
1223 Hoekema, "무천년설," in Clouse (ed.),『천년왕국 논쟁』, 189-229.
1224 Hoekema, "무천년설," 189-190.
1225 Hoekema, "무천년설," 190-193; 우리는 V.6장에서 이 해석법을 개관할 것이기에 여기서는 생략하고 지나가기로 하겠다.
1226 Hoekema, "무천년설," 194.
1227 Hoekema, "무천년설," 195.

"완전한 기간, 즉 확정되지 않은 매우 오랜 기간"으로 풀이해 준 후에, 이 천년은 "그리스도의 초림부터 시작하여 그의 재림 직전까지 이"어지는 것이라고 정해해 준다.[1228] 그는 사탄이 무저갱에 던져지는 천년과 성도가 그리스도와 천년 통치하는 천년이 동일한 기간이라는 점을 적시해 주고,[1229] 먼저 사탄의 묶음과 무저갱 감금의 의미에 대해서는 "그가 복음의 확산을 막지 못한다"는 것과 "그가 그리스도의 모든 적을 모아 교회를 공격할 수 없다"는 것을 의미한다고 해설해 준다.[1230] 다른 천년기론자들에 의해서 늘 비판의 대상이 되어온 것이 사탄의 묶임에 대한 해석이기 때문에 후크마의 자세한 해명을 함께 보도록 하겠다.

> 따라서 우리는 요한계시록 20:1-3에 묘사된 사탄의 결박은 복음 시대 전체를 통틀어 사탄의 영향이 확실히 근절되지는 않지만, 매우 작아져서 그가 복음이 세상의 민족들에게 확산되는 것을 막지 못한다는 것을 의미한다고 본다. 이 현재의 시대 동안 사탄이 결박되었기 때문에 민족들이 교회를 정복하지 못하고 오히려 교회가 민족들을 정복하고 있다.[1231]

후크마는 이어서 20장 4-6절에 대한 고찰로 넘어간다. 그는 본문에 언급된 보좌가 요한계시록에서는 주로 하늘에 있다고 하는 보좌이며, 심판의 권세를 받은 영혼들은 "죽은 사람들의 영혼들"을 가리키는 것으로 이해하는 것이 합당하다고 주해해 준다.[1232] 또한 순교자의 영혼들뿐만 아니라 "순교자들보다 좀 더 넓은 집단" 즉, "그리스도께 충실했고 그리스도를 대적하는 세력들에 대적한 모든 그리스도인, 즉 끝까지 충실했던 모든 그리스도인"이 이

1228 Hoekema, "무천년설," 196.
1229 Hoekema, "무천년설," 200: "따라서 1-3절과 4-6절이 같은 '1000년' 기간에 관한 것이라고 가정해도 무방하다. 우리가 살펴보았듯이 그 기간은 그리스도의 초림부터 그리스도의 재림 전까지의 전체 신약 성경 시대에 걸친다."
1230 Hoekema, "무천년설," 197. 후크마는 자신의 해석을 뒷받침할 만한 신약의 여러 증거 구절들을 제시해 준다(198-199).
1231 Hoekema, "무천년설," 199.
1232 Hoekema, "무천년설," 202.

통치에 참여한다고 그는 정해해 준다.[1233] 그리고 그들이 첫째 부활에 참여했고 살아있다고 하는 표현 역시도 천상에 있는 성도들이 살아있고 그리스도와 교제하고 있으며 "보좌에 앉아 만물에 대한 그리스도의 통치에 참여하며 심지어 그리스도의 심판 활동에까지 참여하는 삶"을 살고 있다는 의미로 해설해 준다.[1234] 후크마는 이러한 무천년설적인 이해가 당시 환난 속에 인내하고 있던 신자들에게 위로의 메시지가 되었다는 점을 적실하게 말해 주기도 한다.[1235]

후크마는 구약 예언을 문자적으로 해석해야 한다는 세대주의자들의 견해를 비판적으로 다룬 후에[1236] 무천년설이 부정적인 것이 아니라 부정적인 내용을 가지고 있다는 점을 정리해 준다. 그에 의하면 시작된 종말론은 "그리스도가 죄와 죽음과 사탄에 대해 결정적인 승리를 거두셨"다는 것, "하나님의 나라는 현재이기도 하고 미래이기도 하다"는 것, 우리는 말일은 아니지만 말세에 살고 있다는 것, 우리는 현재 천년 통치기에 있다는 점 등을 제시해 주고,[1237] 미래 종말론에 관련해서는 "시대의 표적들은 현재 및 미래 모두와 적실성이 있다"는 것, 유일회적인 재림이 있다는 것, 신불신간에 일반적인 부활이 있다는 것, 재림시까지 살아있던 성도들은 홀연히 변화한다는 것, 그리스도의 공개적인 한 번의 재림시에 성도는 "휴거"된다는 것, 이어서 최후 심판이 있고, 그후 최종 상태가 시작될 것 등에 대해 제시하고 해설해 준다.[1238] 제법 긴 기고문을 끝맺음하면서 후크마는 무천년설이 가지는 함의를 제시해 주는데, 이는 신구약을 결합하는 "은혜 언약의 단일성" 강조, 역사 가운데 하나님 나라의 중심성, 그리스도가 역사가 주님이시라는 것, 모든

1233　Hoekema, "무천년설," 203.
1234　Hoekema, "무천년설," 204-205. 후크마는 첫째 부활은 "몸의 부활을 묘사하는 것이 아니라 육체적 죽음에서 하늘에서 그리스도와 함께 하는 삶으로 변화하는 것"이라고 거듭 해설해 주면서도, 이러한 이해가 "그 단어의 이례적인 용법"이지만 컨텍스트 안에서 정당한 해석이라고 강조한다(207-208).
1235　Hoekema, "무천년설," 205: "신자들이 비록 그들의 많은 동료 그리스도인이 죽었고 일부는 심지어 잔인하게 순교 당하기도 했지만, 이 죽은 신자들이 그들의 영혼에 관한 한 살아서 하늘에서 그리스도와 더불어 통치하고 있다는 것을 안다면 그들에게 큰 위안이 되었을 것이다."(205; 202쪽도 보라).
1236　Hoekema, "무천년설," 209-215.
1237　Hoekema, "무천년설," 215-221.
1238　Hoekema, "무천년설," 221-227.

역사는 "우주의 총체적 구속이라는 목표를 향해 움직이고 있다"라는 요점들이다.[1239]

후크마는 무천년설을 "온건한 (또는 현실적인) 낙관주의"를 채택하고 있다고 명시한다. 왜냐하면 무천년설자들은 "이 현재 시대 동안에 완벽한 사회가 실현"될 것이라고 기대하지 않으며, 오히려 그리스도 재림 전에 "인격적인 적 그리스도가 최종적으로 출현하는 가운데 배교와 환난의 절정이 있을 것"이라고 예견하고 있기 때문이다.[1240]

3.7. 구레인 선교사와 총신 교수들

이제 우리는 한국 장로교회 특히 총신의 역사 가운데 무천년설이 어떻게 도입되고 역사적으로 발전해 왔는지를 고찰해 보려고 한다.[1241]

3.7.1. 구레인(具禮仁, John Curtis Crane, 1888-1964)의 무천년설(1954-56재직)

앞서 언급한대로 1885년에 한국 장로교 선교가 시작된 이후 해방 이전의 장로교 선교사들 시대에 주도적인 종말론은 세대주의 전천년설이었다. 그런 중에도 무천년설을 명시적으로 가르쳤던 두 선교사가 있다. 그들은 바로 구레인과 함일돈 두 사람이다. 이 가운데 우리는 레이놀즈를 이어서 평양 장로회신학교 제2대 조직신학 교수로 재직하고(1937-1938년), 해방이후 선교사 교수들 가운데 최초의 조직신학 전집을 완간했을 뿐만 아니라 1954-1956년 어간에는 남산 장로회신학교 교수로 재직하기도 했던 구레인의 천년기를 먼저 살펴 보고자 한다.[1242]

1239 Hoekema, "무천년설," 227-228. 후크마는 지상적이고 물질적인 천년왕국을 강조하는 (세대주의) 전천년설에 대항하여 최종 상태인 새 하늘과 새 땅에 대한 강조를 해주기도 한다: "우리는 하나님의 선한 창조 세계가 그 안에서 하나님이 존재하게 하신 목적인 하나님의 이름에 영광을 돌리는 것을 최종적이고 완전하게 실현할, 갱신된 우주의 일부로서의 새 땅을 진지하게 고대한다."(228).
1240 Hoekema, "무천년설," 228.
1241 총신 교수가 아니지만 무천년설을 취하는 한국 장로교회 신학자로는 유해무 교수와 김영규 박사를 들 수가 있다: 유해무, 『개혁 교의학』 (서울: 크리스천다이제스트, 1997), 617-627; 김영규, 『조직신학 편람』, 전4권 (서울: 개혁주의성경연구소, 2019), 4:75-92. 김영규 박사는 대체로 칼빈과 헤르만 바빙크의 견해를 따르고 있다.
1242 John Curtis Crane, *Systematic Theology: A Compilation from the Works of R. L. Dabney, R. A.*

(1) 천년기론

구례인의 『조직신학』은 총 6편으로 구성되어 있으며, 그 가운데 말세론은 교회론과 더불어 제6편에 들어있다. 제6편의 제2부 말세론은 또한 '사후영혼의 상태'(1장), '그리스도의 재림'(2장), '일반 부활'(3장), 그리고 '일반심판과 장래생활'(4장) 등의 네 부분으로 구성되어 있다. 구례인의 천년왕국 논의가 나타나는 곳은 이 가운데 2장 '그리스도의 재림' 중 'ㄴ. 천년왕국'에서이다.[1243] 사실 그의 교본의 방대한 분량에 비해서 천년왕국에 대한 논의는 분량이 적다고 할 것이다. 그리고 이미 학계에 널리 알려져 있는 대로 천년기에 대한 구례인의 입장은 '무천년파' 혹은 '무천년설'이었다.[1244]

구례인은 천년왕국 논의를 시작하면서 다음과 같은 안타까움을 토로한다:

> 성경을 하나님의 뜻을 계시한 절대적이고도 최후의 권위적인 것으로 믿으며 또한 우리의 믿음과 행실의 유일한 표준으로 믿는데 일치하는 열성있는 기독교인이 가석하게도 분립되어 그리스도의 재림과 관련하여 생길 사건들에 대해 논쟁하는데 많은 시간을 허비했으며 또 그로 인해 누구든지 독단적으로 진술할 수 없는 매우 표징적으로 된 말을 상상적으로 고정된 역사문헌 같이 대조하는 것으로써 신앙을 혼란하게 한 것이다.[1245]

그리고 나서 구례인은 '무천년파'와 '후천년파'의 공통점을 지적하기에 이른

Webb, Louis Berkhof and Many Modern Theologians (Missisipi: Specialized Printing; Limited English edition, 1953); 김규당 역, 『조직신학 (상), (하)』, (서울: 대한예수교장로회총회 종교교육부, 1954, 1955). 김광열, "총신에서의 '조직신학' 논의 : 회고와 전망 I," 「신학지남」 317 (2013): 68-74; 김광열, "개혁주의 종말론의 목회적 적용," 「總神大論叢」 34 (2014): 89-92. "레이놀즈의 뒤를 이어 존 크레인(John C. Crane, 구례인)은 1953년 출간된 강의 교재 '조직신학'(Systematic Theology)을 통하여 칼빈주의 신학의 진수를 선보이고 있다."라는 전준봉의 평가는 합당한 평가이다(전준봉, "한국장로교 신학교의 신학과 교육: 평양신학교를 중심으로" 「개혁논총」 29 [2014]: 236).

1243 Crane, 『조직신학 (하)』, 836-844.
1244 Pak Ungkyu, "From Fear To Hope: The Shaping of Permillennialism in Korea, 1884-1945," 339. 박응규가 지적한대로 평양 장로회신학교 교수 가운데 함일돈선교사(Floyd E. Hamilton, 1890-1969) 역시 무천년설자였다.
1245 Crane, 『조직신학 (하)』, 836.

다. 그에 의하면 "그리스도의 교회에서 교회를 통해 성령의 역사로 말미암아" 하나님 나라가 임한다고 믿는 점에서 두 파는 일치하며, 차이가 나게 되는 것은 '비상한 복락이 일천년간 지속되는 특수한 기간'을 가리킨다고 보느냐(후천년파) 아니면 '그리스도의 초림과 재림 사이의 기간을 상징적으로 사용한 말인 줄"로 믿느냐(무천년파)에 있다고 그는 설명한다.[1246]

구례인은 무천년설, 후천년설, 그리고 전천년설 순으로 논의를 전개했다. 우선 무천년설에 대해 설명하면서 사탄의 매임(계 20:2)의 의미에 대해 길게 설명한다. 그에 의하면 사탄의 매임이란 "복음이 인생을 죄의 사슬과 거기 종 된 데서 해방하며 또한 사망의 공포와 그들의 생활을 주장하는 악의 세력으로부터 해방할 때 그리스도의 손 아래 사탄을 제어하게 함"을 지시한다고 본다.[1247] 그는 여러 관련 구절들(계 12:10, 11; 눅 10:13, 11:20; 유 6)을 들어 해명하고 나서, 현실적으로 '악이 창궐한 것'을 근거로 반론을 제기하는 전천년설에 대하여 사탄의 결박은 성령의 부어주심을 통한 '사탄의 영향을 매는 것이며 제한하는 것'이라고 응수한다.[1248] 또한 구례인은 계시록의 구조가 '순환적 패노라마(= 파노라마) 성질'을 가지고 있다고 말하는데, 이는 윌리엄 헨드릭슨을 비롯한 여러 무천년설자들이 말하는 '점진적 병행법'(progressive parallelism)과 유사하다고 할 수 있다.[1249]

구례인은 이어서 후천년설을 소개한다. 이 입장은 '천년 평화설이나 두 계단으로서의 부활'을 거부하며, "나라들이 주에게로 돌아올 때 성령의 능력으로 크게 부어줄 때가 있을 것이니 그런 때는 그의 유형적 재림전에 있게 될 것"이라고 믿는다고 말한다.[1250] 혹은 "재림 직전 순교자들이 하늘에서 그리스도와 함께 향유하게 되는 영광스러운 영의 생활의 상태와 동시적인

1246 Crane, 『조직신학 (하)』, 836-837.
1247 Crane, 『조직신학 (하)』, 837.
1248 Crane, 『조직신학 (하)』, 838.
1249 Crane, 『조직신학 (하)』, 838. Herman Bavinck, *Gereformeerde Dogmatiek*, 2nd ed. (Kampen: Kok, 1911), 4: 751-763(#569, 570); 박태현 역, 『개혁교의학 4』(서울: 부흥과개혁사, 2011), 803-815; William Hendriksen, *More Than Conquerors*, 김영익, 문영탁 공역, 『요한계시록』(서울: 아가페, 1975), 17-41 ; Anthony A. Hoekema, *The Bible and the Future* (Exeter: Paternoster, 1979), 223-238 등을 보라.
1250 Crane, 『조직신학 (하)』, 839.

것"(계 6:9)이라고 해설하기도 한다고 소개한다.[1251] 그러나 구례인은 신약의 어떤 곳에서도 천년왕국에 대한 언급이 없기 때문에 천년왕국이 '지상에 실현됨을 단언'하는 것은 '독단적'이고 '무리한 일'이라고 비판한다.[1252]

마지막으로 구례인은 전천년설에 대해 논의한다. 그는 우선 전천년설의 전제들을 소개하고, 이어서 답을 하는 형식으로 논의를 전개했다. 그에 의하면 천년기에 대한 기록은 '표상적'인데 전천년설은 문자적 천년기가 있다고 주장하며, 이는 '평화와 의'(사 66:25) 시대에 대한 예언이 성취되는 때이며, 예수 그리스도가 '공중에서 자기 교회를 맞이하기 위해' 재림하신 후에 이루어진다고 주장한다는 것이다.[1253] 구례인은 이러한 전제들에 대해 '논쟁의 여지가 있으며 확증할 수 없는 것'이라고 일축한다.[1254] 그러면서 여러 가지 반론을 제기한다. 그러한 반박 속에 그의 무천년설 입장이 거듭 드러난다. 재림은 최후심판과 관련되며, 성도들의 축복은 언제나 신천신지에 있다고 하며 그곳은 의인이 심판 후에 살게 될 곳이라고 보는 것이 성경적이라고 그는 주장한다.[1255] 그리고 계시록을 문자적으로 읽을 것이 아니라 상징적으로 읽어야 하며 20장 4-6절과 같은 '상징적 성구들은 다른 성구와 전후 문맥이 일치하게 해석하는 것이 우리의 의무'라고 말하기도 한다.[1256] 그리고 전천년설에 대한 그의 논의를 유심히 살펴보면 '역사적 전천년설'에 대한 비평보다 '세대주의 전천년설'에 대한 비평을 하고 있는 것으로 판단되어진다. 예컨대 공중에서 그의 교회를 마중하기 위해서 재림한다거나, 주의 재림의 날을 알 수 있다고 하거나, 재림의 절박성을 강조하는 것에 대해 비판하는 그런 대목들에서 전자보다는 후자에 대해서 그가 비평을 하고 있는 것으로 보인다.[1257]

이처럼 구례인은 천년기에 대한 논의를 세 입장으로 나누어 소개하면서

1251 Crane, 『조직신학 (하)』, 839.
1252 Crane, 『조직신학 (하)』, 840.
1253 Crane, 『조직신학 (하)』, 840-841.
1254 Crane, 『조직신학 (하)』, 841.
1255 Crane, 『조직신학 (하)』, 843.
1256 Crane, 『조직신학 (하)』, 842-843.
1257 Crane, 『조직신학 (하)』, 840, 843-844.

자신의 입장인 무천년설을 드러내었다. 그는 각 입장의 주요 특징을 소개하는 일에 치중할 뿐 주요 대변인들이 누구인지를 언급하지 않는다. 그는 특히 계시록에 대한 문자적 해석을 반대하고, 상징적 해석을 일관되게 주장했다. 그리고 주의 재림을 사모해야 하지만, 재림 일시를 알수 있다거나 예고하는 것에 대해서는 강력하게 반대했다.[1258]

(2) 세대주의 전천년설에 대한 비평

앞서 살펴 본대로 구례인은 '세대주의 전천년설'과 '역사적 전천년설'을 명확하게 구분하지 않고 둘 다 전천년설의 범주 하에 다루었다.[1259] 우리가 세대주의 전천년설에 대한 그의 비판을 확인해 볼 수 있는 곳이 제4편 기독론 중 '11장 왕이신 그리스도' 부분에서 이다. 이 부분은 세대주의 전천년설의 왕국관을 비판적으로 다루고 있는 부분이다.[1260] 이곳에서 그가 사용한 표현 중 '건전한 전천년론자'의 경우는 역사적 전천년설자를 가리킨다고 볼 수 있고,[1261] 전천년론자들 중 '극단적 주창자들', '세대를 구분하는 전천년론', '시대구분론자들' 등의 표현은 '세대주의적 전천년설'을 가리키는 것으로 이해할 수 있다.[1262] 구례인은 후자의 입장을 취하는 자들로 C. I. 스코필드, W. G. 무어헤드, 그렉, 반하우스, 캠벨 몰간 등을 언급한다.[1263]

그러면 구례인은 세대주의 전천년설에 대하여 어떻게 평가를 하였는지를

1258 Crane, 『조직신학 (하)』, 844: "재림의 시일과 절박에 대한 반복적 예고의 실패는 다만 그 희망을 몽롱하게 할뿐이며 또한 다른 신자들도 그의 재림에 대해 그 시간과 시기를 정하는데 오해를 받을까 하여 더욱 침묵을 지키게 만드는 것이다. 또한 이는 그의 인격적 유형한 재림을 전적으로 부인하는 합리론자에게 더욱 유리한 구실을 주는 것이다."
1259 구례인이 세대주의자의 왕국연기론을 비판하면서 유니온신학교 선배이자 컬럼비아신학교 교수였던 리처드 클라크 리이드(Richard Clark Reed, 1851-1925)의 책에 의존하였는데도 불구하고 '세대주의 전천년설'이라는 명시적 언급을 사용하지 않는다: Richard Clark Reed, *What Is the Kingdom of God? a Gracious Examination of Dispensational Premillennialism* (Richmond, VA. : John Knox Press, 1922).
1260 Crane, 『조직신학 (하)』, 300-309(二. 하나님의 나라에 대한 전천년파의 해석).
1261 Crane, 『조직신학 (하)』, 298.
1262 Crane, 『조직신학 (하)』, 300, 305, 308. 이러한 구례인의 구별을 근거로 할 때에 "전천년설 가운데 세대주의 입장만을 비판하고 있다. 그의 '전천년론'이란 말은 곧 세대주의적 전천년론이라는 뜻이다"라고 한 간하배의 논평은 정당하지 않다고 판단되어진다(간하배, 『한국 장로교 신학사상』, 34).
1263 Crane, 『조직신학 (하)』, 301, 305, 307.

살펴보도록 하겠다. 그의 비판은 세대주의자들이 주장한 하나님 나라에 대한 해석에 초점이 맞추어져 있다. '하나님 나라'와 '하늘나라'(즉, 천국)을 구분하고, 후자를 지상 예루살렘에서 세워져야 하는 다윗 왕국으로 보는 것에 대해, 그리스도가 지상에 오셔서 왕국 복음을 전했으나 유대인들이 거절함에 따라 왕국을 연기했다는 것, 교회는 하나님의 의중에 없었다고 말하는 것 등에 대해서 칼빈주의 관점에서 비판을 했다.[1264] 구레인은 자신의 무천년기적 입장에 따라 하나님의 나라는 성령의 사역에 의해서 이미 하나님의 백성의 마음에 임했다고 반박한다.[1265] 또한 세대주의 전천년설자들이 자신들의 입장을 견지하게 위하여 '글자적 해석주의'(이는 현대어로 말하자면 문자주의 [literalism]를 말한다)를 집요하게 견지하다가 '불합리'에 빠지게 되고, 마침내는 합리주의자들과 다를 바 없이 '극단적 상징적 해석'을 하는 데로 봉착하게 된다고 예리하게 비평을 가한다.[1266]

이처럼 구레인 선교사는 무천년설의 입장을 분명하게 견지했으며, 세대주의에 대해 세밀하게 비평을 한 것이 특징이라고 할 수 있다. 구레인 선교사에 대한 박아론의 다음과 같은 평가는 합당하다고 사료된다.

> 이눌서 박사의 뒤를 이은 구레인(J. C. Crane)박사는 무천년기 재림론을 교수하되, 세대주의 천년기전 재림론은 과격하여 성경의 무리한 해석을 많이 포함하고 있기 때문에 배격하고, 비교적 온건하고 단순한 역사적 천년기전 재림론을 '성경의 정상적인 해석에 의지하고 개혁주의 신학에 용납될 수 있는 재림관'으로 간주했다.[1267]

1264　Crane, 『조직신학 (하)』, 300-309.
1265　박형룡 역시도『교의신학-기독론』(서울: 은성문화사, 1970), 289에서 하나님 나라의 미래성만 아니라 현재성도 명백하게 말한다. 이 부분은 Berkhof, *Systematic Theology*, 409에 따른 것이다.
1266　Crane, 『조직신학 (하)』, 304-309. 안토니 후크마도 세대주의 전천년설의 기본적인 두 원리로 문자주의와 교회와 이스라엘의 구별이라고 비판했다(Hoekema, *The Bible and the Future*, 187).
1267　박아론, "총신의 신학에 대한 역사적 고찰과 미래적 전망," 13.

3.7.2. 총신 교수들의 무천년설의 계승

죽산 박형룡이 총신을 은퇴한 후 '역사적 전천년설'은 총신의 여러 교수들에 의해서 여전히 표준적인 입장으로 가르쳐졌고, 최근까지도 그런 상황이었다.[1268] 또한 분명한 것은 죽산이 재직하고 있을 당시의 총신 안에도 무천년설의 입장을 가르치는 이상근 교수(1911-2011)가 있었고,[1269] 죽산을 열렬히 따랐던 정규오 목사의 경우도 이미 그 입장을 무천년설로 변경하기도 했다는 점이다.[1270] 그리고 흔히 말하는 것처럼 화란이나 영어권의 개혁주의 학교에서 공부하고 돌아온 교수들에 의해서 무천년설은 많이 보급되어 왔다.[1271] 죽산의 은퇴이후 무천년설이 공표되기 시작한 것은 주로 신약교수들을 통해서였다. 신약학 교수였던 신성종 교수(1981-1987년 재직)는 『요한계시록 강해』를 통해 무천년설을 분명하게 가르쳤다.[1272] 신교수의 입장 천명을 함께 보기로 하자.

1268 조봉근, "칼빈과 한국장로교회의 교파별 종말론에 관한 비교연구," 『한국개혁신학』 26 (2009), 303-304. 김영재는 전천년설이 얼마나 절대시되었는지에 대해서 다음과 같이 논평해준다: "한국교회에서는 1960년대까지만 하더라도 종말론에 관한 한 전천년설이어야 하고, 무천년설을 지지하는 사람은 이단시하거나 신신학자로 인정할 정도였다."(김영재, "한국교회의 종말론," 『신학정론』 11/1 [1993], 266-267). 김길성, 『총신의 신학전통』[서울: 총신대학교출판부, 2013], 112-114; 100년사편찬위원회, 『총신대학교백년사 2권: 학술편, 자료편』(서울: 총신대학교출판부, 2003), 376; 김남준, "설교자와 영성(4)," 「그말씀」 [2015년 4월호], 209-210. 김길성에 의하면 이상근이 총신에서 강의하며 만든 『종말론강의』 프린트물이 남아있으며, 그 자료에 의하면 이상근은 루이스 벌코프를 따라 전천년설과 후천년설을 비판적으로 다루었고, 역사적 전천년설과 세대주의 전천년설을 구분하지 아니하고 비판하는 점도 동일하다고 한다(이상근, 『종말론강의』, 46-74; 김길성, 『총신의 신학전통』, 135-136에서 재인용).
1269 김길성, 『총신의 신학전통』[서울: 총신대학교출판부, 2013], 112-114; 100년사편찬위원회, 『총신대학교백년사 2권: 학술편, 자료편』(서울: 총신대학교출판부, 2003), 376; 김남준, "설교자와 영성(4)," 「그말씀」 [2015년 4월호], 209-210. 김길성에 의하면 이상근이 총신에서 강의하며 만든 『종말론강의』 프린트물이 남아있으며, 그 자료에 의하면 이상근은 루이스 벌코프를 따라 전천년설과 후천년설을 비판적으로 다루었고, 역사적 전천년설과 세대주의 전천년설을 구분하지 아니하고 비판하는 점도 동일하다고 한다(이상근, 『종말론강의』, 46-74; 김길성, 『총신의 신학전통』, 135-136에서 재인용).
1270 해원 정규오(1914-2006) 목사는 1970년에 간행한 『사도신경해설』에서 자신이 "초기에는 천년기 전기설을 믿었으나 지금에 와서는 무천년설에 기울어지고 있"다고 고백했다(정규오, 『정규오박사 저작 전집 IX. 사도신경해설』[광주: 한국복음문서협회, 1994], 140-144; 김길성, 『총신의 신학전통』, 235에서 재인용). 한 사람 더 언급하자면 정암 박윤선의 제자이자 LA에서 오랫동안 목회하다가 소천한 김승곤 목사 역시도 1968년에 무천년설 관점에서 요한계시록 강해를 출간했다는 것이다: 김승곤, 『요한계시록 강해』(1968/ 서울: 정음출판사, 1984).
1271 앞서 언급했지만 화란에서 바빙크 신학을 깊이 연구하고 돌아온 차영배, 최홍석 교수나 바빙크를 화란어로 읽은 이상원 교수는 역사적 전천년설을 따른다.
1272 신성종, 『요한계시록 강해』, 143-146.

국내에서는 필자를 비롯해서 대부분의 웨스트민스터 신학교 출신들이 여기에 속한다. 천년왕국에 관한 필자의 견해는 후천년설은 틀렸고 나머지 전천년설과 무천년설은 둘다 보수주의적 견해임으로 서로 관대한 태도를 가져야 한다고 본다. 그러다가 주님이 재림하실 때 확실히 밝혀지면 그때야 틀린 편을 향해 "그것 봐 내가 맞았지? 그러기에 내가 뭐랬어?"하며 사랑과 이해로써 대해야 할 것이라고 본다.[1273]

또한 공관복음 전문가였던 정훈택 교수(1989-2013년 재직)는 두 편의 논문 속에서 성실한 주해 작업을 통하여 무천년설을 지지했다.[1274] 총신을 떠나 합신 교수가 된 죽산의 후임자 남송 신복윤도 1990년대에 이르러 역사적 전천년설에서 무천년설로 입장을 바꾸었다.[1275] 총신에서 조직신학을 가르쳤던 교수들 가운데 가장 명시적으로 무천년설을 지지한 이는 서철원 교수이다. 이하에서 우리는 총신 조직신학 교수들 가운데 무천년설을 가르치고 대변했던 몇 몇 교수들의 견해를 차례대로 살펴 보고자 한다.

(1) 이상근 교수 (1911-2011)

이제 우리는 이상근 교수의 천년기에 대한 논의들을 고찰해 보고자 한다.[1276] 그는 잘 알려지지 않은 신학자인데다가 동명이인의 정류 이상근 박사

1273 신성종, 『요한계시록 강해』, 144.
1274 정훈택, "하나님의 나라와 천년," 「신학지남」 231(1992): 158-219 = 『신학적 도약』(서울: 민영사, 2004), 293-352에 재수록; "기독론적 종말론: 신약의 종말론 연구," 「성경과 신학」 13 (1993): 119-149 = 정훈택, 『신학적 도약』, 255-292에 재수록. 그리고 현재 총신대학교 신학대학원 신약학 교수인 강대훈 박사는 방대한 요한계시록 주석을 통해 무천년설을 주경학적으로 잘 개진해 주고 있다.
1275 김영재, "한국교회의 종말론", 267. 조봉근은 신복윤의 책을 보면 "후천년설'을 따르는지 '무천년설'을 따르는지 불투명한 입장이 엿보인다"고 의문을 제기한 적이 있는데(조봉근, "칼빈과 한국장로교회의 교파별 종말론에 관한 비교연구", 322), 이는 신복윤이 "無千年期說", 「신학정론」 11/1 (1993): 245-260과 은퇴 후 출간한 『종말론』(서울: 개혁주의신행협회, 2001), 281-354('천년기') 등에서 자신의 입장을 뚜렷이 밝히지 않고 있기 때문이다. 그러나 『종말론』, 378-379를 보면 계 20:4-6절에 나오는 '첫째 부활'을 무천년설의 해석을 따라 '성도들이 죽을 때 그리스도와 함께 영광스러운 삶의 상태에 들어가게 되는 것을 의미'하는 것으로 해석하고 있다. 합신에서 조직신학 교수로 재직하다 총신에서 가르치고 있는 정승원 교수도 이러한 입장 변경에 대해서 필자에게 확인해 주었다.
1276 이상근 교수의 생애와 종말론에 대한 자세한 연구는 필자의 『한국 장로교회의 종말론』, 226-260을 보라.

와 혼동을 주기까지 하는 고신과 총신의 조직신학 교수로 재직했던 신학 교사이다. 그는 저술을 출간한 적이 없고, 다만 연대미상의 『종말론 강의』를 남겼을 뿐이다.[1277] 분량이 많지 않은 강의안임에도 불구하고 천년기에 대한 긴 논의를 담고 있는 것을 볼 수가 있다. 이상근의 논의는 크게 두 부분으로 나누어져 있는데, 이는 전천년설과 후천년설에 대한 소개와 비판으로 구성된다.

1) 전천년설

이상근은 먼저 전천년설(Premillennialism)에 대해 다루는데, 초대 교회에서 이미 등장한 전천년설의 개요를 소개하고,[1278] 이어서 19세기에 등장한 "현재의 전천년설"을 다룬다. 후자는 세대주의적 견해를 의미한다. 이상근은 간단하게 역사적 설명을 한 후에, 세대주의 종말론의 체계의 특징으로 7세대론, 이스라엘과 교회의 구별, 7년 대환란 전 공중 강림과 대환란 후의 지상 재림 등의 이중 재림, 대환난전 교회의 휴거, 유대인 중심의 가시적이고 물질적인 천년 왕국설 등을 소개해 준다.[1279] 이러한 소개는 주로 벌코프의 정리를 따른 것으로, 수정된 세대주의나 점진적 세대주의 등에 대한 고려는 빠져있다.[1280]

이렇게 세대주의적 전천년설의 주요 요지들을 소개한 후에 이상근은 몇 가지 비판점들을 제시한다. 우선 그가 보기에 세대주의는 "이스라엘의 장래와 하나님 나라에 대한 예언적 묘사를 문자적으로 해석"하려고만 하는 극단적 입장을 가지고 있다는 것이 문제라는 것이다.[1281] 두 번째로 하나님의 나라(왕국)가 연기되었다고 하는 연기설 역시 "성경의 통일성을 파괴하며 하나님 백성의 통일성을 파괴하기 때문"에 비성경적이라고 비판한다.[1282] 이상

1277　이상근, 『종말론 강의』 (서울: 총신대학교 신학대학원, 연대없음).
1278　이상근, 『종말론 강의안』, 46-48.
1279　이상근, 『종말론 강의안』, 48-52.
1280　Berkhof, *Systematic Theology*, 710-712. 물론 1980년대 후반에 등장한 점진적 세대주의에 대해 노년의 이상근이 인지했어야 한다는 것은 무리스러운 일인줄 안다.
1281　이상근, 『종말론 강의안』, 53-54. 후크마도 세대주의가 가진 두 가지 근본 원리로 성경 예언의 문자적 해석과 이스라엘과 교회의 분리를 들고 있다(Hoekema, *The Bible and the Future*, 187).
1282　이상근, 『종말론 강의안』, 54-55.

근은 또한 세대주의 전천년설에 의하면 미래적 대사건들인 부활, 최종 심판, 세상의 종말 등이 동시적으로 일어날 것으로 성경이 말하는 것과 다른 입장을 제시하고 있다고 비판하고, 네 번째로는 그들이 이중, 삼중 부활을 말하는 것 역시도 성경과 맞지 않다고 비판한다.[1283] 뿐만 아니라 지상 천년 왕국에 대한 묘사 가운데도 성경적으로 해명하기 어려운 문제점들이 있음을 적시하고, 그 근거구절로 제시되는 요한계시록 20장 4-6절에는 "팔레스틴, 예루살렘, 성전, 천년 왕국의 자연적 시민인 유대인들에 관한 말이 없다"라고 비판한다.[1284]

2) 후천년설

전천년설에 대한 논의에 이어 이상근은 후천년설에 대한 논의로 나아간다. 이상근은 후천년설이 "복음 시대 동안 또는 마지막에 천년 왕국이 있고, 그것 후에 그리스도의 재림이 있을 것"이라고 주장하는 입장임을 밝히고 나서, 두 가지 형태가 있었음을 적시해 준다. 하나는 소위 보수적인 입장이라고 불리우는 바 "성령의 초자연적 감화로 천년왕국이 실현될 것"이라고 믿는 입장이고, 다른 하나는 "진화의 자연적 과정으로 말미암아 실현될 것"이라고 믿는 입장이다.[1285] 전자는 16, 17세기 화란 신학자들, 조나단 에드워즈와 같은 청교도 신학자들, 그리고 19세기 미국의 대부분의 장로교 신학자들이 견지했고, 후자는 월터 라우센부쉬와 같은 사회복음(Social Gospel)을 주장했던 이들의 입장이다.[1286]

이상근은 후천년설에 대하여 간략하게 소개한 후에 비판점들을 제시한

1283 이상근, 『종말론 강의안』, 56-57.
1284 이상근, 『종말론 강의안』, 57-58. 이상근은 비판적 논의를 끝내면서 계 20:4-6에 대한 무천년적인 견지에서 해석하는 Kuyper, Bavinck, Greijdanus, Vos, Hendriksen 등을 참조점으로 제시하는데, 현대적인 논의는 Hoekema, *The Bible and the Future*, 223-238; G. K. Beale, *The Book of Revelation*, NIGTC (Grand Rapids: Eerdmans/ Carlisle: Paternoster, 1999), 991-1021 등을 보라.
1285 이상근, 『종말론 강의안』, 59.
1286 이상근, 『종말론 강의안』, 59-60. 조나단 에드워즈의 후천년설에 관해서는 조현진, "계몽주의 유토피아 사상의 18세기 청교도적 수용: 조나단 에드워즈의 포스트밀레니엄 사상을 중심으로," 「ACTS 신학저널」 38 (2018): 161-190을 보라.

다. 성경은 지상에서의 온 세상의 회심에 대해 말한 적이 없고, 세계가 개선되어가기 보다는 재림 전에 환난과 박해의 시대가 올 것임을 말하고 있다고 이상근은 적시한다.[1287] 또한 이상근은 성경에 의하면 점진적 개선이 아니라 하나님의 특별한 간섭에 의해서 세상의 종말이 이를 것을 말하고 있다고 비판한다. 더욱이 "자연적 진화와 교육 분야와 사회 개혁 분야와 입법 분야에서의 인간 노력이 기독교 정신의 완전 통치를 점점 오게 한다"는 사회 복음 사상은 결코 성경적이지 않음도 적시한다.[1288]

이처럼 천년왕국에 대한 이상근의 논의는 전천년설과 후천년설에 대한 소개와 비판 등으로 구성되어 있다. 피상적으로 그의 강의안을 읽으면 그의 천년기 입장이 무엇인지를 놓칠 수도 있으나, 분명 그는 곳곳에서 무천년설을 자신의 입장으로 취하고 있음을 노정(露呈)하고 있다.[1289] 다만 천년기 논의를 두 입장에 대한 소개와 비판으로 끝낸 것은 그가 주로 벌코프의 논의에 의존하고 있기 때문이다. 벌코프처럼 그도 역사적 전천년설과 세대주의 전천년설을 구분하지 아니하고 함께 논의했음도 알 수가 있다.[1290] 그러나 벌코프에 크게 의존한 것으로 널리 알려져있는 죽산 박형룡의 경우는 이상근에 비하자면 네 가지 천년기설에 대해 상술하고 자신의 입장이 무엇인지를 선명하게 밝히고 있다.[1291]

1287　이상근, 『종말론 강의안』, 61.
1288　이상근, 『종말론 강의안』, 62. 이상근은 "중생이 없는, 마음의 초자연적 변화가 없는 문화는 천년 왕국 통치 곧 예수 그리스도의 주효적(奏效的), 영광스러운 통치를 결코 가져올 수 없다"라고 적시하기도 한다.
1289　김길성, "이상근 박사의 신학과사상," 259. 은사 박형룡 박사나 사돈이자 동료 교수였던 정암 박윤선 등이 역사적 전천년설을 확집하고 가르쳤던 것을 고려할 때에 이상근이 무천년설을 가르친 것은 특이한 일이고 이 또한 벌코프의 영향을 깊이 받은 결과라고 보여진다. Cf. 이상웅, "죽산 박형룡 이후 총신 조직신학자들의 천년기론," 103-32.
1290　Berkhof, *Systematic Theology*, 708-719. Cf. Kim Kilsung. "Dr. Hyung-nong Park's Theology of Last Things," *Chongshin Theological Journal* 1/2 (1996): 81.
1291　박형룡, 『교의신학 내세론』, 230-278/ 또한 Kim Kilsung. "Dr. Hyung-nong Park's Theology of Last Things," *Chongshin Theological Journal* 1/2 (1996): 72-89; 이상웅, "죽산 박형룡과 구례인의 천년기론에 대한 연구," 35-65 등을 보라.

(2) 신복윤 교수 (1926-2016)

죽산 박형룡이 1972년에 은퇴한 후에, 김희보 학장에 의해 후임 교수로 청빙된 사람은 죽산의 제자기도 한 남송 신복윤이었다.[1292] 총신에서 8년 재직(1972-1980), 합신 설립에 동참하여 남은 생을 합신 교수, 명예 총장으로 보내었다.

요한계시록 20장 1-6절에 대한 네 가지 주요 입장들에 관련하여 남송은 "그리스도의 재림을 부인하지 않고 확고히 믿는다며, 우리는 겸손한 마음으로 다른 입장을 가진 자들에 대하여 이해와 동정과 관대함을 보여야 할 것이다"라는 말로 논의를 시작한다.[1293] 남송은 이러한 관용적인 자세를 가지고 천년기 논의를 시작하여 무천년설, 후천년설, 역사적 전천년설 그리고 세대주의 전천년설 순서로 소개한다.[1294] 남송이 각 천년기를 논의하는 방식을 주목해 보면 우선 용어 설명, 주창하는 주요 내용들, 주요 대변인들 등을 소개하고 비판점을 제시하는 방식으로 되어 있다. 물론 남송이 가장 비판적으로 다루는 것은 세대주의 전천년설이지만,[1295] 나머지 세 입장들이 가지고 있는 "난관들"에 대해서도 균형있게 소개한다. 그래서 그의 방대한 논의를 읽다 보면 그가 "'후천년설'을 따르는지 '무천년설'을 따르는지 불투명한 입장이 엿보인다"고 의문을 제기한 조봉근의 논평이 공감이 가는 바가 있다.[1296] 앞서도 지적했다시피 남송이 취한 입장은 무천년기설이지만, 스승들인 박형룡이나 박윤선에 대한 존경심 때문이었는지 아니면 평소에 잘 알려진 성품

1292 이상웅, "남송 신복윤(1926-210260의 종말론,"『한국장로교회의 종말론』, 261-298
1293 신복윤,『종말론』 (서울: 개혁주의신행협회, 2001), 281. 이러한 관용적 입장은 스승 박형룡의 태도를 따른 것이다(박형룡,『교의신학- 내세론』, 277).
1294 신복윤,『종말론』, 282-354.
1295 신복윤,『종말론』, 333-354. 신복윤은 이미 총신에 재직중일 때도 "세대주의 역사와 그 특징",「신학지남」 282 (1978): 17-28를 공표한 바 있다. 죽산도『내세론』, 251-263에서 세대주의에 대해 비판했지만, 남송은 후크마의 논의에 힘입어(Hoekema, *The Bible and the Future*, 186-222) 좀 더 업데이트되고 자세한 논의를 전개한다.
1296 조봉근, "칼빈과 한국장로교회의 교파별 종말론에 관한 비교연구",「한국개혁신학」 26 (2009): 322. 사실 남송이 자신의 천년기 입장이 무천년설이라고 명시적으로 밝히고 있는 곳은『종말론』보다 1년 후에 출간한『교의학 서론』에서이다: "저자는 . . . 그리스도의 재림을 믿되 무천년기설(無千年期說)의 입장을 취한다. 물론 모든 독자가 다 저자의 입장에 동의할 수는 없겠지만, 성경에 호소할 때 충분한 이해가 있으리라 믿는다."(신복윤,『교의학 서론』[수원: 합동신학대학원출판부, 2002], 3).

대로 논란이 많은 주제에 대해서는 날카롭게 논쟁하지 않으려고 했든지 어떤 이유에서든 천년기에 대한 자신의 입장에 따라 종말론 논의를 전개하면서도 역사적 전천년설에 대해 날카로운 비판을 제기하지는 않는다.[1297]

그러나 남송은 죽산이나 정암이 취한 역사적 천년기론이 근거로 제시하는 본문(계 20:1-6)이 재림후에 지상 통치를 "결정적으로 증거하지 못한다"는 점, 장차 일어날 대사건들이 동시적으로 발생할 것이라고 보지 않는 점, 영화롭게 된 그리스도와 신자들이 자연인과 천년왕국에서 공동 거주한다는 것은 모순이라는 점 등을 들어서 명시적으로 비판하기도 했다.[1298] 방대한 논의에도 불구하고 남송의 천년기 논의는 공정하고 온화하게 전개되어 있다는 강점을 지니며, 최신 문헌들을 섭렵하여 벌코프나 죽산 보다 쇄신된 정보들도 제공한다는 장점을 가지고 있다.[1299]

(3) 서철원 교수(1942-)

서철원 교수는 죽산에게 조직신학을 배웠으며, 웨스트민스터신학교에 유학 가서 코넬리우스 반틸 지도하에 신학석사 논문을 썼으며, 화란 암스테르담 자유대학교에서 "예수 그리스도의 창조 중보직"으로 박사학위를 취득하였고, 귀국하여 개혁신학교에서 교수로 재직하다(1982-1991), 총신으로 옮겨서 조직신학을 가르쳤다. 개혁신학교에서는 조직신학 모든 과목들을 가르친 것으로 확인되지만, 총신에서는 주로 신학서론, 기독론, 현대신학 등을 교수

1297 김영재는 전천년설이 얼마나 절대시되었는지에 대해서 다음과 같이 회상한다: "한국교회에서는 1960년대까지만 하더라도 종말론에 관한 한 전천년설이어야 하고, 무천년설을 지지하는 사람은 이단시하거나 신신학자로 인정할 정도였다",(김영재, "한국교회의 종말론", 「신학정론」 11/1 [1993], 266-67). 죽산이후 총신에서의 천년기론의 전개와 갈등 내지 긴장 문제는 이상웅, "죽산 박형룡 이후 총신 조직신학자들의 천년기론", 「성경과 신학」 80 (2016): 103-32을 참고하라.
1298 신복윤, 『종말론』, 332-333. 역사적 전천년설과 세대주의 전천년설을 구분하지 않고 한 입장으로 비판한 벌코프(Berkhof, *Systematic Theology*, 708-716)와 달리 남송은 분명하게 구분하여 별개로 비판한다.
1299 다만 아쉬운 점은 남송이 비판적 논구의 대상으로 삼은 세대주의는 전통적인 세대주의와 수정된 세대주의에 머물고(신복윤, 『종말론』, 333-354), 1980년대부터 학계에서 논의되기 시작한 점진적 세대주의(Progressive Dispensationalism)에 대한 검토가 결여되어 있다는 점이다. 후자에 대해서는 Craig Blaising and Darrell Bock, *Progressive Dispensationalism* (Wheaton: Victor Books, 1993)을 보라.

했다. 그의 개혁신학원 재직 시절의 종말론 강의 녹취본들은 남아있지만, 총신에서 종말론을 가르쳤다는 증거는 없다. 그럼에도 불구하고 총신에서 재직할 때에 쓴 글들에서 그의 무천년기 입장은 분명하게 확인되어진다.

죽산의 출생 100주년을 앞두고 박용규 교수와 총신 교수들은 박형룡의 생애와 신학을 조명하는 논문 모음집을 출간했는데, 서철원은 "박형룡 박사의 조직신학"이라는 논문을 기고했다.[1300] 이 논문 속에서 서철원은 죽산의 여러 가지 신학적인 기여를 평가한 후에 그에게 '신학자'라는 호칭을 부여하는 것이 합당하다고 호평을 했지만, 반면에 비판적 평가도 제시했다. 서철원에 의하면 죽산이 '개혁신학 전통을 떠나 신학하게 된 가장 대표적인 예는 천년기 문제'라고 지적한다. 그렇게 된 것은 죽산이 평신에서 배운 이눌서(Reynolds)의 가르침과 당시 한국교회의 경향에 합류했기 때문이라고 한다. '전통적 개혁신앙과 공교회의 신앙'은 무천년설이라고 보는 서철원은 죽산의 계시록 20장 해석에 대해서도 다음과 같이 비평한다:

> 박 박사는 근본주의적 입장에서 계시록 20장을 문자적으로 해석했다. 계시록은 문자적으로 이해하기 어려운 책이다. 20장의 쇠사슬, 무저갱 열쇠, 사탄결박, 천사가 그렇게 함과 천년을 문자적으로 해석하면, 매우 곤란한 귀결에 도달한다. 그런데 문자적으로 해석을 해서 역사적 천년기를 바른 신앙으로 주장하면 뵈트너의 가르침처럼 평신도들은 다 세대론이 되고 만다.[1301]

서철원은 역사적 전천년설이나 세대주의 전천년설은 거의 차이가 없다는 지론을 가지고 있다. 그가 자신의 은퇴 기념 논총에 기고한 "나의 신학"이라는 글의 말미에서 서철원은 구약의 제사제도와 피제사의 회복을 말하는 천년기는 그리스도의 속죄 제사를 임시적으로 만들기 때문에 '철저하게 배격'해야 할 것을 강변했다.[1302] 그는 공교회의 입장이란 천년기론 자체를 배

1300 서철원, "박형룡 박사의 조직신학," 『죽산 박형룡 박사의 생애와 사상』, 박용규 편 (서울: 총신대학교 출판부, 1996): 435-450.
1301 서철원, "박형룡 박사의 조직신학", 447-448.
1302 서철원, "나의 신학," 『성경과 개혁신학』, 서철원박사 은퇴기념 논총위원회 편 (서울: 쿰란출판사,

격하는 것이었음을 지금까지 언급한 두 편의 글에서 명시적으로 말한다.

죽산의 제자이자 정규오를 존경했던[1303] 서철원의 무천년설에 근거한 반천년기론은 개혁신학원 재직시절에 행한 강의 녹취록들에서 분명하게 확인해 볼 수가 있다.[1304] 필자가 참고한 1989년 『종말론 강의』 녹취록은 총 12개 강좌로 되어 있는데, 그 가운데 천년기론을 다루고 있는 강좌는 네 개(7-10강좌)나 된다.[1305] 종말론의 다양한 주제들 가운데 천년기 문제에 1/3을 할애한 것은 서철원이 이 주제를 중요하게 생각했다는 증거이기도 하다. 그가 신학교수 재직시에는 천년기설을 강력하게 비판하고 무천년설을 강변했지만, 그의 고백에 의하면 그도 원래는 '역사적 전천년설'을 강하게 믿고 가르치다가 암스테르담 유학 마지막 시기에 '무천년설'로 입장을 바꾸었다고 한다.[1306] 그의 무천년기에 대한 확신은 다음의 인용에서 두드러진다.

> 여기서 다시 강조해서 말씀을 드리거니와 종말론에 관한 한은 공교회가 한사코 천년기론을 배척을 하고 무천년기, 무천년이라는 말이 없지요. 왜냐하면 주님의 재림, 보편 일반 부활, 한 번의 보편심판, 그리고 신천신지의 도입, 이러게 되어 있으니까 무천년이라는 말이 전혀 없지요. 그러나 그 종말 도식이 성경이 가르치는 종말도식이라고 성경이 가르치는 무천년 도식이다.[1307]

2007), 71-73.
1303 서철원은 1982년에 통과된 자신의 박사논문을 광주중앙교회 담임목사였던 정규오목사에게 헌정했다. 암스테르담 유학시절 전반부에 재정적으로 지원했고, 자신의 신학공부에 대해 정목사가 기울여준 오랜 관심에 대해 감사를 표현했다(Suh, Chul-Won, *The Creation-Mediatorship of Jesus Christ* [Amsterdam Rodopi, 1982], Foreword).
1304 서철원의 무천년설에 대해서 요약적으로 제시한 조봉근은 1983년 여름학기와 1986년의 강의안을 활용했다고 참고문헌에 적고 있는데(조봉근, "칼빈과 한국장로교회의 교파별 종말론에 관한 비교연구", 307-310, 327), 필자가 참고한 것은 1989년 4월-6월에 행한 『종말론 강의』의 녹취본이다. 이 녹취본은 수강자에 의해서 만들어진 것으로 서양 인명이나 단어들이 정확하게 채록되지 않은 곳들이 많이 있음에도 불구하고, 서철원의 입장은 분명하게 전달되고 있다고 사료된다. *본 장에 수록된 논문을 발표한 후인 2018년에 서철원 교수의 교의신학 종말론이 출간이 되었고, 그 내용을 살핀 결과 1989년의 강의안의 기본적인 입장과 동일하다는 것을 확인할 수가 있었다. 그러나 본 장에서 인용하지는 않았다(서철원, 『종말론』[서울: 쿰란, 2018]).
1305 서철원, 『종말론 강의』, 94-160.
1306 서철원, 『종말론 강의』, 143.
1307 서철원, 『종말론 강의』, 128.

서철원은 콘스탄티노플신경(381년)에 나오는 "그의 나라는 끝이 없다"는 구절을 자주 인용하면서, 임시적이고 지상적인 천년왕국에 대한 모든 이론은 맞지 않다고 주장한다.[1308] 또한 그는 무천년기 도식에 따라 종말에 있을 사변들의 순서를 '재림, 일반적 부활, 한 번의 심판, 신천신지의 도입'이라고 말하곤 했다.[1309]

서철원은 한국에 온 선교사들 대부분이 '천년기론 사상'을 가지고 왔기 때문에 한국교회에도 천년기론이 그대로 전달되어 '가장 확실하고 바른 이론'인 것처럼 지내왔다고 비판한다.[1310] 그의 강의 녹취록을 읽어보면 서철원은 무천년기론에 확고히 서있다 보니 '역사적 전천년설'과 '세대주의 전천년설' 간에 거의 구별을 하지 않는다는 것을 확인하게 된다. 그는 '천년기론을 주창을 하면 세대론으로 가는 것이 논리적인 귀결'이라고 말했고,[1311] 몇 가지 차이점 외에는 '둘 간에 별로 차이가 없는 것'으로 보인다라고도 말하기도 했다.[1312] 그러나 그가 천년기에 대한 비판이라고 강의한 내용을 보면 대부분은 '세대주의 전천년설'에 대한 것임을 알게 된다.[1313] 그는 '세대론'이 7세대를 구분하고, 왕국연기론을 주장하며, 이중 재림과 교회의 휴거를 주장하

1308 서철원, 『종말론 강의』, 97, 128. 서철원은 콘스탄티노플회의에서 뿐만 아니라 "그 이후에 모든 공의회들이 다 천년기론에 관한 한은 천년기를 배척하고 무천년을 가장 바르고 합당한 것으로 주장을 하고 믿어오게 되었"다고 말한다(128). 그리고 서철원이 인용한 콘스탄티노플신경의 문장의 원문은 "οὗ τῆς βασιλείας οὐκ ἔσται τέλος; cujus regni non erit finis."이다(Philip Schaff, Creeds of Christendom, 3vols. [New York: Harper & Brothers, 1919], 2:57). 또한 서철원은 "그리스도의 나라는 영원한 나라인데 천년에 제한하는 것은 바람직하지 않다"는 이유에서 칼빈 역시도 천년기를 반대했다고 말한다(서철원, 『종말론 강의』, 126). 이 점에 대해서는 John Calvin, Institutes of the Christian Religion, trans. Ford L. Battles (Philadelphia: Westminster, 1960), 3.25.5를 보라.
1309 서철원, 『종말론 강의』, 20, 98, 99,111, 128, 157. 서철원은 재림과 그 이후에 일어난 일들에 대한 이러한 무천년기 도식이 '가장 바르고 확실한 교회의 신앙'이라고 주장한다(98). 이러한 서철원의 입장은 다음의 대표적인 무천년설자들의 저술에서 개진된 내용과 일치한다: Herman Bavinck, Gereformeerde Dogmatiek, 4 vols. 2nd ed. (Kampen: Kok, 1906-1911), 4: 712-784 (#562-574); 박태현 역, 『개혁교의학 4』 (서울: 부흥과개혁사, 2011), 765-833; Louis Berkhof, Systematic Theology (Grand Rapids: Eerdmans, 1941), 695-734; Anthony A. Hoekema, The Bible and the Future (Exeter: Paternoster, 1979), 109-264 등.
1310 서철원, 『종말론 강의』, 98.
1311 서철원, 『종말론 강의』, 143.
1312 서철원, 『종말론 강의』, 107. 역사적 전천년설이 7세대를 주장하지 않으며, 환난기 통과를 주장한다는 점에서 차이가 있다고 말한다.
1313 서철원, 『종말론 강의』, 107-141. 조봉근, "칼빈과 한국장로교회의 교파별 종말론에 관한 비교연구", 308-309에 서철원의 전천년설, 후천년설에 대한 비판을 요약 소개한다.

고, 7년 대환란을 말하고, 천년왕국시 유대인 중심의 정치적 왕국 혹은 메시아 왕국이 지상에 수립된다고 주장하는 점, 제사제도와 피제사 회복을 주장한 것에 대해서 비판했다. 또한 교회와 유대인을 구별하여 두 백성으로 만드는 것에 대해서도 단호하게 비판한다.[1314] 서철원은 이러한 천년기 사상은 성경적이라기보다는 '유대주의 사고'에서 비롯되었다고 비판을 한다.[1315] 또한 죽산의 천년기론에 대해서도 역시 비판적으로 소개한다.[1316]

그리고 서철원은 무천년기의 입장에 따라 계시록 20장도 문자적으로 해석할 것이 아니라 상징적으로 풀어야 할 것을 역설했다.[1317] 사탄의 결박은 '십자가의 권세로 결박'하는 것으로, 천년기는 '그리스도의 복음이 선포되고 교회가 지상에서 존속되고 그리스도의 교회를 박멸하려고 하는 일이 생기기 전까지의 사탄의 역사의 제약됨'의 기간으로, 천년통치는 '순교자들의 영혼이 하늘나라에 가서 그리스도의 통치에 동참함'을 의미한다고 해석한다.[1318] 이와 같이 서철원은 무천년을 말하되 아주 강렬한 언어로 말했으며, 천년기에 대해 지나칠 정도로 강력하게 비평한 것을 알 수가 있다.

(4) 정승원 교수(1960-)

최근까지 총신에서 조직신학을 가르치는 교수들 가운데 공개적으로 무천년설을 자신의 입장으로 표방하는 학자는 필자와 정승원 교수이다.[1319] 이렇게 말한다고 해서 현재 총신 교수들 가운데 단지 우리 두 사람만 무천년설

1314 서철원, 『종말론 강의』, 117, 133. 서철원은 앗수르의 혼혈정책에 의해서 10개 지파가 끊어져 없어졌음도 명쾌하게 말한다(145-146).
1315 서철원, 『종말론 강의』, 121: "천년기 세대론 뿐만 아니라 천년전기도 다 유대주의 사고에 기독교 사고가 아닙니다. 왜 이와 같은 사고가 생겼느냐? 그들은 이것이 그들의 묵시문학에서 비롯하다."
1316 서철원, 『종말론 강의』, 127. 이놀서 선교사의 영향으로 죽산이 역사적 천년기론을 가지게 되었고, 이는 '교회의 가르치는 근본교리에 의해서 조직신학을 전개'한 것이 아니라고 한다. 이러한 비판은 앞서 언급한 서철원, "박형룡 박사의 조직신학", 447-448에서도 공표한 내용이다.
1317 서철원, 『종말론 강의』, 139-153.
1318 서철원, 『종말론 강의』, 151-152.
1319 정승원 교수는 합신에서 10년간 가르친 후에 2008년에 총신대 교수로 부임해서 2025년 2월말 정년퇴임하기까지 변증학과 현대신학을 가르쳤다. 정교수에 대해서는 이상웅 "정승원 교수의 생애와 신학세계," 「신학지남」 91/4 (2024): 71-113을 보라.

을 취하고 있다는 말은 아니고, 글을 통해 공표한 경우만 언급한 것이다. 개인적으로 여러 교수들에게 천년기 입장을 물어보곤 했는데, 역사적 전천년설과 무천년설의 입장이 팽팽하게 양립하고 있는 상황인 것을 확인하게 되었다. 물론 예전처럼 첨예하게 대립하고 반대 입장을 배척하는 그런 분위기는 존재하지 않는다. 아래에서는 정승원교수와 필자의 입장을 간략하게 개괄하도록 하겠다.[1320]

정승원 교수는 웨스트민스터 신학교에서 "존 칼의 기독론" 연구로 학위를 취득하고 돌아와 처음엔 합신에서 가르치다가 2008년부터 총신에서 조직신학 교수로 재직중이다.[1321] 신대원에서 변증학, 현대신학을 주력하여 가르치면서, 학과 사정상 기독론이나 종말론 등을 가르치기도 한다. 2013년도 2학기 종말론 강의 계획서를 보면 그가 지정한 주교재는 헤르만 리덜보스의 『하나님의 나라』이다.[1322] 그의 종말론 강의는 교과개요에서 볼수 있듯이 구속사적이고, 성경신학적인 관점에서 이루어졌다.[1323] 이러한 특징은 그가 종말론과 관련하여 공표한 두 편의 논문 속에서도 선명하게 드러나고 있다.[1324] 박윤선의 천년기 이해에 대해서 분석하고 비판할 때에도 그는 구속사적인 관점에서 전개했으며, 결론적으로 "1000년의 핵심은 바로 그리스도의 십자가와 부활의 승리"에 있으며, 독생 성자의 피로 구원받은 우리가 그의 공로에 힘입어 "그와 함께 지금부터 세세토록 왕노릇하는 것이다"고 명시한다.[1325] 계시록의 세 구절(1:6, 5:10, 21:6)에 등장하는 '나라와 제사장'의 의미를 해

[1320] 아직 현직에서 가르치고 있기 때문에 최종적인 입장이라고 단언하기는 어렵다는 점을 감안해 주기를 바란다.
[1321] 그의 부친 정문호목사는 박형룡 박사저작전집간행위원회 위원장으로서 20권의 저작전집을 출간하는 일에 큰 기여를 한 사람이다(정문호, 『그 십자가의 그 말씀은 나의 능력이다』[서울: CLC, 2015], 230-244, 356).
[1322] Herman Ridderbos, *De Komst van het koninkrijk* (Kampen: Kok, 1950); ET, *The Coming of Kingdom*, trans. H. de Jongste (Philippsburg: P&R, 1962); 오광만 역, 『하나님의 나라』 (서울: 솔로몬, 2008).
[1323] 정승원은 자신의 논의를 전개하기 위해서 여러 주석들을 활용하지만, 특히 정훈택, "하나님의 나라와 천년," 「신학지남」 231(1992): 158-219; "기독론적 종말론: 신약의 종말론 연구," 「성경과 신학」 13 (1993): 119-149 등을 비중 있게 인용한다.
[1324] 정승원, "박윤선의 '1000년' 이해에 대한 비판적 분석," 「신학지남」 317 (2013): 84-111; "요한계시록에 언급된 '나라'와 '제사장'에 대한 성경신학적 고찰," 「개혁논총」 30 (2014): 195-228.
[1325] 정승원, "박윤선의 '1000년' 이해에 대한 비판적 분석," 110.

명하는 논문에서도 정승원은 '성경의 구속사적 일체성을 근거로' 논의를 전개했다. 그는 구약적 배경을 살피고, 다양한 신약학자들의 논의를 참조하여 마침내 무천년기적인 결론에 이르는 것을 볼 수 있다. 다음과 같은 결론을 보더라도 정승원의 무천년기 입장은 서철원의 입장처럼 강경하지 않음을 알수가 있을 것이다:

> 계시록 20:4-6을 어떻게 이해하며 이 구절을 근거로 어떤 천년왕국을 주장하든지간에 그리스도의 보혈로 말미암아 성도들을 나라(왕)와 제사장으로 삼으신 것은 성경 전체에 흐르고 있는 구속사적 주제이며 오직 죽임 당하신 어린양의 승리와 그를 따르는 자들의 승리가 계시록의 주제임을 부정할 수 없다. 또한 그리스도의 구속의 성취로 말미암는 결과가 최종적으로 그의 재림 후 세워질 새 하늘과 새 땅에서도 성도들이 영원토록 제사장이 되어 왕 노릇하게 될 것이다(계 21:3; 22:3,5).[1326]

(5) 이상웅 교수(2012-현재 재직)의 입장

2012년 가을에 총신에 부임한 이래 가을 학기마다 종말론을 주력하여 가르치고 있는 이상웅 교수는 청소년기에 요한계시록에 빠져서 박윤선의 『계시록 주석』을 읽었고, 박형룡의 『내세론』을 읽으면서 건전한 종말론을 형성하게 되었다. 그러다가 여러 화란 개혁주의 신학자들(카이퍼, 바빙크, 보스, 리덜보스, 후크마 등)의 종말론을 공부하면서 무천년설이 보다 성경적이라고 하는 확신에 이르게 되었다.[1327] 그리고 15년 반 동안 전임 목회 사역을 하면서 요한계시록 강해를 세 차례 연속강해 해 본 후에 『요한계시록』(2013, 2025)을 출간했으며, 총신에서 종말론을 가르치면서 종말론에 관련된 여러 편의 논문을 공표하고 있다.[1328] 그리고 필자는 매년 수강생들에게 '역사적

1326 정승원, "요한계시록에 언급된 "나라" 와 "제사장" 에 대한 성경신학적 고찰", 224.
1327 이상웅, 『개혁파종말론의 관점에서 본 요한계시록』(용인: 목양, 2013), 8-12. *본서는 수정 보완하여 『개혁주의 종말론에 기초한 요한계시록 강해』(서울: 솔로몬, 2019)으로 재출간되었다.
1328 영어로 공표한 다음의 논문들도 보라: Lee, Sangung, "Already but Not Yet': A Study on the

전천년설'이 예장합동의 공식적인 입장임을 소개한 후에, 죽산이 천년기에 대해 어떤 입장을 선택할 것인지를 각자의 양심에 맡겼듯이 필자 역시도 학생 각자가 성경 본문을 잘 연구해서 '역사적 전천년설'과 '무천년설'중에 선택할 것을 권하곤 한다. 그리고 어느 입장을 택하든지 간에 서로의 장점과 약점을 잘 알고, 상대에게 배우고자 하는 자세와 비판에 대해서 주의 깊게 경청하는 것이 필요하다고 가르치곤 한다. 다만 어느 입장에 서든지 간에 비성경적인 종말론과 시한부 종말론의 근거가 되곤 하는 세대주의 전천년설에 대해서는 철저하게 경계할 것을 권하곤 한다.

Background and the Inaugurated Eschatology of Anthony A. Hoekema (1913-1988)," Chongshin Theological Journal 20/1 (Feb. 2015): 120-57; "The Individual Eschatology of Anthony A. Hoekema (1913-1988)," Chongshin Theological Journal 23/1 (Feb. 2020): 61-97.

4. 후천년설(Postmillennialism)

4.1. 들어가는 말

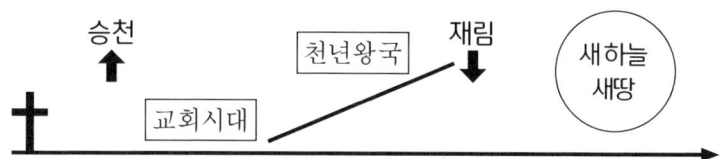

우리가 살펴보고자 하는 세 번째 입장은 후천년설이다. 이 견해에 의하면 복음이 증거된 후에 이 세상의 악은 점점 소멸하게 된다는 것이다. 즉, 여러 가지 사회 사업 제도나 교육 제도의 발전 등으로 이 세상은 점점 문명화되고 기독교화되어서 결국 복음이 온 세상을 덮게 되는데 바로 이것이 천년왕국이고 그 후에 예수님이 재림하신다는 것이다. 이들의 해석에 따르면 예수님께서는 천년왕국이 끝날 무렵에 재림하시는 것이 된다. 예수님께서 지상에 세워지는 천년왕국 후에 재림하신다 해서 후천년설 또는 천년기후 재림설이라고 부른다. 이러한 견해는 역사에 대한 낙관적인 이해라고 특징지워지며, 19세기 후반 미국에서 전개된 월터 라우센부쉬의 사회복음(Social Gospel) 운동은 세속주의적인 후천년설이라고 할 수가 있다.[1329]

1329 박형룡,『교의신학 - 내세론』, 244; Berkhof, *Systematic Theology*, 717-718.

4.2. 후천년설의 시작과 전개 과정

그렇다면 후천년설은 언제 누구에 의해서 시작된 것일까? 주로 루이스 벌코프를 따라 신학을 전개하고 다른 저술들을 통해 보완 작업을 했던 박형룡 박사는 후천년설의 기원자로 아우구스티누스를 지목을 했다.[1330] 그러나 벌코프는 그렇게 주장한 적이 없을 뿐 아니라, 일반적으로 아우구스티누스의 입장은 무천년설 내지 – 비키의 표현대로 하자면 – 개시된 천년기론자라고 할 수가 있다.[1331] 우리가 후천년설의 명시적인 대변자들을 만나게 되는 것은 16, 17세기에 융성하였던 영국 청교도들과 동질적인 운동이었던 네덜란드의 제2차 종교개혁(화란어로 nadere Reformatie라고 부름) 시기의 대다수의 신학자들에게서이다. 벌코프의 제시하는 바에 따르면 화란의 개혁파 신학자들 중에 코케이우스(Coccejus), 알팅(Alting), 비트링가 부자(the two Vitringas), 두트레인(d'Outrein), 빗시우스(Witsius), 호른베이끄(Hoornbeek), 꿀만 (Koelman) 그리고 아 브라끌(à Brakel) 등이다.[1332] 그리고 영미 청교도들 가운데는 존 코튼(John Cotton), 토마스 굿윈(Thomas Goodwin) 등을 들 수가 있다.[1333] 비키와 스몰리에 의하면 "청교도의 황태자"(the Prince of Puritans)라 불리우는 존 오웬(John Owen, 1616-1683)의 경우는 당시대의 주류적 입장이던 전천년설도 후천년설도 따르지 아니하고, 오히려 무천년설을 주장했다고 주장하면서 자료를 제시해 준다.[1334] 하지만 뉴잉글랜드의 신

1330 박형룡, 『교의신학 – 내세론』, 244: "대표적 천년기 후론자들 중에는 첫째로 저 위대한 교부 아우구스티누스가 있으니 그의 탁월하게 견실한 성경 해석은 근 천년 동안 교회의 표준으로 되었던 것이다."
1331 아우구스티누스의 무천년설적 입장은 그의 대작 *De Civitate Dei*, 20.7-9에서 개진되어 있다(김광채 역, 『신국론 제18권-제22권』, 241-259). 비키와 스몰리는 아우구스티누스의 견해를 다음과 같이 약술해 준다: "Augustine, though once a premillennialist, later offered a widely influential interpretation of Revelation 20 that took the binding of Satan to be Christ's binding of the strong man (Matt. 12:29) so that the elect church could be gathered from the nations, and took the thousand years to refer to the spiritual reign of the church raised with Christ during this age (Col. 3:1-2)." (Beeke and Smalley, *Reformed Systematic Theology*, 4:927).
1332 Berkhof, *Systematic Theology*, 716.
1333 Beeke and Smalley, *Reformed Systematic Theology*, 4:930-931. 청교도들의 후천년설에 대한 좀 더 자세한 자료로는 Iain H. Murray, *Puritan Hope*, 장호익 역, 『청교도의 소망』 (서울: 부흥과개혁사, 2011)이다.
1334 Beeke and Smalley, *Reformed Systematic Theology*, 4:930-931. 오웬의 종말론에 관해서는

학자였던 조나단 에드워즈(Johanthan Edwards)의 경우에는 주류적인 영국 청교도 종말론을 따라 후천년설을 확신하고 가르쳤다. 송영목 교수에 의하면 웨스트민스터 대교리문답 191문답도 후천년설을 지지하고 있다.[1335]

그후에도 스코틀랜드 신학자인 브라운(D. Brown)과 버그(J. Berg), 스노우든(J. H. Snowden), 스태포드(T. P. Stafford), 그리고 침례교 신학의 표준적인 교본을 출간했던 스트롱(A. H. Strong) 등이 후천년설을 대변했고,[1336] 1812년에 설립되어 1929년까지의 구프린스턴 신학의 거장들인 하지 일가(Charles, Archibald, and Caspar W. Hodge)와 벤저민 워필드(Benjamin B. Warfield), 그리고 뉴욕 유니온 신학교 교수들인 쉐드(W. G. T. Shedd)와 스미스(Henry B. Smith), 남장로교 신학자인 댑니(Robert L. Dabney) 등이 후천년설을 가르쳤다.[1337] 그러나 19세기 후반에 등장한 세대주의 전천년설이 미국 복음주의를 석권하다시피 하면서, 후천년설은 그 영향력을 잃게 될 뿐만 아니라 1차와 2차 세계 대전을 겪으면서 그 낙관적인 역사 이해는 더 이상 큰 영향력을 가질 수가 없게 되었다.[1338] 널리 알려진 사실이지만 19세기 말 20세기 초반 미국에서 온 선교사들은 후천년설이 아니라 대체로 세대주의 전천년설을 한국인들에게 전수했기 때문에, 한국내에서는 후천년설의 흔적 조차 찾기도 힘들다.

Ryan Thomas Kelly, "Reformed and Reforming: John Owen on the Kingdom of Christ" (Ph. D. dissertation, Vrije Universiteit, 2015), 179-246에 있는 학술적인 논구를 보라.

1335 송영목, 『요한계시록의 신학: 통합적 부분적 과거론과 간본문성을 중심으로 한 구원계시사』 (서울: 성광문화사, 2007), 368. 각주 192. 웨스트민스터 대교리문답 191문답의 내용은 다음과 같다: 문-"둘째 기원에서 우리는 무엇을 위해 기도하는가?" 답- "나라이 임하옵시며" 라는 두 번째 기원에서, 우리 자신과 모든 인류가 본질상 사탄의 지배 하에 있다는 사실을 인식하면서, 우리는 죄와 사탄의 왕국이 파멸되고, 복음이 온 세상에 전파되고, 유대인들이 부르심을 받고, 이방인들의 충만한 수가 돌아오도록 기도한다. 교회가 복음적인 사역자들과 규례들로 온전케 되고, 부패로부터 정화되고, 세상 위정자들에게 칭찬과 지지를 받도록 기도한다. 그리스도의 규례가 순수하게 집행되고, 아직 죄 중에 있는 자들이 회개하고 돌아오고, 이미 회심한자들에게 확신, 위로, 성장토록 기도한다. 그리스도께서 우리 마음을 통치하시며, 우리가 그리스도와 함께 통치할 재림의 날을 위해 기도한다. 그리스도께서 목적하셨던바 모든 세계에서 권능의 나라를 기쁨으로 통치하시도록 기도한다."

1336 Berkhof, Systematic Theology, 716-717.

1337 박형룡, 『교의신학 - 내세론』, 244. 보다 자세한 논의를 보기 위해서는 조형욱, "구프린스턴의 종말론"(철학박사, 총신대학교, 2011)을 보라.

1338 댈러스 신학교의 설립자(1924년)인 루이스 체이퍼(Lewis S. Chafer)는 1936년에 이르러 "천년기 후 재림론은 죽었다"라고 선언한 적이 있다(박형룡, 『교의신학 - 내세론』, 245에서 재인용).

하지만 그렇다고 해서 후천년설이 역사 가운데 완전히 사라진 것은 아니라는 사실도 잊지 말아야 한다. 죽산은 1950년대 들어서 후천년설을 강력하게 대변한 캠벨(Roderick Campbell), 마르셀러스 킥(Marcellus Kik), 그리고 로레인 뵈트너(Loraine L. Boettner) 등을 소개해 준다.[1339] 또한 1977년에 편집된『천년왕국 논쟁』에서는 뵈트너가 후천년설을 대변했고, 1999년에 새로이 편집 출간된『천년왕국이란 무엇인가』에서는 케네스 젠트리 2세(Kenneth Gentry jr. 1950-)가 후천년설을 대변하고 있다. 뿐만 아니라 기독교 재건주의자들(Christian Reconstructionists) 그룹은 여전히 후천년설을 강력하게 따르고 있다. 이제 우리는 이어서 후천년설의 내용을 이해하기 위해서 몇몇 주요 대변인들의 견해를 간략하게 살펴 보고자 한다.

4.3. 나더러 레포르마치 시기의 후천년설 – 빌헬무스 아 브라컬의 후천년설

앞선 역사적 개관에서 언급했지만 16, 17세기 네덜란드에서 활동했던 개혁파 정통주의자들 대부분은 동시대의 영국의 청교도들처럼 후천년설을 정설로 가르치고 저술하기도 했다. 이시기를 네덜란드어로 나더러 레포르마치(nadere Reformatie)라 부르고, 영어권에서는 2차 화란 종교개혁(the Secon Dutch Reformation)이라고 부르기도 한다. 이 시기의 특징이 무엇인지를 먼저 살펴 보도록 하겠다.

나더러 레포르마치는 17세기와 18세기 동안 네덜란드 개혁교회 (Nederduits Gereformeerde Kerk) 안에서 전개된 운동으로서, 살아 있는 신앙의 타락 혹은 부재에 대한 반작용으로 일어나서 개인적인 신앙과 경건의 체험을 중심적인 중요성을 가진 문제로 만들었다. 그런 관점에서부터 그 운동은 실체적이고 절차상의 개혁안을 공식적으로 표명했으며, 교회적이고, 정치적이며 그리고 사회적으로 적절한 여러 작인들에 종속시키면서, 말과 행위 양쪽 면에서 교회, 사회 그리고 국가를 한층

[1339] 박형룡,『교의신학 – 내세론』, 245.

더 개혁함을 통하여 개혁안을 추구해 나갔다.[1340]

이러한 철저한 개혁을 추구했던 나더러 레포르마치 시기의 화란 신학자들은 청교도 내지 경건주의와 정통주의가 조화를 이루고 있는 신학과 목회를 추구했고, 그들 대다수가 후천년설을 정설로 받아들였다. 언약신학을 발전시킨 코케이우스와 헤르마누스 비치우스도 그러했지만, 1700년에 일반 신자들을 위하여 쓴 방대한 교의학 서적인 『합당한 예배』(Redelijke Godsdienst)속에서 빌헬무스 아 브라끌(Wilhelmus à Brakel, 1635-1711)도 동시대의 대세를 따라 후천년설을 확집했다.[1341] 그의 주저 마지막 네 장이 종말론에 할애되어 있는데, 죽음 및 그 이후 영혼의 상태, 죽은 자들의 부활, 최후의 심판과 종말, 영원한 영광 등의 주제이다.[1342] 아 브라끌은 명시적으로 천년기에 대한 논의를 담고 있지는 않지만, 그의 전천년설에 대한 반대는 확인할 수가 있다.[1343]

아 브라끌의 천년기론은 『합당한 예배』의 부록에 수록한 방대한 『요한계시록 주석』(Verklaring van de Openbaring aan Johannes)인데, 영역본 전집을 출간할 때에 누락시켰고 한역본도 동일하게 이 주석이 누락된채 번역되어 있다. 하지만 2016년에 이르러 이 주석은 별도의 단행본으로 출간이 되어졌기 때문에 우리는 아 브라끌의 요한계시록 20장 이해를 살펴볼 수 있게 되었다.[1344] 영역본 서문에서 파넬 맥카터는 아 브라끌의 종말론 입장이 "설

1340 *Documentatieblad Nadere Reformatie* 19 (1995): 108; Joel Beeke and Randall J. Pederson, *Meet the Puritans*, 이한상, 이상웅 공역, 『청교도를 만나다』 (서울: 부흥과개혁사, 2010), 677에서 재인용. 나더러 레포르마치에 대한 소개와 주요 신학자들에 대한 약전 소개는 본서 676-744를 보라.
1341 아 브라끌의 주저는 영역본도 나와있고, 영역본을 토대로 중역한 한역본도 출간되어 있다: Wilhelmus à Brakel, *Logike Latria, dat is Redelijke Godsdienst*, 3 vols. (Leiden: Donner, 1893); *The Christian Reasonable Service*, trans. Bartel Elshout, 4 vols. (Grand Rapids: RHB, 1992-1995); 김효남, 서명수, 장호준 공역, 『그리스도인의 합당한 예배』, 전4권 (서울: 지평서원, 2019). 아 브라끌과 『그리스도인의 합당한 예배』에 관해서는 이상웅, "빌헬무스 아 브라켈의 생애와 『그리스도인의 합당한 예배』," 「갱신과 부흥」 25 (2020): 269-302을 보라.
1342 À Brakel, *Redelijke Godsdienst*, 3:729-789; *The Christian Reasonable Service*, 4:303-370; 『그리스도인의 합당한 예배』, 4:453-557.
1343 À Brakel, 『그리스도인의 합당한 예배』, 4:491.
1344 À Brakel, Redelijke Godsdienst, 3:143-343; ET, *Not To Be Ignored: Rev. Wilhelmus à Brakel's Commentary on Revelation* (Grand Rapids: McCarer Providential Enterprise LLC, 2016).

득력있는 후천년설적 역사주의의 옹호자"(a cogent advocate of postmillennial historicism)였다고 평가해 준다.[1345] 아 브라끌은 그리스도의 재림 후에 지상 천년왕국이 있을 것으로 기대하던 전천년설자들에 대해 비판하고, 17세기 대다수의 화란 신학자들의 경우처럼 그리스도가 재림하시기 전에 있을 성령의 강한 역사로 일어날 복음의 전성시대 혹은 그의 표현대로 "교회의 영광스러운 상태"(De heerlijke staat der kerke/ the glorious state of the church)로서 천년기에 대한 기대를 정설로 제시한다.[1346] 그는 요한계시록 20장 1절-6절에 대해 간략하게 해설해 준 후에,[1347] 후천년설적인 이해에 대항해 제기되는 여러 반론들을 상세하게 반박해 주고 있다.[1348] 아 브라끌과 17세기 화란 신학자들의 후천년설을 집중 연구한 메이어(W. Meijer)는 아 브라끌의 후천년설적인 기대에 대하여 다음과 같이 요약해 준다.

아 브라끌은 적그리스도가 멸망된 후 교회의 전성기를 기대하고 있다. 그 기간은 천년 정도가 될 것이다. 이 기간 동안 마귀는 결박될 것이고, 투르크족은 무너질 것이며, 유대 민족 전체는 그리스도를 약속된 메시야로 인정하게 될 것이다. 더욱이, 이방인들 사이에는 전례 없는 평화와 하나님에 대한 지식이 있을 것이며, 교회는 어떤 정부의 어떤 반대도 겪지 않을 것이다.[1349]

1345 J. Parnell McCarer, "Foreword," in *Not To Be Ignored*, i-xxxiv.
1346 À Brakel, *Redelijke Godsdienst*, 3:317-332; *Not To Be Ignored*, 323-349.
1347 À Brakel, *Not To Be Ignored*, 323-331.
1348 à Brakel, *Not To Be Ignored*, 331-343. 그가 다룬 첫 번째 질문은 "Can a glorious state of the church be expected on earth in the last time of the world?"이고, 그의 답은 다음과 같이 시작된다: "Answer: This view has been felt by many remarkable theologians of all times, and by the majority of those living in our time. I personally think this is very clear from the Word of God..." 그리고 나서 아 브라끌은 무려 10가지의 성경적 증거를 제시해 준다(331-335)
1349 W. Meijer, "De heerlijke staat der kerke: De visie op duizendjarig rijk en de toekomst van het joodse volk bij Wilhelmus à Brakel" (Doctoraalscriptie, Universiteit Utrecht, 2002), 65: "À Brakel verwacht na de vernietiging van de antichrist een bloeitijd voor de kerk. Deze zal de lengte hebben van duizend jaren of daaromtrent. Tijdens deze periode zal de duivel gebonden zijn, de Turk zal verbroken worden en de gehele joodse natie zal Christus gaan erkennen als de beloofde Messias. Verder zal er een ongekende vrede zijn en kennis van God onder de heidenen en de kerk zal geen last hebben van enige tegenwerking van een overheid."

메이어는 또한 이러한 후천년설적인 입장을 가졌던 동시대의 네덜란드 개혁 신학자들로 호드프리우스 우데만스(Godefridus Udemans, c.1581-1649), 야코부스 꿀만(Jacobus Koelman, 1632-1695), 헤르마누스 비치우스 (Hermannus Witsius, 1636~1708), 프리드리히 람쁘(Friedrich A. Lampe, 1683-1729), 떼오도루스 판 데어 흐루(Theodorus van der Groe, 1705-1784) 등을 꼽는다.[1350]

4.4. 미국 청교도 신학자 조나단 에드워즈의 후천년설[1351]

17세기 미국 식민지 시대의 신학자인 조나단 에드워즈(Jonathan Edwards, 1703-1758)는 1734-35년 어간에 일어난 노샘프턴 부흥과 1740-42어간 일어난 제1차 대각성(The First Awakening)을 현장에서 직접 경험하기도 했고, 자신의 시대에 일어난 성령의 강한 대각성의 역사를 분석하고 분별하는 여러 저술들을 남기기도 한 신학자이다.[1352] 특히 에드워즈는 1740-42년에 일어난 뉴잉글랜드 부흥 사건을 역사상 유례가 없는 위대한 성령의 부어주심이라고 믿었고, 그 감격이 너무나 강하여서 "천년왕국의 여명이나 최소한 서막"일 수 있다라고 까지 생각하였다.[1353] 이와 같이 위대한 역사를 바르게 평가하고 그 역사를 증진시키기 위해서 모든 지도자들과 성도들이 협력하는 것

1350 Meijer, "De heerlijke staat der kerke: De visie op duizendjarig rijk en de toekomst van het joodse volk bij Wilhelmus à Brakel," 28-36. 또한 66쪽에 있는 결론적 논평을 보라: "Bij deze uiteenzetting van de zienswijzen aangaande het duizendjarig rijk in de periode van de kerkhistorie waarvan à Brakel deel uit maakte, is het opvallend dat het letterlijk nemen van het duizendjarig rijk op grond van Openbaring 20 pas in de loop van de 17° eeuw is ontstaan. Daarnaast is men in deze hele periode van de Nederlandse kerkhistorie eenduidig over het feit dat de wederkomst van Christus eenmalig is en ná een eventueel vrederijk plaats zal vinden."
1351 Christopher Ralph Smith, "Postmillennialism and the Work of Renewal in the Theology of Jonathan Edwards"(Ph. D. dissertation, Boston College, 1992). 에드워즈의 후천년설에 대해서는 이상웅, 『조나단 에드워즈의 성령론』 (서울: 솔로몬, 2024), 186-188에 공표된 내용을 다소 수정했다.
1352 이상웅, 『조나단 에드워즈의 성령론』, 55-120을 보라.
1353 Jonathan Edwards, *Some Thoughts concerning the Present Revival of Religion in New-England*, ed. C. C. Goen (New Haven and London: Yale University Press, 1972), 353: "'Ttis not unlikely that this work of God's Spirit, that is so extraordinary and wonderful, is the dawning, or, at least, a prelude of that glorious work of God, so often foretold in Scripture, which in the progress and issue of it, shall renew the world of mankind."에드워즈가 왜 그렇게 생각하는지 그의 논증들은 353-58쪽에까지 실려 있다.

이 마땅하다고 그는 주장하기도 했다.[1354]

앞서도 언급했지만 에드워즈는 부흥과 대각성의 시대를 경험하면서 천년왕국의 여명이 아닐까하는 감동을 느끼면서 살았던 사람인데, 그의 이러한 해석과 기대는 자신이 가진 후천년설에 근거한 것이었다.[1355] 이하에서는 에드워즈의 연속 강해원고인 『구속사』(A History of the Work of Redemption)에 개진된 그의 후천년설을 개관해 보고자 한다.[1356] 에드워즈는 요한계시록 20장 1-3절을 인용한 후에 이것은 "지금까지 일어난 어떤 것보다 더 위대한 혁명"(the greatest revolution by far that ever came to pass)의 시대가 될 것이라고 말한다. 그리고 이것은 "성경에서 심판하러 오시는 그리스도로 비유되고 있는 세 번째 중대한 섭리의 역사"라고도 말한다.[1357] 이전 시대의 교회는 씨를 뿌리는 시대로서 눈물과 피로 씨를 뿌렸다면, 이제는 "추수를 거둘 때로서 기쁨으로 그 단을 가지고 다시 돌아오는" 복을 누리게 될 것이라고 주장한다.[1358] 또한 지상교회와 천상교회는 "한 마음과 한 뜻으로 영광스럽게 하나님을 즐거워하고 찬송하게 될 것이다." 이 시기는 "영광스러운 복음 시대"이며 다른 시기들은 이 시기에 대한 전조와 예비가 된다.[1359] 에드워즈에 의하면 이 시기는 영광스러운 미래에 대한 구약의 모든 예언들이 다 성취되는 시기이기도 하다고 말한다.

1354 에드워즈의 부흥론에 대해서는 이상웅, 『조나단 에드워즈의 성령론』, 361-430; 이상웅, 『박형룡 신학과 개혁신학 탐구』, 695-731을 보라.
1355 조나단 에드워즈의 종말론, 특히 그의 후천년설에 대한 논의로는 다음을 참조하라: Christopher Ralph Smith, "Postmillennialism and the Work of Renewal in the Theology of Jonathan Edwards"(Ph. D. dissertation, Boston College, 1992); Jang Kyoung-Chul, "The Logic of Glorification: The Destiny of the Saints on the Eschatology of Jonathan Edwards" (Ph. D. dissertation, Princeton Theological Seminary, 1994); 장경철, "조나단 에드워즈의 종말론과 하나님 나라 이해(1)," 『목회와 신학』(1995.12): 261-73; 장경철, "조나단 에드워즈의 종말론과 하나님 나라 이해(2)," 『목회와 신학』(1996.1): 277-89; 장경철, "조나단 에드워즈의 종교와 사회적 비전," 『조직신학논총』 5 (2006.6.): 203-220; 장경철, "조나단 에드워즈의 후천년설 연구" 『인문논총』 (서울여자대학교 인문과학연구소, 2003): 353-371.
1356 Jonathan Edwards, A History of the Work of Redemption, WJE 9 ed., John F. Wilson (New Haven and London: Yale University Press, 1989); 김귀탁 역, 『구속사』 (서울: 부흥과개혁사, 2007). 에드워즈의 후천년설에 대한 개관은 이상웅, 『조나단 에드워즈의 성령론』, 186-189, 미주 203에 있는 내용을 약간의 수정만 해서 활용했음을 밝힌다.
1357 Edwards, A History of the Work of Redemption, WJE 9:474.
1358 Edwards, A History of the Work of Redemption. WJE 9:477.
1359 Edwards, A History of the Work of Redemption. WJE 9:479-80.

에드워즈는 영광스러운 복음 시대 즉, 천년왕국 시대의 특징들을 여러 가지로 설명해준다. 첫째, 이 시기는 큰 빛과 지식이 지배하는 시기가 될 것에 대해 에드워즈는 다음과 같은 감동적인 필치로 말한다.

> 큰 지식이 모든 곳에서 주어질 것이다. 그 때는 대다수 흑인과 인디언들이 신학자가 되고, 아프리카와 에티오피아와 터키에서 수준 높은 책들이 출판될 것을 바랄 수 있다. 학자들만이 아니라 평범한 사람들도 그 때에는 신앙적 지식이 풍성해 질 것이다. . . 그 때는 종교적 교리의 난제들이 놀랍게 해명되고, 외관상 모순들이 다 해결될 것이다.[1360]

둘째, 이 시기는 거룩함이 충만한 때가 될 것이다. "살아 있는 신앙이 모든 곳에서 풍성하고 팽배할 것이며. . . 두드러졌던 죄악도 도처에서 억제되고, 참된 거룩함이 보편화될 정도는 아닐지라도 일반화될 것이다." 그 때는 모든 사람들이 일상적인 업무와 일을 하는데 있어서 "거룩함이 생생히 드러나고, 일반적인 가정 생활도 하나님께 바쳐지며 거룩한 목적으로 행하게 될 것이다."[1361]

셋째, 그 때에는 모든 면에서 신앙이 가장 좋은 때가 될 것이다. 즉 에드워즈에 의하면 그 시대는 "신앙이 크게 중시되고 영예를 얻는 시대가 될 것이며. . . 성도들이 최고가 될 것이다." 그때에 왕들은 그들이 가진 모든 권세와 영광과 부요함을 가지고 "그리스도의 영예 및 영광과 그의 교회의 유익을 높이는데 사용"하게 될 것이라고 에드워즈는 내다 보았다.[1362]

넷째, 그 때는 넉넉한 평화의 시대가 될 것이다. 세상을 지배하던 혼란, 전쟁, 그리고 피흘림 대신에, "보편적 사랑과 선한 이해"(universal peace and good understanding)가 있을 것이라고 에드워즈는 보았다.[1363] 에드워즈는 이

1360 Edwards, *A History of the Work of Redemption*. WJE 9:480. 본문 인용은 『구속사』, 618에서 취한 것이다.
1361 Edwards, *A History of the Work of Redemption*. WJE 9:481-82.
1362 Edwards, *A History of the Work of Redemption*. WJE 9:482.
1363 Edwards, *A History of the Work of Redemption*. WJE 9:482.

상적인 이 시대에는 지배자와 백성들의 관계도 질적으로 변화할 것이라고 예고한다.

> 지배자는 그 백성을 사랑하고, 온 마음을 다해 그들의 최고선을 추구할 것이다. 그리고 백성은 그 지도자를 사랑하고, 기쁘게 그들에게 복종하고, 그들에게 합당한 영예를 돌릴 것이다. 또한 돌보는 자와 돌봄을 받는 자 사이에도 행복한 사랑과 평강이 충만할 것이다.[1364]

그리고 성령의 고상한 열매들인 미덕들이 탁월하게 나타날 것이라고 주장한다. 에드워즈에 의하면 "그때는 사람들의 기질과 성향이 하나님의 어린 양이신 사랑스러우신 예수님 같이 될 것이다. 몸은 머리에 순응할 것"이라고 한다.[1365]

에드워즈는 이와 같은 교회의 황금 시대가 얼마나 지속될 것인가에 대해서 문자적인 천년이라고 생각하지는 않았다. "교회의 번영 상태의 지속 기간에 대해 간략히 말해 보겠다. 그것은 오랜 기간이 될 것이다"라고 에드워즈는 말하면서 요한계시록 20장 4절("천 년 동안 왕노릇 하니라")과 사 60장 15절("영원한 아름다움과 대대의 기쁨이 되게 하리니")을 같이 인용함으로써 천년은 곧 시간적으로 계측할 수 없는 오랜 시간을 가리킨다고 해석하였다.[1366]

조나단 에드워즈의 후천년설적인 부흥과 대각성에 대한 소망은 제2차 대각성운동 때도 강하게 영향을 미쳤고, "매튜 헨리, 토마스 스콧, 아담 클락과 같은 그 시대의 유명한 주석가들은 성경에 대한 후천년설적인 이해를 분명하게 표현"해 줌으로 후천년설이 교회의 주류가 되게 만들었다.[1367]

1364 Edwards, 『구속사』, 622.
1365 Edwards, *A History of the Work of Redemption*. WJE 9:483. 에드워즈는 계속해서 이 시대의 특징 네 가지를 더 묘사한다. 즉 5. 교회의 권징과 관리에 있어서 가장 바람직한 질서의 시대가 될 것이다. 6. 하나님의 교회가 정말 아름답고 영광스러울 것이다. 7. 현세적으로 큰 번영의 시기가 될 것이다. 8. 큰 즐거움의 시기가 될 것이다(484-85).
1366 Edwards, *A History of the Work of Redemption*. WJE 9:485-86.
1367 Weber, "대중적인 천년왕국 운동들로서의 세대주의적 전천년설과 역사적 전천년설," 45.

4.5. 구프린스턴과 19세기 신학자들의 후천년설

식민지 시대의 뉴잉글랜드 신학자들의 부흥과 지상에서의 천년왕국에 대한 강력한 기대는 이후 19세기 미국 교회사의 특징이 되기도 했다.[1368] 조지 말스던은 자신의 학위논문에서 19세기 신학파(New School) 가운데 후천년설이 어떻게 부흥에 대한 기대와 더불어 강력하게 존재했는지를 잘 서술해 주기도 했다.[1369] 후천년설 때문에 부흥을 사모했을 뿐 아니라 선교와 사회 제도 개혁과 같은 일에도 앞장 서게 되었다는 점을 우리는 주목할 필요가 있다. 19세기 후반 복음주의 세계를 석권하다시피하는 세대주의 전천년설자들은 후천년설을 취하면 재림에 대한 소망도 없어지게 할 뿐 아니라 선교에의 동력을 약화시킨다고 비판하기도 하기 때문이다. 이제 우리는 복잡한 역사적 개관은 피하고, 1812년에 설립된 프린스턴 신학교의 후천년설 전통과 19세기 신학자들의 후천년설에 집중해서 개관해 보려고 한다.

4.5.1. 구프린스턴의 후천년설

앞서 살펴본대로 17-18세기에 영어권과 네덜란드에서 대세가 되었던 후천년설은 19세기 구프린스턴 신학 전통에서도 계승되었다.[1370] 구프린스턴 신학자들 가운데 종말론에 대한 입장이 다양성을 가진다는 주장도 있지만,[1371]

1368 티모시 웨버는 19세기 초반 미국의 종말론적인 상황을 다음과 같이 적실하게 정리해 준다: "19세기 전반에, 복음주의 기독교는 압도적으로 후천년설이었다. 역사가들은 남북전쟁 이전을 '복음적인 제국'(evanglical empire)이라고 부르는데, 이것은 낙관론, 성장, 민주주의 이념을 그 특징으로 한다. 종교와 정치 분야의 지도자들은 천년동안의 새로운 나라를 이 세상 가운데 특별한 역할을 할 '산 위에 있는 동네'(city upon a hill, 마 5:14-역주)로 생각했다."(Weber, "대중적인 천년왕국 운동들로서의 세대주의적 전천년설과 역사적 전천년설," 44).
1369 George M. Marsden, *The Evanagelical Mind and the New School Presbyteiran Experience* (1970/ Eugene: Wipf&Stock, n.d.), 185-190. 말스던은 19세기 신학파 신학자들과 목회자들이 부흥과 황금기에 대한 몽상적 기대에 머문 것이 아니라 선교나 노예 해방과 같은 사회적 개혁에 이르기까지 동력이 되었다는 점을 잘 적시해 주고 있다.
1370 구프린스턴 신학(Old Princeton Theology)은 프린스턴 신학교가 설립된 1812년부터 1929년까지의 기간을 의미한다. 이 기간 동안의 신학의 특징에 대해 김길성 교수는 다음과 같이 적실하게 논평해 준다: "1812년 신학교의 설립 이래로 1929년까지 동 신학교에서는 스코틀랜드의 상식철학의 도움을 받아 성경의 영감과 무오, 그리고 그 권위에 대한 확고한 신념과 동시에 장로교 표준문서인 웨스트민서 신도게요와 대소교리문답에 구현된 성경의 근본 교리들에 대한 입장을 일관되게 변호하였다."(김길성,『개혁신학과 교회』, 13; 이상웅,『박형룡 신학과 개혁신학 탐구』, 57에서 재인용).
1371 조형욱, "구프린스턴의 종말론" (철학박사, 총신대학교, 2010); 조형욱, "구 프린스턴 신학의 종말론과

엄밀하게 따져 본다면 다른 천년기론을 주장한 교수들은 소수(minority)였고, 구프린스턴 신학을 개시하고 계승했던 주요 신학자들인 아치발드 알렉산더(Archibald Alexander, 1772-1851),[1372] 찰스 하지(Charles Hodge, 1797-1878), A. A. 하지 (A. A. Hodge, 1823-1886), 벤저민 워필드(Benjamin B. Warfield, 1851-1921) 등은 후천년설을 확고히 고수하고 가르쳤다.[1373] 이들은 모두 신학교의 지로적인 역할을 한 조직신학 (Didactic and Polemic Theology) 교수들이었다.[1374]

찰스 하지는 오랜 재직 기간 동안 프란치스코 투레티누스의 『변증신학강요』(전3권, 1679-1685)를 교재로 사용하다가, 만년인 1872-1873어간에 자신의 대작 『조직신학』(전3권)을 출간했다.[1375] 하지는 "다소 염세적인 무천년설"을 개진했던 투레틴과 달리 구프린스턴이 산출한 최고의 조직신학 교과서에서 후천년설적인 종말론을 제시하고 있다.[1376] 후천년설을 명시적으로 개진한 것은 아니지만, 후천년설적이라고 할 수가 있다.[1377] 그의 『조직신학』 3권 4부 종말론의 제3장(재림)에 보면 재림 전에 일어날 일들로 "복음의 우주적인 확산," "유대인의 회심," 그리고 "적그리스도의 도래" 등을 들고 있고,[1378]

세대주의 종말론: 세대주의 전천년설에 대한 구 프린스턴 신학의 경계," 「조직신학연구」 17 (2012): 112-133.

1372 프린스턴 신학교의 창립 교수인 아치발드 알렉산더는 교회의 마지막 날의 영광이 "전 세계의 복음으로의 회심"에 있다고 기대하면서 선교와 전도를 강조했지만, 천년왕국은 기대하지 않았다. 그래서 존 옥시어(John W. Auxier)는 "천년왕국이 배제된 후천년설"이라고 적시해 준다(박웅규, "찰스 핫지의 종말론," in 길자연, 강웅산 편저, 『찰스 핫지의 신학』 [서울: 솔로몬, 2009], 178).

1373 따라서 구프린스턴의 역사서에서 데이비드 칼훈은 "The Princeton theologians were all postmillennialists, holding that Christ would return after the millennium."(David B. Calhoun, Princeton Seminary, 2 vols. [Edinburgh: Banner of Truth, 1996], 2:183)라고 평가한다.

1374 조형욱이 정리한 바에 따르면, 네 교수의 교수 재직 기간은 다음과 같다: 아치발드 알렉산더 (1812-1840), 찰스 하지 (1840-1878), A. A. 하지 (1877-1886), 워필드 (1887-1921)(조형욱, "구프린스턴의 종말론," 114).

1375 Charles Hodge, Systematic Theology, 3 vols. (New York: Scribners, 1872-1873).

1376 박웅규, "찰스 핫지의 종말론," 180.

1377 Kromminga, The Millenium in the Church, 278; 조형욱, "구프린스턴의 종말론," 75-95; 박웅규, "찰스 핫지의 종말론," 171-206.

1378 Hodge, Systematic Theology, 3:792: "Secondly, that the events which are to precede that advent, are 1. The universal diffusion of the Gospel; or, as our Lord expresses it, the ingathering of the elect; this is the vocation of the Christian Church. 2. The conversion of the Jews, which is to be national. As their casting away was national, although a remnant was saved; so their conversion may be national, although some may remain obdurate. 3. The coming of Antichrist." 하지의 자세한 설명은 Systematic Theology, 3:800-836를 보라.

그리스도의 재림과 더불어 일어날 일들에 대해서는 죽은 자의 일반적인 부활, "일반적 심판," "세상의 끝" 그리고 "그리스도의 나라의 완성" 등을 열거하고 있다.[1379] 박응규 교수는 찰스 하지의 종말론의 배경과 내용을 논구한 후에, 그의 후천년설의 특징들로 "선교적이며 영적인 특성," "천년 왕국의 비(非)중심성," "예언서 해석원리들의 상관성" 등을 제시해 주고 있다.[1380]

찰스 하지의 아들이자 후임자가 된 A. A. 하지 역시도 후천년설적인 이해를 자신의 주저에서 개진해주고 있다. 그는 두 번의 부활을 전제로 하는 전천년설적 이해는 성경적인 근거가 없고, 오로지 그리스도의 재림 때에 의인과 악인의 부활이 동시적으로 있을 뿐이라고 적시해 준다.[1381] 그는 성경적인 천년왕국 교리는 과거 어느 시기 보다 복음이 모든 인간 가족들 위해 영향을 미치게 되는 때가 올 것이며, 이는 점진적으로 이루어질 것이며, 그 어느 시점에 유대인들이 회심하게 될 것이며, 그 시기 끝에 잠깐 동안의 배교가 있고, 곧 바로 재림, 일반 부활과 심판 등이 있을 것이라고 그 개요를 제시해 준다.[1382]

찰스 하지의 제자이자, A. A. 하지의 후임이 된 벤저민 워필드는 은사인 찰스 하지의『조직신학』으로 만족하고 체계적인 교본을 저술하지 않았다. 수많은 아티클들을 통해 자신의 신학적인 내용과 당시대 신학에 대한 평가를 공표했을 뿐이다. 그는 천년기에 대해 1904년 프린스턴 신학 리뷰에 아티클을 기고했다.[1383] 워필드는 명확하게 자신의 입장을 후천년설로 명명하지 않았을 뿐 아니라, 천년기에 대해 "몸을 떠나 주와 함께 있는 성도들의 복"(the blessedness of the saints who have gone away from the body to be at home with the Lord)이라고도 말하기 때문에 무천년설이라고 오해를 받

1379 Hodge, *Systematic Theology*, 3:792: "Thirdly, that the events which are to attend the second advent are:- 1. The resurrection of the dead, of the just and of the unjust. 2. The general judgment. 3. The end of the world. And, 4. The consummation of Christ's kingdom." 하지의 자세한 설명은 *Systematic Theology*, 3:837-880을 보라.
1380 박응규, "찰스 핫지의 종말론," 194-199.
1381 A. A. Hodge, *Outlines of Theology* (1878/ rep. Edinburgh: Banner of Truth, 1999), 571.
1382 Hodge, *Outlines of Theology*, 568-569.
1383 Benjamin B. Warfield, "The Millennium and the Apocalypse," *Biblical Doctrines* (Grand Rapids: Baker, 2003), 643-664.

기도 했다.[1384] 하지만 1904년에 쓴 "천년왕국과 요한계시록"에서 워필드가 개진한 입장은 분명히 후천년설적이다. 그는 그리스도의 재림 이전 교회 시대를 단순히 갈등의 시대로 보지 않고, 그리스도의 복음이 진보하여 악을 정복하는 시대로 보았고 결국에는 복음에 의한 황금 시대가 올 것을 바라보았다.[1385] 워필드 신학을 체계적으로 요약한 프레드 재스펠은 다음과 같이 워필드의 입장을 잘 요약 정리

> 초림과 재림 사이의 시기는 점증하는 복음의 승리로 특징지어지며, 그 마지막 날의 영광은 그리스도께서 재림하시기 직전의 황금시대(a golden age)로 절정에 이르게 될 것이라고 그는 확인한다. 워필드는 이 시대를 통하여 "갈등은 승리로 이월되며" 악은 지속적으로 소멸되어질 이라고 확신했다. 확실히 이것은 후천년설이다(Certainly, this is postmillennialism).[1386]

이처럼 구프린스턴 시기(1812-1912)의 프린스턴 신학교의 주류적인 종말론은 분명히 후천년설적이었다. 그러하기에 20세기에 활동했던 여러 제자들 역시도 후천년설을 계승하기도 하였다. 프린스턴 출신이면서 웨스트민스터 신학교 설립에 기여한 J. 그레셤 메이첸(John G. Machen, 1881-1937)과[1387] 존 머리(John Murray, 1898-1975) 등을 예로 들 수가 있다.[1388]

1384 Samuel G. Craig, "Benjamin B. Warfield," in Samuel G. Craig (ed.), *Biblical and Theological Studies* (Philadelphia: P&R, 1968), xxxix-xli; Fred G. Zaspel, *The Theology of B. B. Warfiled: A Systematic Summary* (Wheaton: Crossway, 2010), 539. 각주 24. 특히 수정된 세대주의자인 존 월부어드가 그렇게 오해했다.
1385 Warfield, "The Millennium and the Apocalypse," 662-664. 또한 1915년에 워필드가 공표한 "Are There Few That Be Saved?," in Craig (ed.), *Biblical and Theological Studies*, 334-350에서도 초림과 재림사이의 교회 시대에 복음에 의한 승리를 교회가 경험하게 된다고 주장한다.
1386 Zaspel, *The Theology of B. B. Warfiled: A Systematic Summary*, 538-539. 좀더 자세한 분석과 평가는 조형욱, "구프린스턴의 종말론," 104-113을 보라.
1387 J. Gresham Machen, *God Transcendent*, 51.
1388 John Murray, *The Epistle to the Romans*, 아바서원 번역팀, 『로마서 주석』 (서울: 아바서원, 2014), 571-592.

4.5.2. 19세기 신학자들의 후천년설- 쉐드, 댑니, 스트롱

우리는 19세기 미국 신학계에 융성했던 후천년설은 비단 프린스턴 신학자들에게 제한된 것이 아니었다는 것을 주의해야 한다. 뉴욕 유니온 신학교 교수였던 쉐드(W. G. T. Shedd, 1820-1894)는 사도신경 조항에 천년기가 포함되지 않은 것을 특기하고, 전천년설 신앙은 신경적 위치를 가지지 못한다는 점을 강변했다. 그러면서도 요한계시록 20장 4-6절의 그리스도와의 통치는 순교자들이 누리는 영광이라고 강조하고, 지상에서의 "복음의 승리"(the triumph of the gospel upon earth)를 말하기도 한다.[1389]

또한 남장로교 신학자였던 로버트 댑니(Robert L. Dabney, 1820-1898)는 조직신학 70번째 강의안에서 부활을 다루는 중에 재림 전에 천년기가 있을 것임을 천명하면서 웨스트민스터 신앙 고백서의 신학과 일치할 뿐 아니라 "사도적이고 교회적인 교리"(the Apostolic and Church Doctrine)이라고 말한다.[1390] 댑니는 그리스도의 지상 재림 전에 일어날 일들에 대해서 다음과 같이 서술해 준다.

> 이 두 번째 강림 전에 다음과 같은 사건들이 일어나야만 한다. 교황제인 적그리스도의 발전과 세속적 전복(살후 2:3-9; 단 7:24-26; 계 17, 18장), 모든 민족에게 복음이 전파되고, 모든 민족중에서 모든 거짓 종교에 대한 기독교의 전반적인 승리가 있으며(시 72:8-11; 이 2:2-4; 단 2:44, 45; 7:14; 마 28:19, 20; 롬 11:12, 15, 25; 막 13:10; 마 24:14), 유대인들이 전반적이고 국가적으로 기독교회로 돌아오는 일(롬 11:25, 26) 등.[1391]

1389 W. G. T. Shedd, *Dogmatic Theology*, 3 vols. (1888-1894/ rep. Grand Rapids: Zondervan, n.d.), 2:641-646.
1390 Robert L. Dabney, *Systematic Theology* (1871/ Edinburgh: Banner of Truth, 2002), 837-838.
1391 Dabney, *Systematic Theology*, 838: "Before this second advent, the following events must have occurred. The development and secular overthrow of Anti- christ, (2 Thess. ii: 3 to 9; Dan. vii: 24-26; Rev. xvii, xviii :) which is the Papacy. The proclamation of the Gospel to all nations, and the general triumph of Christianity over all false religions, in all nations. (Ps. lxxii: 8-11; Is. ii: 2-4; Dan. ii: 44, 45; vii: 14; Matt. xxviii: 19, 20; Rom. xi: 12, 15, 25 ; Mark xiii: 10; Matt. xxiv: 14). The general and national return of the Jews to the Christian Church. (Rom. xi: 25, 26)."

그리고 또한 침례교 신학자인 어거스트 스트롱(August G. Strong, 1836-1921) 역시 후천년설을 가르쳤는데,[1392] 그는 몇 페이지에 걸쳐 천년기에 대해서 다룬 후에 다음과 같이 자신의 입장의 결론을 제시해 준다.

> 그러므로 우리는 계시록 20:4-10이 매우 비유적인 언어로 가르치는 것으로 가장 잘 해석할 수 있다. 이는 죽은 성도들의 몸의 부활에 관한 것이 아니라 성령의 특별한 영향으로 순교자들의 영이 다시 나타나고, 참 종교가 크게 살아나고 부활하며, 그리스도 교회의 회원들이, 전에는 알 수 없었던 정도로, 그리스도 안에서 교회 안팎에 있는 악의 권세를 이길 수 있는 힘을 의식하게 되는 전투적 교회의 후기 시기를 의미한다.[1393]

4.6. 로레인 뵈트너(Loraine Boettner, 1901-1990)의 후천년설

19세기에 융성했던 후천년설은 1, 2차 대전의 비극을 겪으면서 신학계에서 많이 약화된 인상을 준다.[1394] 물론 미국 교회사로 보자면 남북전쟁(1861-1865)이 끝난 후, 다비의 세대주의 전천년설이 들어와 미국 복음주의의 대세가 됨에 따라 신학자들의 종말론과 다른 천년기 견해가 목회자들과 신학생들 그리고 교인들의 마음을 사로잡기 시작했다는 점도 사실이다. 아무튼 이러한 시대적 변화에도 불구하고 후천년설은 20세기에 살아 남았으며 특히 기독교 재건주의자들에 의해서 하나의 강력한 신학적 학파로 여전히 존재하고 있다는 점을 우리는 간과해서는 안될 것이다.

우리는 먼저 로레인 뵈트너의 후천년설을 살펴보고자 한다. 그는 여러 저술들이 현재까지도 출간 보급되고 있는 미국 장로교 신학자이자 저술가이

1392 August H. Strong, *Systematic Theology*, 3 vols. (1907/ Philadelphia: Judson Press, 1943), 1010-1015. 죽산 박형룡의 교의신학 저술 과정에서 스트롱의 교본도 적지 않은 영향을 미쳤기 때문에, 죽산 신학 연구자들은 스트롱도 신학적 고찰의 대상으로 삼아야 한다.
1393 Strong, *Systematic Theology*, 1013.
1394 Kromminga, *The Millenium in the Church*, 264-265.

다.¹³⁹⁵ 그는 1925년에 프린스턴 신학교에 입학하여 1929년까지 재학하면서 신학사와 신학석사 학위를 취득했기 때문에, 당시의 많은 프린스턴 출신들처럼 후천년설을 확집했다.¹³⁹⁶ 그의 후천년설은 1957년에 첫 출간되고, 1984년에 개정되어 나온 『천년왕국』(The Millennium)에서 자세하게 개진되어 있고,¹³⁹⁷ 클라우스 편집서에 수록된 요약적인 글이 있다.¹³⁹⁸ 후자의 기고문이 뵈트너의 완숙한 입장을 대변해 주기도 하지만, 분량상 그의 주장의 요지를 파악하기에 유리하기 때문에 이하에는 후자의 기고문을 개관해 보도록 하겠다.

뵈트너는 먼저 후천년설이 무엇인지 정의를 내림으로 논의를 시작했다.

> 후천년설은 하나님의 나라가 지금 복음 전도와 개인들의 마음속에서의 성령의 구원 사역을 통해 세상에서 확장되고 있다는 것과 세상이 궁극적으로 기독교화되리라는 것과 그리스도의 재림은 흔히 천년왕국이라 불리는 의(righteousness)와 평화의 긴 기간 끝에 일어나리라는 것을 주장하는, 마지막 일들에 관한 관점이다.¹³⁹⁹

그에 의하면 천년왕국은 "현재 시대 즉, 교회 시대 동안의 영적 번영의 황금시대"를 의미한다.¹⁴⁰⁰ 그는 그러한 황금시대에 죄가 모두 없어지지는 않지만, "많은 형태의 모든 악이 무시해도 좋을 정도로 축소"되어질 것이며, "기독교의 원칙들이 예외가 아니라 규칙이 되리라는 것과 그리스도가 참으로 기독교화된 세상으로 돌아오"시게 될 것이라고 기대한다.¹⁴⁰¹ 뵈트너는 이러한 소

1395　정성구, "로레인 부트너 박사의 서거," 「신학지남」 57/2 (1990): 4-5; https://en.wikipedia.org/wiki/Loraine_Boettner (2024.12.12. 접속). 후자에 의하면 로레인의 부친은 독일 출신이었기 때문에 뵈트너라고 읽는 것이 합당하다.
1396　1920년대에 프린스턴 신학교에서 공부했던 이들 중에 마르셀러스 킥(J. Marcellus Kik)도 후천년설 입장을 표방했지만, 윌리엄 그리어(William J. Grier)나 함일돈 선교사(Floyd E. Hamilton) 등은 무천년설을 택했고, 뵈트너 보다 2년 먼저 프린스턴에 수학하러 갔던 죽산 박형룡은 역사적 전천년설을 택하였다.
1397　Loraine Boettner, The Millennium (Philadelphia: P&R, 1957/ revised ed. - 1984).
1398　Loraine Boettner, "후천년설," in Clouse (ed.), 『천년왕국 논쟁』, 145-173.
1399　Boettner, "후천년설," 145.
1400　Boettner, "후천년설," 145. 뵈트너는 천년을 문자적인 천년으로 확정하지 않고, "아마도 문자적인 1,000년보다 훨씬 긴 기간 동안 계속될" 것이라고 해석한다.
1401　Boettner, "후천년설," 146.

망의 근거로 지상 명령(마 28:18-20)을 제시하면서, 이 명령이 "모든 민족의 참되고 효과적인 복음화도 포함하여 사람들의 마음과 삶이 그것을 통해 변혁될 것"을 함축하고 있다고 해설해 준다.[1402]

뵈트너에 의하면 천년왕국은 "삶의 기본적인 사실에 관한 한 본질적으로 우리의 시대와 크게 다르지 않을 황금시대"라는 점을 상술하여 설명해 주기도 한다.[1403] 그리고 전천년주의자들이 부활한 성도와 자연인이 섞여 사는 지상 천년왕국을 기대한다면, 자신은 "사람들의 마음 속에 있는 영적 왕국"을 기대한다고 말하기도 한다.[1404] 그에 의하면 후천년설자들은 "그리스도의 구속 사역의 보편성"을 강조하여 "인류의 믿을 수 없을 정도로 많은 수가 구원될 것"을 소망한다고 특징화한다.[1405] 그는 이러한 과정은 수백년의 기간을 통해 진행되지만, 우리는 "전진하는 승리의 시대"에 살고 있다고 낙관론을 말해 주기도 한다.[1406] 그렇게 해서 재림하시기 전에 우리가 보게 되는 세상은 "기독교화된 세상"이 될 것이라고 꿈꾸기도 한다.[1407] 또한 뵈트너는 서구 문명이나 풍조의 긍정적인 발전의 내용들을 길게 나열해 주기도 한다.[1408] 비서구권에서 나라들에서도 문명의 발달뿐 아니라 "복음의 진보를 위한 토대"가 놓였다고 말한 후에, 뵈트너는 후천년설자로서 가진 세계 복음화에 대한 확신을 다시 한번 표명한다.

> 우리는 후천년설은 복음이 세상을 회심시킬 수 있는 능력에 관해 절망하지 않으며, 복음은 패배할 수 없고, 수 세기 동안 득세할 것이고, 궁극적으로 그 목표가 이뤄질 것이라는 입장을 유지한다고 말할 수 있다.[1409]

1402 Boettner, "후천년설," 146.
1403 Boettner, "후천년설," 149.
1404 Boettner, "후천년설," 150. 뵈트너는 전천년설자들의 "뒤섞인 왕국"에 대한 발상에 대해 "하늘에 죄를 들여놓는 것과 동등"하다고 비판한다.
1405 Boettner, "후천년설," 152-154. 뵈트너는 심지어 "교회에게 약속된 미래의 번영의 날에 비추어 볼 때 궁극적으로 대다수가 구속되리라고 추론될 수 있"다고 주장하기도 한다(153).
1406 Boettner, "후천년설," 154.
1407 Boettner, "후천년설," 155. 뵈트너는 서구 문명이나 풍조의 긍정적인 발전의 내용들을 길게 나열해 주기도 한다(155-
1408 Boettner, "후천년설," 155-159.
1409 Boettner, "후천년설," 160.

뵈트너는 천년기에 부수적으로 "물질적인 번영"과 자연의 놀라운 변화 등도 동반될 것으로 기대한다.[1410] 그러나 그러한 천년기는 달력에 표시될 수 있는 형태로 오지 않고, "교회사의 위대한 시기들처럼 점진적이고 불확실하게 다가온다"고 적시하기도 한다.[1411]

"해석의 문제"라는 절에서 뵈트너는 네 가지 천년기론은 성경의 해석에 근거하고 있다는 점을 주목한다. 그는 세대주의자들이 그리스도의 초림 예언이 모두 문자적으로 성취되었듯이 재림 예언 역시도 문자적으로 해석해야 한다는 문자주의에 강력하게 반대하면서 다양한 성경적 증거들을 제시해 준다.[1412] 오히려 성경의 많은 내용이 "비유적 또는 상징적 언어로 주어져서 아무리 상상력을 발휘하더라도 문자적으로 취해질 수"없다고 그는 강변해 준다.[1413] 뵈트너는 어떤 천년기를 취하느냐로 교회가 분열되고 성도의 교제가 심각하게 방해받는 것에 대해서 경계의 목소리를 발한 후에, 다음의 내용을 자신의 기고문을 끝맺는다.

> 따라서 사실상 교회의 모든 분파는 천년왕국에 대한 어느 특정한 해석을 신조의 조항으로 삼기를 거절했고 그리스도가 오실 것이라는 사실을 믿는 모든 사람을 그리스도인 형제로 받아들이기를 선호했다. 그러므로 우리가 개인적으로 그리스도의 오심의 방식과 시기에 관해 매우 확고한 견해를 가질 수 있는 반면 우리의 표어는 '본질에서는 일치를, 비본질에서는 자유를, 모든 사안에 자비를'이 되어야 한다.[1414]

4.7. 케네스 젠트리 2세(Keneth Gentry jr., 1950-)의 후천년설

후천년설은 20세기 후반 기독교 재건주의자들(Christian Reconstruction-

1410   Boettner, "후천년설," 151-162.
1411   Boettner, "후천년설," 163-164.
1412   Boettner, "후천년설," 164-168.
1413   Boettner, "후천년설," 168.
1414   Boettner, "후천년설," 173.

ists)에 의해서 계승되고 개진되었다.[1415] 그 가운데는 밴틸의 변증학을 가장 잘 이해하면서 가르쳤다고 하는 그렉 반슨(Greg Bahnsen, 1948-1995)이 포함되어 있다. 그리고 원래는 세대주의자였다가 그의 지도하에 신율주의(theonomy)와 후천년설로 전향한 최근의 대표자가 바로 케네스 젠트리 2세이다. 그는 리폼드 신학교와 휫필드 신학교를 졸업한 후 개혁파 장로교단의 목사로 사역한 후에 은퇴했으며, 수 많은 저술들을 출간했다.[1416] 두 권의 계시록 주석을 비롯하여 종말론에 관련된 다양한 저술들이 있지만, 우리는 1999년에 출간된 대럴 벅 편집서인 『천년왕국이란 무엇인가』에 기고된 그의 글을 살펴 보고자 한다.[1417] 젠트리 2세는 먼저 후천년설이 무엇인지에 대한 정의를 내림으로 자신의 글을 시작한다.

> 후천년왕국론이란 성령이 선포하시는 예수 그리스도에 대한 복된 복음이 현세에서 굉장한 규모의 인류 다수를 구원으로 이끄는 데 성공할 것임을 기대하는 것이다. 복음 전파의 성공은 그리스도의 재림 이전까지 현세 안에서 점차적으로 증가할 것이며, 이로 인해 믿음, 의, 평화, 번영 등이 사람들과 국가들을 장악하게 될 것이다. 이런 상태의 확장 이후에, 주님은 가시적이고 육체적으로 큰 영광 가운데 재림하셔서, 모든 인류를 부활시키시고 그들을 심판하심으로써 역사를 종결시키실 것이다. 그러므로 우리의 체계는 주님의 영광스러운 재림이 "천년왕국"의 상황 이후에 일어난다고 하는 후천년왕국론의 체계가 되는 것이다.[1418]

1415 기독교 재건주의는 신율(theonomy)과 후천년설 등을 특징으로 한다(https://en.wikipedia.org/wiki/Christian_reconstructionism. 2024.12.28. 접속). 또한 20세기 후반 여러 나라들에서 교회의 놀라운 성장과 더불어 "순화된 형태"의 후천년설이 등장하기도 했다: John J. Davis, *Christ's Victorious Kingdom* (Grand Rapids: Baker, 1986); Keith A. Mathison, *Postmillennialism* (Philippsburg: P& R, 1999). Craig Blomberg and Sung Wook Chung, A Case for *Premillennialism*, 조형욱 역, 『역사적 전천년설』 (서울: CLC, 2014), 27-28.
1416 그의 생애 이력과 저술에 대한 간단한 소개는 다음의 사이트를 보라: https://en.wikipedia.org/wiki/Kenneth_Gentry와 그의 사이트를 보라: https://www.kennethgentry.com/(2024.12.18 접속).
1417 Gentry jr., "후천년왕국론," in Bock (ed.), 『천년왕국이란 무엇인가』, 15-78.
1418 Gentry jr., "후천년왕국론," 16.

젠트리 2세는 자신의 글을 네 부분으로 나누어서 전개하고 있다. 첫째 부분에서는 후천년설의 역사를 개관해 주는데, 그는 초대 교부들(유세비우스, 오리겐, 아우구스티누스 등)에게서도 그 배아를 찾아내고 있다.[1419] 중세에서는 피오레의 요아킴을 언급하고, 종교개혁후 영국에서 토마스 브라이트맨(Thomas Brightman)이 "후천년왕국론의 현대적인 체계를 세운 사람"이라고 평가하기도 한다.[1420] 하지만 아우구스티누스를 후천년설자로 평가하듯이, 젠트리 2세는 칼빈도 "초기의 후천년왕국론자"라고 그릇되게 평가한다.[1421] 그는 수 많은 청교도들이 이 입장을 표방했다는 점을 말한 후에, 19-20세기에도 후천년설을 취했던 수많은 신학자들의 이름을 나열해 준다.[1422] 이어서 자신이 속한 집단이기도 한 기독교 재건주의(Christian Reconstructionism)[1423]를 주창자들 역시 후천년설을 대변하고 있음을 적시해 준다. 그는 재건주의 또는 신율적 후천년설자들은 "설교와 전도, 선교, 기독교 교육을 통한 복음의 광범위한 확장이 결과적으로 사회 정의에 대한 성경적 규범들로의 점진적 회복을 가져올 것"으로 믿는다고 소개하고,[1424] 계시록에 대한 과거론적 해석(preterism)을 주창한다는 점을 강조하여 말해 주기도 한다.[1425]

두 번째 부분에서 젠트리 2세는 후천년설이 표방하는 복음의 승리에 대한 기대와 소망이 비관적인 현실과 맞지 않다고 비판되는 것에 맞서 신학적인 기초를 제시하는데로 나아간다. 그는 이 기대와 소망은 "하나님의 창조 실재에 근거"한 것이라고 말하고, 하나님의 말씀의 주권적인 역사에 근거하고 있다고 밝힌다.[1426] 뿐만 아니라 하나님께서는 세계 복음화가 성공하도록

1419　Gentry jr., "후천년왕국론," 17-20.
1420　Gentry jr., "후천년왕국론," 20-21.
1421　Gentry jr., "후천년왕국론," 21.
1422　Gentry jr., "후천년왕국론," 22-23.
1423　기독교 재건주의에 대해서는 https://en.wikipedia.org/wiki/Christian_reconstructionism를 보라 (2024.12.18. 접속). Gentry jr., "후천년왕국론," 27 하단에는 이 운동을 지지하는 사람들 명단이 나열되고 있다.
1424　Gentry jr., "후천년왕국론," 23-26.
1425　Gentry jr., "후천년왕국론," 26-27. 젠트리의 과거주의적 해석론은 Gentry jr., "계시록에 대한 과거론적 이해," in C. Marvin Pate (ed.), Four Views on the Book of Revelation, 이세구 역, 『요한계시록을 이해하는 4가지 견해』 (서울: 아가페, 1999), 45-121을 보라.
1426　Gentry jr., "후천년왕국론," 28-30.Gentry jr., "후천년왕국론," 2

그리스도의 임재와 성령의 내주를 허락하시고, 하나님의 소원과 구원 얻게 하는 능력인 복음을 주시고, 그리스도의 중보적 기도의 지원을 아끼지 않으시며, 우리의 원수 사탄은 이미 그리스도에 의해 패배하였다는 인식 등을 허락하셨다고 말한다.[1427]

복음의 승리를 소망하는 신학적인 근거들을 제시한 후에, 이어지는 세 번째 부분에서는 "후천년왕국론의 발전을 보여주는 일반적인 신학적 틀로써, 구속사의 흐름"을 조망하는데로 나아간다. 그는 창세기 1장에 선포된 창조언약과 타락후 선포된 에덴 언약(창 3:15) 등을 주목한 후에,[1428] 중요한 구속 언약인 아브라함 언약(창 12:2-3)에 주목한다. 아브라함에게 약속된 땅의 약속과 모든 민족의 복의 근원이 될 것이라는 약속은 "복음의 전파라는 수단을 통해 발전하는 것"으로서 후천년설의 역사적 낙관주의를 지지해 준다고 해석한다.[1429] 이어서 새언약(렘 31:31-34)에 대해 다루면서는 신약에서는 그리스도의 죽으심으로 성취된 언약이라고 해설하고, 그리스도인들은 누구나 새 언약의 참여자들이라고 말한다. 이러한 새언약에 근거하여 후천년설자들은 "언약을 통해 역사 속에서 펼쳐질 놀라운 하나님의 통치"를 기대할 수가 있다고 주장한다.[1430]

젠트리 2세의 기고문의 마지막 네 번째 부분에서는 후천년설의 주석적 증거를 제시해 준다. 그는 여러 비판자들의 주장에 반대하면서 후천년설은 "구약과 신약 모두의 지지를 받고 잇는 체계로서 성경 전체가 공유하는 소망"이라고 먼저 강조해 준다.[1431] 그러나 지면제한상 중요한 본문들에 주의를 기울이는데, 그는 우선 메시아적인 시편들을 나열해 주고, 특히 2편을 자세히 해설해 준다.[1432] 하나님에 의해 열방위에 철장을 가지고 다스리도록 세워질 메시아 왕에 대한 예언을 신약의 그리스도의 구속 사역으로 말미암아 성

1427 Gentry jr., "후천년왕국론," 30-32. 젠트리 2세는 이와 같은 것들이 "은혜로우신 구세주로 인해 과업을 수행하기 위해 필요한 모든 장비를 갖추는 것이라고 설명해 주기도 한다.
1428 Gentry jr., "후천년왕국론," 33-37.
1429 Gentry jr., "후천년왕국론," 37-38.
1430 Gentry jr., "후천년왕국론," 39-41.
1431 Gentry jr., "후천년왕국론," 41.
1432 Gentry jr., "후천년왕국론," 42-47.

취되었음을 말하고, 이러한 그리스도의 승리와 통치가 후천년설의 낙관주의를 뒷받침해 준다라고 주장한다.[1433] 그는 이어서 열방이 하나님을 예배하기 위해 시온 산으로 몰려오게 될 것을 예언하는 이사야 2장 2-4절을 통해서도 신약시대 복음 사역이 전세계에 성공적으로 전개되어질 것에 대한 것이라고 해설해 준다.[1434]

젠트리 2세는 마태복음 13장에 기록된 하나님 나라 비유들 중에 겨자씨 비유(마 13:31-32)와 누룩 비유(마 13:33) 등을 특히 주목하여 하나님 나라의 점진적인 성장과 침투력의 의미로 해설해 준다.[1435] 그가 집중하여 다룬 또 다른 본문은 요한복음 12장 31-32절인데, 그리스도의 십자가를 통한 사탄에 대한 승리를 의미한다고 보고 그리스도의 이끄심의 약속에서 "그리스도의 희생이 결과적으로 창조된 우주의 구속에 영향"을 미쳐서 "세상은 하나님이 본래 의도하셨던 대로 의를 기반으로 하여 움직이는 세상"이 될 것으로 이해한다.[1436] 물론 젠트리 2세가 보편구원론을 주장하는 것은 아니다. 그는 "인류와 그 외의 피조물의 광범위한 다수가 포함되는 세상이 구원 받을 것"이라고 말한다. 그리고 그러한 "세상에 대한 장엄한 계획" 때문에 주어진 복음의 대위임령(마 28:18-20)의 고찰로 그는 넘어간다. 젠트리 2세는 부활하시고 하늘과 땅의 전권을 받으신 그리스도께서 그의 교회에게 모든 민족에게 복음을 전하여 제자로 삼으라고 명령하신 것은 실제화될 일에 대한 명령이라고 확신한다.[1437] 그는 대위임령을 다니엘서 7장 14절 예언의 성취를 담고 있다고 말하면서 "모든 민족이 영광스러운 삼위 하나님의 이름으로 세례를 받은 결과로써, 그리스도의 우주적인 권세 아래에서 제자가 되는 것"이라고 해설해 준다.[1438] 그는 고린도전서 15장 20-28절의 고찰을 통해서도

1433 Gentry jr., "후천년왕국론," 47.
1434 Gentry jr., "후천년왕국론," 47-50.
1435 Gentry jr., "후천년왕국론," 51-55. 젠트리 2세는 궁극적으로 구원얻을 자가 많을 것이라고 하는 후천설자들의 견해를 따른다.
1436 Gentry jr., "후천년왕국론," 55-59.
1437 Gentry jr., "후천년왕국론," 59-64.
1438 Gentry jr., "후천년왕국론," 64-65. 젠트리 2세는 대위임령에 관한 자신의 해설을 다음과 같은 말들로 끝을 맺는다: "더욱이 예수님은 사도들에게 모든 민족을 제자 삼으라고 권위있게 명령하신 것에

그리스도의 왕적 통치는 현재적이며, 종말에는 완성된 나라를 하나님께 바치게 될 날이 온다는 것에서도 후천년설적인 소망의 근거를 찾는다.[1439]

젠트리 2세가 마지막으로 다루는 주해적 근거 본문은 요한계시록 20장이다. 그는 천년을 "그리스도가 초림 시에 세운 왕국의 오래 지속되는 영광을 뜻하는 요한의 상징적 표현"이라고 해설해 준다.[1440] 1-3절에서 말하는 사탄의 결박에 대해서는 "그리스도의 승리가 주는 소극적인 의미"를 말하며 이 결박은 "사탄이 역사 속에서 자신의 악한 계획을 성공적으로 성취시키는 일에 대해 제한"이 가해지는 것을 의미한다고 말한다.[1441] 이러한 결박은 초림 때부터 재림 직전까지 계속되어지며, 이 기간 동안 하늘에 있거나 지상에 있는 "구속된 백성들은 그리스도의 통치에 참여"하는 것이라고 4-6절을 해설해 준다.[1442] 그는 이 상징적인 구절들이 의미하는 바가 "세상 가운데 있는 기독교의 탁월한 영광"을 가리키고 있으며, "그리스도의 통치가 복음 전파를 통해 확장되는 것처럼, 의와 평화와 번영도 마침내 이루어질 것"이라고 말한다.[1443]

서 그치지 않으시고, 자신이 그들과 (또한 그의 백성 모두와) '언제나'(마 28:20) 함께 있을 것이라고 약속하셨다. 예수님은 자신의 제자들이 성공적으로 임무를 완수할 그 날까지 언제나 그들과 함께 계실 것이다. 이것이 바로 후천년왕국론의 소망이다."(65).
1439 Gentry jr., "후천년왕국론," 65-68.
1440 Gentry jr., "후천년왕국론," 70-71. 그는 문자적인 천년을 주장하지 않는다.
1441 Gentry jr., "후천년왕국론," 71. 젠트리 2세는 그리스도의 사탄의 결박이 마 12:28-29절에서 이미 말해지고 있다고 정해해준다(72).
1442 Gentry jr., "후천년왕국론," 72-73.
1443 Gentry jr., "후천년왕국론," 76.

5. 세대주의적 전천년설
(Dispensational premillennialism)

5.1. 들어가는 말

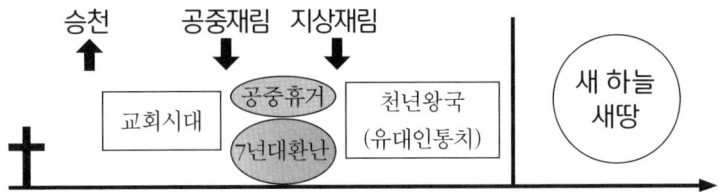

네 번째 천년기 입장은 세대주의 전천년설인데, 이 용어를 모르는 교인들조차도 위의 도표가 말해 주는 내용에는 익숙한 이들이 많을 것이라고 생각된다. 일제 강점기 시절에는 성결교나 장로교회 관계없이 세대주의 전천년설이 편만하게 가르쳐졌고, 해방 이후에도 그 영향이 광범위하기 때문에 장로교회 목회자들 중에도 여전히 이 입장을 정설로 가르치는 경우들이 많이 있다. 특히 21세기 들어 전세계적인 매스 미디어 기능을 하고 있는 유튜브에서 유명한 종말론 강사들중 대부분은 세대주의나 그 근거위에 선 음모이론이나 시한부 종말론을 등을 전파하고 있다고 봐도 틀리지 않을 것이다. 그러나 대중성(popularity)이 진리나 정설의 기준은 결코 아니다. 오직 성경으로(*Sola Scriptura*)라는 종교개혁의 원리를 추구하는 역사적 개혁주의 관점에서 보자면 세대주의는 장점에도 불구하고 용납할 수 없는 성경해석학과 종말론을 가르치고 있다고 말하지 않을 수가 없다.[1444]

1444 후크마는 자신의 개혁주의 종말론 저술인 *The Bible and the Future*, 186-222에서 세대주의를 개관할 뿐 아니라 평가한 후에, 다음과 같이 결론을 내린다: "We conclude that dispensational premillennialism must be rejected as a system of biblical interpretation which is not in harmondy with Scripture." 또한 원래 세대주의자였다가 무천년설로 입장을 변경한 샘 스톰즈의 방대한 책 Sam Storms, *Kingdom Come: The Amillennial Alternative* (Fearn: Mentor, 2013)=윤석인 역, 『개혁주의 무천년설 옹호』 (서울: 부흥과개혁사, 2016)는 세대주의 성경해석학과 종말론에 대하여 광범위하게 비판하고 있다. 또한 Ken Gentry and Jerry Johnson, "The Ninety-Five Theses Against Dispensationalism,"(https://www.semperreformanda.com/theology/bibliology/the-ninety-five-theses-against-dispensationalism/. 2024.12.18. 접속)를 보라.

세대주의적 전천년설에 의하면 예수님의 재림은 두 번 있다고 한다. 공중에 비밀리에 강림하시는 것과 두 번째로 가시적으로 지상에 재림하시는 것이다. 첫째 공중 재림 때에는 그리스도인들 가운데 잘 믿는 자들을 공중에 휴거시켜서 어린양의 혼인잔치에 참여시키고, 지상에는 7년 대환란이 일어나게 된다는 것이다. 그리고 7년 대환란 동안 유대인들의 민족적인 회심 사건이 일어나게 된다고 한다. 그러고 나서 주님이 다시 눈에 보이게 본격적인 재림을 하심으로, 천년왕국이 시작되어진다는 것이다. 세대주의는 육신적 이스라엘을 과도하게 강조하는 기독교 시오니즘(Christian Zionism)과 손을 잡은 경우가 허다하다.[1445]

키워드인 세대주의(Dispensationalism)를 먼저 짚고 넘어가자면, 하나님이 인간 역사를 다루심에 있어서 7세대 혹은 4세대로 구별하여 다루신다고 하는 주장 때문에 생겨난 용어이다.[1446] 죽산 박형룡은 "시대론적 천년기 전 재림론"이라는 표현을 사용하기도 했는데,[1447] 1967년에 출간된 『새 스코필드 관주 성경』(New Scofield Reference Bible)에 의하면 세대(dispensation) 혹은 시대란 "인간이 어떤 구체적인 하나님의 뜻에 계시에 대한 순종과 관련해서 검증받는 기간"으로 정의되고 있다.[1448] 그러나 세대주의는 단순히 성경을 세대들로 나누는 것만이 핵심이 아니고, 종말론과 성경 해석학에 있어서

[1445] Stephen Sizer, *Zion's Christian Solders? The Bible, Israel and the Church*, 김정환 역, 『시온의 크리스챤 군사들』 (서울: CLC, 2013).
[1446] 성경과 역사를 세대 혹은 시대로 나누어 보는 것은 굳이 다비가 창안했다고 볼 수가 없다. 기본적으로 개신교인들은 구약시대와 신약시대로 양분하는 것을 고려할 때, 그리고 수 많은 신학자들이 시대를 나누어서 설명하려고 시도한 것을 고려할 때에 다비 이전에 세대주의가 존재했다고 하는 주장을 하는 이들도 존재할 수가 있는 것이다(William C. Watson, *Dispensationalism Before Darby*, 곽철호, 최정기 역, 『청교도 시대의 종말론』[이천: 성서침례대학원대학교출판부, 2017]를 보라). 또한 웨스트민스터신학교의 신약교수인 번 포이쓰레스 역시도 세대주의라는 명칭이 부정확하다고 지적한다: "Hence, properly speaking, "dispensationalism" is an inaccurate and confusing label for the distinctiveness of Dtheologians; but some specific terminology is needed. For the sake of clarity, their distinctive theology might perhaps be called "Darbyism" (after its first proponent), "dual destinationism" (after one of its principal tenets concerning the separate destinies of Israel and the church), or "addressee bifurcationism" (after the principle of hermeneutical separation between meaning for Israel and significance for the church)."(Vern S. Poythress, *Understanding Dispensationalism*, 2nd ed. [Philippsburg: P & R, 1994], 12. 강조는 필자의 것).
[1447] 박형룡, 『교의신학 내세론』 (서울: 은성문화사, 1973), 251-267. 박형룡 박사의 비판은 고전적 세대주의에 한정된 것임을 기억해야 한다.
[1448] Hoekema, *The Bible and the Future*, 188.

기존 개혁주의와 다른 요소들을 많이 도입했기 때문에 늘 경계의 대상이 되어 왔다. 물론 복음주의(evangelicalism)라는 넓은 울타리 안에서 보자면 세대주의를 표방하면서도 건전한 신앙 생활을 추구해온 다양한 교단들도 존재하기도 한다는 점을 인정한다. 그러나 코로나 19 팬데믹 시기에 온 나라를 경악케 했던 모 단체들을 보면 대부분 세대주의 종말론과 관계되어 있었듯이, 세대주의 종말론이 급진화되면 시한부 종말론이나 종말론적 이단으로 진전하곤 한다는 것도 부인하기 어려운 사실이다.[1449] 일반적으로 세대주의 종말론은 성경을 문자적으로 해석하면서, 이스라엘과 교회를 두 백성으로 양분하고, 종말에 주님의 두 번 재림이 있고, 그 사이에 7년 대환난이 있으며, 대환난 직전에 교회는 공중으로 휴거되며, 대환난은 옛 백성 이스라엘을 다시금 회복시키시는 연단의 시기가 될 것이고, 그리스도의 지상 재림 후에 유대인 중심의 왕국이 팔레스타인에 세워져 천년간 통치하게 된다는 등의 내용들을 포함하고 있다.[1450]

필자는 이제 세대주의 종말론에 대해 개관적이긴 하지만 개혁주의 관점에서 비판적으로 다루려고 하는데, 이러한 작업을 시작하기 전에 두 가지를 먼저 언급하고 넘어가고자 한다. 첫째는 개혁주의 무천년설 관점에서 세대주의를 비판한 안토니 후크마가 세대주의 종말론자들에 대해 긍정적인 평가로 시작했듯이, 우리들도 그렇게 공정한 자세를 가질 필요가 있다는 것이다.

우리는 세대주의자들이 성경의 축자적 영감과 무오류성을 받아들인다는 점을 높이 평가한다. 우리는 세대주의자들이 그리스도의 눈에 보이는 인격적인 귀환을 기대한다는 점을 발견하는 데 만족한다. 우리는 어느 시대에나 구원은 오직 은혜를 통해 그리스도의 공로를 바탕으로

1449 한국의 시한부 종말론 운동으로 대표적인 것은 1992년 10월 28일 휴거를 주장했던 이장림과 다미선교회를 들 수가 있다(구금석, "세대주의적 시한부 종말론자들," 「활천」 461 (1992): 44-46. 현재도 베리칩을 666 짐승의 수라고 주장하거나, 음모론을 펼치면서 수십만의 사람들을 미혹하고 있는 단체나 리더들이 존재한다.

1450 Clarence B. Bass, *Backgrounds to Dispensationalism*, 황영철 역, 『세대주의란 무엇인가?』(서울: 생명의말씀사, 1988), 9-58; Charles C. Ryrie, *Dispensationalism*, revised and expanded [Chicago: Moody Pub., 2007], 42-48; Hoekema, *The Bible and the Future*, 이용중 역, 『개혁주의 종말론』(서울: 부흥과개혁사, 2012), 262-308을 보라.

임한다는 그들의 주장을 기꺼이 인정한다. 더 나아가 우리는 그리스도가 다스리시고 하나님이 만유 안에 만유가 되실 이 땅을 포함할 하나님 나라의 미래적 국면을 기대하는 세대주의자들의 생각에 동의한다. 우리는 최종적 상태의 하나님 나라를 볼 것을 기대하며 그 미래의 나라에 대한 우리의 이해는 그들의 이해와 다르지만 우리는 그런 미래의 지상 나라가 있을 것이라는 점에는 동의한다.[1451]

둘째는 세대주의는 비록 19세기에 시작되었지만, 그간에 3단계로 변화하고 발전해 왔다는 점도 간과해서는 안된다는 점이다. 어떤 사람이나 어떤 단체가 세대주의를 따른다고 비판할 때에, 우리는 그들이 어떤 유형의 세대주의를 추종하고 있는지를 분별할 필요가 있기 때문이다. 예컨대 여의도 순복음교회 조용기목사(1936-2021)의 경우는 대체로 전통적인 세대주의를 따르고 있는 것으로 한세대학교 류장현교수는 분석 비판하고 있다.[1452]

1451 Hoekema, 『개혁주의 종말론』, 271.
1452 류장현, "영산의 종말론에 관한 비판적 고찰," 「영산신학저널」 13 [2008]: 166-197. 세 단계의 세대주의의 발전사를 가시적으로 확인하기 위해 다음 웹 사이트를 보라(https://en.wikipedia.org/wiki/Dispensationalism. 2024.12.7. 접속).

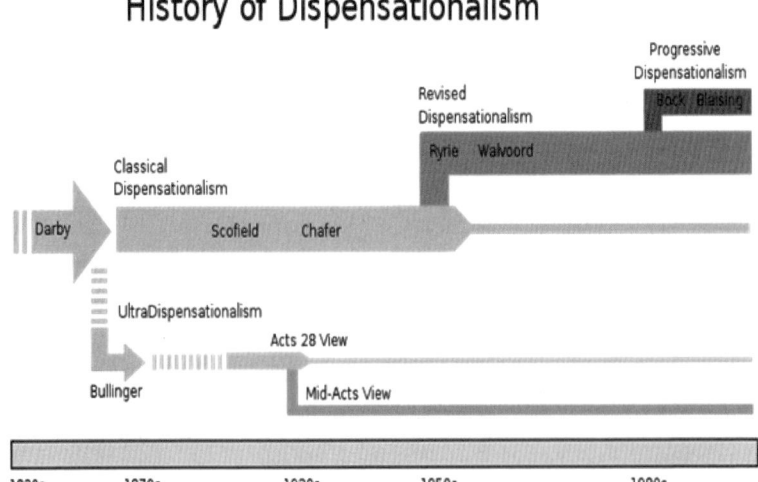

5.2. 세대주의의 역사 개관

5.2.1. 고전적 세대주의와 한국장로교회 선교[1453]

먼저 우리가 살펴볼 것은 다비로부터 시작된 고전적 세대주의와 한국 장로교회 선교에 대한 것이다.

(1) 고전적 세대주의(Classical Dispensationalism)

세대주의는 다비와 플리머스 형제단 운동에서부터 시작이 되었다.[1454] 1833년 파워스코트에서 모였던 플리머스 형제단 3차 사경회에서 다비는 다니엘 9장의 70이레의 마지막 이레에 대한 독특한 해석에 근거하여 "환난전 교회의 휴거와 연기설"(pretribulation rapture of the church and the postponement theory)을 처음 발표하였다.[1455] 또한 다비는 이스라엘과 교회를 구별하여 두 백성 이론을 제시했고, 환난전 성도들을 위하여 오시는 것과 환난후 성도들과 함께 오시는 것으로 재림을 양분하는 해석을 공표하기도 했다.[1456] 다비의 이러한 특이한 견해들은 플리머스 형제단 내부에서 소요와 분열을 일으켰으나, 그가 1862-1877년 어간 7차례 방문한 미국에서는 차츰 열렬한 지지자들을 얻게 되었다. 18세기로부터 19세기 중반까지 미국은 후천년설이 대세였으나(대표적으로 조나단 에드워즈를 들 수가 있다),[1457] 남북

1453 수정된 세대주의를 대표했던 댈러스신학교의 찰스 라이리는 전통적인 세대주의와 점진적 세대주의 뿐만 아니라 극단적 세대주의(Ultra-dispensationalism)에 대해 간략하게 기술해 준다(Charles Ryrie, "Dispensationalism," in: *Dictionary of Premillennial Theology* [Grand Rapids: Kregel, 1997], 93-98).
1454 다비와 세대주의 형성 배경에 관해서는 Bass, 『세대주의란 무엇인가?』, 59-132를 보라. Crawford Gribben, *J. N. Darby and the Roots of Dispensationalism* (Oxford: Oxford University Press, 2024).
1455 Craig Blomberg and Sung Wook Chung eds., *A Case for Historic Premillennialism*, 조형욱 역, 『역사적 전천년설』(서울: CLC, 2014), 55-56. 콜라라도 크리스천 대학교의 역사학 교수이자 환난전 휴거설 지지자였던 윌리엄 왓슨(2020년 소천)에 의하면 환난전 휴거설도 17세기 영국에서 이미 유행하고 있었다고 주장한다(Watson, 『청교도 시대의 종말론』, 187-241). 왓슨은 심지어 "존 넬슨 다비가 19세기 중반에 가르친 것 중에 새로운 것은 거의 없다"라고 선언하기도 한다(241).
1456 Weber, "대중적인 천년왕국 운동들로서의 세대주의적 전천년설과 역사적 전천년설," 56-57.
1457 조나단 에드워즈의 종말론에 대해서는 이상웅, 『조나단 에드워즈의 성령론』(서울: 솔로몬, 2024), 제4장을 참고하라.

전쟁의 참상을 겪으면서 전천년설 신앙이 호소력을 얻고 있던 시기에 다비의 확고한 세대주의적 전천년설은 장로교 목사였던 제임스 브룩스(James Brookes)나 D. L. 무디, A. T. 피어슨 등 수 많은 복음주의 지도자들에게 흡수되었다. 특히 성경 연구를 위해 1875년부터 나이아가라 호수가에 매년 모인 나아아가라 사경회(Niagara Conference)와 1878년부터 비정기적으로 모였던 미국 성경 예언 사경회(American Bible and Prophetic Conference) 등을 통해 소속 교단을 불문하고 보수적인 신앙을 가졌던 수 많은 목회자들, 신학생들, 그리고 심지어 일반 신자들에게 재림 신앙에 대한 폭발적인 관심을 파급시키기에 이른다.[1458]

다비의 세대주의적 전천년설은 제임스 브룩스와 윌리엄 블랙스톤의 대중적인 저술들을 통해 미국과 영어권 세계에 요원의 불길처럼 퍼져나갔고, 나이아가라 사경회와 더불어 1886년에 무디와 피어슨에 의해서 시작된 "학생자원운동"(The Student Volunteer Movement for Foreign Missions)을 통해 수 많은 젊은이들의 가슴에 선교의 불을 지폈다. 이리하여 케네스 라투렛 교수가 말한 "위대한 선교의 세기"라는 표현처럼 미국 해외 선교의 대역사가 이루어졌다는 점에서 필자는 그 기여를 잘 평가해야 한다고 생각한다.[1459]

이처럼 19세기 말과 20세 초반에 걸쳐 세대주의는 많은 미국내의 보수적인 목회자들과 신자들의 재림 신앙으로 자리 잡게 되는데, 이러한 흐름을 더욱 더 강력하게 만든 것은 1909년에 처음 출간된 사이러스 I. 스코필드(Cyrus I. Scofield, 1843-1921)의 『스코필드 관주 성경』(Scofield Reference Bible)이었다.[1460] 현대의 우리들은 수 많은 스터디 바이블들을 사용하고 있기에 그다지 놀라울 것도 없지만, 스코필드의 관주 성경의 출현은 수 많은 목회자들과 성도들에게 센세이션을 불러일으켰다. 보수적인 목회자들과 신

1458 간략한 역사적 개관은 Weber, "대중적인 천년왕국 운동들로서의 세대주의적 전천년설과 역사적 전천년설," 58-63에 있지만, 자세한 서술은 Timothy Weber, *Living in the Shadow of the Second Coming* (Chicago: University of Chicago Press, 1987)에서 볼 수가 있다.
1459 조형욱, "구 프린스턴 신학의 종말론 연구," 216-230.
1460 C. I. Scofield, *Scofield Reference Bible* (New York: Oxford University Press, 1909). 국내에서는 언더우드와 게일이 이 책을 번역했다고 하는데, 출간되었는지는 확인하기가 어렵다.

자들 가운데는 이 관주 성경에 담긴 해석들을 본문 많큼 절대시하고, 다른 해석의 가능성을 인정하지 않는 이들이 있을 정도로 절대적인 영향력을 행사하게 되었다.[1461] 김성주 목사는 『스코필드 관주 성경』의 파급 효과에 대해 적절하게 논평을 해준다.

> 스코필드 관주 성경이 미국에서 선풍적인 인기를 끌며 미국 전역으로 보급될 수 있었던 배경에는 유럽의 자유주의 신학과 종교사학 등 신신학이 급속도로 미국의 신학교(프린스톤)를 비롯해 보수 교단을 잠식함으로 상대적으로 위기에 처한 미국의 정통 개혁주의 신학이 쇠퇴되는 것과 맞물린 일종의 반사 작용으로 분석된다. 당시 다양한 신신학의 유입과 발흥으로 인해 영적 암흑기를 방불케 했던 미국의 기독교계의 입장에서는 스코필드의 관주 성경이야말로 성경의 문자적 해석을 강조함으로 하나님의 말씀을 인본주의적 신신학의 공격으로부터 방어해 보전할 수 있는 최선책으로 여겨졌던 것이다. 이로 인해 스코필드 관주 성경은 미국 전역에 세대주의 신학과 신앙을 대중화시키는데 첨병적 역할을 담당하게 되었다.[1462]

문제는 앞서 언급했던 것과 같이 성경에 대한 문자주의적인 해석, 7세대론,[1463] 교회와 이스라엘의 명확한 구분, 두 번의 재림, 교회의 비밀 휴거 등 여러 가지 비정통적인 견해들이 세대주의를 통해 마치 정통적이고 보수적인

1461 댈러스 신학교에서 세대주의를 배우고 후일 개혁주의 무천년설로 전향한 샘 스톰즈는 1970년대의 댈러스신학교의 분위기를 다음과 같이 회고해준다: "환난 전 휴거나 스코필드 성경의 정확성에 감히 의문을 제기하는 사람은 누구나 자동적으로 자유주의자로 간주되거나 아니면 자유주의 쪽으로 급속히 기울고 있는 것으로 받아들여졌다." 심지어 어떤 교수에게 세대주의 전천년설이 아닌 다른 견해를 받아들여도 제 때에 졸업하게 해줄 가능성에 대해 질문하자, 교수는 "아니, 그것은 장담할 수 없네"라는 답을 했다고 한다(Sam Storms, *Kingdom Come*, 윤석인 역, 『개혁주의 무천년설 옹호』[서울: 부흥과개혁사, 2016], 12-15).
1462 김성주, "언약신학에서 본 세대주의 신학," 『진리와 학문의 세계』 24 (2011): 80-81.
1463 7세대라는 것은 ① 무죄시대(innocence, 창조-인류 타락), ② 양심시대(conscience, 타락-노아), ③ 인간통치시대(human government, 노아-아브라함), ④ 언약시대(covenant, 아브라함-모세), ⑤ 율법시대(law, 모세-그리스도), ⑥ 은혜(교회)시대(grace, 그리스도-7년 환난 전 교회 휴거), ⑦ 왕국시대(kingdom, 7년 환난 후 지상재림-심판 등을 말한다(김성주, "언약신학에서 본 세대주의 신학," 82-83).

교리인 것처럼 교회와 신자들 가운데 파고 들어갔다는 그것이 문제이다. 이러한 내용들이 단순히 아디아포라(adiaphora) 조항이 아니라, 필수적인 교리들(essential doctrines)에 속한 것으로 여겨지게 되었기 때문에 심각했다. 이러한 고전적 세대주의 시대에 속하는 주요 인물중 하나는 스코필드를 통해 세대주의 전천년설을 확고히 믿게 되었고, 1924년에 댈러스 신학교(Dallas Theological Seminary)를 설립하고 조직신학을 가르쳤던 루이스 체이퍼(Lewis S. Chafer, 1871-1952)이다.[1464] 그는 신학교 설립과 강의뿐 아니라 세대주의 관점에서 『조직신학』(전8권) 대작을 남기기도 했다.[1465] 1886년에 설립된 무디성경학원을 비롯한 많은 성경대학들(Bible Colleges)도 고전적 세대주의를 전파하는데 큰 기여를 하기도 했다.[1466]

(2) 고전적인 세대주의와 한국 선교

이제 이러한 초기의 고전적인 세대주의와 한국 장로교회의 선교 문제에 대해 살펴 보기로 하겠다. 1885년 언더우드 선교사의 입국으로 시작된 한국 장로교 선교는 미국 남북 장로교회와 호주 장로교회, 카나다 장로교회 등 4개의 장로교 선교사들이 연합하여 각종 선교 사역이 진행되었다. 1901년에는 마포삼열 선교사에 의해서 최초의 그리고 해방 이전 한국 장로교회의 유

1464 Jeffrey J. Richards, *The Promise of Dawn: The Eschalogy of Lewis Sperry Chafer* (Lanham: University Press of America, 1991), 207: "The man who exerted the greatest impact on Lewis Sperry Chafer's eschatology was C. I. Scofield. In a sense, Chafer found in Scofield the father he had never really known. It was Scofield's who altered his life and aspiration. From Scofield, he learned firsthand the importance of a dispensational, premillennial interpretation." 리처드의 책은 그가 드류대학에 제출하여 통과된 박사논문을 출간한 것이다.
1465 Lewis S. Chafer, *Systematic Theology*, 8 vols. (Dallas: Dallas Seminary, 1948). 체이퍼의 종말론에 대한 학술적 분석과 평가는 Richards, *The Promise of Dawn: The Eschalogy of Lewis Sperry Chafer*를 보라.
1466 2024년 현재 존 맥아더 목사가 총장으로 있는 Master's University and Seminary의 종말론 역시 점진적 세대주의를 수용하지 않고 전통적인 세대주의를 정설로 가르치고 있다: John MacArthur and Richard Mayhue (eds.), *Biblical Doctrine: A Systematic Summary of Bible Truth* (Wheaton: Crossway, 2017), 827-918. 방대한 이 교재를 축약한 *Essential Christian Doctrine: A Handbook on Biblical Truth*, 김태곤 역, 『쉽게 읽는 핵심 성경 교리』 (서울: 생명의말씀사, 2023), 699-767도 보라. 청교도 전통을 따라 후천년설을 취하는 이안 머리는 맥아더 전기 한 부분에서 그의 세대주의에 대해 논평해 주고 있다(Iain H. Murray, *John Macarthur: Servant of the Word and Flock*, 이서용 역, 『존 맥아더의 설교와 목양』 [서울: 아가페, 2024], 230-235).

일한 목회자 양성 기관인 평양 장로회신학교가 설립되기에 이르렀고, 신사참배에 반대하여 무기한 휴교에 들어간 1939년까지 800명이 넘는 한국인 목회자와 지도자들을 배출하였다.[1467] 필자는 학교로부터 연구년(2020년)을 허락 받아 "평양 장로회신학교의 종말론 전통"에 집중하여 연구한 바가 있는데, 여기서 간략하게 소개를 해보려고 한다.[1468] 잘 알려진대로 초기 선교사들의 선교에 대한 열정과 한국 교회 사랑은 지대했고, 그 열매 또한 지대했다. 선교사들은 한국 신학생들에게 성경중심적이고 웨스트표준문서에 충실한 신학 교육을 강조했다.

선교 140주년을 지난 이 시점에서 우리는 초기 선교사들의 수고와 헌신에 대해 인정하고 평가해야 하지만, 한 가지 이상한 점은 장로교 신학 교육을 받은 선교사들 대부분이 세대주의 전천년설을 표준적인 종말론으로 알고 있었고, 그러한 종말론을 한국 학생들에게 가르쳤다고 하는 사실이다. 간하배(Harvie Conn) 선교사는 한국 장로교회에 유입된 세대주의가 반율법주의적인 경향을 띠지 않는다는 점에서, 일본에 전해진 것에 비해 "마일드한 형태들"(milder form)이었다고 평가한 바가 있기는 하지만,[1469] 대부분의 선교사 교수들이 세대주의 전천년설을 정설로 받아들였던 이유는 그들이 받은 신학 교육에서 찾기 보다는 나이아가라 수련회나 학생 자원운동 지도자들의 영향으로 볼 수 밖에 없다.[1470]

1467 평양 장로회신학교에 관해서는 조경현,『초기한국 장로교 신학사상-평양장로회 신학교 교수단을 중심으로』(서울: 그리심, 2009); 전준봉, "한국장로교 신학교의 신학과 교육: 평양신학교를 중심으로,"「개혁논총」29 (2014): 213-244 등을 보라.
1468 이상웅, "구레인(John C. Crane, 1888-1964) 선교사의 종말론 연구,"「개혁논총」55 (2021): 41-72; "평양 장로회신학교의 종말론 전통,"「한국개혁신학」70 (2021): 218-264; "해방 이전 한국 장로교 목회자들의 종말론,"「조직신학연구」37 (2021): 94-122. 이 논문들은 이상웅,『한국 장로교회의 종말론』, 27-130에 재수록되어 있다.
1469 Harvie Conn, "Studies in the Theology of the Korean Presbyterian Church: A Historical Outline," *Westminster Theological Journal* 29/1 (1966): 50-51. 초기 선교사들의 종말론에 관련하여서는 이필찬, "1907년 평양 대부흥운동과 세대주의 종말론적 성경 해석,"「한국 신학 정보 연구원 성서학 학술세미나」(2007.05): 547-575를 보라.
1470 이점에 관련해서는 Song Hee-Seop, "The Student Volunteer Movement for Foreign Missions and its Contribution to Pioneer Missions in Korea"(Ph. D. diss., Fuller Theological Seminary, 1995)를 보라. 선교사들의 출신 학교중 구프린스턴신학교만 해도 세대주의에 대해 철저하게 경계를 했다(조형욱, "구 프린스턴 신학의 종말론과 세대주의 종말론: 세대주의 전천년설에 대한 구 프린스턴 신학의 경계,"「조직신학연구」17 [2012]: 112-132).

필자가 일정시대에 출간된 주요 종말론 교재들을 직접 논구해 본 결과 대부분의 종말론 교재들도 고전적인 세대주의 종말론을 여과없이 전달하였다는 점을 알 수가 있었다. 게일 선교사가 번역한 블랙스톤의 『예수의 재림』 (1913. *Jesus is Coming*의 번역), 배위량 선교사가 번역한 브룩스의 『주재림론』(1922, "*Till He Comes*"의 번역)을 필두로 하여, 소안론 선교사의 『묵시록 공부』(1922), 『계시록 대요』(1936), 『다니엘서 요해』(1938) 등과 조직신학 교수 이눌서 선교사가 번역감수하여 교재로 사용한 중국인 신학자 가옥명의 『내세론』(1931) 등이 바로 그러한 증거들이다.[1471] 물론 이 시기의 선교사들은 전천년설이라는 말로 자신들의 견해를 표현했기 때문에 다소 혼동도 있었다. 그러나 선교사 교수들의 종말론적 입장이 세대주의적이다 보니, 일정시대에 활동한 길선주목사, 김정현목사, 신사참배 반대자들로 유명한 주기철목사, 손양원목사 등도 모두 세대주의적인 종말론을 유일한 종말론으로 알고 신종했다.[1472]

개혁주의 언약신학을 배우고 역사적 전천년설이나 무천년설을 따르는 해방 이후 세대로서는 이러한 초기 선교사들과 초기 목회자들의 종말론을 이해하기 쉽지 않을 수가 있으나, 우리는 역사적인 맥락에서 그들의 공과(功過)를 정확하게 평가해야 한다고 필자는 생각한다. 선교사들의 성경과 그리스도에 대한 뜨거운 사랑에 근거한 선교 열정과 생을 건 헌신을 우리는 잊지 말아야 하고, 비록 세대주의 종말론이지만 임박한 재림(imminent coming)에 대한 강렬한 소망에 근거하여 일제의 혹독한 고문과 박해를 견디어 내었던 장로교 순교자들과 출옥 성도들의 빛나는 신앙을 결코 평가절하해

1471 가옥명의 책은 평양 장로회신학교에 의해 출판되었고, 나머지 책들은 경성의 조선야소교서회에서 출판되었다.
1472 길선주 목사와 김정현 목사의 종말론은 『말세학, 말세론』(서울: KIATS, 2010)에 재수록되어 있고, 영역본도 제공되어 있다. 정암 박윤선도 "한국 장로교회도 일제 강점기에는 (현재에도 그런 요소가 전혀 없다고 할 수는 없음) 많은 세대주의 요소들을 지니고 있었다. 그 때의 전도자로서 전국 교회에 큰 영향력을 가지고 사역한 목사들이 세대주의적 종말론을 가졌다. 그와 동시에 그들은 이와 같이 종말론에서는 세대주의적이면서도 칼빈주의 교리들을 믿기도 하였다"라고 논평하였다(박윤선, 『개혁주의 교리학』[서울: 영음사, 2003], 492). 그리고 해방 이전 이명직목사를 비롯한 여러 성결교 목사들 역시도 철저한 세대주의 종말론을 표방했다(최명훈, "한국교회 종말론의 형성과정에 관한 연구"[신학박사, 성결대학교, 2011]).

서는 안될 것이다. 다만 더욱 더 풍부한 개혁주의 신학을 배우게 된 후대의 입장에서 그들의 세대주의 전천년설에 대해 공정하게 비판을 해야 하고, 나아가서는 그러한 영향 때문에 해방 이후에도 일반 교회들 가운데는 세대주의 종말론이 만연했다는 점 또한 잊지 말아야 한다고 본다.

5.2.2. 수정된 세대주의(Revised Dispensationalism)

고전적 세대주의가 다비, 스코필드 성경 등으로 대변되었다면, 1950년대에 이르러 댈러스신학교 교수진들인 존 월부어드(John Walvoord, 1910-2002- 루이스 체이퍼의 후계자),[1473] 찰스 라이리(Charles C. Ryrie, 1925-2016), 드와이트 펜티코스트(J. Dwight Pentecost, 1915 -2014) 등에 의해 세대주의에 대한 수정이 이루어졌다. 이러한 수정된 입장은 1967년에 간행된 『새 스코필드 관주 성경』(New Scofield Reference Bible)을 통해 공식적으로 발표되기에 이른다.[1474] 댈러스 신학교 교수진들을 중심으로 수정된 세대주의를 반영한 성경 전권 주석을 간행하기도 한다.[1475] 그러나 수정된(혹은 개정된) 세대주의자들 역시도 7세대 이론을 그대로 수용했고, 이중적인 재림, 대환난, 교회의 휴거 등에 대해 전통적 세대주의와 동일한 견해를 가지고 있다. 그들은 엄격한 문자적 해석을 적용하여 아브라함 언약(땅과 자손)은 문자 그대로 이스라엘 백성들에 해당하며, 다윗 언약은 다윗의 후손이

1473 댈러스 신학교에서의 월부어드의 활동과 그의 세대주의 전천년설에 대한 논의는 Timonty G. Mink, "John F. Walvoord at Dallas Theological Seminary" (Ph. D. dissertation, North Texas State University, 1987); David P. Gullon, "An Investigation of Dispensational Premillennialism: An Analysis and an Evaluation of the Eschatology of John F. Walvoord"(Ph. D. dissertation, Andrews University, 1992) 등을 보라.

1474 1967년 출간된 New Scofield Reference Bible의 편집장은 E. Schuyler English였고, 편집 위원으로는 Frank E. Gaebelein (The Stony Brook School), William Culberson (Moody Bible Institute), Clarence E. Mason (Philadelphia College of Bible), Charles Feinberg (Talbot Theological Seminary), Allan A. MacRae (Biblical School of Theology), Alava J. Mcclain (Grace Theological Seminary), Wilber M. Smith, John F. Walvoord (Dallas Theological Seminary) 등이다(New Scofield Reference Bible [New York: Oxford University Press, 1967], 내지).

1475 John F. Walvoord and Roy B. Zuck eds. The Bible Knowledge Commentary: Old & New Testament, 2 vols. (Wheaton: Victor Books, 1983-1985). 국내에는 두란노서원에 의해서 역간되었다.

오셔서 실제적인 보좌에 앉는 것에서 성취된다고 보며, 심지어 새언약(New Covenant) 조차도 "현재의 교회 시대에 속한 신자들에게 이미 성취되고 있는 몇 가지 특징을 포함하고 있지만 본질적으로 이스라엘에 대한 언약"이라고 주장한다.[1476] 이처럼 수정된 세대주의자들 역시도 이스라엘과 교회 두 그룹을 구분했고, "교회는 항상 교회이고 이스라엘은 항상 이스라엘"이라고 주장한다.[1477] 천년왕국 기간 지상의 축복은 이스라엘 중심으로 말하면서도, 구원받은 사람이 누리게 될 "영원한 삶에는 차이가 없"을 것을 말하기도 했다.[1478] 또한 수정된 세대주의자들은 초기 세대주의자들이 용인했던 영적 해석(즉, 모형론)을 멀리하고 "일관된 문자적 해석"을 세대주의의 본질적 요소로 강조하기 시작했다. 라이리에 의하면 "세대주의=문자적 해석=분명-단순-평범한 해석= 역사적 해석"이라는 의미에서 문자주의(literalism)가 강조되었다.[1479] 고전적 세대주의와 다른 점 중 한 가지는 천국과 하나님의 나라를 양분하지 아니하고, "현 세대의 영적인 왕국에 대해 말할 길을 찾기 시작"한 것이다. 물론 그들 가운데 다양한 견해들이 있지만 월부어드 경우에는 현시대 교회를 "왕국의 신비한 형태"로 보았다.[1480] 소위 이러한 수정된 세대주의는 20세기 후반에 댈러스 신학교를 중심으로 개진되었고, 이러한 발전의 기반 위에서 자라난 다음 세대 학자들에 의해서 점진적 세대주의가 전개되기에 이른다.[1481]

1476 Hoekema, 『개혁주의 종말론』, 265. 수정된 세대주의에서는 "새 언약은 오늘날 영적으로 교회에서 성취되어지고 (있으나), 그러나 이스라엘은 미래에 언약의 민족적인 측면과 정치적인 측면(세상에 속한 특징)을 경험하게 될 것"이라고 말하면서, 새 언약의 이중성을 말한다(Craig Blaising and Darrell L. Bock, *Progressive Dispensationalism* [Grand Rapids: Baker, 1993], 곽철호 역, 『하나님 나라와 언약: 점진적 세대주의』[서울: CLC, 2005], 47-48.
1477 Blaising and Bock, 『하나님 나라와 언약: 점진적 세대주의』, 47-48.
1478 Blaising and Bock, 『하나님 나라와 언약: 점진적 세대주의』, 48-49, 51. 그러나 수정된 세대주의 안에도 영원한 삶이 하늘에서 성취된다는 자들과 땅에서 성취된다는 자들로 양분되어졌다.
1479 Blaising and Bock, 『하나님 나라와 언약: 점진적 세대주의』, 50-54; Hoekema, 『개혁주의 종말론』, 263-264.
1480 Blaising and Bock, 『하나님 나라와 언약: 점진적 세대주의』, 56-67.
1481 수정된 세대주의에 대한 분석과 개혁주의적인 관점에서의 비판은 앞서 언급한 후크마의 『개혁주의 종말론』, 262-308과 Vern S. Poythress, *Understanding Dispensationalism*, 2nd ed. (Philippsburg: P & R, 1994)을 보라. 초판(1987)은 권성수 역, 『세대주의 이해』(서울: 총신대출판부, 1990)으로 번역 출간된 바 있다.

5.2.3. 점진적 세대주의(Progressive Dispensationalism)

앞서 살펴본 고전적 세대주의와 수정된 세대주의는 차이점들에도 불구하고 많은 공통점들이 있기에 전통적 세대주의(classical dispensationalism)라고 말하기도 한다.[1482] 그러나 이전 세대와 다른 종류의 세대주의가 1986년 가을에 회집한 24명의 세대주의 신학자들에 의해서 개진되기 시작했으니 이것을 점진적 세대주의라고 부르게 된 것은 1991년에 된 일이다.[1483] 전통적인 세대주의자들이 신약 교회가 괄호나 삽입이라고 주장하면서 구약에는 교회에 대한 예언이 없다고 주장하기까지 했던 것에 반하여,[1484] 교회는 하나님의 영원하신 계획 속에 있었다고 주장했던 로버트 소시(Robert Saucy, 1930-2015),[1485] 크레이그 블레이징(Craig Blaising, 1949-), 대럴 벅(Darrell L. Bock, 1953-)과 같은 신학자들이 대표적이다. 이들은 20세기 후반 진전된 성경신학과 언약 신학의 추세에 발맞추어 선대의 세대주의와 여러모로 다른 입장을 제시하였다.[1486]

점진적 세대주의자들은 기존 전통적 세대주의자들이 주장한 7세대론 대

1482 Poythress, *Understanding Dispensationalism*, 13.
1483 Ryrie, "Dispensationalism," 96.
1484 개혁주의 구약학자인 오스왈드 알리스(Oswald T. Allis, 1880-1973)는 고전적 세대주의자들의 입장에 대해서 반박하는 다음의 책을 출간한 바있다: Oswald T. Allis, *Prophecy and the Church: An Examination of the Claim of Dispensationalists that the Christian Church is a Mystery Parenthesis which Interrupts the Fulfilment to Israel of the Kingdom Prophecies of the Old Testament* (Philadelphia: P&R, 1945). 알리스는 1936년 *Evangelical Quarterly*에 기고한 "Modern Dispensationalism and the Doctrine of the Unity of Scripture"에서도 "고등 비평이 성경 불신자의 오류라면, 세대주의라 불리는 것은 많은 성경을 믿는 자들의 오류이다."("[i]f Higher Criticism is the error of the Bible-disbeliever, 'Dispensationalism,' as it is called, is the error of many a Bible-believer.")라고 논평해 주기도 했다(https://en.wikipedia.org/wiki/ Oswald_Thompson_Allis. 2024.12.14. 접속).
1485 Robert L. Saucy, *The Church in God's Program* (Chicago: Moody Press, 1972); 김기찬 역, 『하나님이 계획하신 교회』(서울: 생명의말씀사, 1994).
1486 국내에 소개된 책은 Blaising and Bock, 『하나님 나라와 언약: 점진적 세대주의』이다. 대럴 벅은 "Charting Dispensationalism," *Christianity Today* 38/10(1994): 26-29에서 이전의 세대주의와 점진적 세대주의가 어떻게 다른지를 간단 명료하게 대중적으로 제시해 주기도 했다. 또한 점진적 세대주의와 이전 세대주의의 관계, 점진적 세대주의와 언약신학의 관계 등을 파악하기 위해서는 Robert L. Saucy, *The Case for Progressive Dispensationalism* (Grand Rapids: Zondervan, 1993); Craig A. Blaising and Darrell L. Bock (eds.), *Dispensationalism, Israel and the Church: The Search for Definition* (Grand Rapids: Zondervan, 1992); Herbert W. Bateman IV (ed.), *Three Central Issues in Contemporary Dispensationalism* (Grand Rapids: Kregel, 1999) 등을 참고해야 한다.

신에 4세대론(족장세대, 모세 시대, 교회 세대, 시온 세대)을 제시하고, 세대들을 "하나님과 인간 사이의 단순히 서로 다른 협정"으로 보지 아니하고 "점진적 계시와 구속을 완성하는데 있어 연속적인 협정"으로 이해함으로 "점진적 세대주의"라는 명칭을 가지게 되었다.[1487] 이들은 교회 세대가 구약의 예언된 새언약에 대한 약속과 조화를 이루는 "구속 역사의 새로운 세대"로 보고, 또한 교회를 "예수 그리스도께서 재림하시기 전에 이 세대에 존재하는 구속받은 (유대인과 이방인들 중에서) 인류 바로 그것"이라고 보았다.[1488] 현재 교회가 누리는 영적 복들은 "새 언약에서 예언된 축복들"이라고 보고, 유대인 뿐 아니라 이방인도 같은 복을 누리게 하려는 아브라함 언약과 조화를 이룬다고 그들은 해석한다. 또한 교회가 누리는 현재의 복은 부분적 성취이고, 완성은 그리스도의 재림시에 이루어진다고 본다.[1489]

그래서 점진적 세대주의의 입장은 어떤 면에서는 "이미와 아직 아니"(already but not yet)를 강조했던 역사적 전천년설자 조지 래드(George E. Ladd, 1911-1982)에 가깝다는 평가와 비판을 동시에 받기도 한다.[1490] 이들은 "전체적인 구속"과 "하나님의 한 백성"을 주장하면서도, 천년왕국 기간 동안 "이스라엘에게 주신 약속들이 완전히 성취될 것"을 바라보는 점에서는 교회와 이스라엘의 기능적 차이의 여지를 남겨두고 있다.[1491] 이들에 대한 비판적

1487 Blaising and Bock, 『하나님 나라와 언약: 점진적 세대주의』, 69, 171-172. 블레이징은 "각각의 세대가 마지막 (최종) 구속이라는 목표로 나아감에 따라, 성경은 참으로 점진하는 형태로서 서로 연관되는 다양한 관계들을 그리고 있다"고 말한다(70).
1488 Blaising and Bock, 『하나님 나라와 언약: 점진적 세대주의』, 70-71.
1489 Blaising and Bock, 『하나님 나라와 언약: 점진적 세대주의』, 75-76. Chad O. Brand (ed.), *Perspectives on Israel and the Church: Four Views*, 정규영 역, 『이스라엘과 교회에 대한 관점』(이천: 성서침례대학원대학교출판부, 2016), 2장에는 전통적 세대주의 관점을 로버트 L. 토머스가 대변하고 있고, 3장에는 로버트 소시가 점진적 세대주의 관점을 대변하고 있다.
1490 김성주, "언약신학에서 본 세대주의 신학," 86. 전통적인 세대주의자인 토머스는 그들에 대해 "they have become almost the same as the historic premillennialists"라고 비판했다(R. L. Thomas, "Progressive Dispensationalism," in: *Dictionary of Premillennial Theology*, 98). 그러나 점진적 세대주의의 대변자 중 한 사람인 대릴 L. 벅은 1998년에 발표한 한 논문에서 점진적 세대주의를 향해 제기된 "언약적 전천년설"이라든지 "혼종"이라는 비판을 거부하고 자신을 여전히 세대주의자라고 변호한다(Darrell L. Bock, "Why I am a Dispensationalist with a Small 'd'," *JETS* 41/3 [1998]: 383-396).
1491 김성주, "'언약신학에서 본 세대주의 신학," 86-87. 블레이징의 천년왕국 해설은 Blaising and Bock, 『하나님 나라와 언약: 점진적 세대주의』, 366-381을 보라. 블레이징은 "천년왕국은 재림하신, 즉 부활하신 그리스도께서 부활하신 성도들과 더불어 이 땅의 나라들을 통치하시는 종말론적 왕국의

인 입장을 취하는 찰스 라이리는 이러한 관점 변화의 이면에 있는 점진적 세대주의적 해석학 원리가 문자적 해석 원리에서 떠나 신약은 구약의 약속을 상호 보완한다는 해석학(a complementary hermeneutic)이 작용하고 있다고 비판하기도 했다.[1492] 실제로 벅이나 점진적 세대주의자들은 20세기 후반까지 발전한 성경해석학에 근거하여 역사적이고 문법적인 해석의 발전적 활용을 근거로 하여 선대의 전통적 세대주의를 개정하였음을 밝히기도 한다.[1493]

이상에서 간략하게 보았듯이 소시, 블레이징, 그리고 벅에 이해서 개진된 점진적 세대주의는 적어도 언약신학과 동질성을 많이 가지고 있다는 점을 부인하기 어렵다.[1494] 그러나 주의할 것은 이전의 전통적인 세대주의자들 모두가 이들의 입장을 따르고 있는 것은 아니라고 하는 사실이다.[1495] 물론 우리는 스톰즈 처럼 점진적 세대주의자들의 기여를 "고작 미세한 변경처럼 생각되는 것들"이라고 말하는 것은 지나치다고 본다.[1496] 하지만 개혁신학자 비네마가 지적했듯이 점진적 세대주의가 일반 목회자들이나 신자들에게 미치는 영향은 그다지 크지 못하고 오히려 학계에서만 논의되고 지지되고 있다

한 단계"이다고 말하는가 하면(369), 또한 "이스라엘의 메시아로서, 예수님은 그 민족과 언약하신 약속들을 그 나라를 위해 이루실 것이며, 그 분을 통해 모든 열방 나라들이 복을 받도록 열방 나라들을 통치하실 것"이라고 말하기도 한다(379). 또한 블레이징은 "다니엘의 묵시적인 이상을 포함해서 구약의 선지자들은, 하나님과 하나님께서 보낸 메시아 즉 다윗의 후손이 예루살렘을 중심으로 이스라엘과 모든 나라들을 통치하실 전 세계적인 왕국을 이 땅에 세우실 것이라고 예언"했다고 말하기도 한다(313).

1492 Ryrie, *Dispensationalism*, 205-207.
1493 Blaising and Bock, 『하나님 나라와 언약: 점진적 세대주의』, 2장과 3장에서 벅은 점진적 세대주의의 해석학을 설명해 준다.
1494 정암 박윤선은 세대주의 진영에서의 변화를 인지하고 다음과 같이 긍정적인 평가를 한다: "세대주의가 그 초기에는 천년 시대를 해설함에 있어서 성경을 잘못 해석한 바 있었다. 그러나 현대에는 그런 것이 많이 수정되었으니 기쁜 일이다. 어찌되었든 이 문제에 있어서 다른 학파는 세대주의 신자들을 지나치게 멀리해도 안된다. 그들이 장점도 상당히 있다... 오늘날 한국의 개혁주의 지도자들은 세대주의자들(특별히 많이 수정된 현하 세대주의자들)을 복음주의자로 알고 닐목을 힘쓰는 것이 크리스천으로서의 옳은 정신일 것이다."(박윤선, 『개혁주의 교리학』, 491-492). 그러나 필자가 생각하기에 정암은 점진적 세대주의 단계 보다는 수정된 세대주의 단계를 가리키고 있는 것으로 보인다.
1495 대표적으로 수정된 세대주의자인 찰스 라이리는 점진적 세대주의에 대한 비판을 제기했다(Ryrie, *Dispensationalism*, 189-212). 그리고 일군의 전통적 세대주의자들도 점진적 세대주의에 반박하는 저술을 출간하기도 했다(Wesley R. Willis, John R. Master, Charles C. Ryrie [eds.], *Issues in Dispensationalism* [Chicago: Moody Press, 1994]).
1496 Storms, 『개혁주의 무천년설 옹호』, 91

는 점은 고려해 볼 필요가 있는 것이라고 사료된다.[1497]

또한 점진적 세대주의자들이 언약 이해나 왕국론에 있어서 획기적인 수정을 가했음에도 불구하고 이전의 세대주의자들처럼 여전히 "지상적 천년왕국을 포함하는 땅에서의 이스라엘의 미래와 이스라엘과 교회의 구별을 믿으며, 환난전 휴거"를 믿고 있다.[1498] 결국 종말론에 있어서 점진적 세대주의 역시 그리스도의 이중 재림, 대환난, 대환난 이전 교회의 휴거, 지상의 천년왕국 등을 믿는다는 점에서 전통적 세대주의와 동일하다는 점을 알 수가 있다. 이러한 종말론 프로그램은 개혁주의 무천년설이나 역사적 전천년설을 취하는 이들은 동의할 수 없는 쟁점들이라고 할 것이다.

5.3. 주요 대변인들의 해설 고찰

이제 우리는 3세대에 걸쳐 발전한 세대주의 종말론의 내용을 보다 더 구체적으로 알아보기 위하여 각 세대를 대표할 만한 주창자들의 견해를 살펴 보려고 한다. 순서는 앞서 제시한 대로 고전적 세대주의, 수정된 세대주의, 그리고 점진적 세대주의 순이다.

5.3.1. 고전적 세대주의자들

고전적 세대주의자들 가운데는 한국 장로교 선교와 관련된 블랙스톤과 브룩스, 스월른 선교사, 게일 선교사 등의 천년기론을 차례대로 고찰해 보고, 초기 장로교회 종말론을 전국적으로 확산시킨 길선주 목사의 천년기론

1497 Cornelis P. Venema, *Promise of the Future*, 박승민 역, 『개혁주의 종말론 탐구』(서울: 부흥과개혁사, 2014), 274.

1498 Bock, "Charting Dispensationalism," 29; Bock, "Why I am a Dispensationalist with a Small 'd'," 395. 점진적 세대주의의 대변자 중 한 사람인 크레이그 블레이징은 Darrell L. Bock (ed.), Three View on the Millennium and Beyond, 박승민 역, 『천년왕국이란 무엇인가』(서울: 부흥과개혁사, 2011), 225-323에서는 전천년설 전체를 변호하고 있고, Alan Hultberg (ed.), *Three Views on the Rapture*, 김석근 역, 『휴거 세 가지 견해』(이천: 성서침례대학원대학교출판부, 2019), 35-95에서는 환난 전 휴거설을 변호하고 있다. 따라서 벅이나 블레이징이 환난전 휴거나 종말론적인 요소들이 그다지 주의를 기울이지 않는다고 우려한 찰스 라이리의 우려는 기우에 불과한 것을 알 수가 있다 (Ryrie, *Dispensationalism*, 208).

을 개관해 보고자 한다.

(1) 윌리엄 블랙스톤의 『예수의 재림』(1913)

블랙스톤의 『예수의 재림』은 총22편으로 구성되어 있다.[1499] 블랙스톤이 본서를 저술한 목적은 1편에서부터 명시적이다. 그는 예수께서 재림하실 것을 명시적으로 언급하는 성경구절들을 나열함으로 자신의 논의를 시작한다. 따라서 재림의 소망이 없는 자들은 비성경적일 뿐만 아니라 장차 교회가 휴거되고 난 후에 이 땅에 남아 맹렬한 진노를 경험하게 되고, 후에는 은혜의 보좌가 아니라 심판대 앞에 서야 할 것이라고 경고한다.[1500] 반면에 긍정적으로 재림 신앙의 중요성을 더욱더 강조를 하는데, 이러한 신앙을 가짐으로 "자기의 앞길을 예비하여 주를 친근히 함으로 멸망을 면"하게 되며, 재림 신앙을 가진 자는 이 세상에 사는 동안에도 "신령하고 성결한 자"로 살게되며, 또한 "깨어진 배"와 같은 이 세상에 사는 동안에 "열심으로 전도"하게 된다고 상술한다.[1501] 그는 초두에서 이미 교회의 휴거와 대환난을 언급함으로 세대주의 전천년설자임을 드러낸다. 또한 재림 신앙이 성경적으로 확실한 근거를 가지고 있는 진리이며, 이 신앙은 단순히 이론적인 사유의 대상이 아니라 매우 실용적인 중요성을 가진 것임을 강조하였다.

그리고 이어지는 2편에서는 "쓴대로 해석할 것"(Literal Interpretaion)이라는 표제하에 예언의 해석 원리에 대해서 설명해준다. 블랙스톤은 초림의 약속들이 문자적으로 성취되었듯이, 재림에 대해서 예언된 모든 내용들도 문자적으로 성취될 것이라고 하면서 여러 항목들을 나열한다.[1502] 따라서 그는 문자적인 재림을 거부하는 신령적 해석을 모두 거부하는데, 3편에서는 죽음

1499 Blackstone, 『예수의 재림』, 목록. 본서는 이처럼 체계적인 종말론을 전개한 것이 아니고 대중적인 해설서이다. 때로는 번역에 있어서 문자적이기 보다는 한국 현실을 반영한듯한 설명들이 추가되기도 함으로 때로는 블랙스톤의 말인지 기일이나 이창직의 말인지 불분명할 때도 있다. 필자가 번역서와 더불어 참고하는 원서는 1908년에 출간된 재재개정본이다: William E. Blackstone, *Jesus is Coming*, re-revised ed. (Chicago e. a. : Fleming H. Revell Co., 1908).
1500 Blackstone, 『예수의 재림』, 2-3.
1501 Blackstone, 『예수의 재림』, 2-6.
1502 Blackstone, 『예수의 재림』, 6-13. 문자주의는 세대주의 해석학의 특징으로 본서에 반복되어 나타난다.

을 재림과 동일시하는 이론을 논파한다.[1503] 블랙스톤은 본서에서 후천년설을 다니엘 휘트비에 의해 교회에 가만히 들어온 "신사상"인데 목사들 "태반"이라 좇고 있다고 비판을 한하고 나서,[1504] 전천년설("천년전패")의 성경적인 증거 여섯 가지를 제시한다.[1505] 우리가 블랙스톤의 세대주의적인 전천년설의 핵심을 한 눈에 볼 수 있는 곳은 8장에서 그가 제시하는 도표와 설명을 통해서이다.[1506]

그가 제시한 도표에서도 드러나지만 블랙스톤은 임박한 그리스도의 재림을 강조하면서도 이중적인 재림론을 제시했다.[1507] 즉, 처음에는 공중에 비밀리에 강림하시어 그의 성도들을 끌어 올리시어 혼인 잔치를 하시는 동시에 지상에서는 유대인들을 다시금 돌아오게 하기 위해 7년간의 대환난 기간이 있을 것이고 그 끝에 지상 재림(나타나심 appearance)이 있을 것이라는 것이다.[1508] 이러한 이중 재림을 말함에 있어 또 하나의 중요한 세대주의적인 요소가 강조되는데, 그것은 바로 교회와 유대인의 구별이다.[1509] 블랙스톤은 7년 대환난을 다니엘이 예언한 70이레 예언의 마지막 한 주간에 해당하는 시

1503 Blackstone, 『예수의 재림』, 13-20.
1504 Blackstone, 『예수의 재림』, 27-28. 블랙스톤은 19세기 미국 장로교회를 휩쓸었던 후천년설을 따라가면 성도들이 낙심케 하고 "믿음을 해롭게"한다고 비판하는데(50), 초역자 이창직도 후천년설의 여러 가지 폐해를 말하면서 강하게 비판한다(이창직, "주의재림서," in Blackstone, 『예수의 재림』, 서문 1-3). 블랙스톤은 13장과 14장에서도 후천년설자들이 전천년설자들에게 제기하는 여러 반론들에 대하여 논박을 제시한다(Blackstone, 『예수의 재림』, 96-131). 이러한 논박 가운데 블랙스톤은 교회와 나라(왕국)를 구분하고, 그 왕국이 신령적일 뿐 아니라 가시적임을 강조한다.
1505 Blackstone, 『예수의 재림』, 28-47. 블랙스톤은 "주께서 어느 때를 정하지시 아니하시고 곧 오신다"고 하는 전천년설적 교훈은 사도 시대 이래로 "유명한 선생들"이 가르쳐온 것이라고 사도성을 주장하기도 한다(50, 54).
1506 Blackstone, *Jesus is Coming*, 72-74; 『예수의 재림』, 56-60을 보라. 8장의 원 제목은 "Diagram"이기 때문에, 한역 제목을 "영접함을 입음과 및 형상을 나타내심"이라고 한 것은 오역이다. 또한 이 도표와 설명은 다음에 살펴보게 될 브룩스의 책에 제시된 것과 거의 동일하다(James H. Brookes, *Till He Come*, 3rd ed. [New York: Fleming H. Revell, 1895], Preface to the Second edition[쪽수 매김이 없음]; 배위량 역, 『주재림론』, "서론," 9-12). 연대적으로 볼 때에 블랙스톤이 브룩스에게 많은 영향을 받았다.
1507 따라서 본서 전편에 걸쳐 나타나는 블랙스톤의 임박한 재림(imminent coming)에 대한 강조는 그리스도인 독자들에게 임할 그리스도의 공중 강림과 비밀 휴거 때를 의미한다. 블랙스톤은 17장에서 그러한 임박한 재림이 성도들의 마음에 어떤 유익을 주는지에 대해 제시하기도 한다(168-172).
1508 Blackstone, 『예수의 재림』, 60-65, 83(어린양의 혼인 잔치), 146("교회에서 그리스도를 믿는 사람은 영접하심을 입어 이스라엘의 지내는 환난을 벗어난 자").
1509 Blackstone, 『예수의 재림』, 65-83. 130, 157-160(이스라엘과 교회를 섞지 못할 것). 그러나 블랙스톤은 극단적인 세대주의 입장과 달리 교회도 천년왕국 통치에 참여한다고 명시한다(76).

기로 해석하고,[1510] 이는 메시아를 거절했던 유대인들을 다시 하나님의 백성으로 받아들이시는 시기이며, 이 시기에 하나님의 진노가 부어지고, 적 그리스도가 등장할 것이라고 주장한다.[1511] 블랙스톤은 15장과 16장에서 구약의 다양한 예언들을 인용하여 설명하면서 이스라엘이 다시금 고토로 돌아오고 예루살렘과 새 성전을 세우고 특별한 하나님의 백성의 지위와 복을 누리게 될 것을 장황하게 설명한다.[1512]

블랙스톤은 7년의 혼인잔치/ 대환난이 끝나고 나면 그리스도께서 비로소 데려가신 성도들과 더불어 지상에 강림하실 것이며,[1513] 그 날에 민족들에 대한 심판이 있고, 적 그리스도는 불못에 던져질 것이며, 사탄은 결박당하게 되고, 환난기에 죽은 성도들이 부활함으로 "첫째 부활"(계 20:4-6)이 완성될 것이라고 주장한다.[1514] 그러고 나서 지상에서 천년왕국 통치가 이루어질 것인데 그곳에는 돌아온 유대인들과 휴거되었다가 돌아온 성도들이 다 참여하게 될 것이라고 그는 말한다. 그 후에 잠시 사탄이 놓여나 곡과 마곡과 더불어 그리스도를 대적할 것이나 곧 제압되어 불못에 던져지게 될 것이며, 그때에야 비로소 죽었던 모든 악인들이 부활하여 마지막 백보좌 심판을 통과하여 영벌을 받게 될 것이다.[1515] 그리고 천지는 폐하여지고, 새 하늘과 새 땅이 임할 것이며, 어린양의 신부인 새 예루살렘이 나타나며, 하나님은 만유위에 만유가 되시며, 하나님께서 구원받은 자들과 영원히 함께 거하시는 영원한 세대가 임할 것이다고 블랙스턴은 요점들만 말한다.[1516]

이상에서 우리는 윌리엄 블랙스톤의 『예수의 재림』(1913)에 나타나는 종

1510 Blackstone, 『예수의 재림』, 83-84, 181.
1511 Blackstone, 『예수의 재림』, 89-96.
1512 Blackstone, 『예수의 재림』, 131-168, 181-184. 또한 222-224, 257-266도 보라. 블랙스톤은 구약의 예언들 중 성취되지 않은 예언들을 영적으로 교회에 적용하려고 하는 해석을 반대한다(158). 그러한 예언들에 대한 개혁주의적인 해석의 원리는 Oswald T. Allis, *Prophecy and the Church* (Philadelphia: Presbyterian & Reformed, 1945), 111-166을 보라.
1513 Blackstone, 『예수의 재림』, 184-186.
1514 Blackstone, 『예수의 재림』, 58-59.
1515 Blackstone, 『예수의 재림』, 23-27(천년시대), 31-32, 34, 59, 189-200.
1516 Blackstone, 『예수의 재림』, 200-204. 블랙스톤은 신자의 영원한 상태에 대해 제목과 성경 구절들만 인용하고 있기 때문에 그의 입장이 정확히 어떠한지를 알기가 어렵다. 일례로 그는 세계 파괴설인지, 세계 갱신설인지를 알기 어렵다.

말론적인 특징들을 살펴보았다. 블랙스톤은 유대인들을 위한 행동가로서도 유명했고, 말씀 사경 운동과 세계 복음화 운동에도 크게 기여를 한 사람으로서 대중적인 종말론 교본 속에서도 성경에 대한 충성심과 거룩한 삶에의 진작, 세계 선교와 전도에 대한 열정을 북돋우기 위한 종말론의 실천적인 의미를 곳곳에서 잘 강조해주고 있다. 그럼에도 불구하고 그의 종말론은 고전적인 세대주의적 전천년설의 핵심들을 거의 모두 가지고 있다는 것을 확인할 수가 있다.[1517] 이러한 교과서가 초기에 기일선교사에 의해 번역 소개되고 장로회신학교 종말론 강의 교재로 활용되었기에 한국 목회자들이 세대주의적 전천년설을 장로교/개혁주의 신학과 조화되는 입장인 것처럼 배우고 전파할 수밖에 없게 되었던 것이다.

(2) 제임스 브룩스의 종말론

이제 1922년에 역간된 브룩스의 『주재림론』에 나타나는 종말론의 특징들을 확인해 보려고 한다. 지면 제한상 자세한 논구는 할 수가 없고 주요 특징들만 일별하고자 한다. 브룩스의 종말론의 골자는 제2판 저자 서문에서 확인할 수가 있다.[1518] 브룩스는 서론에서 천년세계 이전 재림설(= 전천년설)과 천년세계 이후 재림설(=후천년설)을 대조하여 설명하면서, 전천년설이 성경적인 증거에 부합한다는 것을 독자들에게 확신을 심어주고자 한다.[1519] 사실 이 서문만 주의해서 보아도 그의 주요 입장을 확인할 수가 있다.

특히 서문 말미에 있는 도표를 통해 시각적인 효과를 창출하기까지 하는데,[1520] 그의 해설을 간추려 보기로 하자. 그는 전천년설을 주장하되 세대

1517 Blackstone, 『예수의 재림』, 236-240에는 7세대론(seven dispensations)에 대한 도식과 설명도 나온다.
1518 Brookes, 『주재림론』, "서론," 1-12(일정하에 나온 책들은 저자 서문이나 역자 서문은 본문과 별개로 각기 페이지 매김이 따로 있다). 배위량은 밝히지 않았지만 서론은 제2판 서문이다(= James H. Brookes, Till He Come, "Preface to Second Edition"). 인터넷 검색에 의하면 2판은 1891년에 Chicago 소재 Gospel Publishing Company에 의해 간행되었다. 배위량 역본은 214쪽에 있는 역주에 의하면 1891년에 나온 2판을 대본으로 삼은 것이다.
1519 신학교에서 1년도 채 공부하지 않았던 브룩스이지만 성경에 대한 박식한 지식을 가지고 있었고 자신의 저술들을 통해 오로지 성경의 권위에 호소하여 견해들을 주장해 나간다. Terlep, "Inventing the Rapture: The Formation of American Dispensationalism, 1850-1875," 221: "Brookes's command of the Bible was undoubtedly one of the most persuasive elements of his work."
1520 Brookes, 『주재림론』, "서론," 9에 도표가 있고 10-12에 해설이 있다.

주의적인 입장을 취하고 있음을 보여주는데, 언제일지 모르지만 갑작스러운 주님의 공중 재림이 있고, 7년 대환난이 지상에 있을 것이고 그 초두에 유대인들이 자기 땅으로 돌아올 것이며 적 그리스도와 약조를 세우고 전3년 반을 보낼 것이나 그후에 약조를 깨트리고 모진 박해가 일어날 것이며 그 끝에 그리스도의 지상 강림이 있을 것이다. 그리스도를 믿는 신실한 교회는 7년 대환난이 시작되기 전에 공중에 끌어 올려져 공중에서 그리스도를 영접하여 혼인 잔치에 참여하게 될 것이다. 7년 대환난이 끝난 후에야 그리스도가 지상에 재림하게 되며 "모든 백성 곧 살아난 자의 심판"이 있고, 적그리스도와 짐승이 잡히고, 사탄은 결박되고, "고난을 받아 죽은 성도의 부활"이 있고, 천년 동안 그리스도는 "그 신부로 더불어 일천년 동안 땅에서 영화롭게 왕노릇 하"실 것이다. 그리고 그 끝에 사탄이 잠깐 놓여 곡과 마곡과 더불어 그리스도를 대적하는 전쟁을 일으킬 것이나 그리스도에게 패하게 되고, 백보좌 앞에서 "모든 남아있는 죽은 자의 심판"이 있을 것이고, 신자들은 영생 곧 무궁세계에 참여하게 될 것이다. 이상의 개략적으로 살펴본 내용을 보아서도 알 수가 있지만 브룩스의 종말론은 철저한 세대주의적 전천년설이다. 즉, 그는 그리스도의 재림을 두 번으로 보고, 그 사이에 7년 대환난과 공중 혼인 잔치가 있을 것을 말한다. 그리고 유대인들의 종말론적인 본토 회복과 회개운동에 대해서도 말한다.

이제 본문으로 들어가서 살펴보면 1-2장에서 브룩스는 재림에 대한 신앙이 사도들과 주님의 교훈에 근거한 것임을 상세하게 짚어준다.[1521] 3장에서는 자신의 전천년설의 관점에서 주님의 재림이 임박하다는 점을 강조하고 다만 그 날과 그 시는 알 수 없으니 항상 깨어 기도하고 준비해야 할 것을 말한다.[1522] 브룩스는 그리스도가 재림하시기 전 지상에서 "신령한 천년 세계나 정의의 통치"가 이루어지거나 번영의 시대가 올 것이라고 가르치는 후천년설에 대하여 "현시대"라는 4장에서 오히려 재림전까지 세상은 조금도 변하

1521 Brookes, 『주재림론』, 1-30.
1522 Brookes, 『주재림론』, 31-43. 브룩스는 몇 몇 학자들을 인용하는 중에 칼빈의 글도 인용한다(36-37).

지 아니하고 악해지고 고난의 때가 될 것임을 성경적으로 반박한다.[1523] 특히 현시대의 끝(5장)에는 평안이 아니라 "즉시 무서운 환난이 있을 것"이라고 브룩스는 명시한다.[1524] 6장에서는 후천년설의 근거로 제시되는 마태복음 13장의 비유들을 자신의 관점에서 해설하여 논파하기도 하는데, 때로 억지적인 해석들도 보인다.[1525] 7장에서는 적 그리스도를 다루는데, 브룩스는 "교황이 적 그리스도와 비슷하나 이 시대 끝에는 더욱 큰 적 그리스도가 일어날 줄"안다고 말한다.[1526] 그리고 여러 관련된 성경 구절들을 살핀 후에 천주교나 교황을 마지막 적그리스도라고 할 수는 없다고 단언을 한다.[1527] 다니엘 7장에 근거하여 "적 그리스도가 옛적 로마 제국이 열 나라 모양으로 다시 일어날 때에야 나타날 것"이라고 브룩스는 말한다.[1528] 브룩스의 세대주의적인 이해는 이스라엘에 대해 설명하는 8장에서 두드러지게 나타나는데, 그는 구약의 이스라엘의 회복과 본토 귀환에 대한 모든 약속이 문자적으로 실제적인 육신의 아브라함의 후손들에게 성취될 날이 올 것이라고 해석한다.[1529]

9장 이하에서 브룩스는 그리스도의 이중 재림에 관련하여 해설하기 시작하는데, 먼저 9장에서는 비밀 공중 휴거(rapture)에 대해서 다룬다.[1530] 그는 초두에서 이 주제는 "주의 재림에 대한 전체 문제에 크게 상관 되는 것"이라고 그 중요성을 밝히고, "그 백성을 위하여 오심"과 "저희들과 함께 나타나심"은 같은 사건이 아니라 구별된 사건이라는 점을 분명히 밝힌다.[1531] 브룩스는 계시록 3장 21에서 19장까지 교회가 이 지상에 있지 아니하고 하늘

1523 Brookes, 『주재림론』, 44-54. 브룩스는 "세상이 변하여 선하게 되겠다 함은 진리와 심히 어그러지도 다"라고 말하기도 한다(55-56).
1524 Brookes, 『주재림론』, 55-64.
1525 Brookes, 『주재림론』, 64-73. 마 13장에 나오는 새들을 공중 권세 잡은자로 보거나, 누룩을 무조건 악한자로 이해하려는 브룩스의 관점은 정당한 주해라고 보기 어렵다.
1526 Brookes, 『주재림론』, 76.
1527 Brookes, 『주재림론』, 83-84.
1528 Brookes, 『주재림론』, 86.
1529 Brookes, 『주재림론』, 91-109. 브룩스는 렘 30:1-10의 본문 해설을 하면서 "이 흩어지는 것이 실상이면 모으는 것도 실상이 되리라. 성경 가운데 이스라엘과 예루살렘을 수백번 말씀하셨으나 다 야곱의 친 자손과 예루살렘을 가르"친 것이라고 문자주의적인 해석을 제시한다(102).
1530 Brookes, 『주재림론』, 109-122.
1531 Brookes, 『주재림론』, 109, 116-117. 소위 전통적인 세대주의자들은 이중 재림을 말하기 위하여 "성도를 위하여 오심"과 "성도와 함께 오심"으로 양분하여 말하나 이는 성경적인 근거가 없다.

에 있으며, 성령께서도 지상에서 일하시지 아니하는 것으로 설명하면서, 교회는 대환난에 참여하지 아니하고 하늘로 휴거되고 대환난은 오로지 "유대인에게 상관"된다고 말한다.[1532] 철저한 성경주의자이기를 원하는 브룩스답게 이 주제에 관련해서도 여러 성경 구절들과 사례들을 증거로 제시하는데, 심지어 에녹이 홍수를 피하여 미리 데려가심에서도 휴거의 증거를 보고자 한다.[1533]

브룩스는 10-13장 넉장에 걸쳐 재림에 대해서 상술한다. 10장에서는 재림이 복된 소망이라는 점을 밝히는데, 사람의 몸의 구속을 포함한 완전한 구원이 이루어지고, "만물이 그리스도의 재림시에 영화로이 변화될 것"이며, 모든 질병에서 자유하게 되는 날이기 때문일 뿐 아니라, 유대인들이 본토로 돌아오고 다시 주의 백성이 되며, 이방 신자들과 더불어 세상을 심판하는 복을 누리게 되는 것이 재림후이기 때문에 복된 소망이라는 것이다.[1534] 11장에서는 재림이 "홀로 하나되는 소망"(the only hope)이라는 주제를 다루기 위해 세대주의자들의 전형적인 7세대론(seven dispenstations)을 상술해 주는데,[1535] 앞의 다섯 세대가 다 실패로 끝났듯이 교회시대 역시도 복음의 번영시대가 아니라 "무섭게 캄캄하고 비길데 없는 환난의 재앙으로 마칠"것이라고 말하고,[1536] 주님의 지상재림 후 천년왕국 때에도 비중생자가 함께 존재하기 때문에 "이 시대도 전시대와 같이 사람의 실패로 마"칠 것이라고 말한다.[1537] 그러나 천년왕국 후에 오는 최후심판을 통해 악인들이 심판받고, 사탄과 음부도 불구덩이에 던져지고 나서 무궁시대가 올 것을 브룩스는 말하는데 지상 재림후의 천년기도 실패로 끝난다고 표현하면서 재림을 유일한 소망이라고 말하는 것은 7세대 이론을 고집하기 때문에 일어나는 모순이

1532 Brookes, 『주재림론』, 113-114. 브룩스는 두 번의 재림이라는 표현을 약화시키기 위해 "재림은 둘이 아니오 하나인데 두 걸음이 있"다고 견강부회적인 해석을 한다(115; *Till He Come*, 91: "there are not two comings, but two steps of one coming.").
1533 Brookes, 『주재림론』, 117.
1534 Brookes, 『주재림론』, 123-135.
1535 Brookes, 『주재림론』, 136-157.
1536 Brookes, 『주재림론』, 149.
1537 Brookes, 『주재림론』, 155-156.

라고 보여진다. 12장에서 브룩스는 재림이 "실용할 소망"(the practical hope)이라는 점을 여러 가지로 설명한다.[1538] 즉, 재림 신앙을 가지게 될 때에 구체적으로 어떤 실천들을 하게 되는가를 자세하게 설명하는데, 그 가운데서도 가장 중요한 강조점은 전천년설적인 신앙을 가진 이들이 선교와 전도에 힘쓴다는 점에 놓여진다.[1539] 이어지는 13장은 이러한 전천년설적인 재림 신앙에 대한 증인들을 교회사 가운데 찾아서 나열하는 부분이다. 브룩스는 "초대 신자들이 다 천년 세계 이전 재림설자"라는 말로 증인 제시를 시작하여, 교회사적인 다양한 증인들을 제시한다.[1540] 브룩스는 자신의 시대에도 무디나 블랙스톤을 비롯하여 "지능과 학식이 구비하고 열성의 경건과 충성의 봉사와 성경의 숙달함으로 교회의 으뜸되는 인물이 수 만명"이 전천년설자들임을 말한다.[1541] 마지막 14장에서 브룩스는 지금까지 상세하게 설명해 왔던 자신의 세대주의적 전천년설의 관점에서 종말에 되어질 사건들의 순서(the order of events)를 일목요연하게 정리해주고 있다.[1542]

이상에서 우리는 『주재림론』에 담긴 제임스 브룩스의 세대주의적 전천년설을 개략적으로 살펴보았다. 나이아가라 성경 컨퍼런스의 지도자로서 브룩스는 19세기말 유행했던 고전적인 세대주의적 요소들을 확집했다는 것을 확인했으며, 그러한 세대주의적 전천년설의 신앙만이 성경적인 종말론이라고 하는 확신을 가지고 있었다는 점을 확인할 수가 있다.[1543] 브룩스의 책은 산만한 블랙스톤의 책보다 더욱 더 명쾌하고 체계적인 특성을 지녔기 때문에

1538 Brookes, 『주재림론』, 157-171.
1539 Brookes, 『주재림론』, 166-169.
1540 Brookes, 『주재림론』, 171-181. 브룩스는 수 많은 증인들을 나열하고서 "이 가운데 큰 선비와 세계에서 가장 성경을 깊이 연구하는 학자들이 많"다고 칭찬한다(181). 반면에 후천년설에 대해서는 "칼빈교과대로 되는 것이 아니오 장로교 신조밖에 나아가는 것뿐더러 성경을 위반하는 것"이라고 강력하게 비판을 한다(179). 이는 자신이 속한 미국 장로교회의 주류적인 신학자들(핫지 부자, 쉐드, 댑니 등)을 강도높게 비판한 것이라고 할 것이다.
1541 Brookes, 『주재림론』, 182-183. 이 부분에서 브룩스가 나열하는 수 많은 인물들은 19세기 후반 미국의 세대주의 운동가들이다.
1542 Brookes, 『주재림론』, 187-202. 부록으로는 "마귀가 일곱 번 패전한 것이라"는 내용이 실려있다(203-212).
1543 샌더스 2세는 브룩스의 저작들을 광범위하게 연구한 후에 그가 세대주의 전천년설의 확집하고 유포하긴 했으나 자신이 속한 장로교 구학파 신학 전통에 속해 있음을 논증했다(Sanders II, "The Premillennial Faith of James Hall Brookes," 97-152, 202-207).

가독성이 훨씬 더 높은 것으로 보아 당시 한국 독자들에게 더욱 더 쉽게 읽혀졌을 것이며, 영향을 미쳤을 것으로 사료된다.

(3) 윌리엄 스월른의 천년기론

소안론선교사는 평양에서 장기간 활동하면서 장로회신학교와 숭실전문에서 가르쳤고, 수 많은 저술들을 통하여 한국 장로교회 성장 발전에 크게 기여를 했고, 특히 종말론과 관련된 주요 텍스트들인 요한계시록과 다니엘서에 대한 해설서들을 일찍이 출간하여 많은 영향을 미쳤기 때문에 그의 저술들을 종말론적인 관점에서 고찰해 볼 필요가 있다.[1544] 일정하에 나온 많은 저술들이 그러하듯이 소안론의 저술들도 독창적인 저술이라기 보다는 신학교나 사경회 강의안으로 준비한 자료집으로 판단되어진다.[1545] 그리고 여기서는 그의 계시록해설과 다니엘해설을 자세하게 살필 수는 없기에 세대주의적인 특징만 간추려서 논구해 보려고 한다.[1546]

소안론은 요한계시록을 해석함에 있어 "과거적 사실로 해석"하거나 "역사적 사실로 해석"하는 입장 보다는 "미래적 사실로 해석"하는 것을 자신의 입장으로 취한다.[1547] 그러면서 특히 4장에서 19장까지 내용은 "다니엘의 70째 주일에 상관된 말씀으로 이 앞에 대환난 때에 당할 사건"이라고 서두에서 밝힌다.[1548] 소안론은 4장 1절의 "이 일후에"라는 구절을 교회의 휴거("예수께서 교회를 데려가심")후라고 단언하고, 4장-19장을 7년 대환난기로 보고 교회는 그 환난에 동참하지 않는다라고 하는 세대주의적인 도식을 철저

1544 소안론, 『묵시록 공부』 (경성: 조선야소교서회, 1922);『계시록대요』(경성: 조선야소교서회, 1936); 『다니엘서요해』(경성: 조선야소교서회, 1938/ 서울: 대한기독교서회, 1954). 소안론은 『계시록대요』, 서언에서 요한계시록 가운데 대환난에 관계된 부분을 잘 이해하기 위해서는 "다니엘 책을 아는 것이" 많은 도움이 된다라고 말한다.
1545 소안론은 『묵시록 공부』 의 경우는 편집인으로 표기되어 있고,『계시록대요』의 내지에 영문으로 "prepared by W. L. Swallen, D. D."로 표기하고 마지막 쪽에서는 저작자라고 표기한다.
1546 안수강, 『길선주목사의 말세론 연구』, 162-172에는 소안론과 길선주의 종말론의 연관성의 측면에서 분석되어 있고, 오주철, "한국교회사에 나타난 전천년설의 기원과 발전과정에 대한 교리사적 이해와 연구," 79-82에는 소안론의 세대주의 전천년설의 특징을 간략하게 논의하고 있다.
1547 소안론, 『계시록대요』, 3.
1548 소안론, 『계시록대요』, 3;『다니엘서요해』, 87-95.

하게 따른다.[1549] 고전적인 세대주의에 의하면 유대인과 이방인 교회는 철저하게 양분되시키는데, 소안론도 그 입장을 따라 7년 대환난 시기는 교회와는 관계없고 "유대인 교회 때"라고 설명한다.[1550] 이러한 기본적인 관점에 따라 7인, 7나팔, 7대접 재앙에 대한 해설을 7년 대환난 기간동안 교회와는 관계없이 유대인과 관계된 환난으로 해설을 하고,[1551] 7장의 144,4000을 문자적으로 "이방 사람이 아니오 유대 사람을 가르친 것"으로 보고, 7장 9-17절의 환난에서 나온 큰 무리를 대환난에 참여하지 않고 휴거된 교회라고 해석한다.[1552] 또한 소안론은 11장의 두 증인을 "후삼년반 대환난 때에 예루살렘에서 참소하며 기롱하는 백성중에 (나타날) 모세와 엘리아 같은 두 큰 증인"으로[1553] 12장의 여인을 이스라엘로 여인의 남은 자손들을 후3년반 동안 남은 "유대의 남은 자들"로 해석하고,[1554] 13장의 바다에서 나온 짐승을 적 그리스도로 보고, 땅에서 나온 짐승을 거짓 선지자로 해석하지만[1555] 666의 의미에 대해서는 불확실성을 말한다.[1556] 그리고 소안론은 17장에 나오는 음녀와 짐승을 말세의 배도한 교회를 가리키며, 18장에 멸망할 바벨론을 문자적으로 "마지막 때에 유브라데 강가에 있는 바벨론 성 자리에 다시 큰 성을 세울 것"으로 해석한다.[1557]

계시록의 기록을 주로 순차적이고 문자적으로 해석하는 소안론은 19장 1-10절의 어린 양의 혼인 잔치를 대환난전 교회가 공중 휴거하여 참여하는 것으로 해석하고,[1558] 19장 11절 이하의 짐승들과 그리스도의 전쟁은 최후 아

1549 소안론, 『묵시록 공부』, 43-45; 『계시록대요』, 50-51.
1550 소안론, 『계시록대요』, 51. 소안론은 전통적인 세대주의자들처럼 교회는 원래 구약에서 예고된 적이 없다고 주장한다(96).
1551 소안론, 『계시록대요』, 62-68, 76-82, 117-126.
1552 소안론, 『계시록대요』, 69-71. 144,000을 유대인으로만 제한했기에 14:1-5절도 유대인들로 제한하여 말한다(106-107).
1553 소안론, 『계시록대요』, 85-90. 소안론은 세대주의자들처럼 7년 대환난 기간을 전3년반과 후3년반으로 나누며, 이 때에 유대인들이 문자적으로 고토에 돌아와 나라를 세울 것을 전제로 설명한다.
1554 소안론, 『계시록대요』, 94-100.
1555 소안론, 『계시록대요』, 101-105.
1556 소안론, 『계시록대요』, 105: "이 수에 대하여 여러 가지로 해석하는 것이 있으나 지금까지 그 뜻을 분명히 해석하는 사람이 없으니 그 일이 이룰 때에야 분명히 알줄로 아느니라." 소안론, 『묵시록 공부』, 94도 동일하다.
1557 소안론, 『계시록대요』, 127-141.
1558 소안론, 『계시록대요』, 141-143.

마겟돈 전쟁(16:16)에 대한 것으로 동일시한다.[1559] 그리고 20장의 천년 동안 마귀를 결박함(20:1-3)은 "교회가 시작할 때" 일어난 것으로 보는 입장(무천년설의 입장이다)을 비판하고 주님의 지상 재림 후에 일어날 일로 해석하는데, 영적 존재인 마귀를 사슬로 결박할 수있는가 하는 문제에 대해서는 "신이라도 결박할 수 있는 사슬"으로 이해한다.[1560] 소안론은 천년 동안의 마귀 결박과 천년 동안 성도들이 그리스도와 왕노릇하는 기간을 같은 문자적 천년으로 이해하고 있고, 이 천년 통치에 참여하는 자들은 공중 휴거했던 자들과 대환난 기간 동안 순교했던 유대인들 등이라고 한다.[1561] 천년기 후에는 사탄이 다시 무저갱에서 풀려나 곡과 마곡의 전쟁이 일어날 것인데(20:7-9), 소안론은 곡과 마곡을 문자적인 나라나 인종명으로 이해하지 아니하고 "천년왕국후에 각나라 가운데서 마귀를 새로이 따라가는 사람이 많이 있을 터인고로 그 사람들을 총칭하여 곡과 마곡"이라고 해석한다.[1562] 이 전쟁에서 그리스도에게 패배한 사탄은 다른 두 짐승이 들어가 있는 불못에 들어가게 되는데, 소안론은 이 불못에 대하여 "들어가는 자가 멸절되는 곳이 아니오 영원토록 고통함으로 형벌받는 곳인 것이 분명"하다고 본다.[1563] 그리고 이어서 최후 심판이 있을 것인데, 이때에 악인들이 비로소 부활하여 심판을 받게 된다고 해석하는데, 문제는 이 최후 심판에 악한 사람들만 참여한다고 보는 것이다.[1564]

이제 우리는 계시록 21-22장에 기록되어 있는 인간의 최후 상태에 대한 소안론의 해석을 살펴보려고 한다. 소안론은 새 하늘과 새 땅에 관하여 대

1559 소안론, 『계시록대요』, 146-148, 122-124.
1560 소안론, 『계시록대요』, 149-150.
1561 소안론, 『계시록대요』, 151-153. 소안론은 계시록에 기호와 상징이 많다고 하면서도(서언, 2), 세대주의의 특성처럼 많은 부분에서 문자주의(litteralism)를 드러내준다. 천년에 대해서도 "천년인줄만 알 것뿐이오 다른 뜻으로 생각할 수 없"다고 말한다(151).
1562 소안론, 『계시록대요』, 154-155.
1563 소안론, 『계시록대요』, 156-157.
1564 소안론, 『계시록대요』, 157. 이러한 소안론의 해석은 모든 산 자와 죽은 자가 모두 심판대 앞에 설 것을 가르치는 웨스트민스터신앙고백 33장 1항에 충돌한다(이상웅, "웨스트민스터 신앙고백서의 종말론," 「한국개혁신학」 44 [2014]: 166). 또한 소안론은 세대주의자로서 단회적인 심판이 아니라 여러 번에 걸친 심판에 대해서 말하기도 했다(소안론, 『계시록대요』, 158; 『묵시록 공부』, 144-145).

부분의 세대주의자들과 달리 세계 갱신설을 주장한다.[1565] 그리고 에덴 동산보다 무궁 세계 속에 살아가는 형편이 더욱 더 영광스러울 것임을 바르게 강조하기도 한다.[1566] 그러나 새 예루살렘에 대한 해석을 보면 소안론은 새 땅에 있을 것으로 보지 아니하고 하늘에서 내려오기는 하지만 땅 위에 있는 것으로 특이한 해석을 한다.[1567]

이상에서 우리가 살펴본대로 소안론의 요한계시록과 다니엘 해석은 전통적인 세대주의 전천년설의 입장에 따라서 철저하게 저술된 책으로 1922년의 『묵시록 공부』, 1936년의 『계시록대요』, 그리고 1938년의 『다니엘서 요해』간에 입장 변경은 없는 것으로 확인된다. 소안론은 교회와 유대인을 양분하고, 7년 대환난과 교회의 휴거를 말했고, 그리스도의 공중 강림과 지상 재림을 말했고, 지상 천년왕국과 단회적이지 않은 부활과 심판에 대하여 주장했다. 이러한 종말론을 담은 본문들에 대한 해설들은 일제 강점기의 한국 장로교 목회자들을 통해 교인들에게 표준적인 해석처럼 수용될 수밖에 없었다는 것은 불문가지이다.

(4) 레이놀즈가 번역감수하여 교재로 쓴 가옥명의 천년기론

가옥명의 신학적 특징(장로교 신학과 복음주의 신학의 종합)은 『내세론』에서 세대주의적 전천년설을 따르는 것을 통해서 강하게 드러난다. 이눌서는 감수인 서문에서 그의 종말론 입장이 "솔직하게 전천년설적이나, 후천년 입장과 논증들에 대해서도 적절한 고려를 했다"라고 쓰고 있지만,[1568] 가옥명은 확실히 세대주의적 전천년설을 따랐던 복음주의 신학자이다.[1569] 가옥명의 『내세론』은 총 7장으로 구성되어 있고, 분량은 103쪽에 불과하다.

1565 소안론, 『계시록대요』, 159. 166쪽에는 "새 땅이라 하는 것은 낡은 땅을 불로 깨끗이 하고 아름답게 고친 것이니 곧 낡은 땅이 저주함을 벗어나서 온전케 하심을 받은 새 땅이라."고 말한다(『묵시록 공부』, 152도 동일).
1566 소안론, 『계시록대요』, 165.
1567 소안론, 『계시록대요』, 169; 『묵시록 공부』, 154-155.
1568 가옥명, 『내세론』, Foreword.
1569 필자는 가옥명의 『내세론』에 제한하여 살펴보겠지만, 모영보는 가옥명의 여러 저술들을 논구하여 이 사실을 분명하게 밝혀준다(모영보, "개혁주의 관점에서 본 가옥명의 종말론"[신학석사. 총신대학교. 2019]).

제1장 영세(永世)의 필유(必有)에서는 영생 불멸에 대한 여덟가지 증거를 제시하고 있는 부분이고,[1570] 2장 사망(死亡)에서는 사망의 정의를 내린 후에 사후 상태에 대해 의인과 악인으로 나누어 설명하고, 사후 상태(혹은 중간기 상태)에 대한 오류들인 수면설, 연옥설, 멸절설 등에 대해 비판적으로 서술한다.[1571] 3장은 그리스도의 재림("基督의 復臨")에 대해 다루는데, 재림하신다는 성경의 약속들을 제시하고, 예수 재림시의 경상(景狀)이 어떠할지에 대해서 자세하게 상술해 준다.[1572] 가옥명의 전천년설적인 입장은 재림의 시일을 논하는 부분에서부터 명료하게 나타나는데, 그는 후천년이 비성경적이라고 비판하고 그리스도와 교회가 왕노릇하는 지상 천년왕국론 입장을 자신의 입장으로 취한다.[1573] 이어서 재림의 징조를 논하면서도 전천년설적인 관점에서 징조들을 제시하는데("환난의 날," "만국에 복음전파," "교회의 영락," "물질이 문명(文明)될 것," "대죄인이 출현할 것"), 유대인이 귀국(歸國)할 것도 포함하고 있다.[1574]

가옥명의 전천년설은 제4장 천희년(千禧年)에서 상세하게 전개되어지는데, 그는 "성경 중에 천희년을 논한 요훈(要訓)이 심히 많"으며, "이 요도에 대하여 료해(了解)하기 어려우면 다른 요도(要道)에 대하여 있어서도 또한 오회(嗚會)함을 면키 어"려울 것이라고 강조하며 논의를 시작한다.[1575] 그는 구약과 신약의 각종 본문들을 증거로 제시한 후에, 천년왕국 전에 일어날 일들에 대해서 13가지를 나열하는데 주의해서 보면 고전적 세대주의를 따

1570 가옥명, 『내세론』, 1-13.
1571 가옥명, 『내세론』, 13-27. 가옥명은 신자가 사후에 누리는 복에 대해 "평안히 휴식함, 영명(靈明)의 지식이 있음, 주로 더불어 함께 처함, 신으로 더불어 같이 있음, 다시 범죄치 아니함, 피차 알 것" 등으로 설명해 준다(19-21).
1572 가옥명, 『내세론』, 28-36. 가옥명은 재림 교리의 중요성을 다음과 같이 강조하여 말한다: "기독의 재림하는 도는 실로 극히 중대하고 긴요한 문제임으로 성경중에 상론되었나니 혹이 왈 신약의 장절을 평균히 계산하여 보면 매 25절에 반드시 1절은 이 도에 대하여 밀절(密切)한 관계가 있다 하였도다."(45).
1573 가옥명, 『내세론』, 36-43. 이눌서의 말대로 가옥명은 전천년설과 후천년설의 입장을 공정하게 비교하려고 노력했다. 아울러 그는 시한부 종말론은 거부한다(43). 이는 당시 한국교회에 많은 영향을 미쳤던 길선주가 시한부 종말론을 말한 것과 대조적인 부분이다(길선주, "말세학," in 『말세학, 말세론』[서울: KIATS, 2010], 387-389).
1574 가옥명, 『내세론』, 43-45.
1575 가옥명, 『내세론』, 47.

른다는 것을 확연이 알 수가 있다. 그는 그리스도의 공중 강림시 신자들이 공중에 끌어 올려져(携擧) 혼인잔치를 하는 사이, 지상에서는 7년간 대환난 (전3년반, 후3년반)이 있을 것이고, 그 후에 그리스도의 지상 재림이 일어나고 그 때에 유대인이 회개하고 그리스도를 환영할 것이며 비로소 지상에서 그리스도의 왕국이 이루어질 것임을 말한다.[1576] 가옥명은 이어서 천년왕국의 경상(景狀)에 대해서 설명하되, 국정 방면으로는 "만국이 공합할 것, 세계가 화평할 것, 정치가 창명(昌明)될 것"이며, 종교 방면으로는 "복음이 보급될 것, 신앙이 아주 순수할 것, 정교가 합일 될 것"이라고 설명하고, 국민 방면에서는 "자유 평등이 될 것, 평안이 거하여 낙업(樂業)할 것"이며, 만물 방면으로 보면 "세계가 취속(取贖)될 것, 만물이 부흥할 것"이라고 설명한다.[1577] 가옥명은 그리스도의 재림후에 지상에서 세우시는 이러한 천년왕국의 시기를 부정하는 자들이나("혹 천희년을 부인하는 자") 혹은 그리스도가 재림하시기 전에 천년기가 있다고 믿는 후천년설자들("천희년후파")에 대하여 비판적으로 답함으로 천년기 논의를 마친다.[1578]

제5장에서 가옥명은 부활에 대해 다루는데, 먼저는 부활에 대한 반대론에 대해 검토하고 성경적 증거를 제시한다. 그러고나서 부활의 차서를 논의하는 중에 그의 세대주의적 전천년설의 입장이 또한 드러나게 된다. 가옥명은 성도의 부활이 한꺼번에 일어나는 것이 아니라, 대환난 전에 부활하는 자들과 대환난 후에 부활하는 자들로 구분한다.[1579] 가옥명은 영혼뿐 아니라 몸도 "신(神)의 거소(居所)"로 지으셨기 때문에 부활체는 이전의 몸과의 연속성이 있을 것을 말하는데, 이는 장로교 표준문서에 합치하는 입장이라

1576 가옥명, 『내세론』, 48-50.
1577 가옥명, 『내세론』, 50-55. 가옥명은 천년왕국의 景狀을 총언하여 원시조 아담이 타락하기 전의 "前景狀을 回復함"이라고 말한다(55).
1578 가옥명, 『내세론』, 55-57. 앞서본 블랙스톤이나 브룩스와 동일하게 가옥명은 전천년설 입장에서 후천년설을 거부하는데 이는 그가 기본 자료로 삼은 프린스턴신학자들이나 A. H. 스트롱의 천년기를 거부한 것이다. 물론 가옥명은 신학자들의 이름을 들어서 비판적 논의를 하지 않고 항상 성경적 근거를 물어 입장을 취하거나 타견해를 비판한다.
1579 가옥명, 『내세론』, 67-68. 악한 자들은 천년기 끝에 마지막 심판을 앞두고 모두 부활하게 된다고 가옥명은 말한다(69).

고 할 수가 있다.[1580] 다만 의인이나 악인의 부활체의 성격에 대해 설명할 때에 마치 선한 천사나 악한 천사도 일종의 영체가 있는 것처럼 설명하는 것은 개혁주의 관점에 맞지 않다고 할 것이다.[1581]

가옥명은 이어지는 제6장에서는 심판(審判)에 대해 다루는데, 심판의 필요성, 심판의 목적, 심판주(예수 그리스도), 심판의 차서, 심판의 기준, 심판의 결국 등의 순서로 논의를 전개했다.[1582] 이 부분에 대한 가옥명의 설명중 주목할 필요가 있는 것은 심판의 차서에서 자신의 세대주의 입장에 따라 심판을 7년 대환난 전과 대환난 후 있을 국민 심판과 이스라엘 심판 그리고 천년기 이후 있을 악인과 악한 천사의 심판 등으로 네 번의 심판이 있다고 주장하는 점이다.[1583] 그러나 심판의 결국을 설명하는 중에 가옥명은 세계 파괴설이 아니라 만물갱신설의 입장을 표명한 것은 개혁주의 관점과 일치하는 것이라고 판단되어진다.[1584]

가옥명의 『내세론』의 마지막 7장은 최후 상태에 대한 논의로서 "영생과 영벌"이라는 표제를 가지고 있다. 이곳에서 가옥명은 일반적인 종말론의 논의대로 신자가 누릴 신천신지에서의 영원한 생명과 지옥(게헨나)에서 누릴 악인들의 영벌에 대해서 상술해 준다.[1585] 가옥명은 정통적인 입장에 따라 신천신지와 지옥의 문자적인 경역성을 분명히 하였고, 특히 신천신지와 새 예루살렘을 따로 구별하여 설명하지 않는다.[1586]

이상과 같은 논구에 의하면 가옥명의 종말론은 분명히 세대주의 전천년설의 입장을 대변했음을 다시 한 번 확인하게 되며, 다만 종말론의 주요 내용들을 설명함에 있어서 성경적으로 온당하고 장로교 표준문서에 일치하는 경우들이 적지 않음을 알 수가 있다. 따라서 이눌서는 자신의 종말론이 세

1580 가옥명, 『내세론』, 73. 웨스트민스터 표준문서에 관련해서는 이상웅, "웨스트민스터 신앙고백서의 종말론," 161-164를 보라.
1581 가옥명, 『내세론』, 70, 72.
1582 가옥명, 『내세론』, 74-87.
1583 가옥명, 『내세론』, 81-83.
1584 가옥명, 『내세론』, 87: "대개 불사른다함은 멸(滅)함이 아니오 실로 낡은 것을 불살라 다시 새로운 것을 준비함으로 신천신지를 화성(化成)함이니라." 또한 가옥명, 『내세론』, 94-95의 상술을 참고하라.
1585 가옥명, 『내세론』, 87-103.
1586 가옥명, 『내세론』, 91, 95-96.

대주의적이었느냐 아니냐와 상관없이도 본서가 가진 교과서적인 가치를 높이 평가하여 번역 감수하여 출간한 후에 장로회신학교 교재로 사용했을 것이라고 사료된다. 그리고 평양 장로회신학교의 첫 조직신학 교수였던 이눌서 선교사의 종말론적인 입장이 역사적 전천년설인지 아니면 세대주의적 전천년설적인지에 대한 논쟁거리는 미해결 상태로 남겨둘 수밖에 없을 것 같다.

(5) 길선주 목사의 천년기론

길선주의 종말론은 1934-1935년 어간 김인서가 발간하던 「신앙생활」에 연속 기고한 말세학을 통해서 분명하게 확인할 수가 있다.[1587] 학계에서는 길선주의 종말론에 대한 거듭된 논구가 진행되어 왔고, 그의 종말론이 선교사들에게서 전수받은 전통적인 세대주의 전천년설이라고 하는 사실도 일반적으로 공인된 사실이다.[1588] 지면 제한상 간략하게 길선주의 종말론의 내용과 특징을 정리하고자 한다. 길선주는 "말세학"을 시작하면서 "말세학은 주의 재림을 중심으로 한 것이다"는 말로 시작하고 나서, 바로 후천년설을 비롯하여 전천년주의와 다른 잘못된 해석들을 배격한다.[1589] 이어지는 총론에서는 세대주의자들이 말하는대로 7세대론을 소개하고, 그리스도의 5차 강림, 5회의 부활, 7번의 심판에 대해서 말한다.[1590] 길선주는 전천년설적인 신앙에 따라 그리스도의 재림이 임박하다고 확신했으며, 그 증거로 내증 28가지와 6

[1587] 원 형태의 "말세학"과 영어번역은 『말세학, 말세론』(서울: KIATS, 2010), 223-434에 수록되어 있으며, 본 장에서는 이 현대판을 사용하기로 한다. 길진경 편, 『영계 길선주 목사 유고 선집』(서울: 대한기독교서회, 1968), 1: 22-170에 재수록된 말세학에는 아들이 수정한 사항들도 있기 때문에, 원형태의 말세학을 참고할 필요가 있다. 아울러 길선주의 감화를 받아 쓴 김정현의 말세론 영인본도 『말세학, 말세론』(서울: KIATS, 2010), 부록에 수록되어 있다. 김정현 목사에 대해 알려진 내용이 거의 없고, 그의 저술을 길선주의 종말론과 동일시하는 것은 옳지는 않아 보인다. 왜냐하면 김정현 목사가 길선주 목사의 종말론 강의에 많은 감화를 받고 썼지만, 내용은 반드시 동일하지 않으며, 또한 여러 다른 종말론 저술을 참고하고 있기 때문이다.

[1588] 안수강, "길선주의 말세론 연구"(철학박사, 백석대학교, 2007)= 안수강, 『길선주 목사의 말세론 연구』(서울: 예영, 2008); 오주철, "한국교회사에 나타난 전천년설의 기원과 발전과정에 대한 교리사적 이해와 연구"(철학박사, 계명대학교, 2008); 김진수, "길선주의 "말세학"에 나타난 세대주의 전천년설에 대한 연구"(철학박사, 계명대학교 대학원 2009); 허호익, 『길선주 목사의 목회와 신학사상』(서울: 대한기독교서회, 2009), 309-351. 이 가운데서 안수강의 박사 학위 논문이 원전들에 근거한 포괄적인 연구서이며, 길선주의 종말론을 이해하는데 있어서 필수적 문헌이라고 할 것이다.

[1589] 길선주, "말세학," 352-354.
[1590] 길선주, "말세학," 355-360.

대 외증을 제시한다.¹⁵⁹¹ 그러는 중에 그는 1939년 혹은 2002년이 주의 재림의 해가 될 수도 있다는 유보적이긴 하지만 시한부 종말론을 제시하기도 했다.¹⁵⁹²

세대주의 전천년설적인 요소들에 집중해서 길선주의 말세론을 들여다 보면, 길선주는 임박한 재림이 먼저는 공중에서 이루어지며 "진실한 신자와 아름다운 교회는 당신이 데려가"시어 공중 혼인 연석을 7년간 즐기게 하시지만,¹⁵⁹³ "진실치 못한 교인과 타락한 교회는 7년 대환난"에 참여하게 될 것이라고 말한다. 길선주는 계시록 6장-16장에 기록된 7인, 7나팔, 7대접 재앙들은 7년 대환난 기간 동안 부어질 것이며, 그 결과 "말세 인류가 거의 전멸 상태에 이르게 될 것"이라고 예고한다.¹⁵⁹⁴ 그러나 특이하게도 길선주는 이 대환난 기간을 유대인들에게 왕국 복음을 다시금 전하시어 옛 백성들을 불러 모으시는 시기라고 강조하는 전형적인 입장과 달리, 많은 유대인의 구원과 더불어 "이방교회를 확장"시키는 시기라고 해석한다.¹⁵⁹⁵ 길선주는 7년 대환난 후에 그리스도의 지상 재림이 있고, 지상 천년 왕국이 세워질 것을 말한다. 이 천년 세계에는 교회와 이방인이 다 참여할 것이며, "가취(嫁娶)"가 있어 인구수가 100억만에 이를 수도 있을 것이며, 에덴 동산같이 완전한 세계로 회복되기 때문에 수명은 천년이 넘을 것이라고 길선주는 말한다.¹⁵⁹⁶ 세대주의의 도식에 따라 길선주는 천년 왕국 끝에 사탄의 석방되어 마지막 시험의 때가 잠깐 있을 것과 그 후에는 그리스도께서 심판장이 되시어 흰 보좌에 앉으시어 최후 심판을 하시게 될 것을 말한다. 이 때에 악인들이 부활을 하게 되어 심판에 들어가게 된다.¹⁵⁹⁷ 이처럼 길선주는 다비, 스코필드에 의해

1591 길선주, "말세학," 362-391.
1592 길선주, "말세학," 387-389. 아들 길진경 목사는 1939년을 1974년으로 수정했다(길진경 편, 『영계 길선주 목사 유고 선집』, 1:70).
1593 길선주, "말세학," 391-394, 401-402. 길선주는 또한 교회가 7년 대환난에 참여하지 않을 12가지 증거를 자기 식의 해석을 통하여 제시하기도 한다(길선주, "말세학," 414-420).
1594 길선주, "말세학," 403-408. 길선주는 세대주의 전형을 따라 7년을 전삼년반과 후삼년반으로 양분하여 설명하기도 한다(길선주, "말세학," 409-414).
1595 길선주, "말세학," 410-413. 144,000명은 "유태인의 대표로 구원의 인을 맞은 자의 수"라고 이해함에도 불구하고, 환난 기간 동안 구원받을 유대인의 숫자가 많을 것을 예상하고 있다(413).
1596 길선주, "말세학," 423-428.
1597 길선주, "말세학," 428-430.

정립되고 기일이나 소안론과 같은 선교사 교수들에 의해 유포된 세대주의 종말론에 따라 말세학을 전개하였음을 알 수가 있는데, 한 가지 분명한 차이점은 지나치게 유대인 중심의 말세론을 전개하지는 않았다는 점이다.

이제 마지막으로 주목해야 할 것은 최후 심판 이후에 임할 최종 상태에 대해 길선주가 어떻게 이해하고 설명하는가 하는 것이다. 길선주는 마지막 장(12장)을 "변화무궁세계"라고 이름부치고, 이것을 "최후에 완성할 지상의 낙원"이라고 바로 설명해준다.[1598] 이 부분에서 특이한 점이 또 하나 드러나는데, 길선주는 최후상태에 대해 "지옥계와 무궁세계와 새 예루살렘 등 말세 삼계(三界)"를 말한다는 것이다. 일반적으로 최종상태를 지옥(Gehenna)과 신천신지로 구분하여 말하는 것이 개혁주의 전통인데,[1599] 길선주는 특이하게 신자들의 최종 상태를 무궁세계와 새 예루살렘 두 곳으로 대별한다. 길선주에 의하면 천성 새 예루살렘에는 "공중 혼인식에 올라갔던 신자"가 들어가고, 신천신지에는 "육신을 가지고 들어온 의인들이 살 곳"이라고 한다.[1600] 길선주에 의하면 천년 세계보다 나은 곳이 신천신지이고, 그보다 더 나은 곳이 천성 새 예루살렘이 된다.[1601] 우리는 이 부분에서도 길선주의 종말론이 유대인 중심의 세대주의(나 기독교 시오니즘)가 아니라는 것을 확인할 수가 있을 것이다. 그리고 길선주는 전형적인 세대주의에서 나타나는 세계 파괴설이 아니라 만물 갱신설을 주장하고 있다는 점은 긍정적으로 평가할 수 있는 점들이나,[1602] 구원받은 신자들이 살게 될 최후 거처를 하늘의 예루살렘과 신천신지로 양분하는 것은 성경적으로 바른 이해라고 볼 수가 없다.[1603]

1598 길선주, "말세학," 430.
1599 Hoekema, *The Bible and the Future* (Exeter: Paternoster Press, 1979), 265-287; 박형룡, 『교의신학- 내세론』(서울: 은성문화사, 1973), 341-378.
1600 길선주, "말세학," 430-433. 길선주는 "변화한 성도와 부활한 성도, 곧 신부된 성도들은 영광 극한 새예루살렘에 살 뿐 아니라 무궁세계에도 자유자재로 왕래하면서 두 세계의 열락을 영원히 누릴 것이다."는 특이한 주장도 한다(433).
1601 길선주, "말세학," 434. 길선주는 "말세학"을 끝내면서 다음과 같이 말한다: "이 글을 읽는 자는 다 말세에 믿음을 지켜 예수의 새예루살렘에 들어가기를 축원하노라. 저 좋은 낙원이 이르니 그 쾌락, 내 쾌락일세."(434).
1602 길선주, "말세학," 431. 이 주제와 관련하여 이상응, "새 하늘과 새 땅"(계 21:1-8)에 대한 개혁주의적 이해와 설교," 『한국개혁신학』 49 (2016): 8-38을 보라.
1603 길선주의 말세삼계설에 관련해서 안수강, 『길선주 목사의 말세론 연구』, 121-124, 130; 허호익, 『길

이처럼 우리는 길선주 목사의 종말론을 간략하게 살펴보면서, 그의 종말론이 당시 대세였던 세대주의 전천년설의 주요 특징들을 그대로 수용하여 재반포했다는 점을 확인할 수가 있었다. 유대인 중심성의 약화나 만물 갱신설의 주장 등은 의외적인 요소들이라고 할 것이나 그의 세대주의 말세학 강론은 전국적인 사경회를 통하여 한국 교인들의 가슴 속에 파고들어가 막대한 영향을 미쳤다. 물론 압박과 고난 중에 임박한 재림을 고대하면서 신앙의 열심을 내게 한 긍정적인 측면도 우리는 간과할 수가 없지만, 비성경적인 해석들은 비판적으로 극복해야 할 과제라고 할 것이다.

5.3.2. 수정된 세대주의자 허먼 호이트(Herman A. Hoyt, 1909-2000)[1604]의 천년기론

우리는 1977년 편집서에 기고한 허먼 호이트의 기고문을 통해 수정된 세대주의 입장을 확인할 수가 있다.[1605] 호이트는 글을 시작하면서 "미래에 관한 예언에서 성경 연구자들이 의견을 달리하지 않는 영역은 없다"는 말로 시작한다. 자신이 취하고 있는 입장은 "세대주의의 각도에서 본 전천년주의적 접근법"이라고 명시해 주고, 천년왕국이란 "하나님 나라에 관한 성경의 좀 더 큰 주제의 한 가지 측면"이라고 말하기도 한다.[1606] 하나님 나라(왕국)의 중요성 때문에, 첫부분에서 호이트는 성경의 중요한 주제가 하나님의 나라임을 개략적으로 설명해 준다.[1607]

두 번째 부분에서는 성경 해석 원칙을 다루는데, 그는 "일반인인 하나님의 백성에게 이해될 수있게 만든 해석 원칙"을 "성경의 메시지들을 문자적

선주 목사의 목회와 신학사상』, 309-351("말세삼계설의 한국신학적 특징") 등을 보라.
1604 허먼 호이트는 1937년에 같은 형제회(Brethren) 소속인 Alva J. McClain (1888-1968)과 더불어 그레이스 신학교 (Grace Theological Seminary)를 개교했다. 1962년부터 1976년에 은퇴할 때까지는 총장을 역임했다. 종말론에 관련된 호이트의 저술로는 The End Times: Biblical Eschatology (Chicago: Moody Press, 1969/ Winona Lake: BMH Books, 2000)와 Studies in Revelation (1983/ Winona: BMH Books, 2006) 등이 있다(https://en.wikipedia.org/wiki/Herman_A._Hoyt. 2024.12.20. 접속). .
1605 Hoyt, "세대주의적 전천년설," in Clouse (ed.),『천년왕국 논쟁』, 79-113.
1606 Hoyt, "세대주의적 전천년설," 79-80.
1607 Hoyt, "세대주의적 전천년설," 80-82.

이고 일반적인 의미로 이해하고 이를 성경 전체에 적용"하는 것이라고 밝힌다. 그는 성경의 모든 자료들이 이 원칙을 따라야 하며, 예언 자료로 당연히 그러해야 한다고 주장한다.[1608] 그는 이러한 "문자적 접근 방법은 절대적으로 기본적"이라고 강조하면서 다음과 같이 말하기도 한다.

> 전천년설이 편만한 곳에서는 그것은 문자적 성경 해석에 토대를 둘 뿐만 아니라, 이를 토대로 한층 더 나아가 성경 전체를 통합하는 전체 신학 체계를 세운다는 점이 관찰될 것이다.[1609]

호이트는 또한 전천년설은 "모든 철학 중 최고이고 가장 영리한 역사 철학을 제공"하며, "역사에 낙관주의의 분위기를 제공"해 준다고 말하기도 한다.[1610]

세 번째 부분에서 그는 천년왕국에 대한 9가지 해설을 간략하게 나열해 준다. 그중에 그가 속한 입장은 9번째 입장으로 "그리스도의 재림 때에 지상에 세워지는 왕국"이라는 견해이다.[1611] 이어지는 네 번째 부분에서는 자신이 생각하기에 성경적인 천년왕국의 해석을 제시해 준다. 그는 하나님 나라를 "광의로 하나님의 창조물에 대한 하나님의 통치"라고 정의해 준다.[1612] 호이트는 힘의 왕국과 은혜의 왕국 등 두 왕국의 존재를 인정하면서도 "서로 완전히 구분"하는 것은 그릇되다고 비판한다.[1613] 그 왕국들은 하나님의 "창조세계에 대한 하나의 통치의 두 측면 또는 국면"이기 때문이기 때문이다. 그는 하나님의 통치의 이 측면들을 잘 묘사하는 용어들로 "우주적인 왕국"과 "중재적인 왕국"이라는 말을 선호한다. 전자는 이미 실현되고 있지만, 후자는 "미래에 실현될 약속"에 속한다고 그는 말한다.[1614] 그는 이러한 두 왕국과

[1608] Hoyt, "세대주의적 전천년설," 83.
[1609] Hoyt, "세대주의적 전천년설," 84-85.
[1610] Hoyt, "세대주의적 전천년설," 85-86.
[1611] Hoyt, "세대주의적 전천년설," 87-88.
[1612] Hoyt, "세대주의적 전천년설," 90.
[1613] Hoyt, "세대주의적 전천년설," 91.
[1614] Hoyt, "세대주의적 전천년설," 91-92.

"중재적 왕국의 영역 안에 좀 더 제한된 영역, 즉 우주적 왕국과 중재적 왕국의 특정한 성격에 차여하는 교회" 등 세 개의 영역이 하나님 나라에 속한다고 정리해 준다.[1615]

다섯 번째 부분에서 호이트는 중재적 왕국의 역사를 해설해 준다. 그에 의하면 이 왕국의 준비는 "창세 때 개시"된 것이다.[1616] 이어서 그는 구약에서 하나님이 사용하신 다양한 중재자들과 실패를 나열해 주고 나서, "역사적 의미에서 중재적 왕국은 중단"되었다고 선언한다.[1617] 그러나 하나님께서는 인간 중재자과 비교할 수 없는 "완벽한 조정자로서의 왕이신 주 예수 그리스도"에 대한 약속과 미래에 성취될 중재적 왕국에 대한 약속을 주셨다고 호이트는 해설해 준다.[1618] 이어지는 여섯 번째 부분에서는 미래에 성취될 중재적 왕국과 중재자에 대한 구약의 예언들의 골자를 정리해 주는데, 그는 모든 미래적 성취는 문자적이 될 것이라는 점을 강조하고 또한 "왕국 도래 묘사에서 핵심은 문자적이고 신이자 인간인 인물로서의 왕"이라고 명시해 준다.[1619] 호이트는 중재적 왕국의 정부 형태는 "군주제"라고 말하고, 그 정부의 많은 책임이 "영적 귀족"에게 위임될 것이라고 말하기도 한다.[1620] 그는 중재적 왕국의 본질적 성격에 대해 여섯 가지로 정리해 주는데, 영적이라는 것, 윤리적 행동에서 열매가 나타난다는 것, 완벽한 사회적 관계들이 회복된다는 것, 저주가 대부분 해제되어 물리적 변화로 귀결된다는 것, 정치적 변화들과 종교적 정화가 있을 것이라는 것 등이다.[1621] 호이트는 이렇게 위대한 왕국은 영원한 왕국이지만, 두 국면으로 나뉘어진다고 말한다. 그 첫 번째 국면이 바로 천년 왕국이며(계 20:4-6), "그 후에 그것은 영원한 상태와 통합되어 영원히 존재할 것(시 45:6; 단 7:13-14; 미 4:7; 고전 15:24-28; 계 21:1-

---

1615 Hoyt, "세대주의적 전천년설," 92.
1616 Hoyt, "세대주의적 전천년설," 93.
1617 Hoyt, "세대주의적 전천년설," 94-96.
1618 Hoyt, "세대주의적 전천년설," 95-96. 호이트는 이스라엘의 최종적이고 영구적인 상태가 "그 중재적 왕국과 분리할 수 없게 엮여 있으며 주 예수 그리스도의 도래를 기다린다"라고 말하기도 한다.
1619 Hoyt, "세대주의적 전천년설," 97-100.
1620 Hoyt, "세대주의적 전천년설," 100-101.
1621 Hoyt, "세대주의적 전천년설," 101-103.

5)"이라고 말한다.[1622]

일곱 번째 부분에서 호이트는 "복음서들에 제시된 하나님 나라"에 대해서 주목하는데, 그는 하나님 나라(신국)와 하늘 나라(천국)을 구별하지 않는다는 특이점을 보인다.[1623] 그는 복음서들은 예수님이 선포하신 하나님 나라를 "구약성경이 예언한 왕국과 관련"시킨다고 적시해 주고, 또한 예수님의 사역과 메시지 역시도 "여러모로 구약 성경의 예언에서 제시된 그 나라의 다양한 측면"을 보여준다고 논평해 준다.[1624] 이어지는 설명에서 호이트는 세대주의적인 색채를 분명하게 드러내는데, 이스라엘이 자신들을 위해 오신 왕과 "그리스도가 오셔서 세우려고 하신 왕국을 거부"했다고 하는 대목이다.[1625] 그렇게 해서 도입되는 것이 "그 왕국의 신비한 형태"인 교회를 세우시게 된 것이라고 그가 말하는 것도 세대주의적인 특징이다.[1626] 여덟 번째 부분에서 "현재 시대 동안의 왕국"이라는 제하에 교회 시대를 다루는데, 호이트는 "현재 시대는 중재적 왕국의 시대"라고 말하기도 하고, "초기 교회 기간에 구약 성경의 예언에서 약속된 표지와 기사들이 계속"되었다고 말해주기도 한다.[1627] 그러나 유대인들의 반대가 계속됨에 따라 "왕국에 관한 메시지가 점차 시야에서 물러가고 교회에 관한 메시지가 뚜렷"해 졌다거나, "왕국의 영광과 그것의 전망은 희미해지고 교회와 교회 자체의 모든 영광이 현저"해 졌다는 식으로 비판적 논평도 해준다.[1628] 호이트는 "특수한 의미에서

1622 Hoyt, "세대주의적 전천년설," 103. *New Scofield Reference Bible*, 1373에서 제시된 수정된 세대주의적 천년왕국에 대한 해설은 다음과 같다: "The millennium is that period of time during which Christ will reign upon the earth, a time of universal peace, prosperity, long life, and prevailing righteousness. The early church fathers, e.g. Justin Martyr and Irenaeus, interpreted this passage as referring to a future literal period of time. See Ps. 72:1-20; Isa.9:6-7; 11:1-9; 24:22-23; 30:15-33; 35:1-10; 44:1-28; 49:1-26; 65:17-25; Jer. 23:5-6; 33:15; Mic.4:1-4; Mt.25:31-32; 1 Cor.15:24-28."
1623 Hoyt, "세대주의적 전천년설," 104. 동시대의 수정된 세대주의자인 존 월부어드는 이 둘을 분명하게 구별한다(Ladd, "역사적 전천년설의 응답," in Clouse (ed.),『천년왕국 논쟁』, 115).
1624 Hoyt, "세대주의적 전천년설," 105.
1625 Hoyt, "세대주의적 전천년설," 106. 호이트는 "왕국이 왕과 완벽하게 동일시되다 보니 왕을 거절하는 것은 왕국을 거절하는 것을 의미"했다고 명시하면서 왜 이스라엘이 거절할 수밖에 없었는지 6가지 이유를 제시하기도 한다(108). 이러한 호이트의 세대주의적 주장에 대한 래드의 합당한 반론을 보라(Ladd, "역사적 전천년설의 응답," 116).
1626 Hoyt, "세대주의적 전천년설," 106-107.
1627 Hoyt, "세대주의적 전천년설," 109.
1628 Hoyt, "세대주의적 전천년설," 110.

그 중재적 왕국은 오순절 날부터 그리스도의 재림까지 정지 또는 중지 상태"에 있기는 하지만, "오늘날 교회 구성원들은 제한적인 의미에서 이 왕국에의 참여를 경험"하고 있다고 해설해 준다.[1629]

마지막 아홉 번째 부분에서 호이트는 "그 왕국의 실현"에 대해서 다루는데, 그것은 바로 그리스도의 이중 재림과 연관되어서 설명되어진다. 호이트는 점진적 단계까지의 모든 세대주의의 기본적인 틀인 그리스도의 비밀 공중 강림과 7년 대환난 그리고 그리스도의 지상 재림이라는 틀을 명시적으로 강조하지는 않지만, 이러한 이중 강림의 틀에서 왕국의 실현을 해설해 준다. 그리스도께서 중재적 왕국을 실현하시는 때는 "자신이 데려가셨던 (살전 4:13-17) 교회와 함께 이 땅으로 돌아오"실 때인 것이다.[1630] 호이트는 중재적 왕국의 실현에 대한 내용은 신약보다는 구약에 풍성하게 예언되어 있다고 보며, 그리스도의 중재적 사역이 완성되는 날에 그는 "자발적으로 그 나라를 아버지의 손에 넘기실 것이고, 중재적 왕국은 우주적 왕구과 통합될 것"이라고 호이트는 정리해 준다.

5.3.3. 점진적 세대주의자 크레이그 블레이징(Craig Blaising, 1949-)[1631]의 천년기론

앞서 우리는 세대주의 발전사를 개관하면서 보았지만, 1980년대에 들어서 복음주의 학자들 가운데 점진적 세대주의자들이 등장하게 된다.[1632] 대럴

1629 Hoyt, "세대주의적 전천년설," 111.
1630 Hoyt, "세대주의적 전천년설," 112. 호이트는 3중의 부활을 말하면서도 세대주의적 색채를 드러낸다. 즉, 환난 전 휴거때 성도들의 부활, 환난 중간에 순교한 두 증인의 부활, 환난후에 "환난 때 순교한 많은 무리가 구약 성도들과 거의 같은 때에 (사 26:19-21; 단 12:1-2) 살아"난다는 것이다(123).
1631 블레이징은 댈러스 신학교(신학박사)와 애버딘 대학교(철학박사)를 졸업한 후에, 댈러스 신학교(1980-1995)와 남침례교 신학교(1996-2001) 교수를 역임한 후에, 2002년부터 사우스웨스턴 침례신학교 조직신학 교수로 재직중이다. 그는 댈러스 신학교의 대럴 벅(Darrell Bock)과 더불어 점진적 세대주의의 대변인이다. 해당 분야의 공동 저술로는 Dispensationalism, Israel and The Church: The Search For Definition (Grand Rapids: Zondervan, 1992); Three Views On The Millenium and Beyond (Grand Rapids: Zondervan, 1999); Progressive Dispensationalism (Victor Books, 1993/ Grand Rapids: Baker, 2000); Three Views on the Rapture and the Tribulation (Grand Rapids: Zondervan, 2010) 등이 있다(https://archive.md/20130615173720/http://www.swbts.edu/academics/faculty/theology/cblaising/. 2024.12.20. 접속).
1632 복음주의 학자들을 언급한 이유는 점진적 세대주의가 언약신학적 하나님 나라 신학과 세대주의를

복과 더불어 점진적 세대주의를 대변해온 크레이크 블레이징은 데럴 벅이 편집한 『천년왕국이란 무엇인가』(1999)에 기고한 "전천년왕국론"에서 자신의 천년기론을 해설해 주었다.[1633] 호이트의 기고문 대비하여 블레이징의 기고문은 분량이 두 배 이상이나 되는데, 그는 우선 전천년설의 핵심적인 요소들을 정리해 준 후에 자신은 이제 "천년왕국과 구원받은 자들의 영원한 나라"에 대해 집중하겠다고 말한다.[1634] 그는 기고문을 다섯 부분으로 나누어 논의를 전개해 나간다.

(1) 영생에 대한 두 가지 모델

첫째 부분에서 블레이징은 "영생에 대한 두 가지 모델"에 대해 설명을 해 주는데, 이는 천년왕국에 대한 이해를 다르게 하는 전제와 관련된 문제라고 확신하기 때문이다.[1635] 그가 제시하는 두 모델은 영적 비전 모델과 새 창조 모델이다. 전자는 "신자들이 하나님을 보게 될 것이라고 약속하거나, 미래의 복된 나라 속에서 충만한 지식을 갖게 될 것이라고 약속하는 성경 본문들을 강조"하고, "부활한 자들의 마지막 나라가 하늘에 있을 것"이라고 주장하는 자들이라고 한다.[1636] 그에 의하면 이러한 모델은 "영과 물질 사이의 근본적인 대조, 영과 마음 혹은 지성을 동일시, 영원한 완전함은 변화가 없을 것" 등과 같은 철학적 전제들에서 왔다고 분석해 준다.[1637] 반면에 블레이징이 선호하는 것으로 밝혀지게 될 "새 창조 모델"은 어떤 강조점을 가지는 것

통합하는 일군의 학자들에 의해서 개진되어 많은 논의와 비판들이 제기되어 왔기 때문이다. 그러나 우리가 존 맥아더 목사에게서 볼 수있듯이 목회자들과 일반 신자들이 가지고 있는 세대주의 형태는 전통적인 세대주의 형태라는 점을 간과해서는 안될 것이다.

1633 Blasing, "전천년왕국론," in Bock (ed.), 『천년왕국이란 무엇인가』, 225-323. 우리는 이 기고문을 통해 앞서 개관해 본 수정된 세대주의와 점진적 세대주의가 어떤 점에서 달라진 것인지를 확인할 수 가 있을 것이다.
1634 Blasing, "전천년왕국론," 225-227. 블레이징은 "요한계시록 20장이 그리스도의 오심과 최후 심판 사이에 천년왕국이 있을 것을 명확히 말해준다"고 확언해 준다(228).
1635 블레이징은 반전천년설자들은 "영생에 대한 자신들의 전통적인 기대들에 '적절하고,' '적합한' 혹은 '타당한'전제들 때문에 전천년왕국론을 받아들이지 못"하는 것이라고 단호하게 비판한다(229).
1636 Blasing, "전천년왕국론," 230-231.
1637 Blasing, "전천년왕국론," 231. 이 모델에 의하면 영생은 "일차적으로 인식적이고 특상적인 것"으로 "하나님을 아는 것이며, 완벽한 방식으로 아는 것"과 동일시 된다(232).

인지 그의 말을 직접 들어보기로 하자.

영생에 대한 새 창조 모델은 미래의 영원한 왕국, 새 땅과 그곳에서의 새롭게 된 삶, 육체적 부활(특별히 그리스도의 부활한 육체의 물리적 본질에 대해), 구속받은 자들이 사회 및 정치적 차원에서 결집하게 되는 것 등에 대해 말해 주고 있는 성경 본문들에 의지하고 있다. 새 창조 모델은 존재의 서열과 영생의 범위가, 본질적으로 현재의 지상적 삶의 서열 및 범위와 연속적일 것이라고 기대한다. 구속 받은 인류를 위한 영생은 땅에서의 구체화된 삶이 될 것이다.[1638]

이 모델에 의하면 몸의 부활과 "우주 질서가 갱신되고 영원하게 될 것"을 기대하게 된다.[1639] 물론 이 모델을 취해도 "구원 받은 자들이 하나님을 볼 것이라는 소망"을 거부하는 것이 아니다. 다만 영적 비전 모델이 "물질로부터 영을 분리하고 이들을 존재론적인 서열 구조 속에 넣으면서 완전한 상태를 불변하고 무시간적인 상태로 이해"하려고 한다면, 이에 반하여 새 창조 모델은 "완전한 의로움과 영원한 삶을 향한 복 받은 미래의 통합된 세계를 주장"하는 것이라고 블레이징은 정리해 준다.[1640]

(2) 해석학과 기독교 사상 속에서의 두 가지 모델

이어지는 두 번째 부분에서 블레이징은 앞서 말한 두 모델이 역사 가운데 어떻게 개진되었는지를 조명해 준다. 그는 영적 비전 모델은 "3세기에서 근대 초기까지 영생에 대한 지배적인 관점"이 되었다고 분석해 주고, 새 창조 모델은 유대교와 이레나이우스에게서도 볼 수있지만 근대에 이르러서야 제대로 꽃을 피게 되었다고 평가한다.[1641] 블레이징이 계속해서 두 모델 이야기를 해온 이유는 천년왕국을 비롯한 종말론을 접근하는 이들의 해석학적

1638 Blasing, "전천년왕국론," 232.
1639 Blasing, "전천년왕국론," 233.
1640 Blasing, "전천년왕국론," 234.
1641 Blasing, "전천년왕국론," 234-235.

전제 혹은 선이해(hermeneutic presupposition or preunderstanding)에 관한 문제이기 때문이다.[1642] 그는 전제의 순기능도 인정하는 한편, 잘못된 전제를 교정하기 위해서는 "성경이 따른 결론들에 복종시킬 수 있는 의지"가 필요하다고 말해준다. 그리고 마땅히 따라야 할 규범적인 해석학의 원칙을 "역사적, 문법적, 문학적 해석 방법"이라고 주장한다.[1643] 이러한 원칙에 근거하여 블레이징은 영적 비전 모델을 따르는 이들은 "해석된 단어들의 문자적 해석과 대조되는 것으로 받아들여졌던 '영적 해석'"과 연결되어 있다라고 비판한다.[1644]

블레이징은 이어서 영적 비전 모델이 어떻게 지배적인 위치로 출현하게 되었는지 그 역사적인 자취를 추적해 주고 있다. 블레이징은 오리게네스와 아우구스티누스를 다룬 후에, 영적 해석이 더욱 발전한 중세 시대(특히 신비주의)를 검토한다.[1645] 블레이징은 이렇게 발전한 영적 비전 모델에 따라 "초대 교회 신자들의 전천년왕국론은 약해"질 수밖에 없게 되었다고 분석해 준다. 구약에 제시된 "약속들과 예언들은 통째로 신비주의적 의미"로 전환되게 되고, 새창조에 대한 표현들 조차도 영적 비전 모델에 맞게 해석되어 지게 된 것이라고 그는 정리해 준다.[1646] 블레이징에 의하면 문자적으로 읽어야 할 요한계시록 조차도 영적으로 혹은 알레고리로 이해하는 방식이 발전하게 되고, 천년왕국에 대한 기대로 미래가 아니라 자신의 시대에 경험하는 실재로 와전(訛傳)시키는 우를 범하게 된다는 것이다.[1647] 천년기에 대한 본문을

1642 Blasing, "전천년왕국론," 235.
1643 Blasing, "전천년왕국론," 236. 이런 해석학적 규범에 따르면 영적 비전 모델은 성경의 본문에서 길어 올린 건전한 해석이 아니라, 성경에 주입하여 읽은 것이라고 블레이징은 평가해 준다. 즉, 이 해석 원칙을 받아들인다면 예언서나 요한계시록을 상징적이거나 영적으로 이해하는 모든 반천년설자들은 건전한 주석(exegesis)이 아니라 성경에 들여서 읽기(eisgesis)를 하는 자들이라고 비판되는 것이다.
1644 Blasing, "전천년왕국론," 237.
1645 Blasing, "전천년왕국론," 238-243. 블레이징에 의하면 중세 신비주의를 거치면서 "성경의 종말에 대한 새 창조의 묘사들이 부정되어야 했고, 창조와 새 창조 그리고 구속사와 새 창조의 존재론적인 연속성이 부정되어야 했다"라고 비판한다(241).
1646 Blasing, "전천년왕국론," 243.
1647 Blasing, "전천년왕국론," 243-247. 블레이징은 제국 천년왕국론 보다는 아우구스티누스가 제시한 교회 천년왕국 사상이 요한의 천년기 비전에 더 부합해 보인다고 공감적 입장을 보이기도 하지만, 결국 이러한 영적 해석을 강력하게 비판한다.

이런 식으로 해석하기 위해서는 비문자적인 해석이 발전할 수밖에 없었다는 점을 그는 적시한 후에, 특히 반복으로 보는 해석학을 특히 비판적으로 검토해 준다.[1648]

블레이징은 이처럼 초대교회와 중세를 통해 영적 비전 모델이 발전한 반면에, 종교개혁의 여러 가지 긍정적인 기여로 말미암아 새 창조 모델이 다시금 주목의 대상이 되게 되고, 전천년설도 부흥하게 되었다고 해석해 준다.[1649] 그는 종교개혁자들이 교황 혹은 교황 제도를 천년왕국으로 이해하기는커녕 적그리스도로 비판하게 되었다는 것을 주지시키면서, "성경 종말론을 지지하는 더 넓은 문맥과 함께, 요한계시록 20장에 대한 문자적 의미를 발견하"게 된 것과 또한 미래 천년왕국 사상이 다시 강성해지고, 로마서 11장을 통해 유대인들의 미래에 대한 계시를 재회복하게 되게 되었다고 해석해 준다.[1650] 블레이징은 이어서 근대에 일어난 후천년왕국 운동과 전천년왕국 운동의 역사를 간단히 짚어주는데,[1651] 특히 조셉 미드(Joseph Mede, 1586-1639)가 전천년왕국론에 있어 핵심적인 특징들인 "천년왕국 환상에 대한 문한적, 문맥적 이해"와 "새 창조 종말론에 대한 더 광범위한 문맥적 이해"를 잘 강조해 주었다고 적시해 준다.[1652]

(3) 다양한 전천년왕국론

앞서 블레이징은 영적 비전 모델과 새 창조 모델의 관점에서 정리해준 후에, 이제 전천년설 안에도 다양한 견해가 존재한다는 것을 대면하게 만든다.

1648 Blasing, "전천년왕국론," 248. 반복(*recapitulatio*) 또는 점진적 병행법(progressive parallelism)은 요한계시록 20장 해석에 대한 장에서 충분히 다루게 될 것이다.
1649 Blasing, "전천년왕국론," 249-250. 종교개혁과 근대 과학의 발전은 성경에 대한 문자적인 해석에 대하여 집중할 수 있는 계기들이 되었으며, 특히 과학의 발전에 힘입어 기독교도 "지상적 삶에 대한 더 위대한 지식을 가질 수 있었고 지상적 삶을 존중할 수 있"게 되었다고 그는 설명해준다(251).
1650 Blasing, "전천년왕국론," 252-253.
1651 Blasing, "전천년왕국론," 254-258.
1652 Blasing, "전천년왕국론," 259. 역사적 전천년설 부분에서 이미 보았지만 조셉 미드는 영국 케임브리지의 학자였으며, 1627년에 라틴어로 요한계시록 연구서인 *Clavis Apocalyptica*를 간행했고, 1643년에 다른 사람에 의해 영어로 번역되어(*Key of the Revelation Searched and Demonstrated*) 많은 이들에게 영향을 미치게 된다.

첫째로 그가 주목한 것은 19세기 다비에 의해 시작된 세대주의 전천년설이다. 고전적인 세대주의자들은 "궁극적 구원의 두 공존하는 형태를 가정함으로써(하나는 교회를 위해 하늘에 있는 영원한 구원이고, 다른 하나는 이스라엘을 위해 새 땅에 존재하는 영원한 구원)" 앞서 말했던 두 모델에서 귀결되는 종말론적 긴장을 해결해 버렸다고 블레이징은 평가한다.[1653] 세대주의자들에 의하면 교회는 천상적인 복을 누리게 되지만, 구약이 예언하는 지상 종말론의 예언들은 미래에 그리고 유대적인 의미로 성취될 것이라고 해설한다고 소개한다.[1654] 또한 환난전 휴거와 환난후 지상 강림이라는 이중 재림에 대한 주장도 "각각의 천년왕국 성취에 앞서 구별되는 두 종말론을 주장하도록" 만들었다고 그는 해설해 준다.[1655] 그러나 수정된 세대주의에 이르면 고전적 세대주의의 이원론을 포기하고 찰스 라이리와 왈부어드는 영적 비전 모델을 선택하고, 알바 맥클레인과 드와이트 펜티코스트는 새 창조 모델을 각기 선택하였다고 진단해 준다.[1656] 하지만 이원론이 완전히 해소된 것은 아니었고, 1980년대에 이르러 발전한 점진적 세대주의에 오면 "하나님의 계획 안에 있는 영적, 물질적, 정치적, 민족적 목적들을 인식하면서, 전통적인 세대주의 해석들로부터 온 많은 가치있는 통찰들"을 고수하게 된다고 그는 정리해 준다.[1657]

블레이징이 두 번째 유형으로 제시하는 것은 "역사적 전천년왕국론"이다. 초기 교부들과 근대 초기 다시 등장한 전천년설은 세대주의와 공통점을 공유하면서도 이원론을 수용하지 않았다고 그는 진단한다. 오히려 그들은 "역사를 통해 자신들의 관점들을 하나로 전개되는 구속 내러티브로 제시"하려고 애썼다고 블레이징은 평가해 준다.[1658] 그리고 그는 전천년설을 "새 창조 종말론의 성취 영역을 단지 천년왕국 시대로 축소"하는 축소주의 전천년설

1653 Blasing, "전천년왕국론," 261.
1654 Blasing, "전천년왕국론," 262-263. 블레이징은 "존 다비로부터 존 왈부어드에 이르기까지 가장 중요한 세대주의자들은 취소될 수 없는 이스라엘에 대한 하나님의 계획을 강조한다"라고 말하여 준다.
1655 Blasing, "전천년왕국론," 264.
1656 Blasing, "전천년왕국론," 264-265.
1657 Blasing, "전천년왕국론," 265.
1658 Blasing, "전천년왕국론," 266-267.

(reductionist premillennialism)과 천년왕국을 "마지막 상태에 대한 새 창조 질서와 상응하는 것"으로 보는 일관적 혹은 전체적 전천년설로 양분하여 설명하기도 한다.[1659] 블레이징은 후자에 속한 대표적인 신학자인 조지 래드의 기여를 "20세기에 세대주의를 따르지 않는 이들이 발붙일 수 있는 집결지 역할"을 했다고 평가하고, "비평적 작업을 통해 종말론적 하나님 나라의 본질과 이에 대한 계시 전개 방식에 대한 공동의 이해"를 촉진시킨 결과 천년왕국을 본래적인 요소로 하는 포괄적인 새 창조 종말론을 신장시켰다고 판단한다.[1660]

블레이징은 세 번째 유형으로 역사주의적 전천년왕국론과 묵시주의를 간략하게 살피면서 세대주의와의 차이점들을 밝히려고 한다. 그에 의하면 세대주의는 "성경의 묵시 본문에서 열거된 순서들을 교회 역사로 읽으려고 하는" 역사주의적 전천년설도 거부하고, "대중적이면서도 어느 정도 선풍적 [인] 묵시주의"도 버리게끔 한다고 주장한다.[1661] 특히 대중적인 인기를 누리곤 하는 할 린지와 같은 묵시주의에 대하여 블레이징은 비판적으로 언급하면서 이러한 묵시주의가 세대주의 성경신학에서 힘을 잃었다고 적시하고, 그 이유로 "대중적인 묵시주의가 성경에 대한 문학적이고 역사적인 연구와는 거리가 멀었기 때문이었고, 성경의 묵시 본문 해석에 대한 지속적인 복음주의 학자들의 연구"때문이라고 밝힌다.[1662]

(4) 천년왕국과 새 창조 종말론

블레이징은 네 번째 부분에서는 "전체적이고 일관성 있는 전천년왕국론을 위한 성경적 논증"을 제시하는 일에 몰두하게 된다. 그는 세 가지 항목으로 나누어서 논의를 개진해 나가는데, 첫 번째 주제는 "신구약 신학 내에서

1659 Blasing, "전천년왕국론," 267-269.
1660 Blasing, "전천년왕국론," 269-270. 벅이나 블레이징은 래드의 역사적 전천년설과 점진적 세대주의의 차이를 분명하게 강조하였지만, 그들이 래드의 하나님 나라 신학에 진 빚은 결코 부인할 수가 없을 것이다.
1661 Blasing, "전천년왕국론," 270-273.
1662 Blasing, "전천년왕국론," 273.

의 종말론 왕국"이다.[1663] 그는 구약 종말론은 "하나님이 이 땅에 세우실 그리고 영원히 지속될 미래의 왕국과 관련"되어 있다는 점과 그 왕국은 "현재 지상의 상황들을 새롭게 전 세계적이고 다민족적인 세상의 질서로 완벽하게 대체"할 것이라는 점을 핵심으로 한다고 주장한다.[1664] 구약의 메시아 예언 역시 이 왕국 예언과 관련이 있으며, 그 왕국의 복으로 영적인 복들과 새 하늘과 새 땅의 복까지 포괄하고 있다는 점을 적시해 준다.[1665] 그리고 신약은 구약의 종말론적 소망을 계승하되, 예언된 메시아가 바로 예수 그리스도라는 점을 밝혀 주었다고 블레이징은 해설한 후에, 그리스도의 사역으로 말미암아 하나님 나라가 이미 시작되었고 그 증거들로 기적들, 축귀, 죄 용서 등에 대해 해설해 준다.[1666] 그는 새언약의 복들은 "십자가와 성령의 부으심을 통해 시작"되었기 때문에, "그리스도와 화목한 유대인과 이방인들은 그들의 미래 구원의 보증으로서 성령을 받았고, 종말론적 왕국의 새 인류로 들어나기 위해 자신들이 받은 성령에 의해 평강 속에서 연합된 한몸"을 이루게 된다고 해설해 준다. 그러나 이것은 하나님 나라의 시작이며, "종말론적 왕국의 완성"은 아니라고 블레이징은 적시해 준다.[1667] 그는 요한계시록이 새 창조 종말론을 지지해주며, 특히 20장은 천년왕국에 대해 말하고 있는데 이는 "영원한 통치가 성취될 새 세상이 오기 이전에 세워지는 나라"라고 그는 해설해 준다.[1668]

두 번째 항목은 "종말론적 왕국의 도래"인데, 블레이징은 신약에서 계시된대로의 시작된 왕국 형태는 "십자가('주의 날'의 이미지 속에서 복음서에 묘사된), 부활, 승천을 통해 존재"했지만, 왕국의 미래적인 형태는 "구약과 같은 방식"으로 이루어질 것이라고 정리해 준다.[1669] 그 나라는 "심판의 파국적 행동을 통해 지상에 세워질 것"이기 때문에 예수 그리스도의 파루시아

1663   Blasing, "전천년왕국론," 274.
1664   Blasing, "전천년왕국론," 274-275.
1665   Blasing, "전천년왕국론," 276.
1666   Blasing, "전천년왕국론," 277.
1667   Blasing, "전천년왕국론," 278.
1668   Blasing, "전천년왕국론," 279.
1669   Blasing, "전천년왕국론," 281.

에 대한 신약의 강렬한 기대 본문들을 그는 나열해 준다.[1670] 궁극적으로 하나님의 나라는 그리스도의 재림으로 이 땅위에 완성될 것이지만, "종말론적 왕국의 천년왕국의 국면"이 있다는 것을 이어지는 세 번째 항목에서 그는 주목하게 한다. 그는 세대주의 종말론의 기본틀을 따라 "주의 강림에 이어지는 그리고 최후 심판에 앞서는 미래 왕국의 일시적인 국면에 대한 전천년왕국론의 기대"가 성경과 조화를 이룬다고 강조한다.[1671] 그는 천년왕국은 지상적 특성을 가지기에 "새 창조 종말론과 조화"를 이루며, 장차 영원속에서 성취될 완성된 왕국이 그보다 앞서 "시간 속에서 성취"되는 것이라고 규명해 준다.[1672] 블레이징은 천년왕국은 사탄의 결박(계 20:1-3)과 사탄에 대한 미래 심판(20:7-10) 사이에 실현될 것이라고 적시하는데, 이는 역사적 전천년설에서도 다르지 않는 내용이다.[1673] 그는 고린도전서 15장 23절 이하에서 "신자들의 부활과 마지막 부활 사이에 그리스도의 중간적 통치가 있을 가능성을 허락해 준다"고 말하면서도, "핵심적인 열쇠는 바로, 예수님의 재림과 최후 심판 사이에 존재할 천년왕국에 대한 요한의 명시적인 계시"라고 인정한다.[1674]

(5) 요한계시록 안에서의 전천년왕국론

블레이징의 마지막 대목은 천년왕국에 대한 명시적인 근거 본문인 요한계시록에 대한 것이다. 그는 먼저 이 책의 구조 문제를 다루는데, 그는 네 차례 반복된 "성령 안에서"라는 구절을 주목하게 한다.[1675] 그리고 요한계시록의 문학적 구조를 제시해 주기도 한다.[1676] 그는 요한계시록의 플롯이 "예수

1670 Blasing, "전천년왕국론," 282-284.
1671 Blasing, "전천년왕국론," 285. 그는 또한 천년왕국이 "성경이 주의 재림과 함께 올 것으로 말해 주고 있는 동일한 은혜, 동일한 기업의 일부"라고 주장하기도 한다(286).
1672 Blasing, "전천년왕국론," 286. 그는 구약 사 65:17-25을 문자적으로 이해하여 천년기에는 죽음이 있다고 주장하고, 죄도 존재할 수 있다고 주장한다. 반면 완성된 왕국에는 죄나 죽음이 존재할 수가 없다(287).
1673 Blasing, "전천년왕국론," 288.
1674 Blasing, "전천년왕국론," 289-290.
1675 Blasing, "전천년왕국론," 290-291.
1676 Blasing, "전천년왕국론," 293-294. 당연한 일이지만 그는 윌리엄 헨드릭슨이나 Adela Y. Collins의 구조론을 반대한다.

그리스도와 하나님을 경외하며 지속적으로 예수님을 증언해 온 그의 성도들과 관련"되어 있다는 점도 강조해 준다.[1677] 우리는 중간의 논의들은 건너뛰고 곧 바로 천년기가 포함된 19장 11절-21장 8절로 넘어가고자 한다. 그는 이 부분을 문학적으로 하나의 유닛(unit)이기도 하지만, 연대기적 순서로 일어날 일들이라고 해설해 준다.[1678] 그는 천년왕국에 대해 요한은 "약간의 정보"만 주고 있다는 점을 인정하면서도, "요한이 주고 있는 약간의 정보를 얼마나 문맥적으로 이해하고 있는가"라는 질문을 던진다.[1679] 기고문 서두에서 두 가지 모델의 이야기(결국 전제의 이야기)로 시작했던 것처럼 여기서도 블레이징은 결국 자신이 가진 전제 때문에 반천년왕국적인 해설을 하는 것이라고 비판하고, "요한계시록 20장에 있는 천 년 동안의 사탄의 결박과 성도들의 통치는 19장에 나온 그리스도의 파루시아에이어 나는 것으로 이해"되어야 하는 것을 쐐기를 박는다.[1680] 그는 자신이 제시하는 문맥적, 순차적 이해에 의한다면 사탄의 묶임에 대한 아우구스티누스적인 이해는 "요한계시록의 문학적, 문맥적 지지를 받지 못"하는 것으로 논박한다.[1681] 그는 신약에서 어떤 의미에서 사탄이 결박당해 있다고 말한다는 점을 인정하면서도, 20장 1-3절이 말하는 결박과는 다른 것이라고 말한다. 블레이징에 의하면 "요한계시록에서 파루시아 이전의 상황은 사탄이 만국을 미혹하고 있는 상황"이기 때문이다.[1682] 그리고 7-10절에 기록된 곡과 마곡의 전쟁에 대해서도 자신

1677 Blasing, "전천년왕국론," 297. 각주 74에서는 계 5장 이후 21-22장 전까지는 교회는 나타나지 않기 때문에 이 부분에 나타나는 성도는 7년 대환난 기간 동안의 "유대인 신자들"을 의미한다고 주장해 온 전통적인 세대주의의 해설을 그는 수정하는 듯하다. 그에 의하면 그들은 "그리스도의 몸의 일부로, 따라서 신약 성경에서 정의된 대로 교회의 일부"라고 본다. 그렇다고 해서 그가 이중 강림이나 그 시초에 있는 비밀 휴거를 부인하는 것은 아니다. 환난전 휴거(pre-tribulational raputre)는 살전 4-5장에 근거한 것이라고 그는 당연시한다.
1678 Blasing, "전천년왕국론," 300-302. 그는 자신과 동일한 해설을 하는 여러 학자들(리처드 보캄, 엘리자베스 피오렌자, 램지 마이클스, 로버트 월, 위르겐 롤로프 등)을 인용해 보인다.
1679 Blasing, "전천년왕국론," 303.
1680 Blasing, "전천년왕국론," 303.
1681 Blasing, "전천년왕국론," 309. 이러한 비판은 무천년설을 취하는 모든 이들에 대한 반론이기도 하다. 그는 각주 89에서 "그러나 현시대에서 사탄이 활동적인 인격임을 보여주는 한결같은 신약 계시는 무천년왕국론적 해석과 반대된다"는 존 왈부어드의 말을 인용하기도 한다. 초림과 재림 사이 교회사 기간 동안에 사탄의 활동에 대한 월부어드의 논의는 Walvoord, *The Revelation of Jesus Christ*, 292-293을 보라.
1682 Blasing, "전천년왕국론," 301-311.

의 세대주의 전천년설적 입장에서 "그리스도와 그의 성도들이 지상에 내려온 것에 저항하기 위해 모이는 것"이라고 해설해 준다.[1683]

앞선 논의에 이어서 블레이징은 마지막으로 천년왕국을 말하는 4-6절에 집중한다. 그는 목베임을 당한 순교자들의 영혼들을 "그리스도를 믿는 신자들... 육체적인 죽음으로 고통받은 자들"이라고 해석한다. 그리고 이들이 다시 살아서 그리스도와 통치하는 것은 그들에게 주어졌던 땅위에서 왕노릇할 것이라는 약속(2:26-27; 3:21; 5:10)의 성취라고 해석한다.[1684] 전천년설과 반전천년설 논쟁에서 가장 키워드가 되는 "첫째 부활"의 의미와 관련해서 블레이징은 문자적으로 육체 부활을 가리킨다고 강변한다. 본문에서 사용된 자오 동사는 육체적 부활을 가리키는 것이라고 말한 후에 2장 8절과 13장 14절의 용례를 언급해 준다.[1685] 그는 부활이라는 단어를 "결코 성경에서 육체적으로 죽은 자들의 지속적인 존재를 언급하기 위해" 사용하지 않는다고 주장한다.[1686] 요한계시록 내에서 성도들(과 순교자들)에게 약속된 복은 "육체적 부활(2:10)과, 땅에 대한 (5:10) 그리스도와 함께 할 미래의 통치(2:26-27, 3:21)"라고 블레이징은 강조하기도 한다.[1687] 4-6절에 대한 전천년설적인 논의를 길게 한 후에 블레이징은 자신의 입장을 다음과 같이 간결하게 제시해 준다.

요한은 자신이 "천년"이라고 부르는 본문의 시대를 두 육체적 부활 사이에 과도기적인 시대로 알았고, 첫째 부활한 자들이 그리스도와 함께 지상에서 통치하는 역사적 시대로 알았고, 사탄의 지상과의 관계가 변화되고 지상의 거주자들이 변화되는 역사의 시대로 알았다는 것이

1683 Blasing, "전천년왕국론," 312. 앞서도 적시했지만, 점진적 세대주의를 주도해온 소시, 벅, 블레이징 등이 래드의 하나님 나라 신학을 수용하면서도 세대주의라는 용어를 버리지 않는 것은 세대주의의 문자적 해석, 육신적 이스라엘의 회복에 대한 강조 그리고 종말론 프로그램(두 번의 재림, 비밀 휴거, 7년 대환난 등)을 고수하고 있기 때문이다.
1684 Blasing, "전천년왕국론," 314.
1685 Blasing, "전천년왕국론," 315. 이런 해석은 무천년설의 이해와는 반대되며, 래드같은 역사적 전천년설에서도 동의되는 이해이다.
1686 Blasing, "전천년왕국론," 317. 그는 각주에서 무천년설적인 견해를 제시한 클라인의 논문들을 지시한다: Meredith Kline, "The First Resurrection," *WTJ* 37 (1975): 366-375; *WTJ* 39 (1976): 117-119.
1687 Blasing, "전천년왕국론," 317.

다.[1688]

블레이징은 자신이 제시한 전천년설적인 이해가 "새 창조 종말론과 조화"를 이룰 뿐 아니라 "성경적으로 옳은 것이며, 참된 것"이라고 확신하면서 결론을 내린다.[1689] 기고문 앞부분에서도 그가 적시했지만, 결론에서도 성경의 권위를 믿는 복음주의자들 가운데 천년왕국을 부정하는 이들은 해석학적 전제나 "전통과 신앙고백을 고수하려는 책임감" 때문에 그런 것이라고 다시 한 번 상기시켜 준 후에, "우리 모두가 고백하는 성경의 권위에 따라, 우리 자신의 관점들을 반성하고 점검하며, 필요하다면 바꿀 수 있어야 한다"라고 권면해 주기도 한다.[1690]

필자와 같이 무천년설의 입장을 취하는 개혁주의자들도 블레이징의 말들에 원리적으로 공감을 할 수가 있다. 다만 해석학적 전제나 전통에 대한 충성심이라고 하는 바른 이해의 장애라고 지적한 것들이 전통적 세대주의자들에게 심각하게 해당한다는 것과 점진적 세대주의자들에게도 적용되어진다는 것이 안타깝게 느껴질 뿐이다. 블레이징의 기고문에 대한 개관적 고찰을 마무리하면서 한가지 분명하게 인식되는 바는 전통적인 세대주의와 달리 블레이징, 벅, 소시의 점진적 세대주의는 많은 부분에서 래드의 역사적 전천년설과 유사도를 보인다고 하는 점일 것이다.[1691]

1688 Blasing, "전천년왕국론," 321.
1689 Blasing, "전천년왕국론," 322.
1690 Blasing, "전천년왕국론," 322.
1691 로버트 클라우스의 1977년 편집서와 달리 대럴 벅의 1999년 편집서의 경우는 전천년설이라는 이름하에 블레이징에게 기고문을 맡겼기 때문에, 세대주의와 역사적 전천년설 간의 신학적인 토론을 할 여지가 없게 되었다. 하지만 21세기에 활동하고 있는 역사적 전천년설을 대변하는 복음주의 신학자들의 입장에서 점진적 세대주의는 어떻게 이해되거나 비판될지 궁금하지 않을 수가 없다. 앞서 소개했던 Craig Blomberg and Chung Sung Wook (eds.), *A Case for Historic Premillennialism: An Alternative to "Left Behind" Eschatology* (Grand Rapids: Baker, 2009); 조형욱 역, 『역사적 전천년설』 (서울: CLC, 2014)는 부제에 팀 라헤이의 레프트 비하인드 종말론에 대한 대안이라고 되어 있는데, 블레이징 역시도 이러한 세대주의에서 파생된 묵시주의를 당연히 거부할 것이라고 생각된다.

5.4. 나가는 말 – 평가

앞서 우리는 세대주의 전천년설에 대한 개관 작업을 진행해 보았다. 사실 200년 정도 밖에 되지 않는 종말론 견해이지만, 그 간에 산출된 문헌이 너무나 산적해 있어 이런 교과서에서는 충분히 다루기가 어렵다고 판단되어진다. 또한 개혁주의적 관점에 서 있는 필자같은 외부인이 얼마나 세대주의를 바르게 이해하고 있는지도 의구심이 들기도 한다. 이 주제에 관한 한 또 하나의 단행본 연구(monograph)가 요청된다고 생각된다. 이제 세대주의에 대한 개관을 마치기 전에 몇마디 덧붙이고자 한다.

먼저 세대주의에 대한 긍정적인 이야기를 해보겠다. 1979년에 간행된 『개혁주의 종말론』 15장에서 후크마는 세대주의를 비판적으로 다루었는데, 그는 "세대주의 전천년설은 성경과 조화를 이루지 않는 성경 해석 체계로 거부"해야 한다고 결론짓는다.[1692] 하지만 그 역시도 15장을 시작하면서는 세대주의자들이 가지고 있는 성경의 영감과 무오성에 대한 확신을 비롯한 여러 가지 긍정적인 점들을 인정하는 것으로 시작하는 것을 볼 수가 있다.[1693] 앞서 살펴본 정암 박윤선 박사 역시 1980년대에 들어서서 세대주의자들이 초기에는 "천년 시대를 해설함에 있어서 성경을 잘못 해석한 바"가 있지만, 후기에는 많이 수정되었기 때문에 "오늘날 한국의 개혁주의 지도자들은 세대주의자들(특별히 많이 수정된 현하 세대주의자들)을 복음주의자로 알고 친목을 힘쓰는 것이 크리스천으로서의 옳은 정신"이라고 권장한다.[1694]

역사적인 개관 작업을 통해서 확인했듯이 세대주의 전천년설을 확집하고 가르친 이들이 복음주의자들이라는 점을 필자도 인정한다. 때로는 장로

[1692] Hoekema, *The Bible and the Future*, 222. 후크마가 비판적으로 논구하고 있는 세대주의 형태는 수정된 세대주의라는 점을 기억해야 한다. 아직 점진적 세대주의가 학계에 논의되기 전에 후크마는 종말론을 집필 출간했다.
[1693] Hoekema, *The Bible and the Future*, 194.
[1694] 박윤선, 『개혁주의 교리학』, 491-492. 정암의 종말론 강의안이 1980년대 초반에 수정되었다고 하더라도, 그가 말하는 수정된 세대주의는 존 월부어드, 찰스 라이리, 드와이트 펜티코스트 등이 주창한 수정된 세대주의(Revised Dispensationalism)이지, 1980년대 말 복음주의 신학계에서 논의되기 시작한 점진적 세대주의(Progessive Dispensationalism)는 아니다. 전자의 입장을 주장하는 이승구, "죽산과 정암의 천년왕국 이해," 486에 대해 논자는 동의하기 어렵다.

교 목사들도 세대주의 종말론을 취하기도 했고, 존 맥아더처럼 칼빈주의를 표방하는 이들도 속해 있음을 알고 있다. 그들 중에는 다른 교리에서는 거의 일치하면서 종말론 주제에서만 극명한 차이를 보이는 이들도 있다. 그들이 성경의 무오와 영감성에 대한 신뢰, 문자적으로 읽고자 하는 원리도 역시 그런 성경주의에서 왔음을 인정한다. 구약과 신약이 하나의 은혜언약의 두 경륜의 차이라고 인정하고, 하나님의 나라가 그리스도의 초림을 통해 성취되기 시작했으며, 종교개혁의 다섯 솔라(five solas)에 대해서 동의하는 이들 조차 세대주의가 성경적 종말론이라고 주장하고 있다는 것도 보고 있다. 또한 19세기 말과 20세기 초반 학생자원운동 영향으로 소명을 받은 여러 선교사들이 한국에 들어가서 생을 헌신한 동기 이면에도 세대주의 전천년설이 기능하고 있었다는 점을 결코 눈감을 수가 없다. 또한 재림에 대한 그들의 복잡한 주장을 단순화해서 결국 재림하시기 전에 일어날 일과 재림후에 수반될 일에 대한 이해가 상이해도 그리스도의 재림이 중요하다고 하는 사실과 재림을 간절히 고대하는 점에서 개혁주의자들과 다르지 않다고 인정할 수도 있다.[1695]

분명히 학술적 세대주의자들도 그들과 경계하고 구별 짓고자하는 각종 묵시론적 종말론, 시한부 종말론, 음모 이론 등과 세대주의를 구별지어야 할 필요가 있을지 모른다.[1696] 그러나 분명한 것은 그러한 대중적인 세대주의 종말론이 대체로 세대주의 성경해석학과 종말론에 근거하여 주창된다는 사실은 부인할 수가 없다. 다미선교회 이장림의 시한부 종말론에서도 우리가 보았듯이, 세대주의 종말론의 기본적인 틀인 예수 그리스도의 두 번의 재림, 두 재림 사이에 존재하는 7년 대환난, 교회의 비밀 휴거와 유대인 중심의 7년 대환란 등을 활용하되 직통 계시가 더해짐으로 급진화한 것임을 부

1695 네덜란드 신학자들인 판 데어 꼬이와 판 덴 브링크는 21세기 초에 출간한 교의학 교본에서 다음과 같이 적시해 주고 있다: "The real core of Christian eschatology is that Christ will come and that his rule over time and history, over work and culture, will be revealed."(Van der Kooi and van den Brink, *Christian Dogmatics: An Introduction*, 741).

1696 최근까지 세대주의의 발전사를 대중적으로 잘 기술해 주고 있는 Daniel G. Hummel, *The Rise and Fall of Dispensationalism: How the Evangelical Battle over the End Times Shaped a Nation*, 소현수 역, 『세대주의 부상과 침몰』 (서울: 부흥과개혁사, 2023)를 보라.

인할 수가 없다. 점진적 세대주의자들 마저도 이러한 기본적인 세대주의 틀을 버리지 않았기 때문에, 내부의 반대에도 불구하고 스스로 세대주의라고 자부해 왔다. 요한계시록을 미래주의적으로만 읽으려고 하고, 7인, 7나팔, 7대접 재앙 등을 7년 대환난 기간에 일어날 일로 제한하는 요한계시록 해석법도 여전히 광범위하게 복음주의권에 영향을 미치고 있다. 그러한 근거위에서 아마겟돈 전쟁이나 666에 대한 퍼즐 맞추기 식의 이해를 추구하는 이들도 존재하고, 카일(Kyle)이 말한대로 종말의 시간표를 만들어 제시하려는 (time-setting game) 이들도 항상 존재하고 있다. 조지 래드의 언약신학을 받아들인 점진적 세대주의가 세대주의 학계에 지배적이라고 하지만, 팀 라헤이와 젠킨스가 쓴 『레프트 비하인드』(Left Behind, 16권, 1995-2007) 시리즈가 6,500만권 이상 팔리고, 5편의 영화가 제작될 정도로 대중의 인기를 얻고 있는 현실을 보면 여전히 대중적 세대주의가 수 많은 그리스도인들에게 영향을 미치고 있다는 점을 경계하지 않을 수가 없다.[1697] 칼빈주의 구원론과 세대주의 종말론이 충돌하지 않는다고 생각하는 존 맥아더 목사(1939-2025)와 같은 이들도 있는데, 비판적인 논의가 필요다하고 생각한다.[1698] 결국 개혁주의자들이 세대주의를 극복하는 길은 올바른 성경해석학과 요한계시록 이해 방식을 분명하게 정립하는 것이 필요하다고 생각한다.

1697 Tim LaHaye and Jerry B. Jenkins, Left Behind, 16 vols. (Carol Stream: Tyndale House, 1995-2007). 국내에서 홍성사가 역간했다.
1698 Iain H. Murray, John Macarthur: Servant of the Word and Flock, 이서용 역, 『존 맥아더의 설교와 목양』 (서울: 아가페, 2024). 230-234. 후천년설자인 머리나 역사적 전천년설자인 존 파이퍼 등 미국의 수많은 복음주의자들은 존 맥아더 목사와 교류하는데 어려움을 느끼지 않는 것 같다.

6. 요한계시록 20장 1-6절 고찰

6.1 들어가는 말

이상에서 우리는 종말론의 주요 주제이자 핫이슈(hot issue)인 천년기론의 네 가지 주요 입장을 어느 정도 상세하게 살펴 보았다. 이러한 개관 작업을 통해서 독자들은 필자가 취하고 있는 입장이 무천년설에 있으면서도 역사적 전천년설과 양립하면서 서로 배워야 한다는 입장을 취하고 있으나 세대주의 종말론과 그것에서 기원하는 시한부 종말론이나 음모 이론 등은 개혁주의에서 용납할 수 없다고 하는 등의 입장을 견지하고 있음을 확인할 수 있었을 것이다. 이제 천년기에 대한 논의를 끝내면서 필자는 천년왕국에 대한 유일하게 명시적인 전거 구절인 요한계시록 20장 1-6절에 대하여 논의해 보고자 한다.[1699] 왜냐하면 천년왕국 또는 "천년동안 그리스도와 함께 왕노릇함"에 대해 전거가 되는 명시적인 성경 본문은 요한계시록 20장 1절-6절 단 한 대목이라는 점은 대부분의 연구자들이 인정하고 있기 때문이다. 결국 이 텍스트를 어떻게 읽었는가에 따라 네 가지 해석이 도출된 것이기도 하고, 밖에서부터 들인 전제들 때문에 이 문단을 특이하게 해석하는 경우도 발생하는 것을 볼 수가 있다.

6.2 요한계시록은 어떤 책인가?[1700]

성경의 마지막 책인 요한계시록은 오랫동안 오해되거나 아니면 무시당하여 왔다. 아우구스티누스, 루터, 칼빈조차도 요한계시록 강해나 주석을 남기

1699　물론 필자는 조직신학자이지, 신약학자가 아니기 때문에 전문적인 주해 작업이나 성경신학적인 논의를 제공하려는 것은 아니다. 해당 전문 분야의 학자들의 작업에 토대로, 개혁주의 종말론의 관점에서 논의를 제시하고자 한다.
1700　이 절의 내용은 이전에 "요한계시록 길라잡이- 어린양이 반드시 이긴다." 「생명의 삶」 (2019년 11월호): 26-27에 발표한 내용이다.

지 않았다. 한편에서는 그릇되게 해석하여 시한부 종말론이나 종말론적인 이단이 되기도 했고, 또 다른 한편에서는 어차피 노력해봐야 이해할 수 없는 수수께끼 책인 것처럼 여기면서 이해의 노력조차 하지 않는 이들도 있어 왔다. 그러나 중요한 것은 요한계시록 역시도 하나님께서 우리들에게 필요해서 주신 계시의 말씀이라는 사실이다. 주님께서는 "이 예언의 말씀을 읽는 자와 듣는 자와 그 가운데에 기록한 것을 지키는 자는 복이 있나니 때가 가까움이라"(1:3)고 말씀하셨고, "이 두루마리의 예언의 말씀을 인봉하지 말라. 때가 가까우니라."(22:10)고 경고해 주시기도 하셨다. 우리는 주님의 말씀에 순종하여 요한계시록을 숙독하고 잘 배우는 것이 필요하다.

요한계시록은 만물의 종말에 관해 알려주는 책이다.

요한계시록은 주후 95, 96년경 로마 황제 도미티아누스 황제의 박해시기에 쓰여진 책이다. 예수님의 사랑받던 제자인 요한이 계시를 받아 기록한 이 책은 때로는 요한묵시록(John's Apocalypse)라고 불리기도 했다. 묵시 혹은 계시에 해당하는 헬라어 단어 아포칼립시스(*apokalypsis*)는 연극이 시연되도록 하기 위해 무대의 커튼을 치우는 것을 가리킬 때 쓰인 단어이기도 하다. 이처럼 요한계시록은 복잡다단한 역사의 커튼을 들어 올려 역사의 실상이 무엇이며, 역사의 주인이 누구이신지를 묵시의 언어로 보여주는 책이다. 우리는 요한계시록을 통해 역사의 의미도 배울 수가 있고, 모든 만물의 종말에 대해서도 확인할 수가 있다. 물론 요한계시록은 예수 그리스도의 재림과 그 징조, 부활, 심판, 최후상태 등 역사의 마지막에 일어날 일들만 알려주고 있는 것이 아니다. 이미 초대교회 성도들에게도 해당되는 초림과 재림 사이의 역사의 의미도 알려주고 있다. 즉, 그리스도의 죽으심과 부활하심으로 말미암아 시작된 하나님 나라와 악한 세상과의 갈등과 투쟁의 성격을 상징적 언어들로 잘 보여주고 있다. 따라서 요한계시록은 단순히 먼 미래의 세대에게만 아니라 초림과 재림사이에 사는 모든 신자들을 위하여 주신 책이라는 점을 기억하고 읽을 때에 바른 이해에 이를수가 있다.

요한계시록은 어린양 그리스도가 반드시 이기신다는 것을 보여준다.

요한계시록이 기록된 때는 로마 황제를 신과 주님으로 경배하도록 강요되던 시절이었고, 이를 거부하면 고초를 겪거나 궁핍한 삶을 살게 되거나 심지어는 순교도 감수해야 하던 때였다. 온 세상에 악의 세력이 승리를 거두고 있고, 교회는 말살될 것처럼 보이던 그러한 상황이지만, 주님은 이 계시를 통하여 영적 실상이 무엇인지를 보여 주셨다. 눈에 보이는 사건들과 사람들이 중요한 것이 아니라 보이지 않는 영적인 전투가 본질적인 차원이라는 것을 보여주셨다. 우리는 복잡하고 난해한 요한계시록을 읽을 때에 그러한 박해시기에 생명을 걸고 믿음 생활하였던 초대교회 성도들을 위로하고 격려하기 위해서 주신 말씀이라는 사실을 기억하고 읽어야 한다. 이러한 저작 목적은 계시록의 주제 구절인 17장 14절에서 명시적으로 제시되고 있다. "그들이 어린 양과 더불어 싸우려니와 어린 양은 만주의 주시요 만왕의 왕이시므로 그들을 이기실 터이요 또 그와 함께 있는 자들 곧 부르심을 받고 택하심을 받은 진실한 자들도 이기리로다." 사탄 마귀가 악한 정치권력(13:1-10)과 종교적, 문화적 선전 선동술(13:11-18)을 이용하여 세상 사람들을 미혹하고 이에 순응하기를 거부하는 성도들을 박해하거나 목숨을 빼앗는다고 해도 결국 성삼위 하나님께서 반드시 승리하시며 성도들도 궁극적인 승리에 동참하게 된다고 하는 진리를 강조해서 보여주고 있는 것이 바로 요한계시록이다. 따라서 환난 중에 있는 진실한 성도들에게는 요한계시록이 큰 위로와 격려를 부여했지만, 교회에 적대적인 세력에게는 아주 위험스러운 책으로 간주되어왔던 것이다(현 중국 삼자교회에서 다니엘서나 요한계시록에 대한 설교는 금지되어 있다).

요한계시록은
이 세상에 악이 아무리 강성하고 관영하여도
어린양과 그를 따르는 자들이 반드시 이긴다는 것을 보여주는 책이다.

6.3. 요한계시록의 해석 방법

필자는 수업 시간에 "나는 성경 본문 자체만 본다"는 말이 신학도들에게 멋진 말로 들리겠지만, 잠시 멈추어 서서 과연 그것이 좋기만 할까 고민해 볼 것을 요청하곤 한다. 왜냐하면 본문(원문)에는 문제가 없지만, 그 본문을 보는 각자의 눈 즉, 렌즈에 문제가 있을 수가 있기 때문이다. 따라서 성경 원어만 열심히 공부해서 원문만 읽겠다는 자세만 취해서는 안되고 적어도 성경신학과 성경 해석학을 연마해야 한다고 강조한다.[1701] 그리고 해석학도 세부적으로 들어가서 보자면 오경, 역사서, 시편과 지혜서, 예언서 등의 장르가 다르고 그 장르에 따른 해석학의 전문성이 필요해 진다. 우리가 주목하고 있는 요한계시록의 장르가 무엇이냐에 대한 논쟁들이 있긴 하지만, 분명히 예언 문학 또는 묵시 문학이라고 하는 중요한 특징을 외면할 수는 없을 것이다. 그렇다면 우리는 요한계시록을 어떻게 읽을 것인가? 요한계시록의 해석학은 무엇일까?[1702] 우리가 요한계시록을 이해하기 위하여 먼저 해결해야 할 중요한 문제는 요한계시록은 연대기적인 순서로 되어 있는가 아니면 반복 내지 병행의 형태로 그 구조가 짜여 있는가하는 것이다.[1703]

[1701] 1학년 수업 시간 마다 필자는 M. Div.(이전에는 B. D라 부름) 과정은 신학 심화 학습 과정이 아니고, 기초 과정이라고 강조하면서 모든 필수 과목들을 흥미와 상관없이 고루고루 공부하라고 권하곤 한다. 이미 은퇴하신 은사들이신 김영우 교수님은 「총신원보」 인터뷰에서 바빙크의 『개혁교의학』 전집을 읽으라고 권하시고, 김지찬 교수님은 주해의 과정에 신학적 해석(theological interpretation)의 과정도 강조하셨기에 늘 감사한 마음이다.

[1702] 종말론 교수로서 필자는 적어도 다음의 몇 권의 개론서적인 책들을 잘 학습해 볼 것을 권하고 싶다: William Hendriksen, *More Than Conquerors* (Grand Rapids: Baker, 1939); 문창수 역, 『요한계시록』 (서울: 아가페, 1975); Donald Guthrie, *The Relevance of John's Apocalypse* The Didsbury Lectures (Gand Rapids: Eerdmans, 1987); 장충하 역, 『요한계시록의 신학』 (서울: 새순출판사, 1991); Richard Bauckham, *The Theology of the Book of Revaltion* (Cambridge: Cambridge University Press, 1995); 이필찬 역, 『요한계시록 신학』 (서울: 한들, 2013); Marvin C. Pate (ed.), *Four Views on the Book of Revelation* (Grand Rapids: Zondervan 1998); 이세구 역, 『요한계시록을 이해하는 4가지 견해』 (서울: 아가페, 1999); Vern Poythress, *The Returning King* (Philippsburg: P&R, 2000); 유상섭 역, 『요한계시록 맥잡기』 (고양: 크리스챤출판사, 2002); Thomas R. Schreiner, *The Joy of Hearing: A Theology of the Book of Revelation* (Wheaton: Crossway, 2021); 김귀탁 역, 『요한계시록 신학』 (서울: 부흥과개혁사, 2022).

[1703] 역사적 전천년설의 입장에 섰던 로버트 마운스(Robert H. Mounce, 1921-2009)는 1997년에 출간한 자신의 주석 개정본에서 다음과 같이 적시해 준다: "The basic structural question is whether John inteded his readers to understand the visions recorded in his work in a straightforward chronological sense or whether some form of recapitulation is involoved." (Robert H. Mounce *The Book of Revelation*, NICNT, rev. ed. [Grand Rapids: Eerdmans, 1997], 31).

6.3.1. 요한계시록에 대한 네 가지 해석 학파

2천 년의 교회사를 살펴보면 요한계시록의 성취 문제를 어떻게 이해할 것인가와 관련하여 네 가지의 해석 학파가 존재해 왔다는 것을 알 수가 있다. 이는 요한계시록을 연구한 여러 학자들이 일반적으로 수용하는 바이기도 하다.[1704]

(1) 과거주의자들(Preterists)

요한계시록의 해석학파중 과거주의자들은 주후 1세기 청중들과 독자들을 염두에 두고 본서가 쓰였기 때문에 "계시록 예언의 성취를 주후 1세기로 연결하려는 일관된 시도"이다.[1705] 테니는 이 해석학파의 첫 제안자를 17세기 초 예수회 수도사였던 알카자르(Alcazar)라고 소개해 준다.[1706] 현대의 과거론자들은 계시록의 예언들이 성취되는 시기를 "주후 1세기, 특히 70년에 일어난 예루살렘 멸망 직전"으로 보며, 기록 시기도 도미티아누스 시대설이 아니라 네로 시대(54-68)설로 산정한다.[1707] 과거론자들은 "때가 가깝다"(1:1, 3; 22:10)는 말씀이나 "내가 속히 오리라"(22:20) 등이 이러한 1세기 성취설을 증거한다고 본다.[1708] 이들은 대체로 후천년설과 연관되어 있으며, 이 입장에 따르면 요한계시록의 구조는 다음과 같이 분류된다.

1704 Merill C. Tenney, *Interpreting Revelation*, 김근수 역, 『요한계시록 해석』(서울: CLC, 1993), 156-170; Poythress, 『요한계시록 맥잡기』, 23-36; Brian J. Tabb, *All Things New: Revelation as Canonical Capstone*, 김귀탁 역, 『요한계시록 성경신학』(서울: 부흥과신학, 2020), 28-30; Beeke and Smalley, *Reformed Systematic Theology*, 4:847-852; Leon Morris, *The Revelation of St. John*, TNTC (Leicester: IVP, 2009), 17-25. 그러나 Pate, 『요한계시록을 이해하는 4가지 견해』에서는 과거론적 해석, 이상주의적 해석, 미래론적 해석(고전적 세대주의, 점진적 세대주의)은 있으나, 역사적인 해석은 누락되었다.
1705 Pate, "계시록에 대하여," in Pate (ed.), 『요한계시록을 이해하는 4가지 견해』, 21-22.
1706 Tenney, 『요한계시록 해석』, 157-158.
1707 Pate, "계시록에 대하여," 24-25. 대환난 역시도 주후 66-70년 유대전쟁과 예루살렘 멸망시에 성취되었다고 보는 William R. Kimball, *What the Bible Says about the Great Tribulation*, 김재영 역, 『당신의 대환난 개념 전통적인가, 성경적인가?』(서울: 나침반, 1988)도 보라.
1708 Poythress, 『요한계시록 맥잡기』, 30-34. 포이쓰레스는 "때가 가깝다"는 구절에 대한 바른 이해도 제시하면서 과거론자들을 비판해준다.

1장- 부활하신 예수에 대해 요한이 본 환상
2-3장- 초기 유대 기독교의 상황
4-5장- 그리스도의 천상 통치 장면
6-18장- 예루살렘에 대한 두 차례 심판
19장- 예루살렘 신판 완성을 위해 그리스도가 재림하심
20-22장- 그리스도의 지상 통치[1709]

그러나 철저한 과거 성취론의 입장은 요한계시록 본문을 다 설명할 수 없기 때문에 부분적 과거주의(partial preterism) 해석을 취하는 학자들도 있다. 대중적 개혁신학자로 유명했던 R. C. 스프롤(R. C. Sproul, 1939-2017),[1710] 데이비드 칠턴(David Chilton, 1951-1997) 등이 있고,[1711] 국내에는 고신대학교 신약학 교수인 송영목 교수 등이 있다. "통합적 부분적 과거론적 해석"이라고 지칭하는 송교수의 입장이 무엇인지 그의 글을 인용해 보도록 하겠다.

계시록은 처음부터 끝까지 1세기의 과거적 입장에서 해석되어야 한다. 예외적으로 계 20-22장은 과거적 함의를 가진 미래적 본문이다. 그러므로 계 20:6절까지 로마와 예루살렘에 대한 심판이 동시에 등장하는 것으로 보아야 한다. 전반적으로 그리고 반복적으로 반 유대적 메시작 강하되, 반 로마적 메시지도 많은 부분에 동시에 나타나고 있다. 그래서 이 둘이 사로 구분되지 못할 정도로 긴밀히 통합되어 있는 상징도 종종 나타난다. 이것을 부분적 과거론적 해석의 새로운 패러다임으로서 '통합적 부분적 과거론적 해석'(an integrated partial preterism)라고 부를 수 있다.[1712]

1709 Pate, "계시록에 대하여," 26.
1710 R. C. Sproul, *The Last Days according to Jesus*, 김정식 역, 『예수의 종말론』(서울: 좋은씨앗, 2019).
1711 David Chilton, *Days of Vengeance: An Exposition of the Book of Revelation* (Fort Worth: Dominion Press. 1987). 윗필드 신학교는 1992년에 이르러 본서에 근거하여 그에게 박사학위를 수여했다.
1712 송영목, 『요한계시록의 신학』, 94-95.

(2) 역사주의자들(Historicists)

요한계시록의 해석학에 관련한 두 번째 학파는 역사주의자들이다. 이들은 "요한계시록을 1세기 후반부터 세계 종국까지의 전교회 역사의 과정을 상징적으로 표현한 것"으로 보고, 일곱 교회, 일곱 인, 일곱 나팔, 일곱 대접 등을 "교회 역사상의 특별한 사건들과 연관"을 짓거나 "여러 국가의 흥망성쇠와 교회의 부흥과 박해 등으로 해석"하였다.[1713] 역사주의자들의 이러한 해석 경향은 일곱 교회를 가지고 교회사 시대를 구분하려고 하는 다음의 사례에서도 볼 수가 있다.[1714]

1. 에베소교회	사도시대의 교회(주후 100년까지의 교회) - 성경과 교리 수호에 힘쓰나 첫 사랑을 잃은 감이 있음
2. 서머나교회	니케야 회의전의 초대교회(주후 100년-313년)- 순교적인 교회 시대
3. 버가모교회	로마가 인정한 기독교시대(주후 313-590년)- 세상에 세력에 의존하면서 성상숭배, 성자숭배 등을 하던 시절
4. 두아디라교회	로마 교황시대(590-1517년)
5. 사데교회	종교개혁 이후의 교회(16, 17세기)
6. 빌라델비아교회	18-20세기 초의 교회
7. 라오디게아교회	현대교회

메릴 테니도 역사주의적 해석 방식의 문제점들을 지적했지만,[1715] 포이쓰레스는 요한계시록이 마치 연대기적으로 기록된 것처럼 그들이 해석하지만 사실 "단순히 연대기적이 아니고, 주제적"이라고 적시해 준다.[1716]

1713 Tenney, 『요한계시록 해석』, 158-159. 테니는 역사주의자의 실례로 E. B. Elliott을 든다.
1714 박윤선, 『요한계시록』(수원: 영음사, 2005), 67-68.
1715 Tenney, 『요한계시록 해석』, 160-161.
1716 Poythress, 『요한계시록 맥잡기』, 35.

(3) 미래주의자들(Futurists)

세 번째 해석학파는 과거주의자들과 가장 반대편에 있는 미래주의자들이다. 이들은 4장에서 교회의 휴거가 일어나고, 주요 3대 재앙 즉, 7인- 7나팔- 7대접 재앙(6장-16장)을 포함하여 계시록 22장까지의 내용들은 오로지 미래에 관련된 예언들일 뿐이라고 해석한다.[1717] 이런 간략한 소개만 보아도 독자들은 세대주의 전천년설을 떠올릴 것인데, 물론 이 학파는 주로 세대주의자들이 석권하고 있는 해석이다. 고전적 세대주의와 수정된 세대주의는 성경 해석의 문자적 해석(literalism)을 원리로 고수하기 때문에 이러한 미래주의적 입장을 일관되게 유지한다.[1718] 그런데 한 가지 주의할 것은 1980년대 들어 복음주의 신학계에서 논의되기 시작한 점진적 세대주의의 경우는 조지 래드의 하나님 나라 신학과 세대주의를 접목시켰기 때문에 "이미와 아직 아니"의 긴장을 수용하고 있어 고전적 세대주의와 차이점을 가지게 된다는 점이다. 마빈 페이트는 점진적 세대주의가 제시하는 요한계시록 해석 방식을 다음과 같이 요약 정리해 준다.

> 고전적 세대론과 마찬가지로 진보적 세대론[1719]은 계시록 1장 19절을 계시록의 구조의 열쇠로서 초점을 맞추며 다만 그 구절이 3중 시간구조(과거, 현재, 미래)를 묘사하고 있다고 보기보다는 두 시대만을 그리고 있다고 본다. 요한은 본 것(계시록 전체의 환상)을 기록하라는 명령을 받았으며 그것은 두 실재, 곧 이제 있는 일(현 시대)과 장차될 일(내세)로 나뉜다. 요한이 볼 때 당시의 교회는 현세를 살고 있으나(1-3장) 하늘에서는 예수의 죽음과 부활로 말미암아 내세가 이미 시작되었다

1717 Tenney, 『요한계시록 해석』, 162-165. 테니는 전천년설자이지만, 세대주의적인 미래론적 해석에 대해 비판을 한다.
1718 Pate, "계시록에 대하여," 34-37. 고전적 세대주의적인 입장에서 R. L. 토마스의 기고문이 Pate (ed.), 『요한계시록을 이해하는 4가지 견해』, 237-304에 수록되어 있다.
1719 Progressive dispensationalism을 진보적 세대론(세대주의) 또는 점진적 세대주의라고 번역하는데 번역문에 따라 전자로 인용했으나, 필자는 지속적으로 후자의 용어를 사용할 것이다. 그리고 앞서도 우리가 살펴 보았지만 점진적 세대주의자들 역시도 그리스도의 이중 재림, 비밀 공중 휴거, 7년 대환난, 이스라엘 중심의 천년왕국 등의 기본 입장을 유지하고 있다는 점을 간과해서는 안될 것이다.

(4-5장). 장차 내세가 땅에 임하여 적그리스도를 물리치고(6-19장) 일시적인 메시아 나라를 지상에 세우며 (20장) 결국에는 영원한 나라를 세울 것이다(21-22장). 그러므로 이러한 두 시대의 중복이 계시록에서 무대가 계속해서 지상(현)과 하늘(내세)로 바뀌는 것에 대한 설명이 된다.[1720]

(4) 이상주의자들(Idealists)

요한계시록의 해석과 관련된 네 번째 학파는 이상주의자들 또는 상징주의자들이다. 페이트는 이 학파의 기본적인 입장에 대해 "계시록을 영적으로, 또는 상징적으로 해석한다는 점에서 영적 접근"이라고 부른다고 소개한 후에, "이 시각에 따르면 계시록은 어떤 사회적, 정치적 사건들과 역사적으로 직접적인 관련 없이 선과 악의 영원한 갈등을 묘사하는 책"으로 보려고 한다고 풀어서 설명해 준다.[1721] 이 학파에 의하면 계시록의 상징들은 "의미가 다중적이고 구체적 역사 사건을 지칭하고 있지 않기 때문에 계시록 메시지의 적용은 제한이 없"다고 보게 된다.[1722] 페이트는 이 해석이론은 일찍이 초대 교부 디오니시우스, 아우구스티누스, 히에로니무스(제롬), 알렉산드리아 학파 등에게 나타나며, "종교개혁 이전까지 계시록에 대한 지배적인 해석 방법"이 되었다고 정리해 준다.[1723] 그리고 나서 현대 주석가들 중에는 미니어(P. S. Minear)와 피오렌자(E. S. Fiorenza) 등을 열거해 주기도 한다.[1724] 또한 무천년설을 취하는 여러 학자들의 해석학도 이상주의 또는 영해파에 속한다

1720 Pate, "계시록에 대하여," 40-41. 점진적 세대주의자인 크레이그 블레이징의 요한계시록 해석론이 Pate (ed.), 『요한계시록을 이해하는 4가지 견해』, 179-233에 수록되어 있다.
1721 Pate, "계시록에 대하여," 26.
1722 Pate, "계시록에 대하여," 28. 테니 역시도 이상론적 해석에 대해서 다음과 같이 요약적으로 제시해 준다: "이상론자는 요한계시록의 계시를 정확한 사건 계시로 보지 않고 단지 상징, 곧 선과 악의 투쟁에 관한 추상적 상징으로 취급한다. 따라서 이상론에 의하면 요한계시록은 어떤 시대 어떤 장소에나 적용될 수 있는 보편적인 원리를 제공하는 것이 된다."(Tenney, 『요한계시록 해석』, 169). 테니는 이런 해석은 "해석자의 심리변화에 너무 의존할 경향이 짙으므로 우선 배제"한다고 밝히기도 했다.
1723 Pate, "계시록에 대하여," 28.
1724 Pate, "계시록에 대하여," 29-33.

고 페이트는 적시해 준다.[1725]

(5) 절충하는 입장

이상에서 개관한 요한계시록에 대한 네 가지 해석 방법은 각기 지지자들을 찾아볼 수가 있으며, 좀 더 보완된 입장으로 절충주의를 주장하는 학자들도 있다. 웨스트민스터 신학교의 번 포이쓰레스도 그러하지만,[1726] 그레고리 빌의 제자인 브라이언 탭(Brian J. Tabb)은 자신의 방법론을 "절충적 해석법 또는 혼합적 해석법"이라고 밝힌 후에, 그 내용을 다음과 같이 해설해 준다.

> 상징주의 해석자로서 나는 요한계시록은 교회 시대 전체에 걸쳐 생존한 신자들과 지속적인 관련성을 갖고 있고, 요한의 상징적 환상들은 대부분 성취가 다양하게 이루어질 수 있다고 주장하겠다. 과거주의 해석자로서 나는 요한계시록 1-3장만이 아니라 요한계시록 전체가 역사적 상황과 관련되고, 요한의 첫 세기 독자의 상황과 관심사를 반영한다고 주장하겠다. 그리고 미래주의와 역사주의 해석자로서 나는 요한계시록은 악을 심판하고 자기 백성을 구원하고 하나님의 영원한 나라를 세우고 새 창조로 인도하실 예수의 결정적인 재림을 고대한다고 주장하겠다.[1727]

소장파 학자인 탭은 비일의 영향으로 무천년설의 입장을 분명하게 취하는 학자인데,[1728] 이러한 절충적인 해석 방법을 통하여 다음의 요점들을 분명하게 제시하고 싶어한다.

1725 Pate, "계시록에 대하여," 33. 이상주의적 혹은 관념론적 해석을 지지하는 S. 햄스트러 2세의 기고문이 Pate (ed.), 『요한계시록을 이해하는 4가지 견해』, 125-175에 수록되어 있다.
1726 Poythress, 『요한계시록 맥잡기』, 35-36에서 포이쓰레스는 "해석학파의 통찰들을 통합하기"를 추구하고 있다.
1727 Tabb, 『요한계시록 성경신학』, 30.
1728 Tabb, 『요한계시록 성경신학』, 145-153, 310-312. 탭은 천년통치에 대한 요한의 환상이 "새 창조에서 신자들이 행하는 궁극적이고 영속적인 통치(22:5)와 달리, 시간적이고 잠정적"이라고 이해한다.

요한계시록은 승리하고 하늘 보좌에 앉으신 죽임 당한 어린 양 예수가 성경의 예언을 어떻게 이미 이루기 시작하셨는지 상술한다. 또 요한계시록은 어린 양을 따르는 자에게 예수의 미래의 재림에 대한 소망을 고취시키는 한편, 현재의 도전에 대한 우리의 관점을 재조정하고 어린 양의 피와 우리의 증언을 통해 용과 그의 사자들을 정복하도록 동기를 부여한다(계 12:11).[1729]

6.3.2. 점진적 병행법(progressive parallelism)

앞서 제시한 네 가지 해석 가운데 이상주의자들에 속하는 윌리엄 헨드릭슨은 점진적 병행법이라는 해석 방식을 1939년에 제시하여 지금까지 많은 학자들이 그대로 수용하거나 변용하여 활용하고 있다. 요지는 계시록 22개 장은 총 7개의 단원으로 구성되어 있고, "일곱 단원은 서로 같은 목적과 병행 관계"에 있으며, "각 단원은 그리스도의 초림부터 재림까지의 전 세대를 포함"한다는 것이다.[1730] 우리가 무천년설 관점에서 요한계시록을 바르게 이해하기 위해서는 헨드릭슨이 제안한 "점진적 병행법"을 바로 이해하는 것이 중요하다고 생각된다.

점진적 병행법 (Progressive Parallelism)이라는 표현으로 굳어진 것이 20세기의 일이지만, 각기 초림에서 재림까지의 내용을 담은 7부분으로 구조가 되어 있다고 하는 통찰은 심지어 도나티스트였던 튀코니우스까지 소급된다. 재반복(recapitulatio)이라는 표현을 쓴 것도 튀코니우스이다.[1731] 벤저민

1729 Tabb, 『요한계시록 성경신학』, 30.
1730 Hendriksen, 『요한계시록』, 20. 계시록을 7단원으로 구분하는 여러 학자들과 저술은 23쪽 각주 27을 보라(Berkhof, H. B. Swete, P. Mauro, W. Milligan, S. L. Morris, M. F. Sadler, C. P. Wishart, B. B. Warfield 등).
1731 Van Oort, "Tyconius' Apocalypse Commentary, Its Reconstruction, and Its Significance for Augustine's Doctrine of the Two Cities," 522: "According to Tyconius, John's Apocalypse does not provide a progressive history of the Church, but tells its story from Christ's first advent until his second coming as a repetitive series of events. This repetitive regress to its beginning (sc. the birth or passion of Christ) is a key exegetical principle in Tyconius' Liber regularum, especially in reg. v 1 : De recapitulatione. John describes succcssive visions, not successive events."

B. 워필드는 1904년에 공표한 한 아티클에서 recapitualtion이라고 표현하면서, 원조가 아우구스티누스이라고 소개했고 여러 주석가들이 취한 입장이라고 소개해 준다.[1732] 한국의 초기 선교사중 구례인 (John C. Crane) 선교사는 "순환적 파노라마"라는 표현을 사용했다.[1733] 비키와 스몰리는 최근에 출간한 『개혁파 조직신학』에서 "주기적 구조"(cyclical structure)라는 표현을 사용하기도 한다.[1734]

점진적 병행법은 화란의 헤르만 바빙크, 아브라함 카이퍼, S. 흐레이다누스 등과 미국의 B. B. 워필드, 렌스키, 윌리엄 헨드릭슨, 안토니 후크마, 로버트 레이몬드 등이 대변한 구조론인데, 이 방법론에 의하면 요한계시록의 주요 내용들은 다음과 같다. 아래의 내용은 윌리엄 헨드릭슨과 안토니 후크마을 해설을 기초로 해서 요약 정리해 본 것이다.[1735]

(1) 첫 부분 1-3장에는 부활하시고 승귀하신 그리스도께서 일곱 금 촛대사이로 다니시는 모습을 보여준다. 일곱 금 촛대는 소아시아에 존재하고 있던 일곱 교회를 가리키는데, 주님은 일곱 교회에 편지를 써서 보내라고 지시하셨다. 그러나 2-3장에 기록되어 있는 편지들을 읽어보면 먼저는 당시의 사건들, 사람들, 장소들에 대해서 언급하고 있어서 그 당사자들에게 일차적 의미를 가지고 있지만, 그 편지들 속에 담겨져 있는 원칙, 칭찬, 경고는 모든 시대의 교회에 대해 가치를 가지고 있음을 알수가 있다. 일곱은 완전수로서 전세계 교회를 대표하고 있다.

(2) 두 번째 단락은 일곱 인에 대한 환상을 담고 있다(4-7장). 요한은 환상중에 열려져있는 하늘로 올리워져 가서 하나님의 빛나는 보좌를 보았고, 보좌 주변에 네 생물(천사들)과 24장로(신구약교회의 대표자들)들을 보았다. 또한 하나님이 오른 손에 들려진 일곱 인봉한 두루마리 책을 보게 되었고, 어린 양 예수 그리스도께서 인봉을 떼기에 합

1732　Warfield, "The Millennium and the Apocalypse," 645.
1733　Crane, 『조직신학(하)』, 838.
1734　Beeke and Smalley, *Reformed Systematic Theology*, 4:854-859.
1735　Hendriksen, 『요한계시록』, 17-24; Hoekema, 『개혁주의 종말론』, 310-313.

당하신 자인 것이 알려진다. 4-5장에는 이처럼 하늘 보좌 중심의 환상을 보여주심으로 역사와 구속사의 주관자가 누구인지를 밝히 알려주는 기능을 가진다. 6장에서는 그리스도께서 인을 하나씩 떼면서 어떤 일이 일어나게 되는지를 보여준다(6개의 인). 교회가 그리스도의 승리를 배경으로 하여 시련과 박해를 받는 모습을 보여준다. 그리고 마지막 여섯 번째 인 재앙은 심판에 대한 언급으로 끝나고(6:15-17), 하나님의 백성들이 인을 맞고 보호되고, 큰 환난에서 승리하고 하나님의 보좌 앞에 나아가 찬양하는 모습으로 끝을 맺는다(7:15-17).

(3) 세 번째 단락에는 심판의 일곱 나팔에 대해 묘사해준다(8-11장). 이 환상을 통해 우리는 그리스도의 교회가 억울한 원한을 풀게 되고 보호 받으며 승리하게 되는 모습을 보게 된다. 10장에서는 두 가지 맛이 나는 책을 천사에게 받아서 먹고 11장에서는 복음을 전파하는 두 증인(즉, 교회)의 사명과 그에 대한 세상의 반응 등을 보여준다. 두 증인과 두 감람나무로 상징화된 교회는 세상 속에서 복음을 전하다가 (42개월[13:5]= 1,260일[11:3, 12:6]= 3년 반) 그들을 미워하는 세상에 의해서 죽임당하고 3일 반 동안 방치당한다. 이는 교회가 마지막 때에 적그리스도적 세력에 의해서 얼마나 혹독하게 대환난을 겪게 되는지를 보여주지만, 그 기간은 지극히 짧다는 것 또한 분명하게 보여주는 말씀이다. 이 단락도 마지막 심판(경외하는 자들은 상주시고 땅을 망하게 하는 자들은 멸망시키심)으로 끝이 난다(11:18).

(4) 네 번째 단락 역시 그리스도의 초림으로 다시 돌아갔다가 최후 심판으로 끝을 맺는다(12-14장). 여자(= 교회)가 아들(= 예수 그리스도)을 낳는 동안 용(= 옛 뱀, 사탄, 마귀)이 그 아이를 잡아먹으려고 기다리지만, 용의 시도는 실패하게 되고, 용은 여자를 박해하고자 하나 그 마저도 실패한다(12장). 그래서 여자의 후손들(= 성도들)을 박해하기 위하여 바다에서 올라온 짐승(= 악한 세상 권세)와 땅에서 올라온 짐승(= 적그리스도적인 거짓 선지자)을 통해서 용은 하나님의 백성들을 박해한다. 그 과정에서 사용되는 것이 666이다(13장). 그러나 이 단

락도 세상에 대한 마지막 심판에 대한 환상으로 끝을 맺는다(14장).

(5) 다섯 번째 단락은 하나님의 진노의 일곱 대접 재앙을 다룬다(15-16장). 나팔 재앙이 경고성 정도의 의미를 가진다면, 대접 재앙의 경우는 분명한 하나님의 진노의 심판을 보여준다. 이 단락도 큰 성 바벨론(= 세상나라)의 철저한 파괴로 끝을 맺는다(16:19-20).

(6) 여섯 번째 단락에는 많은 물가운데 앉아있는 음녀와 큰 성 바벨론의 멸망을 보여주며, 예수 그리스도의 영광스러운 강림에 의해서 악에 대한 최종 승리를 확실하게 보여준다(17-19장). 음녀와 큰 성 바벨론은 세속적인 도시 즉 하나님의 나라를 대적하는 세속주의와 불신앙의 세력을 상징해 준다. 과거 바벨론, 로마 같은 나라라고 한다면 현대에는 나치즘, 군국주의, 전체주의, 공산주의 등과 황금만능 사상, 쾌락주의로 이끄는 세속주의적 자본주의 등이 여기에 속한다. 19장에 보면 영광스럽게 강림하신 그리스도와 그를 따르는 무리들은 용의 두 하수인(바다와 땅에서 올라온 짐승들)을 패퇴시키고 승리하시는 것으로 끝을 맺는다.

(7) 마지막 일곱 번째 단락은 모든 악의 세력들의 주체인 용(= 사탄)의 궁극적인 패배와 그리스도의 승리에 대해서 보여준다(20-22장). 사탄이 천년 동안 무저갱에 갇히게 됨으로 만국을 미혹하지 못하게 된 것은 그리스도의 구속 사역으로 말미암아 성취된 승리로 본다. 천년 통치는 그리스도의 왕권에 이미 천당에 간 성도들이 동참하는 것과 지상의 교회가 부분적으로 동참하는 것을 가리킨다. 그러나 교회시대가 끝이 나면 잠시 사탄의 결박이 풀어지고 교회는 대환난의 시기를 겪어야 한다. 아마겟돈 전쟁이요, 곡과 마곡의 전쟁이라고 말해지는 전쟁이다. 그러나 그 기간은 지극히 짧을 것이다(11장에서 본대로 3일 반이라고 표현할 수 있다). 그리스도가 강림하심으로 사탄, 죽음, 음부조차도 다 지옥 불못에 던져 버리실 것이다. 성도나 악인들은 다 부활하여 최종 심판을 받고 궁극적인 거주지를 얻게 된다. 악인들은 영원히 타오르는 지옥 불못(게헨나)에 들어간다면, 신자들은 새 하늘과 새

땅에 들어가서 살게 된다(세상파괴설이 아니라 만물갱신론).

그리고 한 가지 더 주목해서 볼 것은 윌리엄 헨드릭슨은 요한계시록의 구조를 7단원으로만 분류한 것이 아니라 크게 두 부분으로도 파악하고 있다는 것이다. 다시 말해서 총 22장으로 된 계시록은 크게 두 부분으로, 세부적으로는 7개 부분으로 구성되어 있다는 것이다. 헨드릭슨이 『요한계시록』에서 설명한 것을 도식화해서 제시해 보면 다음의 도표와 같다.[1736]

제1부. 지상에서의 투쟁 - 세상의 박해를 받는 교회, 교회는 그 억울함을 풀게 될 것이며, 보호되고, 승리하게 된다(1-11장).	(1) 촛대(= 교회) 사이로 다니시는 그리스도(1:1-3:22) (2) 하늘 보좌 환상과 일곱인(4:1-7:17) (3) 일곱 나팔 재앙(8:1-11:19)
제2부. 보다 깊은 영적인 배경 - 사탄(용)과 그의 추종자의 박해를 받는 그리스도와 그의 교회, 그리스도와 그의 교회가 이길 것이다(12-22장).	(4) 용 및 그의 추종자들로부터 박해 받는 여인과 남자아이(12:1-14:20) (5) 일곱 대접 재앙(15:1-16:21) (6) 음녀/ 바벨론의 멸망 및 짐승과 거짓 선지자의 심판(17:1-19:21) (7) 대종말, 신천신지와 새 예루살렘 (20:1-22:21)

1736　Hendriksen, 『요한계시록』, 25-26.

6.4. 요한계시록 20장 1절-6절 이해

이제 우리는 20장 1절-6절의 본문을 고찰하면서 합당한 이해를 추구해 보도록 하겠다. 전천년설의 입장에서 보자면 요한계시록은 연대기적이고 순차적인 구조로 되어 있다고 보기 때문에, 이미 19장 11절 이하에서 그리스도의 재림이 있고 나서 20장이 시작되는 것이니 당연히 재림후 천년왕국설이 맞다고 주장되어진다. 반면에 앞서 본대로 이상주의적 해석 혹은 점진적 병행법에 따르면, 요한계시록은 연대기적 순서로 되어 있다기 보다는 반복(recapitulation)의 특징을 가지고 있기 때문에 20장에서 다시 초림의 상황으로 돌아가는 것이라고 해설하게 된다.[1737]

본문은 크게 두 부분으로 나누어져 있다. 1-3절은 사탄의 천년 동안 결박을 말하고 있고, 4-6절은 그리스도와 천년동안 통치하는 것에 대해 말하고 있다. 천년이라는 숫자가 이 여섯 절 안에 여섯 번 반복되고 있고, 이중의 천년을 말하지만 두 페리코프(pericope)는 각기 다른 천년을 말한다고 보다는 동일한 천년동안 일어나는 일에 대한 기록이라는 것이 합당한 이해일 것이다.[1738] 즉, 사탄이 결박되어 무저갱에 던져지는 천년과 순교자와 성도들의 영혼들이 그리스도와 통치에 참여하는 천년이 동일한 천년이라는 것이다.

6.4.1. 사탄의 결박(20:1-3)

먼저 우리는 사탄의 결박에 대해서 말하는 1-3절을 살펴 보고자 하는데, 먼저 개역개정 본문과 NA 28판의 헬라어 원문을 보도록 하겠다.

[1737] 19장과 20장의 관계에 관한 입장 차이와 무천년설적인 변호는 Kim Chang-Hoon, "The Understanding of Millennium in Revelation 19:11-20:10," *Chongshin Theological Journal* 23 (2018): 234-246; R. Fowler White, "Reexamining the Evidence for Recapitulation in Rev 20:1-10," *Westminster Theological Journal* 51/2 (1989): 319-344 등을 보라. 또한 R. Fowler White, "Victory and House Building in Revelation 20:1-21:8: A Thematic Study" (Ph. D. dissertation, Westminster Theological Seminary, 1987), 87-105도 보라(그의 지도 교수는 번 포이쓰레스였다).

[1738] 천년(χίλια ἔτη)이라는 숫자는 2, 3, 4, 5, 6, 7절에 반복되어 나타나는데, 천년의 용례에 대해서는 김추성, 『요한계시록 주해』(용인: 킹덤북스, 2024), 1129-1130을 보라.

또 내가 보매 천사가 무저갱의 열쇠와 큰 쇠사슬을 그의 손에 가지고 하늘로부터 내려와서 용을 잡으니 곧 옛 뱀이요 마귀요 사탄이라 잡아서 천 년 동안 결박하여 무저갱에 던져 넣어 잠그고 그 위에 인봉하여 천 년이 차도록 다시는 만국을 미혹하지 못하게 하였는데 그 후에는 반드시 잠깐 놓이리라.

Καὶ εἶδον ἄγγελον καταβαίνοντα ἐκ τοῦ οὐρανοῦ ἔχοντα τὴν κλεῖν τῆς ἀβύσσου καὶ ἅλυσιν μεγάλην ἐπὶ τὴν χεῖρα αὐτοῦ. καὶ ἐκράτησεν τὸν δράκοντα, ὁ ὄφις ὁ ἀρχαῖος, ὅς ἐστιν Διάβολος καὶ ὁ Σατανᾶς. καὶ ἔδησεν αὐτὸν χίλια ἔτη καὶ ἔβαλεν αὐτὸν εἰς τὴν ἄβυσσον καὶ ἔκλεισεν καὶ ἐσφράγισεν ἐπάνω αὐτοῦ, ἵνα μὴ πλανήσῃ ἔτι τὰ ἔθνη ἄχρι τελεσθῇ τὰ χίλια ἔτη. μετὰ ταῦτα δεῖ λυθῆναι αὐτὸν μικρὸν χρόνον.

1절을 시작하면서 등장하는 "또 내가 보매"(καὶ εἶδον)라는 구문은 앞의 부분 보다 시간적으로 후속되는 사건을 보았다는 의미라기 보다는, "환상의 순서"를 가리킨다.[1739] 천사가 열쇠와 큰 쇠사슬을 들고 하늘로부터 내려와서 용을 잡아 결박한 후에, 무저갱에 던져넣어 천년 동안 감금하는 일이 일어난다. 결박과 감금의 대상인 용에 대해서는 "용을 잡으니 곧 옛 뱀이요 마귀요 사탄"(ὁ ὄφις ὁ ἀρχαῖος, ὅς ἐστιν Διάβολος καὶ ὁ Σατανᾶς)이라고 그 정체를 분명히 해주고 있다. 요한은 앞선 12장 9절에서도 큰 용에 대해 "옛 뱀 곧 마귀라고도 하고 사탄이라고도 하며 온 천하를 꾀는 자"(ὁ ὄφις ὁ ἀρχαῖος, ὁ καλούμενος Διάβολος καὶ ὁ Σατανᾶς, ὁ πλανῶν τὴν οἰκουμένην ὅλην)라고 그 정체를 밝혀 준 적이 있다.

그리고 천사가 사탄을 쇠사슬로 묶어 감금하는 곳은 무저갱(無低坑, ἄβυσσος)이라고 본문은 말하고 있는데, 이 무저갱은 문자적으로 보자면 "밑

[1739] 김추성, 『요한계시록 주해』, 1134: "내가 보매(καὶ εἶδον). 이 표현은 요한계시록에서 새로운 환상을 도입할 때 사용되었다(19:11, 17, 19, 20:1, 4, 12; 21:1). 이 표현은 시간의 진행을 나타내는 표현이 아니라 환상의 순서를 가리킨다... 본문은 전천년주의자들의 해석을 지지하지 않는다. 즉, 19장 후에 20장의 사건이 연속적으로 발생하는 것을 지지하지 않는다."

이 없는 구덩이"를 의미하는데, 신약에 의하면 이곳은 하데스(ᾅδης)나 게헨나(γέεννα)와는 구별되는 곳이다. 누가복음 8장 31절을 보면, 귀신들이 예수님께 자신들을 던져 넣지 말아 달라고 간청했던 곳이기도 하다(ἵνα μὴ ἐπιτάξῃ αὐτοῖς εἰς τὴν ἄβυσσον ἀπελθεῖν). 강대훈 교수는 아뷔소스 개념에 대해 다음과 같이 정리해 준다.

> 신약의 '아뷔소스'는 구약과 제2성전기 유대교에 나타난 아뷔소스의 기능과 연결된다. 특별히 귀신들의 감옥이라는 점에서 제2성전기의 묘사와 연속성을 지닌다: (1) 귀신들(눅 8:31; 계 9:1이하)과 사탄이 갇히는 곳(계 20:1-3); (2) 짐승들이 나오는 장소(계 11:7); (3) 죽은 자들이 가는 곳(롬 10:7이하). 신약의 아뷔소스는 죽은 자들이 가는 깊은 곳이라는 점에서는 하데스와 유사성이 있으나 귀신들의 감옥이라는 사실에서 하데스와는 다르며, 최후심판까지 갇히는 감옥으로서의 의미에 초점이 맞춰져 있으므로 최후심판 이후 형벌의 장소인 '게헨나'와도 다르다.[1740]

그러한 결박과 감금의 기간은 천년으로 정해져 있고, 그후에는 잠깐 풀려나는 시기도 이어질 것을 예고한다. 또한 주목할 것은 그렇게 용을 감금시키는 목적이 "다시는 만국을 미혹하지 못하게"(ἵνα μὴ πλανήσῃ ἔτι τὰ ἔθνη)하려는데 있다고 하는 것이다.[1741]

전천년설적인 이해에 의하면 이러한 사탄의 결박과 무저갱 감금은 그리

[1740] 강대훈, "마태복음에 나타난 '하데스'와 '아뷔소스'의 개념과 하늘나라와의 관계에 대한 연구," 「신약연구」 13 (2014): 183-218중 190을 보라.
[1741] 댄버 신학교의 매튜슨은 계 20:1-3과 7-10에 기록된 사탄의 결박, 잠시 풀려남, 그리고 최종적인 심판에 대한 요한의 메시지와 제1에녹서 10:4-6의 유사성을 다음과 같이 제시해 준다: "The parallels between Rev 20:1-10 and 1 Enoch 10:4-6 are particularly close (1) an angel binds Azazel (10:4, Rev 20:1-2), (2) Azazel is imprisoned in darkness and sealed over for a period of time (10:4-5, Rev 20:3), (3) the binding lasts until the day of judgment when Azazel is thrown into the fire (10:6, Rev 20:3, 7-10), (4) the binding renders Azazel incapable of corrupting the people with false teaching (10:7-8, Rev 20:3) John has taken over and adapted a traditional apocalyptic theme of the binding of the demonic/Satan and has integrated it into his own eschatological scenario of the final battle (20:7-10) and the final vindication of the saints (20:4-6)"(Mathewson, "A Re-examination of the Millennium in Rev 20:1-6: Consummation and Recapitulation," 249).

스도의 지상 재림 후에 일어날 일이다.[1742] 그러나 무천년설적인 이해에 의하면 이 일은 그리스도의 초림과 공생애 사역을 통해서 일어나기 시작한 일이라고 해석된다.[1743] 앞서 우리가 살펴본 대로 신약의 종말론은 "이미와 아직 아니"(Already but Not Yet)의 긴장 구조로 되어 있기 때문에 하나님의 나라는 그리스도의 공생애 사역(특히 십자가와 부활)과 더불어 이미 시작되었다는 측면을 가진다. 그러한 성취된 하나님의 나라의 표지 중 하나가 바로 귀신을 내어쫓으심(exorcism)이라는 것을 복음서에서 우리는 확인하게 된다. 주목할만한 본문은 마태복음 12장 22절 이하에 있는 바 "귀신 들려 눈 멀고 말 못하는 사람"을 예수님께서 치유해 주신 이후에 일어난 논쟁이다. 바리새인들은 이를 귀신의 왕 바알세불의 힘을 빌어서 한 일이라고 신성모독적인 발언을 했지만, 예수님께서는 그들을 책망하신 후에 다음과 같이 선언하셨다.

> 그러나 내가 하나님의 성령을 힘입어 귀신을 쫓아내는 것이면 하나님의 나라가 이미 너희에게 임하였느니라. 사람이 먼저 강한 자를 결박하지 않고서야 어떻게 그 강한 자의 집에 들어가 그 세간을 강탈하겠느냐 결박한 후에야 그 집을 강탈하리라.

> εἰ δὲ ἐν πνεύματι θεοῦ ἐγὼ ἐκβάλλω τὰ δαιμόνια, ἄρα ἔφθασεν ἐφ' ὑμᾶς ἡ βασιλεία τοῦ θεοῦ. ἢ πῶς δύναταί τις εἰσελθεῖν εἰς τὴν οἰκίαν τοῦ ἰσχυροῦ καὶ τὰ σκεύη αὐτοῦ ἁρπάσαι, ἐὰν μὴ πρῶτον δήσῃ τὸν ἰσχυρόν; καὶ τότε τὴν οἰκίαν αὐτοῦ διαρπάσει.

1742 세대주의 전천년설에 따르면 주님의 이중 강림 즉, 공중강림과 교회의 휴거 그리고 7년 대환난후 지상 재림이 있고 나서 사탄의 결박과 무저갱 투옥이 발생한다는 것이지만(Elmer M. Rusten, "A Critical Evaluations Dispensational Interpretations of the Book of Revelation" [Ph. D. dissertation, New York University, 1977], 570-582), 역사적 전천년설에 의하면 한 번의 재림후에 이런 일이 발생한다고 하는 점의 차이가 있다(이한수, 『요한계시록』, 365-371; 김상훈, 『요한계시록 7:1-22:21』, 441-450)
1743 Kim Chang-Hoon, "The Understanding of Millennium in Revelation 19:11-20:10," 246-251

예수님은 자신의 축귀 사역을 통해 구약에서 예언된 그 하나님 나라의 실현과 실재를 선언해 주셨다.[1744] 그리고 이어지는 29절에서는 비유를 통해 강한 자 즉, 사탄의 결박(δήσῃ)에 대해서도 선포해 주신다. 예수님의 축귀 사역은 사탄을 제압하고 그에게 속한 자들을 해방시키는 하나님 나라 사역인 것이고, 사탄은 결박당하게 됨으로 그 세력이 꺾이기 시작한 것이다. 강대훈 교수의 해설대로 사탄의 결박은 이미 공생애 축귀 사역을 통해 시작되었고, "강한 자인 사탄보다 더 강한 자로서 사탄의 통제 아래에 있는 사람들을 풀어 주는 예수의 사역은 종말론적 구원이 시작됐음을 의미"하는 것이다.[1745]

또한 우리는 요한계시록 12장에 기록된 붉은 큰 용 즉, 사탄이 미가엘과 천사들에게 패하여 땅으로 쫓겨난 것과 20장 1-3절에 기록된 사탄의 무저갱 감금의 사건이 동일한 것인지 다른 사건인지를 고찰해 볼 필요가 있다. 점진적 병행법에 의하면 12장과 20장의 사건은 동일한 사건을 다른 방식으로 묘사한 것이라고 해설된다.[1746] 12장 1절-5절에서 사탄은 "장차 철장으로 만국을 다스릴 남자"가 될 아이의 탄생을 방해하려고 하고 있는데, 이 사건은 마태복음 2장에 기록된 예수 그리스도의 탄생 기사와 조화된다고 할 수가 있다. 그리고 7절이하에 기록된 미가엘과 그의 사자들에 의해 용과 그의 사자들이 하늘에서 땅으로 쫓겨났다고 하는 것은 그리스도의 초림의 구속 사역을 통해 사탄의 권세가 패배당한 것을 가리킨다고 이해하는 것이 합당해 보인다.[1747] 6절에 의하면 여자가 나은 아이가 "하나님 앞과 그 보좌 앞으

1744 강대훈, 『마태복음 주석(상)』 (서울: 부흥과개혁사, 2019), 807: "그러므로 예수께서 귀신을 쫓아내신 사건은 성령의 능력으로 여호와의 종이 회복의 나라를 시작하고 있음을 보여 준다(참조. 사 44:3; 59:21). 즉 하나님의 나라가 땅 위에 실현되고 있음을 나타낸다. 예수의 축귀 사역의 배후에는 성령이 계신다. 성령의 오심은 구원 역사의 절정이 예수를 통해 시작된 것을 의미한다. 절정은 사탄의 나라가 무너지는 것으로 나타난다."
1745 강대훈, 『마태복음 주석(상)』, 810.
1746 White, "Victory and House Building in Revelation 20:1-21:8," 106-128; Beale, *Revelation*, 992-993.
1747 그레고리 빌은 증거 구절로 마 12:29; 막 3:27; 눅 10:17-19; 요 12:31-33; 골 2:15 등을 제시한다(Beale, *Revelation*, 985-987). 그러나 역사적 전천년을 지지하는 매튜슨은 12:7-11과 20:1-14를 병행 본문이 아니라 후자에서 최종적으로 완성될 승리에 대한 시작으로 전자를 해석한다: "Instead, the Parousia context of 19:11-20:15 (cf. 11:18) suggests that the parallels between 12:7-11 and 20:4-6 can better be perceived as reflecting the inaugurated-consummated structure of Revelation's eschatology. The defeat of Satan, inaugurated with the death and resurrection

로 올라"간 후에 이러한 사건이 일어나는 것을 보아서도 알 수가 있다. 물론 여자와 여자의 후손들에게는 땅으로 내어쫓긴 사탄과 그의 사자들에 의한 큰 환난이 예고되고 있고, 그것이 바로 지상 교회의 상황임을 잘 보여준다고 할 것이다.[1748]

무천년설에 의하면 사탄의 결박과 감금은 "사탄의 완전한 멸망을 의미하지 않고 멸망의 시작"을 의미한다.[1749] 사탄의 완전한 패배는 20장 7-10절에 기록되어 있는 곡과 마곡의 전쟁에서 패배한 후가 될 것이다. 사탄을 천년간 결박과 구금을 하는 이유가 "만국을 다시는 미혹하지 못"하게 하려는데 있음을 우리는 염두에 두어야 한다. 우리는 이 말씀을 바로 이해하기 위해서 구약과 신약 시대의 차이를 상기할 필요가 있다. 구약 시대에는 하나님의 특별계시의 빛이 이스라엘 백성들에게 제한되어 있었고, 그마저도 불순종과 패역으로 점철된 시대이다. 하지만 신약 시대에 시작된 복음 전파의 역사는 예루살렘과 유대를 넘어 지중해 여러 나라들에 미쳤고, 계속해서 서진을 함을 통해서 19세기 말에는 극동인 한국과 인근 국가들에도 복음이 전파되게 된다. 사탄은 끊임없이 이러한 복음의 역사를 훼방하고, 불같은 시험을 일으키기도 하지만, 하나님의 성령에 힘입은 복음 증거의 역사는 지금까지도 땅 끝을 향해서 전진하고 있음을 우리는 부인할 수가 없는 것이다. 이처럼 구약과 신약의 구속사적인 차이를 잘 이해할 때에 우리는 사탄의 결박의 의미를 잘 이해할 수가 있을 것이다.

우리는 사탄의 결박(20:1-3)에 대한 논의를 무천년설 관점에서 천년왕국에 대하여 방대한 논의를 남긴 홍창표 교수의 해설로 끝을 맺고자 한다.[1750]

---

of Christ in 12:7-11, anticipates the consummate defeat with Satan's binding and destruction in 20:1-10." (Mathewson, "A Re-examination of the Millennium in Rev 20:1-6: Consummation and Recapitulation," 244). 또한 "새창조 천년기론"을 주창한 웹 밀리(J. Webb Mealy)의 *New Creation Millennialism*, 100-106에 있는 반대 논증도 보라.
1748 이필찬, 『에덴회복의 관점에서 읽은 요한계시록 12-22장』 (용인: 에스카톤, 2022), 734-735.
1749 이필찬, 『에덴회복의 관점에서 읽은 요한계시록 12-22장』, 735.
1750 홍창표(1928-)는 고려신학교 시절 박윤선의 제자였으며, 미국 시카고대학에서 박사학위를 취득한 후에, 1968-1989어간 미네소타 무어헤드 주립대학교 교수로 재직했고, 1989-1996어간에는 합동신학교 초빙교수를 역임하기도 했다. 영어로 출간된 종말론 저술은 *A History of the Future* (Lanham: University Press of America, 1981)이 있다.

결론적으로 사탄을 "일천년 동안 결박하여 만국을 미혹하지 못하게" 된 의의는 절대적인 뜻으로 주의 십자가 승리로 말미암은 결정적 결과이다. "하나님 아버지 우편에 앉으심" 곧 부활 승천으로 왕위에 취임한 기간 즉 "일천년 동안" "예수 그리스도의 증거"(계 1:2)라는 주의 복음 선포를 사탄은 이제 막을 수가 없다. 다시 말하면 복음의 보편적으로 만민에게 증거되어 만민 가운데서 구원이 일어나는 것과 성도들이 "하나님의 인"으로 인봉된 것 즉 절대적 보호 아래 있는 것을 사탄은 가히 범접할 수가 없다. 이것이 바로 절대적 사탄 결박인 것이다. 한편 사탄은 자기 대행자들을 통하여 하나님의 "허용된 작정" 안에서 활동을 하는데 이것이 상대적 사탄 결박인 것이다.[1751]

6.4.2. 천년동안 그리스도와 함께 통치함(20:4-6)

이제 우리는 순교자들의 영혼들이 그리스도와 천년 동안 통치한다고 말해 주는 4-6절을 함께 살펴보고자 한다. 먼저 우리는 한글 본문(개역개정)과 헬라어 원문을 살펴 보도록 하겠다.

또 내가 보좌들을 보니 거기에 앉은 자들이 있어 심판하는 권세를 받았더라 또 내가 보니 예수를 증언함과 하나님의 말씀 때문에 목 베임을 당한 자들의 영혼들과 또 짐승과 그의 우상에게 경배하지 아니하고 그들의 이마와 손에 그의 표를 받지 아니한 자들이 살아서 그리스도와 더불어 천 년 동안 왕 노릇 하니 (그 나머지 죽은 자들은 그 천 년이 차기까지 살지 못하더라) 이는 첫째 부활이라 이 첫째 부활에 참여하는 자들은 복이 있고 거룩하도다 둘째 사망이 그들을 다스리는 권세가 없고 도리어 그들이 하나님과 그리스도의 제사장이 되어 천 년 동안 그리스도와 더불어 왕 노릇 하리라.

1751 홍창표, 『천년왕국, 사실인가 상징인가』 (수원: 합신대학원대학교출판부, 2007), 93. 홍교수는 "사탄 결박의 의의"라는 제하에 방대한 논의를 제시해 준다(67-143).

Καὶ εἶδον θρόνους καὶ ἐκάθισαν ἐπ' αὐτοὺς καὶ κρίμα ἐδόθη αὐτοῖς, καὶ τὰς ψυχὰς τῶν πεπελεκισμένων διὰ τὴν μαρτυρίαν Ἰησοῦ καὶ διὰ τὸν λόγον τοῦ θεοῦ καὶ οἵτινες οὐ προσεκύνησαν τὸ θηρίον οὐδὲ τὴν εἰκόνα αὐτοῦ καὶ οὐκ ἔλαβον τὸ χάραγμα ἐπὶ τὸ μέτωπον καὶ ἐπὶ τὴν χεῖρα αὐτῶν. καὶ ἔζησαν καὶ ἐβασίλευσαν μετὰ τοῦ Χριστοῦ χίλια ἔτη. οἱ λοιποὶ τῶν νεκρῶν οὐκ ἔζησαν ἄχρι τελεσθῇ τὰ χίλια ἔτη. Αὕτη ἡ ἀνάστασις ἡ πρώτη. μακάριος καὶ ἅγιος ὁ ἔχων μέρος ἐν τῇ ἀναστάσει τῇ πρώτῃ· ἐπὶ τούτων ὁ δεύτερος θάνατος οὐκ ἔχει ἐξουσίαν, ἀλλ' ἔσονται ἱερεῖς τοῦ θεοῦ καὶ τοῦ Χριστοῦ καὶ βασιλεύσουσιν μετ' αὐτοῦ ᵒ[τὰ] χίλια ἔτη.

4-6절은 환상의 장면이 바뀌어 보좌가 나타나고, 보좌 위에 앉아 있는 자들이 "심판하는 권세"를 받은 것을 보여준다. 그리고 보좌에 앉아 있는 자들의 정체를 "예수를 증언함과 하나님의 말씀 때문에 목 베임을 당한 자들의 영혼들과 또 짐승과 그의 우상에게 경배하지 아니하고 그들의 이마와 손에 그의 표를 받지 아니한 자들"이라고 밝혀주고 있다.[1752] 이들은 보좌에 앉아 있으면서, "심판하는 권세"를 받았다고 말해지기도 하고(4절), "살아서 그리스도와 더불어 천 년 동안 왕 노릇"한다고 말해지기도 하며(5절), 또한 "하나님과 그리스도의 제사장이 되어 천 년 동안 그리스도와 더불어 왕 노릇"하는 사람들이라고 말해 주기도 한다(6절). 이렇게 그리스도와 더불어 천 년 동안 통치하는 삶에 대해서 "첫째 부활"(ἡ ἀνάστασις ἡ πρώτη)에 참여하는 것으로 말하고, 또한 장차 불신자가 참여하게 될 "둘째 사망"(ὁ δεύτερος θάνατος)과는 아무런 관련이 없을 것이라고 선언되고 있기도 하다.[1753]

순교자들 또는 신자들이 그리스도와 함께 보좌에 앉아 천년 동안 왕노릇 한다고 명시적으로 말하고 있는 이 세 절 말씀이 각종 천년왕국론의 중요한

1752 "짐승과 그의 우상에게 경배하지 아니하고 그들의 이마와 손에 그의 표를 받지 아니한 자들"은 계 13:11-18에 언급된 짐승과 짐승의 표와 관련하여 읽어야 한다.
1753 요한은 첫째 부활과 둘째 사망을 명시적으로 언급하고 있는데, 신자들도 영과 육의 분리라고 하는 첫째 사망을 경험할 수 있지만 영원한 죽음인 둘째 사망과는 무관할 것임을 말해 주는 것이다. 불신자의 경우에는 첫째 사망과 둘째 사망 모두를 경험하지만, 요한이 적시하는 첫째 부활에는 참여할 수가 없는 것이다.

근거 구절이다. 예수 그리스도의 지상 재림후에 이 지상에서 천년 동안 가시적인 왕국이 세워질 것이라고 믿는 전천년설자들은 이 석절과 구약의 여러 예언들을 조합하여 팔레스타인 중심의 지상 왕국을 말하여 왔다. 세대주의 전천년설은 유대인 중심의 왕국을 강조하지만,[1754] 역사적 전천년설은 모든 신자들이 참여하는 왕국이라고 해설하는 차이점이 있지만[1755] 모든 전천년설자들이 기대하는 소망은 영원한 새 하늘과 새 땅 이전의 천년왕국이 지상에 세워질 것이라고 하는데 있다. 반면에 후천년설자들은 성령께서 복음의 능력을 통해서 황금 시대를 재림 전에 이루실 것에 대한 견해를 말하고, 무천년설자들은 초림과 재림 사이 신약 교회 시대에 천상에서 경험되어지는 실재로 해석한다.[1756]

필자는 무천년설의 관점에서 이 석절을 주목해 보려고 한다. 일단 4절에 등장하는 보좌들(θρόνους)은 요한계시록의 용례에 의한다면 지상에 있는 보좌가 아니라 하늘에 있는 보좌를 가리킨다고 보는 것이 더 합당하다고 생각된다. 이 주제로 박사논문을 쓴 갈루즈는 다음과 같이 연구 결과를 제시해 준다.

> 요한계시록 전체에 걸쳐 하나님의 보좌는 어린 양의 보좌 및 어린 양의 동지들의 보좌와 함께 오로지 하늘 배경 속에 위치해 있다. 반면에 하나님의 원수들의 보좌는 땅으로 제한된다.[1757]

그리고 보좌에 앉아 심판의 권세를 받은 자들에 대해 "영혼들"(τὰς ψυχὰς)이라고 부르고 있다는 것을 우리는 주목해야 한다. 물론 전천년설 입장에 서있는 신학자들도 영혼이라는 용어를 외면하지 않지만, 이어지는 "살아

[1754] 여러 세대주의자들의 해설을 학술적으로 분석 평가한 Rusten, "A Critical Evaluations Dispensational Interpretations of the Book of Revelation," 582-600을 보라. 러스튼은 역사적 전천년설 입장을 지지한다.
[1755] 이한수, 『요한계시록』, 371-379; 김상훈, 『요한계시록 7:1-22:21』, 450-464.
[1756] 우리는 무천년설에 있어서도 아우구스티누스와 그 영향하에 천년 동안 중세 로마교회를 지배했던 교회 천년왕국 사상과 죽은 성도들과 순교자들이 천상에서 누리는 그리스도의 통치에 동참하는 것을 말하는 이들 사이에 구별이 있다는 점도 기억할 필요가 있다.
[1757] L. Gallusz, *The Throne Motif in the Book of Revelation* (London: Bloomsbury T&T Clark, 2014), 335; Tabb, 『요한계시록 성경신학』, 152에서 재인용.

서"(ἔζησαν)라는 단어를 몸의 부활을 의미하는 것으로 이해하기 때문에 재림시 부활하게 될 순교자들과 성도들로 이해한다.[1758] 하지만 "목베임을 당한 영혼들"은 6장 9절-11절에 기록된 다섯 번째 인 환상에서 등장하는 "하나님의 말씀과 그들이 가진 증거로 말미암아 죽임을 당한 영혼들"(τὰς ψυχὰς τῶν ἐσφαγμένων διὰ τὸν λόγον τοῦ θεοῦ καὶ διὰ τὴν μαρτυρίαν)과 동일하게 중간기 상태(the intermediate state)에 있는 천상의 성도들을 가리키는 것으로 이해하는 것이 더 적합해 보인다.[1759]

그렇다면 이 영혼들이 살아있다(ἔζησαν)고 하는 말은 어떻게 이해할 수가 있을까? 아직 육체적 부활에 이르기 전 천상의 성도들이 참여하는 통치라고 한다면, 그들을 살아있다고 말하는 것은 어떤 의미일까? 이필찬은 살아서와 첫째 부활의 의미를 "영적 부활"로 해설해 준다.[1760] 탭은 빌과 스톰즈를 따라 20장 4절을 "영적으로 생명을 얻은 신자들이 현재 겪는 경험과 그리스도의 재림이 있을 때까지 그리스도와 함께 다스리는 일"을 의미한다고 해설해 준다.[1761] 무천년설을 옹호하는 킴 리들바거는 4절에 대한 입장들을 다음과 같이 잘 정리해 주고 있다.

아우구스티누스나 칼빈은 그 구절을 신자들의 회심과 그리스도와 함께 하는 영적인 통치로 해석한다. 반면 헨드릭슨, 빌, 벤저민 워필드,

---

1758 김상훈, 『요한계시록 7:1-22:21』, 451-452; Ladd, *A Commentary on the Revelation of Jesus*, 264-265. 정암 박윤선도 "여기 '살아서'(ἔζησαν) 라는 내용이 5절에서는 '첫째 부활'(ἡ ἀνάστασις ἡ πρώτη)로 바뀐다. 이것이 문제이다. 중생을 가리켜 부활이라고 할 수는 없지 않은가"라고 지적한다(박윤선, 『개혁주의 교리학』, 502). 또한 톰 슈라이너 역시 2023년 간행한 주석에서 그의 최종적인 입장을 "new-creation millennial view"라고 밝힌 후에, 20:4-5의 "살아서"= "첫째 부활"을 다음과 같이 해석한다: "the physical resurrection signals the arrival of the new creation, indicating that the millennium is the first age in the new creation."(Schreiner, *Revelation*, 690). 슈라이너의 특이점은 천년기 끝에 불신자들이 부활한다고 보면서, 천년왕국에는 어떤 불신자도 참여하지 않는다고 하는 점이다(679).
1759 G. K. Beale, *A New Testament Biblical Theology: The Unfolding of the Old Testament in the New* (Grand Rapids: Baker, 2011), 349-350. 그러나 이러한 이해는 교회 천년왕국 사상을 주장하는 무천년설과는 달리 소천한 성도들의 중간기 상태와 연관된다는 점을 구별해야 한다(R. C. H. Lenski, *Interpretation of the Revelation*, 배영철 역, 『계시록』 [서울: 백합출판사, 1978], 460-470).
1760 이필찬, 『에덴회복의 관점에서 읽은 요한계시록 12-22장』, 779. 또한 개혁파 구약학자인 메레디스 클라인의 무천년설적인 변호도 보라: Meredith Kline, "The First Resurrection, *WTJ* 37 (1975): 366-375; *WTJ* 39 (1976): 117-119.
1761 Tabb, 『요한계시록 성경신학』, 149.

메러디스 클라인은 신자들이 죽고 하늘에 올라가 그리스도와 함께 통치하는 것으로 해석한다.[1762]

이러한 해석을 따르면 보좌에 앉아 천년간 그리스도의 통치에 동참하는 이들은 이 땅위에서 그리스도를 믿다가 순교한 영혼들과 신실한 성도들이라고 결론지을 수가 있을 것이다. 이러한 이해는 해당 본문(4-6절)에서 전천년설자들이 주장하는 것과 같은 땅, 유대인 등 가시적이고 지상적인 요소들이 일체 언급되지 않고 있다는 점도 뒷받침해 준다고 할 것이다. 비록 전천년설도 무천년설도 다 비판하는 입장에 서긴 했지만, "천 년통치는 순교자들에게 주시는 최상의 상급"이라고 적시한 김추성 교수의 주해도 의미있다고 생각된다.[1763] 물론 우리는 성도의 천상에서의 천년 통치 참여(20:4-6)와 구별되는 지상에서 영원히 나라와 제사장으로서 삼위 하나님을 섬기게 될 궁극적 소망도 존재함을 잊어서는 안될 것이다(5:10; 22:5).[1764] 당연히 궁극적 소망도 우리 그리스도인들에게는 이 땅위에서 환난과 박해를 감내하면서 복음을 따라 살도록 독려해 주지만, 천상에서의 천년 통치에 대한 말씀도 이 땅위에서 힘을 다하여 수고 진력하는 성도의 삶이 헛되지 않으며 더욱이 순교자들의 죽음이 헛된 죽음이 아니라고 하는 사실을 분명하게 인식하도록 도와 준다고 할 것이다.[1765] 천년왕국에 대한 메시지가 첫 회중에게 주는 의미는 "싸움 가운데 인내하기를 권면하고 다가올 면류관을 보여 줌으로써 격려하기 위한 위로의 책"이라고 정해해 준다.[1766]

1762 Riddlebarger, 『개혁주의 무천년설』, 367-368.
1763 김추성, 『요한계시록 주해』, 1132. 또한 Harry de Boer, "The Reward of the Martyrs: Re-examining Revelation 20," *Reformed Journal*, 25/2 (1975): 7-9, 28을 보라. 바빙크는 무천년설적 관점에서 첫째 부활의 의미를 "신실하게 믿음을 지닌 신자들이 하늘에서 그리스도와 함께 살아 왕노릇 하는 것"이라고 해설해 준다(Bavinck, 『개혁교의학』, 4:809= Bavinck, *Reformed Dogmatics*, 4:681: "Rather, the first resurrection consists in the "living" and "reigning" in heaven with Christ of the believers who remained faithful.").
1764 계 5:10- "καὶ βασιλεύσουσιν ἐπὶ τῆς γῆς."; 계 22:5하- "καὶ βασιλεύσουσιν εἰς τοὺς αἰῶνας τῶν αἰώνων."
1765 많은 학자들은 요한계시록의 저작 목적이 1세기 소아시아 교회들을 위로하고 격려하기 위한 점도 중요하다는 것을 인정하곤 한다. 많은 시련과 유혹 중에서 신앙 생활하는 초대 교회 성도들에게 순교자들이나 일찍 세상을 떠나간 성도들이 무위중에 있거나 소멸된 것이 아니라 그리스도와 함께 왕노릇하고 있다고 하는 계시는 큰 위로와 소망이 되었을 것임에 틀림없는 일이다.
1766 Bavinck, 『개혁교의학』, 4:811;

마지막으로 신실한 주의 백성들이 천상에서 참여하게 되는 이 천년간의 통치는 온 우주의 왕되신 그리스도의 통치 사역에 동참하는 것을 의미한다는 점을 강조하고자 한다. 전통적으로 대속의 사역을 완성하신 그리스도의 직분을 삼중직(munus triplex) 관점에서 해설하곤 하는데, 삼중직이란 구약에 기록된 순서로 하자면 제사장, 선지자, 왕 등을 의미한다.[1767] 그리스도는 우리의 주와 구주로서 이 세 가지 직분을 진정한 의미에서 홀로 수행하셨고 지금도 수행하신다. 요한계시록 19장 16절에 보면 그리스도에 대하여 "만왕의 왕 만주의 주"(Βασιλεὺς βασιλέων καὶ κύριος κυρίων)이라는 호칭으로 불리우고 있다. 그리스도는 대속의 사역을 성취하시고 부활 승천하신 후에 하나님의 우편에 앉으심으로 "만왕의 왕 만주의 주"로 등극하시게 된 것이다. 따라서 그리스도의 왕되심은 부활 승천후 바로 시작된 것이지, 재림 이후에야 취하시는 영광이 아니다. 이러한 그리스도의 왕되심에 대하여 가장 풍성하게 묵상하고 글들을 남긴 것은 바로 아브라함 카이퍼였는데,[1768] 그는 1880년 10월 20일 자유대학교 개교 연설문 뒷부분에서 "우리 인간 삶의 모든 영역에서 만유의 주재이신 그리스도께서 '나의 것이다!'라고 외치지 않는 영역은 한 치도 없[다]"라고 담대하게 선언하기도 했다.[1769]

1767 그리스도의 삼중직에 대한 논의는 존 칼빈에 의해서 공고히 되었다(Calvin, *Institutio*, 2.15; 『기독교강요』, 2:440-454). 3중직에 대한 개혁주의적 정해를 보기 위해서는 문병호, 『기독론』 (서울: 생명의말씀사, 2016), 791-815를 보라.

1768 Abraham Kuyper, *Pro Rege of het Koningschap van Christus*. 3 vols. (Kampen: Kok, 1911-1912); *Pro Rege: Living under Christ's Kingship*, 3 vols. trans Albert Gootjes (Bellingham: Lexham Press, 2016-2019). 카이퍼가 이렇게 방대한 문헌을 남겼지만 이에 대한 학술적 토론은 전무하다시피하다.

1769 Abraham Kuyper, *Het souvereiniteit in eigen kring* (Amsterdam: Kruyt, 1880), 35: "... en geen duimbreed is er op heel 't erf van ons menschelijk leven, waarvan Christus niet roept: 'Mijn!'" 본문에서의 인용문은 박태현 역, 『영역 주권』(군포: 다함, 2020), 71을 따른 것이다.

6.5. 요한계시록 20장 1절-6절에 대한 강해 실례.[1770]

개혁주의를 따르는 설교자들/목회자들은 연속강해(lectio continua)를 설교의 기본 원리로 삼기 때문에, 성경 66권을 모두 강해하고자 수고 진력해야 한다. 따라서 어려운 구약 예언서들 본문도 피할 수가 없고, 신약의 요한계시록도 피할 수는 없다. 앞서 제시한 논의들은 결국 설교자들이 현장에서 요한계시록 20장 1절-6절을 바르게 강해하거나 강의할 수 있도록 안내하려는 종말론 교수의 애씀이었다. 필자는 1997-2012년 어간 세 교회에서 전임 사역과 담임 목회를 하는 동안 실제 현장에서 세 번에 걸쳐서 요한계시록 강해를 완주한 적이 있고, 그 원고들은 수정된 형태로 출간한 바도 있다. 이하에 소개하려는 것은 필자의 계시록 20:1-6 강해 원고이다. 이것이 표준적이라고 생각해서 여기에 소개하는 것이 아니라, 개혁주의 목회를 추구했던 한 설교자의 예를 제시하려는 것 뿐이다.

이제 우리는 요한계시록의 마지막 부분에 이르렀습니다. 요한계시록은 난해하고 어려운 책이다만, 그럼에도 불구하고 많이 알려진 내용들이 있는데 특이한 숫자와 관계된 것이 대부분입니다. 예를 들면 7장에 있는 144,000이라는 숫자, 13장에 기록된 666이라는 숫자, 그리고 오늘 우리가 읽은 20장에 나오는 천 년 동안 왕 노릇한다는 내용을 줄여서 한 단어로 무엇이라고 하는가하면 천년왕국(the Millenium)이라고 합니다. 그러나 천년왕국에 참여하는 자들이 누구이며, 언제 천년왕국이 세워지며, 천년왕국 동안에 참여하는 자들은 무엇을 하며, 참여하지 않는 자들은 무엇을 하는가 등이 심각한 논쟁의 대상이 되어 왔습니다. 사실 요한계시록의 해석사를 읽어보면 천년왕국이 언제 임하느냐 그 시기를 두고서 여러 가지의 이론들이 제기되어 왔다는 것을 알게 됩니다. 같은 교단 안에 속한 목회자들을 만나서 대화를 하거나 설교를 들어보면 각기 다른 종류의 견해를 가지고 있다는 것을 알게

[1770] 천년왕국에 대한 강해 실례로 제시하는 내용은 필자가 실제로 목회현장에서 설교했던 것이며 원고 형태는 이상웅, 『개혁주의 종말론에 기초한 요한계시록 강해』, 606-616에서 볼 수가 있다. 본 강해서는 2013년에 처음 출간했고, 2025년 현재 4쇄를 발간했다.

됩니다. 왜 제가 이런 말을 드리느냐 하면, 그만큼 이 문제가 쉽게 해결할 수 있는 문제가 아니기 때문입니다.

6.5.1. 천년왕국에 대한 네 가지 견해들

이렇게 같은 교단의 목사들이나 신자들 가운데서 조차도 다양한 천년왕국론이 존재한다는 것은 천년왕국에 대한 견해가 다르다고 해서 쉽게 남을 이단이라고 정죄해서는 안 된다는 것을 의미합니다. 이 시간에 제가 자세하게 말씀을 드릴 수는 없으나 본문을 살펴보기 전에 먼저 천년왕국에 대한 네 가지 서로 다른 견해를 쉽고 간결하게 정리해서 말씀드리겠습니다.

첫째, 역사적 전천년설(Historic Premillennialism)이다.

이 해석에 의하면 요한계시록 20장을 문자적으로 해석하는 입장을 취합니다. 이 해석에 의하면 이미 19장에서 예수 그리스도께서 재림하신 것으로 되어 있으니까, 천년왕국은 예수님이 재림하시고 나서 모든 악의 세력을 심판하시고 나서 시작된다고 주장합니다. 그래서 전천년이라는 표현은 천년왕국 전에 예수님이 재림하신다는 뜻입니다. 그들이 말하는 종말 프로그램의 순서를 말씀드리자면, 재림-악과의 전쟁 그리고 심판-천년왕국-곡과 마곡의 전쟁-크고 흰 보좌의 심판-신천신지 순서로 이루어진다고 합니다. 박형룡, 박윤선, 박아론, 이한수, 김상훈, 이동원, 조지 래드, 정성욱 등이 주장하는 입장입니다. 그런데 이러한 해석의 난점이 무엇인가 하면 예수님이 재림하시어 천년왕국을 개시하시기 전에 모든 악의 세력을 심판하신다고 했는데, 20장 7절에 이하에 보면 다시금 사탄의 세력이 하나님을 대적하여 봉기한다는 점입니다.

둘째, 후천년설(Postmillennialism)이다.

후천년설에 의하면 복음이 증거된 후에 이 세상의 악은 점점 소멸되게 된다는 것입니다. 즉, 여러 가지 사회 사업 제도나 교육 제도의 발전 등으로 이 세상은 점점 문명화되고 기독교화되어서 결국 복음이 온 세상을 덮게 되는데 바로 이것이 천년왕국이고 그 후에 예수님이 재림하신다는 것입니다. 이런 입장은 인류 역사에 대한 낙관론적인 견해로서 수 많은 영국의 청교도들과 조나단 에드워즈가 그렇게 믿었고, 19세기의 구 프린스턴 신학자들인 찰스 핫지, A. A. 핫지, 그리고 B. B. 워필드 등이 주장한 입장입니다. 이들의 해석에 따르면 예수님께서는 천년왕국이 끝날 무렵에 재림하시는 것이 됩니다. 예수님께서 지상에 세워지는 천년왕국후에 재림하신다 해서 후천년설이라고 하다. 그러나 우리가 지난 세기의 1, 2차 세계 대전을 통해서 분명하게 확인하게 되었습니다만, 인류 역사와 문명은 더욱 진보하고 발전한다기 보다는 영적으로나 도덕적으로 더욱 퇴보하고 있습니다.

셋째, 세대주의 전천년설(Dispensational Premillennialism)이 있습니다. 네 개의 천년왕국설 중에 가장 대중화되어 있으며 성도님들의 귀에도 익숙한 내용이지만, 성경적으로는 잘못된 것이 많은 것이 바로 이 세대주의적 전천년설입니다. 이 입장에 의하면 예수님의 재림은 두 번 있습니다. 공중에 비밀리에 재림하시는 것과 두 번째로 가시적으로 지상에 재림하시는 것입니다. 첫째 공중재림 때에는 그리스도인들 가운데 잘 믿는 자들을 공중에 휴거시켜서 어린 양의 혼인잔치를 하게하고, 지상에는 7년 대환란이 일어나게 된다는 것입니다. 그 7년 대환란 동안 유대인들의 민족적인 회심 사건이 일어나게 된다고 합니다. 그러고 나서 주님이 다시 눈에 보이게 본격적인 재림을 하심으로, 천년왕국이 시작된다는 것이다. 존 넬슨 다비에 의해서 19세기에 시작된 이 견해는 나이아가라 수련회의 주요 종말론으로 전수되어졌으며, 이 수련회의 영향을 받은 많은 선교사들이 한국에 들어와서 전파를 하는 바람에 초대교회 종말론은 다 세대주의에 물들었습니다. 길선주, 손양원, 이성봉, 조용기 목사님에 이르기까지 다 세대주의 종말론자들이다. 우리 개혁주의에서는 수용할 수 없는 입장입니다. 물론 최근에 세대주의안에서 점진적 세대주의(Progressive Dispensationalism)가 등장해서 언약신학을 수용하고 있다는 점도 주의해 볼 필요가 있습니다.

네 번째로 무천년설(Amillennialism)이 있습니다.

이 견해는 천년왕국을 문자적인 천년이 아니라 복음시대에 대한 상징으로 보는 것입니다. 즉, 예수님이 승천하시고 오순절 성령 강림으로 말미암아 출발한 초대 교회로부터 예수 그리스도께서 재림하시어 최종심판을 시행하시는 때까지의 교회 시대를 일컬어서 천년왕국 시기라고 해석하는 것입니다. 교회사를 통하여 보면 아우구스티누스나 칼뱅을 필두로 많은 개혁주의 신학자들(카이퍼, 바빙크, 베르까워, 루이스 벌코프, 안토니 후크마 등)이 견지해 온 입장이고, 마틴 로이드 존스, 김서택 목사 등이 취하는 입장입니다. 저도 무천년설적 입장이 가장 성경을 바르게 해석한다고 생각을 합니다.

다시 간략하게 정리를 해보면 천년왕국이 예수님의 재림하신 후에 이루어진다고 믿으면 역사적인 전천년설이 되고, 예수님이 재림하시기 전에 이루어진다고 믿으면 후천년설, 그리고 복음시대 교회시대가 천년왕국 시대라고 믿으면 무천년설이라고 하는 것입니다. 세대주의 전천년설에 의하면 천년왕국이 세워지기 전에 예수님은 공중에 한 번, 지상에 한 번 재림하신다라고 주장하다. 그런데 중요한 것은 과연 이 네 가지 견해 가운데 어느 것이 성경적이냐 하는 것입니다. 천년동안 다스린다는 표현은 성경 가운데 요한계시록 20장에만 나오는 표현입니다. 그러나 종말에 되어질 일들의 순서에 대해서는 요한계시록 뿐만 아니라 복음서에도 그리고 바울서신에도 분명하게 설명되어져 있습니다. 따라서 우리는 복음서나 바울서신을 근거로 해서 이 난해한 문제를 해결하는 것이 온당한 길이라고 생각합니다.

우리는 마태복음 24, 25장에 기록되어 있는 예수님의 감람산 설교를 주목해 볼 필요가 있습니다. 이 설교는 고난 주간에 그의 제자들에게 가르쳐 주신 종말론 설교입니다. 예수님은 자신이 재림하시기 전에 일어날 여러 가지 일들에 대해서 미리 경고해 주시었습니다. 예수님은 복음이 온 천하에 전파될 것이며, 세상은 항상 있던 대로 혼란스럽고 복잡하며 자연재해는 계속될 것이라고 말씀하셨습니다. 재림의 징조가 무엇이냐고 묻는 자들에게 특별한 재림의 징조는 달리 없으며, 그 날과 그 시는 자신도 모른다고 딱 잘라 말씀하셨습니다. 결국 항상 깨어 준비하고 있으라는 말씀이다. 그리고 예수님이 천사장의 나팔소리와 함께 재림하시면 사탄과 악한 자들에 대한 심판이 이루어지고 곧 바로 성도들은 변화하여 신천신지에 참여하게 될 것이라는 것이 예수님이 가르쳐주신 종말론의 요점입니다. 예수님의 가르침 가운데는 예수님이 재림하신 후에 천년 왕국이 있고, 그리고 그 이후에 영원한 신천신지가 있을 것이라는 말씀이 없습니다. 소묵시록이라고 불리우는 데살로니가후서 2장의 경우에도 마찬가지입니다.

신약성경이 줄기차게 말씀하시는 증거에 따르면 예수님 재림하실 때에 성도들의 부활과 죄인들의 심판 등이 있고, 그리고 하나님께서는 온 우주를 새롭게 하시어 신천신지의 복에 우리 성도들을 동참하게 하실 것이라는 것입니다. 그래서 우리는 그 날을 소망하면서 믿음을 잘 준비하는 것이 급선무이고 중차대한 과제인 것입니다. 사실 우리 주변에는 천년왕국에 대한 불건전한 사색과 상상에 빠져서 시간을 허비하는 이들이 많이 있습니다. 그러나 우리들은 분명한 진리들을 굳세게 붙잡고, 신앙생활에 힘쓰는 것이 바람직합니다.

6.5.2. 사탄의 결박(1-3절)

이제 우리가 읽은 본문으로 돌아가서 살펴 보도록 하십시다. 우리가 읽은 본문은 자연스럽게 두 부분으로 나누어집니다. 첫 본문은 1-3절이다. 다시 한 번 본문을 보도록 하겠습니다. "또 내가 보매 천사가 무저갱의 열쇠와 큰 쇠사슬을 그의 손에 가지고 하늘로부터 내려와서 용을 잡으니 곧 옛 뱀이요 마귀요 사탄이라 잡아서 천 년 동안 결박하여 무저갱에 던져 넣어 잠그고 그 위에 인봉하여 천 년이 차도록 다시는 만국을 미혹하지 못하게 하였는데 그 후에는 반드시 잠깐 놓이리라." 힘 센 천사가 하늘에서 내려와서 용, 혹은 옛 뱀, 마귀 등의 이름으로 다양하게 불리우는 사탄을 큰 쇠사슬로 결박하고 무저갱에 가둡니다. 이 무저갱이라는 단어는 아비소스, 영어로 어비스(abyss)를 번역한 말인데 밑이 없는 깊은 구덩이라는 말입니다. 사탄을 그런 구덩이에 가둔다는 것인데, 그 기간은 천 년이며, 천년이 차고 나면 반드시 잠시 놓여나게 되는 때가 옵니다.

마귀를 옛 뱀이라고 하는데, 이는 첫 인류를 타락시킨 장본인이라는 뜻입니다. 그리고 마귀라는 말은 참소자라는 뜻이요, 사탄은 히브리어로 대적자라는 뜻입니다. 이러한 이름들은 그의 실체와 그가 즐겨하는 일들이 무엇인지를 보여줍니다. 사탄의 다양한 이름들은 그의 정체를 탄로시켜 주는 것입니다. 사탄이 하는 주된 일은 하나님의 백성들의 잘못을 찾아내어서 고자질하는 것과, 하나님의 백성들과 하나님을 대적하는 것입니다. 요즘말로 하자면 사탄은 검색의 대가요, 악플을 다는 데 선수라고 할 수 있을 것입니다. 사탄이 하는 일에 대해서 본문 3절에 보면 만국을 미혹하는 것이라고 밝히고 있는데, 이는 사탄이 끊임없이 세상 사람들을 거짓말로 속이고 하나님을 믿지 못하도록 막는 자라는 뜻입니다.

그러나 그렇게 만국을 미혹하던 자가 하나님의 천사에 의해서 결박당하고 무저갱에 천년 동안이나 갇히게 된다고 본문은 말씀하는데, 과연 이것이 무슨 의미일까요? 쉽게 설명드리면 구약 시대와 신약 시대의 차이를 잘 보여주는 말씀입니다. 지나간 2천년의 교회사는 타락과 배교의 역사라고 볼 수 있지만, 다른 관점에서 보면 위대한 하나님의 선교 역사라고 볼 수 있습니다. 아직도 복음을 듣지 못한 미전도 종족이 많이 남아있고, 성경이 번역되지 않은 언어와 방언들도 있으나, 그럼에도 불구하고 지난 2천년 동안 예루살렘에서 시작된 복음전파의 역사는 전 세계 구석구석까지 미치고 있습니다. 그러나 구약 시대는 어떠했습니까? 하나님의 말씀을 들은 민족은 유대 민족 뿐이었습니다. 만국은 사탄의 암흑 통치하에 영적인 죽음이 온 세상에 편만하게 지배하고 있었습니다. 이러한 두 시대간의 대조를 이해하시겠습니까? 오늘 우리가 사는 시대에도 온갖 사회 악이 난무하고 범죄자들이 득실거리고 있습니다. 그럼에도 불구하고 하나님의 복음 또한 강력하게 증거되고 있는 현실입니다.

그러면 구약시대와 신약시대가 이렇게 다른 이유가 무엇일까요? 양 시대에 살고 있는 사람들이 다르기 때문은 아닙니다. 과학 기술문명이나 학문과 교양이 발달하거나 물질문명이 럭셔리해졌기 때문도 아닙니다. 하나님의 구원사에 있어서 중대한 일들이 일어났기 때문입니다. 예수님은 공생애 기간 동안 제자들을 전도하러 보내시었습니다. 그리고 그들의 전도 사역으로 인하여 사탄이 번개같이 하늘에서 땅으로 떨어지는 것을 보았다고 말씀하시었습니다. 그리고 자신이 이 세상에 온 것은 사탄이라는 강한 자에게 노예살이하고 있는 불쌍한 인류를 구출해내시기 위해서 사탄보다 더 강한 자로 오셨다고 말씀하시었습니다. 예수님은 자신의 사역을 마치 포로되어 있는 자기 백성을 구출하기 위해서 파견된 특공대에 비유하신 것이다. 예수님의 공생애 기간 동안에도 사탄의 권세가 꺾여지고 하나님의 나라가 왕성해지는 여러 증거들을 보여 주셨습니다. 귀신을 쫓아내시고, 병자들을 고치시며, 죽은 영혼들을 말씀으로 살려내시는 일을 하심으로 하나님의 나라를 시위(demonstrate)하셨습니다.

그러나 예수 그리스도께서 결정적으로 사탄을 포박하고 그 힘을 쇠약하게 하시어서 만국을 미혹하지 못하도록 만드신 것은 바로 십자가에 못박혀 죽으심으로써였습니다. 예수님은 십자가를 통해서 사탄이 이 세상을 지배할 수 있는 모든 근거를 법적으로 박탈하셨습니다. 그래서 그 이후에 복음이 전파되는 곳마다 죽은 영혼들이 살아나고, 사람들이 변화되어 참 자유와 행복을 누리며, 악한 사회 구조도 개선되는 것들을 볼 수가 있습니다. 오늘날도 우리가 가정이나 이 사회에 복음을 전해야 하다. 진리를 더욱 밝혀야 합니다. 하나님의 영광을 아는 지식이 충만해 질 때에 이 세상에서 사탄이 부리는 흑암의 세력은 힘을 잃게 되는 것입니다.

6.5.3. 천년동안 그리스도와 함께 왕노릇하는 자들(4-6절)

두 번째 부분인 4-6절에서는 만왕의 왕, 만주의 주이신 예수 그리스도와 더불어서 천년 동안 왕노릇하고 있는 성도들과 순교자들을 소개하고 있습니다. 예수님은 구속 사역을 완수하시고 승천하신 후에 하늘과 땅에 있는 모든 자를 다스리시는 왕의 권세를 부여 받으셨습니다. 따라서 지금도 예수 그리스도는 온 우주의 왕으로서, 교회의 머리로서 통치하고 계시는 분이십니다. 그런데 바로 그와 같은 그리스도의 왕권에 동참하는 자들이 있습니다. 예수님의 그 권세에 동참시켜 주시는 자들이 있습니다. 4절에 보면 "또 내가 보좌들을 보니 거기에 앉은 자들이 있어 심판하는 권세를 받았더라. 또 내가 보니 예수를 증언함과 하나님의 말씀 때문에 목 베임을 당한 자들의 영혼들과 또 짐승과 그의 우상에게 경배하지 아니하고 그들의 이마와 손에 그의 표를 받지 아니한 자들이 살아서 그리스도와 더불어 천 년 동안 왕 노릇 하니"라고 말씀했습니다. 그리스도와 더불어서 왕노릇하는 자들은 예수님의 증거와 하나님의 말씀을 인하여 목베임을 받은 순교자의 무리입니다. 그리고 하나님을 대적하는 이 세상과 가치관에 동조하지 아니하고 예수님을 믿는 믿음을 신실하게 지켰던 성도들의 무리입니다. 죽기까지 믿음을 지켰던 성도들을 가리킵니다. 이 세상과 타협한 사람들은 왕노릇할 수가 없습니다. 경제적인 고난이나 박해가 두려워서 황제의 상에 분향하고 표를 받은 사람들은 영원한 생명에 들어올 수가 없습니다. 결국 이 세상을 심판하게 되는 이들이 누구입니까? 그들은 죽음을 두려워하지 아니하고 신앙 양심을 지킨 자들입니다. 결국 천년왕국에 참여하는 자들은 예수님의 초림과 재림 사이의 교회 시대 동안 죽어서 천국에 간 하나님의 자녀들을 가르키는 것입니다. 어떤 분들은 성도가 죽으면 의식도 없고 잠만 잔다고 믿는 이들이 있습니다. 그러나 성경은 분명하게 우리에게 말씀하시기를 천국에 간 성도들이 분명한 의식을 가지고 하나님을 섬기고 있으며, 그리고 그리스도의 왕노릇하심에 동참하고 있다는 것입니다. 예수님을 잘 믿다가 간 성도들이나 가족들을 위해서 지나치게 슬퍼하지 말아야 할 이유입니다. 그들은 지금 주님의 보좌 옆에 같이 앉아 있으면서 주님의 세상 통치에 참여하고 있기 때문입니다.

그리고 5절에 보시면 지금 죽은 성도들은 이미 첫째 부활에 참여한 자들이라고 밝히고 있습니다. "(그 나머지 죽은 자들은 그 천 년이 차기까지 살지 못하더라) 이는 첫째 부활이라." 그리고 6절에 보시면 "이 첫째 부활에 참여하는 자들은 복이 있고 거룩하도다. 둘째 사망이 그들을 다스리는 권세가 없고 도리어 그들이 하나님과 그리스도의 제사장이 되어 천 년 동안 그리스도와 더불어 왕 노릇 하리라."고 말씀하고 있습니다. 요한은 첫째 부활에 참여하는 자들은 복이 있고 거룩하다고 선언하고 있는데, 이는 둘째 사망의 해를 받지 않을 것이기 때문이라고 말씀합니다. 이 첫째 부활에 참여한다는 것은 무엇이며, 또한 둘째 사망이라고 하는 것은 무엇을 가리키는 것일까요?

우선 첫째 부활(the first resurrection)에 대해 살펴 보십시다. 첫째 부활은 첫 번째 죽음에서 부활한 자라는 뜻인데, 아담의 자손들이 영적으로 다 죽은 자들이었다는 사실을 전제로 해서 생각하시면 이해가 쉬우실 것입니다. 죄와 허물로 죽었던 우리들이 하나님의 은혜로 되살아나고, 새로운 생명, 영원한 생명, 예수님의 생명을 받게 된 것을 첫째 부활이라고 요한은 말하는 것입니다. 요한복음 5장 25절에 보면 예수님께서는 "진실로 진실로 너희에게 이르노니 죽은 자들이 하나님의 아들의 음성을 들을 때가 오나니 곧 이 때라 듣는 자는 살아나리라."고 말씀하시는데, 바로 이것이 첫째 부활입니다. 그리고 요한일서 5장 12, 13절에 보면 사도요한은 "아들이 있는 자에게는 생명이 있고 하나님의 아들이 없는 자에게는 생명이 없느니라. 내가 하나님의 아들의 이름을 믿는 너희에게 이것을 쓰는 것은 너희로 하여금 너희에게 영생이 있음을 알게 하려 함이라."고 말씀하고 있습니다.

　이러한 말씀들에 의하면 그리스도인들은 이미 영생의 생명을 누리고 있는 자들입니다. 믿는 자 가운데 예수님의 생명이 있기 때문에 우리는 영원히 멸망하지 않을 것입니다. 그러나 믿지 않고 죽는 자들은 어떻게 되겠습니까? 사탄과 그의 무리들을 위해서 준비된 불못에 들어가게 됩니다. 이 세상에 살 때에야 복음을 듣고 믿을 기회가 있었지만, 그곳에 가면 영원토록 하나님 없이 살아야 할 것입니다. 이것이 바로 6절에서 말씀하고 있는 둘째 사망(second death)인 것입니다. 이미 거듭나서 천국에 간 성도들은 이러한 둘째 사망의 해를 당하지 않을 것이라는 것입니다. 오늘 예수님을 믿고 있는 우리들도 마찬가지입니다. 우리는 사탄이 결박되어 있는 시대를 살아가고 있습니다. 우리는 이미 예수 그리스도의 구속의 은혜로 죄와 사탄의 권세에서 구원을 받고 왕같은 제사장들의 신분을 얻었습니다. 온 우주에 그 누구도 우리를 망하게 할 자는 없습니다. 심지어 악한 자가 우리를 만지지도 못하게 그의 천사들이 지키고 있습니다. 이와 같은 시절에 우리는 무엇보다도 복음을 전하고 복음에 합당하게 사는 삶에 헌신해야 합니다.

VI. "최후에 올 네 가지 것들"

– 재림 후에 되어질 일들

1. 몸의 부활

2. 최후 심판

3. 지옥(게헨나)

4. 새 하늘과 새 땅

1. 몸의 부활

1.1. 들어가는 말

6부(VI)에서는 "최후에 올 네 가지 것들"에 대해서 살펴 보게 된다. 그리스도께서 재림하실 때 혹은 재림하신 후에 동시적으로 이루어질 일들에 대한 논의를 "the Four Last Things"라는 이름하에 다루는데, 그 네 가지란 "몸의 부활," "최후 심판," "지옥" 그리고 "새 하늘과 새 땅"을 의미한다.[1771]

먼저 1장에서 우리는 그리스도께서 재림하실 때에 일어날 첫 번째 일인 죽은 자의 부활에 대해서 살펴보려고 한다. 더 정확하게는 죽은 자의 부활과 살아있던 자들의 변화이다. 사도신경과 니케아 콘스탄티노플 신경에서도 "몸이 다시 사는 것을 믿는다"라고 고백한다.[1772] 그리고 개혁파 신앙고백 문서들에서도 부활 신앙은 분명하게 표현되어 있다.[1773] 특히 웨스트민스터 대교리문답 87문답은 다음과 같이 고백하고 있다.

87문, 부활에 관해 우리가 믿어야 할 것은 무엇입니까?

답. 우리는 마지막 날에 죽은 자들의 일반적인 부활, 즉 의인과 악인 모두가 부활할 것을 믿습니다. 그때에 살아 있는 자들은 순식간에 변화될 것이며, 무덤에 있는 죽은 자들은 그 몸이 바로 그들의 영혼과 영원히 연합되어 그리스도의 능력으로 다시 살아날 것입니다. 의인의 몸은 그리스도의 영에 의해, 또는 그들의 머리이신 그분의 부활의 효능에

[1771] Van der Kooi and van den Brink, *Christian Dogmatics*, 742.
[1772] 니케아 콘스탄티노플 신경(381)에 따른 헬라어 원문과 라틴어 원문은 다음과 같다: "προσδοκῶμεν ἀνάστασιν νεκρῶν/ speramus resurrectionem mortuorum."
[1773] 벨직 신앙고백서 37조; 하이델베르크 교리문답 57문답; 웨스트민스터 신앙고백 32장; 웨스트민스터 대교리문답 87문답 등.

의해 그분의 영광스러운 몸과 같은 신령하고 썩지 않는 몸으로 다시 살아날 것입니다. 또한 악인의 몸은 진노하신 심판주이신 주님에 의해 수치스러운 중에 3다시 살아날 것입니다.[1774]

이러한 몸의 부활에 대한 소망은 그리스도인들의 궁극적인 소망이지만, 초대 교회로부터 현대에 이르기까지 이 소망을 부인하는 이들이 늘 존재해 왔다. 영육 이원론이 지배했던 그리스적 환경에서는 이러한 몸의 부활을 믿는다는 고백은 낯선 일이고, 생뚱맞아 보이는 일이었다. 사도들과 초대교회가 이방인들에게 부활의 복음을 전했을 때 일으킨 충격의 파문은 사도행전 17장 17절-32절에 기록된 바울의 아테네에서 선교할 때에 일어난 일을 보면 확인할 수가 있다. 그가 그리스도의 부활과 죽은 자의 부활에 대해 선포하자 스토아 학파와 에피쿠로스 학파 사람들은 놀라기도 하고, 조롱하기도 했다. 그러나 바울은 일관되게 몸의 부활과 최후 심판에 대한 메시지를 선포했다(행 23:6-8; 24:21).

1.2. 몸의 부활은 성경적인 소망이다.

그리스도인들이 몸의 부활을 소망하고, 순교자들은 그 부활에 대한 소망을 가지고 잔인한 죽음도 마다하지 않은 이유는 단순히 그러하기를 소망하는 희망 사항이 아니라, 성경적인 근거를 가진 소망이기 때문이었다. 구약에서도 이미 몸의 부활에 대한 계시가 주어졌고, 신약에서는 더욱 더 명료한 언어로 선포되고 약속되어졌다.

1.2.1. 구약의 증언

신약에서도 그리스도의 부활을 예언한 것으로 인용되곤 하는 시편 16편 10절에서 다윗은 "이는 주께서 내 영혼을 스올에 버리지 아니하시며 주의 거룩한 자를 멸망시키지 않으실 것임이니이다."고 고백하는 것을 보게 된

1774 웨스트민스터 대교리문답 87문답.

다(행 2:25-28; 13:35-37). 그리고 욥기 19장 26절에 과연 몸의 부활에 대한 소망이 표현되었는가는 학자들 간에 논쟁의 대상이다. 개역개정은 "내 가죽이 벗김을 당한 뒤에도 내가 육체 밖에서 하나님을 보리라"고 되어 있어, 욥이 비록 육체적 죽음 이후에라도 하나님을 뵈올 소망을 말하고 있는 것으로 읽혀진다. 그러나 히브리어 텍스트는 ESV에서처럼 "And after my skin has been thus destroyed, yet in [or without] my flesh I shall see God." 육체안에서도나 육체없이도로 번역 가능한 구문이다. ESV 본문처럼 "내가 내 육체 안에서 하나님을 볼 것이다"로 번역을 할 수있다면, 욥은 분명히 육체적 죽음을 넘어 몸의 부활을 고대하고 있는 것으로 파악이 가능하다.[1775]

구약에서 가장 선명하게 몸의 부활을 예언하고 있는 구절들로는 이사야 26장 19절과 다니엘서 12장 2절 등을 들 수가 있다.

> 주의 죽은 자들은 살아나고 그들의 시체들은 일어나리이다 티끌에 누운 자들아 너희는 깨어 노래하라 주의 이슬은 빛난 이슬이니 땅이 죽은 자들을 내놓으리로다(사 26:19).

> 땅의 티끌 가운데에서 자는 자 중에서 많은 사람이 깨어나 영생을 받는 자도 있겠고 수치를 당하여서 영원히 부끄러움을 당할 자도 있을 것이며(단 12:2).

1.2.2. 신약의 증언

신약에서는 몸의 부활에 대한 약속들이 더욱 더 풍성하고 명료하다. 특히 그리스도의 죽으심과 부활에 대한 강조위에 신자의 영광스러운 부활에의 약속도 강조되고 있다. 죽산 박형룡은 다음과 같이 잘 논증해 준다.

신약에서 신체 부활의 논제는 그리스도의 죽음의 그것과 함께 가장 많

1775 죽산 박형룡은 욥 19:25-27을 부활에 대한 "매우 명백히 표현된" 전거 구절이라고 논평한다(박형룡, 『교의신학 - 내세론』, 286). 이 구절에 대한 구약학자의 비판적인 논의는 David J. A. Clines, *Job 1-20*, WBC (Dallas: Word, 1989), 461을 보라.

은 지면을 점령하고 있다. 신약은 죽은 자의 부활에 대하여 구약이 말한 것보다 훨씬 더 많이 말하였으니 이 신념에 대한 하나님의 계시가 예수 그리스도의 부활에서 절정에 달한 때문이다. 그리스도의 부활은 신자들의 부활의 보증이요, 약속이라는 것은 신약의 의문 없는 교훈이다. 「만일 죽은 자의 부활이 없으면 그리스도도 다시 살지 못하셨으리라」, 「그러나 각각 자기 차례대로 되리니 먼저는 첫 열매인 그리스도요 다음에는 그리스도 강림하실 때에 그에게 붙은 자요」 (고전 15: 13,23).[1776]

몸의 부활을 부정하던 사두개인에 맞서 예수님께서는 부활에 대한 메시지를 선포하시기도 하셨고(마 22:23-33; 막 12:18-27; 눅 20:27-40. cf. 행 23:8), 요한복음 5장 25절, 28절-29절에서는 선인과 악인의 부활이 동시적으로 일어나게 될 것과 양자의 부활의 성격이 다르다는 점도 명시해 주셨다.

25 진실로 진실로 너희에게 이르노니 죽은 자들이 하나님의 아들의 음성을 들을 때가 오나니 곧 이 때라 듣는 자는 살아나리라. . . 28 이를 놀랍게 여기지 말라 무덤 속에 있는 자가 다 그의 음성을 들을 때가 오나니 29 선한 일을 행한 자는 생명의 부활로, 악한 일을 행한 자는 심판의 부활로 나오리라.

= ἀμὴν ἀμὴν λέγω ὑμῖν ὅτι ἔρχεται ὥρα καὶ νῦν ἐστιν ὅτε οἱ νεκροὶ ἀκούσουσιν τῆς φωνῆς τοῦ υἱοῦ τοῦ θεοῦ καὶ οἱ ἀκούσαντες ζήσουσιν. 28 μὴ θαυμά-ζετε τοῦτο, ὅτι ἔρχεται ὥρα ἐν ᾗ πάντες οἱ ἐν τοῖς μνημείοις ἀκούσουσιν τῆς φωνῆς αὐτοῦ 29 καὶ ἐκπορεύσονται οἱ τὰ ἀγαθὰ ποιήσαντες εἰς ἀνάστασιν ζωῆς, οἱ δὲ τὰ φαῦλα πράξαντες εἰς ἀνάστασιν κρίσεως.

예수님 말씀에 의하면 자신의 마지막 날에 그의 음성을 듣고 죽었던 자들이 다 부활하게 되지만, 선인은 "생명의 부활"(ἀνάστασις ζωῆς)을 얻게 되나 악인

1776 박형룡, 『교의신학 - 내세론』, 287.

은 "심판의 부활"(ἀνάστασις κρίσεως)에 이르게 된다는 것이다.[1777]

바울 서신에서도 부활에 대한 메시지들이 강력하게 선포되고 있다. 빌립보서 3장 20-21절, 고후 5장 1절-10절, 그러나 가장 중요한 텍스트는 고린도전서 15장이다.

1.3. 부활의 주체

몸의 부활은 우리 인간의 자력에 의해서 결코 이루어질 수가 없는 일이다. 성경은 재림후에 하나님이 부활의 역사를 이루실 것을 말해 준다. 특히 "삼위일체의 외적인 사역은 분리되지 않는다"(Opera trinitais ad extra indivisa sunt)는 성경적 원리에 따라, 우리의 부활 역시도 삼위일체론적인 사역의 대상이다. 존 파이퍼는 "성령을 비롯해 성삼위 하나님이 모두 예수님의 부활에 관여하셨다"라고 적시해 주면서 다음의 세 주요 구절들을 전거구절로 제시해 준다.[1778]

> 음식은 배를 위하여 있고 배는 음식을 위하여 있으나 하나님은 이것 저것을 다 폐하시리라 몸은 음란을 위하여 있지 않고 오직 주를 위하여 있으며 주는 몸을 위하여 계시느니라. 하나님이 주를 다시 살리셨고 또한 그의 권능으로 우리를 다시 살리시리라(고전 6:13-14).

> 그러나 우리의 시민권은 하늘에 있는지라 거기로부터 구원하는 자 곧 주 예수 그리스도를 기다리노니 그는 만물을 자기에게 복종하게 하실 수 있는 자의 역사로 우리의 낮은 몸을 자기 영광의 몸의 형체와 같이 변하게 하시리라(빌 3:20-21)

> 예수를 죽은 자 가운데서 살리신 이의 영이 너희 안에 거하시면 그리스도 예수를 죽은 자 가운데서 살리신 이가 너희 안에 거하시는 그의

[1777] 이 구절들에 대한 정해를 보기 위해서는 D. A. Carson, The Gospel of John, 박문재 역, 『요한복음』 (서울: 솔로몬, 2017), 463, 466-467을 보라.
[1778] Piper, 『주 예수여 오시옵소서』, 109-110.

영으로 말미암아 너희 죽을 몸도 살리시리라(롬 8:11).

사도 바울은 주님을 다시 살리신 하나님께서 그 권능으로 우리도 다시 살려주실 것이라고 말하기도 하고, 또한 그리스도께서 직접 "우리의 낮은 몸을 자기 영광의 몸의 형체와 같이 변하게 하"실 것이라고 말하기도 한다. 그리고 또한 그리스도의 부활 가운데 역사하신 성령께서 우리의 죽을 몸도 다시 살리실 것을 말하고 있다. 우리의 부활은 오로지 신적이고 초저연적인 사역임을 잘 강조해 주고 있다고 할 것이다.

1.4. 부활체의 본질

우리는 부활시에 어떤 몸을 입게 될까? 사실 부활체의 영광스러운 본질이나 특징에 대해 지상에 사는 신자들은 상상하기조차 하기 어렵다. 타락하기 전 순전한 상태의 아담과 하와의 몸이 얼마나 영광스러운 것이었는지 조차 우리는 잘 알지 못하는데, 그보다 비교도 안되는 영광을 입게 되는 부활체에 대해서는 더욱 더 추정하거나 짐작하기가 어려운 것이 당연하다. 그러나 우리는 성경 계시 가운데서 부활체의 영광을 헤아려 볼 수가 있다.

1.4.1. 낮은 몸을 그리스도의 영광의 몸의 형체와 같이 변하게 하시리라.

먼저 바울이 빌립보서 3장 20절에서 말한 바를 보자.

그는 만물을 자기에게 복종하게 하실 수 있는 자의 역사로 우리의 낮은 몸을 자기 영광의 몸의 형체와 같이 변하게 하시리라(빌 3:21).

= ὃς μετασχηματίσει τὸ σῶμα τῆς ταπεινώσεως ἡμῶν σύμμορφον τῷ σώματι τῆς δόξης αὐτοῦ κατὰ τὴν ἐνέργειαν τοῦ δύνασθαι αὐτὸν καὶ ὑποτάξαι αὐτῷ τὰ πάντα.

바울은 현재 우리가 입고 있는 몸을 "낮은 몸"이라고 지칭했고, 장차 입게 될 부활체에 대해서는 "그리스도의 영광의 몸의 형체"라고 표현하고 있다.

현재 우리의 몸이 아무리 건강하고, 젊고, 바디 빌딩이 잘 되어도 "낮은 몸"이라고 한다면, 장차 누리게 될 부활체는 그리스도가 입으신 영광스러운 몸과 같이 될 것이라는 것이다.

1.4.2. 4중의 대조

부활장이라 불리우는 고린도전서 15장 42-44절에는 좀 더 자세한 대조의 말씀이 주어져 있다.

> 죽은 자의 부활(ἡ ἀνάστασις τῶν νεκρῶν)도 그와 같으니
> 썩을 것으로 심고 썩지 아니할 것으로 다시 살아나며
> 욕된 것으로 심고 영광스러운 것으로 다시 살아나며
> 약한 것으로 심고 강한 것으로 다시 살아나며
> 육의 몸으로 심고 신령한 몸으로 다시 살아나나니 육의 몸이 있은 즉 또 영의 몸도 있느니라.

바울은 현재 우리가 입고 있는 이 몸과 부활체를 대조하여 후자의 비교할 수 없는 탁월성을 해설해 주는 방식으로 전개한다. "심고"라는 동사가 계속 반복된 것은 앞 부분에서 그가 씨앗과 식물의 비유를 들어 부활체를 설명하던 것의 연장선상에서 사용하는 것이다.

(1) 썩지 아니할 몸

첫째 대조는 썩을 것과 썩지 아니할 것(σπείρεται ἐν φθορᾷ, ἐγείρεται ἐν ἀφθαρσίᾳ)의 대조이다. 우리의 현재 몸은 노쇠와 부패의 법칙에 종속되어 있어 썩을 것 혹은 가사적(可死的) 존재(mortal being)이지만, 부활체는 "썩지 아니할 것" 또는 불사적인 조건이 될 것이다.[1779] 고린도전서 주석을 보거

1779 현재 우리 몸의 조건을 가사적이거나 썩을 몸이라고 부르는 것은 "질병과 죽음의 씨앗이 그 속에 있어서 이 몸이 죽는 것은 시간문제일 뿐"이기 때문이다(Hoekema, 『개혁주의 종말론』, 343).

나,[1780] 트리니티 신학교의 신약교수였던 머레이 해리스는 현재 우리의 몸이 "마침내 죽음으로 끝나고, 부패하는, 돌이킬 수 없는 경향을 지닌 땅에 있는 몸체"인 것과 대조적으로 부활체는 "나빠지거나 분해될 수 없고 따라서 질병이나 사고를 당하지 않으며 파괴할 수 없는" 몸이라고 해설해 준다.[1781] 그리고 조직신학자들의 글을 보거나 부활체의 성질에 대한 해설이 풍성하지 못하다고 느껴지는데, 오히려 19세기 신학자인 찰스 하지의 글에서 비교적 자세한 설명을 볼 수가 있다. 부활체가 썩지 않는 몸이라는 점에 대한 하지의 해설은 다음과 같다.

> 결코 썩지 아니할 운명일 뿐만 아니라 썩을 수가 없게 된다. 물리 법칙의 확실한 작용으로, 우리의 현재 몸은 영혼에 의해 버림받는 즉시 썩은 덩어리로 전락하여 역겨워서 우리는 죽은 자를 우리 눈앞에서 서둘러 매장하게 된다. 미래의 몸은 그러한 변화를 겪을 가능성이 없게 된다. 성경에서 알 수 있듯이, 우리가 지금 살고 있는 몸의 아름다움을 훼손하거나 에너지를 파괴하는 질병이나 사고를 겪지 않을 것이다. 썩을 수 없기 때문에, 우리 눈에서 모든 눈물을 씻어 주시겠다고 약속하신 분에 의해 고통을 겪을 수 없거나 적어도 고통에서 주의깊게 보호 받을 것이다.[1782]

(2) 영광스러운 몸

둘째 대조는 "욕된 것으로 심고 영광스러운 것으로 다시 살아나며"(σπείρεται ἐν ἀτιμίᾳ, ἐγείρεται ἐν δόξῃ)인데, 칼빈은 "지금 우리의 몸은 죽음과 욕됨에 종속되지어 있지만, 그때에는 영광스럽고 영원히 썩지 않는 몸이 될 것"이라고 적시해 준다.[1783] 또한 머레이 해리스는 장차 신자들은 "그리

1780 J. A. Schep, *The Nature of the Resurrection Body*, 김종태 역,『부활체의 본질』(서울: CLC, 1991)은 자유대학교에서 통과된 신학학 논문인데도 고전 15:42-44에 대하여 다루는 300-302를 보면 부활체의 영광을 제대로 해설해 주지도 않는다.
1781 Murray J. Harris, *From Grave to Glory*, 서인선 역,『신약에 나타난 부활』(서울: CLC, 1995), 218.
1782 Hodge, *Systematic Theology*, 3:782.
1783 Calvin, *Comm.* 1Cor. 15:43; 박문재,『칼빈주석- 고린도전후서』(파주: 크리스천 다이제스트, 2016),

스도의 것에 비견되는 (빌 3:21), 성령으로 완전히 채워지고 해처럼 빛나는 몸(마 13:43; 참조. 시 104:2; 단 12:3) 곧 '영광스러운 몸"을 입게 될 것이라고 해설해 준다.[1784] 찰스 하지의 해설은 매우 자세하고 주의깊게 음미해 볼만 하다.

> 몸은 욕되게 심겨지고 영광스럽게 부활할 것이다. 영광은 경이로움과 감탄과 기쁨을 불러일으키는 것이다. 성도들의 몸은 그리스도의 영광스러운 몸과 같이 형성될 것이다. 우리는 그분을 있는 그대로 볼 때 그분과 같을 것이다. 이것 이상은 말할 수가 없다. 그것이 의미하는 바는 지금은 모르지만 나중에 알게 될 것이다. 우리는 그리스도의 몸이 산 위에서 변형되었을 때 사도들이 기절하여 그 앞에서 죽은 사람과 같이 되었다는 것을 이미 알고 있다. 그리고 그분이 구원을 위해 두 번째로 오실 때 하늘과 땅이 그의 영광을 보고 달아날 것임을 안다. 우리가 지상의 형상을 지녔듯이 천상의 형상도 지닐 것이라는 것을 아는 것으로 충분하다. 사도가 신자들에게 경건한 죽은 자들을 위해 애도하지 말라고 권고하는 것은 타당하다. 그들은 다시 볼 것이며, 우리가 지금 상상할 수 없는 아름다움과 영광으로 차려입을 것이다.[1785]

(3) 강한 몸

세번째 대조는 "약한 것으로 심고 강한 것으로 다시 살아나며"(σπείρεται ἐν ἀσθενείᾳ, ἐγείρεται ἐν δυνάμει)이다. 머레이 해리스는 "육체의 연약함과 제한(아스데네이아)이 유한한 인생의 특징"이라면, 부활체는 성령께서 "에너지

586.
[1784] Harris, 『신약에 나타난 부활』, 218. 후크마 역시도 다음과 같이 정해해 준다: "빌립보서 3장 21절에서 우리는 부활한 몸이 영화롭게 된 그리스도의 몸과 비슷하게 빛나고 반짝이며 아마도 눈부시기까지 한 몸이 될 것임을 배웠다. 우리는 사실 우리 자신이 이 영광을 보고 경험하기 전까지는 이 영광이 어떤 영광인지 알지 못할 것이다."(Hoekema, 『개혁주의 종말론』, 343). 필자가 생각할 때에도 사실 우리는 부활체의 영광을 짐작하기가 어려울 뿐 아니라, 타락하기 전 아담과 하와의 몸이 현재 우리의 몸과 어떻게 다른 조건 속에 있었는지 조차 알지 못한다. 그들은 왜 벗었으나 부끄러워하지 않았을까?
[1785] Hodge, *Systematic Theology*, 3:783.

를 영구적으로 주입하실 것이기 때문에, 신령한 능력과 팽창성이 부활체의 특성을 이룰 것"이라고 해설해 주고, 또한 "창조자 성령의 지배를 변함없이 받고 있는 변화된 몸을 지닌 신자는 영구적인 고취, 비길 데 없는 아름다움 그리고 끝없는 에너지를 갖게" 될 것이라고 해설해 준다.[1786]

또한 19세기 구프린스턴의 찰스 하지의 해설은 매우 자세하고 주의깊게 음미해 볼만하다.

> 우리는 지금 우리가 얼마나 약하고, 얼마나 적게 영향을 미칠 수 있는지, 우리의 감각이 얼마나 적은지, 그 범위가 얼마나 제한되어 있는지 잘 알고 있다. 그러나 우리는 아직 어떤 방식으로, 어느 정도로 우리의 힘이 증가할 것인지 알지 못한다. 이 주제에 대한 우리의 기대가 아무리 높더라도, 그것이 실재에 미치지 못할 가능성이 있다. 왜냐하면 아직 나타나지 않았고, 경험이나 희망에서 우리가 어떻게 될지 계시되지 않았기 때문이다. 우리는 새로운 감각, 외부 사물을 인식하고, 사물의 본질을 파악하고, 사물의 경이로움과 아름다움에서 지식과 즐거움을 얻는 새롭고 크게 고양된 능력을 가질 수 있다. 우리가 지금 제한되어 있는 느리고 지루한 이동 수단 대신, 우리는 앞으로 우주의 한 부분에서 다른 부분으로 빛의 속도나 생각 자체의 속도로 이동할 수 있을 것이다. 우리의 시력은 수백 야드 범위에 국한되지 않고 가장 강력한 망원경의 시력을 훨씬 능가할 수 있다. 이러한 기대는 과장될 수가 없다. 우리는 눈으로 보지 못하고, 귀로 듣지 못하며, 사람의 마음으로 하나님께서 그분을 사랑하는 자들을 위해 준비하신 것들을 생각하지 못했다는 것을 확신하기 때문이다.[1787]

그러나 우리가 강한(뒤나미스) 부활체를 입게 된다는 것은 "우리로 하여금 주님을 섬기지 못하게 방해하는 약함"을 때때로 경험할 수밖에 없는 현재의

1786 Harris, 『신약에 나타난 부활』, 218-219.
1787 Hodge, *Systematic Theology*, 3:783.

몸의 상태와 달리 어떠한 약함의 방해없이 주님을 섬기게 된다는 점에 강조점을 두어야 할 것이다.[1788]

(4) 신령한 몸

마지막 대조는 "육의 몸으로 심고 신령한 몸으로 다시 살아"난다는 것 (σπείρεται σῶμα ψυχικόν, ἐγείρεται σῶμα πνευματικόν)인데, 바울은 이어서 "육의 몸"(σῶμα ψυχικόν)과 "영의 몸"(σῶμα πνευματικόν)으로 대조해서 말해 준다(44절). 한글 성경은 σῶμα ψυχικόν을 육의 몸이라고 번역했지만, 문자적으로는 혼적 몸이라고 번역해야 하고, 신령한 몸으로 번역된 σῶμα πνευματικόν은 영적 몸이라는 뜻이다.[1789] 신약학자 머레이 해리스는 신령한 몸에 대해 "하늘에 속한 물질이거나 한 것처럼 '영으로 구성된'(composed of spirit)" 몸으로 그릇되게 해설하는 이들을 언급한 후에, 다음과 같이 이해하는 것이 옳다고 정해해 준다.

> 그러나 이코스(-ikos)라는 어미로 끝나는 그리스어 형용사들은 기능적 또는 윤리적(functional or ethical) 의미를 지니기 때문에(MH 378) 영(프뉴마)을 조직하는 원리 또는 통치하는 원리로 보고, 프뉴마티코스를 "영(프뉴마)의 생기를 받고 인도함을 받는"(animated and guided by the spirit ⟨pneuma⟩)이라는 뜻으로 이해하는 것이 더 좋다.[1790]

칼빈은 육의 몸(혼의 몸)과 영의 몸에 관해서 비교적 자세하게 해설을 해주는데, 우선 그는 바울이 이 용어들을 통해서 부활체에 대해 집약적으로 말

1788 Hoekema, 『개혁주의 종말론』, 343.
1789 ESV는 고전 15:44를 다음과 같이 영역했다: " It is sown a natural body; it is raised a spiritual body. If there is a natural body, there is also a spiritual body."
1790 Harris, 『신약에 나타난 부활』, 216-217. 후크마는 바울 서신에서 신령한이라는 단어는 "최소한 원리적으로라도 자신의 자연적 충동의 인도를 받는 사람과는 구별되는 성령의 인도를 받는 사람"을 뜻하기 때문에, 부활체를 신령한 몸이라고 부른 것은 "부분적으로만이 아니라 총체적으로 성령의 지배와 인도를 받는 몸"이라는 의미로 해설해 준다(Hoekema, 『개혁주의 종말론』, 344). 후크마는 또한 영어로 spiritual body할 때에, s를 대문자 S로 써서 "성령이 몸을 지배하는 상태를 묘사"한다는 것을 강조하려 했던 게할더스 보스의 견해를 전적으로 지지한다(Vos, *Pauline Eschatology*, 167).

해 주는 것이라고 해설해 준다.[1791] 그리고 왜 현재 우리의 몸을 혼적인 몸이라고 하는지에 대해서는 "'혼'을 의지해서 의해서 살아가기 때문에 '혼적인 몸'이라고 부"른다고 말하면서 다음과 같이 상술해 준다.

> 우리의 현재의 몸이 시체가 되지 않고 생존할 수 있는 것은 "혼"이 우리의 몸에 생기를 불어넣어 주고 있는 까닭이라는 점에서, "혼적인 몸"이라고 부르는 것은 합당하기 때문이다... '혼'이 우리의 현재의 몸에 생기를 불어넣어 주고 유지시키고 있는 한, 우리의 현재의 몸을 유지하는 데에는 많은 보조수단들이 필요하다. 그래서 이 땅에서 우리가 생존하기 위해서는, 음식을 먹고 마시며, 옷을 입고, 잠을 자는 것 등등의 것이 필수적이고, 그것은 우리의 '혼적인 몸'이 얼마나 연약한지를 의심할 여지 없이 아주 분명하게 증명해 준다.[1792]

반면에 바울이 장차 우리가 입게 될 부활체를 신령한 몸 또는 영적인 몸이라고 부르는 이유에 대해 칼빈은 "우리가 장차 입게 될 몸은 '성령'을 의지해서 살아가게 될 것이기 때문에" 그렇게 부른다고 적시해 주고, 다르게 표현하자면 "우리가 장차 받게 될 부활의 몸은 성령으로부터 오는 생명을 받아서 살아가게 될 것"이라고 잘 말해 준다.[1793]

앞서 논평했듯이 고린도전서 15장 42절-44절에 대한 조직신학자의 해설 중에는 찰스 하지의 상세한 해설이 단연 돋보이는데, 이 마지막 혼적 몸과 영적 몸 사이의 대조에 대한 해설도 장문이다.

> 누구나 알다시피 "자연적"(natural)으로 번역된 ψυχικόν이라는 단어는 ψυχή에서 파생되었는데, 때로는 삶을 의미하고, 때로는 인간이 짐승

1791 Calvin, *Comm.* 1Cor. 15:44; 『칼빈주석- 고린도전후서』, 586: "바울은 우리의 현재의 몸과 우리의 부활의 몸이 지닌 모든 특질들을 일일이 다 열거할 수 없었기 때문에, 그 모든 것들을 한 마디로 집약해서, 우리의 현재의 몸은 '혼적인 몸'(한글개역개정에는 '육의 몸')이지만, 그 때에는 '영적인 몸'(한글개역개정에는 '신령한 몸')을 입게 될 것이라고 말한다."
1792 Calvin, *Comm.* 1Cor. 15:44; 『칼빈주석- 고린도전후서』, 586-587.
1793 Calvin, *Comm.* 1Cor. 15:44; 『칼빈주석- 고린도전후서』, 586.

과 공통적으로 가지고 있는 동물적 삶의 원리를 의미하고, 때로는 용어의 일반적이고 포괄적인 의미에서 영혼을 의미한다. 우리 본성의 합리적이고 불멸의 원리, 우리의 성격이 거주하는 것이다. 그래서 "내 영혼이 기뻐한다" 또는 "내 영혼이 극도로 슬퍼한다"고 말하는 것은 "나는 기뻐한다" 또는 "나는 슬퍼한다"고 말하는 것과 같다. ψυχή의 의미는 이러하므로, σῶμα ψυχικόν, 즉 정신적 또는 자연적인 몸이 ψυχή로 만들어진 몸을 의미할 수 없다는 것은 분명하다. 마찬가지로 σῶμα πνευματικόν이 영으로 만들어진 몸을 의미할 수 없다는 것도 마찬가지로 분명하다. 그것은 물질로 만들어진 영에 대해 말하는 것만큼이나 용어상 모순일 것이다. 다시 말해, 우리는 인간이 이성적 본성뿐만 아니라 동물적 본성도 가지고 있다는 것을 알고 있다. 즉, 그의 영혼은 이성과 양심뿐만 아니라 감각, 즉 배고픔과 목마름과 같은 신체의 욕망과 쾌락과 고통의 감각을 인식할 수 있게 해주는 능력도 부여받았다. 이러한 욕망과 감각은 영혼의 의식 상태이다. 따라서 σῶμα ψυχικόν 또는 자연적 몸은 영혼의 본성 측면에서 영혼에 적응된 몸이며, σῶμα πνευματικόν 또는 영적 몸은 영혼의 더 높은 속성에 적응된 몸을 가리킨다. 우리는 경험을 통해 전자가 무엇인지 알고 있다. 그것은 지구의 먼지로 만들어진 지상의 몸이다. 화학자는 그것을 분석하여 암모니아, 수소, 탄소 등의 구성 요소로 줄일 수 있다. 그리고 무덤에서는 곧 지구 표면의 다른 부분과 구별할 수 없게 된다. 그것은 살아있는 동안 끊임없이 고쳐질 필요가 있는 몸이다. 그것은 공기의 산소와 음식의 화학 원소에 의해 유지되어야 한다. 그것은 곧 지치고 휴식과 수면으로 상쾌해져야 한다. 70년이 조금 넘으면 닳아서 무덤으로 떨어진다. 이것의 반대는 영적 몸에 해당한다. 그것은 그러한 필수성이 없고 그러한 피로와 쇠퇴에 굴복하지 않는다. 그것은 의심할 여지 없이 우리의 현재 몸이 우리 본성의 하위 기능에 적응되어 있고 영적인 몸이 우리의 상위 기능에 적응되어 있는 반면, 후자는 다른 것보다 더 세련되고, 에테르적(aetherial)이며, 바울이 말했듯이 천상적이어야 한다는 사실에 관련되어 있다. 지금도 영혼은 어떤 의미에서 몸에 스며든다(pervades the body). 그것은 몸의 모든 부분에 있다. 그것은 모든 상태 변화를 감지한다. 그것은 사람이 이 세상의 주인임을 드러내는 모습과 태도를 준다. 영혼은 훨씬 더 큰 정도로 정의로운 자의 부활에서 받게 될 세련되고 영광스러운 몸에 스며들 수 있으며, 따라서 지금은 그 본성상 영적인 것을 이해할 수 없을 정도로 만들 수 있다. 흙으로 만들어진 인간의 얼굴이 종종 지성으로 빛나고 고양된 감정으로 빛난다면, 하나님의 아들의 얼굴과 비슷하게 만들어진 얼굴에서 무엇을 기대할 수 있겠는가?[1794]

청교도 신학자 조나단 에드워즈는 그리스도의 재림과 동시에 성도들이 누리게 되는 영화의 상태에 대해서 다음과 같이 잘 묘사해 주고 있는데, 내용상 영광스러운 몸의 부활에 대해서도 잘 강조해 주고 있다.

그때 성도들의 몸은 완전히 변화되어 이전에 나타났던 고통, 불안, 침체와 중압감, 그리고 불구와 같은 증상들이 더 이상 그들에게 영원히 일어날 수 없는 상태가 될 것이다. 그들은 힘과 아름다움과 활력과 썩지 않고 영원히 시들지 않는 영광을 소유하게 될 것이다. 그리고 이 영광은 부활한 모든 성도의 몸에 나타날 것이다.

또한 구속 사역은 다른 면에서도 끝나게 될 것이다. 곧 택하심 받은 자들은 모든 영혼과 육체 모두가 실제로 구속을 받게 될 것이다. 이전의 구속 사역은 그 실제적 효력 면에서 볼 때 불충분하고 불완전했다. 왜냐하면 그 때는 몇 몇 사례를 제외하고는 영혼만이 실제로 구원받고 영화되었기 때문이다. 그러나 이제는 성도들의 모든 몸이 함께 구원받고 영화되고, 모든 택하심 받은 자들의 전인이 영화되며, 영혼과 육체가 하나로 연합될 것이다.[1795]

1794 Hodge, *Systematic Theology*, 3:783-785.
1795 Edwards, *A History of the Work of Redemption*, *WJE* 9:497-98; 김귀탁 역, 『구속사』, 639에서 인용.

1.4.3. 그리스도의 부활체를 본받음

또한 우리는 앞서 살펴 본 빌립보서 3장 21절에 있는 대로 "그리스도의 영광의 몸의 형체"(τῷ σώματι τῆς δόξης αὐτοῦ)와 같이 변하게 하신다는 것을 다시 주목할 필요가 있다.[1796] 아담과 하와가 입고 있었던 원래 몸의 조건이 어떠한지도(창 2장) 우리는 상상을 할 수가 없지만, 더욱이 우리의 부활체가 어떠한 영광을 입을지에 대해서는 짐작조차 할 수가 없다. 그러나 부활하신 그리스도가 40일 동안 지상에 계시는 동안의 행적을 살펴보면(마 28장, 막 16장, 눅 24장, 요 20-21장), 우리의 부활체에 대한 유비적인 지식을 가질 수가 있을 것이다. 이것은 우리의 임의적이고 편의적인 이해 방식이 아니라 바울을 통해 주신 계시의 근거위에서 가능한 것이다.[1797]

우리는 부활하신 후의 그리스도의 몸이 십자가에서 죽으시기 전의 몸과 연속성을 가지면서도 불연속성을 가진다는 점을 생각할 수가 있다. 그리스도가 부활하시던 날 아침 무덤을 방문한 막달라 마리아는 자신에게 말을 거는 분을 보려고 "뒤로 돌이켜 예수께서 서 계신 것을 보았으나 예수이신 줄은 알지 못하"였고(요 20:14), 그날 저녁에 두 명의 제자가 예루살렘에

1796 예수 그리스도의 부활에 대한 논의를 보기 위해서는 Paul Beasley-Murray, *The Message of the Resurrection*, 정옥배 역, 『부활: 그리스도께서 살아나셨네!』 (서울: IVP, 2007); Murray J. Harris, *From Grave to Glory*, 서인선 역, 『신약에 나타난 부활』 (서울: CLC, 1995); George E. Ladd, *I Believe in the Resurrection of Jesus*, 이진영 역, 『나는 부활을 믿는다』 (서울: 생명의말씀사, 1985); Nicolas T. Wright, *The Resurrection of the Son of God*, 박문재 역, 『하나님의 아들의 부활』 (고양: 크리스챤다이제스트, 2009) 등을 보라. 다만 역사적 개혁주의 관점에서 톰 라이트의 저술은 비판적 읽기가 필요하다. 베스트 셀러 작가인 조엘 리처드슨(Joel Richardson)의 말은 우리에게 경종을 울린다: "There is no doubt that Wright is a brilliant individual, who has made some truly profound contributions to the field of resurrection studies. Outrageous intellect however does not guarantee a correct perspective. Many would agree that Rudolf Bultmann could run intellectual circles around N.T. Wright. Bultmann however is a thoroughly liberal theologian. Again, great intellect does not produce orthodox theology."(https://joelstrumpet.com/. 2025.1.27. 접속).
1797 바울의 종말론에 관한 전문가였던 조셉 플레브닉은 이 점에 대해 다음과 같이 논평해 준다: "그러므로 부활은 단지 바룩 2서에 나오는 것처럼 단지 한 하늘의 몸의 변하는 것일 뿐만 아니라, 부활한 그리스도와도 같아지는 것이다. 부활은 그리스도의 부활을 전유하는 것이다. 우리의 부활은 그리스도의 부활과 같을 것이다. 그리고 부활한 상태에서 우리는 그와 같을 것이다."(Joseph Plevnik, *What Are They Saying About Paul and the End Time?* 김광모 역, 『최근 바울과 종말론 연구 동향』 [서울: CLC, 2011], 88). 또한 이 점에 관한 보다 자세한 논의는 화란 신약학자인 Joost Holleman, *Resurrection and Parousia: A Tradition-Historical Study of Paul's Eschatology in 1 Corinthians 15* (Leiden: Brill, 1996), 165-202를 보라.

서 엠마오로 내려가는 중에 "예수께서 가까이 이르러 그들과 동행하시나 그들의 눈이 가리어져서 그인 줄 알아보지 못하"였다가, 마을에 도착하여 "그들과 함께 음식 잡수실 때에 떡을 가지사 축사하시고 떼어 그들에게 주시니 그들의 눈이 밝아져 그인 줄 알아 보"게 되었다(눅 24:15-16, 30-31).

또한 부활하신 주님은 3차원적인 공간에 제한을 받지 않으시는 강한 몸을 입으신 것을 보여주는 것은 열한 제자들이 문을 닫아 걸고 있는데 갑자기 예수님께서 그들 가운데 임재하여 인사를 건네시는 장면이다. 누가복음 24장 36절에 보면, "이 말을 할 때에 예수께서 친히 그 가운데 서서 이르시되 너희에게 평강이 있을지어다"고 되어 있고, 요한복음 20장 19절에 보면 "이 날 곧 안식 후 첫날 저녁 때에 제자들이 유대인들을 두려워하여 모인 곳의 문들을 닫았더니 예수께서 오사 가운데 서서 이르시되 너희에게 평강이 있을지어다"라고 되어 있다. 요한의 경우는 제자들이 유대인들을 무서워해서 문닫아 걸고 있었다는 점을 분명히 적시해 주고, 그러한 장벽에 전혀 구속받지 아니하고 그들 가운데 나타나신 부활의 주님을 묘사해 주고 있다. D. A. 카슨은 이 점에 대해서 다음과 같이 적실하게 해설을 해준다.

> 그러나 요한의 서사 속에서 여기에서와 26절에서 "닫힌 문들"의 기능은 예수께서 자신의 제자들 가운데 출현한 일의 이적적인 성격을 강조하는 것이다. 그의 부활의 몸은 수의를 통과하였듯이(6-8절), 닫힌 문들을 통과하여 다시 모습을 나타내었다 (참조. 14-15절의 주해). 브루스(Bruce, p. 391)가 지적하듯이, 초기 교회는 이 사건 속에서 영감을 얻어서, 주일 저녁마다 함께 모임을 갖고 "마라나타"("주여, 오시옵소서," 고전 16:22b)라는 말로써 그리스도께서 그들 가운데 임재하기를 기원했던 것이 아닌가 하는 생각이 들기도 한다.[1798]

한편 제자들은 벽을 아랑곳하지 아니하고 자유로이 나타나시고 임재하신 예수 그리스도를 보고, "놀라고 무서워하여 그 보는 것을 영으로 생각하"였

1798 Carson, 『요한복음』, 1205.

지만, 예수님은 말씀과 증거 제시를 통해서 자신이 영(ghost)이 아니라 부활한 분이심을 입증해 주셨다.

> 예수께서 이르시되 어찌하여 두려워하며 어찌하여 마음에 의심이 일어나느냐? 내 손과 발을 보고 나인 줄 알라 또 나를 만져 보라 영은 살과 뼈가 없으되 너희 보는 바와 같이 나는 있느니라. 이 말씀을 하시고 손과 발을 보이시나 그들이 너무 기쁘므로 아직도 믿지 못하고 놀랍게 여길 때에 이르시되 여기 무슨 먹을 것이 있느냐 하시니 이에 구운 생선 한 토막을 드리니 받으사 그 앞에서 잡수시더라(눅 24:37-43).

부활하신 주님은 강하고 영광스러운 몸을 입으셨지만, 몸이 없는 영과는 다른 존재로서 음식을 드실 수 있음을 보여주셨다."[1799] 부활하신 주님은 초자연적인 영광을 입은 몸이시지만, 제자들 곁에 다가오셔서 함께 교제도 하시고, 음식도 드심을 통해 부활체와 현재 몸의 연속성도 보여주신 셈이다. 이 점에서 우리가 또한 주목해야 할 본문은 의심장이 도마에게 "네 손가락을 이리 내밀어 내 손을 보고 네 손을 내밀어 내 옆구리에 넣어 보라 그리하여 믿음 없는 자가 되지 말고 믿는 자가 되라"(요 20:27)고 하신 말씀이다. 르네상스 시대의 이탈리아 화가 미켈란젤로 다 카라바조(Michelangelo da Caravaggio, 1573-1610) 같은 화가는 실제로 도마가 예수님의 손과 옆구리에 손을 넣어 확인하는 장면을 그렸지만, D. A. 카슨의 해석이 더욱더 적실하다고 생각된다.

도마가 예수께서 말씀한 대로 실제로 그의 "손"(참조. 20절의 보충 주해)에 있는 상처 자국들을 만져 보았는지에 대해서는 본문이 우리에게 말해 주지 않지만, 우리가 받는 인상은 그 상처 자국들을 보는 것만으로도 이미 모든 것이 충분히 증명될 수 있었기 때문에(29절), 도

1799 우리는 밤새 헛수고하다가 153마리의 고기를 낚게 하신 후에, 제자들에게 조반을 준비하여 공궤하셨다고 기록하고 있는 요 21:12-15도 주목해 볼 필요가 있다(Carson, 『요한복음』, 1255-1258을 보라).

마는 놀라운 경외감에 사로잡혀서 그 즉시 자신의 신앙을 고백하였다는 것이다.[1800]

이상에서 우리는 복음서에 기록된 그리스도의 부활체와 관련된 본문들을 살펴 보았다. 그리스도의 부활에 신자들도 참여하게 되고, 그리스도의 영광스러운 몸을 닮은 부활체를 우리들도 입게 될 것이기 때문에 몸의 부활과 관련하여서도 그리스도의 부활에 대한 본문을 자주 그리고 깊이 묵상해 보는 것이 합당하다고 생각한다.[1801]

1.4.4. 현재의 몸과 부활체의 연속성 문제

이상에서 살펴본 것처럼 우리가 장차 입게 될 부활체는 현재의 몸과는 비교가 되지 않는 불사적이며, 강하며, 영광스럽고 신령한 몸이다. 그러나 이 질적인 차이를 분명하게 우리가 인식하면서도, 두 몸 사이의 연속성도 이야기하지 않을 수가 없다. 우리가 앞서 살펴본 대로, 벨직 신앙고백서 37조에서는 죽었던 자들은 "땅으로부터 부활하게 될 것이며(ressusciteront de la terre), 그들의 영혼들은 이전에 그 안에서 살았던 자신의 육체들과 결합하여 하나가 될 것"이라고 고백한다. 그리고 아직 살고 있던 자들에 대해서는 "그때에 살아있던 자들의 경우는 다른 사람들처럼 죽지 아니하고, 눈 깜짝할 사이에 썩을 것에서 썩지 아니할 것으로 변화를 받게 될 것이다"(고전 15:51-53)라고 성경적으로 고백한다. 정리해 보면 주님의 재림과 심판의 날에 이미 죽은 자들은 몸의 부활에 참여하고, 살아있던 자들은 순식간에 변화하여 심판대 앞에 서게 될 것이라는 것이다. 여기서 주의해야 할 것은 몸의 부활에 참여하는 자들이 입게 될 몸에 대해서 "이전에 그 안에서 살았던

1800 Carson, 『요한복음』, 1225.
1801 이점에서 피터 크리프트는 그리스도와 신자의 관계를 잘 포착해서 말해 준다: "완벽히 인간적인 무언가로 변화한다는 것은 우리가 그리스도의 부활체처럼 완전해진 인간의 몸을 갖게 되리라는 뜻이고, 그분의 영혼처럼 완전해진 인간 영혼을 갖게 되리라는 뜻이다. 따지고 보면, 그리스도는 하나님이 어떤 분이신지를 우리에게 계시하실 뿐만 아니라 우리가 어떤 존재인지도 보여 주신다." (Kreeft, "가톨릭 관점," 256-257).

자신의 육체들"(son propre corps dans lequel il a vécu, their proper bodies in which they formerly lived)이라고 표현한 점이다.[1802] 웨스트민스터신앙고백 32장 2항에서도 "죽은 자들은 모두 본래와 같은 몸으로 부활할 것이다. 이 부활체는 질적으로는 전과 다를 것이나 같은 몸으로 영혼과 다시 결합하게 될 것이다."라고 고백하고 있다.[1803]

또한 대부분의 개혁신학자들은 부활체와 현재의 몸 사이의 동일성 내지 연속성도 있다고 하는 점을 분명하게 확신하고 주장해 왔다.[1804] 그러나 그와 같은 동일시는 단순히 현재 우리 몸을 구성하고 있는 물질적 요소들(totalitas materiae)의 회복과 재구성을 가리키지 않는다는 점 또한 분명하게 인정해 왔다. 우리의 몸을 구성하고 있는 구성요소들은 매 7년마다 전부 바뀐다고 하는 과학적인 사실들을 참고하더라도 이러한 식의 사고는 합당하지 않다고 할 수가 있다.[1805] 다만 우리는 바빙크의 적절한 표현대로 "개별적인 인간 존재의 연속성은 영혼의 정체성에서와 마찬가지로 몸의 정체성에서도 유지된다"라고 하는 사실을 기억하는 것으로 만족하는 것이 좋을 것이라고 사료된다.[1806] 그리고 우리는 신자가 마지막 날에 입게 되는 부활체는 질적으로 전혀 다르다는 것 즉, "그리스도 자신의 영광스런 몸"을 닮게 된다고 하는 점에 주목하는 것이 더욱 필요하다고 생각된다.

1.5. 부활의 시기

몸의 부활이 언제 일어날 것인지 그 시기에 대해서는 신학자들 사이에 의견 차이가 존재한다. 지상 천년왕국을 믿는 전천년설 입장에 의하면 부활은 두 번에 걸쳐 일어난다고 한다. 즉, 지상에서 천년기가 시작되기 직전에 성도

1802　Schaff, *The Creeds of Christendom*, 3:434.
1803　김의환 편집, 『개혁주의 신앙고백』, 264.
1804　찰스 하지, A. A. 하지, 루이스 벌코프, 박형룡 박사 등이 취한 이러한 입장에 대해서는 박형룡, 『내세론』, 295-298을 보라.
1805　Herman Bavinck, *Reformed Dogmatics*, trans. John Vriend, 4 vols. (Grand Rapids: Baker, 2003-2008), 4:694-698에 있는 자세한 논의를 참고하라.
1806　Bavinck, *Reformed Dogmatics*, 4:694: "The continuity of an individual human being is maintained as much in the identity of the body as in the identity of the soul."

의 부활이 있고, 천년왕국 끝에 악인의 부활이 있다는 것이다.[1807] 그리스도께서 생명의 부활과 심판의 부활이 동시적으로 일어날 것을 예언하신 말씀 (요 5:28-29)에 대해서 조차도 역사적 전천년설을 취하는 존 파이퍼는 다음과 같이 해석하기도 한다.

> 성경은 이따금 신자들과 불신자들이 부활할 때나 모든 사람이 심판받을 때를 특별히 구분하지 않고서 부활을 언급하기도 한다. 예를 들어, 예수님은 요한복음 5장 28-29절에서 "이를 놀랍게 여기지 말라 무덤 속에 있는 자가 다 그의 음성을 들을 때가 오나니 선한 일을 행한자는 생명의 부활로, 악한 일을 행한 자는 심판의 부활로 나오리라"라고 말씀하셨다. 이 성경 본문도 다른 많은 성경 본문과 마찬가지로 마치 멀리서 보면 겹겹이 늘어서 있는 산능선들이 하나의 산 같아 보이는 것처럼 서로 동떨어진 미래의 사건들을 한꺼번에 바라보고 있다. 성경에는 이런 식의 예언적인 시각이 종종 나타난다. 이런 사실은 멀거나 가까운 사건들이 종종 하나의 관점에서 다루어지는 경우를 설명하는 데 도움을 준다.[1808]

한편 세대주의 전천년설에 의하면 부활은 3단계로 일어난다고 한다. 앞서 살펴본대로 세대주의 내에도 3단계에 걸친 변화가 전개되었지만, 그리스도의 이중재림, 교회의 비밀 휴거, 7년 대환난 등의 종말론적 구조는 불변으로 남아있기 때문에 그러한 도식안에서 3중 부활론이 전개된다. 죽산은 세대주의 부활론을 다음과 같이 잘 정리해 주었다.

> 대환난전 재림론은 부활을 세 부분에 나누어, 첫째 부활(계 20:4, 5)은 모든 성도들의 부활이니 대환난의 시초에 그리스도가 그의 교회를

1807 박형룡, 『교의신학 - 내세론』, 303-306; Piper, 『주 예수여 오시옵소서』, 111.
1808 Piper, 『주 예수여 오시옵소서』, 111. 파이퍼는 후크마가 말한 "예언적 원근법"(prophetic foreshortening)을 이중 부활에 적용하고 있다.

위하여 오실 때에 있고, 대환난 순교자들의 부활은 대환난 끝에 있고, 둘째 부활(계 20:12-15)은 천년기 끝에 된다고 한다. 대환난 순교자 부활은 첫째 부활의 한 부분이라 한다.[1809]

그러나 무천년설에 의한다면 신자의 부활은 신자와 불신자의 부활은 동시적으로 일어난다고 말해진다. 즉, 부활은 2번, 3번 일어나는 것이 아니라 단 한 번 일어나는 일반적 부활이라는 것이다. 이는 부활에 대해 말씀하고 있는 여러 성경 구절들이 단회적이고 일반적인 부활을 말하고 있다는 것에 근거한 것이다. 다니엘서 12장 2절, 요한복음 5장 28-29절 뿐 아니라, 바울은 "하나님께 향한 소망을 나도 가졌으니 곧 의인과 악인의 부활이 있으리라"고 고백하였다(행 24:15).[1810] 정리해 보면 그리스도께서 재림하신 후에 곧바로 모든 죽은 자들은 부활하게 되고, 그때까지 생존하고 있던 사람들은 변화되어 부활체를 입게 된다. 다만 성경은 신자의 부활과 변화를 강조하지만, 악인들의 부활에 대한 언급은 많이 하지 않는다. 그러나 분명히 악인들도 몸이 다시 살아나고 전인으로 심판대 앞에 서게 된다.

1.6. 부활 신앙의 적용

우리가 장차 그리스도의 재림의 날에 부활에 동참하게 되어, 고린도전서 15장 42-44절에서 말한대로 "썩지 아니하고, 영광스럽고, 강하며, 신령한 몸"을 입게 될 것을 확신하고 굳게 소망한다면, 현재 우리의 삶에 어떠한 영향을 미칠 수 밖에 없다. 초대로부터 현대에 이르기까지 수 많은 순교자들의 경우는 다양한 형태의 잔인한 방식으로 죽임당했지만, 부활에 대한 소망을 의식하면서 그런 죽음을 받아들일 수가 있었다. 물론 우리는 이런 극단적인 예만을 중시할 수는 없다. 부활체의 본질에 대해 자세하게 해설을 한 찰스 하지는 결론에서 이렇게 말해 주고 있다.

1809 박형룡, 『교의신학 – 내세론』, 204-205.
1810 Hoekema, 『개혁주의 종말론』, 330-332.

그렇다면 우리의 미래 몸이 인간의 형태를 유지하게 된다면, 지상에서 우리를 알고 사랑했던 사람들이 쉽게 구별할 수 있게 된다면, 알려지지 않은 힘을 부여받게 된다면, 썩지 않고 불멸하며 영적인 몸이 된다면, 우리가 천상의 형상을 지니게 된다면, 우리는 겸손하고 기쁜 마음으로 머리를 숙이고 사도의 권고를 받아들일 수 있을 것이다. "그러므로 내 사랑하는 형제들아 견실하며 흔들리지 말며 항상 주의 일에 더욱 힘쓰는 자들이 되라 이는 너희 수고가 주 안에서 헛되지 않은 줄을 앎이라."[1811]

하지가 잘 적시해 준대로 예수님의 부활에 대한 분명한 신앙과 우리 신자들의 영광스러운 부활에 대한 소망을 가지고 있다면, 바울이 보여준대로 자연스러운 귀결은 부활장 마지막 절(고전 15:58)에 있는대로 "그러므로 내 사랑하는 형제들아 견실하며 흔들리지 말며 항상 주의 일에 더욱 힘쓰는 자들이 되라 이는 너희 수고가 주 안에서 헛되지 않은 줄을 앎이라."에 진심으로 "아멘"하게 될 것이다.[1812] 우리가 입고 있는 몸을 잘 돌보고 건강관리를 하는 것은 선한 일에 장애가 없도록 하기 위해서 마땅히 해야 할 일이지만, 이 연약하고 제한된 몸을 입고 사는 동안 주의 일에 힘쓰는 것 같은 기회가 다시는 주어지지 않을 것이라는 점을 우리는 기억해야 한다.

그리고 또한 장차 우리가 입게될 부활체는 현재의 몸과 연속성을 가지고 있지만, 질적으로 차이가 나는 영화롭게 된 몸이라는 것을 명심해야 한다. 현재 우리가 입고 있는 몸을 개선하거나 조금 더 개량하는 차원의 변화가 아니라는 것을 우리는 기억해야 한다. 이러한 부활에 대한 소망이 확고했

1811 Hodge, *Systematic Theology*, 3:785: "If then our future bodies are to retain the human form; to be easily distinguished by those who knew and loved us on earth; if they are to be endued with an unknown power; if they are to be incorruptible, immortal, and spiritual; if we are to bear the image of the heavenly, we may well bow down with humble and joyful hearts and receive the exhortation of the Apostle: 'Therefore, my beloved brethren, be ye steadfast, unmovable, always abounding in the work of the Lord, forasmuch as ye know that your labour is not in vain in the Lord.'"
1812 "Ὥστε, ἀδελφοί μου ἀγαπητοί, ἑδραῖοι γίνεσθε, ἀμετακίνητοι, περισσεύοντες ἐν τῷ ἔργῳ τοῦ κυρίου πάντοτε, εἰδότες ὅτι ὁ κόπος ὑμῶν οὐκ ἔστιν κενὸς ἐν κυρίῳ." (고전 15:58).

기에 초대 교회뿐 아니라 매시대의 순교자들은 기꺼이 교수대에 매달리기도 했고, 심지어는 화형당하여 유골 가루가 뿌려짐을 당하는 것도 마다하지 않을 수가 있었다. 로마 제국 시대에 일어난 기독교 박해 기간 동안 복음의 대적자들은 부활신앙을 조롱하면서 그리스도인 순교자들을 화형시킨 후에 그 유골을 로마의 티베르 강에 뿌려리기도 했다. 그러나 장차 영광스러운 부활의 몸을 성도들이 입는다는 점에는 아무런 문제 될 것이 없는 일이다.[1813]

우리가 살아가는 주변에 사지백체 중에 어떤 장애가 있거나 지적인 장애가 있는 이들이 많이 있다.[1814] 널리 알려진 레나 마리아, 조니 타다 이렉슨, 닉 부이치치 같은 이들도 있다. 날 때부터 장애자이든지, 아니면 사고로 장애자가 되었든지 간에 부활체의 온전함과 영광스러움을 묵상하면서 소망중에 살도록 도울 수 있는 것이 부활신앙이다. 특히 닉 부이치치(Nick Vujicic, 1982-)는 날 때부터 사지가 거의 없지만, 자신의 집 신발장에 신발들을 두고 있다고 한다. 장차 부활한 몸을 입게 되면 모든 장애가 없어지고, 자신도 다른 사람들처럼 사지백체가 멀쩡하게 되어 신발을 신고 뛰어 다닐 수 있을 것을 소망하는 증표로 그렇게 하는 것이다.[1815]

또한 고령의 성도들은 부활신앙을 생생하게 가지기에 좋은 기회임에도 불구하고 현재 노쇠한 몸 때문에 오히려 부활의 소망이 약해지는 경우들이 많이 있다. 사역자들은 부활체가 현재의 몸과 연속성도 있지만, 질적으로 다른 영광스러운 몸이라는 점을 잘 인식시켜줄 뿐 아니라, 우리의 힘과 노력으로 그런 몸을 입게 되는 것이 아니라 삼위일체 하나님의 주권적인 사역의 결과 그렇게 된다는 점을 바로 인식케 도와야 한다. 결국 우리가 부활체를 입기를 소망하지만, 우리의 소망의 초점은 삼위 하나님께 있다.

1813 부활체가 현재 몸의 개선이나 개량이 아니라는 점을 고려할 때에, 헬스나 성형 문제 등에 대한 가치관 정립도 따라올 수밖에 없을 것이라고 생각한다. 현재의 몸을 잘 가꾸고, 최대한 기능을 잘 발휘하도록 운동을 하거나 건강을 돌보는 일은 이 몸을 가지고 주님을 잘 섬기기 위해서이지, 추후 부활체에 도움이 된다는 의미에서는 결코 아닌 것이다.
1814 기독교는 강한 자들만 중시하여 살리는 스파르타식 가치관에 결코 동의하지 않는다. 앞선 인간론에서 살펴 보았듯이 모든 인간은 하나님의 형상(imago Dei)으로 창조되었기 때문에 고귀한 존재들이다.
1815 물론 우리는 영광스러운 부활체를 입은 우리에게 신발이 달리 필요할지에 대해서는 의구심이 든다. 다만 닉 부이치치가 가지고 있는 부활에 대한 소망에 우리는 집중할 필요가 있다.

현재 한국에 대한 별명 중 하나는 성형 공화국(the Republic of Plastic Surgery)이다. 외적인 미와 외모지상주의 시대에 살아가면서 이러한 성형 수술에 대한 강렬한 소망은 이해할 만한 일이다. 그러나 부활체는 현재의 몸을 가꾸거나 개량 개선해서 만들어지는 몸이 아니라, 하나님의 주권적인 역사에 의해서 입게 되는 질적으로 다른 몸이라는 점을 우리는 생각하면서 이 문제에 대해서도 신중한 접근이 필요하다고 생각한다.[1816]

1816 필자는 근시가 심해서 두꺼운 안경을 쓰다 보니 강단에 서서 설교를 할때에 교인들은 눈을 감고 있다고 느끼는 이들이 있었다. 그래서 내게 쌍꺼풀 수술을 권했던 분들이 있었지만, 단호히 거부한 적이 있다. 농담 같이 들렸겠지만, 부활의 날에 나도 왕눈이가 될 것이다고 답하곤 했다.

2. 최후 심판

2.1. 들어가는 말

그리스도인들은 사도신경을 통해 끊임없이 "저리로서 산자와 죽은 자를 심판하러 오"실 그리스도에 대해서 고백하곤 한다.[1817] 성경은 곳곳에서 최후 심판(*Ultimum iudicium*, Last Judgment)이 시행될 것에 대해 명시하고 있다 (마 25:31-46; 요 5:27-29; 행 25:24; 롬 2:5-11; 히 9:27; 10:27; 벧후 3:7; 계 20:11-15).[1818] 특히 요한계시록 20장 11절-15절에서는 최후 심판의 실제적인 모습이 어떠할 것인가에 대해 다음과 같이 상술해 주고 있다.

또 내가 크고 흰 보좌와 그 위에 앉으신 이를 보니 땅과 하늘이 그 앞에서 피하여 간 데 없더라. 내가 보니 죽은 자들이 큰 자나 작은 자나 그 보좌 앞에 서 있는데 책들이 펴 있고 또 다른 책이 펴졌으니 곧 생명책이라 죽은 자들이 자기 행위를 따라 책들에 기록된 대로 심판을 받으니 바다가 그 가운데에서 죽은 자들을 내주고 또 사망과 음부도 그 가운데에서 죽은 자들을 내주매 각 사람이 자기의 행위대로 심판을 받고 사망과 음부도 불못에 던져지니 이것은 둘째 사망 곧 불못이라. 누구든지 생명책에 기록되지 못한 자는 불못에 던져지더라.

(11 Καὶ εἶδον θρόνον μέγαν λευκὸν καὶ τὸν καθήμενον ⸂ἐπ᾽ αὐτόν⸃,* οὗ ἀπὸ °τοῦ προσώπου ἔφυγεν ἡ γῆ καὶ ὁ οὐρανὸς καὶ τόπος οὐχ εὑρέθη αὐτοῖς.

1817 니케아-콘스탄티노플 신경(381)에 따르면 "καὶ πάλιν ἐρχόμενον μετὰ δόξης κρῖναι ζῶντας καὶ νεκρούς/ *inde venturus est cum gloria judicare vivos ac mortuos.*"이다

1818 Berkhof, *Systematic Theology*, 729에 제시된 전거 구절 목록이다. 벌코프는 말 2:17; 3:14-15; 욥; 시 73편 등에서 제기된 모든 문제들에 대해 최후 심판으로 대답해 준다고 적시해 주기도 한다 ("The Bible teaches us to look forward to a final all such problems, and as the removal of all the apparent discrepancies of the present.").

12 καὶ εἶδον τοὺς νεκρούς, τοὺς μεγάλους καὶ τοὺς μικρούς, ἑστῶτας ἐνώπιον τοῦ θρόνου. καὶ βιβλία ⌜ἠνοίχθησαν, καὶ ἄλλο βιβλίον ἠνοίχθη, ὅ ἐστιν τῆς ζωῆς, καὶ ἐκρίθησαν οἱ νεκροὶ ἐκ τῶν γεγραμμένων ἐν τοῖς βιβλίοις κατὰ τὰ ἔργα αὐτῶν. 13 καὶ ἔδωκεν ἡ θάλασσα τοὺς ⌜νεκροὺς τοὺς ἐν αὐτῇ⌝ καὶ ὁ θάνατος καὶ ὁ ᾅδης ⌜ἔδωκαν τοὺς ⌜νεκροὺς τοὺς ἐν αὐτοῖς, καὶ ἐκρίθησαν ἕκαστος κατὰ τὰ ἔργα αὐτῶν. 14 καὶ ὁ θάνατος καὶ ὁ ᾅδης ἐβλήθησαν εἰς τὴν λίμνην τοῦ πυρός. οὗτος ὁ ⌜θάνατος ὁ δεύτερός⌝ ἐστιν, ἡ λίμνη τοῦ πυρός.⌝ 15 καὶ εἴ τις οὐχ εὑρέθη ἐν τῇ βίβλῳ τῆς ζωῆς γεγραμμένος, ἐβλήθη εἰς τὴν λίμνην τοῦ πυρός.)

최후 심판에 대한 전거 구절이라 할만한 이 중요한 문단을 통해 우리는 최후 심판정에서 누가 심판장이시며, 심판 대상이 누구이고, 심판 기준과 결과가 무엇인지를 어느 정도 확인할 수가 있다.[1819] 앞서 살펴 본대로 개혁주의 신앙고백서들 역시도 최후 심판에 대한 고백을 담고 있다.[1820] 하지만 신학자들이나 교인들 중에는 최후 심판이라는 주제에 관련해서도 적지 않은 오해와 논란이 벌어져 왔기 때문에, 우리는 성경적이고 신학적인 정리 작업이 필수적이다. 특히 그리스도인은 최후 심판정에 서지 않는다는 오해나 최후 심판에서 차등 형벌(gradual punishent)에 대한 선언이 있을 것이라는 점에는 동의하나 신자들을 위한 차등 상급(gradual reward)이 선언되는 것에 대해서는 거부하는 이들이 있다. 따라서 우리는 이제 몇 가지 소주제로 나누어서 최후 심판에 대해서 면밀히 고찰해 보고자 한다.

2.2. 최후 심판의 필요성과 목적은 무엇인가?

사실 신자와 비신자의 최후 목적지(final destination)에 대해서는 이미 이 땅위에서 결정되는 것이라는 점을 잘 알기에 굳이 최후 심판이 필요할까라

1819 이 중요한 페리코프에 대한 필자의 강해 부분은 이상웅, 『개혁주의 종말론에 기초한 요한계시록 강해』, 630-640을 보라.
1820 벨직 신앙고백서 37조; 웨스트민스터 신앙고백 33장 1항, 2항.

는 의문을 제기하는 이들이 있다. 그리고 비신자는 심판이 필요하다고 하지만, 신자의 경우는 최후 심판이 불필요하다는 입장을 표명하는 이들도 있다. 하지만 앞서 본대로 성경과 신앙고백은 최후 심판이 있을 것이며, 신자와 비신자 모두가 심판의 대상이라고 하는 점에 대해 한점의 의혹도 없이 고백해 왔다. 그렇다면 최후 심판의 목적은 무엇인가? 후크마의 정리해 주는 바에 의하면 최후 심판의 목적은 세 가지이다.

첫째, 심판의 뚜렷한 중요 목적은 "각 사람의 최종 운명을 나타내심으로써 하나님의 영광과 주권"을 드러 내시기 위함이다.[1821] 「웨스트민스터 신앙고백」 33장 2항에서도 최후 심판의 이러한 목적에 대해서 명시해 주고 있다.

> 하나님이 그 날을 정하신 목적은 피택자들의 영원한 구원에서 그의 자비로운 영광을 나타내시고 악하고 불순종하는 사악한 자들의 영벌에서 그의 공의를 나타내기 위하심이다. 그때에 의인은 영생에 들어가 주 앞에서 오는 충만한 기쁨과 유쾌함을 받으나 하나님을 알지 못하고 또 예수 그리스도의 복음을 불순종한 악인들은 영원한 고통에 던져져서 주 앞에서 또는 그의 권능의 영광에서 오는 영원한 파멸에 빠지게 될 것이다.[1822]

후크마에 의하면 심판의 두 번째 목적은 "각 사람이 받게 될 보상과 형벌의 정도를 드러"내기 위해서이다.[1823] 목회자들이나 신자들 가운데는 그다지 신경을 쓰지 않지만, 성경에 의하면 차등 형벌도 시행되지만, 신자들의 지상에서 살아온 삶의 결실에 따른 차등 상급도 있다. 이 주제는 뒷 부분에서 별도로 다루도록 하겠다.

1821　Hoekema, 『개혁주의 종말론』, 350-351.
1822　WCF 33.2(김의환, 266). 남침례교 신학교 성경신학 교수인 제임스 해밀턴은 성경의 각 책들에서 심판을 통한 구원에서 하나님의 영광을 나타내신다고 하는 광범위한 주제를 성경신학적으로 기술해 주고 있다(James Hamilton, *God's Glory in Salvation through Judgment: A Biblical Theology* [Wheaton: Crossway, 2010]). 최후 심판을 비신자에게 베푸시는 이유에 대해 그들을 인격적 책임자로 대하심이고, 최후 심판정에서 인류가 하나님의 정의에 대해 제기하는 모든 항소에 대해서 침묵하게 만드실 것이라는 점도 분명하다. 이점에 대해서는 John Stott, *The Cross of Christ* [Downers Grove: IVP, 1986], 336을 보라. cf. 정옥배, 황영철 역, 『그리스도의 십자가』 [서울: IVP, 1988]).
1823　Hoekema, 『개혁주의 종말론』, 351.

후크마에 의하면 심판의 세 번째 목적은 선인이나 악인이나 궁극적으로 살아야 할 곳이 어디인가를 정해 주시는데 있다.[1824] 악인은 지옥(게헨나)에서 영원한 형벌을 받아야 할 것이고, 신자는 새 하늘과 새 땅에서 영원한 삶을 누리게 될 것이라고 공식적으로 선언해 주실 것이다.[1825]

2.3. 심판의 시기와 수(數)

우리가 세 번째로 살펴볼 세 번째 주제는 최후 심판의 시기는 언제이며, 심판 횟수는 한 번인가 아니면 한 번 이상인가라는 질문이다. 단순하게 생각한다면 그리스도께서 재림하신 후에, 몸의 부활이 있고, 그후 유일회적인 최후 심판이 실시되는 것 아니냐고 말할 것인데, 이는 사실 정답에 해당한다. 역사적 전천년설을 확집(確執)했던 죽산 박형룡 역시도 그리스도의 재림과 최종 일반 부활후에 단 한 번 있을 것이라고 확신했다.[1826] 하지만 그도 비평적으로 소개하듯이 세대주의 전천년설에 의하면 심판은 3차에 걸쳐서 진행될 것이라고 말한다. 첫째 심판은 "주의 재림 때에 부활한 성도들과 변화한 성도들의 심판"이 있고, 둘째 심판은 "대환난직후 그리스도의 나타나실 때(주의 날)에... 이방 민족들을 민족으로 심판"하는 것이요, 셋째 심판은 "대백보좌 앞에서 행할 악인들의 심판"이라는 것이다.[1827]

그러나 성경은 신자나 비신자 모두 한꺼번에 단일한 심판을 받게 된다고 말해 준다. 특히 성경은 마지막 심판을 통해 악인들과 선인들 간에 최종 분리가 일어나게 될 것을 명시해 주기도 한다(마 7:22-23; 25:31-46; 롬 2:5-7; 계 11:18: 20-11-15).[1828]

1824　Hoekema, 『개혁주의 종말론』, 351.
1825　영국 성공회 목회자였던 E. A. Litton (1813-1897)은 *Introduction to Dogmatic Theology* (1882; 2018년 복간됨)에서 심판날은 "엄밀한 의미에서의 심판의 날이 아니라, 공표와 실행의 날"이 될 것이라고 적시해 준다(재인용- Hoekma, *The Bible and the Future*, 254: "The Great day will be one rather of *publication and execution* than of judgment strictly so called.").
1826　박형룡, 『교의신학- 내세론』, 332-334.
1827　박형룡, 『교의신학- 내세론』, 334.
1828　박형룡, 『교의신학- 내세론』, 334에 제시된 구절들이다.

2.4. 누가 심판장인가?

다음의 질문은 누가 심판자자인가하는 것이다. 여러 성경 본문들(벧전 1:17, 롬 14:10-12)에 의하자면 하나님께서 심판자가 되신다고 한다. 하지만 또한 신약의 더 많은 구절은 그리스도께서 심판자가 되실 것이라고 말해 준다(마 25:31-32; 요 5:22, 27; 행 17:31; 빌 2:10; 딤후 4:1, 8, 고후 5:10).

22. 아버지께서 아무도 심판하지 아니하시고 심판을 다 아들에게 맡기셨으니… 27. 또 인자됨으로 말미암아 심판하는 권한을 주셨느니라.
(22. οὐδὲ γὰρ ὁ πατὴρ κρίνει οὐδένα, ἀλλὰ τὴν κρίσιν πᾶσαν δέδωκεν τῷ υἱῷ … 27 καὶ ἐξουσίαν ἔδωκεν αὐτῷ κρίσιν ποιεῖν, ὅτι υἱὸς ἀνθρώπου ἐστίν.)

후크마에 따르면 "그리스도가 자기 백성의 구원을 위해 성육신하시고 죽으시고 다시 사신 분이시기에 그리스도가 그들의 재판장이 되시는 것"이라고 단순하게 해명되지만,[1829] 죽산 박형룡은 그리스도께서 "중보의 자격으로 심판주"가 되시며, 그러한 존영이 "그의 승귀의 한 부분으로 그에게 부여"되었다고 말해 준다.[1830] 뿐만 아니라 "이 상급과 존영의 의의"들로서, "비하에 대한 상," "성육신에 대한 상," "대속(代贖)에 대한 상," 그리고 "승귀(昇貴)로 나타난 상" 등의 항목으로 나누어 해설을 해준다.[1831] 또한 바울은 로마서 2장 16절에서 심판날에 대하여 "하나님이 예수 그리스도로 말미암아 사람들의 은밀한 것을 심판하시는 그날"이라고 말하기도 한다는 점도 간과해서는 안될 것이다.[1832]

1829 Hoekema, 『개혁주의 종말론』, 353.
1830 박형룡, 『교의신학- 내세론』, 324. 「웨스트민스터 소교리문답」 제56문답 역시도 심판의 권세가 그리스도에게 위임되는 것은 그리스도의 승귀(exaltation)와 관련되어 있다고 적시해 준다: "세상을 심판하러 다시 오심에서 그리스도께서 높아지심은. 악인들에게 불의하게 재판을 받아 정죄 되신 주께서 마지막 날에 큰 권능과 자기의 영광과 그 아버지의 영광을 완전히 드러내시면서 그의 모든 거룩한 천사들과 함께 큰 외침과 천사장의 음성과 하나님의 나팔 소리로 다시 오셔서 의로 심판하심에 서일 것이다."
1831 박형룡, 『교의신학- 내세론』, 324-326. 또한 죽산은 그리스도의 심판시에 조력자로서 천사(마 13:41-42; 24:31; 25:31)와 성도들(시 149:5-9; 고전 6:2-3; 계 20:4)이 함께할 것에 대해 해설해 주기도 한다(326-327).
1832 ἐν ἡμέρᾳ ὅτε κρίνει ὁ θεὸς τὰ κρυπτὰ τῶν ἀνθρώπων κατὰ τὸ εὐαγγέλιόν μου διὰ Χρ-ιστοῦ Ἰησοῦ"(롬 2:16).

2.5. 심판의 대상자

이어서 생각해 볼 문제는 누가 심판을 받게 될 것인가하는 것이다. 누가 그리스도의 심판대(τὸ βῆμα τοῦ Χριστοῦ)앞에 소환되어 출두하게 되는 것일까? 어떤 이들은 단지 예수님을 믿지 않는 비신자들 혹은 악인들만 해당할 것이라고 생각하기도 하지만, 성경에 의하면 선한 천사들을 제외한 사탄과 악한 천사들(마 8:29; 고전 6:3; 벧후 2:4; 유 6)과 이 땅위에서 살았던 모든 사람들(전 12:14; 시 50:4-6; 마 12:36-37; 롬 14:10; 고후 5:10; 계 20:12)이 심판대 앞에 서게 된다고 기록하고 있다.[1833] 벨직 신앙고백서 37조는 다음과 같이 드라마틱하게 고백하고 있다.

> 그러고 나서 세상의 시작부터 끝까지 살았던 남녀노소 모든 사람들이 천사장의 소리와 하나님의 나팔 소리에 의해서 소집되어(고전 15:42; 계 22:12, 13; 살전 4:16) 이 위대한 심판자 앞에 몸소 출두하게 될 것이다(comparaîtront personnellement, 계 22:12, 13; 행 17:31; 히 6:2, 9:27; 고후 5:10; 롬 14:10).[1834]

그렇다면 신자들은 어떻게 되는 것일까? 이미 그리스도 예수 안에 있는 자들은 "결코 정죄함이 없"으며(롬 8:1), "심판에 이르지 아니하나니 사망에서 생명으로 옮"겨진 자들이라고 말씀하기 때문에(요 5:24), 더 이상 심판정에 설 일이 없을 것이라고 생각하는 이들이 있다. 하지만 바울은 명시적으로 그리스도인 역시도 이 최후 심판정에 소환된다는 점을 명시적으로 밝히고 있다. 로마서 14장 10절 하반절과 12절에 보면 "우리가 다 하나님의 심판대 앞에 서리라... 이러므로 우리 각 사람이 자기 일을 하나님께 직고하리라."고 바울은 말하였고,[1835] 고린도후서 5장 10절에서는 "이는 우리가 다 반드시 그리스도의 심판대 앞에 나타나게 되어 각각

1833 박형룡, 『교의신학- 내세론』, 327-328.
1834 「벨직 신앙고백서」, 37조
1835 "πάντες γὰρ παραστησόμεθα τῷ βήματι τοῦ Γθεοῦ... ἄρα [οὖν] ἕκαστος ἡμῶν περὶ ἑαυτοῦ λόγον δώσει [τῷ θεῷ]."(롬 14:10하, 12).

선악간에 그 몸으로 행한 것을 따라 받으려 함이라"고 말하고 있다.[1836] 또한 고린도전서 4장 3절-5절에서는 보다 더 명시적으로 주님의 심판대 앞에서 판단을 받고 칭찬을 받을 것에 대해서 명시적으로 말해 주고 있다.

> 너희에게나 다른 사람에게나 판단 받는 것이 내게는 매우 작은 일이라. 나도 나를 판단치 아니하노니 내가 자책할 아무 것도 깨닫지 못하나 그러나 이를 인하여 의롭다 함을 얻지 못하노라 다만 나를 판단하실 이는 주시니라. 그러므로 때가 이르기 전 곧 주께서 오시기까지 아무것도 판단치 말라. 그가 어두움에 감추인 것들을 드러내고 마음의 뜻을 나타내시리니 그 때에 각 사람에게 하나님께로부터 칭찬이 있으리라.[1837]

바울뿐만 아니라 베드로 사도 역시도 베드로전서 4장 17절에서 "하나님의 집에서 심판을 시작할 때가 되었나니 만일 우리에게 먼저 하면 하나님의 복음을 순종하지 아니하는 자들의 그 마지막은 어떠"하겠느냐고 반문하고 있기도 하다.[1838]

이처럼 마지막 심판대 앞에 신자나 비신자나 할 것 없이 모두 서게 된다고 하더라도, 그리스도인들은 비신자들처럼 공포와 패닉의 장소가 되지 않을 것은 분명하다. 왜냐하면 우리는 최후 심판대 앞에 정죄(condemantion)를 받기 위하여 서게 되는 것이 아니기 때문이다. 더욱이 중요한 것은 심판장이 우리의 구주요 중보자이신 예수 그리스도라고 하는 사실이다. 칼빈은 그리스도가 심판장이 되신다고 하는 사실에서 "놀라운 위로가 샘솟는다"고 적시하면서 다음과 같은 감동적인 해설을 해준다.

1836 "τοὺς γὰρ πάντας ἡμᾶς φανερωθῆναι δεῖ ἔμπροσθεν τοῦ βήματος τοῦ Χριστοῦ, ἵνα κομί-σηται ἕκαστος τὰ διὰ τοῦ σώματος πρὸς ἃ ἔπραξεν, εἴτε ἀγαθὸν εἴτε φαῦλον."(고후 5:10).
1837 "ἐμοὶ δὲ εἰς ἐλάχιστόν ἐστιν, ἵνα ὑφ' ὑμῶν ἀνακριθῶ ἢ ὑπὸ ἀνθρωπίνης ἡμέρας· ἀλλ' οὐδὲ ἐμαυτὸν ἀνακρίνω. οὐδὲν γὰρ ἐμαυτῷ σύνοιδα, ἀλλ' οὐκ ἐν τούτῳ δεδικαίωμαι, ὁ δὲ ἀνακρίνων με κύριός ἐστιν. ὥστε μὴ πρὸ καιροῦ τι κρίνετε ἕως ἂν ἔλθῃ ὁ κύριος, ὃς καὶ φωτίσει τὰ κρυπτὰ τοῦ σκότους καὶ φανερώσει τὰς βουλὰς τῶν καρδιῶν· καὶ τότε ὁ ἔπαι-νος γενήσεται ἑκάστῳ ἀπὸ τοῦ θεοῦ."(고전 4:3-5).
1838 "ὅτι ὁ καιρὸς τοῦ ἄρξασθαι τὸ κρίμα ἀπὸ τοῦ οἴκου τοῦ θεοῦ· εἰ δὲ πρῶτον ἀφ' ἡμῶν, τί τὸ τέλος τῶν ἀπειθούντων τῷ τοῦ θεοῦ εὐαγγελίῳ;"(벧전 4:17).

우리를 형제 자매 삼으셔서 우리로 하여금 자기와 함께 심판하는 영예를 나눠 갖도록 미리 지정하신(마 19:28) 그리스도의 수중에 심판이 있다는 소식을 우리가 듣기 때문이다. 그가 심판좌에 오르시는 것은 추호도 우리를 정죄하려 하심이 아니다. 가장 관대하신 임금이 어찌 자기의 백성을 파멸에 이르도록 하시겠는가? 어찌 우리의 수호자가 그에게 피하는 자들을 저주할 수 있으시겠는가?

그리스도가 중재하시므로 아무도 능히 나서서 우리를 정죄할 수 없으리라고(롬 8:33-34) 사도가 담대히 외치는 것을 볼 때, 친히 중재자가 되신 그리스도가 자기의 보살핌과 보호 가운데 받아들이신 사람들을 정죄하지 않으시리라는 사실에는 더욱 틀림이 없다. 우리는 우리가 구원을 구해야 할 우리의 구속주의 심판좌 외에는 다른 어디에도 서게 되지 않을 것이라는 사실은 그저 사소한 안위가 아니다.[1839]

그리스도인이 최후 심판정 앞에 서게 되는 이유는 이 땅위에서 몸을 입고 사는 동안 어떻게 살아왔는가 삶에 대한 보고를 드리고, 앞서 심판의 목적에서 밝혔듯이 그리스도의 칭찬을 듣고 상급을 받기 위해서인 것이다.

2.6. 심판의 내용

여섯 번째로 우리가 다루어할 주제는 심판정에서 심판의 대상이 되는 내용이 무엇인가하는 것이다. 우선적으로 우리가 이 땅 위에서 행한 모든 행위가 심판의 대상이 될 것이라는 것이다(고후 5:10; 마 25:35-40; 계 20:12). 일반적으로 이 세상의 법정에서도 재판의 대상이 되는 것은 사람이 외적으로 행한 악행에 대한 것이다. 하지만 최후 심판대에서는 단순히 외적인 행위만 다루어지는 것이 아니고, 「웨스트민스터 신앙고백」 33장 1항에서 명시해 주듯이 "이전의 모든 사람들이 한결같이 그리스도의 심판대 앞에 나타나 그들

1839 Calvin, *Institutes*, 2.16.18; 『기독교 강요』, 2:493. 각주 908에서 번역자 문병호 교수는 "여기서 보듯이, 마지막 심판이 하나님의 백성에게 '놀라운 위로'(*egregia consolatio*)가 되는 것은 심판하시는 분이 그들 자신의 '수호자'(*patronus*), '중재자'(*intercessor*), '구속주'(*redemptor*), '가장 관대하신 임금'(*clementissimus princeps*)이 되시기 때문이다."로 정해해 준다.

의 생각, 말, 행동을 설명하고 그들이 선악간의 몸으로 행한대로 보응을 받"게 된다는 것이다.[1840] 한마디로 우리의 모든 언행심사(言行心事) 전부가 심판의 대상이라는 말이다. 「벨직 신앙고백서」 37조에 따르면, 심지어는 "그때에 사람들의 비밀들과 위선들은 모든 이들(tous) 앞에 드러나게 될 것"이다.

현대인들 가운데는 외적인 바른 행동이나 선하게 보이는 것(이미지 메이킹 내지 자기 포장)에 치중하면서 살아가는 경우가 허다하지만, 앞서 살펴본대로 최후 심판에서는 우리의 언행심사 모든 것이 다 심판의 대상이 된다고 하는 것은 현대인들에게 경종을 울린다. 또한 간과하기 쉬운 점은 말에 대한 심판도 분명히 언급하고 있다는 점이다. 귀도 드 브레는 이 점에 대해서 꽤 상세한 어조로 밝히고 있다.

> 동일한 사람들은(même les hommes) 그들이 내뱉은 모든 무익한 말들(de toutes paroles oiseuses)에 대해, 세상은 유희와 심심 파적으로 여겼을 것이지만, 보고해야 할 것이다(롬 2:5; 유 15; 마 12:36).[1841]

전거 구절로 제시된 구절들 중에 마태복음 12장 36절은 "내가 너희에게 이르노니 사람이 무슨 무익한 말을 하든지 심판 날에 이에 대하여 심문을 받"게 된다고 예수님이 경고해 주신 말씀이다.[1842] 신자들이나 사역자들 중에는 상황에 맞지 않는 재담이나 건전한 책선(責善)의 말이 아니라 상처주는 말들을 하면서도 큰 문제가 되지 않는다고 생각하는 경우가 비일비재하므로, 예수님의 이 경고의 말씀을 우리들은 귀담아 들어야 한다. 더욱이 사역자들이나 가르침의 자리에 있는 자들은 야고보서 3장 1절-12절에 있는 경고의 말씀도 자주 묵상할 필요가 있다.[1843]

1840　WCF 33.1; *The Westminster Standards: An Originial Facsimile*, 55.
1841　「벨직 신앙고백서」 37조.
1842　"λέγω δὲ ὑμῖν ὅτι πᾶν ῥῆμα ἀργὸν ὃ λαλήσουσιν οἱ ἄνθρωποι ἀποδώσουσιν περὶ αὐτ- οῦ λόγον ἐν ἡμέρᾳ κρίσεως." (마 12:36).
1843　야고보 사도는 3장 1절에서 "내 형제들아 너희는 선생된 우리가 더 큰 심판을 받을 줄 알고 선생이 많이 되지 말라"고 하면서, 주로 언어 생활에 대해서 예를 들고 있다. 세상에서는 그 자리에 없는 다른 사람에 대한 험담(backbiting)하는 것을 즐거움으로 삼지만, 우리 그리스도인들은 도리어 "자리에 함께 있지 않은 사람을 즐겨 헐뜯는 사람은 이 식사를 함께 할 자격이 없음을 알아들을 것

2.7. 심판의 기준

다음으로 중요한 질문은 최후 심판의 기준이 무엇인가하는 것이다. 다양한 종류의 사람들이 심판대 앞에 서면 어떤 기준에 근거하여 심판을 받게 되는 것일까? 신자들 가운데 단순하게 생각하는 이들은 그게 뭐 그리 어려울까? 그냥 예수 믿으면 영생, 안 믿으면 영벌인 것 아니냐고 말이다. 하지만 이 주제에 관한 성경의 답변은 사실 그렇게 단순하게 주어지지 않는다. 우리가 성경을 주의해서 살펴본다면 최후 심판의 기준을 "각자 계시의 빛을 얼마나 받았느냐"에 두고 있다는 점을 일단 알 수가 있다.

죽산 박형룡은 누가복음 12장 47-48절의 말씀에 따라[1844] "사람들이 누린 광명이 심판의 준칙일 것이요 그 광명은 주 하나님의 뜻"이라고 해석해 준다.[1845] 이러한 기준에 따른다면 구약 백성들은 자연의 광명과 구약의 계시를 기준으로 심판을 받게 되고, 신약 성도들은 두 가지에 더하여 신약의 계시까지 심판의 기준으로 적용이 되어진다.[1846] 그렇다면 특별계시를 알지 못하는 이방인들 혹은 비신자들은 무슨 기준에 의해서 심판을 받는 것일까? 바울은 로마서 2장 12절에서 "무릇 율법 없이 범죄한 자는 또한 율법 없이 망"한다고 선언하고 있고, 14절과 15절에서는 다음과 같이 말해 주고 있다.

(율법 없는 이방인이 본성으로 율법의 일을 행할 때에는 이 사람은 율법이 없어도 자기가 자기에게 율법이 되나니 이런 이들은 그 양심이 증거가 되어 그 생각들이 서로 혹은 고발하며 혹은 변명하여 그 마음에 새긴 율법의 행위를 나타내느니라).[1847]

이다"(*Quisquis amat dictis absentum rodere vitam, hac mensa indignam noverit esse suam*) 라는 경고를 식당에 붙여 두었던 아우구스티누스의 모범을 따르는 것이 유익할 것이다(Possidius, *Vita Augustini*, 이연학, 임원오, 『아우구스티누스의 생애』 [왜관: 분도출판사, 2009], 98-99).

1844 "주인의 뜻을 알고도 준비하지 아니하고 그 뜻대로 행하지 아니한 종은 많이 맞을 것이요. 알지 못하고 맞을 일을 행한 종은 적게 맞으리라 무릇 많이 받은 자에게는 많이 요구할 것이요 많이 맡은 자에게는 많이 달라 할 것이니라."(눅 12:47-48).

1845 박형룡, 『교의신학- 내세론』, 336.

1846 박형룡, 『교의신학- 내세론』, 337.

1847 ὅταν γὰρ ἔθνη τὰ μὴ νόμον ἔχοντα φύσει τὰ τοῦ νόμου ποιῶσιν, οὗτοι νόμον μὴ ἔχοντ-ες ἑαυτοῖς εἰσιν νόμος· οἵτινες ἐνδείκνυνται τὸ ἔργον τοῦ νόμου γραπτὸν ἐν ταῖς καρδίαις αὐτῶν, συμμαρτυρούσης αὐτῶν

죽산은 이 구절에 근거하여 이방인들의 심판의 기준은 "그들의 마음에 새겨진 자연의 법칙"이라고 적시해 준다.[1848] 일반적으로 개혁신학자들은 인간의 본성에 새겨진 자연법 혹은 양심의 법을 인정했고, 이러한 사실을 이방인 철학자 아리스토텔레스의 윤리나 공자(孔子)의 유학적 윤리에서 확인해 볼 수도 있다.[1849]

2.8. 최후 심판에 있어서 행위의 역할이 무엇인가?

최후 심판의 두 번째 기준은 「웨스트민스터 신앙고백」 33장 1항에서 명시해 주는대로 "선악간의 몸으로 행한대로 보응을 받는다"라는 것이다. 최후 심판에 대해 말씀하고 있는 요한계시록 20장 13절에서도 "각 사람이 자기의 행위대로 심판을 받"는다고 거듭 강조해 주고 있지만,[1850] 사실 이 기준은 처음 등장하는 시편 62편 12절하 반절부터 시작해서[1851] 요한계시록 22장 12절에 이르기까지 10회 이상 반복되어 등장하는 것이다.[1852] 우리가 주목해야 할 점은 이러한 기준은 신자나 비신자 혹은 선인이나 악인 상관없이 모든 사람에게 적용되어지는 기준이 될 것이라고하는 점이다. 그렇다면 우리는 이러한 성경적인 기준을 어떻게 이해해야 하는 것일까? 그리스도에 대한 믿음과 불신이 영생과 영벌을 결정한다고 하는 복음 선포는 반쪽짜리 진리였거나, 아

τῆς συνειδήσεως καὶ μεταξὺ ἀλλήλων τῶν λογισμῶν κατη-γορούντων ἢ καὶ ἀπολογουμένων."(롬 2:14-15).

1848 박형룡, 『교의신학- 내세론』, 336.
1849 하지만 이러한 기준에 따라서만 심판을 받는다고 해서, 자연인 가운데서 마음에 새겨진 자연법을 모두 지켜서 최후 심판을 통과하고 구원을 받게 되는 이들이 있다고 하는 것은 전혀 아니다. 필자는 『論語』〈爲政編〉에 나오는 "七十而從心所欲 不踰矩" = "무엇이든 하고 싶은 대로 하여도 법도에 어긋나지 않았다"고 한 공자의 고백을 사실 그대로 받아들인다고 할 때, 그는 자기가 알고 있는 기준에 어긋나지 않는 삶을 살 수 있는 것으로 여겨진 나이가 70세나 되어서라고 말한 것이다. 하지만 그것은 공자가 스스로 느끼고 스스로 판단한 것이다. 또한 그 이전의 허물많은 삶은 어떻게 할 것인가!
1850 "ἐκρίθησαν ἕκαστος κατὰ τὰ ἔργα αὐτῶν."(계 20:13하). 이 기준이 최후 심판의 기준으로 천명되고 있는 계 20:11-15에 관해서는 필자의 『개혁주의 종말론에 기초한 요한계시록 강해』, 630-640을 보라.
1851 시편 62편 12절 반절과 관련해서는 김경식 박사의 학위논문을 보라: Kim Kyoung-shik, "God Will Judge Each One According To His Works"(D. Phil. Thesis, University of Aberdeen, 2005).
1852 이상웅, 『개혁주의 종말론에 기초한 요한계시록 강해』, 635-636에서 필자는 시 62:12; 전 12:14; 렘 17:10; 마 12:36-37; 롬 2:6-8; 고전 3:13; 4:5; 갈 6:7-9; 골 3:23-25; 벧전 1:17 등을 제시했었다. 이 외에도 계 22:12 등을 추가할 수가 있다.

니면 최후 심판과는 무관한 기준이라는 말일까?

우리는 여기에서 중요한 신학적인 주제를 대면하게 되는데, 이는 "믿음과 선행의 관계" 문제이다. 이 주제는 분명히 신약 성경에서 이미 계시되어진 진리이고, 또한 중세 로마교회의 행위 구원론에 대한 반동으로 다시금 바울의 복음으로 돌아간 종교개혁 시기에도 배척되지 않고 강조되어졌던 진리이기도 하다. 하지만 현대 복음주의 진영 안에서는 이 주제에 관련하여 여러 가지 강력한 의견들이 대립하고 있는 상황이다. 앨런 P. 스탠리가 편집한 『최후 심판에서 행위의 역할 논쟁』에 보면 이 주제에 관련해서 네 학자의 입장과 반론들을 볼 수가 있다.[1853] 우리가 역사적으로 살펴 보더라도 이신칭의론을 회복하여 평생토록 그것만 강조했다고 비판받는 마르틴 루터 조차도 그리스도인의 삶을 강조했던 것을 알 수가 있다. 루터는 특히 갈라디아서 후반부에서 사랑으로 역사하는 믿음 혹은 참된 믿음에서 나오는 선행이 열매 등을 강조했던 것을 학자들은 잘 증명해 주었다.[1854] 개혁주의 신학자 존 칼빈의 경우는 루터 보다 훨씬 분명하게 칭의와 성화의 연속성을 강조했고, 주저 『기독교강요』 3권 6장-10장에서 그리스도인의 삶(De vita hominis christiani)에 대해서 잘 해설해 준 바가 있다.[1855]

개혁주의 신앙고백서 중에는 하이델베르크 교리문답(Heidelberger Katechismus) 91문답에서 선행(gute Werke)의 세 가지 요건을 잘 설명해 준다. "그분께(=하나님께) 영광을 돌리기 위해 하나님의 율법에 따라 참된 믿음으로부터 발생한 것"만이 선행이라는 것이다. 이어서 "우리 자신의 생각이나

[1853] Allen P. Stanley (ed.), *Four Views on the Role of Works at the Final Judgement* (Grand Rapids: Zondervan, 2013); 김귀탁 역, 『최후 심판에서 행위의 역할 논쟁』 (서울: 새물결플러스, 2019). 네 가지 입장은 다음과 같다: 1장 그리스도인은 최후의 심판이 아니라 상급 심판에서 각자의 행위에 따라 심판을 받을 것이다 (로버트 N. 윌킨), 2장 행위와 상관없는 칭의와 행위에 의한 칭의: 최후의 심판에서 행위는 칭의를 확증할 것이다 (토머스 R. 슈라이너), 3장 바울이 이신칭의와 행위 심판을 동시에 믿을 수 있었다면, 그것이 왜 우리에게 문제가 되어야 할까? (제임스 D. G. 던), 4장 가톨릭교회의 관점: 우리는 은혜로 그리스도와 연합되었기 때문에 우리의 행위는 최후의 심판 때 공로로 인정받는다 (마이클 P. 바버).
[1854] 루터에 관해서는 김선영, 『믿음과 사랑의 신학자: 마르틴 루터』 (서울: 대한기독교서회, 2014)를 보라.
[1855] Calvinus, *Institutio*, 3.6.-10; 『기독교 강요』, 3:264-337. 역사적으로 이 부분은 소책자로 출판되기도 했고, 황금의 소책자(Golden Booklet)이라고 불리우기도 했다.

사람의 계명에 근거한 것은 선행"이 아니라고 말해 준다.[1856] 그리고 웨스트민스터 신앙고백 16장 전체도 선행(good works)에 대하여 서술해 주는데 1항에서는 선행을 다음과 같이 정의해 준다.

> 선행이란 오직 하나님께서 그분의 거룩한 말씀 안에서 명령하신 그런 것들이고, 그런 근거 없이, 맹목적인 열심으로나 어떤 선한 의도라는 핑계로 사람에 의해 고안된 그런 것들은 아니다.

2항에서는 그리스도인들의 선행의 특징들을 서술해 준다.

> 하나님의 명령에 순종하여 시행된 이러한 선행은 참되고 살아있는 믿음의 열매와 증거이다. 선행에 의하여 신자들은 자기의 감사를 표명하고, 자기의 확신을 강하게 하고, 자기 형제들에게 덕을 끼치고, 복음의 선언을 빛나게 하고, 반대자들의 입을 막고, 하나님을 영화롭게 한다. 그들은 하나님의 작품이고, 그리스도 예수 안에서 그런 일들을 위하여 창조된 자들이다. 그들은 거룩함에 이르는 열매를 맺음으로써, 결국에는 영생을 얻게 될 것이다.

3항에서는 선행은 인간의 자력에서 나오는 것이 아니라 성령에게서 그 근원이 비롯된다는 것을 밝히면서도, 신자들로 하여금 몸부림칠 것을 요청한다.

> 선행을 행하는 그들의 능력은 전혀 그들 자신에게서 나오는 것이 아니고, 오직 그리스도의 영으로부터 전부 나온다. 그들이 그렇게 하기 위해서는 이미 받은 그 은혜들과 함께, 그들 안에서 역사하시며 하나님의 기뻐하시는 뜻에 따라 소원을 두고 행하게 하시는 동일한 성령의 실제적인 영향이 필요하다. 그러나 그들은 그렇다는 이유로 마치 성령

[1856] "Allein solche, die aus wahrem Glauben Röm 14, 23 nach dem Gesetz Gottes ihm zur Ehre geschehen, 1. Sam 15, 22 / Eph 2, 10 / 1. Kor 10, 31 und nicht solche, die auf unser Gutdünken oder auf Menschengebote gegründet sind." 황대우 편역, 『문답식 하이델베르크 신앙교육서』, 118-121에서 영역, 라틴어, 독일어, 그리고 한역본 등을 공관할 수가 있다.

의 특별한 활동이 없으면 아무런 의무를 수행하지 않아도 되는 것처럼 점점 게을러지면 안 되고, 다만 그들 안에 있는 하나님의 은혜가 분기하도록 부지런해야 한다.

이어지는 4항-6항에서는 우리의 순종과 선을 행함의 부족함에 대해 말하면서도, 그리스도 안에서 용납되고 상을 받는다는 것을 차례대로 설명해 준다.

4. 순종에 있어서 이생에서 가능한 최고의 경지에 이른 자들도 하나님의 요구보다 더 많이 할 수 없고, 오히려 그들이 해야 하는 의무에도 많이 부족하다.

5. 우리는 최고의 선행으로도 하나님의 손에 있는 죄사함이나 영생을 공로로 얻을 수 없는데, 그 이유는 그것과 장차 올 영광 사이에 엄청난 불균형이 있고, 우리와 하나님 사이에 무한한 차이가 있기 때문이다. 우리는 그것으로 하나님을 유익하게 하거나, 우리의 이전 죄들에 대하여 그분에게 배상할 수 없다. 다만 우리가 할 수 있는 모든 것을 했을 때에라도 우리는 자기 의무를 했을 뿐이고, 무익한 종일 뿐이다. 그것들이 선하다면, 성령으로부터 나왔기 때문이고, 그것들이 우리에 의하여 행하여지면, 그것들은 오염되고, 너무 많은 약점과 결함이 섞여 있어서 하나님의 심판의 엄중함을 견딜 수 없다.

6. 그럼에도 불구하고, 신자들은 그리스도로 말미암아 용납되었기 때문에, 그들의 선행도 또한 그분 안에서 용납된다. 그것들이 이생에서 하나님 보시기에 전적으로 부끄러울 것이 없고 책망받을 것이 없기 때문이 아니라, 다만 그분께서 자기 아들 안에서 그것들을 보시므로, 비록 많은 약점과 결함을 가지고 있어도 진실한 것은 기꺼이 받으시고 상을 주신다.

7항에서는 비중생자의 선행이 하나님 앞에 가치가 없다는 사실을 잘 서술해 준다.

7. 중생하지 못한 사람들의 행위는, 그 자체로 하나님께서 명령하신 것일 수도 있고, 자기 자신과 다른 사람들에게 유익할 수도 있다. 하지만 그것들은 믿음에 의해 깨끗해진 마음에서 나온 것이 아니고, 말씀에 따라 옳은 태도로 행한 것도 아니고, 옳은 목적, 즉 하나님의 영광을 위하여 행한 것도 아니기 때문에, 그것들은 그 결과로 죄가 있고, 하나님을 기쁘시게 하거나, 어떤 사람에게 하나님으로부터 나오는 은혜를 끼칠 수 없다. 하지만 그것들에 대한 게으름은 더 많은 죄가 되고, 하나님을 노하시게 한다.

그러나 칼빈주의자라 자칭하는 사람이나 그룹중에는 하나님의 영원하신 예정이나 작정을 운운하면서 게으르고 안일한 삶을 살면서 논쟁이나 험담을 일삼는 이들이 있다. 그러나 그러한 칼빈주의는 진정한 칼빈주의가 아니다. 왜냐하면 칼빈주의는 경건과 학식(*pietas et scientia*)의 균형을 추구하며, 나아가서는 가슴에 불이 붙은 열정적인 칼빈주의(fervent Calvinism)가 정상적이기 때문이다. 개인적인 삶이나 사역에 있어서 게으르거나 안일한 것은 전혀 성경적이지도 않은 것이다. 바울은 "이를 위하여 나도 내 속에서 능력으로 역사하시는 이의 역사를 따라 힘을 다하여 수고하노라"(골 1:29)고 고백한다.[1857]

존 파이퍼는 최근에 나온 재림 묵상에서 다음과 같이 잘 정리해 주고 있다.

우리는 행위로 의롭다 하심을 받지 않는다. 천국에 들어가려면 예복을 입어야 하는데(마 22:11-14), 그 예복은 다름 아닌 "성도들의 옳은 행실"(계 19:8)이다. "옳은 행실"은 천국에 들어가는 공로도 아니고, 하나님이 친히 우리를 위해 제공하신 유일한 수단인 믿음을 대체할 수도

1857 "εἰς ὃ καὶ κοπιῶ ἀγωνιζόμενος κατὰ τὴν ἐνέργειαν αὐτοῦ τὴν ἐνεργουμένην ἐν ἐμοὶ ἐν δυνάμει." (골 1:29). 바울은 코피오(κοπιῶ < κοπιάω) 동사를 통해 자신의 기력을 탈진할 만큼 쥐어짜며 수고했다는 것을 말하며, 동사 ἀγωνιζόμενος를 통해 스포츠 선수가 승리하기 위하여 모든 장애물을 극복하고 최선의 노력을 하듯이 그렇게 힘을 다한다는 어감을 전달해 준다. 필자는 수업시간에 바울이 사용한 코피아오(κοπιάω) 동사를 언급할 때면, 코피 나기까지 수고한다로 연상하면 뜻도 맞지만 잘 외워지지 않는가라고 연상법적으로 말하곤 한다.

없다. 그것은 "믿음에서 나오는 복종"(롬 1:5, 히 11:8 참조), 곧 "믿음의 역사"(살후 1:11)에 해당한다. 다시 말해, 그것은 성령의 열매다(갈 5:22-23). 바울은 빌립보서 1장 10-11절에서 그리스도인들은 그리스도의 날에 의의 열매가 가득해야 한다고 말했다.[1858]

또한 헤르만 바빙크는 심판의 대상이 되는 행위의 본질이 무엇인지를 적절하게 잘 해명해 주고 있다.

> 따라서 마지막 심판에서 고려되는 것은 사람들이 성취하고 하나님의 면전에 있는 책들에 기록된 모든 행위들이다(전 12:14; 고후 5:10; 엡 6:8; 벧전 1:17; 계 20:12, 22:12). 이 행위들은 마음 안에 살아 있는 삶의 원칙의 표현들과 열매들이며(마 7:17 12:33; 눅 6:44), 중간 상태에서가 아니라 육체 가운데 있을 때에 사람이 행한 모든 것을 포함하는데, 단지 행위들만이 아니라(마 25:35이하; 막 9:41-42; 눅 6:35, 14:13-14; 고전 3:8; 살전 4:6 등) 말들과 (마 12:36), 마음의 숨겨진 계획들까지도 포함한다(롬 2:16; 고전 4:5). 왜냐하면 아무것도 감추인 것이 없고 모든 것이 드러날 것이기 때문이다(마 6:4, 6, 18, 10:26; 엡 5:11-14; 딤전 5:24-25).[1859]

2.9. 차등 상급(gradual rewards)의 문제[1860]

앞서 우리는 심판의 기준으로 제시된 "각자 행한대로 받는다"에 대해 살펴 보았다. 분명 그리스도인이 된 후의 우리의 남은 인생은 하나님 보시기

1858 Piper, 『주 예수여 오시옵소서』, 20.
1859 Bavinck, 『개혁교의학』, 4:831.
1860 차등 상급에 관해 읽을 수 있는 간결한 입문서는 Mark Jones, *A Christian's Pocket Guide to Good Works and Rewards*, 오현미 역, 『선행과 상급』 (서울: 이레서원, 2017)이고, 고 류재룡 박사는 오랜 세월 동안 이 주제에 관해 천착하고 최종적으로 박사논문도 썼었다(류재룡, "개혁주의 관점에서 본 천국상급에 대한 연구" [철학박사, 총신대학교, 2005]. 또한 마태복음에서 차등상급 문제에 관해서는 권성수 목사의 학위 논문이 있다: Kwon Sungsu, "Your Reward in Heaven is Great : A Study on Gradation of Reward in Matthew" (Th. D. dissertation, Westminster Theological Seminary, 1988) = 『천국의 상급』 (서울: 선교 햇불, 2001).

에 중요하고, 그것을 평가하시겠다고 하는 점도 우리는 부인할 수가 없다. 그러나 하나님께서 장차 신자들에게 "잘했다" 칭찬하시고, 새 하늘과 새 땅에 영원히 살게 하는 것으로 일단락 되지 않는가라는 생각을 연이어 할 수가 있다. 그러나 성경은 우리의 삶의 결실에 대하여 심판만 있는 것만이 아니고, 상급이 주어진다고 말씀한다. 더욱더 놀라운 것은 그 상급에는 차등이 있다고 하는 점이다(고전 3:10-15, 눅 19:12-19; 마 5:11-12; 6:19-21; 눅 6:35; 막 9:41; 마 25:33).[1861] 특히 사도 바울은 그리스도께서 주실 상에 대한 고백을 여러번 하고 있다. 빌립보서 3장 14절에서는 "푯대를 향하여 그리스도 예수 안에서 하나님이 위에서 부르신 부름의 상을 위하여 달려가노라."고 했고,[1862] 고린도전서 9장 24절-27절에서는 자신의 사역을 운동장에서 승리자의 관을 쓰기 위하여 경쟁하는 운동 선수에 비유하면서 "이기기를 다투는 자마다 모든 일에 절제하나니 그들은 썩을 승리자의 관을 얻고자 하되 우리는 썩지 아니할 것을 얻고자 하노라"고 고백했다. 뿐만 아니라 그의 유언과도 같은 디모데후서 4장 7절과 8절에서도 "의의 면류관"(ὁ τῆς δικαιοσύνης στέφανος)을 이야기한다.

> 나는 선한 싸움을 싸우고 나의 달려갈 길을 마치고 믿음을 지켰으니 이제 후로는 나를 위하여 의의 면류관이 예비되었으므로 주 곧 의로우신 재판장이 그 날에 내게 주실 것이며 내게만 아니라 주의 나타나심을 사모하는 모든 자에게도니라.[1863]

그러나 복음주의 진영에서는 차등 상급에 대해 무시하거나 거부하는 이들이 많이 존재한다.[1864] 오랫 동안 이 주제를 연구했던 류재룡 박사에 의하면

1861 Hoekema, *The Bible and the Future*, 263.
1862 빌 3:14, NA 28- "κατὰ σκοπὸν διώκω εἰς τὸ βραβεῖον τῆς ἄνω κλήσεως τοῦ θεοῦ ἐν Χριστῷ Ἰησοῦ."
1863 딤후 4:7-8, NA 28- "τὸν καλὸν ἀγῶνα ἠγώνισμαι, τὸν δρόμον τετέλεκα, τὴν πίστιν τετήρηκα. λοιπὸν ἀπόκειταί μοι ὁ τῆς δικαιοσύνης στέφανος, ὃν ἀποδώσει μοι ὁ κύριος ἐν ἐκείνῃ τῇ ἡμέρᾳ, ὁ δίκαιος κριτής, οὐ μόνον δὲ ἐμοὶ ἀλλὰ καὶ πᾶσιν τοῖς ἠγαπηκόσιν τὴν ἐπιφάνειαν αὐτοῦ."
1864 마태복음의 차등 상급론으로 박사논문을 썼던 권성수 박사는 자신이 연구에 착수했을 때에 복음주의 신학자 90%가량은 차등 상급론의 반대편에 있었다고 적시해 줄 뿐 아니라, 신약 교수였던 필립 휴스는 심지어 "자네는 로마교회로 돌아가려는가"라고 반문했다고 한다.

그들의 반대 이유들로는 차등 상급론이 비윤리적이라는 것, 하나님 주권에 위배된다는 것, 공로 사상이라는 것, "성경에 나오는 상급 용어는 차등 상급을 가리키는 것이 아니다"는 등을 열거하고 구체적으로 해설해 주었다.[1865] 필자도 2012년 가을 학기부터 종말론을 가르치면서 때때로 반문, 의혹, 그리고 질문을 받았던 주제 중 하나도 바로 차등 상급론에 대한 것이었다. 그러나 앞서도 분명히 적시했지만, 성경은 차등 형벌(gradual punishment)과 차등 상급(gradual rewards)도 말하고 있다는 점이다.[1866]

복음주의권에서 차등상급을 인정하지 않는 이들이 다수를 차지하고 있는 이유들은 앞서 말한대로 여러 가지가 있다. 또한 하나의 장애물은 상급을 물질주의적으로 설명하면서 회중들을 선동하는 설교자들이나 부흥사들 때문이 아닐까라고 생각한다. 성경에 금 면류관을 비롯하여 여러 면류관을 언급하고 있다고 해서, 천국을 다녀왔다고 하면서 개털 모자, 대저택, 짓다가 만 집, 초가 삼간 등 다양하게 상급을 말하기 때문에, 점잖게 신앙 생활하고 싶은 이들에게는 차등 상급론과 큰 상급을 얻도록 힘써 행하라는 권면이 매우 불편하게 느껴질 수밖에 없을 것이다. 그러나 개혁신학자들이 차등상급을 말하는 것은 호감 비호감의 문제가 아니라, 성경에 있는 진리이기 때문이다.

그러나 한가지 유의해야 할 점은 상급의 내용이 구체적으로 무엇인지를 우리가 잘 알지 못한다는 것이다. 물질주의적인 방식의 설명 보다는 후크마와 모리스의 다음과 같은 해설이 더 성경적으로 안전하지 않을까 생각한다.

> 하지만 우리의 행위와 미래의 상급 사이의 관계는 기계적인 방식이 아니라 유기적인 방식으로 이해되어야 한다. 음악을 공부하고 악기 연주

1865 류재룡, "개혁주의 관점에서 본 천국상급에 대한 연구," 72-94. 류재룡 박사는 고신 백파 출신의 목회자로서, 목회학 석사논문, 신학석사 논문, 그리고 총신에서의 박사논문까지 모두 천국 상급론으로 썼다. 50대의 나이에 소천한 류박사는 본인이 오랜 기간 집중하여 연구한대로 그의 사역에 대해 장차 상급을 받게 될 것이라고 믿는다.

1866 차등형벌을 언급하는 구절로는 눅 12:47-48을 들 수가 있다: "주인의 뜻을 알고도 준비하지 아니하고 그 뜻대로 행하지 아니한 종은 많이 맞을 것이요. 알지 못하고 맞을 일을 행한 종은 적게 맞으리라 무릇 많이 받은 자에게는 많이 요구할 것이요 많이 맡은 자에게는 많이 달라 할 것이니라."

에 어느 정도 능숙해지면 음악을 즐기는 능력이 크게 향상된다. 마찬가지로, 그리스도와 그분의 나라를 섬기는 데 헌신하는 것은 현재와 내세에서 그 나라의 축복을 누릴 수 있는 능력을 키워준다. 레온 모리스는 이를 적절하게 표현했다. "지금 이 순간, 그리스도를 섬기는 데 온 마음을 다하는 사람은 마지못해 하는 사람보다 주님의 기쁨을 더 잘 안다. 신약성경에는 천국에서는 그렇지 않을 것이라고 생각할 근거가 없다."[1867]

또한 상급은 우리의 행위에 대한 보상이거나 품삯 지불과 같은 것이 아니라는 점을 기억할 필요가 있다. 마땅히 행할 일들을 모두 다하고 나서도 "우리는 무익한 종이라. 마땅히 하여야 할 일을 하였습니다"(눅 17:10) 고백해야 하는 종과 같다. 하이델베르크 교리문답 63문답은 "이 상급은 획득된 것이 아니고, 그것은 은혜이다"라고 적시해 준다.[1868] 루마니아 차우세스쿠 정권 시절에 미국으로 망명해서 활동해온 신학자인 요시프 톤(Josef Ton)은 자신의 박사논문에서 다음과 같이 말한다.

> 상급이지 품삯이 아니다. 그리스도의 너그러우심(generosity)에서 주어지는 것이지, 어떤 의무감(obligation)에서 주어지는 것이 아니다. 따라서 상은 은혜의 행위(an act of grace)이다.[1869]

상이라고 하면 순교를 비롯한 대서특필할 일들과 연관된 것이라고 오해하기 쉽지만, 마크 존스의 말처럼 "하나님께서는 '대단한' 행동에만 상을 주시는 게 아니라 '작은' 일에도 상을 주신다."[1870] 예수님께서는 제자들을 전도 여행 보내시면서 행하신 설교의 마지막 결론에서 다음과 같은 말씀을 해주셨다.

1867 Hoekema, *The Bible and the Future*, 264. 후크마가 인용한 모리스의 인용처는 Morris, *Biblical Doctrine of Judgment*, 67이다.
1868 Hoekema, *The Bible and the Future*, 264.
1869 Josef Ton, *Suffering, Martyrdom, and Rewards in Heaven* (Lanham: University Press of America, 2000), 416. 우리 개혁주의자들은 성도의 선행이나 삶의 결실들이 우리 자신의 힘에서 나온 것이 아니라, 우리 안에 계신 성령의 은혜임을 분명하게 인정한다.
1870 Jones, 『선행과 상급』, 65.

선지자의 이름으로 선지자를 영접하는 자는 선지자의 상을 받을 것이요 의인의 이름으로 의인을 영접하는 자는 의인의 상을 받을 것이요. 또 누구든지 제자의 이름으로 이 작은 자 중 하나에게 냉수 한 그릇이라도 주는 자는 내가 진실로 너희에게 이르노니 그 사람이 결단코 상을 잃지 아니하리라 하시니라(마 10:41-42).

예수님은 의도적으로 "이 작은 자 중 하나에게 냉수 한 그릇이라도 주는 자"라고 말씀하셨다. 무시하기에 좋을 볼품없는 지체 하나에게 그것도 가장 작은 선행인 냉수 한 그릇 주는 것을 언급하시면서 상을 약속하신 것이다. 예수님은 또한 마지막 날 심판대 앞에서 자신들은 주님의 이름으로 거창하고 스펙터클한 일들을 했다고 자부하면서 당연히 영생에 들어갈 것으로 착각하는 사역자들(지상에서는 세계적으로 유명한 부흥사나 설교자일 수가 있다)에 대하여 오히려 배척하시는 것을 통해서도 행위의 크고 작음의 문제가 근본 문제가 아니라는 사실을 분명하게 보여주신다.

나더러 주여 주여 하는 자마다 다 천국에 들어갈 것이 아니요 다만 하늘에 계신 내 아버지의 뜻대로 행하는 자라야 들어가리라. 그 날에 많은 사람이 나더러 이르되 주여 주여 우리가 주의 이름으로 선지자 노릇 하며 주의 이름으로 귀신을 쫓아 내며 주의 이름으로 많은 권능을 행하지 아니하였나이까 하리니. 그 때에 내가 그들에게 밝히 말하되 내가 너희를 도무지 알지 못하니 불법을 행하는 자들아 내게서 떠나가라 하리라(마 7:21-23).[1871]

1871 눅 13:25-30의 말씀과 대비해서 보라: "집 주인이 일어나 문을 한 번 닫은 후에 너희가 밖에 서서 문을 두드리며 주여 열어 주소서 하면 그가 대답하여 이르되 나는 너희가 어디에서 온 자인지 알지 못하노라 하리니 그 때에 너희가 말하되 우리는 주 앞에서 먹고 마셨으며 주는 또한 우리의 길거리에서 가르치셨나이다 하나 그가 너희에게 말하여 이르되 나는 너희가 어디에서 왔는지 알지 못하노라 행악하는 모든 자들아 나를 떠나 가라 하리라. 너희가 아브라함과 이삭과 야곱과 모든 선지자는 하나님 나라에 있고 오직 너희는 밖에 쫓겨난 것을 볼 때에 거기서 슬피 울며 이를 갈리라. 사람들이 동서남북으로부터 와서 하나님의 나라 잔치에 참여하리니 보라 나중 된 자로서 먼저 될 자도 있고 먼저 된 자로서 나중 될 자도 있느니라 하시더라."

우리는 주님이 주시겠다고 하신 상급의 내용이 정확하게 무엇인지 모르지만, 적어도 "주 뵈올 때 착한 일꾼이라 칭찬 받기" 원하는 삶을 살아야 마땅하다고 생각한다.[1872]

2.10. 최후 심판 (계 20:11-15)에 대한 실제 설교[1873]

　인류의 최대 최악의 원수는 사탄 마귀입니다. 사탄은 하나님의 일을 훼방하고 망치기 위해서 전심전력해온 영적 존재입니다. 사탄은 할 수만 있다면 하나님께 택함 받은 백성들이라도 미혹하여 넘어뜨리고자 애쓰곤 합니다. 그렇게 하기 위해서 사탄은 온갖 궤계와 전술을 동원합니다. 때로는 물리적인 위협이나 박해를 통해서 사자처럼 엄습해 오고, 때로는 세상의 허영과 쾌락을 가지고 여우처럼 유혹하기도 합니다. 그러나 사탄은 100퍼센트 거짓말쟁이로서, 거짓말만 하는 자라는 사실을 우리가 잊어버리면 안 됩니다. 일본의 막부의 수장중 하나였던 도쿠가와 이에야스 집안의 가훈은 "거짓말 같은 참 말을 하지 말고, 참 말 같은 거짓말을 하자."였습니다. 아주 사탄적인 가훈입니다. 사탄은 거짓말을 해도 휘황찬란하게 참 말같이 하는 자입니다. 그러기 때문에 많은 사람들이 사탄의 미혹에 꼴까닥하고 넘어가서 휘둘리며 살다가 지옥 백성이 되어 왔고, 믿는 자들 가운데도 그의 미혹의 마수에 걸려서 넘어지기도 하는 것입니다.

　그런데 사탄이 인류 가운데 뿌려놓은 수많은 거짓말 가운데 무서운 것이 무엇인가 하면, 이 세상 밖에는 다른 세상이 없다, 사람이 한 번 죽으면 그만이다, 그러니 죽은 사자보다는 살아있는 강아지가 차라리 낫다, 개똥밭에 굴러도 이승이 좋다는 식의 차세주의(此世主義) 사상입니다. 이 얼마나 위력을 떨치고 있는 생각입니까? 만약 이 세상뿐이라면 잠시 살다가 그만인 세상이라면 모두가 좀 더 신나고 재미있게 살아보자는 쾌락주의자가 되

1872　인용된 문구는 "사람을 살리는 노래"라는 CCM의 가사이다.
1873　최후 심판에 대한 본 설교는 이상웅, 『개혁주의 종말론에 기초한 요한계시록 강해』, 630-640에 수록된 내용이다.

고 싶지 않겠습니까? 이래 살든 저래 살든 한 세상 끝나고 나면 영원히 사는 것도 없고, 심판의 날도 없다고 생각한다면 이 세상에서 겁날 것이 무엇이 있겠습니까? 뜻밖에도 이러한 사탄의 거짓말을 진심으로 믿고 있는 신자들도 적지 않은 것 같습니다. 그런 사람들이 교회 다니는 이유는 그저 사람들과 교제하기 위해서나 아니면 명산대찰을 찾아 마음 수양하는 불자들처럼 마음의 수양하듯 하는 것과 다를 바가 없습니다. 절보다는 교회가 체질적으로 편하니 교회를 다니는 것입니다.

그러나 하나님의 말씀은 무엇이라고 우리에게 말씀하고 있습니까? 히브리서 9장 27절에 보면 "한번 죽는 것은 사람에게 정해진 것이요 그 후에는 심판이 있으리니"라고 말씀하다. 인생은 유한하고 유일회적인 것이지만, 이 한 번뿐인 인생이 끝이 나고 나면 하나님의 공의로운 심판 날이 있으며, 우리 모두가 그 심판대 앞에 서야 한다는 것을 말씀하고 있습니다. 이런 진리를 바로 깨달은 사람이라면 짧은 인생살이에 대해서 진지하고 존절한 자세를 취할 수밖에 없을 것입니다. 내일 죽을 터이니 오늘 실컷 먹고 마시자는 식의 쾌락주의자로 머물 수는 없습니다. 오히려 순간순간을 믿음으로 전력투구하며 살 수 밖에 없는 것입니다. 우리는 오늘 본문을 통해서 우리 모든 인류가 반드시 직면하게 될 마지막 하나님의 심판에 대해서 살펴보려고 합니다.

2.10.1. 최후 심판대 앞에 우리 모두가 서야 합니다.

예수 그리스도께서 재림하시고 나면 최후 심판정이 베풀어질 것입니다. 11절에 보면 그 심판대의 모습을 이렇게 묘사하고 있습니다. "또 내가 크고 흰 보좌와 그 위에 앉으신 이를 보니 땅과 하늘이 그 앞에서 피하여 간 데 없더라." 요한은 최후 심판정에 크고 흰 보좌가 있으며, 그 보좌에 심판자 되시는 분이 앉아 계신다라고 말씀합니다. 다니엘 선지자 역시도 이와 비슷한 장면을 환상 중에 본 적이 있습니다. 다니엘 7장 9, 10절을 읽어드리겠습니다. "내가 보니 왕좌가 놓이고 옛적부터 항상 계신 이가 좌정하셨는데 그의 옷은 희기가 눈 같고 그의 머리털은 깨끗한 양의 털 같고 그의 보좌는 불꽃이요 그의 바퀴는 타오르는 불이며 불이 강처럼 흘러 그의 앞에서 나오며 그를 섬기는 자는 천천이요. 그 앞에서 모셔 선 자는 만만이며 심판을 베푸는데 책들이 펴 놓였더라."

크고 흰 보좌라고 하는 것은 하나님의 심판정이 위엄이 넘치고, 거룩하고 공의로운 심판정이라는 것입니다. 우리는 역사적으로 유명한 재판정들을 생각해 볼 수 있습니다. 600만 명의 유대인들을 학살했던 히틀러는 자살을 했지만, 그의 일당들 즉, 나치스트들은 2차 대전 후에 뉘른베르크 전범 재판을 통하여 그들이 저지른 끔찍스러운 악행에 대해서 심판을 받았습니다. 우리나라의 가까운 역사 가운데도 유명한 재판 사건이 있습니다. 그러나 이 세상의 법정이 아무리 공의롭다고 해도 교묘하게 빠져나가는 죄인들이 있고, 정의가 집행되지 않는 경우들이 있습니다. 그러나 하나님의 최후 심판정은 전혀 다릅니다. 아무것도 숨길 수 없고, 그 누구도 피할 수가 없습니다. 이 세상에 살았던 모든 인류가 거룩하고 공의로운 재판정에 서게 될 것입니다. 이 하나님의 최후 심판정에는 "죽은 자들이 큰 자나 작은 자나" 서게 될 것이라고 12절 상반절에 말씀하다. 남녀노소유불학식 물론하고 이 땅에 살았던 모든 사람들은 하나님의 최후 심판대 앞에 서게 될 것입니다. 이 심판의 자리를 면할 수 있는 VIP나 VVIP도 없고, 또 심판이 불필요할 정도로 중요하지 않은 사람도 없습니다. 이 지구상에서 태어나서 한 생을 살았던 사람들은 너나 할 것이 모두 하나님의 심판대 앞에 서야만 하는 것입니다. 어떤 학자들은 신자들은 본문에서 말씀하는 심판대 앞에 서지 않는다고 해석을 하다만, 그렇지가 않습니다. 오늘 본문에 보신대로 "죽은 자들이 큰 자나 작은 자나 그 보좌 앞에" 서 있다고 했습니다. 그리고 사도 바울은 로마서 14장 10절에서 "네가 어찌하여 네 형제를 비판하느냐 어찌하여 네 형제를 업신여기느냐 우리가 다 하나님의 심판대 앞에 서리라."고 말씀하고 있고, 고린도후서 5장 10절에서는 "이는 우리가 다 반드시 그리스도의 심판대 앞에 나타나게 되어 각각 선악간에 그 몸으로 행한 것을 따라 받으려 함이라."고 말씀하고 있습니다. 사탄과 불신자들만 하나님의 심판대 앞에 서는 것이 아니니다. 모든 그리스도인들도 예외 없이 하나님의 최후 심판대 앞에 서야 합니다.

13절에 보시면 그 심판 날에는 심지어 "바다가 그 가운데에서 죽은 자들을 내주고 또 사망과 음부도 그 가운데에서 죽은 자들을 내주"게 될 것이라고 했습니다. 쉽게 말해서 죽은 자들이 어떻게 죽었든지 간에, 사고사든지, 자연사든지, 매장되었든지, 화장되었든지, 물에 빠져 죽어서 시체를 수습하지 못하고 물고기 밥이 되었다고 하더라도, 모두가 다 다시 몸을 입고 살아나서 심판대 앞에 서게 될 것입니다. 우리나라도 매장보다 화장률이 앞서가고 있다고 하다. 화장률이 약 60 퍼센트라고 합니다. 화장 문화는 성경에서 왔다기 보다는 고대 로마 문화이고, 불교적 문화에서 온 것입니다. 그러나 매장이든, 화장이든, 수목장이든, 주님의 재림의 때에 모두가 다 다시 살아나게 되고 몸을 입게 될 것입니다. 그리고 하나님의 심판대 앞에 서게 될 것입니다. 단 한 사람의 예외도 없이 심판대 앞에 서게 될 것입니다. 그 날에는 음부와 사망도 불 못에 던지우게 되고, 옛 하늘과 옛 땅도 다 불 못에 던지우게 될 것이기 때문에 온 우주 어느 한 곳에도 거룩하신 하나님을 피하여 숨을 곳이란 없어질 것입니다.

2.10.2. 최후 심판의 기준

그렇다면 하나님께서 사람들을 최종 평가하시고 심판하시는 기준이 무엇인지 살펴보십시다. 우리 신자들은 그저 예수 믿었느냐 안 믿었느냐 물으시고, 예수 천당, 불신 지옥 이렇게 간단하게 심판이 진행되면 좋겠다, 아니 그럴 것이다라고 믿고 생각하는 분들이 있을 것입니다. 그러나 본문 12절을 보시면 우리가 기대하는 것과는 전혀 다른 기준에 의해서 심판이 진행될 것을 말씀해 줍니다. "또 내가 보니 죽은 자들이 큰 자나 작은 자나 그 보좌 앞에 서 있는데 책들이 펴 있고 또 다른 책이 펴졌으니 곧 생명책이라. 죽은 자들이 자기 행위를 따라 책들에 기록된 대로 심판을 받으니." 하나님의 심판 보좌 앞에는 여러 종류의 책들이 놓여 있다고 말씀하다. 생명책이 있고, 또 다른 책들이 있습니다. 생명책에 관해서는 이미 모세도 알고 있었습니다. 그러나 오늘 말씀에 보니 생명책 외에도 하나님께서 기준을 삼으시는 다른 책이 있다고 말씀하고 있습니다. 그것은 바로 우리 각 사람의 한 평생의 행적을 기록한 책들이라는 것입니다. 우리는 카메라, CCTV, 핸드폰 카메라, 차량 블랙박스 등에 의해서 우리의 행적이 우리도 모르는 채 녹화되는 시대에 살고 있습니다. 심지어는 차량에도 블랙박스를 설치해서 녹화를 하고 있는 시대입니다. 텔레비전에 보면 몰카를 찍어서 공개하면서 희희낙락하는 모습들을 볼 수 있습니다. 그러나 우리 각 사람이 한 평생을 어떻게 살았는지를 비디오 카메라에 다 담지 않아도 하나님의 심판대 앞에서는 다 파노라마처럼 상연될 것이고 공개되어질 것입니다. 하나님이 보여주시는 우리의 일생은 단지 겉모습이 아니라 우리의 동기와 의도까지 밝히 드러내줄 것입니다. 상상만 해도 끔찍스러운 일이 아닐 수가 없습니다.

이쯤 되면 여러분의 마음 가운데 이런 반응이 느껴지리라는 생각이 듭니다. 나는 예수 믿으면 죄 용서 받고 천당 간다고 믿는데, 그러면 하나님께서는 최후 심판 때에는 행위로 심판하신다고 말씀하시니 이 어찌된 영문입니까? 서로 모순되지 않습니까하고 말입니다. 그러한 의문이 드시는 것은 당연지사입니다. 우선은 하나님께서 인류를 심판하실 때에 그 기준이 "각 사람의 행한 대로 갚아준다"는 것임을 본문이 밝히고 있는데, 이러한 기준천명은 비단 오늘 본문에서만 강조하는 것이 아니라 성경 곳곳에서 찾아볼 수 있습니다. 제가 몇 구절을 찾아서 읽어드리도록 하겠습니다.

    시편 62편 12절-"주여 인자함은 주께 속하오니 주께서 각 사람이 행한 대로 갚으심이니이다."

    전도서 12장 14절-"하나님은 모든 행위와 모든 은밀한 일을 선악 간에 심판하시리라."

    예레미야 17장 10절-"나 여호와는 심장을 살피며 폐부를 시험하고 각각 그의 행위와 그의 행실대로 보응하나니"

    마태복음 12장 36, 37절-"내가 너희에게 이르노니 사람이 무슨 무익한 말을 하든지 심판 날에 이에 대하여 심문을 받으리니 네 말로 의롭다 함을 받고 네 말로 정죄함을 받으리라."

로마서 2장 6-8절-"하나님께서 각 사람에게 그 행한 대로 보응하시되 참고 선을 행하여 영광과 존귀와 썩지 아니함을 구하는 자에게는 영생으로 하시고 오직 당을 지어 진리를 따르지 아니하고 불의를 따르는 자에게는 진노와 분노로 하시리라."

고린도전서 3장 13절-"각 사람의 공적이 나타날 터인데 그 날이 공적을 밝히리니 이는 불로 나타내고 그 불이 각 사람의 공적이 어떠한 것을 시험할 것임이라."

고린도전서 4장 5절-"그러므로 때가 이르기 전 곧 주께서 오시기까지 아무 것도 판단하지 말라 그가 어둠에 감추인 것들을 드러내고 마음의 뜻을 나타내시리니 그 때에 각 사람에게 하나님으로부터 칭찬이 있으리라."

이외에도 갈라디아 6장 7-9절, 골로새서 3장 23-25절, 베드로전서 1장 17절 등의 구절이 있습니다. 이와 같이 사람이 이 세상에서 각각 행한대로 심판을 받는다고 하는 것은 신구약 성경이 일관되게 가르치고 있는 최후 심판의 기준이라는 것을 확인했습니다. 그러나 행위를 기준으로 해서 사람을 심판한다고 하면 도대체 누가 하나님의 기준에 합격할 수 있을까요? 복음진리가 무엇입니까? 모든 사람이 죄인이로되, 예수 믿는 자는 구원받고 하나님의 자녀가 되며 천국에 간다는 것 아닙니까? 그렇다면 복음진리와 심판의 기준인 행위 강조 이 양자는 어떻게 양립할 수 있다는 말입니까? 실로 곤혹스러운 질문이 아닐 수가 없습니다.

그러나 우리는 하나님의 심판정에는 행위를 기록한 책들만 있는 것이 아니고 어린 양의 생명책이 함께 놓였다는 것도 주목해야 합니다. 15절에는 "누구든지 생명책에 기록되지 못한 자는 불 못에 던져지더라."는 말씀이 있습니다. 생명책에 기록되지 않은 자는 예수 그리스도를 믿기를 거부한 자들입니다. 그들은 하나님의 구원 방식을 받아들이지 아니하고 자신의 마음과 육신의 원하는 대로 한 평생을 소모한 사람들입니다. 하나님이 주신 인생이라는 사실을 알지 못하고 그 좋은 기회에 하나님 없이 죄만 짓다가 생을 끝맺은 사람들인 것입니다. 그와 같은 사람들은 사탄과 거짓 선지자와 짐승이 가는 불 못에 던져지게 되는 것입니다 그런 사람들의 인생은 하나님의 심판의 저울에 달아 봐야 도무지 선이라고는 찾아볼 수가 없는 것입니다.

그러나 생명책에 기록된 자들은 구원 받을 것입니다. 하나님의 심판대 앞에서 합격 판정을 공식적으로 받게 될 것입니다. 이 세상 살 동안에 예수 믿는 다고 박해받고 고생하고 멸시 당했던 이들이 하나님의 엄위로운 심판대 앞에서 거룩한 하나님의 백성이요 존귀한 그의 자녀들이라는 공개적인 선언을 듣게 될 것입니다. 그들은 단순히 예수 믿고 천당 갈 티켓 따놨으니 남은 세월 동안 노세 노세한 사람들이 아닙니다. 그들은 믿음으로 전심전력하고 전력투구하여 하나님께 영광 돌려드리는 삶을 추구한 사람들인 것입니다. 사도 바울이 강조하는 바가 무엇입니까? 하나님께서는 우리를 죄와 사망의 권세에서 건져내신 이유가 있는데, 사랑 안에서 거룩하고 흠이 없는 자녀가 되게 하시며, 티나 주름 잡힌 것이 없는 흠없는 자녀로 만드시는 것입니다. 맥스 루케이도의 말처럼 "하나님은 당신을 있는 모습 그대로 사랑한다. 그러나 하나님은 그대로 두시지는 않는다. 하나님은 당신이 예수님처럼(just like Jesus) 되기를 원하신다."는 것입니다.[1874] 하나님은 구제불능의 인생들을 구원하기 위하여 가장 비싼 대가를 지불하셨습니다. 자신의 독생자의 보배로운 피를 우리의 죄 때문에 흘리게 하셨습니다. 그렇게 무한한 은혜를 베푸신 까닭이 무엇이라구요? 하나님의 성품에 참여하는 자, 예수님을 닮아가는 자 만드시는 것입니다. 예수님을 닮은 자들로 천국에 가득차게 하려는 것이 하나님의 구원 목표인 것입니다.

이러한 하나님의 뜻을 알고 하나님의 뜨거운 열정을 알았기에 성도들에게 옛 사람을 벗어버리고 새 사람을 입어라, 땅에 속한 지체를 죽여라, 영으로서 몸의 행실을 죽이라, 두렵고 떨림으로 너희 구원을 이루라, 하나님이 기뻐하시는 산제사를 드리자고 줄기차게 권면했던 것입니다. 사랑으로 역사

1874 Max Lucado, 『예수님처럼』 개정판 (서울: 복있는사람, 2006).

하는 믿음, 믿음에서 비롯되는 수고가 가능한 것입니다. 따라서 성령으로 거듭난 하나님의 자녀들은 하나님을 기쁘시게 하는 선한 일의 열매가 가득하도록 믿음의 선한 싸움을 싸우고 우리의 온 맘, 온 힘을 다해서 분투노력해야 하는 것입니다. R. H. 마운스는 말하기를 "인간은 믿음으로 구원을 받는다. 그러나 믿음은 필연적으로 그 믿음이 생산하는 행위에 의하여 나타난다."라고 했습니다.[1875] 루터나 에드워즈는 우리의 선행이 구원의 근거가 아니라 구원의 결과임을 강조했습니다. 그리고 유럽의 개혁교회가 중요하게 생각하는 표준문서인 『하이델베르크 교리문답』 제91문에 보면 "그런데 무엇이 선한 행위입니까?"라고 묻고, 그 답으로" 그것은 오직 참된 신앙으로부터, 하나님의 율법에 따라, 하나님의 영광을 위해 행해지는 것이며, 우리 자신의 생각이나 인간의 법령에 따라 이루어지는 것이 아닙니다."라고 가르쳐 주고 있습니다.[1876] 하나님께서 원하시는 선행이 기준이 무엇인지를 잘 밝혀주는 문답입니다.

2.10.3. 악인들의 최종 상태

그러면 하나님의 최후 심판을 통하여서 죄인으로 판정받은 자들의 최후는 어떻게 될까요? 본문 14, 15절에 보시면 "사망과 음부도 불 못에 던져지니 이것은 둘째 사망 곧 불못이라. 누구든지 생명책에 기록되지 못한 자는 불 못에 던져지더라."라고 말씀하고 있습니다. 하나님께서 죄인이라고 판정하신 사람들은 영원히 꺼지지 않는 불 못에 들어가게 될 것입니다. 그곳에는 사탄을 비롯하여 거짓 선지자들과 짐승도 들어갈 뿐 아니라, 심지어는 사망과 음부조차도 던져지게 될 것입니다. 인류의 역사에 등장해서 죄와 고통, 병고를 가져온 모든 악한 원수들이 지옥 불 못에 던져지게 될 것입니다.

우리는 이 지상 위에 살아가면서 천국이 얼마나 좋은지 그 영광을 잘 알

1875 Mounce, 『요한계시록』, 433.
1876 Frage 91. Welches sind aber gute Werke? Allein die aus wahren Glauben nach dem Gesetz Gottes ihm zu Ehren geschehen; und nicht, die auf unser Gutdenken oder Menschensatzung gegrundet sind."

지를 못하다. 뿐만 아니라 지옥에 대해서 잘 알지를 못합니다. 다만 그곳에는 하나님의 은혜가 조금도 허락되지 않는 곳이기 때문에 영원토록 고통과 고초만 당하게 될 것입니다. 그곳은 하나님의 영광의 임재가 전혀 없으시기에 바깥 어두운 데로 묘사되어집니다. 그리고 사람들은 그곳에서 영원히 고통당하고 살면서 왜 그랬을까? 진작에 예수 믿을걸 하면서 끝도 없이 후회하며 살 것입니다. 그래도 이 땅위에 살아가는 동안에는 하나님의 일반은총의 부스러기라도 먹고 살았기에 살만 했는데, 지옥 불 못에서는 단 한 방울의 은총의 물방울도 누릴 수가 없고 고통의 엑기스를 마시게 될 것이기 때문에, 그 고통과 고초가 너무나 클 것입니다. 우리는 지옥이란 곳은 이 세상과 다르다는 점을 잊지 말아야 합니다. 고통 그 자체인 곳입니다. 우리는 이 세상도 살만 하던데, 지옥이라고 뭐 다를 것 있어 그렇게 생각하면 안 됩니다. 이곳에는 하나님의 일반은총이 있고, 그곳에는 조금도 없습니다. 영원히 꺼지지 않는 지옥 불 못이라고 표현했습니다.

　이제 이 시간에 나눈 말씀을 정리하도록 하겠습니다. 오늘 우리는 하나님의 최후 심판에 대해서 살펴보았습니다. 크고 흰 보좌에 앉으신 하나님께서는 이 세상에 살았던 모든 인류를 한 사람도 남김없이 다 심판하실 것입니다. 거룩하고 공정하게 심판하실 것이다. 누구도 불의하다라고 항의할 수 없고, 심지어는 사탄 마귀도 침묵할 수밖에 없는 유일 무일한 심판정입니다. 하나님께서는 인류를 심판하시되 기준을 가지고 계십니다. 각 사람이 행한 대로 갚아주신다는 것입니다. 하나님의 생명책에 기록되어 있어서 예수 그리스도를 믿고 하나님의 말씀대로 살고자 분투노력한 성도들은 이 심판대 앞에 서더라도 의인이라고 판정받게 될 것입니다. 그러나 하나님을 믿지 아니하고 예수 그리스도를 구주로 영접하지 않은 사람들은 모두가 다 그 행위에 의해서 공의롭게 죄인이라고 선고될 것입니다. 그리고 그들이 가야 하는 곳은 지옥 불 못이 될 것입니다.

　사랑하는 여러분! 우리가 이러한 진리들을 알기에 어떻게 살아야 할까요? 우선 우리는 신앙생활하기 힘들고 어려운 이 세상 속에 살면서 악인들은 제 멋대로 행동하면서 형통함을 누리는 이 현실 속에서 주님의 심판의 날을 바라보면서 인내할 수 있어야 하겠습니다. 주님이 보고 계십니다. 주님이 공의롭게 심판해 주실 것이다고 하는 믿음으로 견뎌내야 합니다. 주님의 재림과 심판의 날을 학수고대하면서 현재의 어려움들을 오래참고 견뎌내야 합니다.

그리고 또한 이러한 소망을 가진 우리들은 하나님 앞에 경건하고 존절하게 살기를 힘써야 합니다. 바울의 말처럼 우리들은 두렵고 떨림으로 구원에 이르도록 힘쓰고 애써야 합니다. 이리저리 방황하고 허비할 틈이 사실 우리에게는 없습니다. 영원히 남을 것을 얻기 위해서 영원하지 않는 것들을 투자하고 사서야 합니다. 부족하지만 하나님의 말씀에 순종하여 선한 열매들을 맺는 삶을 살아야 합니다. 작은 것이라도 깨달아지는 대로 순종하기를 힘써야 합니다. 그리고 우리의 불신 가족들이나 이웃들이 궁극적으로 불 못에 들어가서 영원히 고통당할 것을 안다면 그들에게 복음을 전하는 일에 힘쓰지 않을 수가 없을 것입니다. 찰스 웨슬리가 지은 찬송가 522장의 가사처럼 "웬일인가 내 형제여 마귀만 따르다 저 마귀 지옥갈 때에 너도 가겠구나... 사랑하는 동포여 주께로 나오라. 십자가에 못박힌 주 너를 사랑하네."를 때로 눈물로 부를 수 밖에 없을 것입니다.

3. 지옥 (게헨나)

3.1. 들어가는 말

"예수 천당 불신 지옥" 오늘날 길거리 전도자들에 의해서도 외쳐지는 전도구호이지만, 일제 강점기에 순교한 최권능 목사라 불리운 최봉석 목사 (1869-1944)가 즐겨 사용했던 전도구호이다.[1877] 대중 매체를 통해서도 널리 알려졌을 뿐 아니라 혐오의 대상이 되기도 하는 구호이다. 같은 인간들끼리 자신의 믿음에 동의하지 않는다고 지옥 운운하는 것이 과연 인지상정인가 라는 말을 흔히들 한다. 영국의 유명한 철학자였던 버트란드 러셀(Bertrand Russell, 1872-1970)이 1927년에 배터시 타운 홀(Battersea Town Hall)에서 전한 "나는 왜 그리스도인이 아닌가?"(Why am I Not a Christian?)라는 연설물이 있다.[1878] 그는 이 강연문에서 신존재증명에 대해 일일이 반박하기도 했지만, 예수 그리스도의 도덕적 문제점을 불신의 사유로 들기도 했다. 그는 죽을 때조차도 온화했던 소크라테스와 대비적으로 예수 그리스도는 지옥불을 말한 문제성있는 사람으로 부각시킨다.

> 내가 생각하기에는 그리스도의 도덕적 성격에는 매우 심각한 결함이 하나 있는데, 그것은 그가 지옥을 믿었다는 것이다. 나는 진정으로 인간적인 사람이 영원한 형벌을 믿을 수 있다고 생각하지 않는다. 복음서에 묘사된 그리스도는 확실히 영원한 형벌을 믿었고, 그의 설교를 듣지 않으려는 사람들에 대한 복수심에 찬 분노를 반복적으로 발견할

[1877] 최권능 목사에 대해서는 김충남, 『예수 천당』 (광주: 드림북, 2015)를 보라.
[1878] 러셀의 연설문은 인쇄본으로 존재하며, 다음의 사이트에서 무료로 접속할 수가 있다(https://racionalistasusp.wordpress.com/wp-content/uploads/2010/01/russell001.pdf, 2025.1.20.접속).

수 있다. 설교자들에게는 드문 일이 아니지만, 최상의 우수성을 다소 떨어뜨리는 태도이다.[1879]

철학과 재학중이던 20대 초반에 이 에세이를 읽고 필자는 다소 충격을 받았던 기억이 40년이 되도록 잊혀지지 않는다. 분석철학자답게 러셀의 반기독교론은 조리가 있어 보였다. 그리고 어쩌면 성경 텍스트를 연구한다고 하면서 다양한 방식으로 성경의 권위를 부정하는 비평주의자들 보다 러셀은 공관복음을 아주 정직하게 읽었다고도 말해 줄 수있을 것 같다. 왜냐하면 분명 불신자들 혹은 악인들은 지옥불에서 영원한 형벌(eternal punishment)을 당하게 된다는 것이 예수님과 사도들의 선포이기 때문이다. 하지만 러셀만 아니라 신학자들 가운데도 지옥의 존재를 부정하거나, 다른 방식으로 악인의 형벌을 말하는 이들이 현재도 존재한다. 설교자들 중에는 미국 그랜빌에서 마스힐 성경교회를 개척했으나 그의 유명한 저술 『사랑이 이긴다』(*Love Wins*) 때문에 목회지를 떠나서 순회 강사로 맹렬히 활동중인 랍 벨(Rob Bell 1974-)은 지옥의 존재를 믿지 않을 뿐 아니라 보편구원론적인 경향을 가지고 있다.[1880] 본서에 대해 브라이언 맥클라렌과 유진 피터슨 같은 복음주의자들은 호평했지만, 앨버트 몰러나 존 파이퍼 같은 칼빈주의자들은 책의 내용을 비판하였다. 뿐만 아니라 랍 벨 목사가 시무하던 마스힐 성경교회에서는 자신의 담임목사의 비성경적인 가르침에 반대하면서 3천명이 교회를 떠나버리기도 했다.[1881]

중미개혁신학교 조직신학 교수인 코르넬리스 비네마는 지옥을 부정하는 부류의 신학자들이 제시하는 지옥 대체 사상으로는 보편 구원론과 악인 소

1879 앞의 각주에 제시한 인터넷 자료 8쪽: "Then you came to moral questions. There is one very serious defect to my mind in Christ's moral character, and that is that he believed in hell. I do not myself feel that any person who is really profoundly humane can believe in everlasting punishment. Christ certainly as depicted in the Gospels did believe in everlasting punishment, and one does find repeatedly a vindictive fury against those people who would not listen to his preaching—an attitude which is not uncommon with preachers, but which does somewhat detract from superlative excellence."
1880 Rob Bell, *Love Wins: A Book About Heaven, Hell, and the Fate of Every Person Who Ever Lived* (New York: HarperOne, 2011); 양혜원 역, 『사랑이 이긴다』 (서울: 포이에마, 2011).
1881 https://www.newsnjoy.or.kr/news/articleView.html?idxno=198041. 2025.1.20.접속.

멸론 두 가지를 들고 있고,[1882] 최근에 나온 『지옥 논쟁』에서는 데니 버커가 전통적인 입장에서 "영원한 의식적 고통"을 대변했고, 존 G. 스택하우스2세가 "종결적 형벌"을 대변하고, 로빈 A. 패리가 "보편구원론"을 대변했고, 마지막으로 제리 L. 월스가 "지옥과 연옥"을 대변하고 있다.[1883] 이번 장에서 우리는 악인들의 최후 상태 혹은 거처로서 지옥(Hell, γέεννα)에 대한 전통적인 교리가 무엇인지와 이에 대한 몇 가지 반론들을 비판적으로 검토해 보려고 한다.[1884]

3.2. 악인들의 최후 상태 혹은 거처

그리스도의 재림후에 모든 죽은 자들은 몸의 부활에 참여하게 되는데, 악인들도 몸의 부활에 참여하지만 신자들이 참여하는 영광스러운 부활체를 입는 것이 아니기 때문에 성경에서는 악인들의 부활에 대해서는 많은 말을 하지 않는다. 그러나 이 땅위에서 몸과 영 전인으로서 죄를 짓고 하나님을 대적했기 때문에, 영혼만 아니라 몸과 더불어 전인이 최후 심판대 앞에 서게 되며, 형벌도 전인에게 내려진다.

3.2.1. 게헨나에 대한 예수님의 교훈

앞서 러셀이 잘 지적했듯이 사랑을 선포하신 그리스도께서 또한 지옥불과 영원한 형벌에 대해서 여러 차례 말씀하셨다는 것은 성경적 사실이다. 몇몇 구절들을 나열해 보도록 하겠다.

1882 Venema, 『개혁주의 종말론 탐구』, 515.
1883 Preston Sprinkle and Stanley N. Gundry (eds.), *Four Views on Hell*, 김귀탁 역, 『지옥 논쟁』 (서울: 새물결플러스, 2019).
1884 헬라어 γέεννα는 힌놈의 골짜기(Valley of Hinnom)를 의미하는 히브리어 게-힌놈에서 비롯된 것이다. 프레스턴 스프링클은 다음과 같이 설명해 준다: "신약성경에서 주로 지옥을 가리키는데 사용된 그리스어는 '게헨나'로서 총12회 등장한다. 이 단어는 악인들에게 임할 하나님의 심판을 이야기하는 구약성경의 예언적 본문에 등장하는 악인들에게 임할 하나님의 심판을 이야기하는 예언적 본문에 등장하는 힌놈 골짜기, '게-힌놈'에서 유래한다(렘 7:29-34; 19:6-9; 32:35)."(Preston Sprinkle, "서론," in Sprinkle and Gundry (eds.), 『지옥 논쟁』, 10).

나는 너희에게 이르노니 형제에게 노하는 자마다 심판을 받게 되고 형제를 대하여 라가라 하는 자는 공회에 잡혀가게 되고 미련한 놈이라 하는 자는 지옥 불에 들어가게 되리라(마 5:22).

만일 네 오른 눈이 너로 실족하게 하거든 빼어 내버리라 네 백체 중 하나가 없어지고 온 몸이 지옥에 던져지지 않는 것이 유익하며 또한 만일 네 오른손이 너로 실족하게 하거든 찍어 내버리라 네 백체 중 하나가 없어지고 온 몸이 지옥에 던져지지 않는 것이 유익하니라(마 5:29-30).

몸은 죽여도 영혼은 능히 죽이지 못하는 자들을 두려워하지 말고 오직 몸과 영혼을 능히 지옥에 멸하실 수 있는 이를 두려워하라 (φοβεῖσθε δὲ μᾶλλον τὸν δυνάμενον καὶ ψυχὴν καὶ σῶμα ἀπολέσαι ἐν γεέννῃ. 마 10:28).

만일 네 손이나 네 발이 너를 범죄하게 하거든 찍어 내버리라 장애인이나 다리 저는 자로 영생에 들어가는 것이 두 손과 두 발을 가지고 영원한 불(τὸ πῦρ τὸ αἰώνιον)에 던져지는 것보다 나으니라. 만일 네 눈이 너를 범죄하게 하거든 빼어 내버리라 한 눈으로 영생에 들어가는 것이 두 눈을 가지고 지옥 불(τὴν γέενναν τοῦ πυρός)에 던져지는 것보다 나으니라(마 18:8-9).

인자가 그 천사들을 보내리니 그들이 그 나라에서 모든 넘어지게 하는 것과 또 불법을 행하는 자들을 거두어 내어 풀무 불(τὴν κάμινον τοῦ πυρός)에 던져 넣으리니 거기서 울며 이를 갈게 되리라(마 13:41-42).

이 무익한 종을 바깥 어두운 데로 내쫓으라 거기서 슬피 울며 이를 갈리라 하니라(마 25:30).

그들은 영벌에(εἰς κόλασιν αἰώνιον), 의인들은 영생에 들어가리라 하시니라(마 25:46).

이상에서 열거한 복음서의 말씀들은 모두 예수님이 하신 말씀이고, 악인들의 최후 상태와 영원한 형벌에 대해서 명료하게 선포하고 계신다는 것을 알 수가 있다.[1885] 랍비 존 던컨 ("Rabbi" John Duncan, 1796-1870)은 한 저술속에서 지옥에 대한 예수님의 교훈과 관련하여, "그리스도는 의식적인 사기극으로 인류를 속였거나, 스스로 속아서 현혹되었거나, 아니면 신적인 분이셨다. 이 삼중고에 직면하여 벗어날 길은 없다. 그것은 피할 길이 없다"라고 적실하게 표현한 바가 있다.[1886] 우리는 이 삼중고에 직면하여 당연히 그리스도가 하나님이시기에 우리들에게 지옥에 대해 말씀하신 교훈을 싫고 좋음과 관계없이 수용해야 하는 것이다.[1887]

위에서 인용한 지옥에 관한 그리스도의 교훈을 정리해 보자면, 우선 지옥(게헨나) 불못에 들어가는 것은 악인들의 영혼만 아니라 "영혼과 몸" 전인(全人)이라는 것을 알 수가 있고, 그 형벌 기간이 영원할 것도 알 수가 있다. 특히 마태복음 25장 46절에 의하면 예수님께서는 의인들이 누리게 될 영생(ζωὴ αἰώνιος)과 대조적으로 악인들이 받게 될 벌을 영벌(κόλασις αἰώνιος)이라고 말씀하셨다. 또한 영원한 형벌을 받는 곳을 영원한 풀무불 혹은 지옥 불이라고 표현하기도 하시지만, "바깥 어두운 데"(τὸ σκότος τὸ ἐξώτερον,

---

[1885] 물론 우리는 복음서에 나오는 예수님의 모든 말씀을 인용한 것은 아니다. 죽산은 지옥에서의 영원한 형벌 받음에 대한 "그리스도의 직접 교훈에만 의지하더라도 그의 36차의 비유 중에 12차는 인생의 심판 및 정죄, 형벌의 선고 등을 언명"하고 있다고 적시해 준다(박형룡, 『교의신학- 내세론』, 353). 로버트 야브루는 예수님의 지옥 교훈에 대해서 잘 정리 제시해 주고 있다(Yarbrough, "지옥에 관한 예수님의 가르침," 114-155). 야브루는 긴 논의 끝에 어떠한 현실적인 고충에도 불구하고 다음과 같이 할 것을 권장한다: "우리가 만일 우리의 희망을 오직 구원자이신 예수 그리스도에게만 둔다면, 우리는 그분의 가르침을 물 타기 하지 말고 있는 그대로 정직하게 받아들여야 한다. 그리도 또한 결국은 예수 그리스도께서 모든 것을 자신이 말씀하신 그대로 성취하신다는 사실을 믿어야 한다."

[1886] "Christ either deceived mankind by conscious fraud, or He was Himself deluded and self-deceived, or He was Divine. There is no getting out of this trilemma. It is inexorable."(Derek H. W. Thomas, "Jesus Believed in Hell: The Modern Christian's Dilemma," in Joel B. Beeke (ed.), *The Beauty and Glory of the Last Things* [Grand Rapids: RHB, 2019], 85에서 재인용). 부이스 목사 역시도 다음과 같이 적시해 주고 있다: "The fact that the loving and wise Savior has more to say about hell than any other individual in the Bible is certainly thought-provoking."(Harry Buis, *Doctrine of Eternal Punishment*, 33; Hoekema, *The Bible and the Future*, 266에서 재인용).

[1887] Thomas, "Jesus Believed in Hell: The Modern Christian's Dilemma," 85-98. 스프롤 역시 "예수님이 친히 우리에게 지옥에 관해 가르치셨기에, 지옥에 대한 이런 질문은 매우 중요하다고 생각"한다라고 강조한다(Sproul, 『성경에 나타난 천국, 천사, 지옥, 마귀』, 70).

마 25:30)라고 부르기도 한다는 것을 주목해야 한다. 우리는 지옥의 장소성(locality)을 분명히 믿어야 하지만, 지옥의 성격을 말해주는 구절들을 문자주의로 읽어서는 안된다. 한편 지옥은 영원히 꺼지지 않는 풀무불과 같지만, 또한 달리는 바깥 어두운 곳이라고 묘사된다. 후자에 대해 후크마는 "버림 받은 자들의 무서운 고독과 하나님과의 은혜로운 교제로부터의 영원한 분리"를 암시한다고 잘 해명해 준다.[1888]

3.2.2. 지옥 형벌에 대한 사도들의 가르침

그러면 이제 다른 신약의 저자들은 지옥에서의 영원한 형벌에 대해서 어떻게 가르치고 있는지를 살펴 보기로 하자. 더글러스 무(Douglas Moo)는 바울은 게헨나 용어를 단 한번도 사용한 적이 없기 때문에, 그가 지옥에 대해서 어떻게 가르치고 있는지를 확인하려면 "악인의 운명에 대해 어떻게 서술하고 있는지"를 살펴보아야 한다고 적시해 준 적이 있다.[1889] 무의 권면을 따라 바울서신에서 악인들의 결국에 대해 말하고 있는 구절들을 먼저 살펴보기로 하겠다.

환난을 받는 너희에게는 우리와 함께 안식으로 갚으시는 것이 하나님의 공의시니 주 예수께서 자기의 능력의 천사들과 함께 하늘로부터 불꽃 가운데 나타나실 때에 하나님을 모르는 자들과 우리 주 예수의 복음에 복종하지 않는 자들에게 형벌을 내리시리니 이런 자들은 주의 얼굴과 그의 힘의 영광을 떠나 영원한 멸망의 형벌을 받으리로다(살후 1:7-9).[1890]

1888 Hoekema, 『개혁주의 종말론』, 372. 리폼드 신학교 교수인 데렉 토마스 역시도 다음과 같이 잘 해설해 준다: "The symbolic use of apocalyptic terms such as worm, fire, darkness, weeping, grinding teeth, destruction, and torment suggest a negative relationship toward God and a consequent deprivation of all good-good, in the sense of that which we would view as valuable, pleasant, fulfilling, peace-inducing, and worthwhile."(Thomas, "Jesus Believed in Hell: The Modern Christian's Dilemma," 95).
1889 Douglas Moo, "바울의 지옥 가르침," in Morgan and Peterson (eds.), 『지옥론』, 159.
1890 살후 1:9-"οἵτινες δίκην τίσουσιν ὄλεθρον αἰώνιον ἀπὸ προσώπου τοῦ κυρίου καὶ ἀπὸ τῆς δόξης τῆς ἰσχύος αὐτοῦ."

다만 네 고집과 회개하지 아니한 마음을 따라 진노의 날 곧 하나님의 의로우신 심판이 나타나는 그 날에 임할 진노를 네게 쌓는도다…오직 당을 지어 진리를 따르지 아니하고 불의를 따르는 자에게는 진노와 분노로 하시리라. 악을 행하는 각 사람의 영에는 환난과 곤고가 있으리니 먼저는 유대인에게요 그리고 헬라인에게며(롬 2:5, 8-9).

이처럼 바울 사도는 그리스도의 재림후에 최후 심판을 통해 악인들이 하나님의 진노를 경험하게 될 것이라는 점을 명시해 주고, 그 성격이 "주의 얼굴과 그의 힘의 영광을 떠나 영원한 멸망의 형벌을 받"는다거나, "환난과 곤고"를 경험하게 될 것이라고 가르치고 있다.[1891]

이제 신약의 다른 책을 살펴 보기로 하겠다. 히브리서 10장 39절에는 "우리는 뒤로 물러가 멸망할 자가 아니요 오직 영혼을 구원함에 이르는 믿음을 가진 자니라"고 했고, 베드로 사도는 악인들에 대하여 "캄캄한 어둠이 예비되어 있"다라고 선언하고, 유다서 13절에서는 배교자에 대하여 "영원히 예비된 캄캄한 흑암으로 돌아갈 유리하는 별들"이라고 표현하고 있다.[1892] 종말론에 있어 가장 중요한 텍스트인 요한계시록은 악인들의 형벌과 최후 거처에 대한 가르침이 당연히 여러 곳에 있다.

그도 하나님의 진노의 포도주를 마시리니 그 진노의 잔에 섞인 것이 없이 부은 포도주라 거룩한 천사들 앞과 어린 양 앞에서 <u>불과 유황으로 고난을 받으리니 그 고난의 연기가 세세토록 올라가리로다</u>. 짐승과 그의 우상에게 경배하고 그의 이름 표를 받는 자는 <u>누구든지 밤낮 쉼을 얻지 못하리라</u> 하더라(계 14:10-11).[1893]

1891 바울의 지옥론에 관한 자세한 논의는 Moo, "바울의 지옥 가르침," 158-191과 Ridderbos, 『바울 신학』, 1011-1015를 보라.
1892 Hoekema, 『개혁주의 종말론』, 376-377.
1893 계 14:10 -11: "καὶ αὐτὸς πίεται ἐκ τοῦ οἴνου τοῦ θυμοῦ τοῦ θεοῦ τοῦ κεκερασμένου ἀκράτου ἐν τῷ ποτηρίῳ τῆς ὀργῆς αὐτοῦ καὶ βασανισθήσεται ἐν πυρὶ καὶ θείῳ ἐνώπιον ἀγγέλων ἁγίων καὶ ἐνώπιον τοῦ ἀρνίου. καὶ ὁ καπνὸς τοῦ βασανισμοῦ αὐτῶν εἰς αἰῶνας αἰώνων ἀναβαίνει καὶ οὐκ ἔχουσιν ἀνάπαυσιν ἡμέρας καὶ νυκτὸς οἱ προσκυνοῦντες τὸ θηρίον καὶ τὴν εἰκόνα αὐτοῦ καὶ εἴ τις λαμβάνει τὸ χάραγμα τοῦ ὀνόματος αὐτοῦ."

사망과 음부도 불못에 던져지니 이것은 둘째 사망 (θάνατος ὁ δεύτερός) 곧 불못이라. 누구든지 생명책에 기록되지 못한 자는 불못에 던져지리라(계 20:14-15).[1894]

그러나 두려워하는 자들과 믿지 아니하는 자들과 흉악한 자들과 살인자들과 음행하는 자들과 점술가들과 우상 숭배자들과 거짓말하는 모든 자들은 불과 유황으로 타는 못에(ἐν τῇ λίμνῃ τῇ καιομένῃ πυρὶ καὶ θείῳ) 던져지리니 이것이 둘째 사망이라(계 21:8).

요한은 최후 심판후에 악인들이 "불과 유황으로 타는 못" 또는 "불못"에 던져져서 영원한 고난을 받으며, "밤낮 쉼을 얻지 못"할 것이라고 가르쳐 주고 있고, 이것을 둘째 사망과 동일시하는 것을 볼 수 있다(계 20:6도 보라).[1895] 한편 불못에는 심지어 사망과 음부(ὁ θάνατος καὶ ὁ ᾅδης) 조차도 들어가게 된다고 하는데, 앞서 살펴 본 것처럼 악인들이 육체적 죽음 후에 영혼만으로 존재하면서 고통하는 장소가 음부라고 했는데 이제 그 음부는 지옥 불못과 동일시되지 않고 오히려 불못에 던져져 버릴 것이라고 말해 준다. 지옥 불못은 영혼만 들어가는 곳이 아니라 몸과 영 전인이 들어가서 영원히 고통 당하는 장소이기 때문이다.[1896]

헤르만 바빙크는 성경적 자료들에 대한 천착(穿鑿)을 통해 게헨나에서의 영원한 형벌에 대해서 다음과 같이 잘 정리해 주고 있다. 분량이 길지만 바빙크의 정리한 바를 인용해 본다.

1894 계 20:14-15. "καὶ ὁ θάνατος καὶ ὁ ᾅδης ἐβλήθησαν εἰς τὴν λίμνην τοῦ πυρός. οὗτος ὁ θάνατος ὁ δεύτερός ἐστιν, ἡ λίμνη τοῦ πυρός. 15 καὶ εἴ τις οὐχ εὑρέθη ἐν τῇ βίβλῳ τῆς ζωῆς γεγραμμένος, ἐβλήθη εἰς τὴν λίμνην τοῦ πυρός."
1895 찰스 하지는 악인들이 처하게 될 둘째 사망(신학적으로 영원한 죽음이라고 함)의 성격에 대해서 다음과 같이 잘 해설해 주고 있다: "A soul is utterly and forever destroyed when it is reprobated, alienated from God, rendered a fit companion only for the devil and his angels. This is a destruction a thousandfold more fearful than annihilation. The earnestness with which the doctrine of the unending punishment of the wicked is denounced by those who reject it, should convince them that its truth is the only rational solution of the fact that Christ and his Apostles did not condemn it."(Hodge, *Systematic Theology*, 3:874).
1896 요한계시록 전문가인 그레고리 비일은 요한계시록이 지옥에 대해 그림 언어로 기록하고 있기 때문에 쉽지는 않으나 해석이 가능하다고 하면서 요한계시록의 지옥론을 정리 제시해 주었다(Gregory Beale, "요한계시록에 나타난 지옥," in Morgan and Peterson [eds.], 『지옥론』, 194-235).

'게헨나'는 심판 날 후에 악인들이 형벌을 받는 장소로, 하데스(ἅδης), '옥'(φυλακη), '구덩이'(ἅβυσσος)와는 구별되지만, '풀무불'(καμινος του πυρος, 마 13:42, 50)과 '불못'(λιμνη του πυρος, 계 19:20, 20:10, 14, 15, 21:8)과 동일하다. 이곳은 구덩이에서 올라온 짐승과 거짓 선지자를 위해(계 19:20), 사탄과 그의 사자들을 위해(계 20:10), 사망과 '하데스'를 위해(계 20:14), 그리고 모든 흉악한 자들을 위해(계 20:15, 21:8) 예비된 곳이다. 그리고 이들은 모두 부활 후에(마 5:29, 30, 10:28), 그리고 마지막 심판 후에 그곳에 던져질 것인 반면(계 19:20, 20:10, 14, 15, 21:8), 그 때가 오기 전에는 '하데스', '옥'(φυλακη, 벧전 3:19, 계 20:7), 혹은 '구덩이'가 그들이 거하는 장소이다. 그래서 그들이 받게 될 영원한 불의 형벌과 바깥 어둠에 처하는 형벌은 아직 유보되었다(마 8:29, 25:41, 46, 벧후 2:17, 유 13). 이 '게헨나'에는 영원하고, 끌 수 없는 불이 타고 있고(마 18:8, 막 9:43, 44, 48), 죽지 않는 벌레가 갉아대며(막 9:44, 48), 여기에는 영원한 고통이 있다(마 25:46, 살후 1:9, 계 14:11). 이곳은 '게엔나'(γεεννα) 혹은 '풀무불'이고(καμινος του πυρος, 마 5:22, 13:42, 50, 18:9), 동시에 가장 어두운 바깥 장소이며(마 8:12, 22:13, 25:30, 벧후 2:17, 유 13, cf. 신 5:22, 시 97:2, 3), 밖에 놓여 있고(계 22:15), 가장 깊은 곳으로 사람이 거기에 던져짐을 당하며(마 5:29, 30, 계 19:20, 20:10, 14, 15), 어린 양의 혼인 잔칫상으로부터 멀리 떨어져 있고(마 8:11, 12, 22:13), 하나님과 그리스도와의 교제로부터 멀리 떨어져 있으며(마7:23, 25:41, 눅13:27, 28, 살후 1:9), 사탄과 그의 사자들과 함께 있는 곳이다(마 25:41, 계 20:10, 15). 거기서 하나님의 진노가 매우 끔찍하게 드러나기에(롬 2:5-8, 9:22, 살전 1:10, 히 10:31, 계 6:16, 17), '게헨나'는 단지 상실의 장소일 뿐만 아니라, 영혼과 육신 모두의 슬픔과 고통의 장소이며, '형벌'(κολασις, 마 25:46, 계 14:10, 11)과 '슬피 울며'(κλ-αυθμος) '이를 가는'(βρυγμος των ὁδοντων, 마 8:12, 13:42 등) 장소이며, '환란과 곤고'(θλιψις στενοχωρια, 롬 2:9, 살후 1:6), '멸함'(ἀπωλεια, 마7:13, 롬9:22, 빌1:28, 3:19, 벧후 3:7, 계 17:8, 11), '썩어짐'(φθορα, 갈6:8), '멸망'(ὄλεθρος, 살전 5:3, 살후 1:9, 딤전 6:9)의 장소이기도 하다. '게헨나' 는 둘째 사망의 영역이다(계 2:11, 20:6, 14, 15, 21:8).[1897]

3.2.3. 지옥 형벌에 대한 개혁주의 신앙고백 문서들의 가르침.

우리가 개혁주의 신앙고백서들을 살펴 보더라도 성경의 전거 구절들에 근거하여 악인들의 영원한 형벌에 대해서 명시적으로 서술하고 있는 것을 확인하게 된다. 벨직 신앙고백서 37조에서 귀도 드 브레는 다음과 같이 악인들의 형벌에 대해서 서술해 준다.

그들의 무죄함은 모든 이들 앞에 알려지게 될 것이며, 이 세상에서 그들을 박해하고, 압제하고, 그리고 고문했던 그 사악한 자들 위에 하나님이 집행하실 끔찍스러운 보복을 보게 될 것이다(단 7:26; 마 25:46; 살후 1:6-8; 말 4:3). 그 악한 자들은 그들 자신의 양심에 의해서 정죄함을 당하게 될 것이며(롬 2:15), 죽지 않는 존재가 되어[1898] 마귀와 그의 사자들을 위하여 예비된 영원한 불속에서 고통을 당하게 될 것이다(계 21:8; 벧후 2:9; 말 4:1; 마 25:41).

또한 웨스트민스터 신앙고백 33장 2항에서는 불신자들 즉, "하나님을 알지 못하고 또 예수 그리스도의 복음을 불순종한 악인들은 영원한 고통에 던져져서 주 앞에서 또는 그의 권능의 영광에서 오는 영원한 파멸에 빠지게 될 것이다"고 명시해주고 있다(증거구절로 제시된 성구는 마 25:31-41; 살후 1:7; 시 16:11; 마 25:41, 46; 살후 1:9; 막 9:47-48 등이다). 그리고 대교리문답 89문은 "심판 날에 악인은 어떻게 될 것인가?"라는 질문을 하고 있고, 그 답

1897 Bavinck, 『개혁교의학』, 4:834-835. 스프롤은 성경이 지옥에 대해 "고통의 장소, 깊은 구렁 혹은 무저갱, 영원한 불이 타오르는 곳, 바깥 어두운 곳" 등으로 묘사하고 있는 사실을 소개한 후에, 이러한 각각의 은유가 서로 조화를 이루기 어렵기 때문에 문자주의적으로 해석하는 것은 곤란하다고 적시해 준다. 이 말은 지옥의 장소성이나 지옥의 존재를 부인한다는 의미로 곡해해서는 안될 것이다 (Sproul, 『성경에 나타난 천국, 천사, 지옥, 마귀』, 63-64).

1898 'seront rendus immortels'(Schaff, *The Creeds of Christendom*, 3:435); 'immortales quidem reddentur'(Niemeyer [ed.], *Collectio confessionum in ecclesiis reformatis publicat-rum*, 388); 'zullen onsterfelijk worden'(Roukens [ed.], *De Nederlandse Geloofbelijdenis*, 178).

으로 제시된 것은 다음과 같다.

> 심판 날에 악인은 그리스도의 좌편에 두어지고 명백한 증거와 그들 자신의 양심의 명백한 증거와 그들 자신의 양심의 분명한 확증이 있은 후 공정한 정죄 선고를 받을 것이요 하나님의 존전과 그리스도와 그의 성도들, 그의 모든 거룩한 천사들과의 영광스러운 사귐에서 쫓겨나 지옥에 던져져 마귀와 그의 천사들과 함께 몸과 영혼이 다같이 영원히 고통의 형벌을 받을 것이다.[1899]

3.3. 지옥에서의 영원한 형벌에 대한 반론들

해리 부이스(Harry Buis, 1924-2001) 목사는 『영원한 형벌 교리』(1957)에서 영원 형벌 교리가 초대 교부와 종교개혁 신학자들에 의해 공히 인정된 교리이지만, 18세기부터 이 교리에 대한 반역이 시작되고, "19세기에 강력한 반란으로 확대되었고 이는 오늘날까지 계속되고 있는 반란"이 되었다고 말한다.[1900] 혹은 20세기의 상황에 관해서 시카고 대학의 마틴 마티(Martin E. Marty, 1928-) 교수는 "지옥은 사라졌다. 하지만 아무도 그 사실을 눈치 채지 못했다."라고 말하기도 했다.[1901] 앞서도 언급하였지만, 오늘날 복음주의 신학계는 지옥에 대한 부정 내지, 영원한 형벌의 부정을 주장하는 소리들로 가득한 형국이다.[1902]

1899 LC 89(김의환, 266). 앞서 지적했듯이 신약성경에 의하면 중간기상태에 불신자들이 거하는 곳은 하데스(*Hades*)라고 한다면 영원한 파멸의 장소는 지옥(*Gehenna*)이라고 할 수가 있다. 그런데 신앙고백서와 대교리문답의 경우는 그 차이를 간과하고 둘 다 지옥이라는 단어로 표현하고 있다.
1900 Harry Buis, *Doctrine of Eternal Punishment* (Philadelphia: P&R, 1957), 53-111; Hoekema, 『개혁주의 종말론』, 367에서 재인용.
1901 Jeremiah, 『세상에서는 지금 어떤 일들이 일어나고 있는가』, 255.
1902 20세기 후반에 전개된 지옥에 관련된 논쟁을 보기 위해서는 Nigel M. de S. Cameron (ed.), *Universalism and the Doctrine of Hell* (Carlisle: Paternoster/ Grand Rapids: Baker, 1992); Christopher Morgan and Robert Peterson (eds.), *Hell Under Fire*, 박미가 역, 『지옥론』(서울: 은혜출판사, 2016); Preston Sprinkle and Stanley N. Gundry (eds.), *Four Views on Hell*, 김귀탁 역, 『지옥 논쟁』(서울: 새물결플러스, 2019); Fracis Chan and Preston Sprinkle, *Erasing Hell*, 이상준 역, 『지옥은 없다?』(서울: 두란노, 2011); Edward Donnelly, *Biblical Teaching on the Doctrines of Heaven and Hell*, 이스데반 역, 『성경이 말하는 천국과 지옥』(서울: 부흥과개혁사, 2013); Christopher Morgan and Robert Peterson (eds.), *Is Hell for Real or Does Everyone Go To Heaven?* (Grand Rapids: Zondervan, 2011); Christopher Morgan and Robert Peterson (eds.),

3.3.1. 보편 구원설(Universalism)

지옥에서의 영원한 형벌을 거부하는 유형들 중에는 보편 구원설 또는 만인 구원설이 있다. 개혁신학자 코르넬리스 비네마는 보편 구원론에 대해 "결국 모든 사람이 구원받게 될 것이라는 주장"이라고 정의내린 후에, "다원주의적 보편적 구원론"과 "기독교적 보편적 구원론"으로 양분하여 소개해 준다.[1903] 전자의 경우는 종교다원주의자들의 주장으로 "기독교 신앙이 구원의 많은 길 중 한 가지"라고 말하면서 "각각의 길은 그 자체로 완전함과 정당성을 가지고 있다"고 주장하는 경우이다.[1904] 반면에 후자는 "그리스도가 구원의 유일한 길이라고 말하면서도, 모든 이가 이 세상이 아니면 오는 세상에서라도 궁극적으로는 그리스도를 통한 구원의 길로 돌아서게 될" 것이라고 주장하는 입장이다. 우리는 주로 후자에 치중하여 살펴 보기로 하겠다.

만유회복설 내지 만인구원설을 주창한 초대 교부로는 오리겐(Origen) 또는 오리게네스(Origenes, c.185 - c.253)가 유명하다. 그는 그의 『원리론』(*De Principiis*)에서 만유회복설(*apokatastasis*)을 설파하였다.[1905] 오리게네스의 만유회복설 또는 보편구원론의 핵심은 20세기 신학자 J. A. T. 로빈슨(J. A. T. Robinson, 1919-1983)의 글에서도 소개되고 있을 정도이다.

> 오리겐이 오래 전에 말했던 것처럼 그리스도께서는 한 사람이 죄인이 지옥에 남아있는 한 십자가 위에 남아 있으실 것이다. 그것은 공연한 추측이 아니다. 그것은 하나님의 본성의 필연성 자체에 근거한 설명이다. 사랑의 세계에 있어서는 공포의 방(chamber)을 용인하는 천국이 존재할 수 없고 동시에 하나님을 위한 것이 아닌 지옥 또한 존재할 수

Hell Under Fire, 박미가 역, 『지옥론』 (서울: 은혜출판사, 2016) 등을 보라.
1903 Venema, 『개혁주의 종말론 탐구』, 515.
1904 Venema, 『개혁주의 종말론 탐구』, 515. 종교다원주의자 존 힉(John Hick)의 주장을 보라. 칼 라너의 익명의 그리스도인을 공식적으로 수용한 제2차 바티칸 공의회의 결정 사항은 종교다원주의는 아니고 포용주의(inclusivism)라고 이해함이 옳다. 그러나 개혁주의는 "오직 그리스도의 이름 외에는 다른 구원자의 이름이 없다"고 하는 배타주의(exclusivism)이다.
1905 Origenes, *De Principiis*, 이성효외 역, 『원리론』 (서울: 아카넷, 2014), 362, 363, 366, 300, 856.

없다.[1906]

결국에는 유스티아노스 (Ιουστινιανός, 482-565) 황제는 543년에 발한 칙령을 통해 오리게네스의 견해중 9가지에 대해 정죄를 선언했다. 9가지 조항중 7번과 9번이 만유회복설과 관련이 되어 있다.

7. 주 그리스도께서 인간들을 위해서도, 다가올 시대에 악마들을 위해서도 십자가에 못 박히실 것이라고 말하거나 그런 믿음을) 고수하는 자는 파문될 것이다.

9. 악마들과 불경한 사람들이 받은 벌이 일시적이며, 일정한 기간이 지나면 끝난다거나 악마들과 불경한 사람들의 만유회복을 말하거나 그런 믿음을 고수하는 자는 파문될 것이다.[1907]

또한 바빙크에 의하면 만유회복 또는 보편구원을 주장하는 이들의 계보는 다음과 같이 이어졌다.

만물의 회복에 대한 이런 생각은 고대에 그레고리우스 나지안주스(Gregorius Nazianzus), 그레고리우스 닛사(Gregorius Nyssa), 디디무스(Didymus), 다소의 디오도루스(Diodorus van Tarsus), 몹수에스티아의 테오도루스(Theodorus van Mopsuestia) 그리고 다른 학자들이 수용하였다. 그리고 중세에는 스코투스 에리게나(Scotus Erigena), 베나의 아말릭(Amalrik van Bena)과 자유파의 형제 자매들이 주장하였고, 종교개혁 후에는 뎅크(Denck)와 많은 재세례파(Wederdopers), 제인 리드(Jane Leade), 피터슨(J. W. Petersen), 루드비히 게르하르트(Ludwig Gerhard), 오에팅거(F. C. Oetinger), 미카엘 한(Michael Hahn), 융-슈틸링(Jung-Stilling), 스웨덴보그(Swedenborg) 등이 수용하였고, 현대

1906 J. A. T. Robinson, *In the End*, 133; Reymond, 『최신 조직신학』, 1356에서 재인용.
1907 이성효 외, "해제," in Origenes, 『원리론』, 134. 또한 현대적인 논의는 Nigel M. de S. Cameron (ed.), *Universalism and the Doctrine of Hell* (Carlisle: Paternoster/ Grand Rapids: Baker, 1992), 35-38, 43-49, 52-56 등을 보라.

에는 슐라이어마허(Schleiermacher)와 다른 많은 학자들이 옹호하였다.[1908]

19세기 자유주의 신학의 아버지라 칭해지는 프리드리히 슐라이어마허(Friedrich Schleiermacher, 1768-1834)는 주저 『기독교 신앙』 제2판(1830-1831)에서 악인들의 지옥에서의 형벌을 부정하면서 만유회복설(eine allgemeine Wierderherstellung aller menschlichen Seelen)을 주창했다.[1909] 그는 "부록: 영원한 저주에 관하여"(Anhang: Von der ewigen Verdammnis) 항목의 논의를 마치면서 다음과 같이 결론을 내리고 있다.

그러므로 우리는 적어도 성경에도 흔적이 남아 있는 보다 온건한 견해, 즉 구원의 힘을 통해 언젠가 모든 인간 영혼의 전반적인 회복이 일어날 것이라는 견해에도 동등한 권리를 부여할 수 있다.[1910]

20세기 들어와서는 칼 바르트가 보편구원론 경향이 있다고 비판을 받아왔고,[1911] 현대 화란신학자 헨드리꾸스 베르코프 역시도 그러한 경향을 가지고 있으며, "유기가 한계를 지니고 있고, 또한 지옥은 단지 정화 과정에 지나치 않는다"라고 주장하였다.[1912] 현대 로마교회 신학자로서 바르티안이었던 한스 우르스 폰 발타자르(Hans Urs von Balthasar, 1905-1988) 역시도 지옥의 존재를 거부했다.[1913] 또한 20세기 후반 활동한 위르겐 몰트만(Jürgen Molt

---

1908 Bavinck, 『개혁교의학』, 4:838-839.
1909 Friedrich Schleiermacher, *Der christlicher Glaube*, Hrsg. Martin Redeker, 2 vols. (Berlin: Walter de Gruyter, 1999), 2:437-439(Anhang: Von der ewigen Verdammnis).
1910 "Daher dürfen wir wohl wenigstens gleiches Recht jener milderen Ansicht einräumen, wovon sich in der Schrift doch auch Spuren finden, daß nämlich durch die Kraft der Erlösung dereinst eine allgemeine Wiederherstellung aller menschlichen Seelen erfolgen werde." (Schleiermacher, *Der christlicher Glaube*, 2:439).
1911 판 헨드른은 "바르트의 저서에는 한편으로 만물의 회복 또는 보편구원론(*apokatastsis*)을 거부하는 곳들도 있고, 반면에 어떤 곳들에서는 그 입장으로 기우는 경우들도 있다"라고 하면서 간략하게 바르트의 보편구원론적 경향을 논평해 준다(Van Genderen and Velema, 『개혁주의 종말론』, 1410-1411). 또한 B. Hoon Woo, "Karl Barth's Doctrine of the Atonement and Universalism," *Korea Reformed Journal* 32 (2014): 243-291을 보라.
1912 Van Genderen and Velema, 『개혁주의 종말론』, 1411.
1913 Hans Urs von Balthasar, 『발타사르의 지옥 이야기』(서울: 바오로 딸, 2017).

mann, 1926-2024) 역시도 정년퇴임하던 1994년에 출간한 『오시는 하나님- 기독교 종말론』(*Das Kommen Gottes*)에서 만유화해론을 명시적으로 주창했다.

> 그리스도는 "그의 수난을 통하여 지옥을 완전히 파괴하였다"(*per suam passionem destruxit totaliter infersnum*)는 이 견해를 고대교회는 파기하였음에도 불구하고, 나는 이 견해를 타당하다고 생각한다… 십자가에서 일어난 그의 지옥과 같은 죽음으로부터 부활한 이후로 더 이상 "영원히 멸망되어 있음"(Verdammt-in-alle-Ewigkeit)은 존재하지 않는다… 모든 것을 화해시키는 사랑은 "값싼 은혜"(D. Bonhoeffer)가 아니다. 그것은 철저히 은혜이며, 은혜는 언제나 오직 "값없이"(*umsonst, gratis*) 있다. 그러나 그것은 하나님의 깊은 고난으로 말미암아 생성하였으며, 하나님이 주실 수 있는 가장 비싼 것이다. 다시 말하여 그것은 우리의 형제가 되었으며 우리를 우리의 지옥에서 떼어내는 그의 아들 속에서 자기 자신을 주시는 것이다.[1914]

몰트만의 진술을 보노라면 앞서 인용한 마틴 마티의 "지옥은 사라졌다. 하지만 아무도 그 사실을 눈치 채지 못했다."는 말이 실감이 날지도 모른다.

현대 복음주의자들 중에 기독교 보편구원론자로 꼽을 수 있는 대표적인 인물은 칼 바르트의 영향을 깊게 받은 프랑스의 사회학자요, 서구문명 비판가였던 쟈끄 엘륄(Jacques Ellul, 1912-1994)이었다. 엘륄은 77세때 출간한 『내가 믿는 것』(*Ce que je crois*)에서 자신의 믿는 바가 무엇인지를 정리해주는데, 그 가운데 하나님은 사랑이시기 때문에 어떤 악인이라도 지옥에서 영원한 형벌을 누리게 하시지 않으며 결국은 모두를 구원하실 것이라는 입

[1914] Jürgen Moltmann, *Das Kommen Gottes*, 김균진 역, 『오시는 하나님- 기독교 종말론』(서울: 대한기독교서회, 1997), 440-441. 위르겐 몰트만이 1964년에 출간하여 세계적인 반향을 불러일으켰던 『희망의 신학』(*Theologie der Hoffnung*)도 종말론적인 저술이다. 그의 종말론에 대한 종합적인 연구서로는 Richard Bauckham (ed.), *God Will Be All in All: The Eschatology of Jürgen Moltmann* (Philadelphia: Fortress, 2001)을 보라.

장을 명료하게 제시해 주었다.[1915]

3.3.2. 영혼소멸론(The Doctrine of Annihilationism)

지옥에서의 형벌을 부정하기 위해 많은 복음주의자들이 취하는 또 하나의 이론은 영혼 소멸론 또는 조건적 불멸론이다. 이 입장에 의하면, 악인들의 경우에는 죽을 때에 "즉각적으로 소멸되거나 죽음 이후에 일정 기간만큼의 형벌을 받고 소멸"된다고 하는 것이다.[1916] 사실 신자들은 새 하늘과 새 땅에서 영원토록 생명을 누리면서, 자신의 지인들이나 가족들은 지옥 불못에서 영원한 형벌을 당하고 있다는 것을 아는 것이 행복일 수가 있는가라는 그럴듯하면서도 교묘한 반론을 들면서 영혼 소멸론 혹은 조건적 불멸설을 지지하는 이들이 많이 있다. 이런 이설들을 주장하는 이들 중에는 마음씨가 좋기 때문에 타인의 영원한 형벌을 수용하기가 어려워 하는 인간애를 가졌다는 점을 우리는 부인할 수는 없다. 현대의 대표적인 예로 영국 성공회 신학자 존 스토트(John Stott, 1921-2011)를 들 수가 있다. 스토트는 심판과 지옥에 대한 입장을 꽤 길게 제시하는 중에,[1917] "나는 또한 악한 자들의 궁극적 멸절(멸망)이 적어도 그들의 영원한 의식적 고통에 대한 합법적이고 성경적인 대안으로 받아들여져야 한다고 믿는다"라고 주장했다.[1918]

이러한 입장을 주장하면서 제시되곤 하는 성경적인 근거들이 있는데, 성경에서 악한 자의 멸망에 대해 묘사하면서 소멸의 개념으로 제시되고 있는

1915 Jacques Ellul, *Ce que je crois* (Paris: Grasset and Fasquelle, 1989); 김치수 역, 『개인과 역사와 하나님 - 나는 무엇을 믿는가?』(대전: 대장간, 2015), 276-304. 한역본은 불어 원서에 근거해서 번역된 것이나, 영역본도 출간되어 있다(*What I Believe*, trans. Geoffrey W. Bromiley [Grand Rapids: Eerdmans, 1989]). 또한 엘륄은 만년에 쓴 자기 신앙 고백서에서만 보편구원론을 말한 것이 아니라, 다른 저작들 속에서도 분명하게 입장 표명을 하고 있다.
1916 Venema, 『개혁주의 종말론 탐구』, 517.
1917 John Stott and David L. Edwards, *Essentials: A Liberal-Evangelical Dialogue* (London: Hodder & Stoughton, 1990), 312-329.
1918 Stott and Edwards, *Essentials: A Liberal-Evangelical Dialogue* 320: "I also believe that the ulitmate annihilation of the wicked should at least be accepted as a legitimate, biblically founded alternative to their eternal conscious torment." 비네마는 스토트의 소멸론이 강하지는 않다고 판단하지만(Venema, 『개혁주의 종말론 탐구』, 520), 로버트 레이먼드는 스토트를 비롯하여 "영원한 형벌을 소멸로 해석하는 경향"을 자세하게 비판적으로 다룬다(Reymond, 『최신 조직신학』, 1336-1357).

것처럼 보이는 구절들(빌 3:19; 살전 5:3; 살후 1:9; 벧후 3:7)이다. 에드워드 퍼지(Edward Fudge, 1944-2017)는 『소멸하는 불: 조건적 불멸론에 대한 성경적 입장』에서 악인들은 최후 심판후에 소멸한다고 하는 주장을 전개하여 영혼소멸론자의 명성을 얻었고,[1919] 호주 출신으로 웨스트민스터 신학교에서 가르치기도 했던 성공회 신약신학자 필립 휴즈(Philip E. Hughes, 1915-1990)도 악인 소멸론을 주장했다.[1920] 비네마는 영혼 소멸론자들이 근거로 삼는 또 다른 근거는 "성경에서 사용하는 형벌에 대한 묘사가 주는 이미지"라고 소개한 후에, 다음과 같이 해설해 준다.

> 멸망이라는 표현이 존재의 완전한 그침을 의미하는 것처럼, 악한 자들의 심판을 묘사하기 위해 사용되는 불이라는 이미지는 죄인들을 완전히 소진시킨다는 의미를 지니고 있다는 것이다. 마태복음 3장 12절에서 쭉정이를 불에 태우는 것처럼 최후 심판 때에 악한 자들은 불에 타서 완전히 없어진다는 것이다.[1921]

이외에도 하나님의 심판후에 영원한 고통을 받는다는 의미가 아니라 "그 결과가 절대로 번복되지 않는다는 점에서 영벌"이라고 이해하는 것이 합당하는 주장이나, 엘뤼의 경우에서도 보았듯이 하나님의 사랑과 영원한 지옥 형벌 교리는 조화가 되지 않는다는 주장들을 근거로 제시하기도 한다.[1922]

1919 Venema, 『개혁주의 종말론 탐구』, 518. Edwards Fudge는 미국의 비제도적인 그리스도교회 소속의 신학자이자 법조인이었다. 지옥과 관련된 그의 저술은 *The Fire That Consumes: A Biblical and Historical Study of the Doctrine of Final Punishment* (Providential Press, 1982), with Robert A. Peterson, *Two Views of Hell: A Biblical & Theological Dialogue* (Downer's Grove: IVP, 2010); *Hell: A Final Word* (Abilene: Leafwood Publishers, 2012) 등이 있다.
1920 Philip E. Hughes, *The True Imgage: the Origin and Destiny of Man in Christ* (Grand Rapids: Eerdmans, 1989), 398-407. 휴즈는 "영혼이 지옥에서 형벌 받는다는 사상은 영혼 불멸에 대한 헬라 사상에 근거한 것"이라고 주장을 했는데, 스프롤은 이에 대해 "올바른 기독교 견해는 영혼은 본래적으로가 아니라 ... 영혼이 사후에도 계속되는 것은 하나님이 사람의 영혼을 보존하시기 때문"이라고 반박해 준다(R. C. Sproul, *The Truth We Confess*, 이상웅, 김찬영 역, 『웨스트민스터 신앙고백 해설』, 전3권 [서울: 부흥과개혁사, 2011], 3:243).
1921 Venema, 『개혁주의 종말론 탐구』, 519.
1922 Venema, 『개혁주의 종말론 탐구』, 519.

3.4. 영원한 형벌을 거부하는 입장들에 대한 반론

우리는 앞서 지옥에서 영원한 형벌 교리를 거부하는 보편구원설과 영혼소멸론을 간략하게 살펴 보았다. 이제 우리는 그들이 근거로 내세우고 있는 내용들이 성경적으로 옳지 않다는 것을 확인해야 한다.

3.4.1 악인의 멸망은 악인의 소멸인가?

악인의 형벌에 대하여 멸하다는 의미를 가진 아폴뤼미($ἀπόλλυμι$) 동사가 자주 사용되기 때문에, 영혼 소멸론자들은 악인들의 영혼이 최후 심판후에 소멸한다고 하는 주장을 하곤 한다. 하지만 우리는 이 동사가 성경속에서 어떤 의미로 사용되고 있는지를 확인해 볼 필요가 있다. 후크마는 아폴뤼미 동사가 누가복음 15장에서는 "잃어버린 바 되다"로 사용되고 있고, 마태복음 9장 17절에서는 "쓸모없게 되다"는 의미로 쓰였으며, 마태복음 2장 13절에서는 헤롯이 베들레헴 영아들을 죽인다는 의미로 쓰이고 있다고 정리를 해준다.[1923] 이러한 용례들을 통해 볼 때에 악인들의 멸망에 대해 말하는 구절들 역시도 악인들의 소멸을 말하는 것이 아님을 알 수가 있다. 오히려 악인들의 궁극적인 운명은 "영원한 파멸, 하나님과의 교제의 끝없는 상실로 이루어진 파멸을 뜻하며 이는 동시에 끝없는 고뇌 혹은 고통의 상태"를 가리킨다고 후크마는 해설해 준다.[1924]

바빙크는 성경에서 사용된 파멸이나 두 번째 죽음 등은 존재의 멸절을 가리키지 않는다는 점과 무엇이 올바른 이해인지를 종합적으로 잘 정리해 주고 있기 때문에 그의 글을 직접 살펴 보기로 하자.

> 그리고 하나님이 첫 번째 죽음에서 인간을 소멸하지 않는 것과 마찬가지로, 두 번째 죽음에서도 소멸하지 않는다. 성경에서 두 번째 죽음은

[1923] Hoekema, 『개혁주의 종말론』, 373.
[1924] Hoekema, 『개혁주의 종말론』, 374. 후크마는 유명한 TDNT 사전에 기고된 A. Oepke, "apollymi," 1:394-397을 자신의 해설의 근거로 제시했다.

형벌(마 25:46), 울며 이를 가는 것(마 8:12), 환난과 곤고(롬 2:9), 꺼지지 않는 불(마 18:8), 결코 죽지 않는 구더기(막 9:44) 등으로 묘사되는데, 이 모든 표현들은 잃어버린 자들의 존재를 전제하기 때문이다. 하지만 그럼에도 불구하고 그들의 상태는 '멸망', '썩어짐', '파멸', '죽음'로 불릴 수 있는데, 왜냐하면 그들은 도덕적, 영적 의미에서 전적으로 파멸되었고 가장 완전한 의미에서 그리스도가 신자들에게 주는 생명의 풍성함을 소유하지 못하기 때문이다. 그래서 탕자는 '죽은 자와 잃어버린 자'(νεκρος, 'απολωλος, 눅 15:24, 32)로 불리고, 에베소 교인들은 그들의 과거의 상태가 죄와 허물로 '죽은 자들'(νεκροι, 엡 2:1, 4:18)로 불리며, 사데 교인들이 '죽은 자들'(νεκροι, 계 3:1) 등으로 일컬어지지만, 이런 맥락에서 누구도 그들이 존재하지 않는 것으로 생각하지 않는다.[1925]

3.4.2. 아이오니오스(αἰώνιος)의 의미

영혼 소멸론을 주장하는 이들 가운데는 영원한 형벌이라는 표현에 사용된 영원한(αἰώνιος)은 일정한 시간적 한계를 가지고 있는 형용사라고 주장하거나, 영원한 고통을 의식적으로 경험한다기 보다는 악인들에게 내려진 형벌이 영원하다라고 해설하는 소멸론자들이 있다.[1926] 그러나 BDAG사전에 의하면 이 단어는 "오래 전, 시작이나 끝이 없는, 끝이 없는" 등의 의미로 사용된 단어이다.[1927] 우선 시작도 끝도 없다는 의미에서 영원하다는 것은 오로지 삼위일체 하나님께만 적용되어질 수 있는 영원 개념이라고 할 수가 있다. 사람의 경우에는 영혼 선재론을 따르지 않기 때문에 분명히 존재의 시작이 있다. 그러나 신자의 경우에는 다함이 없는 영원한 생명을 누린다는 점에서 영생을 누리게 되고, 악인들의 경우에는 다함이 없는 영원한 형벌을 당하는

1925 Bavinck, 『개혁주의 종말론』, 4:843.
1926 Thomas, "Jesus Believed in Hell: The Modern Christian's Dilemma," 93: "Specifically, they argue that nouns that occur in conjunction with an 'eternal' do not specify an action that is endless, but a result that is enduring."
1927 BDAG, 33. "pert. to a long period of time, long ago; pert. to a period of time without beginning or end; pert. to a period of unending duration, without end."

것이라고 이해하는 것이 정상적인 성경 이해이다.[1928] 대표적으로 우리는 마태복음 25장 46절과 데살로니가후서 1장 9절 말씀을 주목해 볼 필요가 있다.

> 그들은 <u>영벌에</u>(εἰς κόλασιν αἰώνιον), 의인들은 영생에 들어가리라 하시니라(마 25:46).
> = καὶ ἀπελεύσονται οὗτοι εἰς κόλασιν αἰώνιον, οἱ δὲ δίκαιοι εἰς ζωὴν αἰών-ιον.

> 이런 자들은 주의 얼굴과 그의 힘의 영광을 떠나 영원한 멸망의 형벌을 받으리로다(살후 1:9).
> = οἵτινες δίκην τίσουσιν ὄλεθρον αἰώνιον ἀπὸ προσώπου τοῦ κυρίου καὶ ἀπὸ τῆς δόξης τῆς ἰσχύος αὐτοῦ.[1929]

영원한 형벌론에 대해 흔히 제기되는 반론은 인간의 죄가 아무리 크다한들 시간적인 한계가 있는 것인데, 어떻게 그 보응은 영원한 형벌이 될 수 있는가하는 것이다. 일면 이러한 반론은 이치에 부합하는 듯 하기 때문에 우리는 주의 깊은 고찰과 답변이 필요하다. 이 반론에 대한 성경적인 논박으로는 바빙크의 해설이 매우 적합하다고 생각된다.

> 죄란 그 어떤 연약함, 그 어떤 부족함, 그 어떤 일시적인 불완전과 점차 사라지는 불완전이 아니라, 기원과 본질상 '불법'(ἀνομια)이며, 위법(違法)이며, 하나님께 대한 반역과 적대감이며, 그의 공의, 그의 권위, 심지어 그의 존재에 대한 부정이다. 물론 죄는 유한한 피조물이 유한한 시간에 시행한다는 의미에서 유한하다. 하지만 아우구스티누스는 이미 형벌의 기준은 죄를 범한 시간상의 길이가 아니라, 죄의 내적 속성이라고 올바르게 지적하였다. 한 순간의 부주의가 평생을 후회하게 만든다. 한 순간의 죄가 일생 동안 수치와 형벌을 초래한다. 죄를 범한 자는 때

1928 박형룡, 『교의신학- 내세론』, 346.
1929 후크마는 바울이 말하는 "영원한 멸망의 형벌"(δίκην ὄλεθρον αἰώνιον)은 "영원한 파멸이나 결코 끝나지 않는 형벌을 뜻하며 주님의 은혜로운 임재에서 영원히 배제된다는 의미를 함축하는 것이 분명하다"라고 정해해 준다(Hoekema, 『개혁주의 종말론』, 375).

때로 죽음의 형벌을 받아 이 땅의 정부에 의해 회복될 수 없는 상태로 옮겨지기도 한다. 하나님도 그런 식으로 행한다. 왜냐하면 이 땅에서의 사형은 마지막 심판에서의 지옥의 형벌이기 때문이다. 하나님은 죄의 내적 성질에 따라 심판하고 형벌한다. 그래서 죄는 우리의 사랑과 우리의 경배를 받기에 합당하고 절대적 권세를 지닌 지존자(至尊者)에 대하여 범하였다는 의미에서 무한하다. 하나님은 우리의 순종과 헌신을 받기에 절대적으로, 무한히 합당하다. 따라서 그가 요구하는 법은 절대적 구속력을 지니고, 그 구속력은 무한히 크다. 그러므로 하나님의 법을 위반하는 것은 철저히 고려해 볼 때, 절대적인 악이며 무한한 악이다. 게다가, 여기서 고려되어야 할 것은 '범죄의 기간'(diuturnitas peccandi)이라기 보다는 "가능하다면 항상 죄를 짓고자 하는 범죄의 의지다."[1930]

3.5. 지옥에서의 영원한 형벌 교리의 실천적 적용

현대인들에게는 지옥의 부재 혹은 악인 멸절설 등이 오히려 복음으로 들릴 것이지만, 성경은 분명하게 악인들이 최후심판을 거친 후에 지옥에서 영원한 형벌을 받는다고 가르치고 있다.[1931] 죽산 박형룡은 지옥 부재를 말하는 이들의 메시지를 에덴 동산에서 첫 인류를 유혹했던 달콤함 목소리에 비유한 후에 다음과 같이 천명한다.

> 그러나 성경은 위치있는 처소로서의 지옥의 실재성(實在性)을 명심함이 위에 말한 바와 같으니 어찌하랴. 있는 것을 없다고 가르치는 궤변에 속아서 얻는 마음의 평화는 참된 평화가 아니며 오래 계속하지도

1930 Bavinck, 『개혁주의 종말론』, 4:844-845. 바빙크의 마지막 인용문은 Augustinus, De Civitate Dei, XXI.11에서 온 것이다.
1931 19세기 미국 장로교 신학자인 윌리엄 쉐드는 지옥에서의 영벌 교리에 대해 매우 자세하게 해설을 해 주었는데(Shedd, Dogmatic Theology, 2:667-754), 그는 단도직입적으로 "Jesus Christ is the Person who is responsible for the doctrine of Eternal Punishment."라고 천명해 주었다(680). 쉐드는 단행본으로 The Doctrine of Endless Punishment (New York: Scribner, 1885)를 출간하기도 했다. 이 단행본은 구글 북스에서 접근 가능하다.

못한다.[1932]

　죽산은 "영벌 교리의 전도(傳道)"라는 항목에서 "영벌 교리의 기탄없는 전도는 복음의 성공에 크게 이바지하는 주요하고 없을 수 없는 보조 세력"이라고 말한 후에, 그러한 전도가 의무적이며, "하나님의 거룩과 그리스도의 속죄의 옹호," "회개와 신앙의 정당한 동기," 그리고 "영혼 구원에 성공"이라는 소주제로 나누어 그 중요성을 해설해 준다.[1933]

　악인들이 지옥에서 영원한 형벌을 당한다고 하는 기독교의 정통 교리는 믿는 신자들에게 어떤 실천적인 의미가 있는 것일까? 먼저 하나님의 주권적인 구원의 은혜가 우리에게 주어지지 않았다면 우리가 처하게 될 영원한 형벌에 대해 알게 되면, 우리는 그러한 지옥에 들어가지 않게 하신 하나님의 은혜에 대한 감사와 감격을 가질 수 밖에 없을 것이다. 농담처럼 "나같은 죄인 살리신"이 아니라 "너같은 죄인 살리신"으로 희화화(戲畫化)하여 찬송 부르는 이들이 있으나, 사실 구원의 주권적 은혜성을 깨닫는다면 어떻게 나같은 사람이 구원을 받을 수있는가에 대해 경탄하고 그 은혜로우신 하나님 앞에 경배할 수밖에 없을 것이다.

　뿐만 아니라 우리 믿는 자들은 이 복음을 믿지 못하고, 그리스도를 구주로 영접하지 않는 영혼들에 대한 구령(soul-winning)의 열망을 품고 기도하고 전도하게 될 것이다. 죽산이 말한대로 지옥에 대한 선포는 신자에게 의무적인 사항이기 때문에, 지옥과 영원한 형벌이 실재한다고 하면 우리는 지옥에 대해서 침묵해서는 안될 것이다. 다만 지금이라도 구주를 영접하면 죄와 사망의 권세에서 벗어나 영생을 누릴 수있다는 소망하에 그렇게 해야 할 것이다. 우리는 지옥이나 영원한 형벌을 받음에 대해 고소해하거나 기쁨을 느껴서는 안될 것이며, 지옥에 대한 메시지를 전한다고 할 때에도 19세기의 성자같은 설교자 로버트 머리 맥체인(Robert Murray M'Cheyne, 1813–1843)의 권면대로 "전도자는 결코 영벌을 눈물 없이 말하지 말"아야 할 것이다.[1934]

1932　박형룡, 『교의신학- 내세론』, 342-343.
1933　박형룡, 『교의신학- 내세론』, 347-349.
1934　박형룡, 『교의신학- 내세론』, 349.

우리가 살아 숨쉬는 동안에는 구원의 희망이 있고, 누가 유기자인지 함부로 판단할 일이 아니기 때문에.[1935] 영혼 구원에 대한 열정을 가지고 전도에 힘쓰는 것이 마땅하다.[1936]

1935 청교도 신학자 윌리엄 퍼킨스 역시도 사람의 유기에 관해서는 어떠한 판단도 하지 말 것을 권한다 (Perkins, 『황금 사슬: 신학의 개요』, 456-457).
1936 지옥불 설교로 유명한 조나단 에드워즈의 "진노하시는 하나님의 손안에 있는 죄인"(Sinners in the Hands of an Angry God)이라는 설교문 역시도 지옥에 대한 수사학적인 우수성만 가지고 있는 것이 아니라, 분명히 후반부는 그리스도께로 죄인들을 초대하는 메시지로 구성되어 있다(Edwards, 『조나단 에드워즈 대표 설교선집』, 121-143중 141-143을 보라. 스프롤은 에드워즈에 대해 다음과 같이 적절하게 평가해 준다: "에드워즈가 지옥의 실재를 믿고 있는 것은 분명했지만, 그는 누구보다도 성도들의 영적 복락을 간절히 구했던 사람입니다. 가학적인 사람은 다른 사람의 고통이나 괴로움을 지켜 보면서 기쁨과 희열을 느끼는데, 에드워즈는 전혀 그렇지 않았습니다. 에드워즈가 지옥에 관해 설교한 것은 성도들이 지옥을 경험하지 않도록 하기 위함이었습니다."(Sproul, 『성경에 나타난 천국, 천사, 지옥, 마귀』, 61).

4. 새 하늘과 새 땅 [1937]

4.1. 들어가는 말

새 하늘과 새 땅(οὐρανὸς καινὸς καὶ γῆ καινή) 혹은 신천신지(新天新地)는 신천지라는 이단으로 인해 그 의미가 탈색되거나 곡해되는 경향이 있지만,[1938] 사실 개혁주의 종말론에서 다루어지는 마지막 논의 주제이자, 요한계시록 21장 1절-22장 5절에 계시되어 있는 바 그리스도인들의 영원한 거주지이다.[1939] 성경신학적인 토대위에서 정립된 개혁주의 종말론에 의하면 불신자들의 중간기 거처는 '음부'(Hades)이고, 궁극적인 거처는 '게헨나'(Gehenna) 혹은 '불못'이라고 불리기도 하는 지옥이다. 반면에 의인들의 중간기 거처는 '낙원,' '셋째 하늘,' '아브라함의 품' 등으로 불리우는 곳이며, 최후 거처는 '새 하늘과 새 땅'이라고 한다. 중간기 거처란 사람들이 죽어서 영혼만으로 가서 사는 곳이며, 그리스도의 재림이후에 몸의 부활을 입고 전인으로 살게 될 최후 거처와 동질적인 면을 가지고 있으나 어떤 의미에서는 '임시적인 성

[1937] 본장 전반부에 수록된 내용의 첫 공표는 "'새 하늘과 새 땅'(계 21:1-8)에 대한 개혁주의적 이해와 설교,"「한국개혁신학」 49 (2016.2.): 8-38; "'새 예루살렘'(계 21:9-22:5)에 대한 개혁주의 이해와 설교"는「신학지남」 328 (2016): 11-39 등임을 밝히며, 수정 보완하여 본장에 수록했음을 밝힌다.

[1938] 신천지의 요한계시록 해석과 종말론에 관련해서는 한창덕,『한 권으로 끝내는 신천지 비판 - 사이비 신천지의 현황과 역사, 그리고 교리에 대한 명쾌한 논박』(서울: 새물결플러스, 2013); 이필찬,『신천지 요한계시록 해석 무엇이 문제인가? - 신천지의 왜곡된 요한계시록 해석 바로잡기』(서울: 새물결플러스, 2015) 등을 보라.

[1939] 개혁주의 종말론 교본에서는 악인들의 최후상태 내지 거처를 먼저 다루고, 의인들의 최후상태를 다룸으로서 대미를 장식한다: Heinrich Heppe, *Reformed Dogmatics*, trans. G. T. Thompson (Grand Rapids: Baker, 1984), 706-712; Herman Bavinck, *Gereformeerde Dogmatiek*, 박태현 역,『개혁교의학4』(서울: 부흥과개혁사, 2011), 849-867(화란어 원본은 이하에서 GD로 약기하고 #다음에 절수를 표기하기로 함); Louis Berkhof, *Systematic Theology* (Edinburgh: Banner of Truth, 1988), 736-737; Anthony A. Hoekema, *The Bible and the Future* (Exeter: Paternster, 1979), 274-287 = 이용중 역,『개혁주의 종말론』(서울: 부흥과개혁사, 2012), 381-399; Cornelis P. Venema, *The Promise of Future*, 박승민 역,『개혁주의종말론 연구』(서울: 부흥과개혁사, 2011), 552-591; Michael Horton, *Christian Faith*, 이용중 역,『개혁주의 조직신학』(서울: 부흥과개혁사, 2012), 982-987; 박형룡,『교의신학-내세론』, 355-373; 유해무,『개혁교의학』, 636-638

격'을 가진다. 죽음과 그리스도의 재림사이의 기간 동안 거주할 곳이기에 임시적이라 할수 있다.[1940] 그리스도인의 궁극적인 소망은 부활체를 입고 신천신지에서 주님과 더불어 영원히 교제하며 사는데 있기 때문에 우리의 구원의 완성은 천당이 아니라 새 하늘과 새 땅에서 이루어진다.

  그러나 한국 신자들의 일상 대화나 설교에 주의해 보면 흔히 신자는 죽으면 천당에 곧바로 간다고 말할 뿐 아니라 천당 혹은 하늘에서 영원히 살 것이라고들 말한다.[1941] 전자는 맞는 말이지만, 후자는 심각하게 고민해 봐야 할 내용을 담고 있다. 왜냐하면 앞서 제시한대로 우리 신자들이 영원히 살게 될 곳은 천당 혹은 하늘이 아니고 '새 하늘과 새 땅'이라고 말해야 성경적으로 맞기 때문이다. 우리가 부르고 있는 여러 찬송가들은 그리스도인들이 영원히 살게 될 곳과 관련하여 "어딘지 알 수 없는 공간에서 흰 옷을 입은 성도들이 하프를 연주하며 천상의 노래"를 부르며 영원히 살것으로 노래하고 있다.[1942] 본장에서 살펴 보고자 하는 본문(계 21:1-22:5)은 새 하늘과 새 땅에서 우리 신자들이 영원히 살 것이라고 명시적으로 알려주고 있는데도 불구하고, 그런 혼동이 신자들 속에서도 사라지지 않고 있다. 이는 종말론과 관련해서 이단 사이비들이 악영향을 미쳐왔고, 19세기에 비로소 나타난 세대주의(dispensationalism)의 성경해석과 종말론의 왜곡 역시도 많은 영향을 끼치고 있기 때문이기도 하다. 또한 교회 지도자들과 신자들 가운데는 정확한 개념 규정이나 성경적인 사상 정립에 무관심한 이들이 많기 때문에 작은 혼란상 조차도 바로잡히지 않는지도 모르겠다. 더욱이 기복신앙이나 신사도운동과 같은 차세주의가 교계를 미혹하고 있으니 바른 성경적인 신앙에 대해선 더욱더 무관심하게 되고 있는지도 모를 일이다.

1940 Hoekema, 『개혁주의 종말론』, 156.
1941 우라노스(οὐρανὸς) 혹은 heaven은 하늘로 번역할 수 있지만, 한국 사람들은 천당(天堂)이라는 역어를 좋아한다. 심지어 천당과 천국을 동일시하는 이들도 많다. 신약에서 천국은 하나님의 나라와 같은 개념이며, 그리스도의 구속사역으로 말미암아 이 땅위에서 이미 천국은 임하였으며(already), 하늘 혹은 천당에서 영혼으로 풍성하게 누리며, 그리고 신천신지에서 그 나라는 완성되어질 것이기 때문에, 천당은 천국이라는 개념보다는 부분적이라고 할 수가 있다.
1942 Venema, 『개혁주의 종말론 탐구』, 555-556; J. Richard Middleton, *A New Heaven and a New Earth: Reclaiming Biblical Eschatology* (Grand Rapids: Baker, 2014); 이용중 역, 『새 하늘과 새 땅』(서울: 새물결플러스, 2015), 42-53.

필자는 이러한 혼란상과 무관심에 대해 다소 교정이라도 할 수 있을까 해서 본장의 논의를 개진하고자 한다. 필자는 '오직 성경으로'(Sola Scriptura)와 '성경 전부를'(Tota Scriptura)이라는 두 표어를 염두에 두고 본장을 시작하고자 한다. 아무리 우리에게 익숙하고 잘 알려진 것이라 해도 우리는 '순성경화'해야 할 의무가 있다고 필자는 생각한다.[1943] 필자는 해당 성경본문을 주해적으로 다룰 수 있는 성경신학 전문가도 아니며, 개혁주의 설교학의 전문가도 아니다. 다만 성경적인 기초위에서 연속강해설교(lectio continua) 원리를 오랜 목회현장에서 실천했고, 신학분과 간의 통합 연구의 필요성을 늘 염두에 두고 신학 작업을 해온지라, 부족하지만 이러한 논의에 동참해 보려고 하는 것이다. 본장을 통해 필자는 요한계시록 21장 1절-22장 5절에 계시된 바 "새 하늘과 새 땅 (그리고 새 예루살렘)"에 대해서 고찰해 보려고 한다. 이어지는 본장에서 필자는 우선 세 가지 신학적인 숙고 작업을 하고 난 후에(4.2. 중간기 거처와 궁극적인 거주지, 4.3. 세계파괴설과 만유갱신설, 4.4. 새 예루살렘, 도성인가 교회인가?), 4.5에서 요한계시록 21장 1절-22장 5절에 대한 필자의 강해 원고를 제시하고자 한다. 새 하늘과 새 땅에 대한 본문을 이렇게 설교해야 한다는 당위성 보다는 필자가 어떻게 설교했었는가 하는 것을 이미 출간되어 있는 강해서를 예시로 제시해 보려고 한다.[1944]

4.2. 신자들의 중간기 거처와 궁극적인 거주지

앞서도 언급했지만 목회자들이나 신자들 가운데는 신자의 최후거처와 중간기거처 사이에 혼동하는 경향이 있다. 신자들이 죽으면 가는 곳도 천당, 영원히 살 곳도 천당이라고 하는 말이나, 두루뭉술하게 우리는 천국에서 영

[1943] '순성경화'라는 표현은 죽산 박형룡 박사가 신앙고백서의 권위 문제를 다루면서 제안한 말이다(이상웅, "박형룡 박사와 웨스트민스터 신앙고백서," 『박형룡 신학과 개혁신학 탐구』, 221-265를 보라).
[1944] 필자는 16년간 목회사역을 하는 동안(1997-2012) 요한계시록 연속강해를 세 번 반복해 보았고, 그 결과물을 정리하여 『개혁파 종말론의 관점에서 본 요한계시록』(용인: 목양, 2013, 2015)으로 공표하였다. 이 책은 다소 수정 보완하여 『개혁주의 종말론에 기초한 요한계시록 강해』(서울: 솔로몬, 2019, 2025)로 새로이 출간되었다. 원래 논문에서는 설교 요약을 제공했지만, 본서에서는 해당 본문 원고 전체를 포함시켰음을 밝힌다.

원히 산다는 식의 말들을 하는 이들이 있다. 따라서 이 문제에 대한 신학적인 정리가 필요하다고 생각한다. 선의를 가지고 포용적으로 생각한다면 그러한 언어 사용의 혼동에 대해서 관용할 수도 있겠으나, 성경적으로 정확한 용어조차도 사용하기를 추구해야 하는 개혁주의자들로서는 이 문제도 분명하게 짚고 넘어가야 한다고 생각한다.[1945]

4.2.1. 중간기 거처

종말론에 의하면 사람이 죽을 때에 개인적인 종말이 임한다. 그리고 그때부터 다시 부활할 때까지의 기간을 중간기(the intermediate state)라고 부르고,[1946] 그 기간 동안 거처하게 되는 장소를 중간기 거처라고 부른다. 성경적 증언에 의하면 몸과 영이 분리된 후에 영이 소멸하거나 잠자는 것이 아니라(영혼수면설) 분명한 의식을 가지고 존재한다고 한다.[1947] 또한 성경은 신자와 불신자가 거주하게 될 중간기 거처가 각각 다르다고 말한다. 구약에서는 음부 또는 스올(*Sheol*)이라는 말로 뭉뚱그려서 표현한 경향이 있으나, 신약에 의하면 신자와 불신자의 중간기 거처는 점점 더 분명하게 구별해서 말해지고 있다.[1948] 불신자의 경우는 음부(하데스)라 불리우는 곳에 가서 영적 고통을 당하게 되고(눅 16:22), 신자의 경우는 낙원(눅 23:43), 셋째 하늘(고후 12:2, 4), 또는 아브라함의 품(눅 16:23)이라고 불리우는 곳에서 하늘 복락을 누리게 된다.[1949] 일반적으로 하늘(heaven)이라고 하는 것을 우리나라 사람들

1945 이런 점에서 축복(祝福)과 복(福)사이의 용어 구별이나 삼위일체를 진술할 때에 세 분이시고(three persons) 어떤 의미에서 한 분(one God)이신지에 대한 분명한 해설이 필요하다고 본다. 한 분을 영어로 번역할 시에 one person의 의미로 말한다면 그것은 역설이 아니라 모순적인 것이다(참고 웨스트민스터 신앙고백서 2장 3항).
1946 Hoekema, 『개혁주의 종말론』, 135.
1947 청년 칼빈이 최초로 쓴 신학논문은 영혼수면론에 대한 논박서이다: John Calvin, *Psychopannychia*, 박건택 역, "영혼수면론 논박," in 『칼뱅 작품 선집 II』, 박건택 편역 (서울: 총신대학교출판부, 2009), 35-146 = 박건택 역, "영혼수면론 논박," 『칼뱅 작품 선집 6』 (서울: 부흥과개혁사, 2022), 6-100.
1948 Bavinck, 『개혁교의학4』, 707-716(= *GD* 4, #550, 551); Hoekema, 『개혁주의 종말론』, 140-147; Venema, 『개혁주의 종말론 탐구』, 82-84.
1949 Bavinck, 『개혁교의학4』, 716(= *GD* 4, #551). 바빙크는 아브라함의 품에 들어간다는 것은 "나사로가 천사들이 거하는 하늘에 들어가 아브라함과 함께 교제를 하는 복을 누린다는 것을 말해준다"라

은 천당(天堂)이라는 역어를 사용하곤 한다. 따라서 우리는 주 안에서 죽은 자들에 대하여 세속적인 표현("명복을 빕니다")을 쓸 것이 아니라 "하늘 혹은 천당에 가셨습니다"라는 표현을 사용해야 정확한 표현이라고 할 수 있다.

우리가 신자의 중간기 거처 혹은 중간기 상태에 대해서 좀 더 살펴 보자면, 우선 이 세상을 떠난 신자의 영혼들은 주님과 함께 있으며, 의식을 가지고 생활한다고 하는 사실이다(계 7:9-17). 그들은 천상 예배에 참여하고 있다(계 4-5장, 14장).[1950] 그리고 무천년설 입장에 의하면 이 세상을 떠나간 성도들은 그리스도의 초림부터 재림 때까지의 교회사 시대를 상징하는 천년 동안 그리스도와 함께 왕노릇(계 20:4-6)하고 있다. 본문에 의하면 이는 분명히 천상에서의 통치를 가리키고 있지, 지상에서 물질적인 왕국에 참여하는 것이 아니다.[1951] 그러나 이러한 중간기 상태 역시도 하나님이 우리에게 허락하신 총체적 구원(total redemption or holistic salvation)은 아니라는 점도 유념해야 한다. 하나님의 제단 아래 있는 순교자의 영혼들은 하나님께 탄식하고 있다(계 6:9-11). 아직 그들은 몸의 부활을 기다려야 하고, 최후심판을 통한 신원설치(伸寃雪恥) 받을 때를 기다려야 하기 때문이다.[1952]

4.2.2. 궁극적인 거주지

성경에 의하면 신자들이 천당 혹은 하늘에 사는 것은 신자의 죽음과 몸의 부활 사이의 기간에 한정된다. 그러면 주님의 재림과 후속될 최후심판 후에 신자들에게 주어질 궁극적 거주지는 무엇이라고 불러야 정당한 것일까? 서두에서 지적한대로 이 부분에서 우리는 주의해서 성경적 증언을 잘

고 해설한다.
1950 Bavinck, 『개혁교의학4』, 802(= *GD* 4, #569).
1951 요한계시록 20:4-6절에 대한 무천년설적 입장은 다음을 참고하라: Bavinck, 『개혁교의학4』, 776-815(= *GD* 4, #564-570); Hoekema, 『개혁주의 종말론』, 245-247, 309-328; Venema, 『개혁주의 종말론 탐구』, 367-419. 필자는 종말론 강의 중에 총신의 전통이라고 강조되어지는 '역사적 전천년설'과 본인이 취하고 있는 '무천년설'은 양립가능하며, 서로의 약점과 강점을 인식함을 통해 보완해야 할 필요성이 있다고 강조하곤 한다. 하지만 해당 본문을 강해할 시에는 무천년의 입장을 취했다(이상웅, 『개혁파종말론에 기초한 요한계시록』, 606-616).
1952 Bavinck, 『개혁교의학4』, 760(= *GD* 4, #561).

살피고 바른 견해를 정립해야 한다. 그리스도께서 재림하시고 나면 최후 심판정이 베풀어지고, 그 심판이 끝나고 나면 신자와 불신자는 영구적인 거주지로 옮겨지게 된다. 불신자의 경우는 지옥 혹은 지옥 불못으로 들어가게 되어 전인으로 영원한 형벌을 받게 된다(계 20:10, 13-15).[1953] 반면에 신자는 천당 혹은 하늘이 아니라 새 하늘과 새 땅에서 영원히 살게 된다는 것이 성경적인 답이다(계 21:1-22:5).[1954] 신자들의 궁극적인 삶은 플라톤적인 불멸의 영혼만으로 사는 삶이 아니라, 부활체를 입고 전인(whole person)으로 살며, 단지 저 하늘 구름위 어딘가에 사는 것이 아니라 신천신지에서 살게 된다는 것이 성경적으로 바른 영원한 거처관이다.[1955]

정리를 해보면, 우리는 불신자의 영원한 거주지로서 음부(하데스)가 아니라 지옥(게헨나 hell) 혹은 유황 불못을 말해야 하고, 신자의 영원한 거주지로서 천당이나 하늘이 아니라 신천신지에서 영원히 살게 된다라고 말해야 성경적으로 바른 언어 사용이라는 점을 알수가 있다. 이렇게 중간기 거처와 영원한 거주지가 다른데도 불구하고 두 가지를 혼동하는 일들이 비일비재하다는 것은 차세주의적라서 내세에 대한 관심이 없기 때문 일수도 있겠으나 신앙고백서의 표현양식이나 수 많은 찬송가들 역시도 영향을 미치지 않았을까하는 생각이 든다.[1956] 이 점에 대해서 성경적인 정리가 필요하다고 생각한다.

1953 악인들의 중간기거처는 음부(하데스)라 부르고 몸을 입고 전인으로 살 영원한 형벌의 장소는 지옥(게헨나)이라고 부른다는 점을 유의해야 한다. 악인들의 최후 거처와 형벌에 대해서는 Bavinck, 『개혁교의학4』, 834-849(= GD 4, #575, 576); Hoekema, 『개혁주의 종말론』, 367-379; Venema, 『개혁주의 종말론 탐구』, 511-551 등을 보라.
1954 Gregory Beale, *Revelation: A Short Commentary* (Grand Rapids: Eerdmans, 2014), 474-475: "But the new creation is described in these verses(i.e. Rev. 21:1-5, 필자) as a fundamental physical transformation of the old creation and its renewal. At this time, the body will be raised from the dead and be gloriously transformed. . . . Thus, the destiny of God's people is to live with resurrected physical bodies in the newly transformed physical environment of the eternal new earth and heavens. This a quite a different picture of the eternal afterlife than many of God's people have."
1955 개혁주의자들 가운데는 영혼불멸(the immortality of soul)이라는 표현을 유보적으로 사용하는 이들이 있다. 하지만 성경적으로 강조된 것은 영혼만의 불멸적 삶이 아니라 몸의 부활을 통한 전인적 삶, 새롭게 신천신지에서의 삶에 대한 강조이다(Hoekema, 『개혁주의 종말론』, 127-134).
1956 이상웅, "웨스트민스터 신앙고백서의 종말론," 「한국개혁신학」 44(2014): 169-171; Middleton, 『새 하늘과 새 땅』, 42-48.

4.3. 세계파괴설인가 만유갱신설인가?

두 번째로 신학적 숙고가 필요한 주제는 "새 하늘과 새 땅"이 첫 창조세계와 어떤 연관성을 가지고 있는가 하는 점이다. 신천신지는 전적으로 새로운 것인가 아니면 첫 창조와 연속성을 가지고 있는 것인가? 신학적으로 말하자면 첫 세상은 주님의 재림시에 파괴되고 무로 돌아가게 될 것인가?(세계파괴설) 아니면 만물은 갱신(更新)되어지는가 하는 것이다. 이 두 가지의 입장을 간략하게 살펴보면서 성경적으로 바른 정리를 해보고자 한다.[1957]

4.3.1. 세계파괴설(*Annihilatio Mundi*)

종교개혁자 마르틴 루터(Martin Luther, 1483-1546)는 하나님의 창조의 영광을 기뻐하고 누렸으며 만물 갱신설을 주장했지만, 후일 루터파신학자들 가운데는 세계파괴설을 주장하는 이들이 등장하게 되었다. 루터교 정통주의 신학의 자료원을 쓴 하인리히 슈미트(Heinrich Schmid)에 의하면 최후심판 후에 이 첫 창조는 완전히 불에 태워져서 '무로 되돌아'가기 때문에, '세상의 변혁'이 아니라 '그 실체의 절대적인 파괴'를 기대해야 한다고 요점을 정리한 후에, 바이어(Baier), 홀라즈(Hollaz), 크벤슈테트(Quenstedt) 등의 루터파 정통주의 신학자들의 글을 인용해서 증빙하고 있다.[1958] 또한 19세기 빈의 개혁파신학자 에드아르트 뵐(Eduard Böhl) 조차도 현재의 세상을 위한 미래는 없다라고 단호하게 부인했다.[1959]

1957 사실 이 중요한 주제에 대해 이런들 어떠하리 저런들 어떠하리식의 자세를 취하는 학자들도 존재한다. 로마교 철학자인 피터 크리프트는 "옛 하늘과 땅을 가지고 만드시든, 옛 하늘과 땅을 만드실 때처럼 무에서(ex nihilo) 만드시든"이라고 표현했고(Kreeft, "가톨릭 관점," 255).

1958 Heinrich Schmid, *Doctrinal Theology of the Evangelical Lutheran Church*, trans. Charles A. Hay and Henry E. Jacobs (Minneapolis: Augsburg, 1961), 655-656. 또한 Gerrit C. Berkouwer, *The Return of Christ*, trans. James van Oosterm (Grand Rapids: Eerdmans, 1972), 220과 Benjamin Wentsel, *Dogmatiek 4C* (Kampen: Kok, 1998), 499-500 등을 보라. 판넨베르크에 의하면 18세기 중반 이래 루터파 신학에서는 세계파괴설을 극복한 신학자들이 등장하게 된다(Wolfhart Pannenberg, *Systematic Theology*, 3 vols. trans. G. W. Bromiley [Grand Rapids: Eerdmans, 1998], 3:588-589).

1959 "Da sinkt dann alles Eitle, die ganze schönblinkende Welt, in das Nichts zurück, aus dem sie entstanden. Sie had keinen Bestand vor Gott. So ist denn an eine Erneuerung oder

이러한 파괴설적인 사고는 단지 루터파 신학에만 나타난 것이 아니라 개혁주의 교회안에도 스며들었다. 벨직 신앙고백서(*Confessio Belgica*) 37조의 도르트 총회 공인본에는 "옛 세상을 정결케 하기 위하여 불과 화염으로 사르실 것을 믿는다"(벧후 3:7, 10; 살후 1:8)라고 되어있지만,[1960] 1562년 원본에는 'pour le purifier'가 아니라 'pour le consumer'(태워버리기 위하여, 소멸시켜버리기 위하여)로 되어 있었다. 귀도 드 브레의 원 고백서에 따르면 세계 멸절설(annihilationism)의 오해를 불러일으킬 것이기 때문에, 1566년 수정본에서는 'pour le consumer'를 'pour le purger'(깨끗하게 하기 위하여)로 수정했고, 1618-1619년 최종 수정본에서는 현재의 형태로 수정한 것이다. 개혁주의적인 입장을 선명하게 드러내기 위해 정당하게 수정이 이루어진 것이다.[1961]

'최후의 청교도'라 불리우는 조나단 에드워즈(Jonathan Edwards, 1703-1758)의 경우에도 세계파괴설을 명시적으로 주창했다.[1962] 그리고 세대주의자들도 대체로 세계 파괴설을 주장해왔다.[1963] 존 왈부어드, 월버 스미스 등 9명의 세대주의자들이 공동작업하여 1967년에 간행한 *New Scofield Reference Bible*에서도 분명히 세계 파괴설("the destruction of the heavens and the earth")을 정설로 표명하였고,[1964] 수정된 세대주의(Revised Dispensational

---

Wiederguburt der sichtbaren Welt nach der Wiederkunft Christi gar nicht zu denken."(E. Böhl, *Dogmatik* [Amsterdam 1887], 610-611; B. Wentsel, *Dogmatiek 4C*, 500에서 재인용).

1960 "옛 세상을 정결케 하기 위하여 불과 화염으로 사르실 것을 믿는다"는 샤프가 제공하는 최종 프랑스어에 따른 것이다(mettant en feu et en flamme ce vieux monde pour le purifier- Schaff, *The Creeds of Christendom*, 3:434). "1562년 원본에는 'pour le purifier'가 아니라 'pour le consumer'(태워버리기 위하여, 소멸시켜버리기 위하여)로 되어 있었다가, 1566년 수정본에서는 'pour le purger'(깨끗하게 하기 위하여)로 수정되었다."(이상웅, "벨직신앙고백서의 역사적 배경과 37조에 담긴 종말론",「개혁논총」36 [2015]: 61-62).

1961 벨직 신앙고백서의 역사적 배경과 37조에 담긴 종말론에 관해서는 이상웅, "벨직신앙고백서의 역사적 배경과 37조에 담긴 종말론": 41-78을 보라.

1962 Jonathan Edwards, *A History of Work of the Redemption*, WJE 9:498, 505, 509; *Some Thoughts concerning the Present Revival of Religion*, WJE 4:360. 이상웅,『조나단 에드워즈의 성령론』(서울: 부흥과개혁사, 2009, 22013), 194, 206에서 재인용.

1963 한국장로교회의 초대 목사로서 세대주의 종말론을 열렬히 전파했던 길선주목사가 세계파괴설이 아니라 만유갱신설을 견지했다는 것은 놀라운 일이다(안수강,『길선주목사의 말세론연구』[서울: 예영, 2008], 120-121).

1964 *The New Scofield Reference Bible* (New York: Oxford University Press, 1967), 1341(이하에서는 NSRB로 약기함).

ism)의 대표자 중 하나인 존 왈부어드(John Walvoord, 1910-2002)는 세계파괴설이 "가장 자연스러운 해석"이라고 보았으며,[1965] 미국 그레이스 커뮤니티 처지의 강해설교자인 존 맥아더(John MacArthur, 1939-) 역시도 동일한 입장을 주장하였다.[1966]

그렇다면 이와 같은 세계파괴론자들이 자신들의 주장의 근거로 제시하는 성경적인 전거구절들은 무엇인지 확인해 보도록 하자. 권성수는 그 근거로 제시되는 성경구절로서 시편 102편 25-26절, 이사야 34장 4절, 51장 6절, 마태복음 24장 35절, 베드로후서 3장 7, 10-13절, 요한계시록 20장 11절, 21장 1절 등을 열거해 준다.[1967] 이 가운데 우리는 특히 베드로후서 3장 본문을 주의해서 살펴볼 필요가 있다. 베드로는 10절에서는 주의 날이 이르면 "하늘이 큰 소리로 떠나가고 물질이 뜨거운 불에 풀어지고 땅과 그 중에 있는 모든 일이 드러나리로다" (ἐν ᾗ οἱ οὐρανοὶ ῥοιζηδὸν παρελεύσονται, στοιχεῖα δὲ καυσούμενα λυθήσεται, καὶ γῆ καὶ τὰ ἐν αὐτῇ ἔργα οὐχ εὑρεθήσεται)라고 말하고 있고, 12절하 반절에서는 "그날에 하늘이 불에 타서 풀어지고 물질이 뜨거운 불에 녹아지려니와"(τῆς τοῦ θεοῦ ἡμέρας δι' ἣν οὐρανοὶ πυρούμενοι λυθήσονται καὶ στοιχεῖα καυσούμενα τήκεται)라고 말했다.[1968] 세계파괴설을 따르는 이들이 보기에 이런 구절들은 자신들의 입장을 확실하게 뒷받침해 주는 것으로 간주되어진다.[1969] 흔히들 '불 타 없어질 이 세상인데' 하듯이, 베드로 역시 하늘은 떠나가든지 혹은 하늘과 물질이 다 뜨거운 불에 용해되어 버린다고 하지 않는가? 더욱이 Textus Receptus와 그를 따르는 KJV에 의

1965 John Walvoord, *The Revelation of Jesus Christ: A Commentary* (Chicago: Moody Press, 1976), 305-306, 311-312.
1966 John MacArthur, *Revelation 12-22* (Chicago: Moody Publishers, 2000), 263: "The New Heaven and the new earth will not merely succeed the present universe in chronological sequence; they will be something brand new, fresh, never before seen."
1967 권성수, 『요한계시록』(서울: 횃불, 1999), 460-461.
1968 물질이라고 번역된 헬라어 단어 스토이케이아(στοιχεῖα)의 다양한 의미들과 본문에서 선택 가능한 의미에 대해서는 Ryan P. Juza, "Echoes of Sodom and Gomorrah on the Day of the Lord: intertextuality and tradition in 2 Peter 3:7-13," *Bulletin for Biblical Research*, 24/ 2 (2014): 237-238을 보라.
1969 John MacArthur, *2 Peter and Jude* (Chicago: Moody Publishers, 2005), 125: "God's power will consume everything in the material realm- the entire physical earth-with its civilizations, eco-systems, and natural resources-and the surrounding celestial universe."

하면 '드러나리로다'(10절하) 동사 대신에 "불타리로다"(burned up)는 동사가 쓰이고 있어 더욱더 세계파괴설에 힘을 실어주는 듯 했다. 그러나 사본학의 발전을 따라 εὑρεθήσεται라는 동사가 더 원본에 속한다고 결론지어졌다. 그리고 '불에 풀어진다'거나 '녹아진다'는 용어들이 반드시 완전 파괴를 통한 무화(無化)가 되는 것을 가리키지 않는다.[1970] 이러한 구절을 포함하여 마치 세계파괴설로 이해될 수 있는 여러 본문들에 대한 신학적인 검토와 비평적 논의는 미들턴의 신간『새 하늘과 새 땅』, 9장에서 충분히 이루어졌다고 생각한다.[1971]

4.3.2. 만유갱신설

개혁주의 신학은 대체로 세계파괴설을 따르지 아니하고, 만물갱신설을 견지해왔다.[1972] 현재하는 첫 창조가 소멸하거나 무화되는 것이 아니라 갱신된다고 하는 입장이다. '새 하늘과 새 땅'(사 65:17, 66:22; 벧후 3:13; 계 21:1)이란 첫 하늘과 땅의 갱신을 의미한다고 하는 것이다. 이와 같은 입장을 지지해주는 전거구절로 제시되어지는 성경구절들은 마태복음 19장 28절, 사도행전 3장 21절, 로마서 8장 19-22절, 요한계시록 21장 5절(καινὰ ποιῶ πάντα) 등이다.[1973] 그러면 만유갱신설에 대한 몇 가지 신학적인 논거들을 잠시 검토해 보도록 하겠다.

1970 Albert Wolters, "Worldview and Textual Criticism in 2 Peter 3:10," *Westminster Theological Journal* 49/2 (Fall 1987): 405-413. 월터스는 주해적인 논의를 통하여 다음과 같이 설득력있는 결론을 내렸다: "The text of 2 Pet 3:10, on our interpretation, lends no support to this perspective, but stresses instead the permanence of the created earth, despite the coming judgement."(413). 세계파괴설로 읽는 것은 영지주의적 세계관을 가지고 본문을 곡해하는 일(eisgesis)라고까지 비판한다.
1971 Middleton,『새 하늘과 새 땅』, 267-315.
1972 Charles Hodge, *Systematic Theology*, 3 vols. (New York: Scribner's Sons, 1872-1873), 3: 853-854; B. B. Warfield, *Biblical Doctrines*(Grand Rapids: Baker, 2003), 640; 박형룡,『내세론』, 356-358. 또한 Berkouwer, *The Return of Christ*, 387-423; Middleton,『새 하늘과 새 땅』; 박윤선,『요한계시록강해』(수원: 영음사, 2014), 739-743 등.
1973 권성수,『요한계시록』, 461. 권성수는 구약의 제구절들도 전거구절로 제시한다(창 48:4; 시 119:90; 전도서 1:4).

첫째, 개혁주의자들은 '새 하늘과 새 땅'(οὐρανὸς καινὸς καὶ γῆ καινή)이라는 문구속에 사용된 헬라어 형용사 카이노스(καινός)의 의미에 주목한다. 헬라어에는 '새로운' 혹은 new에 해당하는 형용사가 카이노스와 네오스(neos)가 있다. 후자는 '시간이나 기원 면에서의 새로움'(new in time or origin)을 가리키지만, 전자는 '성질이나 특성 면에서 새로움'(new in nature or in quality)을 의미한다. 후자의 용례로서 우리는 "새 포도주는 새 부대에 담아야 한다"는 구절을 인용할 수가 있다. 그러나 카이노스라는 형용사가 하늘과 땅을 수식함에 따라, 새 하늘과 새 땅이 "현재의 우주와 완전히 다른 우주와 연속성이 있는 우주의 창조"를 뜻하게 된 것이다.[1974] 혹은 그렉 빌은 신약에서는 특히 카이노스가 '종말론적이거나 구속사적인 전환들'을 묘사할 때 사용되었다라고 말한다.[1975]

첫 창조와 재창조 사이의 연속성을 밝히 증거하는 두 번째 근거는 로마서 8장 19-21절에 기록된 사도 바울의 진술이다: "피조물이 고대하는 바는 하나님의 아들들이 나타나는 것이니 피조물이 허무한 데 굴복하는 것은 자기 뜻이 아니요 오직 굴복하게 하시는 이로 말미암음이라. 그 바라는 것은 피조물도 썩어짐의 종 노릇 한 데서 해방되어 하나님의 자녀들의 영광의 자유에 이르는 것이니라." 이 본문에 의하면 현재 피조세계는 자신의 의사와 관계없이 허무함에 굴복하고 있으며, 장차 그 허무와 저주에서 해방되어질 날을 학수고대하고 있다라고 하는 것이다. 하나님의 자녀들의 영광의 자유에 이르는 날은 곧 허무에 종속된 하늘과 땅도 완전히 갱신되는 날로 정해져 있기 때문에 피조물들도 그 날을 위해 산고를 겪고 있다고 한다.[1976]

1974 Hoekema, *The Bible and the Future*, 280; J. van Genderen and W. H. Velema, *Concise Reformed Dogmatics*, trans. Gerrit Bilkes & Ed M. van der Maas (Philipsburg: P&R, 2008), 882: "In Revelation 21:5 the word 'new'(*kainos*) means: 'the epitome of the wholly different and miraculous thing which is brought by the time of salvation.'(*TDNT*, 3:449)"; 이필찬, 『내가 속히 오리라』(서울: 이레서원, 2006), 875.
1975 Gregory K. Beale, *The Book of Revelation: a Commentary on the Greek Text*, NIGTC (Grand Rapids: Eerdmans, 1999), 1040.
1976 Hoekema, 『개혁주의 종말론』, 392; Berkouwer, *The Return of Christ*, 222; Douglas J. Moo, "Nature in the New Creation: New Testament Eschatology and the Environment," *Journal of the Evangelical Theological Society*, 49/3 (2006): 459-463.

세 번째 논거는 부활체와 신천신지의 유비(analogy)를 생각해 보라는 것이다. 신자의 부활체는 현재 우리가 입고 사는 이 몸과 연속성을 가지고 있듯이, 신천신지의 경우도 첫 하늘과 땅과 연속성을 가지고 있다는 것이다. 뷔히젤(Büchsel)은 마태복음 19장 28절에 등장하는 팔링게네시아(παλιγγενεσία)에 대한 사전 기고문에서 "죽은 자의 부활과 세상의 갱신에 대한 유대적 믿음은 이 용어로 옷입혀져있다."라고 적시해 주었다.[1977]

네 번째 근거로 생각해 볼 수 있는 것은 바로 하나님의 자기 의화(self-justification)와 관련지운 논의이다. 만약 하나님께서 지으신 창조세계를 포기하신다고 한다면 하나님은 사탄에 의해서 창조에 있어 실패하신 분으로 비난을 받을 수밖에 없다는 것이다. 그러나 성경에 의하면 하나님께서는 첫 창조세계를 포기하시는 것이 아니라, 이 땅과 하늘을 영광스럽게 갱신하시고, 모든 악한 세력들을 몰아내시므로 궁극적으로 승리하시고 자신의 정당성을 드러내시고야 마실 것이라고 한다.[1978] 톰 슈라이너 역시 2023년에 출간한 요한계시록 주석에서 다음과 같이 적시해 준다.

> 아마도 위에서 언급했듯이 부활에 대한 가르침이 여기에 해당할 것이다. 믿는 자의 부활에 대한 패러다임인 죽음에서의 예수의 부활(고전 15:12-19)은 그의 필멸의 몸과 불멸의 몸 사이의 연속성을 지적한다. 더 정확하게 말하면, 연속성과 불연속성이 모두 있다(고전 15:42-44 참조). 같은 방식으로, 새 창조는 옛 창조와 연속성과 불연속성을 모두 공유하며, 멸절과 재창조 대신 현재 세계의 변형을 암시한다.[1979]

1977 Büchsel, "παλιγγενεσία," *TDNT*, 1:688; Berkouwer, *The Return of Christ*, 224, 각주 27에서 재인용. 또한 Francis N. Lee, *Central Significance of Culture*, 최광석 역, 『문화의 성장 과정』(김포: 개혁주의신행협회, 1989), 123을 보라.
1978 Van Genderen and Velema, *Concise Reformed Dogmatics*, 883: "God neither gives up on his creation nor allows it to perish. Continuity is not a function of something durable in the world itself, but signifies that God does not abandon the work of his hands." 또한 유해무, 『개혁교의학』, 636-637을 보라.
1979 Schreiner, *Revelation*, 711: "Perhaps, as noted above, the teaching on the resurrection pertains here. Jesus's resurrection from the dead, which is the paradigm for the resurrection of believers (1 Cor. 15:12-19), points to a continuity between his mortal and immortal body. More precisely, there is both continuity and discontinuity (cf. 1 Cor. 15:42-44). In the same way,

다섯째 논거는 이러한 갱신 개념은 "구약과 중간기 시대의 유대 문헌에 나타난 종말론적 축복의 개념과 일치한다"고 하는 것이다. 특히 노아언약의 핵심이 '우주 골격의 보존'에 있으며, 그것은 "그리스도의 새 언약에서 성취되고 새 하늘과 새 땅에 완성된다"고 하는 점을 이필찬은 제시한다.[1980]

4.3.3. 갱신의 성격과 범위

새 하늘과 새 땅이 첫 창조와 불연속적인 것이 아니라 연속적인 전면 갱신이라고 한다면 우리는 그 갱신의 성격내지 범위에 대한 질문을 제기하지 않을 수가 없다. 카이퍼와 신칼빈주의자들 가운데는 신천신지가 지금 세상과 다르지 않다고 하는 점을 강조한다. 양자 모두 '유형성'(corporeality)을 본질적으로 가질 것임을 주장하였다. 자연과 문화 양자가 두 세상 속에 다 존재할 것을 강조했다.[1981] 카이퍼는 『일반은총론』이나 『완성론』과 같은 작품들 속에서 구속받은 인간은 영만 아니라 몸을 입고 살게 되는 것처럼 우리가 들어가서 살게 될 것은 '가시적이고 외적인 것'임을 말했고, 구체적으로 이 지상의 문화와 신천신지에 수립될 문화간의 연속성을 상세하게 묘사했다.[1982] 특히 요한계시록 21장 24, 26절에 근거하여 "각 민족이 현재 이 땅의 삶에 독특하게 기여한 것들" 혹은 "이 땅이 낳은 문화와 예술의 가장 좋은 산물"이 신천신지에도 존속하게 될 것이라고 하는 점을 카이퍼와 신칼빈주의자들은 강조했다. 특히 남아공의 신학자 프랜시스 리(Fran

---

the new creation shares both continuity and discontinuity with the old creation, suggesting a transformation of the present world instead of annihilation and then re-creation."

1980 이필찬, 『내가 속히 오리라』, 875. 요한계시록 21-22장의 유대적 배경과 로마적 배경에 대한 연구로는 Eric J. Gilchrest, *Revelation 21-22 in Light of Jewish and Greco-Roman Utopianism* (Leiden : Brill, 2013)을 보라.
1981 Lee, 『문화의 성장 과정』, 130. 리는 이러한 입장을 견지한 신학자들의 명단을 다음과 같이 제시해준다: 아우구스티누스, 제롬, 토마스 아퀴나스, 루터, 칼빈, 아브라함 카이퍼, H. H. 카이퍼, 바빙크, 데이크(Dijk), 베르까워 등. 그리고 우리는 이 명단에 리처드 마우(Richard J. Mouw, *When the Kings Come Marching In: Isaiah and the New Jerusalem*, rev. ed. [Grands Rapids: Eerdmans, 2002])와 리처드 미들턴(『새 하늘과 새 땅』)도 추가할 수가 있다.
1982 A. Kuyper, *Common Grace*, trans. Nelson D. Kloosterman and Ed M. van der Maas (Grand Rapids: CLP, 2014), 1: 589-606; *Van de voleinding* (Kampen: Kok, 1931), 4:366-413. 후자는 카이퍼의 종말론을 담고 있는데, 특히 4권은 요한계시록에 대한 해설이다.

cis N. Lee)는 이 세상에서 산출되었던 모든 좋은 문화와 문명들이 "죄성있는 첨가물들로부터 깨끗하게 되어 새 예루살렘의 홀과 박물관 등에서 영원토록 전시되고, 즐겨지며, 관람되고 경청되어질 것"이라고 단언하였다.[1983] 그리고 신칼빈주의자는 아니지만 헨드리꾸스 베르코프(Hendrikus Berkhof)는 "인간 존재의 해방에 기여한 것이면 무엇이든 보존되어 새 땅 에 더해질 것"을 인정했고,[1984] 칼 바르트의 신학적 동지였던 에두아르트 투르나이젠(Eduard Thurneysen, 1888-1974) 역시도 첫 창조와 재창조 사이의 동질성을 주장했다.[1985] 유명한 로마교회 철학자인 피터 크리프트는 새 하늘과 새 땅에서의 삶이 현재의 삶의 내용과 다르지 않되, "인간이 하는 모든 일이, 완전케 되고 영화로우진 상태로 그곳에 있"게 된다고 기대한다.[1986]

반면에 만물갱신설을 따르면서도 지금 땅과 신천신지간의 현격한 차이를 강조하는 이들도 있다. 유명한 주석가 흐레이다누스(S. Greijdanus)는 멸절설에 이를 정도는 아니지만 철저한 연소(total consumption)를 주장했고,[1987] 그의 제자인 끌라스 스킬더(Klaas Schilder) 역시 전적으로 다른 면에 대해 강조했다.[1988]

그런데 우리는 성경이 말하는 이러한 변화가 매우 근본적이라는 것을 안다. 특히 우리는 베드로후서 3:10-11을 통해 그것에 관한 그림을 얻게 된다. 주님의 날에, 즉, 최후의 심판의 날에 하늘들은 소음과 함께

1983 Lee, 『문화의 성장 과정』, 122-129. 베르까워의 제자이자 카이퍼리안적 정신을 가졌던 고든 스파이크만 역시도 리(Lee)보다는 간단명료하지만 유사한 기대를 표현한다(Gordon J. Spykman, *Reformational Theology: A New Paradigms for Doing Dogmatics*, 류호준, 심재승 역, 『개혁주의 신학』 [서울: CLC, 2009], 661).
1984 H. Berkhof, *The Meaning of History*, trans. Lambertus Buurman (Grand Rapids: Baker, 1979), 190-191; Hoekema, 『개혁주의 종말론』, 397.
1985 "The world into which we shall come in the future of Jesus Christ is not another world, but this world, this heaven and this earth, both having passed away and become new. These forests and fields, these cities and streets, these people will be there in the showplace of redemption."(Berkouwer, *The Return of Christ*, 231에서 재인용).
1986 Kreeft, "가톨릭적 관점," 258-260. 심지어 그는 새 하늘과 새 땅에서 유명한 서퍼 레이드 해밀턴처럼 파도타기를 하게 될 것을 기대하고 있다.
1987 Berkouwer, *The Return of Christ*, 221. 각주 23을 보라.
1988 Klaas Schilder, *Heaven-What Is It?* trans. Marian M. Schoolland (Grand Rapids: Eerdmans, 1950), 69-71. "The form and fashion of things will change; the appearance of heaven and earth, and their relationship to each other, will be new and glorious."(70).

('살랑거리며 전속력으로 달리는' - 흐레이다뉘스) 멸망할 것이다. 그것들은 모두 다 우리 얼굴 앞에서 없어질 것이다. 다른 말로 말하자면, 지금의 질서가 완전히 다른 것으로 대체될 것이다 (마 5:18; 막 13:31; 마 24:35와 비교해 보아라). 이외에, 모든 물질이 불탈 것이다. 이것은 '완전히 소멸하는 것을 가리키는데, 불이 모든 것을 관통하고, 그 어디에서나 저항을 받지 않고 사물의 모든 기본 요소를 공격한다'. 이 물질들은 '사물의 질료나 기본 요소'를 말한다. 세 번째 시기에는 해체나 용해의 개념이 도입된다. '물질의 해체는 한계까지 도달한다. 그러나 이것은 전체적인 의미에서 물질의 분쇄나 파괴를 말하지는 않는다. 물질들, 모든 것조차도, 하늘들도 사라질지도 모른다. 그래서 물질 자체는 제거되지 않는다. 모든 것이 기본 요소들처럼 용해될 것이다'. 이 의견은 흐레이다뉘스 교수가 그의 요한계시록 주석에서 말한 것과 동일하다. 그가 '새 하늘과 새 땅'에 대해 이야기할 때 이렇게 말한다. '그것은 하나님이 무에서 이 새 천지를 창조해 내기 위해 이전 우주의 질료를 없앴음을 의미하지는 않는다 (창 1:1). 여기서는 오로지 형상의 변화와 관계 변화에 대해서만 이야기한다. 마태복음 19:28, 사도행전 3:21을 비교해보아라. 하늘과 땅의 모양, 그들의 모습과 그들의 상호관계는 완전히 다르고, 새롭고, 영광스럽게 되었다'. 만약에 우리의 나중 거주지가 이 땅이 된다 하더라도 그것은, 나중에 인간이 새로워진 세상에 들어왔을 때, 너무 달라져서 절대 '알아'보지는 못할 것이다. 들여다 보고 내려다 볼 수는 있을 것이다.[1989]

우리는 여기서 존 칼빈의 견해를 살펴볼 필요가 있다. 칼빈은 베드로후서 3장 10절 주석에서 "만물은 실체는 동일하게 남는 반면, 새로운 질(quality)을 얻기 위하여 불태워질 것이"라고 말했다.[1990] 그러나 그는 크비스토르프

[1989] Klaas Schilder, Wat is de hemel? 권준 외 공역, 『하늘이란 무엇인가?』 (서울: SFC, 2025), 296-297. 또한 Schilder, Heaven-What Is It? 71을 보라.
[1990] John Calvin, Comm. 1 Peter 3:10; The Epistle of Paul the Apostle to the Hebrews and the First and Second Epistles of St. Peter, trans. W. B. Johnston (Grand Rapids: Eerdmans, 1974),365.

(H. Quistorp)의 논평처럼 "피조물의 새로운 상태에 관하여 더 이상 감히 언급하고자 하지 않았고," 또한 "첫 번째 창조와 대조하여 두 번째 창조의 개선이 어떤 것인지 명확"하게 말하지 않았다.[1991] 로마서 8장 21절에 대한 주석에서 "모든 종류의 동물들이 썩지 않는 존재가 될 것인지의 여부를 묻는" 이들을 "정신적으로 건강하지 못한 일부 주석가들"이라고 지칭한 후에 "피조물들의 구성과 질서가 너무도 완벽해질 것이기에 어떤 흠이 있다거나 잠시 있다가 덧없이 사라지는 모습은 보이지 않을 것이다"고 하는 '단순한 교리'로 만족할 것을 권면하고 있다.[1992]

사실 우리가 현재 입고 있는 몸과 장차 입게 될 부활체 사이에 어떤 연속성과 불연속이 있을지를 짐작하기가 어렵듯이, 마찬가지로 이 첫 창조와 신천신지간의 연속성과 불연속성 역시도 그날에 우리가 참여하기 전에는 제대로 상상조차 할 수가 없다고 보아야 마땅할 것이다. 그래서 우리는 "구속받은 엄밀하게 정상적인 지상적 존재"(precisely ordinary earthly existence that that is redeemed)를 말할 수 있지만 "하나님의 방식들의 목적과 의도를 판타지화해서도 안되고, 하나님의 기적적인 종말론적 행동의 측량할수 없는 풍부함을 제한해서도 안된다"라고 경계한 베르까워의 신중론이 합당하고 생각된다.[1993]

4.4. 새 예루살렘- 도성인가 아니면 구속받은 교회 공동체인가?

세 번째로 숙고하고자 하는 신학 주제는 새 예루살렘과 관련된 것이다. 새 하늘과 새 땅에 대해 말하는 계시록 21장 1절 이하를 보면 곧장 새 예루살렘이 등장하고 그리고 21장 9절 이하에서는 새 예루살렘에 대해 자세하

1991 H. Quistorp, *Die Letzte Dinge im Zeugnis Calvins* (Gütersloh: Bertelsmann, 1941); 이희숙 역, 『칼빈의 종말론』(서울: 성광문화사, 1986), 254-261. 이 학자 이름의 표기는 퀴스토르프가 아니라 크비스토르프로 고쳐야 한다.

1992 John Calvin, *Comm. Rom.* 8:21; *The Epistle of Paul the Apostle to the Romans and to the Thessalonians*, trans. Ross Mackenzie (Grand Rapids: Eerdmans, 1973), 174; "Let us, therefore, be content with this simple doctrine – their constitution will be such, and their order so complete, that no apperance either of deformity or of impermanence will be seen."

1993 Berkouwer, *The Return of Christ*, 232-234.

게 설명해주는 것을 보게 된다. 이 새 예루살렘이 무엇을 의미하는가에 대해서도 크게 두 가지 해석이 존재한다. 한편에서는 새 예루살렘을 구속받은 백성들이 영원히 거주하게 될 실제적인 도성 혹은 도시로 보는 입장과 구속받은 공동체를 상징적으로 말하고있다고 하는 입장이다.

4.4.1. 도성으로서 새 예루살렘

새 예루살렘을 비유적으로 해석하지 아니하고 실제로 구원받은 하나님의 백성들이 그 거주민이 되어 살 도성으로 이해하는 입장을 먼저 살펴보도록 하겠다.[1994] 헤르만 바빙크(Herman Bavinck)는 새 예루살렘이 "비록 비유적으로 어린 양의 신부라고 불린다고 할지라도(계 21:2, 9), 교회와 동일한 것은 아니다"고 말한다.[1995] 그는 히브리서 12장 22-23절을 논거로 제시하고 나서 다음과 같이 해명한다:

> 하늘의 예루살렘은 하나님 자신이 지은 도성이고(히 11:10), 살아 계신 하나님의 도성인데, 왜냐하면 그가 이 성의 건축자일 뿐만 아니라 또한 자신이 그곳에 거하기 때문이다(계 21:3). 그곳에서 천사들은 위대한 왕의 종들이며 수행원들이고(히 12:22), 복받은 자들은 그 나라의 시민들이다(계 21:27, 22:3-4).[1996]

물론 바빙크는 새 예루살렘에 대한 요한계시록 21-22장의 묘사를 문자적으로 해석해서는 안된다고 단서를 단다. 그에 의하면 요한은 "하나님 나라의 영광을 다른 방식으로는 우리의 의식에 투사할 수 없기 때문에 개념들을 이미지들로 해석하여 보여 준"것이고, 또는 "내세의 실재들을 현세의 것들로 묘사한 것"이기 때문이다.[1997] 바빙크에 의하면 첫 창조 가운데 있는 모든 아

[1994] 본장에서 충분히 논의하진 않겠지만 실제적 도성으로 이해하는 벤츨의 논의(Wentsel, *Dogmatiek 4C*, 506-512)와 새 예루살렘을 "문자적 성"으로 보아야 한다고 까지 주장하고 논증하는 박형룡 박사의 논의(박형룡, 『교의신학-내세론』, 361-365)도 참고할 필요가 있다.
[1995] Bavinck, 『개혁교의학4』, 853(= GD 4, #577).
[1996] Bavinck, 『개혁교의학4』, 853(= GD 4, #577).
[1997] Bavinck, 『개혁교의학4』, 854(= GD 4, #577).

름답고 선한 것들은 "하나님의 미래의 도성에 함께 집결되어, 갱신되고, 재창조되어 그 최상의 영광으로 들어 올려"질 것이지만, 새 예루살렘의 영광은 지상의 예루살렘이나 낙원 보다 더 영광스럽게 될 것이라고 말한다.[1998]

20세기 미국 복음주의를 주도한 세대주의에 맞서서 역사적 전천년설을 강력하게 대변했던 조지 엘든 래드(George Eldon Ladd)의 경우도 새 예루살렘을 '하나님의 구속받은 백성들과 일치'시키는 해석에 의구심을 표현하고, 오히려 '구속받은 땅에서의 구속받은 사람들의 주요 거주지와 일치'한다는 결론을 내린다.[1999] 무천년설자인 필립 휴스(Philip E. Hughes)도 새 예루살렘을 새 하늘과 새 땅에 속한 도성으로 해석했다.[2000]

그리고 세대주의자들도 대체로 새 예루살렘을 성도들을 위한 영원한 거처라고 문자적으로 이해해왔다.[2001] 1967년에 간행된 NSRB는 새 예루살렘이란 "the dwelling place throughout eternity for the saints of all ages and fulfills the hope of Abraham for the heavenly city (Heb. 11:10-16; cp. Heb. 12:22-24)"라고 말한다.[2002] 존 맥아더는 새 예루살렘이 '실제적인 도시'(an actual city)라고 하는 점을 의심할 근거가 없다고 주장한다.[2003] 세대주의에 근거하여 시한부 종말론으로 한국사회를 혼란케 만들었던 이장림 역시 새 예루살렘을 "주님이 우리를 위해서 예비하신 처소"라고 보면서, 새 예루살렘에 대한 묘사들을 문자적으로 이해하였다.[2004]

1998 Bavinck, 『개혁교의학4』, 854(= GD 4, #577).
1999 George Eldon Ladd, *A Commentary on the Revelation of St. John*, 이남종 역, 『요한계시록』(서울: 크리스챤서적, 1993), 360, 365.
2000 Philip E. Hughes, *The Book of the Revelation*, 오광만 역, 『요한계시록』(서울: 여수룬, 1994), 323.
2001 수정된 세대주의의 대표자중 하나인 드와이트 펜티코스트(1915-2014)는 세대주의자들 가운데서 요한계시록 21:9-22:7에 대한 해석이 다양함을 지적하면서도, 새 예루살렘을 문자적 도시로 이해한다(J. Dwight Pentecost, *Things to Come: A Study in Biblical Eschatology* [Grand Rapids: Zondervan, 1964], 563-583). 본서는 펜티코스트가 1956년 댈러스신학교에 제출하여 통과된 박사논문을 출간한 것이다.
2002 *NSRB*, 1375.
2003 MacArthur, *Revelation 12-22*, 264-265. 그는 도시라는 개념이 "relationships, activity, responsibility, unity, socialization, communion, and cooperation" 등을 함의하고 있으며, 이 세상의 악한 도시들과 달리 새 예루살렘 거주민들은 '완벽한 조화 속에서 함께 살게 될 것'이라고 주장한다.
2004 이답게(= 이장림), 『요한계시록강해』(서울: 새하늘교회 문서출판부, 1999), 585-691. 이장림은 출소 후에 이답게라는 이름으로 개명했고 새하늘교회를 개척했다. 그리고 본강해서는 비매품이다.

4.4.2. 구속된 공동체로서 새 예루살렘

그러면 이제 새 예루살렘을 '교회 혹은 구속받은 교회 공동체'로 보는 입장을 살펴보도록 하자. 우선 카이퍼와 바빙크 사후 네덜란드 개혁교회 신학자로서 요한계시록과 종말론 주제에 심취했던 끌라스 스킬더는 "도성은, 갈라디아서 4:26과 비교할 때, '주님의 공동체'"라고 적시해 준 후에, 다음과 같이 상술해 준다.

> 이것은 이사야 26:1과 40:9, 그리고 시편 48편에서 볼 수 있듯이 구약 성경에서 반복되는 묘사를 따른 것이다. 그러나 이 공동체는 오직 거기에만 존재한다. 그러기에 이것은 '새로운' 인류와 동일시된다. 여기에서 이 공동체는 하나님, 그리스도, 사도들, 믿음의 조상들, 천사들 등과 같은 '하늘의 위계질서hemelsche hierarchie', 곧 통치기관을 가지고 있는 조직된 공동체이다. 이 도성 안에 있는 '넓은 길'이라는 이미지도 새로운 인류인 이 공동체가 조직되어 있음을 보여 준다. 저 넓은 길은 성이 왕래가 쉽고 막힘이 없으며 모든 이들에게 열려 있음을 의미한다.[2005]

그리고 국내에도 적지 않은 영향을 미쳐온 신약학자 윌리엄 헨드릭슨(William Hendriksen, 1900-1982)은 새 예루살렘을 "현재의 이상적인 교회에 의해 예표된 미래의 이상적 교회"라고 단적으로 해설했다. 헨드릭슨이나 그와 동일한 견해를 취하는 학자들, 예컨대 그레고리 빌(Gregory Beale)이나 이필찬이 제시하는 대표적인 전거구절은 "이리 오라. 내가 신부 곧 어린 양의 아내를 네게 보이리라"(δεῦρο, δείξω σοι τὴν νύμφην τὴν γυναῖκα τοῦ ἀρνίου)고 하는 요한계시록 21장 9절이다.[2006] 이러한 말씀 후에 '하늘로부터 내려오는 새 예루살렘'의 전경을 보여주셨기 때문에, 비록 도성의 이미지를 가지

2005 Schilder, 『하늘이란 무엇인가?』, 360. 보다 자세한 내용은 359-366을 보라.
2006 William Hendriksen, *More Than Conquerors*, 김영익, 문영탁 공역, 『요한계시록』(서울: 아가페, 1975), 250. 이 주석은 1939년에 첫 출간된 것으로서 카이퍼, 바빙크와 루이스 벌코프의 무천년주의에 근거하여 쓰여진 클래식에 속한다.

고 있어도 실제적인 도성이라기 보다는 어린 양의 아내인 교회 공동체를 가리킨다고 해석할 수밖에 없다는 것이다.[2007] 로버트 건드리는 1987년에 쓴 한 논문 가운데서 새 예루살렘을 '매우 거대한 상징'(a very large symbol)이라고 부르면서, 새 예루살렘이 상징하는 것은 성도들이라고 하는 견해는 '전혀 새로운 것'(nothing new)이 아니라고 말한다.[2008] "The New Jerusalem: People as Place, not Place for People"라고 하는 그의 논문 제목이 잘 보여주듯이, 건드리는 새 예루살렘은 새 땅에 있는 '성도들을 위한 거주지'가 아니라 '성도들 가운데 있는 하나님의 거처'(God's dwelling pace in the saints)라고 해석한다.[2009]

최근 30여년 동안 이와 동일한 입장을 강변하고 있는 두 학자를 더 소개해 보려고 한다. 현 달라스 소재 리폼드 신학교 교수인 그레고리 빌(Gregory Beale)과 이필찬이다. 두 사람 다 영국에서 요한계시록 연구로 박사학위를 취득했고, 요한계시록에 대한 주석을 출간한 전문가들이다. 빌은 1999년에 출간한『요한계시록 주석』에서도, 2014년에 간행한 주석 축약본에서도 새 예루살렘을 "새 창조와 영광 속에 들어간 완성된 교회"라고 일관되게 해석했다.[2010] 21:1-22:5에 대한 전체 단락 제목을 "다가올 새 세상에서 구속받은 자들의 공동체는 하나님의 온전하고 영광스러운 임재가 그들 속에 영원히 계속될 것이므로 완전하고 신성하고 영광스럽게 될 것이지만, 신실하지 못한 자는 이 복에서 배제될 것이다."라고 붙였다.[2011]

이필찬은 1998년 리처드 보쿰의 지도하에 완성한 박사논문 4장에서 구

2007 Beale, *Revelation: A Short Commentary*, 477-478: "[T]he bride represents not a literal place or city but the redeemed community faithful to God... There is a literal new cosmos, but the point of the vision is to focus on exalted saints as the central feature of the new order."
2008 Robert H. Gundry, "The New Jerusalem: People as Place, not Place for People," *Novum Testamentum*, 29/3 (1987): 254-255. 건드리가 자신과 동일한 견해를 가졌다고 소개한 학자들은 W. W. Reader, R. J. McKelvey, W. Thüsing, T. Holtz 등이다(255, n.2).
2009 Gundry, "The New Jerusalem: People as Place, not Place for People," 256. 그리고 264까지 이어지는 긴 논의를 보라.
2010 Beale, *The Book of Revelation*, 1039-1121; *Revelation: A Short Commentary*, 463-507.
2011 Beale, *Revelation: A Short Commentary*, 463; 김귀탁 역,『요한계시록주석』[서울: 복있는사람, 2015], 724) 빌은 도시의 이미지가 비유적으로 "the fellowship of God with His people in an actual new creation"을 표상한다고 말하기도 한다(Beale, *Revelation*, 468).

조적 분석, 문맥적 분석, 주해적 분석, 주제적 분석 등에 근거하여 새 예루살렘이 교회를 상징하고 있다는 점을 학술적으로 논증하였다.[2012] 또한 2006년에 간행한 방대한 요한계시록주석 속에서 대중적인 필치로 자신의 해석을 국내에 소개하기도 했다.[2013] 이필찬은 새 하늘과 새 땅 혹은 새 창조의 영광을 누리게 되는 주인공을 '그리스도의 신부'라고 소개하기 때문에(21:2, 9-10), 그리스도의 신부로 소개되는 새 예루살렘은 '교회'를 상징하는 것일 수밖에 없다고 해석한다.[2014] 또한 계시록 21장에 묘사된 새 예루살렘은 에스겔 40-48장에 예언된 '종말론적 새 성전에 대한 약속의 성취'로 간주하기도 한다.[2015] 그 성의 장광고가 각기 12,000 스다디온이라는 것은 지성소 기능을 가지고 있음을 상징한다고 해석하고, 사용된 보석의 의미는 '거룩한 도시, 새 예루살렘의 영광, 순결성, 아름다움, 그리고 소중함'을 나타낸다고 해설해 준다.[2016] 그리고 성내에 성전이 없다는 것은 새 예루살렘이 교회공동체를 상징하고 있다는 것을 증거해 준다.[2017] 그리고 나아가서 22장 1-5절에 묘사된 '새 예루살렘에서의 삶'은 '에덴에서의 삶의 회복에 초점'이 맞추어져 있다고 본다.[2018]

우리는 이렇게 새 예루살렘을 교회 내지 공동체(Gemeinde)를 가리킨다고 해석하는 다양한 신학자들이나 주석가들을 찾아볼 수가 있다. 추가적으로 우리는 칼 바르트를 언급할 수 있겠고,[2019] R. H. 마운스와 그가 소개하는 헌터, 키들 등의 학자들을 추가할 수가 있겠다.[2020]

2012 Pilchan Lee, "The New Jerusalem in the Book of Revelation: A Study of Revelation 21-22 in the Light of its Background in Jewish Tradition"(Ph. D. dissertation, St. Andrew University, 1998), 207-268. 이 학위논문은 동일한 제목으로 튀빙엔 소재 모르사에 의해서 출판되기도 했다 (2001년).
2013 이필찬, 『내가 속히 오리라』, 871-934.
2014 이필찬, 『내가 속히 오리라』, 878. 그리고 893쪽에서는 "이것은 거룩한 성 새 예루살렘 성은 어린양의 아내로 교회 공동체를 상징하는 이미지로 사용되는 것이 분명하다"고 말한다. 895쪽도 보라.
2015 이필찬, 『내가 속히 오리라』, 894.
2016 이필찬, 『내가 속히 오리라』, 902, 904.
2017 이필찬, 『내가 속히 오리라』, 908.
2018 이필찬, 『내가 속히 오리라』, 915.
2019 Karl Barth, Kirchliche Dogmatik, IV/2, 최종호 역, 『교회교의학 IV/2』 (서울: 대한기독교서회, 2012), 864-868.
2020 R. H. Mounce, The Book of Revelation, NICNT, rev.ed. (Grand Rapids: Eerdmans, 1997),

4.4.3. 정리

우리는 이상에서 요한계시록 21-22장에 등장하는 새 예루살렘이 구속받은 성도들이 영원히 살 실제적인 도성이나 도시인지 아니면 새 하늘과 새 땅에 거주하게 될 구속받은 교회 공동체를 가르키는지에 대해 살펴 보았다. 양자가 다 해석학적인 근거위에서 자신들의 논의를 전개하고 있기 때문에 일방적으로 어느 한쪽을 선택하기는 쉬운 일은 아니다. 그래서 번 포이쓰레스는 "이미지의 유동적인 성격 때문에 도시의 거주자(성도)들과 도시 자체(영화롭게 된 창조와 함께 성도들)를 엄격하게 구별하지 않는 것이 가장 현명하다"고 언명했고,[2021] 리차드 보쿰의 경우는 새 예루살렘이라는 이미지가 가지는 삼중성을 '백성으로서 새 예루살렘,' '장소로서 새 예루살렘,' 그리고 '하나님의 현존'으로 제시하기도 했다.[2022] 분명한 것은 요한계시록은 상징주의(sybolism)로 가득한 책이기 때문에 새 예루살렘이 상징인지, 아니면 문자적인 것인지에 대한 판단이 필요할 것이다.[2023] 그리고 문자적인 해석을 취할 경우 새 예루살렘에 대한 묘사들 가운데 상식적으로 받아들이기 어려운 부분들, 예컨대 성의 장광고가 다 12,000스다디온이나 된다고 하는 21장 16절을 어떻게 이해할 것이며, 문자적으로 계산할 때에 현 미국 땅의 1/2정도의 사이즈가 되는데 그 성과 신천신지의 문자적인 관계가 어떻게 되는지 등의 난제를 해결하기가 어려워 보인다. 따라서 구속받은 신자들을 위하여 신천신지라고 하는 궁극적인 거처가 있기 때문에, 새 예루살렘은 구속받은 교회 공동체의 영광과 교회가 누리게 될 신천신지에서의 복들을 상징적으로

382: "It(i.e. New Jerusalem, 필자) is far better to understand it as a symbol of the church in its perfected and eternal state. . . The vision itself takes the form of a magnificent city symbolizing the eternal felicity of all who follow the Lamb." 안토니 후크마 역시 헨드릭슨을 따라 새 예루살렘을 '영화롭게 된 하나님의 교회 전체를 상징'한다고 단언한다(Hoekema, 『개혁주의 종말론』, 395).

2021 Vern Poythress, *The Returning King*, 유상섭 역, 『요한계시록 맥잡기』(고양: 크리스챤출판사, 2002), 209.

2022 Richard Bauckham, *The Theology of the Book of Revaltion* (Cambridge: Cambridge University Press, 1995), 126-143.

2023 계시록의 상징주의의 의도가 무엇인지에 대한 일반적인 해설은 다음의 자료를 보라: Gregory K. Beale, "The Purpose of Symbolism in the Book of Revelation," *Calvin Theological Journal*, 41/1 (2006): 53-66.

묘사하는 것으로 이해하는 것이 적절한 선택이라고 생각한다.

4.5. 새 하늘과 새 땅(계 21:1-22:5)에 대한 실제 설교

그러면 이제 새 하늘과 새 땅(계 21:1-22:5)에 대한 실제로 설교를 어떻게 해야 하는지에 대하여 필자가 강해서를 통해서 이미 공표한 예를 제시해 보려고 한다. 앞서도 말했지만 필자는 이 본문에 대한 심도있는 설교학적인 논의를 제시하려고 하지 않으며, 그럴 능력을 갖추었다고 생각하지도 않는다. 다만 개혁주의적인 관점에서 신학 작업을 하고, 그 바탕 위에서 설교를 준비하고 케뤼그마를 선포해야 하는 개혁교회 목사의 소명을 따라 필자가 준비하고 전달했던 새 하늘과 새 땅(계 21:1-22:5)에 관한 설교의 내용을 하나의 예시로 제시하려 할 뿐이다.

필자는 새 하늘과 새 땅(그리고 새 예루살렘)에 대해서 기록하고 있는 요한계시록 21장 1절-22장 5절에 대해서 총 6회에 걸쳐서 강론하였다:[2024] (1) 새 하늘과 새 땅(21:1-4), (2) 보좌에 앉으신 이의 선언(21:5-8), (3) 새 예루살렘- 어린양의 신부(21:9-21), (4) 새 예루살렘의 영광(21:22-27), (5) 수정 같이 맑은 생명수의 강(22:1-2), (6) 세세토록 왕노릇하리로다(22:3-5).

4.5.1. 새 하늘과 새 땅(계 21:1-4)

길을 가는 나그네의 마음은 자신의 집과 가정에 대한 사모함으로 그 발걸음을 재촉하게 됩니다. 아무리 좋은 여행을 하고 다녀도 집에 돌아와서 가족들을 만나고 제 방에 드러누우면 역시 내 집이 최고야라고 말을 하게 됩니다. 그러나 우리의 영원한 본향은 여기 이 땅이 아닙니다. 우리가 영원히 안거할 곳은 죽어서 묻히는 땅도 아닙니다. 세상 사람들은 사람은 흙으로 돌아가면 본향으로 가는 것이라고 체념적으로 말하곤 합니다. 그러나 하나

[2024] 이 본문에 대한 필자의 강해 원고는 이상웅, 『개혁과종말론의 관점에서 본 요한계시록』, 650-722에 제시되어 있다. 책에 제시된 강해 순서로는 57번에서 62번까지에 해당한다.

님께서는 영원한 본향이 이곳에 없다고 말씀하십니다. 우리 그리스도인들은 하늘에 있는 영원한 본향, 하나님께서 예비하고 계시는 본향 집을 향해 나그네 길을 가는 순례자의 무리입니다. 옛적에 아브라함을 부르시어 약속의 땅 가나안으로 향하게 하셨지만 정작 가나안에 이르렀을 때에는 그 땅을 기업으로 주시지 않고 이곳저곳 옮겨 다니면서 장막 생활을 하게 하셨습니다. 하나님께서 주시고자 하시는 약속의 땅의 궁극적인 성취를 보게 하시지 아니하셨습니다. 그래서 히브리서 기자는 아브라함, 이삭, 야곱에 대하여 다음과 같이 평가를 하고 있습니다.

이 사람들은 다 믿음을 따라 죽었으며 약속을 받지 못하였으되 그것들을 멀리서 보고 환영하며 또 땅에서는 외국인과 나그네임을 증언하였으니 그들이 이같이 말하는 것은 자기들이 본향 찾는 자임을 나타냄이라. 그들이 나온바 본향을 생각하였더라면 돌아갈 기회가 있었으려니와 그들이 이제는 더 나은 본향을 사모하니 곧 하늘에 있는 것이라. 이러므로 하나님이 그들의 하나님이라 일컬음 받으심을 부끄러워하지 아니하시고 그들을 위하여 한 성을 예비하셨느니라.(히 11:13-16).

오늘 우리가 읽은 본문에는 바로 믿음의 조상들이 그렇게도 사모했으며, 우리들도 간절히 소망하고 있는바 우리의 영원한 본향에 대해서 분명하게 묘사하고 있습니다. 우리가 영원히 살게 될 천국이란 영혼들이 거주하는바 천당이 아니라, 새 하늘과 새 땅이라고 하는 점을 오늘 분명하게 말씀하고 있습니다.

(1) 새 하늘과 새 땅(New heaven and new earth)

사도 요한은 악인들의 최후 심판과 최종 상태에 대하여 환상을 본 후에 이번에는 하나님의 백성들이 누리게 될 새 하늘과 새 땅에 대한 비전을 보게 됩니다. 1절을 다시 읽겠습니다. "또 내가 새 하늘과 새 땅을 보니 처음 하늘과 처음 땅이 없어졌고 바다도 다시 있지 않더라." 요한은 천당이 아니라 새 하늘과 새 땅을 보았다라고 말합니다. 사실 우리 신자들이 살게 될 영원한 본향, 거주지가 지금 우리가 살고 있는 물질세계와는 전혀 관계가 없느냐, 있느냐에 대해서 같은 개신교 안에서도 의견을 달리하고 있습니다. 다시 말해서 예수 그리스도가 재림하시고 난 후에 우리 신자들은 구원 받지만 우리가 살고 있던 이 우주 삼라만상은 어떻게 되느냐 하는 문제 말입니다. 루터교에서는 첫 세계가 파괴된다고 주장하고, 개혁파에서는 이 세계의 갱신을 믿어 왔습니다.

여러분들은 어떻게 생각하십니까? 흔히들 우리는 불 타 없어질 이 세상이라고 하지 않습니까? 1절에 말씀하기를 "처음 하늘과 처음 땅이 없어졌고"라고 말씀하는 것을 보더라도 세계멸절설이 더 맞지 않을까요? 베드로후서 3장 10절에서 13절의 말씀을 참고해서 보겠습니다. "그러나 주의 날이 도둑 같이 오리니 그 날에는 하늘이 큰 소리로 떠나가고 물질이 뜨거운 불에 풀어지고 땅과 그 중에 있는 모든 일이 드러나리로다. 이 모든 것이 이렇게 풀어지리니 너희가 어떠한 사람이 되어야 마땅하냐? 거룩한 행실과 경건함으로 하나님의 날이 임하기를 바라보고 간절히 사모하라. 그 날에 하늘이 불에 타서 풀어지고 물질이 뜨거운 불에 녹아지려니와 우리는 그의 약속대로 의가 있는 곳인 새 하늘과 새 땅을 바라보도다." 베드로는 말하기를 주님이 재림하실 때에 하늘이 큰 소리로 떠나가고 물질(개역-체질)이 뜨거운 불에 풀어지고 녹아진다고 하였습니다. 물질은 예전에 체질이라고 번역했던 단어인데, 헬라어 스토이케이아(*stoicheia*)는 우주, 혹은 물질세계를 구성하고 있는 기본적인 요소들을 가리킵니다. 우리들이 알고 있는 원소나 원자들을 가리킵니다. 주님이 재림하시는 날에 온 우주만물을 구성하고 있는 기본요소들이 뜨거운 불에 풀어지고 녹아진다고 했으니, 온 세상이 불타 없어져 버리는 것이 아니냐고 이해하기가 쉬운 것입니다.

그러나 뜨거운 풀무불에 들어가서 풀어지고 녹아지면 다 닳아서 없어질 것도 있지만, 불순물이 제거되고 순수한 재료로 복귀하여 다시금 새로운 물건을 만들어 내는 것을 우리는 알고 있습니다. 예컨대 고철 덩어리들을 모아서 용광로 속에 넣은 후에 녹여서 쇳물을 만들고 틀에 붓고 식혀서 새로운 철제품을 만들어 내는 것을 생각해 보시면 좋겠습니다. 이와 같이 하나님께서는 처음 창조하신 물질세계를 불에 태워 소멸시키거나 멸절시키는 것이 아니라 불로 정화하시고 녹여서 영광스러운 우주로 다시 만들어 내실 것입니다. 요즘 쓰는 말로 하자면 하나님은 재활용의 대가이신 분이십니다. 우리 인생들도 그렇지 않습니까? 하나님은 그의 백성들을 만드시기 위해서 새로운 인류를 만들지 않고, 타락한 아담의 자손들을 중생시키시고 재창조하시어 새 사람을 만드시지 않으셨습니까? 그처럼 하나님께서는 그가 지으신 옛 창조물을 우리가 상상할 수밖에 없는 방식으로 재창조해 내실 것입니다. 우리 개인들을 새롭게 하시듯, 하나님은 만물을 새롭게 하실 것입니다.

그래서 사도 바울은 피조물도 구속의 날을 기다리고 있다고 표현을 했습니다. 로마서 8장 19-23절의 말씀을 읽어드립니다. "피조물이 고대하는 바는 하나님의 아들들이 나타나는 것이니 피조물이 허무한 데 굴복하는 것은 자기 뜻이 아니요 오직 굴복하게 하시는 이로 말미암음이라. 그 바라는 것은 피조물도 썩어짐의 종노릇 한 데서 해방되어 하나님의 자녀들의 영광의 자유에 이르는 것이니라. 피조물이 다 이제까지 함께 탄식하며 함께 고통을 겪고 있는 것을 우리가 아느니라. 그뿐 아니라 또한 우리 곧 성령의 처음 익은 열매를 받은 우리까지도 속으로 탄식하여 양자 될 것 곧 우리 몸의 속량을 기다리느니라." 피조물이 고대하는 바 자유와 해방은 새 하늘과 새 땅의 도래로 완성되고 성취되어질 것입니다. 이처럼 옛 창조 세계를 무화시키거나 멸절시키지 아니하고 구속하시고 새롭게 하시는 것은 하나님이 실패하셨다고 사탄이 참소하지 못하게 하시기 위해서이기도 합니다.

그런데 오늘 본문 1절 끝부분에 보니 새 하늘과 새 땅에는 "바다도 다시 있지 않더라."(and there was no longer any sea)라는 말씀이 있습니다. 이 구절을 읽으면 우리나라 동해나 저 남반부의 오세아니아의 푸르고 깊은 바다를 좋아하는 이들에게는 여간 섭섭한 일이 아닐 것입니다. 그러나 이 구절은 상징적으로 이해하는 것이 좋겠습니다. 요한계시록에서 바다는 이 세상을 상징합니다. 짐승들이 모두 바다에서 올라온다고 말씀하고 있습니다. 바다는 이 세상을 가리킵니다. 이 세상에 있는 모든 강물들이 흘러가 바다로 모이듯이, 사람들의 생각과 가치관이 모이고 또 모이면 거대한 세상의 가치관이 생겨나게 되는 것입니다. 현대인들은 엄청난 정보의 바다라고 일컬어지는 인터넷 세상을 생각해 보셔도 좋겠습니다. 정보의 바다이기도 하지만 스팸의 바다이기도 합니다. 새 하늘과 새 땅에 없다고 일컬어지는 바다는 인간의 부패한 본성이 모인 거대한 사회라고 보아야 합니다. 따라서 바다가 다시 있지 않다는 말은 다시 말해서 이 세상의 모든 것들이 영원히 없어진다는 뜻입니다. 세상의 부자들, 정치권력을 둘러싼 암투들, 그리고 강한 자가 약한 자들을 괴롭히고 이용하는 그 모든 일들이 영원히 존재하지 않게 됩니다. 그 이유는 이제 그 모든 것들이 끝나 버렸기 때문입니다.

(2) 새 예루살렘(New Jerusalem)

새 하늘과 새 땅을 본 사도 요한은 다시금 새로운 환상을 보게 됩니다. 2절 말씀을 다시 보실까요? "또 내가 보매 거룩한 성 새 예루살렘이 하나님께로부터 하늘에서 내려오니 그 준비한 것이 신부가 남편을 위하여 단장한 것 같더라." 사도 요한은 하늘로부터 내려오는 새 예루살렘 성을 보았다고 말합니다. 그리고 얼마나 아름다운지 신부가 남편을 위하여 단장한 것 같다고 표현하고 있습니다. 아마도 보통 여자분들이 한 평생을 통하여 가장 아름답게 꾸미고 단장하는 날은 결혼식 당일일 것입니다. 한 평생 중에 가장 아름답게 화장을 한 신부를 보고 당연한 일인데도 불구하고 사람들은 아름답다고 하면서 감탄해 마지를 않습니다. 그처럼 새 예루살렘 성이 하늘에서 내려오는데 신부가 남편을 위하여 단장한 것 같이 아름다운 성이라고 묘사하고 있습니다. 예루살렘 성에 대한 구체적인 묘사는 20장 후반부에 기록되어 있으니 나중에 살펴보도록 하겠습니다.

사도 요한이 요한계시록을 쓰고 있었을 때인 주후 95, 96년경은 지상의 예루살렘은 로마 군병들에 의해서 이미 완전히 초토화되고 난지 30여년이 다 되어가던 시점이었습니다. 그런데 땅의 성은 멸망하고 쑥대밭이 되었지만 하나님이 예비하시는 예루살렘 성은 건재하다는 것을 본문은 말씀해 줍니다. 그러나 하늘에서 내려오는 새 예루살렘 성을 단순히 신자들이 거하게 될 성읍이나 도시로 이해하는 것은 곤란한 것입니다. 왜냐하면 20장 9절에 보시면 하늘에서 내려오는 새 예루살렘 성을 어린 양의 신부 혹은 아내라고 표현하고 있기 때문입니다. 결국 새 예루살렘은 그리스도의 교회를 가리킵니다. 그리스도의 교회란 어린 양의 피로 구속받은 하나님의 백성들 전체를 가리키는 것입니다. 하나님은 그리스도의 공동체인 교회를 아름다운 성에 비유하고 있습니다. 이는 우리의 구원이 개별적으로 이루어지는 것이기도 하지만 결국에는 공동체적인 완성이 목표라는 것을 말씀하시는 것입니다. 하나님이 베푸시는 은혜와 구원의 영광은 너무나 풍성하고 웅장한 것이어서 한 사람이 다 구현할 수가 없습니다. 그래서 하나님께서는 교회라는 공동체를 통해서 하나님의 각종 지혜와 은혜의 영광을 디스플레이 하시는 것입니다.

사도 바울은 이러한 점들을 에베소서에서 잘 설명해 주고 있습니다. 교회를 건물에 비유하는 바울은 2장 20-22절에서 "너희는 사도들과 선지자들의 터 위에 세우심을 입은 자라 그리스도 예수께서 친히 모퉁잇돌이 되셨느니라. 그의 안에서 건물마다 서로 연결하여 주 안에서 성전이 되어 가고 너희도 성령 안에서 하나님이 거하실 처소가 되기 위하여 그리스도 예수 안에서 함께 지어져 가느니라."고 말씀하고 있고, 3장 10절에서는 "이는 이제 교회로 말미암아 하늘에 있는 통치자들과 권세들에게 하나님의 각종 지혜를 알게 하려 하심이니"라고 말씀하고 있습니다. 교회는 단순히 건물을 말하지 아니하고 이처럼 하나님께서 사랑하시어 구속하신 공동체를 가리킵니다. 마찬가지로 요한계시록에서 묘사되어지고 있는 새 예루살렘 역시 물리적인 성을 말하는 것이 아니라 예수 그리스도의 신부인 교회 공동체를 가리킵니다.

2절을 다시 보시면 사도 요한은 어린 양의 신부인 새 예루살렘 성이 "하나님께로부터 하늘에서 내려오니"라고 말씀하고 있습니다. 이는 교회가 땅에 속하기는 했지만 그 모든 재료는 하늘에서부터 내려온 것이요, 하나님이 손수 지으신 작품이라는 뜻입니다. 교회와 신자들은 하나님이 주시는 생명과 능력으로 자라고 양육 받으며 준비되어집니다. 그리고 아름다운 신부와 같이 단장하였다고 했는데, 이는 하나님의 백성들이 마침내 눈부시게 아름다운 자태를 드러내게 되는 날이 온다는 것입니다. 이 세상에서 살아가는 동안에는 신자들의 영광이 별로 드러나지 않습니다. 늘 고난이나 환난 핍박을 받으며 무시당하고 살기 십상입니다. 진흙 속에 감추어져서 그 빛을 발하지 못하는 보석과 같은 존재일 수 있습니다. 그래서 오히려 이 세상의 영광이 더 휘황찬란해 보입니다. 그러나 주님께서 재림하시어 교회에서 베푸시는 영광이 드러나게 될 때에 이 세상의 모든 헛된 영광들은 그 빛을 잃게 될 것입니다. 신자들의 아름다움은 겉 사람의 아름다움에 있지 않고 내면의 아름다움에 있습니다. 베드로 사도는 그리스도인 부인들에게 권면하기를 "너희의 단장은 머리를 꾸미고 금을 차고 아름다운 옷을 입는 외모로 하지 말고 오직 마음에 숨은 사람을 온유하고 안정한 심령의 썩지 아니할 것으로 하라 이는 하나님 앞에 값진 것이니라."라고 했는데, 이것은 곧 모든 하나님의 백성들에게 해당하는 것입니다. 아름다운 그리스도인, 아름다운 그리스도의 교회, 흠이나 주름 잡힌 것이 없이 영광스러운 교회(엡 5:26, 27)가 되게 하시는 것이 주님의 구속의 목적이기도 합니다.

(3) 창조와 구속의 목적이 이루어지는 곳

이제 마지막으로 새 하늘과 새 땅은 궁극적으로 어떤 곳인지에 대해서 주목을 해 보십시다. 그곳에서 하나님의 백성들은 무엇을 할 것입니까? 사도 요한이 새 하늘과 새 땅, 그리고 새 예루살렘에 대해서 목도하자 하나님의 보좌에서 큰 음성이 들려옵니다. 3절을 다시 봅니다. "내가 들으니 보좌에서 큰 음성이 나서 이르되 보라 하나님의 장막이 사람들과 함께 있으매 하나님이 그들과 함께 계시리니 그들은 하나님의 백성이 되고 하나님은 친히 그들과 함께 계셔서." 새 하늘과 새 땅에서 하나님은 그의 장막을 사람들과 함께 하겠다고 말씀하십니다. 다시 말해서 하나님께서 그의 백성들과 함께 하겠다는 말씀입니다. 사실 이 세상에서는 우리가 하나님과 동행하고 하나님과 거주한다고 하지만 자주 자주 하나님에 대한 영적인 지각을 잃어버리고 생각조차 하지 아니하고 살기도 합니다. 때로 가까이 계시는 분 같다가도 많은 경우에는 멀리 떨어져 계신 분처럼 여겨지기도 합니다. 그렇지만 새 하늘과 새 땅에서는 더 이상 하나님과 그의 백성이 이별하는 일은 없을 것입니다. 영원히 하나님께서 그의 백성들과 함께 거하실 것입니다. 하나님과 그의 백성들 사이에 친밀한 사귐이 있을 것입니다. 예수님은 천국을 내 아버지의 집이라고 묘사했습니다. 그렇습니다. 천국이든 신천신지이든 간에 하나님 아버지의 집입니다. 그리고 그 아버지의 집에는 거할 곳이 많습니다(요 14:2).

하나님께서 그의 백성들과 함께 거하시는 그 날이 오면 "그들은 하나님의 백성이 되고 하나님은 친히 그들과 함께 계"시게 될 것입니다. 이는 창조와 구속의 목적이 완성된다는 말입니다. 우리는 하나님의 백성 노릇하고 하나님께서는 우리들에 대하여 하나님 노릇해 주시겠다는 것은 구약 전편에 흐르고 있는 하나님의 소망이자, 계획된 목표입니다. 하나님께서는 이스라엘 백성들을 출애굽 시킨 이후에도 "내가 내 성막을 너희 중에 세우리니 내 마음이 너희를 싫어하지 아니할 것이며 나는 너희 중에 행하여 너희의 하나님이 되고 너희는 내 백성이 될 것이니라."(레 26:11, 12)고 말씀하셨고, 예레미야 선지자를 통해서 주신 새 언약의 말씀도 "나는 그들의 하나님이 되고 그들은 내 백성이 될 것이라."(렘 31:33)이었습니다. 바벨론 포로기에 활동했던 선지자 에스겔을 통해서 하나님께서 주신 약속의 말씀도 "내가 너희 조상들에게 준 땅에서 너희가 거주하면서 내 백성이 되고 나는 너희 하나님이 되리라".(겔 36:28)는 것이었습니다. 바로 이러한 하나님의 간절한 소망이 이루어지게 하기 위하여 예수 그리스도는 십자가에서 못 박혀 죽으셨으며, 그와 같은 십자가의 복음으로 하나님의 백성을 불러 모으시고 계신 것입니다. 그리고 오늘 본문 2절 끝부분에 있는 대로 마침내 새 하늘과 새 땅이 임하게 되면 정말 우리 모두가 하나님의 백성답게 살고, 하나님은 우리의 하나님 역할을 확실하게 하시게 될 것입니다.

그리고 이제 4절을 주목해 보시면 하나님과 그의 백성들이 새 하늘과 새 땅에 거하면서 영원한 사귐을 가지게 될 때에 더 이상 하나님의 백성들을 괴롭히게 될 것들이 전혀 없을 것이라는 점을 말씀하시는 것을 볼 수 있습니다. 하나님이 만드신 새 하늘과 새 땅에는 없는 것들이 많습니다. 하나님께서 왕노릇하시기 때문에 그의 백성들에게는 없는 것들이 있습니다. 4절을 같이 읽겠습니다. "모든 눈물을 그 눈에서 닦아 주시니 다시는 사망이 없고 애통하는 것이나 곡하는 것이나 아픈 것이 다시 있지 아니하리니 처음 것들이 다 지나갔음 이러라." 우리가 이 세상을 살아가면서 얼마나 많은 눈물을 흘립니까? 또는 사랑하는 이들과 사별하여서 애통하고 곡하는 일들이 얼마나 많습니까? 또한 아무리 현대 의학이 발달했다고 하지만 각종 불치의 병들, 각종 암들은 왜 그리도 많습니까? 현대에 들어와서 왜 그리 정신병은 많아진 것입니까? 이 세상이 아무리 발전하고 사람들이 아무리 똑똑해진다고 해도 인간이 다스리고 인간이 만들어가는 이 세상에서는 눈물, 사망, 애통, 곡하는 것, 각종 종류의 아픔들이 있을 것입니다. 이 모든 것들은 처음 것들이요, 죄와 타락의 결과로 이 세상에 들어오게 된 재난들인 것입니다.

그러나 하나님께서 창조하시는 새 하늘과 새 땅에는 더 이상 이런 것들이 존재하지 않게 될 것입니다. 옛날 선지자들이 꿈꾸어 왔던 것들이 그곳에서 다 성취되게 될 것입니다. 이사야 35장 10절, "여호와의 속량함을 받은 자들이 돌아오되 노래하며 시온에 이르러 그들의 머리 위에 영영한 희락을 띠고 기쁨과 즐거움을 얻으리니 슬픔과 탄식이 사라지리로다." 이사야 65장 19절, "내가 예루살렘을 즐거워하며 나의 백성을 기뻐하리니 우는 소리와 부르짖는 소리가 그 가운데에서 다시는 들리지 아니할 것이며," 이사야 25장 8절, "사망을 영원히 멸하실 것이라 주 여호와께서 모든 얼굴에서 눈물을 씻기시며 자기 백성의 수치를 온 천하에서 제하시리라 여호와께서 이같이 말씀하셨느니라."고 말씀하고 있습니다. 사망도 우리의 원수인 사탄도 다 영원히 꺼지지 않는 유황 불 못에 들어갔기 때문에 새 하늘과 새 땅에서는 더 이상 악이나 유혹도 찾아볼 수 없게 될 것입니다. 타락의 결과로 죄 있는 육신, 허약하고 병들기 쉽고 결국에는 썩어 부패할 육신을 가졌던 우리들의 몸이 그 날에는 새롭게 변모할 것입니다. 몸의 구속, 온전한 구속이 이루어질 것입니다(롬 8:23, 빌 3:20, 21). 영광스러운 부활체로 변화된 몸을 입고 우리는 영원히 자유롭게 하나님을 섬기게 될 것입니다. 이 세상에서 우리를 가로

막고 넘어뜨렸던 모든 것들이 제거된 자유와 영광의 나라에서 하나님을 찬양하게 될 것입니다. 전능하신 하나님께서 모든 악의 가능성을 방지하시고 든든히 새 하늘과 새 땅을 다스리실 것이기 때문에 다시는 부정적인 것들이 끼어들어올 수가 없게 될 것입니다. 우리 자신들도 더 이상 죄를 지을 수 없는 불멸의 존재로 만들어 주실 것입니다.

사랑하는 여러분! 이와 같이 부활의 소망을 가지고 있고, 우리의 영원한 본향인 새 하늘과 새 땅이 어떤 곳인지를 안다면 어떻게 살아야 할까요? 우리는 천국과 새 하늘과 새 땅에 대해서 성경적으로 묵상하는 시간을 가져야 합니다. 가슴에 불을 붙여야 합니다. 소위 향수병이 들어야 합니다. 리처드 백스터라는 청교도는 병약한 몸을 가졌지만 하루에 30분씩 천국에 대해서 성도의 영원한 안식에 대해서 묵상하는 습관을 들인 결과 청교도들 중에 독특하게도 대학 교육을 받지 못했어도 주옥같은 작품들을 남겼습니다. 우리들도 천국에 대하여, 새 하늘과 새 땅에 대하여 묵상을 해야 합니다.

그리고 또한 우리는 영원한 본향에 적합한 사람이 되어가도록 전력투구해야 합니다. 천국 체질의 사람으로 변해야 합니다. 세상이 좋고, 죄짓는 것이 즐겁다면 새 하늘과 새 땅에 거주하기는 어렵습니다. 그곳에 들어오라고 해도 못 들어갈 것입니다. 우리는 예수 그리스도의 제자가 되어서 하나님을 닮는 자가 되는 일에 전력투구해야 합니다. 은혜의 방편들을 소홀히 하시면 안 됩니다. 영으로써 육체의 행실을 죽이는 일을 힘써야 합니다.

또한 한번 뿐인 인생 속히 지나가게 될 터인데, 이 육신으로 사는 동안에 주님이 기뻐하시는 일에 우리의 남은 생을 사용해야 합니다. 영원히 남을 방식으로 살아야 합니다. 봉사하고 헌신해야 합니다. 부활장인 고린도전서 15장에서 바울이 결론적으로 권면하는 구절대로 사십시다. "그러므로 내 사랑하는 형제들아 견실하며 흔들리지 말고 항상 주의 일에 더욱 힘쓰는 자들이 되라 이는 너희 수고가 주 안에서 헛되지 않은 줄 앎이라."(58절).

마지막으로 이렇게 좋은 천국이라면, 새 하늘과 새 땅이라면 우리끼리 갈 수가 없습니다. 사랑하는 가족들, 친지들, 친구들, 이웃들이 이 다 회개하고 주님께로 돌아와서 신천신지의 축복에 동참할 수 있도록 기도하고 전도하도록 하십시다.

4.5.2. 보좌에 앉으신 이의 선언(계 21:5-8)

수년 전에 서른 두 살의 무명영화작가인 최모씨가 지병과 굶주림으로 요절해서 많은 이들에게 안타까운 마음을 가지게 했습니다. 전기도 끊어진 차가운 방에 있으면서 먹을 것이 없어서 굶어죽은 것으로 보인다고 합니다. 그녀가 이웃에게 남긴 마지막 말은 "창피하지만 며칠째 아무것도 못 먹어서 남는 밥이랑 김치가 있으면 저희 집 문 좀 두들겨주세요"라는 메모였다고 합니다. 고인의 비극적인 요절 소식을 듣고 어떤 배우는 "나보다 어린 여자가, 동료 작가가 차가운 방에서 굶어죽었다. 펄쩍펄쩍 뛰어도 계속 눈물이 난다. 어떻게 그런 일이 생길 수 있는지 정말 모르겠다. 누구 아는 사람 없나요"라는 글을 쓰기도 했습니다. 소위 이 나라에 힘들게 살아가는 사람들의 한 면모를 여실히 보여주는 뉴스였습니다.

반면에 당시에 소위 우리나라의 극소수에 속하는 부유층의 사치스러운 삶의 모습들을 찬란하게 보여주는 드라마가 있었습니다. 집 전체가 화려하게 장식되어 있는 모습, 방 하나가 헬스장인 모습, 승마나 스키를 취미생활로 하는 모습, 백화점에 가서 옷을 사는데 전표를 그냥 보여주고, 심지어 개 생일을 맞아 온 가족이 둘러 앉아서 고깔모자 쓰고 축하해 주는 모습 등. 왜 이런 드라마를 사람들은 좋아할까요? 분명 대부분의 서민들은 오르지도 못할 나무와 같은데 말입니다. 자신의 현실은 그렇지 않지만 그런 모습들을 보면서 대리만족을 하는 것일까요? 아니면 나도 열심히 돈 벌어서 저렇게 살아봐야지하는 목표의식을 가지게 할까요? 그러나 아무리 좋게 보더라도 사람의 마음을 허황되게 만든다라고 생각합니다. 대부분의 사람들은 그렇게 벼락부자가 되어 화려하게 살 수가 없습니다. 뿐만 아니라 설령 어떻게 해서 그런 삶의 환경을 누릴 수 있게 되었다고 해도 드라마에서도 확인 되었듯이 진정한 행복은 보장되지 않습니다.

우리 그리스도인들은 이런 드라마나 영화를 볼 때에 신앙적인 안목을 가지고 보셔야 합니다. "인생모경가"가 우리에게 진실을 잘 보여줍니다. 우리는 잠시 휘황찬란하게 있다가 사라져 버릴 이 세상 영광이 아니라 영원한 것을 사모해야 합니다. 요한일서 2장 15-17절의 말씀을 염두에 두고 살아가십시다. "이 세상이나 세상에 있는 것들을 사랑하지 말라. 누구든지 세상을 사랑하면 아버지의 사랑이 그 안에 있지 아니하니 이는 세상에 있는 모든 것이 육신의 정욕과 안목의 정욕과 이생의 자랑이니 다 아버지께로부터 온 것이 아니요 세상으로부터 온 것이라. 이 세상도, 그 정욕도 지나가되 오직 하나님의 뜻을 행하는 자는 영원히 거하느니라." 하나님의 뜻대로 살아가는 자들이 누리게 되는 영원한 것에 대해서 요한계시록 21장, 22장에서 분명하게 확인할 수가 있습니다. 그것은 바로 새 하늘과 새 땅, 그리고 새 예루살렘에 대한 약속입니다. 하나님의 약속은 반드시 이루어지게 되어 있기 때문에 이런 말씀들을 주의해서 잘 공부하시고 수시로 묵상해 보아야 합니다.

(1) 만물을 새롭게 하시는 하나님

먼저 5절 말씀을 보겠습니다. "보좌에 앉으신 이가 이르시되 보라 내가 만물을 새롭게 하노라 하시고 또 이르시되 이 말은 신실하고 참되니 기록하라 하시고." 보좌에 앉아 계시는 이는 하나님이십니다. 온 우주 만물을 창조하시고 심판하시는 하나님이십니다. 19, 20장에서 보았듯이 하나님을 대적하던 모든 원수들, 즉 사탄과 짐승들, 그리고 따르는 무리들 심지어는 죽음까지도 다 지옥 불못에 던져 넣으실 정도로 전능하신 심판자이십니다. 이제 보좌에 앉으신 그 하나님께서 "보라 내가 만물을 새롭게 하노라"라고 선언하시면서" 이 말은 신실하고 참되니 기록하라"고 말씀하셨습니다. 유진 피터슨의 메시지 성경에 의하면 "보아라! 내가 모든 것을 새롭게 한다. 이 모두를 받아 적어라. 한 마디 한 마디가 다 믿을 수 있는 확실한 말씀이다."라고 이 구절을 번역했습니다. 신실하시고 전능하신 하나님께서 반드시 성취하시고야 말 내용들을 적어라고 하나님은 말씀하셨습니다. 이는 당시 고난 속에 있던 초대 교인들과 후대의 성도들에게 위로를 주시기 위해서 하신 말씀인 것입니다. 세상이 어떻게 돌아가든지 결국은 하나님의 뜻대로 이루어지고 말 것이니까 헷갈리거나 방황하지 말고 계속해서 신앙의 싸움을 싸우라는 격려의 뜻으로 이렇게 확언을 해 주신 것입니다.

그렇다면 하나님께서 하신 선언 "보라 내가 만물을 새롭게 하노라"는 말씀이 무슨 의미인지를 생각해 보십시다. 이 구절은 1절에서 살펴 본 "새 하늘과 새 땅"에 대한 말씀과 관련이 있습니다. 하나님께서 새롭게 하시는 만물이란 하늘과 땅 그리고 그 가운데 있는 만물을 의미합니다. 우리가 앞서도 살펴 보았지만 지금 우리가 몸 담고 살고 있는 이 천지만물 우주 삼라만상의 결국이 어떻게 될까, 이것과 신천신지의 관계가 무엇일까에 대해서는 많은 논란이 있어 왔습니다. 루터파의 입장은 대체로 이 현존하는 천지만물은 완전히 없어지고 전혀 새로운 신천신지를 만들어 주실 것이라고 믿습니다. 하지만 우리 개혁파에서는 지금 존재하는 천지만물과 신천신지는 불연속성도 있지만 연속성도 있다고 해석을 합니다. 우리는 지금 존재하는 이 창조물들이 완전히 불타 없어져 버린다고 믿지 않습니다. 이 세계도 하나님이 창조하신 것이기 때문에 하나님께서는 이 재료들을 활용해서 전적으로 새로운 하늘과 땅을 만들어 내실 것이라고 믿습니다.

왜 이러한 해석이 옳은가 몇 가지 이유를 설명해 드립니다.[2025] 우선 새 하늘, 새 땅 할 때에 새로운(new)에 해당하는 헬라어 형용사는 시간과 기원에 있어서 전혀 새 것이라는 의미인 네오스(neos)를 쓰지 않고, 본성이나 질에 있어서 새롭다는 뜻의 카이노스를 사용했습니다. 네오스를 쓰는 경우는 새로운 부대에 새로운 포도주를 담는다 할 때입니다. 전혀 다른 부대에 전혀 다른 포도주를 담는다는 의미이지요. 하지만 새 하늘 새 땅할 때에는 현재와 우주와 동질이되 영화롭게 갱신된 창조를 가리키는 의미에서 카이노스(kainos)를 썼습니다.

두 번째로 로마서 8장 20, 21절에 의하면 현 창조세계는 하나님의 아들들의 자유의 영광에 이르는 것을 고대하고 있습니다. 현재는 강제로 썩어짐에

2025 이상의 논의는 후크마, 『개혁주의 종말론』, 374-76; 이필찬, 『내가 속히 오리라』, 874-875을 참조했다. 그리고 Berkouwer, *The Return of Christ*, 211-34은 학문적으로 이 논의를 잘 소개하고 있다.

종노릇하고 있지만, 하나님의 자녀들이 구속의 영광에 이르게 되면 자신들도 해방되어 하나님의 자유의 영광에 참여하게 되기 때문이라는 것입니다. 즉, 지금은 썩고 부패하고 무질서하고 혼돈스러운 세상이지만, 주님이 재림하시고 하나님의 자녀들이 몸과 영혼의 완전한 구속에 이르는 날에 이 천지만물과 새로운 질서와 조화 그리고 생명력과 아름다움을 회복하게 될 것이기 때문입니다.

세 번째로 우리가 입게 될 부활체와 신천신지는 유사성이 있습니다. 장차 우리는 분명 부활의 몸을 입게 됩니다. 부활하신 예수님의 몸에서 볼 수 있듯이 분명 이 세상에서 입고 있던 몸과 유사성이 있습니다. 하지만 전적으로 새롭게 된 몸입니다. 마찬가지로 지금의 만물들도 재림의 때에 전혀 다른 어떤 것으로 대체되는 것이 아니라 놀랍게도 새롭게 변화함을 입게 될 것입니다. 우리의 영혼의 변화와도 유사성이 있습니다. 우리는 거듭날 때에 정체성은 동일한 사람으로 남아있습니다. 마찬가지로 이 만물도 전적으로 변화를 입겠지만 동일한 실체를 유지하게 될 것입니다.

네 번째로 천지만물의 소멸이론 보다 갱신이론을 믿는 이유는 하나님의 정당성 때문이기도 합니다. 즉, 하나님이 지으신 만물을 그냥 없애 버린다면 사탄이 실패하신 하나님이라고 비난할 수 밖에 없습니다. 죄짓고 타락한 인류를 없애버리지 않고 구속의 역사를 통해서 구원하시고 새 사람을 만드시듯이 이 세상만물도 비록 인간의 죄의 영향을 받아서 썩고 부패하며 혼란스러운 상태에 빠졌지만, 하나님께서 역사하시어 새로운 하늘과 새로운 땅으로 만들어 내실 것입니다.

오늘 우리가 읽은 본문 5절 말씀도 이러한 만물 갱신론이 옳다는 것을 입증해주는 구절입니다. 왜냐하면 하나님께서는 보라, 내가 만물을 새롭게 하노라고 선포하시기 때문입니다. 이미 존재하는 만물을 새롭게 하시고 완전하게 만드신다는 의미의 말씀이기 때문입니다. 그러나 그 새로움이 얼마나 완전한지 처음 하늘과 처음 땅, 그리고 처음 것들은 다 없어져 버렸다고 말할 정도라는 것입니다. 하나님께서는 완전히 새로운 사람으로 만드시듯이, 이 만물도 완전히 다른 것으로 철저한 변화를 시키실 것입니다.

보좌에 앉으신 하나님께서는 "보라 내가 만물을 새롭게 하노라"고 선언하실 뿐 아니라 6절에 보면 " 이루었도다."라고 선언하시는 것을 봅니다. "이루었도다"(gegonan)는 말씀은 16장 7절에서도 본 적이 있습니다. 그리고 다 이루었다 그러니 무슨 상황이 생각나십니까? 예수님의 가상칠언중 한 말씀이지요. 요한복음 19장 30절에 보면 "예수께서 신 포도주를 받으신 후에 이르시되 다 이루었다 하시고 머리를 숙이니 영혼이 떠나가시니라."고 말씀하고 있습니다. 그렇다면 예수님이 십자가상에서 다 이루었다고 말씀하신 내용과 오늘 본문에 나오는 이루었도다라는 하나님의 말씀과 어떤 관계가 있을까요? 같은 내용일까요 아니면 어떤 차이가 있을까요? 일단 예수님께서 사용하신 단어는 테텔레스싸이(tetelesthai)라는 헬라어 단어입니다. 즉, 이 말은 값을 내가 다 치루었다는 의미입니다. 예수님께서 십자가를 지셔야만 했던 이유가 인류의 대속의 값을 치루시기 위해서였는데, 그 일을 성취하게 되었다는 의미입니다. 그러나 오늘 본문에 나오는 하나님의 말씀 이루었도다라는 말씀은 하나님께서 영원전부터 계획하셨고 수행해 오셨던 구원 계획이 완성되었다는 의미입니다. 새 하늘과 새 땅에 구속하신 백성들을 살게 하시고 사탄과 악의 세력들은 다 유황 불못에 던져 넣으심으로써 구원의 계획이 완성되었다는 의미인 것입니다.

그러면서 이어지는 말씀에 보면 이렇게 만물을 새롭게 하시고 모든 구원 계획을 이루시는 하나님에 대한 자기 소개가 나옵니다. "또 내게 말씀하시되 이루었도다." 그 다음에 " 나는 알파와 오메가요 처음과 마지막이라."는 말씀입니다. 알파는 헬라어 알파벳의 첫 단어입니다.

그리고 오메가는 마지막 글자입니다. 영어로 하면 A와 Z이고, 한글로 하면 기역과 히읗을 말합니다. 그리고 처음과 마지막이라는 표현은 헬라어에서는 아르케(arche)와 텔로스(telos)라는 단어를 썼습니다. 아르케는 시작이라는 의미도 있지만 근원 혹은 원리라는 의미를 가진 단어이고, 텔로스라는 단어는 끝이라는 의미도 있지만 목적을 의미합니다. 결국 하나님의 자기 소개가 의미하는 바는 하나님께서 만물의 근원이시자, 마지막 심판자이시라는 것이요, 역사의 주관자로서 그것을 시작하시고 또한 완성하여 마무리하시는 분이시라는 의미입니다. 하나님께서 이런 분이시기에 하나님은 창조도 하시고, 구원도 하시며, 그리고 심판도 하실 수 있는 것입니다. 그러하기에 하나님의 말씀대로 되어진다, 하나님의 말씀에 순종하는 길이 살 길이다라고 강조하는 것입니다.

(2) 이기는 자에게 주시는 신천신지

오늘 두 번째로 살펴 보려고 하는 것은 하나님께서는 누구를 위하여 이러한 신천신지를 만들어 주시는가 하는 것입니다. 본문 6절 하반 절에 보시면 목마른 자들이고, 7절에 의하면 이기는 자들입니다. 먼저 6절 하반 절을 보실까요? "내가 생명수 샘물을 목마른 자에게 값없이 주리니"라고 말씀하는데, 신천신지를 이야기하다가 왜 이런 말씀을 하시는가 그런 의구심이 들 수가 있습니다. 그러나 생명수 샘물을 마시는 것과 신천신지는 밀접한 관계가 있습니다. 신천신지에서 누리게 되는 지복을 생명수 샘물을 마시는 것으로 비유하고 있습니다. 생명수 샘물은 더 정확하게 번역하면 생명의 물의 샘물이라고 해야 합니다. 그리고 생명의 물의 샘물로부터 물을 주신다고 하는 것은 끊임없이 흘러넘치는 생명의 공급을 의미합니다. 조금도 끊어지거나 핍절함이 없이 계속해서 넘치도록 생명을 공급해 주시겠다는 약속입니다.

그리고 중요한 것은 그러한 생명의 물을 주시되 값없이 주시겠다고 하는 것입니다. 즉, 누가 이런 신천신지에서 영생의 복락을 누릴 수 있는가 하면 은혜로 값없이 구원 받은 자들이 누릴 수가 있는 것입니다. 값이 없다고 해서 진짜 값이 없는 것이 아니라 우리들에게 값을 요구하지 않으셨을 뿐이고, 값을 요구하셨다해도 우리는 그 값을 지불할 수 없었기에 하나님이 친히 그 값을 지불하셨다는 의미에서 값없이입니다. 하지만 하나님께서는 값없이 주신다고 해서 아무런 조건없이 주시지도 않습니다. 본문 6절에 의하면 생명의 물의 샘물로부터 계속해서 샘물을 공급받을 수 있는 자가 누구입니까? 바로 "목마른 자들"입니다. 22장 17절에도 보시면 "성령과 신부가 말씀하시기를 오라 하시는도다 듣는 자도 오라 할 것이요 목마른 자도 올 것이요 또

원하는 자는 값없이 생명수를 받으라 하시더라." 누구든지 허락되어 있지만 목마른 자 원하는 자가 값없이 생명수를 누릴 수가 있습니다. 이는 하나님의 은혜를 사모하고 구원을 갈망하는 자들을 가리킵니다.

　7절에 가시면 목마른 자가 누구냐를 다르게 표현했습니다. 그들은 바로 "이기는 자"입니다. 즉, 승리자를 말합니다." 이기는 자는 이것들을 상속으로 받으리라. 나는 그의 하나님이 되고 그는 내 아들이 되리라." 이기는 자가 생명수 샘물을 자유로이 마실 수가 있습니다. 신천신지를 상속받을 수 있는 합법적인 하나님의 자녀가 될 수 있습니다. 나는 그의 하나님이 되고 그는 내 아들이 되리라는 말씀은 구약 전편에 흐르고 있는 언약의 공식입니다. 그리고 하나님의 자녀가 된 자만이 하나님이 아브라함에게 허락하신 기업(땅)의 상속자가 될 수가 있습니다. "그러므로 믿음으로 말미암은 자는 믿음이 있는 아브라함과 함께 복을 받느니라."(갈 3:9). 그런데 요한은 단순히 믿는 자라고 하지 아니하고 이기는 자라고 표현하고 있음에 우리는 주의를 해야 합니다. 이기는 자라는 표현은 요한계시록에 여러 번 등장했던 표현입니다. 특히 2, 3장에 기록된 7교회에 보낸 편지글에 꼭 빠지지 않고 나왔습니다. 이기는 자란 이 세상의 여러 가지 시험과 유혹에도 굴하기 아니하고 믿음을 지키는 자들이요, 그리스도께 대한 정절을 지키는 자요, 이단과 싸우는 자요, 세속주의의 유혹을 물리치는 자요, 뜨뜨미지근한 신앙이 아니라 열정적인 신앙을 가진 자들입니다. 황제 숭배를 하면 세상 살기가 편할 터인데, 나는 예수 그리스도만을 주님으로 믿습니다 하고 목숨 걸고 믿는 자들을 가리킵니다. 이런 이들이 이기는 자들입니다. 바로 이런 이들이 신천신지를 기업으로 상속하게 된다는 말입니다.

　사랑하는 여러분! 여러분은 어떻습니까? 무엇에 대하여 갈급함이 있습니까? 무엇에 목이 마르십니까? 돈, 지식, 권력, 관계의 성공, 출세에 갈급하십니까? 아니면 하나님과 하나님의 나라 그리고 의에 갈급하십니까? 천국을 사모하십니까? 우리는 속지 말아야 합니다. 하나님은 하나님의 일에 목마른 자들에게 생명수 샘물을 약속하셨습니다. 그리고 또한 여러분은 이 세상과의 관계에서 승리자이십니까? 타협하고 살고 있습니까? 물처럼 흘러가는대로 잘 흘러가는 것을 이상으로 삼고 있습니까? 아니면 시대를 거슬러서 말씀에 순종하는 삶을 살고 있습니까? 때로 믿음의 싸움이 힘들어서 한숨을 내쉬고 있습니까? 아니면 세상과 타협하고 살기에 신바람이 나십니까? 우리는 속지 말아야 합니다. 하나님은 신천신지의 상속자를 이기는 자라고 말씀하고 있습니다.

(3) 불과 유황으로 타는 못에 들어갈 자들

그러면 신천신지를 상속할 수 없는 자들은 어떤 부류의 사람들인지를 살펴 보십시다. 이들은 이 세상에 목말라하는 자들이자, 세상의 대세를 따라 살아가는 자들입니다. 8절을 봅니다. "그러나 두려워하는 자들과 믿지 아니하는 자들과 흉악한 자들과 살인들과 음행하는 자들과 점술가들과 우상 숭배자들과 거짓말하는 모든 자들은 불과 유황으로 타는 못에 던져지리니 이것이 둘째 사망이라." 요한은 신천신지를 상속받지 못하는 자들은 불과 유황으로 타는 못, 지옥 불못에 들어가게 된다고 말씀합니다. 우리말에는 타는 못에 던져지리니 그랬지만 원문에는 그들이 차지하게 될 못 혹은 장소(meros)는 이라는 표현을 사용하고 있습니다. 그들이 차지하게 될 못은 다름 아니라 사탄 마귀와 그 졸개들이 들어가는 불못이 될 것입니다. 요한은 어정쩡하게 제3의 장소가 있다고 말하거나 아니면 고통당하지도 않도록 영원히 멸절할 것이라고 말하지를 않습니다. 신천신지에 영원토록 사느냐 아니면 불과 유황으로 타는 못에 영원히 사느냐 두 가지가 있을 뿐이라고 분명하게 밝히고 있습니다. 우리들에게나 세상 사람들에게나 다른 장소는 없습니다. 이곳 아니면 저곳이 있을 뿐입니다.

하나님께서는 불과 유황으로 타는 못을 영구적인 처소로 삼게 될 자들의 특징을 8가지로 나열하고 있습니다. 첫째는 두려워하는 자들입니다. 이들은 겁을 내는 자들입니다. 초대 교회 때도 그렇지만 오늘날도 교회를 다니다가 중도에 포기하는 이들 중에는 겁을 먹어서 혹은 비겁해서 그런 이들이 있습니다. 즉, 교회 다니다가 가족관계가 잘못된다든지, 경제적인 이익을 잃을까 두려워하는 이들 말입니다. 환난의 시기에는 예수 믿다가 괜히 고문당하거나 죽을까 두려워서 포기하는 이들이 있습니다. 어떤 상황이 되었든지 간에 하나님을 경외하지 아니하고 이 세상을 두려워하여 믿지 않거나 중도에 탈락하는 이들은 신천신지를 상속받을 수가 없는 것입니다. 두 번째로, 믿지 아니하는 자들이란 환난과 박해아래서 신앙을 부인한 자들을 가리킵니다. 혹은 신실하지 못한 자들입니다. 겉으로는 한 때 믿음이 있었던 것 같으나 오래가지 않아 그 믿음이 없음이 드러나고 마는 사람들을 가리킵니다.

세 번째로 흉악한 자들이라고 번역된 에브델뤼그메노이스(ebdelygmenois)라는 말은 혐오스럽고 가증한 자들이라는 말입니다. 우상숭배나 음란한 생활이나 잔인무도한 삶을 살다보니 사람 자체가 그런 존재로 굳어진 사람을 말합니다. 그리고 네 번째로 살인자들이란 세상에서 살면서 어떤 이기적인 목적을 위해서 타인을 죽이는 사람들을 가리킵니다. 특히 환난의 시대에 하나님의 신실한 백성들을 죽인 그런 살인자들을 가리킵니다. 그리고 다섯 번째 음행하는 자들이란 성적으로 부도덕하게 살아가는 이들을 말하지만, 특히 이교 제의는 전부 음행과 관련이 있었다는 점도 염두에 두셔야 합니다. 여섯 번째 점술가들은 마술에 휘말린 자들을 가리킵니다. 신령한 지식을 얻기 위해서 마귀의 수단을 사용하는 자들을 의미합니다. 그리고 일곱 번째 우상숭배자들은 하나님 이외에 다른 것들을 하나님 처럼 섬기고 떠받드는 사람을 가리킵니다. 결국 눈에 보이는 우상뿐 아니라 보이지 않는 이데올로기나 세상적인 가치관들, 그리고 사람들을 신처럼 떠받드는 모든 것이 우상입니다. 이런 점에서 우리는 과도한 자식 사랑이나 부부사랑, 돈 사랑을 경계해야 합니다.

그리고 여덟 번째이자 마지막은 거짓말하는 자들이라고 말씀하고 있습니다. 요한문헌을 읽어보면 진리와 거짓을 빛과 흑암과 같이 선명하게 대조시키고 있음을 봅니다. 예수 그리스도는 그 진리이시고, 마귀는 거짓의 아비라고 합니다. 그러니 믿는 자는 진리에 속하고, 불신자들은 마귀에 속하여 거짓말을 하고 거짓말을 믿기를 일삼는 것입니다. 제사도 조상숭배다 거짓말을 합니다. 거짓말인줄도 모르고 합니다. 이 세상이 다다, 돈 있으면 못할 것이 없고 안 되는 것이 없다. 생명도, 사랑도, 영혼도 산다라고 착각하고 삽니다. 그러나 이것은 다 거짓말입니다. 오늘날은 역사극을 만들어도 역사적 진실보다는 작가가 쓰고 싶은대로 쓰고 대중이 원하는대로 써버립니다. 그것도 일종의 거짓말입니다. 사실과 허구를 헷갈리게 만드는 것입니다. 이렇게 거짓말을 일삼는 자들이 가게 될 곳은 불과 유황으로 타오르는 불못일 수밖에 없습니다.

오늘 나눈 말씀을 정리합니다. 요한계시록 21장 5-8절을 통하여 우리는 만물을 새롭게 하시며, 구속 계획을 완성하시는 하나님에 대해서 살펴 보았습니다. 하나님께서는 기존한 첫 창조세계를 없애 버리시는 것이 아니라 전적으로 갱신하고 변화시키실 것이라고 하는 점을 보았습니다. 또한 하나님은 알파와 오메가, 시작과 끝이 되시는 분이시기에 반드시 하나님의 목적하시는 대로 역사를 마무리하실 것을 우리에게 확인시켜 주었습니다. 그리고 하나님께서는 이러한 신천신지의 복을 상속할 자는 세상을 따라가지 아니하고 믿음으로 살며 승리하는 자들이라는 점을 보았습니다. 신천신지가 아니라 불과 유황으로 타는 못에 들어갈 자들에 대해서도 살펴 보았습니다.

우리는 신천신지 아니면 불과 유황으로 타는 불못 둘 중 한 곳에 가서 영원히 살게 될 것입니다. 그리고 이 세상에 살아가는 동안에 우리가 하나님의 은혜, 구원에 목마른 자로 살아가느냐, 혹은 믿음으로 승리하면서 살아가느냐 아니면 이 세상에 목말라하며 오직 세상만을 추구하면서 살아가느냐에 따라서 우리의 영원한 거주지가 달라질 것임을 기억해야 합니다. 생명 샘물을 영원히 마시고 살 것입니까, 아니면 영원히 꺼지지 않는 지옥 불에서 고통과 고초를 겪으면서 살아갈 것입니까? 장차 영광을 누리려고 한다면 지금 우리가 신앙생활하는 수고를 치루어야 합니다. 주와 함께 고난을 받기를 선택해야 합니다. 이 시대의 가치관을 따라가지 아니하고 믿음으로 승리하는 삶을 사시기를 바랍니다. 초두에 말씀드렸지만 믿는다면 우리는 그렇게 어려움을 당하고 있는 이웃들을 외면해서는 안될 것입니다. 우리가 살고 있는 주변에서 그러한 일이 일어난다고 하면 우리들의 수치라고 하는 것을 아셔야 합니다.

4.5.3. 새 예루살렘- 어린 양의 신부(계 21:9-21)

베를린 장벽과 결혼했다는 여자에 대한 뉴스를 보신 적이 있습니까? 그녀의 이름은 에이자 리타(Eija-Riitta)이고 성은 베를린 장벽(Berliner-Mauer)입니다. 1954년 스웨덴에서 태어났습니다. 그녀의 홈페이지에 보면 남편을 소개하기를 1961년 8월 13일에 출생했으며, 남편이 하는 일은 동베를린과 서베를린을 나누는 것이라고 합니다. 그녀는 베를린 장벽과 1979년 6월 17일에 결혼을 했으며, 1989년 11월 9일 성난 군중에 의해서 남편이 공격당했으며 강제로 은퇴당할 수 밖에 없었다고 말합니다. 그녀는 베를린 장벽을 왜 사랑하여 결혼하기 까지 했다고 하는지 "나는 내 삶속에 강력한 지지물이 필요했고 나는 당신을 발견했다. 나의 사랑스러운 베를린 장벽이여!"라고 밝혔습니다. 어떻습니까? 이야기를 들어보시니까 이 여자분의 사고는 정상적이지 않은 사고라고 느끼실 것입니다. 이런 사람들을 물건에게 사랑을 느끼는 사물애호증(objectumsexuality)을 가졌다고 합니다. 아마도 실제 인간과의 소통에 대한 두려움 때문에 인간의 대체물에 애착을 느끼는게 아닌가 하는 생각이 듭니다.

오늘 우리는 새 하늘과 새 땅에 대한 말씀에 이어서 새 예루살렘에 대한 말씀을 살펴보려고 합니다. 21장 9절에서 22장 5절까지 새 예루살렘에 대해서 말씀하고 있습니다. 그런데 우리가 오늘 읽은 본문만 주의해서 읽었다고 하더라도 조금 난처함을 느낄 것입니다. 새 예루살렘은 문자적으로 새로운 예루살렘 성을 말하는 것인가, 아니면 어린 양의 신부인가하고 말입니다. 9절을 보시기를 바랍니다. "일곱 대접을 가지고 마지막 일곱 재앙을 담은 일곱 천사 중 하나가 나아와서 내게 말하여 이르되 이리 오라 내가 신부 곧 어린 양의 아내를 네게 보이리라 하고." 그리고 나서 요한은 하늘에서 내려오는 새 예루살렘 성을 보게 되는데, 문제는 그 새 예루살렘을 어린 양의 아내 혹은 신부라고 지칭하고 있다는 점입니다. 만약에 예루살렘 성을 어린 양의 아내라고 한다면 에이자 리타와 같이 이상한 성격을 가진 분으로 간주하게 될 것이지만, 예수 그리스도는 결코 그런 분이 아니시기에 새 예루살렘의 정체에 대한 이해를 달리할 수 밖에 없습니다.

(1) 새 예루살렘의 정체

따라서 우리는 먼저 새 예루살렘(New Jerusalem)이 무엇을 의미하는지를 살펴 보도록 하십시다. 어떤 면에서는 거룩한 성 새 예루살렘은 구속받은 백성들의 처소를 상징합니다. 그곳이 거룩한 이유는 죄로부터 안전히 분리된 하나님의 백성들의 거처이기 때문입니다. 성이라고 부르는 이유는 많은 무리가 안전하게 함께 살며 서로 친교를 나누는 아름다운 곳이기 때문입니다. 성경은 하늘 예루살렘을 하나님의 거처로 말하기도 하고, 성도들의 본향으로도 소개하며, 완전하게 된 의인들의 영이 거하는 곳으로도 말하고 있습니다(히 12:22-24. "그러나 너희가 이른 곳은 시온 산과 살아 계신 하나님의 도성인 하늘의 예루살렘과 천만 천사와 하늘에 기록된 장자들의 모임과 교회와 만민의 심판자이신 하나님과 및 온전하게 된 의인의 영들과 새 언약의 중보자이신 예수와및 아벨의 피보다 더 나은 것을 말하는 뿌린 피니라").

그러나 아무리 아름답고 영광스럽게 장식되었다고 하더라도 교회당 건물을 교회라고 하지 않고, 더욱이 어린 양의 신부라고 하지는 않습니다. 어린 양되신 예수 그리스도의 아내 혹은 신부라고 하려면 교회 공동체를 가리킵니다. 즉, 예수 그리스도를 믿는 하나님의 자녀들 총수를 가리키는 것입니다. 믿는 저와 여러분이 포함되어 있습니다. 아무리 예루살렘 성이 중요하고 영광스럽게 된다고 하더라도 그 성 자체를 가리켜서 어린 양의 신부 혹은 아내라고 말하지는 않는다는 것입니다. 그렇다면 우리는 본문에서 묘사되는 새 예루살렘을 장소적인 측면 보다는 예수 그리스도의 신부된 교회의 영광을 묘사하고 있다는 것을 기억하는 것이 중요합니다.

우리가 아가서 6장 4절에 보면 솔로몬은 신부의 아름다움을 성에 비유하는 것을 볼 수 있습니다. "내 사랑아! 너는 디르사 같이 어여쁘고, 예루살렘 같이 곱고, 깃발을 세운 군대 같이 당당하구나"라고 하였습니다. 디르사나 예루살렘은 유명한 지명입니다. 디르사는 북부 지역에 있는 도성 이름입니다. 솔로몬 사후에 남과 북이 갈라지면서 북쪽 이스라엘의 수도로 정해졌습니다. 고고학자들의 발굴 결과에 의하면 디르사는 감람나무가 무성했던 고지대의 아름다운 지역이었다고 합니다. 그리고 디르사(Tirzah)라는 이름의 뜻이 '즐거움'입니다. 예루살렘은 너무나 유명한 도성이지요. 하나님을 예배하기 위한 성전이 있는 도성이요, 다윗 이래 왕궁이 있던 곳입니다. 그런데 솔로몬은 신부의 어여쁨을 디르사에 비하고, 고움을 예루살렘에 비유를 했습니다. 요즘 우리들에게는 익숙한 표현은 아니겠으나 당시에는 사람의 아름다움을 도성에 비유하기도 했는가 봅니다. 따라서 구속받은 하나님의 백성들의 아름다움과 영광을 새 예루살렘으로 형상화한다고 해서 이해하지 못할 일도 아닐 것입니다.

그리고 바울 역시도 성도들을 건물에 비유를 하는 경우가 많이 있습니다. 에베소서 2장 20-22절에 보시면 "너희는 사도들과 선지자들의 터 위에 세우심을 입은 자라 그리스도 예수께서 친히 모퉁잇돌이 되셨느니라. 그의 안에서 건물마다 서로 연결하여 주 안에서 성전이 되어 가고 너희도 성령 안에서 하나님이 거하실 처소가 되기 위하여 그리스도 예수 안에서 함께 지어져 가느니라."고 말씀합니다. 그리고 베드로 역시도 예수님을 "사람에게는 버린 바가 되었으나 하나님께는 택하심을 입은 보배로운 산 돌"이시라고 소개했고, 신자들 역시도 "산돌 같이 신령한 집으로 세워지고 예수 그리스도로 말미암아 하나님이 기쁘게 받으실 신령한 제사를 드릴 거룩한 제사장이 될지니라."(벧전 2:5, 6)라고 말씀하고 있습니다.

이제 정리를 해 보십시다. 하나님께서 사도 요한에게 새 예루살렘 성을 보여 주시면서 어린 양의 아내 혹은 신부라고 표현하시는 이유는 단순히 영광스럽고 아름다운 성이 관심사가 아니라 영광스럽게 완성되어질 예수 그리스도의 교회 공동체를 성에다가 빗대어 설명하려는 것입니다. 그리고 그 교회란 일개인에 초점이 맞추어져 있기 보다는 공동체로서, 그리스도의 몸으로서의 교회에 강조점이 있음을 인식해야 합니다. 오늘날 교회는 세상에서 푸대접 받고 있고, 짓밟히고 있기도 하지만, 그러나 장차 교회의 영광이 드러나게 될 때에 하늘의 천사도 놀라고 이 세상 모든 박해자들도 기염을 토하면서 놀라게 될 것입니다. 교회가 저렇게 아름답고 영광스러웠는가 하고 말입니다. 그러나 우리가 또한 기억해야 할 것이 있습니다. 이 성의 아름다움과 영광은 스스로 만들어낸 것이 아니라 하나님의 영광이라는 것입니다. 10절에 보시면 "성령으로 나를 데리고 크고 높은 산으로 올라가 하나님께로부터 하늘에서 내려오는 거룩한 성 예루살렘을 보이니"라고 했는데, 하나님께로부터 하늘에서 내려온다는 것은 새 예루살렘의 영광이 지상의 허영이 아니라 하늘의 영광을 입고 있다는 것과 그러한 영광을 하나님께서 부여해 주신 것이라는 점을 강조하는 것입니다. 이어지는 11절을 보시면 더욱 더 분명하게 말씀하고 있습니다. "하나님의 영광이 있어 그 성의 빛이 지극히 귀한 보석 같고 벽옥과 수정 같이 맑더라." 그 성이 영광스러운 것은 하나님의 영광 즉, 하나님의 임재가 함께 하기 때문입니다. 얼마나 아름답고 섞인 것 하나 없이 맑고 귀한지 지극히 귀한 보석같고 벽옥과 수정같다라고 묘사를 하고 있습니다. 이렇게 총체적으로 묘사한 후에 요한은 그 성의 문과 기초에 대해서, 성의 규모에 대해서 그리고 성의 건축재료에 대해서 묘사해 주고 있습니다.

(2) 새 예루살렘 성의 문과 기초

먼저 12-14절을 통해 새 예루살렘 성의 문과 기초에 대해서 뭐라고 설명하고 있는지를 살펴 보도록 하시겠습니다. 12절에 보시면 "크고 높은 성곽이 있고 열두 문이 있는데 문에 열두 천사가 있고 그 문들 위에 이름을 썼으니 이스라엘 자손 열두 지파의 이름들이라."고 말씀합니다. 성이 크고 높다라고 말한 후에 그 성이 열두 대문을 가지고 있음을 말해 줍니다. 그리고 그 대문 마다 열두 명의 천사가 지키고 서 있기에 아무나 함부로 들어갈 수 없음을 보여줍니다. 그리고 각 대문 위에는 이스라엘 열두 지파의 이름들이 기록되어 있더라고 했습니다. 그리고 13절에 의하면 "동쪽에 세 문, 북쪽에 세 문, 남쪽에 세 문, 서쪽에 세 문"이 각각 있다라고 말해 줍니다. 이는 에스겔 48장에 기록된 내용과 동일합니다. 에스겔 선지자 역시도 장차 메시아

시대에 허락하실 새로운 기업과 새로운 성전에 대한 환상을 보면서, 새 예루살렘이 12대문을 가지고 있으며 동서남북 각각 세 문씩 가지고 있는 것을 보았습니다(겔 48:30-35).

또한 이어지는 14절에 보면 요한은 성의 기초에 대해서 묘사해 줍니다. "그 성의 성곽에는 열두 기초석이 있고 그 위에는 어린 양의 열두 사도의 열두 이름이 있더라." 성곽에 12기초석이 있으며 기초석 위에는 어린 양의 12사도의 이름이 각각 기록이 되어 있다고 말씀하고 있지요. 12-14절을 다시 정리를 해본다면 새 예루살렘은 12개의 대문과 12개의 기초석을 가지고 있다는 것과 12개의 대문 위에는 이스라엘의 12지파 이름이 각각 기록되어 있고 12기초석에는 12사도들의 이름이 기록되어 있다고 하는 점입니다. 12라는 숫자가 반복되고 있습니다. 그리고 12지파의 이름은 구약의 교회 공동체를 가리킨다면, 12사도의 이름은 에베소서 2장 20절에서 바울이 말한대로 사도적 가르침의 터전위에 서 있는 신약 교회 공동체를 가리킵니다. 따라서 12지파와 12사도의 이름이 새 예루살렘 성에 각각 새겨져 있다고 하는 것은 예수 그리스도의 교회 공동체가 구약과 신약의 백성들로 구성되어져 있다는 것을 잘 보여주는 상징적 표현입니다.

새 예루살렘을 구속받은 그리스도의 교회를 가리킨다고 말해왔는데, 그러면 그 교회가 12개의 문을 가지되 동, 서, 남, 북에 각 3개씩 가지고 있다는 것이 의미하는 바가 무엇일까요? 이는 교회의 보편성을 가리킵니다. 동서남북에서 모여든 하나님의 자녀들로 구성되는 보편적 공동체라는 점을 보여줍니다. 어떤 인간적이고 세상적인 차별이 없습니다. 요한계시록 7장 9절에서 말하는대로 교회는 " 각 나라와 족속과 백성과 방언에서 아무도 능히 셀 수 없는 큰 무리"로 구성되어집니다. 그리고 또한 동서남북에 세문씩 있다고 하는 이 말씀에 대해서 윌리엄 바클레이는 상당히 흥미있는 해석을 해주고 있어서 소개를 드립니다.[2026]

2026 Barclay, 『계시록(하)』, 350.

요한의 마음 속에 있었을 것 같지는 않으나 상징적인 해석 하나가 있는데 그것은 아주 아름답고 위로가 되는 해석이다. 동쪽에 세 대문이 있다. 동쪽은 새벽과 뜨는 해와 하루의 시작의 장소이다. 이 대문들은 그리스도를 그들의 날의 즐거운 아침에 찾는 사람과 어려서부터 예수를 그들의 친구로, 젊었을 때 그들의 본으로 그들의 영웅으로 그리고 그들의 주로 모시는 사람들이 거룩한 성으로 돌아가는 길을 의미한다.

북쪽에 대문이 셋이 있다. 북쪽은 약간 냉기가 있는 추운 땅이다. 이 대문들은 사색하고, 이론적, 이성적으로 검토하고 신앙으로 하는 사람들, 마음 보다는 머리를 통하여 신앙을 발견한 사람들이 거룩한 성으로 들어가는 길을 뜻한다.

남쪽에 세 개의 대문이 있다. 남쪽은 따뜻한 땅이요 바람이 강하게 불지 않고 기후가 온화한 땅이다. 이 대문들은 그리스도에게 그들의 감정을 통해 온 사람들, 이성보다는 마음대로 그리스도를 받은 사람들, 십자가의 모습을 보자마자 그에 대한 사랑이 동해 버린 사람들이 거룩한 도시로 들어가는 문을 뜻한다.

서쪽에도 세 대문이 있다. 서쪽은 저무는 날과 저녁과 지는 해의 땅이다. 이 대문들은 늘그막에, 인생의 황혼 길에, 그리스도에로 온 사람들이 거룩한 도시로 들어가는 대문을 뜻한다.

이러한 것들이 요한의 생각에 있었던 것 같지는 않지만 아무도 우리가 여기에서 이런 의미를 찾아보지 말라고 할수도 없을 것이다. 그리고 우리는 거룩한 도시와 하나님의 존전으로 들어갈 수 있는 시기와 인생에 있어서 여러 번과 여러 길이 있다고 하는 사실에 위로와 희망을 갖는다.이와 같은 바클레이의 해석은 상당히 흥미로운 해석이 아닐 수가 없습니다. 아무튼 새 예루살렘으로 상징되는 예수 그리스도의 교회는 보편적인 공동체이자, 그 기초를 사도적인 가르침에 두고 있습니다. 아무 것이나 믿어도 들어갈 수 있는 공동체가 아닙니다. 오직 바울과 베드로 같은 12사도가 전수해준 십자가의 복음을 믿는 자가 그 영광에 동참할 수가 있습니다.

(3) 성의 규모

다음으로 살펴 보려고 하는 것은 15-17절을 통해서 새 예루살렘의 규모가 얼마나 큰가 하는 것입니다. 우선 15절에 보면 "내게 말하는 자가 그 성과 그 문들과 성곽을 측량하려고 금 갈대 자를 가졌더라."고 말씀하시면서, 측량의 준비 상황을 말씀해 줍니다. 내게 말하는 자 즉, 요한에게 말하는 자는 9절에서 본대로 천사중 하나입니다. 천사가 성과 대문들과 성곽을 측량하려고 금으로 된 갈대 자를 가지고 있다고 밝힙니다. 11장에서도 성전을 측량하는 것을 보았는데, 그때의 측량은 하나님의 백성들을 정확하게 계수하시고, 그들을 보호해 주신다는 의미를 가집니다. 그러나 또한 마운스가 해석한대로 "신실한 자들의 영원한 거처의 거대한 크기와 완전한 균형을 묘사하기 위한 것"이라고 할 수 있습니다.[2027] 단 교회 공동체의 규모와 완전한 균형이라고도 이해한다면 말입니다.

그러면 이제 16, 17절을 같이 읽으시면서 그 성의 규모가 얼마나 되는지 한 번 짐작을 해 보시기를 바랍니다. "그 성은 네모가 반듯하여 길이와 너비가 같은지라 그 갈대 자로 그 성을 측량하니 만 이천 스다디온이요 길이와 너비와 높이가 같더라. 그 성곽을 측량하매 백사십사 규빗이니 사람의 측량 곧 천사의 측량이라." 먼저 질문을 드립니다. 성의 형태가 어떠하다고 했지요? 예, 네모반듯합니다. 그것도 길이 너비 높이 조차 꼭 같은 정입방체라고 합니다. 사실 바벨론이나 니느웨 같은 고대 도시도 정사각형으로 건설되었다고 하는데, 새 예루살렘의 경우는 아예 높이도 같습니다. 고대인들 조차도 정입방체는 완전한 형태로 간주되었습니다. 선한 사람을 네모라고 불렀다고 플라톤과 아리스토텔레스는 전해 줍니다. 새 예루살렘은 그야말로 완벽한 형태인 것입니다.

그러면 성의 규모를 알려주는 치수를 확인해볼까요? 길이, 너비 그리고 높이가 각각 일만 이천 스다디온이라고 했는데, 스다디온은 로마식 거리

2027 Mounce, 『요한계시록』, 450.

측정 기준입니다. 우리가 아는 킬로미터로 하면 일만 이천 스다디온은 약 2,200킬로미터입니다(NIV marg.). 단면적으로 치면 미국이라는 나라의 절반 정도의 규모가 됩니다. 하지만 새 예루살렘이 영화롭게 된 교회 공동체를 상징한다고 했기에 실제의 성의 크기를 말한다, 크다, 적다 그렇게 말할 것이 못됩니다. 오히려 계속해서 계시록에는 숫자 상징주의가 사용되어지고 있음을 알아야 합니다. 즉 일만 이천 스다디온도 보시면 12곱하기 10의 세제곱으로 되어 있다는 것을 알 수 있습니다. 레온 모리스(Leon Morris)는 말하기를 "10의 세제곱에 12를 곱하면 하나님의 백성의 완전한 총계가 된다"라고 했습니다.[2028] 12는 교회의 상징수라면, 10은 완전수이고, 그것도 세 번이나 제곱을 했으니 광대함과 완전을 상징하는 숫자인 것입니다. 이는 7장에서 보았던 144,000이라는 숫자도 마찬가지였습니다. 문자적으로 그 숫자 만큼만 구원받는다는 의미가 아니라고 했습니다. 오늘 본문 17절에도 성곽을 측량하매 144규빗이라고 했는데 144는 12곱하기 12하면 144가 되고, 10의 세제곱인 천을 곱하면 144,000이라는 숫자가 나오는 것입니다. 결국 새 예루살렘이 길이 너비 그리고 높이가 12,000스다디온이라고 하는 것이나 인맞은 자가 144,000이라고 하는 표현은 다 하나님의 구원 받은 백성들의 숫자가 인간이 상상할 수 없을 만큼 많다고 하는 것을 보여주는 것입니다. 누구든지 믿기만 하면 구원받고 이 공동체에 가입할 수 있습니다. 오늘 복음이 전해지는 것도 바로 그런 이유에서입니다.

성곽을 측량하니 144규빗이라고 했는데, 환산하면 약 65미터(NIV marg.)가 됩니다. 이는 아마도 성의 두께를 의미하는 것 같습니다. 144라는 숫자 역시도 앞서 말씀드린대로 12곱하기 12라고 하는 상징성을 가지고 있다는 점을 기억하는 것이 좋습니다. 그리고 이렇게 새 예루살렘이 정입방체라고 묘사하고 있는 것은 옛적 솔로몬이 처음으로 지었던 성전의 지성소를 기억나게 한다는 것입니다. 열왕기상 6장 20절에 보면 지성소는 길이 너비 그리고 높이가 각각 20규빗이었습니다. 정입방체였습니다. 새 예루살렘이 정입방

2028 Morris, *The Revelation of St. John*, 113-114.

체라고 하는 것은 지성소의 기능이 있음을 보여줍니다. 즉, 하나님의 임재로 충만한 교회 공동체임을 상징해 준다는 것입니다.

(4) 성의 건축재료

이제 마지막으로 살펴보려고 하는 것은 새 예루살렘 성의 건축 재료에 대해서입니다. 18-20절에 보시면 그 성은 이 세상에서 가장 아름답고 귀한 보석들로 만들어졌음을 알려주고 있습니다. 18절에 의하면 "그 성곽은 벽옥으로 쌓였고 그 성은 정금인데 맑은 유리 같더라."고 말씀합니다. 벽옥은 12 기초석중 하나이기도 합니다. 성이 정금으로 되어있되 맑은 유리와 같다는 것은 조금의 불순물도 섞이지 아니하였을 뿐 아니라 그 성이 방해를 받지 않는 형태로 하나님의 영광을 드러내는 것을 가리킵니다.

그리고 특히 요한이 자세하게 묘사해 주는 바가 무엇인가 하면 성의 12기 초석에 대한 말씀입니다. 19, 20절 상반절에 보시면 "그 성의 성곽의 기초석은 각색 보석으로 꾸몄는데 첫째 기초석은 벽옥이요 둘째는 남보석이요 셋째는 옥수요 넷째는 녹보석이요 다섯째는 홍마노요 여섯째는 홍보석이요 일곱째는 황옥이요 여덟째는 녹옥이요 아홉째는 담황옥이요 열째는 비취옥이요 열한째는 청옥이요 열두째는 자수정이라."고 말씀합니다. 성의 기초석마다 이 세상에서 가장 진귀하고 비싼 보석들로 꾸며져 있다는 것입니다. 사실 우리는 정확하게 본문에서 말하는 보석들을 확인하지 못합니다.[2029]

첫 번째 벽옥(jasper)은 갈색, 회색을 띤 청색, 적색, 황색과 녹색 그리고 이들의 혼합된 것입니다.

둘째는 남보석- 빛나는 황철광이 포함된 짙은 청색돌을 말합니다. 플리니는 이것을 황금 반점이 박힌 하늘색으로 표현했습니다.

셋째는 옥수(chalcedony)는 캘서도니라고 하는데 이는 소아시아의 칼케돈 근처서 발견된 구리로 된 초록색 규산염으로 인정되기 때문입

2029 Mounce, 『요한계시록』, 454; Beale, *The Book of Revelation*, 1079-1088 등을 보라.

니다. 이것은 하늘색의 유리석(lapis lazuli)과 가장 비슷하다고 합니다.

네 번째 녹보석(emerald)은 에메랄드를 말하는데, 모든 녹색 보석 중에 가장 초록이라고 할 수 있습니다.

다섯 번째 홍마노(sardonyx)는 붉은색과 흰색의 줄무늬가 있는 돌입니다. 특히 세공하는데 사용되었다고 합니다.

여섯 번째 홍보석(sardius, carnelia)은 사데에서 나는 것으로 피갈색의 돌이며 흔히 조각에 사용됩니다.

일곱 번째 황옥은 황색의 황옥 또는 금빛의 벽옥입니다. 감람석이라고도 번역되고, 황색 녹주석이나 황금색 벽옥일 수 있겠다라고 추측합니다.

여덟째 녹옥은 초록색 돌입니다. 가장 귀한 것은 해청색이거나 해녹색입니다.

아홉 번째 담황옥(topaz)은 초록색을 띤 금색 또는 황색의 투명한 돌을 가리킵니다. 욥은 구스(이디오피아)의 황옥에 대해서 언급을 한 적이 있습니다(욥 28:19).

열 번째 비취옥(chrysoprase) 혹은 녹옥수라고 불리웁니다.

열한 번째 청옥은 푸른색을 띤 자주색으로 현대의 남보석과 유사, 오늘날의 사파이어가 아닐까 추측됩니다.

열두 번째 자수정은 자주색 수정을 가리킵니다.

출애굽기 28장 17-20절에 보면 대제사장의 가슴에 착용했던 판결흉패에도 12 보석이 있고 그곳에 12지파의 이름이 도장 새기듯이 새겨져있었다는 것을 참조할 수 있습니다. 보석들의 이름을 비교해 보면 최소한 8개가 일치합니다. 하지만 우리는 이러한 보석의 정확한 의미가 무엇인지를 잘 알지를 못합니다. 다만 완성되고 영화롭게 된 교회의 영광을 묘사하고 있음을 기억하십시다. 미국 개혁신학자였던 H. 훅스마가 말하는대로, 새 예루살렘으로 묘사된 교회의 "영광, 순수성, 아름다움, 그리고 고귀함"등을 잘 표현해 주고 있다는 사실을 말입니다.

그리고 베드로 사도가 말하는대로 우리는 다 산 돌입니다. 하나님의 신령한 집을 구성하는데 빠트려질 수 없는 돌과 같은 존재들입니다. 오늘 본문에 의하면 하나님의 교회를 구성하는 개개인 그리스도인들은 보석과 같은 존재입니다. 보석이라도 한 가지가 아니라 다양성을 가지고 있습니다. 모두 다 소중하고 아름다운데 붉은 빛을 내는 것도 있고 푸른 빛을 내는 것도 있고, 흰 빛을 내는 보석도 있듯이, 우리 한 사람 한 사람은 하나님 앞에서 다 존귀한 자들입니다. 또한 그런 보석같은 아름다움을 이루어가야 할 책임과 사명이 우리에게 있기도 합니다. 모두가 같은 보석은 아닙니다. 다양한 보석과 같습니다. 어떤 이는 보석이긴 한데 불같이 타오르는 사람이 있습니다. 거기에 비해 또 어떤 사람은 아주 조용하게 말없이 섬기는 자도 있습니다. 어떤 이는 지혜로운 보석도 있습니다. 그러나 이렇게 서로 다르니 더욱더 아름답고 충만한 것이 교회의 영광입니다. 교회는 한 마디로 이처럼 보석상자라고 할 수가 있습니다.[2030]

마지막으로 21절을 보면 새 예루살렘의 문이 무슨 소재로 되어 있는지, 그 길이 무엇으로 되어 있는지에 대해서 말씀해 줍니다. 우선 상반절을 보시면 "그 열두 문은 열두 진주니 각 문마다 한 개의 진주로 되어 있고"라고 말씀하고 있습니다. 열 두 대문은 각각 대형 진주 하나로 되어 있다는 말씀은 그리스도의 교회 공동체에 들어가는 것이 대형 진주 보다 더 귀하다는 것을 보여줍니다. 구원의 문에 들어선다고 하는 것은 이 세상의 어떤 보석으로도 바꿀 수 없는 특권이자 영광입니다. 온 천하보다 한 생명이 이 문을 통과하는 것이 더 중요하기 때문입니다. 어떤 분은 그 문이 진주 대문이라고 하는 점을 두고 진주가 조개의 고통을 통해서 만들어지듯이 그 문을 통과하는 것이 고난의 눈물을 통해야 한다는 점을 보여준다고 해석합니다. 일리가 있다고 생각합니다. 주님의 고난을 통해서 만드신 문이고, 누군가는 우리의 구원을 위해서 노력했고 심지어는 눈물 뿌려 기도했습니다. 그리고 우리들 조차도 이 문에 들어가기 위해서 세상의 유혹을 물리치고 나그네 길을 걸어가야

2030 김서택, 『요한계시록 강해설교3 새 하늘과 새 땅』 (서울: 성서유니온, 1998), 251.

하는 것입니다.

그리고 21절 하반절에 의하면 새 예루살렘 성의 길은 맑은 유리 같은 정금이라고 했습니다. 단순히 비싼 금으로 되어 있다가 강조가 아니라 유리 같이 투명하다고 하는 것입니다. 하나님의 백성들이 천국에서 누리게 되는 신령한 교제에는 조금도 감추어지거나 외식하거나 위선하는 면이 없이 투명하게 서로의 속을 드러내고 살 것을 말해 줍니다. 서로 상처줄 일도 없고, 서로 오해할 일도 없고, 피해의식에 젖어서 무엇인가를 감추어야 할 이유도 없는 완전한 곳이기 때문이고, 에드워즈가 잘 설 명해준대로 천국은 사랑의 나라(Heaven is World of Love)이기 때문입니다.[2031]

이제 말씀을 정리하겠습니다. 우리는 하늘로부터 내려오는 새 예루살렘의 영광스러운 모습을 살펴 보았습니다. 아직 남은 부분들은 다음 시간에 살펴 보겠습니다. 이 성은 문자적으로 구원받은 하나님의 백성들이 장차 살게 될 신천신지의 거처를 묘사해 주기도 하지만, 그러나 어린 양의 아내 혹은 신부라고 했으니 주님의 재림 후에 완성되고 영화롭게 될 교회의 영광을 가리킨다고 보는 것이 더 정확합니다. 둘 다 맞으나 후자를 강조하고 있다고 보시면 됩니다. 이러한 교회의 영광스러운 모습은 오늘같이 교회의 위상이 말이 아닌 때에 더욱 더 묵상해 보아야 할 영광스러운 말씀입니다.

다시 상기해 보시니 교회의 영광이 어떻게 묘사되었습니까? 교회는 하나님의 영광의 임재가 충만한 곳입니다. 벽옥같고 수정같이 맑다고 표현했습니다. 그리고 12개의 대문과 12개의 기초석과 그 위에 각각 새겨져 있는 12지파의 이름과 12사도의 이름은 신구약 교회 공동체가 분리되지 아니하고 한 공동체로 연합하게 될 것을 잘 보여줍니다. 사도와 선지자들과 어우러져서 우리는 영원히 주님을 섬기게 될 것입니다. 그리고 12개의 대문은 교회의 보편성을 말해 주고, 12기초석은 우리가 사도들의 가르침에 기초한 공동체라는 점을 확인했습니다. 뿐 만 아니라 교회가 길이, 너비, 높이가 각각 12,000스다디온이나 되는 정입방체라고 하는 묘사조차도 하나님의 교회가 얼마나 광

2031　Jonathan Edwards, 『고린도전서 13장 사랑』, 서문강 역 (서울: 청교도신앙사, 2012), 399-455.

대하고 완벽할지를 잘 보여준다고 말씀드렸습니다. 그리고 하나님의 교회를 구성하는 성도들의 숫자는 인간적인 잣대로 가히 측량할 수 없음을 보여줍니다. 그리고 18절이하에서 본대로 교회 공동체의 영광을 12개의 보석으로 묘사를 했습니다. 세상에서 찾아볼 수 없을 만큼 찬란한 영광을 입되, 다양한 영광과 아름다움을 교회에 입혀 주실 것을 말해 줍니다. 그 12대문도 너무나 아름다운 진주로 묘사를 했고, 그 길은 투명한 유리같은 정금길이라고 묘사해 주었습니다. 우리가 영광스러운 교회 공동체에 들어가게 된 것이 얼마나 큰 특권인지, 그리고 우리가 장차 누리게 될 성도의 교제가 얼마나 투명하고 진솔하게 될른지를 이보다 더 아름답고 선명하게 묘사해 줄 수가 없습니다.

4.5.4. 새 예루살렘의 영광(계 21:22-27)

『아버지 옥한흠』에 보면 이십 수년 전 사랑의교회를 쓰나미처럼 강타했던 책 이야기를 하고 있습니다. 그 책은 펄시 콜레라는 사람이 쓴 『내가 본 천국』이라는 책이었습니다. 정체불명의 외국인이 천국을 보여 달라고 7년을 기도한 끝에 우주 어딘가에 있는 천국별을 갔다 와서 그 책을 썼다고 합니다. 옥목사님의 추천 덕분에 많은 교인들이 이 책을 읽고 많은 감동을 받았다고 합니다. 사실 후기의 옥목사님 같으면 그런 황당한 이야기를 담은 책을 추천하셨을리 없지만, 그때는 그렇게 추천했다고 합니다. 왜냐하면 저자가 천국을 사모해서 7년이나 기도한 사람 이었기 때문이라는 것입니다.[2032]

사랑하는 여러분! 사실 우리는 천국에 대해서 잘 알지를 못합니다. 신천신지의 삶에 대해서도 잘 알지를 못하기는 마찬가지입니다. 어쩌면 이 땅위에서 접하는 삶도 겪어보지 않으면 뭐라고 설명하기도 이해하기도 어려운 감이 있습니다. 낮은 산도 안 올라가는 사람이 왜 목숨걸고 에베레스트 산을 오르는지 이해하기 어렵습니다. 혹은 결혼을 하지 않은 사람에게 결혼 생

2032 옥성호, 『아버지, 옥한흠』 (서울: 국제제자훈련원, 2011), 90-93.

활이 얼마나 좋은지 설명해줘도 상상하기가 어려울 것입니다. 손자 손녀를 사랑하는 마음조차도 손자 손녀가 없는 이들에게 설명이 어렵습니다. 이 세상에는 이렇게 설명하기 어렵고 이해하기 어려운 일들이 참 많이 있습니다. 하물며 우리가 한 번도 가보지 않은 천국, 아직 가볼 수 없는 신천신지에 대해서 어떻게 알 수가 있겠습니까? 사실 천국을 갔다 온 바울조차도 인간의 언어로 설명 불가능하다고 하면서 말하기를 멈추었던 것을 기억하실 것입니다.

그래서 우리는 다만 하나님이 계시로 주신 말씀들을 주의 깊게 살펴보면서 우리의 마음이 천국에 대해서나 궁극적인 본향이 될 신천신지에 대해서 사모하고 그리워할 수 있을 뿐입니다. 사실 이것이 육의 몸을 입고 있는 우리 인간들이 취할 수 있는 가장 안전한 길입니다. 그래서 저는 요한계시록 21, 22장 강해를 조금 속도를 늦추어서 천천히 진행하고 있습니다. 우리는 21장에서 새 하늘과 새 땅에 대해서, 그리고 그 중심이 될 새 예루살렘의 영광에 대해서 살펴보고 있습니다. 우리는 지난 시간에 예루살렘의 규모, 건축 재료 등이 얼마나 어마어마한지를 보았습니다. 그러나 우리가 주의를 해야 한다고 했지요. 새 예루살렘은 실제적인 성을 가리킨다기 보다는 영화롭게 될 그리스도의 교회를 가리킨다는 점을 기억해야 합니다. 왜냐하면 9절 하반절에서 새 예루살렘을 "신부 곧 어린 양의 아내"라고 분명히 밝히고 있기 때문입니다. 우리가 신약 성경에서 어린 양되신 예수 그리스도의 신부 혹은 아내라고 불리울 수 있는 것은 오직 그의 피로 구속받은 하나님의 백성들, 교회 밖에 없다는 점을 우리가 알기 때문입니다. 지난 시간에 이어서 오늘도 새 예루살렘의 영광스러운 특징들에 대해서 살펴보도록 하겠습니다.

(1) 성전도 태양과 달이 필요 없는 곳

새 예루살렘의 내적인 특징이 무엇입니까? 22절에 보시면 성전이 없다는 것이 또 하나의 특징이라고 말씀해 줍니다. "성 안에서 내가 성전을 보지 못하였으니 이는 주 하나님 곧 전능하신 이와 및 어린 양이 그 성전이심이라."

우리가 구약에서나 복음서에서 발견하는 예루살렘의 영광이 무엇인가 하면 바로 성전이 그 가운데 있다는 것이었습니다. 성전은 하나님의 백성들이 하나님께 예배하고, 하나님의 은혜를 받을 수 있는 거룩한 곳이었습니다. 특히 지성소는 하나님의 임재의 상징이었고, 이 지상에 있는 하나님의 발등상이자, 보좌였습니다. 그러하였기에 다니엘 같은 사람은 포로지에서도 예루살렘 성전을 향하여 문을 열어놓고 기도를 하곤 했습니다. 하지만 새 예루살렘에는 더 이상 성전이 없다는 것을 요한이 말하고 있습니다. 사실 요한이 요한계시록을 기록한 시기는 주후 95, 96년 경이라고 하는데, 당시에는 실제로 예루살렘에는 성전이 없었습니다. 주후 70년에 로마군단병들에 의해서 철저하게 훼파당해 버렸기 때문입니다. 하지만 유대인들 가운데는 성전의 회복을 꿈꾸면서 사모하는 이들이 많이 있었습니다. 그런데 사도요한의 환상에 의하면 새 예루살렘에는 더 이상 성전이 없다고 하니 그 얼마나 분통이 터지게 만들었겠습니까?

하지만 우리는 새 예루살렘에 성전을 보지 못하였다고 하면서 바로 이어서 그 이유를 설명하기를 "주 하나님 곧 전능하신 이와 및 어린 양이 그 성전이심이라."고 밝히고 있는 것을 주목해야 합니다. 전능하신 하나님과 어린 양이 친히 성전이 되어주시기 때문에, 금과 대리석으로 만든 그런 성전은 더 이상 필요 없다는 말입니다. 요한복음 2장 19-21절에 보면 예수님께서는 유대인들에게 자기 육체를 가리켜서 성전이라고 표현하신 적이 있으신데, 오늘 말씀에는 전능하신 하나님과 어린 양이 친히 성전이 되신다고 말씀하고 있습니다. 성전은 앞서도 말씀드렸지만 하나님의 백성들이 하나님을 만나서 교제하는 장소입니다. 하나님과의 사이를 가리우는 죄문제를 해결하기 위하여 제사를 드리는 곳이기도 했지만, 사실 신천신지에서는 더 이상 속죄제나 속건제를 드려야 할 이유가 없기 때문에 물리적 성전이 필요가 없습니다. 그리고 하나님께서 구속받은 백성들 가운데 장막을 치고 사시기 때문에 하나님을 만나는 일에 그런 제한된 장소가 더 이상 필요가 없는 것입니다. 성전이든 교회든 더 이상의 별도로 구별된 공간이 필요하지 않다는 말입니다. 윌리엄 바클레이는 "여기에 모든 사람이 보기에 분명한 상징이 있다"라고 하면서 좋은 해설을 해주고 있습니다.

> 하나님이 계신 곳에는 교회가 있고, 그리스도가 계신 곳에는 교회가 있다. 옛날 라틴어 속담에 의하면 그리스도 계신 곳에 교회가 있다(Ubi Christus, ibi ecclesia). 건물이 교회는 아니다. 예배 의식이 교회가 아니다. 교회의 운영, 목사의 임명이 교회를 만드는 것은 아니다. 교회를 만드는 단 한 가지는 하나님과 예수 그리스도의 임재이다. 그것이 없이는 교회와 같은 것이 있을 수 없다.[2033]

이미 이 지상 교회에서도 우리는 건물을 성전이라고 하는 표현을 사용하지 않는 것이 옳습니다. 예배당이고, 교회당입니다. 바울은 우리 구속받은 하나님의 백성들이 하나님께서 거하시는 성령의 전이라고 강조하고 있습니다. 저와 여러분 구원받은 신자들이 교회입니다. 우리 가운데 하나님이 거하시는 것입니다. 더 이상 장소적인 제한이 없습니다. 신천신지에서는 하나님과 예수 그리스도께서 교회공동체 가운데 영원히 충만하게 거하시기 때문에 별도의 성전도 교회당도 필요가 없습니다. 직접적이고 친밀한 교제가 영원히 이어질 것입니다.

그리고 이어지는 23절에 의하면 새 예루살렘에 또 없는 것이 있습니다. "그 성은 해나 달의 비침이 쓸 데 없으니 이는 하나님의 영광이 비치고 어린 양이 그 등불이 되심이라." 신천신지에 무엇이 없다고 말하는 것이 많았지요? 그곳에는 바다가 없고 사탄이나 악한 자도 없고 악도 없습니다. 눈물, 슬픔, 고통 이런 것도 없습니다. 그리고 또 한 가지 해와 달과 같은 자연적인 발광체들이 없습니다. 그러면 캄캄해서 어떻게 사나 그런 마음이 들지만 요한은 바로 이어서 새 예루살렘을 영원히 비추어줄 빛이 있다고 말씀합니다. 그것은 바로 하나님의 영광입니다. 그리고 어린 양이 그 등불이 되신다라고 말씀하고 있습니다. 사실 우리의 사고에도 인공적인 조명기구들 보다는 태양광선이 얼마나 밝고 아름다우며 그리고 심지어 생명을 주기까지 하는지

2033 Baclay, 『계시록주석(하)』, 357.

를 잘 알고 있습니다. 따라서 태양과 달이 없이 어떻게 우리가 살 수 있다는 말인가 그런 생각이 들 수 있습니다. 하지만 우리가 창세기 1장을 잘 기억해 보시기를 바랍니다. 태양이나 달 그리고 별들 같은 매개체들이 지어진 것은 넷째 날이지만, 이미 첫째 날에 빛을 창조하셨습니다. 이는 근원적인 빛입니다. 태양과 달 별들은 빛을 전달하는 매개체에 불과합니다. 하물며 하나님의 영광은 이 세상에 존재하는 어떤 빛과도 비교가 안 되는 찬란한 빛을 발하십니다. 그렇기 때문에 새 예루살렘에는 태양과 달빛이 필요 없다고 하는 것입니다. 이사야 60장 1, 3, 5, 19, 20절 그리고 스가랴서 14장 7절에서 예언된 바입니다.

그리고 우리는 어린 양 예수 그리스도를 그 등불이 되신다고 하는 말씀을 주목해야 합니다. 새 예루살렘에서 빛을 비추이는 등불은 예수 그리스도이십니다. 요한복음 8장 12절에 보면 예수님은 이 세상에 계실 때에도 "나는 세상의 빛이니 나를 따르는 자는 어둠에 다니지 아니하고 생명의 빛을 얻으리라."고 말씀하셨습니다. 예수 그리스도께서 등불이 되신다고 하는 것은 단순히 태양과 달빛을 대신하는 물리적 빛을 비추어 주신다는 의미 정도가 아닙니다. 그래서 우리 더 이상 전기세 들지 않겠네 그런 의미가 아니라는 말입니다. 윌리엄 헨드릭슨에 의하면 "등불이 어린 양인 것은 그가 우리에게 참된 하나님의 구원의 진리와 영적 기쁨 속에 살면서 거룩한 상태에 합당한 의를 주기 때문이다. 참 빛이신 그리스도는 무지와 비참함과 죄악과 도덕적 퇴폐를 없이 한다. 그리스도와 그의 사역 안에서 그리고 이를 통하여 하나님의 영광은 교회에서 표현된다."라고 했습니다.[2034]

(2) 만국의 영광으로 장식되는 곳

새 예루살렘의 또 다른 특징이 무엇입니까? 24-26절에 보면 새 예루살렘에는 만국의 영광이 다 모이는 곳이요, 만국의 영광으로 장식되어지는 곳

2034　Hendriksen, 『요한계시록』, 252.

이라는 점을 밝히 말씀하고 있습니다. 우선 25절을 주목해 보십시다. "낮에 성문들을 도무지 닫지 아니하리니 거기에는 밤이 없음이라." 새 예루살렘의 그 큰 12대문들을 전혀 닫지 않는다고 말씀하지요. 물론 이 성문은 문자적인 성문이 아니라고 했습니다. 상징적으로 말해왔으니 상징적으로 이해를 해야겠지요. 성문을 닫지 않는다는 것은 적으로부터의 침략을 두려워할 일이 없이 안전과 자유를 누리고 있다는 의미입니다. 문을 닫지 않는 이유로 거기에는 밤이 없음이라고 표현하고 있는 점도 주목하시면 될 것입니다. 이 땅위에 살아가고 있는 우리들에게는 밤이 좋은 점이 있습니다. 쉼의 시간입니다. 가족들과 안식하는 시간이고 교제하는 시간입니다. 홀로 하나님을 가까이 할 수 있는 좋은 시간입니다. 하지만 밤이 상징하는 것은 쉼의 필요로 하는 피곤, 고통, 슬픔, 그리고 악 등을 가리킵니다. 그러니 새 예루살렘에 밤이 없다고 하는 것은 그곳에는 피곤하여 탈진하거나 쉬어야 할 필요가 없다는 것이요, 어떤 고통이나 슬퍼할 일이 없다는 의미입니다. 혹은 구속받은 하나님의 백성들을 괴롭게 하거나 그들이 누리고 있는 평화를 깨트릴 수 있는 악의 세력이 전혀 범접할 수 없다는 의미입니다.

　대신에 그렇게 성문이 활짝 열려있기에 누가 그곳으로 자유로이 들어갈 수 있습니까? 이 부분을 우리가 주의해서 읽으셔야 합니다. 24절을 봅니다. "만국이 그 빛 가운데로 다니고 땅의 왕들이 자기 영광을 가지고 그리로 들어가리라." 우선 만국이 그 빛 가운데로 다닌다고 했습니다. 빛이란 23절에서 본대로 새 예루살렘을 영원히 비추이고 있는 하나님의 영광이요, 어린 양의 빛을 말합니다. 그 빛 가운데로 자유자재로 다니는 자들이 누구인가 하면 만국이라고 밝히고 있습니다. 이 만국이란 7장 9, 10절에서 길게 표현한대로 하면 "각 나라와 족속과 백성과 방언에서 아무도 능히 셀 수 없는 큰 무리가 나와 흰 옷을 입고 손에 종려 가지를 들고 보좌 앞과 어린 양 앞에 서서 큰 소리로 외쳐 이르되 구원하심이 보좌에 앉으신 우리 하나님과 어린 양에게 있도다."라고 외치는 이들입니다. 동서고금을 물론하고 하나님의 은혜로 구원받은 만국 백성들이 새 예루살렘에 자유로이 들어갈 수 있다는 의미입니다.

그러면 24절 하반 절에 있는바 "땅의 왕들이 자기 영광을 가지고 그리로 들어가리라."는 말씀은 어떻게 이해해야 할까요? 이 말씀은 26절에 있는 말씀 " 사람들이 만국의 영광과 존귀를 가지고 그리로 들어가겠고"라는 말씀과 같이 이해하는 것이 좋습니다. 새 예루살렘에 들어가는 자들 가운데는 땅의 왕들이 있으며, 그들은 자기 영광 즉 만국의 영광과 존귀를 가지고 그리로 들어가겠다는 말씀입니다. 이렇게 만국이 새 예루살렘으로 순례하러 오되 만국의 보화를 가지고 올 것이라고 하는 것은 이사야 60장에서 특별히 예언된 내용입니다.

나라들은 네 빛으로, 왕들은 비치는 네 광명으로 나아오리라. 네 눈을 들어 사방을 보라 무리가 다 모여 네게로 오느니라. 네 아들들은 먼 곳에서 오겠고 네 딸들은 안기어 올 것이라. 그 때에 네가 보고 기쁜 빛을 내며 네 마음이 놀라고 또 화창하리니 이는 바다의 부가 네게로 돌아오며 이방 나라들의 재물이 네게로 옴이라. 허다한 낙타, 미디안과 에바의 어린 낙타가 네 가운데에 가득할 것이며 스바 사람들은 다 금과 유향을 가지고 와서 여호와의 찬송을 전파할 것이며 게달의 양 무리는 다 네게로 모일 것이요 느바욧의 숫양은 네게 공급되고 내 제단에 올라 기꺼이 받음이 되리니 내가 내 영광의 집을 영화롭게 하리라. 저 구름 같이, 비둘기들이 그 보금자리로 날아가는 것 같이 날아오는 자들이 누구냐? 곧 섬들이 나를 앙망하고 다시스의 배들이 먼저 이르되 먼 곳에서 네 자손과 그들의 은금을 아울러 싣고 와서 네 하나님 여호와의 이름에 드리려 하며 이스라엘의 거룩한 이에게 드리려 하는 자들이라. 이는 내가 너를 영화롭게 하였음이라.(3-9절)

이렇게 이 세상의 가장 아름답고 풍부한 재화들이 예루살렘을 단장하기 위하여 열방의 왕들에 의해서 드려질 것이라고 하는 점은 구약 시대 언어로 표현된 교회의 영광스러운 미래에 대해 말하는 것입니다. 윌리엄 바클레이가 해석한대로 헬라인들은 신학과 기독교 신앙의 지적 표현을 제공해 주었고,

법률과 정치의 탁월한 전문가들이었던 로마인들은 교회를 조직하고 다스리는 법을 교회에 가르쳐 주었다고 했습니다. 그러면서 하는 말이 "사람이 교회에 들어오면 누구나 자기 선물을 가져 와야 하는 것이다. 작가는 그의 언어와 능력을 가져 오고, 예술가는 그 색채의 능력을, 조각가는 그 선과 형태 등의 완숙함을, 음악가는 그 음악을, 손재주가 있는 사람은 그의 재주를 각각 가져 와야 한다. 그리스도께서 못쓰실 선물은 하나도 없고 그의 교회로 사람들은 자기들의 모든 선물을 가져와야 하며 교회는 무엇보다도 이 선물들을 환영하 고 사용하기를 배워야 한다."고 했습니다.[2035]

사도 요한은 24절과 26절에서 그 궁극적인 성취를 말해 줍니다. "땅의 왕들이 자기 영광을 가지고 그리로 들어가리라…사람들이 만국의 영광과 존귀를 가지고 그리로 들어가겠고." 새 예루살렘에는 이 지상에서 탁월했던 이들도 포함될 것입니다. 왕들이라고 불리울 수 있는 사람들도 들어가게 될 것입니다. 그리고 이 지상에서 각민족과 나라들이 이룬 공헌들, 이 땅위에서 생산했던 문화와 예술들 중 가장 가치 있고 고상한 것들이 무로 돌아가지 아니하고 새 예루살렘을 장식하는데 쓰이며 하나님의 백성들이 누리게 될 것이라는 의미로 개혁주의자들은 본문을 이해합니다. 아브라함 카이퍼는 말하기를 "보이는 세계와 물질의 본성들은 정복하기 위해 우리 인간들이 무한한 인간 지식과 능력의 영역을 넓혀온 것이 사실이라면, 또한 자연세계를 향한 우리 인간의 지배와 통치가 영원세계에서 완성될 것이 사실이라면 당연히 우리가 지금까지 자연세계를 정복, 지배하고자 개발하고 지녀왔던 모든 지식과 정복은 앞으로 펼쳐질 영광의 왕국에서도 계속적인 중요성을 지니게 될 것이다."[2036] 70) 아무튼 우리는 이 세상에서 인간이 성취한 모든 예술, 문화 등 고상한 것들이 하나님이 허락하신 가능성을 개발해 낸 것이라는 사실을 인정하고, 그런 것들이 신천신지에서도 어떤 형태로든지 남게 될 것이라는 점을 인정해야 합니다.

2035 Barclay, 『계시록주석(하)』, 363.
2036 Abraham Kuyper, *Common Grace*, 임원주 역, 『일반 은혜 1』(서울: 부흥과개혁사, 2017), 661-690. 카이퍼의 『일반 은혜』는 화란어로 세 권으로 출간되었고, 영역본은 모두 역간되었다.

(3) 들어갈 수 있는 자들과 들어갈 수 없는 자들

새 예루살렘의 특징은 이렇게 아름답고 영광스럽다는 것입니다만, 마지막 27절에 의하면 그 성에 들어갈 수 있는 자와 들어갈 수 없는 자들을 분명히 구별하고 있습니다. 우리가 24, 26절을 보편구원론으로 이해하거나 아니면 세상의 힘 있는 자들은 그곳에도 무사통과될 것이라고 절대로 해석할 수 없는 이유가 27절에 있습니다. 같이 읽어보겠습니다. "무엇이든지 속된 것이나 가증한 일 또는 거짓말하는 자는 결코 그리로 들어가지 못하되 오직 어린 양의 생명책에 기록된 자들만 들어가리라." 상반 절에 보시면 그 성에 들어갈 수 없는 자들이 있습니다. 무엇이든지 속된 것이나 했는데 이는 물질적인 의미에서 속된 것을 말합니다. 옛 성전에서도 속되고 부정한 것들이 들어갈 수가 없었습니다. 마찬가지로 새 예루살렘에도 어떤 흠이나 티나 주름 잡힌 것도 없는 공동체이기에 속된 것이 들어갈 수가 없습니다. 그리고 이어서 가증한 일을 행하거나 거짓말하는 자들 역시도 그 성에 들어갈 수가 없다고 말씀하고 있습니다. 그런 이들은 20장 10절, 15절에서 이미 본대로 불과 유황 못에 던져져 버렸기 때문에 새 예루살렘에 속할 수가 없습니다. 문이 활짝 열려져있고 닫히지 않지만 그런 이들은 들어가지 못합니다. 이 지상교회도 마찬가지입니다. 이런 사람들은 교회당 뜰만 밟을 뿐입니다. 교회의 영광, 시온의 복을 누리지를 못합니다.

사랑하는 여러분! 우리는 하나님보다 더 자비로워지려고 해서는 안 됩니다. 하나님께서는 새 예루살렘 성에 아무나 속할 수 있다고 말씀하지 아니하시고 분명한 자격요건을 규명하고 계십니다. 그곳에는 "오직 어린 양의 생명책에 기록된 자들만 들어"갈 수 있습니다. 이들은 단지 세상에서 무엇인가 많이 가졌던 이들이 아닙니다. 이들은 단지 이 세상에서 착하고 선하게 살았던 사람들이 아닙니다. 어린 양의 생명책에 기록이 된 자요, 어린 양의 보혈로 구원을 받은 성도들입니다. 우리가 새 예루살렘 성민이 될 수 있는 어떤 다른 자격요건도 없습니다. 오직 예수 그리스도의 피로 구속받고 성령으로 거듭난 자인가 하는 것이 중요합니다. 하나님은 그리스도의 의의 옷을 입고 있는 우리들을 무사통과시켜 주시는 것입니다. 우리가 자유로이 당당하게 들어갈 수가 있는 것입니다.

사랑하는 성도 여러분! 이제 말씀을 정리하도록 하겠습니다. 새 예루살렘은 구속받고 완성된 그리스도의 교회를 말한다고 했습니다. 오늘 말씀에 의하면 하나님과 어린 양이 친히 우리들의 성전이 되어주신다고 했습니다. 성부와 성자께서는 우리 가운데 계시면서 영원히 떠나시지 않습니다. 다시는 이별의 아픔이나 오해나 갈등이 없이 친밀하고 직접적인 관계를 누리게 될 것입니다. 그리고 새 예루살렘에는 또한 태양이나 달이 필요가 없습니다. 하나님의 영광이 영원히 비추이고, 어린 양되신 예수 그리스도께서 영원한 등불이 되어주시기 때문입니다. 따라서 새 예루살렘에는 영원히 어둠이나 밤이 없을 것입니다. 이는 이 세상에 존재했던 모든 악한 자들과 악한 것들, 즉 고난, 고통, 수고와 탈진 등이 없을 것이라는 말입니다. 오로지 예수 그리스도께서 빛이 되어주셔서 진리와 생명을 영원토록 무한히 공급해 주시고 기쁨과 평안이 넘치게 하실 것입니다. 뿐만 아니라 새 예루살렘에는 어린 양의 생명책에 기록된 만국 백성들과 왕들이 들어가되 만국의 영광과 존귀를 가지고 들어가서 장식하게 될 것이고, 그 성민들이 다 누리게 될 것입니다.

한 이야기로 마칩니다. "쥐가 희망이 없으면 항아리 물에도 3분 만에 죽는다고 한다. 그러나 쥐에게 희망의 빛을 던져 주면 36시간을 헤엄친다고 한다. 희망이 없는 사람은 3분 만에 항아리 물에 빠져 죽는 쥐와 같다. 희망이 있으면 36시간이 아니라, 일생을 주님 의지하면서 헤엄칠 수 있다. 고난 많은 이 세파를 헤쳐 나갈 수 있는 것이다. 우리의 삶에 희망이 있기 때문에 삶의 가치가 있는 것이다. 이것이야말로 내가 목을 걸고라도 증거할 수 있는 말씀이다. 보지는 않았으나 믿음으로 너무나 확실하게 아는 말씀이다."[2037] 어떻습니까? 오늘 우리가 나눈 새 예루살렘의 영광스러운 특징들이 장차 우리가 누리게 될 교회의 영광이라는 생각을 하신다면 우리에게 소망이 될까요, 아니면 그저 그런 것일까요? 영원한 영광을 사모하는 자가 된다면 이 세

2037 권성수, 『요한계시록』, 465.

상에서 탐닉하고 빠져서 살 수가 없습니다. 그렇다고 도피적으로 살수도 없습니다. C. S. 루이스가 말한 대로 천국이나 신천신지의 영광을 사모하는 자들은 이 세상에서 적극적으로 살면서 이 세상을 변화시키는 일에 매진하는 자들이 될 것입니다.

4.5.5. 수정같이 맑은 생명수의 강(계 22:1-2)

사람이 살아가는데 있어서 강이 대단히 중요하다는 것은 누구나 아는 사실입니다. 우리가 아는 고대문명들이 모두 다 큰 강을 중심으로 해서 이루어졌었다는 사실을 보아도 알 수 있습니다. 이집트는 나일강, 고대 메소보다미아는 티그리스와 유프라테스 강, 인도는 갠지스강과 인더스 강, 중국은 황하와 양자강을 중심으로 해서 발달했습니다. 이렇게 강을 중심으로 문명이 발달하게 된 이유는 원활한 식수공급뿐 아니라 사람이나 물류의 신속하고 편리한 이동 수단이 되어주기 때문입니다. 그래서 오늘날의 대도시들 역시도 반드시 강을 중심으로 해서 발전하고 있음을 우리는 잘 알고 있습니다. 서울에는 한강이 흐르고 있듯이, 뉴욕에는 허드슨 강이, 로마에는 티베르 강, 영국에는 테임즈 강, 빠리에는 센느 강이 흐르고 있습니다. 하지만 문제는 산업문명의 발달과 그 부산물인 오염물질로 인하여 썩고 부패하지 않은 강을 찾아보기가 힘들다는 것이 문제입니다. 대도시를 흐르는 강가운데서 그냥 떠서 먹을 수 있는 강이 없는 것으로 압니다. 오염물질과 생활하수 등으로 인하여 강은 오염되어 있고, 그 색깔마저 탁하기도 합니다. 물론 오염이 되지 않았다고 해도 자연환경 그 자체로 많은 위협을 주는 강들도 있습니다. 이집트의 나일 강에는 악어떼가 살고 있고, 브라질에 흐르고 있는 아마존강에는 식인 물고기 피라냐와 거대한 뱀 아나콘다 외에도 그 몸 길이가 3-15센티미터에 불과하지만 비뇨기를 통해 사람 속에 파고 들어가서 피를 빨아 먹는 칸디루라는 무서운 소형 물고기도 있습니다.

이러저러한 상황을 생각해 보면 사람들이 살아가는데 젖줄기다, 혹은 생명수다라고 말하기 어려운 강들이 오늘날 존재합니다. 마음 놓고 마실 수 있는 강물도 찾기 어렵고, 위험 요소가 없는 강들을 찾기도 어렵습니다. 그러나 오늘 본문 말씀에 보면 하나님께서는 사도 요한에게 조금의 오염이나 위험요소가 없는 한 강을 보여 주셨습니다. 이 강의 이름은 생명수의 강입니다. 강이 얼마나 맑고 푸른지 수정같이 맑은 강이라고 소개하고 있습니다. 또한 강 좌우에는 생명나무가 있어 열두 가지 열매를 맺고 있고 달마다 그 열매를 맺고 있으며 심지어는 그 나무 잎사귀들 조차도 만국을 치료하는데 쓰인다고 했습니다. 도대체 이 강의 정체는 무엇일까요, 어디에 이런 강이 있을 수 있습니까? 이것은 하나의 상징입니까, 아니면 실재입니까? 오늘 말씀을 통해서 이러한 생명수의 강이 우리의 것으로 확인되고 누려지기를 축원합니다.

(1) 구약적인 배경

구약성경을 어느 정도 읽은 성도들이라면 요한계시록 22장 1, 2절에서 묘사되고 있는 생명수의 강과 생명나무에 대한 말씀이 이미 구약 성경 곳곳에 계시되어 있다는 것을 기억하게 됩니다. 먼저 창세기 2장 8-10절에 기록된 에덴 동산에 대한 묘사를 살펴봅시다. "여호와 하나님이 동방의 에덴에 동산을 창설하시고 그 지으신 사람을 거기 두시니라. 여호와 하나님이 그 땅에서 보기에 아름답고 먹기에 좋은 나무가 나게 하시니 동산 가운데에는 생명나무와 선악을 알게 하는 나무도 있더라. 강이 에덴에서 흘러 나와 동산을 적시고 거기서부터 갈라져 네 근원이 되었으니" 하나님이 지으시고 아담과 하와로 거주하게 하신 에덴 동산에도 물근원이 있어서 네 개의 강이 기원하게 하셨다고 했습니다. 그리고 보기에 아름답고 먹기에 좋은 나무들이 있었고, 생명나무도 있었음을 알 수 있습니다. 따라서 우리는 요한계시록 22장에서 묘사되고 있는 바가 죄로 인해 잃어버리게 되었던 에덴 동산의 회복이라는 점을 확인할 수가 있습니다.

그리고 바벨론 포로기에 기록된 에스겔 47장 1절 이하에 보면 상당히 풍성하게 강과 나무에 대해서 예언하고 있음을 볼 수가 있습니다.

그가 나를 데리고 성전 문에 이르시니 성전의 앞면이 동쪽을 향하였는데 그 문지방 밑에서 물이 나와 동쪽으로 흐르다가 성전 오른쪽 제단 남쪽으로 흘러 내리더라. 그가 또 나를 데리고 북문으로 나가서 바깥 길로 꺾어 동쪽을 향한 바깥 문에 이르시기로 본즉 물이 그 오른쪽에서 스며 나오더라. 그 사람이 손에 줄을 잡고 동쪽으로 나아가며 천 척을 측량한 후에 내게 그 물을 건너게 하시니 물이 발목에 오르더니 다시 천 척을 측량하고 내게 물을 건너게 하시니 물이 무릎에 오르고 다시 천 척을 측량하고 내게 물을 건너게 하시니 물이 허리에 오르고 다시 천 척을 측량하시니 물이 내가 건너지 못할 강이 된지라. 그 물이 가득하여 헤엄칠 만한 물이요 사람이 능히 건너지 못할 강이더라. 그가 내게 이르시되 인자야 네가 이것을 보았느냐 하시고 나를 인도하여 강 가로 돌아가게 하시기로 내가 돌아가니 강 좌우편에 나무가 심히 많더라. 그가 내게 이르시되 이 물이 동쪽으로 향하여 흘러 아라바로 내려가서 바다에 이르리니 이 흘러 내리는 물로 그 바다의 물이 되살아나리라. 이 강물이 이르는 곳마다 번성하는 모든 생물이 살고 또 고기가 심히 많으리니 이 물이 흘러 들어가므로 바닷물이 되살아나겠고 이 강이 이르는 각처에 모든 것이 살 것이며 또 이 강 가에 어부가 설 것이니 엔게디에서부터 에네글라임까지 그물 치는 곳이 될 것이라. 그 고기가 각기 종류를 따라 큰 바다의 고기 같이 심히 많으려니와 그 진펄과 개펄은 되살아나지 못하고 소금 땅이 될 것이며 강 좌우 가에는 각종 먹을 과실나무가 자라서 그 잎이 시들지 아니하며 열매가 끊이지 아니하고 달마다 새 열매를 맺으리니 그 물이 성소를 통하여 나옴이라. 그 열매는 먹을 만하고 그 잎사귀는 약 재료가 되리라.

에스겔 47장의 내용과 요한계시록 22장을 비교해서 읽어보면 양 본문은 대단히 유사하다는 것을 알 수 있습니다. 차이가 있다면 에스겔서는 예언이고, 요한계시록은 그 예언의 성취를 기록한 것이라는 점입니다. 이외에도 구약 요엘서 3장 18절, 스가랴 14장 8절에 보면 생명수의 강에 대한 예언들이

나옵니다. 일단 오늘 본문은 구약적인 배경을 가지고 있으며, 그 배경의 빛에서 읽을 필요가 있다는 점을 지적하고 지나가겠습니다.

(2) 수정 같이 맑은 생명수의 강

이제 본문으로 들어가 보십시다. 먼저 1절 상반절을 읽습니다. "또 그가 수정 같이 맑은 생명수의 강을 내게 보이니" 여기서 "그가"는 21장 9절에서 등장해서 요한으로 하여금 새 예루살렘 성의 영광을 보게 해 준 천사를 가리킵니다. 그가 이번에는 무엇을 보여주는가 하면 "수정 같이 맑은 생명수의 강"을 보여 주었습니다. 그 강을 묘사하면서 수정같이 맑다고 한 것은 맑고 투명하고 오염이 되거나 썩고 부패한 요소가 전혀 없다는 것을 의미합니다. 말 그대로 맑고 투명하고 깨끗한 강물이라는 것입니다. 이 강은 수량이 풍성함과 거룩한 속성을 가지고 있습니다. 그러면 생명수의 강이 의미하는 바가 무엇일까요? 단지 우리가 살게 될 새 하늘과 새 땅에 있을 맑고 깨끗한 강을 의미하는 것일까요? 즉, 물리적으로 이해해야 하는 것일까요? 이 지구상에 존재하는 어떤 강과 비교도 되지 않을 만큼 맑고 깨끗한 강이라고 이해하고 말아야 할까요?

우리는 계속해서 상징의 세계에 있음을 기억해야 합니다. 저는 신천신지에 강이 있고 생명나무가 가시적으로 있을 것이다를 부정하는 것이 아니고, 계속된 상징적 의미를 잘 찾아야 한다는 것을 말하고 싶습니다. 새 예루살렘의 영광에 대해서 설명하면서 장소적인 의미보다는 그리스도의 신부된 교회의 영광을 상징적으로 묘사하고 있다는 점을 강조해 왔습니다. 21장 9, 10절에서 분명히 새 예루살렘을 "신부 곧 어린 양의 아내"라고 말씀해 주기 때문에 대부분의 개혁주의자들과 복음주의자들은 그렇게 이해를 합니다. 그렇다면 생명수의 강이 의미하는 바가 무엇일까요? 윌리엄 헨드릭슨이라는 학자는 "이강은 영생, 온전하고 자유한 구원 그리고 하나님의 주권적 은혜의 선물을 상징한 생명의 강이다. 하나님과 교제하는 것 말고 무엇을 생명이라

할 수 있겠는가?"라고 해석했습니다.[2038] 그리고 스웨트라는 학자는 이 생명수의 강은 성령의 주심을 의미한다라고 해석했습니다.[2039] 그러나 이 두 가지는 결코 분리되는 것이 아니라는 점을 성경을 통해서 확인해 볼 수가 있습니다.

요한복음 4장 13, 14절에 보면 예수님께서는 사마리아 여자에게 말씀하시면서 "예수께서 대답하여 이르시되 이 물을 마시는 자마다 다시 목마르려니와 내가 주는 물을 마시는 자는 영원히 목마르지 아니하리니 내가 주는 물은 그 속에서 영생하도록 솟아나는 샘물이 되리라."고 말씀하셨고, 초막절 끝날에 예루살렘에서는 생명수의 강을 언급하면서 다음과 같이 선포하셨습니다. 요한복음 7장 37절과 38절 말씀입니다. "명절 끝날 곧 큰 날에 예수께서 서서 외쳐 이르시되 누구든지 목마르거든 내게로 와서 마시라. 나를 믿는 자는 성경에 이름과 같이 그 배에서 생수의 강이 흘러나오리라." 그리고 이어지는 39절에 보면 예수님이 주시겠다라고 하는 생명수의 강의 정체가 무엇이냐를 밝혀주셨습니다. "이는 그를 믿는 자들이 받을 성령을 가리켜 말씀하신 것이라 (예수께서 아직 영광을 받지 않으셨으므로 성령이 아직 그들에게 계시지 아니하시더라)." 예수님께서 약속하셨고, 신천신지에서 완성될 생명수의 강이 의미하는 바는 이처럼 예수 그리스도 안에서 우리에게 주시는 풍성한 생명, 영생을 가리키고, 그 생명은 곧 성령에 의해서 우리에게 흘러 온다는 점을 알 수가 있습니다. "이러한 성령을 통한 회복에 의한 생명의 충만함은 종말에 교회 공동체에게 완벽하게 이루어질 것을 계 22:1은 보여 준다"고 말할 수 있습니다.[2040]

그리고 본문 1절 하반절에 보시면 그 생명수의 근원이 무엇인지를 밝히 말씀하고 있습니다. "하나님과 및 어린 양의 보좌로부터 나와서" 에스겔 47장 1절에서는 그 생명수의 강이 성전의 "문지방 밑에서 물이 나와 동쪽으로

2038 Hendriksen, 『요한계시록』, 254-55.
2039 H. B. Swete, *The Apocalypse of St. John* (New York: Macmillan, 1922), 298: "The River of Life which 'gladdens the City of God' is the gift of the Spirit which followed the Asension and which, once bestwed, remains with the Church forever(Jo. 14, 16)."
2040 이필찬, 『내가 속히 오리라』, 918.

흐르다가 성전 오른쪽 제단 남쪽으로 흘러 내리더라."고 말씀하고 있는데, 요한은 하나님과 어린 양의 보좌가 생명수의 강의 근원임을 밝히 말씀해 주신 것입니다. 이는 계시의 점진성을 보여줍니다. 그리고 하나님과 어린 양의 한 보좌를 언급하고 있습니다. 성부 하나님과 성자 하나님이 신성과 능력과 영원성이 동등하심을 보여주고, 삼위일체 하나님이 생명의 근원이심을 분명히 보여줍니다. 헨드릭슨이 말한대로 "은혜와 생명 샘이 하나님과 어린 양의 보좌로부터 나와서 흐르고 있다고 할 때에만 우리의 구원은 하나님의 권능의 의지에 기인한 것이며 그리스도의 구속의 피로 말미암아 우리에게 주어진 것이라는 사실이 강조되는 것이[며] 모든 영광은 하나님께만 돌려야"할 것입니다.[2041]

(3) 생명나무, 열매와 잎사귀

이제 우리가 주목할 것은 2절 말씀입니다. 2절을 같이 읽어보십시다. "길 가운데로 흐르더라. 강 좌우에 생명나무가 있어 열두 가지 열매를 맺되 달마다 그 열매를 맺고 그 나무 잎사귀들은 만국을 치료하기 위하여 있더라." 우선 2절 상반절은 생명수의 강이 흐르는 장소를 지적하는 말씀입니다. 길 가운데라고 할 때의 길(*plateia*)이라는 것은 예루살렘이나 중동에 있는 복잡하고 좁은 골목길을 말하는 것이 아니고 대로, 주요 거리를 가리킬 때 쓰는 단어입니다. 그런데 문제는 그 생명수의 강이 새 예루살렘 성의 메인 스트리트와 나란히 흐르고 있다는 말인지 아니면 길 자체가 없고 생명수의 강이 메인 스트리트를 대체한다는 말인지를 분명히 알기가 어렵습니다. 전자로 읽는다면 우리는 2절 말씀을 큰 강이 거리의 중앙으로 흐르고 있고, 강과 나란히 길이 나란히 뻗어 있으며, 그 강과 길 사이에 생명나무가 서 있다고 이해되어집니다. 그러나 마운스라는 학자가 잘 지적했듯이, "상세한 지세(地勢)는 이 구절의 상징을 이해하는 데 그다지 중요한 것이 아"닌 것입니

2041　Hendriksen, 『요한계시록』, 255.

다.[2042]

그런데 우리가 주의해서 보아야 할 것이 "강 좌우에 생명나무가 있어"라고 하는 구절입니다. 이 구절이 왜 어려운가 하면 분명히 강 좌우에 생명나무가 있다면 복수형을 사용해야 맞지만 단수형을 사용하고 있기 때문입니다. 에스겔 47장에서는 "강 좌우편에 나무가 심히 많더라."고 했는데, 요한에 의하면 강 좌우에 생명나무가 있어라고 말씀하고 있습니다. NIV 성경을 보면 "On each side of the river stood the tree of life"라고 번역했습니다. 우리가 요한이 본 환상을 상상력에 따라 재구성해 본다면 분명 생명수의 강이 흐르고 있고 강 좌우에는 나무들이 많이 서 있는 그런 장면이 연상되어지는데, 요한은 그냥 그 생명나무가 있더라는 식으로 말하고 있으니 이해가 어려운 것입니다. 어떤 학자들은 생명나무라고 했으나 이는 집합적인 표현이라고 합니다(Hendriksen, Aune). 그러나 이 역시도 상징적인 성격을 가지고 있음을 고려할 때 이해가 가능할 것입니다. 여러분 우리가 생명나무 하면 무엇이 생각나십니까? 예, 창세기 2장 9절과 3장 22절에서 언급하고 있는 에덴동산 중앙에 있던 그 한 그루 생명나무일 것입니다. 분명 창세기에 의하면 생명나무는 동산 중앙에 한 그루만 있었던 것입니다.

그러나 아담과 하와가 범죄한 후에 하나님께서는 "보라 이 사람이 선악을 아는 일에 우리 중 하나 같이 되었으니 그가 그의 손을 들어 생명 나무 열매도 따먹고 영생할까 하노라."고 하시면서 그들을 에덴 동산에서 추방해 버리셨다라고 창세기 3장 22절에서는 말씀하고 있습니다. 죄를 지은 채로 생명 나무 열매를 먹으면 영원히 산다 즉, 존재가 멸절되지 아니하고 무한히 존재하기는 하겠지만, 다시는 회개할 수 없는 사탄 마귀와 같은 상태에 빠지게 되기 때문에 하나님께서는 그들을 생명나무 열매를 먹지 못하도록 에덴 동산에서 추방해 버리셨다는 뜻입니다. 그런데 이제 요한계시록 22장 2절에 의하면 그리스도의 피로 구속받은 성도들이 생명나무에 접근할 수 있고 그 풍성한 과실을 먹을 수 있게 되었다고 하는 말씀입니다. 요한계시록 2장

2042 Mounce, 『요한계시록』, 460.

7절에 보면 에베소 교회에게 승리하면 "이기는 그에게는 내가 하나님의 낙원에 있는 생명나무의 열매를 주어 먹게 하리라."고 약속하신 바가 있습니다. 이는 아담의 범죄로 인하여 잃어버린 낙원에 들어가며, 생명 나무의 과실을 자유로이 먹게 해 주시겠다는 약속입니다.

본문으로 돌아와서 생명나무가 산출하는 열매와 그 잎사귀에 대한 묘사를 살펴 보도록 하겠습니다. 생명나무는 "열두 가지 열매를 맺되 달마다 그 열매를 맺"는다고 말씀하고 있습니다. 세상에 있는 나무들은 각기 한 가지의 열매를 맺을 수 있는데, 생명 나무는 얼마나 풍성한지 열두 가지 열매를 한 나무에서 맺는다고 말씀하고 있습니다. 그리고 일반적으로 이 지상의 과목은 한 해에 한 번씩 열매를 거둘 수 있습니다. 벼농사도 기껏해야 이모작 정도할 수가 있을 뿐입니다. 그런데 생명나무의 열매는 달마다 그 열매를 맺는다고 말씀하고 있습니다. 이것이 상징하는 바는 하나님이 주시는 생명의 지극한 풍성한 성격을 상징합니다. 하나님의 공급은 언제나 새로우며 언제나 풍성하다는 것을 보여줍니다. 단조로운 것이 아니라 다양한 내용을 가지고 있습니다. 그리고 항상 끊어지지 않고 공급되는 풍성함이 있다는 말입니다. 우리가 누리는 신천신지에서의 삶은 결코 단조롭거나 뻔한 삶이 아닙니다. 그리고 공급의 제한을 받는 결핍과 부족의 삶도 아닙니다. 언제나 흘러 넘치는 충만하고 풍성한 삶인 것입니다.

그리고 그 생명나무의 잎사귀에 대한 묘사를 살펴 보면 "그 잎사귀들은 만국을 치료하기 위하여 있더라"고 말씀하고 있습니다. 일단 생명나무에 접근할 수 있는 사람들은 인간적인 조건에 의해서 보자면 어떤 제한도 없이 만국에게 보편적으로 허용되었다는 점을 눈여겨 보아야 합니다.[2043] 물론 인간적인 조건에 있어서 제한은 없으나 믿음의 조건이 요구되어집니다. 그리고 생명나무의 잎사귀들 조차도 만국을 치료하는 효력을 가지고 있다고 하는 이 말씀은 깊이 생각해 보면 의문점이 생깁니다. 왜 영원한 신천신지에 치료

2043 이필찬, 『보라 내가 속히 오리라』, 920: "그런데 여기에서 요한계시록 본문은 '만국의' (*tou ethnon*) 라는 소유격을 덧붙이어 그 회복의 대상을 분명히 할 뿐만 아니라 회복의 우주적 성격을 강조한다. 곧, 교회 공동체는 만국으로부터 택함 받은 자들로 구성된다."

라는 것이 필요할까 하고 말입니다. 마운스(Robert Mounce)는 다음과 같이 설명하고 있습니다. 유익한 해설이라고 봅니다:

> 비록 요한이 만국의 소성에 대하여 언급하고는 있지만, 우리는 새 예루살렘 밖에 만국이 계속 존재할 것으로 추리해서는 안 된다. 21:24 이하에서처럼, 현세의 상황에서 빌어 온 비유적 표현은 영원한 상태에 대한 묘사로 이전된다. 앞으로 있을 시대의 영광은 현세에 속한 비유적 표현으로 묘사될 수 밖에 다른 도리가 없다. 치료하는 잎사귀는 육신적, 영적 결핍이 전혀 있을 수 없다는 사실을 가리킨다.[2044]

정근두 목사님은 『요한계시록강해』 제6권에서 이렇게 설명해 줍니다.

> 그렇다고 하여 새 하늘과 새 땅에서도 치료받아야 할 고통이나 질병이 있다고 유추하는 것은 옳지 않습니다. 요한은 지금 현세의 유일한 언어로서, 내세의 무한한 영광을 그리려고 노력할 뿐입니다. 고통과 죽음이 자리한 현세와 대조하여 다가올 세대의 영광을 말하려고 노력할 뿐 입니다. 내세의 영광에 참여하는 모든 사람들은 죄의 결과로부터 온 모든 고통에서부터 완벽 히 벗어날 것입니다.[2045]

이제 상징의 중심을 차지하고 있는 생명나무의 정체가 무엇이냐 하는 점을 말씀드리고자 합니다. 생명나무(tree)는 wood(목재)입니다. 이 용어는 그리스도의 십자가를 가리킬 때 사용하던 단어입니다. 갈라디아서 3장 13절에 보면 "그리스도께서 우리를 위하여 저주를 받은 바 되사 율법의 저주에서 우리를 속량하셨으니 기록된 바 나무에 달린 자마다 저주 아래에 있는 자라 하였음이라."라고 말씀할 때에 나무를 의미합니다. 예수 그리스도께서 수치의 십자가를 지신 결과 우리를 위하여 영생을 주시며 새 예루살렘에서 충만한 삶을 누릴 수 있게 해 주시었습니다. 그런 점에서 우리는 생명나무가

[2044] Mounce, 『요한계시록』, 460.
[2045] 정근두, 『새 하늘과 새 땅, 요한계시록 6』 (서울: 하나출판사, 1997), 64.

누구냐, 그 실체는 우리 주 예수 그리스도라고 말할 수 있는 것입니다.

그리고 오늘 말씀을 정리하면서 우리가 반드시 기억해야 하는 것은 새 생명과 영생의 생명은 이미 예수 그리스도를 믿는 자가 누리도록 허락되어 있다는 것입니다. 거듭나는 순간에 우리는 새로운 피조물이 되었습니다. 예수 그리스도가 이 땅에 오신 목적은 "양으로 생명을 얻게 하고 더 풍성히 얻게 하려는 것이라"(요 10:11하)고 말씀했습니다. 우리가 하나님을 온 맘으로 사랑하고, 옆에 있는 성도들을 진실로 사랑할 때에 그것은 이미 하늘 생명을 누리고 있는 것입니다. "영생은 곧 유일하신 참 하나님과 그의 보내신 자 예수 그리스도를 아는 것이니이다"(요 17:3). 물론 새 하늘과 새 땅에서 우리는 충만하고 풍성한 삶을 영원히 만끽하게 될 것입니다. 그러나 이미 우리는 그 하늘의 생명을 이 땅위에서 누리기 시작했습니다.

말씀을 정리하면서 유혜옥 전도사라는 여성 사역자가 SNS에 올린 아름다운 시를 소개하려고 합니다. 어느날 기도회에 참석하여 은혜를 받아 많은 눈물을 흘리고 나서 쓴 시라고 합니다. 오늘 본문의 적용이라고 봐도 손색이 없습니다. 우리가 신천신지에서 누리게 될 풍성한 삶에 대한 고대와 더불어서 이미 예수 그리스도 안에서 시작된 생명수의 강의 누림이 의미하는 바가 잘 전달되어지기를 바랍니다.

내 마음엔 아무도 모르는 강물이 흐릅니다.
깊고 맑은, 넓고 풍성한 강물이 흐릅니다.
처음에 그 강물이 제 마음에 밀고 들어올 때,
그것이 저는 눈물인 줄, 제 마음의 아픔인 줄 알았어요.
강물은 점점 더 내 마음에 차 들어와, 넘실 넘실 흘러 넘쳤습니다.
내 마음의 더러움을 씻어내고, 교만하게 튀어나온 돌들을 옮겨가고, 상처로 움푹 파인 자리를 메워 주며, 풍성한 산소와 물고기들로 가득찬 바다를 만들어 주었어요. 강물은 점점 더 높이 차올라, 제 안에 연약한, 육신적인 마음과 악함을 다 덮어 버렸죠.
지금 강물은 흘러 차고 넘쳐, 나를 통하여 다른 이에게 흘러 갑니다.

신선하고 깨끗한 심장 박동과, 상큼하고 달콤한 향기, 풍성한 물고기들과 산소들을 싣고, 많은 이들의 상함을 치유하고 있죠. 예, 물론. 강물의 흐름에 저항하는 쓴 뿌리들도 있어요. 강물의 흐름에 저항하고 저항하다, 그들은 먹지 못할 쓴 나물. 돌 덩어리가 되어 버렸죠.

제 마음에는 강물이 흐릅니다.

제 마음을 통하여 흐르는 강물은,

풍성하고 깨끗한, 깊고 넓은, 영원히 넘실대는 평안의 강물입니다.

강물의 이름은, ^^ 내 사랑 성령님.

사랑하는 이여, 당신의 마음에도 강물이 흐르나요?

4.5.6. 세세토록 왕노릇하리로다(계 22:3-5)

여러분은 천국을 소망하고 고대하십니까? 천국에 대해서 관심을 가집니까? 생명의말씀사 홈피에 들어가서 천국이라는 단어를 넣어 검색했더니 187권이 떴습니다. 그 수많은 책들 중에는 우리가 천국에 대해서 바로 아는데 도움이 되는 책들도 있지만 전혀 도움이 안 되는 책들도 있을 것입니다. 우리는 요한계시록을 통해서 이 세상 역사 현실이 어떠한 영적인 배경하에서 움직이는지도 보았지만, 천국과 신천신지에서의 삶에 대해서도 잘 배워 왔습니다. 이제 오늘 본문으로써 신천신지와 새 예루살렘에 대한 부분을 마무리하게 됩니다. 오늘 본문 속에서도 우리는 장차 우리가 누리게 될 천국과 신천신지의 영광이 무엇인지를 잘 배울 수가 있습니다.

(1) 다시는 저주가 없는 삶

그러면 신천신지 새 예루살렘에서 누리게 되는 성도의 삶의 특징이 무엇입니까? 첫 번째 특징은 3절 초두에 있는 대로 "다시 저주가 없다"는 것입니다. NIV에서는 " No longer will there be any curse."라고 분명하게 번역을 했습니다. 그곳에는 더 이상 어떠한 저주도 없을 것이라는 의미입니다. 새 예루살렘에는 더 이상 어떤 저주도 존재하지 않을 것이라는 말씀은 구약 스가랴 14장 11절 에서도 예언되고 있는 내용입니다. "사람이 그 가운데에 살며 다시는 저주가 있지 아니하리니 예루살렘이 평안히 서리로다." 스가랴는 예루살렘이라고만 했지만 예언의 내용은 요한계시록 22장 3절의 새 예루살렘에서 성취되어질 것입니다. 저주에 해당하는 히브리어 단어는 헤렘(herem)인데, 이 단어는 죄 때문에 가나안 원주민들을 전멸시키라할 때나 범죄한 이스라엘과 유다 백성들 을 심판하실 때에 쓰여진 무시무시한 단어입니다.[2046] 특히 유다는 죄 때문에 느부갓네살에 의해서, 그리고 로마 군병들에 의해서 두 번이나 큰 재난을 겪어야 했고, 도성 예루살렘은 무너지고 황폐하게 되었습니다. 그것이 바로 저주의 의미인 것입니다. 그런데 이제 하나님께서 약속하시는 것이 무엇입니까? 새 예루살렘에는 더 이상 그렇게 외부의 적들에 의해서 멸망당할 일이 없이 평안히 살게 해 주시겠다는 뜻입니다.

그러나 보다 더 깊은 의미는 하나님의 백성들로 하여금 저주아래 놓이게 만든 죄 문제를 근본적으로 해결해 주시겠다는 의미입니다. 우리는 다시는 저주가 없을 것이라고 하는 말씀이 창세기 3장과 관련이 있다는 점을 기억해야 합니다. 하나님의 말씀을 어기고 선악과를 따먹고 범죄한 아담과 하와에게 하나님께서는 심판을 선언하셨습니다. 땅이 저주를 받아 가시와 엉겅퀴를 내게 될 것이므로 사람이 땀 흘리며 수고로이 일해야 먹고 살게 될 것이라는 것과 여인에게는 해산의 고통을 더하여 수고로이 자녀를 낳게 될 것을 예고하셨습니다. 그리고 당장에 죽지는 않지만 육신은 병약하고 쇠약하다가 때가 되면 흙으로 돌아가게 될 것이고, 그 영혼은 하나님과의 관계에 있어서 단절되는 것도 또한 죄 때문에 받게 되는 저주였다고 할 수가 있습니다. 그런데 이제 신천신지에서는 어떤 저주도 존재하지 않게 된다고 하는 것은 더 이상 그런 생로병사가 없게 될 것이고, 눈물, 애통, 이별, 싸움, 수고로이 일하거나 출산하는 일이 없어지게 될 것이라는 것입니다.

새 예루살렘은 외적의 침입을 받을 일이 없을 것이기 안전하고 평화로운

2046 Beale, *The Book of Revelation*, 1112.

거처(공동체)가 될 것입니다. 그리고 그곳에 사는 거주민들은 모두가 다 죄의 세력과 오염에서 자유하게 되었기 때문에 더 이상 죄의 결과로 당하게 되는 어떤 고통이나 저주도 겪을 필요가 없습니다. 대신에 그들은 하나님의 복을 충만히 누리게 될 것입니다. 바울이 에베소서 1장 3절에서 말한 대로 "하늘에 속한 모든 신령한 복들"을 무한히 만끽하게 될 것입니다. 믿는 성도들로 하여금 더 이상 저주아래 있는 삶이 아니라 하나님의 은혜아래 있는 삶을 살게 하시며, 새 예루살렘에서 그 모든 저주에서 해방된 삶을 누리게 하시기 위해서 예수 그리스도는 십자가의 고난을 자취하셨던 것입니다. 갈라디아서 3장 13절은 이 점을 잘 말씀해 줍니다. "그리스도께서 우리를 위하여 저주를 받은바 되사 율법의 저주에서 우리를 속량하셨으니 기록된바 나무에 달린 자마다 저주 아래에 있는 자라 하였음이라." 뇌성마비장애를 가진 송명희씨의 찬송시에는 이렇게 표현하고 있습니다.

너의 쓴 잔을 내가 마시었고 나는 너에게 단 잔을 주었노라...
너의 근심을 내가 당하였고 나는 너에게 평안을 끼치노라...
너의 근심을 내가 당하였고 나는 너에게 평안을 끼치노라...
너의 죽음을 내가 맛보았고 나는 너에게 생명을 베푸노라...

신천신지에서는 우리가 더 이상 어떠한 저주도 맛보지 않게 될 것입니다. 하나님께서 우리들로 하여금 그 저주의 원인인 죄를 더 이상 지을 수 없는 존재로 만들어 주실 것이기 때문입니다. 교부 아우구스티누스는 우리가 신천신지에서 누리게 될 영광은 심지어는 타락 이전의 아담이 누렸던 영광의 자유보다 탁월하다는 점을 잘 밝혔습니다.

어떤 관점에서든 우리가 부지런하고 주의 깊게 숙고해야만 하는 두 가지 사실들- 죄를 짓지 않을 수 있음(*posse non peccare*)과 지을 수 없음(*non posse peccare*); 죽지 않을 수 있음과 죽을 수 없음; 선을 버리지 않을 수 있음과 선을 버릴 수 없음-이 서로 구별된다. 왜냐하면 첫 사람은 죄를 짓지 않을 수 있었으며(*posse non peccare*), 죽지 않을 수 있었고, 선을 버리지 않을 수 있었다…그러므로 처음의 의지의 자유는 죄를 짓지 않을 수 있었음이었고, 죄 지을 수 없음이라는 나중의 자유가 더욱 더 컸다. 그리고 죽지 않을 수 있음이 처음의 불멸성이라면 죽을 수 없음이라는 마지막의 것이 더욱 더 크다. 또한 처음의 견인의 힘이 선을 버리지 않을 수 있음이라면, 마지막의 견인 의 지복(*felicitas*)은 선을 버릴 수 없음이었다.[2047]

이것이 새 예루살렘에서 우리가 누리게 되는 영광인 것입니다. 이러한 영광을 우리가 영원히 누릴수 있을 것이라고 확신할 수 있는 이유는 새 예루살렘에 "하나님과 그 어린 양의 보좌가 그 가운데에 있"을 것이기 때문입니다. 전능하신 하나님과 우리의 대속의 주님 예수 그리스도의 통치의 보좌가 그곳에 영원히 있을 것이기 때문에 우리는 더 이상 죄를 짓거나 저주를 경험하게 될 가능성 없이 생명수의 강을 영원히 마시고 살수가 있는 것입니다.

(2) 하나님을 가까이하여 섬기는 삶

신천신지에서 우리 성도들이 누리게 되는 축복된 삶의 특징은 단지 더 이상 저주가 없다는 부정적인 언사만으로 다 표현될 수가 없습니다. 두 번째 특징으로 요한은 영원히 하나님을 섬기고 살 것이라고 말씀해 줍니다. 3절 끄트머리에 보시면 "그의 종들이 그를 섬기며"라는 말씀이 있지요? 그의 종들이란 저와 여러분같이 주 예수 그리스도를 믿는 신자들을 가리킵니다. 사도 바울만 신자들을 그리스도의 종 혹은 노예라고 표현하는 것이 아닙니다. 요한도 우리를 일컬어서 하나님의 종들이라고 했습니다. 사실은 구약에서는 모세나 엘리야 같은 사람들에게만 하나님의 종이라는 표현을 썼기에, 이런 표현이 우리들에게 적용된다고 기분 나빠할 일이 아닙니다. 그리고 "그의 종들이 그를 섬기며"라고 할 때 섬긴다는 말은 헬라어 라트류오(*latreuo*)라는 단어를 번역한 것입니다. 이는 예배하다와 봉사하다(to worship, to serve)는

2047 Augustine, *On Rebuke and Grace*, 32-33.

의미를 가지고 있습니다. 우리는 복락원에서 영원토록 하나님을 섬기고 하나님을 예배하면서 살 것입니다. 천군천사들과 함께 강건하고 우렁찬 목소리로 하나님을 찬송하게 될 것입니다.

신명기 10장 12절에 보시면 "이스라엘아 네 하나님 여호와께서 네게 요구하시는 것이 무엇이냐? 곧 네 하나님 여호와를 경외하여 그의 모든 도를 행하고 그를 사랑하며 마음을 다하고 뜻을 다하여 네 하나님 여호와를 섬기고"라고 말씀하셨고, 로마서 12장 1절에서는 "그러므로 형제들아 내가 하나님의 모든 자비하심으로 너희를 권하노니 너희 몸을 하나님이 기뻐하시는 거룩한 산 제물로 드리라 이는 너희가 드릴 영적 예배니라."고 말씀하고 있는데, 우리가 이 땅위에서도 이미 이런 예배를 시작했지만 신천신지에서 이러한 의미에서 충만한 예배와 섬김을 하나님께 드릴 수 있게 될 것입니다. 어떤 저주도 없는 곳이기에 몸의 제약이나 목소리의 문제도 없어질 것입니다. 모두가 다 꾀꼬리 보다 더 아름다운 목소리로 지치지 아니하고 샘 솟듯하는 찬송을 하나님께 우렁차게 드리게 될 것입니다.

그리고 4절에 보시면 우리는 신천신지에서 하나님의 얼굴을 보게 될 것입니다. "그의 얼굴을 볼 터이요." 소위 지복직관이라는 복을 누리게 된다는 말입니다. 옥한흠 목사님이 마지막 병상에서 몇 마디 하신 말 중에 "내 사모하는 주님을 뵙고 싶다"고 표현했던 바로 그 축복입니다. 아담과 하와가 타락하기 전에는 하나님께서 에덴동산을 거니시면서 인간들과 교제하셨습니다. 하지만 죄를 짓고 나서는 하나님의 면전에서 쫓겨나게 됩니다. 하나님과의 관계 단절이지요. 구약 성도들은 하나님을 만나면 죽는다고 생각하면서 하나님의 존전 앞에 선다는 것을 너무나 두려워했습니다. 그러다가 예수 그리스도 안에서 나타나는 하나님의 얼굴을 보게 되어졌습니다. 이는 육신을 통해 표현되는 영광이셨습니다. 즉, 그 영광이 질그릇 속에 감추어져서 나타난 것입니다. 우리는 말씀과 성령을 통해서 하나님을 만나고 하나님의 음성을 듣고 교제할 수 있습니다. 이것이 분명 축복임에도 불구하고 그러나 신천신지에서 누리게 될 지복직관의 영광에 비하자면 덜 충분한 것입니다. 우리가 지금 누리고 있는 영광과 장차 누리게 될 지복직관의 영광의 차이에 대해서, 사도 바울은 고린도전서 13장 12절에서 "우리가 지금은 거울로 보는 것 같이 희미하나 그 때에는 얼굴과 얼굴을 대하여 볼 것이요 지금은 내가 부분적으로 아나 그 때에는 주께서 나를 아신 것 같이 내가 온전히 알리라."고 잘 말했습니다. 오늘 요한을 통해서 하신 말씀대로 우리는 영광스러운 몸과 영혼을 다시 입게 되는 재림의 날 신천신지에서 하나님의 얼굴을 뵙게 될 것입니다. 아주 직접적이고 친밀한 사귐이 시작될 것입니다.[2048]

그리고 이어지는 본문에 보시면 신천신지에서 성도들이 누리게 되는 또 다른 영광이 무엇이냐 하면 "그의 이름도 그들의 이마에 있으리라."고 말씀하고 있습니다. 이러한 복은 이미 빌라델비아의 승리한 자들에게 상급으로 약속하신 내용이기도 합니다. "이기는 자는 내 하나님 성전에 기둥이 되게 하리니 그가 결코 다시 나가지 아니하리라 내가 하나님의 이름과 하나님의 성 곧 하늘에서 내 하나님께로부터 내려오는 새 예루살렘의 이름과 나의 새 이름을 그이 위에 기록하리라."(3:12). 그리고 7장에서 본대로 하나님께서는 택자들의 무리인 144,000명의 이마에 하나님의 인을 치셨다고 했고, 14장 1절에 의하면 "또 내가 보니 보라 어린 양이 시온 산에 섰고 그와 함께 십사만 사천이 서 있는데 그들의 이마에는 어린 양의 이름과 그 아버지의 이름을 쓴 것이 있더라."고 말씀하고 있습니다. 이름을 이마에 쓴다고 하는 것은 하나님의 소유권을 의미합니다. 우리가 하나님께 속한 보배로운 백성들임을 인치신다는 의미입니다. 그리고 이마에 짐승의 이름을 가진 자는 짐승을 닮은 자이듯이, 이마에 하나님의 이름이 새겨진 자들은 곧 하나님을 닮은 자들이라는 의미이기도 합니다.

(3) 세세토록 왕 노릇하리로다.

신천신지에서 누리게 될 성도의 또 다른 영광은 주 하나님 아버지와 주 예수 그리스도의 통치권에 동참하게 된다는 사실입니다. 5절 말씀을 다시 읽어보겠습니다. "다시 밤이 없겠고 등불과 햇빛이 쓸 데 없으니 이는 주 하

2048 Hans Boersma, *Seeing God*, 김광남역, 『지복직관』(서울: 새물결플러스, 2023)을 보라.

나님이 그들에게 비치심이라 그들이 세세토록 왕 노릇 하리로다."『복락원』(Paradise Regained)에는 다시 밤이 없다는 말씀을 21장 25절에도 본적이 있습니다. 밤이 없다는 것은 문자적으로 어둠이 없다는 말이기도 하지만, 역사의 어두운 밤이라고 표현하듯이 어떠한 악의 세력도 악의 흔적도 그곳에는 없다는 것입니다. 어두움을 밝히던 인위적인 도구인 등불도 필요 없을 것이고, 그리고 하나님이 지으신 햇빛조차도 필요가 없게 될 것입니다.

등불보다 햇빛보다도 더 밝은 빛이 복락원에 존재하고 있기 때문입니다. 이는 바로 주 하나님이십니다. "주 하나님이 그들에게 비치심이라." 하나님은 근원적인 빛이십니다. 예수님도 세상의 빛이십니다. 빛은 밝음도 주지만 생명의 풍성함을 줍니다. 모든 생명, 흘러넘치는 축복의 의미입니다. 하나님의 얼굴 빛이 비치인다고 하는 것은 하나님의 호의를 누리되 영원히 누린다는 뜻입니다. 구약 민수기 6장 24-26절에 기록된 제사장의 축복문구에 보면 "여호와는 네게 복을 주시고 너를 지키시기를 원하며 여호와는 그의 얼굴을 네게 비추사 은혜 베푸시기를 원하며 여호와는 그 얼굴을 네게로 향하여 드사 평강 주시기를 원하노라."고 말한대로 하나님의 얼굴 빛은 하나님의 은혜와 평강을 가져다 줍니다. 이러한 빛을 우리는 이곳에서 조금씩 맛볼 수 있을 뿐이지만, 복락원인 신천신지에서는 간단없이 영원히 누리게 될 것입니다. 그 빛 가운데 우리는 영원히 살게 될 것입니다.

그리고 더욱더 놀라운 영광과 특권은 신천신지의 왕이신 하나님과 예수 그리스도의 통치에 동참하게 된다는 것입니다. 5절 끄트머리에서 말씀하는 대로 우리는 "세세토록 왕 노릇"하게 될 것입니다. 세세토록이라는 말은 한시적이지 않고 영원무궁토록이라는 의미입니다. 20장 4, 6절에서 본 "그들이 하나님과 그리스도의 제사장이 되어 천 년 동안 그리스도와 더불어 왕 노릇 하리라."고 한 통치와 기간에 있어서 다른 것입니다. 천년 동안 성도가 왕 노릇하는 것은 교회시대를 의미하지만, 세세토록 왕 노릇하는 것은 신천신지에서 우리가 영원토록 누리게 될 영광을 가리키는 것입니다. 이는 다니엘 7장에서 예언된 바의 성취이기도 합니다. "지극히 높으신 이의 성도들이 나라를 얻으리니 그 누림이 영원하고 영원하고 영원하리라…나라와 권세와 온

천하 나라들의 위세가 지극히 높으신 이의 거룩한 백성에게 붙인 바 되리니 그의 나라는 영원한 나라이라. 모든 권세 있는 자들이 다 그를 섬기며 복종하리라."(18, 27절). 사도 바울은 우리가 신천신지에서 누리게 될 이 통치권에 대해 고린도전서 6장 2, 3절에서 이렇게 책망조로 말씀하기도 했습니다. "성도가 세상을 판단할 것을 너희가 알지 못하느냐? 세상도 너희에게 판단을 받겠거든 지극히 작은 일 판단하기를 감당하지 못하겠느냐? 우리가 천사를 판단할 것을 너희가 알지 못하느냐? 그러하거든 하물며 세상 일이랴!"

우리에게 주어지는 왕 노릇함의 권세는 원래 하나님 아버지와 예수 그리스도께서만 전유하시던 권세였습니다. 그러나 예수 그리스도께서 우리를 위하여 피를 흘려주시고 우리를 구속해 주시면서 우리를 나라와 제사장으로 삼아 주셨던 것입니다(1:6, 5:10). 베드로는 우리가 누리는 이 특권을 "왕 같은 제사장"이라고 잘 표현했습니다. 혹은 마태복음 19장 28절에 보면 "예수께서 이르시되 내가 진실로 너희에게 이르노니 세상이 새롭게 되어 인자가 자기 영광의 보좌에 앉을 때에 나를 따르는 너희도 열두 보좌에 앉아 이스라엘 열두 지파를 심판하리라"고 말씀하신 약속을 누리는 것입니다. 그러나 이러한 왕노릇은 우리 마음대로 행사하는 독재 권력이 아닙니다. 앞서도 보았지만 우리는 신천신지에서도 하나님의 종이지, 하나님처럼 되는 것도, 하나님위에 있는 것도 결코 아니라는 것을 분명히 알아야 합니다. 그렇게 되면 또 다시 지옥이 되고 말 것입니다. 우리가 하나님의 뜻에 순종하여 하나님을 섬기면서 새 하늘과 새 땅을 다스리고 관리하게 된다는 말씀입니다. 창세기 2장 15절에 보면 원래 인간들에게 주셨던 만물의 영장권("그것을 경작하며 지키게 하시고") 을 다시 회복시켜 주신다는 의미인 것입니다.

사랑하는 여러분! 어떻습니까? 믿는 자들이 장차 누리게 될 신천신지 복락원의 영광을 희미하게라도 아시게 되었습니까? 아, 그런 곳에 가서 영원히 나도 살고 싶다는 젠주흐트(Sehnsucht- 독일어로 향수라는 뜻)가 생깁니까? 저는 이런 말씀들이 그냥 듣기에 좋은 소리가 아니라 저와 여러분의 영혼을 강하게 사로잡는 권세있는 말씀이 되기를 원합니다. 성도들이 장차 누리게 되는 복락원의 삶은 영원히 지루하게 계속되거나 아니면 무미건조하고 유약하게 시간만 보내는 허무한 삶이 아닙니다. 우리가 누리게 될 삶은 저주가 도무지 없는 삶이라고 했습니다. 그리고 하나님을 가까이하여 온 몸과 마음을 다해서 예배하고 섬기는 삶이 될 것입니다. 또한 복락원에서의 우리의 삶에는 어떠한 어둠이나 악의 요소도 없을 것이고 오로지 주 하나님과 어린 양 예수 그리스도의 찬란한 생명의 빛을 받으면서 영원히 살게 될 것입니다. 더욱이 우리는 하나님과 예수 그리스도의 왕노릇 하심에 동참하게 될 것입니다. 영원히 세세무궁토록 왕노릇하는 삶을 살게 될 것입니다. 이것이 바로 아우구스티누스와 칼뱅이 표현한대로 "하나님의 독생자가 인간의 아들이 되신 것은 우리들을 하나님의 아들들이 되게 하시기 위해서입니다"(The only son of God became the son of man, that he might make us sons of God)라고 하는 의미인 것입니다. 이러한 영광과 특권을 우리에게 주시기 위해서 예수 그리스도는 인간의 몸을 입고 이 땅에 오셨고 십자가에서 우리의 죄값을 치루셨으며 저주를 다 당하셨던 것입니다. 우리는 복락원에서 영원히 그 은혜를 찬송하며 우리에게 허락된 섬김과 다스림의 권세를 누리게 될 것입니다.

우리가 살고 있는 이 지상 생활에는 여전히 밤이 있고, 눈물 흘릴 일이 있습니다. 가슴 아파할 일들도 많이 남아 있습니다. 그러나 우리의 눈을 들어서 복락원의 영광을 묵상합시다. 그리고 그곳에 가서 살 영적인 준비를 해 나갑시다. 연약한 조건 속에서 이지만 더욱 주님을 사랑하고 섬기는 삶을 살아가십시다.

4.6. 나가는 말

이상에서 우리는 '새 하늘과 새 땅'(그리고 새 예루살렘)에 대하여 신학적인 관점에서와 설교자의 관점에서 고찰해 보았다. 교회 밖에서 준동하고 있는 신천지와 같은 이단들의 위협뿐 아니라 교회내적인 혼란도 적지 않다고 판단되기에 이 주제와 그리고 전거본문인 요한계시록 21장 1절-22장 5절까지를 살펴본 것이다. 앞서 논의된 내용들을 간략하게 요약하여 보겠다.

첫째, 우리는 전거본문을 다루기 전에 우선적으로 관련된 신학적인 논의들을 세 가지의 주제로 나누어서 숙고하는 작업을 해보았다. 4.2에서는 신자들의 중간기 거처와 궁극적인 거주지 문제에 대해서 살펴보았다. 흔히들 신자는 죽으면 천당에 간다고 하고, 그리고 천당 혹은 하늘에서 영원히 살 것이라고들 말한다. 하지만 이는 성경적으로 부정확한 면이 있다. 신자가 죽으면 중간기거처는 천당 혹은 하늘에 가는 것이 맞지만, 신자들이 영원히 살게 될 것은 신천신지이기 때문이다. 4.3에서는 첫 창조와 재 창조 사이의 관계를 숙고해 보았다. 양자 사이의 관계를 두고 역사적으로 세계파괴설과 만유갱신설이 양립해 왔다. 성경적인 근거위에서 개혁주의는 대체로 만유갱신설을 견지해왔다. 새 하늘과 새 땅은 첫 창조를 무화시키고 다시 재창조되는 것이 아니라 첫 창조를 전적으로 갱신한 것이라고 하는 이해는 성경본문을 이해하고 설교하는 일에도 영향을 미치기 마련이다. 4.4에서는 새 예루살렘을 실제적인 도성 혹은 도시로 이해할 것인가 아니면 구속받은 교회 공동체로 이해할 것인가에 대한 숙고 작업을 해보았다. 어느 쪽을 택하든 요한계시록 21장-22장은 해명이 될 수 있으며, 어느 쪽의 입장이든 장점과 약점을 가지고 있다. 그러나 설교자는 새 예루살렘을 문자적으로 볼 것인지 아니면 상징적으로 볼것인지에 대한 입장을 정해야 할 것이다.

둘째로 필자가 실제 목회현장에서 전거본문(계 21:1-22:5)에 대하여 어떻게 강해했는지를 담은 원고를 제시해 보았다(4.5). 이렇게 하는 이유는 필자의 입장이 표준적이기 때문이 아니라, 실제로 이런 본문들을 개혁주의적인 신학의 기초위에서 어떻게 회중들에게 전달해야 하는지를 예시적으로 보여주기 위해서였다. 더욱이 필자의 방대한 요한계시록 강해는 이미 공표되어 있어 신학자들이나 목회자들이 참고할 수 있기 때문에, 해당 내용을 요약적으로 제시해 보았다. 한 사람의 설교자로서 요한계시록 연속 강해를 준비하면서 필자도 개혁파 종말론과 계시록에 대한 다양한 주석들을 참고하면서 요한계시록 강해를 진행해 보았다. 이러한 강해를 통하여 이단이나 사이비 종말론에 미혹당하기 쉬운 회중들에게 바른 종말론과 성경적인 종말의식을 고취시켜 주고, 종말론적 삶을 살 수 있도록 돕는 일에 목표를 두고 강해를 진행했다.

한 회중을 섬기는 설교자라면 성경 전체를 가르쳐야 할 책무를 가진 것이고, 그렇다면 언젠가는 요한계시록이나 예언서 본문들도 잘 가르쳐야 할 기회가 오기 마련이다. 특히 종말론과 관련된 미혹이 심한 말세지말에 사역하는 개혁주의 목회자들은 개혁파 종말론, 개혁주의적인 요한계시록 해석학과 주석학을 잘 연마함으로 설교자 자신이 충분한 준비에 근거한 확신을 가지고 회중들에게 쉽고 분명하게 종말론적 진리들을 가르칠 수 있어야 할 것이다. 물론 처음 시작하는 이들에게는 요한계시록은 '열쇠를 잃어버린 자물통'처럼 보일지 모르지만, 이미 앞선 선배들의 노작들을 참고하면서 연구와 준비에 매진한다면 요한계시록의 세계가 열리는 것을 경험하게 될 것이라고 생각한다. 우리의 영원한 거처가 되는 '새 하늘과 새 땅'에 대한 설교도 제대로 선포되어질 때에 목회자나 교인들이 신천신지에 대한 갈망과 학수고대하는 간절한 마음이 생길 것이고, 영원한 것을 위하여 일시적인 것을 내려놓고 하나님 나라와 의를 위해 헌신하는 삶을 살게 할 수도 있을 것이라고 생각한다.

"마라나 타! 아멘 주 예수여 오시옵소서"(고전 16:22, 계 22:20)
(μαράνα θά. Ἀμήν, ἔρχου κύριε Ἰησοῦ)

참고문헌

가옥명.『내세론』. 정재면 역. 평양: 장로회신학교, 1931.
가정호, 송영목, 홍석진.『동물신학』. 서울: 세움북스, 2024.
강대훈. "마태복음에 나타난 '하데스'와 '아뷔소스'의 개념과 하늘나라와의 관계에 대한 연구."「신약 연구」 13 (2014): 183-218.
_____.『마태복음 주석(상),(하)』. 서울: 부흥과개혁사, 2019.
_____.『누가복음』. 서울: 홍성사, 2022.
_____.『마태복음의 하늘과 하늘나라』. 서울: 솔로몬, 2022.
_____.『요한계시록』. 서울: 로고스, 2025 출간 예정.
강병훈.『순교자 귀도 드 브레의 생애』. 서울: 세움북스, 2024.
강영안.『강교수의 철학 이야기』. 서울: IVP, 2001.
곽안련.『표준성경주석 마가복음』. 서울: 대한예수교장로회 총회종교교육부, 1958.
_____.『표준성경주석 누가복음』. 서울: 대한예수교장로회 총회종교교육부, 1962.
곽안련. 밀의두. 도이명 공역.『묵시록 주석』. 경성: 조선야소교서회, 1922.
권성수.『요한계시록』. 서울: 횃불, 1999.
길선주. "말세학." In『말세학, 말세론』. 서울: KIATS, 2010: 223-434.
김광채. "튀코니우스와 아우구스티누스."「국제신학」 14 (2012): 97-111.
김균진,『기독교 조직신학』. 전5권. 서울: 연세대학교출판부,
김길성. "장로교 표준 문서에 대한 서약."「신학지남」 60/3 (1993): 142-157.
_____.『개혁주의 종말론』. 용인: 총신대학교신학대학원, 2012(강의안).
김대웅. "요한계시록의 인자 기독론과 칠십인경 다니엘서의 메시아 사상."「신약연구」 14 (2015): 571-602.
_____. "마르틴 루터와 존 칼빈의 다니엘서 해석 및 종말신학 비교 연구 I."「신학지남」 85/1 (2018): 83-112.
_____. "다니엘서 인자 같은 이의 정체성."「성경과신학」 90 (2019): 1-27
_____. "다니엘 2장과 7장의 관계로 읽는 천년왕국."「구약논집」 19 (2021): 101-131.
_____. "하늘로 뻗어 오른 뿔과 땅으로 던져진 별들(다니엘 8장 10절)."「신학지남」 88/1 (2021): 3-23.
_____. "신천지 이단의 성경 왜곡 비판: 다니엘서와 요한계시록."「신학지남」 89/4 (2022): 47-32.
김상훈.『개혁주의 해석 에베소서』. 서울: 총신대학교 출판부, 2013.
_____.『요한계시록 1:1-6:17』. 서울: 감은사, 2022.

_____.『요한계시록 7:1-22:21』. 서울: 감은사, 2022.

김선영.『믿음과 사랑의 신학자: 마르틴 루터』. 서울: 대한기독교서회, 2014.

김성욱. "벨직신앙고백서의 설교적 적용: 하나님의 섭리를 중심으로."「한국개혁신학」 26 (2009): 102-136.

김승곤.『요한계시록 강해』. 서울: 정음출판사, 1984.

김영규.『조직신학 편람』. 전4권. 서울: 개혁주의성경연구소, 2019.

김영재 편.『기독교 신앙고백』. 수원: 영음사, 2015.

김영호.『게할더스 보스 그는 누구인가』. 수원: 합신대학원출판부, 2020.

김요섭. "벨직신앙고백서의 역사적 배경과 개혁주의 교회론의 특징 연구."「개혁논총」 25 (2013): 111-147.

김윤정. "게할더스 보스의 종말론 연구." 신학석사, 총신대학교, 2023.

김의환 편집.『개혁주의 신앙고백』. 서울: 대한예수교장로교총회출판부, 2004.

김추성.『요한계시록 주해』. 용인: 킹덤북스, 2024.

김학모 편역.『개혁주의 신앙고백』. 서울: 부흥과개혁사, 2015.

김홍만. "19세기말 미국장로교회의 웨스트민스터신앙고백서 개정 논의에 대한 고찰."「개혁논총」 14 (2010): 127-165

다미선교회.『당신은 도적 같이 오실 예수님을 기다리고 계십니까?』. 서울: 다미선교회, 1992.

라은성. "벨지카 신앙고백서의 저자 귀도 드 브레."「신학지남」 322 (2015): 151-181.

류장현. "영산의 종말론에 관한 비판적 고찰."「영산신학저널」 13 [2008]: 166-197.

류재룡. "개혁주의 관점에서 본 천국상급에 대한 연구." 철학박사, 총신대학교, 2005.

모영보. "개혁주의 관점에서 본 가옥명의 종말론." 신학석사. 총신대학교. 2019.

목창균,『종말론 논쟁』, 서울: 두란노, 1998.

문병호.『기독론』. 서울: 생명의말씀사, 2016.

박아론.『나의 아버지 박형룡』. 서울: 대한예수교장로회총회, 2014.

박아론, 김석환,『기독교 종말론』, 서울: CLC, 2004.

박용규.『한국장로교사상사』. 서울: 총신대학출판부, 1992.

_____. "한국교회 종말신앙: 역사적 개관."「성경과신학」 27 (2000): 190-222.

_____.『한국기독교회사1-3』. 서울: 한국기독교사연구소, 2004-2018.

_____. "1992년 10월 28일 재림론 20년, 비판적 평가."「신학지남」 313 (2012년): 206-261.

_____. "1992년 10월 28일 휴거설과 그것이 남긴 교훈."「신학지남」315 (2013): 228-259.

박윤선.『계시록 주석』. 부산: 고려신학교, 1949.

_____.『성경주석 계시록』. 대구: 성등사, 1955.

_____.『성경주석- 계시록』. 서울: 영음사, 1968.

_____.『성경주석- 에스겔, 다니엘』. 서울: 영음사, 1981.

_____.『개혁주의 교리학』. 김재성 편. 서울: 영음사, 2003.

_____.『성경주석- 계시록』. 서울: 영음사, 2005.

_____.『요한계시록강해』. 수원: 영음사, 2014.

박응규. "일제하 한국 교회의 종말론 형성에 관한 연구."「역사신학논총」2 (2000): 176-198.

_____. "찰스 핫지의 종말론"「개혁논총」(2008): 127-159

_____. "종교개혁과 한국교회의 종말론적 연관성에 관한 고찰."「ACTS 신학저널」34 (2017): 83-125.

박재은.『쉬운 교리』. 서울: 생명의말씀사, 2025

박종현.『일제하 한국교회의 신앙구조』. 서울: 한들출판사, 2004.

박형룡. "시온에 귀로."「신학지남」11/5 (1929.9): 21-26.

_____. "시온에 귀로(속)."「신학지남」11/6 (1929.11): 17-22.

_____.『내세론 강의안』. 등사본. n.d.

_____.『교의신학 인죄론』 서울: 은성출판사, 1968.

_____.『교의신학 내세론』. 서울: 은성출판사, 1973.

_____.『박형룡 박사 저작전집』. 전20권. 서울: 한국기독교교육 연구원, 1977-1983.

박형용.『보스와 함께 신학여행』. 수원: 합신대학원출판부, 2024.

변종길.『요한계시록 주석』. 서울: 말씀사, 2017.

서영일.『박윤선과 개혁신학 연구』. 서울: 한국기독교역사연구소, 2000.

서철원.『종말론강의』. 연대미상.

_____. "박형룡박사의 조직신학." In『죽산 박형룡 박사의 생애와 사상』. 박용규 편. 서울: 총신대학교 출판부, 1996: 435-450.

_____.『교의신학』. 전7권. 서울: 쿰란출판사, 2018.

소안론.『묵시록 공부』. 경성: 조선야소교서회, 1922.

_____.『계시록대요』. 경성: 조선야소교서회, 1936.

_____. 『다니엘서요해』. 서울: 대한기독교서회, 1954.
손달익, 조용석 편역. 『웨스트민스터신앙고백 1647년』. 서울: 한들, 2010.
송영목. 『요한계시록의 신학: 통합적 부분적 과거론과 간본문성을 중심으로 한 구원계시사』. 서울: 성광문화사, 2007.
_____. 『요한계시록 주석 - 부분적 과거론과 다차원적 해석의 공공선교적 적용』. 서울: SFC, 2023.
송인규. "영혼의 탈신(脫身) 상태는 가능한가? (I)." 「신학정론」 16/1(1998): 113-136
_____. "영혼의 탈신(脫身) 상태는 가능한가? (II)." 「신학정론」 17/1(1999): 207-228.
_____. "이분설과 영육관계(I)." 「신학정론」 19/2 (2001): 453-475.
_____. "이분설과 영육관계(II)." 「신학정론」 20/1 (2002): 90-117.
_____. "삼분설에 대한 비판적 고찰(I)." 「신학정론」 20/2 (2002): 425-453.
_____. "삼분설에 대한 비판적 고찰(II)." 「신학정론」 22/1 (2004): 113-153.
_____. 『일반은총과 문화적 산물』. 서울: 부흥과개혁사, 2012.
신복윤. 『종말론』. 서울: 개혁주의신행협회, 2011.
신성종. 『요한계시록 강해』. 서울: 충현출판사, 1981.
신현우. 『마태복음 1:1-13:52』. 서울: 감은사, 2022.
_____. 『마태복음 13:53-28:20』. 서울: 감은사, 2022.
_____. 『마가복음』. 서울: 감은사, 2021.
안수강. 『길선주목사의 말세론연구』. 서울: 예영, 2008.
안치범. "가옥명(賈玉銘, Chia Yu Ming)의 신학사상이 평양신학교에 미친 영향에 관한 연구." 철학박사, 안양대학교, 2012.
양현혜. 『근대 한 일 관계사 속의 기독교』. 서울: 이화여자대학교출판부, 2009.
『역사적 전천년주의 국제학술대회 논문집』, 서울: 흰돌, 2012.
유창형. "아담의 죄의 전가 방식에 대한 에드워즈의 견해 연구." 「칼빈논단」 40 (2020): 203-237.
유해무. 『개혁교의학』. 서울: 크리스천다이제스트, 1997.
_____. 『헤르만 바빙크』. 파주: 살림, 2004.
이경직. "헤르만 바빙크의 『개혁교의학』에 나타난 죄 이해." 「조직신학연구」 25 (2016): 84-116.
이광복. 『계시록 원어강해』. 전2권. 구리: 흰돌.
_____. 『계시록 강해(하)』. 구리: 흰돌, 2009.

_____. 『성경 종말론』. 개정판. 구리: 횃돌, 2014.
이근삼. 『기독교와 신도국가주의의 대결』. 서울: 생명의양식, 2008.
이눌서. 『인학 공과』. 경성: 조선야소교장로회, 1915.
_____. 『구학 공과』. 경성/평양: 야소교소회/ 야소교서원, 1915.
_____. 『신학 공과』. 경성: 조선야소교장로회, 1916.
이상규. "귀도 드 브레와 네덜란드 신앙고백." 『칼빈시대의 유럽 대륙의 종교개혁자들』. 부산: 개혁주의학술원, 2014: 258-274.
이상웅. "송암 김길성 박사의 생애와 신학적 관심사." 「개혁논총」 30 (2014): 17-64.
_____. "송암 김길성 교수의 삶과 신학세계." 「신학지남」 320 (2014): 29-62.
_____. "웨스트민스터 신앙고백서의 종말론." 「한국개혁신학」 44 (2014): 152-77.
_____. "'Already but Not Yet': A Study on the Background and the Inaugurated Eschatology of Anthony A. Hoekema (1913-1988)," *Chongshin Theological Journal* 20 (Feb. 2015): 120-57.
_____. "벨직 신앙고백서의 역사적 배경과 37조에 담긴 종말론." 「개혁논총」 36 (2015): 105-43.
_____. "최홍석 교수의 삶과 신학세계." 『신학지남』 324 (2015): 85-135.
_____. "최홍석의 개혁주의 인간론 고찰 - 하나님 형상(*Imago Dei*)론을 중심으로." 「한국개혁신학」 52 (2016): 47-87.
_____. "죽산 박형룡과 구례인의 천년기론에 대한 연구." 「개혁논총」 38 (2016): 177-307.
_____. "개혁신학자 최홍석의 '인간의 구조적 본성론.'" 「개혁논총」 39 (2016): 97-125.
_____. "죽산 박형룡 이후 총신 조직신학자들의 천년기론." 「성경과 신학」 80 (2016): 103-132.
_____. "새 하늘과 새 땅"(계 21:1-8)에 대한 개혁주의적 이해와 설교." 「한국개혁신학」 49 (2016): 8-38.
_____. "'새 예루살렘'(계 21:9-22:5)에 대한 개혁주의적 이해와 설교." 「신학지남」 83/3 (2016): 11-39.
_____. "Williem H. Velema's Doctrine of Man as the Image of God." *Chongshin Theological Journal* 22 (2017): 141-189.
_____. "'그리하여 온 이스라엘이 구원을 얻으리라'- 유대인의 미래적 회복에 관한 죽산 박형룡의 입장 고찰과 신학적인 평가." 「신학지남」 84/4 (2017): 153-

191.

_____. "죽산 박형룡의 행위 언약 이해에 대한 고찰."「조직신학연구」 29 (2018): 142-147.

_____. 『개혁주의 종말론에 기초한 요한계시록 강해』. 서울: 솔로몬, 2019.

_____. "남송 신복윤(1926-2016)의 종말론."「성경과 신학」 91 (2019): 169-205.

_____. "빌헬무스 아 브라컬의 생애와『그리스도인의 합당한 예배』."「갱신과부흥」 25 (2019): 269-302.

_____. "요한계시록 길라잡이- 어린양이 반드시 이긴다."「생명의 삶」. 2019년 11월호: 26-27.

_____. "The Individual Eschatology of Anthony A. Hoekema (1913-1988)." *Chongshin Theological Journal* 25 (2020): 61-97.

_____. "기독교 윤리학자 이상원교수의 종말론."「신학지남」 87/4 (2020): 103-130.

_____. 『조나단 에드워즈의 성령론』. 서울: 솔로몬, 2020.

_____. "한국 장로교회의 신학적 전통에 대한 죽산 박형룡의 이해."「조직신학연구」 38 (2021): 28-64.

_____. "이상근 교수(1911-2011)의 종말론 연구."「ACTS신학저널」 50 (2021): 352-390.

_____. "구레인(John C. Crane, 1888-1964) 선교사의 종말론 연구."「개혁논총」 55 (2021): 41-72;

_____. "평양 장로회신학교의 종말론 전통."「한국개혁신학」 70 (2021): 218-264;

_____. "해방 이전 한국 장로교 목회자들의 종말론."「조직신학연구」 37 (2021): 94-122.

_____. 『박형룡신학과 개혁신학 탐구』. 수정판. 서울: 솔로몬, 2021.

_____. 『평신과 총신을 중심으로 본 한국 장로교회의 종말론』. 서울: 솔로몬, 2022.

_____. "죽산 박형룡의 죄의 전가에 대한 이해 고찰."「조직신학연구」 42 (2022): 116-149.

_____. 『칼빈과 화란개혁주의: 칼빈에서 스킬더까지』. 서울: 솔로몬, 2023.

_____. "An Orthodox Calvinist or a Deviant Calvinist? A Study on B. B. Warfield and Herman Bavinck's Evaluations of Jonathan Edwards." *Chongshin Theological Journal* 27 (2022): 111-149.

_____. 『윌리엄 레이놀즈의 생애와 조직신학』. 서울: 세움북스, 2023.

_____. 『오직 깨어 정신을 차릴지라: 데살로니가전후서 강해』. 서울: 세움북스,

_____. "제임스 게일(James Scarth Gale, 1863-1937)의 선교사역과 종말론 연구." 「역사신학논총」 44 (2024): 285-322.
_____. "정승원 교수의 생애와 신학세계." 「신학지남」 91/4 (2024): 71-113.
이상원. 『개혁주의 관점에서 본 기독교 장례문화』. 서울: 대서, 2016.
_____. 『인간론과 종말론 강의안』. 2019학년도 2학기 총신대학교 신학과.
이신열. "박윤선의 개혁주의적 종말론." 「한국개혁신학」 25 (2009): 182-213.
이승구. 『사도신경』. 서울: SFC, 2009.
_____. "죽산과 정암의 천년 왕국 이해." 「신학정론」 38/2 (2020): 471-501.
_____. 『성경적 종말론과 하나님 백성의 삶』. 서울: 말씀과언약, 2022.
_____. 『벨직 신앙고백서 강해』. 서울: 말씀과언약, 2023.
_____. 『교리사』. 수원: 합동신학대학원출판부, 2023.
_____. 『죽음 그리고 죽음 이후의 삶』. 서울: 말씀과언약, 2024.
_____. 『성경적 신앙의 응답』. 서울: 말씀과언약, 2024.
이윤석. "조나단 에드워즈의 죄의 전가 교리 연구." 「한국개혁신학」 58 (2018): 39-69.
이장림. 『다가올 미래를 대비하라』. 서울: 다미 선교회 출판부, 1988/ 1989.
_____. 『하늘문이 열린다』. 서울: 다미 선교회 출판부, 1988/ 1989.
_____. 『경고의 나팔』. 서울: 다미선교회 출판부, 1989
_____. 『1992년의 열풍』. 서울: 광천, 1990.
_____(= 이답게). 『요한계시록강해』. 서울: 새하늘교회 문서출판부, 1999.
이종성, 『종말론 I, II』, 서울: 대한기독교출판사, 1990.
『이초석 이장림의 정체-귀신론과 시한부 종말론을 해부한다』. 편집부. 국종출판사 1992.
이필찬, 『내가 속히 오리라』. 서울: 이레서원, 2006.
_____. 『이스라엘과 교회, 어떻게 이해할 것인가』. 서울: 새물결플러스, 2014.
_____. 『신천지 요한계시록 해석 무엇이 문제인가? - 신천지의 왜곡된 요한계시록 해석 바로잡기』. 서울: 새물결플러스, 2015.
_____. 『에덴회복의 관점에서 읽은 요한계시록 1-11장』. 용인: 에스카톤, 2021.
_____. 『에덴회복의 관점에서 읽은 요한계시록 12-22장』. 용인: 에스카톤, 2022.
이한수. 『요한계시록』. 서울: 솔로몬, 2018.
전광수. "개혁신학자들 사이의 명백한 불일치?': 헤르만 바빙크의 영혼불멸론에 대한 앤써니 후크마의 평가 재고." 「역사신학 논총」 40 (2022): 242-276.
정근두. 『새 하늘과 새 땅』. 서울: 하나출판사, 1997.
정성욱 외. 『역사적 전천년주의 국제학술대회 논문집』. 서울: 흰돌, 2012.
정성욱. 『정성욱 교수의 밝고 행복한 종말론』. 남양주: NUN, 2016.
정승원. "박윤선의 '1000년' 이해에 대한 비판적 분석." 「신학지남」 317 (2013): 84-111.
_____. "요한계시록에 언급된 '나라'와 '제사장'에 대한 성경신학적 고찰." 「개혁논총」 30 (2014): 195-228.
정윤석. 『세상을 유혹한 종말론 - 고대부터 현대까지, 시한부 종말론자들의 연대기』. 용인: 기독교포털뉴스, 2024.
정창욱, 신현우 편. 『신약과 하나님 나라』. 서울: 감은사, 2024.
정훈택. "하나님의 나라와 천년." 「신학지남」 231 (1992): 158-219.
_____. "기독론적 종말론: 신약의 종말론 연구." 「성경과 신학」 13 (1993): 119-149.
_____. 『쉬운 주석 마태복음』, 서울: 그리심, 2007.
조경현. 『초기 한국장로교 신학사상』. 서울: 그리심, 2011.
조형욱. "구프린스턴의 종말론." 철학박사, 총신대학교, 2010.
주강식. "한국 장로교회의 개혁신학에 대한 연구: 1884년부터 2000년까지를 중심으로." 신학박사, 고신대학교, 2014.
_____. "한국장로교회의 개혁신학에 대한 연구: 1884년부터 2000년까지를 중심으로." 「갱신과 부흥」 14 (2014): 92-132.
천정웅. 『시한부 종말론과 실현된 종말론』. 서울: 말씀의집, 1991.
최갑종, 이광복, 『천년왕국, 사실인가 상징인가』, 서울: 신망애, 2005.
최명훈. "한국교회 종말론의 형성과정에 관한 연구." 신학박사, 성결대학교, 2011.
최영. "칼 바르트의 화해론에서 죄의 문제." 「신학연구」 41 (2000): 263-284.
최윤배. "중국인 가옥명(賈玉銘; Chia Yu Ming, 1879-1964)의 성령론연구: 구원론을 중심으로." 「한국개혁신학」 39 (2013): 124-159.
최홍석. 『사람이 무엇이관대』. 서울: 총신대학교출판부, 1991.
_____. 『당신의 말씀은 진리니이다: 교의학의 원리와 방법』. 서울: 총신대학출판부, 1991.
_____. 『인간론』. 서울: 개혁주의신행협회, 2005.
_____. "인간의 구조적 본성에 대한 개혁신학적 이해(I) -삼분설 및 실체적 이분설과 관련하여-." 「신학지남」 58/1 (1991): 130-146.

_____. "인간의 구조적 본성에 대한 개혁주의적 이해(II) -단일론과 관련하여-." 「신학지남」 58/2 (1991): 89-104.

_____. "죽음의 정의와 뇌사(腦死)." 「신학지남」70/4 (2003): 36-74.

_____. 『죽산 박형룡의 삼위일체론』. 용인: 목양, 2015.

편집부, 『시한부 종말론 과연 성경적인가』. 서울: 대한예수교장로회총회출판국, 1991.

한동일, 이순용 편저. 『카르페 라틴어 한국어 사전』. 파주: 문예림, 2020.

한창덕. 『한 권으로 끝내는 신천지 비판 - 사이비 신천지의 현황과 역사, 그리고 교리에 대한 명쾌한 논박』. 서울: 새물결플러스, 2013.

허호익. 『길선주 목사의 목회와 신학사상』. 서울: 대한기독교서회, 2009.

홍창표. 『천년왕국, 사실인가 상징인가』, 수원: 합신대학원대학교출판부, 2007.

황대우. 『문답식 하이델베르크 신앙교육서』. 부산: 개혁주의학술원, 2013.

황재범, "한국장로교회의 칼빈주의 수용에 있어서의 이중적 태도," 「갱신과 부흥」 11 (2012): 70-94.

한국조직신학회, 『종말론』. 서울: 대한기독교서회, 2012.

Aalders, G. Ch. *De Goddelijke openbaring in de eerste drie hoofdstukken van Genesis*. Kampen: Kok, 1932.

_____. *Het Herstel van Israel volgens het Oude Testament*. Kampen: Kok, n.d.

_____. *Ezechiël*. COT. 2 Vols. Kampen: Kok, 1955-1957.

_____. *Daniël*. COT. Kampen: Kok, 1962.

_____. *Genesis. Bible Student's Commentary*. 2 Vols. Grand Rapids: Zondervan, 1981.

À Brakel, Wilhelmus. *The Christian's Reasonable Service*. Trans. Bartel Elshout. 4 Vols. Grand Rapids: Reformation Heritage Books, 1992-1995.

Allis, Oswald T. *Prophecy and the Church; An Examination of the Claim of Dispensationalists that the Christian Church is a Mystery Parenthesis which Interrupts the Fulfilment to Israel of the Kingdom Prophecies of the Old Testament*. Philadelphia: P&R, 1945.

Anderson, Gary A. *Sin A History*. 김명희 역. 『죄의 역사』. 서울: 비아토르, 2020.

Aquinas, Thomas. *Summa Theologica*, Trans. Fathers of the English Dominican Province. 5 Vols. Notre Dame: Ave Maria Press, 1981.

Augustinus. *De Civitate Dei.* 성염 역. 『신국론』. 전3권. 왜관: 분도서원, 2004.

____. *De Civitate Dei.* 김광채 역. 『신국론』. 전3권. 서울: 아우름, 2018.

Barrett, Matthew and Ardel B. Caneday Eds. *Four Views on The Historical Adam.* 김광남 역. 『아담의 역사성 논쟁』. 서울: 새물결플러스, 2015.

Barth, Karl. *Der Römerbrief.* 15 Aufl. Zürich: TVZ, 1989.

____. *Kirchliche Dogmatik*, 14 Bde.

Bass, Clarence B. *Backgrounds to Dispensationalism.* 황영철 역. 『세대주의란 무엇인가?』. 서울: 생명의말씀사, 1988.

Bateman IV, Herbert W. Ed. *Three Central Issues in Contemporary Dispensationalism.* Grand Rapids: Kregel, 1999.

Bauckham, Richard. *The Theology of the Book of Revaltion.* Cambridge: Cambridge University Press, 1995; 이필찬 역. 『요한계시록 신학』. 서울: 한들, 2013.

____. *The Theology of the Book of Revaltion.* Cambridge: Cambridge University Press, 1995.

Bavinck, Herman. *Gereformeerde Dogmatiek.* 2nd Ed. 4 Vols. Kampen: Kok, 1906-1911, 4th Ed. 1928-1930; 박태현 역. 『개혁 교의학』. 전4권. 서울: 부흥과개혁사, 2011.

____. *Reformed Dogmatics.* 4 Vols. Trans. John Vriend, Ed. John Bolt. Grand Rapdis: Baker, 2003-2008.

____. *Reformed Ethics.* 3 Vols. Grand Rapdis: Baker, 2019-2025.

____ *Biblical and Religious Psychology.* Trans. Gregory Parker Jr. Grand Rapids: Reformed Free Publishing Association, 2024.

____. *Reformed Scocial Ethics.* Grand Rapdis: Baker, 2025.

Beale, Gregory K. *The Book of Revelation: a Commentary on the Greek Text.* NIGTC. Grand Rapids: Eerdmans, 1999; 오광만 역. 『요한계시록(상),(하)』. 서울: 새물결플러스, 2016.

____. "The Purpose of Symbolism in the Book of Revelation." *Calvin Theological Journal.* 41/1 (2006): 53-66.

____. *A New Testament Biblical Theology: The Unfolding of the Old Testament in the New.* Grand Rapids: Baker, 2011.

____. "The Millennium in Revelation 20:1-10: an Amillennial Perspective."

    Criswell Theological Review, 11/1 (2013): 29-62.

_____. *Revelation: A Short Commentary*. Grand Rapids: Eerdmans, 2014. 김귀탁 역, 『요한계시록 주석』. 서울: 복있는사람, 2015.

_____. "An Amillennial Response to a Premillennial View of Isaiah 65:20." *Journal of the Evangelical Theological Society*, 61/3 (2018): 461-492.

Beasley-Murray, Paul. *The Message of the Resurrection*. 정옥배 역.『부활: 그리스도께서 살아나셨다!』. 서울: IVP, 2007.

Beattie, Francis R. *The Presbyterian Standard*. Greenville: Southern Presbyteirna Press, 1997.

Beek, A. van de. *God doet recht: Eschatologie als christologie*. Zoetermeer: Meinema, 2008.

Beeke, Joel & Sinclair B. Ferguson Eds. *Reformed Confessions Harmonized*. Grand Rapids: Baker, 1999.

Beeke, Joel Ed. *Living for God: An Introduction to Calvinism*. 신호섭 역.『칼빈주의』. 서울: 지평서원, 2010.

Beeke, Joel. *Revelation*. Lectio Continua Expository Commentary on the New Testament. Grand Rapids: RHB, 2016.

Beeke, Joel and Randall J. Pederson, *Meet the Puritans*. 이한상, 이상웅 공역.『청교도를 만나다』. 서울: 부흥과개혁사, 2010.

Beeke, Joel B. Ed. *The Beauty and Glory of the Last Things*. Grand Rapids: RHB, 2019.

Beeke, Joel and Paul M. Smalley, *Reformed Systematic Theology*. 4 Vols. Wheaton: Crossway, 2019-2024.

Bell, Rob. *Love Wins: A Book About Heaven, Hell, and the Fate of Every Person Who Ever Lived*. New York: HarperOne, 2011. 양혜원 역. 『사랑이 이긴다』. 서울: 포이에마, 2011.

Berkhof, Louis. *Systematic Theology*. Grand Rapids: Eerdmans, 1941.

Berkouwer, Gerrt C. *De Wederkomst van Christus I*. Kampen: Kok, 1961.

_____. *De wederkomst van Christus II*. Kampen: Kok, 1962.

_____. *The Return of Christ*. Ed. Marlin J. van Elderen and Trans. James van Oosterom, Grand Rapids: Eerdmans, 1972.

Blackstone, W. E. *Jesus is Coming*. 기일 역.『예수의 재림』. 경성: 조선야소교서회,

1913.

Blasing, Craig. "Premillennialism: A Progressive Dispensational View." *Criswell Theological Review* 11/2 (2013): 63-70.

Blasing, Craig and Darrell Bock. *Progressive Dispensationalism*. Wheaton: Victor Books, 1993; 곽철호 역. 『하나님 나라와 언약: 점진적 세대주의』. 서울: CLC, 2005.

Blaising, Craig A. and Darrell L. Bock Eds. *Dispensationalism, Israel and the Church: The Search for Definition*. Grand Rapids: Zondervan, 1992.

Blomberg, Craig L. and Sung Wook Chung EDs A Case for Historic *Premillennialism: An Alternative to Left Behind Eschatology*. Grand Rapids: Baker, 2009; 조형욱 역. 『역사적 전천년설』. 서울: CLC, 2013.

Blomberg, Craig L. "Why I Am a Historic Premillennialist." *Criswell Theological Review* 11 (2013): 71-87.

Bock, Darrell. "Why I am a Dispensationalist with a Small 'd'." *JETS* 41/3 [1998]: 383-396.

Bock, Darrell. Ed. *Three Views on the Millennium and Beyond*. Grand Rapids Zondervan, 1999; 박승민 역. 『천년왕국이란 무엇인가』. 서울: 부흥과개혁사, 2011.

Boekenstein, William. *Faithfulness Under Fire: The Story of Guido de Bres*. Grand Rapids: RHB, 2010.

Boer, Harry de. "The Reward of the Martyrs: Re-examining Revelation 20." *Reformed Journal*, 25/2 (1975): 7-9, 28.

_____. "The Premillennial Eschatology of Diedrich Hinrich Krommina." in *Perspectives on the Christian Reformed Church: Sudies in Its History, Theology, and Ecumenicity*. Eds. Peter de Klerk and Richard R. de Ridder. Grand Rapids: Baker, 1983: 153-169.

Boersma, Hans. *Seeing God*. 김광남 역, 『지복직관』. 서울: 새물결플러스, 2023.

Bondt, A de. *Wat leert het Oude Testament aangaande het leven na dit leven?*. Kampen: Kok, 1938.

Böhl, Eduard. *Christologie des Alten Testaments, oder Auslegung der wichtigsten Messianischen Weissagungen*. Wien: Wilhelm Braumüller, 1882; 권호덕 역. 『구약 속의 그리스도』. 서울: 한국로고스연구원, 1993.

Braekman, Émile & Erik de Boer, *Guido de Bres, zijn leven, zijn belijden*. Kampen: Kok, 2010.

Brand, Chad. O. Ed, *Perspectives on Israel and the Church: Four Views*. 정규영 역. 『이스라엘과 교회에 대한 관점』. 이천: 성서침례대학원대학교출판부, 2016.

Bredenhof, Wes. *For the Cause of the Son of God: The Missionary Significance of the Belgic Confession*. Fellsmere: Reformation Media & Press, 2011.

_____. "Guy de Bres and the Apocrypha." *Westminster Theological Journal*, 74/2 Fall 2012: 305-321.Brookes, James H. "Till He Come." 배위량 역.『주재림론』. 경성: 조선야소교서회, 1922.

Brown, Michael L. and Craig S. Keener. *Not Afraid of the Antichrist: Why We Don't Believe in a Pre-Tribulation Rapture*. Chosen Books, 2019.

Buswell, J. Oliver. *A Systematic Theology of the Christian Religion*. Grand Rapids: Zondervan, 1962; 권문상, 박 찬호 역.『조직신학 1, 2』. 서울: 웨스트민스터출판부, 2005.

Calhoun, David B. *Princeton Seminary*. 2 Vols. Edinburgh: Banner of Truth, 1996.

Calvin, John. *Institutio Christianae religionis*. Geneva: 1559; 문병호 역.『기독교강요』. 전4권. 서울: 생명의말씀사, 2020.

_____. *Institutes of the Christian Religion*. 2 Vols. Trans. Ford L. Battles. Philadelphia: Westminster Press, 1960.

_____. *A Commentary on Daniel*. 2 Vols. Edinburgh: Banner of Truth, 1986.

Cameron, Nigel M. de S. Ed. *Universalism and the Doctrine of Hell*. Carlisle: Paternoster/ Grand Rapids: Baker, 1992.

Carson, D. A. *The Gospel of John*. 박문재 역.『요한복음』. 서울: 솔로몬, 2017,

Carson John L. and Hall David W. (eds.), *To Glorify and Enjoy God: A Commemoration of the Westminster Assembly*. Edinburgh: Banner of Truth, 1994.

Cavanaugh, William T. & James K. A. Smith Eds. *Evolution and the Fall*. Grand Rapids: Eerdmans, 2017: 이용중 역.『인간의 타락과 진화』. 서울: 새물결플러스, 2019.

Chan, Francis and Preston Sprinkle. *Erasing Hell*. 이상준 역.『지옥은 없다?』. 서울: 두란노, 2011.

Clines, David J. A. *Job 1-20*. WBC. Dallas: Word, 1989.

Clouse, Robert G. ed. *The Meaning of the Millenium*. Downers Grove: IVP, 1977; 권호덕 역.『천년왕국』. 서울: 성광문화사, 1980; 노동래 역.『천년왕국 논쟁』. 서울: 새물결플러스, 2024.

Conn, Harvie. Conn. Harvie M. "Studies in the Theology of the Korean Presbyterian Church: A Historical Outline." *Westminster Theological Journal* 29/1(1966 November.): 24-57.

_____. *The Messianic Prophesies of Daniel*. 최홍배. 정정숙 역.『다니엘서의 메시야 예언』. 서울: 개혁주의신행협회, 1995.

Cooper, John. *Body, Soul & Life Everlasting: Biblical Anthropology and the Monism-Dualsim Dabate*. Grand Rapids: Eerdmans, 1989.

Couch, Mal. *Dictionary of Premillennial Theology*. Grand Rapids: Kregel, 1997.

Crane, John C. *Systematic Theology: A Compilation from the Works of R. L. Dabney, R. A. Webb, Louis Berkhof and Many Modern Theologians*, 3 vols. (Gulfport: Specialized Printing; Limited English edition, 1953-1963; 김규당 역.『조직신학(상), (하)』. 서울: 대한예수교장로회총회 종교교육부, 1954-1955.

Cranfield, C. E. B. *The Epistle to the Romans*. 2 vols. Edinburgh: T & T Clark, 1975.

Crespin, Jean. *Histoire des martyrs persecutez et mis a mort pour la vérité de l'Évangile, depuis le temps des apostres jusques à présent (1619)*. 3 Vols. Toulouse : Sociéte des Livres Religieux, 1885[= https://ia800303. us. archive. org /25/ items/histoiredesmarty03cres/histoiredesmarty03cres. pdf].

Cullmann, Oscar. *Christ and the Time: The Primitive Christian Conception of Time and History*. Trans. Floyd Filson. Rev. Ed. Philadelphia: Westminster, 1964.

_____. *Salvation in History*. Trans. Sidney G. Sowers. London: SCM, 1967.

_____. The Christology of the New Testament.

Dabney, Robert L. *Systematic Theology*. Rep. Edinburgh: Banner of Truth, 2002.

Daley, Brian J. *The Hope of the Early Church: A Handbook of Patristic Eschatology*. Grand Rapids: Baker, 2010.

Dallimore, Arnold. Spurgeon: *A New Biography*. 전의우 역.『찰스 스펄전』. 서울:

복있는사람, 2020.

Dalsasso, G. and Robert Coggi. *Compendio della Somma Teologica*. 이재룡, 이동익, 조규만 역. 『성 토마스 아퀴나스의 신학대전 요약』. 개정판. 서울: 가톨릭대학교출판부, 2008.

Davis, Andrew M. "A New Assessment of John Calvin's Eschatology." Ph. D. Dissertation, Southern Baptist Theological Seminary, 1998.

De Brès, Guy. *Confession de foy, faicte d'un commun accord par les fidèles qui conversent ès Pays-Bas, lesquels désirent vivre selon la pureté de l'Evangile de Notre Seigneur Jésus-Christ*, N.P. 1562.

_____. *Confession de foy : Faicte d'un commun accord par les fideles qui conversent ès Pays Bas, lesquels desirent vivre selon la pureté de l'Evangile de Nostre Seigneur Jesus Christ*. Genève : Jean Bonnefoy pour Nicolas Du Bar, 1566.

Deere, Jack S. "Premillennialism in Revelation 20:4-6." *Bibliotheca Sacra* 135 (1978): 58-73.

D'Elia, John A. *A Place at the Table: Geroge Eldon Ladd and the Rehabilitation of Evangelical Scholarship in America*. New York and Oxford: Oxford University Press, 2008.

Dennison jr, James T. *Reformed Confessions of the 16th and 17th Centuries in English Translation*. 4 Vols. Grand Rapids: Reformed Heritage Books, 2008-2014.

Dijk, Klaas. *Het rijk der duizend jaren*. Kampen: Kok, 1933.

_____. *Over de laatste dingen*. 3 Vols. Kampen: Kok, 1953.

-----. *Korte dogmatiek*. Kampen: Kok, [1957].

Dixhoorn, Chad van ed. *The Minutes and Papers of the Westminster Assembly*. 5 Vols. . Oxford: Oxford University Press, 2012.

Donnelly, Edward. *Biblical Teaching on the Doctrines of Heaven and Hell*. 이스데반 역. 『성경이 말하는 천국과 지옥』. 서울: 부흥과개혁사, 2013.

Donner J. H. & S. A. van den Hoorn Ed. *Acta of Handelingen der Nationale Synode, in den naam van onze Heeren Jezus Christus, Gehouden door autoriteit der Hoogmogende Heren Staten-Generaal der Verenigde Nederlanden te Dordrecht in de jaren 1618 en 1619*. Houten, Den Hertog, 1987.

Doyle, Robert. *Eschatology and the Shape of Christian Belief*. 박응규 역.『교리 속 종말론』. 서울: 그리심, 2010.

Duguid, Iain M. *Ezekiel. The NIV Application Commentary*. Grand Rapids: Zondervan, 1999; 윤명훈 외 역.『에스겔』. 서울: 성서유니온, 2003.

Edwards, Jonathan. *The Works of Jonathan Edwards*, 26 Vols. New Haven and London: Yale University Press, 1957-2008.

_____. *The Sermons of Jonathan Edwards: A Reader*.『조나단 에드워즈 대표 설교 선집』. 서울: 부흥과개혁사, 2005.

_____. *Religious Affections*. 정성욱 역.『신앙감정론』. 서울: 부흥과개혁사, 2005.

_____. *Charity and Its Fruits*. 서문강 역.『고린도전서 13장 사랑』. 서울: 청교도신앙사, 2012.

_____. *The Torments of Hell: Jonathan Edwards on Eternal Damnation*. Ed. William C. Nichols. Ames: International Outreach, 2006.

Eglinton, James. *Bavinck A Critical Biography*. 박재은 역.『Bavinck 비평적 전기』. 군포: 다함, 2022.

Ellul, Jacques. *Ce que je crois*. 김치수 역.『개인과 역사와 하나님 - 나는 무엇을 믿는가?』. 대전: 대장간, 2015.

Elwell, Walter A. and J. D. Weaver Eds. *Bible Interpreters of 20th Century*. 장세훈 역.『20세기 복음주의 성경 신학자들』. 서울: 이레서원, 2001.

Erickson, Millard. *Christian Theology*. 3nd ed. Grand Radpids: Baker, 2013; 신경수 역.『복음주의 조직신학』. 전3권. 고양: 크리스천다이제스트, 2000.

Fee, Gordon. *The First Epistle to the Corinthians*. NICNC. Grand Rapids: Eerdmans, 1987.

Flipse, Abraham C. "The Origins of Creationism in the Netherlands: The Evolution Debate among Twentieth-Century Dutch Neo-Calvinists." *Church History* 81/1 (2012): 104-147.

Gentry, Jr., Kenneth. "The Postmillennial Vision of Christian Eschatology." *Criswell Theological Review* 11/2 (2013): 89-101.

_____. *Postmillennialism Made Easy*. 2nd Edition. Chesnee: Victorious Hope Publishing, 2020.

Gootjes, Nicolaas H. "Problems with proof texts: the proof texts of article 11 of the Belgic Confession and their implications for the confession." *Calvin Theological Journal*, 36/2 Nov 2001: 372-378.

_____. "The earliest report on the author of the Belgic Confession (1561)." *Nederlands archief voor kerkgeschiedenis*, 82/1 2002: 86-94.

_____. "Calvin on Epicurus and the Epicureans: background to a remark in Article 13 of the Belgic Confession," *Calvin Theological Journal*, 40/1 Apr 2005: 33-48.

_____. *The Belgic Confession: Its History and Sources*. Grand Rapids: Baker, 2007.

Freeman, Justus A. "Two Resurrections: the Meaning of ἔζησαν in Revelation 20:4-5." *Journal of Biblical Pentecostalism*, 4/1 (2022- 2023): 4-16.

Greijdanus, Seakle. *De openbaring des Heeren aan Johannes*. J.C. van Schenk Brill, 1908.

Gilchrest, Eric J. *Revelation 21-22 in Light of Jewish and Greco-Roman Utopianism*. Leiden : Brill, 2013

Gruedem, Wayne. *Systematic Theology: An Introduction to Biblical Doctrine*. Second Edition. London: IVP, 2020; 박세혁 역. 『조직신학』. 전2권. 서울: 복있는사람, 2024.

Golverdingen, M. *Rev. G. H. Kersten: Facets of His LIfe and Work*. Trans. Bartel Elshout. Grand Rapids: Netherlands Reformed Book and Publishing Committee, 2008.

Gowan, Donald E. *Eschatology in the Old Testament*. 홍찬혁 역, 『구약성경의 종말론』. 서울: ClC, 2022.

Greeson, Dennis. "Beginning at the End of All Things: Abraham Kuyper's and Klaas Schilder's Eschatological Visions of Culture." *Themelios*, 46/2 (2021): 366-374.

Greijdanus, Seakle. *De Openbaring des Heeren aan Johannes*. KNT. Amsterdam: H.A. van Bottenburg, 1925.

Grosheide, F. W. *De verwachting der toekomst van Jezus Christus: exegetische studie*. Amsterdam: Bottenburg, 1907.

Gundry, Robert. "The New Jerusalem: People as Place, not Place for People." *Novum Testamentum*, 29/3 (1987):

Guthrie, Donald. *New Testament Theology*. Leicester, IVP. 1981.

_____. *The Relevance of John's Apocalypse* (The Didsbury Lectures). Gand Rapids: Eerdmans, 1987; 장충하 역. 『요한계시록의 신학』. 서울: 새순출판사, 1991.

Haag, Jacob S. "The Saint's Millennial Regn with Christ (Rev 20:1-8): An Exegetical Case for Inaugurated Eschatology." *Wisconsin Lutheran Quarterly*, 119/2 (2022): 112-139.

Hanhart, Karel. *The Intermediate State in the New Testament*. Groningen: Druk V.R.B. 1966.

Harris, Murray J. *From Grave to Glory*. 서인선 역. 『신약에 나타난 부활』. 서울: CLC, 1995.

Hendriksen, William. *More Than Conquerors*. Grand Rapids: Baker, 1939; 문창수 역. 『요한계시록』. 서울: 아가페, 1975.

_____. *Three Lectures on the Book of Revelation*. Grand Rapids: Zondervan, 1949.

_____. *Lectures on the Last Things*. Grand Rapids: Baker, 1951.

_____. *Israel in Prophecy*. Grand Rapids: Baker, 1974.

_____. *The Bible on the Life Hereafter*. Grand Rapids: Baker, 1958; 오성종 역. 『내세론』. 서울: 새순출판사,

Heppe, Heinrich. *Dogmatik der evangelisch- reformierten Kirche dargestellt und aus dem Quellen belegt*. Hrsg. Ernst Bizer. Neukirchen: Neukirchner Verlag, 1958.

_____. *Reformed Dogmatics*. Trans. G. T. Thompson, Grand Rapids: Baker, 1984; 이정석 역. 『개혁파 정통 교의학』. 고양: 크리스천다이제스트, 2007.

Hodge, Chareles. *Systematic Theology*. 3 Vols. New York: Scribner's Sons, 1872-1873.

Hodge, Archibald A. *Outlines of Theology*. Rep. Ed. Edinburgh: Banner of Truth, 1999.

Hoekema, Anthony A. "Amillenialism." In *The Meaning of Millenium*. Ed. Robert G. Clouse. Downers Grove: IVP, 1977: 55-59, 104-114, 153-187.

_____. *The Christian Looks at Himself*. 2n Ed. Grand Rapids: Eerdmans, 1977.

_____. *The Bible and the Future*. Exeter: Paternoster Press, 1979.

_____. "Already, not yet: Christian Living in Tension." *Reformed Journal*, 29/1 (Ja 1979): 15-18.

_____. *Crated in God's Image*. Grand Rapids: Eerdmans, 1986.

Hoeksema, Herman. *Reformed Dogmatics*. Grand Rapids: Reformed Free Publishing Association, 1976.

House, H. Wayne. "Traditional Dispensationalism and the Millennium." *Criswell Theological Review* 11/2 (2013): 3-37.

Höhne, David A. *The Last Things*. Downers Grove: IVP, 2019.

Holleman, Joost. *Resurrection and Parousia: A Tradition-Historical Study of Paul's Eschatology in 1 Corinthians 15*. Leiden: Brill, 1996.

Holwerda, David E.. "The Bible and the Future." *Calvin Theological Journal*, 16/2 (Nov. 1981): 267-274.

_____. *Jesus & Israel: One Covenant or Two?*. Grand Rapids: Eerdamans, 1997.

Honig, Antonie G. *Handboek va de Gereformeerde Dogmatiek*. Kampen: Kok, 1938.

Horner, Barry E. *Future Israel: Why Christian Anti-Judaism Must Be Challenged*. Nashville: B&H, 2007.

Horton, Michael. *Christian Faith: A Systematic Theology for Pilgrims on the Way*. Grand Rapids: Zondervan, 2011; 이용중 역, 『개혁주의 조직신학』. 서울: 부흥과개혁사, 2012.

_____. *The Gospel Commission*. 김철규 역. 『위대한 사명 선교적 제자도의 본질을 회복하라』. 서울: 복있는사람, 2012.

Hughes, James Aiken. "Revelation 20:4-6 and the Question of the Millennium." *Westminster Theological Journal*, 35/3 (1973): 281-302.

Hughes, Philip E. *Interpreting Prophecy: An Essay in Biblical Perspectives* Grand Rapids: Eerdmans, 1977.

_____. *The True Image: The Origin and Destiny of Man in Christ*. Grand Rapids: Eerdmans/ Leicester: IVP, 1989.

_____. *The Book of the Revelation*, 오광만 역. 『요한계시록』. 서울: 여수룬, 1994.

Hultberg, Alan. Ed. *Three Views on the Rapture*. Grand Rapids Zondervan, 2010. 김석근 역. 『휴거 세 가지 견해』. 이천: 성서침례대학원대학교출판부, 2019.

Hummel, Daniel G. *The Rise and Fall of Dispensationalism: How the Evangelical Battle over the End Times Shaped a Nation. 소현수 역. 『세대주의 부상과 침몰』. 서울: 부흥과개혁사, 2023.

Hyde, Daniel R. *With Heart and Mouth: An Exposition of the Belgic Confession*. Grandville: Reformed Fellowship, 2008.

_____. *Welcome to a Reformed Church*. 김찬영 역. 『개혁교회에 오신 것을 환영합니다』. 서울: 부흥과개혁사, 2012.

Janssen, R. C. *By This Our Subscription Confessional Subscription in the Dutch Reformed Tradition since 1816*. Diss. Kampen. Kampen: Theologische Universiteit, 2009.

Jeremiah, David. *What in the World is Going in?* 정성묵 역. 『세상에서는 지금 어떤 일들이 일어나고 있는가』. 서울: 디모데, 2012.

Jones, Mark. *A Christian's Pocket Guide to Good Works and Rewards*. 오현미 역. 『선행과 상급』. 서울: 이레서원, 2017.

Juza, Ryan P. "Echoes of Sodom and Gomorrah on the Day of the Lord: intertextuality and tradition in 2 Peter 3:7-13." *Bulletin for Biblical Research*, 24/ 2 (2014): 237-238.

Kagan, Shelly. *Death*. 박세연 역. 『Death 죽음이란 무엇인가』. 서울: 엘도라도, 2012.

Kant, Immanuel. *Kritik der reinen Vernunft*. 백종현 역. 『순수 이성 비판』. 파주: 아카넷, 2017.

_____. *Kritik der praktischen Vernunft*. 백종현 역. 『실천 이성 비판』. 파주: 아카넷, 2017.

Kelly, Ryan Thomas. "Reformed and Reforming: John Owen on the Kingdom of Christ." Ph. D. Dissertation, Vrije Universiteit, 2015.

Kersten, Gerrit H. *Reformed Dogmatics*. 2 Vols. Trans. Grand Rapids: Heule Gordon, 2009.

Koester, C. *Revelation*. 최흥진 역. 『요한계시록』. 전2권. 서울: CLC, 2019.

Kim Chang-Hoon, "The Understanding of Millennium in Revelation 19:11-20:10." *Chongshin Theological Journal* 23 (2018): 233-265.

Kim, Ezra Kilsung. "Dr. Hyung Nong Park's Theology of the Last Things." *Chongshin Theological Journal*. 1/2 (August 1996): 72-89.

Kim, Seyoon. *The Son of Man as the Son of God*. Tübingen: Mohr, 1983; 홍성희

역. 『하나님의 아들로서 그 사람의 아들』. 서울: 두란노,   .

Kimball, William R. *What the Bible Says about the Great Tribulation*. 김재영 역. 『당신의 대환난 개념 전통적인가, 성경적인?』. 서울: 나침반, 1988.

Kline, Meredith G. "First Resurrection." *Westminster Theological Journal*, 37/3 (1975): 366-375.

_____. "First Resurrection: a Reaffirmation." *Westminster Theological Journal*, 39/1 (1976): 110-119.

_____. "Har Magedon: The End of the Millennium." *JETS* 39/2 (1996): 207-222.

Knowles, Louis E. "The Interpretation of the Seventy Weeks of Daniel in the Early Fathers." *Westminster Theological Journal*, 7/2 (1945): 136-160.

Kob, Robert and Timothy J. Wengert Eds. *The Book of Concord: The Confessions of the Evangelical Lutheran Church*. Minneapolis: Fortress Press, 2000.

Korteweg, P. *Guido de Brès (1522-1567)*. Barneveld: Gebr. Koster/ Stichting Heruitgave Werken Guido de Brès, 2010.

Kraus, C. Norman. *Dispensationalism in America: Its Rise and Development*. Richmond: John Knox Press, 1958.

Kromminga, D. H. *The Millenium in the Church: Studies in the History*. Grand Rapids: Eerdmans, 1945.

_____. *The Millennium, its Nature, Function and Relation*. Grand Rapids: Eerdmans, 1948.

Kruse, Colin G. *The Second Epistle of Paul to the Corinthians*. TNTC. Leicester: IVP, 1987.

Kuyper, Abraham. *Van de voleinding*. 4 Vols. Kampen: Kok, 1929-1931.

_____. *Dictaten Dogmatiek*. 5 Vols. Kampen: Kok, 1910.

_____. *The Revelation of St. John*. Trans. John H. de Vries. Grand Rapids: Eerdmans, 1963.

_____. *Pro Rege of het Koningschap van Christus*. 3 Vols. Kampen: Kok, 1911-1912.

_____. *Pro Rege: Living under Christ's Kingship*. 3 Vols. Trans Albert Gootjes. Bellingham: Lexham Press, 2016-2019.

_____. *Het souvereiniteit in eigen kring* (Amsterdam: Kruyt, 1880. 박태현 역. 『영역 주권』. 군포: 다함, 2020.

Kwon, Sung Soo. "Your Reward in Heaven is Great: A Study on Gradation of Reward in Matthew." Th. D. Dissertation, Westminster Theological Seminary, 1988; 『천국의 상급』. 서울: 선교 햇불, 2001.

Ladd, George E. *Crucial Questions About the Kingdom*. Grand Rapids: Eerdmans, 1952.

_____. *The Blessed Hope*. Grand Rapids: Eerdmans, 1956.

_____. *The Gospel of the Kingdom: Scriptural Studies in the Kingdom of God*. Grand Rapids: Eerdmans, 1959.

_____. *Jesus and the Kingdom: the Eschatology of Biblical Realism*. New York: Harper & Row, 1964.

_____. *The Presence of the Future: the eschatology of Biblical Realism*. Grand Rapids: Eerdmans, 1973.

_____. *A Commentary on the Revelation of John*. Grand Rapids: Eerdmans, 1972.

_____. *A Theology of the New Testament*. Grand Rapids: Eerdmans, 1974.

_____. *I Believe in the Resurrection of Jesus*. 이진영 역. 『나는 부활을 믿는다』. 서울: 생명의말씀사, 1985.

_____. *The Last Things: An Eschatology For Laymen*. Grand Rapids: Eerdmans, 1978.

LaPine Matthew A. *The Logic of the Body: Retrieving Theological Psychology*. Bellingham: Lexham Press, 2020.

Lee Hansoo. "Interpreting Symbols in the Book of Revelation." *Chongshin Theological Journal* 24 (2016): 24-48.

Lee, Pilchan. "The New Jerusalem in the Book of Revelation: A Study of Revelation 21-22 in the Light of its Background in Jewish Tradition." Ph. D. Dissertation, St. Andrew University, 1998.

Le Goff, Jacques. *La Naissance du purgatoire*, 최애리 역. 『연옥의 탄생』. 서울: 문학과 지성사, 2000.

Lenski, R. C. H. *Interpretation of the Revelation*. 배영철 역. 『계시록』. 서울: 백합출판사, 1978.

Letham, Robert. *The Westminster Assembly*. Philippsburg: P&R, 2009.

Lewis, Gordon R. and Bruce A. Demarest. *Integrative Theology- Historical, Biblical, Systematic, Apologetic and Practical*. Three Volumes in One.

Grand Rapids: Zondervan, 1996.
Lincoln, Andrew T. *Ephesians*. WBC. Dallas: Word, 1990.
Lloyd-Jones, D. Martyn. *Romans: An Expostion of Chapter 11*. Edinburgh: Banner of Truth, 1998.
_____. *Great Doctrines of the Bible*. 3 Vols. Wheaton: Crossway, 2003.
Longenecker, Richard N. *The Epistle to the Romans*. NIGTC. Grand Rapids: Eerdmans, 2016.
MacArthur, John. *2 Peter and Jude*. Chicago: Moody Publishers, 2005.
_____. *Revelation 12-22*. Chicago: Moody Publishers, 2000.
_____. *The Glory of Heaven: The Truth about Heaven, Angels, and Eternal Life* 조계광 역. 『천국을 말하다』. 서울: 생명의말씀사, 2013.
_____. *The Macarthur Bible Commentary*. 황영철 외 역. 『맥아더 성경 주석』. 서울: 아바서원, 2015.
_____. *Essential Christian Doctrine: A Handbook on Biblical Truth*. 김태곤 역. 『쉽게 읽는 핵심 성경 교리』. 서울: 생명의말씀사, 2023.
MacArthur, John and Richard Mayhue Eds. *Biblical Doctrine: A Systematic Summary of Bible Truth*. Wheaton: Crossway, 2017.
Madueme, Hans and Michael R. E. Reeves Eds. *Adam, the Fall, and Original Sin*. 윤성현 역. 『아담, 타락, 원죄: 원죄에 대한 신학적, 성경적 과학적 관점』. 서울: 새물결플러스, 2018.
Marsden, George M. *Fundamentalism and American culture :the shaping of twentieth century evangelicalism, 1870-1925*. New York : Oxford University Press, 1980.
_____. *The Evanagelical Mind and the New School Presbyteiran Experience*. 1970/ Rep. Eugene: Wipf&Stock, n.d.
Mathewson, Dave L. "A Re-examination of the Millennium in Rev 20:1-6: Consummation and Recapitulation." *Journal of the Evangelical Theological Society* 44 (2001): 237-251.
_____. *A New Heaven and a New Earth: The Meaning and Function of the Old Testament in Revelation 21.1-22.5*. London: Sheffield Academic Press, 2003.
Mathison, Keith A. *Dispensationalism: Rightly Dividing the People of God?*

Philippsburg: P& R, 1995.

Mead, Matthew. *Almost Christian*. 장호익 역.『유사 그리스도인』. 서울: 지평서원, 2007.

Mealy, J. Webb. *After the Thousand Years: Resurrection and Judgment in Revelation 20* (JSNTS). Sheffield: JSOT Press, 2019.

_____. *New Creation Millennialism*. Las Vegas: Independently Published. 2024.

Meijer, W. "De heerlijke staat der kerke: De visie op duizendjarig rijk en de toekomst van het joodse volk bij Wilhelmus à Brakel." Doctoraalscriptie, Universiteit Utrecht, 2002.

Michaels, J. Ramsey. "The First Resurrection: A Response." *Westminster Theological Journal* 39/1 (1976): 100-109.

_____. *Interpreting the Book of Revelation*. Grand Rapids: Baker, 1992.

Middleton, J. Richard. *The Liberating Image: The Imago Dei in Genesis 1*. Grand Rapids: Baker, 2005; 성기문 역.『해방의 형상』. 서울: SFC, 2010.

_____. *A New Heaven and a New Earth: Reclaiming Biblical Eschatology*. Grand Rapids: Baker, 2014; 이용중 역.『새 하늘과 새 땅』. 서울: 새물결플러스, 2015.

Milne, Garnet Howard. *The Westminster Confession of Faith and the Cessation of Special Revelation*. Eugene: Wipf & Stock, 2007. 신앙고백 안내서』. 서울: 한국장로교출판사, 1995.

Moltmann, Jürgen. *Theologie der Hoffnung*. 이신건 역.『희망의 신학』. 서울: 대한기독교서회, 2002.

_____. *Das Kommen Gottes*. 김균진 역.『오시는 하나님』. 서울: 대한기독교서회, 1996.

_____. *Auferstand in das ewige Leben*. 이신건 역.『나는 영생을 믿는다』. 서울: 신앙과지성사, 2020.

Moo, Douglas J. E. A. Eds. *Three Views on the Rapture*. Grand Rapids: Zondervan, 1996.

Moo, Douglas. "Nature in the New Creation: New Testament Eschatology and the Environment." *Journal of the Evangelical Theological Society*, 49/3 (2006):

_____. *The Epistle to the Romans*. 박문재, 조덕환 역.

Moorhead, James H. *Princeton Seminary in American Religion and Culture*. Grand Rapids: Eerdmans, 2012.

Moorhead, Jonathan David. "Jesus is Coming: The Life and Work of William E. Blackstone (1841-1935)." Ph. D. Diss. Dallas Theological Seminary, 2008.

Morgan, Christopher and Robert Peterson Eds. Is Hell for Real or Does Everyone Go To Heaven? Grand Rapids: Zondervan, 2011.

_____. *Hell Under Fire*. 박미가 역. 『지옥론』. 서울: 은혜출판사, 2016.

Morris, Leon. *The Revelation of St. John*. TNTC. Grand Rapids: Eerdmans, 1980.

_____. *The Revelation of St. John*. TNTC. Leicester: IVP, 2009.

Mounce, Robert H. *The Book of Revelation*; 홍성철 역. 『요한계시록』. 서울: 생명의 말씀사, 1987.

_____. *The Book of Revelation*. NICNT. Rev. Ed. Grand Rapids: Eerdmans, 1997.

_____. *What Are We Waiting For?: A Commentary on Revelation*; 곽철호 역. 『우리는 무엇을 기다리는가? : 요한계시록 주석』. 이천: 성서침례대학원대학교 출판부, 2017.

Murray, Iain H. *The Puritan Hope: Revival and the Interpretaion of Prophecy*. Edinburgh: Banner of Truth, 1971. 장호익 역. 『청교도의 소망』. 서울: 부흥과개혁사, 2011.

_____. *John Macarthur: Servant of the Word and Flock*. 이서용 역. 『존 맥아더의 설교와 목양』. 서울: 아가페, 2024.

Murray, John. *The Epistle to the Romans*. NICNT. 2 Vols. Grand Rapids: Eerdmans, 1959, 1965. 아바서원 번역팀. 『로마서 주석』. 서울: 아바서원, 2014.

_____. *The Collected Writings of John Murray*. 4 Vols. Edinburgh: Banner of Truth, 2001-2005.

The New Scofield Reference Bible. New York: Oxford University Press, 1967.

Nichols, William C. *The Torments of Hell: Jonathan Edwards on Eternal Damnation*. Ames: International Outreach, 2006.

Niebuhr, Reinhold. *The Nature and Destiny of Man*. 2 Vols. London: Nisbet, 1943; 오희천 역. 『인간의 본성과 운명』. 전2권. 서울: 종문화사, 2013, 2015.

Niemeyer, Hermann Agathon Ed. *Collectio confessionum in ecclesiis reformatis publicatarum*. Leipzig, Klinkhardt, 1840.

Olinger, Danny E. *Geerhardus Vos: Reformed Biblical Theologian, Confessional Presbyterian*. Philadelphia: Reformed Forum, 2018.

Origenes. *De Principiis*. 이성호 외 역. 『원리론』. 서울: 아카넷, 2014.

Ouweneel, Willem J. *Adam, Where Are You?: And Why this Matters: A Theological Evaluation of the Evolutionist Hermeneutic*. Ontario: Paideia Press, 2018.

Pack, F. "The Bible and the Future." *Restoration Quarterly*, 23/3 (1980): 182-183.

Pak, Ung-Kyu. "From Fear To Hope! The Shaping of Premillennialism in Korea, 1884~1945." Ph.D Dissertation, Westminster Theological Seminary, 1998

Pannenberg, Wolfhart. *Systematic Theology*. 3 Vols. Trans. G. W. Bromiley. Grand Rapids: Eerdmans, 1998.

Park, Hee Suk. "Korean Resistance to Shintoism and ist Legacy." Ph. D. Dissertation. Westminster Theological Seminary, 1997.

Partee, Charles. *Calvin and Classical Philosophy*. Leiden: Brill, 1977.

Pate, C. Marvin Ed. *Four Views on the Book of Revelation*. Grand Rapids: Zondervan 1998; 이세구 역. 『요한계시록을 이해하는 4가지 견해』. 서울: 아가페, 1999.

Pentecost, Dwight. *Things to Come: A Study in Biblical Eschatology*. Grand Rapids: Zondervan, 1964.

Pink, Arthur W. *Antichrist*. 윤득남 역. 『적 그리스도』. 증평: 도디도, 2023.

Piper, John. *Come, Lord Jesus*. Wheaton: Crossway, 2023; 조계광 역. 『주 예수여 오시옵소서』. 서울: 개혁된 실천사, 2024.

Plevnik, Joseph. *What Are They Saying About Paul and the End Time?* 김광모 역. 『최근 바울과 종말론 연구 동향』. 서울: CLC, 2011.

Pöhlmann, Horst Georg. *Abriß der Dogmatik*. 이신건 역. 『교의학』. 서울: 신앙과 지성사, 2012.

Polman, A. D. R. *Onze Nederlandsche Geloofsbelijdenis, verklaard uit het verleden geconfronteerd met het heden*, 4 Vols. Franeker: Wever, 1948-1953.

Poythress, Vern. *The Returning King*, 유상섭 역, 『요한계시록 맥잡기』. 고양: 크리스챤출판사, 2002.

_____. *Understanding Dispensationalism*. 2nd Ed. Philippsburg: P & R, 1994.

Quistorp, Heinrich. *Calvin's Doctrine of the Last Things*. Trans. Harold Knight. London: Lutterworth, 1955; 이희숙 역.『칼빈의 종말론』. 서울: 성광문화사, 1986.

Ra, Younghwan."The Eschaological Hermeneutics of John Calvin and Wolfhart Pannenberg."Ph. D., Cambridge University, 2004.

Recker, Robert Richard. "Analysis of the Belgic Confession as to its mission focus." *Calvin Theological Journal*. 7/2. Nov 1972: 158-180.

Reid, W S.. "The Bible and the Future." *Westminster Theological Journal*, 43/1 (Fall 1980): 155-164.

Reymond, Robert L. *A New Systematic Theology of the Christian Faith*. Second edition. Nashville: Thomas Nelson, 2002.『최신조직신학』. 서울: CLC, 2004.

Richards, Jeffrey J. *The Promise of Dawn: The Eschatology of Lewis Sperry Chafer*. Lanham: University Press of America, 1991.

Ridderbos, Herman N. *Aan de Romeinen*. Kampen: Kok, 1959.

_____. *De komst van het Koninkrijk*. Kampen: Kok, 1950.

_____. *The Coming of the Kingdom*. Trans. H. de Jongste. Philadelphia: P&R, 1962; 오광만 역.『하나님의 나라』. 서울: 솔로몬, 2012.

_____. *Paulus. Ontwerp van zij theologie*. Kampen: Kok, 1966.

_____. *Paul: An Outline of His Theology*. Trans. John R. de Witt. Grand Rapids: Eerdmas, 1975. 박문재 역.『바울신학』. 서울: 솔로몬, 2017.

Riddlebarger, Kim. *The Man of Sin*. Grand Rapids: Baker, 2006; 노동래 역.『적그리스도의 비밀을 파헤치다』. 서울: 새물결플러스, 2020.

_____. *A Case for Amillennialism: Understanding the End of the End Times*. Expanded Ed. Grand Rapids: Baker, 2013. 박승민 역.『개혁주의 무천년설』. 서울: 부흥과개혁사, 2013.

Robertson, O. Palmer. *The Israel of God: Yesterday, Today, and Tomorrow*. Philippsburg: P&R, 2000.

Rogers, Jack. *Scripture in the Westminster Confession: A Problem of Historical Interpretation for American Presbyterianism*. Ph. D. Diss. Grand Rapids: Eerdmans, 1967.

_____. *Presbyterian Creeds*, 차종순 역.『장로교신조- 신앙고백 안내서』. 서울:

한국장로교출판사, 1995.

Roukens, A. A. Ed. *De Nederlandse Geloofsbelijdenis met kanttekeningen en uitgeschreven bewijsteksten. En een beschrijving van de tijd, het leven en werk van Guido de Brès*. Barneveld, Gebr. Koster/ Stichting Heruitgave Werken Guido de Brès, 2009.

Rusten, Elmer M. "A Critical Evaluations Dispensational Interpretations of the Book of Revelation." Ph. D. Dissertation. New York University, 1977.

Rutgers, William H. *Premillennialism in America*. Diss. VU. Goes: Oosterbaan & Le Cointre, 1930.

Rutt, Richard. *A Biography of James Scarth Gale and a New Edition of His of the History of Korean People*, Seoul: Taewon Pub. Co., 1972.

Ryrie, Charles C. *Dispensationalism*. Revised and Expanded. Chicago: Moody Pub., 2007.

_____. *Basic Theology*. 이한규 역.『평신도 신학입문』. 서울: 두란노, 2002.

Sanday W. and A. C. Headlam. *The Epistle to te Romans*. ICC. New York: Charles Scribner's Sons, 1915.

Sanders, Carl Edward II. "The Premillennial Faith of James Hall Brookes." Th. D. Diss. Dallas Theological Seminary, 1995.

Sanders, Jack T. "Whence the First Millennium?: the Sources Behind Revelation 20." *New Testament Studies*, 50/3 (2004): 444-456.

Sandeen, Ernest Robert. *The Roots of Fundamentalism : British and American Millenarianism, 1800-1930*. Chicago : University of Chicago Press, 1970.

Saucy, Robert L. *The Church in God's Program*. Chicago: Moody Press, 1972; 김기찬 역.『하나님이 계획하신 교회』. 서울: 생명의말씀사, 1994.

_____. *The Case for Progressive Dispensationalism*. Grand Rapids: Zondervan, 1993.

Schaff, Philip. *Creeds of Christendom*. 3 Vols. New York: Harper & Brothers, 1919.

Schep, J. A. *The Nature of the Resurrection Body*. 김종태 역.『부활체의 본질』. 서울: CLC, 1991.

Schilder, Klaas. *Wat is de hemel?* 권준 외 공역.『하늘이란 무엇인가?』. 서울: SFC, 2025.

Schleiermacher, Friedrich. *Der christlicher Glaube*. Hrsg. Martin Redeker. 2 Vols. Walter de Gruyter, 1999.

Schouls, Carl A. *Simply, Faith!: Expository Sermons on the Belgic Confession*. Calgary: Free Reformed Publications, 2014.

Schreiner, Thomas R. *Romans*. BECNT. 2nd Ed. Grand Rapids: Baker, 2018.

_____. *ESV Expository Commentary: Hebrews-Revelation*. Wheaton: Crossway, 2018. 박문재 역. 『요한계시록: ESV 성경 해설 주석』. 서울: 국제제자훈련원, 2022.

_____. *The Joy of Hearing: A Theology of the Book of Revelation*. Wheaton: Crossway, 2021. 김귀탁 역. 『요한계시록 신학』. 서울: 부흥과개혁사, 2022.

_____. *Revelation*. BECNT. Grand Rapids: Baker, 2023.

Selderhuis, Herman. 이승구 역. 『우리는 항상 죽음을 향해 가고 있다』. 수원: 합신대학원출판부, 2019.

Shaw, Robert. *The Reformed Faith*. Fearn: Christian Focus Pub., 2008.

_____. *A History of Christian Doctrine*. 2 Vols. Rep. Birmingham: Solid Ground, 2006.

Shepherd, Norman. "The Resurrections of Revelation 20." *Westminster Theological Journal* 37/1 (1974): 34-43.

Sinnema, Donald. "The Origin of the Form of Subscription in the Dutch Reformed tradition." *Calvin Theological Journal*, 42/2 Nov 2007: 256-282.

Sizer, Stephen. *Zion's Christian Solders? The Bible, Israel and the Church*. 김정환 역. 『시온의 크리스챤 군사들』. 서울: CLC, 2013.

Song Hee-Seop. "The Student Volunteer Movement for Foreign Missions and its Contribution to Pioneer Missions in Korea." Ph. D. Diss., Fuller Theological Seminary, 1995.

Spear, Wayne R. *Faith of Our Fathers*. Pittsburgh: Crown&Covenant Pub., 2006.

Sprinkle, Preston and Stanley N. Gundry Eds. *Four Views on Hell*. 김귀탁 역. 『지옥 논쟁』 (서울: 새물결플러스, 2019.

Sproul, R. C. *The Truth We Confess*. 이상웅. 김찬영 역. 『웨스트민스터 신앙고백 해설』. 전3권. 서울: 부흥과개혁사, 2011.

_____. *The Last Days according to Jesus*. 김정식 역. 『예수의 종말론』. 서울: 좋은씨앗, 2019.

_____. *Unseen Realities*. 이선숙 역, 『성경에 나타나는 천국, 천사, 지옥, 마귀』. 서울: 아가페북스, 2013.

Stanley, Allen P. Ed. *Four Views on the Role of Works at the Final Judgement*. Grand Rapids: Zondervan, 2013. 김귀탁 역. 『최후 심판에서 행위의 역할 논쟁』. 서울: 새물결플러스, 2019.

Stewart, Alexander. *Reading the Book of Revelation: Five Principles for Interpretation*. 윤석인 역. 『요한계시록 어떻게 읽을 것인가』. 서울: 부흥과개혁사, 2024.

Storms, Sam. *Kingdom Come: The Amillennial Alternative*. Fearn: Mentor, 2013. 윤석인 역. 『개혁주의 무천년설 옹호』. 서울: 부흥과개혁사, 2016.

------. *Our God Reigns: An Amillennial Commentary on Revelation*. Fearn: Mentor, 2024.

Stott, John. *The Cross of Christ*. 정옥배. 황영철 역. 『그리스도의 십자가』. 서울: IVP, 2007.

_____. *The Message of 1 & 2 Thessalonians*. 정옥배 역. 『데살로니가전후서 강해』. 서울: IVP, 2014.

Strong, August H. *Systematic Theology*. 3 Vols. Philadelphia: Judson Press, 1907. Rep. 1943.

Stump J. B. and Chad Meister Eds. *Original Sin and the Fall: Five Views*. 노동래 역. 『원죄와 타락에 관한 논쟁』. 서울: 새물결플러스, 2023.

Summers, Ray. "Revelation 20: An Interpretation." *Review & Expositor*, 57/2 (1960): 176-183.

Sweeney, Douglas and Owen Strachan. *Jonathan Edwards on Heaven and Hell*. 김찬영 역. 『조나단 에드워즈의 천국과 지옥』. 서울: 부흥과개혁사, 2012.

Swete, H. B. *The Apocalypse of St. John*. New York: Macmillan, 1922.

Tabb, Brian J. *All Things New: Revelation as Canonical Capstone*. 김귀탁 역. 『요한계시록 해석』. 서울: 부흥과개혁사, 2020.

Tabb, Brian J. and Andrew M. King Eds. *Five Views of Christ in the Old Testament: Genre, Authorial Intent, and the Nature of Scripture*. 윤석인 역. 『구약의 그리스도에 대한 5가지 견해』. 서울: 부흥과개혁사, 2023.

Tenney, Merill C. *Interpreting Revelation*. 김근수 역. 『요한계시록 해석』. 서울: CLC, 1993.

Terlep, Allan Thomas. "Inventing the Rapture: The Formation of American Dispensationalism, 1850-1875." Ph. D. Diss. University of Chicago, 2010.

Tipton, Lane and Jeffrey C. Waddington Eds. *Resurrection and Eschatology: Theology in the Service of the Church*. Philippsburg: P&R, 2008.

Thomas, Derek. "The Eschatology of the Westminster Confession and Assembly." In *The Westminster Confession into the 21st Century*. Vols. Ed. Ligon Duncon. Fearn: Christian Focus Pub., 2005: 2: 307-79.

Ton, Josef. *Suffering, Martyrdom, and Rewards in Heaven*. Lanham: University Press of America, 2000.

Torrance, Thomas F. *Kingdom and Church*. Edinburgh: Oliver and Boyd, 1956: 백철현 역. 『종교개혁자들의 종말론』. 서울: 기민사, 1987.

Turner Jr., James T. "On Two Reasons Christian Theologians Should Reject the Intermediate State." *Journal of Reformed Theology* 11 (2017): 121-139.

Turretin, Francis. *Institutes of Elenctic Theology*. Trans. George Musgrave Giger. 3 Vols. Philippsburg: P&R, 1992-1994.

Van Bruggen, J. *The Church Says Amen: An Exposition of the Belgic Confession*. Trans. Amen de kerk. Neerlandia: Inheritance, 2003.

Van den Brink, Gijsbert. "A Most Elegant Book: the Natural World in Article 2 of the Belgic Confession." *Westminster Theological Journal*, 73/2 Fall 2011: 273-291.

Van der Kooi, C. and G. van den Brink. *Christelijke Dogmatiek*. 2nd Ed. Zoetermeer: Boekencentrum, 2012.

_____. *Christian Dogmatics: An Introduction*. Trans. Reinder Bruinsma. Grand Rapids: Eerdmans, 2017.

Van der Kooi, C. "In memoriam: dr. Benjamin Wentsel 1929-2022." *Kerk en Theologie* 73/2 (2022): 192-193.

Van der Zwaag, K. *Onverkort of gekortwiekt? Artikel 36 van de Nederlandse Geloofsbelijdenis en de spanning tussen overheid en religie, een systematisch-historische interpretate van een 'omstreden' geloofsartikel*. Heerenveen: Groen, 1999.

Van Genderen, J. and W. H. Velema. *Beknopte Gereformeerde Dogmatiek*. Kampen: Kok, 1992.

_____. *Concise Reformed Dogmatics*. Trans. Gerrit Bilkes and Ed M. van der Maas. Phillipsburg: P& R, 2008. 신지철 역.『개혁교회 교의학』. 서울: 새물결플러스 2018.

Van Halsem, Thea B. *Three Men Came to Heidelberg and Glorious Heretic: The Story of Guido de Bres*. Neerlandia: Inheritance, 2010.

Van Itterzon, G. P. "Brès, Guido de (Guy de Bray)." *Biografisch Lexicon voor de Geschiedenis van het Nederlandse Protestantisme*. 6 Vols. Kampen: Kok, 1978-2006: 2: 97-100.

Van Oort, Johannes. "Tyconius' Apocalypse Commentary, Its Reconstruction, and Its Significance for Augustine's Doctrine of the Two Cities." *Vigiliae Christianae* 72 (2018): 513-532.

Venema, Cornelis P. *The Promise of the Future*. Edinburgh: Banner of Truth, 2000; 박승민 역.『개혁주의 종말론 연구』. 서울: 부흥과개혁사, 2011.

_____. *Christ and the Future: The Bible's Teaching about the Last Things*. Edinburgh: Banner of Truth, 2008.

Verduin, Leonard. "Guido de Bres and the Anabaptists." *The Mennonite Quartely Review* 35/4 (1961): 251-268.

Vos, Geerhardus. *The Pauline Escatology*. Grand Rapids: Eerdmans, 1961; 박규태 역.『바울의 종말론』. 서울: 좋은씨앗, 2015.

_____. *The Eschatology of the Old Testament*. 박규태 역.『구약의 종말론』. 서울: 좋은씨앗, 2016.

_____. *Reformed Dogmatics*. Trans. Richard B. Gaffin jr. Single Volume. Bellingham: Lexham Press, 2020.

Waldron, Samuel E. *MacArthur's Millennial Manifesto: A Friendly Response*. Owensboro: RBAP, 2008.

Walvoord, John F. *The Revelation of Jesus Christ: A Commentary*. Chicago: Moody Press, 1976.

_____. "The Bible and the Future." *Bibliotheca Sacra*, 139 no 556 (1982): 362.

Walvoord John F. and Roy B. Zuck Eds. *The Bible Knowledge Commentary: Old & New Testament*. 2 Vols. Wheaton: Victor Books, 1983-1985.

Warfield, B. B. *The Works of Benjamin B. Warfield*. 10 Vols. Rep. Grand Rapids: Baker, 2003.

Waters, Gary, Nicholas Reid, and John R. Muether (Eds.). *Covenant Theology*. 김귀탁 역. 『언약신학』. 서울: 부흥과개혁사, 2022.

Watson, William C. *Dispensationalism Before Darby*. 곽철호, 최정기 역. 『청교도 시대의 종말론』. 이천: 성서침례대학원대학교출판부, 2017.

Waymeyer, Matt. "The First Resurrection in Revelation20." *The Master's Seminary Journal*, 27/1 (2016): 3-32.

Weber, Timothy. *Living in the Shadow of the Second Coming*. Chicago: University of Chicago Press, 1987.

Weber, Otto. *Grundlagen der Dogmatiek*. 2 Vols. Neukirchen-Vluyn: Neukirchner Verlag, 1977

_____. *Foundations of Dogmatics*. Trans. Darrell L. Guder. 2 Vols. Grand Rapids: Eerdmans, 1988.

Weir, Stuart. "The Good Work of 'Non-Christians,' Empowerment, and the New Creation." Ph. D. Dissertation, University of Edinburgh, 2011.

Wengert, Timothy J. Ed. *The Book of Concord: The Confessions of the Evangelical Lutheran Church*. Minneapolis: Fortress Press, 2000.

Wentsel, Benjamin. *Dogmatiek*. 4 Dln in 7 Banden. Kampen: Kok, 1881-1998.

Westminster Confession of Faith. Edinburgh: Banner of Truth, 2018.

White, R. Fowler. "Victory and House Building in Revelation 20:1-21:8: A Thematic Study." Ph. D. Dissertation, Westminster Theological Seminary, 1987.

_____. "Reexamining the Evidence for Recapitulation in Rev 20:1-10." *Westminster Theological Journal* 51/2 (1989): 319-344.

Wilcock, Michael. *The Message of Revelation*. Leicester: VP, 1975.

Williams, G. I. *The Westminster Confession of Faith*, 2nd ed. Philippsburg: P&R, 2004.

Williamson, Paul. *Death and the Afterlife*. 김귀탁 역. 『죽음과 내세 성경신학』. 서울: 부흥과개혁사, 2020.

Willis, Wesley R., John R. Master, Charles C. Ryrie Eds. *Issues in Dispensationalism*. Chicago: Moody Press, 1994.

Wilkinson, Paul R. *For Zion's Sake: Christian Zionism and the Role of John Nelson Darby*. Eugene: Wipf & Stock, 2008.

Wittmer, Michael Ed. *Four Views on Heaven*. 오현미 역.『천국에 대한 네 가지 견해』. 서울: IVP, 2023.

Wolters, Albert. "Worldview and Textual Criticism in 2 Peter 3:10." *Westminster Theological Journal* 49/2 (Fall 1987): 405-413.

_____. *Creation Regained: Biblical Basics for a Reformational Worldview*. 2nd Ed. Grand Rapids: Eerdmans, 2005: 양성만, 홍병룡, 역,『창조 타락 구속』. 서울: IVP, 2007; 김동규 역,『왕들이 입성하는 날 - 이사야가 전망하는 하늘나라』. 서울: SFC, 2018.

Wright, Nicolas T. *The Resurrection of the Son of God*. 박문재 역.『하나님의 아들의 부활』. 고양: 크리스챤다이제스트, 2009.

_____. *For All the Saints?* 박규태 역.『톰 라이트 죽음이후를 말하다』. 서울: IVP, 2013.

_____. *Romans*. NIB X. 장용량, 최현만 공역.『로마서』. 평택: 에클레시아북스, 2014.

Wyngaarden, Martin J. *The Future of the Kingdom in Prophecy and Fulfillment*. Grand Rapids: Baker, 1955.

Yang, Hyun Phyo. "*The Influence of Sun-Ju Kil, Ik-Du Kim, and Youndo Yi on Protestantism in Korea.*" Ph.D. Dissertation, The Southern Baptist Theological Seminary, 2003.

Young, Andrew. "Counter Currents to Chiliasm at the Westminster Assembly: Cornelius Burges and the Second Coming of Christ." *Westminster Theological Journal* 73 (2011): 113-32.